095es Foto: jl

Alexandra Frank, Mirko Kaupat, Günther Schäfer

Baltikum

„Zeit macht aus einem Gerstenkorn eine Kanne Bier"
Lettisches Sprichwort

Impressum

Alexandra Frank, Mirko Kaupat, Günther Schäfer
Baltikum

erschienen im
Reise Know-How Verlag, Bielefeld
Osnabrücker Str. 79
33649 Bielefeld

1. Auflage 2012
Teile des Buchinhalts sind den Büchern „Estland", „Lettland" und „Litauen", erschienen im Reise Know-How Verlag, entnommen.

Gestaltung
Umschlag: G. Pawlak, P. Rump (Layout);
Caroline Tiemann (Realisierung)
Inhalt: Günter Pawlak (Layout);
Caroline Tiemann (Realisierung)
Fotos: Günther Schäfer (gs), Mirko Kaupat (mk), Juliane Lindner (jl), Alexandra Frank (af), Thorsten Altheide (ta), Heli Rahkema (hr), www.fotolia.com © Andrea Seemann
Titelfoto: www.fotolia.com © Gordon Grand
Karten: Catherine Raisin, Thomas Buri, world mapping project

Lektorat: Caroline Tiemann

Druck und Bindung:
MediaPrint, Paderborn

ISBN 978-3-8317-2083-5
Printed in Germany

Dieses Buch ist erhältlich in jeder Buchhandlung Deutschlands, der Schweiz, Österreichs, Belgiens und der Niederlande. Bitte informieren Sie Ihren Buchhändler über folgende Bezugsadressen:

Deutschland
Prolit GmbH, Postfach 9, D-35461 Fernwald (Annerod) sowie alle Barsortimente
Schweiz
AVA Verlagsauslieferung AG
Postfach 27, CH-8910 Affoltern
Österreich
Mohr Morawa Buchvertrieb GmbH
Sulzengasse 2, A-1230 Wien
Niederlande, Belgien
Willems Adventure, www.willemsadventure.nl

Wer im Buchhandel trotzdem kein Glück hat, bekommt unsere Bücher auch über unseren **Büchershop im Internet: www.reise-know-how.de**

Wir freuen uns über Kritik, Kommentare und Verbesserungsvorschläge, gern auch per E-Mail an info@reise-know-how.de.

Alle Informationen in diesem Buch sind von den Autoren mit größter Sorgfalt gesammelt und vom Lektorat des Verlages gewissenhaft bearbeitet und überprüft worden.

Da inhaltliche und sachliche Fehler nicht ausgeschlossen werden können, erklärt der Verlag, dass alle Angaben im Sinne der Produkthaftung ohne Garantie erfolgen und dass Verlag wie Autoren keinerlei Verantwortung und Haftung für inhaltliche und sachliche Fehler übernehmen.

Die Nennung von Firmen und ihren Produkten und ihre Reihenfolge sind als Beispiel ohne Wertung gegenüber anderen anzusehen. Qualitäts- und Quantitätsangaben sind rein subjektive Einschätzungen der Autoren und dienen keinesfalls der Bewerbung von Firmen oder Produkten.

021es Foto: af

Vorwort

Estland, Lettland und Litauen – die baltischen Länder sind seit einigen Jahren ein beliebtes Reiseziel. Mit einer jeweils eigenen Sprache, Kultur und Geschichte bieten die selbstständigen Staaten, seit 2004 Mitglieder der EU, genügend unterschiedliche Facetten, um zu einer ausgedehnten Rundreise einzuladen. Die drei Nachbarländer an der östlichen Ostsee haben viel zu bieten: ihre quirligen Hauptstädte Tallinn, Riga und Vilnius mit einer lebhaften Kulturszene, alte Schlösser, Burgen und Gutshöfe, barocke Kirchen und mittalterliche Provinzstädtchen. Die unvergleichliche Kurische Nehrung mit den größten Dünen Europas ist als UNESCO-Welterbe geschützt und auch die großen estnischen Inseln Saaremaa und Hiiumaa lohnen den Besuch. Es locken die wilde Ostseeküste und herrliche See- und Flusslandschaften zu Badevergnügen und erlebnisreichen Touren. Erholungssuchende können sich in traditionsreichen Kur- und Badeorten verwöhnen lassen.

Ob mit dem eigenen Auto oder Wohnmobil, per Mietwagen, Fahrrad, Zug oder Bus, per Kajak auf einem der wunderschönen Flüsse oder zu Pferde: Dieser Reiseführer liefert die nötigen praktischen Informationen, um das komplette Baltikum auf eigene Faust zu erkunden. Mit zahlreichen Tipps und Anregungen soll er Reisenden helfen, die drei Länder in all ihrer Unterschiedlichkeit zu entdecken und erleben. Ausflugsvorschläge, Stadtrundgänge, Übernachtungs- und Restaurantempfehlungen für jeden Geschmack und Geldbeutel werden ergänzt durch umfangreiche Hintergrundinformationen zu Geschichte, Kultur, Natur und Traditionen sowie Exkursen zu landestypischen Themen.

Für dieses Buch wurden Teile aus den Reiseführern „Estland", „Lettland" und „Litauen", die im Reise Know-How Verlag erschienen sind, zusammengefügt. Alle wichtigen Orte und Sehenswürdigkeiten sind in diesen Titel eingeflossen, viele weitere, weniger bekannte Attraktionen sind ebenfalls, zum Teil in leicht gekürzter Fassung, berücksichtigt worden. Die Auswahl der beschriebenen Orte ist eine umfassende Zusammenstellung der Highlights aller drei Länder und liefert für eine mehrwöchige Rundreise reichlich Material. Sollte man bestimmte Regionen intensiver erkunden wollen, ist es sinnvoll, sich die entsprechenden Einzelbände zuzulegen. Doch auch in diesem Band werden zahlreiche kleine Sehenswürdigkeiten abseits der üblichen touristischen Pfade beschrieben, die oftmals erstaunlich nahe den bekannten Hauptrouten liegen. So werden auch Baltikum-Kenner darin viel Neues entdecken.

Inhalt

Exkurse

Kartenverzeichnis

216es Foto: jl

Vor der Reise

054le Foto: mk

028le Foto: mk

Leuchtturm auf der kleinen estnischen Insel Kihnu in der Rigaer Bucht

An den Grenzen wird nicht mehr kontrolliert

In 28 Stunden mit der Autofähre von Travemünde nach Ventspils in Lettland, das litauische Klaipėda ist von Rügen schon in etwa 18 Stunden erreicht

Informationsstellen

Fremdenverkehrsamt

Erste Anlaufstelle für Baltikumreisende war immer das Fremdenverkehrsamt der drei baltischen Staaten in Berlin. Hier bekam man bisher umfangreiches Informationsmaterial und aktuelle Auskünfte zu Anreise, Veranstaltungen, Neueröffnungen von Hotels und Restaurants sowie Reisehinweise. Zu Redaktionsschluss dieses Reiseführers zeichnet sich ab, dass die Baltikum Tourismus Zentrale möglicherweise geschlossen wird. Die telefonische Auskunft ist zurzeit nicht in Betrieb. Die Website liefert aber weiterhin nützliche Informationen.

- **Baltikum Tourismus Zentrale,** Fremdenverkehrszentrale Estland-Lettland-Litauen, Katharinenstr. 19–20, 10711 Berlin, www.baltikuminfo.de.

Weitere Informationsstellen

- **Informationszentrum Baltische Staaten e.V. (InfoBalt),** Helgolander Str. 8, 28217 Bremen, Tel. 0421-391571, Fax 391572, www.infobalt.de, kulturelle Kontakte, Bücherforum, Infos, Forum für Projektberichte.
- **Pro Baltica Forum,** Brodschangen 4, 20457 Hamburg, Tel. 040-37655260, Fax 37655333, www.probaltica.org.
- **Staatliches Litauisches Tourismusbüro,** Švritigailos 11, Vilnius, Tel. 5-210 8796, Fax 2108753, www.tourism.lt, www.lithuaniantravel.com.
- **Litauische Tourismus Agentur,** A. Juozapavičiaus 13, Vilnius, Tel. 5-2637311, Fax 5-2726554, www.travel.lt.
- **Fremdenverkehrsamt Lettland,** Brīvības iela 55, 1519 Riga, Tel. +371-(6)7229945, www.latvia.travel/de (sehr gute, umfangreiche Website auf Deutsch). Weiteres Büro in der Smilšu iela 4, 1050 Riga, Tel. +371-(6)7224664.
- **Eesti Maaturism,** Vilmsi 53g, 10147 Tallinn, Hotline 00372-6009999 (Mo–Fr 8–17 Uhr), www.maaturism.ee, estnischer Landtourismusverband.

Touristeninformationen vor Ort

Das Netz von Touristeninformationsbüros ist im gesamten Baltikum recht eng geknüpft. Die meisten Büros sind gut mit Material ausgestattet (häufig auch in deutscher Sprache, fast immer auf Englisch). Die Mitarbeiter sind stets sehr hilfsbereit und sprechen zumindest Englisch fließend. Sie helfen auch bei der Vermittlung von Hotel- oder Gästezimmern. Man erhält Stadtpläne und Infos zu Ausflugszielen in der Region, zu Veranstaltungen oder Stadtführungen. Zu vielen Regionen bekommt man Landkarten mit Sehenswürdigkeiten und einer Kurzbeschreibung. Ebenfalls für jede Region werden Prospekte mit Listen der Unterkunftsmöglichkeiten und Campingplätze herausgegeben.

In den Ortsbeschreibungen sind viele regionale Informationsstellen aufgeführt.

Das Baltikum im Internet

- **www.baltikuminfo.de:** Die Website des Fremdenverkehrsamts für Estland, Lettland und Litauen in Deutschland, sehr informativ und umfangreich (s.o.: „Fremdenverkehrsamt").
- **www.inyourpocket.com:** Die In-your-pocket-Reihe ist ein regelmäßig erscheinendes Magazin in englischer Sprache zu verschiedenen Städten. Auf der begleitenden, englischsprachigen Website kann man einige dieser Informationen und Texte einsehen.
- **www.baltictimes.com:** Website der englischsprachigen Zeitung „The Baltic Times" mit aktuellen Artikeln über Wirtschaft, Politik und Kultur in den baltischen Ländern.

Litauen

- **www.litauen-info.de:** gut gestaltete, informative Homepage von *H.J. Kaiser* aus Tauberbischofsheim, ständig aktualisierte Infos
- **www.panoramas.lt:** virtueller Überblick über die Reiseziele
- **www.muziejai.lt:** Museen
- **www.lietuvospilys.lt:** Burgen (auf Englisch)
- **www.travelling.lt:** vorwiegend Unterkünfte und Reiseagenturen (auf Englisch)
- **www.ratgeber-litauen.de** und **www.litauen.com:** Linksammlungen

Lettland

- **www.latvia.travel/de:** Seite der lettischen Tourismusbehörde
- **www.pilis.lv:** Seite der lettischen Vereinigung der im Lande so zahlreichen Burgen und Schlösser, gute deutsche Version
- **www.culture.lv:** Seite des lettischen Kultusministeriums mit sehr vielfältigen Informationen über Kultur im Allgemeinen und aktuelle Veranstaltungen (auf Englisch)
- **www.history-museum.lv:** Liste mit einer Reihe von lettischen Museen (auf Englisch)
- **www.lob.lv/en:** Vereinigung der lettischen Ornithologen, mit vielen Hinweisen für Vogelenthusiasten (auf Englisch)
- **www.lvm.lv/deu:** Seite der Gesellschaft „Lettische Wälder", gute deutsche Version

Estland

- **www.visitestonia.com:** Die Seite des estnischen Fremdenverkehrsamtes bietet einen guten ersten Überblick über die Regionen und Sehenswürdigkeiten.
- **www.tourism.tallinn.ee:** Auf der Homepage des Tallinner Fremdenverkehrsamtes erfährt man alles rund um die Hauptstadt, nicht nur die üblichen touristischen Hoteladressen, sondern auch aktuelle Neuigkeiten zu Veranstaltungen oder neuen Clubs und Läden.

Im Übrigen sind fast alle estnischen Städte im Internet vertreten unter **www.stadtname.ee,** wobei Umlaute wegfallen (aus ä wird a, aus õ wird o, etc.): **www.tartu.ee** (wobei es dort auch weitere Infoseiten wie www.visittartu.com gibt), **www.parnu.ee,** etc. Bis auf wenige Ausnahmen, beispielsweise Tartu oder Pärnu (auch auf Deutsch), findet man auf den Seiten der Städte jedoch nur englische Informationen.

- **www.maaturism.ee:** Seite des estnischen Landtourismusverbandes. Hier sind viele der in diesem Reiseführer beschriebenen Unterkünfte auf dem Lande aufgeführt – mit Foto. Man kann nach Region oder Unterkunftsart zusammengestellte Listen einsehen und sich die Pensionen, Bauernhöfe, Ferienhäuser oder Gästehäuser anschauen. Buchen kann man die Übernachtungsmöglichkeiten des Landtourismusverbandes auch unter www.ozoon.de.
- **www.turismiweb.ee:** Detaillierte Tourismusseite; vor allem Adressen, u.a. umfangreiche Listen, wo man unterkommen oder seinen Wohnwagen aufstellen kann, Anbieter von Freizeitaktivitäten.
- **www.estoniannaturetravel.ee:** Gemeinsame Seite von drei estnischen Outdoor-Tourismus-Anbietern, über die man Aktivurlaubsmöglichkeiten und Naturentdeckungsreisen finden kann (Fahrrad-, Kanu-, Seekayaktouren etc.).
- **www.mois.ee:** Detaillierte Informationen über Herrenhäuser in Estland.
- **www.estonica.org:** eine Art virtuelles Nachschlagewerk zur estnischen Kultur und Geschichte.

Ein- und Ausreisebestimmungen

Seit 2007 gehören Litauen, Lettland und Estland - wie das Transitland Polen - zum Schengen-Raum. Bei der Reise aus Deutschland, Österreich und der Schweiz gibt es also **keine Grenzkontrollen** mehr, auch nicht im Flugverkehr.

Die genannten Einreisebestimmungen sind Stand Ende 2011. Man sollte sich vor der Reise bei der Botschaft oder beim Auswärtigen Amt (www.auswaertiges-amt.de bzw. www.bmeia.gv.at oder www.dfae.admin.ch) erkundigen, ob sie noch gelten.

Dokumente

Ein **Reisepass oder Personalausweis,** der nach Ausreise noch mindestens drei Monate gültig ist, genügt als Reisedokument für alle drei Länder. Damit dürfen **EU-Bürger und Schweizer** ohne Visum 90 Tage bleiben. Vorläufige Reisepässe und Personalausweise werden ebenfalls anerkannt. Kinder benötigen einen Kinderausweis oder eine Eintragung im Reisepass eines Elternteils (sofern bereits bestehend). Kinder, die sieben Jahre oder älter sind, sollten auf jeden Fall ein Foto im Reisedokument haben, bei jüngeren ist dies zwar nicht zwingend erforderlich, aber doch ratsam, da so unnötige Verzögerungen vermieden werden. Jugendliche ab 16 Jahren brauchen einen eigenen Ausweis.

In Deutschland, Österreich oder der Schweiz lebende **Bürger von Nicht-EU-Staaten** müssen grundsätzlich ein Visum bei der diplomatischen Vertretung beantragen.

Diplomatische Vertretungen der baltischen Länder

In Deutschland

- **Botschaft der Republik Litauen,** Charitéstr. 9, 10117 Berlin, Tel. 030-8906810, Fax 89068115, www.botschaft-litauen.de.
- **Botschaft der Republik Lettland,** Reinerzstr. 40–41, 14193 Berlin, Tel. 030-82600222, Fax 030-82600233, www.mfa.gov.lv/berlin.
- **Botschaft der Republik Estland,** Hildebrandtstr. 5, 10785 Berlin, Tel. 030-2546 0611, Fax 25460601, www.estemb.de.

In Österreich

- **Botschaft der Republik Litauen,** Löwengasse 47, 1030 Wien, Tel. 01-7185467, Fax 7185469, amb.at@urm.lt.
- **Botschaft der Republik Lettland,** Stefan Esders Platz 4, 1190 Wien, Tel. 01-4033112, Fax 01-403311227, embassy.austria@mfa.gov.lv.
- **Botschaft der Republik Estland,** Wohllebengasse 9/13, 1040 Wien, Tel. 01-5037761, Fax 503776120, www.estemb.at.

In der Schweiz

- **Botschaft der Republik Litauen,** Kramgasse 12, 3011 Bern, 031-3525291, Fax 3525 292, http://ch.mfa.lt.
- **Generalkonsulat der Republik Lettland,** Selnaustrasse 5, 8001 Zürich, Tel. 043-81765 46, Fax 043-8176549, lettland@granelli.ch.
- **Konsulate der Republik Estland,** Avenue Léon-Gaud 5, 1206 Genf, Tel. 022-8397000, Fax 8397007; Bergstr. 52, 8712 Stäfa, Tel. 044-9268837, Fax 044-9268838.

Weißrussland (Belarus)

Züge von Polen nach Litauen fahren z.T. durch Weißrussland, für das ein

Transitvisum erforderlich ist. Von einer Fahrt durch Weißrussland ist daher grundsätzlich **abzuraten.**

Mitnahme von Haustieren

Wer mit einem Hund oder einer Katze einreist, braucht den **EU-Heimtierausweis** mit eingetragener **Tollwutimpfung.** Der Zeitpunkt der Impfung muss mindestens 21 Tage und darf höchstens 12 Monate vor der Einreise liegen. Der EU-Heimtierausweis (Pet Passport) gilt in allen EU-Staaten und im Nicht-EU-Land Schweiz und kostet ca. 15–25 Euro. Außerdem muss das Tier per Mikrochip oder Tätowierung (übergangsweise bis 2012) zu identifizieren sein.

Zollbestimmungen

Seit 2004 gelten die Bestimmungen für den Verkehr innerhalb der Europäischen Union. In allen EU- und EFTA-Mitgliedstaaten gelten weiterhin **nationale Ein-, Aus- oder Durchfuhrbeschränkungen,** z.B. für Tiere, Pflanzen, Waffen, starke Medikamente und Drogen (auch Cannabisbesitz und -handel). Außerdem bestehen Grenzen für die steuerfreie Mitnahme von Alkohol, Tabak und Kaffee. Bei Überschreiten der Freigrenzen muss nachgewiesen werden, dass keine gewerbliche Verwendung beabsichtigt ist.

Freimengen innerhalb der EU

- **Alkohol** (für Personen über 17 Jahre): 90 l Wein (davon max. 60 l Schaumwein) oder 110 l Bier oder 10 l Spirituosen über 22 Vol.-% oder 20 l unter 22 Vol.-% oder eine anteilige Zusammenstellung dieser Waren.
- **Tabakwaren** (für Personen über 17 Jahren): 800 Zigaretten oder 400 Zigarillos oder 200 Zigarren oder 1 kg Tabak oder eine anteilige Zusammenstellung dieser Waren.
- **Anderes:** 10 kg Kaffee und 20 l Kraftstoff im Benzinkanister.

Freimengen für Reisende aus der Schweiz

- **Alkohol** (für Personen ab 17 Jahren): 1 l Spirituosen (über 22 Vol.-%) oder 2 l Spirituosen (unter 22 Vol.-%) oder eine anteilige Zusammenstellung dieser Waren, und 4 l nichtschäumende Weine, und 16 l Bier.
- **Tabakwaren** (für Personen ab 17 Jahren): 200 Zigaretten oder 100 Zigarillos oder 50 Zigarren oder 250 g Tabak oder eine anteilige Zusammenstellung dieser Waren.
- **Andere Waren:** 10 Liter Kraftstoff im Benzinkanister; für See- und Flugreisende bis zu einem Warenwert von insgesamt 430 Euro, über Land Reisende 300 Euro, alle Reisende unter 15 Jahren 175 Euro.

Freimengen bei Rückkehr in die Schweiz

- **Alkohol** (für Personen ab 17 Jahren): 2 l bis 15 Vol.-% und 1 l über 15 Vol.-%.
- **Tabakwaren** (für Personen ab 17 Jahren): 200 Zigaretten oder 50 Zigarren oder 250 g Schnitttabak oder eine anteilige Zusammenstellung dieser Waren, und 200 Stück Zigarettenpapier.
- **Anderes:** neu angeschaffte Waren für den Privatgebrauch bis zu einem Gesamtwert von 300 SFr. Bei Nahrungsmitteln gibt es innerhalb dieser Wertfreigrenze auch Mengenbeschränkungen.

Nähere Informationen

- **Deutschland:** www.zoll.de oder unter Tel. 0351-44834510.
- **Österreich:** www.bmf.gv.at oder unter Tel. 01-51433564053.
- **Schweiz:** www.ezv.admin.ch oder unter Tel. 061-2871111.

Reisezeit

Zum Klima siehe auch Kapitel „Land und Leute: Klima".

Das Baltikum ist zu jeder Jahreszeit eine Reise wert. Natürlich steht der **Sommer** im Vordergrund in einer Region, die Hunderte von Kilometern an Strand und malerische Seen vorzuweisen hat. Juli und August sind am wärmsten, aber es regnet auch viel. Allgemein gilt das Wetter vor allem aufgrund der Westwinde als **sehr wechselhaft,** sodass man gut daran tut, Schirm oder Regenkleidung griffbereit zu haben.

Die baltischen Sommer bieten den unschätzbaren Vorteil, dass sie meist nicht zu heiß sind und extrem kurze Nächte haben. Selbst im August geht die Sonne erst um 22 Uhr unter. Am schönsten sind die **weißen Nächte** von Mai bis Ende Juli, wenn es nur wenige Stunden dunkel wird. Am längsten Tag des Jahres, dem 21. Juni, ist es in Estland 19 Stunden lang hell. Dagegen sind die kürzesten Tage um Weihnachten sehr dunkel, das Tageslicht verschwindet schon nach etwa sechs Stunden wieder. In der Nacht vom 23. auf den 24. Juni wird an vielen Orten das fröhliche **Mittsommerfest** gefeiert mit unzähligen privaten und öffentlichen Veranstaltungen.

Die **Wassertemperaturen** der Ostsee erweisen sich außer für Asketen nur von Ende Juni bis September als angenehm. Im Juni liegen die Temperaturen noch durchschnittlich bei eisigen 14–17 °C, im Juli und August reichen sie dagegen im Schnitt schon fast an 20 °C heran und können an manchen Tagen sogar darüber liegen. Im September geht es dann schnell wieder zurück auf Juni-Niveau. Die Seen wärmen sich natürlich schneller auf und behalten länger eine angenehme Badetemperatur.

Relativ kalte, aber teilweise auch sonnige Frühlings- und Herbsttage gibt es im April und Oktober. Der **Frühling** trifft einige Wochen später als in Deutschland ein, der **Herbst** beginnt hingegen überpünktlich, im September kann man schon mit erstem Nachtfrost rechnen. Gerade in diesen Jahreszeiten muss man mit Temperaturschwankungen von bis zu 20° C zwischen Tag und Nacht rechnen. Der Herbst ist sehr attraktiv, weil die zahlreichen Alleen und Wälder dann rotgolden leuchten. Die Blätterfärbung tritt stellenweise schon im September ein. Die endlosen Strände sind praktisch menschenleer und laden zu herrlichen Spaziergängen ein. Wer sich entsprechend kleidet, kann einen wunderschönen, trockenen Altweibersommer genießen.

Der **Winter** dauert vergleichsweise lange. Die Dunkelheit beginnt besonders früh und die Dämmerung kommt spät. Auch wenn es im Winter oft klirrend kalt ist und der Blick auf das Thermometer erschrecken mag – die oftmals trockenen, aber sonnigen Tage sind wesentlich angenehmer als verregnete Wintertage in Deutschland.

Sommerliches Badevergnügen an der estnischen Ostseeküste bei Pärnu

Wenn auch keine Schneegarantie besteht, so ist das Land doch meist von einer weißen Decke überzogen.

Wintersportler sind vor allem in **Estland** gut aufgehoben. Von Januar bis Anfang März ist die Schneewahrscheinlichkeit am höchsten. Im hügeligen Südosten ziehen Loipen und Pisten Langläufer an, während Eisangler auf dem Peipus-See Löcher ins Eis bohren (Eisangeln ist auch auf dem Kurischen Haff in Litauen sehr beliebt). Nach dem Besuch in der Sauna können Tapfere sich im Schnee oder in einem Eisloch abkühlen. Wer im Winter auf die Inseln fahren will, kann dies in kalten Jahren über den Eisweg tun. Eine Fahrt über die **zugefrorene Ostsee** ist ein bizarres Erlebnis. Man sollte sich jedoch vorher erkundigen, ob die Eisdecke freigegeben ist, die Wege sind gekennzeichnet.

Saison

Nicht nur aufgrund des Wetters erstreckt sich die Hauptsaison von **Mitte Mai bis Mitte September.** Die touristische Infrastruktur ist in diesen Monaten weitaus besser auf Besucher eingestellt als in den Wintermonaten. Steht man in der kalten Jahreszeit auf dem Land oftmals vor verschlossenen Kirchen-, Museums- und Restauranttüren, sind die **Öffnungszeiten** im Sommer sehr ausgedehnt, viele Geschäfte, Museen und Galerien sind auch sonntags geöffnet. Im Sommer finden auch die meisten Feste und Festivals statt, ein Magnet für viele Touristen.

099es Foto: jl

Die eigentliche Hochsaison beschränkt sich auf die Monate **Juli und August.** Strände und Städte sind allerdings selbst in diesen Spitzenzeiten **selten überfüllt,** von einigen Ausnahmen abgesehen. Vorteil der **Nebensaison,** also Herbst und Frühling, sind die günstigen Preise. Viele Hotels heben die Kosten für eine Übernachtung in der Hauptsaison beträchtlich an. Ein Zimmer kann durchaus bis zu einem Drittel teurer werden. Reist man jedoch im April oder Oktober, kann man zu günstigen Preisen unterkommen und hat wochentags manche kleine Pension ganz für sich.

Besuch der Hauptstädte

Es ist durchaus eine Überlegung wert, die Hauptstädte nicht in der Spitzenzeit, sondern im Frühling, Herbst oder gar im Winter zu besuchen, denn schön, lebhaft und sehenswert sind Vilnius, Riga und Tallinn immer. Die Städte sind dann weniger überlaufen und können ihren Charme besser entfalten. Restaurants und Museen sind das ganze Jahr über geöffnet.

Kleidung und Reisegepäck

Alles, was man in Deutschland, Österreich und der Schweiz für den täglichen Gebrauch kaufen kann, ist auch im Baltikum erhältlich. Insgesamt ist die für Mitteleuropa passende Kleiderwahl angemessen. Der Sommer kann heiß werden, dennoch sollte man immer gegen kühle Abende und Nächte gewappnet sein, die ein **frischer Wind von der Ostsee** noch verschärfen kann. Jedem Reisenden sei ans Herz gelegt, **wasserfeste Kleidung und Schuhe** mitzunehmen, da es auch in den Sommermonaten oft regnet. Stabiles Schuhwerk ist nicht nur für die wunderschönen Naturlandschaften angebracht, sondern auch für die pflastersteinernen Straßen der Altstädte.

Auch sollte man seine **Badesachen** nicht vergessen, viele Seen und das Meer laden zum Baden ein. Sehr wichtig sind **Sonnenschutzmittel** und eine **Kopfbedeckung** im Sommer, auch im Baltikum droht Sonnenbrandgefahr. Im Winter darf man mit warmer Kleidung nicht geizen, schließlich sind -20° C und weniger keine Seltenheit.

Die kulturellen Sitten und Gepflogenheiten, was Bekleidung angeht, unterscheiden sich nicht von denen in der Schweiz, in Österreich oder in Deutschland. Einzig in **orthodoxen Kirchen** gelten strengere Regeln als in katholischen oder evangelischen Gotteshäusern. Hier sollte man sich „bedeckt" zeigen, also nicht in kurzen Hosen und am besten auch nicht in T-Shirts eintreten.

Es gibt noch relativ wenige Waschsalons und Reinigungen, darum genügend **Waschmittel** mitnehmen, falls man den Waschservice der Hotels nicht in Anspruch nehmen möchte.

Die zahlreichen Seen – hier im litauischen Žemaitija-Nationalpark – locken leider auch Mücken an

Manchmal haben bestimmte Personengruppen wie z.B. Studenten bei Vorlage des **Ausweises** Anspruch auf **Ermäßigungen** bei Veranstaltungen, in Verkehrsmitteln oder auch bei der Unterkunft.

Mücken- und Zeckenschutz

Ein großer Teil des Baltikums ist von Wäldern bedeckt und der Reichtum an **Seen, Flüssen und kleineren Gewässern** ist bemerkenswert. Dies bringt leider auch eine Vielzahl von Mücken mit sich. Eine entsprechende Ausrüstung sollte man besonders während der Sommermonate im Gepäck haben. Anti-Mückensprays und -kerzen sind allerdings auch vor Ort in sämtlichen Apotheken und in den meisten Supermärkten zu erwerben. Der beste Mückenschutz ist, sich während der Dämmerung im Inneren aufzuhalten und die Fenster zu schließen. Da Sprays oft wenig helfen, sollte man überlegen, Mückennetze im Gepäck zu haben, die sich an Fensterrahmen kleben lassen.

Empfehlenswert ist es, sich nach Spaziergängen im Wald oder in hohem Gras sowie nach dem Zelten auf Zecken zu untersuchen. Ein gutes Werkzeug zur Entfernung von Zecken ist eine spezielle Zange aus der Apotheke, sodass man nicht den giftigen Inhalt des Schädlings beim Herausreißen in den Körper drückt. Eine Pinzette sollte man mindestens dabei haben. (Zu Zecken sowie zur Reiseapotheke siehe auch Stichwort „Gesundheitsvorsorge".)

227li Foto: gs

Karten

Stadtpläne sowie Regional- und Landkarten sind in Kiosken, Hotels, Buchgeschäften, Reisebüros und auch Tankstellen erhältlich, ebenso am Flughafen in Vilnius. Eine gute Anlaufstelle sind die **Touristinformationsbüros,** in denen man Karten teilweise gratis und auch für andere Städte erhält. In Einzelfällen gibt es dort auch **Karten für die National- und Regionalparks,** die man ansonsten nur bei den Nationalparkverwaltungen bekommt.

Nicht nur für die Anreise mit dem eigenen Fahrzeug ist eine **Straßenkarte** sinnvoll. Sehr empfehlenswert sind die Karten aus dem world mapping project des Reise Know-How Verlages. Als Übersicht geeignet ist **„Baltikum"** im Maßstab 1:600.000. In der gleichen Reihe erscheinen die Karten **„Estland"** im Maßstab 1:275.000 sowie **„Litauen, Kaliningrad"** und **„Lettland",** jeweils im Maßstab 1:325.000. Sie bestehen aus reiß- und wasserfestem Papier, sind GPS-genau und mit Höhenschichten versehen. Außerdem sind die wichtigsten Sehenswürdigkeiten markiert, ein Register verzeichnet alle Orte. Die **Karten in diesem Buch** zeigen Ausschnitte aus den genannten Karten.

Ein guter **Straßenatlas** des estnischen Kartenherstellers Regio (www.regio.ee) ist der „Regio Eesti teede atlas" im Maßstab 1:150.000, man bekommt ihn überall in Estland.

Fotomaterial

In Zeiten von Digitalkameras werden immer weniger klassische Fotofilme gekauft und entwickelt. Dennoch müssen sich Besitzer traditioneller Apparate keine Sorgen machen: In allen Städten kann man noch Filme erwerben und sich noch im Urlaub Abzüge machen sowie Digitalfotos professionell ausdrucken lassen. Auch Speicherkarten und Batterien sowie Aufladegeräte für Akkus sind vielerorts erhältlich, oft sogar günstig im Supermarkt. In der Regel sind die größeren Einkaufszentren die beste Anlaufstelle, um Spezialgeschäfte zu finden.

- **Buchtipps:** „Reisefotografie" und „Reisefotografie digital", erschienen in der Praxis-Reihe des Reise Know-How Verlags, Bielefeld.

Gesundheitsvorsorge

Für Reisende sind **keine Impfungen vorgeschrieben.** Das Auswärtige Amt empfiehlt bei längeren Aufenthalten Impfungen gegen Hepatitis A und B sowie Tollwut. Wer schon lange keine Tetanus-Impfung mehr vorgenommen hat, sollte seine Baltikum-Reise zum Anlass nehmen, dies nachzuholen. Das Gebiet stellt aber keine erhöhte Gefährdung dar.

Das gesamte Baltikum ist Gebiet der von **Zecken** übertragenen Krankheit **FSME** (Frühsommer-Meningoencephalitis). Die baltischen Staaten melden jährlich hohe Zahlen an infizierten Personen. Besonders beim Aufenthalt in der Natur, auf Wiesen und in Wäldern, ist die Gefahr groß, von einer infizierten Zecke gebissen zu werden. Auch die Grünanlagen in Stadtgebieten sind betroffen. Daher ist eine vorherige Schutzimpfung nach ärztlicher Beratung empfehlenswert. Viele praktische Infos liefert die Internetseite www.zecke.de, mit Risikogebieten auf einer Europakarte und spezieller Beschreibung für einzelne Länder (siehe auch oben: „Kleidung und Reisegepäck").

Aktuelle Informationen zu reisemedizinischen Themen können unter www.auswaertiges-amt.de oder www.crm.de (Centrum für Reisemedizin) eingeholt werden. Hinweise zur Krankenversicherung finden sich unter dem Stichwort „Versicherungen".

Reiseapotheke

Eine spezielle Reiseapotheke ist nicht erforderlich, da die Apotheken gut ausgestattet und verbreitet sind. Es empfielt sich jedoch, **Mückenschutzmittel** mitzunehmen, da die kleinen Stechbiester im Sommer eine wahre Plage sein können. Zur Not sind derartige Schutzmittel aber auch vor Ort erhältlich. Trotz allem wird man oft um Mückenstiche nicht herumkommen, daher sollte eine entsprechende **Salbe** in der Reiseapotheke sein.

Wichtig ist auch eine **Sonnencreme** mit hohem Lichtschutzfaktor, denn gerade am Meer oder an einem der vielen Seen unterschätzt man bei der frischen Brise schnell die Intensität der Sonnenstrahlen. **Desinfektionsmittel und Pflaster** sollte man natürlich auch nie vergessen. Wer regelmäßig **bestimmte Medikamente** braucht, sollte diese von zu Hause mitnehmen.

Anreise

Eine beträchtliche Anzahl spannender und sehenswerter Orte ist im dünn besiedelten Baltikum etwas mühsam oder gar nicht mit öffentlichen Verkehrsmitteln zu erreichen. Viele Besucher entscheiden sich daher für die Anreise mit dem **eigenen Auto** oder – besonders beliebt bei Deutschen, Holländern und Italienern – mit dem **Wohnmobil.**

Doch es gibt Alternativen: **Reisebusse** verkehren täglich aus Westeuropa, ebenso wie **Flugzeuge.** Für Rundreisen kann ein **Auto gemietet** werden. Einige Reiseveranstalter haben auch „Fly and Drive" im Angebot. Attraktiv und immer beliebter ist die Reise per **Fähre** – ob mit oder ohne eigenes Auto oder Fahrrad. Bahnverbindungen aus dem Ausland sind nicht gerade gut und kommen am ehesten für Litauen in Frage.

Mit dem eigenen Fahrzeug

Routen

Wer nach Litauen, Lettland oder Estland fährt, kennt die **Via Baltica,** die Hauptverkehrsader durch diese Länder. Sie beginnt in Polen und ist immer noch überwiegend einspurig, also weit entfernt von Autobahnqualität, aber in den letzten Jahren deutlich besser geworden. Fast die ganze Strecke von Polen bis Tallinn (950 km) verfügt nun über einen recht glatten Straßenbelag. Viele der **Tankstellen** entlang der Via Baltica sind 24 Std. geöffnet. Infos über Streckenverlauf, Sehenswürdigkeiten und Unterkünfte erhält man unter www.respons.pp.fi/via baltica (auf Englisch).

Mindestens eine **Übernachtung in Polen** (beispielsweise in Masuren) bietet sich an. Aus Deutschland, Österreich und der Schweiz sollte man zuerst **Warschau** ansteuern und dann in Richtung Suwałki gen Nordosten fahren. Möglich ist auch, Warschau zu umfahren und die Strecke Frankfurt/Oder – Gorzow – Bydgoszcz – Olsztyn – Suwałki zu wählen (schlechtere Straßen, aber nicht so stark befahren). Eine Alternative für Reisende aus dem deutschen Norden: Anfahrt über Stettin, dann an der polnischen Ostseeküste entlang nach Danzig, von dort quer durch Ermland (Olsztyn) und Masuren, ebenfalls nach Suwałki. Dies ist eine reizvolle Strecke, aber auch langwierig. Campingplätze, Motels und Hotels finden sich auf den Strecken in Polen immer wieder. Seit Ende 2011 ist die Strecke von Berlin bis kurz vor Warschau komplett auf gebührenpflichtiger Autobahn zu absolvieren, die letzten 91 km bis zur polnischen Hauptstadt sollen im Sommer 2012 freigegeben werden. Diese Route dürfte dann die schnellste Variante sein.

Kurz hinter Suwałki geht es dann nach Litauen. Es folgt ein sehr gut ausgebauter Abschnitt bis **Kaunas.** Von dort aus gibt es verschiedene Möglichkeiten, je nachdem, welches Ziel im Baltikum angepeilt wird: Auf der ziemlich guten Autobahn nach **Klaipėda** und von dort an der Ostseeküste entlang nordwärts in Richtung **Ventspils** geht es für alle, die die litauische Ostseeküste und Westlettland erreichen wollen. Geradewegs nördlich verläuft die Via Baltica durch das lettische Zentrum nach **Riga** und weiter nach **Tallinn.** Von Riga in nordöstlicher Richtung erreicht man **Tartu** und den estnischen Osten. Ist **Vilnius** und das östliche Litauen das Ziel, fährt man ab Kaunas auf der A1 in die litauische Hauptstadt. Von Kaunas nach Nordosten führt eine Straße ins südostlettische **Daugavpils.**

Die **Kriminalität** entlang der Route ist relativ niedrig, gelegentlich kommen Raub und Diebstahl vor. Nach Möglichkeit sollte man nicht bei Nacht fahren und nicht direkt an der Straße übernachten. Keine Anhalter mitnehmen und Vorsicht vor vorgetäuschten Autopannen! Man sollte sein Fahrzeug nur auf **bewachten (Hotel-)Parkplätzen** abstellen.

Hinweise und Tipps zum Autofahren im Baltikum finden sich im Kapitel „Reisetipps A–Z: Autofahren".

Dokumente

Wer mit dem eigenen Fahrzeug ins Baltikum reist, sollte den **Fahrzeugschein** und einen nationalen oder **EU-Führerschein** mit sich führen. Zwar genügt als Versicherungsnachweis das Autokennzeichen, dennoch ist es empfehlenswert, die **Grüne Versicherungskarte** mitzuführen, da sie alle wichtigen Fahrzeugdaten enthält und im Falle eines Unfalls die Schadensabwicklung wesentlich erleichtern kann. Ein **Auslandsschutzbrief** mit Europadeckung (Kostenübernahme für Rücktransport, Abschleppunternehmen, Unfall- und Pannenhilfe, Mietwagen etc.) ist bei Reisen mit dem eigenen Fahrzeug grundsätzlich anzuraten.

Ist man nicht mit dem eigenen Wagen unterwegs, sollte man einen **Mietvertrag** (bei Mietwagen) bzw. eine **Vollmacht** des Fahrzeughalters (bei Privatwagen) mitführen, die den Fahrer ermächtigt, den Wagen zu benutzen. Es sollte sich dabei um ein formloses, aber notariell beglaubigtes Schreiben mit folgenden Angaben handeln: Ausstellungsdatum und -ort, Name und Anschrift des Eigentümers sowie Benutzers, Art und Nummer des Ausweises und Führerscheins sowie Angaben zum Wagen (Marke, Modell, Kennzeichen, Fahrgestellnummer und Nummer des Zulassungsdokuments).

Anreise mit der Fähre

Besonders aus Norddeutschland kommend, ist eine komfortable Schiffsreise eine sehr gute Alternative zur langen Anreise mit dem eigenen Fahrzeug über Polen, wenn auch etwas teurer. Denkbar ist auch, eine Strecke per Schiff zurückzulegen und die andere auf dem Landweg. Es gibt auch

Autoreisezüge nach Norddeutschland zu den Häfen.

Zurzeit werden nur Lettland und Litauen von deutschen Häfen aus angefahren. **Klaipėda** in Litauen ist erreichbar von Kiel und Sassnitz (Rügen). In Lettland werden zurzeit drei Städte von Fähren aus Deutschland angesteuert: **Liepāja** und **Ventspils** ab Lübeck-Travemünde, Letzteres außerdem ab Sassnitz. Nach **Riga** existiert eine Verbindung von Travemünde.

Es gibt keine Schiffslinie direkt nach Estland. Man kann aber mit der Fähre über Schweden oder Finnland nach Estland reisen. Die Verbindungen ändern sich häufig und so ist es möglich, dass bald wieder eine direkte Fährverbindung nach Estland eröffnet wird.

Empfehlenswert zur kurzfristigen Information ist die Website **www.ferrylines.com.** Hier kann man sich übersichtlich alle aktuellen Fährverbindungen des Ostseeraums anzeigen lassen.

Kiel – Klaipėda

DFDS Seaways (Lisco) bietet sechsmal wöchentlich Verbindungen mit 21–23 Std. Fahrzeit. Die Einschiffung erfolgt in Kiel im Ostuferhafen (den Hinweisschildern am Ende der A 7/A 215 folgen bzw. mit Bus 11 oder 12 vom Hauptbahnhof Kiel in Richtung Dietrichsdorf bis zur Haltestelle „Grenzstraße", von dort 5 Min. zu Fuß). Am Ostuferhafen in Kiel gibt es einen bewachten Parkplatz (6 Euro/Tag). Passagiere müssen spätestens eine Stunde vor der Abreise eingecheckt haben. Man sollte auch in der Nebensaison frühzeitig buchen. Die Preise starten in der Nebensaison bei 107 Euro pro Person in der Doppelkabine, für PKW ab 78 Euro.

Sassnitz – Klaipėda

Zwischen Mukran (nahe Sassnitz auf Rügen) und Klaipėda verkehrt zweimal wöchentlich eine Fähre von DFDS Seaways (Lisco), 17–19 Std. Fahrzeit.

Travemünde – Riga

AVE Line fährt zweimal pro Woche, Fahrtdauer 28 Stunden. Ein Fahrzeug bis 5 m Länge kostet 85 Euro, ein Wohnmobil unter 8 m Länge 100 Euro, ein Erwachsener im Pullmansitz zahlt 50 Euro, in der Kabine mindestens 110 Euro (ohne Mahlzeiten). Leichte Rabatte gibt es bei Hin- und Rückfahrt.

Lübeck-Travemünde – Ventspils/Liepāja

Die Überfahrt dauert jeweils ungefähr 28 Stunden und wird zweimal wöchentlich angeboten, nach Liepāja von Scandlines, nach Ventspils von Scandlines und Finnlines. Preis ab ca. 200 Euro pro Person mit Vollpension und Schlafplatz, Hin- und Rückfahrt: 20 % Rabatt.

Sassnitz – Ventspils

Finnlines fährt die Strecke zweimal wöchentlich.

Fährgesellschaften

- **DFDS Seaways,** Tel. 0431-20976-420, www.dfdslisco.de.
- **Scandlines,** Tel. 01802-116699, www.scandlines.de.

- **Finnlines,** Tel. 0451-1507443, www.finnlines.com.
- **AVE Line,** Tel. +371-29444999 (Lettland), www.aveline.lv.

Flug

Nach Estland

Von Deutschland aus kann man zurzeit mit Lufthansa (ab Frankfurt/Main oder München) und RyanAir (ab Weeze am Niederrhein und Bremen) direkt nach **Tallinn** fliegen. Trotz des Umsteigens (z.B. in Riga) bieten aber auch Estonian Air ubd Air Baltic recht praktische Verbindungen. Die Flugzeit z.B. von Frankfurt nach Tallinn beträgt knapp zweieinhalb Stunden.

Nach Lettland

Nonstop-Verbindungen aus dem deutschsprachigen Raum mit Linienfluggesellschaften nach **Riga** bestehen

Kleines „Flug-Know-how“

Check-in

Nicht vergessen: Ohne einen gültigen Reisepass oder Personalausweis (Letzeres nur für EU-Staatsbürger) kommt man nicht an Bord.

Bei den innereuropäischen Flügen muss man mindestens eine Stunde vor Abflug am Schalter der Airline eingecheckt haben. Viele Airlines neigen zum Überbuchen, d.h. sie buchen mehr Passagiere ein, als Sitze im Flugzeug vorhanden sind, und wer zuletzt kommt, hat möglicherweise das Nachsehen.

Das Gepäck

In der Economy-Class darf man in der Regel nur Gepäck bis zu 20 kg pro Person einchecken und zusätzlich ein Handgepäckstück von 7 kg in die Kabine mitnehmen, welches eine Größe von 55 x 40 x 23 cm nicht überschreiten darf. In der Business Class sind es meist 30 kg pro Person und zwei Handgepäckstücke, die insgesamt nicht mehr als 12 kg wiegen dürfen. Man sollte sich beim Kauf des Tickets über die Bestimmungen der Airline informieren.

Fluggäste dürfen Flüssigkeiten oder vergleichbare Gegenstände in ähnlicher Konsistenz (z.B. Getränke, Gels, Sprays, Shampoos, Cremes, Zahnpasta, Suppen, Käse) nur noch in der Höchstmenge von jeweils 0,1 l als Handgepäck mit ins Flugzeug nehmen. Die Flüssigkeiten müssen in einem durchsichtigen, wiederverschließbaren Plastikbeutel transportiert werden, der maximal einen Liter Fassungsvermögen hat. Da sich diese Regelungen ändern können, sollte man sich beim Reisebüro oder der Fluggesellschaft nach den derzeit gültigen erkundigen.

Aus Sicherheitsgründen dürfen Taschenmesser, Nagelfeilen, Nagelscheren, sonstige Scheren und Ähnliches nicht im Handgepäck untergebracht werden. Man sollte diese Dinge im aufzugebenden Gepäck verstauen, sonst werden sie bei der Sicherheitskontrolle einfach weggeworfen. Darüber hinaus gilt, dass Feuerwerke, leicht entzündliche Gase (in Sprühdosen, Campinggas), entflammbare Stoffe (in Benzinfeuerzeugen, Feuerzeugfüllung) nichts im Passagiergepäck zu suchen haben.

Buchtipps

- *Frank Littek:* **Fliegen ohne Angst,** und *Erich Witschi:* **Clever buchen, besser fliegen,** erschienen in der Praxis-Reihe, Reise Know-How Verlag.

mit Air Baltic von Berlin, Hamburg, Düsseldorf, Frankfurt/Main, München, Zürich und Wien, mit Austrian Airlines von Wien und mit Lufthansa von Frankfurt. Die Flugzeit von Frankfurt nach Riga beträgt gut zwei Stunden.

Nach Litauen

Es gibt viele Verbindungen zu den internationalen Flughäfen **Vilnius, Kaunas** und **Palanga.** Nonstop-Verbindungen aus dem deutschsprachigen Raum mit Linienfluggesellschaften nach Vilnius bestehen mit Lufthansa von Frankfurt/Main und mit Austrian Airlines von Wien. Die Flugzeit z.B. von Frankfurt nach Vilnius beträgt etwas mehr als zwei Stunden.

Daneben gibt es eine ganze Reihe von Umsteigeverbindungen nach Vilnius, die zwar billiger sein können als die Nonstop-Flüge, bei denen man aber auch eine längere Flugdauer einkalkulieren muss. Diese sind mit den oben genannten Fluggesellschaften von anderen Flughäfen im deutschsprachigen Raum möglich, aber auch z.B. mit Czech Airlines über Prag und mit LOT über Warschau oder mit SAS nach Palanga via Kopenhagen.

Flugpreise

Ein Economy-Ticket von Deutschland, Österreich und der Schweiz hin und zurück nach Tallinn, Riga oder Vilnius bekommt man je nach Jahreszeit und Aufenthaltsdauer **ab etwas über 100 Euro** (einschließlich aller Steuern und Gebühren). Am teuersten ist es im Sommerhalbjahr, wobei die Preise für Flüge im Juli und August besonders hoch sind und über 300 Euro betragen können.

Kinder unter zwei Jahren fliegen ohne Sitzplatzanspruch für 10 % des Erwachsenenpreises, ansonsten werden für ältere Kinder die regulären Preise je nach Airline etwas ermäßigt. Ab dem zwölften Lebensjahr gilt der Erwachsenentarif.

Wer plant, viele Strecken per Flugzeug zurückzulegen, kann sich nach dem **Baltic Pass** von Air Baltic erkundigen. Gegen einen Pauschalpreis pro Coupon bei maximal acht Coupons erhält man Vergünstigungen für weitere Flüge. Näheres unter www.airbaltic.com/public/baltic_pass.html.

Buchung

Bei der Buchung von Linienflügen gilt: Vergünstigte Spezialtarife und befristete Sonderangebote kann man nur bei wenigen Fluggesellschaften in ihren Büros oder direkt auf den Websites buchen. Diese Angebote sind jedoch immer bei Spezialreisebüros wie u.a. Jet Travel in Hennef (Tel. 02242-868606, www.jet-travel.de) erhältlich, die uns die hier genannten Informationen zur Anreise per Flugzeug zur Verfügung gestellt haben.

Billigfluglinien

Preiswerter geht es mit etwas Glück nur, wenn man bei einer Billigairline **möglichst früh online bucht.** Es werden keine Tickets ausgestellt, sondern man bekommt eine Buchungsnummer per E-Mail. Zur Bezahlung wird in der Regel eine Kreditkarte verlangt.

Im Flugzeug gibt es oft **keine festen Sitzplätze,** sondern man wird meist schubweise zum Einstieg aufgerufen, um Gedränge weitgehend zu vermeiden. **Verpflegung** wird extra berechnet, bei einigen Fluggesellschaften auch aufgegebenes Gepäck. Für die Region interessant ist:

- **Air Baltic,** www.airbaltic.com. Von Berlin, Hamburg, Hannover, Frankfurt/Main, Düsseldorf, München, Zürich und Wien nach Riga.
- **Ryanair,** www.ryanair.com. Von Hahn im Hunsrück und Bremen nach Kaunas sowie von Bremen, Weeze am Niederrhein und Hahn im Hunsrück nach Riga.

Last-Minute

Wer sich erst im letzten Augenblick für eine Reise ins Baltikum entscheidet oder gern pokert, kann Ausschau nach Last-Minute-Flügen halten, die von einigen Airlines mit deutlicher Ermäßigung **ab etwa 14 Tage vor Abflug** angeboten werden, wenn noch Plätze zu füllen sind. Last-Minute-Flüge lassen sich nur bei Spezialisten buchen:

- **L'Tur,** www.ltur.com, Tel. 00800-21212100 (gebührenfrei für Anrufer aus Europa); 165 Niederlassungen europaweit.
- **Lastminute.com,** www.lastminute.de, (D)-Tel. 01805-284366 (0,14 Euro/Min.), für Anrufer aus dem Ausland Tel. 0049-89-4446900.
- **5 vor Flug,** www.5vorflug.de, (D)-Tel. 01805-105105 (0,14 Euro/Min.), (A)-Tel. 0820-203085 (0,14 Euro/Min.).
- **Restplatzbörse,** www.restplatzboerse.at, (A)-Tel. 01-580850.

029le Foto: mk

„Asphalt zu Ende" sagt das Straßenschild – im Baltikum keine Seltenheit

Anreise per Bus

Aus nahezu allen größeren Städten Deutschlands sowie aus Wien und Zürich fahren internationale Linienbusse ins Baltikum. Wer mit dem Bus anreisen möchte, braucht allerdings gutes Sitzfleisch. Besonders aus Süd- und Westdeutschland, Österreich und der Schweiz ist die Strecke sehr weit und trotz moderner Busse oft mühsam. Verkauf von Lebensmitteln und Getränken ist an Bord.

Die Fahrtdauer nach **Riga** beträgt von Berlin ca. 20 Stunden, von Köln etwa 33 Stunden, von Zürich und Wien ebenfalls über 30 Stunden. Die Reise von Berlin nach **Tallinn** dauert gut 26 Stunden. Berlin – **Kaunas** wird in 17 Stunden bewältigt, Wien – **Vilnius** in 22 Stunden.

Die Linien Ecolines, Eurolines und die Berlinlinienbusse fahren mehrmals wöchentlich nach Tallinn. Die Hin- und Rückfahrt von Berlin kostet ca. 155 Euro. Eurolines fährt auch andere Städte in Estland an wie Pärnu, Valga und Tartu. Eurolines fährt aus vielen deutschen Städten häufig nach Riga und Valmiera, zum Beispiel von Köln drei- bis viermal in der Woche ab 123 Euro für die Hin- und Rückfahrt - frühzeitige Buchung vorausgesetzt.

Buchen kann man im Reisebüro, beim Busbahnhof der Heimatstadt oder direkt beim jeweiligen Unternehmen. Kinder und Jugendliche, Senioren, Studenten mit Internationalem Studentenausweis, Frühbucher sowie Gruppen erhalten meist Rabatt.

031le Foto: mk

- **Ecolines Deutschland,** Tel. 069-40159055, www.ecolines.net.
- **Eurolines,** Buchungen über Deutsche Touring GmbH, Tel. 069-7903-501, www.touring.de.
- **Berlin Linien Bus GmbH,** Tel. 030-8619331, www.berlinlinienbus.de.

Anreise per Bahn

Eine direkte Zugverbindung aus dem deutschsprachigen Raum nach Lettland und Estland gibt es nicht. Die Anreise mit der Bahn ist also allenfalls zu empfehlen, wenn man zunächst **Litauen** und dann etwa mit dem Bus oder einem Mietwagen das restliche Baltikum bereisen möchte.

Nach Vilnius

Aus der Schweiz und ganz Deutschland geht die Route zunächst nach **Berlin.** Die deutsche Hauptstadt ist von überall her mit schnellen ICE-Verbindungen erreichbar und auch zahlreiche Nachtzüge von CityNightLine haben Berlin als Ziel.

Die nächste Etappe ist **Warschau.** Von Berlin aus fährt dorthin viermal täglich der **Berlin-Warszawa-Express** (EC) in ca. 5½ Stunden. Es gibt einen EuroNight, der um 19.01 Uhr in Amsterdam startet und dann über Duisburg, Düsseldorf, Köln (Abfahrt 22.28 Uhr), Wuppertal, Dortmund, Hamm, Bielefeld, Hannover (2.40 Uhr) und Berlin fährt. In Berlin ist die Abfahrt um 4.28 Uhr, um 10.55 Uhr ist er in War-

Die Sand- und Schotterstraßen werden nach und nach ausgebaut

schau. Ab **Wien** fahren täglich zwei direkte Eurocity-Züge in rund acht Stunden und ein Nachtzug in gut neun Stunden in die polnische Hauptstadt.

Für den Ausstieg in Warschau, sowohl für den Anschluss nach Litauen als auch einen längeren Aufenthalt (s.u.), ist der Hauptbahnhof **Warszawa Centralna** der geeignetste.

Der Nachtzug EuroNight aus Amsterdam über Köln und Berlin erreicht Warschau leider nicht rechtzeitig, um die derzeit einzige Zugverbindung zur Weiterreise noch am selben Tag zu erwischen. Diese geht morgens um 7.25 Uhr, erfordert einen Umstieg in Šeštokai und erreicht Vilnius gegen 18 Uhr. Der Nachtzug aus Wien ist theoretisch rechtzeitig um 7.10 Uhr in Warschau (Abfahrt Wien Westbahnhof 21.44 Uhr), allerdings ist das recht knapp und damit nicht ganz sicher. Es bietet sich daher möglicherweise eher an, von Warschau nicht mit dem Zug, sondern mit dem Bus weiterzufahren (s.o.: „Anreise per Bus").

Fast alle oben genannten internationalen Züge sind **reservierungspflichtig.** Nicht nur aus finanziellen Gründen sollte deshalb vor allem in der Hochsaison die Planung nicht zu kurzfristig sein.

Eine Zugverbindung über **Weißrussland oder Kaliningrad** (Königsberg) sollte man vermeiden, denn dafür ist ein Transitvisum erforderlich.

Buchung

Die genannten Fahrmöglichkeiten sind nur ein Teil des ständig wechselnden Gesamtangebots. Wer sich nicht selbst durch den Dschungel der Bahntarife und Fahrpläne schlagen und trotzdem Geld sparen will, erhält bei einer spezialisierten Bahnagentur kompetente Beratung – auf Wunsch werden die Tickets an jede gewünschte Adresse in Europa geschickt. Die hier genannten Informationen wurden uns von der Freiburger Bahnagentur Gleisnost zur Verfügung gestellt (www.gleisnost.de, Tel. 0761-383031).

Aufenthalt in Warschau

Mit einer Zugverbindung ohne Umsteigen ist Litauen nicht zu erreichen. Das sollte aber nicht der einzige Grund sein, in Polens Hauptstadt einen kleinen Aufenthalt einzulegen – sie bietet einiges Sehenswertes. Wichtige Infos liefern der „CityTrip Warschau" des Reise Know-How-Verlags sowie das Magazin „In Your Pocket" (erscheint 5-mal jährlich, auch in Hotels und Kiosken zu kaufen, www.inyourpocket.com). **Hotelinfos** gibt es unter www.polhotels.com oder www.hotelspoland.com, günstigere Adressen unter www.hostelworld.de oder www.tripadvisor.de, **Zuginfos** unter www.pkp.pl. Hilfreich sind auch die **Touristinformationsbüros** z.B. im Busbahnhof (s.u.) oder im Zentralbahnhof mit Zimmervermittlung, Stadtinfos, Zugfahrplänen etc.; 8–18 Uhr, Mai bis Sept. 8–20 Uhr, Tel. 0048-22-9431, www.warsawtour.pl.

Der Warschauer Zentralbahnhof:

Der Zentralbahnhof liegt an der Al. Jerozolimskie 54. Der wichtigste der sechs Warschauer Bahnhöfe hat vier Ebenen:

Untergeschoss: Bahnsteige

Erdgeschoss: Bahnhofshalle mit Verkaufsschalter, Touristinformationsbüro (s.o.), Zuginformation (national).

Obergeschoss: WC, internationale Tickets und Zugauskunft, Wartesaal.

Zwischenebenen: 24 Std. geöffnet sind: Geldwechsel „Kantor", Apotheke, elektronische Schließfächer (4–14 Zl., Beschreibung auch auf Deutsch). Außerdem Cafés, Shops, Imbissstände, Ticketschalter, Geldautomaten, Post, Telefonamt etc.

Wie an jedem großen Verkehrsknotenpunkt der Welt gilt auch hier: Gepäck und Portemonnaie im Auge behalten!

Geld

Zum Verlust von Geldkarten und Reiseschecks sowie zur Geldbeschaffung im Notfall siehe Kapitel „Reisetipps A–Z: Notfälle".

Währung

Seit dem 1.1.2011 ist der **Euro** die offizielle Währung **Estlands.** In Litauen wird der Euro frühestens 2014 Zahlungsmittel, in Lettland scheint 2015 realistisch.

Litauens Währung heißt **Litas** und ist in 100 Centai (Singular: Centas) unterteilt. Alle Zahlen, die auf 02 bis 09 enden, bilden den Plural Litai und Centai; alle übrigen erfordern Litų bzw. Centų. Der Einfachheit halber wird hier nur das Wort *Litas* (abgekürzt **Lt.**) verwendet. Es gibt Münzen zu 1, 2, 5, 10, 20 und 50 Centai sowie zu 1, 2 und 5 Litas sowie Banknoten zu 10, 20, 50, 100, 200 und 500 Litas. Die 1-, 2- und 5-Lt.-Scheine werden jedoch immer mehr aus dem Verkehr gezogen.

Lettlands Währung heißt **Lats** (abgekürzt **Ls** oder LVL, Plural: Lati). 1 Lats = 100 Santims. Es gibt Münzen zu 1, 2, 5, 10, 20 und 50 Santims, 1 Lats und 2 Lati. Scheine werden mit den Werten 5, 10, 20, 50 und 100 Ls herausgegeben. Ein 500-Ls-Schein existiert auch, er gerät einem aber extrem selten in die Hände. Am häufigsten sind die beiden kleinen Scheine im Umlauf, die mit einer lettischen Eiche verzierte 5-Ls-Banknote sowie der 10-Ls-Schein, den der Fluss Daugava schmückt.

Geldwechsel

Banken und Wechselstuben gibt es auch in kleineren Städten, vor allem im Zentrum und rund um die (Bus-)Bahnhöfe, ebenso an den Flughäfen und in einigen Supermärkten.

Seit 2002 ist der Euro die Leitwährung. Die **Wechselkurse** unterscheiden sich nur geringfügig, da gesetzlich max. 1 % Gebühr bei Bargeldtausch verlangt werden darf. Es lohnt sich nicht, Litas und Lati schon vor der Abreise zu besorgen.

Wechselkurse (Stand Anfang 2012):

- 1 Euro = 0,70 Ls, 1 Ls = 1,43 Euro
- 1 SFr = 0,57 Ls, 1 Ls = 1,73 SFr
- 1 Euro = 3,45 Lt., 1 Lt. = 0,29 Euro
- 1 SFr = 2,85 Lt., 1 Lt. = 0,35 SFr

EC-Karte

Eine Vielzahl an Banken und **Geldautomaten** – sogar in Kleinstädten, oft in eigens aufgestellten kleinen Häuschen – machen das Reisen ohne viel Bargeld leicht, eine einfache Maestro-(EC-)Karte genügt. Wie hoch die **Kos-**

ten für die Barabhebung sind, ist abhängig von der kartenaustellenden Bank und der Bank, bei der die Abhebung erfolgt. Im ungünstigsten Fall wird pro Abhebung eine Gebühr von bis zu 1 % des Abhebungsbetrags berechnet.

In größeren **Geschäften** kann man direkt mit der Maestro-Karte bezahlen. Auch Tanken an Automatentankstellen ist in der Regel möglich. Es kann aber passieren, dass nur Kreditkarten akzeptiert werden. Auch wird mittlerweile u.U. eine Gebühr für den Auslandseinsatz der Maestro-Karte erhoben, sodass der bargeldlose Einsatz der Kreditkarte – je nach Konditionen – deutlich günstiger sein kann.

Kreditkarten

Obgleich die meisten Hotels, Geschäfte und Restaurants die üblichen Kreditkarten (vor allem Visa, MasterCard, Diner's Club) akzeptieren, ist es immer empfehlenswert, Bargeld in der Tasche zu haben, gerade auf dem Land wird oft nur Bargeld akzeptiert. Barabhebungen per Kreditkarte kosten je nach ausstellender Bank bis zu 5,5 % Gebühr. Für das **bargeldlose Zahlen per Kreditkarte** innerhalb der Euro-Länder darf die Hausbank keine Gebühr für den Auslandseinsatz veranschlagen; für Schweizer wird ein Entgelt von 1–2 % des Umsatzes berechnet.

Reiseschecks

In den Banken und einigen Wechselstuben der großen Städte werden gegen eine geringe Gebühr Reiseschecks (American Express und Thomas Cook) eingelöst. Sie sind sicherer als Bargeld (Ersatz bei Verlust); die Kaufbestätigung, die Notfall-Telefonnummer sowie die Liste der Reiseschecknummern sollte man aber getrennt aufbewahren.

Reisekosten

Generell lässt sich sagen, dass das Baltikum zwar nicht zu den günstigsten Zielen des „neuen Europa" gehört, ein Aufenthalt aber dennoch preiswerter ist als in Westeuropa. Die Preise innerhalb der Länder schwanken erheblich, je nachdem, wo man sich befindet. Während Hotels, Restaurants und Souvenirs in den großen Städten durchaus westeuropäisches Niveau erreicht haben, kann man auf dem Land oft sehr günstig speisen und preiswerte Mitbringsel erstehen.

Die Eintrittskarten für **Museen** und **Veranstaltungen** sind mit Ausnahme von Auftritten ausländischer Stars billig. Das Preisniveau für **öffentliche Verkehrsmittel** – innerstädtische genauso wie Überlandbusse – ist fast durchweg günstig. So kann man beispielsweise für etwa einen Euro die Straßenbahnen und Busse in Tallinn benutzen, für 10–15 Euro mit Überlandbussen quer durch Estland fahren. In Litauen kostet eine Busfahrt etwa 6 Euro für 100 km, eine Fahrt mit dem Zug nur etwa 5 Euro.

Die **Restaurantpreise** (von Spitzenrestaurants und Gaststätten in den Hauptstädten einmal abgesehen) liegen immer noch etwas niedriger als in Deutschland. Vielerorts gibt es noch

Cafeterias oder billige Restaurants (5 Euro für ein Gericht) sowie preiswerte, einfach ausgestattete **Hotels,** Pensionen oder Herbergen (ab 10 Euro), sodass man relativ günstig reisen kann. Die Preise für Unterkünfte der gepflegten Mittelklasse haben aber oftmals westliches Niveau erreicht.

Bei bestimmten Unterkünften, Veranstaltungsorten, Museen, Tourveranstaltern oder Sportstätten erhalten Besitzer eines **internationalen Studentenausweises** (ISIC) einen Rabatt (siehe Stichpunkt „Discounts" unter www.isic.de). Dies gilt mit Einschränkungen auch für den Lehrer- (ITIC) oder Schülerausweis (IYTC).

Versicherungen

Egal, welche Versicherungen man abschließt, hier ein Tipp: Für alle Versicherungen sollte man die **Notfallnummern** notieren und mit der **Policenummer** gut aufheben! Bei Eintreten eines Notfalls sollte die Versicherungsgesellschaft sofort telefonisch verständigt werden.

Der Abschluss einer **Jahresversicherung** ist in der Regel kostengünstiger als mehrere Einzelversicherungen. Günstiger ist auch die **Versicherung als Familie** statt als Einzelpersonen. Hier sollte man nur die Definition von „Familie" genau prüfen.

Auslandskrankenversicherung

Die gesetzlichen Krankenkassen von Deutschland und Österreich garantieren eine Behandlung im akuten Krankheitsfall auch in Estland, Lettland und Litauen, wenn die Versorgung nicht bis nach der Rückkehr warten kann. Als Anspruchsnachweis benötigt man die **Europäische Krankenversicherungskarte,** die man von seiner Krankenkasse erhält.

Im Krankheitsfall besteht ein Anspruch auf ambulante oder stationäre Behandlung bei jedem zugelassenen Arzt und in staatlichen Krankenhäusern. Da jedoch die Leistungen nach den gesetzlichen Vorschriften im Ausland abgerechnet werden, kann man auch gebeten werden, zunächst die **Kosten der Behandlung** selbst zu tragen. Obwohl bestimmte Beträge von der Krankenkasse erstattet werden, kann ein Teil der finanziellen Belastung beim Patienten bleiben und zu Kosten in kaum vorhersagbarem Umfang führen. Deshalb wird der Abschluss einer **privaten Auslandskrankenversicherung** dringend empfohlen.

Bei Abschluss der Versicherung – die es mit bis zu einem Jahr Gültigkeit gibt – sollte auf einige Punkte geachtet werden. Zunächst sollte ein **Vollschutz ohne Summenbeschränkung** bestehen. Im Falle einer schweren Krankheit oder eines Unfalls sollte auch der **Rücktransport** übernommen werden, dieser wird von den gesetzlichen Krankenkassen nicht übernommen. Diese Zusatzversicherung bietet sich auch über einen **Automobilklub** an, insbesondere wenn man bereits Mitglied ist. Man hat den Vorteil billiger Rückholleistungen (Helikopter, Flugzeug) in extremen Notfällen. Wichtig ist auch, dass im Krankheitsfall der **Versicherungsschutz über die vorher festgelegte Zeit hinaus** automatisch verlängert wird, wenn die Rückreise nicht möglich ist.

Schweizer sollten bei ihrer Krankenversicherungsgesellschaft nachfragen, ob die Auslandsdeckung auch für das Baltikum inbegriffen ist. Sofern man keine Auslandsdeckung hat, kann man sich kostenlos bei Soliswiss (Gutenbergstr. 6, Postfach, 3001 Bern, Tel. 031-380 7030, www.soliswiss.ch) über mögliche Krankenversicherer informieren.

Zur Erstattung der Kosten benötigt man ausführliche **Quittungen** (mit Datum, Namen, Bericht über Art und Umfang der Behandlung, Kosten der Behandlung und Medikamente).

Andere Versicherungen

Ist man mit einem Fahrzeug unterwegs, ist der **Europaschutzbrief** eines Automobilklubs eine Überlegung wert.

Ob es sich lohnt, weitere Versicherungen abzuschließen, wie Reiserücktrittsversicherung, Reisegepäckversicherung, Reisehaftpflichtversicherung oder Reiseunfallversicherung, ist individuell abzuklären. Diese Versicherungen enthalten viele **Ausschlussklauseln,** sodass sie nicht immer sinnvoll sind.

Die **Reiserücktrittsversicherung** für 35–80 Euro lohnt sich nur für teure Reisen und für den Fall, dass man vor der Abreise einen schweren Unfall hat, schwer erkrankt, schwanger wird, gekündigt wird oder nach Arbeitslosigkeit einen neuen Arbeitsplatz bekommt, die Wohnung abgebrannt ist u.Ä. Es gelten hingegen nicht: Terroranschlag, Streik, Naturkatastrophe etc.

Die **Reisegepäckversicherung** lohnt sich seltener, da z.B. bei Flugreisen verlorenes Gepäck oft nur nach Kilopreis und auch sonst nur der Zeitwert nach Vorlage der Rechnung ersetzt wird. Wurde eine Wertsache nicht im Safe aufbewahrt, gibt es bei Diebstahl auch keinen Ersatz. Kameraausrüstung und Laptop dürfen beim Flug nicht als Gepäck aufgegeben worden sein. Gepäck im unbeaufsichtigt abgestellten Fahrzeug ist ebenfalls nicht versichert. Überdies deckt häufig die Hausratversicherung schon Einbruch, Raub und Beschädigung von Eigentum auch im Ausland ab. Für den Fall, dass etwas passiert ist, muss der Versicherung als Schadensnachweis ein Polizeiprotokoll vorgelegt werden.

Eine **Privathaftpflichtversicherung** hat man in der Regel schon. Hat man eine **Unfallversicherung,** sollte man prüfen, ob diese im Falle plötzlicher Arbeitsunfähigkeit aufgrund eines Unfalls im Urlaub zahlt. Auch durch manche (Gold-)**Kreditkarten** oder eine **Automobilklubmitgliedschaft** ist man für bestimmte Fälle schon versichert. Die Versicherung über die Kreditkarte gilt jedoch meist nur für den Karteninhaber.

203le Foto: mk

Praktische Reisetipps A–Z

204li Foto: gs

222li Foto: gs

Beliebter Badeplatz: der Wasserfall Ventas Rumba im lettischen Kuldīga

Bernsteinschmuck

Souvenirhäuschen in Nida auf der Kurischen Nehrung

Autofahren

Autofahren im Baltikum ist im Vergleich zu Westeuropa sehr entspannt, da der Verkehr - abgesehen von den großen Städten - sehr viel ruhiger ist und man kaum in verkehrsbedingte Staus gerät. Es gab in den letzten Jahren gewaltige **Modernisierungsmaßnahmen** und viele Landstraßen sind neu asphaltiert worden und gut ausgeschildert.

Daneben gibt es eine ganze Reihe von Nebenstrecken, die nicht asphaltiert sind, viele **Schlaglöcher** haben und recht staubig, bei Regen schlammig sein können. Auf solchen **unbefestigten Pisten,** die es immer noch häufig gibt, kann es abenteuerlich zugehen. Sie bestehen aus Sand oder Schotter; entgegenkommende oder überholende Autos (die Einheimischen fahren auf diesen Pisten in halsbrecherischem Tempo) hüllen das eigene Fahrzeug sekundenlang in eine **riesige Staubwolke.** Besonders Fußgänger oder Radfahrer sind arm dran. Wenn der Sand von Spezialfahrzeugen festgeklopft wurde, ist er oft voller Rillen, die Autofahrer kräftig durchschütteln. Manchmal sind diese Wege sehr schön oder bieten eine willkommene Abkürzung, manchmal gibt es gar keine Alternativen.

Alle 30 Min. aktualisierte, fünfsprachige **Verkehrsinformationen** über den Straßenzustand und den Wetterbericht erhält man unter www.balticroads.net. Der Winterräumdienst bedient meist nur die Hauptverkehrsstraßen. Wer mit dem Auto anreist, sollte das Kapitel „Vor der Reise: Anreise" beachten.

Verkehrsregeln

Es gelten die üblichen internationalen Vorschriften. Wenn nicht anders angegeben, gelten folgende **Geschwindigkeitsbeschränkungen:** in geschlossenen Ortschaften 50 km/h, außerhalb von Ortschaften 90 km/h. Auf den wenigen Autobahnen beträgt die Höchstgeschwindigkeit 110 km/h (in Litauen vom 1.4. bis 1.11. sogar 130 km/h; zwischen Vilnius und Kaunas jedoch stets 100 km/h). Fahrzeuge über 3,5 t dürfen maximal 70 km/h fahren.

Ferner gilt, dass rund um die Uhr, also auch tagsüber, das **Abblendlicht** angeschaltet sein muss. Vom 1.12. bis 1.3. sind **Winterreifen** vorgeschrieben.

Mit **Alkohol** im Blut sollte sich niemand am Steuer erwischen lassen. Die Grenze liegt in Lettland bei 0,5 Promille, in Litauen bei 0,4 und in Estland sogar bei 0 Promille. Die Strafen für eine Überschreitung können schnell empfindlich hoch werden. Schon bei über 1,0 Promille droht beispielsweise in Lettland eine mehrtägige Haftstrafe. Gleiches gilt, wenn man Drogen auch nur mit sich führt - und das nicht nur im Auto.

Ampeln schalten in Litauen und Estland von Grün auf blinkendes Grün, erst dann auf Gelb und Rot; bei blinkendem Grün darf man nicht mehr fahren. In Lettland schalten Ampeln in vertrauter Weise von Grün über Gelb auf Rot, doch schon bei Gelb darf auf keinen Fall weitergefahren werden: Es gibt keine kurze gemeinsame Rotphase an der Kreuzung. Bei roter Ampel mit einem **grünen Pfeil** darf in dieser Fahrtrichtung abgebogen werden.

Besondere Gefahrenquellen

Aufpassen sollte man auf die **Minibusse** (Linientaxis), die plötzlich, ohne zu blinken, nach rechts ausscheren, um jemanden mitzunehmen, und dann wieder einscheren. Auch **(Trolley-) Busse** scheren oft weit aus den Bushaltestellen aus. Auf die ein-/aussteigenden Leute sollte man achten (auch bei Straßenbahnen).

Erhöhte Vorsicht ist bei Fahrten **durch Ortschaften** geboten. Einige Landstraßen sind recht eng und passen sich der Landschaft an, sodass es auf und ab geht. **Kuppen und Hügel** machen das Fahren dann oft unübersichtlich. Ganz normal ist es, dass auch auf der **Autobahn** Radfahrer und Pferdefuhrwerke unterwegs sind (!), dass Fußgänger die Fahrbahn überqueren, dass Kuhherden darüber getrieben werden oder dass Tiere frei herumlaufen. Üblich ist auch, wenn man eine Ausfahrt verpasst hat, dass man kurzerhand über den Grünstreifen auf die Gegenspur wechselt.

Eine andere Gefahrenquelle sind **verlorene Ladungsteile** von Lastwagen und Traktoren. Deshalb sollte man zu beladenen Fahrzeugen ausreichend Abstand halten! Heimtückisch können ganz vereinzelt auftretende **tiefe Schlaglöcher** in ansonsten sehr guten Asphaltstraßen sein, da man nicht darauf vorbereitet ist und vor allem nachts Gefahr läuft, bei hoher Geschwindigkeit nicht mehr ausweichen zu können. Noch gefährlicher können beschädigte oder fehlende **Kanaldeckel** sein. Falls irgendwo auf der Fahrbahn ein Zweiglein emporragt, das man sonst zwischen die Räder nehmen würde, ist höchste Vorsicht geboten! Auf diese Weise werden manchmal fehlende Kanaldeckel markiert.

Besonders aufmerksam muss man bei **Nachtfahrten** sein. Nicht alle Verkehrsteilnehmer nehmen es mit der Beleuchtung so genau (unbeleuchtetes Fuhrwerk, Fahren mit Standlicht o.Ä.). **Verkehrsschilder** sind in der Regel nicht beleuchtet und die oft kleinen Schilder sind in der Dunkelheit ebenso wie manche **Straßenmarkierungen** schlecht zu erkennen.

Viele **Bahnübergänge** sind nicht beschrankt, deshalb auf jeden Fall langsamer werden und sich vergewissern, ob kein Zug kommt.

In der Dämmerung kann es in ländlichen Gebieten vor allem im nördlichen Baltikum vorkommen, dass ein **Elch** auf die Straße läuft. Zusammenstöße können tödlich enden, also Vorsicht!

Sicherheit

Neben dem Abschließen des Fahrzeugs sollte man auch darauf achten, **Wertsachen und Papiere** nicht zurückzulassen oder zumindest alles im Auto, was die Aufmerksamkeit von Dieben erregen könnte, zu verstecken. Tatsache ist, dass die Einheimischen, wenn sie ihr Fahrzeug abstellen, häufig ihre Autoradios und Navis ausbauen. Für die Nacht sollte man sich ordentliche, gut beleuchtete Parkplätze suchen. In den größeren Städten existieren zahlreiche rund um die Uhr **bewachte Parkplätze.** Auf keinen Fall auf unbewachten Parkplätzen im Auto übernachten!

- **Buchtipp:** „Schutz vor Gewalt und Kriminalität unterwegs", aus der Reihe Praxis, REISE KNOW-HOW Verlag, Bielefeld.

Tanken

Tankstellen, auch für Autogas, existieren zahlreich, das **Netz** ist allerdings nicht ganz so dicht, wie von zu Hause gewohnt. Die Tankstellen sind mindestens von 6 bis 22 Uhr, entlang der Via Baltica oft 24 Std. geöffnet. Der Kraftstoff wird durch seine Oktanzahl klassifiziert. Die **Benzinpreise** sind etwas niedriger als bei uns.

Unfall und Panne

Bei einem Unfall, der keine schnelle, unbürokratische Einigung mit dem Gegenüber zulässt, sollte sofort die **Polizei** gerufen werden (bei Mietwagen sowieso immer). Es gilt von Mobiltelefonen aus und inzwischen auch aus allen Festnetzen sowohl für die Polizei als auch für den Notarzt die einheitliche **Notrufnummer 112.** Am anderen Ende der Leitung wird man jemanden finden, der Englisch versteht. Wichtig ist, dass man immer ungefähr weiß, wo man gerade fährt und so den Unfallort im Notfall schnell beschreiben kann.

Bei **Pannen** helfen auch die Reparaturwerkstätten einiger Tankstellen, die auch weitervermitteln. Niederlassungen aller großen westlichen Automarken sind in den Großstädten vertreten und leisten Pannenhilfe bzw. führen Reparaturen aus. Die Adressen der Kfz-Vertragshändler, bei denen meist auch Ersatzteile erhältlich sind, kann man bei Hotels, Tankstellen oder Touristinformationsbüros erfragen. Man kann sich auch direkt an seinen Automobilclub wenden.

- **ADAC,** (D-)Tel. 089-222222; unter (D-)Tel. 089-767676 gibt es Adressen von deutschsprachigen Ärzten in der Nähe des Urlaubsortes (Liste auch vorab anforderbar).
- **ÖAMTC,** (A-)Tel. 01-2512000 oder 01-2512020 für medizinische Notfälle.
- **TCS,** (CH-)Tel. 022-4172220.
- **Estnischer Automobilclub** (Eesti Autoklubi), Laki 11, 12915 Tallinn. Pannendienst: 6979188 oder 1888, Fax 6979110, eak@autoclub.ee, 24-Stunden-Service.
- **Lettischer Automobilklub** (Lamb Autoklubs), Tel.-Servicenummer 1888, Tel. 675 66222, www.lamb.lv, mit englischer Version.
- **Litauischer Automobilklub** (LAS), Straßenhilfsdienst, Tel. 8-8000 0000, vom Handy 1888-1414 (www.las.lt/en, „Roadside Assistance").

In Polen:

- **Notruf in Polen:** Tel. 997 (Polizei), 999 (Ambulanz), 981 bzw. 954 (Pannenhilfe).
- **Touristennotruf** (deutschsprachig) in Polen: Tel. 061-8319888,
- **Polnischer Automobilclub PZM:** Tel. 19637, Infonummer in Warschau: Tel. 022-5328444.

Mietwagen

Die großen, international operierenden Autovermieter sind in allen großen Städten vertreten, die Preise sind in etwa auf deutschem Niveau. Zusätzlich finden sich kleinere, regionale Anbieter. Die meisten offerieren Abholung und Rückgabe des Autos sowohl am **Flughafen** als auch in der Innenstadt. Auch auf dem Lande gibt es zahlreiche Möglichkeiten, ein Auto zu mieten, bei manchen Anbietern für 30 Euro pro Tag. In Vilnius sind die Mietpreise niedriger als in Riga und Tallinn. Manche Reiseagenturen bieten Mietwagentouren inklusive Übernachtungen an, bei denen das Auto am Flughafen in Empfang genommen und wieder abgenommen wird, ggf. auch an anderen Flughäfen im Baltikum.

Behinderte

Immer mehr Einrichtungen wie Museen, Campingplätze, Hotels, Einkaufszentren, öffentliche Gebäude und sogar einige Schlösser und Burgen sind **behindertengerecht gebaut.** Auch haben einige Ostseestrände Zugang für Rollstuhlfahrer. Leider gibt es aber immer noch, besonders in der Provinz, **unüberwindbare Hindernisse.** Viele Sehenswürdigkeiten liegen in freier Natur, an Flussufern, in Höhlen, an Wanderwegen oder Naturpfaden. Auch hat man es aufgrund der häufigen Kopfsteinpflaster und Treppen und der fehlenden Vorrichtungen an öffentlichen Verkehrsmitteln mit Handycap nicht gerade einfach. Die Tourismusorganisationen aller drei Länder mit ihren Büros in vielen Orten sind aber auch auf diesem Gebiet äußerst hilfreich, sodass die Baltikumreise für Behinderte ebenfalls zu einem Erlebnis werden kann.

Die Situation in den einzelnen Städten Lettlands wird in den Ortsbeschreibungen skizziert. In Litauen hat sich die Situation vor allem in den touristischen Zentren stark verbessert. In Vilnius und Kaunas sind die neuen Trolleybusse behindertengerecht ausgestattet. Von den ca. 300 touristischen Pfaden und Wegen der Städte sind ca. 30 entsprechend ausgebaut. Zudem wurde anlässlich der Europäischen Kulturhauptstadtwochen 2009 in Vilnius ein besserer Zugang zu Kulturobjekten für Behinderte geschaffen.

Infos sind in Vilnius erhältlich beim Informations- und Beratungsbüro für Behinderte, Teatro 11/8-13, Tel. 5-617 277 bzw. Kauno 4, Tel. 5-330161.

Camping

Vom **kleinen privaten Zeltplatz,** oft in schönster Natur direkt an Meer, See oder Fluss, bis hin zu **großen Anlagen** mit Restaurant, Sauna und Hotel oder Ferienbungalows ist die ganze Palette an Campingmöglichkeiten im Baltikum anzutreffen. Selbst in wenig touristischen Gebieten findet sich zumindest ein Zeltplatz oder Stellplatz für den Caravan. Immer häufiger werden auf den größeren Campingplätzen auch Snacks und Getränke verkauft oder sogar Essen in einer Bar oder gar einem Restaurant serviert. Küche und Waschmaschine sind an einigen Orten vorhanden, aber nicht überall garantiert. Viele offizielle Campingplätze vermieten auch Zelte. Immer mehr Plätze bieten WiFi-Internetzugang, teilweise ist dieser aber extra zu bezahlen. Die Plätze sind im Allgemeinen nur während der Sommersaison geöffnet (Mai bis September).

In **Estland** liegen die meisten Campingplätze an der Küste und in den Nationalparks, jedoch kann man sein Zelt auch oft bei den Ferienunterkünften auf dem Land im Garten aufstellen und den Service des Hauses (Bad, Sauna etc.) nutzen.

In **Lettland** entstehen ständig neue, oft malerisch schön gelegene Campingplätze – nicht selten mit kleinen (2–4 Personen) oder mittelgroßen (6 Personen) **Holzhütten** oder Gästezimmern. Bloße Zeltplätze sind häufig sehr einsam und romantisch an Fluss- oder Seeufern gelegen. Der Besitzer kommt abends oder morgens vorbei und kassiert eine kleine Gebühr.

In **Litauen** gibt es momentan gut 20 Campingplätze mit westeuropäischem Standard. Häufig finden sich sehr **einfache Naturplätze,** oft nur mit Schutzhütte, Wasserpumpen, Plumpsklos und Grillplätzen, manchmal mit weiteren Einrichtungen wie Sauna, Café oder Imbiss. Manche sind nicht einmal zum Aufstellen von Zelten geeignet. Weiterhin kann man oft kleine, unbeheizte **Holzhütten** oder **Ziegelbungalows** mit 3–4 Betten mieten, die sehr billig sind. Die sanitären Anlagen liegen außerhalb.

Stell- und Serviceplätze für **Wohnwagen und Wohnmobile** sind eher selten, es werden aber immer mehr. Frei zu stehen ist außerhalb der Ortschaften gestattet. Ideale Übernachtungsmöglichkeiten bieten die meist hübsch angelegten **Rastplätze,** die öfters etwas abseits der Straße liegen und manchmal sogar Toiletten haben. Ausgeschildert sind die freien Rastplätze mit einem blauen Schild, auf dem eine Tanne abgebildet ist.

Streng verboten ist Wildcampen in den Nationalparks und in diversen Schutzgebieten.

Aktuelle Adressen der Campingplätze erhält man bei den Touristeninformationen der jeweiligen Region.

- **www.camping.lv,** Übersicht vieler lettischer Plätze, nach Regionen geordnet (auf Englisch).
- **www.camping.lt,** Campingverband Litauen, Liste der Plätze mit Übersichtkarte.
- **www.all-estonia-camping.com,** Überblick über gute Angebote in Estland.
- **www.campingbaltikum.de,** private Website mit übersichtlicher Auflistung vieler Plätze.

Einkaufen und Souvenirs

Das Angebot in den **Supermärkten** ist sehr breit und vollkommen mit dem in Deutschland, der Schweiz oder Österreich vergleichbar. Auch Nicht-Lebensmittel wie Schreibwaren, Kosmetika, einfache Kleidung oder Fahrräder sind meist vorhanden. Für die Selbstversorgung – und als Alternative zum Essen im Restaurant – empfehlen sich die Salate und Speisen von den Theken vieler Läden. Außerdem verfügt

Töpferladen mit typisch lettischer Keramik

eine Vielzahl der Supermärkte über einen Imbiss oder ein Bistro im Eingangsbereich.

Selbst in kleineren Orten betreibt meist mindestens ein kleiner Supermarkt seine Geschäfte. Oft sind sie **abends bis 22 Uhr** geöffnet. Samstags kann überall bis zum frühen Nachmittag oder sogar bis zum Abend eingekauft werden, sonntags nur vereinzelt. Die größeren Supermärkte lassen jedoch auch am Wochenende von morgens bis abends ihre Kassen klingeln. Ab 22 Uhr wird in Lettland bis morgens **kein Alkohol verkauft.**

Traditionelle **Märkte** spielen im Baltikum eine große Rolle. Qualität und Auswahl sind hier im Allgemeinen besser als in den kleineren Geschäften, oft auch billiger. Man bekommt alle Arten von Lebensmitteln, von Fisch und Fleischwaren bis zu Eiern und Milchprodukten. Letztere werden oft in **Markthallen** verkauft. Auch traditionelle Handwerks- und Handarbeitsartikel findet man auf den Märkten, wie Keramik, Tücher, Handschuhe, Mützen oder Holzarbeiten. Blumenstände und Imbisse gehören ebenfalls üblicherweise dazu. Märkte, die einen eigenen Platz besitzen, öffnen oft täglich ihre Pforten, während andere nur etwa dreimal oder gar einmal pro Woche Handel betreiben.

Handeln ist weder in Geschäften noch auf Märkten üblich. Allenfalls wenn man an einem Handarbeitsstand Strickpullis für die ganze Familie erstehen will, kann man sein Glück versuchen.

Reisetipps A–Z

0271e Foto: mk

Souvenirs

Bernstein

Das typischste und beliebteste Souvenir aus dem Baltikum ist wahrscheinlich Bernstein, das „baltische Gold", das man an den Stränden der „Bernsteinküste" mit etwas Glück und Geduld auch selbst finden kann. Im südlichen Baltikum, an den Stränden Litauens und der lettischen Westküste, sind die Chancen am größten. Bernsteinschmuck in allen Formen und in unterschiedlichen Farbschattierungenen (grün, weiß-gelb, rötlich oder braun) bekommt man auf den Märkten, in Schmuckgeschäften und in Souvenirläden in Form von Ketten, Anhängern, Ohrringen, Broschen und Ringen angeboten. Die Preise variieren je nach Qualität und Verarbeitung. In Estland ist der Schmuck nicht so preiswert wie in Lettland oder Litauen.

Souvenirs aus Estland

Beliebte Mitbringsel aus Estland sind aus **Wacholderholz** geschnitzte Figuren, Küchenzubehör und Ketten, aber auch die mit traditionellen Mustern versehenen **handgestrickten Mützen, Schals und Handschuhe.**

Wer nach Saaremaa oder auf die anderen Inseln fährt, kann kleine Vasen, Dosen oder Mörser aus **Dolomit** erstehen, dem „Marmor Saaremaas". Natürlich sind diese Dinge auch in den gut ausgestatteten Souvenirläden in Tallinn erhältlich. Dort kann man jedoch kaum damit rechnen, Schnäppchen zu machen, wogegen Handarbeitsartikel und sonstige Souvenirs auf dem Land oft sehr günstig sind. Wer mag, kann selbstgemachte **Moosbeerenmarmelade** erstehen oder eine Flasche des typischen **Likörs** „Vana Tallinn". Auch **Wodka** *(viin)* ist ein beliebtes Mitbringsel. Hier kann man beispielsweise zum Saaremaa-Wodka oder zum „Viru valge" greifen.

Souvenirs aus Lettland

Ein typisches Kunsthandwerksprodukt Lettlands sind **Töpferwaren.** Sie werden in Werkstätten des ganzen Landes geschaffen, der Schwerpunkt liegt aber im östlichen Latgale, wo besonders die schwarze Keramik das Herz von Freunden schönen Geschirrs höher schlagen lässt. Jeder Souvenirladen, Boutiquen und sogar viele Supermärkte bieten schmuckvoll geformte und verzierte Krüge, Becher, Teller, Kerzenständer, Vasen und Figuren aus Ton an. Am meisten Spaß macht der Kauf freilich beim Künstler selbst in seiner Werkstatt, wo neugierige Besucher nicht selten dem Töpfer auf die Finger schauen oder sogar selbst Hand anlegen können.

Ein weiterer Klassiker aus Lettland sind **traditionelle Kleidung** wie Trachten und Kostüme mit ihren fröhlichen Mustern (oft in den Landesfarben rotweiß) sowie andere Handwerksprodukte wie z.B. geschnitzte Stühle. Nicht nur die Hansestadt Riga hat eine lange und ereignisreiche Handwerker-Geschichte. Ein weiteres beliebtes Mitbringsel aus Lettland sind Decken, vor allem Steppdecken.

Stolz sind die Letten auf ihre leckeren **Honigsorten.** Wer sich keine Sor-

Größter Schatz der endlosen Strände – Bernstein

Die phänomenalen baltischen Ostseestrände wären nichts ohne ihren größten Schatz: Bernstein. Das **baltische Gold,** das sich am häufigsten an den Küsten Litauens und Lettlands findet, weniger in Estland, war einst noch wichtiger als heute. Es gab Zeiten, als es für die Region tatsächlich noch mehr Wert darstellte als Gold. Heute ist Bernstein mit seiner Bedeutung als **Schmuck und Souvenir** zwar nicht mehr ganz so kostbar. Doch er bleibt ein sehr wichtiger Identifikations-Faktor. Jeder Souvenirladen bietet eine breite Auswahl an Bernstein-Produkten an und kaum eine Halskette oder kaum ein Ring aus dem Baltikum ist ohne diesen edlen, in grauer Vorzeit aus **Baumharz** entstandenen Stoff denkbar.

Die Bearbeitung von Bernstein begann bereits im vierten Jahrtausend vor Christus, wie eine Reihe von Ausgrabungen bewiesen. Mit dem Einmarsch der Kreuzritter vom Schwertbrüderorden wurde die Bearbeitung des Bernsteins stark eingeschränkt, denn die neuen Herren verboten bei Todesstrafe das „Stehlen“, also das Sammeln des wertvollen Stoffes. Sie wollten alles für sich haben und damit Handel treiben.

090le Foto: mk

Es entstanden in der Ostseeregion Schmuckstücke faszinierender Art (wie etwa das legendäre Bernsteinzimmer), doch es dauerte bis ins 19. Jh., dass das Monopol aufgehoben wurde und jeder wieder selbst Bernstein sammeln und verarbeiten durfte. Das golden schimmernde Material war ein beliebtes Accessoire an Trachten und anderer traditioneller Kleidung, etwa für Knöpfe.

Heute ist die Verarbeitung von Bernstein nach wie vor ein Brotverdienst für Tausende Balten. Touristen kaufen nicht nur die Produkte, sondern werden selbst zu **Schatzsuchern** an den Stränden, wo es gar nicht so schwer ist, ein paar kleine Klumpen zu erspähen, wenn man genügend Geduld mitbringt. Faszinierend sind auch die **Einschlüsse kleiner Tiere,** jahrtausendelang im Bernstein konserviert. Es sind meistens Insekten, die solche Fundstücke zu einem ganz besonderen Souvenir machen.

Bleibt noch die Frage, **wie man Bernstein eigentlich erkennt.** Natürlich muss er transparent sein, die Sonne oder das Licht müssen hindurchscheinen. Ein weiterer Tipp lautet, Bernstein an Seide oder an der Kleidung zu reiben und zu schauen, ob eine elektrische Ladung auftritt, was bei Bernstein – der ja kein Stein ist – passiert. Oder man prüft, ob der „Stein“ im Wasser schwimmt. Der ultimative Test besteht darin, das Exemplar an eine Flamme zu halten, Bernstein wird dann zähflüssig und verfärbt sich leicht. Im Zweifelsfall, bei einem richtig großen Fund, bleibt natürlich nur der Gang zum Juwelier. Ansonsten gilt: Hauptsache schön.

Straßenverkauf des „baltischen Goldes“

gen um zu schweres Gepäck machen muss, sollte also einige Gläser Honig *(medus)* nach Hause mitbringen.

Eine Spirituose aus Riga ist der *Rīgas Melnaiz balzams,* ein dickflüssiger, herber, schwarzer **Kräuterlikör** mit großer Tradition. Er wird meist in hübschen Steingut-Flaschen verschiedener Größe angeboten und ist ein ideales Geschenk. Ein ebenso schönes Mitbringsel ist die **Schokolade** der Marke „Laima", die schon immer in Riga produziert wurde. Die Verpackungen sind oft mit Motiven aus Lettland verziert.

Souvenirs aus Litauen

Auch in Litauen findet man **Holzarbeiten** wie geschnitzte Löffel oder gedrechselte Dosen und **Keramikwaren,** etwa Glaskeramik. Anderes typisches Kunsthandwerk sind Lederarbeiten (z.B. Bucheinbände), bestickte Leinenstoffe, Deckchen (Spitzen- und Häkelarbeiten), Korbwaren und Trachten. Ein anderer traditioneller Zweig der Volkskunst ist die Anfertigung von **Schärpen;** diese Bänder werden gewoben und wurden früher um den Leib getragen. Beliebt sind auch **Stricksachen** aus Wolle (z.B. Trachtenmützen, Handschuhe, Socken), meist zweifarbig mit den im 19. Jh. populären Flora- und Faunaornamenten.

Liebhaber von Kunsthandwerk sollten sich die Broschüre „Folk Art Routes" vom Tourismusverband (info@tourism.lt) besorgen. Hier sind die Kontaktadressen der Kunsthandwerker (Holzschnitzer, Weber, Sticker, Bernsteinkünstler etc.) aufgeführt, bei denen man vor Ort deren Kunst bewundern und auch selbst erlernen kann.

Auch **russisches Kunsthandwerk** wie *matrioshki* (ineinander verschachtelte Holzpüppchen), *pisanki* (bemalte Holzeier), *loshki* (bemalte Holzlöffel) und *shkatulki* (Lackkästchen aus Pappmaché) ist in Litauen sehr populär, ebenso wie Souvenirs **sowjetrussischer Exotik** (z.B. T-Shirts mit Hammer und Sichel, Orden oder Generalsmützen).

Eine große Auswahl bieten Kunsthandwerksgeschäfte *(daile)* und Souvenirläden, teilweise auch Antiquitätengeschäfte. An touristischen Plätzen bieten Straßenhändler ihre Waren feil; es gibt auch **Souvenirmärkte** (z.B. in der Pilies gatvė in Vilnius, wo es auch einen Bildermarkt gibt). Hier ist Handeln gefragt.

Günstige Mitbringsel sind auch **landestypische Lebensmittel** wie Honig, Baumkuchen oder getrocknete Steinpilze, bzw. Getränke wie Kräuterlikör, Honigbier oder Wodka.

Elektrizität

Reisende können ihre mitgebrachten elektrischen Geräte problemlos im Baltikum benutzen. Steckeradapter sind normalerweise nicht notwendig, obgleich es noch einige wenige Steckdosen gibt, in die nur die zweipoligen Euronorm-Stecker ohne Schutzkontakt passen.

Essen und Trinken

Die estnische Küche

Die estnische Küche mag so manchem Reisenden bekannt vorkommen. Was der Besucher bislang mit typisch deutscher Hausmannskost assoziiert hat, deckt auch so manchen estnischen Tisch. Allerdings schaffen es viele Restaurants (und auch Menschen zuhause), diesen Gerichten mehr Leichtigkeit und Finesse zu verpassen, als man es im deutschen Dorfgasthaus erwarten würde. Bei allen Ähnlichkeiten gibt es zudem viele Eigenheiten der estnischen Küche, was Zutaten, Zubereitung und ganz allgemein die Essgewohnheiten betrifft.

Gekocht wird, was aus dem Garten, Meer oder Wald kommt: Fisch *(kala)* und Wild *(metsloomaliha)*, Schweinebraten (*seapraad, sealiha* = Schweinefleisch) und Rindfleisch *(loomaliha)*, Sülze *(sült)* und Blutwurst *(verivorst)* Sauerkraut *(hapukapsas)* und Kartoffeln *(kartulid)*. Eine Spezialität des Landes sind gewürzte Strömlinge *(kilud)*. Dazu gibt es – je nach Jahreszeit – Salat, Gemüse und besonders im Herbst köstliche Pilze *(seened)* aus den estnischen Wäldern. Gern werden auch vergleichsweise einfache Speisen aufgetischt wie Pfannkuchen *(pannkook)* oder Brei *(puder)*, der zum Frühstück gegessen wird.

Auch Suppen *(supp)* und Eintöpfe sind sehr beliebt. Oft gibt es *seljanka*, einen bunten Eintopf, der den zweiten großen Einfluss auf die estnische Kost erkennen lässt: die **russische Küche.** Ihr ist auch ein beliebter Snack für zwischendurch zu verdanken: Piroggen *(pirukas)*, mit Gemüse oder Fleisch gefüllte Teigtaschen.

Zu allen Speisen wird Brot gereicht, helles Weißbrot *(sai)* und dunkles Roggenbrot *(rukkileib)*. Viele Speisen werden mit saurer Sahne *(hapukoor)* und frischen Kräutern abgeschmeckt. Die Käse- *(juust)* und Wurstsorten *(vorst)*, die zum Frühstück oder kalten Abendessen serviert werden, sind manchmal hausgemacht, typisch ist vor allem körniger Frischkäse *(kodujuust)*. Dazu gibt es saure Gurken oder selbst gemachte Marmelade und Honig.

Zum **Nachtisch** gibt es Quarkcremes *(kohupiimakreem)* mit Früchten oder *kama*. Letzteres ist eine Art Mehl aus verschiedenen Getreidesorten und Hülsenfrüchten (Gerste, Hafer, Roggen, Erbsen und schwarzen Bohnen), eine estnische Besonderheit, die – mit Joghurt oder Kefir zu einem Brei vermischt – auch oft zum Frühstück gegessen wird. Ferner gibt es mit Schokolade überzogene Quarkröllchen *(kohuke)*, die besonders bei Kindern beliebt sind.

Zum Bier *(õlu)* hingegen werden gern harte, in Öl und Knoblauch geschwenkte Brotstückchen, sogenanntes Knoblauchbrot *(küüslauguleib)*, gereicht.

Getränke

Bier wird in Estland gern getrunken, vor allem die lokalen Marken Saku, A le Coq oder das höherprozentige Saaremaa-Bier. Wein (*vein;* nicht zu verwechseln mit *viin* = Wodka) wird –

abgesehen vom Fruchtwein aus Põltsamaa – importiert und ist deshalb oft teurer als andere Getränke. Als Absacker und Appetitanreger trinkt man **Likör** oder **Wodka** *(viin)*. Bedenken sollte man, dass ein gesetzliches Verbot besteht, auf öffentlichen Plätzen Alkohol zu trinken. Zwar halten sich gerade Jugendliche nicht immer daran, doch wer sich dem Verbot widersetzt, muss mit einer Geldstrafe rechnen.

An nichtalkoholischen Getränken stehen neben Softdrinks **Saft** *(mahl)*, **Wasser** *(vesi)*, **Milch** *(piim)* und **Sauermilch** *(keefir)* sowie **Kaffee** *(kohv)* und **Tee** *(tee)* auf der Speisekarte.

Eine Besonderheit ist das aus vergorenem Getriede hergestellte Erfrischungsgetränk **Kali** (russ.: **Kwas,** siehe auch unter Lettland), das am ehesten mit Malzbier zu vergleichen ist.

Gastronomie

Jedem Estlandreisenden, der mehr als ein paar Tage im Land ist, sei empfohlen, zumindest einmal die typische Landesküche zu kosten. Auf Voranmeldung bieten die meisten **Unterkünfte auf dem Land** Verpflegung an. Das bedeutet, dass sich die Hausfrau persönlich an den Herd stellt und alles, was Haus und Hof zu bieten haben, auffährt – Essen also, das in deutschen Großstädten unter dem Label „Bio-

Café im Hof der Meister in Tallinn

kost" stolze Preise kosten würde, hier aber oft gegen ein kleines Entgelt liebevoll zubereitet wird.

Wer nur eine Stippvisite in Tallinn macht, kann dort in einem der **mittelalterlichen Restaurants** – beispielsweise dem Olde Hansa – in den Genuss traditioneller Küche kommen. Man sollte sich nicht davon abschrecken lassen, dass es dort touristisch zugeht, die Qualität des Essens stimmt allemal.

Natürlich schwanken die **Preise** je nach Region des Landes erheblich. Spitzenrestaurants in Tallinn haben längst westliche Preise erreicht, dennoch lässt sich insgesamt festhalten, dass man in Estland preiswerter speist als in Deutschland, der Schweiz oder Österreich. Dies gilt besonders für Restaurants auf dem Lande, dort kann man für wenig Geld ein komplettes Essen bekommen.

Doch trotz aller Hausmannskost, die in Estland wesentlich verbreiteter ist als in Deutschland, gibt es natürlich auch dort die verschiedensten Restaurants und Fastfoodlokale, die **internationale Küche** auftischen: Sushi und Hamburger, indische Speisen und Pizza, Reisgerichte und Tacos. Wer nicht so sehr auf den Geldbeutel achten muss, sollte einen Besuch in einem der estnischen Spitzenrestaurants in Erwägung ziehen, die nicht nur französische oder mediterrane Spezialitäten anbieten, sondern auch estnische Traditionen in verfeinerter Form auf den Tisch bringen.

Oft sind die **Speisekarten** auch in Englisch oder Deutsch angelegt. Auch beherrschen die Kellner oft mehrere Sprachen und können bei der Übersetzung behilflich sein.

Die lettische Küche

Man tritt den Letten nicht zu nah mit der Feststellung, dass sie wenige Gourmet-Speisen zu bieten haben: Die Küche ist geprägt von **deftigen und einfachen Gerichten.** Ein typisches Gericht ist die *karbonade,* ein großes, meist paniertes **Schweineschnitzel,** serviert mit Krautsalat oder Gemüse und Pommes Frites oder Bratkartoffeln, seltener auch mit Salzkartoffeln oder Reis. Typisch als Geschmacksverfeinerung zu fast jedem Gericht ist **Kümmel.** Überhaupt dominiert das **Schweinefleisch** die Speisekarten der Letten, oft in Form von Schaschlik und Rippchen, auch häufig auf deutsche Weise als Würstchen oder Eisbein. Rindfleisch ist erstaunlich selten anzutreffen, Geflügel schon etwas häufiger.

Nur **Fischgerichte** haben in dem Land der vielen Gewässer noch einen ähnlich hohen Stellenwert wie Schweinefleisch. In den Küstenorten und Fischerdörfern werden viele Fischrestaurants betrieben. Am beliebtesten sind geräucherte Sorten wie Aal, Dorsch, Hering, Forelle und Lachs. Auch Freunde von Krabben und anderen Meeresfrüchten kommen auf ihre Kosten. Zum Fisch wird häufig eine interessante Beilage gereicht: eingemachte oder in Essig eingelegte Tomaten, Zwiebeln, Möhren und anderes **pikant schmeckendes Gemüse.**

So fleischorientiert die meisten Speisen auch sein mögen, so sehr überzeugt die immer wieder sehr reiche Auswahl an **Salaten,** die auch für Vegetarier zum wichtigen Rettungsanker wird. Aus deutschen Landen kommt die Tradition eines sehr schmackhaften, wenn auch nicht gerade leichten Kartoffelsalates. Beliebt sind außerdem Kraut-, Tomaten-, Gurken-, und Bohnensalate.

Nicht fehlen dürfen im von Wäldern übersäten Lettland natürlich **Pilzgerichte,** die sich nach der jeweiligen Jahreszeit richten. Eine Pilzsuppe wird oft als Vorspeise serviert, ob zu Pelmeni oder zum Schweineschnitzel. Letzteres kann aber auch Pilze als Beilage haben. Besonders lecker - und nicht so teuer wie in Westeuropa - sind Pfifferlinge, die hier in Hülle und Fülle wachsen und gesammelt werden. Weitere Spezialitäten sind graue Erbsen mit Speck, Kartoffeln mit Quark und Heringen und Sauerampfer-Suppe.

Käse - auch aus dem Supermarkt - ist meist entweder erstaunlich würzig oder süß. Interessant sind kleine Käseriegel, die die nicht mehr als 0,30 oder 0,50 Ls kosten und in den verrücktesten Geschmacksrichtungen zu haben sind, etwa Preiselbeere, Kokos, Apfel oder Rose.

In der Küche ist die **deutsche Tradition** anzutreffen, die Jahrhunderte lang im größten Gebiet des heutigen Lettland dominant war, auch wenn das schon lange Zeit her ist. Der russische Einfluss macht sich bei weit verbreiteten Imbiss-Speisen wie den Teigtaschen **Pelmeni** oder den fettigen **Tscheburaki** aus der Pfanne bemerkbar.

Ein ganz besonderes Grundnahrungsmittel ist das lettische **Brot** *(maize):* Es wird meist aus Roggenmehl gebacken und ist mit einer gehörigen Portion Malz versetzt. Oft wird noch Kümmel hinzugefügt, manchmal auch Nüsse oder Trockenobst. Die Brote sind sehr dunkel, fast schwarz, und äußerst würzig. Wer zuviel auf einmal isst, kann Magenprobleme bekommen, aber dieses einfache Brot ist für viele eine echte Entdeckung. Dazu schmeckt besonders gut der berühmte lettische **Kümmelkäse,** der speziell zum Johannistag im Juni den Rang einer Pflichtspeise besitzt. Zu jeder warmen Speise wird übrigens Brot serviert.

Zum **Frühstück** gibt es zum Kaffee meist kleine, dünne **Pfannkuchen** *(pankūkas)* mit süßer Quark- oder Marmeladenfüllung. Eine beliebte **Süßspeise** ist auch Brotsuppe mit Schlagsahne und das ebenfalls aus Schwarzbrot zubereitete *rupjmaizes kārtojums.*

In den Cafés *(kafejnīcas)* gibt es oft eine große Auswahl an kleinen **Törtchen und Kuchen.** Sie sind meistens ziemlich bunt und süß und werden als Nachspeise, aber am liebsten nachmittags zum Kaffee gegessen.

Getränke

Die Letten mögen morgens und auch nachmittags eher **Kaffee** als **Tee,** doch die russische Tradition des Teetrinkens (oft aus Gläsern) ist auch hier anzutreffen. Der gemahlene Kaffee wurde in früheren Zeiten häufig einfach in Becher oder Gläser geschüttet und dann mit kochendem Wasser übergossen. Heute setzen sich moderne Kaffeemaschinen durch. Dementsprechend werden auch immer häufiger Latte Macchiato und andere „trendige" Variationen angeboten. Morgens trinken die Letten gern ein Glas Milch, Dickmilch oder auch Kefir *(kefirs).*

Der deutsche Einfluss macht sich auch beim **Bier** bemerkbar. In Lettland finden sich zahlreiche, vielfach **regionale Brauereien,** die Bier auf allerhöchstem Niveau produzieren. Ein „kühles Blondes", ob gezapft oder aus der Flasche, gehört also zu einem anständigen Essen dazu. Weintrinker haben es da schon schwerer. Für Besucher, die mit dem Auto nach Lettland reisen und noch etwas Platz im Kofferraum haben, ist Bier aus Lettland ein ideales Mitbringsel. Es werden auch Liter- oder sogar Anderthalbliter-Flaschen aus Kunststoff verkauft. Besonders lecker sind *Tērvetes, Gaisu, Līvu, Cēsu* und *Lāčplēsis.*

Auch **Birkensaft** gilt als Nationalgetränk. Eine weitere nahrhafte Flüssigkeit ist der **Kwas,** hergestellt auf Roggen-Sauerteigbasis. Durch den Zucker im Fermentationsprozess kommt die notwendige Süße hinzu. Kwas stammt aus Russland und hat nicht mehr Kalorien als Cola oder andere Limonaden, schmeckt aber erfrischender. Er ist im Supermarkt und in Restaurants fast überall erhältlich. Manchmal stehen an der Straße wie in Russland kleine Wagen mit einem Kwas-Tank, aus dem Verkäufer das Getränk in Becher abzapfen.

Gastronomie

Lokale mit dem auch für Ausländer wiedererkennbaren Namen **restorāns** gehören einer für lettische Verhältnisse höheren Preiskategorie an, müssen aber nicht teuer sein. Im Gegensatz zur *kafejnīca* wird das Essen hier am Tisch serviert und nicht selbst an der Theke zusammengestellt.

In einer **kafejnīca** bedient man sich zwar selbst, doch das Geschirr wird fast immer von Mitarbeitern abgeräumt. Es ist nicht üblich, dass man seinen Tisch selbst aufräumen und die Teller irgendwo abstellen muss. In einer *kafejnīca* kann man bereits für 10 Ls, manchmal sogar noch günstiger, zu zweit satt werden, mit einem großen Tellergericht und Getränken. In Restaurants reicht die Spanne von vergleichbaren Preisen bis hin zu westlichem Niveau.

Wenn ein Lokal sehr schick, fast schon ein wenig zu nobel eingerichtet ist, aber relativ wenige Gäste hat, kann es sich um ein ausschließlich an wohlhabende Touristen gerichtetes Restaurant handeln. In Riga existieren einige Häuser dieser Art. Eine gute Methode ist es, vor Eintritt einen Blick auf die Karte zu werfen und Ausschau zu halten, ob auch Einheimische zu den Besuchern gehören.

Einfache, manchmal sehr gemütliche und urige Kneipen, in denen oft auch rustikale Speisen auf der Karte stehen, heißen **krogs.** Ganz einfache

Bier – das lettische Nationalgetränk

Kein anderes Land im mittleren Osteuropa außer Tschechien besitzt eine Biertradition, die auch nur annähernd an die lettische heranreichen würde. Dies ist sicherlich auch auf den Jahrhunderte währenden deutschen Einfluss zurückzuführen. Besonders die deutschstämmigen Geistlichen, die seit dem 13. Jh. einwanderten, brachten der lettischen Bevölkerung nicht nur das Christentum, sondern auch das Bierbrauen und -trinken nahe. Letzteres dürfte im Vergleich zum Christentum auf weniger Widerstand gestoßen sein, denn das Bier entwickelte sich schnell zum Nationalgetränk – was es bis heute geblieben ist. Eine Veröffentlichung spricht von **18 registrierten Brauereien** im Lande, doch mehrere Dutzend Sorten sind im Verkauf, die meisten davon nur im regionalen Vertrieb.

Natürlich ist es fast eine Selbstverständlichkeit, dass die Mehrheit der Biere dem **Reinheitsgebot** entspricht und weder pasteurisiert ist noch aus anderen Zutaten als Wasser, Malz und Hopfen besteht. Man kann nun trefflich über die verschiedenen Geschmacksrichtungen der jeweiligen Marken fachsimpeln. Tatsache dürfte sein, dass die lettischen Biere ein wenig **malziger schmecken** als etwa die deutschen oder tschechischen. Vielleicht liegt dieser Eindruck aber auch nur an dem viel Malz enthaltenden, dunklen lettischen Brot, das man so hervorragend zum „kühlen Blonden" essen kann, ohne zu fettigen und salzigen Chips greifen zu müssen.

Was anderen Völkern ihr Wein, ist den Letten ihr Bier – daher gibt es statt Honigwein auch **Honigbier** *(Medalus)*. Traditionell gab man beim Brauen auch gelegentlich Wacholderbeeren oder Wermut in die Mischung, um den Geschmack zu verfeinern und zu bereichern – ein sehr früher Vorläufer der heute so beliebten „flavoured beers".

Obwohl auch in den Nachbarstaaten Lettlands gern und viel Bier getrunken wird, haben sowohl Litauen und Estland als auch Russland und Weißrussland weniger eigene, hochwertige Biersorten vorzuweisen. Auch in diesem Bereich behauptet das kleine Lettland seine Eigenständigkeit: Zwischen 15 und 20 Millionen Liter des Getränks flossen in letzter Zeit pro Jahr durch lettische Kehlen. Nicht alle Hersteller jedoch sind immer noch lettische Firmen. So geriet die älteste Brauerei des Landes im Stadtzentrum von Cēsis schon vor Jahren in finnischen Besitz.

035le Foto: mk

Esslokale im Stil einer Kantine werden als **ēdnīcā** bezeichnet.

Die Lokale in den größeren Städten, bei den wichtigsten Touristenzielen und an den großen nationalen und internationalen Straßen verfügen meist über eine englischsprachige **Speisekarte.** Manchmal, besonders im Osten des Landes, gibt es auch nur eine russische und lettische Sprachversion. Besonders in den bereits erwähnten einfachen Lokalen und in der Provinz steht oft nur eine lettische Karte zur Verfügung.

Restaurants und Cafés sind gewöhnlich **durchgehend geöffnet** und bieten ohne Unterbrechung warme Speisen an. Eine Mittagspause ist kaum anzutreffen. Die Essenszeiten und -gewohnheiten der Letten sind vergleichbar mit denen in Mitteleuropa. In den meisten Lokalen erhält man auch in der Woche bis 21 oder 22 Uhr noch warme Speisen, am Wochenende oft noch länger.

Die litauische Küche

Die litauische Küche sollte den früher auf dem Feld arbeitenden Bauern Energie spenden, deshalb ist sie relativ schlicht, aber auch rustikal und fett, zumal sie gern mit saurer Sahne oder Mayonnaise verfeinert wird. Mit Gewürzen wird sparsam umgegangen. Viele Gerichte werden mit Dill garniert. Eine Suppe, Kartoffeln oder Teigwaren, Fleisch oder Fisch sowie Gemüse gehören fast immer auf den Tisch. In vielen Gastronomiebetrieben erhält man neben internationalen Gerichten (die man teilweise noch erraten kann, wie *fileja* oder *šnitzelis*) auch **nationale oder regionale Spezialitäten.** Bei manchen sind die Bezeichnungen etwas irreführend: *Šašlykai (šašliks)* sind Fleischspieße, die mehr türkischem Kebab ähneln als unserem Schaschlik; *karbonadas* sind garnierte Fleischfilets; *kotletas* sind nicht Koteletts, sondern Hackfleischklöße, und mit *bifštekas* bezeichnet man nicht nur Beefsteak, sondern gebratenes oder gegrilltes Fleisch verschiedenster Art.

So eine Art **Nationalgericht** sind die *blynai;* das sind z.B. mit Fleisch *(mėsa),* Kohl *(kopūstai),* Pilzen *(grybai),* Quark *(varškė),* saurer Sahne, Kartoffeln, Lachs, Fisch *(žuvis),* Obst *(vaisiai)* oder Beerenmarmelade *(uogienė)* gefüllte Pfannkuchen. Dazu gehören auch *blyneliai* (kleine Pfannkuchen), *bulviniai* (Pfannkuchen mit geriebenen Kartoffeln), *varškėčiai* (Quarkpfannkuchen) und *lietiniai* (ohne Hefe).

Landesweit sehr beliebt sind auch die *čepelinai* (Kartoffelklöße mit Speckfüllung). Das hört sich nicht nur so an, sondern bedeutet tatsächlich Zeppelin, denn genau diese Form haben die Klöße, die mit einer Soße aus Speckschnitten und Zwiebeln serviert werden. Ihren Namen haben sie von den Zeppelinflugzeughallen, die die deutsche Armee im 1. Weltkrieg in Zokniai baute. Die Bewohner waren so begeistert, dass sie ihren ähnlich aussehenden Kartoffelklößen *(didžkukuliai)* den Namen gaben. Es gibt sie auch mit Pilz-, Hackfleisch-, Quark- oder Käsefüllung. Auf einigen Speisekarten erscheinen sie als *„didžku-kuliai"* (große Klöße).

Andere litauische Spezialitäten sind *kugelis* (eine Art Kartoffelpuffer mit Möhren und Sauerrahm), *vėdarai* (mit Kartoffeln oder Graupen gefüllte Würste), *čeburekai* (dünne Pfannkuchen mit Fleischfüllung), *kepsnys* (Schweine, Rind- oder Hähnchenfilet), *balandėliai* (Krautrouladen mit Hackfleisch- oder Reisfüllung), *kibinai* (Fleischpastete), *koldūnai* (Ravioli mit Fleisch-, Pilz- oder Kartoffel-füllung), *suktiniai* (Fleischrouladen mit Ei-, Zwiebel- und Speckfüllung), *rūgštynės* (Sauerampfersuppe), *troškinys* (in Tontöpfchen servierter Eintopf mit Kartoffeln, Fleisch und Pilzen), *liežuvis* (Kuhzunge) und *šaltibarščiai* (kalte Rote-Bete-Suppe mit Buttermilch, Eiern, gekochten Kartoffeln, Gurken; im Sommer sehr beliebt).

Nicht so leicht haben es **Vegetarier** in Restaurants, da viel Fleisch serviert wird. Am besten hält man sich an Salatteller oder an einige der oben genannten Gerichte. Fisch wird meist mariniert oder geräuchert angeboten. Auf der Kurischen Nehrung findet man fast überall **geräucherten Fisch.** In den größeren Städten haben viele Restaurants aber mindestens ein **vegetarisches Gericht** auf der Speisekarte. An den heimischen Tischen werden Vegetarier hingegen viel Freude finden, denn hier gibt es reichlich Gemüse (*daržovės:* Rüben, Sauerkraut, Kohl), viele Gemüse-, Brot-, Milch-, Fisch- und Mehlsuppen, Pilz- und Beerengerichte, Käse- und Krautsalate sowie die verschiedensten Milchprodukte (u.a. *grietinė*, Sauerrahm, und *rūgusis pienas,* saure Milch) oder mit Honig bestrichene saure Gurken. *Skalsaus!* (guten Appetit!)

Ein **Menü** besteht aus einer Vorspeise (z.B. Hering = *silkė,* Sprotten = *šprotai,* Pilze, Tomaten- und Gurkenscheiben), einer Suppe *(sriuba),* ein oder zwei Hauptgängen und einem Nachtisch *(desertas)* wie z.B. Eiscreme *(ledai),* Kuchen, Kompott, Pudding (oft mit Honig) oder *šaltanosiai* („kalte Nasen"; eine Art Ravioli mit Beeren). **Kuchen** und **Torten** sind sehr beliebt, darunter auch der *šakotis* (ein sehr großer Kuchen aus 99 Eiern in Form eines Tannenbaums, der oft an Hochzeiten gegessen wird), *skruzaėlynas* („Ameisenkuchen", süßes Dessert mit Honig), *šimtalapis (*Kuchen mit Mohnfüllung), *kugelis* (Kuchen aus geriebenen Kartoffeln) und *kūčiukai* (Biscuits an Weihnachten). *Muginukas* ist ein Honiggebäck mit Zuckerblumen (meist in Herzform).

Ein westliches **Frühstück** mit Brötchen, Butter und Marmelade gibt es eigentlich nur an den Frühstücksbüffets der großen Hotels. Ansonsten werden Käse, Wurst, Omelett, Brot, Fisch, Pilze, Rühreier und Tee oder Kaffee aufgetischt. **Konditoreien** bieten neben Kaffee und Tee auch Gebäck, Brötchen etc. an. Es gibt viele Brotsorten, u.a. mit Nüssen, Kümmel und getrocknetem Obst. **Milchbars** servieren u.a. Quarkspeisen, Milchshakes und Salate.

Getränke

Populär sind Tee *(arbata),* Kaffee *(kava),* Mineralwasser *(mineralinis vanduo),* Milch und natürlich Softdrinks. **Beeren-** und **Fruchtsäfte bzw. Limonaden** sind oft sehr süß. Gut ist **Mineralwasser,** von dem es viele Sorten gibt, darunter auch recht salzhaltige. **Leitungswasser** sollte man **nicht trinken.**

Bier *(alus)* wird wegen seiner Farbe auch „flüssiger Bernstein" genannt und ist das beliebteste alkoholische Getränk. Bekannte Marken sind Švyturis, Utenos, Ragutis, Horn, Tauras und Kalnapilis. Zalgiris hat einen Alkoholgehalt von 7,5 %. Im Norden Litauens hat fast jede Stadt ihre eigene Brauerei mit eigenen Bierfesten. Nützliche Informationen hierzu findet man in der Broschüre „The Beer Trail" („Rundfahrt im Bierland Litauen"), erhältlich beim Staatlichen Tourismusbüro. Die Brauerei Avilys in Vilnius produziert auch **Honigbier.**

Gern getrunken werden **Wodka** *(degtinė),* **Honigmet** mit Hefe und Kräutern *(midus),* **Suktinis** (50%-iger Midus-Nektar), **Bobeline** (Auszug aus frischem Moosbeerensaft), **Gira,** auch **Kvas** genannt (in Lettland Kwas, s.o.), **Sekt** (darunter die landeseigene Marke Alita), *trauktinė* (eine Art Branntwein), Schnaps, süßer Beerenwein, Wein (*vynas;* meist Import), Glühwein *(karštas vynas)* sowie Honiglikör und viele Fruchtliköre *(likeriai).* An der Theke werden harte alkoholische Getränke meist in 50-ml-Gläschen ausgeschenkt. Das Trinken von Alkohol an öffentlichen Plätzen ist verboten.

Beliebte Snacks zu Getränken:

- *kepta duona* (geröstetes Brot mit Knoblauch oder Salz)
- *sūris* (Käseschnitten)
- *virtos kiaulės ausys* (geräucherte Schweinsohren)
- *žirniai* (Erbsen mit Speck)
- *duonos salatos* (Brotsalat mit Käse und Mayonnaise)
- *vištienos sparnai* (Hähnchenkeule)
- *žemės riešutai* (Nüsse)

Gastronomie

Es gibt vor allem in den größeren Städten so viele **Restaurants** *(restoranas)* mit internationaler Küche, dass es manchmal schwierig ist, landestypische Gerichte zu bestellen. Sehr beliebt sind diejenigen in altertümlichen Kellern sowie die traditionell eingerichteten, in denen manchmal folkloristische Musik gespielt wird. An touristischen Orten und an Raststätten sieht man zunehmend Restaurants mit traditionellen Dächern aus Stroh und Reet. Im Hinterland sind Gastronomiebetriebe selten, sodass man auf die kleinen Lebensmittelgeschäfte angewiesen ist (sich ggf. vorher im Supermarkt eindecken). Reservierungen sind meist nicht üblich und auch nicht nötig; trotzdem stehen in einigen Restaurants „rezervuota"-Schilder auf dem Tisch. Das Personal gibt diese Tische auf Anfrage aber meist frei.

Wer schneller, einfacher (aber nicht unbedingt schlechter) und sehr preiswert essen will, geht in eine der einfacheren Speisegaststätten wie die vielerorts verbreiteten **Kantinen** *(valgykla),* oft mit Selbstbedienung, in eine **Imbissstube** *(užkandinė)* oder auch in ein **Café** *(kavinė).* Diese Cafés sind nicht ganz mit den unseren zu vergleichen. Neben Kuchen, Gebäck und Kaffee bekommt man dort auch einfache kalte und warme Gerichte und manchmal auch alkoholische Getränke. Eine richtige Cafékultur ist erst langsam im Entstehen. Auch in einer **Bar** *(baras)* kann man meist essen. Der Übergang zwischen Café, Imbissstube und Bar ist deshalb fließend.

In den besseren Restaurants gibt es meist **Speisekarten** *(valgiaraštis)* auf Englisch, teilweise auch auf Deutsch (manchmal sogar mit detaillierter Beschreibung des Gerichts). In manchen Kantinen oder Cafeterias genügt ein Fingerzeig auf ein **Plastikmodell** des gewünschten Gerichts. Die meist reichlichen Portionen sind schön angerichtet und garniert. In einigen Cafés, Restaurants o.Ä. muss man die Speisekarte selbst am Tresen holen und dort auch bestellen. Das Bestellte wird dann gebracht, bezahlt wird wieder am Tresen. Der Service kann recht langsam sein; sich darüber aufzuregen schadet nur. Das Personal versteht oft auch etwas Englisch oder Deutsch.

In einigen Lokalen ist das **Gewicht** des Essens und des Getränks auf der Speisekarte angegeben, was sich amüsant liest (Beispiel: 100 g Wurst, 50 g Brötchen, 5 g Senf = 100/50/5; ein viertel Liter Wein = 250 g).

Fahrradfahren

Das Baltikum ist mit seinen unberührten Naturlandschaften, dem relativ **geringen Verkehr** und seiner recht **flachen Landschaft,** die keine großen Steigungen aufweist, gut geeignet für Radfahrer. Mit dem Rad kann man viele Ziele erreichen, zu denen man mit anderen Verkehrsmitteln nicht gelangt. Fahrradfans haben die Wahl zwischen organisierten Touren, die deutsche Anbieter sowie einige Unternehmen vor Ort organisieren, und individuellen Touren. Man kann mit dem eigenen Rad anreisen oder vor Ort eins mieten, alle drei Länder durchfahren oder nur Teilabschnitte per Rad zurücklegen.

Das Bild trübt allerdings der streckenweise **schlechte Straßenzustand** auf Nebenstrecken und das rüde Fahrverhalten einiger Einheimischer. Man sollte sehr umsichtig fahren und immer auf Ausweichmanöver vorbereitet sein. Die Fahrt auf den **Sandpisten** ist nur etwas für Hartgesottene, denn der wellige Straßenbelag und die gewaltigen Staubwolken bei jedem passierenden Auto treiben manchem buchstäblich Tränen in die Augen. Doch mit einer guten Straßenkarte kann das Radeln auf asphaltierten Wegen äußerst reizvoll sein.

Natürlich sind Fahrrad und Gepäck ständig **diebstahlgefährdet.** Bei Leihfahrrädern wird meist kein eigenes Schloss gestellt, sodass man eines mitführen sollte. Sicherer ist jedoch, sein (vollbepacktes) Rad mit ins Gebäude zu nehmen und dort evtl. abzuschließen oder jemanden zu bitten, darauf aufzupassen, und sei es nur bei einem Restaurantbesuch oder Einkauf. Manche Hotels bieten einen abschließbaren Fahrradraum an. Gibt es ihn nicht, sollte man dafür sorgen, dass das Rad sicher, z.B. im Hotelhof, untergebracht wird. In Städten mangelt es oft an Fahrradwegen und Abstellmöglichkeiten.

Ausrüstung

Ein **Fahrradhelm** und **wasserdichte Kleidung** gehören zur Pflichtausrüstung. Von Rennrädern und allzu breitreifigen Mountainbikes (mit entsprechend hohem Rollwiderstand) ist abzuraten. Ideal sind **Trekkingräder** mit stabilen Reifen mit asphaltgeeignetem Profil, um auch den Sand, die Schlaglöcher, Bodenwellen und Querrillen einigermaßen meistern zu können. Die flache Geländeform erlaubt einen großen Raddurchmesser.

In größeren Städten gibt es zwar **Fahrradwerkstätten,** doch in der Provinz ist die Suche nach professioneller Hilfe häufig schwierig. In Zweifelsfall ist es einen Versuch wert, zu einer Autowerkstatt zu gehen, die fast überall zu finden ist. Es empfiehlt sich, Ersatzteile und Werkzeug mitzunehmen. Fahrradteile (Speichen, Felgen etc.) haben die gleiche Norm wie bei uns.

Tourenanbieter

Wer vorhat, einen kompletten Fahrradurlaub zu machen, sollte sich vorab informieren. Die Touristeninformationen vor Ort, so hilfreich sie auch sonst sein mögen, kennen nicht alle Fahrradstrecken und haben auch nicht immer Fahrradkarten vorrätig. Das sollte aber kein Problem sein, es gibt hervorragende Informationen im Internet und Adressen, bei denen man Karten- und Informationsmaterial bestellen kann.

An erster Stelle sei das von baltischen Fahrradvereinen gegründete Projekt **BalticCycle** genannt. Die Hauptseite www.balticcycle.eu ist auch in deutscher Sprache verfügbar. Auf der Homepage findet man alles rund um Radtouren in Estland, Lettland, Litauen und auch Polen, von Reiseberichten, Tourenvorschlägen und Serviceadressen bis hin zu Kartenmaterial. Unter „Service" werden Fahrradverleihe und Unterkünfte aufgeführt, unter „Touren" findet man organisierte Fahrten.

- **BalticCycle,** Frank „Frankas" Wurft, A/d (Postfach) 61, Büro: Bernardinu 10-6, Vilnius, Litauen, Tel. +370-69956009, Fax +370-52784074, www.balticcycle.eu.

BaltiCCycle-Partner in **Estland** ist der Fahrradclub Vänta Aga. Die hervorragende deutschsprachige Website des Clubs sollte jeder, der eine große Tour plant, einmal aufsuchen. Dort gibt es auch eine komplette Liste mit Fahrradverleihen, außerdem Wegbeschreibungen, Fahrradwerkstätten, Unterkunftsvermittlung und Informationen über Radreisen.

- **Vänta Aga,** Lunini 3, 50406 Tartu, www.bicycle.ee.

Ein weiterer großer Anbieter in Estland ist Citybike, mit **Verleih** von Fahrrädern, Kinderfahrrädern, Kindersitzen und -anhängern und **organisierten Radwanderungen:**

- **City Bike,** Uus 33, mobil 5111819, www.citybike.ee.

Organisierte Radtouren für Individual- und Gruppenreisende bietet u.a. Schnieder Reisen.

- **Schnieder Reisen,** Hellbrookkamp 29, 22767 Hamburg, Tel. 040-3802060, Fax 388965, www.baltikum24.de.

Baltic Bike Travel organisiert die jährliche **BalticCycle-Radtour** durch alle drei baltischen Länder sowie Kaliningrad (im Juli/August; mit Tourhandbuch); auch Infos und Beratung über Fahrradgeschäfte, -werkstätten, Routenplanung, Genehmigungen, Camping, Buchung von Unterkunft, Adressen von Radverleihstationen. Sie verleihen auch selbst Räder.

- **Baltic Bike Travel,** Naujoji uosto 3, Klaipėda, Tel. 46-300144, Fax 300145, www.baltic-bike-travel.eu.

Karten und Infomaterial

- Käuflich erwerben kann man die Broschüre **„Bikeline Ostseeküste, Baltikum"** vom Verlag Esterbauer sowie das Buch „Baltikum per Rad" von Michael Moll (Verlag Kettler, Neuenhagen). Beide sind im hiesigen Buchhandel erhältlich.
- Detaillierte **Radwegbeschreibungen** und **Radtourenbücher** zu kaufen gibt es unter www.balticcycle.eu.
- **Gute Infos** auch beim ADFC-Bundesverband, Postfach 107 747, 28077 Bremen, Tel. 0421-346290, Fax 3462950, www.adfc.de.
- Sehr gut ist die **Karte „Eesti Rattateed / Estonian Cycle Routes"**, die der Fahrradclub Vänta Aga gemeinsam mit dem Kartenverlag Regio herausgibt. Die Informationen sind auf Englisch. Man bekommt die Karte in den großen Buchläden in Tallinn oder über den spezialisierten Kartenhandel auch daheim.
- Ein guter **Straßenatlas** von Regio (primär für Autofahrer) ist der „Regio Eesti teede atlas" im Maßstab 1:150.000, man bekommt ihn überall im Land (www.regio.ee).
- Vor Ort in guten Buchhandlungen und Tankstellen werden die **Velokarte** Litauen und Kaliningrad (1:650.000) mit Tourenvorschlägen sowie **Regionalkarten** (1:110.000) für Litauen verkauft.
- Sehr gut ist der **Radführer** „Küstenradweg Litauen", erhältlich bei der Touristinformation in Klaipėda.

Fahrradverleih

Wer keine langen Touren, sondern nur kurze Ausflüge in die Umgebung unternehmen möchte, kann sich an sehr vielen Orten ein Rad ausleihen. Oft ist es die Touristeninformation selbst, die Drahtesel gegen Gebühr zur Verfügung stellt. Auch Unterkünfte und größere Campingplätze bieten häufig Räder an, darüber hinaus auch viele Zweiradgeschäfte in großen wie kleinen Ortschaften. Die Qualität der Räder variiert bei Privatunterkünften allerdings erheblich. Die Preise variieren ziemlich stark, man kann von rund 10–15 Euro pro Tag ausgehen. Lokale Anbieter werden in den Ortsbeschreibungen aufgeführt.

Interessant für Lettland ist www.bikerent.lv. Die Firma vermietet Fahrräder in Riga mit Lieferung an eine beliebige Adresse in der Hauptstadt und im ganzen Land (gegen Aufpreis für die Lieferung). Eine sehr praktische Neuheit in Riga ist BalticBike (www.balticbike.com, auf Englisch). Per Telefon oder am besten per Internet muss man sich registrieren (inklusive Kreditkarten- und Handynummer) und kann sich dann spontan an elf Stationen in Riga und Jurmala ein beliebiges Fahrrad aussuchen und an derselben oder einer anderen Station wieder abgeben.

Ein Fahrradverleih, der mehrere Filialen in Estland betreibt, ist Hawaii Express, mit Hauptsitz in Tallinn:

- **Hawaii Express,** Regati 1, 11911 Tallinn, Tel. 6398508, www.hawaii.ee.

Fahrradtransport

Die **Einfuhr von Fahrrädern** ist ohne weiteres möglich. Sie können gegen geringen Aufpreis auf den **Fähren** mitgenommen werden. Der Transport im **Flugzeug** ist mit der Fluggesellschaft abzuklären. In Deutschland und in den Transitländern kann man das Rad in bestimmten **Zügen** gegen Aufpreis mitnehmen. In Litauen sollte man die Zeiten des Berufs- und Wochenendverkehrs wegen des Gedränges meiden (kann beim Bahnhof oder Schaffner erfragt werden).

In **Bussen** ist der Radtransport vom Platz her meist schwierig bis unmöglich. Wenn aber Platz ist, zeigen sich die Fahrer oft hilfsbereit (Rad vorher durch Verstellen von Lenker und Sattel nach Möglichkeit „verkleinern") und verstauen den Drahtesel im Gepäckfach (man hat jedoch keinen Anspruch darauf). Wenn man noch nicht genau weiß, wo man aussteigen will, kann man mit dem Fahrer vereinbaren, erst beim Ausstieg zahlen zu dürfen.

Routenvorschläge Estland

Besonders beliebte Strecken sind der **Lahemaa-Nationalpark** östlich von Tallinn und die **Westküstenstrecke** über Tallinn, Haapsalu und Pärnu, eventuell mit einem Abstecher über die Inseln. Wer es hügeliger mag, ist im äußersten **Südosten** des Landes am besten aufgehoben.

Zwei **EuroVelo-Routen** führen durch das Baltikum, die Radroute EuroVelo Nr. 10, rund um die Ostsee/Hansering, sowie die EuroVelo-Route Nr. 11, Athen – Nordkap. Erstere heißt in Estland Route Nr. 1 und führt an der Küste entlang, letztere trägt von Valga bis Tartu die Nr. 3, von Tartu bis Tallinn die Nr. 4. Die Routen sind auf Wegweisern mit EuroVelo-Aufklebern gekennzeichnet. Außerdem führen der Europaradweg R1 (www.euroroute-r1.de) und der „Weg entlang des Eisernen Vorhangs" (www.ironcurtaintrail.eu) durch Estland. Darüber hinaus gibt es viele kleinere Routen durch das Land.

Routenvorschläge Lettland

Die oben genannten **Fernradwege** führen auch durch Lettland.

Von Riga nach Jūrmala und durch den Nationalpark Ķemeri

Von der Hauptstadt ist eine Fahrradroute ins benachbarte Jūrmala ausgeschildert. Die Beschilderung beginnt bereits im Zentrum von Riga. Die Strecke verläuft größtenteils sehr angenehm entlang der Bahnlinie. Zur Sicherheit sollte man dennoch eine

Karte von Riga und Umgebung dabei haben, die auch Jūrmala abdeckt. Die Radler können statt der großen Autobrücke über die Lielupe, hinüber in den Kurort, die Eisenbahnbrücke benutzen und erreichen auf diese Weise ganz in Ruhe die Meeresküste.

Um in Jūrmala von einem Ortsteil zum nächsten zu gelangen, ist das Fahrrad bestens geeignet. Der am westlichen Ende Jūrmalas beginnende Nationalpark Ķemeri bietet drei hervorragende, ebenfalls ausgeschilderte Fahrradrouten verschiedener Schwierigkeitsgrade durch beinahe unberührte Natur.

Von Ventspils nach Kolka

Die etwa 80 km lange Strecke von Ventspils nach Kolka ist nicht allzu stark befahren, seit einiger Zeit ist sie durchgehend asphaltiert. Zahlreiche Abzweige führen zu den Traumstränden an der wilden **kurländischen Ostseeküste.**

Von Cēsis nach Valmiera

Diese 32 km lange Route mitten durch den **Gauja-Nationalpark** ist der lettische Fahrrad-Klassiker. Sie ist sehr gut ausgeschildert, verläuft aber teilweise auf einer relativ stark befahrenen Straße.

Von Bauska nach Mežotne und Pilsrundāle

Die **Schlösser** von Mežotne und Pilsrundāle sind von Bauska aus in einer guten Stunde per Fahrrad zu erreichen. Besonders die Strecke nach Mežotne ist äußerst idyllisch und ruhig.

Routenvorschläge Litauen

Das Netz der überregionalen und internationalen Radwege wird ständig ausgebaut. Manche führen entlang Flüssen und Straßen, andere durch National- und Regionalparks sowie Erholungsgebiete. Auch durch Litauen führen die oben genannten **europäischen Radwege** EuroVelo Nr. 10 (russische Grenze des Kaliningrader Gebiets – Nida – entlang der Kurischen Nehrung nach Palanga – Grenze zu Lettland) mit einer Länge von rund 100 km und EuroVelo Nr. 11 (polnische Grenze – Lazdijai – Dzūkija-Nationalpark – Trakai – Vilnius – Zarasai – Grenze zu Lettland). Neu ist der Radweg von Klaipėda nach Rusnė (60 km). Andere beliebte Radwege gibt es auf beiden Seiten des Nemunas von Kaunas bis Jurbarkas, im Žemaitija-Nationalpark, im Sūduva-Gebiet oder in Druskininkai.

Feste und Feiertage

Estland und Lettland

In den überwiegend **protestantischen Ländern** Estland und Lettland sind die Feiertage großteils staatlich oder aber sie haben Volksfestcharakter. Höhepunkt ist – ganz im skandinavischen Stil – die **Mittsommernacht** vom 23. auf den 24. Juni, hier **Johannisfest** genannt.

Ein sympathischer Brauch in Lettland ist es, an diesem längsten Tag des Jah-

062es Foto: jl

res Kränze aus Eichenzweigen zu binden und auf dem Kopf zu tragen. Auch die Kühlerhauben oder die Außenspiegel von Autos werden mit der Zierde versehen. In der Nacht gehen die Feiern aber erst los: Riesige **Lagerfeuer** werden im ganzen Land entzündet, Konzerte und andere Events unter freiem Himmel ziehen Menschen aller Altersgruppen an und lassen die Mittsommernacht fast zu einem spirituellen Erlebnis werden – auf jeden Fall ist sie die wichtigste Nacht des Jahres, bedeutender als Silvester.

In Estland werden die Feiern ähnlich abgehalten: Man trifft sich auf dem Land mit Freunden und Familienangehörigen und entfacht das **Johannisfeuer,** oft auf einer Anhöhe oder traditionell auf einer Stange, damit es von Weitem sichtbar ist. Man redet, tanzt, singt, isst gemeinsam und trinkt vor allem viel. Kein Wunder, dass neun Monate später vielerorts Kinder zur Welt kommen. Zu den traditionellen Bräuchen gehört es, über das Feuer zu springen und – auf den Inseln – die ausgedienten Boote der Fischer zu verbrennen. Mädchen flechten sich Blumenkränze, Groß und Klein schwingt sich auf Holzschaukeln in die

Die Esten singen gern,
nicht nur am Johannisfeuer

Lüfte und Liebende gehen um Mitternacht los, um Farnkrautblüten zu suchen. Mädchen, die den Richtigen noch nicht gefunden haben, machen sich - ohne mit anderen darüber zu sprechen - auf den Weg, um neun verschiedene Blumen zu finden. Wer sich diese unter das Kopfkissen legt - so sagt der alte Brauch - wird im Traum den zukünftigen Mann sehen.

Die Mittsommerfeste sind ein schönes Erlebnis, finden jedoch bis auf ein paar meist spärlich besuchte Veranstaltungen nicht in den Städten, sondern auf dem Land statt. Touristen können im **Freilichtmuseum bei Tallinn** oder auf den Inseln, beispielsweise beim Fest an der **Burg Kuressaare,** an den Feierlichkeiten teilhaben.

Staatliche Feiertage Estland

Die meisten Museen sind an Feiertagen geschlossen.

- **1. Januar:** Neujahr
- **24. Februar:** Nationalfeiertag / Tag der Unabhängigkeit (1918)
- **März/April:** Ostern
- **1. Mai:** Tag der Arbeit / Maifeiertag
- **23. Juni:** Tag des Sieges (1919), in der Nacht: Mittsommerfest
- **24. Juni:** Johannistag / Mittsommerfest
- **20. August:** Tag der wiedergewonnenen Unabhängigkeit (1991)
- **25./26. Dezember:** Weihnachten

Staatliche Feiertage Lettland

- **1. Januar:** Neujahr *(Jaungads)*
- **8. März:** Internationaler Frauentag (wird in ehemals kommunistischen Ländern traditionell wichtiger genommen als im Westen, Frauen bringt man an diesem Tag ein kleines Geschenk oder Blumen mit)
- **März/April:** Ostern, Ostersonntag *(Lieldienas)* und -montag *(Otrās Lieldienas)* frei
- **1. Mai:** Tag der Arbeit *(Darba svētki)*
- **4. Mai:** Unabhängigkeitstag
- **23. Juni:** Mittsommernacht mit dem Johannisfest (Līgo), Entzünden der Feuer
- **24. Juni:** Johannistag *(Jani),* als Tag nach der großen Feier ebenfalls ein freier Tag
- **11. November:** Lāčplēsis-Tag zu Ehren des sagenhaften Nationalhelden
- **18. November:** Nationalfeiertag, Tag der Ausrufung der ersten Lettischen Republik
- **24.–26. Dezember:** Weihnachten
- **31. Dezember:** Silvester *(Vecgada vakars)*

Litauen

Das vorwiegend **katholische** Litauen unterscheidet sich in seiner Festkultur von den nördlichen Nachbarländern. An den zahlreichen Feier- und Gedenktagen sind Geschäfte, Büros etc. verpflichtet, die **Nationalflagge** zu hissen, was auch viele Privatleute bei allen möglichen Anlässen tun. An den Feiertagen sind fast alle Geschäfte, Banken, Behörden und Büros geschlossen, am Tag davor sind kürzere Öffnungszeiten möglich. Während der Feier- und Gedenktage finden **Konzerte, Paraden und Volksfeste** statt.

Staatliche Feier- und Gedenktage

- **1. Januar:** Neujahr sowie Gedenktag der Staatsflagge
- **6. Januar:** Dreikönigstag
- **13. Januar:** Gedenktag an die Verteidiger der Freiheit (am 13.1.1991)
- **16. Februar:** Tag der Unabhängigkeit (von 1918); Nationalfeiertag
- **4. März:** Gedenktag des Hl. Kasimir
- **11. März:** Tag der Wiedererlangung der Unabhängigkeit (von 1990)
- **März/April:** Ostern
- **1. Mai:** Tag der Arbeit (nicht arbeitsfrei)
- **1. Maisonntag:** Muttertag
- **14. Mai:** Nationaltag des zivilen Widerstands

- **4. Maisonntag:** Gedenktag an die Partisanen
- **14. Juni:** Tag der Trauer und Hoffnung zum Gedenken an die Deportationen nach Sibirien 1941
- **15. Juni:** Gedenktag an die Besetzung und den Genozid
- **23. Juni:** Gedenktag an die Auflehnung gegen die Sowjets 1941
- **6. Juli:** Tag des Staates (Krönungstag von König *Mindaugas* 1253)
- **15. Juli:** Gedenktag an die Schlacht bei Grunwald *(žalgiris)*
- **15. August:** Mariä Himmelfahrt *(žoline)*
- **23. August:** Gedenktag des schwarzen Bandes (Molotov-Ribbentrop-Pakt, an der Nationalflagge wird ein schwarzer Trauerflor befestigt)
- **8. September:** Gedenktag der Nation (geplanter Krönungstag von Großfürst *Vytautas* 1430; er starb jedoch vorher)
- **23. September:** Gedenktag für die Holocaust-Opfer
- **31. August:** Gedenktag an die Erlangung der Freiheit
- **25. Oktober:** Gedenktag der Verfassung von 1992
- **1./2. November:** Allerheiligen, Allerseelen *(vėlinės)* (Friedhofsbesuch/Kirchenbesuch)
- **23. November:** Gedenktag an die litauischen Krieger
- **25./26. Dezember:** Weihnachten

Festivals und Feste

Die vielen **volkstümlichen Feste** gehören zu den herausragenden Ereignissen des Jahres und kristallisieren sich als besonderer touristischer Anziehungspunkt heraus. Die meisten finden im Sommer statt, einige nur jedes zweite Jahr oder noch seltener. Zu letzteren gehören die riesigen **Sängerfeste** mit Chören von bis zu 10.000 Mitwirkenden, die alle fünf Jahre stattfinden und als UNESCO-Weltkulturgut geschützt sind. Daneben gibt es **Festivals** aller Art, z.B. für Musik, Kunst, Theater, Jazz, Folklore, Tanz oder Film. Sehr hilfreich sind die Broschüre „Main Events in Lithuania" vom Tourismusverband, die Stadtführer „In Your Pocket" sowie die Infoblätter der Touristinformationsbüros. Die wichtigsten Feste und Festivals sind bei den einzelnen Städten sowie bei den National- und Regionalparks vermerkt. **Infos** unter www.etno.lt oder www.kultura.lt.

Wichtige landesweite Feste

- **Fasching/Winteraustreibung** *(užgavėnės)* im Februar, Karneval mit Umzügen, wobei die Holzmaskenträger (Teufel, Zauberer etc.) von Haus zu Haus ziehen und Süßigkeiten sowie kleine Geschenke erhalten (sehr sehenswert in Rumšiškės). Die *„morė"*-Puppe in Frauenkleidern als Wintersymbol wird am Tag vor Aschermittwoch an einen Karren gespannt und danach verbrannt. Leute tanzen singend um das Feuer. Man isst vor der Fastenzeit viele Pfannkuchen *(plinsen)*.
- **14. Februar, Valentinstag:** Man schenkt *muginukas* (s. „Essen und Trinken"), Blumen.
- **8. März, Internationaler Frauentag:** Obwohl nach der Unabhängigkeit abgeschafft, wird er noch von der älteren Garde oder von denen, die den Valentinstag vergessen haben, gefeiert (Frauen bekommen rote Tulpen).
- **21. März, Frühlingsanfang** *(lygiadienis):* Karneval mit Gesang und Tanz, die Kirchenglocken läuten, Konzerte. Geister als Symbole von Erde, Wasser, Feuer und Gras entzünden von weit her sichtbare Großfeuer.
- **1. April:** Tag der Streiche und Scherze, Satireveranstaltungen, fröhliche Spiele, Witze.
- **23. Juni, Johannisnacht** *(rasa und joninės)*.
- **21. September, Herbstanfang:** Früher wurden den Göttern Ernteopfer gebracht, heute wird getanzt.
- **23. Dezember, Blukas-Fest:** Ein alter Baumstumpf wird durch die Höfe geschleppt. Er symbolisiert die vergangene Zeit, unerfüllte Hoffnungen; Umzug mit Folkloregruppen und Verkleideten.

Hygiene

Leitungswasser

Estland

Das Leitungswasser kann man fast überall trinken, regional ist es aber aufgrund des hohen Eisenanteils schwefelhaltig und es kann in manchen Teilen des Landes vorkommen, dass das Wasser zunächst ein wenig riecht, wenn man den Hahn aufdreht. Gesundheitlich ist es unbedenklich, das Wasser zu trinken, es ist nur nicht besonders wohlschmeckend. In Plattenbauten sollte man das Wasser besser nicht trinken, schon weil es wegen der alten Rohre nicht besonders gut schmeckt.

Lettland

Das Leitungswasser hat in der Regel eine sehr gute Qualität, denn die Seen und Flüsse des Landes sind wie das Grundwasser meist sauber. Leider schmeckt es aus dem Hahn wegen der noch weit verbreiteten alten Rohre sehr häufig nach Eisen oder Rost. Viele Campingplätze und andere Einrichtungen vermerken eindeutig, wenn das Wasser sich zum Trinken eignet. Im Zweifelsfall fragen.

Litauen

Das Leitungswasser ist meist stark gechlort. Unsauberes Wasser sollte man abkochen oder mit Micropur-Tabletten entkeimen. Am einfachsten und sichersten ist Mineralwasser.

Toiletten

Estland

Wer auf peinliche Situationen verzichten möchte, sollte sich folgende Dinge merken: Toilettentüren, die mit einem „N" (für *naiste* = Frauen) oder einem mit der Spitze nach oben zeigenden Dreieck gekennzeichnet sind, stehen Damen offen, Herrentoiletten erkennt man an einem „M" (für *meeste* = Männer) oder einem nach unten zeigenden Dreieck. Öffentliche Toiletten, zum Beispiel an Busbahnhöfen, sind kostenpflichtig. Manchmal sitzen ältere Frauen am Eingang, die eine geringe Benutzungsgebühr verlangen

036le Foto: mk

„Trockentoilette" – auf einfachen Campingplätzen noch häufig vorzufinden

und erst im Gegenzug Toilettenpapier aushändigen.

Bei sehr einfachen Unterkünften, z.B. Wanderhütten, sowie an manchen Parkplätzen bei Sehenswürdigkeiten auf dem Land findet man Plumpsklos.

Lettland

Lettland ist ein außergewöhnlich sauberes, ordentliches und gepflegtes Land. Ausnahmen bestätigen die Regel, doch weder bei öffentlichen Toiletten noch im Hotel müssen sich Gäste Sorgen um die Hygiene machen. Schwierig kann sich manchmal, wie in vielen Ländern, die Suche nach einer Toilette gestalten. Im Zweifelsfall kann man im Café oder im Restaurant eine Kleinigkeit bestellen. Aber vorher sollte man nach Toiletten fragen, denn nicht überall gibt es welche. Manchmal ist der Schlüssel an der Theke gegen ein kleines Entgelt erhältlich – selbst Gäste müssen gelegentlich eine geringe Gebühr entrichten. Oft sind auch noch altmodische, aber saubere Toilettenhäuschen auf der Straße zu finden, etwa neben einem Busbahnhof, mit Personal, das Geld kassiert und Toilettenpapier überreicht.

Litauen

Die besten Toiletten findet man in neuen Cafés, Restaurants und Hotels, die sehr sauber und auch mit Toilettenpapier ausgestattet sind. Relativ sauber sind die öffentlichen WCs, für die man bis 1 Lt. entrichten muss, dafür aber auch ein paar Blatt Toiletten- oder Zeitungspapier erhält. Die übrigen öffentlichen Toiletten sind meistens schmutzig, haben selten Toilettenpapier und fließendes Wasser. Die Stehklos auf den (Bus-)Bahnhöfen sollte man möglichst nicht benutzen. Sollte ein Eimer oder ein Korb im WC stehen, heißt das, dass man wegen Verstopfungsgefahr der Kanalisation diesen für das Klopapier verwenden sollte. Es empfiehlt es sich, immer ein paar Papiertaschentücher mit sich zu führen. Wenn ein Hotel oder Restaurant in der Nähe ist, kann man als Tourist meistens deren Lokalitäten benutzen. Manche Restaurants und Bars geben allerdings den WC-Schlüssel erst nach einer Bestellung heraus, andere verlangen einen kleinen Obolus. Die Zeichen für Herrentoiletten sind „V“, bzw. ▼. Die für Damen-WC sind „M“ (Achtung, nicht verwechseln) bzw. ▲.

Internetzugang

Es ist in mittleren und größeren Städten überhaupt kein Problem, Zugang zum Web zu finden, ob in einem modernen Online-Café oder in einem kleinen Keller mit wenigen Computern. Auch kabelloser Internetzugang mit Hilfe eines **Hot Spots** über WLAN wird häufig angeboten. Oft führen Hinweisschilder an den Straßen zum nächsten Internetcafé. In Provinzstädten kann sich die Suche gelegentlich schwieriger gestalten. Dort ist oft nur die kleine **Stadtbibliothek** mit Internetzugang ausgestattet. Auch hier gilt: die Touristen-Info aufsuchen, um zu erfahren, wo ein Anschluss zu finden ist. In dringenden Fällen und nach einer freundlichen Bitte räumen die Mitarbeiter auch schon mal ihren eigenen Dienst-Computer für einige Minuten.

Am besten ausgestattet mit Internetzugängen ist Estland. Nicht umsonst nennt sich das Land stolz **E-Estland.** In den 1990er Jahren entstanden überall auf dem Land **kostenlose Internetstationen,** die in Büchereien und Kultur- oder Gemeindehäusern untergebracht sind. Auf diese öffentlichen Internetzugänge weisen eigene Schilder hin, blau-weiß mit einem @-Zeichen. Man trägt sich dort in eine Liste ein und darf eine Stunde lang kostenlos surfen. Abgesehen von diesen öffentlichen, dadurch aber manchmal überfüllten Einrichtungen gibt es in größeren Städten kommerzielle **Internetcafés,** wo man gegen ein kleines Entgelt surfen kann. Auch **WLAN** ist sehr häufig zu finden, die Hotspots sind an Cafés und auf öffentlichen Plätzen mit einem „WiFi"-Schild ausgewiesen.

Mit Kindern unterwegs

Grundsätzlich bietet sich mit Kindern ein Urlaub auf dem Land an, viele Unterkünfte liegen direkt an einem schönen Badesee oder in der Nähe des Meeres. **Kanufahren** und **Ponyreiten** ist im ganzen Baltikum möglich. In vielen **Unterkünften** können Kinder kostenlos im Zimmer ihrer Eltern übernachten oder erhalten Rabatte. **Restaurants** bieten oft spezielle Speisen

098es Foto: jl

für Kinder an. Windeln und Kindernahrung sollte man vorsorglich in den Supermärkten größerer Städte einkaufen, da auf dem Land oft nur eine geringe Auswahl zur Verfügung steht.

Viele **Sehenswürdigkeiten** haben einen aktiven und abenteuerlichen Charakter: Ob beim Naturpfad mit Bären, Wölfen, Bisons und anderen wilden Tieren, ob im Freilichtmuseum, beim Klettern auf den Kirchturm oder dem Tag am Strand oder See – es herrschen ideale Bedingungen für die Kleinen. Die spannenden Naturpfade bieten außerdem oft große (Abenteuer-)Spielplätze oder „Märchenwege". Kleinere Streichelzoos oder Kinderparks sind, sofern vorhanden, in den Ortsbeschreibungen aufgeführt.

In Estland findet man auf dem Land häufig **riesige Holzschaukeln,** auf denen man sich stehend in die Höhe schwingt. Ihre Benutzung ist meist kostenlos. Übrigens sind sie nicht nur bei Kindern beliebt.

Medien

Deutsches Fernsehen

Über Satellit ist der Empfang deutscher TV-Sender möglich, in den meisten Hotels sollte man verschiedene deutsche Privatsender empfangen können.

Schöne Einrichtung: die großen Holzschaukeln gefallen nicht nur Kindern

Deutsch- und englischsprachige Medien

An Kiosken und in Buchläden kann man nicht damit rechnen, deutsche Tageszeitungen zu bekommen, lediglich „Der Spiegel" und einige Zeitschriften zu speziellen Interessengebieten (etwa Handarbeiten) findet man gelegentlich.

Einmal in der Woche erscheint die englischsprachige Zeitung **„The Baltic Times"** (www.baltictimes.com), die über Politik, Wirtschaft, Kultur und Gesellschaft in Litauen, Lettland und Estland berichtet und an vielen Kiosken erhältlich ist. Die **„Baltische Rundschau"** (www.baltische-rundschau.eu) informiert auf ihrer Website aktuell über laufende Ereignisse in allen drei Ländern.

Touristische Infos

Einige Magazine mit touristischem Fokus sind vor allem für im jeweiligen Land lebende Ausländer und Touristen interessant: **„City Paper",** eine alle zwei Monate erscheinende Zeitschrift mit Informationen zu den drei baltischen Ländern, und die Reihen **„In your Pocket"** sowie **„This week",** die in diversen Städten im Baltikum erscheinen und touristische Sehenswürdigkeiten sowie einen Veranstaltungskalender beinhalten (www.inyourpocket.com).

Deutschsprachige Zeitungen und Lesesäle

Die **Goethe-Institute** in Tallinn, Riga und Vilnius haben deutschsprachige Bibliotheken. Sehr gut ausgestattet mit deutschsprachigen Zeitungen ist die **estnische Nationalbibliothek in Tallinn** (deutscher, schweizerischer und österreichischer Lesesaal). Auch in Tartu und Pärnu gibt es deutsche Lesesäle (siehe Ortsbeschreibungen).

Medizinische Versorgung

Das medizinische Niveau in den baltischen Ländern kann sich in den meisten Fällen mit dem in Westeuropa messen. Ärzte und medizinische Zentren nehmen Patienten mit Auslandskrankenversicherung problemlos auf, ein Patient ohne entsprechende Versicherung zahlt die Arztrechnung aus eigener Tasche. (Hinweise zur Krankenversicherung finden sich unter „Vor der Reise: Versicherungen".)

Gerade in ländlichen Regionen kann es schwierig sein, auf **deutschsprachige Ärzte** zu treffen. Am besten begibt man sich im Falle von Krankheit oder Unfall in Begleitung eines Sprachmittlers, der übersetzen kann, zum Arzt oder Krankenhaus. Das Personal des Hotels ist dabei sicher gern behilflich. Englischsprachige Ärzte zu finden, ist schon einfacher, aber auch nicht in allen Praxen vorauszusetzen. Im Notfall kann man sich an die zuständige Botschaft wenden (s.u.: „Notfälle"). Natürlich helfen auch die zahlreichen Touristeninformationen, in denen sich fast immer englischsprachiges Personal findet. Adressen von Ärzten, Krankenhäusern und Apotheken sind in den Ortsbeschreibungen aufgeführt.

Medikamente sind in den oft sehr gut sortierten **Apotheken** problemlos erhältlich. Wer regelmäßig bestimmte Medikamente braucht, sollte diese unbedingt von zu Hause mitnehmen (ggf. Beipackzettel oder Schreiben des Arztes). Die Apotheken sind etwa von 9 bis 18 Uhr, in den großen Einkaufszentren häufig auch länger geöffnet. Jede größere Stadt hat eine Notfallapotheke mit Nachtdienst.

Notfälle

Allgemeiner Notruf

- **Polizei/Rettungsstelle/Erste Hilfe** in allen drei Ländern: **112**

Autopanne / -unfall

siehe „Autofahren"

Verlust von Geldkarten

Bei Verlust oder Diebstahl der Kredit- oder Maestro-(EC-)Karte sollte man diese umgehend sperren lassen. Für deutsche Maestro- und Kreditkarten gibt es die einheitliche **Sperrnummer 0049-116116** und im Ausland zusätzlich 0049-30-40504050. Für österreicherische und schweizerische Karten gelten:

- **Maestro-(EC-)Karte,** (A-)Tel. 0043-1-2048800; (CH-)Tel. 0041-44-2712230, UBS: 0041-848-888601, Credit Suisse: 0041-800-800488.
- **MasterCard,** internationale Tel. 001-636-7227111 (R-Gespräch).
- **VISA,** internationale Tel. 001-410-5819994.

- **American Express,** (A-)Tel. 0049-699797-2000; (CH-)Tel. 0041-446596333.
- **Diners Club,** (A-)Tel. 0043-1-501350; (CH-)Tel. 0041-58-7508080.

Geldnot

Wer wegen eines Unfalls oder Ähnlichem dringend eine größere Summe ins Ausland überweisen lassen muss, kann sich über **Western Union** Geld schicken lassen. Für den Transfer muss man die Person, die das Geld schicken soll, vorab benachrichtigen. Diese kann es via www.westernunion.de online über sein Bankkonto versenden oder muss bei einer Western-Union-Vertretung (in Deutschland u.a. bei der Postbank) ein entsprechendes Formular ausfüllen und den Code der Transaktion telefonisch oder anderweitig übermitteln. Mit dem Code und dem Reisepass geht man zu einer beliebigen Vertretung von Western Union vor Ort (siehe unter www.westernunion.de: „Vertriebsstandort suchen"), wo das Geld nach Ausfüllen eines Formulars binnen Minuten ausgezahlt wird. Je nach Höhe der Summe muss der Absender eine Gebühr ab 10,50 Euro zahlen.

Ausweisverlust / dringender Notfall

Wird der Reisepass oder Personalausweis im Ausland gestohlen, muss man dies bei der örtlichen Polizei melden. Darüber hinaus sollte man sich an die nächste diplomatische Auslandsvertretung seines Landes wenden, damit man einen Ersatz-Reiseausweis zur Rückkehr ausgestellt bekommt (ohne kommt man nicht an Bord eines Flugzeugs!).

Auch in dringenden Notfällen, z.B. medizinischer oder rechtlicher Art, Vermisstensuche, Hilfe bei Todesfällen, Häftlingsbetreuung o.Ä. sind die **diplomatischen Vertretungen** bemüht, vermittelnd zu helfen:

In Tallinn (Estland):
- **Deutsche Botschaft,** Toom-Kuninga 11, Tel. 6275300 (Passangelegenheiten) oder 6275303 (Visaangelegenheiten) und in dringenden Notfällen außerhalb der Öffnungszeiten mobil 5012560.
- **Österreichische Botschaft:** Vambola 6, 5. Stock, Tel. 6278740.
- **Schweizer Generalkonsulat,** c/o Trüb Baltic AS, Laki 5, Tel. 6581133.

In Riga (Lettland):
- **Deutsche Botschaft,** Raiņa bulvāris 13, Tel. (6)7085100, in dringenden Fällen auch mobil 29466456.
- **Österreichische Botschaft,** Elizabetes iela 15/4, Tel. (6)7216125.
- **Botschaft der Schweiz,** Elizabetes iela 2, Riga, Tel. (6)73383-51/-52/-53.

In Vilnius (Litauen):
- **Deutsche Botschaft:** Z. Sierakausko gatvė 24/8, Tel. 5-2106400, in Notfällen unter mobil 65055510.
- **Österreichische Botschaft:** Gaono 6, Vilnius, Tel. 5-2660580, in Notfällen unter mobil 61000844.
- **Botschaft der Schweiz:** Zuständig ist die Botschaft in Riga (Lettland), es gibt keine Vertretung in Litauen.

In Warschau (Polen):
- **Deutsche Botschaft,** ul. Jazdów 12, Tel. 022-5841700, in dringenden Fällen auch Tel. 605-682347.
- **Österreichische Botschaft,** ul. Gagarina 34, Tel. 022-84100-81/-82/-83/-84.
- **Botschaft der Schweiz,** Aleje Ujazdowskie 27, Tel. 022-62804-81/-82.

Öffnungszeiten

Die meisten Öffnungszeiten, die in diesem Reiseführer angegeben sind, sind ungefähre Richtlinien, da sie häufig wechseln, nicht nur zur Sommer- und Winterzeit. Für größere Ausflüge und Unternehmungen empfiehlt es sich, die Zeiten bei der Touristeninformation oder über die jeweils angegebene Telefonnummer zu überprüfen.

Die meisten **Geschäfte** sind Montag bis Freitag von 10 bis 19 Uhr geöffnet, Supermärkte und Lebensmittelgeschäfte sind wesentlich länger offen, wochentags sowie häufig auch das ganze Wochenende bis 22 Uhr. In kleineren Orten sind die Öffnungszeiten nicht zuverlässig anzugeben.

Banken sind von Montag bis Freitag im Allgemeinen von 9.30 Uhr bis mindestens 16 Uhr, oft auch bis 18 Uhr geöffnet. Viele Filialen öffnen am Samstag, **Postfilialen** werktags von 9 bis 18 und samstags von 10 bis 15 Uhr. Dies sind jedoch nur grobe Richtwerte, da die Öffnungszeiten je nach Lage und Größe der Filialen stark variieren.

Die meisten **Museen** stehen Besuchern von 11 bis 18 Uhr offen. Allerdings sind viele montags, teilweise auch dienstags sowie an Feiertagen geschlossen. Da es sich oftmals um kleine Museen handelt, kann es vorkommen, dass einzelne Häuser nur im Sommer öffnen oder selbst dann nur nach Voranmeldung.

Das gleiche gilt für **Kirchen:** Im Winter so gut wie immer geschlossen, im Sommer dafür oftmals täglich geöffnet, variieren die Zeiten stark und werden durch Anschläge an den Kirchentüren bekannt gegeben. Sollte man vor verschlossenen Türen stehen, lohnt es sich oftmals, jemanden im Ort anzusprechen. Meist ist der Schlüssel irgendwo in der Nachbarschaft deponiert und man schließt die Kirche kurzfristig für Gäste auf.

Post

Estland

Die Urlaubspost kann auch schon einmal etwas länger unterwegs sein, gerade in leicht abgelegenen Gebieten werden die Briefkästen nicht täglich geleert und auch der danach folgende Weg zur Hauptpostverteilung kann einige Zeit dauern. Im Durchschnitt ist mit einer Woche Postweg zu rechnen. **Briefkästen** sind in Estland orange.

Für Briefe (bis 50g) und Postkarten nach Deutschland, Österreich und in die Schweiz braucht man eine **Briefmarke** *(kirjamark)* für 0,58 Euro. Außer in Postämtern *(postkontor)* erhält man Briefmarken in vielen Kiosken und in Geschäften, die auch Postkarten *(postkaart)* verkaufen. **Pakete** sollten in graubraunem Packpapier daherkommen, wichtige Dinge sollten extra versichert werden. Als grobe Richtwerte kann man sagen, dass Postfilialen werktags von 9 bis 18 Uhr und samstags von 10 bis 15 Uhr geöffnet sind.

Lettland

Postämter haben in vielen Städten recht großzügige Öffnungszeiten – in Riga sogar teilweise rund um die Uhr. Meist findet man eine *Pasts,* die werktags nicht vor 19 Uhr und samstags nicht vor dem Nachmittag ihre Pforten schließt. Das **Porto** für Briefe nach Deutschland und Österreich beträgt 0,50 Ls Standard, 0,55 Ls Express, in die Schweiz 0,55 Ls Standard, 0,60 Ls Expres. Postkarten nach Deutschland und Österreich kosten 0,45 Ls, in die Schweiz 0,50 Ls. Unter **www.pasts.lv** (mit einer ausführlichen englischen Version) erhält man Informationen über Tarife und Links zu allen Postämtern des Landes inklusive Adressen und Öffnungszeiten.

Litauen

Die Postverbindungen von und nach Westeuropa sind zuverlässig. Wichtige Dokumente sollte man mit Einschreiben *(registruotas)* verschicken. **Expresspost** *(EMS)* kann bei größeren Postämtern aufgegeben werden (Dauer: 2–3 Tage). Die Adressen der teuren, aber schnellen **Kurierdienste** (www.dhl.lt, www.ups.com, www.fedex.com, www.tnt.lt) sind bei den einzelnen Städten vermerkt. Unter **www.post.lt** findet man neben den Tarifen die Adressen der Postfilialen (meist mit Kopierservice, Verkauf von Schreibwaren, Zeitschriften etc.). Auch größere **Hotels und Kioske** verkaufen oft Briefmarken. Die **Briefkästen** sind gelb.

Briefe und Postkarten innerhalb Litauens kosten 1,65 Lt. bzw. 1,55 Lt., in EU-Länder 2,95 Lt. bzw. 2,45 Lt., in Nicht-EU-Länder 3,35 Lt. bzw. 2,90 Lt.

Wer sich Post schicken lassen möchte, aber keine feste Adresse hat, kann dies unter dem Vermerk **Poste restante** bei jedem größeren Postamt tun. Der Familienname sollte unterstrichen sein, Umlaute getrennt geschrieben werden. **Adressierung** mit „Centrinis Paštas". Die Post bleibt vier Wochen am Schalter *iki pareikalavimo* liegen, bevor sie zurückgeschickt wird.

Sicherheit

Die baltischen Staaten sind weitgehend sichere und ruhige Länder, wobei es natürlich Kleinkriminelle wie Handtaschendiebe oder Autoknacker auch hier gibt. Man sollte die üblichen Vorsichtsmaßnahmen treffen: Wertsachen möglichst im Hotelsafe lagern, keine Gegenstände im Auto liegen lassen, den Wagen möglichst auf bewachten Parkplätzen abstellen. Über kurzfristige Änderungen der **allgemeinen Sicherheitslage** kann man sich auf der Website des Auswärtigen Amtes erkundigen: www.auswaertiges amt.de.

Sport und Aktivitäten

Alle drei Länder sind ein wunderbares Reiseziel für Aktivsportler. Sie lassen sich aufgrund relativ kurzer Distanzen und gut ausgeschilderter Wege gut durchwandern und mit dem Fahrrad erkunden. Nahezu allgegenwärtig ist Wasser, egal, wo man sich befindet: Das Meer oder ein (Bade-)See ist eigentlich immer nah und lädt zu einem Bad oder einer Bootstour ein. Überall an der Küste und in den Städten gibt es Anbieter, die Sportausrüstung vermieten, die Unterkünfte auf dem Land veranstalten Angel-, Reit-, Kanu- oder sonstige Ausflüge. Man sollte in der Unterkunft nachfragen: Auch wenn der Besitzer selbst nichts anbietet, gibt es sicherlich jemanden in der Nachbarschaft, der Fahrräder oder Boote verleiht, Reitunterricht gibt oder Vogelbeobachtungen durchführt.

Auch bei den Touristinformationsbüros und in den „In Your Pocket"-Stadtführern findet man Kontaktadressen für sportliche Aktivitäten. Im Folgenden eine kleine Übersicht von typischen Freizeit- und Sportmöglichkeiten.

Angeln

Viele Unterkünfte organisieren Angelausflüge zu einem der vielen Seen oder Flüsse und stellen entsprechendes Zubehör. Wer vorhat, angeln zu gehen, erkundigt sich am besten vor Ort in der jeweiligen Touristeninformation oder beim Anbieter nach den Konditionen, denn zum Teil sind Angelscheine erforderlich und Angelzeiten zu beachten. Außerdem sind für gewisse Fischarten Mindestgrößen vorgegeben.

Sehr beliebt ist im Winter auch das **Eisangeln:** Touristeninformationen oder Hotels vor Ort vermitteln Interessierte an ortsansässige Angler, die genau wissen, auf welche Eisschicht man sich vorwagen kann. Von Dezember bis März ist das Eisangeln ohne Lizenz auf dem Kurischen Haff möglich. Tausende von Eisanglern fahren mit Amphibienfahrzeugen von beiden Haffseiten zu den Angelplätzen aufs dicke Eis, um den Seestint, eine Lachsart, die nach Gurken riecht, zu fischen, nachdem sie mit Handbohrern Löcher ins Eis bohren. Auch für Nichtangler ist das eine sehenswerte Angelegenheit.

Baden

Das Baltikum mit seinen vielen **Flüssen und Seen** ist ein Paradies für Badefreunde und Erholungssuchende. Herrliche Strände mit Sanddünen und Pinienwäldern findet man an der **Ostsee.** Bestimmte Bereiche sind im Sommer recht überlaufen, manche sind menschenleer. Die Bade- und Wassersportsaison dauert von Mai bis Oktober. Natürlich gibt es auch **Badeanstalten,** oftmals an große (Kur-)Hotels angeschlossen. Hallenschwimmbäder findet man in größeren Städten und vereinzelt auf dem Land.

Kanutour auf der Ahja in Estland

Fahrradfahren

s. dort

Floßfahrten

Eine lettische Spezialität sind Gruppenfahrten auf großen Flößen. Die Gesellschaft Jēkabs beispielsweise veranstaltet Floßfahrten auf der **Daugava** in Gruppen ab 15 Personen. Das Angebot reicht von Tagestouren bis hin zu weiten Ausflügen von insgesamt neun Tagen auf dem Floß (Strecke von Krāslava nach Jēkabpils). Die Preise reichen entsprechend von 200 Ls bis zu stolzen 1500 Ls, jeweils für eine Gruppe von 15 oder 20 Fahrgästen.

- **Jēkabs,** Bebru iela 108, Jēkabpils, Tel. 65231538, mobil 29558438.

Kanu- und Kajakfahren

Praktisch überall werden Kajaks oder Kanus verliehen. Adressen von Anbietern sind in den Ortsbeschreibungen aufgeführt. Man kann allein oder in Begleitung eines Führers ein paar Stunden oder gar Tage auf einsamen Wasserwegen unterwegs sein, oftmals ohne einer Menschenseele zu begegnen. Viele Wasserstraßen sind noch im ursprünglichen Zustand belassen, man muss also mit Ausweichmanövern wegen heruntergefallener Äste und umgestürzter Baumstämme rechnen.

In **Estland** sind Touren durch den Soomaa-Nationalpark (Landkreis Pärnumaa/Viljandimaa) sowie über die Flüsse Ahja, Piusa oder Võhandu in

057es Foto: jl

den Landkreisen Põlvamaa und Võrumaa besonders empfehlenswert. Wer sich im Norden des Landes aufhält, kann die Flüsse Jägala jõgi oder Valgejõgi befahren.

In **Lettland** ist die Gauja der mit Abstand beliebteste Fluss für Kanu- und Kajakfahrten. In Cēsis kann man Boote leihen und sich in Sigulda abholen bzw. von Sigulda nach Cēsis bringen lassen und dann die malerische Strecke nach Sigulda paddeln. Wer es sehr gemütlich angehen will, kann auch nur die halbe Strecke bis Ligatne zurücklegen. Wer längere Touren machen will, startet weiter flussaufwärts, etwa in Valmiera.

Relativ ruhig verlaufende Flüsse in **Litauen** sind der Nemunas, Neris, Merkys, Šventoji und Nevėžis, die teilweise durch National-/Regionalparks fließen und auf denen Kanus, Kajaks und andere Boote fahren können. Es ist auch möglich, von der weißrussischen Grenze bis zur Ostsee zu fahren (am besten ist die Strecke bis Vilnius wegen der Stromschnellen und vieler Übernachtungsmöglichkeiten). Sehr beliebt sind auch die Seen um Molėtai und die Seen und Flüsse in den Aukštaitija- und Dzūkija-Nationalparks, wo auch Touren angeboten werden. Verleihstationen gibt es u.a. in Vilnius, Marcinkonys, Pabradė und Klaipėda.

Reiten

Viele Bauernhöfe bieten Reiterferien an oder können zumindest Ausritte und Reitunterricht, Kutsch- oder im Winter auch Pferdeschlittenfahrten vermitteln. Adressen finden sich in den Ortsbeschreibungen oder für Estland über den Landtourismusverbund, www.maaturism.ee. Natürlich helfen auch die Touristeninformationen vor Ort gern weiter.

Auf der Seite www.celotajs.lv, die Ferien auf dem Land gewidmet ist, erhält man neben vielen weiteren Informationen auch Tipps fürs Reiten in Lettland.

Für Pferdenarren ist im Februar das **„Pferderennen auf Eis“** im litauischen Dusetos ein Leckerbissen. Infos unter www.horse.lt. In Niuronys gibt es ein **Pferdemuseum,** Kutschfahrten und Pferderennen.

Sauna

Das Baltikum hat eine große Sauna-Tradition. Hier vermischen sich die Einflüsse des russischen Dampfbades und der skandinavischen Sauna. Am aufregendsten sind natürlich Saunen, bei denen man sich in der **freien Natur** im Fluss oder See abkühlen kann (wie wäre es im Winter mit dem Eintauchen in ein ins Eis geschlagene Loch?). Meistens handelt es sich um ein frei stehendes **Holzhäuschen** mit einem kleinen Vorraum und einem Schwitzraum, entweder elektrisch beheizt oder traditionell mit Holzofen. Man klopft sich mit Birkenzweigen leicht auf den Körper, was das Schwitzen und somit auch das Entspannen und die Vitalisierung fördern soll. Die Esten gehen gern gemeinsam mit Familienangehörigen, Freunden und sogar mit Geschäftspartnern in die Sauna, ohne sich mit Badebekleidung zu verhüllen.

400li Foto: gs

Mobile Fass-Sauna

So gut wie jeder Haushalt auf dem Land und somit auch nahezu jede Unterkunft hat eine eigene Sauna. In Gästehäusern ist die Nutzung allerdings auch für Gäste kostenpflichtig und nicht im Preis inbegriffen, es sei denn, man hat ein teures Zimmer mit angeschlossener eigener Sauna gebucht. Sie ist aber meist nicht allzu teuer, für ein paar Euro pro Person kann man oft schon das volle Programm genießen.

In Lettland heißt die Sauna *pirts* und gehört auf vielen Campingplätzen und Ferienanlagen, in Hotels und sogar in Innenstädten dazu.

Schiffsfahrten

In **Riga** werden kürzere Schiffstouren auf der Daugava angeboten (Einstieg am Fuß der beiden zentrumsnahen Brücken). Auch in **Kaunas** und auf der **Memel** (Nemunas) gibt es Schiffsfahrten.

Einige Unternehmer in Estland haben sich zum „Verein für alte Schiffe" zusammengetan und bieten Touristen die Möglichkeit, auf **traditionellen estnischen Schiffen** die Binnen- oder Küstengewässer zu befahren, auf gut erhaltenen alten Schiffen oder Nachbauten. Zum Programm gehören beispielsweise Ausflüge vor der Küste Tallinns, eine Fahrt von Tartu über den Fluss Emajõgi zum Peipus-See, Einbaumpaddeln durch das Moorgebiet Soomaa oder Segeln über den zentralestnischen See Võrtsjärv (Wirz-See).

- Mehr **Informationen** unter www.historicships.ee bzw. www.lodi.ee, Buchungen über die Homepage. Kontaktadresse des Vereins: Emajõe Lodjaselts, Emajõe 3, Tartu, lodi@lodi.ee, Tel. 7420229, mobil 55596788.

Vogelbeobachtung

Ein Paradies für Vogelliebhaber, besonders während der Vogelzüge im Herbst und im Frühling, ist die Vogelwarte im litauischen Ventė. Auf seine Kosten kommt man auch auf der Kurischen Nehrung, im Aukštaitija-, Žemaitija- und im Dzūkija-Nationalpark, in den Nemunas-Delta- bzw. Pajūris-Regionalparks sowie in den Naturreservaten und Regionalparks mit ihren Beobachtungstürmen. Infos bei der **Litauischen Ornithologengesellschaft,** Vilnius, Naugarduko 47-3, Tel./Fax 5-

Foto: jl 100es

2230498, www. birdlife.lt (u.a. Vogeltour im Oktober), bzw. beim Vogelbeobachtungsverein (www.birdwatching.lt). Auch Reiseveranstalter bieten ornithologische Touren an.

In Lettland bieten die zahlreichen Naturparks oft spektakuläre Möglichkeiten für „Birdwatcher". Besonders empfehlenswert ist der **Pape-Naturpark** (Papes dabas parks) an der Westküste, nur wenige Kilometer nördlich der litauischen Grenze. 271 Vogelarten wurden auf diesem fast unberührten Fleckchen schon gesichtet und ein ornithologisches Zentrum eingerichtet (Tel. (6)3400341, www.pdf-pape.lv).

Auf Holzstegen durch den Soomaa-Nationalpark

In Estland ist **Matsalu** ein wichtiger Ort für Ornithologen.

Wandern

In allen drei Ländern gibt es unzählige Wanderwege und Naturpfade. Die lokalen Touristeninformationen und die Infozentren der National- und Regionalparks verteilen Informations- und Kartenmaterial. Wer eine geführte Wanderung unternehmen will, kann sich dort Führer vermitteln lassen. Einige Reiseveranstalter bieten Wanderreisen an.

Im Zeichen des Ökotourismus wurden in Litauen über 300 Wege und Pfade angelegt, 30 davon behindertengerecht. In sämtlichen Nationalparks Lettlands sind sehr viele schöne und oft nach Schwierigkeitsstufen geordnete Wanderwege bestens ausgeschildert, beispielsweise in den Nationalparks Gauja, Ķemeri, Slītere oder Naturparks wie Pape in Kurland. Viele Wege in Estland sind mit Lehrschildern (allerdings oft nur in Estnisch) ausgeschildert. Besonders empfehlenswert sind auch dort die Wege in den Nationalparks und Naturschutzgebieten.

Wellness und Spa

Große Hotels und neu entstehende Wellness- und Kurzentren offerieren eine immer breitere Palette an Behandlungen. Die Angebote umfassen Gesundheits- sowie Schönheitsbehandlungen, in der Regel Massagen, Wärme-, Kälte-, Salz- und manchmal Schlammbehandlungen, es gibt diverse Saunen und Schwimmbäder, Kosmetikangebote, Fitnessräume und Spezialanwendungen gegen Knochen-, Atemwegs- und Herz-Kreislauferkrankungen. Die wichtigsten Spa-Hotels sind in den jeweiligen Kapiteln dieses Reiseführers aufgeführt.

In den litauischen Kurorten **Birštonas, Druskininkai** und **Palanga** mit ihren Heilquellen und der heilenden Luft der Kiefernwälder kann man sich in modernen Spa-Hotels oder Kurhäusern mit Wellness-Angeboten zu einem annehmbaren Preis verwöhnen lassen.

Eine große Tradition haben Kuren im Badeort **Jūrmala** bei Riga. Interessante Adressen in Lettland sind zu finden auf der Seite www.latvia.travel/de unter dem Stichwort „Gesundheitstourismus und Spa".

Die bekanntesten Kurorte in Estland sind die westlichen Küstenstädte **Pärnu** und **Haapsalu** sowie **Kuressaare,** die Hauptstadt der Insel Saaremaa. Außerdem gibt es Spa-Hotels in Tallinn und Rakvere sowie in Toila an der Steilküste im Nordosten. Auch in Südestland gibt es einige Adressen. Einen Überblick kann man sich auf www.estonianspas.eu verschaffen.

Die meisten Hotels bieten Spezialpakete fürs Wochenende oder für eine Woche an, die günstiger sind, als alles einzeln zu buchen. Besonders die Hotels in den Kurorten Westestlands nehmen stolze Preise, die sich zumindest in der Hauptsaison nicht sehr von denen westeuropäischer Wellness-Hotels unterscheiden. Für Reisende mit kleinem Portemonnaie, die nicht auf einen Verwöhntag verzichten möchten, gibt es Tagespakete, außerdem ist es in der Nebensaison wesentlich günstiger als im Hochsommer.

Wintersport

Die schneereichsten Gebiete befinden sich in **Südestland.** Hier gibt es Skipisten verschiedener Schwierigkeitsgrade auf 200–300 m hohen Bergen, die mit Beleuchtung und Skilift aufwarten. Der höchste Berg Estlands, der **Suur Munamägi** („Großer Eierberg") im südestnischen Haanja-Hochland, ist mit **318 m** die höchste Erhebung im Baltikum. Dort (in Kütioru) gibt es die besten Slalompisten Estlands, auf denen sich gern **Snowboarder** tummeln. Nachts sind viele Pisten mit Fackeln beleuchtet.

In Estland fällt der erste Schnee zwar oft schon im November, doch die eigentliche Skisaison beginnt um die Weihnachtszeit und dauert bis Ende März. Insgesamt lässt sich jedoch sagen, dass Estland aufgrund der geringen Höhen nicht gerade ein Mekka für Alpinisten ist, aber **Langläufer** kommen allemal auf ihre Kosten.

Skipisten sind auch in Lettland praktisch in jeder Region vorhanden. Besonders beliebt und gut entwickelt ist der Wintersport in **Sigulda,** wo die einzige Bob- und Rodelbahn des Landes zu finden ist. Die längste Skipiste Pilsētas trase kommt auf 350 m und immerhin 90 m Höhenunterschied. Weitere Informationen über Pisten und Loipen im ganzen Land gibt es unter www.latvia.travel/de.

Skilanglaufloipen gibt es in **Litauen** in den schneesicheren Regionen bei Ignalina und im Aukštaitija-Nationalpark. In Vilnius gibt es künstliche Skihänge.

Sprache und Verständigung

Litauisch und Lettisch

Litauisch und Lettisch gehören zur **baltischen Gruppe** der indoeuropäischen Sprachen. Sie bilden damit eine eigene Sprachgruppe und haben keinerlei Verwandtschaft mit dem slawischen Zweig. Litauisch ist die älteste noch erhaltene indogermanische Sprache und daher für Sprachwissenschaftler besonders interessant. Zu der gleichen Sprachfamilie gehören das inzwischen ausgestorbene Altpreußisch und das in Rudimenten überlieferte Kurisch. Litauisch und Lettisch haben sich im Laufe der Jahrhunderte recht weit auseinanderentwickelt, es gibt kaum mehr Übereinstimmungen im Alltagswortschatz. Beide Sprachen haben durch die lange Dominanz fremder Mächte Elemente aus dem Deutschen, dem Schwedischen und den slawischen Sprachen übernommen. Als Ausländer versteht man außer einigen vertraut klingenden Fremdwörtern aber praktisch nichts.

Mit ihren vielen Endungen auf -as bzw. -s, enthalten Litauisch und Lettisch viele Anklänge an das Altgriechische, Lateinische, Iranische, Armenische und Gotische, auch an das indische Sanskrit, die indogermanische Ursprache. Beide Sprachen haben sieben Fälle und damit eine äußerst **komplizierte Grammatik.** Die Endungen modifizieren jedes Wort je nach Satzstellung. Das Alphabet ist das lateinische, kennt aber jeweils einige Sonderzeichen.

Die Anfänge der litauischen Hochsprache reichen bis ins 16. Jh. zurück (erster handschriftlicher Text von 1503). Der Autor des ersten litauischen Buches, eines Katechismus, der 1547 in Königsberg erschien, war *Martynas Mažvydas* (1510–63). Er war einer der acht Studenten, die vom preußischen Herzog Albrecht zum Theologiestudium in Königsberg eingeladen wurden.

Durch die über Jahrhunderte einflussreiche deutsche Kultur hat das Lettische ein wenig mehr Elemente aus der deutschen Sprache übernommen. Der 1654 in Sachsen geborene *Johann Ernst Glück* verbrachte über zwanzig Jahre seines Lebens mit seiner Familie im nordlettischen Alūksne. Er übersetzte die Bibel ins Lettische und legte damit den Grundstein für die lettische Schriftsprache.

Estnisch

Im Gegensatz zu Lettisch und Litauisch gehört Estnisch nicht zur indogermanischen, sondern zur **finno-ugrischen Sprachfamilie** und ist somit eng mit dem Finnischen und weitläufig mit dem Ungarischen verwandt. Aufgrund der wechselhaften Geschichte des Landes sind hoch- und niederdeutsche, schwedische und russische Wörter mit in die estnische Sprache eingeflossen. Das Estnische ist eine sehr klangvolle, von vielen Vokalen geprägte Sprache. Die Grammatik mit ihren 14 Fällen erscheint Ausländern jedoch sehr kompliziert.

Die estnische Schriftsprache benutzt das lateinische Alphabet, ferner die auch im Deutschen bekannten Umlaute ä, ö und ü. Ein uns nicht vertrauter Buchstabe ist das õ, das wie eine Mischung zwischen „ö" und „e" ausgesprochen wird. Ansonsten lässt sich festhalten, dass Doppelvokale lang gezogen werden; „ae" wird nicht wie „ä", sondern getrennt ausgesprochen, also wie „a-e". „Au" wird hingegen wie bei uns („auch") zusammengezogen. Das „h" wird hörbar betont, wie in „Hund", bei manchen Worten besonders stark, es klingt dann wie ein hart ausgesprochenes „ch".

Verständigung in Litauen

Nahezu überall problemlos verständigen kann man sich mit **Russisch.** Auch Kinder lernen in der Schule Russisch als Fremdsprache. Zwar erfreut sich diese Sprache bei den Älteren als ehemalige „Besatzersprache" nicht gerade besonderer Beliebtheit, aber die Litauer benutzen sie auch selbst, wenn sie sich in Lettland oder Estland verständigen wollen. Zur Zaren- und Sowjet-Zeit war auch in Litauen Russisch die offizielle Amtssprache.

Das Interesse wendet sich jetzt immer mehr **Englisch** und **Deutsch** zu. Bisher allerdings kommt man damit (noch) nicht sehr weit, teilweise nicht einmal bei internationalen Auskunftsstellen. Etwas verbreiteter ist Deutsch, historisch bedingt, in Klaipėda und auf der Kurischen Nehrung, da diese Gebiete über Jahrhunderte hinweg unter deutschem Einfluss standen. Im Tourismusgewerbe und bei Gesprächen mit jüngeren Leuten ist eine Kommunikation jedoch auf Englisch, z.T. auch auf Deutsch, bedingt bis gut möglich. Deutsch- oder englischsprachige Exkursionen gibt es in vielen Städten. Bei Verständigungsproblemen wird mancherorts oft so lange herumtelefoniert, bis eine Person mit Fremdsprachenkenntnissen gefunden ist.

Tipp: Versuchen Sie es zuerst mit ein paar Brocken Litauisch, da jeder noch so kleine Versuch bereits positiv aufgenommen wird. Zwangsläufig gehört dazu auch die Phrase, ob der Gesprächspartner Deutsch oder Englisch kann, und bei einem „Nein" auch die Frage, ob man dann Russisch sprechen darf (falls man das beherrschen sollte); und er wird ganz sicher nichts dagegen haben, sich in dieser Sprache auch mit Besuchern aus dem Westen zu unterhalten, sondern im Gegenteil froh sein, überhaupt eine Verständigungsbasis gefunden zu haben. Außerdem machen in manchen Gegenden die zugezogenen Russen, die nur Russisch sprechen, bis zu 90 % der Bevölkerung aus.

Verständigung in Lettland

Ein gutes Drittel der Landesbewohner gehören der russischen Minderheit an und verwenden **Russisch** als Umgangssprache. Besonders stark vertreten sind die Russen im östlichen Landesteil, wo selbst in Supermärkten und Bäckereien nur Russisch gesprochen wird. Die erste Amtssprache ist aber auch hier Lettisch. Die nicht immer leichte Beziehung zwischen der russischen und der lettischen Bevölkerung führte dazu, dass die Russen oft in ihren eigenen Vierteln leben und wenig Austausch gepflegt wird. Trotzdem gilt seit der Wende 1991: Jeder muss in der Schule Lettisch sprechen.

Auch die Letten sprechen fast alle Russisch – allerdings nur diejenigen, die über 35 bis 40 Jahre alt sind: Zu Sowjetzeiten war Russisch die offizielle Staatssprache. Mit der mittleren und älteren Generation der Letten sowie der gesamten russischen Minderheit kann man sich also auf Russisch verständigen. Aus Höflichkeit sollte man Letten aber nie direkt auf Russisch ansprechen, sondern erst nachfragen. Das gleiche gilt für die englische Sprache. Bei der jungen Generation ist es mit Russisch oft schwieriger, aber dafür verstehen viele schon mehr oder weniger **Englisch.** Gerade in touristischen Gebieten überraschen auch einige Ältere bereits mit Englischkenntnissen. **Deutsch** ist dagegen wenig verbreitet.

Verständigung in Estland

Die Esten sind sehr sprachversiert. Als Tourist kommt man mit **Englisch** und oft auch **Deutsch** in der Regel gut durchs Land. Auch **Russisch** wird verstanden, aber nicht immer begeistert aufgenommen. Wer sich bemüht, wenigstens einige Grundbegriffe der estnischen Sprache wie die zur Begrüßung und Danksagung zu beherrschen, wird die eher verschlossenen Esten gleich viel leichter für sich einnehmen.

Sprachführer

Sehr nützlich sind die praktischen und kompakten Sprachführer der Kauderwelsch-Reihe aus dem REISE KNOW-HOW Verlag, die es für alle drei Hauptsprachen des Baltikums gibt: **Litauisch – Wort für Wort** (Band 54), **Lettisch – Wort für Wort** (Band 82) und **Estnisch – Wort für Wort** (Band 55). Sie enthalten ein umfangreiches Wörterverzeichnis, erläutern Grundlagen der Grammatik auf einfache Weise und bieten vielfältige praktische Konversationsbeispiele zu allen Bereichen des touristischen Alltags an. Als begleitendes Tonmaterial sind die **AusspracheTrainer** auf Audio-CD erhältlich.

Telefonieren

Estland

Wenn man aus der Heimat eine estnische Nummer anwählt, muss nur die 00372 **ohne Städtevorwahl** vorangesetzt werden. Auch wenn man im Land von einer Telefonzelle oder einem Privatanschluss aus anruft, wählt man die gewünschte Nummer ohne Städtevorwahl. Vor einigen Jahren wurde das Telefonsystem in Estland komplett umgestellt, sodass es seither keine richtigen Vorwahlen mehr gibt. Man kann zwar an den ersten ein bis zwei Ziffern erkennen, in welche Stadt man anruft, aber diese Zahlen sind fester Bestandteil der Nummer. Das heißt, egal, wo man sich im Land befindet, ob im Ort oder außerhalb, man wählt immer die vollständige Nummer. Auf manchen Prospekten, Visitenkarten und Schildern sind noch veraltete Nummern angegeben, die man daran erkennt, dass eine 0 voransteht. Wenn man auf eine derartige Angabe stößt, muss man einfach die 0 weglassen. Eine **englischsprachige Telefonauskunft** erreicht man unter Tel. 1182.

Telefonkarten sind im ganzen Land in Zeitungskiosken, Hotels und Postämtern erhältlich. **Telefonzellen** sind vielerorts vorhanden, meist auch funktionstüchtig.

Mobil telefonieren

Das eigene Handy lässt sich in Estland im Prinzip nutzen, denn die meisten Mobilfunkgesellschaften haben Roamingverträge mit den estnischen Gesellschaften EMT, Tele2 oder Elisa (GSM 900/1800 MHz und 3G 2100). Allerdings hat man in ländlichen Regionen manchmal nur dünnen Empfang.

Für einen längeren Aufenthalt in Estland, der über einen Urlaub hinausgeht, wäre es ratsam, eine **estnische Prepaid-Telefonkarte** (z.B. Simpel) zu kaufen. Diese sind nicht teuer, passen in jedes gängige Mobiltelefon (falls keine Sperrung anderer Provider vorhanden ist) und funktionieren im ganzen Land auch auf weiter Flur.

Mobiltelefone sind in Estland sehr weit verbreitet. Es ist nicht unüblich, dass nur Mobilnummern bei Reiseveranstaltern und Unterkünften angegeben werden. Man erkennt sie daran, dass sie **mit einer 5 anfangen.** Auch hierbei gilt, dass manchmal noch veraltete Nummern im Land angegeben sind, dann einfach die 0 vor der 5 weglassen. Im Land werden Mobiltelefonnummern oft durch die Abkürzung GSM gekennzeichnet.

Ruft man im Urlaub von seinem mitgebrachten deutschen, österreichischen oder Schweizer Handy eine Nummer im Land an, muss man die **Landesvorwahl 00372** voransetzen,

Vorwahlnummern

- **Deutschland:** 0049
- **Schweiz:** 0041
- **Österreich:** 0043
- **Estland:** 00372
- **Lettland:** 00371
- **Litauen:** 00370

egal, ob es sich um Festnetzanschlüsse oder Mobiltelefone handelt. Nach der Landesvorwahl kommt gleich die Handy- bzw. Festnetznummer, ohne eine 0 oder andere Zahlen dazwischen zu wählen.

Lettland

Aus dem Ausland wählt man 00371 für Lettland und dann die Rufnummer. Städtevorwahlen existieren nicht. Leider gibt es eine Komplikation: Verwirrung, selbst für die Einheimischen, stiftet die **Ziffer 6,** die am Anfang vieler Telefonnummern auftaucht. Wenn man vom Ausland oder von Lettland aus mit einem ausländischen Handy anruft, wählt man immer die 00371 und kann die 6 ignorieren. Nur aus dem **lettischen Festnetz** oder von einem **lettischen Mobiltelefon** muss man die **6 beachten.** Teilweise werden die Telefonnummern mit der 6 in Klammern angegeben, teilweise mit der 6 einfach als erster Ziffer und teilweise wird sie ganz ignoriert. Im Zweifelsfall also immer die **Nummer ohne die 6** am Anfang anwählen. Von einem lettischen Telefon aus dagegen sollte man immer an die 6 denken – es sei denn, man ruft eine Handynummer an.

In **Telefonzellen** wird fast immer eine Telefonkarte (2, 3 oder 5 Ls) benötigt, die in Läden, Kiosken und Postämtern mit dem Aufkleber „Telekarte" erhältlich. Seltener ist auch der Einwurf von Münzen möglich.

Die meisten Mobilfunkgesellschaften haben Roamingverträge mit den lettischen Gesellschaften LMT, SIA Bite und Tele2 (GSM 900/1800 MHz und 3G).

Litauen

Nach der Vorwahl für Litauen 00370 wählt man die Städtevorwahl ohne die Ziffer 8 (z.B. nach Vilnius 00370-5-Rufnummer). Ruft man ein **Handy** in Litauen an, muss ebenfalls die 8 als erste Ziffer der Rufnummer weggelassen werden (00370 + achtstellige Rufnummer).

Gespräche von Hotels sind teurer als von den vielen öffentlichen **Kartentelefonen** *(taksofonas).* Die wenigen rechteckigen akzeptieren nur Magnetstreifenkarten, die anderen nur Chipkarten. Beide sind u.a. an Kiosken, Tankstellen, Post- und Telefonämtern zu 9, 13, 16 und 30 Lt. (50–200 Einheiten) erhältlich. Für nationale Gespräche *(vietiniai pokalbiai)* ist die Telefonkarte der *lietuvos telekomas* zu empfehlen. Falls die Karte nicht mehr herauskommt, die gebührenfreie Nummer 800-20404 anrufen. An einigen Kartentelefonen kann auch mit **Kreditkarte** telefoniert werden.

Für ein **Ortsgespräch** genügt die Telefon-Nr. (ohne Vorwahl). Bei **nationale Ferngesprächen** wählt man zunächst die 8 und wartet, bis man einen ununterbrochenen Ton hört. Dann wählt man die Stadtvorwahl und die Nummer des Teilnehmers, wobei keine Pause von mehr als 5 Sekunden entstehen sollte (z.B. Kaunas 8-37-Rufnr.). Um ein Handy anzurufen, muss erst die 8, dann die achtstellige Rufnummer gewählt werden.

Eine Verbindung **ins Ausland** kommt meist rasch und reibungslos zustande, auch von Kartentelefonen (auf Tastendruck erscheint eine Anleitung auf Englisch). Man wählt die Landesvorwahl, dann die Stadtvorwahl (ohne die Null), und schließlich die Rufnummer (z.B. Frankfurt/M. 0049-69- ...). Bei Gesprächen nach Lettland und Estland gelten z.T. Besonderheiten; ggf. die Auskunft (Tel. 1551, 118) anrufen, ebenfalls bei Ländern ohne Direktanschluss.

Mobil telefonieren

Das eigene Mobiltelefon lässt sich in Litauen problemlos benutzen, denn die meisten Mobilfunkgesellschaften haben Roamingverträge mit den litauischen Gesellschaften Omnitel (GSM 900 MHz), Bité (GSM 900/1800 MHz und 3G 2100) oder Tele2 (GSM 900/1800).

Falls das Mobiltelefon **SIM-lock-frei** ist (keine Sperrung anderer Provider vorhanden ist) und man viele Telefonate innerhalb Litauens führen möchte, kann man sich eine örtliche **Prepaid-SIM-Karte** (7–20 Lt.) besorgen. Man erhält eine Nummer, mit der man telefonieren, SMS senden und auch angerufen werden kann.

Anruf auf ein anderes Handy: die 9-stellige Zahl (inkl. der 8) wählen. **Anruf aufs Festnetz:** 8 + Rufnummer, besser ist aber 00370 + Städtevorwahl (ohne die 8) + Rufnummer.

Trinkgeld

Trinkgelder sind nicht obligatorisch, werden aber gern genommen, da die Löhne niedrig sind. Eine Trinkgeld-Kultur wie beispielsweise in südlichen Ländern gibt es jedoch nicht. Ob und wie viel man geben möchte, sei jedem selbst überlassen. Manchmal runden Restaurantangestellte oder Taxifahrer den Betrag auf oder behaupten, kein Wechselgeld zu haben. Für besonders guten Service kann durchaus ein Trinkgeld von 5 bis 10 % gegeben werden. In Hotels hängt das Trinkgeld vom Service ab. Exklusive Restaurants, Bars und Nachtclubs – manchmal auch ganz einfache wie eine große Café-Kette in Riga – stellen einen Bedienungszuschlag von 7 bis 12 % in Rechnung, sodass sich ein Trinkgeld erübrigt. Man sollte also immer aufpassen, bevor man großzügig Trinkgeld gibt, ob es nicht schon aufgeschlagen wurde. Wenn Gäste am Tresen bestellen und bezahlen, wird kein Trinkgeld erwartet.

Unterkunft

Estland

Übernachtungsmöglichkeiten gibt es in Estland mittlerweile nicht nur in Hülle und Fülle, sondern auch in allen Preisklassen und Unterkunftsarten. In Tallinn und anderen beliebten Reiseregionen wie Tartu, den Küstenstädten, den Inseln oder dem Nationalpark La-

Preiskategorien Estland

Die in den Ortsbeschreibungen aufgeführten Unterkünfte sind in folgende Preisklassen unterteilt, dargestellt durch hochgestellte Eurozeichen. Der Preis gilt für zwei Personen im **Standard-Doppelzimmer in der Hauptsaison,** sofern nicht anders angegeben. Dies dient nur zur Orientierung, was das Preisniveau anbelangt, und entspricht nicht etwa dem Qualitäts-Sternesystem.

bis 40 Euro	€
40–70 Euro	€€
70–100 Euro	€€€
ab 100 Euro aufwärts	€€€€

hemaa findet man eine große Anzahl Hotels westlichen Standards, die sich dem westeuropäischen Preisniveau angepasst haben. Auf dem Land hingegen kann man oftmals recht günstig unterkommen, wobei die Preise stark von der Saison abhängen.

Es gibt in Estland verschiedene Hotelarten, Spa-Resorts, Unterkünfte in alten Gutshöfen, typischen Bauernhoftourismus, Ferienhäuschen, Pensionen, Privatunterkünfte und Herbergen. Auch in Estland, vor allem in Tallinn, gibt es einige **Jugendherbergen,** die dem internationalen Jugendherbergsverband (www.hihostels.com) angeschlossen sind. Dort kann man unabhängig von seinem Alter absteigen. Hat man einen internationalen Jugendherbergsausweis aus dem Heimatland, schläft man zum günstigeren Tarif, sonst muss man eine Tagesmitgliedschaft erwerben.

Estland ist als junger Staat hinsichtlich touristischer Infrastruktur stark im Umbruch. Wöchentlich entstehen neue Pensionen, während so manch andere vor dem finanziellen Ende steht und schließen muss. Die Besitzverhältnisse und damit der Service und die Preise können sich rasch ändern. Die in diesem Buch angegebenen Preiskategorien dienen lediglich als Richtwerte.

Leider kann die Autorin nicht garantieren, dass unter den angegebenen Telefonnummern immer jemand rangeht, der Englisch oder Deutsch beherrscht. Oftmals werden kleinere Pensionen auf dem Lande von Familien betrieben und wer Pech hat, hat die Oma am Apparat, die nur Estnisch oder Russisch spricht. Falls dies der Fall ist, am besten an die nächstgelegene Touristeninformation wenden und die Angestellten bitten, die Reservierung vorzunehmen. Das gilt selbstverständlich nicht für große Häuser, dort sprechen die Angestellten Englisch oder oft auch Deutsch.

Estland ist im Allgemeinen ein sauberes und ordentliches Land, wobei es natürlich – wie überall – auch dort schwarze Schafe gibt. Wer als Individualreisender unterwegs ist und sich vor Ort für kleine Privatunterkünfte auf dem Land entscheidet, sollte sich die Zimmer und das Bad immer erst zeigen lassen. Große Hotels haben den gleichen Standard wie bei uns.

Luxus im Jugendstil:
Villa Ammende in Pärnu

Unterkunftsvermittlung

Es gibt einige Dachorganisationen und Verbände, die Unterkünfte vermitteln. Sehr empfehlenswert ist der **Landtourismusverband.** Der umfangreiche, deutschsprachige Katalog beinhaltet Fotos zu jeder Unterkunft auf dem Lande. Man bekommt ihn gegen ein geringes Entgelt nahezu überall im Land, außerdem bei diversen Reisebüros und Informationsstellen. Ferner kann man die Adressen der Pensionen, Bauernhöfe, Ferienhäuser und Gästehäuser im Internet einsehen.

- **Eesti Maaturism,** Vilmsi 53b, 10147 Tallinn, Tel. 6009999 (Mo–Fr 8–17 Uhr), www.maaturism.ee.

Vermittlung von **Privatunterkünften** bietet Rasastra Bed&Breakfast in Tallinn. Es werden Zimmer und Apartments von Privatpersonen vermittelt, nicht nur in Tallinn, sondern auch in Pärnu und Kuressaare. Manche Apartments hat man für sich allein, aber oft kommt es vor, dass man mitten in einer privat genutzten Wohnung, etwa im Gästezimmer oder umfunktionierten Wohnzimmer, unterkommt – nicht jedermanns Geschmack, aber die beste Art, Land und Leute kennenzulernen.

- **Rasastra Bed & Breakfast,** Mere pst 4, Tel. 6616291, www. bedbreakfast.ee, das Büro ist täglich von 9.30 bis 18 Uhr geöffnet.

Wer sich richtig verwöhnen lassen oder etwas für seine Gesundheit tun möchte, kann in einem der **Spa- und Wellnesshotels** unterkommen. Einen

101es Foto: jl

Überblick kann man sich im Internet verschaffen unter www.estonianspas.com/ger. Die Spa-Hotels werden in den Ortsbeschreibungen aufgeführt (siehe auch „Sport und Aktivitäten").

Umfangreiche Listen mit Unterkünften findet man bei den oben aufgeführten Informationsstellen oder in vielen Spezialpublikationen wie dem regelmäßig in englischer Sprache erscheinenden Magazin **„In your pocket"** (www.inyourpocket.com) zu den Städten Tallinn, Tartu, Narva, Pärnu, Otepää und Haapsalu.

Hinweise zur Ausstattung

Aus Angst vor Diebstahl befinden sich auch in Hotels oftmals keine **Haartrockner** im Zimmer, aber es lohnt sich, an der Rezeption zu fragen, wo man sich meistens einen ausleihen kann.

Fast alle Unterkünfte im Land können eine eigene **Sauna** vorweisen, aber normalerweise muss sie - und das nicht zu billig - extra bezahlt werden. Man erkundige sich also vorher, damit auf der Rechnung keine unerwarteten Preisaufschläge auftauchen.

Mit dem Begriff **Suite** wird - außer in erstklassigen Hotels - manchmal etwas inflationär umgegangen. Es handelt sich meist lediglich um ein etwas größeres Zimmer mit Sitzecke und Kaffeemaschine.

Lettland

Immer mehr Hotels mit ansprechendem Standard entstehen im ganzen Land. Die größeren Städte hatten zu Sowjetzeiten alle ein zentrales Hotel. Bis heute atmen einige dieser Häuser noch Kommunismus-Flair. Doch immer mehr von ihnen verwandeln sich in moderne und angenehme Unterkünfte.

Interessant - und eine hervorragende Gelegenheit, die Menschen besser kennenzulernen - sind private Unterkünfte, die man entweder bei den jeweiligen Touristeninfos, auf Hinweisschildern oder einfach zufällig am Straßenrand findet. Einige Vermieter haben eine schöne Hütte in ihren Garten gestellt, andere haben Zimmer im Nebengebäude, im eigenen Wohnhaus oder erlauben einfach das Zelten in ihrem Garten. Mit etwas Glück gibt es die Möglichkeit (oder eine Einladung) zum Abendessen, zu einem Saunabesuch oder einfach zu einem lettischen Bier mit den Gastgebern. Da treten die Sprachprobleme schnell in den Hintergrund.

Bei **Hotels** *(viesnīca)* und allen sonstigen Unterkünften ist die gesamte Bandbreite an Standard und Ausstattung anzutreffen - vom noblen 5-Sterne-Hotel in Riga bis hin zu einfachsten Gästezimmern mit winzigen Betten auf einem Campingplatz. Stark vertreten ist aber das mittlere Segment mit meist nur innen modernisierten Häusern und durchaus ansprechenden, oft recht geräumigen Zimmern, immer häufiger auch in touristisch interessanten kleineren Städten. Für ein sehr akzeptables Doppelzimmer dieser Kategorie zahlt man oft nur 25 oder 30 Ls. Wer es noch bescheidener möchte, etwa mit Toilette auf dem Flur, kann sogar mit 15 oder 20 Ls auskommen. Für 40–50 Ls sind oft schon sehr gute Doppelzimmer in Hotels zu haben.

In **Privatunterkünften** schwanken die Preise stark, doch sollte man auch mit der Faustformel 20 Ls plus x pro Zimmer oder pro Holzhütte rechnen. Sehr attraktiv und romantisch ist die Übernachtung in einem der zahlreichen **Paläste, Schlösschen** und **Herrenhäuser** *(muiža)*, wo die Preise gelegentlich erstaunlich niedrig liegen. Eine Übernachtung im Schloss – ohne Luxus, aber dafür in fürstlichen Gemäuern – kann weniger kosten als in einem Stadthotel.

In den meisten Städten, selbst in der Provinz, sind auch **Jugendherbergen** beziehungsweise entsprechend günstige **Hostels** zu finden. Riga bildet eine Ausnahme, denn hier sind auch die Hostels meist sehr hübsch eingerichtet und gut ausgestattet. Sie kosten in der Regel von 20 Ls aufwärts pro Zimmer.

In den meisten Hotels – und auch Hostels – gehört **Kartenzahlung** inzwischen ebenso zum Standard wie **Internetanschluss** (WLAN). Am häufigsten wird VISA, oft auch MasterCard akzeptiert. Mit der einfachen Maestro-(EC-)Karte kann es dagegen Probleme geben. Mit ihr kann man aber beim nächsten Bankautomaten (der nie weit entfernt ist) zur Not schnell Geld abheben.

Wer sicher gehen will, sollte sich besonders in der Hauptsaison ein Zimmer **reservieren.** Am besten eignet sich dafür die Buchung per E-Mail. Natürlich kann man auch anrufen. **Englisch** ist in fast allen Hotels Standardsprache.

In den **Ferienmonaten** Juli und August können in besonders touristischen Gebieten die Hotelpreise bis zu einem Drittel steigen. Entsprechend Geld sparen lässt sich also außerhalb des Sommers. Wer nicht reserviert hat, sondern spontan ein Quartier sucht, sollte in Lettland keine Probleme bekommen. Es existieren in jeder Region viele Unterkünfte (die ostletti-

040le Foto: mk

Hotel Majori im lettischen Badeort Jūrmala

Reisetipps A–Z

sche Region Latgale bildet eine Ausnahme, hier ist das Angebot dünner), und auch wer nicht zeltet und keinen Wohnwagen dabei hat, findet oft auf den Campingplätzen noch ein Dach über dem Kopf.

Wer längere Zeit an einem Ort bleiben will, findet eine reiche Auswahl an schönen **Holzhäusern und Ferienwohnungen.** Ab einer Woche Aufenthalt sollte man einen deutlichen Rabatt aushandeln.

- **www.hotel.lv,** Website der lettischen Hoteliers-Vereinigung mit sehr vielen Adressen, unterteilt nach Kategorien, vom Fünf-Sterne-Hotel bis zum Hostel.
- **www.celotajs.lv,** Ferien auf dem Bauernhof und auf dem Lande, mit Vorschlägen für Ausflüge und Touren, Seite auf Deutsch.

Litauen

Es entstehen ständig neue Unterkünfte, insbesondere der mittleren und gehobenen Klasse. Man kann auch in der Saison damit rechnen, eine Unterkunft zu finden, muss vielleicht aber nach der Ankunft erst mit etwas anderem als dem Gewünschten vorlieb nehmen. Man sollte auch nicht immer erwarten, dass alles westlichem Standard entspricht. Das **Preisniveau** ist eher hoch, trotzdem ist das Preis-Leistungsverhältnis nicht immer gut. Wer Wert auf Komfort legt, sollte frühzeitig **reservieren.** Die meisten Touristinformationsbüros (z.T. auch Reisebüros) haben eine Auflistung aller möglichen Unterkünfte und helfen bei der Zimmersuche. Einen guten Überblick erhält man unter www.travel.lt, www.tourism.lt, www.hotels.lt, www.hotels-lithuania.com, www.hotelslithuania.net sowie www. lithuanianhotels.com.

Saisonpreise gibt es meist nur in Badeorten wie Palanga oder Nida. Vor allem bei geringer Auslastung kann man nach einem Preisnachlass fragen. In teureren Hotels gibt es z.T. **Wochenend-Sondertarife.** Einen Preisnachlass erhält man auch bei einer Buchung über das **Internet.** Es empfiehlt sich, den Zimmerpreis der Hotels mit denen der obigen Websites zu vergleichen. Da letztere 20 % als Kommission erhalten, kann man mit dem Hotel direkt einen 20-prozentigen Nachlass vereinbaren.

Bezahlt wird bar in Litas oder Euro, mit Kreditkarte oder mit Vorauszahlung. Frühstück und Mehrwertsteuer sind in der Regel inklusive.

Hotels

Bei den Städtebeschreibungen wird die Klassifizierung in untere, mittlere und obere Kategorie vorgenommen. Sie erfolgt nach dem Preisniveau und spiegelt nicht unbedingt die Leistung wider. Es gibt (noch) keine verbindliche **Klassifizierung nach Sternen,** sodass die von den Hotels *(viešbutis)* angegeben Ratings nach westlichen Einstufungen manchmal 1–2 Sterne **niedriger** ausfallen. Eine Vielzahl der Hotels in Städten könnten nach unserem Standard 3, manchmal auch 4 Sterne, die in der Provinz 2–3 Sterne bekommen. Das liegt z.T. auch daran, dass manche Hotels an das in Sowjetzeiten verlegte **Fernwärmenetz** angeschlossen sind, das die Bevölkerung von etwa Mitte Oktober bis Anfang April mit Heizung versorgt. Außerhalb dieser Zeit ist man auf Heizstäbe, Heizlüfter oder Wolldecken angewiesen, die auf Wunsch vom Hotel gestellt werden. Nur die besseren Hotels haben ein **eigenes Heizsystem.**

Suiten *(lux)* sind keine Luxuszimmer, sondern zwei voneinander getrennte Wohn- und Schlafräume. **Doppelbetten** sind meist zwei nebeneinander gestellte Einzelbetten. Zu beachten ist, dass das **Erdgeschoss** als 1. Stock bezeichnet wird.

In **billigen Hotels** (ab 25 Euro) sind die Zimmer einfach, aber zweckmäßig ausgestattet (oft mit TV), meist sauber, manchmal nur mit Etagendusche. **Standardhotels** gibt es nahezu in jeder Stadt. Die Zimmer sind meist ziemlich schlicht und abgenutzt, oft haben sie nur ein Waschbecken, aber sie sind meist sauber und auf ihre Art gemütlich. Einige haben auch luxuriösere Zimmer mit Satelliten-TV, Telefon und Kühlschrank (meist zwischen 30 und 40 Euro).

Die meisten der **ehemaligen Intouristhotels** sind stillose Betonburgen der Sowjetzeit mit grauen, abgewohnten Zimmern. Die Extras, die sie gegenüber billigeren Hotels bieten (Bar, Café, Wechselstube, Reisebüro), reichen sicher nicht, um die recht hohen Preise zu rechtfertigen. Allerdings werden sie nach und nach renoviert, sodass es viele Preisklassen gibt.

Mittelklassehotels, meist kleinere Familienhotels, findet man nur in den größeren Städten. Sie verlangen oft rund 50–100 Euro inkl. Frühstück, die meisten bieten tatsächlich einen entsprechenden Standard. Dies sind oft Hotels, die in den letzten Jahren von Grund auf renoviert wurden. Im Sommer zeitig reservieren!

Es gibt auch **Luxushotels,** bei denen das Preis-Leistungsverhältnis stimmt. Sie werden meist von Hotelketten betrieben. Preise ab 100 Euro.

Gästehäuser

Es gibt *svečiu namai* in verschiedenen Leistungs- und Preiskategorien. Im Gegensatz zu Hotels haben sie meist kein Restaurant. Das Frühstück ist jedoch oft inklusive.

Erholungsheime

Traditionelle Urlaubsgebiete wie die Kurische Nehrung oder Palanga verfügen über eine große Bettenkapazität in Erholungsheimen *(poilsio namai),* aus Sowjetzeiten. Nach dem Ende des Kommunismus wurden diese oft trostlosen Betonklötze zunehmend umgewandelt, mit unterschiedlichem Engagement und Erfolg. Entsprechend verschieden sind auch die Preise. Sie umfassen meist Halb- oder Vollpension.

Jugendherbergen

Es gibt Jugendherbergen in Vilnius, Klaipėda sowie in Zervynos im Dzūkija-Nationalpark. Sie sind sehr einfach ausgestattet und billig: meist 10 Euro, im Doppelzimmer 15 Euro pro Nacht (inkl. Frühstück und Bettzeug). Manche sind fantastische Traveller-Treffs und unersetzliche Informationsquellen. Sie vermieten z.T. Fahrräder und bieten geführte Touren an. Im Sommer besser rechtzeitig buchen!

Es gibt auch **private Herbergen** *(nakvynės namai),* die etwa gleich teuer sind wie Jugendherbergen, manchmal auch besser. Im Sommer besteht die Möglichkeit, während der Semesterferien in **Studentenwohnheimen** zu übernachten (ab 10 Euro).

Privatzimmer, B&B und Pensionen

Privatquartiere stellen eine gute Möglichkeit dar, einen näheren Einblick in das Alltagsleben zu erhalten, wenn man auch Familienanschluss möchte (gemeinsames Essen). Mit Ausnahme von Palanga ist es nicht immer einfach, diese Unterkünfte selbst zu finden. Man erkennt sie an den Schildern „kambariai" oder „nuomo jami". Touristinformationsbüros bzw. Agenturen wie Litinterp (www.litinterp.lt) vermitteln Privatzimmer, allerdings zu höheren Preisen.

Meist sind es Einzel- oder Doppelzimmer, manchmal mit einer Kochgelegenheit, die man sich oft mit dem Vermieter teilt. Bad und WC werden meist ebenfalls gemeinsam genutzt. Oft kann man preisgünstig ein ausgezeichnetes Frühstück bekommen oder sogar Halb-/Vollpension. Die **Preise** liegen bei ca. 15–20 Euro pro Person bzw. 25–35 Euro, wenn man sich die Unterkunft vermitteln lässt. Appartements ohne Familienanschluss kosten meist 80–90 Euro.

212li Foto: gs

Mietbare Holzhütten in Litauen

Ferienhäuser und -wohnungen

Diese werden meistens durch Reisebüros oder Touristinformationsbüros vermittelt. Man findet sie oftmals an der Ostseeküste.

Urlaub auf dem Lande

Mittlerweile gibt fast jeder der zehn Verwaltungsbezirke Litauens eine Broschüre mit mehrsprachigen Erläuterungen und den Adressen der rund 500 großteils einfachen **Bauernhöfe, ländlichen Ferienhäuser, Herrenhäuser** etc. heraus. Die meisten liegen in schöner Natur, teils in National- bzw. Regionalparks, teils auch in Dörfern. Der Landtourismus gibt den Bewohnern die Möglichkeit, ihr meist karges Einkommen als Bauern aufzubessern und die Agrarproduktion zu erhalten. Man kann hier auch zelten oder sein

Wohnmobil abstellen. Es bieten sich viele **Sport- und Erholungsmöglichkeiten** wie z.B. Reiten, Angeln, Pilz- und Beerensuche, Rad-, Boot-, Schlitten- und Kanufahren. Die meisten dieser Unterkünfte haben eigene Küchen, einige auch Saunas. Sie kosten um die 10–30 Euro pro Person.

Kataloge *(atostogos lietuvos kaime)* gibt es beim Litauischen Touristenbüro für Landtourismus (Kaunas, Donelaičio 2, Tel. 37-400354, Fax 400 350). Infos und Buchungen unter www.atostogoskaime.lt, www.countryside.lt, direkt beim Anbieter oder bei den Touristinformationen. Die meisten Anbieter sind in einem Verband organisiert, dessen Zeichen ein **Storch auf grünem Hintergrund** ist. Je nach Ausstattung und Service gibt es Kategorien von 1–4 Störchen.

Infos zu Gehöften für Landtourismus sowie anderen Übernachtungsmöglichkeiten in der Nemunas- (Memel-) Region in Südlitauen findet man ebenso wie Routenvorschläge für Autofahrer, Radfahrer, Wanderer und Wassersportler in der **Broschüre** „Erholung auf dem Lande in der Euroregion Nemunas" (Büro in Marijampolė, Vytauto 28, Tel. 343-91538, Fax 91240, www.nemunas-euroreg.lt).

Verhaltenstipps

Wer durch das Baltikum reist, braucht sich im Prinzip keine Sorgen um bestimmte Verhaltensweisen oder Sitten zu machen, die uns nicht vertraut sind. Fremde werden im Großen und Ganzen nicht viel anders als Einheimische behandelt, grundlegende Tabus gibt es kaum. Nicht zuletzt durch die lange geschichtliche Verbindung ist das Baltikum ein uns vertrauter Kulturraum. Es empfiehlt sich, im Umgang mit den Einheimischen seinem gesunden Menschenverstand zu vertrauen. Wie überall sollte man Menschen nicht einfach ungefragt fotografieren oder auf Privatgrundstücke vordringen. Wer sich ein paar Worte der jeweiligen Landessprache aneignet, wird auch verschlossene Gemüter gleich viel leichter für sich einnehmen können.

Bei den Esten sind selbst unter Freunden direkte körperliche Kontakte wie Umarmungen oder Küsschen auf die Wange nicht üblich. Die Esten geben sich nicht die Hand! Anders verhält es sich mit den im Land lebenden Russen. Sie sind im Allgemeinen redseliger und Fremden gegenüber aufgeschlossen, außerdem begrüßen sie sich gern mit mehr Überschwang.

Im **Dienstleistungsbereich** und in der Bürokratie kann der Umgangston noch recht streng sein, ein Überbleibsel aus der Sowjetzeit. Da heißt es geduldig bleiben, wenn nicht alles so klappt, wie man es gern hätte. Seinen Unwillen darüber zu zeigen, legt einem noch mehr Steine in den Weg. Bestechungsversuche sind zwecklos.

In **Kirchen** sollte man sich wie hierzulande diskret und still verhalten. Frauen müssen in orthodoxen Kirchen ihren Kopf mit einem Tuch bedecken. In Kirchen und Klöster sollte man nicht mit Freizeitkleidung gehen. Zu aufreizende **Kleidung** von Frauen kann Missfallen erregen.

Es besteht in allen drei Ländern ein gesetzliches Verbot, auf öffentlichen Plätzen **Alkohol** zu trinken. Zwar halten sich gerade Jugendliche nicht immer daran, doch wer sich dem Verbot widersetzt, muss mit einer Geldstrafe rechnen.

Einladungen

Wird man privat nach Hause eingeladen, sollte man unbedingt Blumen für die Hausherrin mitbringen, auch Pralinen oder Wein sind gern gesehene **Gastgeschenke.**

In allen privaten Räumen ist es üblich, die **Schuhe auszuziehen.** Einmal nach Hause geladen, kann es vor allem in Estland gut und gern passieren, dass man gleich zu einem **gemeinschaftlichen Saunagang** eingeladen wird. Dies mag einem angesichts der estnischen Introvertiertheit wie ein Widerspruch vorkommen. Der gemeinsame Saunagang (wie bei uns nackt und nicht, wie etwa in den USA, mit Badesachen) gehört jedoch unter Freunden und Familienangehörigen zu häufig gepflegten Ritualen.

Das Verhältnis zwischen den Nachbarländern

Was die Bewohner der baltischen Staaten und ganz besonders die Esten nicht mögen, ist, wenn man sie auf **Russisch** anspricht. Man sollte es lieber zunächst auf Deutsch oder Englisch probieren, zu tief sitzt oftmals noch der Zorn auf die ehemaligen Besatzer. Ist das Russische jedoch der einzige gemeinsame Nenner, kann man immer noch auf diese Sprache ausweichen. **Vergleiche zu Russland** oder gar ein Lob auf die ehemalige Sowjetunion sollte man tunlichst vermeiden.

Esten hören es auch nicht gern, wenn man sie mit Letten und Litauern über einen Kamm schert oder **als Balten bezeichnet.** Die Esten sind, obwohl sie sich in der Außendarstellung mit Lettland und Litauen als „Baltikum" präsentieren, streng genommen keine Balten. (Lettisch und Litauisch sind baltische Sprachen, Estnisch gehört hingegen zur finno-ugrischen Sprachfamilie). Esten sind sehr stolz auf ihr Land und ihre Kultur, die sich zum Teil erheblich von den Nachbarländern unterscheidet. Auch **Letten und Litauer** mögen es trotz ihrer unverkennbaren Ähnlichkeiten nicht, in einen Topf geworfen zu werden.

Von Klaipėda setzt die Fähre nach Smiltynė auf die Kurische Nehrung über

202li Foto: gs

Verkehrsmittel

Hinweise zu den verschiedenen Verkehrsanbindungen im Land finden sich in den einzelnen Ortskapiteln unter dem Stichwort „Verkehr“. Besonders umfangreich werden die Verbindungen in den Hauptstädten aufgeführt, auch die Anfahrt zum/vom jeweiligen Flughafen bzw. Fährhafen ist dort beschrieben.

Wer sich mit öffentlichen Verkehrsmitteln durch die baltischen Länder bewegen will, nimmt am besten den **Bus.** Das Eisenbahnnetz ist weniger dicht als das Netz der Busverbindungen. Sogar auf den nicht asphaltierten Sandpisten verkehrt meist ein Bus und verbindet selbst kleinste Dörfer. Dennoch sollte man bedenken, dass abgelegene Sehenswürdigkeiten, beispielsweise ein einsames Herrenhaus im Wald, nicht so oft angefahren werden. Wer Pech hat, hängt dort nach einer 15-minütigen Besichtigung einen Tag fest. In die größeren Städte fahren hingegen oft und regelmäßig Busse.

Wer von einem Land ins andere fahren möchte, kann die häufig verkehrenden **internationalen Buslinien** nutzen. Fahrkarten erhält man meist an speziellen Schaltern in den Busbahnhöfen, teilweise auch in den Büros der jeweiligen Busgesellschaften (Hinweise siehe unter „Anreise per Bus“ im Kapitel „Vor der Reise“).

Überlandbusse

Estland

In den **Busbahnhöfen** *(bussijaam)* der Städte kann man die Fahrzeiten an aushängenden Tafeln finden oder auch am Schalter erfragen. Man wird dort jedoch nicht immer auf englisch- oder deutschsprachige Mitarbeiter treffen. Um sicher zu gehen, sollte man am besten einen Zettel und Stift mitführen das gewünschte Ziel mit Datum und Uhrzeit notieren.

Im Busbahnhof kann man im Voraus **Fahrkarten** kaufen, was zu empfehlen ist. Es gibt auch die Möglichkeit, direkt im Bus zu bezahlen. Allerdings kann es vorkommen, dass der Bus schon ausgebucht ist und man auf den nächsten warten muss. Da einige Busse nur ein- bis zweimal täglich fahren, sollte man sich vorher mit einem Ticket absichern. Das gilt besonders für Fahrten am Anfang und Ende des Wochenendes.

Im Vergleich zu Deutschland, Österreich und der Schweiz sind die Busse in Estland sehr preisgünstig. Für 10–15 Euro kann man quer durchs Land fahren. Senioren bekommen auf manchen Strecken Vergünstigungen. Genaue Fahrpläne und Preise findet man - auch auf Englisch - auf der Website www.bussireisid.ee. In den Busbahnhöfen größerer Städte gibt es fast immer eine **Gepäckaufbewahrung** *(pakihoid)*.

Lettland

Fast jeder Ort in Lettland kann per Bus von fast jedem anderen Ort erreicht werden, wenn auch gelegentlich ein wenig kompliziert. Die Qualität der Überlandbusse ist natürlich noch nicht immer auf Spitzen-Niveau, Durchschütteln gehört dazu.

Die **Fahrpreise** sind für westeuropäische Verhältnisse niedrig. So kostet ein Ticket für die immerhin über einstündige Fahrt von Riga nach Sigulda nur 1,80 Ls und die Fahrt mit der Vorortbahn von Riga in den Kurort Jūrmala knapp 1 Ls. **Tickets** erhält man üblicherweise am jeweiligen Busbahnhof. Für den Nahverkehr besorgt man sich die Fahrkarten bei den Postämtern oder an den kleinen Straßenkiosken.

Die Webseite des **Busbahnhofs von Riga** (auch auf Deutsch) mit Fahrplänen für alle Busverbindungen innerhalb Lettlands sowie internationale Strecken lautet www.autoosta.lv.

Litauen

Jede größere Stadt hat einen **Busbahnhof,** meist mit Gepäckaufbewahrung *(bagažinė)*. Die Fahrtroute ist auf einem Schild angegeben (ggf. nachfragen, s.a. www.luxexpress.lt).

Busse sind zwar etwas teurer als Züge (100 km kosten etwa 6 Euro, z.T. Ermäßigung für Studenten), jedoch meist schneller und sie fahren häufiger. Die Fahrkarten kauft man entweder am Busbahnhof (bis 10 Min. vor der Abfahrt) oder beim Fahrer selbst. Fahrkarten für bestimmte Busse können bis zu 7 Tage im Voraus gekauft oder telefonisch bestellt werden (Abholung spätestens 2 Std. vor Abfahrt). Auf der Fahrkarte sind die Nummer der Plattform *(aikštele)* sowie die Abfahrtszeit vermerkt; ebenso die Sitznummer im Bus. Für größere Gepäckstücke wird manchmal ein Aufpreis verlangt. Gelegentlich werden Tickets von Kontrolleuren geprüft, die unterwegs an Bushaltestellen zusteigen.

Vor allem im Nahverkehr in **ländlichen Gebieten** gibt es noch ältere Busse in nicht mehr bestem Zustand. In den **Städten** hat man oft die Auswahl zwischen normalen und den nicht überall haltenden sowie geringfügig teureren Expressbussen. Wer bei Langstrecken- und Nachtfahrten nicht mit dem Zug fahren will, kann die komfortablen **Kautra-Luxusbusse** (www.kautra.lt, www.autobusubilietai.lt) mit Klimaanlage, TV etc. benutzen. Auch alleinreisende Frauen werden sich bei Nachtfahrten hier vielleicht wohler als im Zug fühlen. Zwischen einigen Städten fahren auch bequeme, klimatisierte **Mikrobusse.**

Für Busse gelten die Ausführungen zu den Zügen sinngemäß mit dem Zusatz, dass die Fahrpläne für bestimmte Richtungen auch an den jeweiligen **Plattformen** angebracht sind. Nicht alle Busse halten an jeder Haltestelle. An den meisten der (Bedarfs-) Haltestellen sind jedoch Fahrpläne angebracht. Die Abfahrtszeiten der Überlandbusse sind unter www.autobusai.lt zu finden.

Bahn

Estland

Es existieren in Estland nur **wenige große Zugverbindungen,** und zwar von Tallinn nach Tartu und Valga, nach Türi und Viljandi, nach Tapa und Narva, nach Pärnu und eine Linie von Tartu Richtung russischer Grenze. Sie spielen im Inlandsverkehr eine vergleichsweise unbedeutende Rolle. Die Züge fahren meist nur ein- bis zweimal täglich oder noch seltener. An der Nordküste gibt es noch kleinere Zuglinien (Elektriraudtee), von Tallinn aus zu einzelnen Orten wie Paldiski, ein Überbleibsel der Sowjetzeit. Auf diesen Strecken ist mit einer längeren Fahrzeit zu rechnen, da der Zug an jedem kleinen Ort hält. Busse sind schneller und zumeist auch preiswerter. Hinzu kommt, dass die Bahnhöfe in manchen Städten, etwa in Pärnu und Tartu, nicht gerade verkehrsgünstig liegen.

Lettland

Das Fahren mit der Bahn gehört in Lettland nicht überall zum Alltag. Einige wichtige Strecken werden aber bedient und können eine gute Reisemöglichkeit darstellen. In Einzelfällen – wie bei der einzigen Schmalspurbahn von Alūksne nach Gulbene – ist die Zugfahrt sogar ein echtes Erlebnis. Auf der Webseite der Lettischen Bahnen www.ldz.lv (englische Sprachversion) gibt es einen **elektronischen Fahrplan.**

Litauen

Alle Fernverbindungen laufen über die **Drehscheibe Vilnius;** andere Bahnhöfe wie Kaunas sind dagegen Provinzbahnhöfe. Bei einigen Verbindungen wie z.B. von Vilnius nach Klaipėda muss man aber aufgrund der ungewöhnlichen Streckenführung (während der Zarenzeit geplant) gewaltige

Umwege in Kauf nehmen. Andere Städte wie z.B. Palanga haben gar keinen Bahnanschluss. Ansonsten verkehren Züge mehrmals täglich zwischen den größeren Städten.

Zugverbindungen sind i.d.R. billiger als Busse, aber auch langsamer. Für die 350 km Vilnius - Klaipėda braucht der Zug je nach Klasse 5–8 Stunden, kostet aber nur etwa 15 Euro. Gepäckaufbewahrungen *(bagažinė)* gibt es in größeren Bahnhöfen.

Auf einigen **Nebenstrecken** fahren Züge nur an bestimmten Wochentagen oder nicht nach 18 Uhr. In den letzten Jahren wurden einige Strecken **stillgelegt.** Diese sind aber noch immer auf den meisten Übersichtskarten verzeichnet; deshalb sollte man möglichst den aktuellen Fahrplan zu Rate ziehen (s.u.).

Die Züge sind **sicher** und **meist pünktlich.** Eine Zugfahrt ist einer Busfahrt bei **Nacht- und Langstreckenfahrten** vorzuziehen, es sei denn, dass auf dieser Strecke auch Luxusbusse fahren. Das Fahrziel ist auf Waggonschildern angeschrieben. Die Bahnwaggons sind einfach ausgestattet. Die Fenster lassen sich oft nicht öffnen.

Abteilklassen in den Fernzügen:

- **1. Klasse:** Schlafwagenabteil *(megomasis)* für meist 2 Personen, abschließbar, recht komfortabel, mit Waschbecken.
- **2. Klasse:** gehobenes Liegewagenabteil *(kupė)* für 4 Personen, abschließbar, nicht so komfortable Pritschen.
- **3. Klasse:** einfaches Liegewagenabteil *(plačkartas)* für 6 Personen (davon 2 Plätze am Korridorfenster), Abteil ohne Tür, harte Pritschen.
- **4. Klasse:** weiche Sitzplätze *(bendras).*

Die **Reservierung** ist eingeschlossen. Eine zusätzliche „Platzkarte" ist nicht erforderlich; der für die 3. Klasse verwendete Begriff hat sowieso nichts mit dem deutschen Ursprungswort zu tun und führt deshalb leicht zu Missverständnissen. In den ersten drei Klassen dienen die unteren Liegepritschen tagsüber als Sitzplätze. Die **Waggonschaffnerin** behält kurz nach dem Besteigen des Zugs das Ticket ein und gibt es rund 30 Min. vor Ankunft wieder zurück. Sie kassiert auch die Gebühr für das Bettzeug, serviert Tee aus dem Samowar und beaufsichtigt ihren Waggon. Die **Preisunterschiede** zwischen den einzelnen Klassen sind beträchtlich. Wer das Abteil nicht mit Fremden teilen möchte, kann auch alle Plätze des Abteils aufkaufen.

Die **Nahverkehrszüge** (Vorortzüge) werden meist elektrisch betrieben, halten überall und fahren teilweise bis zu einem Umkreis von 50 bis 100 km. Unter den **Fernzügen** rangieren die Dieselzüge (meist 4. Klasse), die Passagierzüge (2.–4. Klasse) und die Schnellzüge (1. und 2. Klasse).

Fahrkarten erhält man auf den Bahnhöfen (spätestens 5 Min. vor Abfahrt; auch Kauf für andere Abfahrtsorte möglich), z.T. auch in Reisebüros. **Vorverkaufskassen** stellen nur Tickets für Züge aus, die nicht am selben Tag abfahren. Für Strecken über 50 km kann man die Tickets bis zu 7 Tage im Voraus lösen, für Fernzüge bis zu 40 Tage vor Reiseantritt.

Internationale Tickets erhält man meist an speziellen Schaltern (s. „Vor der Reise: Anreise/Mit der Bahn").

Fahrkarten können auch im Zug gelöst werden, aber mit einem 50 %-Zuschlag, wenn man in einer Station mit Fahrkartenschalter eingestiegen ist.

Die meisten Bahnhöfe haben große **Fahrplan-Tafeln** in den Bahnhofshallen. Man sollte unbedingt die dortigen Fußnoten mit den Erläuterungen beachten, da manche Züge nicht täglich fahren. Wer auf Nummer Sicher gehen will, kann sich an die Informationsschalter wenden, wo meist etwas Englisch gesprochen wird.

Am besten sollte man sich den aktuellen **Fahrplan** *(Keleivinių traukinių tvarkaraštis)* als Faltblatt gratis an einem Bahnhof besorgen. Infos auch unter www.litrail.lt. In größeren Städten gibt es eine Hotline für Auskünfte. Auch manche Reisebüros haben die neuesten Fahrpläne. Ebenfalls hilfreich sind die Fahrplanauszüge in den Stadtführern „In Your Pocket".

Taxis

Estland

Man kann an einem Taxistand einsteigen, per Handzeichen ein fahrendes Taxi zum Anhalten bewegen oder telefonisch einen Wagen bestellen. Restaurants und Hotels, in denen man untergekommen ist, sind dabei gern behilflich.

Man sollte darauf achten, dass beim Einsteigen das **Taxameter** eingeschaltet ist. Normalerweise hängt gut sichtbar eine Preisliste aus, die über die Grundgebühr (2–4 Euro) sowie den Preis pro Kilometer (etwa 40–80 Cent, nachts meist teurer) informiert. Das Taxifahren ist in Estland wesentlich preiswerter als daheim, lediglich am Tallinner Flughafen und an den Häfen lauern manchmal Fahrer, die versuchen, Touristen übers Ohr zu hauen. Dies ist jedoch nicht die Regel! Um sicher zu gehen, sollte man den Fahrer beim Einsteigen nach dem ungefähren Preis der Fahrt fragen. Wenn Bedarf besteht, ist der Fahrer nach der Fahrt verpflichtet, eine Quittung auszustellen.

Lettland

Taxis sollten nur genommen werden, wenn der Fahrpreis von außen ersichtlich ist. Standardtarife betragen 1,50 Ls Grundgebühr und dann 0,50 Ls pro Kilometer. Ein Taxameter sollte während der Fahrt für den Fahrgast sichtbar laufen. Wer ein Taxi heranwinken will, muss auf das **grüne Licht** achten. Es signalisiert ein freies Fahrzeug. Zu empfehlen ist z.B. Riga Taxi, Tel. 80001010, www.taxi.lv, mit englischsprachiger Zentrale.

Litauen

Taxis sollte man immer **telefonisch bestellen;** diese Wagen sind sicher und sogar billiger. Seriöse Taxifirmen sind in den Ortsbeschreibungen mit Rufnummern angegeben; ansonsten die Nr. 118 oder 1588 anrufen. Man wird zurückgerufen und über die Uhrzeit der Abholung informiert. Sollte eine telefonische Bestellung nicht möglich sein, sollte man immer in ein Taxi mit **Firmenlogo,** ausgehängtem **Lizenzschreiben** und funktionierendem

Taxameter steigen. Die Grundgebühr beträgt etwa 2–3 Lt., der gefahrene Kilometer kostet 1,25–1,80 Lt. Nachts oder bei schlechtem Wetter wird meist ein Zuschlag erhoben.

Manche **unseriösen Taxifahrer** versuchen immer wieder, Ausländern an der Straße mit allerlei Ausreden dreimal so viel abzuknöpfen wie üblich. Besonders gierige Typen findet man vor allem an Flughäfen, (Bus-) Bahnhöfen und vor Touristenhotels. Manche fahren Extrarunden, andere schalten das Taxameter nicht ein. Bei diesen sollte man auf jeden Fall den Preis (und auch die Währung!) genau festlegen, um nicht übers Ohr gehauen zu werden.

Stadtverkehr

Estland

Öffentliche innerstädtische Verkehrsmittel sind in Estland **preiswert.** In Tallinn fahren Straßenbahnen, Busse und Oberleitungsbusse oder Trolleybusse, außerdem verkehren auf manchen Strecken Minibusse. Die Preise betragen pro Fahrt etwa einen Euro. Gleiches gilt für Verkehrsmittel in anderen größeren Städten, dort fahren Busse und Minibusse.

Tickets kann man am Kiosk oder beim Fahrer (teurer) erhalten. Wer viel in einer Stadt fährt, sollte sich am Kiosk ein Zehnerticket besorgen. Die Tickets müssen im Bus (auch Trolleybus und Straßenbahn) entwertet werden. An den Haltestangen im Fahrzeug sind kleine Kästen angebracht, dort steckt man das Ticket hinein und zieht den grünen Schieber herunter. Neben diesem alten Lochsystem gibt es auch neue elektronische Entwertungskästen. Hier hält man das Ticket in den Schlitz, bis automatisch ein Zeitstempel aufgedruckt wird. In Tallinn können Inhaber der **Tallinn-Card** kostenlos die Verkehrsmittel nutzen.

Lettland

Auch in Lettland sind **Minibusse** (sie werden *maršruti* oder *maršrutki* genannt, eine Wortschöpfung, die der deutschen „Marschroute" entlehnt wurde) oft praktisch, besonders in größeren Städten oder auch, um beispielsweise von Riga nach Jūrmala zu gelangen. Sie haben den Vorteil, dass sie auf ihrer Route an jeder Stelle auf Wunsch des Fahrgastes anhalten – entweder auf Handzeichen, wenn man einsteigen, oder durch Bitten des Fahrers, wenn man aussteigen will. Dies erfordert allerdings eine gewisse Ortskenntnis oder aber eine Erkundigung beim Fahrer. Auf jeden Fall ist es ein authentisches Erlebnis.

In allen Städten verkehren natürlich auch Busse, Oberleitungsbusse oder Straßenbahnen, ebenso wie Vorortbahnen (etwa von Riga nach Jelgava oder Jūrmala), wo man sich den Fahrplan in Ruhe ansehen kann.

Ein **Ticket** innerhalb einer Stadt im öffentlichen Nahverkehr kostet selten mehr als 1 Ls. Fahrkarten erhält man bei Postämtern oder an den kleinen Straßenkiosken. Immer häufiger sind im Stadtverkehr die Fahrscheine aber auch beim Fahrer erhältlich.

Litauen

Stadtbusse fahren von etwa 5 Uhr morgens bis z.T. nach Mitternacht, in Außengebieten nach 19 Uhr sporadisch. Sie sind auf bestimmten Routen und bei bestimmten Tageszeiten oft **überfüllt.**

Jede Stadt hat ihre eigenen Bestimmungen und Tarife. **Fahrkarten** bekommt man beim Fahrer (man legt das Geld in ein Fach mit Klappe), es sei denn, es ist „bilietai neparduodami“ (kein Fahrkartenverkauf) angeschrieben. Sie kosten an Kiosken weniger als beim Fahrer oder Schaffner. Kinder und Rentner zahlen die Hälfte. Tickets für Busse können i.d.R. für Trolleybusse und umgekehrt benutzt werden (aber z.B. nicht in Kaunas). Das Ticket muss bei Fahrtantritt **entwertet** werden. Ansonsten sind bei **Kontrolle** eines Schaffners *(Kontrolierius)*, oft in Zivilkleidung, 60–100 Lt. Bußgeld fällig. Manchmal hält sogar der Fahrer selbst auf offener Strecke an und kontrolliert die Fahrgäste. **Wochen- und Monatspässe** lohnen sich bei Vielfahrten. An einigen Orten gibt es auch 1-, 3- und 10-Tage-Tickets bzw. verbilligte 5er-/10er-Karten. In **Privatbussen** zahlt man beim Schaffner.

Es gibt auch in Litauen viele **Minibusse** (*maršrutinis,* siehe Lettland). Der Fahrpreis von meistens 4 Lt. (23–6 Uhr: 5 Lt.) muss direkt beim Fahrer bezahlt werden.

Zeitverschiebung

In Litauen, Lettland und Estland gilt die **Osteuropäische Zeit,** die der Mitteleuropäischen Zeit (MEZ) um eine Stunde voraus ist, auch während der **Sommerzeit** (letzter Sonntag im März bis letzter Sonntag im Oktober). Um 12 Uhr Mitteleuropäischer Zeit ist es in den baltischen Ländern also 13 Uhr. In den Transitländern Polen, Tschechien und der Slowakei gilt die MEZ.

217li Foto: gs

Minibus in Litauen

202le Foto: mk

Land und Leute

229li Foto: gs

226li Foto: gs

Markt in Liepāja an der Westküste Lettlands

Der Wald als Refugium mystischer Gestalten

Wisente im Reservat

Geografie

Der Name *Baltikum* geht auf die lateinische Bezeichnung für die **Ostsee,** *mare balticum,* zurück. Litauen, Lettland und Estland liegen an deren östlicher Küste, die hier vorwiegend von Dünen und langen Stränden gebildet wird. Das außerhalb der wenigen größeren Städte dünn besiedelte Gebiet ist von Wäldern und Mooren durchzogen, zahlreiche Seengebiete prägen die überwiegend flache Landschaft. Die höchste Erhebung des Baltikums ist mit 318 m der **Suur Munamägi** in Estland. Die größte Stadt ist die lettische Hauptstadt **Riga** (704.000 Einwohner), gefolgt von der litauischen Hauptstadt Vilnius (549.000 Einwohner) und der estnischen Hauptstadt Tallinn (415.000 Einw.), dann folgen Kaunas (Litauen, 353.000 Einw.), Klaipėda (Litauen, 184.000 Einw.), Daugavpils (Lettland, 103.000 Einw.) und Tartu (Estland, 103.000 Einw.).

Estland

Der nördlichste der drei baltischen Staaten hat eine Ost-West-Ausdehnung von etwa 350 km und eine Nord-Süd-Ausdehnung von 240 km. Mit etwas mehr als 45.200 km² ist es **eines der kleinsten Länder Europas.** Etwas größer als beispielsweise die Schweiz, entspricht es gerade einmal der Größe von Niedersachsen.

Estland grenzt im Süden an **Lettland,** die Grenze zu **Russland** verläuft großteils durch den Peipus-See, den größten See des Landes. Die stark gegliederte Nordküste grenzt an den **Finnischen Meerbusen,** Helsinki liegt nur 85 km entfernt. Auch westlich des Landes breitet sich die Ostsee aus, die in Estland übrigens „Westsee" genannt wird. Das Land liegt damit auf gleicher geografischer Breite wie Südschweden, der nördliche Teil von Schottland sowie die Südküste Alaskas. Estland sieht sich deshalb weniger als ost-, sondern vielmehr als nordeuropäisches Land.

Zum Land gehören über 1500 (größtenteils unbewohnte) **Inseln** und Holme. Die größten Inseln liegen vor der Westküste: Saaremaa (Ösel), Hiiumaa (Dagö) und Muhu. Das Land zählt – vor allem im höher gelegenen Süden – rund 1200 **Seen,** in manchen Quellen ist gar von 1500 die Rede. Viele Binnengewässer im Osten des Landes sind aus ehemaligen Ostseebuchten entstanden. Die bedeutendsten Flüsse sind der Pärnu und der Emajõgi. Etwa 20 % des Landes sind von **Mooren und Sümpfen** bedeckt, viele davon wurden unter Schutz gestellt. Auf den **Peipus-See,** der mit einer Fläche von 3550 km² zu den größten Europas zählt, folgt in Bezug auf die Größe der im Herzen des Landes liegende **Võrtsjärv** (Wirz-See), der 270 km² misst.

Vor allem im Westen ist das Land sehr flach, hier war es in der letzten Eiszeit am längsten von Gletschern und danach noch jahrhundertelang vom Meerwasser bedeckt. Viele kleine Inseln und Küstenabschnitte lagen vor gar nicht allzu langer Zeit noch unter Wasser. Im Westen befinden sich Estlands schönste **Strände, Dünen**

und Sandbänke, die Nordküste ist eher steinig. Insgesamt ist das Land, das durchschnittlich etwa 50 m über dem Meeresspiegel liegt, sehr niedrig, Tallinn befindet sich gerade einmal 44 m über dem Meeresspiegel, Tartu 68 m.

Das **Relief** des erdgeschichtlich älteren Hochestlands, also die höher gelegenen Gebiete im Norden und Südosten, wurde in der letzten Eiszeit geformt. Die zurückweichenden Gletscher, die Gesteinsmaterial abtrugen und anderswo wieder ablagerten, hinterließen schöne Moränenlandschaften mit Senken, Gruben und lang gezogenen, parallel liegenden Geröllrücken (Drumlins). Das Schmelzwasser der Gletscher bildete breite Urstromtäler. Die am Rande der Gletscher entstandenen Endmoränen verhinderten oftmals den Abfluss des Wassers, wodurch zahlreiche Seen entstanden. Aus Skandinavien vorrückende Gletscher transportierten ferner riesige abgeschliffene Steine, sogenannte Findlinge, die heute vor allem die Küste säumen und manchmal mehrere Meter messen.

Im Südosten des Landes befinden sich die **Höhenzüge** Sakala, Otepää und Haanja. In Haanja liegt auch der höchste Berg des Baltikums, der 318 m hohe **Suur Munamägi.** Im Norden, bei Tamsalu, erheben sich die Hügel des Pandivere-Hochlands.

Während **Kalkstein,** der Nationalstein des Landes, das Fundament Nordestlands bildet, besteht der Untergrund weiter südöstlich aus **Sandstein** des Devon. Die wohl auffälligste Oberflächenform des Landes ist der am Finnischen Meerbusen entlanglaufende **Baltische Glint,** eine Kalksteinstufe, die im Nordosten, bei Ontika, eine maximale Höhe von rund 55 m erreicht. Auch auf der Insel Pakri, der Halbinsel Paldiski und bei Panga auf der Insel Saaremaa kann man **steile Küstenabschnitte** bewundern. Viele Flüsse münden hier und fallen als kleinere **Wasserfälle oder Stromschnellen** vom Plateau herab, zu den bekanntesten zählen der Valaste-Wasserfall bei Ontika sowie die Fälle Keila-Joa (westlich von Tallinn) und Jägala (östlich von Tallinn).

Lettland

Der Staat belegt mit 64.600 m² in der Flächen-Weltrangliste Platz 121 und was die Einwohnerzahl angeht mit 2,25 Mio. Menschen gar nur Rang 138. Lettland platziert sich damit hinter Litauen, aber vor Estland.

Die längste gemeinsame Grenze besteht mit Litauen, dann folgen Estland, Russland und Weißrussland. Einen beträchtlichen Teil der Außengrenze, nämlich mit 494 km über ein Viertel, bildet die Ostsee inklusive der **Rigaer Bucht.** Die Landmasse zieht sich sehr in die Breite: Die größte Nord-Süd-Ausdehnung beträgt gerade einmal 210 km, doch von Ost nach West kann man 435 km auf gerader Linie zurücklegen.

Die Landschaft ist mit ihrer Lage nordwestlich der osteuropäischen Tiefebene eher **flach:** Mit nur 312 m ist der Gaizina Kalns der höchste Berg des Landes. Dennoch scheinen *kalns*

003me Foto: mk

(Hügel) allgegenwärtig zu sein, denn die Landschaft hat in Folge eiszeitlicher Verschiebungen eine Vielzahl an Hügeln und eindrucksvollen Steinen und Findlingen zu bieten.

Riga fungiert nicht nur als lettischer Regierungssitz und inoffizielle Hauptstadt des gesamten Baltikums, es ist auch die einzige Metropole im Lande. Mit gut 704.000 Einwohnern (inkl. Umgebung 1,1 Mio.) lebt dort fast jeder dritte Lette. Kein Wunder daher, dass die nächstgrößere Stadt Daugavpils nur 103.000 Menschen beheimatet. Die weiteren größeren Städte Liepāja, Jelgava, Jūrmala und Ventspils kommen allesamt nicht über die 100.000-Marke hinaus. Am dünnsten besiedelt ist das Land im russisch geprägten Osten (Latgale) und an der Nordwestspitze, wo einst das sowjetische Sperrgebiet lag.

Mare Balticum – die Ostsee

Längster Fluss ist die **Daugava,** die sich aus Weißrussland kommend über Daugavpils und Riga in die Rigaer Bucht wälzt. Sie besitzt eine stolze Länge von 1005 km, davon allerdings nur 342 km in Lettland. Wer einmal Lettland bereist hat, dem wird auch die malerische **Gauja** mit ihrem einzigartigen Nationalpark in besonderer Erinnerung bleiben. Sie hat einen höchst seltsamen Verlauf, denn sie entspringt mitten in Vidzeme, fließt östlich und dann nördlich, überquert ganz kurz die estnische Grenze und kehrt in einem Bogen nach Vidzeme zurück, wo sie dann ebenfalls in die Rigaer Bucht mündet.

Der größte **See** Lettlands heißt Lubans und misst 81 km². Am tiefsten ist der Dridzis-See mit 65 m. Dies sind nur zwei der 2256 Seen mit einer Größe von mehr als einem Hektar.

Litauen

Mit einer Fläche von 65.303 km² ist Litauen fast so groß wie Bayern und damit der **größte baltische Staat.** Es hat jedoch die geringste Küstenlänge: nur 99 km. Das südlichste der drei Länder liegt etwa auf der **geografischen Breite** zwischen Hamburg und Århus in Dänemark. Die größte Nord-Süd-Ausdehnung beträgt 276 km, die von Ost nach West 373 km. Im Norden grenzt Litauen an Lettland, im Osten und Süden an Weißrussland, im Südwesten an Polen und an das zu Russland gehörende Kaliningrader Gebiet. Der **geografische Mittelpunkt Europas** liegt, auch wenn das vielleicht überraschen mag, bei Vilnius.

Die abwechslungsreiche Landschaft ist vor allem von landwirtschaftlich genutzten Flächen wie Feldern und Wiesen (rund 54 % der Fläche), Wäldern (ca. 30 %), Mooren und Sümpfen (ca. 7 %) geprägt. Ein Naturphänomen ist die **Kurische Nehrung** mit den höchsten Sanddünen Europas, ein herausragendes Beispiel biologischer Vielfalt.

Das relativ flache Land erstreckt sich am westlichen Rand der **osteuropäischen Ebene** entlang dem mittleren und unteren Lauf des Nemunas (Memel). Selbst die höchsten **Berge** erreichen keine 300 m. Längs der Küste dehnt sich das 15–20 km breite **Pajūris-Tiefland** aus, mit einer Höhe bis zu 50 m über dem Meeresspiegel. Einige Landstriche am Kurischen Haff liegen sogar unter dem Meeresspiegel. Östlich davon folgt das **Žemaičių-Hochland** mit „Bergen" bis zu einer Höhe von 234 m. Im Landesinneren erstreckt sich das bis zu 100 km breite, fruchtbare **Zentrale Tiefland** mit Höhenlagen zwischen 35 und 90 m. Im Süden und Osten erhebt sich das **Baltische Hochland** mit ausgedehnten Wäldern, Seen, Mooren und Bergen bis zu 282 m. Im Osten zur weißrussischen Grenze hin liegen das Hochland von Medininkų mit dem höchsten Berg Litauens, dem Aukštojas (294 m), und das Hochland von Švenčionių mit zahlreichen Seen und dem **Aukštaitija-Nationalpark.**

Als niederschlagsreiche Region hat Litauen ein dichtes Netz von Wasserläufen. Die längsten Flüsse, der **Nemunas** (früher **Memel**) mit 937 km (davon ca. 475 km in Litauen) und die **Neris** mit 510 km (davon 235 km auf litauischer Seite), entspringen in Weißrussland. Der Nemunas bildet auf einer Strecke von rund 150 km die Grenze zum Kaliningrader Gebiet. Der längste rein litauische Fluss und zugleich einer der schönsten des Landes ist die 246 km lange **Šventoji.** Im Durchschnitt sind die Wasserläufe drei Monate im Jahr **von Eis bedeckt;** in manchen Wintern bleiben sie offen.

Litauen liegt in einem der **seenreichsten Gebiete Europas.** Insge-

Vier litauische Charakterzüge

Den Bewohnern der vier Hauptregionen Litauens, Žemaitija, Aukštaitija, Suvalkija und Dzūkija, sagt man bestimmte Charaktereigenschaften nach – die man aber auch als Klischee auslegen kann. Die **Žemaiten** sollen hartnäckig, stur und verschlossen sein (als letzte Heiden Europas wurden sie erst 1413 christianisiert), die **Aukštaiten** gebildet und auch etwas arrogant, die **Suwalker** ordnungsliebend und sparsam und die **Dzūken** stolz, gesprächig, fröhlich und stets zu einem Liedchen oder Tänzchen aufgelegt. Dazu folgende **nette Anekdote:**

Eines Tages hatte der Teufel fünf Litauer (einen aus jeder Region sowie einen aus Klein-Litauen) in einen Sack gesteckt und zog durchs Land. Als er sich müde unter einen Baum setzte und den Sack losließ, sprang sofort der Dzūke heraus und rannte laut singend weg. Der clevere Aukštaite sah, dass der Teufel dadurch abgelenkt war, und rannte in die entgegengesetzte Richtung. Dann kroch der Suwalke heraus und starrte den Teufel an, worauf ihn dieser fragte, warum er nicht weglaufe. Er antwortete, dass er warte, bis die anderen zwei verschwunden wären, um dann den leeren Sack mitnehmen zu können. Nachdem der Klein-Litauer den Teufel zaghaft gefragt hatte, ob er wirklich gehen dürfte, zog er auch von dannen. Nur der Žemaite blieb im Sack und schrie den Teufel an: „Wenn du mich schon hier reingesteckt hast, dann hol mich gefälligst auch wieder raus!"

In der Memelburg in Klaipėda

280li Foto: gs

samt umfassen sie 950 km² bzw. 1,5 % der Landesfläche. Teilweise sind sie miteinander verbunden und bilden Seenplatten. Der größte See ist der 45 km² große Drūkšiai.

Scherzhaft sagen die Litauer, dass ihr einziger Bodenschatz die Kartoffel ist. So werden tatsächlich nur Torf, Kies, Quarzsand, Gips, Kalk, Lehm, Dolomit und Sand abgebaut. Es gibt auch kleinere Braunkohle-, Tonschiefer und Erdölvorkommen. In Kurorten finden sich Mineralquellen und Heilschlamm.

Das Land ist in **vier ethnografische Regionen** unterteilt, die sich in den **Dialekten, Trachten, Gebräuchen** und gewissermaßen auch in der **Mentalität** ihrer Bewohner (s. Exkurs „Vier Regionen und vier Charakterzüge") unterscheiden. Die westlichste und zweitgrößte ist die Region **Žemaitija** (Samogitien bzw. West-, Niederlitauen), die die gesamte Küste und das Land zwischen Nemunas und der lettischen Grenze etwa bis zur geografischen Länge von Šiauliai umfasst. Östlich davon schließt sich die Region **Aukštaitija** (Nordost-, Hochlitauen) an, die mehr als die Hälfte der Landesfläche und die beiden wichtigsten Städte Vilnius und Kaunas umfasst. Sie reicht bis zur weißrussischen Grenze.

Im Südwesten zwischen dem Nemunas und der polnischen Grenze liegt die kleinste Region, die **Suvalkija** (Sūduva). Die Stadt Suwałki selbst liegt heute in Polen. Den südlichsten Winkel des Landes schließlich, von Trakai bis zur weißrussischen Grenze im Süden, bildet die Region **Dzūkija** mit dem Kurort Druskininkai. Ethnografisch nicht selbstständig ist **Mažoji Lietuva** bzw. Klein-Litauen, das frühere **Memelland** (siehe auch Geschichtsteil von Klaipėda).

Die unterschiedliche **Holzarchitektur der Regionen** kann im Freilichtmuseum Rumšiškės besichtigt werden.

Umwelt- und Naturschutz

Während der **Sowjetzeit** spielte Umweltschutz im Baltikum praktisch keine Rolle. Eine Folge hiervon war, dass industrielle Gift- und Schadstoffe sowie Abwässer oft ungeklärt in die Flüsse und die Ostsee eingeleitet wurden. Die gewaltigen, großteils **veralteten Industrieanlagen** verpesteten auch die Luft. Mit **Unterstützung der EU** werden seit einiger Zeit große Anstrengungen zur Verbesserung unternommen. Schrittweise werden deren Umweltstandards eingeführt. Da Düngemittel und Pestizide weniger eingesetzt werden, ist z.B. die Ostsee sauberer geworden, die Schadstoffeinleitungen wurden stark verringert.

Schädlich für die Böden und damit für Nahrung und Trinkwasser war besonders die massenhafte und **rücksichtslose Agrarwirtschaft.** Kleinere Bauernhöfe traten in den Hintergrund und es dominierten riesige Kolchosen. Doch seit der Wende stehen diese meist leer, während individuelle Landwirte wieder mehr Anteil am Gesamtaufkommen haben. Die Nutzflächen können sich nun länger erholen und es wird weniger Gift gespritzt. Darüber hinaus nimmt die Zahl der Öko-Bauernhöfe deutlich zu.

Umweltprobleme in Litauen

Das wohl größte „Umweltrisiko" des Baltikums war das **AKW in Visaginas,** obwohl 2005 bzw. 2009 beide Reaktoren auf Druck der EU vom Netz genommen wurden. Diese unterstützt nun die **Entsorgung von Gift- und Atommüll,** die Abgasreinigung von Industrieanlagen und konventionellen Kraftwerken sowie die Förderung von **Windkraftwerken** und **umweltfreundlichen Energiequellen.** Bis zum Jahr 2025 sollen fünf Windenergieparks vor der Küste gebaut werden.

Problemfälle sind auch die **Raffinerie von Mažeikiai** sowie deren geplante Pipeline nach Klaipėda und der **Ölterminal in Butingė,** die Altlasten der alten sowjetischen Militäranlagen, die **Energieverschwendung** in den veralteten Produktionsanlagen, die **Wasserverschmutzung** durch Abwässer sowie die Grundwasserbelastung durch teilweise noch ungesicherte Mülldeponien. Sorge macht auch eine russische **Ölplattform** vor der Küste Kaliningrads, die nur 22 km vom Strand in Nida entfernt ist.

Der Zustand der **Gewässer** ist inzwischen relativ gut. Ein Problem ist der **Nemunas,** der in mancher Hinsicht einer der am stärksten verschmutzten Flüsse Europas ist, da er auf seinem Weg zur Ostsee sowohl das Wasser von fast allen Flüssen Litauens als auch Einleitungen von Weißrussland und vom Kaliningrader Gebiet mitzuführen hat.

Andere Sorgen bereiten die veraltete Technologie vieler kleiner **Heizanlagen** und der geringe Wirkungsgrad bei der Energienutzung. Sind alle diese Punkte mehr oder weniger noch Spätfolgen der katastrophalen Zustände aus der Sowjetzeit, so sind jetzt aber auch die Verbraucher die Verursacher neuer Probleme. Die **Abfallberge** wachsen durch Übernahme westlicher Konsumgewohnheiten. Neuerdings wird jedoch die **Mülltrennung** groß geschrieben.

Die Entwicklung in Lettland

Es ist eine sehr erfreuliche Überraschung, dass trotz der rasanten wirtschaftlichen und touristischen Entwicklung Lettlands der Fortschritt bisher fast überall mit der Natur Hand in Hand geht. Vielleicht liegt es daran, dass die Verantwortlichen erkannt haben: In der einzigartigen Natur liegt der größte Reiz des Landes. Große Vergnügungs- und Unterhaltungskomplexe, gewaltige Hotelanlagen, Rennstrecken für Sportwagen oder ähnliche moderne bauliche Sünden wird man mit großer Wahrscheinlichkeit lange vergeblich suchen. Sehr konsequent halten sich die Letten an die **Gesetze des Naturschutzes.** Sie ziehen in die Landschaft passende Campingplätze mit Holzhütten sowie kleine Hotels den mächtigen Bettenburgen vor, die sie ohne weiteres an einige ihrer wunderschönen Strände platzieren könnten, um mit Charterflügen Pauschaltouristen anzulocken.

Der ungemeine Vorteil dieser **planerischen Besonnenheit** besteht neben dem Umweltschutz auch darin, dass Reisende in Lettland tatsächlich Ruhe und Erholung finden und **keinen Massentourismus.** Die Entwicklung kann sich natürlich zum Schlechteren wandeln, wenn der Lockruf des Geldes lauter wird, doch im Augenblick ist dies gottlob nicht zu erkennen.

Für den Ausbau der **Via Baltica** durch Litauen, Lettland und Estland wurde manch großer Baum geopfert, der im Weg stand. Im Rest des Landes ist aber trotz zahlreicher Modernisierungsarbeiten einstweilen kein Raubbau an der Natur zu Gunsten einer besseren Infrastruktur zu beobachten.

Geschützte Gebiete

Nachdem in der Sowjetzeit der Natur wenig Aufmerksamkeit geschenkt worden war, wurden seither zum **Schutz des Ökosystems,** der biologischen Vielfalt und der Naturschätze auch mit Hilfe der EU durch Errichtung von Nationalparks, Naturreservaten und Regionalparks im gesamten Baltikum große Flächen unter besonderen Schutz gestellt. Positiv ist auch, dass es noch einige **fast unberührte Flecken** gibt, die vielen bedrohten Tier- und Pflanzenarten Lebensraum bieten und so zum Erhalt des europäischen Naturerbes beitragen. Die Parks sind nicht nur ein Dorado für Naturfreunde, Ornithologen und Botaniker, sondern auch ein Paradies für **sportliche Aktivitäten** wie Angeln, Wandern, Reiten und Kanufahren. Sie laden außerdem zu Besichtigungen der zahlreichen **kulturhistorischen Denkmäler** ein, wie z.B. Burgruinen, Landhäuser, Wasser- und Windmühlen.

Touren durch die Schutzgebiete werden von den Parkdirektionen und von einigen Reisebüros durchgeführt, die auch Sondergenehmigungen für die Naturreservate besorgen. Bei einem Aufenthalt sollte man die **Regeln der Parkbehörden** zum Schutz der Natur beachten. Dazu gehören z.B. kein Feuer zu machen und keine brennenden Zigaretten wegzuwerfen, auf den Pfaden zu bleiben, Pflanzen nicht zu beschädigen, Tiere nicht zu stören, Abfälle nicht zurückzulassen oder zu vergraben, nur an den bezeichneten Stellen zu campen und sorgsam mit Wasser und Strom umzugehen. Im Nationalpark Kurische Nehrung gelten zusätzliche Regeln.

Bei den Besucherzentren der Parkverwaltungen erhält man **Infos und Kartenmaterial,** z.T. ist auch die Ausleihe von Rädern, Booten oder Ausrüstungsgegenständen (Zelte, Kochgeschirr etc.) möglich.

Schutzgebiete in Estland

Zehn Prozent der Fläche Estlands stehen unter Naturschutz. Jedem Besucher, der nicht nur ein Wochenende in Tallinn verbringt, sei ein Ausflug in mindestens eines der wunderschönen Naturschutzgebiete oder einen der **fünf Nationalparks** (Lahemaa, Soomaa, Vilsandi, Karula, Matsalu) ans Herz gelegt. Wanderungen oder Spaziergänge in den ausgedehnten Moor- und Waldgegenden, Kanufahrten auf den Flüssen, die in liebliche Urstromtäler eingebettet liegen, Fahrradtouren entlang der Küste oder Reitausflüge durch die dichten Wälder bringen dem Besucher die unberührte Natur, einen der größten Schätze des Landes, näher. Vor allem im Herbst trifft man dabei immer wieder Esten, die mit Körben ausgerüstet im Wald nach Heidelbeeren, Moosbeeren, Preiselbeeren oder Pilzen suchen, die hier in Massen wachsen.

Schutzgebiete in Lettland

Fast zehn Prozent des Landesgebietes stehen unter besonderem Naturschutz. Die Zahlen geben ein beeindruckendes Bild: ein Biosphären-Reservat, **drei Nationalparks,** vier Staatsreservate, sechs Landschaftsschutzgebiete, 22 Naturparks, 211 Naturreservate. Vielerorts stehen **Wanderpfade** durch besonders sensible Gebiete zwar zur Verfügung, dürfen aber nur mit einem professionellen Führer betreten werden. Insgesamt geben sich die Letten größte Mühe, einen Zugang zu unberührter Natur zu ermöglichen, aber dabei so wenig wie möglich in die Umwelt einzugreifen. So wurden unter schwierigsten Bedingungen kilometerlange **Holzstege durch Moore** und Feuchtgebiete gebaut, mit Brücken, Treppen und allem, was für eine schonende Begehung notwendig ist.

Schutzgebiete in Litauen

Litauen hat über 250 **Naturschutzgebiete,** 159 **Naturdenkmäler** und 386 geschützten **Naturobjekte** wie Steine, Brunnen oder Bäume. Bäume mit besonderem Aussehen oder hohem Alter werden als Naturdenkmäler geschützt.

Die **fünf Nationalparks** haben eine Gesamtfläche von 1394 km². Am bekanntesten und schönsten sind der **Aukštaitija-Nationalpark,** der Nationalpark **Kurische Nehrung** (von der UNESCO als Welterbe geschützt) und der historische **Nationalpark von Trakai.** Weitere sind der Dzūkija- und der Žemaitija-Nationalpark. Sie sind Besuchern weitgehend zugänglich, alle sind mit öffentlichen Verkehrsmitteln erreichbar, die teilweise die Parks durchqueren und auch sporadisch die Siedlungen und Dörfer innerhalb des Parkgeländes anfahren. Bis auf die Parks der Kurischen Nehrung und Trakai, die ihre eigene Verwaltung haben, werden sie vom „Hauptbüro der Litauischen Nationalparks“ in Vilnius verwaltet (www.vstt.lt).

Es gibt 30 **Regionalparks,** darunter den Nemunas-Regionalpark bei Birštonas und Punia, den Biržai-Regionalpark und den Nemunas-Delta-Regionalpark. Geheimnisvolle Hünenhügel und **heidnische Kultstätten** bieten sich als Besuchsziele an (Infos beim „Litauischen Regionalparkverband“, www.kurtuva.lt, und bei allen Parkdirektionen).

Von den ausgedehnten **Moor- und Sumpfgebieten,** die einst 20 % der Landesfläche ausmachten, sind im Laufe des 20. Jh. sehr viele trockengelegt und für die Landwirtschaft nutzbar gemacht worden. Doch aufgrund der ehemaligen sowjetischen militärischen Sperrgebiete haben sich in vier **Naturreservaten** noch relativ große Feuchtgebiete (Sumpf- und Marschland, Hoch- und Flachlandmoore) erhalten. Sie bilden Rückzugszonen für viele sonst selten gewordene Tier- und Pflanzenarten, insbesondere Wasservögel (z.B. Wildenten, Wildgänse).

Die Naturreservate Žuvintas, Čepkeliai, Kamanos sowie das Viešvilė-

Schutzgebiet dürfen nur mit **Genehmigung** und nur in Begleitung eines Führers betreten werden. In diesen **Feuchtgebieten** stehen über 35 Tier-, 200 Vogel-, 20 Fisch- und 600–800 Pflanzen- sowie viele Insektenarten unter besonderem Schutz.

Die Gebiete sind z.T. nicht mit öffentlichen Verkehrsmitteln erreichbar und es besteht keine Übernachtungsmöglichkeit. Zecken- und Moskitoschutz und Gummistiefel sollte man nicht vergessen. Man sieht hier noch *kulgrinda,* Pfade aus großen Steinen und Baumstümpfen, die durch Sümpfe und Moore führen und früher als Fluchtweg vor Angreifern dienten.

Flora und Fauna

Das Baltikum liegt in einer **Übergangszone** zwischen dem ostmitteleuropäischen Kontinentalklima und dem milden Meeresklima, was sich auch in der Tier- und Pflanzenwelt widerspiegelt. Nach dem Rückzug des Eises vor etwa 13.000 Jahren breitete sich in einer 2000-jährigen subarktischen Periode erst eine arktische Fauna (Lemming, Polarfuchs, Rentier) und Flora (Birken, Buschwerk) wie in der sibirischen Tundra aus. Als dann die Wälder das Territorium wieder erobert hatten, folgten die Tierarten der Taiga und schließlich die der Laubwälder. In den Moorgebieten des Hochlandes und den sie umgebenden Kiefernwäldern haben sich aber auch Arten der **arktischen Tierwelt** bis heute erhalten, wie Goldregenpfeifer, Moorhuhn, Birkhuhn und Schneehase.

Die Pflanzenwelt Estlands

Über ein Fünftel des Landes ist von **Nieder-, Zwischen- und Hochmooren** bedeckt, darin wird Estland nur noch von Finnland übertroffen. Besonders gut zugänglich für Besucher sind das Endla-Moor nördlich von Tartu, die Moore im Nationalpark Soomaa sowie das Hochmoor Viru im Nationalpark Lahemaa, aber auch viele andere kleine Feuchtgebiete im ganzen Land, die großteils unter Schutz stehen.

An den Küsten und entlang einiger Flüsse findet man noch schöne **Auen** sowie **Natur- und Gehölzwiesen** vor. Als besonders artenreich gelten die Gehölzwiesen Vahenurme im Landkreis Pärnumaa und Laelatu. Letztere befindet sich südlich des Matsalu-Nationalparks in Läänemaa. Hier wachsen auf einem Quadratmeter über 70 verschiedene Pflanzenarten. 36 Orchideenarten wurden bislang in Estland gezählt, 34 davon sind auf der Insel Saaremaa zu finden. Die Nationalblume ist indes die Kornblume.

Rund 40 % des estnischen Territoriums sind von **Wäldern** bedeckt, die sich wie in Skandinavien vor allem aus **Kiefern und Fichten** zusammensetzen. Laubwälder, wie man sie aus Mitteleuropa kennt, wurden aufgrund menschlicher Einflüsse in der Vergangenheit stark dezimiert. Die Forst- und Holzwirtschaft spielt in Estland eine bedeutende Rolle, aber für etwa ein

Drittel der Wälder liegen Naturschutzbeschränkungen vor. Im Norden liegen oft bemooste Findlinge zwischen den Bäumen, der Waldboden ist vielfach mit **Flechten, Moosen oder Heidekraut** überwuchert.

Birkenhaine findet man vielerorts, ebenso sieht man häufig Espen und Erlen, aber auch Eichen, Linden, Ulmen, Ebereschen und Ahornbäume wachsen in Estland. Gerade im Westen und auf den Inseln trifft man auf ausgedehnte, mit **Wacholder** bewachsene Flächen.

Alte Eichen und Linden, die einige Jahrhunderte überstanden haben, werden von den Esten verehrt und stehen dementsprechend unter Schutz. Die Verehrung der „heiligen Bäume" geht auf den Naturglauben der vorzeitlichen heidnischen Esten zurück. Vielfach ranken sich Legenden um diese Bäume, die mancherorts **mit bunten Bändern geschmückt** sind.

Die Pflanzenwelt Lettlands

Beeindruckende 44 % des lettischen Territoriums bestehen aus **Wäldern.** Ungefähr ein Viertel davon sind in Westeuropa kaum noch vorzufindende Feuchtwälder. Dazu passt auch die Tatsache, dass **Moore** fast 10 % der Landesfläche bilden. Die relativ hohen Niederschlagsmengen garantieren eine **artenreiche und vielfältige Vegetation** mit saftigen und frischen Farben.

Das Land war zu Sowjetzeiten „Arbeiter- und Bauernstaat", doch vor allem Letzteres. Noch heute werden fast 40 % der Landesfläche **landwirtschaftlich genutzt,** doch der Wert nimmt langsam ab. Hinzu kommt, dass viele der noch bestehenden Agrarflächen wenig intensiv genutzt werden, was der Bodenqualität zugute kommt. Nach offiziellen Angaben hat sich seit 1990 der Verbrauch von Mineraldüngern auf ein Zwölftel und von Pestiziden auf ein Zehntel verringert. Die Schwermetallbelastung, so die staatlichen Zahlen, überschreite in keinem Fall die vorgeschriebenen Grenzwerte.

Der unumstrittene König der Pflanzenwelt Lettlands ist die **Eiche.** Es ist kein Zufall, dass ein Eichenzweig sogar im lettischen Wappen auftaucht. Beim Johannisfest (Sonnenwendfest) in der kürzesten Nacht des Jahres, der wichtigsten folkloristischen Feier, schmücken sich die Menschen mit Eichenzweigen. Volkstümlich symbolisiert die Eiche Männlichkeit, während die ebenfalls wichtige und in Lettland sehr häufig wachsende **Linde** für das Feminine steht.

Die kaum über zehn Meter Höhe hinauswachsende **Eibe** wird immer seltener, nicht zuletzt, weil viele Bäume gefällt wurden, um das schöne rötliche Holz zu verarbeiten. In Lettland finden sich noch relativ viele dieser kleinen, ganzjährig grünen Bäume.

In Strandnähe wachsen auf dem sandigen Boden am besten anspruchslose Nadelbäume wie **Kiefern und Fichten.** Das Land besitzt sehr viele

Holzstege führen Wanderer durch sumpfige Wälder und Moore

Feuchtgebiete, wo sich beispielsweise alle möglichen Arten von **Farnen** äußerst wohl fühlen.

Manchen mag es überraschen, dass verschiedene **Orchideenarten** mitten im Baltikum wachsen und gedeihen – jedenfalls sind es Vertreter der Orchideen-Familie wie der in Europa seltene **Gelbe Frauenschuh.** Die äußerst sensiblen Pflanzen haben es schwer, sich zu vermehren, wo die Natur nicht gänzlich unberührt geblieben ist. Glücklicherweise gibt es in Lettland noch einige dieser wilden, beinahe unzugänglichen Orte. Zur **Nationalblume** wurde dennoch nicht die Orchidee, sondern die **Wucherblume** (Wiesen-Margerite) bestimmt, die gern in Sträußen verwendet wird.

Was sind schon die Seerosen von *Monet* gegen die lettische **Wassernuss?** Vielleicht ist Letztere nicht ganz so schön (man sieht die Blüten kaum), dafür stellt sie aber eine echte Rarität dar: In drei ostlettischen Seen wurde die eigenartige Pflanze gesichtet, obwohl sie eigentlich in Europa deutlich weiter südlich verbreitet ist. Die bräunlichen, fast pilzähnlichen Blätter schwimmen auf der Wasseroberfläche, während die Wurzeln des Gewächses im Boden des Sees stecken. Im Herbst wachsen einige Zentimeter lange Nüsse, die irgendwann abfallen und auf dem Grund des Gewässers auf die beste Gelegenheit und das passende Klima warten, um im nächsten Jahr erneut zu wachsen. So garan-

Land und Leute

065es Foto: jl

tiert die Wassernuss, die eine Lebensdauer von nur einem Jahr hat, ihr langfristiges Bestehen.

Die Pflanzenwelt Litauens

Fast ein Drittel des Landes ist heute noch von **Wäldern** bedeckt. Litauen war schon seit alters her bekannt für große und undurchdringliche Wälder, die Schutz vor Feinden boten. Durch Rodung und teilweise Wiederaufforstung hat sich der Wald- und Baumbestand verändert. Der Anteil der über 100 Jahre alten Bäume beträgt nur noch 4 %. Große Waldflächen finden sich fast nur noch in den Nationalparks. Es gibt jedoch viele kleinere Wälder zwischen den landwirtschaftlich genutzten Feldern und Wiesen. Zu den Baumarten gehören neben der dominierenden **Kiefer** auch Ahorn, Birken, Buchen, Eiben, Eichen, Erlen, Eschen, Espen, Fichten, Linden und Tannen.

Je nach Bodenart und dem Ausmaß der Aufforstung findet man verschiedene Arten von **Mischwäldern** sowie entweder nordische Nadel- oder mitteleuropäische **Laubwälder,** im Aukštaitija-Nationalpark sogar ein **„Urwaldreservat".** Auch in der Art des Bodenbewuchses gibt es große Unterschiede: Meist ist der Boden der Kiefernwälder von **Beerensträuchern** bedeckt (Preiselbeeren, Heidelbeeren, Sanddorn, Wacholder), häufig von **Heidekraut, Moos** und **Flechten.** In den Fichtenwäldern findet man Sauerklee und Blaubeeren, in den Birkenwäldern hauptsächlich Riedgräser und in den Erlenwäldern Farne und Nesseln. Viele der Busch-, Gras- und Rohrpflanzen sind geschützt. Es gibt auch viele Wildblumen sowie **Pilze** (meist Pfifferling, Steinpilz, *voveraitė, baravykas*). Von den rund 1200 Pilzarten in Litauen sind 380 essbar, gesammelt werden aber nur 10–20 Arten. Es gibt rund 100 giftige Pilzarten.

In Litauen wachsen 210 besonders **gefährdete Pflanzenarten,** viele davon in den zahlreichen Moor- und Sumpfgebieten. Auch in einigen National- und Regionalparks gibt es noch **Feuchtgebiete.**

Die Tierwelt Estlands

Säugetiere

In Estland sind 65 Säugetierarten beheimatet, darunter knapp 12.000 **Elche,** 50.000 **Rehe,** 17.000 **Wildschweine,** 17.000 **Biber,** 800 **Luchse,** 100–150 **Wölfe** und 500–600 **Braunbären** sowie **Seehunde** und **Kegelrobben,** die sich auf den westestnischen Inseln tummeln. Obgleich diese Zahlen angesichts der Größe des Landes Hoffnung auf Tiersafaris machen mögen, müssen Besucher leider – oder im Falle von Bären vielleicht zum Glück – damit rechnen, während des Urlaubs kaum eines dieser Tiere zu Gesicht zu bekommen. Auf Elchpirsch geht man am besten in der Morgen- und Abenddämmerung an Stellen, die lokale Tourismusagenturen, Jäger oder Hotelbesitzer dem Gast empfehlen.

Wer in der freien Wildbahn kein Tier zu Gesicht bekommt, kann sich mit dem **Wildpark Elistvere,** nördlich von Tartu, trösten. Dort kann man zur Genüge Elche, Wildschweine, Luchse, Füchse und andere Tiere betrachten und fotografieren.

In manchen Naturschutzgebieten, beispielsweise im Lahemaa-Nationalpark, gibt es Wanderwege, entlang derer man wenigstens die Spuren der wilden Bewohner entdecken kann. So empfielt sich in Lahemaa der **Bärenpfad,** wo Hinweisschilder auf Prankenabdrücke und zerkratzte Bäume aufmerksam machen, oder im Nationalpark Soomaa ein Lehrpfad, auf dem man **Biberbauten** an den Flüssen sieht.

Eine Seltenheit ist der in fast allen Teilen Europas ausgestorbene **Europäische Nerz** (nicht zu verwechseln mit dem Amerikanischen), der nach einer Wiederansiedlung auf der Insel Hiiumaa wieder Fuß fasst. Man muss allerdings sehr viel Glück haben, um eines der scheuen Tierchen zu sehen. Gleiches gilt für das **Gleithörnchen** („Fliegendes Eichhörnchen“), das beispielsweise noch im Nationalpark Soomaa ansässig ist.

Vögel

Mehr Glück haben Besucher mit vielen der etwa 330 Vogelarten, wovon über 220 in Estland nisten. Seltene **Adlerarten, Auerhähne** und **Schwarzstörche** bekommt vielleicht nicht jeder zu Gesicht, dafür aber bestimmt **weiße Störche,** sofern man in den Sommermonaten durch das Land reist. Estlands ausgedehnte Feuchtgebiete und urwüchsige Landschaften bieten den großen Vögeln optimale Lebensbedingungen. Überall sieht man auf hohen Gebäuden, Masten und Türmen große Storchennester, auch nach Ende August, wenn die Störche bereits beginnen, ihre Reise in den Süden anzutreten.

Häufig vertreten sind ansonsten vor allem diverse (Meeres-)Enten-, Schwan- und Gänsearten sowie Kraniche. Es gibt viele eigens unter Schutz gestellte Gebiete, wo man besonders zur Zugzeit hervorragend Vögel beobachten kann, beispielsweise im Nationalpark Vilsandi, der sich über die westlichste Küste Saaremaas und rund 100 vorgelagerte Inseln erstreckt, in der Matsalu-Bucht zwischen Haapsalu und Pärnu, im Natur- und Vogelschutzgebiet Silma auf Noarootsi nördlich von Haapsalu oder im Mündungsgebiet des Emajõgi.

Fische

Die Seen und Flüsse, vor allem der Peipus-See und der Võrtsjärv, sind recht fischreich. Barsche, Hechte, Zander, Welse, Bachforellen, Karpfen, Rotaugen und Schleien sind nur einige der Fische, die in estnischen Gewässern beheimatet sind.

Insekten und Schlangen

Aufgrund der vielen Feuchtgebiete entwickeln sich auch Insekten, insbesondere **Mücken und Zecken,** hervorragend in Estland. Bei Ausflügen muss man also immer reichlich Mücken- und Zeckenschutzmittel auftragen (siehe auch Kap. „Vor der Reise: Gesundheitsvorsorge“). Vorsicht auch vor

Kreuzottern, die in Estland beheimatet sind. Falls - was sehr selten vorkommt - man von einer gebissen wird, sollte man schnell einen Arzt aufsuchen.

Die Tierwelt Lettlands

Wölfe

Der Wolf hat in Lettland beinahe eine mythische Bedeutung. In der Realität jedoch gibt es kaum Gelegenheiten für die Menschen, diesem Urahnen unserer Haushunde zu begegnen. Die schätzungsweise **1000 Wölfe** in den lettischen Wäldern verhalten sich sehr scheu. Am Līgatne-Naturpfad sind einige Tiere zu sehen, dabei handelt es sich aber um Kreuzungen aus Wolf und Hund.

Luchse

Ein ebenso seltenes und menschenscheues Tier mit „Wohnsitz" in Lettland ist der Luchs, diese eindrucksvolle, bis zu 30 kg schwere und bis zu 70 cm hohe Wildkatze mit langen Beinen und charakteristischen Haaren an den Ohrspitzen. Die Schüchternheit des Luchses sollte aber nicht über seine Gefährlichkeit hinwegtäuschen: Neben Hasen oder Bibern reißen Luchse auch gelegentlich große Wildtiere wie Rehe. Nur wenige europäische Länder können sich einer Luchs-Population rühmen. Zuletzt wurden in Lettland rund **700 Exemplare** gezählt. Die Tiere vermehren sich gut und daher werden sogar 100 Luchse jedes Jahr bei der Jagd getötet.

Elche

Elche sind in Lettland etwas leichter anzutreffen als die Wildkatzen oder Wölfe. Scheu sind die aus Skandinavien bekannten gewaltigen Tiere mit bis zu 400 kg Gewicht aber trotzdem. Mit seinen langen Beinen kann der Elch sehr schnell weite Entfernungen zurücklegen - auch in hohem Schnee oder in Sumpfgebieten. Er erweist sich auch als exzellenter Schwimmer in Flüssen, Seen und gelegentlich sogar im Meer. Schätzungen zufolge leben bis zu **10.000 Elche** in Lettland.

Rotwild

Ein wenig kleiner als der Elch, aber genau so imposant sind der **rote Hirsch** mit seinem riesigen Geweih und die **kleineren Hirsch- und Reharten,** deren Gewicht von 40 bis 240 kg variieren kann. Von ihnen leben im Lande Zehntausende.

Wildschweine

Wildschweine waren über Jahrhunderte weit verbreitet auf dem heute lettischen Territorium. Doch unkontrollierte Jagd und möglicherweise auch Krankheiten oder andere natürliche Entwicklungen rotteten die Population im 19. Jh. aus. Vor hundert Jahren wurden daher Wildschweine aus Polen eingeführt. Inzwischen werden gut **20.000 Tiere** auf lettischem Gebiet angenommen.

Störche gehören im ganzen Baltikum zum Landschaftsbild

Otter und Biber

Der schlanke, bis zu 80 Zentimeter lange und nur 5 bis 10 kg schwere Otter lebt im Wasser und hat hervorragende körperliche Voraussetzungen zum Schwimmen und Tauchen. Durch die Austrocknung einiger Landstriche, massive Wasserverschmutzung in der Sowjetzeit und die Abholzung von Wäldern nahm die Population der Otter deutlich ab, sodass sie in den 1970er Jahren gar auf die rote Liste der bedrohten Arten gelangten. Inzwischen konnte der Trend umgekehrt und die Zahl der Tiere auf über 6000 erhöht werden.

Der Biber ist weit weniger scheu und kommt näher an menschliche Siedlungen heran. Außer in Flüssen und Seen kann er sogar in Abwasserkanälen leben. Biberfell und auch Biberfleisch waren einst sehr beliebt. Auch der Biber verschwand im 19. Jh. gänzlich aus Lettland. 1927 wurde ein Biberpaar aus Norwegen eingeführt. Heute leben wieder mindestens 80.000 Tiere im Land.

Störche

Für die meisten Touristen sind die Störche die mit Abstand größte „tierische" Attraktion, zum einen, weil sie in Westeuropa so selten vorkommen, zum anderen, weil sie in Lettland allgegenwärtig sind. **Weißstörche** hocken ungefähr von April bis September auf Tausenden von Dächern, Pfählen und

089es Foto: jl

Säulen. Bis zum Sommer brüten sie ihre Eier aus und danach kann man die Vögel bei der Aufzucht ihrer Jungen beobachten.

Weißstörche sind es gewohnt, mit den Menschen zusammen zu leben und bauen sich ihr **Nest oft sehr nah an Häusern** oder sogar direkt darauf. Einem Aberglauben zufolge bringen Störche nicht nur Kinder, sondern schützen auch das Haus, auf dem sie ihr Nest errichten. Andere Hausbesitzer machen sich Sorgen um die Stabilität ihres Daches, denn ein Storchennest kann mit der Zeit erstaunlich schwer werden. Ganz an sich heran lassen sie einen Menschen aber nie kommen, so vorsichtig er sich auch anschleichen mag. Fotografen müssen sich also auf den Zoom ihres Fotoapparates verlassen.

Während in Lettland schätzungsweise 10.000 Weißstörche nisten, ist der **Schwarzstorch** eine echte Rarität. Immerhin 1000 Paare soll es geben, doch sie sind viel schwerer auszumachen, denn der schwarze Vogel mit dem weißlichen Bauch – etwas kleiner als der Weißstorch – baut seine Nester an abgeschiedenen Orten. Er sucht sich ruhige Wälder, vorzugsweise nahe Flüssen oder Seen. Der Schwarzstorch braucht große Bäume mit dickem Geäst, sein Nest hat einen Durchmesser von einem Meter oder mehr. Schwarzstörche sollten auf keinen Fall gestört werden, sie sind gerade nach dem Schlüpfen ihrer Jungen extrem sensibel, was Einflüsse von außen angeht. Ungefähr jeder zehnte Schwarzstorch weltweit lebt in Lettland.

Weitere Vogelarten

Viele Menschen reisen gezielt nach Lettland, um seltene Vögel zu beobachten. Vogelliebhaber finden im ganzen Land eine gute Infrastruktur wie Holzstege oder Aussichtstürme vor. Eine besonders große Art ist der **Schreiadler,** der das Sommerhalbjahr in Lettland verbringt. Etwa zwölf Prozent der weltweiten Population finden sich in diesem kleinen Land ein.

Zehntausendfach kommt der in anderen Teilen Europas seltene, kleine **Wachtelkönig** vor. Er nistet in hohem, feuchtem Gras und in Getreidefeldern. Sein typischer schnarrender Ruf ist in ganz Lettland oft zu vernehmen.

Die Letten bezeichnen die weiße **Bachstelze,** die das Sommerhalbjahr im Land verbringt, als **Nationalvogel.** Die Bachstelze nistet oft in der Nähe menschlicher Siedlungen.

Amphibien und Reptilien

Wegen der zahlreichen Gewässer leben in Lettland auch sehr viele Amphibien wie Frösche und Kröten, darunter die seltene **Feuerkröte.** Giftige Tiere gibt es kaum, die **Kreuzotter** bildet eine prominente Ausnahme. Doch sie meidet Menschen, ihr Gift reserviert sie zur Tötung kleinerer Beutetiere. So ist eine Gefährdung zwar nicht vollkommen ausgeschlossen, aber das Risiko ist verschwindend gering. Im extrem unwahrscheinlichen Fall eines **Schlangenbisses** sollte man sofort einen Arzt aufsuchen. Weitere Reptilien wie die **Ringelnatter** und verschiedene Arten von **Eidechsen** sind ungefährlich.

Insekten

Lettland besitzt im Verhältnis zu seiner Fläche sehr viele Wälder, in denen natürlich auch viele **Käfer** und andere Insekten ein Zuhause finden. **Ameisenhügel** gehören zum normalen Bild. Unangenehmer sind da schon die zahlreichen **Zecken** (zur Impfung gegen FSME siehe Kapitel „Vor der Reise: Gesundheitsvorsorge"). Weniger gefährlich, aber auch sehr lästig sind die besonders in Wassernähe verbreiteten **Stechmücken.** Vornehmlich abends während der Dämmerung werden sie aggressiv. Der **Zweipunkt-Marienkäfer** hat in Lettland den Beinamen „Nationales Insekt". Er schützt Pflanzen vor Schädlingen.

Die Tierwelt Litauens

In Litauen gibt es etwa 330 verschiedene **Vogelarten,** darunter seltene Eulenarten, Seeadler, Fischadler und Schwarzstörche. Das Land ist ein Paradies für Vogelbeobachtung. Ein Drittel der Vögel brüten aber nicht in Litauen. Ca. 13 der hier vorkommenden Arten sind weltweit bedroht.

Auffällig zahlreich sind die **Störche,** die hier noch zum Dorfbild gehören (manchmal sind es auch bloße Attrappen im Storchennest). Am 25. März, dem Tag des Storches, wird dieser Vogel als Symbol des Hausbeschützers und als Glücksbringer für eine gute Ernte verehrt. Der Storch gilt als **Nationalvogel.** Litauen hat die weltweit dichteste Storchpopulation, bei der letzten Weißstorchzählung wurden etwa 13.000 brütende Paare registriert.

Im Baltikum gibt es zwar mehr große **wilde Tiere** als anderswo in Europa, aber sie in der freien Natur zu Gesicht zu bekommen, erfordert Geduld, Entschlossenheit und meist auch die fachkundige Begleitung eines Führers. Nicht fehlen darf das Glück, das man haben muss, um einen der geschätzten 5000 **Elche** – meist in der Morgen- und Abenddämmerung – sehen zu können.

Unter den rund 70 Säugetierarten finden sich einige, die in Mitteleuropa selten oder ganz verschwunden sind. In den Wäldern leben außer Elch und **Wildschwein** auch der einst fast ausgerottete **Rothirsch** sowie Reh, Damwild, Hase, Hermelin, Iltis, Fuchs, Marder, Dachs, Wiesel und mit steigender Tendenz auch **Luchs** und **Wolf.**

Im 19. und 20. Jh. wurden neue Tierarten eingeführt: Nerz, Sitkahirsch, Bisamratte, Mufflon, Fasan, Marderhund, Eichhörnchen und Waschbär. Im Krekenava-Regionalpark wurden 1969 wieder die größten Tiere Europas, die **Wisente** (europäische Bisons) angesiedelt, nachdem sie aus der freien Natur schon verschwunden waren. Vorbei sind aber die Zeiten, als sie im 14./15. Jh. die größten Jagdtrophäen der Großfürsten waren.

Es gibt rund 15.000 **Insektenarten,** von denen 102 besonders gefährdet sind. In den vielen **Gewässern** tummeln sich neben Reptilien, Amphibien, Fischottern und den einst ausgerotteten Bibern auch 108 **Fischarten** wie Forelle, Dorsch, Zander und Hecht.

Klima

Offiziell bezeichnet man das Klima in den baltischen Ländern als **gemäßigt-kontinental,** wobei die relativ weite Ausdehnung nach Osten erkennbare Unterschiede mit sich bringt. Während die Regionen an der Ostsee und in der Rigaer Bucht deutlich geprägt sind von den mäßigenden Ausläufern des Golfstroms, wird es im weiten Osten wesentlich „kontinentaler": Hier erlebt man heißere Sommer und deutlich strengere Winter mit viel Schnee und Eis.

Die **Durchschnittstemperatur** von Juni bis September beträgt etwa 15–19 °C, im Winter pendeln die Temperaturen sich auf 3 bis -5 °C ein. Dennoch sind dies nur Richtwerte, de facto sind die Temperaturschwankungen innerhalb eines Jahres sehr hoch und variieren von etwa -25 bis +25 °C oder darüber. Im Hochsommer kann es auch schon mal richtig heiß werden. Die Küste und die estnischen Inseln sind dabei jedoch weniger hohen Temperaturschwankungen ausgesetzt als der Osten, wo typisches Kontinentalklima herrscht. Im Winter rutscht das Quecksilber tagsüber durchschnittlich **kaum unter den Gefrierpunkt** – abgesehen vom Osten. Im Frühling und Herbst muss man mit Temperaturschwankungen von bis zu 20 °C zwischen Tag und Nacht rechnen (-5 bis -10° C nachts, 10 bis 15° C tagsüber).

Die Monate mit dem meisten **Regen** sind August und September. Auch im Juni, Juli und Oktober fällt oft Regen, die Sommer sind jedoch selten ganz verregnet. Natürlich hängt das Wetter von der europäischen Gesamtwetterlage ab, es gibt warme, trockene Sommer und klirrend kalte Winter mit Schnee und Sonnenschein genauso wie trüb-verregnete Perioden, in denen man ungern vor die Tür tritt. Es treten auch immer wieder **Gewitter** auf. Dadurch, dass die Sonne im Hochsommer nur für wenige Stunden untergeht (bis Ende Juli werden die Nächte nie ganz dunkel), kühlt es nachts weniger ab.

Die **Wassertemperatur** der Ostsee steigt im Laufe des Sommers meist schnell auf 20 °C oder mehr. In der geschützten Rigaer Bucht steigen die Werte noch schneller und höher. Im Juni ist das Wasser aber noch empfindlich kühl, oft nicht über 16 oder 17 °C. Die zahlreichen Seen wärmen sich rascher auf.

Foto: jl077es

Geschichte des Baltikums

(von Thorsten Altheide)

Die historische Entwicklung des Baltikums ist geprägt durch seine Lage in einer **Übergangszone.** Die Einflusssphären verschiedener Großmächte trafen und treffen hier aufeinander. So war das Baltikum stets eine Transitstation auf den Handelsrouten zwischen Ost und West, zwischen dem weiten russischen Hinterland und der Ostsee. Seine Ostgrenze markiert auch die Grenze zwischen Ost- und Westkirche, zwischen slawischer und nichtslawischer Bevölkerung, zwischen kyrillischem und lateinischem Alphabet.

Wenn man von der Geschichte des Baltikums spricht, geht es eigentlich nicht um die Geschichte eines einheitlichen Gebietes. Neben vielen Gemeinsamkeiten gab es auch bedeutende Unterschiede in der Entwicklung der Länder. Insbesondere ist die Geschichte Litauens im Mittelalter und der frühen Neuzeit weitgehend unabhängig von der Alt-Livlands, also Estlands und Nordlettlands, verlaufen.

Bei Wind und Wetter –
Musikfestival von Leigo in Estland

Urgeschichte und frühes Mittelalter

Frühe Besiedlung

Die Geschichte der Menschen im Baltikum beginnt nach dem Zurückweichen des Eises nach der letzten Eiszeit. Die ersten Siedlungen werden für Litauen auf etwa **11.000 bis 9000 v. Chr.** datiert, für den Norden etwas später. Im 4. Jt. lassen sich einzelne **Kulturen** unterscheiden, die auf Grund der archäologischen Funde bereits einer nördlichen, ostseefinnischen Gruppe und einer südlichen, indoeuropäischen Gruppe zugeordnet werden können, aus welcher die **baltischen Völker** hervorgegangen sind.

Handel mit Rom

Greifbarer wird die Siedlungsgeschichte nach der Zeitenwende. Im 1. Jt. bildeten sich **Stammesgesellschaften** heraus, die über eine rege handwerkliche Produktion, Eisenverarbeitung, Ackerbau und Viehzucht verfügten und bereits weiträumige Handelskontakte pflegten. **Bernstein und Pelze** wurden ins römische Reich exportiert, im Gegenzug gelangten römische **Münzen und Schmuck** ins Baltikum.

Konflikte mit Nordeuropa

Etwas später finden sich in Estland auch **Überreste schwedischen Ursprungs,** die auf enge Kontakte nach Nordeuropa verweisen. Allerdings war die Nachbarschaft schon damals nicht immer friedlich. In den nordischen Sagas gibt es Hinweise auf **kriegerische**

Auseinandersetzungen mit Skandinaviern für das 7. Jh. Entsprechend wurden Befestigungsanlagen angelegt, in der Regel **hölzerne Burgen und Festungen aus Erdwällen,** deren Spuren heute noch besichtigt werden können.

Wikingerzeit

Zum Ende des 1. Jt., in der Wikingerzeit, setzt sich diese Entwicklung fort. Runeninschriften berichten von **Raubzügen** aus Schweden an die Ostküste der Ostsee. Gleichzeitig bildete das Baltikum eine wichtige Station auf dem Weg der wikingischen Händler nach Nowgorod, Kiew und Konstantinopel. Bemerkenswert ist, dass die damaligen Bewohner des nördlichen Baltikums – teilweise als „Wikinger aus Estland" bezeichnet – auch Raubzüge gen Westen unternahmen und beispielsweise 1187 die schwedische Stadt Sigtuna niederbrannten.

Hochmittelalter

Christianisierung

Eine neue Dynamik in die Entwicklung brachte die um die **Jahrtausendwende** einsetzende Christianisierung. Das Baltikum gehörte zu den Regionen Europas, die zuletzt vom Christentum erreicht wurden. Die ersten Missionare wurden getötet oder ihre Erfolge waren nicht von Dauer. Ab der Mitte des 12. Jh. intensivierten sich die Bemühungen um die Mission, insbesondere **von dänischer und deutscher Seite.** Neben machtpolitischen Interessen spielte auch der Bedarf der hansischen Kaufleute an **sicheren Handelswegen** eine Rolle. Aber noch überwogen die Rückschläge bei der Missionierung.

Der Schwertbrüderorden in Livland

Mit der **Gründung von Riga** 1201 als fester Basis vor Ort und dem ein Jahr später von **deutschen Kreuzrittern** ins Leben gerufenen Schwertbrüderorden, der die nötige Schlagkraft bereitstellte, wendete sich das Blatt: Aus der Missionstätigkeit war ein **Eroberungsfeldzug** geworden. Zunächst wurden die Stämme auf dem Gebiet des heutigen Lettland bekehrt, nach erbittertem Widerstand konnte 1227 auch Estland als christianisiert gelten und wurde in der Folge von Dänemark und den Deutschen beherrscht. Das Territorium des Schwertbrüderordens – weitgehend dem heutigen Lettland und Estland entsprechend – ging unter dem Namen Livland in die Geschichte ein.

Dauerhafter Frieden herrschte damit allerdings nicht. 1343 erhoben sich die Esten in der **St.-Georgs-Nacht** (estn. Jüriöö) zu einem großen Aufstand, der erst nach zwei Jahren niedergeschlagen werden konnte. Danach hatten die Dänen genug von der unruhigen Gegend und verkauften das Land an den Deutschen Orden.

Deutscher Orden

Der Deutsche Orden war die neue Macht im Baltikum. Auf Einladung eines polnischen Fürsten, der in Preußen Unterstützung gegen die rebellische, heidnische Bevölkerung brauch-

te, kam er 1231 nach Nordpolen. Der Orden ließ sich vom Papst garantieren, dass er das eroberte Land selbst behalten könne, und machte sich systematisch ans Werk, eine Herrschaft aufzubauen. Teile Nordpolens und des späteren Königsberg kamen in seinen Besitz. Nachdem der Schwertbrüderorden 1237 von Litauen vernichtend geschlagen wurde, gingen seine Reste im Deutschen Orden auf, genauer nun in dessen livländischem Zweig.

Dann wandten sich die Ritter nach Osten, Richtung Russland, mussten sich aber 1242 in der **Schlacht auf dem Eis des Peipus-Sees** dem Nowgoroder Fürsten *Alexander Newski* geschlagen geben. Damit war die Ostexpansion gestoppt, aber ansonsten war die Herrschaft des Ordens gefestigt. Außer Kriegern und Mönchen waren die Ordensritter auch Händler – der Orden war als einzige Organisation dieser Art Mitglied der Hanse.

Die Hanse – ein internationales Städtebündnis

Die Hanse – ein Begriff, mit dem man noch heute viel assoziiert: mächtige Städte, reger Handel und voll beladene Schiffe, die mit gespannten Segeln Waren über die Ost- und Nordsee, über Flüsse und Seen transportierten, reiche Kaufleute und volle Kassen. Noch heute tragen viele Städte – etwa Hamburg – den Begriff Hanse im Namen und verweisen damit stolz auf jenes Bündnis, das über Jahrhunderte die wirtschaftlichen Geschicke des Ostseeraums prägten. Doch wie genau ist sie entstanden, gediehen und schließlich zugrunde gegangen, diese **europäische Wirtschaftsgemeinschaft** des Mittelalters?

Die „Deutsche Hanse" war das erfolgreichste Städtebündnis des Mittelalters. Zur Blütezeit gehörten ihm rund **70 Städte** an, bis zu 200 weitere standen mit der Hanse im Austausch. In Estland waren **Reval** (Tallinn), **Dorpat** (Tartu), **Fellin** (Viljandi) und **Pernau** (Pärnu) dabei, in Lettland **Riga, Wolmar** (Valmiera), **Lemsal** (Limbaži), **Wenden** (Cēsis), **Windau** (Ventspils) und **Goldingen** (Kuldīga). Hansische Niederlassungen in Litauen waren **Wilna** (Vilnius) und **Kaunas.** Die Geschäfte der Gemeinschaft wurden von Lübeck aus geführt, Niederlassungen in anderen Ländern, sogenannte Kontore, entstanden im Laufe der Zeit in London, Brügge, Bergen und Nowgorod.

Angesiedelt im Nordsee- und Ostseeraum, erschlossen sich die Mitglieder der Hanse einen wirtschaftlichen Einflussbereich, der im 16. Jh. von Portugal bis Russland und von den skandinavischen Ländern bis nach Italien reichte. In ihrer Blütezeit war die Hanse so mächtig, dass sie zur Durchsetzung ihrer wirtschaftlichen Interessen Wirtschaftsblockaden verhängte und sogar Kriege führte.

Vom 13. bis in die Mitte des 15. Jh. beherrschten die Hansekaufleute weitgehend den **Fernhandel** des nördlichen Europa, sie versorgten West- und Mitteleuropa mit Waren wie Pelzen, Wachs, Getreide, Fisch, Flachs, Hanf, Holz oder Teer und erhielten im Gegenzug aus dem Westen und Süden Tuche, Metallwaren, Waffen oder Gewürze, die sie wiederum nach Nordeuropa brachten. Vor allem aber lieferten sie das dringend benötigte Salz nach Norden und Osten.

Zu verstehen ist der Erfolg der Hanse, aber auch ihr Niedergang Mitte des 17. Jh., nur vor dem historischen Hintergrund. Das Spätmittelalter war eine von bedeutenden Veränderungen geprägte Zeit. Das rapide Bevölkerungswachstum, die Zunahme von Handel und Verkehr und die Entstehung von Städten prägten die wirtschaftliche und politische Ordnung. Größere Städte versuchten, durch gezielte Städtebundpolitik ihre wirtschaftlichen Interessen abzusichern, und bauten einen Fernhandel auf.

Hatten sich anfangs verschiedene Gruppen von Kaufleuten zusammengeschlossen, entstand ab Mitte des 14. Jh., nachdem der Deutsche Ritterorden das Baltikum unter seine Herrschaft gebracht hatte und dort neue Städte wie Riga entstanden waren, die sogenannte Städtehanse, die alle zwei Jahre eine Hauptversammlung abhielt – den **Hansetag.** Ab 1356 galt er als oberste Instanz der Gemeinschaft und war die einzige hansische Institution im eigentlichen Sinne.

Natürlich war der wachsende Einfluss der Hanse den Stadtherren ein Dorn im Auge, dehalb kam es auch zu **kriegeri-**

Die heutigen Hansetage sind Mittelalterfeste, bei denen die Aussteller altes Handwerk vorführen

schen Auseinandersetzungen zwischen dem Bündnis und den Herrschenden. Einer der größten Erfolge der Hanse war dabei der Sieg über den Dänenkönig *Waldemar IV.* Auch im **Kampf gegen Piraten** bewährte sich die Gemeinschaft. 1402 wurde der wohl berühmteste unter ihnen, der Pirat *Klaus Störtebeker,* in Hamburg hingerichtet.

Der Machtverlust des Bündnisses begann mit dem **Erstarken der Landesherren** im Ostseegebiet, wo Städte den Interessen der regierenden Fürsten untergeordnet wurden. Ein anderer Grund war die **Entdeckung Amerikas,** die den bisher dominierenden Ostsee-Nordseehandel nun in überseeische Gebiete ausdehnte. Der stolze und mächtige Städtebund verlor nach und nach an Bedeutung und war zu Beginn des 17. Jh. nur noch dem Namen nach ein Bündnis. Der **Dreißigjährige Krieg** 1618–1648 brachte die Auflösung. Der letzte Hansetag fand 1669 statt.

Dennoch, der Einfluss der Hanse ist bis heute sichtbar. Vielen Städten gelang erst durch die Hanse der Aufstieg, und der Reichtum zu dieser Zeit manifestiert sich nicht zuletzt durch die Architektur, die vielerorts noch heute erhalten ist. Bei einem Spaziergang durch die ehemaligen Hansestädte im Baltikum kann man noch **architektonische Perlen aus der Hansezeit** entdecken. Die mittelniederdeutsche Sprache der Gemeinschaft, die eine Lingua franca des Mittelalters war, beeinflusste auch die Entwicklung der estnischen Sprache, die gewisse Begriffe und Worte adaptierte.

1980 wurde die **„Hanse der Neuzeit“** gegründet, die wieder den Hansetag feiert, ein fröhliches **Mittelalterfest,** das jedes Jahr in einer anderen Mitgliedsstadt stattfindet.

Land und Leute

102es Foto: jl

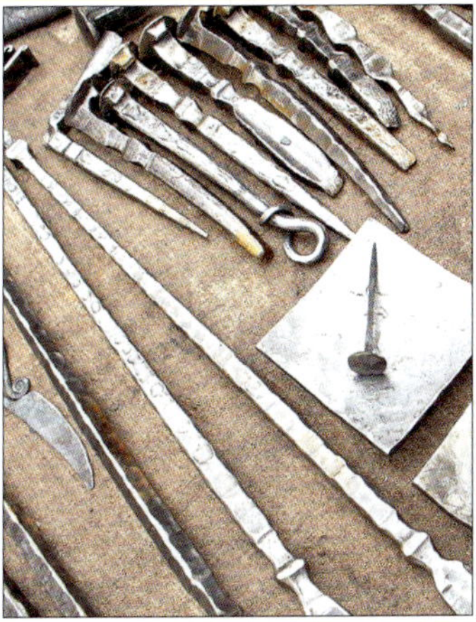

103es Foto: jl

Die Hanse

Das mittelalterliche Wirtschaftsleben wurde von den Händlern der Hanse dominiert. Rund ein Dutzend Städte im Baltikum zählte zu den Hansestädten, wobei **Riga und Reval** (heute Tallinn) die bedeutendsten waren. Der Handel mit Salz aus Lübeck und Pelzen, Honig und Teer aus den Wäldern Russlands brachte große Gewinne. In der Landwirtschaft bildeten sich große **Gutshöfe** aus, die Handwerker waren in **Gilden** straff organisiert. Die Oberschicht bestand in Livland in der Regel aus Deutschen, während Esten und Letten fast ausschließlich Bauern und einfache Handwerker waren.

Polen-Litauen

Zum größten Gegenspieler des Ordens wurde Litauen. Wie bei den anderen Stämmen und Völkern des Baltikums entwickelten sich mit der Zeit immer festere und besser organisierte Stammesgebiete, bis es 1230–40 dem Fürsten *Mindaugas* gelang, sich zum Herrscher des **Großfürstentums** Litauen aufzuschwingen. In der Folge gab es ständige Kämpfe mit dem Deutschen Orden, andererseits gelangen Litauen spektakuläre **Gebietsgewinne nach Osten** und Südosten. In der Zeit des Herrschergeschlechts der **Gediminen** (1295–1377) erweiterte sich das Herrschaftsgebiet bis nach Smolensk, im Süden **bis zum Schwarzen Meer.**

Auf dem Höhepunkt seiner Macht und Ausdehnung war der heidnische litauische Staat dennoch ein Relikt in der christlichen Umgebung. Den Weg zum Christentum ebnete die **Krevo-Union:** *Jogaila,* seit 1382 Herrscher über Litauen, erhielt im Gegenzug zur Annahme des Christentums die **polnische Königskrone** und ging als *Władysław Jagiełło* in die polnische Geschichte ein, 1387 war Litauen offiziell christlich.

Der Deutsche Orden setzte aus machtpolitischem Interesse trotzdem seinen Krieg gegen Litauen fort, eroberte **Samogitien** (Niederlitauen, lit. **Žemaitija**) und erreichte so die Landverbindung zwischen dem preußischen und dem livländischen Herrschaftsgebiet. Die Freude war jedoch nur von kurzer Dauer, denn die Samogiten erhoben sich zu einem Aufstand, der in einen Krieg zwischen Polen-Litauen und dem Deutschen Orden mündete. 1410 erlitten die Ordensritter eine schwere Niederlage in der **Schlacht bei Tannenberg,** die den Anfang vom Ende des Ordensstaates einläutete. Nach einer weiteren Niederlage im Krieg mit Polen wurde der Ordensstaat 1466 von Polen abhängig.

Reformation

Mit der Reformation, die das nördliche Baltikum 1521 erreichte, trat ein anderer Gegner auf den Plan. In den großen Städten breitete sich die neue Lehre schnell aus. Vor diesem Hintergrund wurde der Ordensstaat 1525 in das weltliche **Herzogtum Preußen** verwandelt. Seit 1554 galt in ganz Livland Glaubensfreiheit.

Neuzeit

Livländischer Krieg

Im Osten war mittlerweile **Moskau** erstarkt und *Iwan IV.,* besser bekannt als *der Schreckliche,* brach den Livländischen Krieg vom Zaun (1558–82/83), der zu bedeutenden Umwälzungen führte. Der Orden erkannte nun offiziell die **polnische Hoheit** an, Russland musste sich nach zwischenzeitlichen Gewinnen zurückziehen, Schweden beherrschte Nordestland, Polen-Litauen das restliche Livland.

Damit war das mittelalterliche Alt-Livland an ein Ende gekommen. Wenn in der Neuzeit von Livland die Rede ist, ist eine deutlich kleinere Provinz in Südestland und Nordlettland einschließlich Riga gemeint. Der Rest des Baltikums teilte sich forthin auf in **(Nord-)Estland, Kurland** im nordwestlichen Lettland, **Semgallen** und das Großfürstentum Litauen. Litauen und Polen bündelten 1569 ihre Kräfte, indem sie durch die **Lubliner Union** eine neue Föderation schufen. Der gemeinsame Staat ist als **Rzeczpospolita** bekannt geworden.

Schwedische Herrschaft

Auch in der Folgezeit blieb die Region unruhig. Polen-Litauen und Schweden trugen zu Beginn des 17. Jh. einen Kampf um die Vorherrschaft im Baltikum aus, den Schweden nach anfänglichen Niederlagen unter dem neuen König *Gustav II. Adolf* 1629 für sich entscheiden konnte. Schweden beherrschte damit das nördliche Baltikum einschließlich seiner bedeutendsten Stadt Riga. Unter der Herrschaft der Schweden erlebte das **Bildungswesen** einen gewaltigen Aufschwung. Es wurden Bauernschulen, Gymnasien und 1632 die Universität Tartu gegründet. Litauen hatte mit der Universität Vilnius bereits seit 1579 ein bedeutendes Zentrum der Gelehrsamkeit.

Der nächste, nach dem Livländischen unter anderem als **Zweiter Nordischer Krieg** bezeichnete Konflikt begann 1654 mit der Besetzung litauischer Gebiete durch **Russland.** In seinem Verlauf stärkte Schweden seine Position weiter, während Litauen im Osten Gebiete an Russland verlor. Zudem wurde Litauen während des gesamten 17. Jh. durch innere Streitigkeiten geschwächt.

Eine bemerkenswerte Blütezeit erlebte das kleine **Herzogtum Kurland** während der 40-jährigen Herrschaft des Herzogs *Jakob von Kurland* 1642–1682. Die fortschrittliche Wirtschaftspolitik ermöglichte sogar den Erwerb kleiner Kolonien in Westafrika und der Karibik.

Nachdem die zahlreichen Kriege die schwedische Staatskasse erschöpft hatten, verfügte *Karl XI.* 1680 die sog. **Reduktion,** faktisch eine Verstaatlichung der Gutshöfe auch in Livland und Estland. Auch politische Mitbestimmungsrechte des Adels wurden dadurch eingeschränkt. Die aufgebrachten Gutsbesitzer waren durch *Johann Reinhold Patkul* maßgeblich an der Formierung der Nordischen Union beteiligt, in der sich die Leidtragenden der schwedischen Großmachtpolitik im Ostseeraum zusammenschlossen.

Großer Nordischer Krieg

Mit dem Angriff **sächsischer Truppen** auf Riga im Jahr 1700 nahm der nächste, der Große Nordische Krieg seinen Lauf, bald traten auch **Dänemark** und **Russland** in den Konflikt ein. Zunächst waren die Schweden unter *Karl XII.* erfolgreich, wehrten den Angriff ab, schlugen die Dänen, zogen weiter nach Warschau, das sie besetzen konnten, und trafen 1709 in der Ukraine auf russische Truppen. Da waren die Kräfte jedoch bereits überspannt. In der **Schlacht bei Poltawa** wurden die Schweden geschlagen, die Karten im Baltikum neu gemischt.

Das Baltikum im 18. Jh.

Zarenherrschaft

Mit dem **Frieden von Nystad** geriet 1721 das Baltikum unter russische Herrschaft. Allerdings gelang es der lokalen (vorwiegend deutschen) Aristokratie, ihre Autonomierechte zu verteidigen. Die „Ostseeprovinzen" des Zarenreiches behielten während der meisten Zeit ihre Sonderrolle – einschließlich der **deutschen Amtssprache** und des protestantischen Bekenntnisses. Ein Versuch der Kaiserin *Katharina II., der Großen,* die baltischen Provinzen durch Verwaltungsreformen stärker in das russische Reich einzugliedern, wurde von ihren Nachfolgern rückgängig gemacht.

Mit der russischen Herrschaft über Litauen endete auch die gemeinsame staatliche Geschichte Polen-Litauens. Hier waren auch die Eingriffe durch die russische Oberhoheit stärker und das Polnische wurde vom **Russischen** als Amtssprache abgelöst.

Kulturelle Entwicklung

Die gesellschaftliche Entwicklung der baltischen Länder im 18. Jh. ist geprägt vom endgültigen Absinken der bäuerlichen, einheimischen Bevölkerung in die **Leibeigenschaft** und einer konservativen Grundhaltung, die eine dynamische Entwicklung erschwerte. So behielten die mittelalterlichen Handwerksgilden im Baltikum ihren Einfluss länger als in Mitteleuropa. Doch nahm das Baltikum teil an den größeren Entwicklungen der europäischen Gesellschaften. In Litauen entstanden bedeutende **Barockbauten,** in Tallinn ließ *Peter I., der Große,* das Schloss Kadriorg errichten – schließlich waren die italienischen Baumeister noch in der Gegend, nachdem er 1703 St. Petersburg gegründet hatte. 1739 erschien die Bibel in estnischer Sprache, nachdem die lettische Übersetzung bereits 50 Jahre früher erschienen war. Neue religiöse Ideen brachte die pietistische Bewegung der **Herrnhuter Brüdergemeine** ins nördliche Baltikum. In der zweiten Hälfte des Jahrhunderts erhielt das Geistesleben neue Impulse durch die Ideen der **Aufklärung.** Eine Folge war die Hinwendung von Pastoren und anderen Gebildeten, unter ihnen *Johann Gottfried Herder* in Riga, zur Volkskultur der einheimischen Bevölkerung.

Von den Napoleonischen Kriegen bis zum Ersten Weltkrieg

Aufhebung der Leibeigenschaft

Auch das 19. Jh. begann kriegerisch. **Napoleon** griff 1812 Russland an und besetzte im Zuge dessen **Vilnius,** später auch **Riga und Kurland,** was in den betroffenen Gebieten zu erheblichen Schäden führte. Obwohl die liberale Politik *Alexanders I.* nach dem Sieg über *Napoleon* ein Ende hatte und sich das innenpolitische Klima in Russland verschärfte, wurden in Estland 1816 und danach auch in Kurland und Livland Gesetze zur Aufhebung der Leibeigenschaft erlassen. Damit einher gingen erweiterte **Selbstverwaltungsmöglichkeiten.** Tatsächlich dauerte es noch Jahrzehnte, bis die Bauern von

Die Deutschbalten

Die Deutschsprachigen, einst in der Mehrheit in vielen Städten des Baltikums, wurden im Laufe des 19. Jh. und dann bis 1918 „von der Oberschicht zur Minderheit", wie es Historiker formuliert haben. Sie wurden nun Deutschbalten oder Balten genannt und bezeichneten sich bald auch selbst auf diese Weise. Zu Zeiten der Unabhängigkeit vom Ende des Ersten Weltkriegs bis 1940 wurden sie als Deutsche - oft auch offiziell mit deutschem Pass - akzeptiert und toleriert, hatten aber ihren besonderen Einfluss auf das Geschehen im Lande verloren. Im Zweiten Weltkrieg wanderten sie ins Deutsche Reich aus oder wurden als Soldaten in die Wehrmacht eingezogen.

Bis heute gibt es Vereinigungen, Zeitungen und Treffen der Baltendeutschen, in denen die Erinnerung an die Heimat hochgehalten wird. Viele dieser Menschen besuchen heute die baltischen Länder auf den Spuren ihrer eigenen Geschichte oder der Jugend ihrer Eltern und Großeltern. Einige kehrten auch zurück und wohnen heute dort. Der bekannte baltendeutsche Schriftsteller *Werner Bergengruen* verewigte mit seinen Erzählungen „Von Baltischer Reiselust" und anderen Büchern die Geschichte dieser Volksgruppe.

dieser neuen Freiheit profitierten, aber ein Anfang war gemacht. Schließlich wurde die Leibeigenschaft in Russland, Litauen und dem lettischen Lettgallen (lett. Latgale) erst 1861 aufgehoben.

Aufstände und Nationalbewusstsein

Die folgenden Jahrzehnte waren geprägt von **wachsenden Spannungen** zwischen dem aufkeimenden **Freiheitswillen** der baltischen Völker und progressiven politischen Ideen einerseits und der repressiven und reaktionären Politik der russischen Zaren sowie Teilen des baltischen Adels andererseits. 1831 erlangten Aufständische die Kontrolle über weite Teile Litauens und verlangten einen Anschluss an Polen oder einen eigenen Staat. Nach der Niederschlagung des Aufstands wurden stattdessen die letzten Freiheiten genommen.

Ende der 1830er Jahre brachen unter den **Bauern in Estland und Livland** Unruhen aus, da sich ihre Lage trotz der Bauernbefreiung noch nicht gebessert hatte. 1863 spitzte sich die Lage weiter zu, als in Litauen ein erneuter, großer Aufstand ausbrach, der sowohl soziale als auch nationalistische Motive hatte. Nachdem auch dieser niedergeschlagen war, griff die Zentralmacht zu den altbekannten Mitteln: Die **Repressalien** wurden weiter verschärft. So wurde in Litauen das lateinische Alphabet verboten, in Lettgallen durften keine lettischen Schriften mehr gedruckt werden, 1867 wurde Russisch einzige Amtssprache im Baltikum. Verschiedene Verwaltungsreformen beendeten den Sonderstatus der Ostseeprovinzen endgültig.

Russifizierung

Doch es sollte noch schlimmer kommen, denn nach der Ermordung *Alexanders II.* steuerte sein Nachfolger, *Alexander III.*, einen reaktionären Kurs. Die Russifizierung erfasste nun alle gesellschaftlichen Bereiche, von Russisch als Unterrichtssprache über das Rechtswesen, die Entlassung von potenziell illoyalen Beamten bis hin zur **Unterdrückung der katholischen Kirche** in Litauen und der gezielten **Ansiedlung von Russen** im Baltikum. Die Alexander-Newski-Kathedrale in Tallinn ist bis heute ein weithin sichtbares Symbol dieser Russifizierungspolitik.

Wirtschaftlicher Aufschwung

Trotz des zunehmenden Drucks von Seiten der Zentralregierung und wachsender sozialer Probleme war das Baltikum jedoch kein rückständiger Hinterhof Europas. Vilnius und Tartu waren bedeutende **Wissenschaftszentren,** eine eigene Literatur entwickelte sich, einschließlich der Nationalepen Kalevipoeg (Estland) und Lāčplēsis (Lettland). In wirtschaftlicher Hinsicht leiteten ab etwa 1830 die **Industrialisierung** und ab Mitte des Jahrhunderts der **Eisenbahnbau** eine rasch fortschreitende Modernisierung ein.

Russische Revolution

Die gesellschaftlichen Gegensätze entluden sich in der Russischen Revolution von 1905, nachdem in St. Petersburg eine Demonstration gewaltsam aufgelöst worden war. Gerade im Baltikum hatten die revolutionären Kräfte eine starke Basis, in Tallinn und Riga gab es Generalstreiks. Während des ganzen Jahres schwoll die Bewegung an, erfasste immer weitere Schichten der Bevölkerung und wurde erst im folgenden Jahr brutal niedergeschlagen. In Litauen verlief die Bewegung ähnlich, war aber deutlich schwächer ausgeprägt.

Einmarsch deutscher Truppen

Der **Erste Weltkrieg** erreichte das Baltikum 1915, als Deutschland Litauen und Teile Lettlands besetzte. Der Krieg verhalf den nationalen Bewegungen zu neuer Kraft, die sich unter anderem im Umkreis von Flüchtlingskomitees entfalteten. Die Litauer erhoben ab 1916 die Forderung nach Eigenständigkeit, nach dem **Sturz des Zaren** 1917 (Februarrevolution) gewannen auch die estnischen und lettischen Unabhängigkeitsbewegungen noch einmal an Schwung. Währenddessen tobten die Kampfhandlungen weiter, Deutschland nahm auch Riga und die westestnischen Inseln ein.

Erste Unabhängigkeit

Die Wende brachte die Oktoberrevolution. Die siegreichen **Bolschewiken** erklärten sich zum Frieden bereit. **Litauen** erklärte sich am 16. Februar 1918 für unabhängig – Deutschland unterstützte die Abkoppelung von Russland, hatte aber ein eng an Deutschland gebundenes Litauen im Sinn. Im restlichen Baltikum drohten bolschewistische Kräfte die Macht zu übernehmen, doch konnte Deutschland mit einer Offensive im Februar 1918 das gesamte Baltikum besetzen und Russland im **Frieden von Brest-Litowsk** zur Abtretung der baltischen Provinzen zwingen.

Bereits in dieser Phase formierte sich die Estnische Provisorische Regierung unter *Konstantin Päts.* Deutschland hatte jedoch kein Interesse an unabhängigen Nationalstaaten im Baltikum, sondern folgte einem Vorschlag der Baltendeutschen zur Bildung eines **Baltischen Herzogtums,** das im November 1918 in Riga ausgerufen wurde. Tatsächlich hatte es aber keine Chance auf Bestand, da sich die Niederlage Deutschlands abzeichnete.

Nach der Revolution in Deutschland und dem daraufhin ausgerufenen Waffenstillstand im Westen erklärten **Estland und Lettland** ihre Unabhängigkeit. Doch damit begann der Kampf abermals, Russland stieß zu einer neuerlichen Besetzung des Baltikums vor. Unter heftiger Gegenwehr durch estnische und die noch anwesenden deutschen Truppen rückte die Rote Armee im damit eröffneten **Estnischen Freiheitskrieg** bis kurz vor Tallinn vor und begann mit der Sowjetisierung der Gebiete, bevor die Esten sie bald darauf wieder zurückdrängen konnten. Weiter südlich wurden neben Riga und Vilnius weite Teile der baltischen Länder besetzt.

Um die Lage weiter zu verkomplizieren, griff auch die neugebildete deutsche Landeswehr unter *Rüdiger von der Goltz* in die Kämpfe ein und schlug die Rote Armee in Lettland. Allerdings verfolgten die Deutschen wiederum eigene Ziele, sodass es auch zur Konfrontation mit estnischen Truppen im **Landeswehr-Krieg** kam, der im weiteren Verlauf auch Lettland und Litauen betraf.

Am Ende profitierten die baltischen Staaten von der allgemeinen Erschöpfung aller Kriegsparteien und der konsequenten Verfolgung des Zieles der **staatlichen Eigenständigkeit.** Die Unterstützung durch die großen Mächte tendierte gegen Null, am meisten machte sich Großbritannien für die neuen Staaten stark. Die Aufnahme in den Völkerbund erfolgte im Herbst 1921.

Die Zeit der Republiken

Blütezeit

Die Republikzeit zwischen den Weltkriegen ist für alle baltischen Staaten – deren Geschichte ab dieser Zeit sehr deutliche Parallelen hat – von immenser Bedeutung. Die Länder blühten politisch und kulturell auf, eine wirtschaftliche Modernisierung setzte ein, die **Landessprachen** konnten endlich ungehindert verwendet werden.

Deutsche Oberschicht wird zur Minderheit

In Estland und Lettland war die Zeit der Vorherrschaft der deutschen Oberschicht, die auch unter russischer Herrschaft bestand gehabt hatte, nach vielen Jahrhunderten zum Ende gekommen. Die Deutschen konnten sich aber fortan als nationale Minderheit neben Russen, Juden und Polen entfalten. In Estland wurden diese Minderheiten durch ein fortschrittliches **Kulturautonomiegesetz** geschützt.

Nationalistische Bewegungen

Zwischen 1920 und 1922 gaben sich alle drei Länder demokratische Verfassungen, wählten Parlamente,

Lettland und Litauen auch einen Präsidenten. Die demokratischen Errungenschaften währten allerdings nur kurz. In Litauen gelang 1926 ein Staatsstreich von rechten Kräften, die ein **autoritäres Regime** unter *Antanas Smetona* errichteten. In Estland wandelte *Konstantin Päts,* der seit 1920 mehrfach als Staats- und Regierungschef gedient hatte, seine bislang demokratische Herrschaft ab März 1934 per Notverordnungen in eine autoritäre Herrschaft um. In Lettland folgte *Kārlis Ulmanis* zwei Monate später auf diesem Weg. In den 1930er Jahren spitzte sich die ohnehin prekäre außenpolitische Lage zu, verschiedene Ansätze zu Verteidigungsbündnissen blieben ohne Erfolg.

Zweiter Weltkrieg

Hitler-Stalin-Pakt

Mit dem deutsch-sowjetischen Nichtangriffspakt und seinem **geheimen Zusatzprotokoll** teilten Deutschland und die Sowjetunion Osteuropa in Einflusssphären auf. Estland und Lettland, nach einer Änderung dann auch Litauen wurden dem **sowjetischen Teil zugeschlagen.** Damit erhielt Deutschland freie Hand für den Angriff auf Polen. Entsprechend zwang die Sowjetunion den baltischen Staaten bald nach Kriegsbeginn Verträge über die Einrichtung sowjetischer Militärbasen auf, die eigentliche **Okkupation** folgte im Juni 1940.

Zuvor, im Oktober 1939, hatte Deutschland unter der Parole **„Heim ins Reich"** die „Heimholung der nicht haltbaren Splitter des deutschen Volkstums" verkündet, woraufhin rund 60.000 Baltendeutsche ihre Heimat verließen, der größte Teil davon aus Lettland. In den von der Roten Armee besetzten Staaten wurden Satellitenregime installiert, die dann um eine **Aufnahme in die Sowjetunion** baten. Wirtschaft, Politik, Rechtswesen und das gesamte gesellschaftliche Leben wurden unmittelbar nach dem Anschluss sowjetisiert. Durch brutale Repression und massenhafte **Deportationen** (insgesamt etwa 50.000 Personen bis Juni 1941) sollte die neue Ordnung durchgesetzt werden.

Deutsche Besatzung

Doch zunächst brachte der Angriff Deutschlands auf die Sowjetunion am 22. Juni 1941 eine Wende für die baltischen Staaten, denn bereits am 28. August stand das gesamte Baltikum bis auf wenige Ausnahmen unter deutscher Besatzung. Wenn auch anders geartet, war diese ebenso brutal wie die vorangegangene. Die lokale **jüdische Bevölkerung** wurde praktisch **ausgelöscht** (in Litauen 200.000 Menschen, 90 % der jüdischen Bevölkerung), aber auch die Zahl der **hingerichteten Esten, Letten und Litauer** betrug über 70.000.

Anschluss an die Sowjetunion

Anfang 1944 begann die **Rückeroberung** des Baltikums durch die Rote Armee, bis zum Herbst war der größte Teil wieder unter sowjetischer Kontrolle. Einzig Kurland konnte bis zur Kapitulation Deutschlands nicht eingenommen werden. Um der sowjetischen Besatzung zu entgehen, floh mehr als eine Viertelmillion Menschen in den Westen. Nach dem Krieg gerieten die Interessen der baltischen Staaten unter die Räder und die westlichen Großmächte akzeptierten den völkerrechtswidrigen Anschluss der Gebiete an die Sowjetunion von 1940.

Sowjetzeit

Stalinismus und Russifizierung

Die Schreckensherrschaft setzte sich nach dem Krieg fort. Während des Stalinismus bis 1953 wurden Zehntausende Esten, Letten und Litauer verhaftet, hingerichtet oder **in Lager in Russland deportiert.** So lange dauerte auch der Partisanenkrieg der sogenannten **Waldbrüder** an, die in allen Ländern, am stärksten in Litauen, gegen die Besatzungsmacht kämpften. Parallel dazu wurde die gesamte Industrie verstaatlicht, die Bauern mussten sich in Kolchosen zusammenschließen. Das gesamte politische Leben wurde aus Moskau gesteuert.

Der Tod *Stalins* ermöglichte einen vorsichtigen inneren Wandel, die persönlichen Freiheiten nahmen zu. In der Planwirtschaft wurden regionalen Besonderheiten und der Versorgung der Bevölkerung wieder ein höherer Stellenwert beigemessen und der Lebensstandard stieg. Innerhalb der Sowjetunion galt das Baltikum gar als ein „Stück Westen". Unter *Leonid Breschnew,* der 1964 *Nikita Chruschtschow* ablöste, kam es dann wieder zu einem gesellschaftlichen Stillstand. In den 1970er Jahrne verschärften sich zudem die **wirtschaftlichen Probleme,** der Lebensstandard sank. Unter den Russifizierungsbestrebungen war die **Ansiedlung von russischen Arbeitskräften** in den baltischen Republiken die bedrohlichste Entwicklung. Obwohl im Alltag der Gebrauch von Estnisch, Lettisch und Litauisch selbstverständlich und unangefochten war, drohte die Russifizierung auf längere Sicht die kulturelle Eigenständigkeit auszuhöhlen.

Dissidentenbewegungen

Mangelnde persönliche und politische Freiheit, eine schlechte Versorgungslage und die Bedrohung der nationalen Identität – das war der Nährboden für die Dissidentenbewegungen, die im Laufe der Siebzigerjahre an Kraft gewannen. Es gab auch Ansätze zu einer Kooperation der Aktivisten in den drei Ländern. Auch wenn die praktischen Erfolge der Dissidenten angesichts der **Verfolgung durch den KGB** gering waren, kam ihnen eine wichtige Rolle dabei zu, freiheitliche und nationale Gedanken am Leben zu erhalten.

Perestroika und Glasnost

Als *Michail Gorbatschow* 1985 das Ruder übernahm, sah er die einzige Möglichkeit, die UdSSR zu erhalten, darin, sie zu öffnen und zu modernisieren. Dies setzte die Kräfte frei, die schließlich zur Auflösung der Sowjetunion führten.

Der Weg zur Unabhängigkeit

Widerstand

In Lettland und Estland formierte sich ab 1986 eine Bewegung gegen Umweltzerstörung und für die Aufarbeitung von Verbrechen der Stalinzeit. Spätestens ab 1987 lassen sich in Estland auch in der Kommunistischen Partei selbst klare Tendenzen zur Loslösung erkennen. 1988 wurden zunächst in Estland, dann auch in Lettland und Litauen **Volksfronten** gebildet, die Massenkundgebungen organisierten und der Bewegung Schwung verliehen. In Litauen wurde *Vytautas Landsbergis* zur prägenden Persönlichkeit in der **Sajūdis** („Bewegung“) genannten Gruppe.

Singende Revolution

Die Singende Revolution entfaltete in Estland 1988 eine gewaltige Symbolkraft: Bei der größten Kundgebung versammelten sich 300.000 Menschen, fast ein Fünftel der gesamten Bevölkerung, auf dem Sängerfestplatz in Tallinn und sangen patriotische Lieder. Hatten sich die Forderungen bislang auf wirtschaftliche Eigenständigkeit und politische Erneuerung konzentriert, rückte nun die **Eigenstaatlichkeit** in den Vordergrund. Noch im November 1988 deklarierte die Estnische SSR ihre Souveränität innerhalb der UdSSR. Litauen und Lettland folgten 1989. Die nächste wichtige Demonstration des Freiheitswillens der baltischen Länder war eine **600 km lange Menschenkette,** bei der am 23. August 1989 rund zwei Millionen Menschen ein Band durch die drei Unionsrepubliken bildeten.

Unabhängigkeitserklärungen

Noch war der Kampf allerdings nicht gewonnen, Moskau versuchte, die zentrifugalen Tendenzen im Zaum zu halten. Nachdem **Litauen** am 11. März 1990 voranging und die Unabhängigkeit deklarierte, wurde es mit einer Wirtschaftssperre belegt. Im Mai versuchten die sowjetischen **Interbewegungen** in Riga und Tallinn die Kontrolle über die Situation zu erlangen, wurden aber von den Unterstützern der Unabhängigkeit vertrieben.

1991 spitzte sich die Situation zu, in Moskau gewannen Kräfte an Einfluss, die einen gewaltsamen Zusammenhalt der UdSSR befürworteten. Am 13. Januar **starben in Vilnius vierzehn Menschen,** als sowjetische Einheiten versuchten, den von Demonstranten blockierten Fernsehsender zu stürmen. Eine Woche später starben bei einem Angriff der Geheimpolizei auf das lettische Innenministerium weitere fünf Menschen. Eine gefährliche Situation für die baltischen Staaten entstand auch noch einmal durch den **Putsch gegen Gorbatschow,** als die Putschisten Truppen ins Baltikum schickten.

Am Tag nach dem Putsch erklärte **Estland** die volle Wiederherstellung der Selbstständigkeit, **Lettland** folgte am Tag darauf. Die **diplomatische Anerkennung** als selbstständige Staaten erhielten die baltischen Republiken 1991 zuerst durch Island, danach auch durch die anderen westlichen Staaten.

Die jungen Republiken

Staatsgründungen

Die drei baltischen Republiken konnten **1991,** anders als die meisten anderen Sowjetrepubliken, an eine **eigenstaatliche Tradition** anknüpfen. Es handelt sich im Selbstverständnis der Staaten auch nicht um Neugründungen, sondern um eine Fortsetzung der Republiken der Zwischenkriegszeit, die nur durch eine unrechtmäßige sowjetische Okkupation auf Eis gelegt waren.

Das wichtigste außenpolitische Thema nach der Unabhängigkeit war der vollständige **Abzug der russischen Truppen.** Nach zähen Verhandlungen und einer russischen Verzögerungstaktik waren im August 1993 alle Truppen aus Litauen abgezogen, ein Jahr später auch aus Estland und Lettland.

Wirtschaftliche Entwicklung

Der Neustart gestaltete sich jedoch schwierig. Da die Wirtschaften der Sowjetrepubliken systematisch miteinander verflochten waren, kam es zunächst zu einer tiefgreifenden **Wirtschafts- und Versorgungskrise.** Einer der ersten Schritte der neuen Regierungen waren die Einführung einer eigenen **Währung** (Estnische Krone, Lettischer Lats und Litauischer Litas) und die Normalisierung der extremen **Inflation.**

Ab 1993/94 begann dann eine sehr rasche Belebung der Wirtschaft. Gerade Estland erfreute sich umfangreicher Investitionen aus dem Ausland. Im Wesentlichen hielt diese **Boomphase** bis zur Wirtschafts- und Finanzkrise 2008 an, die Wirtschaftswachstumsraten lagen nicht selten im zweistelligen Bereich. Das Wort von den **„Baltischen Tigern"** machte die Runde. Zwar war auch der Einbruch 2008 drastischer als in den anderen europäischen Volkswirtschaften, unter dem Strich geht es jedoch den meisten Bewohnern heute spürbar besser. Hinter den guten Wachstumszahlen ist allerdings nicht zu vergessen, dass nicht alle vom Boom profitiert haben und die Lage zum Beispiel für viele Rentner sehr schwierig ist.

Westintegration

Alle Länder verfolgten einen konsequenten Kurs der Westintegration, der 2004 in die Aufnahme in **NATO** und **EU** mündete. Seit 2007 sind die Länder Teil des **Schengen-Raumes.** Estland ist zudem seit 2010 Mitglied der OECD und führte 2011 den **Euro** als Währung ein, Litauen und Lettland werden in den nächsten Jahren folgen.

Staat und Politik

Alle drei baltischen Republiken sind **parlamentarische Demokratien.** Zu Beginn der 1990er Jahre, mit Inkrafttreten der Unabhängigkeit, haben sie sich neue Verfassungen gegeben.

Estland

An der Spitze des Landes steht der **Staatspräsident,** der nicht nur eine repräsentative Funktion, sondern auch exekutive Befugnisse hat. So ist er beispielsweise Oberbefehlshaber der Streitkräfte, verkündet Gesetze und kann dem Parlament Kandidaten für wichtige Ämter vorschlagen. Der Präsident wird alle fünf Jahre gewählt. Seit 2006 hält **Toomas Hendrik Ilves** das Amt inne.

Oberstes gesetzgebendes Organ ist das **Einkammer-Parlament Riigikogu** mit 101 Abgeordneten. Die Legislaturperiode dauert vier Jahre, jedoch wechselten die Regierungen bislang häufiger. Dies liegt vor allem daran, dass keine polititsche Partei im Land dominiert und die verschiedenen Koalitionen, die meist aus mehreren Bündnispartnern bestanden, Schwierigkeiten in der Konsensfindung hatten.

Lettland

Auch in Lettland ist der Präsident das Staatsoberhaupt. Die Regierung besteht aus dem Premierminister und seinem Kabinett, das vom Parlament gewählt und überwacht wird. Das aus nur einer Kammer bestehende **Parlament Saeima** wird alle vier Jahre von den Bürgern bestimmt.

Wichtigstes Merkmal des politischen Systems in Lettland ist die hohe Machtfülle der Saeima. Neben der Gesetzgebung und der Bestimmung der Richter wählen die Parlamentarier auch den Staatspräsidenten. Einmal ernannt, agiert der Präsident frei, hat aber keine weit reichenden Vollmachten wie etwa der französische oder der US-Präsident. Immerhin vergibt er aber nach Parlamentswahlen den Auftrag zur Regierungsbildung, er besitzt das Recht zu Gesetzesinitiativen, zur Zurückweisung von Gesetzentwürfen an die Saeima zur erneuten Beratung, zur Einberufung außerordentlicher Kabinettssitzungen und zur Auflösung des Parlaments. Letzteres darf jedoch nur in Verbindung mit einem Volksentscheid geschehen.

Präsidentin *Vaira Vike-Freiberga*, im Amt von 1999 bis 2007, erfreute sich großer Beliebtheit und war auch über die Landesgrenzen hinaus als effektive Vertreterin Lettlands in Europa bekannt. Ihr Nachfolger wurde *Valdis Zatlers*. Seit Sommer 2011 steht der wohlhabende Geschäftsmann *Andris Berzinš* an der Spitze des Staates, der Zatlers überraschend entmachtete. Unterstützt wurde er von der „Partei der Grünen und Bauern".

Litauen

Das Volk wählt alle vier Jahre das **Parlament Seimas** mit 141 Abgeordneten. Dieses wiederum wählt den Parlamentspräsidenten und ernennt auf Vorschlag des Staatspräsidenten den Premierminister und auf Vorschlag des Premierministers wiederum die 13 Minister der Regierung. Diese ist dem Parlament verantwortlich, das auch die Mitglieder des Obersten Gerichtshofes wählt.

Der **Präsident** ist Staatsoberhaupt und wird alle fünf Jahre direkt vom Volk gewählt. Er bestimmt den außenpolitischen Kurs und darf das Parlament auflösen, den Premierminister absetzen und Neuwahlen ausschreiben. Seit Juli 2009 ist *Dalia Grybauskaitė* Präsidentin.

Die Länder im Überblick

Estland

- **Landesname:** Eesti
- **Fläche**: 45.215 km^2
- **Grenzen:** 769 km Küste und 677 km Festland (zu Russland und Lettland)
- **Natur:** höchster Berg: Suur Munamägi (318 m), größter See: Peipsi (3555 km^2), längster Fluss: Võhandu jõgi (162 km), über 1500 Inseln, 1200 Seen
- **Einwohner:** 1,34 Mio.
- **Bevölkerungsdichte:** 30 Einw./km^2
- **Hauptstadt**: Tallinn (415.000 Einw.)
- **Bevölkerung:** 69 % Esten, 26 % Russen, 2 % Ukrainer, 1 % Weißrussen und 1 % Finnen
- **Religion:** traditionell evangelisch-lutherisch, heute vorwiegend konfessionslos
- **Landessprache:** Estnisch
- **Währung:** Euro (seit 1.1.2011, davor Estnische Krone)
- **Zeitzone:** Osteuropäische Zeit (OEZ) (MEZ + 1 Std.)
- **Telefonvorwahl:** 00372
- **KFZ-Kennzeichen:** EST

Lettland

- **Landesname:** Latvija
- **Fläche**: 64.589 km^2
- **Grenzen:** 498 km Küste, 343 km mit Estland, 276 km mit Russland, 161 km mit Weißrussland, 588 km mit Litauen
- **Natur:** höchster Berg: Gaizina Kalns (312 m), größter See: Lubans (81 km^2), längster Fluss: Daugava (1005 km, davon 342 km in Lettland), 2256 Seen
- **Einwohner:** 2,25 Mio.
- **Bevölkerungsdichte:** 35 Einw./km^2
- **Hauptstadt**: Riga (704.000 Einw.)
- **Bevölkerung:** 59 % Letten, 28 % Russen, 4 % Weißrussen, 3 % Ukrainer, und 2 % Polen
- **Religion:** vorwiegend evangelisch-lutherisch
- **Landessprache:** Lettisch
- **Währung:** Lats (Ls)
- **Zeitzone:** Osteuropäische Zeit (OEZ) (MEZ + 1 Std.)
- **Telefonvorwahl:** 00371
- **KFZ-Kennzeichen:** LV

Nationalsymbole

Estland

Die **Flagge** besteht aus drei horizontale Streifen in **Blau, Schwarz, Weiß.** Sie stammt aus dem 19. Jh., war Flagge einer Tartuer Studentenorganisation und wurde bereits in der ersten Estnischen Republik Staatsflagge.

Das estnische **Staatswappen** zeigt drei Leoparden, oftmals als Löwen dargestellt, und stammt aus dem 13. Jh., als der dänische König *Waldemar II.* der Stadt Tallinn dieses Wappen stiftete. 1925 wurde es zur Zeit der ersten Estnischen Republik erstmals Staatswappen.

Litauen

- **Landesname:** Lietuva
- **Fläche:** 65.303 km^2
- **Grenzen:** 99 km Küste, 104 km mit Polen, 273 km mit Russland (Kaliningrader Gebiet), 588 km mit Lettland, 660 km mit Weißrussland
- **Natur:** höchster Berg: Aukštojas (294 m), größter See: Drūkšiai (45 km^2), längster Fluss: Nemunas (937 km, davon 475 km in Litauen), 2833 Seen
- **Einwohner:** 3,2 Mio.
- **Bevölkerungsdichte:** 52 Einw./km^2
- **Hauptstadt:** Vilnius (549.000 Einw.)
- **Bevölkerung:** 84 % Litauer, 6 % Polen, 5 % Russen, 1 % Weißrussen
- **Religion:** 80 % römisch-katholisch, 4 % russisch-orthodox, 2 % evangelisch-lutherisch
- **Landessprache:** Litauisch
- **Währung:** Litas (Lt.)
- **Zeitzone:** Osteuropäische Zeit (OEZ) (MEZ + 1 Std.)
- **Telefonvorwahl:** 00370
- **KFZ-Kennzeichen:** LT

Lettland

Die **rot-weiß-rote Flagge** besitzt eine spezielle Farbe: Das dunkle, leicht bräunliche Rot ist als Latvian Red international ein Begriff. Es symbolisiert das für die Freiheit des Vaterlandes vergossene Blut, während der weiße Mittelstreifen für Reinheit und Gerechtigkeit steht. Die Erwähnung eines „rot-weiß-roten Banners" geht bis ins 13. Jh. zurück, die Flagge in ihrer heutigen Form wurde 1921 zum offiziellen Staatssymbol erhoben.

Ein Jahr nach der Flagge wurde auch das **Staatswappen** von Lettland entworfen, nämlich nach der Ausrufung der souveränen lettischen Republik im Herbst 1918. Wichtig für Lettland war zu dieser Zeit, aus den vier historisch so verschiedenen Regionen eine staatliche Einheit zu bilden, mit der sich die Bürger identifizieren konnten. Daher symbolisiert ein **roter Löwe** die in der Geschichte lange Zeit deutsch geprägten Regionen Kurzeme (Kurland) und Zemgale (Semgallen). Für Vidzeme (Livland) und Latgale (Lettgallen) steht ein **silberner Greif.** Interessant ist, dass beide Tierfiguren bereits im 16. Jh. auftauchen – der Löwe im Wappen des Herzogtums Kurland und der Greif aus der Zeit, als Livland und Lettgallen unter polnisch-litauischer Herrschaft standen.

Die **Sonne** auf blauem Grund steht im Wappen für die Eigenständigkeit Lettlands. Sie war das Zeichen der lettischen Schützen, die während des Ersten Weltkriegs in der russischen Armee kämpften. **Drei goldene Sterne** symbolisieren die drei großen historischen Regionen Kurland, Livland und Lettgallen. Semgallen ist in diesem Fall bei Kurland inbegriffen.

Im großen Staatswappen tauchen Löwe und Greif ein zweites Mal auf: Sie halten das Wappen. Grüne Eichenzweige – auch die standfeste Eiche ist für die Letten ein Symbol ihres Landes – und ein geschwungenes Band in den

Nationalfarben Rot-Weiß-Rot sind dazu drapiert.

Litauen

Die **Flagge** in den Farben **Gelb-Grün-Rot** wurde erstmals nach der Unabhängigkeitserklärung 1919 auf dem Burgberg in Vilnius gehisst. Es sind die drei Farben, die am häufigsten in litauischen Geweben vorkommen. Gelb steht für die Sonne, das Symbol von Licht und Wohlergehen, Grün versinnbildlicht die Schönheit der Natur sowie die Hoffnung und die Freude, Rot als Farbe des Blutes, des Lebens und der Erde symbolisiert Mut und die Opfer der Litauer im Kampf um ihre Freiheit.

Das litauische **Staatswappen** ist eines der ältesten staatlichen Wappen Europas. Es zeigt auf rotem Hintergrund den **Litauischen Reiter,** einen silbernen Panzerreiter mit erhobenem Schwert und einem blauen Schild, der das goldene Doppelkreuz trägt. Es stellt den litauischen Fürsten *Vytis* dar, der seine Heimat verteidigt.

Erstmals erscheint dieser Reiter 1366 auf einem Siegel des Großfürsten *Algirdas.* Dessen Sohn, *Jogaila,* heraldisierte den Reiter 1386, und unter *Vytautas* wurde das Reiterbild 1392 zum Wappen des von ihm gegründeten Großfürstentums. Von den Zaren 1795 verboten, 1918 wieder eingesetzt, nach der sowjetischen Okkupation 1940 erneut verboten, ist das Wappen seit dem 1. März 1990 wieder in Kraft und Zeichen dafür, dass das heutige Litauen die historischen Staatstraditionen fortsetzt.

Wirtschaft

Bis ins Mittelalter hinein war die Landwirtschaft der alles dominierende Wirtschaftszweig. Das änderte sich teilweise mit dem Beitritt baltischer Städte zur Hanse und dem Handel mit West- und Osteuropa. Doch insgesamt blieb das bäuerliche Leben immer im Vordergrund – auch weil der Region außer dem Bernstein die **Bodenschätze fehlen.** Im 20. Jh. kam die Industrie (vor allem Schwerindustrie) hinzu. Doch mit dem Ende der Sowjetunion fiel der Anteil der Landwirtschaft am Wirtschaftsaufkommen dramatisch – mit sinkender Tendenz, denn das jährliche Wachstum ist hier schwächer als in anderen Branchen.

Estland

Der **wirtschaftliche Erfolg** des Landes ist vor allem das Ergebnis der liberalen Reformpolitik in den frühen 1990er Jahren: die Währungsumstellung vom Rubel zur Estnischen Krone mit festem Anker zur D-Mark bzw. später zum Euro, die erfolgreiche Privatisierung nach dem Treuhandmodell, wodurch die Modernisierung der Wirtschaft viel schneller möglich war, sowie eine schnelle Zuwendung zum Westen, nachdem der bisherige Heimatmarkt, also Russland, nach Wiedererlangen der Unabhängigkeit nahezu komplett wegbrach.

Bis zur **Wirtschaftskrise 2008** wuchs die Wirtschaft um etwa sieben bis acht Prozent pro Jahr, dann folgte ein kräftiger Einbruch (BIP 2009: -14 %), aber eine ebenso rasche Erholung. Estland kommt dabei zugute, dass es die niedrigste Staatsverschuldung der EU und daher entsprechende Spielräume hat.

Neben klassischen Sektoren wie der Holz- und Metallverarbeitung, der Elektronik, dem Maschinenbau und der Textilbranche sind neue Wirtschaftsbereiche im Laufe der 1990er Jahre entstanden. So versteht Estland sich schon seit Jahren als Vorreiter in Sachen **Neue Medien.**

Während die Bedeutung des Landwirtschaftssektors seit der Unabhängigkeit kontinuierlich abnahm, wuchsen der Dienstleistungssektor und die verarbeitende Industrie immer weiter an. **Dienstleistungen** machen heute bereits etwa zwei Drittel des gesamtwirtschaftlichen Sozialproduktes aus, der Rest wird größtenteils von der verarbeitenden Industrie getragen. Auch der **Tourismus** spielt dabei eine bedeutende Rolle. Wichtige **Handelspartner** sind Finnland und Schweden, aber auch Deutschland. An **Bodenschätzen** verfügt Estland vor allem über Holz, Ölschiefer und Torf.

Estland gehört zu den am raschesten wachsenden Volkswirtschaften der Europäischen Union. Leider profitieren jedoch nicht alle Bevölkerungsgruppen gleichermaßen vom wirtschaftlichen Erfolg und wachsenden Wohlstand. So kann man auch in Estland immer die berühmten zwei Seiten der Medaille finden. Wandelt man durch die Hansestadt Tallinn, auf die sich mehr als drei Viertel aller Investitionen konzentrieren, sind es die Gewinner, die ins Auge fallen: Junganwälte und Banker, Wirtschaftsstudenten und Kunden jener teuren Boutiquen, die sich in den letzten Jahren angesiedelt haben. Doch an der schwierigen Lage der meisten Arbeitslosen, Rentner oder alleinerziehenden Mütter hat sich nicht viel geändert, weshalb man ein **Armutsgefälle** beobachten kann – vor allem im Vergleich der Städte mit dem Land, aber auch regional verteilt. Es ist vor allem die Hauptstadt, die boomt, während der Nordosten hohe Arbeitslosenzahlen verbucht.

Nachdem die **Arbeitslosenquote** von über 10 % Anfang der 2000er Jahre kontinuierlich sank und vor der Wirtschafts- und Finanzkrise Werte um 5 % erreichte, ist sie nun wieder auf deutlich über 10 % hochgeschnellt.

Lettland

Etwa ein Viertel des Bruttoinlandsprodukts wird von der Industrie erwirtschaftet, aber ganze 70 % entfallen bereits auf den **Dienstleistungssektor,** der Jahr für Jahr zweistellige Zuwachsraten erzielte. Es stimmt zuversichtlich, dass Lettland auch nach der Wirtschaftskrise von 2008 weiterhin auf Zukunftsbranchen wie Tourismus oder erneuerbare Energien setzt.

Das **Wirtschaftswachstum** lag seit den neunziger Jahren lange Zeit sehr hoch – zwischen 5 und 10 %. Lettlands Wirtschaft brummte, war aber denkbar schlecht auf die weltweite **Krise an den Finanzmärkten** vorbereitet. 2008 und 2009 erlebte das Land den größten aller Abstürze: eine **Rezession** im zweistelligen Bereich. Die Situation war die dramatischste in der gesamten EU und drohte, völlig außer Kontrolle zu geraten, weswegen die Europäische Union, der IWF und eine internationale Gebergemeinschaft mit einem riesigen **Kredit-Hilfspaket** von insgesamt 7,5 Milliarden Euro einschritten. Im Gegenzug musste die lettische Regierung eine gewaltige Anstrengung bei der Haushaltskonsolidierung versprechen: Bis 2012 soll die Neuverschuldung im Rahmen der Maastricht-Kriterien liegen.

Seit Mitte 2010 wächst die Wirtschaftsleistung wieder – für das Gesamtjahr wurde allerdings noch ein kleines Minus von 0,3 % erwirtschaftet. Für 2011 wird mit einem Plus von über 3 % gerechnet. Gleichzeitig lag die **Arbeitslosenquote** noch bei gut 17 % (nach 21 % zum Höhepunkt der Krise) und die Inflation bei etwa 3 % (nach einer Deflation im Jahr zuvor). Der Anteil der Neuverschuldung am Bruttoinlandsprodukt lag 2011 bei geschätzten 7,6 % – nach fast 12 % im Vorjahr. Die Gesamtschuldenlast wuchs auf über 42 %. Ende 2011 geriet Lettland erneut in die Schlagzeilen, weil panische Kunden die Filialen des größten Kreditinstituts stürmten, nachdem Gerüchte besagt hatten, die Bank stehe vor dem Ruin.

Die europäische Gemeinschaftswährung ist angesichts der Krise in Lettland zunächst in den Hintergrund getreten. Der **Euro** wird nicht vor 2015 den Lats ersetzen.

Größter **Handelspartner** Lettlands ist Litauen. Deutschlands Anteil an Ein- und Ausfuhren liegt bei rund einem Zehntel.

Während der **Tourismus** Anfang der neunziger Jahre praktisch keine Rolle spielte, machte er zuletzt bereits deutlich über zwei Prozent des Bruttoinlandsprodukts aus. Für die kommenden Jahre wird ein deutlicher Zuwachs erwartet. Deutsche Touristen machen zwischen 10 und 20 % der Besucher aus. Die Milliarden-Beihilfen der EU fließen nicht nur in den Ausbau der Infrastruktur, sondern in den Fremdenverkehr selbst: Broschüren, Landkarten, der Ausbau von Museen, Touristeninformationen selbst in kleinen Orten sowie Tausende von Hinweisschildern und Informationstafeln bei Sehenswürdigkeiten aller Art.

Litauen

Seit der Unabhängigkeit hat sich Litauen relativ schnell durch **Privatisierungen** (ca. 80 % des Bruttosozialprodukts werden in der Privatwirtschaft erbracht) bzw. durch die Liberalisierung des Kapitalmarkts und Handels der freien Marktwirtschaft angepasst. Mit 5–9 % **Wirtschaftswachstum** in den Jahren 2004–08 war Litauens Wirtschaft eine der am schnellsten wachsenden Volkswirtschaften Europas. 2009 sank das Bruttosozialprodukt aufgrund der **Wirtschaftskrise** um 5 %, danach zog es aber wieder kräftig an.

Im Dienstleistungsbereich arbeiten 56 % der Beschäftigten, in der Industrie 27 %. Litauen gilt als Drehscheibe zwischen Ost und West und konnte hohe **ausländische Investitionen** anlocken, u.a. aus Deutschland. Viele **internationale Firmen** lassen ihre Produkte jetzt in Litauen fertigen, z.T. von Zulieferfirmen. Gründe hierfür sind Niedrigsteuersätze (ca. 13 %), Billiglöhne, flexible Arbeitszeiten, Währungsstabilität, Rechtssicherheit und freier Zugang zum europäischen Markt.

Schattenseiten sind das immer noch riesige Gefälle beim **Pro-Kopf-Einkommen** (es beträgt nur 38 % des EU-Durchschnitts), Defizite bei den ökologischen und sozialen Standards bzw. der Infrastruktur sowie die **Arbeitslosigkeit** mit ca. 6 %. Da diese auf dem Lande noch höher liegt, die Löhne aber niedriger sind als in den Großstädten, ziehen viele Jüngere in die Städte, sodass ein noch größeres **Wohlstandsgefälle** zwischen Stadt und Land entsteht. Viele setzen aber weiterhin große Hoffnungen in den **Tourismus,** der in den letzten Jahren hohe Zuwachsraten zu verzeichnen hatte.

Litauen war bis zur Unabhängigkeit ein industrialisierter Agrarstaat. Heute erbringt die **Land- und Forstwirtschaft** nur noch 11 % des Bruttosozialprodukts, stellt aber 17 % aller Arbeitstätigen. Die Effektivität der landwirtschaftlichen Nutzung wird noch durch den Mangel an technischen Geräten erschwert. Zwangsläufig ist deshalb auch der **Import von Lebensmitteln** notwendig.

Die **Industrie** beschränkt sich in dem an Bodenschätzen armen Land weitgehend auf den verarbeitenden Bereich. Wichtige Zweige sind Maschinenbau und Metallverarbeitung, Leichtindustrie (Textil- und Schuhindustrie), Petrochemie, Nahrungsmittelindustrie, Segelflugzeugbau und Holzverarbeitung.

83 % der **Exporte** gehen in Gebiete außerhalb der ehemaligen Sowjetunion, davon rund 60 % in andere EU-Länder. Russland ist mit rund 30 % vor Deutschland mit 12 % Litauens größter Warenlieferant.

Bevölkerung

Estland

Vergleicht man Estland mit anderen Ländern Europas, so stellen die Esten zahlenmäßig ein recht kleines Volk dar: **1,34 Millionen** Menschen wohnen in dem nordbaltischen Land. Die Bevölkerungsdichte ist mit nur 30 Einwohnern pro Quadratkilometer entsprechend gering. Knapp 900.000 Einwohner leben in Städten, ein knappes Drittel der gesamten Bevölkerung wohnt in der Hauptstadt Tallinn.

Auch wenn Estland geografisch zum Baltikum gehört und es sich eingebürgert hat, die Völker aller drei Länder als **Balten** zu bezeichnen, so ist dies im Falle der Esten eigentlich nicht richtig. Im Gegensatz zu Lettisch und Litauisch ist das Estnische nämlich keine baltische, sondern eine finno-ugrische Sprache, die überhaupt nicht mit den vorgenannten verwandt ist. Auch aus kulturellen und historischen Gründen sehen die Esten selbst sich nicht als Balten (s. auch Kap. „Reisetipps A–Z“: „Sprache“ und „Verhaltenstipps“).

Foto: jl 085es

Das estnische Statistikamt zählt heute knapp **350.000 Russen** (26 % der Bevölkerung), etwa 28.000 **Ukrainer** (2 %), 16.000 **Weißrussen** (1,2 %) und 11.000 **Finnen** (0,8 %) als größte nicht-estnische Bevölkerungsgruppen auf. Tataren, Letten, Polen, Litauer, Deutsche und andere Volksgruppen sind zahlenmäßig geringer vertreten. Angesichts der Tatsache, dass nur 72 % der estnischen Bevölkerung **Esten** sind und gleichzeitig mehr als ein Viertel russischsprachig ist, überrascht es nicht, dass das kleine Land seit 1997 einen eigenen Minister für Bevölkerung und ethnische Angelegenheiten hat.

Estnische Tradition: Sängerfeste

Deutsche und schwedische Minderheiten vor 1945

Die hohe Anzahl an ethnischen Gruppen und Nationalitäten in Estland erklärt sich durch die Geschichte des Landes. Bis auf die kurze Selbstständigkeit von 1920 bis 1940 (siehe „Geschichte“) ist Estland erst seit dem Jahr 1991 wirklich unabhängig. Jahrhundertelang hielten hingegen **fremde Herrscher** die Fäden in der Hand: Deutsche und Russen, Dänen, Polen und Schweden führten in der Vergangenheit die Geschicke des Landes und von Zeit zu Zeit drohten die Esten selbst zur Minderheit im eigenen Land zu werden.

Zu Zeiten der ersten Republik, 1925, erließ die Regierung ein Autonomiegesetz, welches Minderheiten besondere Rechte einräumte: „Das deutsche, russische und schwedische Volk sowie diejenigen auf estländischem Territorium lebenden Minoritäten, deren Gesamtzahl nicht kleiner als 3000 ist", wurde hier aufgeführt. Estland war damit der erste Staat in Europa, der seinen Minderheiten gesetzlich Kulturautonomie zubilligte, sodass den Minoritäten gestattet war, eigene Schulen, Vereinigungen, Theater und Zeitungen zu gründen und somit ihre Nationalkultur zu bewahren und weiterzuentwickeln.

Sieht man einmal von den sogenannten altgläubigen Russen ab, die schon in dem Gesetz von 1925 aufgeführt wurden, spielen die beiden dort ebenfalls aufgezählten traditionellen Minderheiten – Schweden und Deutsche – heute zahlenmäßig keine Rolle mehr. Die **baltendeutsche Geschichte** in Estland fand nach über 700-jähriger Vormachtstellung Anfang des 20. Jh. ihr Ende. Stellten die Nachfahren der deutschen Ordensritter noch bis dahin die **Oberschicht** Estlands dar, wurde ihnen die wirtschaftliche und politische Macht binnen weniger Jahre genommen. Die Agrarreform des unabhängig gewordenen Staates bedeutete 1919 den **Verlust ihres Großgrundbesitzes,** die Umsiedlungsverträge von 1939 waren das Ende ihrer Anwesenheit. Rund 13.700 Menschen verließen Estland, nachdem im deutschen Reichstag als Konsequenz des **Hitler-Stalin-Paktes** die „Heimholung der nicht haltbaren Splitter des deutschen Volkstums" beschlossen wurde.

Damit einher ging die Vertreibung der sogenannten estnischen Schweden oder **Küstenschweden,** die im 13. Jh. über Finnland die nordwestliche Küstenregion Estlands besiedelt hatten. Im Gegensatz zu den estnischen Bauern waren die Siedler frei, d.h. sie hielten und bewirtschafteten **eigenes Land.** Ein Gesetz besagte jedoch, dass sie diese Freiheit verlieren, wenn sie sich mit Esten verheiraten – wohl einer der Hauptgründe, warum die schwedische Siedlung 700 Jahre lang hielt. Von den rund 8000 Schweden, die einstmals in Estland lebten, ca. 4500 davon auf der im Nordwesten gelegenen **Halbinsel Noarootsi,** flüchteten mehr als 7000 im Jahre 1944 vor der herannahenden Roten Armee nach Schweden. Heute erinnern zweisprachige Ortschilder und die Architektur an die Anwesenheit der estnischen Schweden.

Russische Minderheit

Spricht man von der russischen Minderheit, so ist zwischen den **Altgläubigen,** die schon seit 300 Jahren in Estland verwurzelt sind, und den neu zugezogenen Russen zu unterscheiden. Letztere kamen vor allem in den 1950er bis 70er Jahren nach Estland. Nachdem die Sowjetunion das kleine Land 1944 okkupiert hatte, begann ein Prozess der beabsichtigten Russifizierung und nahezu **gewaltsamen Mi-**

grationspolitik. Allein unter *Stalin* wurden 200.000 russische Arbeiter überwiegend im Nordosten Estlands angesiedelt. Zu den Einwanderern gehörten Russen, aber auch **Ukrainer und Weißrussen,** die heute nach Esten und Russen die dritt- bzw. viertstärkste Bevölkerungsgruppe Estlands bilden.

Anders verhält es sich mit den **altgläubigen Russen,** die am Ufer des **Peipus-Sees** ansässig sind. Die Altgläubigen kamen bereits im 18. Jh. vor allem aus der Gegend um Nowgorod an die Westküste des Peipus-Sees, wo sie der Verfolgung im eigenen Land entgingen und friedliche Plätze zum Leben fanden. Seither bewohnt diese Bevölkerungsgruppe das ganze Ufer des Peipus-Sees und Narva-Flusses, von den Dörfern Gorodenka und Kuningaküla im Norden bis an die Ufer des Seto-Landes im Süden. Im Gegensatz zu den neu zugezogenen Russen gehören die Altgläubigen nicht der russisch-orthodoxen Kirche an.

Zwar wurden die Altgläubigen nicht wie die Deutschen und Schweden im Zweiten Weltkrieg vertrieben, doch modernere Zeiten haben nicht viel Gutes für diese Bevölkerungsgruppe gebracht. **Arbeitslosigkeit** zwingt die Jugend, ins Landesinnere umzusiedeln, wo die moderne Medienwelt und sonstige kulturelle Konkurrenz eine ständige Bedrohung für das Fortleben der russisch-altgläubigen Kultur darstellt. Mittlerweile sind aber erfolgreiche Gegenmaßnahmen ergriffen worden, so wurde ein Heimatmuseum eröffnet und ein Restaurant mit örtlichen Spezialitäten, deren Hauptbestandteile vor allem Zwiebeln und Fisch sind. Derartige Aktivitäten, so das Ministerium für Bevölkerung, werden vom estnischen Staat gefördert und zum Teil auch finanziell unterstützt.

Bis heute leben nahezu **350.000 Russen** in Estland, mehr als ein Viertel der Gesamtbevölkerung. In bestimmten Teilen des Landes, etwa im nordöstlichen Landkreis Ida-Virumaa, sind die Esten gar eine Minderheit. Auf rund 124.000 Russen kommen dort nur ca. 35.000 Esten, vorherrschende Sprache im Alltag ist nach wie vor Russisch. Natürlich birgt dies Spannungspotenzial. Mittlerweile geht aber die **Integration** erfolgreich voran, nicht zuletzt durch die vielen Projekte der 1998 eigens dazu gegründeten estnischen Integrationsstiftung. Diese unterstützt Lehrerfortbildungsprogramme, Jugendinitiativen und private Organisationen, die der estnisch-russischen Verständigung und der Integration dienen. Russische Schulen sind genau so erlaubt wie russische Medien und Gruppierungen.

Religion

Vom 16. Jh. bis zum Zweiten Weltkrieg spielte die **evangelisch-lutherische Kirche** in Estland eine bedeutende Rolle. Während bis zur Sowjetzeit, in der öffentliche religiöse Aktivitäten und Bekundungen untersagt wurden, der überwiegende Teil der Esten dem protestantischen Glauben anhing, ist heutzutage die Mehrheit der Bevölkerung **konfessionslos.** Weniger als ein Drittel ist Mitglied einer christlichen

Kirche. Umfragen zufolge hängen etwa 180.000 Menschen dem lutherischen Glauben, gut 170.000 dem orthodoxen Glauben an. Zu Letzteren zählt vor allem der russischsprachige Teil der Bevölkerung.

Mentalität

Estland ist, nicht zuletzt durch die lange geschichtliche Verbindung, ein uns im Wesentlichen sehr vertrauter Kulturraum. Versucht man, einige generelle Aussagen zu treffen, lassen sich Esten als typisch **nordisch-reserviert** charakterisieren. Anders verhält es sich mit den im Land lebenden Russen. Sie sind im Allgemeinen redseliger und aufgeschlossener gegenüber Fremden. Die für eine Vielzahl von Esten zutreffende Zurückgezogenheit und Introvertiertheit, aber auch ihr Fleiß und ihre Anpassungsfähigkeit sind einerseits auf die Geschichte des Landes, das jahrhundertelang unter Fremdherrschaft stand, andererseits auf das Klima zurückführen. Lange und dunkle Winter wirken schließlich nicht gerade gemütsaufhellend. Deshalb spiegelt sich der Jahresrhythmus teilweise auch in der Stimmung der Menschen wieder. Im Winter eher verschlossen, gibt sich der Este im Sommer offener und kommunikativer, eine Beobachtung, die man aber sicherlich auch in anderen nördlichen Ländern machen kann.

Was viele Besucher, vor allem jene, die eine Weile im Land leben, als gewöhnungsbedürftig empfinden, ist die Fähigkeit der Esten, lange und ausgiebig zu **schweigen,** ohne dies als „peinliche Stille" zu empfinden. Esten sind zurückhaltend und eigenwillig, pragmatisch und sachlich, dafür aber selten arrogant und **niemals aufdringlich.** Zwar ist der durchschnittliche Este nicht gerade ein guter Smalltalk-Partner, doch sollte man seine Wortkargheit nicht als Unwilligkeit oder gar als unfreundlich abtun. Das wird man leicht feststellen können, wenn man einen Esten nach Auskunft fragt. Er wird wahrscheinlich nicht viele Worte verlieren, aber bereitwillig und präzise antworten und gern weiterhelfen.

Lettland

Obwohl Lettland auch für seine Bewohner seit der Wiedergewinnung der Freiheit und Unabhängigkeit langsam immer attraktiver wird, ist der langjährige **Trend zur Abwanderung** noch nicht aufgehalten. Nach wie vor weisen die offiziellen Statistiken einen Rückgang der Bevölkerungszahl aus. Mit **2,25 Millionen Menschen,** die heute in Lettland leben, hat das Land weniger Einwohner als vor 20 Jahren. Sogar vor einem Jahrhundert war das Land dichter bevölkert – und das, obwohl nach dem Zweiten Weltkrieg Hunderttausende Russen, Weißrussen und Ukrainer angesiedelt wurden. Im 20. Jh. emigrierten zunächst die meisten Baltendeutschen und dann angesichts der Einverleibung in die Sowjetunion auch viele Letten nach Westeuropa oder Übersee. Außerdem starben viele Menschen in den Weltkriegen und später durch Verbannung und Deportation.

Die Liven – das kleinste Volk der Welt

Der Name **Livland** spielt in der Geschichte Lettlands eine überragende Rolle. Nachdem die deutschen Ritter des Schwertbrüderordens im 13. Jh. das Gebiet des heutigen Lettland erobert hatten, standen die Namen Livland und Kurland für einen Großteil des heutigen lettischen Staatsgebietes. Livland deckte zusätzlich noch gute Teile des **heutigen Estland** ab. Auch im 21. Jh. wird **Vidzeme** als eine der vier lettischen Regionen immer noch mit „Livland" übersetzt. Doch das im frühen Mittelalter von den Liven bevölkerte Gebiet an der **Rigaer Bucht** machte nur etwa zehn Prozent dessen aus, was später als „Livland" in die Geschichte eingehen sollte.

Es wird geschätzt, dass es **nie mehr als 20.000 Liven** gegeben hat. Sie bildeten ein winziges **finno-ugrisches Völkchen,** das den mächtigen einmarschierenden Kreuzrittern wenig entgegenzusetzen hatte. Dennoch haftet ihnen bis heute im kollektiven lettischen Gedächtnis der Ruf an, als erste „dem deutschen Feind nachgegeben" zu haben. So wird es jedenfalls im nationalen Mythos vom lettischen Helden Lāčplēsis, dem Bärentöter, dargestellt. Dabei waren nach dem Einmarsch der Schwertbrüder kaum noch Liven übrig geblieben. Wohl nur wenige Tausend retteten sich über die nächsten Jahrhunderte mit ihren ständigen Umwälzungen und Kriegen.

Nur 800 Liven wurden zum Ende des Zweiten Weltkrieges gezählt. Doch anstatt sich in ihren Heimatdörfern an der Ostseeküste neu zu sammeln, Kultur und Traditionen wieder zu pflegen, wurden sie von den Sowjets ganz bewusst überall im Land verstreut angesiedelt.

Mit dem Ende der kommunistischen Herrschaft kam endlich die Zeit, in der Minderheiten wieder ungehindert agieren

057le Foto: mk

konnten. Doch von den Liven scheint kaum jemand übrig zu sein, um von diesem Recht zu profitieren. In der ganzen Welt gibt es vermutlich nur noch **acht livländische Muttersprachler,** 40 Menschen beherrschen das Livländische immerhin als Fremdsprache und weitere 190 bezeichnen sich als Liven, obwohl sie sich in der Sprache gar nicht unterhalten können. Hinzu kommt, dass die meisten Liven der älteren Generation angehören. Vor dem endgültigen Aussterben bewahren derzeit wohl nur Wissenschaftler das Livländische – es gibt ganze Abhandlungen und Grammatiken dieser mit dem Estnischen und dem Finnischen, nicht aber mit dem Lettischen verwandten Sprache.

Als kleinstes Volk der Welt, dem man gewissermaßen beim **Aussterben** zusehen kann, haben die Liven in letzter Zeit einiges an Aufmerksamkeit erfahren. **Fernsehfilme** in Skandinavien und den baltischen Ländern verarbeiteten die für dieses Volk dramatische Entwicklung. Durch das gestiegene Interesse besteht nun Hoffnung auf eine **Wiederbelebung** des Livenvolkes – einige Letten haben bereits Ahnenforschung betrieben und ihre **livländischen Wurzeln** entdeckt. Es ist nicht ausgeschlossen, dass einige von ihnen die neu erfahrene Familientradition hochhalten und Sprache sowie Gebräuche ihrer Vorfahren kennenlernen wollen. Ob sie sich nun als Volk wiederbeleben werden oder nicht: Einen europaweit bekannten Namen besitzen die Liven auf jeden Fall immer noch. Und ein zentraler Punkt in Rigas historischer Altstadt wurde erst kürzlich in „Livenplatz" umbenannt. Vielleicht ein gutes Omen?

Alte Holzhäuser im Stil der Liven

Die **„moderne Emigration"** erfolgt, besonders seit der Öffnung vieler EU-Arbeitsmärkte, in die westlichen Länder der **Europäischen Union.** Zum demografischen Abwärtstrend kam noch erschwerend hinzu, dass die Geburtenraten über die Jahre stetig abnahmen. Gleichzeitig ist die **Lebenserwartung** in Lettland noch recht niedrig. Männer werden durchschnittlich nur 66 Jahre alt, Frauen immerhin 77 Jahre. Diese Zahlen werden aber in der nächsten Zeit angesichts der immer stabileren Verhältnisse sicher deutlich steigen. Es gibt gleichzeitig Grund zu der Annahme, dass Lettland in baldiger Zukunft eine Trendwende und damit seit langer Zeit erstmals ein Bevölkerungswachstum herbeiführen kann.

Russischsprachige Minderheit

Die Russischsprachigen bilden immer noch **ein Drittel** der Bevölkerung Lettlands. Diese Gruppe gliedert sich auf in 27,8 % Russen, 3,6 % Weißrussen und 2,5 % Ukrainer. Die **Integration** gestaltete sich lange Zeit **äußerst schwierig,** weil die lettische Regierung zunächst mit einem harten Kurs versuchte, alle Russen zur möglichst schnellen Eingliederung zu zwingen. Ohne den Nachweis von guten Lettisch-Sprachkenntnissen wollte man keine **lettische Staatsbürgerschaft** ausstellen.

Doch gerade ältere Russen waren nicht willens oder in der Lage, sich umzustellen – schließlich waren viele von ihnen in jungen Jahren nach Lettland gekommen oder sogar dort geboren worden, und Zeit ihres Lebens war Russisch die Amtssprache des Landes gewesen. Bestanden sie nicht die strengen Prüfungen, besaßen sie plötzlich gar keine Staatsbürgerschaft mehr, denn auf dem Papier waren sie ja nie Russen gewesen, sondern Bürger der lettischen Sowjetrepublik. Im Laufe der 1990er Jahre erkannte die lettische Regierung dann, dass auf diesem Weg keine Integration erkämpft werden konnte, und lockerte die Bestimmungen merklich. Der **lettische Sprach- und Geschichtstest** ist inzwischen so einfach, dass 95 % der Prüflinge ihn sofort bestehen.

Die Zahl der **staatenlosen Russen** in Lettland sank auf zuletzt 19 %, während junge Letten russischer Herkunft nun verpflichtet sind, in der Schule die Landessprache zu erlernen. Auf diese Weise baut sich zumindest die Sprachbarriere langsam, aber sicher von selbst ab. In Lettland geborene Kinder erhalten automatisch die lettische Staatsbürgerschaft, wenn ihre staatenlosen (russischen) Eltern dies beantragen. Bisher machte aber nur gut ein Fünftel der Berechtigten davon Gebrauch – ein Zeichen für die Zähigkeit der Entwicklung.

Ein **Zusammenleben** von Letten und Russen findet derzeit aber nur gelegentlich statt, während die beiden Bevölkerungsgruppen meist aneinander vorbei existieren, ohne größeren Austausch zu pflegen – auch wenn es **wenige sogenannte Ghettos** gibt, in denen nur Russen unter sich leben. Eine Eingliederung wird in jedem Fall noch längere Zeit in Anspruch nehmen.

Mit dem schwindenden Einfluss Russlands auf den EU-Mitgliedsstaat Lettland wächst aber auch die Erkenntnis der russischen Letten, dass sie mit Moskau keinen „großen Bruder" mehr an ihrer Seite haben, sondern dass sie sich in Lettland eingliedern müssen. Dieses Bewusstsein war 1990 noch nicht vorhanden, als der russische Bevölkerungsteil in einem Referendum über die Unabhängigkeit Lettlands fast geschlossen mit „nein" votierte.

Weitere Minderheiten

Eine weitere Minderheit in Lettland wird von den **Polen** gebildet, die 2,4 % der Bevölkerung stellen. Die meisten von ihnen konzentrieren sich auf die beiden größten Städte Riga und Daugavpils mit der jeweiligen Umgebung. Die Polen pflegen ihre Tradition, beispielsweise in religiöser Hinsicht, können aber oft kein Polnisch mehr, sondern sprechen vor allem Russisch. Gleiches gilt für die 0,4 % **Juden** in Lettland, während die 1,4 % starke **litauische Minderheit** eher Lettisch spricht. Die Litauer siedeln hauptsächlich an der lettisch-litauischen Grenze.

Religion

Die Religion der in Lettland lebenden Menschen richtet sich vor allem nach der Volkszugehörigkeit. So sind die Letten selbst fast alle Mitglieder der **evangelischen Kirche,** die Russen, Ukrainer und Weißrussen versammeln sich in der **russisch-orthodoxen Glaubensgemeinschaft** und Polen sowie Litauer sind **Katholiken.** Wenn auch katholische und orthodoxe Kirchen im gesamten Land zu finden sind, konzentrieren sie sich doch in der östlichen Region Latgale. Menschen, die sich zu keiner der Konfessionen bekennen, gibt es kaum.

Mentalität

Die Menschen in Lettland sind jahrhundertelang von verschiedenen Völkern geprägt worden: Deutschen, Polen, Schweden, Russen. Zuletzt hatte natürlich Russland in Form der Sowjetunion den größten Einfluss. Dies bleibt nicht ohne Spuren in Kultur, Sprache und Gewohnheiten. Dennoch wird jeder überrascht sein, der eine russische Mentalität erwartet: Die Letten bemühen sich vielmehr um eine leichtere, offenere, **skandinavische Lebenseinstellung.** Öffentliche Plätze und auch Häuser und Vorgärten werden auffallend gut gepflegt, man spürt die protestantische Arbeitsmoral.

In einem Punkt muss aber keine Unterscheidung getroffen werden: **Gastfreundlich** sind fast alle Letten. Man kommt schnell mit den Menschen ins Gespräch, die von sich erzählen, aber auch sehr interessiert sind, mehr von ihren Gästen zu erfahren. Nicht selten passieren Situationen wie diese: Man will einen kleinen Aussichtsturm besteigen, der aber schon geschlossen ist. Die Besitzerin bemerkt dies, schließt auf und versorgt einen später noch mit einem Schluck Likör, den sie gerade mit Freunden trinkt.

Litauen

Die heutigen Litauer sind die Nachfahren der **baltischen Stämme,** die sich etwa 2000 v. Chr. hier niederließen. Anfang des 13. Jh. wurden sie dann zum **Großfürstentum Litauen** vereinigt, einer Stammesgemeinschaft mit verschiedenen Traditionen und Kulturen, die sich z.T. bis heute erhalten haben. Zu Beginn des 14. Jh. siedelten sich u.a. **Deutsche, Schweden** und **Russen** an, Ende des 14. Jh. wurden **Tataren** und **Karäer** (s. Exkurs „Die Karäer") ins Land geholt. Im 16. Jh. während der Reformation ließen sich in ihrer Heimat verfolgte **schottische Calvinisten,** Ende des 18. Jh. in Russland verfolgte Anhänger der altslawischen Religion nieder, da es in Litauen eine große Toleranz gegenüber anderen Religionen und Nationalitäten gab. Ende des 19. Jh. wurden viele **russische Staatsbeamte und Militärs** nach Litauen versetzt, nachdem bei dem misslungenen Zarenaufstand 1863 viele Bewohner nach Sibirien verschleppt oder getötet worden waren bzw. viele Bürger emigrierten. Andererseits entwickelte sich Vilnius zum „Jerusalem des Nordens" (s. gleichnamiger Exkurs).

Die nächste **Emigrationswelle** rollte zwischen dem Ende des Ersten Weltkrieges und dem Beginn des Zweiten, zumeist aus wirtschaftlichen Gründen, an. Im Juni 1941 erfolgte die nächste **Massenverschleppung** nach Sibirien. Viele andere, vor allem Juden, wurden von den Nazis oder deren litauischen Schergen getötet oder fielen im Krieg.

Kurz vor Kriegsende **flohen viele nach Westen.** Litauen war auch jenes Land unter allen von den Sowjets besetzten Staaten, in dem die meisten Bewohner nach dem Zweiten Weltkrieg von ihnen verschleppt wurden (120.000). Daraufhin **emigrierten** wieder viele Litauer zusammen mit dort ansässigen Polen.

Heute leben rund 3 Mio. Litauer oder Litauischstämmige im **Ausland** (teilweise schon seit mehreren Generationen), davon etwa 800.000 in den USA (Chicago ist Sitz der **Weltlitauer** mit der größten exillitauischen Gemeinde). Viele leben in Kanada, Südamerika, England und Australien, ca. 150.000 in Russland und in anderen GUS-Staaten.

Heutige Bevölkerung

Litauen hat heute **3,2 Mio.** Einwohner mit **rückläufiger Tendenz.** Gründe hierfür sind sinkende Geburtenzahlen, steigende Sterbeziffern, eine seit der Unabhängigkeit um 70 % gestiegene Selbstmordrate (mit 44 pro 100.000 Einwohnern mehr als doppelt so hoch wie der EU-Durchschnitt und weltweit eine der höchsten; 80 % davon stehen im Zusammenhang mit Alkohol), Alkohol- und Drogensucht, der Wegzug vieler Russen, die Auswanderung aufgrund fehlender beruflicher Perspektiven und relativ hoher Arbeitslosigkeit.

Die **Bevölkerungsdichte** ist mit 53 Einwohnern/km^2 gering. Auf dem Land wohnt rund ein Drittel der Bevölkerung. Aufgrund der besseren medizinischen Versorgung und besseren Lebensbedingungen ist zu hoffen, dass sich die **Lebenserwartung** der Bevölkerung erhöht, die mit rund 78 Jahren bei den Frauen und 66 Jahren bei den Männern immer noch geringer ist als in Westeuropa. Erstaunlich ist der Unterschied von 12 Jahren (in den meisten europäischen Staaten nur 7–8 Jahre).

Minderheiten

Knapp 3 Millionen (84 %) der Bevölkerung sind Litauer. Von den knapp 260.000 **Polen** (darunter auch viele im 19. und 20. Jh. polonisierte Litauer), die etwa 6,3 % der Gesamtbevölkerung ausmachen, leben die meisten im Südosten des Landes, besonders in den Distrikten Vilnius und Šalčininkai. Die Mehrheit der Polen spricht einen weißrussischen Dialekt, viele der jüngeren haben nach dem Zweiten Weltkrieg die russische Sprache angenommen. Die drittgrößte ethnische Gruppe machen mit rund 5 % die **Russen** aus, von denen die meisten nach dem Zweiten Weltkrieg ins Land gekommen sind. Sie wohnen fast ausschließlich in größeren Städten. In Vilnius stellen sie rund 14 % der Einwohner. Sie sprechen überwiegend Russisch (und meist nur wenig Litauisch). Die **Weißrussen** machen 1,1 % der Bevölkerung aus.

Weiterhin leben in Litauen heute noch etwa 4000 **Juden.** Ende des 19. Jh. stellten sie noch über 13 % der Gesamtbevölkerung, doch während der Nazi-Okkupation wurden ca. 200.000 Juden ermordet, rund 94 % der jüdischen Bevölkerung, der höchste Prozentsatz in Europa (s. Exkurs „Jerusalem des Nordens"). Nach der Unabhängigkeit emigrierten viele nach Israel.

Weitere kleine Minderheiten sind **Ukrainer, Letten** und **Roma und Sinti,** die im 15. Jh. zugewandert sind, mehrheitlich ihre eigene Sprache sprechen. Zwei besondere Volksgruppen in Litauen sind die etwa 5100 **Tataren,** die überwiegend in und um Vilnius leben, dem muslimischen oder russisch-orthodoxen Glauben angehören und noch zu 30 % ihre eigene Sprache sprechen, sowie die etwa 150 **Karäer** (s. Exkurs „Die Karäer").

Die rund 2000 verbliebenen **Deutschen** leben über das ganze Land verstreut und sprechen zu etwa 40 % Deutsch; der Rest spricht Litauisch oder Russisch. Sie gehören großteils der evangelisch-lutherischen Kirche an. Die ersten deutschen Siedler kamen bereits im 13. Jh. nach Litauen. Viele verließen nach 1924 das Memelgebiet (s. Geschichtsteil Klaipėda) oder wurden 1939 ins Deutsche Reich „heimgeholt", aufgrund des Nichtangriffspakts mit Russland. Die meisten der noch ansässigen Deutschen flohen 1945 vor der Roten Armee aus dem ehemaligen **nördlichen Ostpreußen.**

Jeder der in Litauen lebenden rund 115 ethnischen Gruppen wird laut Verfassung das Recht auf die Pflege ihrer Sprache und Kultur sowie der Unterhaltung eigener Schulen zugestanden, wenn sie auch die **litauische Sprache** lehren. Es existiert ein Gesetz, nach dem alle Bürger, die vor November 1989 in Litauen ansässig waren, automatisch zu litauischen Staatsbürgern wurden. Alle nach diesem Datum Zugereisten müssen mindestens zehn Jahre in Litauen wohnen, um diese Rechte zu erhalten. Die nicht-ethnischen Litauer müssen zuerst die Landessprache erlernen, wenn sie sich für einen Staatsjob bewerben. Im Gegensatz zu Estland und Lettland mit hohen russischen Bevölkerungsanteilen hat Litauen **kaum Integrationsprobleme.**

Religion

Auch in Litauen richtet sich die Religion vor allem nach der Volkszugehörigkeit. So sind die Litauer selbst wie auch die Polen fast alle **Katholiken,** die Russen und Weißrussen gehören vornehmlich der russisch-orthodoxen Glaubensgemeinschaft an.

Nach Jahrzehnten der Verfolgung und Entmündigung unter der Sowjet-Herrschaft gibt es wieder **Religionsfreiheit.** Viele Priester und Religiöse wurden damals nach Sibirien ins Arbeitslager deportiert oder kamen ins Gefängnis; das kirchliche Vermögen wurde beschlagnahmt, die Kirchen wurden geschlossen und teilweise als Werkstätten, Sporthallen, Kinos oder Museen für Atheismus missbraucht. Die Religion war ein bedeutendes Element der **Unabhängigkeitsbewegung,** und die Kirchen haben heute wieder regen Zulauf. **Kirche und Staat sind getrennt,** und in den Schulen wird Religion als Wahlfach angeboten. Die Kirchen leben meist nur von **Spenden,** da sie keine Steuern und staatlichen Zuwendungen erhalten.

Traditionen und Bräuche

Die baltischen Länder verfügen über einen großen Reichtum an Bräuchen und alten Traditionen, die sich regional unterscheiden. Sie stehen aber überall sehr stark im **Einklang mit der Natur.** Die heidnische Naturreligion, der die Bewohner des Baltikums noch bei Einzug der Kreuzritter im Mittelalter anhingen, hat bis heute ihre Spuren hinterlassen. Wer mit wachen Augen reist, kann vielerorts mit Bändern oder Schildern versehene **Naturdenkmäler** finden, die als heilig, heilwirkend oder energiespendend angesehen werden: alte Eichen und Linden, (Opfer-)Steine und Quellen oder Energiezentren wie die Energiesäule in der südestnischen Kleinstadt Otepää, die besonders gekennzeichnet sind. Um viele ranken sich geheimnisvolle Sagen und Mythen.

Alte heidnische Kulte

Die Kultur der Balten war durch großen Respekt vor der Natur geprägt und auch die **Götter** waren mit der Natur verbunden. Der Himmel war ein Berg, auf dem viele Götter wohnten, beispielsweise der besonders verehrte Donnergott *Perkunas,* der Himmelsgott *Dievs,* die Sonnengöttin *Šaulë,* der Mondgott *Menes,* die Schicksalsgöttin und Hausgottheit *Laima* (die in der christlichen Lehre dann zum Symbol des Kobolds wurde) und die Waldgöttin *Medeinė.* Daneben existierten *Velnias,* der Wächter der Zauberer und Weisen (der in der neuen Religion der Teufel wurde), die Erdenmutter *Žemyna* sowie viele kleinere Gottheiten, die über natürliche Phänomene, Sachen und menschliche Aktivitäten herrschten. **Wälder** und **Bäume** oder auch **Steine** wurden **angebetet.** Man glaubte, dass auch unter der Baumrinde oder im Moos sich Götter aufhielten und dass die Steine in der Erde wachsen und sich fortbewegen.

Die **Jahreszeiten** spielten eine große Rolle, der **Mondzyklus** war für Aussaat, Ernte, manchmal auch für Kriegszüge sehr wichtig. Davon zeugen z.B. Ornamente mit Neumonddarstellungen und Mondgebete. Auch Sonne und Sterne, Pflanzen und Tiere wurden oft auf Schmuckanhängern oder Ornamenten dargestellt. Der Kult schuf ein **ethisches System** mit ungeschriebenem Gewohnheitsrecht, das über Jahrhunderte hinweg galt.

Feste und Lieder

Der wichtigste Brauch in den protestantisch geprägten Ländern Lettland und Estland ist die Feier des **Johannisfestes** in der Mittsommernacht vom 23. auf den 24. Juni. Wie auch in anderen nordischen Ländern wird in dieser Nacht ein fröhliches Fest begangen, mit Lagerfeuern, Blumenkränzen und dem legendären Kümmelkäse.

Die Letten legen Wert auf die Feststellung, dass sie ein „singendes Volk" seien. Und tatsächlich: Auf der Straße, im eigenen Haus oder beim Baden im See – man hört sie **viel singen.** Lieder und Gesang spielen auch in Estland eine große Rolle. Im Laufe der Geschichte waren Lieder ein Mittel, die eigene Identität zu erhalten und zu überliefern. Zur Zeit des „Nationalen

Kalevipoeg – das estnische Nationalepos

Das estnische Nationalepos „Kalevipoeg" knüpft an das 1835 erstmals erschienene finnische Epos „Kalevala" von *Elias Lönnrot* (1802–84) an und berichtet in **19.000 Versen** vom Leben des gleichnamigen **Helden.**

Kalevipoeg (übersetzt: „Sohn des Kalev") ist der jüngste Sohn von Kalev, dem alten, mythischen König der Esten. Als seine Mutter Linda, die selbst aus einem Birkhuhnei geboren wurde, ihn zur Welt brachte, war Kalev bereits tot. Linda schaufelte ihrem Mann einen Grabhügel, den – so die Legende – heutigen **Tallinner Domberg,** und ihre Tränen flossen zu einem See zusammen, dem **Ülemiste-See** (beim Tallinner Flughafen).

Als junger Mann ist Kalevipoeg bereits sehr stark, aber noch kein Held – im Gegenteil, er begeht eine Reihe von Verbrechen, unter anderem vergewaltigt er eine junge Frau und verursacht ihren Tod. Als seine Mutter von einem finnischen Zauberer entführt wird, überquert er das Meer und bittet einen Schmied, ihm ein stattliches Schwert zu schmieden. Doch dann tötet er im betrunkenen Zustand den Sohn des Schmieds, der ihn daraufhin verflucht: Kalevipoeg solle eines Tages durch sein eigenes Schwert zu Tode kommen.

Derartig versündigt, durchläuft Kalevipoeg eine Läuterung, er bereut seine Sünden und tut künftig nur noch Gutes. Er setzt sich für die Armen und Schwachen ein, baut Städte, Burgen und Brücken, pflügt Felder und kämpft gegen das Böse – dunkle Mächte wie den Teufel, aber auch gegen fremde Eroberer. Dennoch holt ihn eines Tages der Fluch ein. In einem Fluss fällt er über sein eigenes Schwert, wobei ihm die Beine abgetrennt werden – er verblutet. Im Jenseits jedoch wird er zum Bewacher des Höllentors ernannt. Am Ende des Buches stellt Kreutzwald in Aussicht, dass sich der Held eines Tages vom Felsen am Rand der Hölle befreien, nach Estland zurückkommen und seinen Landsleuten Freiheit und Glück bringen werde.

Noch heute sind viele Naturerscheinungen, Straßennamen und Orte in Estland mit den Sagen um Kalevipoeg verbunden, wie die oben beschriebene Legende zur Entstehung des Tallinner Dombergs und des Sees Ülemiste. Auch ein estnischer Schokoladenhersteller ließ sich vom Epos inspirieren, die Kalev-Schokolade ist in allen Läden erhältlich.

Wer sich für Kalevipoeg interessiert, kann in der südestnischen Stadt Võru das **Kreutzwaldmuseum** besuchen. Die Werke des Malers *Kristjan Raud*, die man in verschiedenen Museen des Landes findet, illustrieren das Leben des epischen Helden.

Erwachens" im Jahre 1869 fand das erste nationale **Sängerfest** statt. Heute ist es zur Institution geworden. Die Sängerfeste trugen erheblich dazu bei, dass aus dem estnischen Bauernvolk eine Kulturnation wurde, die sich nach jahrhundertelanger Unterdrückung und Fremdherrschaft seiner eigenen Tradition und Kultur besinnen konnte.

Bis heute findet das Großereignis **alle fünf Jahre** statt und lockt große Teile der Bevölkerung an. Am letzten Sängerfest 2009 nahmen 34.000 Sänger und Sängerinnen teil, die Zahl der Zuschauer erreichte 200.000. Das nächste Fest wird 2014 stattfinden. In allen drei baltischen Ländern haben Sängerfeste eine lange Tradition, deshalb wurden die Ereignisse 2003 von der UNESCO zum „mündlichen Kulturerbe" erklärt. Eingeläutet wird das Fest in Tallinn von einem großen Umzug, bei dem die in Trachten gekleideten Sänger und Tänzer von der Innenstadt bis zur Sängerbühne ziehen.

So verwundert es nicht, dass so gut wie jeder Este in einem **Chor** singt, oft sogar in mehreren. Über 300.000 Blätter mit **Volksliedern** werden im estnischen Literaturmuseum aufbewahrt, die meisten handeln vom harten Alltag, von Sorgen und Hoffnungen, wichtigen historischen Ereignissen und natürlich auch von der Liebe. Konzerte und andere Musikaufführungen, auch moderne Stücke, werden rege besucht. Estnische Chöre haben auch im Ausland einen hervorragenden Ruf. Mit etwas Glück kann man im Sommer bei einem der vielen Feste oder in einem der Museen eine **Folkloregruppe** oder einen Chor antreffen, der traditionelle Lieder singt und einen der vielen schönen **Volkstänze** aufführt. Sehr empfehlenswert ist das im Sommer abgehaltene **Traditionsmusikfestival in Viljandi.**

Dainas – die lettischen Volkslieder

Das klassische lettische Volkslied Daina existiert bereits seit Jahrhunderten, einige Melodien sollen tausend Jahre alt sein. In den meist vierzeiligen Versen wird von Leben, Leiden und Liebe erzählt – nicht als hohe Kunstform, sondern auf volkstümliche Weise. Aus der Zeit um das Jahr 1600 stammen die ersten schriftlichen Quellen. Der deutsche Schriftsteller **Johann Gottfried Herder,** der jahrelang in Riga lebte und als Lehrer tätig war, beschäftigte sich intensiv mit den Volksliedern. Zwei deutsche Pfarrer waren es ebenfalls, die Anfang des 19. Jh. erstmals ein Buch mit einer Sammlung dieser Lieder veröffentlichten. Bis heute sind viele der Lieder stark verbreitet und werden von den **zahlreichen Folkloregruppen** im ganzen Land erlernt und gesungen – besonders zu herausragenden Anlässen wie dem Johannisfest zur Sonnenwende.

Eine verwandte Art von Liedern gab es auch in Litauen, sie trugen den sehr ähnlichen Namen *Dainos.* Interessanterweise ist die litauische Version dieser Kunstform aber heute kaum noch existent, beinahe ausgestorben, während die Dainas des nördlichen Nachbarn weiterhin sehr populär sind und von großen Gefühlen der Menschen begleitet werden.

Trachten

Die zahlreichen Feste sind Anlass, die vielen schönen Trachten ans Tageslicht zu bringen. Die bunten Röcke, langen Stoffgürtel und bestickten Blusen der Frauen variieren von Landkreis zu Landkreis. In Estland gibt es einige besonders auffällige Formen wie die **Tracht der Seto,** die für ihren reichen Silberschmuck und die großen, schildähnlichen Broschen auf der Brust bekannt sind, oder die hübsche Kleidung der Frauen von der **Insel Muhu,** deren Strümpfe und Schuhe von bunten Blu-

Litauische Trachtengruppe

230li Foto: gs

men geziert sind. Klassische Muster werden von jungen Designern auch heute noch in modernen Kleidungsstücken und Accessoires verarbeitet.

Religiöse litauische Volkskunst

Eine alte Tradition ist im katholischen Litauen das **Schnitzen von großen Holzkreuzen,** von Christus- und Heiligenfiguren sowie kleinen Altären und Kapellpfählen, die an Weg- und Straßenrändern, Kreuzungen, Dorfplätzen oder auf Friedhöfen aufgestellt werden. Sie symbolisieren Hoffnung, sind Ausdruck des Glaubens und würdigen bedeutende Ereignisse wie Erntedankfeste. In ihnen spiegeln sich sowohl christliche als auch heidnische Symbole wider. Als Erscheinung des nationalen Glaubens war diese Volkskunst zur Sowjetzeit zwar verboten, wurde aber immer wieder ausgeübt.

Eine Besonderheit ist der geschnitzte **„Schmerzensmann"** *Rūpintojėlis,* eine trauernde (Christus-) Gestalt mit dem Kopf in den Händen, die an den Kapellpfählen oder Bildstöcken aufgestellt oder an Kreuzen angebracht wird. Die Figur wurde während der Unterdrückung zum Symbol des Schicksals. Häufig sind auch *koplytstulpis,* geschnitzte Figuren unter einem schützenden Dächlein. Die meisten Kreuze findet man in der Region Žemaitija. Seit 2001 ist die Anfertigung von hölzernen und geschmiedeten Kreuzen von der UNESCO als **Weltkulturerbe** geschützt.

Architektur

Das Leben der meisten Menschen im Baltikum spielte sich über die Jahrhunderte in kleinen Holzhäusern ab. Nur in größeren Städten wurden, oft nach verheerenden Bränden, Steingebäude errichtet. Sogar Kirchen waren lange Zeit hölzern. Bis zum heutigen Tag sind alle drei Länder geprägt von **Holzbauten,** auch wenn diese natürlich nicht mehr die Mehrheit bilden. In zahlreichen Freilichtmuseen, z.B. im Rocca al Mare in Tallinn, kann man hölzerne Bauernhäuser aus verschiedenen Zeiten und Regionen bewundern. In den Badeorten der Ostseeküste findet man zahlreiche sehenswerte Holzgebäude, die reich verziert sind.

Die **architektonischen Highlights** der Länder finden sich natürlich vor allem in den Hauptstädten. In Tallinn, Riga und Vilnius wurde die Altstadt von der UNESCO zum **Weltkulturerbe** erklärt. Die historischen Handelsorte der

004 le Foto: mk

Region entwickelten sich ganz nach dem Vorbild der deutschen Hansestädte.

Tallinn wartet mit architektonischen Perlen verschiedenster Epochen auf: das spätgotische Rathaus, die Renaissance-Fassade des Schwarzhäupterhauses, das barocke Kadriorg-Schloss, die mittelalterliche Stadtmauer, Holzhäuser aus der Zarenzeit und vieles mehr. Das prächtigste, am weitesten ausgedehnte Ensemble von Gebäuden im Jugendstil deutscher Prägung entstand in **Riga.** Die litauische Hauptstadt **Vilnius** ist vor allem durch den Barockstil italienischer Baumeister geprägt, aber auch durch Gotik und Renaissance. Die estnische Universitätsstadt **Tartu** (Dorpat) hat neben der klassizistischen Universität und Gebäuden entlang des Rathausplatzes eine Perle der Backsteingotik zu bieten: die mittelalterliche Johanniskirche.

Außerhalb der Städte sind es vor allem die zahlreichen Herrenhäuser und die **Burgen der Kreuzritter,** die Touristen anziehen. Es handelt sich hierbei um kastellartige Anlagen, die zum Teil gleichzeitig als Kloster und Wehranlage dienten. Vielerorts zieren bis heute Burgruinen die Landschaft.

Nachdem im Nordischen Krieg zahlreiche Rittergüter und Gutshäuser der deutschen Oberschicht zerstört wurden, entstanden ab Mitte des 18. Jh. zahlreiche neue Gutshöfe, oft stattliche Anlagen mit einem zentralen **Herrenhaus** und sehenswerten Nebengebäuden, um die hübsche **Parks** angelegt wurden. Ein Großteil der Gutshöfe ist erhalten, von anderen sind noch Ruinen zu sehen. Der Niedergang der Herrenhäuser begann mit der Landreform, als viele Deutschbalten ihren Besitz verloren. Zu Sowjetzeiten waren deren Landsitze den neuen Herrschern ein Dorn im Auge. Viele Häuser wurden bewusst dem Verfall preisgegeben, andere überlebten nur, weil sie zu Kolchosen, Lagerhallen, Schulen oder Altenheimen umfunktioniert wurden. Glücklicherweise konnten viele im Laufe der letzten beiden Jahrzehnte restauriert werden. Etliche Gutshöfe sind hervorragend renoviert, die meisten davon stehen Besuchern heute als **Museen oder Hotels** offen, andere dienen nach wie vor als Schulen, Verwaltungsgebäude oder Altenheime.

Unzählige mittelalterliche **Kirchen** wurden im Laufe der vielen Kriege im Baltikum zerstört und später wieder aufgebaut. Wegen seiner 50 Gotteshäuser erhielt Vilnius den Beinamen „Rom des Ostens".

In den Zeiten der sowjetischen Dominanz wurden wie überall hinter dem Eisernen Vorhang hässliche **Plattenbausiedlungen** aus dem Boden gestampft, während einige **Prachtbauten im sozialistischen Stil** entstanden wie der Palast der Akademie der Wissenschaften in Riga oder der Fernsehturm in Tallinn.

Blick auf Riga vom Turm der Petrikirche

273li Foto: gs

Litauen

232li Foto: gs

290li Foto: gs

Am Kurischen Haff

Trakai, eine der meistbesuchten Sehenswürdigkeiten Litauens

Das Thomas-Mann-Haus in Nida

Litauen
Liepaja
Priekule
Auce
Mažeikiai
Skuodas
Naujoji Akmenė
Joniškis
Venta
Mosėdis
Žemaitija Nationalpark
Darbėnai
Šventoji
Salantai
Kuršėnai
Berg der Kreuze
Kretinga
Palanga
Giruliai
Telšiai
Plungė
Šiauliai
Minija
229
Klaipėda
Gargždai
235
Kelmė
Agluonėnai
Tytuvenai
Juodkrantė
Priekulė
Dreverna
Šilalė
Šiluva
Kintai
Nehrung
Minija
Šilutė
Raseiniai
Nida
Rusnė
Kurisches Haff
Kurische
Tauragė
Dubysa
Raudonė
Veliuona
Seredžius
Vilkija
Schloss Panemunė
Panemunė
Sovetsk
Jurbarkas
Nemunas (Memel)
Zelenogradsk (Cranz)
Šakiai
Kulautuva
OSTSEE
Kaliningrad
RUSSLAND
Kazlų Rūda
Pregolja (Pregel)
Gusev
Vilkaviškis
Talpaki
Černachovsk
Marijampolė
Bagrationovsk
Via Baltica
Šestokai
Bartoszyce
Gołdap
Węgorzewo
Lazdijai
Suwałki
Ogrodniki
Giżycko
Olecko
Sejny
POLEN
Olsztyn
Biskupie
Mrągowo
Orzysz
Augustow
Białystok
Ełk
A11
A13
A12
A1
A9
A216
A229
E272
E77
E85
E28
E67
347
316
16
8
LI

Jelgava, Riga
Bauska, Riga
Līvāni
LETTLAND
Via Baltica
Biržai
Nereta
Pasvalys
Rokiškis
Daugava
Stelmužė
Daugavpils
Kupiškis
Panevėžys
Šeduva
Zarasai
Visaginas
Dūkštas
Anykščiai
Utena
Ignalina
LITAUEN
Kėdainiai
Ukmergė
Aukštaitija Nationalpark
Molėtai
Švenčionys
Postavy
Polatsk
Jonava
Neris
Čiobiškis
Geografischer Mittelpunkt Europas
Pabradė
Raudondvaris
Rumšiškės
Kaišiadorys
Kaunas
Nemenčinė
Svir'
Vievis
VILNIUS
Prienai
Aukštadvaris
Trakai
Birštonas
Jašiūnai
Smorgon
Alytus
Pričiupai
Ošmany
Dzūkija Nationalpark
Šalčininkai
Varėna
Eišiškes
Dieveniškės
Merkinė
Minsk
Nemunas (Memel)
Druskininkai
Voložin
WEISS-RUSSLAND
Lida
0
40 km

Vilnius und der Südosten

Die Hauptstadt

Die Hauptstadt Litauens ist aufgrund der Vielzahl und Vielfalt ihrer Sehenswürdigkeiten immer eine Reise wert. Wegen der prachtvollen **Meisterwerke der Baukunst verschiedener Stile** in der größten Altstadt Osteuropas, die zum **UNESCO-Weltkulturgut** zählt, wird Vilnius auch als „das Neue Prag", aber auch „Rom des Nordens", „Perle des Barock" und „Stadt der Kirchen" bezeichnet. Die **Silhouette** wird sowohl von den Glockentürmen der mehr als 30 katholischen Kirchen und 40 Klöster als auch von den Zwiebeltürmen der orthodoxen Kirchen geprägt. **Zeichen der religiösen Toleranz** sind auch Gebetshäuser anderer Religionen. Früher hieß es sogar, dass es unmöglich war, weniger als drei Kirchen zu sehen, egal in welche Richtung man schaute.

Die Stadt ist eingebettet in die **bewaldete Hügellandschaft** mit schönen Panoramablicken vor allem entlang des Flusses Neris. Rund 46 % der Stadtfläche sind von **Parks und Grünanlagen** bedeckt, zwei Landschaftsschutzgebiete tangieren den Stadtrand. Aber Vilnius ist nicht nur die grünste Hauptstadt des Baltikums, sondern für viele auch **die schönste** und aufgrund der Vielzahl der kulturellen Veranstaltungen, Feste, Festivals und dem großen Angebot an Gastronomiebetrieben und des Nachtlebens auch **die pulsierendste.** Schon seit dem 15. Jh. ist sie ein **multikultureller Treffpunkt zwischen Ost und West.** Es gibt viele Theater, Konzertsäle, Galerien und Museen. Hat Rom den unabhängigen Staat Vatikan auf seinem Territorium, so hat Vilnius die mehr oder weniger unabhängige **Republik Užupis,** ein Künstlerviertel. Mit dem Sitz von Regierung, Parlament und Präsident, der Botschaften und vieler Banken, ist Vilnius auch das wirtschaftliche, administrative und politische **Zentrum Litauens** und seit jeher ein **Schmelztiegel vieler Nationalitäten.**

Die landesweit größte Stadt zählt etwa 554.100 Einwohner, davon ca. 58 % Litauer, 14 % Russen, 19 % Polen, 4 % Weißrussen und 5 % sonstige Nationalitäten. Sie liegt im Südosten des Landes, nur 33 km von Weißrussland entfernt.

Die Hauptstadt entstand an der Einmündung des Flüsschens **Vilnia** („Welle"), dem die sie ihren Namen verdankt, in die **Neris,** welche die Stadt in drei Schleifen durchquert.

Das **Finanz- und Geschäftszentrum** am nördlichen Neris-Ufer, mit einigen neuen futuristisch aussehenden Hochhäusern, ist ein gutes Beispiel der aufstrebenden Entwicklung der Stadt.

Stadtgeschichte

Der Legende zufolge soll Fürst *Gediminas* (1316–41), inspiriert durch einen Traum, die Stadt gegründet haben. Tatsächlich war die Gegend an der Einmündung der Vilnia in die Neris bereits in **vorgeschichtlicher Zeit** besiedelt; die mehr als 7 m tiefe Kulturschicht am Fuß des Gediminas-Hügels reicht bis ins 4. Jahrtausend v. Chr. zurück. Aus mehreren kleineren Siedlungen ging dann im 7. Jh. n. Chr. eine Stadt hervor, die sich vom 9. bis 13. Jh. als **Handelszentrum** entwickelte. Vom 10. bis 13. Jh. stand auf dem Hügel eine **Holzburg,** 1251 ließ König *Mindaugas* an der Stelle der heutigen Kathedrale eine Kirche erbauen.

Erstmals schriftlich erwähnt wurde Vilnius, hier prallen Legende und historische Überlieferung aufeinander, durch die berühmte **Botschaft des Gediminas** aus dem Jahre 1323, mit der sich der Großfürst an die Hansestädte, viele europäische Fürsten und sogar an den Papst wandte. Um seine „neugegründete" **Hauptstadt** aufzubauen, rief er Siedler, Kaufleute, Handwerker und Baumeister nach Vilnius und versprach ihnen Land und allerlei Vergünstigungen. Das litauische Heidentum war damals überaus **tolerant.** So wurde **deutschen Kaufleuten** schon 1320 der Bau der Nikolauskirche erlaubt. 1323 gilt als offizielles Gründungsjahr. Die **Obere Burg** wurde aus Holz erbaut, am Fuß des Hügels entstand die **Untere Burg,** auf dem „Berg der Drei Kreuze" (s.u.) die **Schiefe Burg.** Das Territorium der Burgen als selbständiges, urbanes Gebilde war vom 14. bis 16. Jh. das politische, kulturelle und religiöse Zentrum des Großfürstentums.

Im Sommer 1365 erreichten die **Kreuzritter** Vilnius, und in den folgenden Jahrzehnten belagerten sie oft die Stadt, letztmals 1402, obwohl 1387 Litauen christianisiert wurde, Vilnius das **Magdeburger Stadtrecht** erhalten hatte, und König Jogaila einige Kir-

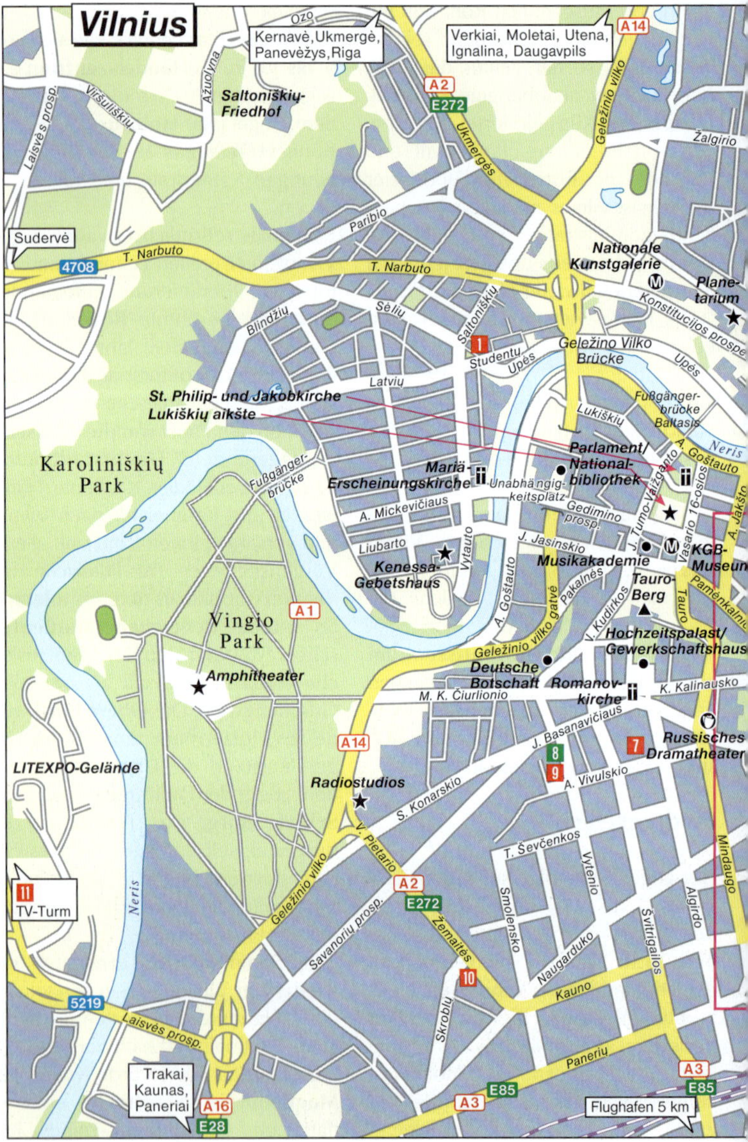
Vilnius
Kernavė, Ukmergė, Panevėžys, Riga
Verkiai, Moletai, Utena, Ignalina, Daugavpils
Saltoniškių-Friedhof
Sudervė
Nationale Kunstgalerie
Planetarium
Geležino Vilko Brücke
Fußgängerbrücke Baltasis
St. Philip- und Jakobkirche
Lukiškių aikšte
Parlament/ National-bibliothek
Mariä-Erscheinungskirche
Unabhängigkeitsplatz
Karoliniškių Park
Fußgängerbrücke
Kenessa-Gebetshaus
Musikakademie
KGB-Museum
Tauro-Berg
Vingio Park
Amphitheater
Hochzeitspalast/ Gewerkschaftshaus
Deutsche Botschaft
Romanov-kirche
Russisches Dramatheater
LITEXPO-Gelände
Radiostudios
TV-Turm
Trakai, Kaunas, Paneriai
Flughafen 5 km
Ozo
Ažuolyna
Viršuliškių
Laisvės prosp.
Ukmergės
Geležinio vilko
Žalgirio
Paribio
T. Narbuto
Blindžių
Sėlių
Saltoniškių
Studentų
Upės
Konstitucijos prospe
Latvių
Lukiškių
A. Goštauto
Neris
A. Mickevičiaus
Gedimino prosp.
Liubarto
Vytauto
J. Jasinskio
J. Tumo-Vaižganto
Vasario 16-osios
A. Jakšto
Pakalnės
V. Kudirkos
Tauro
Pamėnkalnio
Geležinio vilko gatvė
M. K. Čiurlionio
K. Kalinausko
J. Basanavičiaus
A. Vivulskio
S. Konarskio
V. Pietario
T. Ševčenkos
Vytenio
Smolensko
Mindaugo
Algirdo
Švitrigailos
Savanorių prosp.
Žemaitės
Naugarduko
Kauno
Skroblų
Panerių
4708
5219
A1
A2
A3
A14
A16
E272
E85
E28
1
7
8
9
10
11

Unterkunft
1 Victoria
3 Saulės Namai
4 JH Filaretai
5 Jaunųjų Turistų Centras
6 Best Western Naujasis Vilnius
7 Telekomas Guesthouse
9 Centrum Uniquestay
10 Žemaitės
11 Vilnius City Camping
Einkaufen
2 Kalvarijų-Markt
8 Blumenmarkt
500 m
Neris
Minties
Kalvarijų
Apkasų
Rinktinės
K. Tuskulėnų
Žirmūnų
Antakalnio
V. Grybo
Karių Kapų
Tuskulėnai-Friedenspark
Europaplatz/
Europaturm
Šeimyniškių
Žirmūnų Brücke
St. Peter und Paul-Kirche
A. Juozapavičiaus
Žaliasis Tiltas-Brücke
Žvejų
Konzert- und Sportpalast
Energie- und Technikmuseum
T. Kosciuškos
Ferma
103
Žygimantų
Tilto
Arsenalo
Gedimino prosp.
T. Vrublevskio
Stand-seilbahn
Berg der 3 Kreuze
Kalnų Park
Olandų
S. Batoro
Maironio
Vilnia
Filaretų
Krivių
Užupio
Polocko
Vilniaus
Didžioji
Pavilniai Regionalpark
ALTSTADT
Zarasų
Subačiaus
Pilymo
M. Daukšos
Rasų
P. Višinskio
Pushkin Gedenkmuseum
Pavilnio
Šopeno
Seinų
Hauptbahnhof
172
Sukilėlių
5201
Liepkalnio
Rasų-Friedhof
Kalveliai
Ribiškių
Didžioji gatvė
101
A15
Šalčininkai, Minsk
©REISE KNOW-HOW 2012

chen bauen ließ. Das **Stadtwappen** zeigt den *Hl. Christophorus,* Symbol der Christianisierung, mit dem Jesuskind auf seinen Schultern sowie das Doppelkreuz von Jogaila; es wurde Vilnius schon 1330 verliehen, aber bis zur Christianisierung 1377 zeigte das Wappen den Märchenhünen *Alkis,* der seine Frau ebenfalls auf den Schultern über den Fluss trug. Dank der **geschützten Lage** zwischen den zwei Flüssen und den starken Befestigungen der Stadt, schafften es die Ritter bis auf das Niederbrennen der Schiefen und der Unteren Burg nach fünfwöchiger Belagerung im Jahr 1390 nicht, die Stadt zu erobern. Genauso wie es der Traumdeuter geweissagt hatte. Die Ritter versuchten acht Mal die Eroberung, jedes Mal erfolglos, zuletzt 1402.

Deshalb entwickelte sich die neue Hauptstadt rasch. Und nachdem die Kreuzritter 1410 geschlagen worden waren, erlebte Vilnius eine Blüte seiner Macht und nahm wirtschaftliche und kulturelle Beziehungen zu anderen europäischen Städten auf. Ein Großteil der Stadt und der Unteren Burg wurde aber 1419 bzw. 1530 durch **Großbrände** zerstört. 1495 wurden die Goldschmiede- und Schneiderzünfte, dann auch andere **Handwerkerzünfte** gegründet. 1501 wird das **Wasserleitungssystem** in Betrieb genommen.

Da es inzwischen über den Ring seiner natürlichen Schutzwälle hinausgewachsen war und tatarische Reitertruppen die Stadt von Südosten her bedrohten, wurde 1503–22 eine fast 3 km lange und bis zu 12 m hohe **Stadtmauer** mit **10 Toren** und fünf Türmen errichtet. Die beiden Burgen wurden in das Verteidigungssystem mit einbezogen. Die Fläche betrug rund 100 Hektar. 1522 wurde Vilnius zu einem der europäischen **Buchdruckerzentren.**

1532 wurde eine hölzerne **Wasserleitung** von den Quellen in Vingriai ins Zentrum gelegt, 1536 war die erste **Steinbrücke** über die Neris fertig. Vilnius wurde während seiner **feudalen Blütezeit** im 16. Jh. mit rund 30.000 Einwohnern zu einer der größten und bedeutendsten Städte Europas. Über die Flüsse hatte man Zugang zur Ostsee und zum Schwarzen Meer. 1562 entstand eine Postverbindung über Krakau und Wien bis nach Venedig; von besonderer Bedeutung war der Handel mit Moskau und Kiev. 1570 wurde das **Jesuitenkolleg** gegründet, aus dem dann 1579 die **Universität** hervorging. Sie war die **erste** Universität im Gebiet der einstigen Sowjetunion und beeinflusste das kulturelle und wissenschaftliche Leben weit über die Grenzen Litauens hinaus.

Durch die Vereinigung Litauens mit Polen in der **Union von Lublin** (1569) verlor Vilnius an Bedeutung. Die Großfürsten residierten in Polen. Vilnius fiel an Bedeutung erst hinter Krakau, dann auch noch hinter Warschau zurück. Es hob sich von anderen Städten durch seine religiöse Toleranz gegenüber vielen Religionen ab; deren Gläubige wohnten meist in bestimmten Stadtbezirken (so lebten die Lutheraner in der Vokiečiú gatvė, der „Deut-

610li Foto: gs

schen Straße"). 1604 mussten die Calvinisten die Stadt verlassen. Vilnius wurde 1610 von einem **Großbrand** heimgesucht und hatte unter der **Besetzung durch Russland** (1655–61) zu leiden. Handel und Handwerk lagen darnieder, die Bevölkerung der Stadt schrumpfte um die Hälfte, die Obere und die Untere Burg wurden zerstört.

Im **Nordischen Krieg** (1700–21) zwischen Russland und Schweden, wechselte Vilnius mehrfach den Besitzer und wurde oft geplündert. Erneut hatte die Stadt unter Bränden zu leiden und wurde 1708–11 von **Hunger- und Pestepidemien** heimgesucht, die allein im Sommer 1710 innerhalb von nur drei Monaten über 30.000 Menschenleben forderten. Die **Großbrände** 1737, 1748 und 1749 zerstörten 12 Kirchen, 15 Paläste und Hunderte von Häusern. In der Zeit des Niedergangs der Republik wurde Vilnius dann zur **Stadt der Kirchen und Klöster.** Mitte des 18. Jh. ließen adlige Mäzene neben prunkvollen Palästen auch 40 Kirchen und 18 Klöster bauen, allesamt im Spätbarockstil. Es erhielt den Namen **Rom des Nordens.**

Bei der **Dritten Polnischen Teilung** von 1795 fiel auch Vilnius an Russland und wurde zur **Hauptstadt** des neuen

St.-Anna-Kirche mit Bernardiner-Kirche

Gouvernements. Die Wirtschaft erholte sich, Vilnius begann zu wachsen und war 1811 mit 56.000 Einwohnern, nach Moskau und St. Petersburg, die drittgrößte Stadt Russlands. Die Universität erlebte eine neue Blüte.

1812 zog *Napoleon* auf seinem Marsch nach Moskau in Vilnius ein und setzte eine litauische Regierungskommission ein. Wenige Monate später kehrte er mit seinen geschlagenen Truppen zurück, bevor der russische General *Kutuzov* einmarschierte. In Vilnius kamen rund 40.000 Soldaten Napoleons ums Leben, viele davon verhungerten und erfroren. Nach den **Aufständen gegen die Zarenherrschaft** von 1825 und 1831 verstärkte sich die Unterdrückung und Russifizierung. 1832 wurde die Universität geschlossen.

Durch den **Eisenbahnbau** zwischen Warschau und St. Petersburg 1860–1869 kam es zu einem erneuten **Wirtschaftsaufschwung** und die Einwohnerzahl erhöhte sich bis 1897 auf 154.000, davon 64.000 Juden, deren Anzahl bis 1919 sogar auf 100.000 stieg. 1896–1902 wird Vilnius Zentrum der „nationalen Wiedergeburt".

Die Politik spielte sich von 1915 bis heute (außer der Interimszeit 1920–39) vorwiegend in Vilnius ab, sodass hier auf das allgemeine Kapitel „Geschichte" verwiesen sei. In der Sowjetzeit 1945–90 waren 30 der 40 Kirchen und Kapellen von Vilnius geschlossen.

Rund um die Kathedrale

Kathedralenplatz

Der natürliche Ausgangspunkt für einen Rundgang durch Vilnius ist der Kathedralenplatz *(Arkikatedros aikšte),* sowohl zum Besichtigen als auch zum Erleben. Hier schlägt das **Herz von Vilnius,** hier kreuzen sich alle Fäden, hier pulsiert das Leben. Er ist ein beliebter Rendezvous-Platz, er ziert die Rückseite der 50-Lt.-Note. Hier fanden 1988–90 viele Kundgebungen im Unabhängigkeitskampf statt. An der Stelle, wo am 23. August 1989 die 595 km lange Menschenkette begann bzw. endete, wurde eine **Platte** mit der Inschrift „Stebuklas" (Wunder) in den Boden eingelassen. Wer sich etwas wünscht, muss darauf treten, den Wunsch äußern (aber nicht verraten), die Augen schließen und sich dreimal im Uhrzeigersinn drehen. Man findet sie halbwegs zwischen Kathedrale und Glockenturm, die den Platz dominieren und schon von weitem ins Auge fallen.

Der Kathedralenplatz war die **Keimzelle der Stadt.** An der Stelle der Kathedrale befand sich seit ältester vorchristlicher Zeit eine religiöse Kultstätte (s.u.). Rund um die heutige Kathedrale erhob sich zur Blütezeit des Litauischen Reiches die **Untere Burg,** eine befestigte Stadtanlage in Form einer hölzernen Vorburg mit Türmen und Wällen, die am Fuß des Hügels, während die eigentliche Festung, die Obere Burg, auf dem Hügel errichtet wurde. Die **Vilnia** verlief damals aber in einer Schleife westlich um den

239li Foto: gs

Burgberg herum, und im Norden strömte die Neris vorbei, sodass die Stadt von drei Seiten her durch die beiden Flüsse geschützt war. An der Ostseite brach der Berg zu einer tiefen Schlucht hin ab. Und indem man diese Schlucht vertiefte und die beiden Flüsse durch einen Graben verband, war der Zugang zu Stadt und Burg nun von allen **vier Seiten** her durch Wasser versperrt. Sichelförmig zog sich also die Stadtanlage um die Nord-, West- und Südseite des Berges herum.

Auf der **Nordseite** am Ufer der Neris standen einst dicht gedrängt die

„Lächelnde Madonna" in der Kathedrale von Vilnius, darüber der Heilige Kasimir

Wohn- und Wirtschaftsgebäude, in denen Handwerker und Kaufleute lebten. Hier stand auch die **Kirche St. Anna** (später St. Barbara), deren Fundamente noch erhalten sind (s.u.). Im 14./15. Jh. wurde der hölzerne Schutzwall durch eine einen Kilometer lange Mauer aus Ziegeln ersetzt, 9–10 m hoch und 2–3 m breit, mit Toren und über 20 Türmen (darunter der heutige Glockenturm). Die Untere Burg war das kulturelle, politische und administrative und mit der Kathedrale auch religiöse Zentrum des Landes.

Direkt neben der Kathedrale stand der **Großfürstenpalast.** Im 15. Jh. mussten die Händler und Handwerker in Häuser südlich der Vorburg entlang der Burgstraße und der Handelsstraßen umziehen, wo seit jeher schon die anderen Bürger wohnten. Nach der Zerstörung im Krieg gegen Russland (1655–61) baute man die gesamte Untere Burg nicht mehr auf. Unter der Zarenherrschaft wurden 1801 die meisten historischen Gebäude und der stark verfallene Palast abgetragen, der inzwischen wieder aufgebaut wurde (s.u.).

Unter dem Platz liegen Reste von Steinzeit- und heidnischer Siedlungen. Der westliche Arm der Vilnia wurde zugeschüttet, der östliche Kanal blieb erhalten. Auf dem freien Platz wurden Anfang des 20. Jh. **Märkte** abgehalten, darunter der berühmte Jahrmarkt des *Heiligen Kasimir.* Da der Platz jedoch wiederholt durch Hochwasser der Neris überschwemmt wurde, verlegte man die Märkte bald auf den Lukiškių aikšte. 1938–41 wurde der

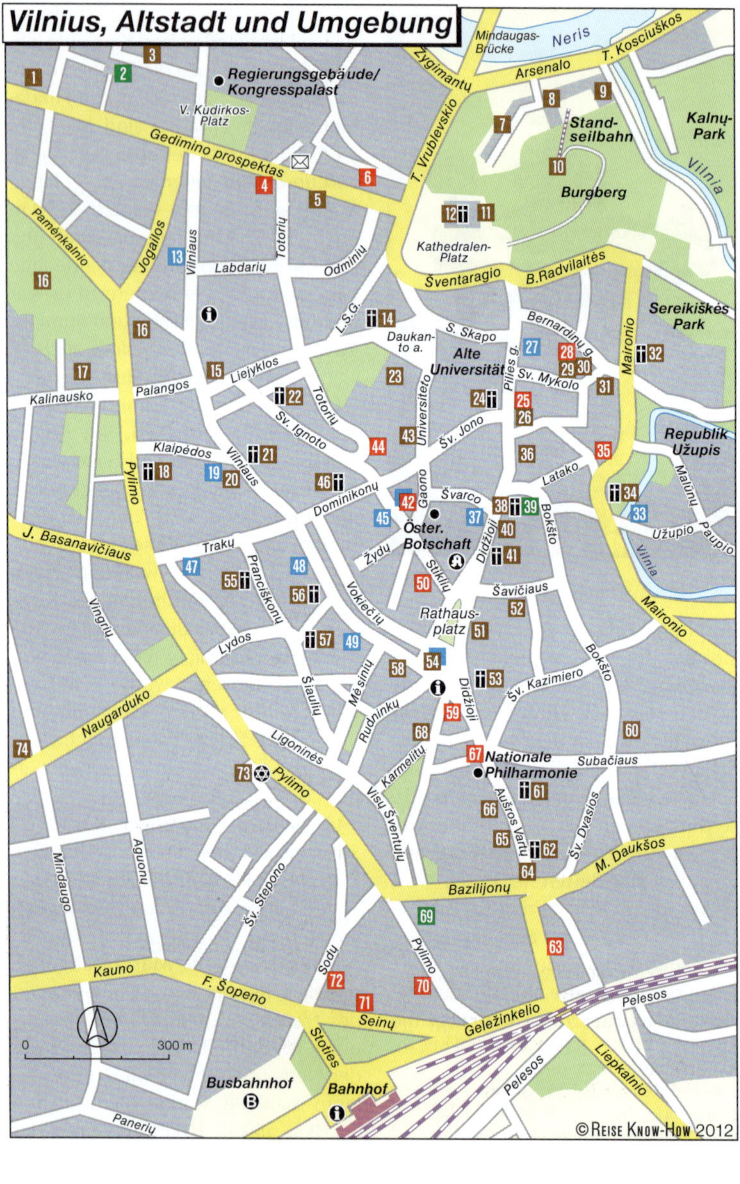

Vilnius, Altstadt und Umgebung
Mindaugas-Brücke
Neris
T. Kosciuškos
Arsenalo
Žygimantų
Regierungsgebäude/ Kongresspalast
V. Kudirkos-Platz
Gedimino prospektas
T. Vrublevskio
Stand-seilbahn
Kalnų-Park
Vilnia
Burgberg
Kathedralen-Platz
Šventaragio
B.Radvilaitės
Paménkalnio
Jogailos
Vilniaus
Labdarių
Totorių
Odminių
L.S.G.
Sereikiškės Park
Bernardinų g.
S. Skapo
Daukanto a.
Alte Universität
Pilies g.
Šv. Mykolo
Maironio
Liejyklos
Palangos
Kalinausko
Šv. Ignoto
Universiteto
Šv. Jono
Republik Užupis
Klaipėdos
Pylimo
Latako
Malūnų
Dominikonų
Gaono
Švarco
Bokšto
Užupio
Paupio
J. Basanavičiaus
Trakų
Pranciškonų
Žydų
Öster. Botschaft
Didžioji
Stiklių
Šavičiaus
Vokiečių
Rathaus-platz
Vingrių
Lydos
Mėsinių
Šv. Kazimiero
Naugarduko
Šiaulių
Rudninkų
Ligoninės
Karmelitų
Nationale Philharmonie
Subačiaus
Aušros Vartų
Šv. Dvasios
Visų Šventųjų
Aguonų
Mindaugo
Šv. Stepono
Bazilijonų
M. Daukšos
Sodų
Kauno
F. Šopeno
Seinų
Geležinkelio
Pelesos
Stoties
Liepkalnio
0
300 m
Busbahnhof
Bahnhof
Panerių
©Reise Know-How 2012

Unterkunft

4 Ambassador Hotel
6 Senatoriai Gästehaus
25 Narutis
28 Litinterp (B&B)
35 Mabre Residence
42 Relais & Chateaux Stikliai
44 Apia Guesthouse
50 Algis House
59 Radisson Blu Astorija
63 Altstadthostel
67 Grybas House
70 Mikotel
71 Panorama
72 A Hostel

Essen und Trinken

13 Da Antonio I
19 Balti drambliai
27 Forto Dvaras
33 Užupio Kavinė
37 Café de Paris
42 Stikliai
45 Lokys
47 Pabo Latino
48 Žemaičiai
49 Čili Kaimas
54 DOMM

Einkaufen

2 Gediminomarkt
39 Souvenirmarkt
69 Halės-Markthalle

Sehenswürdigkeiten, Museen, Gotteshäuser

1 Denkmal Žemaite
3 Nationales Opern- und Balletttheater
5 Nationales Dramatheater
7 Nationalmuseum
8 Archäologisches Museum
9 Museum für Angewandte Kunst
10 Gediminas-Turm/ Oberes Burgmuseum
11 Großfürstenpalast
12 Kathedrale/Glockenturm
14 Heiligkreuzkirche
15 Radvilos Palast
16 Jüdische Museen
17 Frank Zappa Memorial
18 Reformierte Evangelische Kirche
20 Theater-, Musik- und Filmmuseum
21 St. Katharinen Kirche
22 St. Ignatius Kirche
23 Präsidentenpalast
24 St. Johanneskirche
26 Signatura namai
29 A. Mickevičiaus Museum
30 Bernsteinmuseum
31 Museum des Kirchenerbes/ St. Michaelkirche
32 St. Anna-, Bernhardinerkirche
34 Russ.-orth. Muttergotteskirche
36 Šlapeliai-Haus
38 Piatnickaya Kirche
40 Gemäldegalerie
41 St. Nikolai Kirche
43 Alumnat
46 Heiliggeistkirche
51 K. Varnelis Museum
52 M.K. Čiurlionio Museum
53 Kirche des Hl. Kasimir
54 Palast der Künstler
55 Jungfrau-Maria-Kirche
56 Evang.-lutherische Kirche
57 St. Nikolaus Kirche
58 Zentrum für moderne Kunst
60 Bastei der Wehrmauer
61 Russ.-orth. Heiliggeistkirche
62 St. Theresienkirche
64 Aušros Vartai Tor
65 Wachsfigurenmuseum
66 Tor des Basilius-Klosters
68 Jugend- und Marionettentheater
73 Synagoge
74 Eisenbahnmuseum

Kathedralenplatz erhöht und mit Betonplatten ausgelegt, wodurch er sein heutiges Gesicht erhielt. Die dunkleren **Granitplatten** markieren die Lage des früheren dreigeschossigen Haupttors des ehemaligen Bischofspalastes aus dem 14. Jh. (1536 abgebrannt), des Gerichtshofs sowie einer Verteidigungsmauer zwischen dem Glockenturm und dem Neuen Arsenal. **Weitere Überbleibsel** der Unteren Burg sind der untere Teil des Glockenturms sowie Gebäudeteile des Alten und Neuen Arsenals, das Haus des Burgvogts und Teile der Verteidigungsmauer (s.u.).

Auf dem südöstlichen Teil des Platzes hinter dem ehemaligen Haupttor steht eine **Reiterstatue von Großfürst Gediminas.** Obwohl er nie ein Krieger war, hält er ein Schwert in der Hand, was den Unwillen vieler Einwohner hervorrief. Auf dem Sockel in traditionellem Stil sind Reliefs von den anderen Großfürsten *Vytautas, Kestutis, Algirdas* und *Jogaila* sowie der „Eiserne Wolf".

Geschichte der Kathedrale

Die Hl.-Stanislav-und-Hl.-Ladislaus-Kathedrale, die Hauptkirche Litauens und seit 1922 eine erzbischöfliche Basilika, steht an der Stelle eines heidnischen **Kultplatzes,** vermutlich dem Perkūnas-Tempel mit dem „Ewigen Feuer".

Die **erste litauische Kirche** wurde hier 1251 im romanischen Stil unter dem späteren König *Mindaugas* im Zusammenhang mit seiner Taufe aus Holz errichtet, nach seinem Tod 1263 jedoch in einen heidnischen Tempel umgewandelt. Großfürst *Jogaila* ließ 1387–88, als die Litauer den christlichen Glauben angenommen hatten, diesen abreißen und auf den Fundamenten der Mindaugas-Kirche eine **Steinkirche** im gotischen Stil mit fünf Kapellen bauen, von der 1985 die nördliche Mauer mit gotischen Fresken entdeckt wurde.

Nach einem Brand im Jahre 1419 wurde das Gotteshaus unter Fürst *Vytautas* ebenfalls im gotischen Stil, aber größer und im Stil norddeutscher Kirchenbauten wieder aufgebaut.

In den folgenden Jahrhunderten wurde der Dom durch eine Reihe von **Bränden** zerstört und jedes Mal in einem anderen Stil wieder erneuert: 1530 im Geist der italienischen Renaissance mit Fresken, 1610 im Barockstil. 1666 wurden die schmalen gotischen Fenster verbreitert. Mitte des 18. Jh. entstanden Risse in der Westfassade, und 1769 stürzte einer der Türme ein. Das Gotteshaus wurde wegen Baufälligkeit geschlossen.

Ihr heutiges Gesicht erhielt die Kathedrale schließlich ab 1783 unter dem Architekten *Laurynas Stuoka-Gucevičius* (1753–98), der mit ganzem Herzen für den **Klassizismus** schwärmte (sein Denkmal steht südwestlich der Kathedrale in der nach ihm benannten Straße, s.u.). Er beließ nur den Grundriss und konstruierte das Äußere des im Kern immer noch gotisch geprägten Baus von Grund auf neu: klassisch-streng und mit ausgewogenen Proportionen. Von dem früheren Bauwerk ist außer dem *gotischen* Innen-

402li Foto: gs

raum und den frühbarocken Kapellen (die Kasimir-Kapelle und die gegenüberliegende Sakristei) nichts erhalten geblieben. Nach dem Tode von *Stuoka-Gucevičius* wurden die Arbeiten 1801 vom Architekten *Michael Schulz* beendet.

Aus der mittelalterlichen Kirche war ein Bauwerk geworden, das nicht mehr wie eine Kirche, sondern wie ein **griechischer Tempel** wirkte. Unter sowjetischer Herrschaft wurde die Kathedrale dann 1956 vollends verweltlicht und als Kunstmuseum und Konzerthalle genutzt – ein weniger schlimmes Schicksal, da 15 der 20 Kirchen in der Altstadt als Lagerhäuser missbraucht wurden. 1988 gab der Staat das Bauwerk an die katholische Kirche zurück, sie wurde am 5. Februar 1989 neu geweiht. Die sterblichen Überreste des Heiligen *Kasimir* wurden aus der Peter-und-Paul-Kirche zurück in die Kathedrale überführt. Heute dient das Gotteshaus wieder als **erzbischöfliche Kathedrale.**

Die Kathedrale

Beeindruckend ist die majestätische **Säulenhalle der Westfassade** mit ihren 20 m hohen sechs dorischen Säulen. In den Nischen stehen große **Barockstatuen,** welche die vier Evangelisten, flankiert von Moses und

Die Kathedrale mit dem Großfürstenpalast (rechts) und der Gediminas-Statue

Abraham, darstellen. Das **Giebelrelief** zeigt Noahs Familie beim Dankopfer für die Rettung vor der Sintflut. 1996 wurden die unter dem Regime Stalins 1950 zerstörten hölzernen **Figuren der drei Heiligen** *Stanislav, Kasimir* und *Helene* als rund 5 m hohe Replikas aus Blech auf der Kathedrale wieder aufgestellt und sind von weither sichtbar, insbesondere die *Hl. Helene* mit einem 9 m langen goldenen Kreuz in der Hand. Auch die **Nord- und Südfassaden** werden von sechs dorischen Säulen getragen, wobei in den Nischen der Nordkolonnade Rokoko-Figuren von Aposteln und Heiligen, auf der Südseite Rokoko-Figuren litauischer Fürsten stehen. Im **Inneren** teilen zwei Reihen mächtiger viereckiger Säulen den Raum in drei gleichhohe Schiffe. Beeindruckend sind der Hauptaltar, die kostbare Tabernakeltür, (1625 von Augsburger Goldschmieden geschaffen), die rund 40 Bilder und Fresken vom 16.–19. Jh., die Skulpturen und die dekorativen Grabplatten vieler Persönlichkeiten. In den Seitenschiffen befinden sich elf Kapellen, unter denen die **Kapelle des Heiligen Kasimir** das Prunkstück und künstlerisch am wertvollsten ist. Die Kapelle im Stil des frühen Barock (1623–36) befindet sich im südöstlichen Teil der Kathedrale (also vom Portal aus rechts hinten) und wurde zu Ehren des Nationalheiligen *Kazimieras* (= Kasimir) erbaut.

Seine Reliquien sind in dem **Silbersarg** aufbewahrt. Das Bildnis über dem Sarg von 1521 zeigt ihn mit drei Händen, laut einer Legende ein Wunder. Unter dem Sarg sieht man ein Stukkorelief vom 17. Jh., die **„Lächelnde Madonna"** mit dem Jesuskind. Die Kapelle ist u.a. mit Sandstein, schwarzem Marmor, braunem Granit und weißen Stukkofiguren reich verziert. **Fresken** an der Kuppel und den Wänden der Kapelle zeigen Szenen aus dem Leben des Heiligen Kasimir. Als besonders wertvoll gelten die beiden großen Fresken an den Seitenwänden, die die „Graböffnung" (nach 120 Jahren war sein Körper nicht verwest) und das „Wunder am Grab des Heiligen Kasimir" (ein totes Mädchen stand wieder auf) zeigen. An die Einweihung der Kapelle erinnert eine beeindruckende **Gedenktafel** mit dem Wappen des Doppelreichs Polen-Litauen. Die acht versilberten **Holzfiguren** in den Wandnischen stellen litauische Großfürsten dar. Die Kapelle war über eine versteckte Galerie im oberen Stock mit dem Großfürstenpalast verbunden. Der Balkon, wo das Fürstenpaar gewöhnlich saß, ist über dem Eingang zur Kapelle.

Rechts von ihm ist der Eingang zum unterirdischen **königlichen Mausoleum** mit den Überresten von litauischen Großfürsten und polnischen Königen, darunter *Vytautas der Große* (1430), seine Frau *Ono* (1418), sein Bruder *Keštutaitis* (1440), *Švritigaila* (1452), *Alexander Jogailaitis* (1506) sowie die zwei Ehefrauen von König *Sigismund August II., Elisabeth von Habsburg* (1545) und *Barbora Radvilaitė* (1551) mitsamt Krone. In den unterirdischen Räumen aus dem 12. Jh., die nur mit Führung zugänglich sind

237li Foto: gs

Der Glockenturm der Kathedrale

(auf Litauisch, Polnisch und Russisch, Tel. 2611127), sind auch die Fundamente der heidnischen Tempel, der Fußboden der Kirche von König *Mindaugas* (1251), Überreste der Kirche von 1387, das älteste litauische Fresko (die Kreuzigung Jesu aus dem 14. Jh.) sowie die Krypten vieler Persönlichkeiten und Priester der Kathedrale zu sehen. Andere sehenswerte **überirdische Kapellen** sind u.a. die Kapelle Goštautų des Kanzlers Goštautas mit seinem Marmorgrabmal von 1640, die Renaissance-Kapelle Valavičių von 1631 sowie die Renaissance-Kapelle von Bischof *Alšėniškis* von 1550 mit dem wundertätigen Bild „Die Hl. Jungfrau Maria" von 1750 (die dritte Kapelle rechts vom Portal).

Im März 1985 wurden in den Wänden der Kathedrale wertvolle **Juwelen** sowie **Gold- und Silberschätze** vom 13.–16. Jh. gefunden. Aus Angst, dass die Sowjets den Schatz okkupieren, wurde er 13 Jahre lang versteckt, und erst im Juli 1998 wurde der Fund öffentlich bekannt gegeben. Die 270 religiösen Gegenstände (Monstranzen etc.) im heutigen Wert von mehr als 10 Millionen Euro wurden im Jahr 1655 vor dem Ansturm der Russen hier versteckt. Sie sind heute im Museum für Angewandte Kunst zu sehen.

Glockenturm

Vor der Kathedrale erhebt sich der Glockenturm, der sich aus verschiedenen Teilen aus **unterschiedlichen Epochen** zusammensetzt – erst viereckig, dann rund und achteckig. Der viereckige Abschnitt des Turmes ist allerdings nicht sichtbar, da er mehr als 5 m tief unter die Erde in die so genannte „Kulturschicht" reicht. Er soll aus dem 13. Jh. stammen.

Über das heutige Niveau des Platzes erhebt sich das **runde** Geschoss mit bis zu 4 m dicken **Mauern** und **Schießscharten.** Dieser Teil stammt aus dem 14. Jh. und war ein Turm in der Stadtmauer um die Untere Burg. Der **achteckige,** zweistöckige Aufbau mit den hohen Fenstern wurde

1522–24 gebaut. Ende des 16. Jh. folgte das letzte Stockwerk für die Uhr, die aber erst 1803 eingebaut wurde. Auf diesen Unterbau wurde 1893 eine 8 m hohe Spitze aus Blech gesetzt. Insgesamt ist der sichtbare Teil des Turmes 52 m hoch, oder sogar 57 m, wenn man das Kreuz mit der vergoldeten Kugel an seiner Spitze mitrechnet.

Die **Turmuhr** aus dem 17. Jh. wiegt fast eine Dreivierteltonne. Die vier vergoldeten **Zifferblätter** mit je 2 m Durchmesser rings um den Turm haben keine Minutenzeiger, weshalb alle 15 Minuten die Glocken schlagen. Zu den zehn Messingglocken aus dem 16.–18. Jh. von deutschen und holländischen Meistern kamen im Jahre 2002 sechs weitere hinzu, ein Geschenk des Erzbischofs von Köln.

Großfürstenpalast

Der Großfürstenpalast wurde von *Gediminas* im 14. Jh. gebaut und war fast 300 Jahre lang die **wichtigste Residenz** der Großfürsten. Von hier aus wurde das Land regiert, hier wurden auch Gäste und Gesandte aus dem Ausland empfangen. Nach der Zerstörung durch die Kreuzritter 1390, dem Wiederaufbau und dem Großbrand von 1419 ließ *Vytautas* den Palast ebenso wie die Kathedrale im gotischen Stil erneut wiederaufbauen.

Mitte bis Ende des 15. Jh. wurde er durch einen steinernen Palast ersetzt. *Sigismund* der *Ältere* (1506–44) und seine Gattin *Bona Sforza* aus Italien (Details im Kapitel „Kaunas") ließen 1520–30 im Stil der **Renaissance** den Nordflügel anbauen, den Ost- und Südflügel auf drei Stockwerke aufstocken und einen Innenhof anlegen; der Westflügel schloss direkt an die Kathedrale an. Hier gab es u.a. eine Sammlung von unschätzbaren Kostbarkeiten, eine **Bildergalerie** und eine **Bibliothek** mit 4000 Bänden, die später als Basis der Universitätsbibliothek dienten. Der Palast überstand im Gegensatz zum größten Teil der Stadt und der Burg unbeschadet den Großbrand von 1530.

Sigismunds Sohn Großfürst und König von Polen *Sigismund August II.* (1529–72) residierte hier 1544–48 erst mit seiner ersten Ehefrau *Elisabeth von Habsburg*, die 1545 hier verstarb, dann ab 1547 mit seiner zweiten Frau *Barbora Radvilaitė*, die 1551 vergiftet wurde; ihr Denkmal steht auf der Vokiečių gatvė. Der Großfürst konnte sie aufgrund des Widerstands innerhalb des Hofes erst 1547 heiraten, sodass er sie bis dahin im nahegelegenen **Radvila-Palast** auf dem Territorium der Unteren Burg über einen **Geheimgang** in der Nähe des Neuen Arsenals aufsuchte, der kürzlich gefunden wurde. 1562 wurde im Palast die Hochzeit seiner Schwester *Katrin* mit dem Sohn des schwedischen Königs *Gustav Wasa* gefeiert.

Beim Großbrand 1610 wurde der größte Teil der Stadt und der Burg vom Feuer verwüstet; der Palast wurde zwar mit mehr Marmor und Sandstein renoviert, aber seitdem nur noch selten als Residenz benutzt. 1636 fand hier die **erste Opernaufführung** in Litauen statt.

1655–61 wurde er durch die Russen geplündert und schwer verwüstet. 1801 hat man die Reste auf Anordnung des russischen Gouverneurs abgetragen, die Fundamente und Keller später zugeschüttet.

Der **Wiederaufbau** des Palastes im Stil des 16. Jh. begann 2002 und wurde 2011 beendet. Er dient heute als **Kultur-, Bildungs- und Repräsentationszentrum,** auch das Museum der Unteren Burg hat hier seinen Platz gefunden (Infos unter www.valdovuru mai.lt und www.ldm.lt).

Burgberg (Gediminas-Hügel)

Rechts am Großfürstenpalast vorbei gelangt man zu dem Weg, der von Süden her auf den 142 m hohen **Pilies kalnas** (Burgberg) hinaufführt. Der Höhenunterschied vom Platz aus beträgt nur 48 m und ist unter schattigen Bäumen rasch überwunden. Man kann auch mit einer **Standseilbahn** hochfahren, die Talstation liegt zwischen Neuem und Altem Arsenal (s.u.) auf der anderen Seite des Hügels (3 Lt., tgl. 10–19 Uhr). Das Gelände ist rund um den Fuß des Berges eingezäunt. Das Südtor ist 7–18 Uhr, von Mai bis September 7–21 Uhr geöffnet, die anderen Tore sind geschlossen. Von hohen Absätzen wird aufgrund des Kopfsteinpflasters abgeraten.

Der ziegelrote **Gediminas-Turm** auf dem Gipfel mit drei achteckigen Geschossen, die auf einem massigen viereckigen Fundament ruhen, ist das **Wahrzeichen der Stadt** und eine beliebte Pilgerstätte nationaler Identität, da hier am 1. Januar 1919 das erste Mal die **Nationalflagge** wehte. Dieser Anlass wird hier stets am Neujahrsabend gefeiert (s. Exkurs „Staatssymbole"). Die erste Aktion der vielen Okkupanten im Laufe der Geschichte war stets, die eigene Flaggen zu hissen, so die Polen 1920, die Russen 1940, die Deutschen 1941 und wiederum die Russen 1944. Zwischendurch nutzten die Litauer jede Gelegenheit, die eigene Flagge aufzuziehen. Am 7.10.1988 wurde hier dann lange vor der Unabhängigkeit die Nationalflagge gehisst.

Hier oben fand man in einer 6 m tiefen Kulturschicht **Siedlungsreste** von 500 v. Chr. mit Holzbauten, Waffen etc., auch einen Verteidigungs- und einen heidnischen Kultplatz mit einem vorchristlichen **Observatorium** ähnlich wie in Palanga. Auch im 5./6. Jh. gab es hier eine Siedlung. *Gediminas* soll 1323 die **Obere Burg** aus Holz errichtet haben, obwohl hier schon ab dem 10. Jh. eine Holzburg gestanden haben soll, die auch den Angriffen der Ordensritter widerstand. Zu jener Zeit war der Hügel noch unbewaldet, von ihm floss Wasser aus Trinkwasserquellen. Nach dem Brand von 1419 ließ *Vytautas* eine **gotische Burg** aus rotem Backstein errichten, geschützt durch eine 320 m lange Wehrmauer mit einem Tor sowie drei dreistöckigen Schutztürmen im Süden, Westen und Norden. Im Osten lag der zweistöckige **Palast** mit einem Thronsaal. Zwischen ihm und dem Nordturm stand die Kapelle des Hl. Martin. Mitte des 15. Jh. verlor die Burg ihre Funktion als Wehranlage, wurde ein Arsenal und ab 1610 das Staatsgefängnis.

238li Foto: gs

Während der russischen Besetzung (1655–61) wurde die Burg zerstört. 1930 wurde der **Westturm** als heutiger Gediminas-Turm restauriert; er war aber ursprünglich vierstöckig. Zu sehen sind auch noch Teile des Palastes, des Südturms, der Wehrmauer und der Kapelle.

Im Gediminas-Turm ist das **Obere Burgmuseum** untergebracht, mit einer Ausstellung, die Waffen und Rüstungen vom 13.–18. Jh. zeigt (tägl. 10–17 Uhr, von Oktober bis April Di–So 11–17 Uhr, Tel. 2617453, www.lnm.lt, www.eurob.org). Ein anderer Grund, weswegen man den 20 m hohen Turm mit seinen 78 Stufen besteigen sollte, ist der beeindruckende **Ausblick** von seiner Plattform.

Der Gediminas-Turm auf dem Burgberg

Nach Süden blickt man über die Dächer der **Altstadt,** zwischen denen Türme und Kuppeln emporragen. Nach Westen hin führt der schnurgerade **Gedimino Prospektas** zum Parlament, ganz im Hintergrund sieht man den **Fernsehturm.** Östlich des Burgberges sieht man aus dem Grün der Bäume **drei weiße Kreuze** (s.u.) aufragen. Jenseits der bewaldeten Hänge des **Kalnų Parks** im Nordosten erstreckt sich der Stadtteil **Antakalnis,** und nach Norden hin geht der Blick weit über die **Neris** und die neuen Stadtteile sowie die fünf futuristisch gestaltete Hochhäuser und Wolkenkratzer. Es ist also schon etwas dran, wenn die Litauer sagen: „Wer nicht auf dem Gediminas-Turm gewesen ist, der hat Vilnius nicht gesehen".

Tipp: Gute **Panoramablicke** hat man u.a. auch vom „Berg der Drei Kreuze", von der Bastei der Wehrmauer, vom Tauro-Berg, vom Supermarkt im 31. Stock des Europaturms (nur So 11–15 Uhr) und vom Fernsehturm.

Am Fuße des Burgberges

Wer auf dem Burgberg ist, kann mit der Standseilbahn von dort zur Talstation im **Hof des Alten Arsenals** fahren (s.u.). Beschrieben wird hier der Fußweg am Rand des Burgbergs von der Kathedrale in Richtung Neris. Gleich hinter der Kathedrale steht die

Skulpturengruppe „Litauische Ballade" mit drei abstrakten Figuren, die Könige, Priester oder Götzen darstellen könnten; der Künstler ließ 1973 die Sowjets darüber im Unklaren, damit er sie überhaupt aufstellen durfte. Nicht weit davon steht das **Denkmal für König Mindaugas,** dem einzigen König Litauens. Auf seinem Thron sitzend, hält er die königlichen Insignien – Zepter und Kugel. Der Sonnenkalender am Sockel zeigt die wichtigsten heidnischen und christlichen Feste.

Das dahinter liegende, langgestreckte, zweigeschossige Bauwerk mit rotem Dach ist das **Neue Arsenal,** dessen nordwestliche Mauer zugleich auch Wehrmauer der Unteren Burg war. Hier findet man **Fragmente vieler architektonischen Stile,** von gotischen Kellern des 14. Jh. bis zur klassischen Fassade mit dem Portiko vom 19. Jh. Heute ist darin das **Nationalmuseum** untergebracht, das man sich nicht entgehen lassen sollte. Das landesweit größte, bereits 1855 gegründete Museum umfasst über 700.000 Exponate, die über Volkskunst, Archäologie, Ikonographie und die Geschichte von der Steinzeit bis in die Gegenwart informieren. Zu sehen sind auch Wohnräume der ethnografischen Regionen und eine Ausstellung über Handel der Bauern und Fischer, Militärstücke von Soldaten *Napoleons* und eine Kartografiesammlung. Die berühmtesten Museumsstücke sind wohl der Tisch, an dem 1795 die dritte Teilung des polnisch-litauischen Doppelreiches besiegelt wurde, und der zerbrochene Dolch des polnischen Königs *Stanislaw,* der das Ende des Staates symbolisieren sollte (Tel. 2629426, Mi–Sa 10–17 Uhr, So 10–15 Uhr, www.lnm.lt).

Hinter dem Ausgang des Nationalmuseums rechts und ca. 100 m weiter führt ein Tor in den **Hof des Museums.** Hier sieht man die Fundamente der **St. Anna** und **St. Barbara Kirche.** Nachdem die Königin *Barbora Radvilaitė* vergiftet worden war, ließ ihr Mann, König *Sigismund August II.* die hier Ende 14. Jh. erbaute Kirche abreißen und eine neue Kirche als Mausoleum der Königsfamilie errichten. Nach seinem Tod 1572 wurde der Bau aber eingestellt, die Backsteine für den Umbau der Kathedrale benutzt. Daneben stand der gotische **Radvila-Palast.** Der Geheimgang, der zum Großfürstenpalast führte (s.o.), liegt heute verdeckt hinter der Mauer am Fuß des Hügels. Am Fuß des Burgbergs steht das **Haus des Burgvogts,** das im 16. Jh. so gebaut wurde, dass es auch als Hangstütze diente. Hier ist heute die Verwaltung des Nationalmuseums.

Durch das Tor des langgestreckten Gebäudes neben den Kirchenfundamenten gelangt man in den **Hof des Alten Arsenals** (Arsenalo 3), wo die Talstation der **Standseilbahn** zum Burgberg liegt. In dem Gebäude aus der Zarenzeit gegenüber ist das **Archäologische Museum** untergebracht (Tel. 2120273, Di–So 10–17 Uhr, u.a. Fundstücke vom 11. Jt. v. Chr. bis 14. Jh. n. Chr., ein Modell der Burganlage, alte Waffen). Östlich davon liegt das **Alte Arsenal,** eines der Zeughäuser aus dem 16. Jh., das rekonstruiert wurde; die Fassade erstrahlt im Renaissance-Stil des 17. Jh. Die freigelegten Mauerreste gotischer Bauten und der Stadtbefestigungen (12.–14. Jh.) von der Unteren Burg sind im Gebäudeinneren zu sehen. Jetzt ist darin das **Museum für Angewandte Kunst,** in dem litauische und ausländische Kunst vom 14. bis 20. Jh. (Möbel, Keramik, Porzellan, Kreuze etc.) sowie Wechselausstellungen zu sehen sind (Di–Sa 11–18 Uhr, So 11–16 Uhr, Tel. 262 8080, Arsenalo 3a, www.ldm.lt).

Nach so vielen Museen bietet sich die Möglichkeit einer einstündigen **Bootsfahrt auf der Neris** an; die Anlegestelle ist bei der Mindaugas-Brücke (mobil 6850100).

Nordöstlich des Burgbergs

Berg der drei Kreuze (Trijų Kryžių Kalnas)/Kalnų Park

Direkt hinter dem Flüsschen Vilna führt eine Straße von der T. Kosciuškos rechts ab hoch zum hügeligen **Kalnų Park.** In dessen Dainų-(Lieder)-Tal finden auf der Freiluftbühne Konzerte und Folklorefeste statt. Ein Weg führt hoch zum „Berg der drei Kreuze", dem **Plikasis-Hügel.** Hier sollen im Jahr 1333 sieben Franziskanermönche, die auf dem späteren Rathausplatz Heiden taufen wollten, von denselben gekreuzigt worden sein, von denen vier mit samt dem Kreuz in die Vilnia geworfen wurden, während die

240li Foto: gs

anderen drei zur Abschreckung eine Weile lang hängen blieben. Als Erinnerung daran wurden im 17. Jh. drei Holzkreuze errichtet, die 1916 durch Betonkreuze ersetzt wurden. 1950 wurden sie gesprengt. Die am 14. Juni 1989 neu aufgestellten weißen Kreuze sind ein Symbol von Hoffnung und Trauer. Von hier hat man ein gutes **Panorama** auf die Stadt. Hier oben stand auch die **„Schiefe Burg"**, bis sie 1390 von den Kreuzrittern zerstört wurde.

Weiter östlich liegen der nach seiner Gipfelform benannte **Tischberg**, wo *Gediminas* begraben sein soll, und wo bei Feiern Opferfeuer abgebrannt werden, und der **„Bekešo-Berg"**, wo 1580 ein Feldherr beigesetzt wurde.

St.-Peter-und-Paul-Kirche (Šv. Petro ir Povilo Bažnyčia)

Zurück zum Ausgangspunkt auf der T. Kosciuškos geht man weiter nach rechts Richtung Stadtteil Antakalnis, oder man nimmt einen der vielen Trolleybusse bis zum ersten Kreisverkehr. Nach rund 800 m, vorbei am Barockschlösschen Sluškai (Hausnr. 10), gelangt man zur barocken St.-Peter-und-Paul-Kirche am Platz des Papstes Johannes Paul II., der die Kirche 1993 besuchte. Sie ist neben der gotischen St.-Anna-Kirche (siehe Altstadt) das zweite **Bauwerk von europäischem Rang** in Vilnius. Das **architektonische Meisterwerk** mit großartigen Werken der Bildhauerkunst blieb dank seiner Lage außerhalb der damaligen Stadt von Krieg und Bränden verschont. So kann man es heute als das **bedeutendste** Baudenkmal des **Hochbarock** in Litauen bewundern.

Portal der St.-Peter-und-Paul-Kirche

Der Legende zufolge soll an dieser Stelle in vorchristlicher Zeit der heidnischen Liebesgöttin *Milda* gehuldigt worden sein. Die ersten Missionare nahmen den heidnisch-sündigen Ort für das Christentum in Beschlag, indem sie hier eine **Holzkirche** errichteten. 1655 soll diese Holzkirche im Krieg gegen Russland abgebrannt sein. Der reiche und mächtige Fürst und Hauptmann der Armee *Mykolas Kazimieras Pacas,* der damals nur knapp dem Tode entrann, soll beim Anblick der brennenden Kirche geschworen haben, an ihrer Stelle das prachtvollste Gotteshaus der Stadt zu errichten, vorausgesetzt, er komme mit dem Leben davon. Er kam davon, und mit dem Bau der Kirche und des Klosters der Lateran-Chorherren wurde 1668, bzw. 1677 begonnen. Sein wahres Motiv war jedoch eher, dass er mit seinem Reichtum glänzen und sich eine pompöse Gruft bauen wollte. 1675 war Richtfest. *Pacas* starb jedoch schon 1682, und wegen Geldmangels ruhte der Bau 1686–91. Die Innengestaltung und Ausschmückung dauerte bis 1704.

Dies wird verständlich, wenn man die dreischiffige Kirche nach dem Plan eines lateinischen Kreuzes mit einigen Kapellen betritt. Während ihr Äußeres mit einer Kuppel und zwei kleinen Türmen eher schlicht und ruhig wirkt, empfängt den Besucher im Inneren eine **Symphonie der Formen:** eine überaus reichhaltige, ästhetisch ausgewogene und sehr plastische Ausgestaltung, die jedoch nicht überladen wirkt, da hier das **überreiche Stuckdekor** ganz in Weiß durch freie Flächen unterteilt und gegliedert ist. Einfach überwältigend sind die mehr als **2000 Menschenfiguren und Gesichter,** die zu unterschiedlichsten Kompositionen gruppiert sind: mythologische und biblische Szenen, historische Schlachten und philosophische Darstellungen; Vertreter aller Stände, Berufe und Altersgruppen; Arme und Reiche, Heilige und Sünder, Kinder, Ritter in Rüstung, Schäfer, Greise und der Sensenmann. Jede Figur, jede Pose ist anders. Auch bei den meisterhaften **Reliefs** und **Panneaus** mit Darstellungen von Tieren, Pflanzen, Blumen etc. wiederholt sich nichts. Geschaffen wurde diese Vielfalt von den italienischen Bildhauern *Pietro Perti* und *Giovanni Galli,* wie überhaupt die ganze Kirche weitgehend das Werk **italienischer Meister** ist. Die **Fresken** des Hauptschiffes mit Szenen aus dem Leben des Apostels *Petrus* malten die Italiener *Alto Monte* und *Michelangelo Palloni,* die **Altäre** im Querschiff schufen ihre Landsleute *Pensa* und *Capone,* und im 19. Jh. ergänzten die Italiener *Boretti* und *Piano* die Kirche mit zwei Altären sowie einer **Rokokokanzel** und einem **Kristallkronleuchter,** beide in Form eines Schiffes. Die Apostel Petrus und Paulus sind in einem Bild über dem Hauptaltar verewigt. Die um 1700 in Rom geschnitzte **Jesusskulptur** „Ecce homo" soll wundertätig sein. Das Kloster wurde 1864 geschlossen. 1953–1991 lagen hier die Reliquien des Nationalheiligen *Kasimir,* bevor sie in die Kathedrale überführt wurden. An den Kirchengründer *Pacas* erinnert ein Porträt links in der Sakristei sowie am Haupteingang das Wappen seines Geschlechts und sein Grabstein mit der Inschrift „His jacet pecator" („Hier liegt ein Sünder"). 7–12 und 14–18 Uhr bzw. während der Messen, Tel. 2340229.

Tuskulėnai-Friedenspark

Wenn man über die Žirmūnų-Brücke geht, folgt man 350 m dem ausgeschilderten Weg bis zu einem Park, der ein Picknickplatz war, bis ans Licht kam, dass hier 706 Leichname verscharrt lagen. Sie waren sogenannte „Waldbrüder" und wurden 1944–47 vermutlich in der KGB-Zentrale (im heutigen Museum) ermordet. Zu ihrem Gedenken wurde ein **Grabhügel** errichtet, der von Kreuzen flankiert ist und in dessen Grabkammer ihre Gebeine aufbewahrt werden (Führungen Tel. 2750704, Zirmūnųgatvė 14).

Daneben stehen ein Gutshaus vom 19. Jh., eine Galerie im ehemaligen Reitstall und eine Kapelle.

Antakalnis-Friedhof

Etwa 1 km nordöstlich von der St.-Peter-und-Paul-Kirche in der Karių Kapų gatvė 1 liegt der berühmte Friedhof, auf dem u.a. Gefallene aus dem Ersten Weltkrieg liegen (1809 erstmals angelegt). Links vom Eingang sieht man die zahllosen identischen Gräber polnischer Soldaten. Dahinter steht ein Gedenkstein mit der Aufschrift „Den deutschen und russischen Kriegern 1914–18“. Noch weiter links „bewachen“ übergroße Statuen von Soldaten der Roten Armee die jetzt erloschene **Ewige Flamme.** In der Nähe steht ein Denkmal für sowjetische Persönlichkeiten und hinter einer Treppe sieht man Gräber von Sowjetsoldaten. Im Zentrum des Friedhofs in einem Bogen liegen neun der 14 Opfer, die am 13. Januar 1991 von russischen Truppen getötet wurden; die anderen fünf wurden in ihren Heimatstädten beerdigt. Außerdem liegen hier die 1991 am Grenzposten Medininkai von Sowjets getöteten sieben Soldaten. Eine **Madonnenskulptur** mit dem toten Jesus in ihren Armen steht hier zum Gedenken an die Nationalhelden. Auch die Überreste der vielen **Soldaten Napoleons** sind hier beigesetzt, die 2001 in Massengräbern im Stadtteil Žirmunai gefunden wurden. Östlich des Friedhofs liegt das botanische Schutzgebiet von Antakalnis, einem Teil des Pavilniai-Regionalparks.

Altstadt

Die Altstadt *(senamiestis)* erstreckt sich vom **Kathedralenplatz** rund einen Kilometer in Richtung Süden bis zum **Medininkų aušros** (auch *Aušros Vartai* bzw. „Tor der Morgenröte“). Sie ist mit 351 ha die größte Osteuropas und ziert die Rückseite der 100-Lt.-Note. Die **Hauptachsen** sind die ineinander übergehenden Straßen Pilies, Didžioji und Aušros Vartų. Hier kreuzten sich die früheren Handelsstraßen und hier wohnten seit jeher die „normalen“ Bürger, ab dem 15. Jh. auch die Händler und Handwerker, nachdem sie von der Unteren Burg weichen mussten. Der Kathedralenplatz war bis zum 19. Jh. noch von Mauern umgeben, und auf seiner Südseite war der Zugang zum nördlichen Ende der **Pilies gatvė** (Burgstr.), der **ältesten Straße** von Vilnius, nur durch ein Tor möglich. Diese verband die Untere Burg mit dem damaligen Marktplatz neben der St.-Johannes-Kirche. Er wurde später ein Stück weiter südlich auf den Rathausplatz verlegt, die Verlängerung der Straße nannte man einfach **Didžioji (Große Straße).** Während des Baus der Stadtmauer (1503–22) wurde die Aušros Vartų zum südlichen Stadttor angelegt. Auf dieser Achse reihten sich schnell Gebäude an Gebäude, sodass bald auch andere Wege angelegt werden mussten.

Mit ihren verwinkelten Straßen und Gassen, Kirchen, prunkvollen Bürgerhäusern und Palästen sowie mittelalterlichen Höfen, Plätzen, Befestigungsanlagen, Torbögen und Türmen ist die Altstadt ein **Eldorado** für jeden, der gern einfach bummelt, um zu entdecken und zu erleben. In den vielen **Geschäften** oder an Straßenständen kann man Souvenirs erwerben, in den **Restaurants** oder **Straßencafés** dem bunten Treiben zusehen. Das historische Erbe trifft man in den vielen **Museen,** die sich teilweise in früheren

Adelshäusern befinden, ein Anziehungspunkt sondergleichen. Auch viele **kulturelle Veranstaltungen und Feste** finden hier statt.

Die gesamte Altstadt mit ihren seit dem 13. Jh. natürlich gewachsenen Stadtstrukturen ist ein **städtebauliches Denkmal,** schön und unnachahmlich, und es ist deshalb auch kein Wunder, dass sie mit ihren rund 1500 Gebäuden, von denen fast 40 % von höchstem architektonischen oder historischen Wert sind, 1994 von der UNESCO in die **Welterbe-Liste** aufgenommen wurde. Dazu beigetragen hat auch die für Vilnius spezifische Kombination der natürlichen Umgebung mit der harmonischen Architektur, einer einzigartigen Mischung der bedeutendsten Stile Europas. Trotz der Zerstörungen durch Brände und Kriege sind viele sehenswerte Bauwerke erhalten geblieben, viele sind später restauriert worden.

Ursprünglich war das Gesicht der Altstadt von **gotischer Architektur** geprägt. Noch heute findet man in der Altstadt eine Reihe gotischer Bürgerhäuser, und rund 300 Häuser sollen hier über gotischen Kellergewölben stehen, die noch unter dem Stuck späterer Jahrhunderte versteckt sind. Schönstes Zeugnis dieser Stilepoche ist die St.-Anna-Kirche, mit Abstrichen auch die Bernardiner-Kirche und die Paläste vom 14. bis 16. Jh. Acht andere gotische Kirchen wurden im Laufe der Jahrhunderte so umgebaut, dass von ihrer ursprünglichen Architektur nicht mehr viel zu erkennen ist. Die meisten von ihnen haben ein **barockes** Gesicht bekommen und viele Kirchen sind erst in der Barockzeit entstanden, und zwar im „Litauischen Barock“. Die schönsten Beispiele sind die Kirche des Hl. Kasimir und die St. Theresienkirche. Zwischenzeitlich hatte auch der Stil der **Renaissance** Einzug gehalten, wenn auch nur kurzfristig. Die herrlichsten Bauwerke hierfür sind das Aušros-Tor, die St.-Michaelkirche, der wiederaufgebaute Großfürstenpalast und einige Höfe der Universität. Die schönsten Beispiele des **Klassizismus** sind das Rathaus, die Kathedrale und der Chodkevičiai-Palast.

Rundgang durch die nördliche Altstadt

Vom Kathedralenplatz schwenkt man nach Osten und gelangt zum **Sereikiškes-Park,** dem ältesten Park von Vilnius in einer Flussschleife der Vilnia. Im 15. Jh. befanden sich hier die Gärten des Bernardiner-Klosters, vom 18. Jh. bis 1842 der Botanische Garten der Universität (auf Veranlassung des berühmten Naturwissenschaftlers *Johann Georg Aden-Forster*). Heute ist es ein populärer Ort zum Spazierengehen, für Volksfeste und als Vergnügungspark.

Gotisches Ensemble

Der Weg führt weiter zu einem Höhepunkt des Rundgangs: Zum „Gotischen Ensemble“, dem wohl **schönsten Bauensemble** von Vilnius, das man sich auch dann unbedingt ansehen sollte, auch wenn man für Bauwerke nicht viel übrig hat: die **Bernhardiner-Kirche** und die **St.-Anna-Kirche** gehören zu den vollkommensten gotischen Baudenkmälern Litauens. Sie sind Orte der **„Europäischen Ziegelgotik-Route"** (www.eurob.org). Zuerst passiert man das langgestreckte dreistöckige gotische Gebäude des ehemaligen **Bernhardiner-Klosters** (nach dem Zarenaufstand von 1863 wurde es geschlossen, 1919 von polnischen Offizieren genutzt. Heute beherbergt es Teile der Kunstakademie).

Die Blüte **spätgotischer** Baukunst, einzigartig in der nordosteuropäischen Backsteingotik, markiert die **St.-Anna-Kirche.** Ein Schmaus für die Augen, eine Freude für denjenigen, der Ausgewogenheit und Harmonie bewundert. Aufgrund ihrer verspielten Vielfalt der Linien, der Symmetrien und geometrischer Muster wirkt die daneben liegende Bernhardiner-Kirche geradezu schlicht und streng. „Wenn ich nur könnte, würde ich sie auf meinen Händen nach Paris tragen!", soll *Napoleon* beim Anblick der St.-Anna-Kirche ausgerufen haben. Ihre heutige Form hat sie von 1581, der Vorgängerbau stammt von 1495–1500. 1394 stand hier schon eine Holzkirche zu Ehren von *Ono,* der Ehefrau von *Vytautas dem Großen.*

Bei einem Feuer 1812 wurde das Innere zerstört, weshalb das Kirchenschiff heute recht schlicht ist. Hier herrscht Barock vor, darunter drei Altäre von 1747 unter Aufsicht des berühmten Baumeisters *Johann Glaubitz.* Ein Netzgewölbe ziert das Presbyterium. Die kunstvolle **Westfassade** ist von einzigartiger Schönheit. Auffallend sind die beiden Seitentürme mit ihren Spitzen, die Erker mit Ziertürmchen, die den Gediminas-Säulen ähneln, der große Rundbogen und die vielen kleinen Bögen sowie die schmalen hohen Fenster. Wer genau hinschaut, erkennt die Buchstaben A und M (für Ave Maria).

In dieser relativ kleinen Kirche sind alle Errungenschaften der **gotischen Backstein-Baukunst** zusammengefasst. 33 verschiedene Formen von Backsteinen mussten hergestellt werden, um dieses Kunstwerk zu verwirklichen. Viele Kunsthistoriker sprechen deshalb von einer „flammenden Gotik", und man könnte manchmal wirklich den Eindruck haben, die Kirche stehe in Flammen.

Unbekannt geblieben ist die Identität des bzw. der Baumeister, um die sich daher eine **Legende** rankt, welche zugleich den Unterschied zwischen dem glatten, massigen Unterbau und dem plastisch-verspielten Aufbau erklären soll. Sie behauptet, dass ein Maurermeister namens *Vaitiekus* den Bau der Kirche begonnen habe; sein Geselle *Jonas* verliebte sich in die Tochter des Meisters, die schöne *Anna.* Und wie es so zu sein pflegt, war der Geselle ein armer Schlucker, der zwar der Tochter gefiel, nicht aber dem Meister, der erst wissen wollte, wozu *Jonas* imstande war. Daraufhin zog er beleidigt in die Ferne. Als er Jahre später, jetzt als Meister, wieder nach Vilnius zurückkehrte, da war der alte *Vaitiekus* verstorben und hatte weder die Kirche vollendet noch seine Tochter verheiratet. Beides übernahm nun der junge Meister. Die Liebe zu der schönen *Anna* verlieh seiner Schaffenskraft Schwung und Leichtigkeit, und ihr zu Ehren gab er der Kirche den Namen „Anna-Kirche". Den unteren Teil des Bauwerkes mit den drei Rundbogen des Portals soll der alte Meister geschaffen haben, wuchtig, behäbig und schwer. Der aufstrebende, lebendig verspielte Teil mit den drei Türmen soll vom jugendlichen Meister Jonas stammen. Die Geschichte klingt schön, ganz gleich, ob sie wahr ist oder nicht.

Der **Glockenturm** daneben wurde erst 1873 im neugotischen Stil erbaut. Gleich hinter ihm liegt die **Kapelle der Christustreppe** von 1613, umgebaut 1752. Man erreicht sie durch einen gotischen Torbogen.

Schräg gegenüber liegt der Eingang zur Kirche des *Hl. Franz von Assisi,* besser bekannt als **Bernhardiner-Kirche.** Sie gehörte zum Kloster der Franziskaner, die bereits 1469 als Mitglieder des Kreuzritterordens von Polen gekommen waren und ein Stück Land in der Flussschleife der Vilnia erhalten hatten. Die an der Stelle eines mitsamt dem Kloster abgebrannten Holzbaus um 1500 errichtete Steinkirche stürzte schon bald wieder ein. Lediglich die Sakristei blieb erhalten und bildet noch heute die Apsis der Kirche. Die heutige Kirche wurde 1519 unter dem Baumeister *Enkinger* auf den ehemaligen Fundamenten erbaut und markiert die **klassische Vollendung der Gotik.** Trotz Renovierungen hat das Bauwerk sein ursprüngliches Aussehen mit Spitzbogenfenstern, den Ornamenten über den Nischen an der Hauptfassade und der für die Gotik typischen aufstrebenden Wirkung weitgehend bewahrt. Im **Renaissancestil** gestaltet wurden nur die Spitzen der beiden Seitentürme und der Frontgiebel; dort in einer Halbkreisnische sieht man die **Wandmalerei** „Der Gekreuzigte" von 1846.

An der Südwand liegen zwei barocke **Kapellen,** an der Nordseite findet sich die Klostergalerie. Der **Innenraum** wird von vier Paaren achteckiger Säulen in drei Schiffe unterteilt; abgetrennt durch einen Triumphbogen ist der Chor. Auffallend sind die verschiedenen Gewölbe. Der Holzaltar stammt von 1614, die zwölf Seitenaltäre im Rokoko-Stil sind von 1766–84. Hier befinden sich auch das Grab des Fürsten *Stefan Radvila* (1618) sowie eine mannsgroße Skulptur eines Gekreuzigten vom 15. Jh., die landesweit älteste. Im Zuge einer tiefgreifenden Renovierung wurden auch gotische **Fresken** im Innenraum (mit Szenen von Jesus und St. Christophorus) sowie im Klosterkorridor zur Sakristei der St.-Anna-Kirche entdeckt.

Dass das Gotteshaus nicht nur frommen Zwecken gedient hat, beweisen die 19 **Schießscharten** in der nördlichen Wand direkt unter dem Dach sowie die dicken Mauern und die **Verteidigungstürme,** auf die Spindeltreppen hinaufführen. Wegen ihrer Lage am Stadtrand wurden die festungsartige Kirche und das Kloster gleich in die Wehranlagen einbezogen. Zu Sowjetzeiten diente die Kirche als Lagerhaus. Heute finden hier auch **Konzerte** statt (Tel. 2617370). Mo–Sa gibt es Führungen auf Englisch (mobil 682 40216, www.bernadinuansamblis.lt).

Hinter der Kirche erhebt sich der 37 m hohe achteckige **Glockenturm** von 1874, ebenfalls ein Meisterwerk der Gotik mit 10 verschiedenen Backsteinformen, verziert mit Nischen, Figuren und Reliefs. An der Maironio-Straße südlich der Kirche steht ein **Denkmal** für *Adam Mickiewicz* (s.u.).

Daneben an der Maironio 12 liegt die **russisch-orthodoxe Muttergottes-Kirche** im gotisch-byzantinischen Stil. Die schneeweiße Kathedrale war die erste in Vilnius und ist auch heute noch die größte und wichtigste Kirche der Orthodoxen. Sie ist prachtvoll mit georgischen Motiven und vielen Gemälden ausgestattet. An den Marmortafeln stehen die Namen der russischen Soldaten, die beim Aufstand 1863 starben. Ein Geschenk des Zaren *Alexander II.* ist das Muttergottesbild von 1870 an der rechten Säule. Teile des ursprünglich gotischen Mauerwerks aus dem 15. Jh. sind noch an der Außenfassade zu sehen. Die Fassade und die Kuppel ähneln der georgischen Architektur des Mittelalters. Die Kirche soll 1346 von *Algirdas'* Ehefrau *Juliana* in Auftrag gegeben worden sein, in der sie auch begraben ist. 1516 fand hier auch die Ehefrau von Zar *Alexander* ihre letzte Ruhestätte. 1609 wurde sie an die Unierten Kirchen übergeben. Die Kirche wurde nach den Bränden von 1610, 1716 und 1748 immer wieder aufgebaut. Die Universität übernahm sie 1808, der Architekt *M. Schultz* unterteilte sie 1810 in zwei Stockwerke; hier waren Hörsäle, eine Anatomie, eine Bibliothek und ein Museum. 1842–60 wurde sie als Militärbaracke, Archiv, Lagerhaus und sogar als Schmiede missbraucht. 1865–68 baute man sie wieder zur Kirche um.

Danach überquert man die Brücke zur Republik Užupis, ein Abstecher der besonderen Art.

241li Foto: gs

Bernhardiner-Kirche und das Denkmal für Adam Mickiewicz

Republik Užupis

„Grenzübergänge": Die „Republik" liegt östlich der Altstadt. Von den sieben Brücken ist die Užupio-Brücke am zentralsten und einfach zu erreichen. Sie wird auch mit Linienbus 11 befahren. An drei der sieben Brücken ist bei Festivals „Zoll" als Eintrittsgebühr in die Republik zu bezahlen.

Das alternative, nur etwa 60 ha große Užupis-Viertel wird als **„Montmartre von Vilnius"** bezeichnet, weil hier viele **Künstler** leben und zahlreiche Ausstellungen, Galerien und Ateliers zu sehen sind. Hier wohnen mittlerweile auch Prominente, mehr und mehr Geschäfte, Cafés etc. eröffnen. Es ist zu einem der teuersten Prestige-Stadtteile geworden. „Užupis" bedeutet „Ort hinter dem Fluss", und dieses Image hat es bis heute. Erwähnt wurde der Bezirk im 15. Jh. als Vorstadt von Vilnius, obwohl er auch heute noch mehr an ein Dorf erinnert. Schon damals haftete ihm der Makel eines Armenviertels an. Er ist nicht so sauber, viele Häuser bedürfen einer Renovierung, aber er hat eben „das gewisse Etwas". Das Viertel wird im Süden und Westen durch den Fluss Vilnia begrenzt, der über sieben Brücken überquert werden kann.

Die rund 2000 Bewohner „scherzen" gern, dass sie sich jederzeit von Vilnius loslösen könnten, und haben deshalb als **PR-Gag** am 1. April 1997 die **„Republik Užupis"** ausgerufen, was man u.a. auf Straßenschildern erkennen kann. Die Einwohner haben spezielle Pässe, einen Präsidenten, einen Bischof, einen Botschafter in Moskau, eine Armee aus zwölf Männern, eigene Briefmarken, die Zeitung „Užupis Herald" eine Nationalhymne und eine Verfassung mit eigenartigen 41 Artikeln, die zeigen sollen, dass hier Ironie und Freude regieren. Die „offizielle Regierungsbehörde" ist die **Užupio Kavinė,** eine Kneipe gleich hinter der Užupio-Brücke in der Užupio 2 (Tel. 2122138, 10–23 Uhr). Eine Gedenktafel erinnert an den Freundschaftsvertrag mit Montmartre vom August 1998. Dort bekommt man auf Wunsch ein Visum in den Pass gestempelt. Persönlichkeiten wie z.B. der *Dalai Lama* bei seinem Besuch 2001 erhielten schon die Ehrenbürgerschaft.

Um den satirischen Aspekt der Loslösung zu unterstreichen, wurde der **Nationalfeiertag** auf den 1. April, den Tag der Streiche, gelegt. Nach einem besonderen Kalender werden hier auch eigentümliche **Feste** gefeiert, z.B. das Neujahrsfest am 21. März (Verbrennung aller Stereotypen), Ende Juni das Wasserfestival oder am 2. November der Nistkastentag.

„Schutzpatron" ist das verstorbene Rockidol **Frank Zappa** (zu seinem Denkmal s.u.). Seit einer Künstleraktion hängen an einigen Häusern **satirische Schilder** wie z.B. „Užupis Sheraton". An der Ecke Užupio, Malūnų, Paupio steht eine 4 m hohe Säule mit einem **Engel mit Posaune,** das **Staatssymbol** der Republik. Ein neues Symbol ist die bronzene Nixe in einer Nische am Flussufer, auch **„Fräulein von Užupis"** genannt. Ihr wird nachgesagt, dass sie Menschen aus aller Welt mit ihrem Zauber in den Stadtteil

403li Foto: gs

locke. Es gibt interessante **Galerien** in der Užupio Nr. 2 und 3. Die Verfassung steht auf einem Zaun am Anfang der Paupio geschrieben.

In der Užupio gatvė stößt man bei der Nr. 16 auf das spätklassizistische Honestai-Schloss vom 19. Jh., bevor man in der Nr. 17 a die Kirche des *Hl. Baltrameus* sieht, die kleinste Kirche der Stadt. An der Stelle einer Holzkirche,1788 von *M. Knackfuß* errichtet, wurde die jetzige 1824 erbaut. Seit 1878 hängt darin das Bild der *Hl. Jungfrau Maria,* das früher im Trakai-Tor seinen Platz hatte. Während der Sowjetzeit war hier eine Bildhauerwerkstatt, heute gehört sie der katholischen Gemeinde der Weißrussen. Auf dem Friedhof des früheren Bernhardinerklosters in der Žvirgždyno 3 an der Vilnia liegen Persönlichkeiten aus älterer Zeit begraben.

Von hier geht es zurück zum Engel mit Posaune und dann nach rechts. In der Malūnų gatvė Nr. 3 steht ein langes Haus mit wenigen Fenstern; es war das 1495 gegründete **erste Frauenkloster** der Stadt, das Bernhardinerkloster von Užupis. Da sie keine eigene Kirche hatten, mussten die Nonnen über eine (heute nicht mehr vorhandene) Holzbrücke zum gleichnamigen Männerkloster auf der anderen Seite

1997 wurde im Stadtviertel Užupis die Republik ausgerufen

der Vilnia gehen. Am Geländer der heutigen Brücke befestigen Liebespaare Schlösser und werfen die Schlüssel in den Fluss, als Zeichen ihrer ewigen Liebe. Hinter der Brücke geht man rechts, zurück zum Gotischen Ensemble.

Zwischen Gotischem Ensemble und Universität

Gegenüber der St.-Anna-Kirche erhebt sich an der Šv. Mykolo 9 die **St.-Michael-Kirche** mit dem südlich daran anschließenden **Bernhardinerinnen-Kloster,** das einzige Renaissance-Ensemble in Vilnius. Die Außenfassade mit den vorgerückten Türmchen trägt aber auch Zeichen der Gotik und des Barocks. Beide Bauwerke wurden 1594 unter dem Kanzler und Hauptmann *Leonas Sapiega* begonnen, dessen Altargrabstein und der seiner zwei Frauen rechts vom Hochaltar aus buntem Marmor und Alabaster im Renaissancestil aus dem 17. Jh. steht. Sein Wappen, ein Fuchs, prangt am Deckengewölbe, das mit seiner Rosettenform das landesweit schönste seiner Art ist. Er stiftete dem Orden das Kloster und die Kirche unter der Auflage, dass die Kirche seine Gruft wird; es ist das einzige Heiligtum dieser Art in Litauen. Er und seine Familie wurden dann mumifiziert in den **Katakomben** der Kirche bestattet (Besichtigung möglich); seine Krypta wurde früher ausgeraubt, die Überreste ruhen jetzt in Eichensärgen. Zu den wertvollsten Grabsteinen Litauens zählt der von *Stanislovas Sapiega* über dem Portal der Sakristei. Das Kloster wurde 1604 vollendet, die Kirche erst 1627, der Turm sogar erst 1715. Das Kloster wurde 1949 geschlossen. Die Seitenaltäre wurden einst von den Sowjets herausgerissen. Hier ist heute das **Museum des Kirchenerbes** mit Gemälden, Kunst- und sakralen Gegenständen (Di–Sa 11–18 Uhr, Tel. 2697803, www.bpmuziejus.lt).

Schräg gegenüber in der Šv. Mykolo 10 ist das **Bernsteinmuseum,** in dem die Geschichte des Bernsteins erklärt wird (auch auf Deutsch). Zu sehen sind u.a. Inklusen, eine Nachbildung eines Amuletts aus dem Neolithikum vom berühmten Juodkrantė-Schatz sowie Wechselausstellungen moderner Bernsteinkunst. Im Keller steht u.a. ein hier gefundener Keramik-Schmelzofen aus dem 15. Jh. (tgl. 10–19 Uhr, Tel. 2623092, www.ambergallery.lt). Einen Museumsshop gibt es auch in der Filiale in Nida (siehe dort).

Die um die Ecke liegende **Bernardinų gatvė** ist eine der für das alte Vilnius typischen Gassen, die von eng zusammengedrängten Häusern aus dem 17. und 18. Jh. gesäumt sind. Schön ist auch der **Olizar Palast** in der Nr. 8, der später vom Architekten *Johann Glaubitz* prunkvoll gestaltet wurde, heute ein Hotel.

Ein Gedenkmuseum im **Haus Nr. 11** mit Innenhof erinnert an den berühmten polnischen Dichter *Adam Mickiewicz* (1798–1855). Er hat 1815–19 an der Universität von Vilnius studiert und 1822 einige Zeit in diesem Haus gelebt und gearbeitet. Er verbrachte auch einige Zeit in einem Gefängnis des Basilius-Klosters (s.u.). Sein Denkmal steht neben der St.-Anna-Kirche (s.o.). Von 1819–23 unterrichtete er am Jesuitenkolleg in Kaunas (s. dort), bevor er von den zaristischen Behörden aus Litauen verbannt wurde, das er jedoch Zeit seines Lebens als geliebte Heimat verehrte. Das beweisen die Zeilen aus seinem Gedicht und heutigen polnischen Nationalepos „Pan Tadeusz" (Herr Thaddäus), das er zehn Jahre später in Paris schrieb: „Litauen! Wie die Gesundheit bist du, mein Vaterland! Wer dich noch nie verloren, der hat dich nicht erkannt. In deiner ganzen Schönheit prangst du heut' vor mir. So will ich von dir singen, denn mich verlangt nach dir!". Eine kleine Ausstellung in diesem Gebäude erinnert an das Leben und Werk des Dichters während seiner Zeit in Vilnius (Tel. 2618836, Di–Fr 10–17 Uhr, Sa, So 10–14 Uhr, www.mb.vu.lt).

Am Ende der Gasse stößt man auf die **Pilies gatvė,** die älteste (schon 1530 erwähnt) und eine der schönsten Straßen der Altstadt mit vielen architektonisch interessanten Gebäuden aus dem 16.–18. Jh., wie das Kapitelhaus, Haus Nr. 4, im Renaissancestil rechter Hand und die gotischen Wohnhäuser mit den Nr. 12 und 14. Am Haus Nr. 13, einem Gebäude der Universität, ist eine Gedenktafel an *A. Mickiewicz* angebracht. An der Hauswand der Nr. 21 (einem Teil der Kirche) sind, was wie ein türloser Balkon aussieht, die Reste eines katholischen **Schreins** von 1759 zu sehen, dem einzigen des Landes in dieser Form. Hier stand früher auch eine Christusstatue. An der Steinplatte darunter sieht man Inschriften und Verzierungen. Ab 1781 lag an der Stelle des Hauses Nr. 22 einige Jahre lang der Botanische Garten der Universität.

Alte Universität

Zwischen den Seitenstraßen Skapo und Šv. Jono gatvė liegt die **Alte Universität,** deren Komplex verschiedenster Gebäude aus dem 16.–19. Jh mit gotischen, barocken, Renaissance- und Klassizismus-Architekturbeispielen das **gesamte Straßenkarree** bis zur Universiteto gatvė auf der Westseite umfasst, wo auch der einzige Zugang ist; bei Gottesdiensten ist aber auch das Tor zur St.-Johannes-Kirche auf. (**Hinweis:** für die, die den Universitätskomplex hier nicht besichtigen und lieber auf der Pilies gatvė weiter südlich bummeln möchten, wird auf den **„Rundgang durch die südliche Altstadt"** verwiesen). Man muss also sowohl bei der St.-Johannes-Kirche in die Šv. Jono als auch bei der Kreuzung mit der Universiteto gatvė nach rechts abbiegen.

Dabei passiert man mit der Hausnr. 3 den Pacas-Palast vom 16. Jh., der dem Kanzler *Sapiega* gehörte und in den 1831 die Gouvernementsverwaltung des Zarenreichs einzog. Der Palast in der Universiteto 2/18 mit gotischen Mauern aus dem 16. Jh. wurde Ende 17. Jh. von *M. Knackfuß* umgebaut. Im Hof des Gebäudes mit der Hausnr. 6 liegt das **Alumnat,** ein 1582–1622 als Studenteninternat errichteter und später als Priesterkolleg (von Papst *Gregor XIII.* gegründet) genutzter, prachtvoller Palast, dessen im Stil der italienischen Spätrenaissance angelegter Innenhof auf allen drei Geschossen von offenen Arkadengängen umgeben ist. Hier ist heute das italienische Kulturinstitut.

Weiter nördlich steht unter einem Arkadenbogen beim Bibliothekshof der Universität (s.u.) das **Denkmal** für *Kristijonas Donelaitis* (1714–80), dem Begründer der litauischen Belletristik. Gegenüber liegt der **Eingang zur Universität** (Mo–Sa 9–18 Uhr, Tel. 268 7001, www.vu.lt).

Wegen der Größe des Komplexes werden hier nur die sehenswertesten der **12 Innenhöfe** mit Arkadengängen und Galerien sowie der **12 Gebäude** beschrieben (die sich aus mehreren Blöcken zusammensetzen; viele haben mit Fresken geschmückte Säle). Zur Orientierung hilft ein kostenlos erhältliches Faltblatt (auch auf Deutsch). Bei größerem Interesse ist eine **Führung** empfohlen (Tel. 2687103). Die Universität ist eine wahre **Schatzkammer der Wissenschaft und Kunst.**

Die Universität ist 1579 aus dem zehn Jahre zuvor gegründeten Jesuitenkolleg hervorgegangen und damit eine der **ältesten Hochschulen Osteuropas.** Beim Aufbau der Universität wurden alle Wohnhäuser des gesamten Viertels zusammengekauft und zu Universitätszwecken umfunktioniert. Nach einem Brand im Jahre 1610 musste vieles neu aufgebaut werden.

Die Universität war eines der bedeutendsten **wissenschaftlichen und kulturellen Zentren Osteuropas.** Fast zwei Jahrhunderte lang befand sie sich im Besitz der **Jesuiten,** die damals in Litauen in Bildungsfragen das Sagen hatten. Sie brauchten die Universität insbesondere dazu, um gegen reformatorische Ideen anzukämpfen. 1773 wurde der Orden europaweit verboten und die Universität vom polnisch-litauischen Staat übernommen. Er verwaltete alle Schulen und Gymnasien u.a. in Vilnius, Minsk und Kiev. Nach der zaristischen Machtübernahme 1795 wurde sie 1803 zur „Kaiserlichen Universität". Aufgrund der Studenten- und Professorenbeteiligung am Zarenaufstand 1830 wurde sie zwei Jahre später geschlossen, 1919 dann erstmals als litauische Uni wiedereröffnet, 1920–39 unter polnische, dann in kurzen Abständen unter litauische, sowjetische und deutsche Hoheit gestellt, bevor sie 1943 von den Nazis wiederum geschlossen wurde. 1944 wurde sie wieder sowjetisch und ab 1990 litauisch. Hier studierten u.a. der spätere Nobelpreisträger *Czeslaw Milosz* und *Simonas Daukantas.*

Heute sind hier noch das Rektorat, die Bibliothek sowie drei der zwölf Fakultäten untergebracht. Hier befindet sich das weltweit erste **Zentrum für staatenlose Kulturen** (Roma, Tataren, Karäer etc., mit Sprachkursen), Tel. 2687293, statelesscultures@centras.lt.

Fresko „Die Jahreszeiten" in einem Saal der Universität

Die **13 Höfe** verschiedener Größe und Form (nach Wissenschaftlern der Universität benannt) sind nicht miteinander verbunden, sodass man manche mehrmals passieren muss. Einige Passagen sind recht eng und sehen deshalb gar nicht wie solche aus.

Durch einen Torbogen kommt man zuerst in den **Sarbievijus-Hof,** der belebteste und das **Herz der Uni.** Auf der gegenüberliegenden Seite liegt der Buchladen „Littera" mit Fresko (Mo–Fr 9–18 Uhr, Sa 10–15 Uhr). Links davon liegt das „Zentrum für litauische Studien", in dessen 1. Stock in der Aisčiai-Halle das brilliante **Fresko** „Die Jahreszeiten" von *P. Repšys* zu sehen ist, für dessen Fertigstellung er zehn Jahre brauchte.

Rechts vor dem Buchladen führt eine Treppe (die Glocke darüber stammt vom Glockenmuseum in Sirutėnai, s. dort) hoch zum **Dydysis (Großen) Hof,** der wie ein Saal unter freiem Himmel wirkt. Er ist auf drei Seiten von dreigeschossigen Gebäuden umschlossen. Diese wurden im 17. Jh. im Manieristischen Stil gebaut, dem Übergangsstil von der Renaissance zum Barock. Früher hatten auch die oberen Stockwerke offene Loggien mit Bogengängen im italienischen Stil, sie wurden jedoch im 19. Jh. aufgrund des zu rauen Klimas zugemauert.

Die Ostseite schließen drei Gebäude ab: erstens das **Hauptgebäude der Universität** und deren ältester Teil überhaupt (mit einem geschwunge-

242li Foto: gs

nen Dach, der Aufschrift „Alma Mater Vilnensis" und einem Säulensaal als Aula); zweitens der 68 m hohe, fünfgeschossige **Glockenturm** im Renaissance- und Barock-Stil (1600–10 bzw. 1737), das höchste Gebäude der Altstadt, und daneben die dazu gehörende **St.-Johannes-Kirche.** Deren dreistöckige Fassade gilt als eine der originellsten Schöpfungen des **Spätbarock** und bietet mit ihren Säulen, Wandpfeilern und Simsen ein sehr plastisches Bild. Die Kirche wurde 1387–1426 auf Veranlassung von *Jogaila* gebaut, unmittelbar nachdem Litauen das Christentum angenommen hatte. König *Sigismund August* übergab sie 1571 den Jesuiten, die sie aber 1773 zurückgeben mussten. Nach dem Brand von 1737 erhielt der gotische Bau (von dem nur noch die hohen Fenster zeugen) Stilelemente des Spätbarock wie z.B. das obere Stockwerk, die später hinzugefügte Kuppel und die Außenverzierung. Nach dem Umbau 1748–49 unter *J. K. Glaubitz* wurde der Innenraum reichhaltig ausgestattet, u.a. mit wertvollen Gemälden, Büsten und Skulpturen. Sehenswert ist neben dem prachtvollen Deckengewölbe auch der **barocke Hauptaltar,** der größte und einzige dieser Art im Baltikum, der sich aus 10 von ursprünglich 22 im Halbrund angeordneten Altären zusammensetzt. Davon sind sieben vom 17./18. Jh. Die schönsten der sieben Kapellen sind die der Hl. *Anna* mit einem schwarzen Marmorportal sowie die wunderschöne Oginski-Kapelle links vom Chor. Hier steht auch die größte Orgel Litauens. Während der Sowjetära wurde die Kirche erst als Lagerhalle missbraucht, dann war hier das Museum für Wissenschaftliche Gedanken untergebracht; heute ist in der Uni das **Wissenschaftsmuseum der Universität Vilnius,** Tel. 2687155, Mo–Sa 10–17 Uhr. Zu sehen sind u.a. 50 alte Bücher, z.T. aus dem 14. Jh. Die Kirche wird seit 1991 wieder für Gottesdienste genutzt, aufgrund der exzellenten Akustik auch für **Klassikkonzerte** (www.lmrf.lt).

Durch den dem Kircheneingang gegenüber liegenden Bogengang gelangt man in den **Observatoriumshof.** Von der ursprünglichen Sternwarte von 1753, der viertältesten der Welt, ist nur der untere „Weiße Saal" übrig geblieben, in dem heute ein Teil der Bibliothek untergebracht ist. Ab dem 18. Jh. wurden dann von den Kuppeln der beiden zylinderförmigen Türmchen die Sterne beobachtet. 1882 wurde das Observatorium auf Befehl des Zaren geschlossen, viele Geräte brachte man in andere Institutionen des Zarenreichs. An der im klassizistischen Stil entworfenen Fassade sieht man Reliefs der 12 Tierkreiszeichen.

Vom Sarbievijus-Hof gelangt man in weitere Höfe. Im **Daukanto-Hof** sind in der „Filologijos Fakultetas" im 1. Stock u.a. Fresken griechischer Musen zu sehen. Wer Interesse an einer Führung in der **Universitätsbibliothek** hat, muss sich im Littera-Buchladen (s.o.) anmelden. Deren Eingang mit der Aufschrift „Vilniaus Universitetas" liegt rechts neben dem Bibliothekshof und dem goldenen Tor (s.o.,

Universiteto 5). Die Bibliothek wurde 1570 zusammen mit dem Jesuiten-Kolleg gegründet und sie besitzt heute die größte Sammlung Litauens: rund 5 Mio. Bücher (davon 170.000 aus dem 15.–18. Jh.), 180.000 Manuskripte aus dem 13.–16. Jh. und 4000 karthografische Werke, darunter eine der zwei erhaltenen Ausgaben des **ersten litauischen Buches,** „Katechismus" von *Mažvydes.* Einen Besuch wert ist der **Smuglevičius-Lesesaal** aus dem 17. Jh. mit Deckenfresken griechischer Philosophen und Dichter (hinter dem Eingang links, in der Regel nur mit Führung). Besucher der Universität und der Bibliothek waren u.a. Papst *Johannes Paul II.,* der Dalai Lama und *Prince Charles.*

Zurück zum Kathedralenplatz

Nach Norden mündet die Universitätsstraße auf den dreieckigen **Daukanto-Platz,** benannt nach dem Historiker *Simonas Daukantas* (1793–1864), der die 100-Lt.-Note ziert. Hier liegt der **Präsidentenpalast** *(prezidentūra,* Fr/Sa Besichtigung möglich mit kostenloser Führung, Tel. 2664 073, www.president.lt). Im 14. Jh. wurde er als Adelsresidenz erbaut, 1543 Bischofsresidenz, ab 1795 war er Residenz der russischen Gouverneure. 1812 weilte hier erst Zar *Alexander I.,* kurz darauf *Napoleon* bei seinem Marsch auf Moskau und bei dessen Rückzug auch sein Widersacher Generalgouverneur *Kutuzov.* Dieser ließ den Palast dann im spätklassizistischen Stil umbauen. Während der Sowjetzeit diente er als Palast der Künstler, von 1991–97 als französische Botschaft.

Täglich um 18 Uhr findet der **Wechsel der Ehrenwache** statt. Sonntags um 12 Uhr wird die Staatsflagge feierlich gehisst. Diese wird eingezogen, wenn der Präsident im Ausland weilt.

Der **De-Reus-Palast** aus dem 18. Jh. auf der Nordseite des Platzes (Daukanto 2) erinnert mit seinen vier Säulen an einen griechischen Tempel. Gegenüber liegt der **Lopacinski-Palast** (Skapo 4), erbaut im 18. Jh. im klassizistischen Stil von *M. Knackfuß.* Von hier sind es noch 200 m zurück zum Kathedralenplatz.

Tour durch die westliche Altstadt

Auf dieser Tour liegen im Umkreis von 200 m von der Kreuzung Vilniaus/Dominikonų gatvė **vier Klosterkirchen** von verschiedenen Kongregationen (Jesuiten, Benediktiner, Franziskaner und Dominikaner) sowie zwei von **deutschen Kaufleuten erbaute Kirchen** – ein Zeichen der religiösen Toleranz von Vilnius.

Vom Kathedralenplatz geht es südwestlich in die L. Stuokos-Gucevičiaus gatvė. Neben dessen Denkmal (Details bei der Kathedrale, s.o.) steht die **Heiligkreuzkirche.** Hier starben im 14. Jh. Franziskanermönche als Märtyrer, für die 1543 eine Kirche errichtet wurde. Das Bonifrater-Kloster wurde 1635 angebaut. Mitte des 18. Jh. wurde die Kirche mit Stukko und Marmoraltären im Barock- und Rokoko-Stil, im

20. Jh. mit Deckenmalereien ausgestattet. In der Sowjetzeit diente die Kirche als Konzertsaal. Berühmt ist sie wegen des wundertätigen Bildnisses der Hl. Jungfrau Maria mit Kind.

An der Kreuzung mit der Totorių links und zwischen dem Palast aus dem 19. Jh. (heute das Verteidigungsministerium) und dem Hotel Artis rechts geht es in die Benediktinių. An der nächsten Kreuzung mit der Šv. Ignoto erinnert eine Gedenktafel am Gebäude des früheren Rabbinerrats an den Besuch von *Theodor Herzl.* Hier lohnt ein kleiner Abstecher links zum Jesuitenkloster und der barocken **St.-Ignatius-Kirche** (Šv. Ignoto 4), 1622–47 gebaut, diente sie als Sitz der deutschkatholischen St.-Martin-Brüderschaft. Das Kloster wurde 1798 geschlossen, das Kircheninnere im 19./20. Jh. weitgehend zerstört.

Richtung Westen stößt man auf die **Vilniaus gatvė.** Dort liegt links in der Nr. 30 die **St.-Katharinen-Kirche.** Die spätbarocke Kirche von 1622, in der heute auch Klassikkonzerte aufgeführt werden, wurde 1741–43 von *J. K. Glaubitz* umgebaut und mit Altären, Gemälden und Skulpturen reich verziert. Sie war Teil des Benediktinerinnen-Klosters und prägt mit der markanten Silhouette ihrer beiden 50 m hohen Türme das Bild dieses Viertels. Die kuppelgekrönte **Kapelle** wurde zu Beginn des 18. Jh. angebaut. Beim davor gelegenen Denkmal für den berühmten polnischen Komponisten *S. Moniuška* können Liebespaare auf der **Bodenplatte „Herz und Apfel"** ihre Wünsche äußern.

In der Nr. 41 ist im Kleinen Radvila-Palast im Renaissance- und Barockstil, in dem 1795–1810 das städtische Theater war, das **Theater-, Musik- und Filmmuseum** mit 252.000 Ausstellungsstücken untergebracht (Di–Fr 11–18 Uhr, Sa 11–16 Uhr, Tel. 2622 406, www.ltnkm.lt). An der Kreuzung rechts in die Trakų, danach links in die Pranciskonų, wo rechter Hand die **Jungfrau-Maria-Kirche** des früheren Franziskanerklosters liegt (1334–87 vor der Christianisierung Litauens errichtet, heute gotischer und spätbarocker Stil; 1812 Lazarett für Napoleons Soldaten, bis 1989 Staatsarchiv). Die Kirche wird zur Zeit renoviert. Die Statue der *Jungfrau Maria* soll wundersam sein. Zum Klosterensemble gehört

404li Foto: gs

auch die barocke **Suzinų-Kapelle** von 1708.

Geradeaus stößt man in der Šv. Mikalojaus 4 auf die **St.-Nikolaus-Kirche.** 1320 von deutschen Kaufleuten bereits vor der Christianisierung erbaut, erstmalig 1387 erwähnt und die **älteste erhaltene Kirche** Litauens, die fast unverändert ihre gotischen Bauzüge beibehalten hat. Sie ist ein Ort der Europäischen Ziegelgotikroute (www.eurob.org). Im 16. Jh. wurde die einschiffige Kirche im gotischen Stil dreischiffig umgebaut, die Hauptfront erhielt einen Stufengiebel. Im 18. Jh. erhielt das Gotteshaus neue Altäre, einen Chor und einen Glockenturm im Barockstil. Im Seitenaltar ist ein Bildnis des *Hl. Michael* vom 16. Jh. in Silber. 1902–39 war es die einzige Kirche der Stadt, in der die Messen auf Litauisch gehalten werden durften. Im Garten steht eine Skulptur des *Hl. Christophorus,* des Schutzpatrons der Stadt.

Zurück zur Kreuzung und nach rechts weiter bis zur Vokiečių: Dort links bei der Hausnr. 20 steht die **Evangelisch-Lutherische-Kirche.** 1555 von deutschen Kaufleuten erbaut, vereinigt sie barocke und gotische Elemente. Der pompöse Rokoko-Altar von *Johannes Glaubitz* stammt von 1741. In der Sowjet-Ära wurde sie zur Basketballhalle und Bildhauerwerksatt umfunktioniert. Der Glockenturm wurde 1872 errichtet, Zugang durch einen Hof; hier finden auch Konzerte statt).

St.-Katharinen-Kirche

Auf dem Mittelstreifen der Vokiečių auf Höhe der Mėsinių steht ein modernes **Denkmal** für *Barbora Radvilaitė* (Details beim Großfürstenpalast bzw. bei Biržai). Im Mittelalter lebten viele deutsche Mönche, Kaufleute, Architekten, Handwerker und Würdenträger in Vilnius; ihr großer Beitrag zum Aufbau der Stadt wurde mit dem Namen der **Vokiečių gatvė (Deutsche Straße)** geehrt. Die meisten Gebäude dieser Straße wurden während des 2. Weltkriegs und der Sowjetzeit zerstört bzw. abgerissen. Erhalten geblieben sind das Gebäude **Nr. 22** mit Gotik- und Barockelementen (das Wohnhaus des Hofarztes *Matthäus Worbeck-Lettow,* ein Geschenk der Adelsfamilie *Radvila*), das Haus **Nr. 24** des Burgvogts und Verwalters der Münzprägerei *Ulrich Hosius* aus dem 16. Jh. mit Gotik- und Barockelementen, der **Wittinghof-Palast** mit der **Nr. 26,** eines der besten Architekturbeispiele von *Martin Knackfuss* sowie der **Tyzenhausen-Palast** mit der **Nr. 28/17,** ebenfalls erbaut von *Knackfuß;* sein Silbersaal war Anfang des 19. Jh. eines der Zentren der Universitäts- und Salonkultur.

Während des Zweiten Weltkriegs teilte die Vokiečių gatvė die zwei **jüdischen Ghettos** (s. Exkurs „Jerusalem des Nordens"). Das **„Große Ghetto"** erstreckte sich südwestlich zwischen den Lydos, Pylimo und Karmelitų gatvė, das **„Kleine Ghetto"** nordöstlich zwischen Dominikonų, Stiklių gatvė

Jerusalem des Nordens

Wer heute über die **Vokiečių-Straße** („deutsche Straße") geht, ahnt nicht, dass sich dort einst ein **Zentrum jüdischen Lebens** befand, das seinen Ursprung im ausgehenden Mittelalter hatte. Damals zwang der christliche Fanatismus in Mittel- und Westeuropa viele Juden zur Flucht nach Osten. In Osteuropa fanden sie religiöse Toleranz und bildeten als Händler und Handwerker die neue Mittelschicht. So verlagerte sich Anfang des 16. Jh. der Schwerpunkt des jüdischen Lebens nach Polen, Galizien, Litauen und Russland.

In Litauen gab es **erste jüdische Niederlassungen** schon Ende des 15. Jh. („shtettlech" genannt); in Vilnius (jiddisch: Wilna) wohnten Juden bereits seit 1323. Mindestens seit 1633 existierte ein **jüdisches Viertel.** Die jüdischen Bewohner werden seit jeher **Litvaken** genannt. Sie durften aber erst nur in den dem Magistrat gehörenden Gebäuden wohnen, so Anfang des 17. Jh. nur in den Straßen Žydų, Šv. Mykolo und Mėsinių, nicht aber in der Vokiečių (für sie waren sogar Wohnungen mit Blick auf letztere verboten). Typisch für Judenviertel waren schmale Straßen mit Querbögen; ein solcher ist heute noch in der Marko Antokolskio gatvė zu sehen.

Trotz wiederholter **Pogrome** wurde 1573 mit dem Bau der großen Synagoge begonnen, und das geistige und kulturelle Leben begann zu blühen. Es entstand eine **Talmud-Akademie.** Dort lehrte auch der größte Gelehrte, *Elija ben Salomon Zalman* (1720–1797), besser bekannt unter dem Ehrentitel *„Gaon"* (er konnte schon im Alter von sechs Jahren den ganzen Talmud auswendig vortragen).

Ab dem 18. Jh. entwickelte sich Vilnius zu einer **Hochburg rabbinischer Gelehrter** und zu einem **Zentrum jüdischer Kultur.** Hier lebten viele Wissenschaftler des Judaismus. Weise der Stadt sollen den Talmud mit seinen 64 Bänden auswendig gekannt haben. Sie schufen bedeutende Literaturwerke in ihrem **Jiddisch,** der Grundlage des heutigen Literatur-Jiddisch. Im Gegensatz zu den chassidischen Strömungen Osteuropas, eines mystifizierenden, verinnerlichenden Glaubens, herrschte in Vilnius mehr der **Geist der Aufklärung,** der *Haskala.* Neben der Rabbinerschule und zehn geistlichen Akademien mit jüdischen Studenten aus aller Welt gab es **96 Synagogen,** neun Gebetshäuser, jüdische Verlagsanstalten und Druckereien einen Schriftstellerclub, die Strashun-Bibliothek (ab 1902) und 160 jüdische Vereine. Die Pogrome von 1881 und das Erstarken des polnischen und russischen Antisemitismus stürzten den Haskala schließlich in eine Krise.

1897 wurde der **Jüdische Bund,** die größte jüdisch-sozialistische Partei Osteuropas, als Alternative zum Zionismus gegründet. Von 1897 bis 1919 stieg die jüdische Bevölkerungszahl von 64.000 auf 100.000 und stellte **rund ein Drittel der Einwohner.** Die Kinder wurden in jüdischen Schulen unterrichtet, es gab **sechs Zeitungen** in jiddischer Sprache sowie ein eigenes Theater. 1925 wurde das YIVO („Yidisher Visenshaftliker Institut") gegründet, das die **jiddische Sprache** erforschte und bis 1940 in Vilnius seinen Hauptsitz unterhielt. Vorstandsmitglieder waren u.a. *Einstein* und *Freud.* In Vilnius wurde angeblich das „reinste" Jiddisch gesprochen. Am Ende der polnischen Annexion (1920–39) betrug der Bevölkerungsanteil mit rund 80.000 Juden noch 34 %. Im September 1939 übernahm Russland Ostpolen, löste alle jüdischen Organisationen auf und deportierte ihre Leiter. Unterdessen flohen viele polnische Juden vor den Nazis nach Vilnius.

Im Juni 1941 besetzte die deutsche Wehrmacht Vilnius, und am 6. September wurden auf dem Gebiet des jüdischen Viertels, getrennt durch die Vokiečių gatvė, **zwei Ghettos** errichtet. Das kleinere existierte nur 46 Tage. Die rund 11.000 Bewohner wurden im Wald von Paneriai erschossen. Im **großen Ghetto** mit rund 29.000 Bewohnern, entwickelte sich trotz weiterer Aktionen, bei denen über 26.000 Juden den Tod fanden, ein **eigenständiges Leben.** Etwa 20.000 Bewohner (davon 12.000 legale) unterhielten Fürsorgeeinrichtungen, ein medizinisches Versorgungssystem, Schulen, ein Gericht, Polizei und ein **Ghettotheater,** wo 120 Stücke aufgeführt wurden (hier ist heute das Marionettentheater). Verantwortlich für die Organisation des alltäglichen Lebens war der **Judenrat.** Wer nicht in die Arbeitslager kam, wurde in **Konzentrationslager** nach Lettland und Estland deportiert.

Widerstandskämpfer konnten zwar keinen Aufstand organisieren, ermöglichten aber bis zur endgültigen Auflösung des Ghettos am 23. September 1943 rund 6000 Menschen die Flucht.

Die Ghettos wurden 1944 von den Sowjets vollends zerstört, die Große Synagoge in die Luft gesprengt. Der **23. September** ist heute der **Gedenktag an den Holocaust,** der in keinem anderen Land so brutal umgesetzt wurde wie hier. Nur etwa 800 Ghettobewohner überlebten ihn. Die Bevölkerung von Vilnius sank größtenteils deswegen von 209.000 vor Kriegsbeginn auf nur noch 110.000. Einige Historiker behaupten, dass die meisten Juden **unter Beihilfe oder direkt von Litauern** ermordet wurden (aus Rache, da sie die Juden für Spitzel und Helfer der Sowjets hielten. Von 25 Polizeibataillonen waren 10 aktiv an Verbrechen gegen Juden beteiligt). Überlebende sagten auch, dass die litauischen Kommandos oft noch grausamer als ihre deutschen Vorgesetzten handelten. Auch heute wird nicht gern über das dunkle Kapitel gesprochen, man liest meist nur von „örtlichen", nicht jedoch von litauischen Kollaborateuren. Von den jüdischen Gedenkstätten abgesehen, werden die Sowjets allgemein in einem viel schlechteren Bild als die deutschen Besatzer gezeigt. Das heutige Verhältnis zu den Juden ist immer noch etwas belastet, und in Vilnius leben zur Zeit nur noch **3500 jüdische Einwohner.** (Infos beim **Zentrum für Toleranz,** Naugarduko 10, Tel. 2629666, beim **Chabad Lubavitch Zentrum,** Tel. 2150387, und bei der **Universität,** Tel. 2687187.)

Vom früheren „Jerusalem des Nordens" mit seinen 105 sakralen Stätten ist bis auf die **Synagoge** und die später angebrachten **Gedenktafeln** (s. Rundgänge) nichts mehr geblieben. Auch nach dem Krieg löschten die **Sowjets** jüdisches Kulturgut aus. 1957 wurden die Friedhöfe im Kalnų-Park und auf dem heutigen Žalgiris-Stadion geräumt und die Grabsteine auf dem **Sudervės-Friedhof** aufgestellt, soweit sie nicht zu Gehwegplatten benutzt wurden (diese wurden 1991 der jüdischen Gemeinde zurückgegeben). Dort liegt auch das **Grab des Gaon.** Beim Žalgiris-Stadion steht ein **Denkmal** für den dortigen ehemaligen Friedhof.

Im **jüdischen Gemeindezentrum** (Tel. 2613003, www.litjews.org) in der Pylimo 4 befindet sich im 1. Stock eine Filiale des **Staatlichen Jüdischen Museums** (Tel. 262 0730, www.jewishcenter.lt), u.a. mit einer Ausstellung über die Große Synagoge. Der Ghettoalltag sowie der Holocaust wird im Museum, im **„Grünen Haus"** in der Pamėnkalnio 12 (das Gässchen hoch hinter Hausnummer 2) bewegend dargestellt (Tel. 2620 730). Beide Museen sind Mo–Do 9–17 Uhr sowie So 10–16 Uhr geöffnet (Führung auch auf Deutsch) und liegen auf dem **„Rundgang durch das Neue Zentrum"** (s.u.).

Daneben stehen Denkmäler für den niederländischen Botschafter *Zwartendijk* und den japanischen Konsul *Sugihara,* die 1940 2200 bzw. 6000 Juden das Leben retteten. Für *Sugihara* wurde auch ein **Denkmal** neben der Upės gatvė beim Radisson Blue Hotel Lietuva aufgestellt (vgl. Museum in Kaunas). Gedenksteine an der Subačiaus 47 und 49 erinnern an *Karl Plagge,* der 250 Juden das Leben rettete.

und fast bis zum Rotušės aikštė. Diese Tour führt um das „Kleine Ghetto" herum, und zwar erst Richtung Norden und dann rechts in die **Dominikonų.**

Bei der Nr. 8 liegt die **Heiliggeist-Kirche.** Von der ersten gotischen Kirche von 1408, die von *Vytautas dem Großen* gestiftet wurde, sind noch Reste der Kellergewölbe erhalten. 1501 übergab sie Großfürst *Alexander* dem Dominikanerorden, der daneben ein Kloster errichtete (mit schönen Fresken). Nach Bränden wurde sie 1770 im Stil des Barock und Rokoko umgebaut. Während des Zarenregimes diente das Kloster als Gefängnis für litauische und polnische Patrioten; die katholische Kirche wurde später zeitweilig als russisch-orthodoxe genutzt. Das Innere ist mit Stukkofiguren und Fresken üppig ausgestattet. Die **Orgel** von 1776 ist die wertvollste Litauens. Beeindruckend sind auch die 17 Marmoraltäre, die barocke Orgelempore und die Kanzel. Während der Sowjetzeit war sie als eine der wenigen Kirchen für Gottesdienste offen. Sie ist die Hauptkirche der polnischen Gemeinde, weshalb Papst *Johannes Paul II.* sie auch 1993 besuchte. Sie wird auch für Konzerte genutzt. In den Kirchenkrypten liegen die Gebeine von rund 2000 Menschen, die im 17./18. Jh. an Seuchen starben.

Eher unscheinbar ist die **Hl. Dreifaltigkeitskirche** in der Nr. 12 (im 16. Jh. im gotischen Stil erbaut, Umbau und Bau von zwei Türmen im 18. Jh.).

Die Straße ist eine der ältesten und schönsten Straßen, die schon im 16. Jh. mit hölzernen Wasserleitungsrohren versorgt und damals schon ganz mit Häusern aus Stein bebaut war. Kein Wunder, wohnten hier doch einige Adelsfamilien. Deren Residenzen sind zum Teil noch erhalten, so der **Pociejus-Palast,** Haus Nr. 11, mit Frühbarockelementen (Reiterbasreliefs und eine zweigeschossige Bogengalerie), der **Zaviša-Palast** mit der Nr. 13 im frühklassizistischen Stil (der Keller aus der Renaissance blieb erhalten) und der **Gureckis-Palast** mit der Nr. 15, der Ende des 18. Jh. ebenfalls im frühklassizistischen Stil umgebaut wurde.

Ein kleines Stück zurück geht es dann links in die **Stiklių gatvė** (Glaserstraße). Es gibt hier mehrere Gaststätten, Souvenirläden und Hotels. Mit ihren Bürgerhäusern aus dem 15.–19. Jh., hübschen Fassaden, alten Schaufenstern und vielen dekorativen Details ist sie eine der malerischsten Gassen. Auf Höhe des Hotels Stikliai wird man an das **jüdische Viertel** erinnert. Links in der Gaono 3 (schräg gegenüber der österreichischen Botschaft), wo das Tor des „Kleinen Ghettos" lag, ist eine **Gedenktafel** angebracht zur Erinnerung an die 11.000 Bewohner, die 1941 hier ihren Todesmarsch antreten mussten. Das Gebäude Gaono 1 war eine Art Tor ins Ghetto. Das Haus Nr. 6 stammt aus dem 16. Jh. Rechts in der Žydų gatvė („Judenstraße") Nr. 4 steht eine **Bronzebüste des Gaon** gegenüber seines früheren Hauses (Zydų 4), mit einer Gedenktafel. Links davon, an der Stelle des heutigen Kindergartens, stand die **Große Synagoge** (1633) und die

Strashun-Bibliothek, die größte Judaika-Bibliothek Europas. Zurück geht es zur Stiklių, wo man in der Nr. 3 das kleine **Leinenmuseum** besichtigen kann (Tel. 2610213), bevor diese in den Rathausplatz (s.u.) mündet. Die nächste Tour beginnt am südlichen Teil der Pilies gatvė, sodass man zunächst rund 200 m links Richtung Norden gehen muss.

Rundgang durch die südliche Altstadt

Ausgangspunkt ist die Stelle, wo der „Rundgang durch die nördliche Altstadt" zur Universität abbiegt (s.o.). Im Signaturenhaus mit der Neorenaissance-Fassade in der Pilies 26 mit der Aufschrift **„Signatura namai"** wurde am 16. Februar 1918 die Unabhängigkeitserklärung unterzeichnet. Heute finden sich hier das Zentrum für Geschichte und Kultur und ein Museum (Di–Sa 10–17 Uhr, Tel. 2314442, www.muziejai.lt). In der Nr. 40 im ersten Stock des **Šlapeliai-Hauses** aus dem 17. Jh. befindet sich ein Museum über Aktivisten der nationalen Befreiungsbewegung im 19./20. Jh. (Mi–So 11–16 Uhr, Tel. 2610771). Hier am Ende der Pilies bis zum Beginn der Didžioji gatvė liegt ein **Souvenirmarkt.** Die ideale Kulisse für den **Bildermarkt** bietet die Kirchenmauer der malerischen russisch-orthodoxen **Paraskovila-Piatnickaya-Kirche.**

Hier auf dem Platz eines Heidentempels für *Ragutis,* den Gott des Bieres, wurde 1345 noch vor der Christianisierung Litauens die erste Steinkirche von Vilnius für die erste Frau des Großfürsten *Algirdas* gebaut. Anfang des 17. Jh. gehörte sie dem Basilianerorden, der sie als Gasthaus benutzte, bevor sie 1655 renoviert wurde. *Peter der Große* besuchte 1705 die Kirche, und schenkte ihr 1709 die Siegesflagge von der Schlacht gegen die Schweden in Poltava in der Ukraine. Hier taufte er 1705 auch *Hannibal, Alexander Pushkins* Urgroßvater, der ein Prinz aus Eritrea und ein Geschenk des Sultans der Türkei an den Zaren war. Nach Bränden wurde die Kirche 1863 mit beim Zarenaufstand konfiszierten Geldern im neobyzantinischen Stil neu errichtet. Nach der Zerstörung im Zweiten Weltkrieg wurde sie 1949 wiederaufgebaut, 1962–91 diente sie als Gemäldemuseum.

Gegenüber in der Nr. 1 im französischen Kulturzentrum residierte die Behörde der Schatzkammer der Großen Armee *Napoleons.* Damals übernachtete hier auch der berühmte französische Schriftsteller *Stendal.*

Gegenüber im großen Hof liegt der **Chodkevičiai-Palast** aus dem 17. Jh., rekonstruiert im 19. Jh. Der dreistöckige Palast in U-Form ist das stilvollste und größte klassizistische Bauwerk Litauens. Sein Inneres schmücken Stukkos im spätklassizistischen Stil. Er beherbergt heute die **Gemäldegalerie** mit Ausstellungen litauischer Kunst vom 16.–20. Jh. (u.a. Gemälde, Grafiken, Skulpturen, Didžioji 4, Di–Sa 12–18, So 12–17 Uhr, Tel. 2124258, www.ldm.lt). Im Hof finden Konzerte statt.

Im **Pacas Palast** (Haus Nr. 7) vom 17. Jh. waren u.a. *Napoleon* und *Zar Alexander I.* zu Besuch. Das Haus Nr. 10 ist reich verziert. Bei Nr. 12 findet man die prachtvoll restaurierte russisch-orthodoxe **St.-Nikolai-Kirche.** Die ursprüngliche Holzkirche ließ *Algirdas'* Frau *Juliana* 1350 in eine Steinkirche umbauen, die 1609–1827 dem Unitarier-Orden gehörte. Der Altar und der Großteil der Fassade ist gotisch-byzantinisch, nach den Bränden 1747/48 wurden barocke Elemente hinzugefügt. 1865 erhielt sie auch Elemente im neo-byzantinischen Stil. Mit ihrem dominanten katholischen Kirchturm ist sie ein originelles Gotteshaus.

Beim Gebäude Nr. 17/1 stand im 14. Jh. eine der ersten Kirchen, die im 16. Jh. in eine **gotische Ziegelkirche** umgebaut wurde, von der heute noch Fragmente an der Seitenfassade erhalten sind.

Die Didžioji verbreitert sich dann zu einem großen, dreieckigen Platz, dem **Rotušės aikštė** (Rathausplatz). Hier fällt der Blick zuerst auf die wuchtige Säulenfront des klassizistischen **ehemaligen Rathauses,** das an der Südseite den Platz beherrscht. Dieses tempelartige, zweigeschossige und quadratische Bauwerk mit dem auf erhöhten Stufen errichteten dorischen Säulenvorbau ist wie die Kathedrale ein Werk des Architekten *Laurynas Stuoka-Gucevičius.* Es wurde zwischen 1785 und 1799 errichtet. Der Architekt starb jedoch kurz vorher. Es dient heute als **Palast der Künstler** mit Ausstellungen moderner Kunst und als Konzertsaal (Didžioji 31, Mo–Fr 8–17 Uhr, Tel. 2618007). Hier finden sich auch ein **Touristinformationsbüro** (Tel. 2626470, Mo–Fr 9–18, Sa, So 10–16 Uhr) und die **Gedenktafel** für die Anerkennung der Altstadt als UNESCO-Welterbe.

An dieser Stelle kreuzten sich einst die Handelswege und es entstand ein Markt, um den Geschäfte, Lager, Büros etc. entstanden. Erhalten ist heute noch das Gildehaus der Kaufleute (s.u.). Hier sollen 1333 die sieben Franziskanermönche getötet worden sein (s.o.: „Berg der drei Kreuze"). Der Platz war das **wirtschaftliche** und **gesellschaftliche Zentrum** der Stadt. Hier fanden Handelsmessen, Konzerte und Festivals statt, hier wurden Verbrecher ausgepeitscht und es traten Wanderzirkusse auf. Heute werden auf dem Platz auch **Staatsempfänge** (u.a. von Königin *Elizabeth II.*) und **Zeremonien** abgehalten.

Ende des 14. Jh. wurde hier nach Erlangung des Magdeburger Stadtrechts das **erste Rathaus** im Gotikstil mit Uhrturm und Kuppel gebaut. Es war zugleich Magistrat, Gericht, Gefängnis, Archiv, Schatzkammer und Arsenal. Nach Bränden in den Jahren 1748/49 war das alte Rathaus trotz intensiver Bemühungen nicht mehr zu retten. Der Bau, der heute an seiner Stelle steht, diente 1810–1924 als Stadttheater. 1940–91 stand hier das städtische Kunstmuseum, bis 1991 war es das Litauische Kunstmuseum. Unverändert erhalten sind der Große Saal und der Keller mit Sternengewölbe. Den Giebel ziert das Stadtwappen mit dem Hl. *Christophorus.*

Rechts dahinter liegt an der Vokiečių gatvė 2 das **Zentrum für moderne Kunst,** mit wechselnden Ausstellungen verschiedenster Epochen, Genres und Länder (Di–So 12–19 Uhr, Tel. 2623476, www.cac.lt).

Wer sich für die **jüdische Geschichte** interessiert, kann einen **Abstecher** rechts in das ehemalige **„Große Ghetto"** machen. Die Rudninkų gatvė führt zum damaligen „Sitz des Judenrats" im Oginskipalast in der Nr. 8, in dessen Hof eine **Gedenktafel** an die 1200 Juden erinnert, die für den Marsch nach Paneriai „auserwählt" wurden. An der Kreuzung rechts steht am Parkrand eine **Skulptur** des legendären jüdischen Arztes *Cemach Shabad.*

An der Stelle des Ghettotors an der Nr. 18 zeigt eine **Gedenktafel** die Lage der zwei Ghettos. In der Nr. 20/1 liegt die **frühbarocke Allerheiligenkirche** der **Karmeliter** vom 17. Jh., der Glockenturm wurde 1743 errichtet. (Während der Sowjetzeit war hier das Folkloremuseum.) Nicht weit entfernt in der Pylimo 39 liegt die einzige erhaltene von früher rund 100 **Synagogen** (So–Fr 10–14 Uhr). Sie wurde 1903 im maurischen Stil erbaut und während der Nazi-Zeit als Medikamentenlager genutzt.

Auf dem Rückweg zum Rathausplatz sieht man rechts von der Karmelitų (sie begrenzte das Ghetto im Osten) ein **Denkmal** für die *Lazdynų Pelėda* („Haselnusseule"), Synonym für ein schriftstellerisches Schwesternpaar. In der Arklių liegen das **Jugend-** sowie das **Marionettentheater.** Beide sind noch fast unveränderte Teile des Oginski-Palasts vom 16. Jh. mit barocken und klassischen Umbauten.

Auf der gegenüberliegenden Seite des Rathausplatzes in der Didžioji 26, im kleinen **Gildehaus der Kaufleute** aus dem 15. Jh., liegt das **Kazys Varnelis Museum** (Tel. 2791644, www.lnm.lt, Di–Sa 10–16 Uhr, Anmeldung erforderlich). Der Künstler vermachte seine interessante Kunstsammlung der Stadt, die er in 50 Jahren im Exil aufgebaut hatte; in 33 Räumen sind wertvolle Sammlungen (Grafiken, Bilder, Möbel etc.) zu sehen.

An der Didžioji 34 liegt die **Kirche des Heiligen Kasimir,** des litauischen Nationalheiligen. Ihren Grundriss bildet ein so genanntes „lateinisches Kreuz" (ein langes Mittelschiff, das von einem Querschiff gekreuzt wird). Darüber erhebt sich die 40 m hohe monumentale Kuppel, die größte in Vilnius. Der **Dachabschluss in Form einer Krone** der Jagiellonen erinnert an die fürstliche Abstammung des Heiligen. Zwei Jahre nach seiner Heiligsprechung wurde die dreischiffige Kirche 1604–35 durch die Jesuiten als **erste Barockkirche** von Vilnius errichtet. 1655, 1709 und 1749 brannte sie ab, wurde aber immer wiederaufgebaut. 1812 wurde sie von Napoleons Soldaten als Getreidelager missbraucht. Während der Zarenzeit verwandelte man sie ab 1832 in eine russisch-orthodoxe Kirche und baute sie 1864–68 entsprechend um. Die beiden Türme wurden auf die heutige Höhe „gestutzt" und mit (nicht mehr vorhandenen) Zwiebeldächern versehen. Die Fresken wurden übermalt, die Fassade mit Schnörkeleien im Stil des Neo-Rokoko gestaltet. Der russische Schriftsteller *Fjodor Dostojewski* soll bei seinem Besuch hier gebetet haben. 1915 wurde die Kirche nach der Besetzung Litauens durch die Deutschen als Gebetshaus der Armee (ebenso wie 1941) benutzt, 1917 an die Jesuiten zurückgegeben, die sie weitgehend im alten Stil rekonstruierten (das Kloster befindet sich hinter der Kirche). Unter den Sowjets wurde sie als Weinlager, 1965–88 als Museum des Atheismus entweiht. Bei der Restaurierung erhielt die Kirche wieder ihr barockes Gesicht mit Gotik- und Renaissanceeinflüssen. Seit 1991 finden wieder Gottesdienste statt, manchmal auch Konzerte. Erhalten sind noch die drei spätbarocken Marmoraltäre von 1755 und auch einige Fresken aus dem 17. Jh. in der Krypta. Eine Gedenktafel erinnert an den Besuch des Kaisers *Wilhelm II.* im Ersten Weltkrieg.

Ab hier geht die Didžioji in die **Aušros Vartų** über, die wohl schönste Straße der Altstadt. Sie war seit jeher berühmt wegen der Kirchen dreier Konfessionen auf engstem Raum.

An der Nr. 5 liegt die **Nationale Philharmonie,** ein prunkvolles Gebäude von 1902, im Stil des Historismus, in dem 1906 die erste Nationaloper, „Birutė" von *Mikas Petrauskas,* uraufgeführt wurde. Im Giebel des Gebäudes ist das Stadtwappen, der Hl. Christophorus mit dem Jesuskind, zu sehen. Hier forderte 1905 das Parlament vom Zaren die Anerkennung der Autonomie Litauens, und hier wurde 1918 Litauen als Sowjetrepublik proklamiert.

An der Nr. 7 steht das prachtvoll spätbarocke **Tor des Basilius-Klosters,** dessen fließende Formen der Architekt *Johann Glaubitz* 1761 schuf. Mit fast 18 m Höhe und fast 11 m Breite ist es eines der größten Tore Litauens. Oben prangt das Relief „Hl. Dreifaltigkeit mit dem Erdball". In der Konrad-Zelle des Klosters fanden 1920–39 Literaturabende statt, wo bedeutende deutsche Literaten Lesungen hielten.

Hinter dem Tor liegt das Kloster, das an der Stelle errichtet wurde, an der im 14. Jh. drei orthodoxe Märtyrer starben. 1596–1827 war hier eine bedeutende Klosterdruckerei. 1607–1807 und wieder seit 1991 wird es vom griechisch-katholischen Basilianerorden (Unitarier) genutzt, zwischenzeitlich von der russisch-orthodoxen Kirche. Die würfelförmige **Dreifaltigkeitskirche** (1514) hat gotische, barocke und russisch-byzantinische, die beiden Türme Rokoko-Elemente. Die Kirche wird momentan grundlegend restauriert.

Danach beginnt die Straße etwas anzusteigen und öffnet den Blick auf das Aušros-Tor an ihrem Ende. Sie ist auf diesem Abschnitt von gut erhaltenen **alten Bürgerhäusern** verschiedener Epochen gesäumt. Schön ist das Backsteingebäude mit gotischem Un-

Nationale Philharmonie

terbau aus dem 16. Jh. und einem stufenförmigen Renaissancegiebel (Haus Nr. 8).

Gleich daneben jenseits eines neobyzantinischen Torbogens, erblickt man die Kuppel der **Heiliggeist-Kirche.** Sie ist die **bedeutendste russisch-orthodoxe Kirche** Litauens, Sitz des Erzbischofs von Vilnius sowie das landesweit einzige orthodoxe Gebäude im Frühbarockstil mit Rokokoeinschlag und in Form eines lateinischen Kreuzes. Von außen wirkt sie etwas schlicht, doch ein Besuch lohnt sich wegen der prunkvollen Barockausstattung, der Stuckskulpturen und der wertvollen Ikonen. Von hohem künstlerischen Wert sind die große Barockikonostase aus Marmor mit vielen Gemälden (geschaffen 1753–57 von *J. K. Glaubitz*) und der grüne Altar.

Die gut erhaltenen **Leichname** der 1347 am Hof des Großfürsten *Algirda* zu Tode gefolterten drei orthodoxen Märtyrer *Anton, Eustatius* und *Johannes* liegen in einer Krypta am Anfang der Treppe unter dem Altar (man kann sogar ihre Füße sehen). Die Überreste der drei sind an Weihnachten mit weißen, in der Karwoche mit schwarzen und ansonsten mit roten Tüchern verhüllt. Am 26. Juni jeden Jahres werden sie sogar enthüllt; dann werden ihnen besondere Heilkräfte nachgesagt.

Die 1597 aus Holz gebaute Kirche in dem traditionell von Russen bewohnten Stadtteil wurde 1632–38 durch eine Steinkirche ersetzt, nach dem Brand 1749 unter *J. K. Glaubitz* wieder aufgebaut. Die Kuppel wurde 1873 aufgesetzt. Auf dem Grundstück befinden sich auch die landesweit einzigen russisch-orthodoxe Mönchs- und Nonnenkloster, 1584 gegründet von der Brüderschaft der *Hl. Theresa.* In der Klosterdruckerei dieser Kirche in Vievis wurde die erste „Slawische Grammatik" gedruckt.

Wenig weiter ragt die frühbarocke **St. Theresienkirche** empor. Am Giebel der Hauptfront der dreischiffigen Kirche vom Basilikatyp sowie über dem Portal sieht man das Wappen der Stifterfamilie *Pacas* (vgl. St.-Peter-und-Paul-Kirche). Für die Fassade wurden ausschließlich teure Materialien wie Granit, Marmor und schwedischer Sandstein verwendet. Unter dem Haupteingang führt eine Treppe in die Begräbniskapelle. Zusammen mit dem dahinter liegenden Kloster des „Barfüßigen Karmeliterordens" wurde sie zwischen 1633 und 1654 gebaut. Das Kloster wurde 1844 geschlossen, heute befindet sich hier die Technische Universität. Das üppig verzierte Innere der Kirche ist im Rokoko- und Spätbarockstil gehalten. Sehenswert sind u.a. die Deckenfresken mit Szenen der Heiligen Theresa, die acht vergoldeten Seitenaltäre sowie der zweiteilige Hauptaltar mit wertvollen Gemälden. Rechts von ihm erreicht man durch einen Korridor die 1783 gebaute **Stifterkapelle** der Familie *Pacas.* Diese ist mit der Kapelle im Aušros-Vartai-Tor (s.u.) durch einen Kreuzweg verbunden, jedoch nicht immer zugänglich.

Gegenüber in dem Gebäude Aušros Vartų 19 aus dem 17. Jh., in dem 1918 der spätere Präsident Basanavičius weilte, findet sich das **Wachsfigurenmuseum** mit mehr als 100 originalgetreuen Figuren, darunter die Abendmahlszene mit Jesus und den zwölf Aposteln, Papst *Johannes Paul II., Picasso* und *Marlene Dietrich* (täglich 9–21 Uhr, mobil 67372311).

Das am südlichen Rand der Altstadt gelegene dreistöckige **Aušros-Vartai-Tor** („Tor der Morgenröte") aus dem Jahr 1514 im Renaissance-Stil wird auch „Medininku-Tor" genannt. Es ist das letzte noch erhaltene **Stadttor**

405li Foto: gs

Das Aušros-Vartai-Tor

und auch heute noch mit Teilen der alten Stadtmauer verbunden. Seinen Namen bekam es dadurch, dass alle Händler auf dem Weg nach Minsk, der Medininkai-Burg usw. erst durch dieses Tor mit einer Ziehbrücke über den Wehrgraben fahren mussten. Dass es nicht ebenso wie die übrigen neun Tore sowie großen Teilen der Verteidigungsmauern von den Russen um 1800 abgerissen worden ist, verdankt es der **Ikone,** die sich in der **Tor-Kapelle** befindet. Sie ist auch durch eine Nische von der Straße her sichtbar, sodass Gläubige zu dem Torbogen aufblicken und sich bekreuzigen.

Durch einen Eingang links vor dem Tor führen 40 Stufen hoch zur Kapelle. Am Eingang ist eine Gedenktafel zum Besuch von Papst *Johannes Paul II.* angebracht, der 1993 die Kapelle besuchte und eine purpurne Kardinalsmütze als Geschenk hinterließ. Hier bieten alte Frauen Ikonenbildchen, Rosenkränze etc. feil (der Weg links hinter dem Eingang führt zum Kreuzweg und zum Inneren der St. Theresienkirche, falls deren Hauptportal geschlossen sein sollte, s.o.).

Die „Hl. Jungfrau Maria Mutter der Barmherzigkeit", wegen ihrer Hautfarbe auch **„Schwarze Madonna"** genannt, ist von einem Silberrahmen und einem prachtvollen Altar umgeben. Das Bild ist auf acht Eichenbrettern gemalt und wurde später öfters umgemalt, allein die Hände achtmal. Es wurde 1620–30 nach einer Zeichnung des holländischen Künstlers *Martin de Vos* aus dem 16. Jh. gemalt und ist eines der bedeutendsten Werke der litauischen **Renaissancemalerei.** Karmeliter-Mönche der Theresien-Kirche erklärten 1671 die Madonna für **wundertätig,** worauf diese zu einer der bedeutendsten **Pilgerstätten** wurde und heute noch ist, sowohl für Katholiken als auch für Orthodoxe.

Das Bildnis der Mutter Gottes soll eines Nachts über der Stadt geschwebt haben, sodass sie als Dank für ihren Schutz ein Silberkleid übergezogen bekam, das mit Nägeln befestigt wurde (bei der Restaurierung im Jahr 1927 wurden 2687 Nagellöcher gezählt). Nach dem Brand 1715 wurde sie in eine andere Kapelle gebracht und 1829 in die inzwischen neoklassizistisch umgebaute Tor-Kapelle zurückgebracht. 1927 sandte der Papst eine Krone, um die wundertätige Madonna zu krönen. Viele Kirchen der Welt haben ein Bildnis dieser Madonna, die St.-Peter-und-Paul-Basilika im Vatikan und die St.-Severin-Kirche in Paris. Rund 8000 Geheilte und Getröstete haben sich mit Herzen und Skulpturen aus Silber bedankt oder als Bitte um Gottes Hilfe diese **Votivgaben** an den silbernen Wandpaneelen neben der Madonna befestigt. Besonders viele Gläubige kommen zum **Feiertag der Madonna** am 16. November.

An der **Südseite** des Tors sieht man zwischen Schießscharten ein Kreuzgeschmiede (1920–39 prangte hier das polnische Staatswappen), darüber ein kleines Medaillon von *Hermes,* dem Schutzgott der Kaufleute. An dem erst im 17. Jh. im Stil der Spätrenaissance aufgesetzten **Attikum** sind das von Greifen gehaltene Staatswappen und dekorative Blindfenster zu sehen. Mit dem Rücken zum Tor geht es nach links an den streckenweise gut erhaltenen **Stadtmauerresten** entlang der Šv.-Dvasios-Gasse rund 300 m zu einer Promenade rechts oberhalb der Bastei. Hier bietet sich vor allem bei Sonnenuntergang ein schönes **Panorama,** auch auf die Republik Užupis. Dieser Ort wurde im 18. Jh. als „Paradies" bezeichnet und wird auch heute noch von Liebespaaren besucht.

Neben der Bastei stand das **Subačiaus-Tor,** das wiederaufgebaut werden soll. Wer noch gut zu Fuß ist, kann einen Abstecher machen: Weiter östlich in der Subačiaus 47 und 49 vor den heute noch stehenden Gebäuden mit Werkstätten erinnern Gedenksteine an den **Wehrmachtssoldaten Karl Plagge** (1897–1957), der 1944 250 Juden vor dem Tod rettete. Diese arbeiteten hier nach der Auflösung des Ghettos unter seiner Kontrolle und seinem Schutz. Am 1.7.1944 warnte er sie, bevor die SS vor dem Einmarsch der Russen alle Juden umbrachte. Plagge wurde 2005 als Held Israels gewürdigt (s. Literaturhinweise).

Der Eingang der **Bastei der Wehrmauer** in der Bokšto 20/ 18, ist auf der Westseite. Sie wurde Anfang des 17. Jh. vom deutschen Militäringenieur *Friedrich Getkant* zum Schutz gegen Russen und Schweden in der Form eines halbrunden italienischen Verteidigungssystems gebaut und Mitte des 18. Jh. schwer beschädigt. Vom Turm in der Ringmauer führt ein 48 m langer, unterirdischer Treppentunnel zum hufeisenförmigen Kanonenraum. Im 19. Jh. war hier ein Waisenhaus untergebracht. Später wurde die verwahrloste Bastion als Müllplatz benutzt, unter dem 1828 die Decke einbrach. Damals ging die Legende eines in der Bastion schlafenden Drachens in der Stadt um. Im 1. und 2. Weltkrieg war hier ein Waffenlager der deutschen Armee. Heute sind Waffen, Kanonen, Ritterrüstungen etc. zu sehen (Di–Sa 10–17 Uhr, So 10–15 Uhr, Tel. 2612149, www.lnm.lt).

Weiter nach Norden bergab, an der spätbarocken Hl.-Jungfrau-Mariakirche der Augustiner (1746–68) vorbei, geht es links in die Savičiaus, wo in der Nr. 11 das **M. K. Čiurlionio-Museum** liegt. Der Künstler (s. Exkurs) lebte und arbeitete hier 1907/8 einige Monate. Hier steht auch sein Piano (Mo–Fr 10–16 Uhr, manchmal Konzerte, Eingang durch die Seitentür, Tel. 2622451). Von hier ist es nicht weit zurück zum Rathausplatz.

Rundgang durch das Neue Zentrum

Das Neue Zentrum erstreckt sich westlich der Altstadt und wird im Norden und Westen durch die Neris begrenzt. An der Hauptachse, dem **Gedimino prospektas** in einer verkehrsberuhigten Zone, findet man zahlreiche Cafés, Restaurants, Banken, Hotels, Ministerien und Geschäfte. Von 19 Uhr bis morgens um 4 Uhr, sonntags bereits ab 10 Uhr ist die Straße bis zum V.-Kudirkos-Platz für den Verkehr gesperrt.

Mit dem KGB-Museum und dem Parlament ist er auch von historischer Bedeutung. Er verbindet die vier größten Plätze der Stadt und führt schnurgerade fast 2 km von der Kathedrale bis zur Neris im Westen.

Bis zur Mitte des 19. Jh. war dieses Gebiet, das nach seinem Besitzer *Luka* den Namen Lukiškės trug, nur spärlich besiedelt. 1836 wurde es durch den Bau des heutigen Gedimino prospektas erschlossen, an dem Verwaltungs- und Geschäftshäuser entstanden und der bis heute die **Haupteinkaufsstraße** ist. Seit damals musste der Boulevard elf Namensänderungen über sich ergehen lassen.

Der Rundgang beginnt am **Kathedralenplatz.** Auf dem ersten Abschnitt bis zum V.-Kudirkos-Platz kommt man vor allem an Gebäuden der Wende vom 19. zum 20. Jh. vorbei, in denen wissenschaftliche und kulturelle Institutionen ihren Sitz haben, z.B. die Akademie der Wissenschaften in der Nr. 3. Hier ist eine **Gedenktafel** angebracht für die Unabhängigkeitsbewegung Sajūdis, die am 3.6.1988 hier gegründet wurde; sie tagte fortan im Gebäude Nr. 1, wo eine Ausstellung eingerichtet wurde (Mo–Fr 9–16 Uhr, Tel. 2124881). Den Eingang eines Schuhgeschäfts in der Nr. 2 zieren Schokolade essende Bärenfiguren, Überbleibsel eines Schokoladengeschäfts aus der Zarenzeit Anfang des 20. Jh. In der Gedimino 4 links erhebt sich das **Nationale Dramatheater.** Über dem Eingang schweben die Skulpturen der drei heiteren, dramatischen und tragischen Musen.

Vorbei am **Hauptpostamt** (Haus Nr. 7) gelangt man zum **V.-Kudirkos-Platz,** mit dessen Denkmal an der Kreuzung mit der Vilniaus gatvė. Nordöstlich sieht man die gotische **Kirche von Georg dem Märtyrer** von 1506, mit Spätbarock- und Rokokoelementen von 1755. Dahinter liegt das **Regierungsgebäude** (Nr. 11), hinter diesem der **Kongresspalast** (Vilniaus 6/14; Veranstaltungsort für Konzerte), und links von ihm das **Litauische Nationale Opern- und Balletttheater** (Eingang Vienuolio).

Kleiner Abstecher: Die Vilniaus führt auf die nördliche Seite der Neris. Es lohnt sich, zumindest bis zur **Zaliasis tiltas** („Grüne Brücke") zu gehen. Sie war die erste Steinbrücke über die Neris (1536), die 1944 gesprengt und 1952 wiederaufgebaut wurde. Davon zeugen noch die vier sozialistischen Eckpfeiler, die Landwirtschaft, Industrie, Frieden und Jugend symbolisieren sollen. 1739 wurde sie mal grün gestrichen, wovon sie ihren Namen hat. Von der Brücke hat man einen guten Blick auf die zweitürmige, im Inneren herrlich verzierte **St.-Raphaelskirche** aus dem 18. Jh. mit dem Jesuitenkloster linker Hand und ein Schlösschen von 1920 rechts (heute ein Café).

Beim **Europaplatz** steht der 146 m hohe **Europaturm** (Business- und Einkaufszentrum; Gastronomiebetriebe, www.europa.lt). Er ist Teil des neuen Verwaltungszentrums mit dem neuen Rathaus (Touristeninformation) sowie drei weiteren futuristisch aussehenden **Wolkenkratzern.** Die Skyline ist Ausdruck des modernen Vilnius.

Wer will, kann die 103 m lange Brücke überqueren und hinter der Kirche links in eine **Fußgängerzone** einbiegen. Dort liegen u.a. das **Planetarium** (Konstitucijos 12 a, Tel. 2724148, Mo–Fr 9–17 Uhr, Sa 12–15 Uhr, www.astro.lt) und ein Einkaufszentrum. Weiter westlich in der Konstitucijos 22 liegt die **Nationale Kunstgalerie** (Tel. 295960, www.ndg.lt, Di/Mi/Fr/Sa 12–19, Do 13–20, So 12–17 Uhr). In dem früheren Revolutionsmuseum werden heute Kunstwerke vom 19. und 20. Jh. gezeigt.

Zurück zum Gedimino prospektas gelangt man über die gleiche Brücke oder über die weiter westlich gelegenen Radfahrer- und Fußgängerbrücke Baltasis („Weiße Brücke"). Daneben liegt im Sommer ein **künstlicher Strand.** Vor dem Hotel Scandic Neringa befindet sich der **Gedimino-Markt.** In einem kleinen Park zwischen Nr. 27 und 29 steht das **Denkmal** für die Schriftstellerin *Julija Žemaitė* (1845–1921). Man nennt sie die „stille Größe Litauens".

Danach gelangt man zum **Lukiškių aikštė,** dem früheren Leninplatz. Hier wurden 1863 die Rädelsführer des Aufstands gehängt bzw. spätere Freiheitskämpfer exekutiert. Das monumentale Lenindenkmal, das einst hier stand und jetzt in Grūtas zu sehen ist, wurde 1991 von seinem Sockel gestürzt, und in nur einer Nacht hat das Volk selbst das wuchtige Postament in einen Trümmerhaufen verwandelt. „So habe ich meine Landsleute noch nie schuften sehen," sagte damals ein alter Litauer.

Am Nordende des Platzes steht die zweitürmige **St.-Philip- und Jakobkirche** aus dem Jahre 1690, mit 24 m die höchste einschiffige Kirche Litauens. Das Innere der spätbarocken Kirche wurde erst 1744 fertiggestellt (schöne Holzkanzel und acht Altäre). Daneben liegt ein **Dominikanerkloster** von 1642, das in der Sowjetzeit als Lagerhaus diente (heute ist es ein Krankenhaus). Auf der westlichen Seite sieht man das **Außen- und Finanzministerium** (J. Tumo Vaižganto 2 bzw. 8/2) sowie ein an die Sowjets erinnerndes, gigantisches Wohnhaus mit Spitze (Ecke Goštauto).

Auf der Südseite an der Gedimino 40 sind in die Wand 199 Namen von 1945–46 vom KGB hier ermordeten Opfer eingraviert. Das 1899 errichtete Gebäude war ursprünglich ein Gerichtshof. 1941–44 diente es als Gestapo-Kommandozentrale, dann bis 1991 als KGB-Zentrale. Heute ist es teils das Staatsarchiv wie auch das **KGB-Museum** oder **Museum der Genozidopfer;** der Eingang liegt an der Seitenstraße Aukų 2a, im hinteren Gebäudeteil links vom Mahnmal (eine Pyramide aus Feldsteinen). In den Kellerräumen kann man heute die 9 m² großen 22 Zellen sehen, in denen bis zu 20 Andersdenkende eingesperrt und verhört wurden, ehe man sie nach Sibirien deportierte oder zum Tode verurteilte, falls sie nicht vorher verhungerten oder die Folter z.B. in der Wasser- oder Isolationszelle nicht überlebten. Tausende wurden hier verhört. In den Zellen sieht man auch Blutspuren und in die Wand eingeritzte Wörter. Bis 1963 wurden hier auch Todesurteile vollstreckt (diese Kammer darf wegen des gläsernen Bodens nur mit Pantoffeln betreten werden).

Die Führer zeigen diese Räume mit spürbarer Verbitterung, denn sie sind teilweise ehemalige Insassen der Zellen. Respektieren Sie ihre Gefühle! Man kann sich das Museum auch ohne Führung anschauen, da alle Tafeln in Englisch beschriftet sind bzw. auch Audioguides ausgeliehen werden können (z.Zt. nur auf Englisch). Wohl nirgends sonst werden die Schrecken der sowjetischen Vergangenheit so hautnah und stark erlebbar wie hier (Tel. 2498155, Mi–Sa 10–18, So 10–17 Uhr, www.genocid.lt.).

Neben dem Museum steht die **Musikakademie,** an der der spätere Präsident *Landsbergis* unterrichtete.

244li Foto: gs

Hinter dem Lukiškių-Platz gelangt man zur **Martynas-Mažvydas-Nationalbibliothek** und dem **Parlament** auf dem **Unabhängigkeitsplatz** *(Nepriklausomibės aikštė)*. Hier warteten im Januar 1991 Tausende hinter den damals errichteten Barrikaden auf die Sowjetpanzer; Kreuze wurden dort aufgestellt, litauische Soldaten nagelten ihre sowjetischen Armeeausweise an die Bäume. Es gab jedoch keine Zwischenfälle. Bis Ende 1992, als der letzte Rote-Armee-Soldat Vilnius verließ, war es noch verbarrikadiert. Auf der **Westseite** sieht man noch Reste des Stacheldrahtverhaus und der bemalten Barrikaden, Kreuze für die damals Getöteten sowie ein Dankeskreuz für Island. Am 11.3.1990 wurde hier die Wiedererrichtung der Unabhängigkeit proklamiert (s. „Geschichte"). Im 1982 errichteten Parlament *(seimas)* sind Führungen möglich (Tel. 2396666).

Auf der **anderen Flussseite** liegt der Stadtteil Žverynas. Seinen Namen hat er von Rehen, die dort von der Adelsfamilie *Radvila* gezüchtet wurden. In dem beliebten Wohngebiet stehen viele Sommerhäuser und Villen.

Jenseits der alten Žveryno-Brücke von 1906 ragen in der Vytauto 21 die silbernen byzantinischen Kuppeln der orthodoxen **Mariä-Erscheinungs-Kirche** (1903) auf, die viele Ikonen beherbergt. Nicht weit weg in der Liu-

Im KGB-Museum

barto gatvė 6 liegt das Gebetshaus **Kenessa** der Karaiten von 1923, welches während der Sowjetzeit als Lagerhaus diente.

Für den Rückweg zum Kathedralenplatz via Liubarto-Brücke und der Jasinskio/Pamėnkalnio kann man einen Trolleybus nehmen. Bis zur Haltestelle Pamėnkalnio/Tauro sind es ca. 800 m. Hier erhebt sich rechter Hand der **Tauro-Berg** (Auerochs-Berg). Wer diesen nicht besteigen möchte, kann bis zum Ende der Pamėnkalnio weitergehen/fahren und die Tour beim jüdischen Museum fortsetzen (s.u.). 107 Stufen führen durch einen Park hoch zum **Gewerkschaftshaus** mit seinen acht monumentalen Säulen (und mit Kulturzentrum) und schönem Blick auf die Neustadt. Am südlichen Ende des Parks liegt der **Hochzeitspalast**, ein Betonklotz, und dahinter an der Basanavičiaus Nr. 27 erheben sich die grünen Zwiebeltürme der russisch-orthodoxen **Romanov-Kirche** von 1913, auch Hl. Michael- und Konstantinkirche genannt.

Man folgt der Basanavičiaus-Straße von der Kirche abwärts, vorbei am ersten Hauptsitz der YIVO (s. Exkurs „Jerusalem des Nordens"), heute in New York, in der Nr. 16 und der Nr. 13, dem **Russischen Dramatheater** bis zur Kreuzung Pylimo/Trakų. Den Balkon am Tiskevičių-Palast, dem Eckhaus Nr. 1/26 aus dem 15. Jh., stützen schöne Atlanten; es zählt zu den bedeutenden Gebäuden im **Empirestil.** Erhalten ist auch das Wappen der Familie. Im Hof des gegenüber liegenden **Umiastowski-Palastes** vom Ende des 18. Jh. in der Trakų Nr. 2 sieht man noch einen Teil des alten Stadtmauertors nach Trakai. Wo die Statue „Wächter" in der Nische hin zur Pylimo steht, stand damals die Statue des Hl. *Christophorus.* Weiter nördlich kommt man an der Pylimo 20 zur Stelle der ersten kalvinistischen Kirche (1553), wo heute die 1830–35 im neoklassizistischen Stil mit mächtigen Säulen erbaute **Reformierte Evangelische Kirche** liegt. Am Giebeldreieck prangt das Relief „Der lehrende Jesus". Seit 1990 steht sie wieder für Gottesdienste zur Verfügung, nachdem sie seit 1953 erst für Ausstellungen, dann als Kinosaal zweckentfremdet wurde. Davon zeugen noch die Kinosessel, die die Kirchenbänke ersetzten. Tafeln im Innenraum zeigen bedeutende Calvinisten Litauens.

Hinter einer Klinik in der Kalinausko 1 steht das weltweit erste **Frank-Zappa-Memorial** mit einem eindrucksvollen Graffiti an der Mauer als Erinnerung an den Rockstar, der 1993 an Krebs starb. Er ist auch Schutzpatron der Republik Užupis.

Wer Interesse an der **jüdischen Geschichte** in Vilnius hat, kann hier die zwei **Museen** besichtigen (s. Exkurs).

In der Vilniaus 22 steht der **Radvilos-Palast,** in dem sowohl 165 Portraits der Adelsfamilie *Radvila* als auch ausländische Kunst vom 16. Jh. bis heute zu sehen sind (Tel. 2620981, Di–Sa 12–18 , So 12–17 Uhr, www.ldm.lt). Das einst prächtige Renaissance-Schloss aus dem 17. Jh., einer der neun Paläste der einst 300 Jahre lang mächtigen Familie, wurde dem

Frank-Zappa-Memorial mit Graffiti-Wand

Palais Luxemburg in Paris nachgebaut. Es hatte fünf dreigeschossige Pavillons und wunderschöne Säle; wegen seiner Kunstsammlung wurde es „Klein-Louvre" genannt. Nach mehreren Bränden verfiel es, 1984 hat man den Westflügel rekonstruiert.

Im Gebäude nebenan befindet sich die Hauptverwaltung der **Touristinformation** (s.u.). Von hier ist es nicht mehr weit bis zum Kathedralenplatz.

Weitere Sehenswürdigkeiten

Vingio-Park

Der bewaldete Park in einer Biegung der Neris ist seit dem 16. Jh. beliebt. So soll hier 1812 Zar *Alexander* auf einem Ball von einem Kurier die Nachricht vom Vorstoß *Napoleons* auf das Zarenreich überbracht worden sein (s. Geschichtsteil von Kaunas). Im Ostteil nahe der Čiurlionio gatvė liegt neben einer klassizistischen Kapelle ein **Soldatenfriedhof** mit 4200 meist deutschen Soldaten des Ersten und Zweiten Weltkriegs, der von der deutschen Kriegsgräberfürsorge unterhalten wird. Ein riesiger trauernder Löwe aus Stein bewacht die Gräber.

Auf und vor der **Amphitheaterbühne,** die in Form einer riesigen Muschel 1960 für die traditionellen Liederfeste (alle fünf Jahre) gebaut wurde, finden im Sommer Veranstaltungen statt. Westlich davon liegt seit 1919 eine Sektion des **Botanischen Gartens** der Universität (die andere ist in Kairėnai; Besichtigung nur mit Führung, Tel. 2344450 bzw. 2347944). Der 160 ha große Park ist u.a. bei Joggern und Radfahrern beliebt.

Fahrräder, Rollschuhe etc. können am Kiosk in der Nähe der Freilichtbühne ausgeliehen werden. Es gibt auch einen kleinen Vergnügungspark (Čiurlionio 100, Tel. 2220276). **Anfahrt** mit dem Bus 24 zur Bushaltestelle Vingis (Nähe Savanorių/V. Pietario). Auf dem Weg zum Park passiert man die **Radiostudios** an der Kreuzung V. Pietario/S. Konarskio. Sie waren Schauplatz der russischen Attacke 1991, bei der drei Zivilisten starben. Heute stehen hier **hölzerne Kreuze** als Mahnmal (siehe „Fernsehturm").

Fernsehturm

Der Fernsehturm ist mit 326 m das höchste Gebäude Litauens. Die Sichtweite beträgt bei gutem Wetter bis zu 50 km. Zu Weihnachten beleuchtet, ist er der weltweit größte Weihnachtsbaum.

Am 13. Januar 1991 attackierten Spezialtruppen der Sowjets mit Panzern den Fernsehturm, um den herum Zivilisten als menschliche Schutzschilde Arm in Arm zum Zeichen der Solidarität für die Unabhängigkeit Litauens standen. Dabei wurden elf Personen erschossen oder von Panzern überrollt, in den Radio-Studios (s.o.) starben weitere drei Menschen; insgesamt 1782 Personen wurden verletzt. Das Programm wurde so lange gesendet, bis die ersten Soldaten der Roten Armee durch die Türen brachen, mit dem Ausspruch: „Der Fernsehturm und die Studios werden jetzt attackiert, aber am Ende werden wir siegen!" Diese Bilder gingen um die Welt. Die Sowjets hielten 222 Tage bis zum Moskauer Putsch am 22. August 1991 Stellung. Als Mahnmal für die Getöteten wurden elf kleine **Gedenksteine** genau an den Plätzen platziert, wo sie starben (einer davon im Erdgeschoss des Turms). Die Straßen in der Nähe wurden nach ihnen benannt. Außerdem sind eine **Fotoausstellung** der Vorgänge und Reste des Stacheldrahtverhaus zu sehen. Außerhalb des Geländes am Eingang stehen hölzerne Kreuze und Kerzen zum Gedenken, die jährlich am 13. Januar angezündet werden. Am Gedenktag findet auch ein Straßenlauf vom Antakalnio-Friedhof hierher statt.

Täglich 10–22 Uhr, Tel. 2525333, www.lrtc.net. Die Fahrt mit dem Lift zur **Aussichtsplattform** in 165 m Höhe mit dem rotierenden Restaurant **Paukščių Takas** („Milchstraße") kostet 32 Lt. Anfahrt mit Trolleybus Nr. 16 vom Bahnhof bis zur 13. Haltestelle Kometa, dann zu Fuß zur Sausio 13-osios Nr. 10 („Straße des 13. Januar").

Rasų-Friedhof

Hier liegen viele berühmte litauische Persönlichkeiten wie z.B. der Komponist und Maler *M.K. Čiurlionis* und der Autor *J. Basanavičius.* Rechts vom Eingang liegt im Grab seiner Mutter das Herz des polnischen Marschalls *Josef Pilsudki,* der für die Annexion 1920 verantwortlich war. Polnische Nationalisten besuchen oft dieses Grab sowie das mit seinen anderen sterblichen Überresten in Krakau. Im Zentrum des 1801 an der Ecke Rasų/Sukilėlių gatvė angelegten Friedhofs *(Rasų kapinės)* steht eine neogotische **Kirche** (gebaut 1841–50) mit einem Glockenturm. Anfahrt mit Bus Nr. 31.

Alexander-Pushkin-Gedenkmuseum

Grigorij, der Sohn des berühmten russischen Dichters, lebte mit seiner Frau in diesem Holzhaus von 1899 bis zu ihrem Tod 1905 bzw. 1935. Zu sehen sind die Originalmöbel sowie eine Ausstellung über Pushkins Werke. Anfahrt mit Bus Nr. 10 bis zur Endstation Markučiai. Das Museum *(Puškino memorialinis muziejus)* mitsamt dem Familienfriedhof, der Kapelle der *Hl. Barbara* und den Grünanlagen liegt am Westrand des Pavilniai-Regionalparks, Subačiaus 124, Tel. 2600080, Mi–So 10–17 Uhr.

Pavilniai-Regionalpark

Er tangiert die Stadt im Osten vom Stadtteil Antakalnis bis nach Ribišės. Mit 2153 ha ist er der kleinste Regionalpark Litauens und ein beliebtes Naherholungsgebiet; hier kann man u.a. wandern, Rad fahren, reiten, angeln und im Winter Ski fahren (es gibt Skilifte). Baden kann man in der Vilnia unterhalb des Damms. Es gibt Lehrpfade, geführte Wanderungen und organisierte Wander- und Radtouren. Der Park wurde von der deutschen Umweltschutzorganisation BUND infrastrukturell umgestaltet. Hilfreich ist das Faltblatt der Touristinformation.

Anfahrt mit Bus 10 zum Pushkinmuseum am Westrand des Parks (s.o.) oder mit den Bussen 4, 27 und 44 zur Parkmitte bis zur Haltestelle Viadukas. Dort liegen inmitten eines Erholungsparks (www.belmontas.lt, Tel. 868614 656) die **Wassermühle von Pučkoriai,** die Wasserfälle von Belmontas und die Reste einer Waffenschmiede vom 16. Jh. Sehenswert sind auch der 18 m hohe **Pučkoriai-Burghügel** vom 13. Jh. bzw. die Reste einer **Steinzeitsiedlung** an dessen Fuß sowie die Reste der Rokantiškės-Burg und Grabhügel vom 11. Jh.

Im Park liegt der mit 65 m Höhe landesweit **höchste Gletscherabbruch** der Eiszeit. Von dort bzw. rund 15 anderen Aussichtspunkten hat man einen guten Blick auf die erosive Landschaft, die Hauptstadt und die Vilnia, die sich fast wie ein Gebirgsfluss ins Tal schlängelt. Im Park findet man rund 750 Pflanzenarten, mehr als die Hälfte der landesweit vorkommenden. Besonders geschützt sind das **Kalnai-** und das botanisch-zoologische **Belmontas-Schutzgebiet.**

Paneriai

Der Ort, an dem 1941–44 ca. 100.000 Menschen, davon 70.000 Juden, von den Nazis und ihren litauischen Schergen ermordet wurden, liegt 10 km südwestlich von Vilnius. Die Anfahrt mit dem Bus ist umständlich, besser ist einer der täglich ca. 25 Nahverkehrszüge Richtung Trakai, Kaunas oder Merkinės nach Paneriai, der ersten Haltestelle (10 Min., 2,50 Lt.). Danach 1 km westlich die Agrastų gatvė der Bahnlinie entlang bis zum Ende. Dort steht rechts des Wäldchens ein polnischer **Gedenkstein,** links einer mit hebräischer, litauischer und russischer Inschrift. Rund 100 m links von hier liegt das kleine, aber erschütternde **Museum** (*Panerių Memorialas,* Agrastų gatvė 15, Tel. 2602001, Führungen unter mobil 68081278, So–Do 9–17 Uhr). Daneben stehen ein **jüdisches Monument** mit einem Davidstern und ein **Obelisk** mit einem Sowjetstern. Von dort führen Wege zu vier Massenerschießungsgräben, wo man versuchte, die Greueltaten zu verheimlichen, indem man die Opfer verbrannte.

Verkehrsmittel

Eigenes Fahrzeug

Die Autobahn A 1 (E 271) führt nach Kaunas (100 km) und Klaipėda (312 km), die A 2 (E 272) nach Panevėžys (140 km). In der Altstadt gibt es viele **Einbahnstraßen.** Das Fahren vor allem während der Stoßzeiten (vor 8 und nach 17 Uhr) kann nervtötend und zeitraubend sein. Die **Parkplätze** im Zentrum sind meist voll. Werktags 8–20 Uhr sind sie meist gebührenpflichtig (2–4 Lt./Std; Bezahlung am Automaten, beim Parkwächter, per Parkkarte oder per SMS). Parkhäuser im Zentrum gibt es unter dem V.-Kurirkos-Platz und in der Tilto gatvė.

Am Flughafen

In der **Ankunftshalle Geldwechsel** am Wechselschalter der Vilnius Bank (tgl. 24 Std., auch Reiseschecks). Außerdem gibt es einen Geldautomaten, ein Fundbüro (10–15 Uhr), ein Café (10–22 Uhr), Gepäckaufbewahrung (9–24 Uhr), viele Agenturen für Autovermietung, ein Blumengeschäft, eine Snackbar, einen Kiosk (6–23 Uhr, Sa 7–20 Uhr; Verkauf von Telefonkarten und Bustickets, mit Postagentur) und ein **Buchungsbüro** für die Flughafenhotels bzw. **Hotels** im Zentrum (tgl. 10–19 Uhr).

In der **Abflughalle** im Obergeschoss (erreichbar über Lift bzw. Wendeltreppe in der Ankunftshalle) sind ein Restaurant (10–22 Uhr), ein Souvenirshop, ein Kiosk und ein Duty Free Shop sowie die **Flughafeninformation** (5.30–22.30 Uhr; telefonisch 24 Std., Tel. 2739305, Fax 2329122, www.vilnius-airport.lt und www.vno.lt). Gleich beim Flughafen an der Rodūnios kelias 8 gibt es zwei **Hotels** im gleichen Gebäude:

- **Adelita,** Tel. 2329304, Fax 2136463, www.adelita.lt, modern, 32 Zimmer (EZ ab 124 Lt., DZ ab 154 Lt.), Sauna, Fitnessraum.
- Links vom Foyer ist das Hotel **Skrydis,** Tel. 2739305, Fax 2329122, www.vilnius-airport.lt, 51 Zimmer (EZ/DZ 100–270 Lt.), einige unrenoviert, einige mit Etagendusche.

Die Adressen der Fluggesellschaften sowie einen Flugplan finden sich in den Stadtführern „VIYP“ und „Exploring Vilnius" (s.u.). Viele haben ein Büro im Flughafen.

Vom und zum Flughafen

Der Flughafen liegt nur 5 km südlich des Zentrums im Stadtteil Kirtimai. Das mit Abstand schnellste und beste Transportmittel ist der **Airport-Zug** zum Hauptbahnhof (2,70 Lt., 27-mal tgl., Fahrtzeit 7 Min., Fahrplan unter www.litrail.lt). Die Haltestelle ist auf einem überdachten Weg rund 100 m vom Ausgang zu erreichen. Nehmen Sie keinesfalls eines der privaten **Taxis,** die vor dem Flughafen warten, sofern Sie nicht völlig überhöhte Preise bezahlen wollen. Wenn, dann ein offizielles Taxi der Firma Martonas für 40–60 Lt. (billiger ist jedoch, ein Taxi telefonisch zu bestellen).

Gute und sehr billige Alternativen sind die **Minibusse** Nr. 15, 20, 23, 47 (3 Lt.) vom anderen Ende des Parkplatzes in Richtung Flughafen oder die **Busse** Nr. 1 und 2 (2 Lt. am Kiosk; 2,50 Lt. beim Fahrer); die Haltestellen liegen direkt vor dem Flughafenausgang. Die Linie 1 geht zum (Bus-) Bahnhof (5–23 Uhr, Sa 7–22 Uhr, 1–2-mal stündlich); Linie 2 zum Lukiškių-Platz im Zentrum der Neustadt und weiter zum Stadtteil Šeskine im Nordwesten der Stadt (5–23 Uhr alle 20 Min.; vom Gedimino prospektas, ggf. weiter mit einem Taxi.

Mietwagen

Es gibt mehr als zehn Mietwagenfirmen am Flughafen, darunter alle renommierten Firmen und einige örtliche Vermieter, von denen einige auch ein Stadtbüro haben. Einige Firmen haben lediglich ein Stadtbüro. Die Adressen und Öffnungszeiten der Anbieter in Vilnius findet man in „VIYP" bzw. „Exploring Vilnius".

Bahn

Der **Hauptbahnhof** liegt nicht weit von der Altstadt, schräg gegenüber vom Fernbusbahnhof. Falls man in Transit von/nach Weißrussland ist, darf man den abgesperrten Korridor erst nach erfolgter Zollkontrolle verlassen. Die **Wechselstube** der Parex-Bank (24 Std., Tel. 2135454) links vom Ausgang akzeptiert auch Reiseschecks und Kreditkarten. Dort und im Bahnhof neben der Touristinformation stehen auch **Geldautomaten.**

Der **Bahnhofvorplatz** ist auch die Endstation vieler **Minibusse** und (Trolley-)**Busse.** Rechts vom Ausgang fahren die Trolleybus-Linien 1, 2, 5, 7 bzw. die Buslinien 26 und 53 (Tickets beim Kiosk oder beim Fahrer), links davon die Minibusse 1, 2, 4, 5, 6, 7 und die Buslinie 62 (Tickets beim Fahrer) ins Zentrum. Vom Bahnhof aus sollte man möglichst kein **Taxi** nehmen (s.u.).

Am Bahnhof sind alle Destinationen auf großen Anschlagtafeln vermerkt. Bei einigen Zügen nach Warschau ist ein Visum für Weißrussland erforderlich!

- **Bahnhof „Stotis":** Geležinkelio 16, Info: Tel. 2330086, 2330088.
- **Tickets:** links vom Haupteingang **nationale,** rechts **internationale** Tickets (dort auch kostenloser Fahrplan erhältlich), Schalter von 4–21.30 Uhr geöffnet. Tickets können auch bei einigen **Reisebüros** gekauft werden.

- **Reservierung:** Tel. 2626947, 8–20 Uhr, So 8–17 Uhr, nicht für Abfahrten am gleichen Tag.
- **Verbindungen:** Züge u.a. nach Kaunas (60 Min.), Klaipėda via Šiauliai (5 Std., Nachtzug 8 Std.), Trakai (40 Min.), Varėna (90 Min.), Marcinkonys (2 Std.), Ignalina (2 Std.), Warschau (10 Std.), Minsk (4 Std.), Moskau (16 Std.), St. Petersburg (16 Std.), Riga (6 Std.), Kaliningrad (7 Std.), Kiev (16 Std.). Fahrplanauszüge in „VIYP" und „Exploring Vilnius".
- **Gepäckaufbewahrung** und **WC** (beide 24 Std.) sowie ein **Supermarkt** (6–22 Uhr) und ein Kiosk (6–21 Uhr) im Untergeschoss.
- **Reisebüro Kelvita,** Tel./Fax 2106130, im Büro Nr. 30, Mo–Fr 8–18 Uhr; Vermittlung von Unterkunft, Visa für Russland, Weißrussland und die Ukraine, Autovermietung, Versicherungen, Stadttouren (u.a. deutschsprachig), www.kelvita.lt. Am Schalter 29 arrangiert „Draudinas" Flugtickets und Visa.
- **Touristinformationsbüro,** Tel./Fax 269 2091, 9–18 Uhr, Sa/So 10–16 Uhr.

Bus

Der gegenüberliegende **Busbahnhof** *(autobusų stotis)* an der Sodų g. 22 unterhalb des IKI-Supermarkts (8–22 Uhr) ist modern eingerichtet. Es gibt u.a. Kioske (6–22 Uhr), Geldautomaten etc. Gepäckaufbewahrung 5.30–21 Uhr, Sa und So 7–21 Uhr. Auskunft Tel. 1661 (0,90 Lt./Min.), vom Handy 8-900-01661, bzw. www.toks.lt, Reservierung Tel. 2162977 (8–17 Uhr). Ticketschalter befinden sich in der Halle rechts, Fahrpläne in der Wartehalle.

Die **Plattformen** links sind meist für den Nahverkehr (Ticket im Bus kaufen), rechts Fernverkehr (Ticket kann man vorher kaufen; bei durchgehenden Bussen im Fernverkehr direkt beim Fahrer lösen).

Tickets für **internationale Busse** gibt es bei „Eurolines" im Busbahnhof (Tel. 2335277, Fax 2335772, www.eurolines.lt, täglich 6–22 Uhr) bzw. bei Eurolines Lux Express (Sodų 20 b-1, Tel. 2151377, www.luxexpress.lt, Mo–Fr 8–19, Sa/So 9–19 Uhr). Sie bedienen viele Städte in komfortablen Bussen, u.a. Riga (4 Std.) und Tallinn (9 Std.). Für Städte in Polen, Deutschland und Österreich s.a. „Vor der Reise: Anreise/Mit dem Bus".

Von Vilnius gibt es Busverbindungen zu fast allen **inländischen** Orten. Für längere Strecken sind Expressbusse vorzuziehen.

- **Kaunas** (100 Min.), **Klaipėda** (4 Std.), **Panevėžys** (2–3 Std.), **Palanga** (5–7 Std.), **Nida** (6 Std.), **Šiauliai** (3–4 Std.), **Ignalina** (2–3 Std.), **Druskininkai** (2 Std.), **Moletai** (1 Std. 30 Min), **Utena** (2–3 Std.), **Lazdijai** (3 Std.), **Alytus** (2 Std.), **Trakai** (40 Min.) u.v.m.

Taxi

Es wird empfohlen, Taxis telefonisch zu bestellen, weil sicherer und billiger, z.B. 1411, 1441, 1445, 1446 (2–4 Lt./km). Infos unter www.etaksi.lt.

Städtische Verkehrsmittel

Busse und Trolleybusse fahren von ca. 5 Uhr bis Mitternacht und sind auf bestimmten Routen zu bestimmten Tageszeiten oft überfüllt. Tickets (sowohl für Busse als auch Trolleybusse) können an Kiosken für 2 Lt. bzw. beim

Der Hauptbahnhof

Fahrer für 2,50 Lt. gekauft werden (s. „Reisetipps A–Z: Verkehrsmittel"). Es gibt ebenfalls Monatstickets (75–110 Lt.) bzw. 1-, 3- und 10-Tage-Tickets für 13, 23 und 46 Lt. (nur am Kiosk neben dem Bahnhof erhältlich). Ein Nachtbusticket kostet 3 Lt. Elektronische Tickets zu gleichen Preisen unter www.vilniusticket.lt und www.transportobilietas.lt.

Privatbusse kosten 2 Lt. (Tickets nur beim Schaffner). In „VIYP" und „Exploring Vilnius" gibt es einen **Übersichtsplan.**

Minibusse fahren rund um die Uhr (3–4 Lt.; meist die gleichen Linien und Nummern wie die Trolleybusse). **Fahrpläne und Routen** aller Verkehrsmittel unter www.vilniustransport.lt.

Velotaxi

Infos unter www.velo-city.lt, Bernardinų 10, Tel. 2162671.

Informationen

- **Tel.-Vorwahl Vilnius:** (00370-) 5

Touristinformation

- **Vilnius Touristinformationszentren** (www.vilnius-tourism.lt) in Vilniaus 22, Tel. 262 9660, Fax 2628169; Didžioji 31 (Palast der Künstler), Tel. 2626470, Fax 262 0762, sowie im Hauptbahnhof, Tel./Fax 2692091, und ein Info-Pavillon beim Kathedralenplatz, Šventaragio 2, alle 9–18 Uhr, Sa/So 10–16 Uhr, Nov.–März nicht sonntags. Ebenso im Europaturm, Konstitucijos 3, Tel. 2112031, Mo–Do 9–17, Fr 9–16 Uhr.

Außer hilfreichen Infos auch Zimmervermittlung, Veranstaltungskalender mit Ticket-

246li Foto: gs

verkauf, Verkauf von Stadtplänen und Landkarten, Organisation und Durchführung von Touren zu Fuß oder mit PKW (in und um Vilnius, z.B. Altstadt-, Barock-, Gotik-, Klassizismus-, Ökotourismustouren, „Nächtliches Vilnius", Geistertour, Folkloreabend, adliges Festmahl, Workshops). Auch Autovermietung, Souvenirs, Verleih von Audio-Guides. Buchung von Heißluftballonfahrten. Hilfreich sind die Broschüren „Vilnius Tourism Manual" (engl.) und „Vilnius Events" (auch auf Deutsch; Auflistung aller Veranstaltungen, auch unter www.vilnius-events.lt) sowie „Deutsches Erbe in Vilnius" und „Autoexkursionsroute" (mit CD), www.vilnius-route.lt.
- **Infos zu den 36 Sehenswürdigkeiten,** bei denen eine **Schautafel** mit einer Objektnummer aufgestellt ist, erhält man u.a. auf Englisch unter Tel. 1389 (1 Lt./Min.).

Vilnius City Card

Erhältlich bei der Touristinformation (24-Std.-Ticket 52 Lt., 72-Std.-Ticket 110 Lt.), bietet freie Fahrt mit öffentlichen Verkehrsmitteln, freien Eintritt in 15 Museen und andere Ermäßigungen.

Stadtmagazine

- Als Ergänzung hilfreich sind die Stadtführer **„Vilnius in your pocket"** (VIYP; 6-mal jährlich, auf Englisch, 6 Lt.) und **„Exploring Vilnius"** (vierteljährlich, gratis, u.a. auf Deutsch); sie ersetzen jedoch nicht diesen Reiseführer.

Stadtführungen

- **Reisebüro Senamiesčio Gidas** („Altstadtführer"), Aušros Vartų 7, Tel./Fax 2615558, www.vilniuscitytour.com. Altstadttouren zu Fuß, „Vilnius bei Nacht", Minibustouren in Vilnius, nach Trakai, Kernavė, Kaunas, Nida etc. Buchung bei Hotelrezeptionen und Touristinformationen.
- Gleiches gilt für Touren vom **Reisebüro „In Via",** M.K. Čiurlionio 7/1-1, Tel. 2310049, Fax 2310937, www.invia.lt, mit Touren in Vilnius und Trakai. Weitere Veranstalter unter www.ltguide.com und in „VIYP".
- **Touristinformationen,** s.o.
- **Segway-Tour,** Vilniaus 45, mobil 61234444.

Nützliche Adressen

- **Polizeiliche Hilfe für Ausländer,** Tel. 2716159, Mo–Fr 8–17 Uhr (u.a. auf Deutsch).
- **Zollamt,** Jakšto 1/25, Tel. 2613027, Fax 2124948, www.cust.lt.
- **Komitee für Kulturelles Erbe,** Šnipiškių 3, Tel. 2734256, www.heritage.lt.
- **Umweltschutz-Hotline,** Tel. 2616148.
- **Litauisch-Deutsche Gesellschaft,** mobil 69940022.
- **Deutsch-Baltische Handelskammer,** Tel. 2131122, Fax 2131013, www.ahk-balt.org, mit Wirtschaftsstammtisch, Tel. 2127934, Kudirkos 6.
- **LITEXPO-Ausstellungszentrum,** Laisvės 5, Tel. 2451800, www.litexpo.lt.
- **Hauptbüro der Litauischen Nationalparks,** Juozapavičiaus 9, Tel. 2723284, Fax 2722572.

Reisebüros

Neben dem Verkauf von Flug-/Fährtickets etc. vermitteln sie u.a. Touren, Autovermietungen, Versicherungen, teilweise auch Hotelzimmer mit Discount bzw. Privatzimmer und Urlaub auf dem Lande. Hier nur eine kleine Auswahl. Weitere in „VIYP" und „Exploring Vilnius".
- **Baltic Travel Service,** Lufthansa CityCenter, Subačiaus 2, Tel. 2120220, www.bts.lt.
- **Lithuanian Student and Youth Travel Bureau,** Basanavičiaus 30-13, Tel. 2397397, Fax 2397386, www.jaunimas.lt, billige Tickets für Studenten und Leute unter 26 Jahren.
- **Astrida,** Tumo-Vaižganto 5, Tel. 2122790, Fax 2123506, www.astrida.lt, auch Radtouren.
- **Kelvita** (s.o., Bahn)

Banken/Geldwechsel

- **Kreditkartenbarauszahlung** in der Vilniaus Bankas, Gedimino 12, Tel. 2682093, Mo–Do 8–18 Uhr, Fr 8–17.30 Uhr.
- **24 Std. Geldautomaten für Visa-Card,** u.a. Gedimino 10, 12; Jogailos 9/1.
- **24 Std. Geldautomaten für MasterCard,** u.a. Gedimino 53, 56; Savanorių 13a, 15a, 19; Vilniaus 16, 18; Pilies 9; Ukmergės 14, 20.

- **Wechselstuben** sind überall zu finden. Die beim Hauptbahnhof (Parex Bank), in Gedimino 21/2 (Olympic Casino) und im Flughafen sind rund um die Uhr geöffnet (akzeptieren z.T. auch Reiseschecks).
- **Western Union Geldtransfer** (Infos unter Tel. 2390600 bzw. www.hansa.lt) bei allen Hansa-LTB-Banken.
- **Reiseschecks** werden bei vielen Banken akzeptiert, ebenso im Hauptpostamt (s.u., Tel. 2122815, Mo–Fr 7–18.30 Uhr, Sa 9–15 Uhr).

Post und Telekommunikation

- **Hauptpostamt,** Gedimino 7, Tel. 2625468, (Mo–Fr 7–19, Sa 9–16 Uhr) auch Telefonate, Fax, Schreibwaren.
- **EMS-Post,** Geležinkelio 6, Tel. 2398388.
- **Kurierdienste, SIM-Cards, Handys:** Adressen in „VIYP".
- **Internetcafés: Collegium,** Pilies 22, (Tel. 2618334, www.dora.lt; 8 Lt./Std.; 9–19 Uhr.) u.v.m.

Botschaften

- **Deutschland:** Sierakausko gatvė 24/8, Tel. 2106400, in Notfällen unter mobil 65055 510, www.vilniusdiplo.de.
- **Österreich:** Gaono 6, Tel. 2660580, in Notfällen unter mobil 61000844, www.bmeia.gv.at/wilna.

Medizinische Hilfe

- **Vokiečiu Vaistinė** (Deutsche Apotheke), Didžioji 13, Tel. 2124232, Mo–Fr 9–20 Uhr, Sa, So 10–18 Uhr.
- **Eurovaistinė,** Ukmergės 282 (im Supermarkt Maxima), Tel. 2303759, 24 Std.
- **Baltic American Klinik,** Nemenčines 54 a, Tel. 2342020, 24 Std., www.bak.lt.
- **Medical Diagnostic Centre,** V. Grybo 32, Tel. 2709120 (7–20 Uhr, Sa 8–15 Uhr), www.medcentras.lt.
- **Optiker,** Rega, Pilies 32, Tel. 2620073 (Augenuntersuchungen, englisch sprechend).
- **Zahnarzt,** Universiteto 2, Tel. 2312952, Mo–Fr 8–20 Uhr.
- Viele weitere findet man in „VIYP".

Sonstiges

- **Fotokopien,** Žurnalistas, Gedimino 7, 21.
- **Schuhreparatur,** Labdarių 1, Tel. 2628863.
- **Passfotos,** Vokiečių 15, Tel. 2120326.
- **Reinigung,** Jasinskio 16, Tel. 2649164.
- **Übersetzungen,** Litinterp, Bernardinų 4-9, Tel. 2122924, www.litinterp.lt.

Sport und Erholung

Kontaktadressen zu diversen sportlichen Aktivitäten und Einrichtungen bzw. Ausleihe von Sportgeräten in „VIYP", „Exploring Vilnius", in den Broschüren „Active Holidays" und „Leisure Activities in Vilnius" sowie bei den Touristinformationsbüros.

Fahrradausleihe ist möglich in einigen Hotels, in der Filaretai-Jugendherberge und bei Velocity, Bernardinų 10, Tel. 2162671, www.velo-city.lt. In und um Vilnius gibt es 70 km **Radwege.**

Am Nordufer der Neris neben der Baltasis-Brücke kann man sich im Sommer am **künstlichen Sandstrand** vergnügen, mit Palmen, Pool, Duschen, Strandvolleyballplätzen, einer Skaterbahn und einer Bar.

Baden

- **Žalieji ežerai** (Grüne Seen), vom Bahnhof mit Bus 26 und 26 a von der Haltestelle Žalgirio mit Bus 35, 36 oder 50 zur Haltestelle Žalieji Ežerai, dann die gleichnamige Straße hinab. Von hier sind der Verkiai-Regionalpark, der Europa-Park und der Mittelpunkt Europas (letzterer nur mit eigenem Fahrzeug) zu erreichen (s. „Umgebung von Vilnius").
- **Veršupis ežerai,** Strand mit Rutschbahn, Anfahrt mit Bus 39 von Antakalnis bis zur Haltestelle Veršupis.
- **Pavilniai-Regionalpark,** s. oben.
- **Vichy Aquapark,** Ozo 14 c, Tel. 1653, www.vandensparkas.lt, modernes Spaßbad mit polynesischer Thematik, Tahiti-Tänze etc., 9 Wasserrutschen, Wellenbad, Saunas, Anfahrt mit Bus 53 bis Pramogų Arena, 12–22 Uhr, Sa, So 10–22 Uhr.

Unterkunft

Obwohl ständig neue Hotels entstehen, sollte man in der Saison bestimmte Unterkünfte besser **rechtzeitig buchen** (s. Kap. „Reisetipps A–Z: Unterkunft"). Die **Flughafenhotels** sind bei „Verkehrsmittel" beschrieben. Da viele Touristen gern in der Altstadt und in deren unmittelbarer Umgebung übernachten, wurde eine Aufteilung in „Altstadt und Umgebung" und „Neue Stadt" vorgenommen. Eine ausführlichere Beschreibung findet man auf den Websites der Hotels, unter www.vilniushotels.lt, www.vilnius-tourism.lt und in „VIYP" bzw. „Exploring Vilnius". Hier ist nur eine Auswahl aufgeführt. **Zimmervermittlung** auch von den Touristinformationsbüros, z.T. auch von Reisebüros. Tipp: Einige der teureren Hotels haben **günstige Wochenendtarife.**

Hotels obere Kategorie

Altstadt:

- **Radisson Blu Astorija,** Didžioji 35/2, Tel. 2120110, Fax 2121762; www.radissonblu.com, 5-Sterne-Hotel, 2 Bars und gutes Restaurant; 119 Zimmer (EZ/DZ ab € 116, Suiten ab € 157); Pool, Fitnessraum, Sauna; in renoviertem Gebäude von 1901.
- **Mabre Residence,** Maironio 13, Tel. 212 2087, Fax 2122240, www.mabre.lt; 4-Sterne, in einem ehemaligen orthodoxen Kloster; Sauna, Pool, Fitnessraum, 40 Zimmer, teures Steakhouse, schöner Innenhof (EZ ab 408 Lt., DZ ab 516 Lt.), Luxus-Suiten ab 696 Lt.
- **Narutis,** Pilies 24, Tel. 2122894, Fax 262 2882, www.narutis.com; 50 Zimmer (EZ ab € 95, DZ ab € 105, Luxus ab € 186), schönes Gebäude aus dem 16. Jh., sehr angenehmes Flair, Restaurant, Bar, Fitness-Studio, Pool, Sauna. Innenhof mit viel Grün und Aufzug aus Glas; ältestes Hotel der Stadt, war schon im 16. Jh. eine Herberge; beheizter Fußboden im Bad.
- **Relais & Chateaux Stikliai,** Gaono 7, Tel. 2649595, Fax 2123870, www.stikliaihotel.lt, 43 Zimmer (EZ ab € 148, DZ € 184, Luxus € 304, Appartement € 440), sehr luxuriös, historisches Ambiente in Gebäude vom 17. Jh., hervorragendes Restaurant, Pool, Sauna, Fitnessraum, Bibliothek.

Neue Stadt:

- **Best Western Naujasis Vilnius,** Konstitucijos 14, Tel. 2739595, Fax 2739500, www.hotelnv.lt. 114 Zimmer (EZ 399 Lt., DZ 449 Lt.), Restaurant, Bar, Pool, Sauna, Fitnessraum. Renoviertes Sowjethotel.

Hotels mittlere Kategorie

Neue Stadt:

- **Centrum Uniquestay,** Vytenio 9/25, Tel. 2683300, Fax 2132760, www.uniquestay.com, 100 Zimmer (EZ ab 169 Lt., DZ 190 Lt., Luxus 299 Lt.), innerhalb eines Geschäfts- und Einkaufskomplexes, Sauna, Pool, Restaurant, Bar, Café, Fitnessraum.
- **Žemaitės,** Žemaites 15. Tel. 2133193, Fax 2133337, www.hotelzemaites.lt, 70 Zimmer (200–300 Lt.), Anfahrt vom Bahnhof mit Trolleybus Nr. 15 oder 16 bis „Statybininkų", Sauna, Pool, Café, Bar.

Altstadt:

- **Ambassador,** Gedimino 12, Tel. 2615450, Fax 2121716, www.ambassador.lt, 18 Zimmer (EZ 110–240 Lt., DZ 115–280 Lt., Suite 360 Lt.), Restaurant, sehr gute Lage, älteres Mobiliar.
- **Mikotel,** Pylimo 63, Tel. 2609626, Fax 2609627, www.mikotel.lt, 26 Zimmer (EZ ab 160 Lt., DZ ab 200 Lt.), moderne Zimmer, freundlich, Zimmer mit Etagendusche 100 Lt.
- **Panorama,** Sodų 14, Tel. 2738011, Fax 2738012, www.hotelpanorama.lt, gegenüber vom Bahnhof; 224 renovierte Zimmer (EZ ab 135 Lt., DZ ab 169 Lt.), gutes Preis-Leistungsverhältnis, gutes Frühstück.

Hotel untere Kategorie

- **Victoria,** Saltoniškių 56, Tel. 2724013, Fax 2724320, www.victoria.lt, sauber, Bar; 42 Zimmer (EZ ab 109, DZ ab 139, Suiten ab 479 Lt.).

Gästehäuser

- **Apia Guesthouse,** Šv. Ignoto 12, Tel. 2123 426, Fax 212 3618, www.apia.lt., 12 schöne Zimmer (EZ/DZ ab 203 Lt.), gute Lage.

• **Grybas House,** Aušros Vartų 3A, Tel. 261 9695, Fax 2122416, 10 Zimmer (EZ € 81, DZ € 96, Apartment € 116), www.grybashouse.com, 10 schöne Zimmer, Restaurant im Gewölbekeller vom 16. Jh.; freundliches Familienhotel im Hinterhof, guter Service.

• **Telekomas Guesthouse,** Vivulskio 13 a, Tel. 2644861, Fax 2644860, www.telekomguesthouse.lt, 10 Zimmer (EZ 110–120 Lt., DZ 130–260 Lt., Suiten 150–300 Lt.), sehr zu empfehlen.

• **Senatoriai,** Tilto 2A, Tel. 2126491, Fax 2126372, www.senatoriai.lt, 11 Zimmer (EZ ab 150 Lt., DZ ab 300 Lt., Triple 320 Lt.), tolle Lage bei der Kathedrale, aber recht laut.

Privatzimmer / B&B

Eine Liste von Privatzimmern und B&B haben auch die Touristinformationsbüros.

• **Litinterp,** Bernardinų 7-2, Tel. 2123850, Fax 2123559, www.litinterp.lt, Mo–Fr 8.30–20, Sa bis 15 Uhr, B&B im Herzen der Altstadt; EZ/DZ ab 80/140 Lt., Apartments 190 Lt. Im Sommer frühzeitig buchen. Hat auch 16 eigene Zimmer über dem Büro. Arrangiert B&B in Trakai, Kaunas, Klaipėda, Nida, Palanga (außerdem Übersetzungen).

• **Saulės Namai,** Saulės 15/23, Tel. 210 6112, www.saules-namai.com, 9 Zimmer (EZ ab 70, DZ ab 140 Lt.), Bad/WC im Flur, schöner Blick auf Wald, familiäre Atmosphäre, Kaminfeuer.

• **Algis House,** Stiklių 4-4, Tel. 2121112, 5 moderne Apartments (160–240 Lt.), gute Lage, in Gebäude aus 19. Jh. mit Innenhof.

Herbergen

• **JH Filaretai,** Filaretų g. 17, Tel. 2154627, Fax 2120149, www.filaretaihostel.lt, vom Bahnhof Bus Nr. 34 bis Filaretų; auch für Nichtmitglieder, 2-, 3- und 6-Bett-Zimmer, 20 Zimmer (EZ 70, DZ 90 Lt./Schlafsaal 31 Lt.) Fahrradverleih; Bettwäsche 5 Lt., Frühstück zu 6 Lt. für Gruppen; Waschmaschine, Küche, Ausflüge, Internetzugang.

• **Altstadthostel,** Aušros Vartų 20-15, Tel. 2625357, Fax 2685967, www.oldtownhostel.lt, 24 Betten, 35 Lt., guter Treffpunkt, schlichte Unterkunft.

• **Jaunųjų Turistų Centras,** Polocko 7, Tel. 2611547, Fax 2627742, www.vjtc.lt, 16 Zimmer mit 3/4 Betten, 34 Lt.; sehr beliebt. Anfahrt mit Bus Nr. 11 bzw. Bus 34 ab Bahnhof bis Polocko.

• **A Hostel,** Sodų 17 und 8, Tel. 2150270, www.ahostel.lt, Schlafboxen wie in japanischen Kapselhotels, sauber, aber nichts für Klaustrophobe, gute Lage, populär, 52 Betten (EZ 87 Lt., DZ 97 Lt.), 24 Std., Waschmaschinen, Internetzugang.

Camping

• **Vilnius City Camping,** Laisvės 5 (Richtung TV-Turm bei LITEXPO), mobil 68032452, www.camping.lt/vilniuscity, geöffnet Juni bis Mitte Sept., gute Ausstattung (Wasch- und Kochgelegenheit, Minigolf, Restaurant etc.), bewacht, eingezäunt, 16 Lt. p.P., Zelt 12 Lt., Wohnmobil 40 Lt. Anfahrt mit Trolleybus 1, 3, 7, 16.

Gastronomie

Es gibt sehr viele Restaurants mit litauischer und internationaler Küche aus aller Herren Länder, sodass Feinschmecker die Qual der Wahl haben. Da die Gastronomieszene ständig in Bewegung ist, ist es nahezu unerlässlich, den ständig aktualisierten **Stadtführer „Vilnius In Your Pocket"** zu erwerben. Er ist in verschiedene Landesküchen unterteilt, mit Öffnungszeiten, Preisniveau und Symbolen für Behindertenrampen, Raucherbereiche etc. Außerdem gibt es eine Auflistung von **Frühstücksplätzen, Pizzerien** und **Cafés.** Eine Auflistung der Gastronomiebetriebe, allerdings ohne Beschreibung, gibt es in **„Exploring Vilnius".** In dessen „Food-Map" sind aber alle Restaurants, Cafés etc. nummeriert und verschiedenfarbig eingetragen. Wer ein bestimmtes Lokal sucht, ist mit diesen zwei Führern bestens ausgerüstet (die meisten liegen sowieso in der Altstadt). Einige Empfehlungen der langjährig Bewährten:

Restaurants

• **Stikliai,** Gaono 7, Tel. 2649580, 12–24 Uhr; das geradezu legendäre Spitzenrestaurant mit entsprechenden Spitzenpreisen; französische Küche. Im Keller befindet sich das **Stikliai Alude,** antik ausgestattet, litauische Volksmusik, litauische Küche, 12–24 Uhr, Tel. 2624501.

- **Lokys,** Stiklių 8, Tel. 2629046, 12–24 Uhr; gotisches Kellergewölbe, in dem Ihnen ein ausgestopfter Bär *(lokys)* beim Essen zusieht; serviert werden Wildspezialitäten aus den litauischen Wäldern; romantische Atmosphäre und freundliche Bedienung, gutes Essen (Spezialität u.a. Wildschwein, Elch). Folklorevorstellungen am Wochenende.
- **DOMM,** Didžioji 31 (Hintereingang vom Palast der Künstler), Di–Sa 18–24 Uhr, exzellentes Essen, gute Salatbar, originelle Inneneinrichtung mit Theaterkostümen und 350 Jahre alten Fresken, besonderer Service, teure europäische Küche. Ein Erlebnis, man fühlt sich wie im Film.
- **Forto Dvaras,** Pilies 16, Tel. 2611070, 11–24 Uhr, mittelalterliches Keller-Ambiente in neun traditionell dekorierten Sälen; große und gute Portionen litauischer Gerichte nach traditionellen Rezepten des kulinarischen Erbes zu einem sehr guten Preis. Populär.
- **Da Antonio I,** Vilniaus 23, Tel. 2620109, 11–23 Uhr, gute Pizza und italienische Küche. Nicht billig.
- **Žemaičiai,** Vokiečių 24, Tel. 2616573. 11–24 Uhr, viele kleine, auch unterirdische Räume, sehr gute litauische Küche, sehr zu empfehlen, an Wochenenden Live-Volksmusik, hölzerne Boote auf Terrasse.
- **Balti drambliai,** Vilniaus 41, Tel. 2620875, 11–24 Uhr, gute vegetarische Küche.
- **Čili-Pizzeria,** zehnmal in Vilnius, u.a. in Didžioji 5, Tel. 2312462, www.cili.lt, sehr gut und populär, 8–24 Uhr (mit Frühstück), sehr schnelle Auslieferung unter Tel. 1822.
- **Čili Kaimas,** Vokiečių 8, Tel. 2312536, www.cili.lt, 11–24 Uhr, schnelle und leckere Gerichte in einer Bauernhofatmosphäre mit lebenden Hühnern, Teich etc., recht preiswert, deshalb immer gut besucht.
- **Bravaria,** Ozo 25 (im Akropolis Einkaufszentrum), mobil 65221121, www.bravaria.lt. Bierhaus mit deutscher Atmosphäre, Bedienung in Lederhosen, deutsche und litauische Gerichte, tgl. 10–24 Uhr, Service könnte besser sein.
- **Marceliukės Klėtis,** Tuskulėnų 35, Tel. 272 5087, 11–23 Uhr, breite Palette authentischer litauischer Nationalgerichte, populär auch bei Gruppen und Kindern.
- **Gusto blyninė,** Aušros Vartų 6, Tel. 262 0056, www.gusto.lt, Pfannkuchen-Dorado, andere Fast-Food-Gerichte lassen aber zu wünschen übrig, Filiale auch im Hauptbahnhof, 9–22 Uhr.
- **Graf Zeppelin,** Savičiaus 9, 12–22 Uhr, So 12–18 Uhr; hier gibt es die angeblich größten *Cepelinai* der Stadt. Auch deutsche Gerichte.
- **Bunte Gans,** Aušros Vartų 11, leckere deutsche Gerichte, Spezialität des Hauses ist Gans mit Kartoffeln. Live-Musik, Sommerterrasse, 11–24 Uhr, So 13–20 Uhr.
- **Lietuviški Patiekalai,** Didžioji 36, Mo–Fr 8–16 Uhr, sehr billige und leckere litauische Kantinengerichte.

Cafés

- **Café de Paris,** Didžioji 1, Tel. 2611021, 11–24 Uhr, Mi–Sa 11–2 Uhr, französisches Flair, gute Crêpes.
- **Coffee Inn,** Vilniaus 17, Trakų 7, Pilies 3, Gedimino 9, sauber, gemütlich und billig, 7–22 Uhr, Sa, So 9–22 Uhr.

Nachtleben

Viele weitere Etablissements in „VIYP", „Exploring Vilnius" sowie in einer Liste der Touristinformation.

- **Užupio Kavinė,** Užupio 2, Tel. 2122138, 10–23 Uhr, Treffpunkt der Künstler und der alternativen Szene, schöne Terrasse am Fluss, Sitz der Republik Užupis.
- **Villa Latina,** Didžioji 28, Tel. 2611996, 21–6 Uhr, Discoclub, zurzeit der Renner.
- **Sky Bar,** im 22. Stock des Hotels Radisson Blu Lietuva, Tel. 2314823, 17–1 Uhr, Fr, Sa 16–2 Uhr, gute Cocktails, toller Ausblick, angenehme Atmosphäre.
- **Pabo Latino,** Traku 3/2, Tel. 2621045, Mi, Do 20–3 Uhr, Fr, Sa 20–5 Uhr, Tanzbar, Cocktailbar, Latino-Küche.
- **In Vino,** Aušros Vartų 7, Tel. 2121210, Weinbar mit besonderer Atmosphäre, 16–2 Uhr, Fr, Sa 16–4 Uhr.

• **Grand Casino World,** Vienuolio 4, Tel. 700 55599, www.grandcasino.lt, 24 Std., es werden keine Kreditkarten akzeptiert.

Kultur

Theater und Konzertsäle

Programmhinweise für Theater, Oper, Konzerte sowie Ballett findet man in „VIYP", in „Exploring Vilnius", bei den Touristinformationsbüros (dort auch Ticketverkauf), im Kulturamt (www.vilnius.lt), in Tageszeitungen bzw. im 4-mal jährlich erscheinenden „Kulturkalender", Tel./Fax 2410354. Die **Theatervorführungen** sind auf Litauisch, einige im Nationalen Dramatheater auch mit englischer Übersetzung. Andere Theater und Infos beim Theaterverband, Tel./Fax 2610814. Die Vorführungen beginnen meist um 19 Uhr. Die Theater sind montags sowie im Sommer meist geschlossen.

Ganzjährig finden in einigen **Kirchen** klassische Konzerte statt. Diese und **andere Veranstaltungsorte** sind bei den Rundgängen vermerkt.

• **Nationales Dramatheater,** Gedimino 4, Tel. 2629771, www.teatras.lt.

• **Kleines Staatstheater von Vilnius,** Gedimino 22, Tel. 2498869, www.vmt.lt.

• **Nationales Opern- und Balletttheater,** Vienuolio 1, mobil 61551000, www.opera.lt.

• **Russisches Dramatheater,** Basanavičiaus 13, Tel. 2620552, wwwrusdrama.lt (nur auf Russisch).

• **Jugendtheater,** Arklių gatvė 5, Vorbestellung Tel. 2616126, www.jaunimoteatras.lt.

• **Marionettentheater „Lėlė",** Arklių gatvė 5, Tel. 2628678. www.teatraslele.lt.

• **Nationale Philharmonie,** Aušros Vartų 5, Tel. 2665233, www.nationalphilharmonic.eu.

• **Konzert- und Sportpalast,** Rinktinės 1, Tel. 2728942.

• **Musikakademie,** Gedimino 42, Tel. 2612 691, www.inta.lt.

• **Kongresspalast,** Vilniaus 6/14, Tel. 2618 828, www.lvso.lt.

• **Siemens-Arena,** Ozo 14, Tel. 1653, www.siemens-arena.com, landesweit größte und modernste Konzert- und Sporthalle.

• **Unterhaltungs-Arena,** Ažuolyno 9, Tel. 242444, www.pramoguarena.lt.

Festivals und Feste

Die **nationalen** Feiertage und Feste werden hier meist besonders gefeiert. Daneben wartet Vilnius mit vielen **lokalen** Festen und Festivals auf. **Infos** bei den Touristinformationsbüros, beim städtischen Kulturamt (Tel. 2615082, www.vilnius.lt, www.vilniusfestivals.lt, www.vilnius-events.lt) bzw. beim Kulturzentrum für Folklore (www.etno.lt). Die Feste in der **„Republik Užupis"** siehe dort.

Von besonderer Bedeutung ist das einwöchige internationale **Folklorefestival Baltica,** das im dreijährigen Turnus mit Riga und Tallinn mit Konzerten, Tänzen und Umzügen (das nächste Mal 2.–6. Juli 2011) in Vilnius stattfindet (Infos unter Tel. 2612594, http://baltica.llkc.lt).

051li Foto: gs

Café in der Stiklių gatvė

Das **Liederfestival der Weltlitauer** mit Riesenchören und Massentänzen findet nur alle vier Jahre statt, das nächste Mal 2013. Es zieht stets ca. 100.000 Zuhörer und Zuschauer an (www.llkc.lt).

Weitere Feste:
- **1. Januar** (s. Gediminas-Turm)
- **Hl. Drei Könige,** 6. Januar, Umzug, Volksfest
- **Kaziukas-Jahrmarkt,** am ersten Märzwochenende (s. „Einkaufen/Souvenirs")
- **Internationales Filmfestival** (www.kinopavasaris.lt), im März/April
- **Tag der Straßenmusik,** 1. Sonntag im Mai
- **Festival des modernen baltischen Tanzes** (www.dance.lt), im Mai
- **Folklorefestival „Skamba Skamba Kankliai",** im Mai
- **Karneval** zum Sommeranfang mit Umzügen und Wettkämpfen, Ende Mai/Anfang Juni (www.karnavalas.lt)
- **Vilnius Festival** mit Konzerten Ende Mai bis Anfang Juli (www.filharmonija.lt)
- **Veranstaltungen zum Krönungstag** von König *Mindaugas* am 6. Juli (www.lrkm.lt)
- **St. Christophorus Sommerfestival,** Klassik, Jazz etc., 1. Juli bis 31. August (www.kristupofestivaliai.lt)
- **Schlossfestival** (www.valdovurumai.lt), Juni
- **Internationales Festival „Vilnius Days"** dreiwöchig im September, u.a. mit Karneval, Theater, Konzerten, dem Franziskus-Markt und 3-tägigem **Bier-Festival**
- **Internationales Theaterfestival „Sirenen"** (www.sirenos.lt), Mitte September
- **Festival der internationalen Folklore „Griezynė",** Mitte September
- **Internationales Festival für alte Musik „Banchetto Musicale",** Mitte September bis Mitte Oktober
- **Feuerskulpturenfestival,** Ende September
- **Internationales Festival für zeitgenössische Musik „Gaida",** im Oktober
- **Internationales Musikfestival** (www.vilniusjazz.lt), im Oktober
- **Internationales Jazzfestival Mama Jazz** (www.vilniuscityjazz.lt), im November
- **Erleuchten des TV-Turms** am 25.12., mit 326 m der weltweit höchste „Weihnachtsbaum"

Museen, Ausstellungen, Galerien

Neben den o.a. Museen ist noch das **Eisenbahnmuseum** *(Geležinkelio muziejus)* zu erwähnen. Ausstellung über die Geschichte der Bahn in Litauen, Führungen nur auf Russisch und Litauisch, Tel. 2693741, Di–Sa 9–17 Uhr, Mindaugo 15, www.litrail.lt.

Das **Energie- und Technikmuseum** erzählt die Geschichte der Energiegewinnung seit 1900 (Žvejų 14 a/Rinktinės 2, www.emuziejai.lt, Tel. 2782085, Di–Sa 10–17 Uhr).

Viele Museen organisieren auch verschiedene **Ausstellungen** und **Handarbeitsworkshops.** Diese sowie jene in den **Kunstgalerien** findet man in „VIYP", „Exploring Vilnius", in der Baltic Times und den litauischen Zeitungen. Informationen hierzu auch bei den Touristinformationen. 2009 wurde die **Nationale Kunstgalerie** in den Räumen des früheren Revolutionsmuseums nach mehrjährigem Umbau wiedereröffnet (Konstitucijos 22, Tel. 21229979).

Kinos

Die Kinos **Skalvija** (Goštauto 2/15, Tel. 2610505, www.skalvija.lt), das moderne **Vingis,** Coca-Cola Plaza (11 Kinosäle, Savanorių 7 bzw. Ozo 25, 8 Kinosäle, Tel. 1567, www.forumcinemas.lt) und das **Autokino** (Savanorių 16, www.autokinas.lt) zeigen Originalfilme mit Untertiteln. **Infos** in den Zeitungen „Lietuvos Rytas" und „The Baltic Times".

Einkaufen

Die **Haupteinkaufsstraße** ist der Gediminas prospektas; viele Geschäfte gibt es auch in der Altstadt. Die Auswahl ist riesig, aber die Preise westlicher Importwaren sind in den Geschäften im Zentrum oft teurer als bei uns. Billige Elektronikprodukte, Kleidung, Schuhe etc. gibt es auf den Märkten oder in Geschäften außerhalb des Zentrums. Einen guten Einkaufsführer findet man in „VIYP" und in „Exploring Vilnius".

Bücher, Zeitschriften, Zeitungen

- Ausländische Literatur findet man u.a. in **Littera,** in der Universität, Mo–Fr 9–18 Uhr,

Sa 10–15 Uhr; **Draugystė,** Gedimino 2; **Prie Halės,** Pylimo 53; **Akademinė Knyga,** Universiteto 4; **Centrinis Knygas,** Gedimino 13, **Vaga,** Gedimino 50/2; **Humanitas,** Dominikonų 5, **Pilies,** Pilies 22.

• Ausländische Zeitschriften und Zeitungen u.a. in den **Kiosken** an Gedimino 7 und 21.

Camping-, Outdoorartikel

• **Vytaro Turas,** Laisvės 123, Tel. 2736711.

Fotoartikel

• Pamėnkelnio 15/6, Pilies 23, 42 u.v.m.

Kaufhäuser und Einkaufszentren

• **Flagman,** Gedimino 16; 10–20 Uhr, So 11–18 Uhr, www.flagman.lt, mit Marks&Spencer-Abteilung.

• **VCUP,** Konstitucijos 16, täglich 10–23 Uhr, www.vcup.lt.

• **Gedimino 9,** Gedimino 9; Mo–Sa 10–20 Uhr, So 11–18 Uhr, www.gedemino9.lt.

• **Vilniaus Vartai,** Tumėno 4, www.vilniaus vartai.lt, viele Boutiquen.

• **Akropolis,** Ozo 25, Tel. 1588, www.akro polis.lt, 10–22 Uhr, riesiger Komplex u.a. mit Maxima-Supermarkt, rund 100 Geschäften, Kinokomplex (s.o.), Eislaufbahn, Restaurants, Banken, Bowling; Anfahrt Bus 53/54.

• **Europa,** Konstitucijos 7 A, Tel. 2487070, www.europa.lt, 8–22 Uhr.

• **Hyper Rimi,** Savanorių 16, Tel. 2461200 bzw. Žirmūnų 64, Tel. 2743200, www.rimi.lt, 8–23 Uhr, u.a. Lebensmittel, Haushaltsgegenstände.

• **Ozas,** Ozo 18, Tel. 2100150, www.ozas.lt, 10–22 Uhr, 180 Läden, Restaurants etc.

Lebensmittel

• **IKI-Supermärkte** in Žirmunu 2, Jasinskio 16, Sodų 22 u.a., 8–22 Uhr, www.iki.lt.

• **Ikiukas,** Užupio 7, 8–23 Uhr, Pylimo 21, Jogailos 12 u.a.

• **Maxima-Supermarkt,** u.a. Mindaugo 11, 24 Std., www.maxima.lt.

• **Rimi,** Didžioji 28, www.rimi.lt, 8–22 Uhr.

Kunstgewerbe/Souvenirs

In einigen **Ateliers** und **Kunsthandwerkstätten** (Auflistung bei der Touristinformation bzw. in „Exploring Vilnius“) kann man die Arbeit der Künstler beobachten und sich deren Arbeitsmethoden beibringen lassen.

• **Sauluva,** Šv. Mykolo 4, www.sauluva.lt (große Auswahl).

• **Souvenirmarkt,** tägl. 9–19 Uhr in der Pilies 23 (Bernstein, Leinen, Keramik, Bilder, etc.).

• **Bernstein,** u.a. in Aušros Vartų 9, 13, 21, Pilies 7, 8, 10, 32.

• **Leinenprodukte,** Didžioji 5, 6, 10, 11, Pilies 38, Vilniaus 12 etc.

• **Antiquitäten,** Dominikonų 3, 14, 16, Didžioji 38, Pilies 12 etc.

• **Weitere Souvenirgeschäfte** findet man u.a. in den Straßen Pilies, Didžioji, Vokiečių und Vilniaus.

Märkte

Sie sind meist ab 7 Uhr bis 15–17 Uhr geöffnet (montags meist geschlossen). Hier sollte man stets auf Taschendiebe achten.

• **Halės-Markthalle,** Pylimo 58/1, Lebensmittel, Textilien etc.

• **Kalvarijų-Markt,** Kalvarijų 61, Lebensmittel, Blumen u.v.m.

• Etwa 4 km außerhalb in Richtung Kaunas liegt der **Gariūnai-Markt,** Gariūnų 68 (an der Autobahn nach Kaunas). Hier bekommt man auf 120 ha alles, was der Markt zu bieten hat, vom Kaugummi bis zu Autos. Der Markt ist allemal sehenswert. Vom Hauptbahnhof mit Minibussen zu erreichen (Aufschrift „Gariūnai“) bzw. mit dem Bus „Gariūnai“ von der Trolleybushaltestelle „Gerosios Vilties“.

• **Blumenmarkt,** Basanavičiaus 42 (24 Std. täglich).

• **Antakalnis-Markt,** Obst, Gemüse, Blumen (Trolleybus-Haltestelle Tverečiaus).

• **Gedimino-Markt,** neben Hotel Neringa, u.a. Blumen, Bernstein, Obst.

• **Trödelmarkt,** Tauro-Berg, Sa 7–12 Uhr.

Umgebung von Vilnius

Die Hauptsehenswürdigkeit in der Umgebung von Vilnius ist **Trakai.**

Europa-Park (Europos parkas)

Der **Skulpturenpark** unter freiem Himmel (19 km nördlich von Vilnius) ist dem Mittelpunkt Europas gewidmet. Über 100 Skulpturen internationaler Künstler stehen seit 1991 auf etwa 55 ha, auch aufgrund eines jährlichen Workshops mit Künstlern werden es immer mehr. Täglich geöffnet von 10 Uhr bis Sonnenuntergang (Führungen auf Englisch müssen im Museumscafé oder unter Tel./Fax 5-2377077 angemeldet werden). Infos (auch zu Skulpturenkursen, Busfahrplan etc.) unter www.europosparkas.lt. Dort gibt es auch ein 700 m langes **Labyrinth** mit ca. 3000 alten TV-Geräten und einer auf dem Rücken liegenden Lenin-Statue, eine Anspielung auf die frühere Sowjet-Propaganda. Es wurde 2002 ins **Guinness-Buch der Rekorde** aufgenommen.

Anfahrt: Minibus 92 von Vilnius-Žalgirio nach Skirgiškės, dem Busfahrer Bescheid sagen oder Bus 36 bis zur Endstation, dann noch 3 km zu Fuß. Bushaltestelle vor dem Parkeingang. Die Straße von hier zum Mittelpunkt Europas ist sehr schlecht, empfohlen wird die Rückfahrt bis Verkiai, am Kreisverkehr dann rechts.

Mittelpunkt Europas (Europos centras)

Nahe dem Dörfchen **Purnuškės** etwa 26 km nördlich von Vilnius am See Girijos ist der geografische Mittelpunkt Europas. Ein Blick auf die Karte beweist es: die Linien Gibraltar - Ural und Nordkap - Kreta kreuzen sich hier. Bis 1989 lag der Mittelpunkt Europas offiziell in Raniv in den ukrainischen Waldkarpaten, festgestellt 1887 vom „K.u.K. Militärgeographischen Institut" in Wien. Erst dann hat das französische nationale Geografie-Institut mit Computerhilfe das neue Zentrum bestimmt, genau bei 25° 19′ östlicher Länge und 54° 54′ nördlicher Breite. Diese Koordinaten stehen auf einem **Findling** mit Windrose, außerdem

251 li-Foto: gs

Der Mittelpunkt Europas

steht dort eine **Sonnenuhr** mit aufgetürmten Steinen.

Seit dem Tag des EU-Beitritts, dem 1. Mai 2004, stehen hier die Flaggen der EU-Länder und eine **Granitsäule.** Die Sternenkrone erinnert an das Königreich Litauen im 13. Jh. Im **Infozentrum** (Tel. 5-2040121, tgl. 8.30–17.30 Uhr, Sa/So nur 15.6.–31.8., www.egc.lt) kann man sich für 5 Lt. ein **Zertifikat** über den Besuch des Mittelpunkts von Europa ausstellen lassen.

Anfahrt: auf der A 14 nach Molėtai links abbiegen nach Bernotai. Man kann die Anlage schon von der Straße aus sehen, ebenso den Burghügel aus dem Jahr 1266. Die Busse nach Molėtai bzw. Pabėrže passieren den Ort; dem Busfahrer Bescheid sagen. Vom Busbahnhof in Vilnius, Plattform 32, fahren Busse nach Radžiuliai (Fahrtzeit rund 30 Min.).

Kernavė

Knapp 40 km nordwestlich von Vilnius an der Neris liegt mitten im Dorf Kernavė (300 Einwohner) ein **historisches und archäologisches Reservat** mit 196 ha, das zum UNESCO-**Weltkulturerbe** gehört. Über das Reservat gibt ein **Museum** in einem Flügel des Verwaltungsgebäudes Aufschluss mit vielen Ausgrabungsstücken und einem Modell der Anlage (Kerniaus 4 a, Tel. 382-47385, www.kernave.org, Mi–So 10–17 Uhr, 1.11.–1.4. bis 15 Uhr). Daneben liegt ein Café, nicht weit davon die **neogotische Backsteinkirche** (1920–40).

Touristinformation im Gebäude nebenan, Di–Do 11–7 Uhr (Kerniaus 4, Tel./Fax 382-47311, www.kernave.org). 5–6 Mikrobusse von Vilnius nach Širvintos passieren täglich das Dorf.

Die Gegend entlang des Flusses war bereits 8000 v. Chr. besiedelt. Im 12./13. Jh. stand auf dem später genannten **„Thron des Mindaugas"**-Berges eine Burganlage. 1253 soll hier *Mindaugas* gekrönt worden sein. Der Ort wurde in der Livländischen Reimchronik 1279 als Stammland des Großfürsten *Traidenis* (Regierungszeit 1269–82) genannt und gilt daher als die **erste Hauptstadt Litauens** vor Trakai und Vilnius. Es wurden zur Befestigung **weitere vier „Schüttburgen"** mit Vorburgen errichtet und zwar auf dem „Berg des Lizdeika" (so benannt erst von Romantikern des 19. Jh.) mit dem spitzen Kegel (links), dem Burgberg (Pilies; rechts), dem weiter entfernten Kriveikiškis-Berg und dem oben abgeflachten „Opferberg" *(Aukuras).*

Die **Fürstenburg** lag später auf letzterem, geschützt von den anderen vier Schüttburgen. Ende 13./Anfang 14. Jh. entstand im Pajauta-Tal zwischen den Hügeln und dem Fluss die **„Untere Stadt"**, eine **hölzerne Stadtanlage** der Kaufleute und Handwerker. In der feudalen Stadt gediehen Handel, Handwerk und Ackerbau, sodass Kernavė bald als das bedeutendste **politische und wirtschaftliche Zentrum** Litauens galt. Nach der Verwüstung der Unteren Stadt durch die Kreuzritter zogen die Bewohner in die befestigten Burganlagen. Auch diese wurden des öfteren attackiert und teilweise niedergebrannt. 1316 wurde Trakai

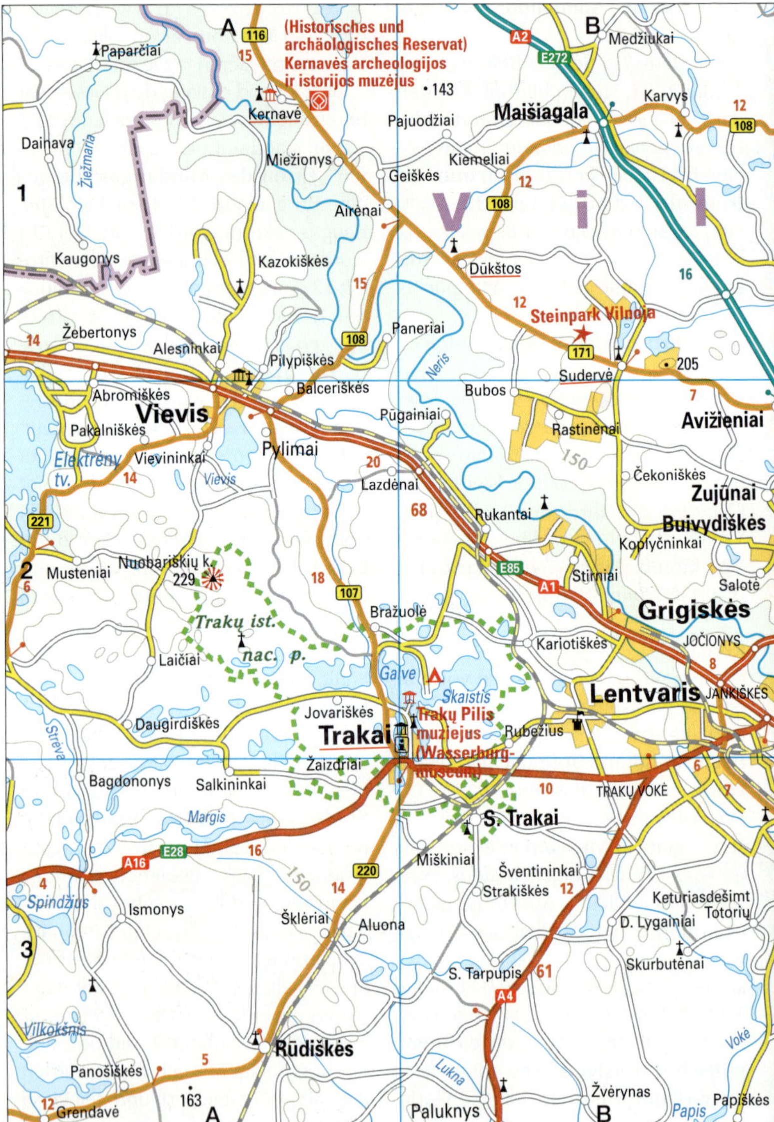
(Historisches und archäologisches Reservat) Kernavės archeologijos ir istorijos muziejus
Paparčiai
Kernavė
Dainava
Žiežmaria
Miežionys
Geiškės
Pajuodžiai
Maišiagala
Medžiukai
Karvys
Kiemeliai
Airėnai
Kaugonys
Kazokiškės
Dūkštos
Steinpark Vilnoja
Paneriai
Žebertonys
Alesninkai
Pilypiškės
Balceriškės
Suderve
Bubos
Avižieniai
Abromiškės
Vievis
Pakalniškės
Pylimai
Pūgainiai
Rastinėnai
Elektrėnų tv.
Vievininkai
Lazdėnai
Čekoniškės
Zujūnai
Neris
Rukantai
Buivydiškės
Koplyčninkai
Musteniai
Nuobariškių k.
Stirniai
Salotė
Bražuolė
Grigiškės
Trakų ist. nac. p.
Kariotiškės
Jočionys
Laičiai
Galve
Skaistis
Lentvaris
Jankiškės
Jovariškės
Trakų Pilis muziejus (Wasserburg-museum)
Daugirdiškės
Trakai
Rubežius
Strėva
Žaizdriai
Bagdononys
Salkininkai
Trakų Vokė
Margis
S. Trakai
Miškiniai
Šventininkai
Strakiškės
Spindžius
Ismonys
Šklėriai
Aluona
Keturiasdešimt Totorių
D. Lygainiai
Skurbutėnai
S. Tarpupis
Vilkokšnis
Rūdiškės
Lukna
Vokė
Panošiškės
Žvėrynas
Grendavė
Paluknys
Papis
Papiškės
Vil
A
B
1
2
3
116
108
171
107
221
220
A1
A2
A4
A16
E28
E85
E272
143
205
229
163
150

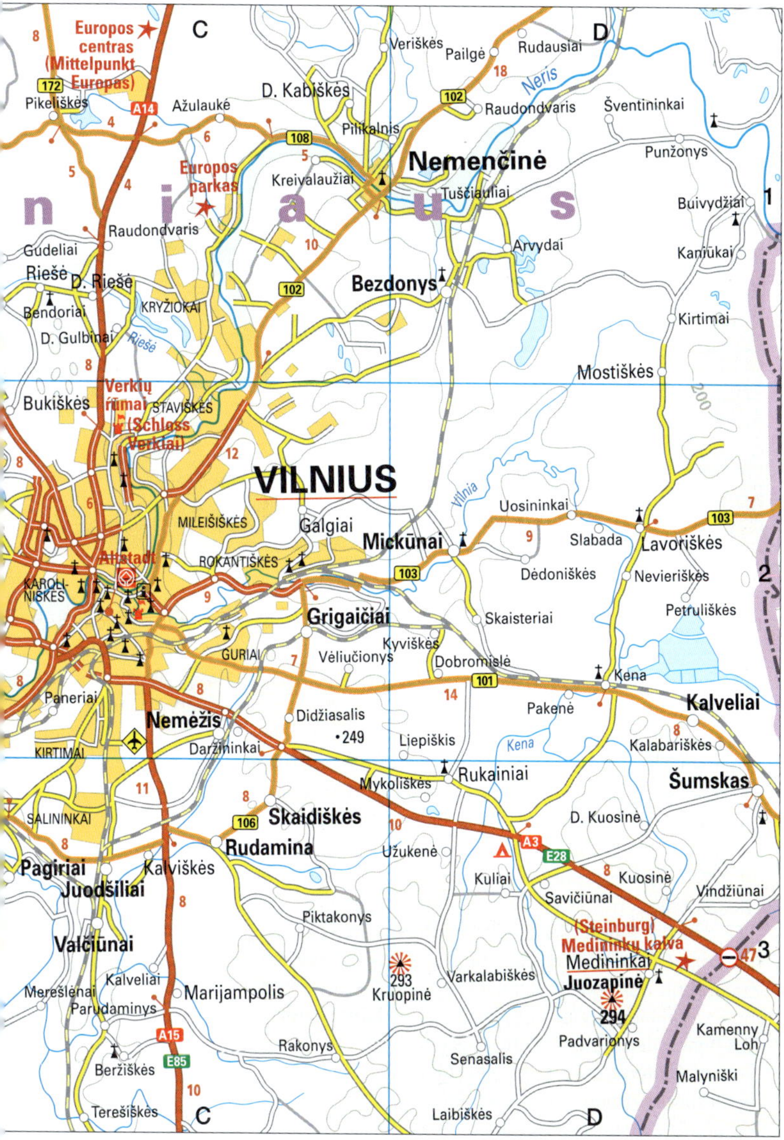
Europos centras (Mittelpunkt Europas)
Europos parkas
Pikeliškės
Ažulaukė
D. Kabiškės
Verìškės
Pailgė
Rudausiai
Neris
Raudondvaris
Šventininkai
Pilikalnis
Nemenčinė
Kreivalaužiai
Tuščiauliai
Punžonys
Buivydžiai
Raudondvaris
Gudeliai
Riešė
D. Riešė
Bendoriai
KRYŽIOKAI
D. Gulbinai
Riešė
Arvydai
Bezdonys
Kaniūkai
Kirtimai
Mostiškės
Verkių rūmai (Schloss Verkiai)
Bukiškės
STAVIŠKĖS
VILNIUS
Vilnia
Uosininkai
MILEIŠIŠKĖS
Galgiai
Mickūnai
Slabada
Lavoriškės
Dėdoniškės
Nevieriškės
Altstadt
ROKANTIŠKĖS
KAROLINIŠKĖS
Grigaičiai
Skaisteriai
Petruliškės
Kyviškės
Vėliučionys
Dobromislė
GURIAI
Kena
Paneriai
Pakenė
Kalveliai
Nemėžis
Didžiasalis
249
Liepiškis
Kena
Kalabariškės
KIRTIMAI
Daržininkai
Rukainiai
Mykoliškės
Šumskas
SALININKAI
Skaidiškės
Rudamina
D. Kuosinė
Užukenė
Pagiriai
Kalviškės
Kuliai
Kuosinė
Juodšiliai
Savičiūnai
Vindžiūnai
Piktakonys
(Steinburg) Medininkų kalva
Valčiūnai
Medininkai
293
Kruopinė
Varkalabiškės
Juozapinė
294
Kalveliai
Marijampolis
Merešlėnai
Parudaminys
Padvarionys
Kamenny Loh
Rakonys
Senasalis
Beržiškės
Malyniški
Terešiškės
Laibiškės
Neris
200
172
A14
108
102
103
101
106
A3
E28
A15
E85
C
D
1
2
3

252li Foto: gs

Hauptstadt und Residenz der Großfürsten, sodass die Bedeutung von Kernavė schwand. 1365 brannten die Litauer die Fürstenburg nieder, weil sie den Ordensrittern nicht in die Hände fallen sollte. Die anderen Burgen waren schon vorher aufgegeben worden. Im Unterschied zu Vilnius blieben hier die Kulturschichten vom Ende des 14. Jh. völlig unberührt, ein Eldorado für Archäologen.

Es gibt die **Sage,** dass nach Einführung des Christentums 1387 und der Zerstörung der vorchristlichen Heiligtümer am Hauptsitz der Oberpriester, von denen der Ranghöchste stets den Namen *Lizdeika* trug, sich jener hierher zurückgezogen habe, um mit den *Vaidilutės* (heilige Jungfrauen) das Ewige Feuer zu hüten. Nach der schönsten dieser Jungfrauen, die den Namen *Pajauta* („Mitgefühl") trug, ist jetzt das o.a. Tal benannt. Eine andere Sage erzählt, dass es von hier einen **unterirdischen Gang bis Vilnius und Trakai** gegeben haben soll. Dessen Zugang in Kernavė war angeblich mit eisernen, in Vilnius mit silbernen und in Trakai mit goldenen Toren versperrt.

In Litauen gibt es zwar fast 1000 Schüttburgen, doch im gesamten Ostseeraum findet man keinen anderen **Fünf-Schüttburgen-Komplex** mehr.

In Kernavė

Von jeder von ihnen hat man einen schönen Blick auf die jeweils anderen sowie auf das Neris-Tal. Viel los ist hier während der **Sonnwendfeier** am 23. Juni und den äußerst interessanten **Archäologie-Tagen** Anfang Juli (11–19 Uhr, Demonstrationen von steinzeitlicher und mittelalterlicher Handwerkskunst, Reiten, Ritterkämpfe, traditionelle Gerichte und Musik etc.). Dann gibt es auch viele Busse sowie Touren von Vilnius. Im August findet ein **Folkfestival** statt.

Trakai

Man sollte das Städtchen Trakai, 27 km südwestlich von Vilnius, mit rund 5400 Einwohnern, unbedingt zumindest als **Tagesausflug** besuchen. Es liegt in der malerischen Landschaft des **Historischen Nationalparks,** umschlossen von **fünf Seen** mit Buchten, Hügeln und Wäldern, ein Paradies für Natur- und Sportfreunde (vor allem für Wassersportler). Das beliebte **Erholungsgebiet** kann man auch mit Booten oder Ausflugsschiffen erkunden.

Trakai selbst war die Hauptstadt des Reichs noch vor Vilnius, hier residierten die Großfürsten. Sie ist auch mit dem Abwehrkampf der Litauer gegen den Kreuzritterorden eng verbunden. Hauptattraktion ist die herrliche **mittelalterliche Inselburg,** eine Art Nationalheiligtum (auf der Rückseite der 2-Lt.-Note abgebildet). Sie ist die **einzige Wasserburg Osteuropas** und die meistfotografierte Burg des Landes. Sehenswert sind auch das Museum der von der Krim stammenden **Karäer** (s. Exkurs „Die Karäer") und deren malerische kleine Holzhäuschen sowie die Ruinen der Halbinselburg. Das **Städtchen** hat seinen Grundriss aus dem 14./15. Jh. behalten und zählt zu den interessantesten ethnografischen und städtebaulichen Denkmälern aus jener Zeit. Auch die Holzarchitektur ist einzigartig.

Geschichte

Ein genaues Gründungsdatum ist nicht bekannt, doch schon im 12. Jh. war Trakai Sitz des Fürstentums. Allerdings nicht am heutigen Platz, sondern 4 km weiter südlich in **Senieji (Alt-)Trakai;** bis auf Burgwall und Graben ist nichts mehr davon zu sehen. 1316 verlegte Großfürst *Gediminas* (1316–41) die **Hauptstadt** und den Sitz der Fürstenresidenz von Kernavė nach Trakai, bevor er 1323 die neue Hauptstadt Vilnius gründete. Trakai blieb aber weiterhin **Residenz der Fürsten.** *Gediminas'* Sohn, Großfürst *Kestutis* (1345–82) residierte sowohl in Vilnius als auch in Trakai. Er heiratete hier die schöne *Birutė* (s. Geschichte Palanga), die ihm 1350 seinen Sohn *Vytautas* gebar. Da die Ordensritter wiederholt Trakai angriffen, ließ er auf einer Landzunge die günstiger gelegene **Halbinselburg** bauen, um die sich dann die heutige Stadt bildete.

Auch sie war ab 1377 des öfteren Ziel der Ordensritter, worauf mit dem Bau der noch besser geschützten **Inselburg** begonnen wurde. 1382 wurde *Kestutis* von seinem Neffen *Jogaila*

ermordet. Nachdem dieser 1386 König wurde, setzte er seinen Günstling *Skirgaila* als Statthalter des Fürstentums ein. *Vytautas* fühlte sich um sein Erbe betrogen, verbündete sich mit dem Ordensrittern und belagerte Trakai. Vermutlich 1391 wurde die Halbinselburg von ihnen geschleift. 1392 versöhnten sich *Jogaila* und *Vytautas,* und *Vytautas* wurde Fürst von Litauen. 1396 holte er sich Krimtataren als Palastwachen, Gärtner und Handwerker, zwei Jahre später auch Karäer. Nachdem er 1401 Großfürst wurde, ließ er die Inselburg fertigstellen. 1409 erhielt Trakai das **Magdeburger Stadtrecht,** und *Vytautas* ließ auf dem Platz der zerstörten Halbinselburg eine Kirche und ein Bernhardinerkloster bauen. Er starb 1430 in der Inselburg, kurz vor seiner Krönung als König. Nach seinem Tod schwand die Bedeutung Trakais. 1655 wurde die Inselburg dann von Kosaken zerstört und als Kerker benutzt. Mit dem Wiederaufbau wurde 1952 begonnen.

Rundgang

Vom Busbahnhof geht man die rund 1,5 km lange Hauptstraße Vytauto nach Norden, passiert dabei das Touristinformationsbüro (Nr. 69) und die russisch-orthodoxe Kirche (Nr. 32), bevor man nach der Rechtskurve die **Kapellensäule für den Hl. Johann Nepomuk** (17. Jh.) sieht, die früher als Leuchtturm am See stand. Links geht die Vytauto in die Karaimų über (s.u.), rechts führt die Kestučio hoch zu den **Ruinen der Halbinselburg** *(Pusiasalio pilis)* und des späteren Bernhardinerklosters.

Von den elf Wehrtürmen wurde nur einer wiederaufgebaut; zu sehen sind auch noch Teile der bis zu 9 m hohen Verteidigungsmauern. Dominikanermönche bauten Ende des 18. Jh. auf dem Burggelände erst eine Kirche; 1832–64 war hier ein Kloster. In der Kapelle ist das **Museum der Sakralkunst** untergebracht (Tel. 53941, Mi–So 10–18 Uhr). Hier finden oft mittelalterliche Festspiele statt. Am Fuß des Burghügels liegt ein kleiner Park mit anderen Mauerresten.

Von hier führt ein schöner **Pfad** entlang des Seeufers zur Inselburg, die man schon von weitem sieht. Bei deren Brücke liegen viele Souvenirstände, Cafés etc. **Segeltörns** werden angeboten und Boote können ausgeliehen werden, hier fährt im Sommer ein Dampfschiff ab (s.u.).

Die fünfstöckige gotische **Inselburg** aus rotem Ziegelstein fügt sich malerisch in die Landschaft aus Wald und Wasser ein. Man hat den Eindruck, als rage es direkt aus dem Wasser empor. Man erreicht es über zwei Holzbrücken und eine dazwischen liegende bewaldete Insel. Die zweite Brücke endet unmittelbar vor dem quadratischen **Torturm,** durch den man den trapezförmigen **Großen Hof** mit seinen bis zu 7 m hohen Mauern und drei runden Ecktürmen betritt. Gesäumt wird der Hof durch die Gebäude der **Vorburg,** in denen sich einst die Unterkünfte der Burgwachen sowie Waffenlager und Lebensmittelvorräte befanden. Rechts liegen die Ost-, links die zweigeschossigen Westkasematten mit Balustraden, in denen ein Teil des **Historischen Museums** (Waffen, antike Pfeifen u.v.m.) untergebracht ist.

Die **Hauptburg** *(Palas)* ist von einem tiefen Graben umgeben, den man auf einer Brücke überquert (früher eine Zugbrücke). Durch das mächtige Tor des 33 m hohen **Donjon** (Wohn- und Wachturm), von dessen Spitze man einen guten Ausblick auf die Seen und Inseln hat, gelangt man in den schmalen **Hof,** umrahmt von hölzernen Galerien. In den Obergeschossen lagen die Repräsentations- und Wohnräume der Fürsten. Im 1. Stock links und im 2. Stock ist ein Teil des **Historischen Museums** untergebracht, das über die Geschichte der Burg und des litauischen Staates informiert (10–19 Uhr, im Winter Di–So 10–18 Uhr, Tel. 53946, Führung Tel. 55296, www.trakaimuziejus.lt). Im 1. Stock rechts liegt der **Große Saal** (Thronsaal) mit einem gotischen Sterngewölbe. Von den Fresken sind nur noch Umrisse erkennbar. Hier gibt es manchmal Konzerte. Größere Veranstaltungen (u.a. Feste, Konzerte, Opern, Balletts) finden auf der Bühne im Großen Hof statt.

Entlang der Karaimų (von der Inselburg in Richtung Stadtmitte) stehen die bunten **Holzhäuschen** der Karäer. In der Nr. 30 ist die **Kenessa,** das Gebetshaus der Karäer, in dem sonntags Gottesdienst gehalten wird (nur von außen zu besichtigen). Das ursprüngliche Gebäude aus dem 15. Jh. wurde von Napoleons Truppen 1812 zerstört.

In der Karaimų 22, kann man sich im **Ethnografischen Museum der Karäer** über Trachten, Gebrauchsgegenstände und Brauchtum dieser Volksgruppe informieren (Mi–So 10–18 Uhr, Tel. 55286).

In der Sodų 8 steht auf einem Hügel die zweitürmige **Maria-Verkündigungskirche.** Sie wurde 1409 unter *Vytautas* mit Steinen der zerstörten Halbinselburg im gotischen Stil mit Wehrbaucharakter erbaut, 1655 teilweise zerstört und 1717 im Barockstil wieder aufgebaut. Bekannt ist sie auch wegen einiger wertvoller Gemälde und einer Maria-Ikone mit silberbeschlagenem Gewand, die 1123 in Konstantinopel gemalt und 1390 *Vytautas* als Geschenk gemacht worden sein soll.

Nationalpark

Man sollte sich auch die herrliche Landschaft rings um Trakai etwas genauer ansehen. Der 8200 ha große **Historische Nationalpark von Trakai** mit seinen sanften Hügeln und seinem weit verzweigten System von 32 Seen und deren Inseln und Buchten ist vor etwa 20.000 Jahren von den Gletschern der Eiszeit geformt worden. Die Seen umfassen 1110 ha (darunter der **Galvė-See,** der größte mit 20 Inseln, und der **Akmena-See**).

Die **Moore** bei Varnikai (mit einem Lehrpfad ein botanisch-zoologisches Reservat) und Plomenai sind Brutstätten für seltene Vögel. Der Park ist auch von **ethnografischem** und **archäologischem Wert.** Hier befinden sich einige **Grabhügel** und **Hünengräber** vom 9.–12. Jh. sowie Überreste alter Burgen. Mehr als ein Drittel des Parks nimmt die **Schutzzone** mit zwei Reservaten und zehn Kultur-, Landschafts- und Naturschutzgebieten ein. Den Kern des Nationalparks bildet der Komplex der zwei Burgen mit der Altstadt (s.o.). Außerdem sind noch etwa 50 historische Bauten oder ihre Reste, meist aus dem 20. Jh., zu sehen.

Infos bei der Nationalparkverwaltung in der Karaimų 5, Mo–Fr 8–12 und 13–17 Uhr (Tel./Fax 55776, www.seniejitrakai.lt, im Gebäude der alten Post, 1810 von Dominikanermönchen gebaut). Arrangiert auch Touren, verkauft Karten und Souvenirs, stellt Erlaubnisscheine zum Angeln und Zelten aus u.v.m. Den Nationalpark kann man teilweise mit dem eigenen Fahrzeug erkunden.

Interessant kann auch eine **Bootsfahrt** sein (s. „Aktivitäten") oder im Sommer ein Ausflug mit dem **Dampfschiff** „Skaistis" (alle 2 Std. Mo–Fr 11–17, Sa/So 10–19 Uhr, Fahrzeit 45 Min., Tel. 28654271) hinüber zum Ostufer des Galvė-Sees, an dem in einem alten Park der weiße neoklassizistische **Užutrakis-Palast** der Grafen *von Tyszkiewicz* steht. Er wurde 1896 gebaut und bis 1939 von ihnen be-

wohnt. Wer mit dem PKW unterwegs ist, muss die Abzweigung an der Straße von/nach Totoriškes nehmen. Vom Palast aus hat man eine tolle Sicht auf Trakai.

Informationen

- **Tel.-Vorwahl Trakai:** (00370-) 528
- **Touristinformation,** Vytauto 69, Mo–Fr 8–16 Uhr, Mai–Sept. 9–18 Uhr sowie Sa, So 9–15 Uhr. Tel./Fax 51934, www.trakai.lt, www.trakaimuziejus.lt; auch Souvenirverkauf und Radverleih.

Nützliche Adressen

- **Geldwechsel:** Vytauto 55 (Mo–Fr 8–15 Uhr).
- **Geldautomat:** u.a. Vytauto 52, 69.

Inselburg Trakai

Verkehrsmittel

Trakai ist mit öffentlichen Verkehrsmitteln gut zu erreichen; es gibt auch organisierte Exkursionen (s. „Informationen" bei Vilnius).

Anfahrt möglich mit dem **Vorortzug** von Vilnius nach Trakai (8–10 Züge tgl.; 40 Min. Fahrzeit) oder mit dem **Bus** vom Fernbusbahnhof (25 Verbindungen, tgl. zwischen 6 und 20 Uhr, Fahrzeit 45 Min.). Busstation und Bahnhof liegen 1,5 bzw. 2 km südlich der Burg. Wem der Weg zu lang ist, kann ein **Taxi** neben dem (Bus-)Bahnhof nehmen. Der **Busbahnhof** liegt in der Vytauto 90, Tel. 51333, der **Bahnhof** in der Vilniaus 5, Tel. 51055.

Unterkunft

- **Campingplatz Kempingas Slėnyje;** 5 km nördlich von Trakai an der Straße nach Vievis direkt am Galvė-Seeufer in Totoriškės; Tel./Fax 53880, www.camptrakai.lt; ganzjährig, populär, westlicher Standard; Taxi ab Busbahnhof ca. 20 Lt.; viermal täglich Bus ab

Die Karäer

Die Karäer (Karaiten) waren ursprüglich eine jüdische Sekte, die nur das Alte Testament, nicht aber den Talmud und die rabbinische Tradition anerkannten. Der Name leitet sich von der Bezeichnung *Kara im* ab, die soviel bedeutet wie „die Biblischen", d.h. „Söhne der Schrift" im Gegensatz zu den Anhängern der rabbinischen Lehre.

Gegründet wurde diese Sekte zu Beginn des 8. Jh. n. Chr. von *Anan* aus dem Hause David in **Babylonien,** wo sie von den mohammedanischen Behörden unterstützt wurde. Sie setzte sich aus verschiedenen Gruppen zusammen, die die Autorität der mündlichen Lehren des Talmud anfochten, und ihre Anhänger nannten sich damals *Ananiten.* Nach dem Tode Anans zerfiel die Sekte wieder und konnte sich in Babylonien nicht mehr behaupten – teils wegen ihrer komplizierten und rigorosen Gesetzgebung, teils wegen überzogener Askese. Einzelne Gruppen wanderten nach Palästina aus, um dort in strenger Askese zu leben.

Seit der zweiten Hälfte des 9. Jh. setzte sich für die Sektierer der heute gebräuchliche Name *Karäer* durch. *Gaon Saadja* verteidigte das rabbinische Judentum und versuchte, die Karäer aus der jüdischen Gemeinschaft auszuschließen. Nach der Mitte des 11. Jh. verlagerte sich das Schwergewicht der Sekte in den **byzantinisch-türkischen Raum.** Dort kam es im 15./16. Jh. erstmals zu einer Annäherung zwischen Karäern und Rabbaiten (Anhängern der rabbinischen Lehre). Im 14. Jh. gelangten die Karäer auf die Krim, und Ende des 14. Jh. ließ der litauische Großfürst *Vytautas,* dessen Reich sich damals bis ans Schwarze Meer erstreckte, Karäer zusammen mit Tataren von der Halbinsel Krim als **Palastwachen** an seinen **Hof von Trakai** holen. Die Karäer waren auch erfahrene **Handwerker** und weitgereiste **Händler** mit Sonderrechten. Berühmt waren sie auch als **Gemüsezüchter.** 1441 erhielten sie sogar das Recht der Selbstverwaltung.

Als während der zaristischen Zeit im 19. Jh. die litauischen Juden unter Beschränkungen zu leiden hatten, konnten sich die Karäer sogar **Privilegien** sichern und nannten sich nicht mehr Juden, sondern „russische Karäer alttestamentlichen Glaubens".

Bis heute haben sich die Karäer in der Gegend von Trakai, Vilnius und um Panevėžys als **eigene Volksgruppe** mit eigenen Sitten und Gebräuchen erhalten. Sie sprechen zum Teil die **karäische Sprache,** die mit dem Türkischen verwandt ist.

Die **Karäer-Häuschen,** aus Platzgründen mit dem Giebel zur Straße gebaut, haben drei Fenster (je eines für den Hausherren, den Fürsten und für Gott). Interessierte können hier auch übernachten (s.u.).

Karäische Küche: Sie basiert hauptsächlich auf Fleisch- und Teiggerichten. Einige werden täglich, andere nur für festliche Anlässe zubereitet. Die meisten traditionellen Gerichte haben aber einen Bezug zu den religiösen Festen der Karäer, teils auch der Tataren. Die bekannteste Speise ist *kybyn* (Plural: *kybynlar* bzw. *kibinai*), eine Art Pastete in Form eines Halbmondes, gefüllt mit Rind- oder Lammfleisch. Bekannte Gerichte sind auch *shishlik,* gebratene Lamm-, Rind- oder Kalbfleischspieße; *troškinta mėsa,* eine Art Eintopf; *chamur-dolma,* eine Brühe mit Klößchen; *chanach,* ein Eintopf mit Gemüse und Fleisch in einer Keramikschale; *ajaklyk,* Kuchen aus Lammfleisch; *kiubėtė,* Kuchen aus Hühnchenfleisch; *chanachta,* granierter Kartoffelkuchen; *giuliaf almada,* in Teig gebackene Äpfel serviert mit Rosenblättermarmelade. Für Vegetarier gibt es *imam-bajaldy* mit Gemüse.

Das **Nationalgetränk** der Karäer ist *krupnik,* ein recht starkes, goldfarbiges Getränk aus Kräutern, Wurzeln und orientalischen Gewürzen.

Die Zahl der litauischen Karäer wird von den Behörden mit knapp 500, davon 70 in Trakai, angegeben; sie sind damit die **kleinste Volksgruppe in Litauen.** Dennoch haben sie ihre eigene kulturelle Vereinigung, die *Karaite Cultural Society,* Raugyklos 25, 2019 Vilnius, Tel. 611539.

dem Busbahnhof, Anfahrt auch mit Dampfschiff Skaistis. Übernachtung in Holzhütten, 24 Zimmer (2, 3, 4, 5 Betten ab 80 Lt., Apartment ab 170 Lt. mit Küche) oder im Zelt (20 Lt.); 30 Stellplätze für Caravans; Ausleihe von Rädern, Booten, Jachten, Zelt. Kaminofen, Sandstrand, Wasserrutsche, Reiten, Tauchen, Paintball, Waschmaschine, Heißwasserduschen, Café, Bar, Feuerholz, Sauna, Angellizenzscheine; organisiert auch Ballonfahrten für 300 Lt./Std. pro Person.

- **Apvalaus Stalo Klubas Hotel,** Karaimų 53 a, Tel. 55595, www.asklubas.lt, Restaurant, Zigarrenlounge, Sauna, 17 edel ausgestattete Zimmer, teilweise mit Blick auf die Burg (DZ ab 190 Lt.)
- **Karaimų 13 Gästehaus,** Karaimų 13, Tel. 51911, www.karaimai.lt, 6 Zimmer (DZ ab 160 Lt.), in traditionellem Holzhaus im Karäerstil, innen moderne Ausstattung, Café mit karäischer Küche.
- **Trakų Sporto Centro Hotel,** Karaimų 73, Tel. 55501/Fax 55387, www.sc.trakai.com. 43 Zimmer (ab 160 Lt.), früheres Trainingscamp für Litauens Spitzensportler, mit Sauna, Café etc; Zimmer aber unpersönlich und nicht so modern. Vermietung von Booten, Kanus und Fahrrädern (5 Lt./Std.), Café. Benutzung der Sportanlagen möglich; es gibt auch einen Schlafsaal.
- **Gästehaus Rotušė,** Vytauto 1, Tel./Fax 55148, 7 Zimmer (EZ 30 Lt., DZ 60 Lt.), einfache Zimmer, recht laut.
- **Hotel Salos,** Kranto 5 b, Tel. 53990, Fax 53991, www.salos.lt, 8 Zimmer (DZ ab 80 Lt.), Restaurant, Nachtclub, Sauna, Pool, Fahrrad-und Bootverleih, populär.
- **Akmeninė Rezidencija,** im Dorf Bražuolės am Akmenos-See 2 km nordwestlich von Trakai, Erholungskomplex der gehobenen Klasse, Tel. 22033, www.akmeninerezidencija.lt, traditionelle Holzhäuser mit Schilfrohrdächern, 8 Zimmer (ab 230 Lt.), Restaurant, Weinkeller, Sauna, Outdoor-Pool, Jacuzzi, Angeln, Reiten, Bootsverleih etc.
- **Lakštas-Farm,** 4 km östlich am Skaistis-See, Tel. 29816533, idyllisch, Häuschen mit Du./WC, 60–150 Lt., Sauna, Vollpension möglich; Reiten, Angeln, Kanu, Jacht, Segelboot, Radtour; im Winter Schlitten, Langlauf, Eisfischen, Schlittschuhlaufen.
- **Gästehaus Gražina,** Šaudyklos 6, Tel. 376 26, 5 moderne Zimmer, 30–60 Lt. p.P., schöne Lage, Sauna, Boote, Fahrrad, Strand, Badesee.
- **Weitere Pensionen** u.a. in Gilusio 9 (Tel. 52167) an der westlichen Uferstraße des gleichnamigen Sees; Karaimų 83 (Tel. 20229), Birutės 16 a (Tel. 63287; eine Querstraße nördlich vom Busbahnhof) sowie am Südufer des Lukos-Sees in der Šaudyklos 5 (Tel. 89431) bzw. Mikulionio 7-1 (Tel. 49638) und 7-2 (Tel. 99741). Buchung auch bei der Touristinformation, auch für viele Pensionen im Umland.

Gastronomie

- **Senoji-Kibininė,** Karaimų 65, 10–22 Uhr, karäische Küche.
- **Kybynlar,** Karaimų 29, 11–22 Uhr, karäische Küche, 2 Säle, Folkloreabende.
- **Apvalaus Stalo Klubas** (Runder Tisch-Club), Karaimų 53, 10–23 Uhr, Einrichtung im Stil eines prunkvollen Landhauses, Nobelrestaurant, französische und italienische Küche, toller Blick auf die Burg.
- **Markizas,** Karaimų 25 a, 11–22 Uhr, europäische Küche.
- **Café Kiubetė,** Vytauto 3a, eher einfache Gerichte.
- **AJ Šokoladės,** Vytauto 4, 10–21 Uhr, Café.
- Im Sommer gibt es auch viele **Cafés, Eisstände** und **Imbissstuben** in der Nähe der Inselburg.

Aktivitäten

Radverleih (u.a. bei der Touristinformation); einige **Badestrände** und Möglichkeiten von Segeltörns sowie **Bootsverleih,** u.a. mittelalterliche Boote, **Windsurfen** etc.; **Angeln** bei Žvejų Namai, Tel. 526008, mit Bar und Spielplatz, rechtzeitig buchen.

Feste

Diverse Feste und Festivals, u.a. Stadtfestival (Mitte Mai), Festival des Mittelalters (Ende Mai), Regatta (Ende Juni), Mittelaltertage (6.–8. Juli), Ruderwettbewerbe (Ende Juli/Anfang August). Im Juli/August gibt es Kammermusikkonzerte beim Užutrakis-Palast.

Druskininkai

Das Städtchen mit etwa 17.000 Einwohnern am rechten Ufer des Nemunas liegt im südlichsten Winkel Litauens nahe der **Grenze zu Weißrussland** und Polen. Druskininkai ist ein **Kurort** par excellence: würzig frische Luft, paradiesische Ruhe und eine traumhafte Landschaft mit Wäldern und Seen. Das Klima soll hier noch gesünder als in Davos sein. Das linke, hohe Nemunas-Ufer schützt die Stadt vor Nordwinden. Es ist der einzige Kurort in Europa, der von Kiefernwäldern dieses Ausmaßes umgeben ist.

Druskininkai eignet sich gut als Ausgangspunkt für den **Dzūkija-Nationalpark.** Was Palanga für Badefreunde ist, das ist Druskininkai für alle, die sich in den Wäldern wohler fühlen als am Strand. Es gibt 15 **Wanderrouten** mit einer Länge von 80 km sowie **Routen für Radfahrer und Langläufer** über 55 km, das größte und wohl beste Netz des Landes. Aber auch Pilz- und Beerensammler schätzen diese Gegend sehr.

Architektonisch interessant sind der **Aquapark** (mit drei Rundgebäuden und Turm) in der Vilniaus 13 und das runde **Sanatorium Sūrutis** (auch Pušelė) in der Taikos 10 (Tel. 53335). Neben der Bootsanlegestelle sind einige **Mineralwasserquellen** bzw. -brunnen; probieren kann man das salzhaltige Getränk in einer **Trinkhalle** (7–9, 11–14, 16–19 Uhr).

2 km östlich vom Zentrum an der Čiurlionio 116 (erreichbar mehrmals täglich mit Buslinie 3) liegt das **Forstmuseum Girios Aidas** (Echo des Waldes). Es sieht aus wie das Hexenhaus; in drei Stockwerken, rings um eine Eiche gebaut, gibt es Ausstellungen über die Waldflora und -fauna, eine Umweltschutzbibliothek und einen kleinen Zoo (Mi–So 10–18 Uhr, Tel. 53901, www. dmu.lt/aidas); im und ums Museum stehen viele interessante Holzskulpturen.

Aktiv betätigen kann man sich in der schönen Umgebung. Besonders beliebt ist der sogenannte **„Sonnenweg"** *(Saulės takas),* ein etwa 4 km langer Fußweg, der am Ufer der Ratnyčėlė entlang und entsprechend gewunden bis zu einer alten Mühle führt. Man hat an diesem „Gesundheitsweg" Lauben aus Zweigen, sogenannte „Märchenhäuschen" sowie Stege und Bänke gebaut. Der Weg führt weiter zum 20 km entfernten Latas-See. Der 6/8/10 km lange **Žilvinas-Fußweg** führt vom Sanatorium Eglė nach Grūtas. Ein beliebter Radweg ist die **„Sternenbahn"** mit 9/12 oder 24 km Länge zum Tal von Raigardas. Infos zu weiteren Rad- und Wanderwegen erhält man bei der Touristinformation.

Verkehrsmittel

- **Busbahnhof,** Gardino 1, Tel. 51333, Schließfächer, Busse u.a. nach Varena, Vilnius, Kaunas.
- **Bootsanlegestelle,** von Mai bis Okt. fahren Ausflugsdampfer nach Liškiava, Fahrzeit eine Stunde. Infos bei Touristinformation bzw. Reisebüro (s.u.).
- **Taxi,** Tel. 51213, 55555.

Informationen

- **Tel.-Vorwahl Druskininkai:** (00370-) 313

●**Touristinformation,** Gardino 3 (im Busbahnhof), Tel. 60800, Mo–Fr 8.30–17.15 Uhr; Vermittlung von Zimmern, Touren zum Dzūkija-Nationalpark, Stadtrundgang, Bootstouren etc. **Nebenstelle** in der Čiurlionio 65; Tel./Fax 51777, www.info.druskininkai.lt, Mo–Sa 10–18.45, So 10–17 Uhr.

Aktivitäten

●**Radverleih,** Kudirkos 45, Maironio 22, Vilniaus 10 und bei einigen Sanatorien.

●**Aquapark,** riesiger Wasserpark mit 20.000 m^2, 6 Wasserrutschen (bis zu 212 m Länge), 18 Bäder, Eiskammer, Wasserfälle; Tel. 52338, www.akvapark.lt, Vilniaus 13, Mo–Do 10–22, Fr 10–23, Sa/So 10–21 Uhr.

Unterkunft

Auch Erholungsheime und einige der Sanatorien bieten unabhängig von einer Kurbehandlung Zimmer an.

●**Europa Royale Druskininkai,** Vilniaus 7, Tel. 42221, Fax 42223, www.europaroyale.com, prachtvoll umgebautes Gebäude aus dem 18.Jh., Fußbodenheizung, Telefon in der Toilette etc., Sauna, Fitnessraum, 101 Zimmer (EZ ab 215 Lt., DZ ab 250 Lt.).

●**Best Western Central,** Šv. Jokūbo 22, Tel. 60533, Fax 60534, www.centralhotel.eu, geschmackvoll eingerichtet, sehr empfehlenswert, gutes Restaurant, 36 Zimmer (EZ/DZ ab 203 Lt.). Sauna, Spa.

●**Regina,** Kosciuškos 3, Tel. 59060, Fax 590 61, www.regina.lt, angenehmes Flair, guter Service, prima Frühstücksbuffet, ruhige Lage, zu empfehlen, Bar, Restaurant, 40 elegante Zimmer (EZ ab 127 Lt., DZ ab 165 Lt.).

●**Hotel Druskininkai,** Kudirkos 43, Tel. 52566/Fax 51345, www.hotel-druskininkai.lt, 50 Zimmer (ab 160 Lt.), sauber, Café, Reisebüro, top renoviert, gutes Preis-Leistungsverhältnis, Dachgarten.

●**Gästehaus Alte Post,** im 3. Stock des Postamts, Tel./Fax 51707, www.senasispastas.lt, ab 80 Lt., sehr schöne Zimmer.

●**Gästehaus Eurista,** Vilniaus 22, Tel./Fax 52318, euristal@one.lt; schöne Zimmer in Holzhaus (EZ/DZ ab 90 Lt.).

●**Hotel Galia,** Maironio 3, Tel. 60511, www.galia.lt, 16 Zimmer (EZ ab 110 Lt., DZ ab 170 Lt.), schön ausgestattet, Café. Filialen in Dabintos 3 und 4, schön umgebaute Holzvilla, 44 komfortable EZ/DZ ab 140 Lt., Restaurant, Bar.

●**Sanatorium Lietuva,** Kudirkos 45, Tel. 52833, www.7seasons.lt/sanatorija_lietuva; relativ modernes, ganzjährig geöffnetes Sanatorium mit verschiedensten Anwendungen, eigener Quelle, Sauna, Pool, Sport- und Spielangeboten, Tennis, Radverleih, Bar, 120 Zimmer (EZ ab 160, DZ ab 250 Lt.).

●**Sanatorium Eglė,** Eglės 1, Tel. 60220, Fax 60238, www.sanatorija.lt; erreichbar mit Stadtbussen; Tennis, Pool, Sauna, Radverleih (inkl. Vollpension ab 155 Lt.).

●**Hotel Violeta,** Kurorto 4, Tel. 60600, Fax 60602, www.violeta.lt, modernes Hotel mit Blick auf den Nemunas, 20 schöne Zimmer (EZ 164 Lt., DZ ab 175 Lt.), Restaurant, Bar.

●**Dalija,** Vasario 16-osios 1, Tel. 51814, www.dalijahotel.lt, umgebautes Gebäude aus dem 19. Jh., jedes Zimmer mit Kochgelegenheit, im Preis in dieser Lage nicht zu schlagen, 11 Zimmer (EZ/DZ ab 60 Lt., Suiten ab 110 Lt.).

Camping

●**Camping Dainava,** Maironio 22, Tel. 591 00, www.centrasdainava.lt, Zelt oder Wohnmobil 10 Lt., mit Strom, Wasser, Duschen und Toiletten.

●**Druskininkai Kempingas,** Gardino 3 a (neben Busbahnhof), Tel. 60800, Fax 52984, www.info.druskininkai.lt, angenehme, saubere Anlage, Familienbetrieb, geöffnet Mai-Sept., gute Lage beim Wald unweit vom Zentrum, Zelt 25 Lt., Wohnwagen 50 Lt., kleine Hütten für 2 Pers. 120 Lt.

Gastronomie

●**Mona Liza,** Kudirkos 37, Café und Restaurant, tolles Ambiente, preiswert, leckeres Essen, sehr freundlich.

●**Čili Pizza,** Vilniaus 13, 8–24 Uhr.

●**Kolonada,** Kurdikos g. 22, 11–23 Uhr; schönes Ambiente, recht teuer, mit Musikclub.

●**Picerija Sicilija,** Taikos 9 und Čiurlionio 56, relativ teure italienische Küche, gute Pizzas (rund 60 verschiedene), täglich 10–23 Uhr.

Dzūkija-Nationalpark

Der **größte Nationalpark Litauens** umfasst 559 km² und wurde 1991 gegründet. Vier Fünftel bedecken Wälder (größtenteils Kiefern); es gibt fast 48 größere und kleinere Seen sowie 30 Flüsse und Bäche. Der Parkboden ist auf zwei Dritteln der Fläche sandig; **Festlanddünen** mit der dafür typischen Vegetation liegen vor allem bei Zervynos. Die Wälder beeinflussen auch das **Klima,** denn es gibt hier die größten Temperaturschwankungen in Litauen mit sehr heißen Sommern und sehr kalten Wintern.

Es gibt hier viele **Raubvögel,** aber relativ wenig Wild. Besonders geschützt sind 157 Pflanzen- und Tierarten. Außerdem finden sich hier rund 20 **Landschafts-, Natur- und Ethnokulturschutzgebiete** (u.a. die Dörfer Lynežeris und Musteika). Die alte Steinarchitektur sowie **Fischer- und Handwerkerhäuser** findet man vor allem am Nemunas in den Dörfern Liškiava und Merkinė. Im Park liegen über hundert **Weiler** und viele **Einzelgehöfte.**

Die Bewohner, die **Dzūken,** haben ihre Weiler, Flüsse und Wälder mit sehr schönen Namen versehen. Die **Stuben** ihrer Häuser sind durch sonnige Ornamente geschmückt. **Kreuze** und die **Betsäulen** sollen den Geist der Wälder und Häuser bewachen. An vielen Pfaden und Stegen stehen **Bildstöcke,** wo die Vorbeigehenden oft Halt machen.

Die Verbundenheit der Džuken mit ihren Besitztümern, die Anpassung an die besonderen Lebensbedingungen und ihre Beharrlichkeit sind mit einem sehr starken **Bedürfnis nach Zusammenleben** verbunden. Deshalb haben sie auch die alten Bräuche der Feste und Hochzeiten bewahrt. Wegen der **harten Lebensbedingungen** gibt es auch heute noch u.a. das gemeinsames Heuernten. **Pferde** sind für viele noch Fortbewegungsmittel und werden auch für Feld- und Waldarbeiten eingesetzt. Auch alte **Traditionen** wie Heilkräutersammeln, Bienenzucht, Holzschnitzen, Weben, Töpfern, Keramikgießen, Korbflechten, Kerzenziehen, Chorsingen, Volkstänze etc. sind bis heute lebendig. In der ersten Augustwoche finden die **„Tage des Handwerks"** mit vielen Vorführungen statt. Einige der Produkte werden in Gehöften angeboten, ebenso **Pilze und Beeren.** Besonders zahlreich sind diese in den Wäldern bei Zervynos sowie in dem Gebiet zwischen Marcinkonys und Margionys (dort gibt es auch kleine Sumpfgebiete). Das Gebiet gilt als **„Provinz der Sänger und Volkstänzer."**

Liškiava

Der Ort liegt 9 km nordöstlich von Druskininkai am linken Nemunas-Ufer. 1044 erstmals erwähnt, besitzt er ein barockes **Dominikanerkloster** und die spätbarocke **Dreieinigkeitskirche** (1704–20) mit sieben sehenswerten **Rokoko-Altären,** die als beste Beispiele dieses Stils in Litauen gelten, und wertvollen **Fresken** aus dem 17. Jh.

Unweit des Ortes erhebt sich ein **Schüttberg** *(Pilies)* mit Mauerresten des Rundturms der früheren Burg. Man begann im 14. Jh. während der Kriege gegen die Kreuzritter mit dem Bau, aber nach der Schlacht bei Tannenberg wurde sie nicht vollendet.

Daneben befinden sich die Überreste einer kleinen **Kirche** aus dem 15. Jh. sowie auf dem benachbarten Baznycios-Berg Reste von Bauten aus dem 15.–17. Jh. Im Sommer fahren **Boote** nach Druskininkai.

Merkinė

Ca. 29 km nordöstlich von Druskininkai liegt der Ort sehr reizvoll an den Mündungen des Merkys und der Stangė in den Nemunas. Einen besonders schönen Blick darauf und auf einen Teil des Dzūkija-Nationalparks hat man von dem **Schüttberg** bei der Brücke über den Nemunas (an der Straße von Leipalingis her; über eine Treppe erreichbar). Die mächtige Burg fand schon 1377 urkundliche Erwähnung, als die Kreuzritter gegen sie anrannten. Viele litauische Großfürsten wie auch *Zar Peter I.* von Russland besuchten sie. Auf dem dreieckigen Marktplatz ist in der früheren russisch-orthodoxen Kirche das **Heimatmuseum** untergebracht (Mi–So 9–18 Uhr, Tel. 310-39136).

Übrigens wurden in Merkinė Reste der **ältesten Siedlung Litauens** gefunden, die rund 10.000 Jahre alt ist und sofort nach dem Abschmelzen der eiszeitlichen Gletscher entstanden sein muss. Merkinė ist die beliebteste Gegend des Dzūkija-Nationalparks, sodass hier ein Informationszentrum steht (s.u.). Der Ort ist berühmt für **schwarze Keramik;** jährlich finden hier Workshops statt.

- **Busse** von Druskininkai nach Vilnius, Kaunas, Alytus etc. halten in der Regel an der Abzweigung 2 km östlich des Stadtzentrums *(Merkinės kryžkele),* wo man ggf. umsteigen muss/kann.

Informationen

- **Parkverwaltung,** Šilagelių 41, Marcinkonys, Tel. 310-44466, Fax 44471, www.dzukijosparkas.lt.
- **Touristinfo-Center,** Merkinė, Tel. 57245 (8–12, 13–17 Uhr, Sa bis 16 Uhr), Vilniaus 2, arrangieren Wander-, Rad-, Bootstouren; Zimmervermittlung; Ausstellung von Camping-, Ruder- und Angelscheinen; Verkauf von Landkarten etc.; Verleih von Zelten, Schlafsäcken, Booten, Kanus etc.; Vogelbeobachtung, Kunsthandwerkskurse; Infos über Feste und sportliche Wettbewerbe. Touren in den Park werden u.a. auch von Reisebüros in Druskininkai durchgeführt.

Unterkunft

- **Gästehaus „Eglis" der Parkverwaltung,** Marcinkonys, Miškininkų 61, 11 Zimmer (EZ 80, DZ 120, Triple 150 Lt.), schöne komfortable Zimmer, rechtzeitig buchen, Halbpension möglich.
- **Jugendherberge,** Zervynos, Tel. 310-527 20, ab 10 Lt. p.P., 11 Betten in idyllischem Holzhaus; ohne Strom, mit Heizung und herrlicher traditioneller Sauna am Fluss; Beeren-/Pilzsuche sowie Kanutrips.
- **Camping,** Erlaubnis für die Campingplätze bei der Parkverwaltung oder bei den örtlichen Forstämtern *(girininkija).*
- **Nemunas-Park-Hotel,** in der Nähe von Nemunaitis, 16 km südlich von Alytus, Tel. 315-29629, Fax 58203, www.nemunaspark.lt. 17 Zimmer (ab 160 Lt.), modern, Restaurant, Bar, Terrasse, Rad- und Bootsverleih, Reiten, Angeln, Baden, Heißluftballonzentrum; guter Ausgangspunkt für den Dzūkija-Nationalpark und Umgebung.

Kaunas und der Südwesten

Kaunas

Die zweitgrößte Stadt Litauens mit rund 348.000 Einwohnern am Zusammenfluss der beiden längsten Flüsse **Neris** und **Nemunas** ist ein wichtiges Industrie-, Kultur- und mit 10 Hochschulen auch ein bedeutendes Bildungszentrum. In der Stadt leben rund 93 % Litauer und 4 % Russen. Ein Besuch lohnt sich sehr, denn Kaunas hat nicht nur eine malerische **Altstadt,** ausgedehnte Fußgängerzonen mit schattigen Linden und einer ganzen Reihe sehenswerter Bauwerke, sondern auch zahlreiche Galerien, Ausstellungen und etwa 40 Museen, darunter das weltweit einzigartige **Teufelsmuseum.** In der Umgebung liegen beliebte Erholungsgebiete.

Stadtgeschichte

Bereits im 4./5. Jh. gab es an der strategisch günstigen Stelle zwischen den beiden Flüssen eine Siedlung. Erstmals erwähnt wurde der Ort 1361 in der Chronik des *Wiegand von Marburg* im Zusammenhang mit Vorstößen der Kreuzritter auf die Burg. Kaunas erhielt 1408 das **Magdeburger Stadtrecht,** konnte sich aber erst nach dem Sieg über die Kreuzritter bei **Grunwald** 1410 entfalten. Das Handwerk begann zu blühen, und die Stadt wurde zu einem **Zentrum des Handels** zwischen Russland und Westeuropa. Die vielen **deutschen Siedler** hatten sogar Sitz und Stimme im Magistrat. Kaunas besaß einen Flusshafen und ein Zollamt, und es gab Handelsmessen. 1440–1532 war hier sogar ein **Hansekontor,** wodurch sich ihre Stellung als **Handelszentrum** weiter festigte. Mehr als 40 Handwerkergilden wurden gegründet, eine Schiffswerft entstand. Italienische Bernardinermönche brachten 1468 ein neues Architekturprinzip mit, man baute die ersten **Häuser aus Ziegeln.** Nach dem Großbrand von 1537 gewährte König *Sigismund* den Händlern Privilegien, sodass Kaunas noch mehr aufblühte, und 1540 wurde der erste Bebauungsplan mit einem rechtwinkligen Straßennetz entworfen. 1566 wurde Kaunas außerdem zu einem Verwaltungszentrum, 1578 baute man eine Papierfabrik, 1648 entstand das erste Jesuiten-Kolleg.

1655–61 war die Stadt von russischen Truppen besetzt und wurde teilweise niedergebrannt. 1657 suchte eine Epedemie die Stadt heim. 1670 ereignete sich ein Großbrand, 1701 wurde die Stadt von den Schweden besetzt, 1721 von der Pest heimgesucht, und 1731 bzw. 1732 brachen dann weitere zwei von insgesamt 13 Großbränden in der Geschichte der Stadt aus. 1795 kam sie unter russische Herrschaft. Damit war Kaunas der **westlichste Vorposten des Russischen Reiches.** Gleich südlich des Nemunas, jenseits der **Vytauto-Brücke** begann Preußen. Diese wurde damals als **„längste Brücke der Welt"** bezeichnet, da man am anderen Ende erst 13 Tage später ankam (was allerdings nur daran lag, dass in Russland damals noch der **julianische** und in Preußen der **gregorianische Kalender** galt). *Napoleon* startete 1812 von einem Hügel bei Kaunas seinen verhängnisvollen Angriff auf das russische Imperium. Seine Armee marschierte auf ihrem **Russlandfeldzug** gleich zweimal plündernd durch die Stadt – einmal auf dem Weg nach Moskau und wenig später geschlagen auf dem Rückzug.

Als Hauptstadt des gleichnamigen Gouvernements ab 1843 ging es dann wieder aufwärts mit **Kowenj,** wie die Stadt damals auf russisch hieß. Sie erhielt ihre Rolle als **Handelszentrum** zurück, und während sie um 1720 nur 1500 Einwohner hatte, waren es 1870 schon 86.000, u.a. auch wegen des Eisenbahnanschlusses nach Preußen (1861) und Vilnius (1863).

Als strategisch wichtiger Ort an der Westgrenze des Reiches wurde die Stadt auf Befehl des Zaren 1879–87 zur **Grenzfestung** ausgebaut: Neun Forts und neun Artilleriestellungen wurden errichtet, die aber zu Beginn des **Ersten Weltkriegs** die Eroberung durch die Deutschen nicht verhindern konnten. Trotz einer Besatzung von 90.000 Mann war die Stadt in zwei, das Neunte Fort in elf Tagen genommen. Anfang 1919, nachdem Vilnius von der Roten Armee besetzt wurde, siedelte die Regierung der erst am 16. Februar 1918 ausgerufenen Republik nach Kaunas über. Nachdem Polen am 9. Oktober 1920 Vilnius besetzte, wurde Kaunas bis zum 10. Oktober 1939 die **provisorische Hauptstadt und Parlamentssitz** Litauens.

Diese Aufwertung förderte auch das kulturelle Wachstum. 1920 gründete

030li Foto: gs

In Kaunas gibt es zwei Standseilbahnen

man ein Opern- und Schauspielhaus, 1922 wurde die **Vytautas-Magnus-Universität,** die erste litauischsprachige Universität, gegründet; Museen wurden eingerichtet, der Zoo und der Botanische Garten entstanden. Bis 1941 hatte die Stadt bereits 150.000 Einwohner und es wurden in dieser Zeit zahlreiche große Verwaltungsgebäude und Villen wohlhabender Bürger gebaut, viele im **Bauhaus- oder Jugendstil** (wie z.B. das heute noch erhaltene Gebäude der Litauischen Bank in der Maironio 25 mit einer Skulpturengruppe). Die Universität wurde 1940 geschlossen.

Litauische Freischärler verübten teilweise noch vor dem Einmarsch der deutschen Wehrmacht am 24. Juni 1941 (und danach unter deren Augen) ein **Pogrom** gegen Tausende jüdischer Mitbewohner. Die Nazis errichteten ein **jüdisches Ghetto** und räumten es erst im Oktober 1944 vor dem Ansturm der Roten Armee. Von 37.000 Juden überlebten nur 2500. Die meisten wurden im Neunten Fort ermordet, zusammen mit 43.000 anderen Personen.

Nach dem Krieg wurde Kaunas wieder Verwaltungszentrum, ein wichtiger Industriestandort sowie Zentrum der technischen Ausbildung und Erziehung, sodass es während der Sowjetzeit eine **„geschlossene" Stadt** war.

1972 kam es in Kaunas nach der Selbstverbrennung von *Romas Kalanta* zu ersten **Massendemonstrationen** gegen die sowjetische Besatzung. 1989 wurde die **Universität** wiedergegründet; am 16. Februar 1989, dem Jahrestag der litauischen Unabhängigkeit, wurde auf dem Vienybės-Platz das **Freiheitsdenkmal** wieder errichtet.

Die Altstadt (Senamiestis)

Was für Vilnius der Kathedralen-Platz ist, das ist für Kaunas die **Landspitze** zwischen den Flüssen Neris und Nemunas: Hier war es, wo alles begann. Hier fand man Reste menschlicher **Siedlungen vom 4./5. Jh.**

Schlendert man durch die Altstadt, so lernt man eine sympathische und gemütliche Stadt kennen, die noch viel von ihrer **mittelalterlichen Substanz** erhalten hat, reizvolle Winkel und Gässchen und eine hübsche Fußgängerzone besitzt. Auf einer Fläche von 106 ha ist die Altstadt ein großes **architektonisches und historisches Denkmal** von europäischem Rang. Hier stehen viele architektonische Meisterstücke verschiedener Epochen und Baustile.

Ein sehr schönes **Panorama** über die Altstadt genießt man von den südlich des Nemunas gelegenen **Aleksotas-Hügeln,** die man über die 256 m lange **Vytauto-Brücke** (auch Aleksoto-Brücke genannt) erreicht. 1853 brach hier Zar *Nikolaus II.* mit seinem Wagen auf der Eisdecke ein und musste sich schwimmend ans Ufer retten. Die Brücke wurde mehrmals aufgebaut und wieder zerstört. Die jetzige Brücke von 1948 mit Hammer- und Sichelzeichen wurde von deutschen Kriegsgefangenen errichtet und 2005 renoviert.

Südlich der Brücke kann man entweder die 262 Stufen hochgehen oder mit der **Standseilbahn** *(funikulerius)* in 90 Sekunden hinauffahren (Mo–Fr 7–12, 13–16 Uhr; fährt alle paar Minuten). 1935 von Schweizer Ingenieuren gebaut, ist sie das **älteste** noch funktionierende **Verkehrsmittel** Litauens und auch in Europa ist dieser Typ nur noch sehr selten anzutreffen. Ein technisches Denkmal sind die zwei Original-Waggon-Häuschen mit Holzbänken, die einander in der Mitte der Strecke passieren. Eine **zweite Bahn gleichen Typs** fährt auf den Žaliakalnis-Berg (s.u.). Sie sind neben dem neuen Funikular in Vilnius die einzigen litauischen **„Bergbahnen";** erstaunlich in einem Land, in dem die höchsten Berge nicht mal 300 m erreichen. Von der 70 m hohen **Aussichtsplattform Aleksotas** sieht man den Zusammenfluss von Neris und Nemunas, dazwischen eingeschlossen die Altstadt mit ihren roten Dächern und Türmen und die Hänge des Žaliakalnis, des „Grünen Berges".

Rund um die Burg

Die Burg von Kaunas *(Kauno pilis)* war die **erste Festung Litauens** als wichtiger Teil eines Verteidigungssystems und auch die einzige mit doppelten Mauern. Die einst massive Befesti-

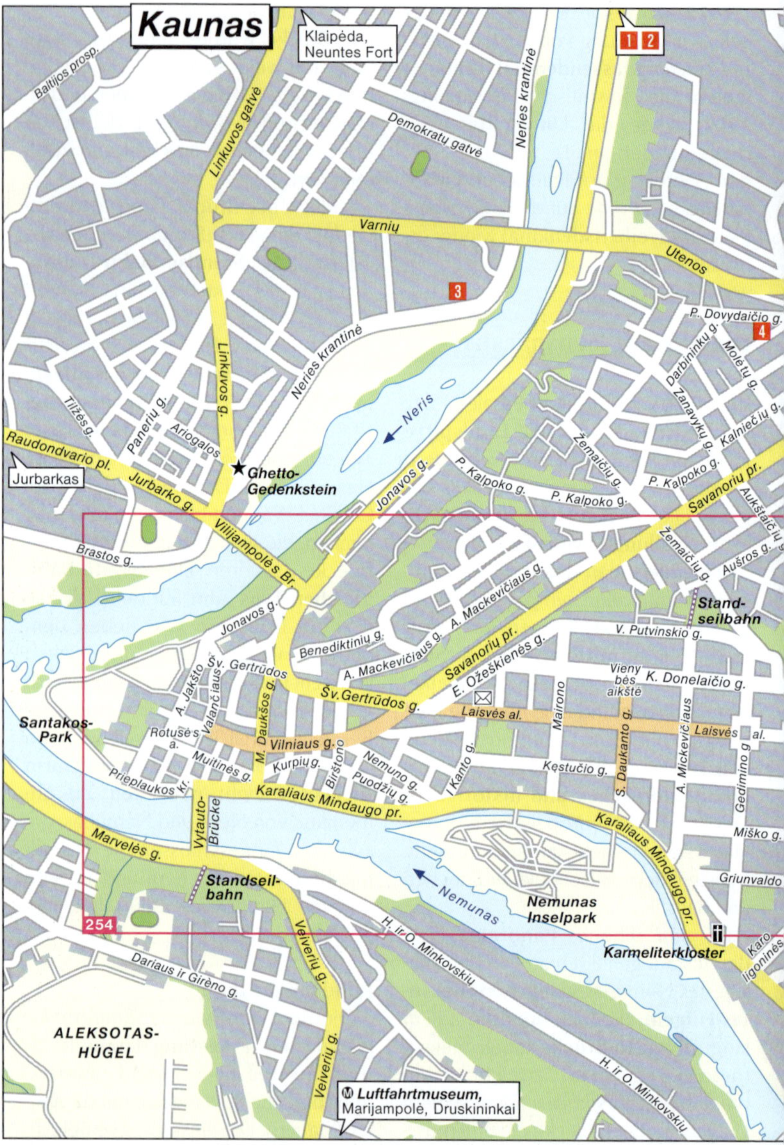
Kaunas
Klaipėda, Neuntes Fort
1 2
Baltijos prosp.
Linkuvos gatvė
Demokratų gatvė
Neries krantinė
Varnių
Utenos
3
P. Dovydaičio g.
4
Neries krantinė
Darbininkų g.
Molėtų g.
Neris
Tilžės g.
Panerių g.
Ariogalos
Linkuvos g.
Žanavykų g.
Kalniečių g.
Žemaičių g.
Raudondvario pl.
Jurbarkas
Jurbarko g.
Ghetto-Gedenkstein
Jonavos g.
P. Kalpoko g.
P. Kalpoko g.
P. Kalpoko g.
Savanorių pr.
Aukštaičių g.
Brastos g.
Vilijampolės Br.
Žemaičių g.
Aušros g.
A. Mackevičiaus g.
Stand-seilbahn
Jonavos g.
Benediktinių g.
A. Mackevičiaus g.
Savanorių pr.
E. Ožeškienės g.
V. Putvinskio g.
Šv. Gertrūdos
A. Jakšto
Valančiaus
Vienybės aikštė
K. Donelaičio g.
Šv. Gertrūdos g.
Santakos-Park
Rotušės a.
M. Daukšos g.
Laisvės al.
Maironio
Laisvės al.
Mickevičiaus
Vilniaus g.
Muitinės g.
Kurpių g.
Birštono
Nemuno g.
I. Kanto g.
Kęstučio g.
S. Daukanto g.
A. Mickevičiaus
Gedimino g.
Prieplaukos kr.
Puodžių g.
Karaliaus Mindaugo pr.
Vytauto-Brücke
Miško g.
Marvelės g.
Karaliaus Mindaugo pr.
Griunvaldo
Standseilbahn
Nemunas
Nemunas Inselpark
254
H. ir O. Minkovskių
Veiverių g.
Karmeliterkloster
Karo ligoninės
Dariaus ir Girėno g.
ALEKSOTAS-HÜGEL
Veiverių g.
H. ir O. Minkovskių
Luftfahrtmuseum, Marijampolė, Druskininkai

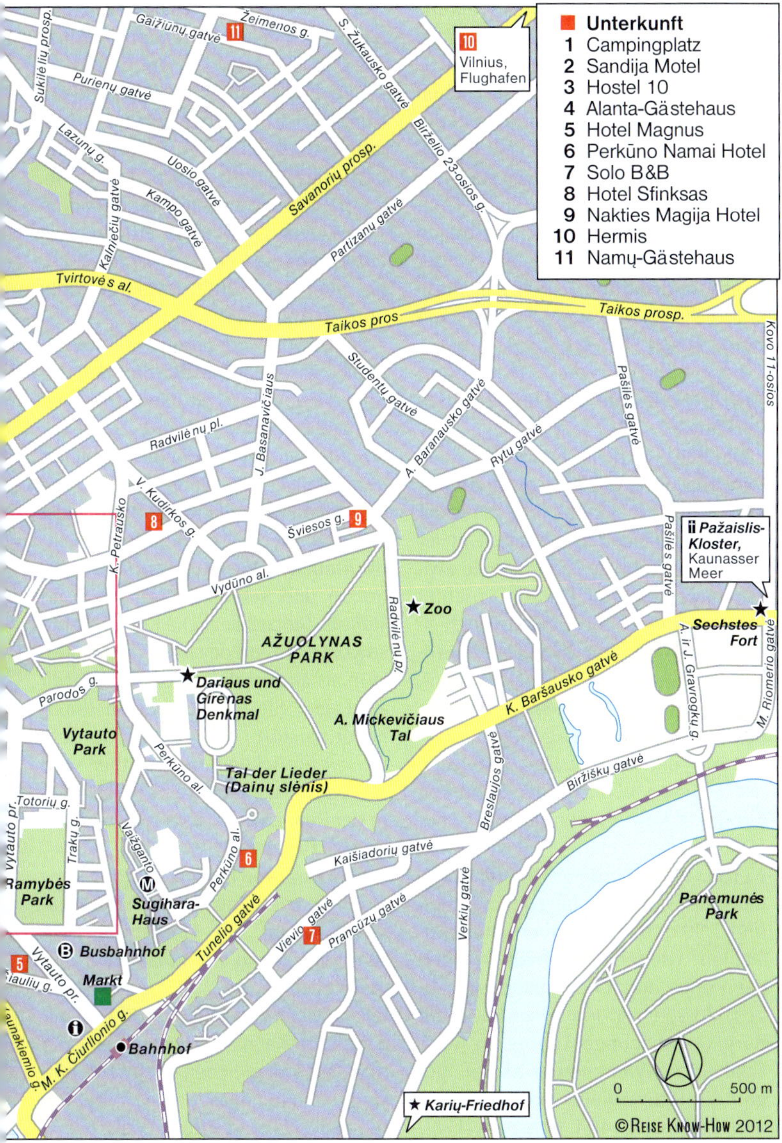
Unterkunft
1 Campingplatz
2 Sandija Motel
3 Hostel 10
4 Alanta-Gästehaus
5 Hotel Magnus
6 Perkūno Namai Hotel
7 Solo B&B
8 Hotel Sfinksas
9 Nakties Magija Hotel
10 Hermis
11 Namų-Gästehaus
10 Vilnius, Flughafen
Gaižiūnų gatvė
Žeimenos g.
Sukilėlių prosp.
Purienų gatvė
S. Žukausko gatvė
Lazunų g.
Uosio gatvė
Kampo gatvė
Kalniečių gatvė
Savanorių prosp.
Birželio 23-osios g.
Partizanų gatvė
Tvirtovės al.
Taikos pros
Taikos prosp.
Kovo 11-osios
Studentų gatvė
Pašilės gatvė
A. Baranausko gatvė
Rytų gatvė
Radvilėnų pl.
J. Basanavičiaus
V. Kudirkos g.
K. Petrausko
Šviesos g.
Vydūno al.
Ii Pažaislis-Kloster, Kaunasser Meer
Zoo
Sechstes Fort
AŽUOLYNAS PARK
Dariaus und Girėnas Denkmal
A. Mickevičiaus Tal
K. Baršausko gatvė
A. ir J. Gravrogkų g.
M. Riomerio gatvė
Parodos g.
Vytauto Park
Perkūno al.
Tal der Lieder (Dainų slėnis)
Breslaujos gatvė
Biržiškų gatvė
Totorių g.
Vytauto pr.
Trakų g.
Vaižganto
Kaišiadorių gatvė
Ramybės Park
Sugihara-Haus
Verkių gatvė
Panemunės Park
Busbahnhof
Tunelio gatvė
Vievio gatvė
Prancūzų gatvė
Vytauto pr.
Šiaulių g.
Markt
M. K. Čiurlionio g.
Kaunakiemio g.
Bahnhof
0 500 m
Karių-Friedhof
©REISE KNOW-HOW 2012

gungsanlage wurde **teilweise rekonstruiert.** Der Rundturm, das Tor, die sie verbindende Mauer und der Wassergraben zeugen vom historischen Kampf gegen die Ordensritter. Bei der Burganlage finden manchmal historische Spiele und Zeremonien statt.

Von Juni bis August finden im Turm **Kunstausstellungen** statt; Führungen durch das Kellergewölbe sind bei der **Touristinformation** zu erfragen; diese unterhält hier von Juni bis August ein Büro (11–18 Uhr, Tel. 323436, www.kaunopolis.lt). Auf der Ostseite steht eine große **Statue des Donnergottes Perkūnas.**

Die Burg wurde in der zweiten Hälfte des 13. Jh. als viereckige **Steinburg** mit bis zu 13 m hohen und 2 m dicken Mauern und einem Burggraben an der strategisch sehr günstigen Stelle zwischen den beiden Flüssen errichtet (zuvor hatte dort bereits eine noch ältere, aber weniger haltbare Befestigungsanlage aus Holz gestanden). 1362 wurde sie von den Kreuzrittern nach 19-tägiger Belagerung eingenommen und zerstört. Eine Büste zeigt heute Fürst *Vaidotas,* einen Sohn von Großfürst *Kestutis,* der mitsamt seiner 600 Krieger gefangen genommen wurde. 1366 wurde sie im Stil der litauischen Gotik mit bis zu 9 m hohen und 3,50 m dicken Mauern aus Feldsteinen wieder aufgebaut, welche dann oben durch Backsteinreihen abgeschlossen wurden. Einst hatte die Burg vier mächtige Türme, an jeder Ecke einen. Während der Kämpfe gegen die Ritterorden wurde sie 1383 und letztmals 1404 belagert. 1580 wurde eine Geschützbastei hinzugebaut; 1611 fielen die beiden Nordtürme und Mauerteile einem Hochwasser der Neris zum Opfer. Während der Kriege im 17./18. Jh. wurde die Burg fast zerstört und der Verteidigungsgraben zugeschüttet. Mitte des 19. Jh. wurde die Festungsanlage, nachdem sie als Gefängnis und Kaserne gedient hatte, aufgegeben und zerfiel. 2010 hat man den Rundturm aufgestockt und die Anlage erweitert.

Südlich der Burg erheben sich in der Papilio gatvė das **Bernhardinerkloster** und die turmlose **St.-Georg-Kirche,** die 1471–1504 auf dem Grundstück errichtet wurde, das die Bernhardinermönche 1413 als Dank für die Taufe der Kaunasser erhalten hatten. Sie ist ein besonders typisches Beispiel für die **litauische Backsteingotik** mit sehr hohen und schmalen Fenstern und stufigen Stützsäulen. Die Kirche diente sowohl während des Kriegs mit Napoleon als auch während der Sowjetzeit als Lager. Sie wurde dreimal durch Feuer zerstört. 1993 wurde sie dem Kloster zurückgegeben, seither wird sie renoviert. Im Inneren sind Elemente der Renaissance, der Gotik und des Barock zu sehen.

Man kann von hier entlang der Neris einen Spaziergang durch den **Santakos-Park auf der Landspitze** zwischen Neris und Nemunas unternehmen. Hier joggte 2007 *James Bond* (alias *Daniel Craig*) während Filmaufnahmen in Kaunas. Zurückgehen kann man auf dem gleichen Weg oder entlang dem Nemunas. Beide Wege führen in die Nähe des Rathausplatzes.

Rund um den Rathausplatz

Das Zentrum der Altstadt bildet der viereckige **Rotušės aikštė** (Rathausplatz), der frühere Marktplatz, auf dem wie überall im Mittelalter u.a. Festlichkeiten, Umzüge, aber auch Hinrichtungen stattfanden. Er wurde 1542 auf Veranlassung von *Bona Sforza* (einer Königsgattin und Nachfahrin der berühmten Familien *Medici* und *Sforza* aus Florenz) nach dem Großbrand von 1537 als neues Zentrum angelegt. Um den Rathausplatz herum entstanden vom 16.–19. Jh. meist **prächtige Gebäude,** von denen viele noch erhalten sind. Im Sommer kann man hier von Straßencafés dem bunten Treiben zuschauen, manchmal begleitet von Konzerten, Tänzen o.Ä. Die Hausnummern beginnen an der Nordostecke mit der Nr. 1 und verlaufen im Uhrzeigersinn bis zur Nr. 29.

Was hier als Erstes ins Auge fällt, ist das weiße Bauwerk, auch **„Weißer Schwan"** genannt, mit seinem eleganten Turm mitten auf dem Platz. Es ist keine Kirche, wie man vielleicht vermutet, sondern das ehemalige **Rathaus.** Vorherrschend ist der frühklassizistische Stil mit Elementen von Renaissance und Spätbarock. Der 53 m hohe Turm aus fünf Elementen ist mit einem Auerochsen, der als Wetterfahne dient und das Wahrzeichen der Stadt ist, sowie dem Staatswappen (s. Exkurs Staatssymbole) gekrönt. Auf der Südseite im Kellergeschoss ist das **Keramikmuseum** untergebracht (Tel. 203572, Di–So 12–18 Uhr; im Winter 11–17 Uhr; mehrere Räume mit Fundstücken bzw. modernen Ausstellungsstücken). Hier befand sich früher das Gefängnis.

Erbaut 1542–62 im gotischen Stil; davon ist nur noch das Backsteingewölbe im Kellergeschoss (s.o.) erhalten. Ab 1630 zweistöckig mit Läden und Gerichtssaal sowie einem achtgeschossigen Turm. 1655 erheblich zerstört, danach mehrfach umgebaut, zuletzt 1771–80 mit dem heutigen Turm. 1795 als orthodoxe Kirche genutzt, dann als Waffenlager, ab 1837 als provisorische Zarenresidenz. 1862–69 war hier das Russische Theater und das Feuerwehrhaus, bevor die Stadtverwaltung bis 1949 hier untergebracht war. 1973 wurde es zum **„Hochzeitspalast"** umfunktioniert. Es sollte als „feierliches" **Standesamt** die in dem atheistischen Staat nicht vorhandene Kirche ersetzen. Auch heute dient es noch als Standesamt. Links und rechts am Westeingang sind Tafeln mit den Vornamen der möglichen Nachkommen angebracht.

Einige der an der **Nord- und Ostseite** mit Backsteinen gebauten **gotischen Bürgerhäuser** vom 16./17. Jh. bestanden aus Wohnhaus, Wirtschaftsgebäude und Warenlager. In der Nr. 3 war der Sitz der **Händlergilde,** in der Nr. 1 findet man heute die **Fotogalerie** und ein Restaurant in einem mittelalterlichen Kellergewölbe. Schräg gegenüber in der Nr. 29 stehen zwei denkmalgeschützte Häuser die mit einem Innenhof verbunden sind: das Linke aus dem 16. Jh., das Rechte aus dem 17. Jh. im Renaissancestil. Hier sind heute die **Alte Post** (mit altem Mobiliar; Eingang auf der

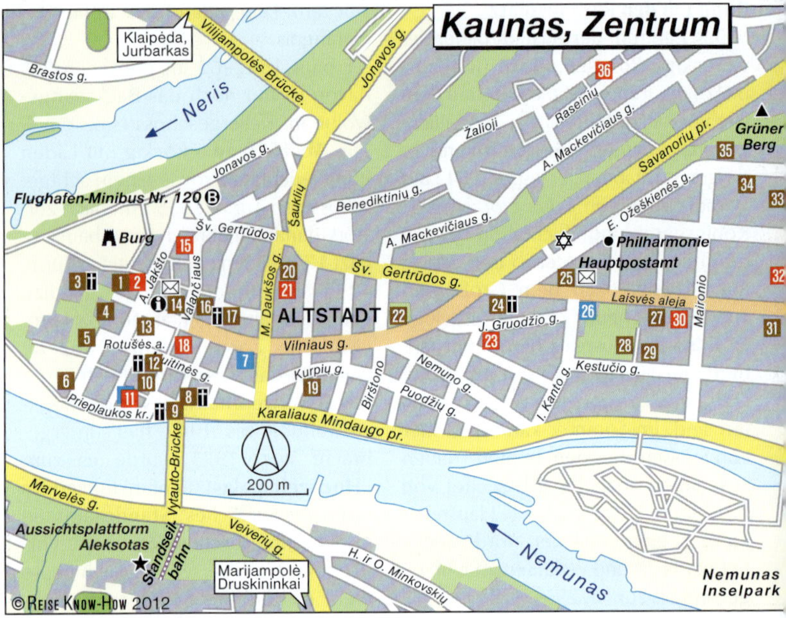

Valančiaus 1) in einer früheren Goldschmiede aus dem 16. Jh., eine **Kunstgalerie mit Touristinformation** und im Keller ein **Antiquitätenladen.**

In der Nr. 28 gelangt man durch einen Torbogen ins **Museum für Medizin und Pharmaziegeschichte** (Tel. 201569, Di–Sa 10–17 Uhr, im Winter 11–17 Uhr), untergebracht in einem ursprünglichen Apothekengebäude vom 17. Jh., teilweise auch in fünf Sälen im Kellergewölbe. Ein Faltblatt (auch auf Deutsch) informiert u.a. über eine originalgetreue Apotheke vom Ende des 19. Jh., eine Medikamentenmaschine aus Leipzig und die teilweise makabren Geräte. Sehr lohnenswert, zumal die pharmazeutische Abteilung die bedeutendste in Europa sein soll.

Dahinter liegt die **Trinitatis (Dreieinigkeits-)Kirche** mit Elementen der Gotik, Renaissance und des Barock (1624–34). Sie ist heute ebenso wie der hinter der Mauer liegende **Masalskis-Palast** von 1634 Teil des Priesterseminars; sie können nicht besichtigt werden. Sie bildeten früher ein Ensemble, das Papst Pius XI. im Jahr 1920 besuchte. Der Palast ist dank seines Volutengiebels eines der wertvollsten Renaissance-Bauwerke Litau-

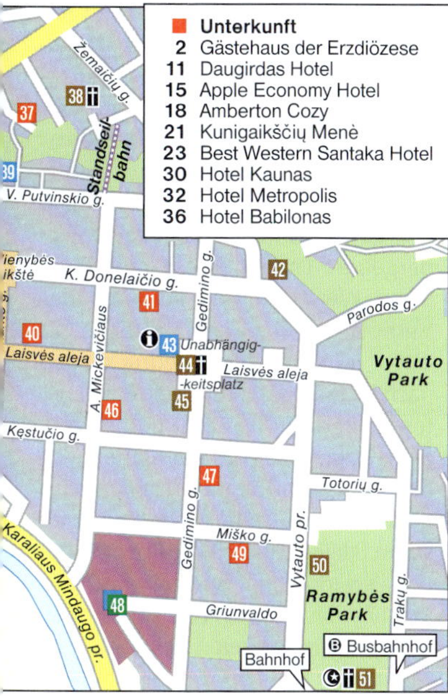

Unterkunft
2 Gästehaus der Erzdiözese
11 Daugirdas Hotel
15 Apple Economy Hotel
18 Amberton Cozy
21 Kunigaikščių Menė
23 Best Western Santaka Hotel
30 Hotel Kaunas
32 Hotel Metropolis
36 Hotel Babilonas
37 Centre Hotel Nuova
40 Kaunas Apartments
41 Park Inn Kaunas
46 Hotel Daniela
47 Litinterp B&B
49 Hotel Europa Royale

Essen und Trinken
7 Avilys
11 Antis
26 Miesto Sodas, Siena
39 Pompėja
43 Žalias Ratas
48 Bravaria

Einkaufen
48 Akropolis Einkaufszentrum

Sehenswürdigkeiten, Museen, Gotteshäuser
1 Masalskis-Palast
3 St.-Georg-Kirche und Bernhardinerkloster
4 Museum der Kommunikationsgeschichte
5 Maironis-Museum für Litauische Literatur
6 Litauisches Sportmuseum
8 Evangelisch-lutherische Dreifaltigkeitskirche
9 Vytautas-Kirche
10 Perkūnas-Haus
12 St.-Franziskus-Kirche/ Jesuitenkloster
13 Weißer Schwan/Keramikmuseum
14 Museum für Medizin und Pharmaziegeschichte
16 Stadtmuseum
17 St.-Peter-und-Paul-Kathedrale
19 Museum der Volksmusik
20 Kleines Theater
22 Präsidentenstatuen/-palast
24 St.-Gertruden-Kirche
25 Zoologisches Museum
27 Marionettentheater, -museum
28 Musiktheater
29 Kammertheater
31 Akademisches Schauspielhaus
33 Militärmuseum von Vytautas dem Großen
34 M.K. Čiurlionis-Kunstmuseum
35 Teufelsmuseum
38 Auferstehungskirche
42 Gemäldegalerie
44 Hl.-Erzengel-Michael-Kirche
45 Mykolas-Žilinskas-Kunstmuseum
50 Museum für Exilanten und politische Gefangene
51 Orthodoxe Kathedrale/Moschee

ens. Hinter der Hofeinfahrt liegt links der **Erzbischöfliche Palast** mit acht Säulen sowie einem tollen Giebelwappen, rechts Gebäude des Priesterseminars. Hier ist heute ein Gästehaus (s. Unterkunft). An der **Nordwestecke** des Platzes steht das Denkmal für den Bischof *Valančius*.

Der Eingang zum **Museum der Kommunikationsgeschichte** liegt neben dem Trinkwasserbrunnen mit Hundefiguren (Nr. 19, Tel. 424920; www.rysiumuziejus.teo.lt, Mi–So 10–18 Uhr, Führung u.a. auf Englisch). In den ehemaligen Pferdestallungen der alten Poststation findet man neben der

0671i Foto: gs

Entwicklungsgeschichte von Telefon, Radio, Fernsehen und Computer u.a. auch alte Telefone und Briefmarken sowie im Hof Fragmente einer Brauerei aus dem 17. Jh.

An der **Südwestecke** des Platzes steht auf einer Grünfläche das **Maironis-Denkmal.** Dahinter ist in einem Palast aus dem 17. Jh., in dem *Maironis* von 1910 bis zu seinem Tode wohnte (im Hausgiebel vermerkt), das **Maironis-Museum für Litauische Literatur** in acht Räumen mit über 220.000 Exponaten untergebracht (Nr. 13, Tel. 201284, Di–Sa 9–17 Uhr, www.maironismuziejus.lt). Der frühere Kerker im Keller kann besichtigt werden.

Maironis (1862–1932), mit bürgerlichem Namen *Jonas Mačiulis,* studierte in Kiev Literatur und in St. Petersburg Theologie und wurde Rektor des Theologischen Seminars von Kaunas. Er gilt als Begründer der modernen litauischen Dichtung und war ein glühender Verfechter der nationalen Wiedergeburt Ende 19./Anfang 20. Jh. Seine Werke wurden aufgrund des Verbots der litauischen Sprache bis 1904 in Königsberg gedruckt und nach Litauen geschmuggelt. Auch unter Stalin durfte er nicht publizieren. Sein Grabmal liegt an der Kathedrale.

Südlich davon liegt in der Muziejaus gatvė Nr. 7 das **Litauische Sportmuseum** (kleine Ausstellung über die nationalen Idole und Sportarten, Di–Sa 10–17 Uhr, Winter 10–16 Uhr, Tel. 220691, am letzten Donnerstag im Monat geschlossen).

Wieder zurück auf der **Südseite** des Rathausplatzes liegt an der Nr. 7–9 die spätbarocke **St.-Franziskuskirche** mit prunkvollen Marmorsäulen sowie das frühere **Jesuitenkloster** (meist nur So 9.30–14 Uhr geöffnet).

Mit dem Bau der Kirche wurde 1666 begonnen, aber wegen zahlreicher Brände wurde sie erst 1753 fertiggestellt. Das Kloster wurde 1761–68 gebaut. 1787 wurde es dem Franziskanerorden übergeben, nachdem der Papst den Jesuitenorden verboten hatte. Von 1819 bis zu seiner Ausweisung aus Litauen 1923 unterrichtete

„Weißer Schwan“, das Standesamt

hier im Kolleg der polnische Dichter *Adam Mickiewicz* (s.a. Ausstellung, Tal und Gedenkstein in Kaunas bzw. Museum in Vilnius). 1843 wurde sie zur russisch-orthodoxen Alexander-Nevski-Kirche, 1918 den Jesuiten zurückgegeben. 1962 erneut als Schule, Sporthalle, Schießanlage und die Krypta als Sauna zweckentfremdet, ist sie seit 1990 wieder ein Gotteshaus.

Nach dem Donnergott ist das rechts um die Ecke in der Aleksoto Nr. 6 liegende **Perkūnas-Haus** benannt, an dessen Südseite eine Statue von ihm steht. Aus 16 verschiedenen Ziegelsteinen wurden die Erker, Nischen etc. gemauert. Schön ist die Giebelkomposition am Satteldach und das Sonnenzeichen aus Kacheln.

Was die genaue Bauzeit und die ursprüngliche Bestimmung des Bauwerks sowie die Herkunft seines Namens anbetrifft, gehen die Meinungen der Wissenschaftler auseinander. Die einen sind der Ansicht, es sei einst der Haupttempel des Gottes Perkūnas gewesen; auf dem Dach habe sich eine Perkūnas-Statue befunden, und unter dem Gebäude in der Erde habe sein Opferaltar gestanden. Andere hingegen glauben, dass das Gebäude in der ersten Hälfte des 15. Jh. für eine ausländische Handelsorganisation, möglicherweise die Hanse, errichtet worden sei und zwar als Kontor und Lagerhaus an der Gasse vom damaligen Marktplatz zur Schiffsanlegestelle. Jedenfalls wurde bei Umbauarbeiten 1818 eine eingemauerte 27 cm lange Bronzestatue gefunden, die der litauische Historiker *Narbutas* als diejenige des altlitauischen Gottes *Perkūnas* identifizierte, wenngleich polnische Wissenschaftler damals der Meinung waren, dass es sich um einen indischen Gott handeln müsse, den Tataren mitgebracht haben. Möglich, dass das Gebäude erst durch diesen Fund im Nachhinein den Namen Perkūnas-Haus erhielt. 1670–1722 benutzten es die Jesuiten als Kapelle, bis zum Anfang des 19. Jh. stand es leer. Dann zog eine Schule ein, und 1844 das erste Kaunasser Schauspielhaus, bis es 1863 in sich zusammenfiel. 1928 haute man riesige Fenster in die Fassade. 1968 wurde es restauriert.

Dank seiner geschmückten und harmonisch komponierten Ostfassade gehört es zu den **schönsten Profanbauten der Backsteingotik.** Heute sind hier eine Ausstellung über Leben und Werk von *Adam Mickiewicz* sowie ein Konzertsaal untergebracht (Tel. 302994, Mo–Fr 10–16 Uhr, Sa 11–13 Uhr).

Direkt am Fluss Nemunas bei der Vytauto-Brücke steht die gotische **Vytautas-Kirche,** die älteste Kirche der Stadt. Sie wurde 1410 auf Befehl von *Vytautas dem Großen* für die in Kaunas lebenden ausländischen Christen von den Franziskanermönchen gegründet und war eines der ersten gotischen Backsteingebäude in Kaunas. Der Turm wurde erst Ende des 15. Jh. angefügt. Aufgrund von Kriegen, Bränden und Überschwemmungen wurde sie oft umgebaut. Während des Napoleonkriegs diente sie als Munitionslager, bevor sie die Soldaten beim Rückzug in Brand setzten.

261li Foto: gs

1845–53 war sie russisch-orthodox. 1990 wurde sie den Katholiken zurückgegeben. Das auch Mariä-Himmelfahrts-Kirche genannte katholische Gotteshaus hat einen achteckigen Turm und ist die **einzige erhaltene gotische Hallenkirche** Litauens. Hier liegt das Grabmal des berühmten Geistlichen und Schriftstellers *Juozas Tumas-Vaižgantas* (1869–1933; sein Gedenkmuseum ist in der Aleksoto 10-4, Di–Sa 9–17 Uhr, Tel. 222371).

Gotischer Giebel auf dem Perkūnas-Haus

Rechts neben der Eingangstür sowie unten an der Flussmauer zeigen **Wasserstandsanzeiger,** welche Höhe der Nemunas vor dem Bau des Wasserkraftwerks erreichte.

Nicht weit von hier, an der Uferstraße Mindaugo 3, liegt die **evangelisch-lutherische Dreifaltigkeitskirche** im barock-neuromanischen Stil. Sie wurde 1682–88 von der deutschen Gemeinde erbaut. Von hier geht es zurück zum Rathausplatz.

Dort, wo an der **Nordostecke** die Vilniaus gatvė den Platz verlässt, steht die dreischiffige **St.-Peter-und-Paul-(Erz-)Kathedrale** mit ihrem 42 m hohen Turm. Sie ist das größte Bauwerk der Altstadt seit 1921, auch die **Basilika** des Kardinals der katholischen Kirche Litauens, die einzige Kirche Litauens im gotischen Basilika-Stil und mit einer Länge von 84 m, einer Breite von 34 m und 28 m Höhe das **größte gotische Bauwerk** in Litauen. Allerdings ist die recht wuchtig wirkende Kirche oft umgebaut worden, was sich in Renaissance- und Barockelementen niederschlug. Der pompöse barocke **Hauptaltar** zeigt die Kreuzigungsszene. Sehenswert sind auch die links von ihm liegende Sakristei mit Kreuzgewölbe, die rechts von ihm liegende neugotische holzgeschnitzte Kapelle vom 17. Jh., die anderen neun spätbarocken Altäre sowie die Gemälde und Fresken an den Hauptsäulen. Dem Bildnis der leidenden Gottesmutter werden heilende Kräfte zugesprochen.

An der Stelle des heutigen Chors stand die unter *Vytautas* 1408–13 gebaute einschiffige Peter-und-Paul-Kirche. Erst 1624 erreichte sie die heutigen Ausmaße, fertiggestellt war sie erst 1665. Bis 1775 wurde sie noch mehrmals umgebaut. Der Turm wurde erst im 17./18. Jh. angefügt. Meist ist nur der Eingang an der Südseite geöffnet. Dort liegt weiter rechts das **Grabmal von Maironis.**

An der Ostseite findet man die **Krypta** von *Motiejus Valančius* (1801–75). Der Bischof von Žemaitija war auch berühmt als Schriftsteller, Aufklärer, Historiker und Kämpfer für die litauische Sprache und Kultur. Nachdem die bischöflichen Brauereien bankrott machten, engagierte er sich auch vehement gegen Alkoholkonsum. In der Nebenstraße Valančiaus ist im Haus Nr. 6 das kleine **Stadtmuseum** (Tel. 208220, Di–Fr 9–17, Sa 10–16 Uhr) untergebracht.

Vilniaus gatvė

Vom **Rotušės aikštė** verläuft die Vilniaus gatvė rund 900 m nach Osten. Dies ist die Straße, die ab dem 13. Jh. aus der Stadt hinaus nach Vilnius führte. Heute ist sie auf ganzer Länge eine **Fußgängerzone,** voller Leben und gesäumt von Geschäften, Cafés und Galerien. Auch eine Radspur wurde eingerichtet. Auf alt gemachte Telefonzellen, Kopfsteinpflaster und Laternen passen gut zum Straßenbild. Die Straße spiegelt die Geschichte der architektonischen und historischen Stadtentwicklung wider. Viele Gebäude datieren vom 16. Jh. Die Häuser Nr. 7, 10 und 11 stehen unter Denkmalschutz. Schön ist das Haus in der Nr. 22 mit seinem ungewöhnlichen Renaissance-Giebel.

Ein **Abstecher** lohnt sich rechts in die Zamenhofo. In der Nr. 12 führt das Tor mit dem exotisch wirkenden doppelten Holzdach ins **Museum der Volksmusik und Instrumente** (Tel. 206820, Di–Sa 10–18 Uhr, Okt.–März 9–17 Uhr; rund 500 Musikinstrumente aus vielen Ländern). Reste zweier **Synagogen** findet man bei Hausnr. 7 und 9. An der Ecke Zamenhofo/Kurpių 13 liegt das **Museum für Edelsteine und Gemologie** (Mo–Fr 10–18, Sa 10–16 Uhr, Tel. 227780).

In der Vilniaus 31 steht die **Garnisonskirche** mit einem Jesus-Mosaik an der Außenfassade, auch „Kirche des Leichnams Jesu“ genannt, gebaut 1682–90 im Barockstil; ein Dominikanerkloster wurde angebaut. Während der Sowjetzeit war darin ein Kino.

Von hier führt eine Unterführung auf die andere Seite der Vilniaus. Der „Königliche Krug" unter der Hausnummer 33 war der **Präsidentenpalast,** als Kaunas 1920–39 Interimshauptstadt war. Im Garten stehen **Statuen** der damaligen drei Staatspräsidenten *Smetona* (mit Zylinder), *Grinius* (sitzend) und *Stulginskis* (mit Spazierstock). Im Palast sind Dokumente und Memorabilia jener Zeit zu sehen (Di–So 11–17 Uhr, Tel. 320589). Gebaut wurde er 1860, der Zar erwarb ihn 1876 als Provinzregierungsgebäude. Im gegenüberliegenden **Maironis-Gymnasium** waren die Tagungen der litauischen Regierung; hier wurde auch die erste litauische Verfassung veröffentlicht.

Tour durch das Neue Zentrum

Das Neue Zentrum beginnt am östlichen Ende der Vilniaus an der großen Kreuzung. Es entstand erst in der Zeit der Zarenherrschaft nach einem 1871 entworfenen Plan und erstreckt sich von hier zwischen dem Nemunas und dem Südhang des Žaliakalnis („Grüner Berg") bis hin zum Bahnhof. Dass hier alle Gebäude aus der Entstehungszeit mit eklektizistischer Architektur maximal **zwei Stockwerke** hoch sind, hängt mit der Verordnung des Zaren zusammen, Kaunas als Festung und Vorposten gegen das im 19. Jh. erstarkte Deutschland auszubauen. Es war daher verboten, höhere Häuser zu errichten.

Hauptachse und Schlagader mit vielen Geschäften, Gastronomiebetrieben, Verwaltungsgebäuden, Hotels, Banken etc. ist seit 1843, als Kaunas Gouvernements-Hauptstadt wurde, die **Laisvės alėja** (Freiheitsallee), ein 1621 m langer und 30 m breiter, schnurgerader Boulevard. 1982 als erste **Fußgängerzone** der damaligen Sowjetunion überhaupt eingeweiht, bildet sie zusammen mit der Vilniaus g. die rund 2,5 km lange **Haupteinkaufsstraße** der Stadt (interessant ist die Mischung von eleganten Modeboutiquen o.Ä. und den Gebäuden mit sowjetischer Architektur). Um so vorsichtiger muss man aber bei den **Querstraßen** sein, die sie kreuzen; denn hier dürfen die Autos fahren. Auch ein Radweg wurde markiert. Besonders im Sommer ist es herrlich, unter den schattigen **Lindenalleen** zu flanieren. Cafés, zum Teil mit Plätzen im Freien, und Bänke laden zu einer Pause ein.

Während der Zarenzeit hieß sie nach dem Hl. Georg, die deutschen Besatzer nannten sie Kaiser-Wilhelm-Straße, danach hieß sie Freiheitsallee (mit Ausnahme der Zeit von der sowjetischen Besatzung bis zu Stalins Tod). Damals mussten die Bewohner die Straßen und Schaufenster ständig sauber halten, weshalb Kaunas auch „Weiße Stadt" genannt wurde. Heute nennt man die Laisvės auch „Podium",

Freiluftrestaurant an der Laisvės alėja

weil man sich hier zeigen kann. Außerhalb des Zentrums hat sie jedoch durch den Bau von Einkaufskomplexen an Reiz verloren.

Spaziert man auf der Laisvės alėja nach Osten, so hat man als exotisch wirkenden Blickfang ständig die blaue, neobyzantinische Hl. Erzengel-Michael-Kirche direkt am Unabhängigkeitsplatz vor Augen (s.u.). Gleich rechts bei der Nr. 101 führt ein Durchgang zur altgotischen **St.-Gertruden-Kirche,** ein Backsteinbau vom 15. Jh. mit barocken Einflüssen und einem Spitzturm. Wertvoll sind das Kreuz mit der Jesus-Skulptur und der Altar. An der Freiheitsallee liegt linker Hand neben der steinernen Schildkröte das nach dem Museums- und Zoogründer *Tadas Ivanauskas* benannte **Zoologische Museum** mit einer sehr umfangreichen Sammlung von rund 14.000 Tierpräparaten (Laisvės al. 106, www.zoomuziejus.lt, Di–So 11–19 Uhr, Tel./Fax 229675, Führungen Tel. 222543).

In der Nr. 102 liegt das **Hauptpostamt.** Zwischen der Nr. 98 und 96 steht die **Statue von Vytautas dem Großen** (1350–1430), die 1990 wiedererrichtet wurde, nachdem sie erstmals 1932 zu seinem 500. Todestag eingeweiht worden war. Er triumphiert symbolisch über vier besiegte Soldaten (einen Polen, Tataren, Teutonen und Russen). Der Teutone mit dem abgebrochenen Schwert soll an die Niederlage der Kreuzritter in der Schlacht von Grunwald (1410) erinnern.

Nebenan steht das **Neue Rathaus** von 1939 in dem für die Zwischen-

Kaunas und Südwesten

263li Foto: gs

kriegszeit typischen Art-decó-Stil. Im unmittelbaren Umkreis befinden sich nördlich davon die **Philharmonie** (Sapiegos 5; hier war in der Interimszeit das Justizministerium) und die **Synagoge** von 1872 mit einem der schönsten jüdischen Altäre weltweit. Dahinter befindet sich eine Gedenkskulptur für die rund 1700 ermordeten Kinder im Neunten Fort. 37 Gedenktafeln erinnern an die 37 Orte, an denen rund 50.000 jüdische Kinder ermordet wurden (Ožeskienės Nr. 13).

Im **Stadtgarten** gegenüber der Vytautas-Statue verbrannte sich am 14.5.1972 der 19-jährige Student *Romas Kalanta* aus Protest gegen die Sowjets. Unterhalb der Grünfläche ist das **Memorial** „Feld der Opferung", sein Name ist in die Bodenplatten eingelassen. Sie symbolisieren die „verbrannten Seiten" der Geschichte, die Anzahl der Steine seine Lebensjahre. Nach seinem Tod gab es die ersten Demonstrationen gegen die Besatzer. Am 16. Februar 1988 zum 70-jährigen Gedenktag der Unabhängigkeit ging von hier die erste **Befreiungsbewegung** aus. Der 14. Mai ist heute der Nationaltag des zivilen Widerstands. Auf dem Platz stehen auch **Büsten** berühmter Persönlichkeiten.

Im südwestlichen Teil des Stadtgartens stehen Teile der alten Verteidigungsmauer und eines Wehrturms. Gegenüber liegt das **Musiktheater** (Laisvės 91). In dem Jugendstil-Gebäude von 1892 konstituierte sich am 15. Mai 1920 das Parlament; hier wurde auch am 21. Juli 1940 der Vertrag der Wiedereingliederung Litauens in die Sowjetunion besiegelt. Heute finden hier jährlich etwa 200 Veranstaltungen statt.

Nebenan liegt das **Kammertheater** (Kestučio 74 a). In der Laisvės Nr. 87 a befindet sich das **Marionettentheater** mit dem **Marionettenmuseum** (Tel. 220061, www.kaunoleles.lt), in der Nr. 71 das **Akademische Schauspielhaus** (die erste Aufführung war am 19. Dezember 1920 das Drama „Johannisnacht" von *Hermann Sudermann,* s. Šilutė); die Fassade schmücken Skulpturen im sozialistischen Stil.

Kurz dahinter wird die Freiheitsallee von der **S. Daukanto gatvė** gekreuzt. Diese **Fußgängerzone** führt als Querachse in südlicher Richtung über die wie eine Kombination aus Segelflugzeug und Glockenturm aussehende **Lakunas-Jurgis-Kairys-Brücke** zum **Nemunas-Inselpark** mit Sportanlagen auf der Karmelitų-Insel, in nördlicher Richtung zum **Vienybės aikštė** (Platz der Einheit). Letzterer ist umgeben von der Vytautas-Universität, der Technischen Hochschule und einem Museumskomplex. Am 16. Februar 1989, dem Tag der Unabhängigkeitserklärung von 1918, wurde hier das **Freiheitsdenkmal** wiedererrichtet (auf der 20 Lt.-Note abgebildet). Es stand hier bereits 1928, wurde aber 1950 abmontiert.

Eine **Ehrengalerie** von Büsten bedeutender Persönlichkeiten der litauischen Geschichte und Kultur führt zum **Ewigen Feuer.** Das danebenstehende **Denkmal der Unabhängigkeit,** eine Pyramide aus Feldsteinen, erinnert an alle, die für die Freiheit

1918–20 ihr Leben ließen (es wurde am 16.2.1990 errichtet). Umringt ist es von Kreuzen aus den Orten des Landes, in denen Unabhängigkeitskämpfe stattfanden. An Feiertagen werden hier Kränze und Blumen niedergelegt.

Schräg gegenüber wachen zwei steinerne Löwen, die ursprünglich vor dem Astravas-Palast in Biržai standen, über das historisch bedeutende **Militärmuseum von Vytautas dem Großen** (Donelaičio 64, Tel. 320939, Di–So 11–18 Uhr, im Winter 10–17 Uhr). Es zeigt eine Sammlung zur Geschichte der Waffen vom Holzbogen bis zu Gewehren und Kanonen, Exponate aus der Geschichte Litauens sowie Memorabilia über die beiden litauischen Atlantikflieger *Steponas Darius* und *Stasys Girėnas*. Im Untergeschoss befindet sich eine beeindruckende Gedenkstätte für die Gefallenen des Unabhängigkeitskampfes 1918–23. Im **Glockenturm** des Museums sind 50 Glocken installiert; es finden samstags, sonntags und an Feiertagen um 16 Uhr Glockenkonzerte statt.

Im gleichen, 1936 im neoklassizistischen Stil gebauten Gebäudekomplex, mit dem Eingang auf der Putvinskio 55, findet sich das staatliche **M.K. Čiurlionis-Kunstmuseum,** das landesweit älteste und größte Kunstmuseum mit zwölf Abteilungen. Es besitzt eine umfangreiche Sammlung von Zeichnungen und Gemälden des Malers und Komponisten *Čiurlionis*. Etwa 360 seiner Werke sind im zweiten Stockwerk zu sehen, im Musiksaal der Galerie kann man Aufnahmen von Werken des Künstlers hören. Sehr interessant sind auch die Abteilungen der litauischen Volkskunst mit Webarbeiten und zahlreichen Holzschnitzereien sowie der litauischen Kunst vom 15.–20. Jh. (Tel. 229475, Di–So 11–18 Uhr; im Winter 11–17 Uhr, Führungen Tel. 323603).

Schräg gegenüber steht am Fuß des „Grünen Berges" das Haus von *Antanas Žmuidzinavičius* (1876–1966) mit einer Sammlung von Werken des impressionistischen Landschaftsmalers (Eingang rechts vom Ticketverkauf). Bekannt ist es jedoch für das **Teufelsmuseum** *(Velnių muziejus)* wegen der umfangreichen und weltweit einzigen Sammlung verschiedenster Teufelsdarstellungen; V. Putvinskio g. 64, Tel. 221587, Di–So 11–17 Uhr, mit Café, Souvenirverkauf und Teufelsshows.

Geht man die Putvinskio weiter nach Osten, kommt man erst zu einer Treppe mit interessanten Skulpturen, danach in der Putvinskio 22 zur Talstation der 1931 gebauten **Standseilbahn** (Tel. 425882, 7–19 Uhr, Sa/So 9–19 Uhr), die beide auf den Žaliakalnis, den **„Grünen Berg"**, hinaufführen. Dort steht die **Auferstehungskirche** in der Žemaičiū 31. Der Bau dieser Backsteinkirche wurde 1933 begonnen, aber nach einigen Jahren eingestellt. Während der deutschen Besatzung diente sie als Papierlagerhaus, ab 1952 war hier unter der Sowjetherrschaft eine Radiofabrik, erst 1988 wurde das Gotteshaus an die Gläubigen zurückgegeben. Die Fertigstellung wurde mit Spendengeldern finanziert, 2004 wurde die Kirche schließlich geweiht. Vom 63 m hohen Turm hat man einen guten Ausblick auf die Stadt (Aufzug 5 Lt., dort ist auch ein Dachcafé, tgl. 11.30–18.30 Uhr, www.prisikelimas.lt).

Nun geht es entweder wieder hinab zur Putvinskio und dann links, oder die Žemaičių hinab zur **Gemäldegalerie** in der Donelaičio 16, einer Filiale des M.K. Čiurlionio-Kunstmuseums mit moderner Kunst (Tel. 221789, Di–So 11–17 Uhr). Dann an der Gedimino nach links auf den **Nepriklausomybės aikšte (Unabhängigkeitsplatz),** nicht zu verfehlen wegen der wuchtigen **Hl.-Erzengel-Michael-Kirche** im neobyzantinischen Stil mit fünf silberglänzenden Kuppeln und korinthischen Säulen. Erbaut wurde sie 1891–93 als russisch-orthodoxe Peter- und Paul-Kathedrale für die Stadtgarnison der Zarenarmee, 1919 erhielt sie ihren jetzigen Namen. 1962–91 war hier das Skulpturen- und Glasmalerei-Museum. Seither wird die Kirche wieder für katholische Gottesdienste genutzt und ist beliebt bei Trauungen. Im Volksmund nennt man sie „soboras" (Kathedrale). In den **Katakomben** unter der Kirche wird eine Führung in völliger Dunkelheit, unter dem Namen „Museum für die Blinden" angeboten, Tel. 226676.

Die südlich davon stehende Statue „Mann" im Adamskostüm soll den griechischen Siegesgott Nike darstellen. Daneben ist der Eingang zum **Mykolas-Žilinskas-Kunstmuseum** aus Glas und Granit (Tel. 322788, Di–So 11–17 Uhr; Gemälde westeuropäischer Maler vom 16.–20. Jh., ägyptische Kunst, Porzellan etc.; der früher als Exilant in Berlin lebende Kunstmäzen vermachte der Stadt seine Sammlung unter der Auflage des Baus dieses Museums).

Von hier geht es zum südöstlich in der Vytauto 46 gelegenen **Museum für Exilanten und politische Gefangene** mit einer Ausstellung über den Gulag und den Widerstand der „Waldbrüder" gegen die sowjetischen Besatzer (Di–Fr 10–16 Uhr, Tel. 323179). Davor steht eine eiserne Skulptur für die ersten litauischen Freiheitskämpfer von 1918–22.

Das Museum liegt im nördlichen Teil des **Ramybės-Parks** (Park der Ruhe), der offiziell seit 1995 wieder „Alter Stadtfriedhof" genannt wird. Dieser lag hier 1847–1960, bevor die Gräber von den Sowjets eingeebnet oder verlegt wurden. In der Mitte des Parks steht das gigantische, 9 m hohe **Grab des Unbekannten Soldaten.** Im Südteil liegen die **Orthodoxe-Verkündigungs-Kathedrale** (Vytauto 38) mit schönen Ikonen und einem Madonnenbildnis von 1530 und eine kleine weiße **Moschee,** die der tatarischen Gemeinde als Gotteshaus dient.

Ungefähr 400 m südöstlich von hier in der Gedimino 1 liegt das **Karmeliterkloster,** in dem *Napoleon* vom 24.–26. Juni 1812 übernachtete, gebaut 1685–1700 mit der Heiligkreuzkirche im Stil von Barock und Neoklassizismus (www.karmelituparapija.lt).

Hl.-Erzengel-Michael-Kirche

Andere Sehenswürdigkeiten

Östlich des Neuen Zentrums liegt in der Verlängerung der Laisvės alėja auf einer Anhöhe der **Vytauto-Park.** Noch weiter östlich, hinter dem **Dariaus-ir-Girėno-Sportkomplex,** dem 25 m hohen Obelisken und einem 3 t schweren **Bronzedenkmal** der Nationalhelden erstreckt sich der **Ažuolynas,** ein 90 ha großer, herrlicher Eichenwald. Die mehrere hundert Jahre alten Eichen haben ihr Überleben der Tatsache zu verdanken, dass sie als heiliger Hain aus vorchristlicher Ära lange Zeit besonderen Schutz genossen. Erst mit dem Beginn der Industriezeit war nichts mehr heilig, und der heidnische Tempel wurde mit Axt und Säge in Kapital verwandelt. Was zu Beginn des 20. Jh. noch davon übrig war, wurde in einen Park umgewandelt und erhalten. Seither hat man wieder über 15.000 Eichen gepflanzt.

Im nordöstlichen Teil des Parks liegt an der Radvilėnų plentas 21 der Eingang zum landesweit einzigen **Zoo.** Zurzeit werden ca. 270 Tierarten und insgesamt rund 2900 Tiere gehalten, davon 300 wilde (Tel. 332540, www.zoosodas.lt, April–Sept. 9–19 Uhr, Okt.–März 9–17 Uhr). Anfahrt mit den Buslinien 3, 10, 20, 21, 37 bzw. den Minibuslinien 17 und 24.

Südlich davon, ebenfalls von der Radvilėnų pl. erreichbar, liegt das malerische **Mickevičiaus-Tal,** benannt nach dem o.a. Dichter, für den hier an seinem geliebten Girstupis-Flüsschen zu seinem 100. Geburtstag ein Ge-

028li Foto: gs

denkstein errichtet wurde (er verewigte das Tal auch literarisch, indem er hier 1820 die „Ode an die Jugend" schrieb). Von hier ist es nicht mehr weit zur Baršausko, die von 24 verschiedenen Trolley-/Mini-/Stadtbuslinien befahren wird.

Im Südteil des Parks, weiter westlich, liegt das **Tal der Lieder** *(Dainu slėnis)*. Es war 1924 Austragungsort des ersten litauischen **Sängerfestes,** das inzwischen zu einer beliebten Tradition geworden ist. Zu verschiedenen feierlichen Anlässen wird hier ein alter **Opferaltar** errichtet und von Reitern und Mädchen in alter Nationaltracht entzündet (z.B. bei der Sonnwendfeier).

Südwestlich von hier liegt das **Sugihara-Haus** in der Vaižganto 30 (Mo–Fr 10–17 und Sa, So 11–16 Uhr; Oktober–Mai Mo–Fr 12–16 Uhr; Tel. 423277). Hier wohnte 1939/40 der japanische Konsul *Sugihara,* der durch Ausstellen von Transitvisa über 6000 Juden rettete. Ein kleines Museum zeigt die Heldentat, ebenso wie die kleine Ausstellung im Neunten Fort (s.u.). Das hier angesiedelte Studienzentrum arbeitet mit der Vytautas-Universität zusammen. Infos unter www.sugiharahouse.lt (siehe Exkurs „Jerusalem des Nordens").

Fährt man von der oben angegebenen Baršausko südlich in die Breslaujos g. und weiter in die Verkių oder nimmt den Minibus Nr. 12 oder 15 (Haltestelle Karių kapinės), erreicht man den **Karių-Friedhof.** Hier liegt links vom Eingang das Grab der Nationalhelden Darius und Girėnas. Am östlichen Ende der Baršausko (s.o.) ist ein großer Kreisverkehr, bei dem fünf Straßen zusammenlaufen. Zwischen dem nach Nordosten führenden Pramonės pr. und der nach Südosten verlaufenden R. Kalantos (der Straße zum Pažaislis-Kloster, s.u.) lag das **Sechste Fort.** An der Kreuzung stand ein russischer Panzer als Denkmal. Nach der Ausrufung der litauischen Unabhängigkeit wurde er im August 1991 entfernt und an seiner Stelle ein Kreuz errichtet. Wenige Tage später war es von frevlerischen Unbekannten umgesägt, worauf man ein weiteres Kreuz, diesmal aus Eisen, errichtete. Dieses erste Kreuz ist Island gewidmet, das als erstes Land Litauen diplomatisch anerkannte. Danach entstand ein kleiner Wald von Kreuzen.

Nördlich des Sechsten Forts liegt eine sehr moderne Sehenswürdigkeit, ein Bürohochhaus, das aus rund **4000 bedruckten Glasfenstern** in Form eines dreidimensionalen Puzzles besteht, die eine riesige 1000-Litas-Banknote aus dem Jahr 1925 zeigen, und die ein Denkmal sein sollen für den Litas, der wohl 2014 dem Euro weichen wird. Es liegt an der Taikos 88 a, erreichbar mit den Trolleybussen 15 oder 16 bzw. Bus 28 vom Zentrum bis zur 10. Station Dainavos. Infos unter www.1000lt.com. Ein beeindruckender Anblick, vor allem am Abend, wenn sich die Farben der Scheiben verändern.

Südlich des Sechsten Forts führt eine Brücke über den Nemunas zum **Panemunės-Park.** Er wird auch „Zauberberg" genannt, weil schon viele Tuberkulosepatienten in einem Sanatorium im Süden des Parks geheilt wurden bzw. noch werden. Es gibt einen Strand entlang des Nemunas, das Wasser ist jedoch nicht sehr sauber. Den Süden des Parks erreicht man mit Trolleybus Nr. 1 und 6 (Endstation) oder mit den Bussen 3, 29, 43. Bus Nr. 29 fährt auch in den Nordteils des Parks.

Napoleon beobachtete 1812 den Einmarsch einer riesigen Armee mit 690.000 Soldaten in das Zarenreich auf dem heutigen **Napoleonhügel,** genau gegenüber der Nemunas-Südschleife. Anfahrt ab der Burg mit Bus Nr. 25 (Kauno Pilis-Freda) bis zur Haltestelle Geležinkelio Pervaža am Fuße des Hügels. Wer den Hügel nicht erklimmen möchte, kann ihn auch von der Eisenbahnbrücke am Ende der M.K. Čiurlionio g. sehen.

In einem Gebäude des Sportflughafens *Dariaus ir Girėno* befindet sich das **Luftfahrtmuseum,** Veiverių 132, Mo–Sa 9–17 Uhr, Tel. 390357, Fax 295547, www.lam.lt (u.a. einige alte Flugzeuge, Memorabilia; die Trümmer der Lituanica befinden sich dagegen im Militärmuseum, s.o.). Anfahrt mit Bussen oder Minibussen auf der Veiverių Richtung Marijampolė. Weiter östlich liegt der **Botanische Garten,** mit Teichen und Pfaden ein Ort zum Entspannen (Ž.E. Žilibero 6, Tel. 390 033, www.vdu.lt). Anfahrt mit Minibus Nr. 49 bzw. Bus Nr. 7 oder 12 direkt bis zur Haltestelle „Botanikos sodas" (Mo–Fr 9–18 Uhr, Sa, So 10–18 Uhr).

Auf der nördlichen Neris-Seite sieht man rechts hinter der Vilijampolės-Brücke, an der Ecke Ariogalos/Linkuvos, den **Gedenkstein für das ehemalige Judenghetto** im damaligen Stadtteil Slobodka.

Es wurde zwischen Jurbarko, Panerių, Demokratų und dem Flussufer im Sommer 1941 von den Nazis errichtet (alle Juden der Stadt mussten hier wohnen). Im Oktober 1943 wurde es in ein KZ umgewandelt, 1944 vor dem Ansturm der Roten Armee aufgegeben. Die meisten der 37.000 jüdischen Bewohner wurden im Neunten Fort ermordet. Eine Ausstellung über das Ghetto befindet sich im **Neunten Fort,** rund 7 km nördlich des Zentrums neben der Autobahn nach Klaipėda, an der Žemaičių plentas 73.

Es wurde als Grenzfestung gegen Ende des 19. Jh. gebaut. Die Deutschen nahmen es im Ersten Weltkrieg nach nur elf Tagen ein. 1924–40 war es ein litauisches, danach das Gefängnis des sowjetischen Geheimdienstes NKWD. 1941 wurde hier unter dem Decknamen „Fabrik Nr. 1005-B" ein KZ eingerichtet, in dem die Nazis unter Beteiligung der litauischen Hilfspolizei etwa 80.000 Menschen erschossen, darunter 34.500 Juden aus dem Ghetto von Kaunas, dann auch mit dem Zug aus Frankreich, Deutschland usw. verfrachtete Juden, später auch etwa 10.000 russische Kriegsgefangene. Sie wurden in den Gräbern neben dem Fort verscharrt oder verbrannt. Unter Stalin war das Fort ein Gefängnis mit Erschießungsplatz. Heute ist es eine **Museumsgedenkstätte.**

Anfahrt mit Bus Nr. 23 bzw. Minibus Nr. 28/46. Der Weg ist (noch) nicht ausgeschildert. Man geht von der ersten Bushaltestelle nach der Autobahnunterführung ein kurzes Stück zurück bis zum Verkehrsschild („Kaunas 6 km, Vilnius 102 km"), am Eckhaus Vandčiogalos/Sudūvos rechts, am Haus Sudūvos 3 links ab. Dort sieht man die Unterführung, die auf die andere Straßenseite direkt zur Ticketkasse führt. Nur hier kann man die einzelnen Tickets für den aus drei Teilen bestehenden Komplex kaufen (Tel. 377715, Mi–Mo 10–18 Uhr, im Winter Mi–Mo 10–16 Uhr; Führungen u.a. auf Deutsch je nach Trakt 10–40 Lt.; Kamera 20 Lt., Video 40 Lt.).

Das im gleichen Gebäude befindliche **Museum** zeigt eine Ausstellung u.a. über die Verbrechen der Nazis an den Juden bzw. der Sowjets an den Litauern, über den Widerstand der „Waldbrüder" gegen die Besatzer und die Deportationen (während der Sowjetzeit wurden hier nur die Nazi-Verbrechen gezeigt, das Wort „Juden" wurde gar nicht erwähnt). Von hier geht es etwa 200 m hoch zum **Neunten Fort.** Im Erdgeschoss sind Gefängniszellen von 1924–44, eine Nasszelle, eine Dunkelkammer unter dem Namen „Gesundheitssanatoriumszelle", eine Ausstellung über das Ghetto und über die 64 Personen zu sehen, die über den Zwischentrakt flüchten konnten. Im Obergeschoss gibt es Ausstellungen über die Festungsanlagen in Kaunas von 1879–1915, über den Ersten Weltkrieg, die Naziverbrechen und den Konsul *Sugihara* (s.o.).

Die Tunnelanlagen im Erdgeschoss können nur mit Führung besichtigt werden (man kann sie z.T. aber auch außerhalb des Museums sehen). Dort stehen auf dem Ort der früheren Massengräber eine riesige **Skulpturengruppe** (sie soll an den Kampf, Sieg und Leid des Widerstands erinnern) sowie andere **Gedenksteine.** Daneben sind noch Teile der Mauern zu sehen, an denen die Opfer zur Erschießung aufgestellt wurden. Im Gegensatz zu anderen KZs wurden die Opfer in Litauen meist mit Schüssen getötet (siehe Exkurs „Jerusalem des Nordens").

Das Neunte Fort passieren auch Bus Nr. 23 und Minibus 93 auf dem Weg nach **Domeikava.** Dort neben der Kirche stehen **14 Märtyrerskulpturen** als Symbole des tragischen Lebens der Litauer.

Verkehrsmittel

Eigenes Fahrzeug

Die **Autobahn** A1/E271 verbindet Kaunas mit Vilnius (100 km) und Klaipėda (205 km). Eine Alternative ist die Strecke das Nemunas-Tal flussabwärts nach Klaipėda. In Nord-Südrichtung führt die **Via Baltica** durch Kaunas. Achtung: Im Zentrum der Stadt gibt es viele Einbahnstraßen. Einen **Parkzonenplan** gibt es unter www. parkavimaskaune.lt. **Parktickets:** 1 Lt. (grüne Zone), 2 Lt. (blaue Zone) und 3 Lt. (rote Zone). Erhältlich:

- an **Automaten mit „Debit-Card"** (nur Scheine, keine Münzen)
- als Einzeltickets an **Kiosken** oder bei den grüngekleideten **Parkwärtern**
- per **SMS** (Registrierung bei Omnitel bzw. Bitė)

Am Flughafen

Der Flughafen Karmėlava liegt 12 km nordöstlich der Stadt. Es gibt ein **Informationsbüro** (7–24 Uhr, Tel. 399307, www. kaunasair.lt), einen Duty-Free-Shop, ein Café, einen Kiosk und Agenturen für Autovermietung. **Geldwechsel** rechts in der Ankunftshalle bzw. am Automaten. Die **Touristinformation** ist 7–24 Uhr geöffnet, mobil 61650991.

Fahrt vom/zum Flughafen

- **Bus 29, vom Bahnhof** via Busbahnhof, 1,80 Lt., Kauf im Bus 2 Lt.
- **Minibus 120, von der Kaunas-Burg,** passiert den Flughafen und hält dort nur auf Wunsch, hält dort aber nicht auf der Fahrt nach Kaunas, 2,50 Lt.
- **Taxi,** max. 40 Lt. **ins Zentrum;** vorher bei Touristinformation bestellen, da dann sicher und billiger.
- Infos zu **Shuttle-Bussen** nach Vilnius und Klaipėda unter www.airport-express.lt.

Bahn

Der **Bahnhof** liegt an der M.K. Čiurlionio 16 (Tel. 272981), 400 m vom Busbahnhof entfernt. Eine Geldwechselstelle gibt es nicht, doch vom Bahnhof führt die Vytautas gatvė an mehreren Geldautomaten und Wechselstuben vorbei. Der Unabhängigkeitsplatz ist in etwa 20 Minuten zu Fuß zu erreichen – entlang der Vytauto. Man kann auch einen Trolleybus oder einen der vielen (Mini-) Busse nehmen. Die Haltestellen erreicht man durch die grün bemalten Unterführungen. Wer ein Taxi braucht, sollte eines mit funktionierendem Taxameter nehmen (max. 15 Lt. bis zur Altstadt). Im Bahnhof gibt es eine Bar, Kiosks und ein Restaurant; die **Ticketschalter** sind 24 Std. geöffnet. Es gibt Schließfächer.

- **Verbindungen** (Fahrtdauer in Klammern), u.a. nach Vilnius (80 Min.), Klaipėda (7 Std.) sowie nach Šeštokai, Jonava, Kybartai, Marijampolė, Šiauliai, Kaliningrad (6 Std.), Riga (7 Std), Moskau (20–23 Std.), Warschau (9 Std.).

Bus

Der **Busbahnhof für Fernbusse** liegt an der Vytauto g. 24-26, ca. 1 km südöstlich vom Unabhängigkeitsplatz. Es gibt (Mini-) Busse praktisch in jeden Ort des Landes und auch in viele europäische Städte (s. „Vor der Reise: Anreise/Mit dem Bus"). Auskunft unter Tel. 409060. Die **Fahrziele mit Abfahrtszeiten** sind sowohl an den Plattformen als auch auf der großen Tafel im Hauptgebäude angeschrieben. Daneben ist der Informationsschalter (6–20.30 Uhr). Die **Ticketschalter** sind geöffnet von 5.30 bis 20 Uhr (ansonsten beim Fahrer zahlen). Es gibt ein Café, ein Lebensmittelgeschäft und Kioske, Gepäckaufbewahrung bei Siuntos Autobusiai (2 Lt.), Geldwechsel auf der Vytauto g. Hier einige Verbindungen:

- **Druskininkai** (2½–3 Std.)
- **Klaipėda** (2½–3 Std.) via Autobahn oder via Jurbarkas (5 Std.)
- **Palanga** (3 Std.)
- **Nida** (4 Std.)
- **Vilnius** (1½–2 Std.)
- **Šiauliai** (3 Std.)

Die **Kautra-Luxusbusse** fahren zu den meisten der o.a. Fahrziele. Verkauf von Tickets **internationaler Busse** (z.B. Eurolines, Kautra) im Busbahnhof (Tel. 322222).

054li Foto: gs

Das 1000-Litas-Haus

Kaunas und Südwesten

Schiff

Im Sommer verkehren Ausflugsboote auf dem **„Kaunasser Meer"** (s. „Umgebung von Kaunas") und nach Birštonas, ein Schnellboot fährt auf dem Nemunas nach **Nida** (4 Std., 99 Lt.). Infos unter mobil 65010999, www.nemunolinija.lt, www.tiketa.lt sowie bei der Touristinformation.

Taxi

Taxis sind überall zu finden. Stände u.a. am Bahnhof, am Busbahnhof und am Rotušės aikšte. Nur Taxis mit eingeschaltetem Taxameter nehmen, besser telefonisch bestellen. Renommierte Firmen unter Tel. 331533, 333111. Preis pro km meist 2,25 Lt.

Städtische Verkehrsmittel

Es gibt 16 **Trolleybus-** sowie 47 **Busrouten.** Tickets für Busse und Trolleybusse, die von 5–23 Uhr fahren, kosten 1,80 Lt. am Kiosk bzw. 2 Lt. beim Fahrer, Monatstickets 64 Lt. Tickets für Busse gelten nicht für Trolleybusse und umgekehrt. Sie fahren nicht auf der Laisvės aleja, sondern parallel zu ihr in Ost-Westrichtung auf der Kestučio g. bzw. in West-Ostrichtung auf der Donelaičio gatvė. Das gilt auch für die **Minibusse,** von denen es etwa 60 Routen gibt (2,50 Lt., nachts 3.50 Lt.). Zum **Flughafen** fahren Minibus Nr. 120 und Bus Nr. 29 (s.o.).

Infos über das Streckennetz unter Tel. 362509, Fax 362732, www.kaunas.lt/transportas. Bei der Touristinformation erhält man die „Kaunas City Traffic Map" (Übersichtsplan mit Routen). Die beiden Standseilbahnen (Funikulare) sind im Text vermerkt.

Informationen

- **Tel.-Vorwahl Kaunas:** (00370-) 37

Touristinformation

- **Regionales Touristinformationszentrum,** Laisvės 36, Tel. 323436, Fax 423678, Mo–Fr 9–18 Uhr, Sa 10–13 und 14–18 Uhr, Mai–Sept. auch So 10–18 Uhr. Außerhalb dieser Zeiten fungiert die Rezeption des Hotels Park Inn Kaunas als offizielle Touristinformation. Zimmervermittlung (z.T. mit Discount), Infos über Sehenswürdigkeiten in der Stadt und Region sowie über „Urlaub auf dem Lande" und Tourismus in ländlichen Gebieten (landesweit). Es gibt auch eine Filiale in der Burg und am Flughafen (s. dort). Mehrsprachige Stadtführungen und Touren in und um Kaunas, Veranstaltungsprogramme, Radverleih, Aktivitäten u.v.m., sehr hilfsbereit.
- **Touristinformationszentrum,** im Reisebüro „Mūsų Odiseja", M.K. Čiurlionio 15, Tel. 408410, Fax 408411, Mo–Fr 9–18 Uhr, www.musuodiseja.lt. Infos über Hotels, Autovermietung etc.; Führungen und Ausflüge, sehr freundlich.
- **Touristinformation Kauno vartai** („Tor von Kaunas"), Rotušės a. 29, Tel./Fax 32112, www.kaunovartai.lt, sehr hilfreich, auch Souvenirverkauf, Führungen u.a. auf Deutsch, tgl. 9–20 Uhr, Okt.–April Sa/So nur 10–18 Uhr.
- **Touristinformation am Flughafen,** s.o.
- Stadtführer **„Kaunas in your pocket"** (KIYP, 6 Lt., jährlich, auf Englisch) bzw. **„Exploring Kaunas"** (gratis, 2-mal jährlich auf Englisch).

Stadtführungen

Neben den Touristinformationsbüros auch vom Stadtführerverband (Tel. 320756), und vom Reisebüro Saitas, Donelaičio 26-1, Tel. 37323151, Mo–Fr 9–18, Sa 10–14 Uhr, www.saitas.lt (Touren zu Fuß und mit Bus, auf Deutsch und Englisch).

Nützliche Adressen

Banken/Geldwechsel

- **Geldwechsel** u.a. in Laisvės 79 und Vilniaus 13 (auch Reiseschecks und Western Union Transfer); Mo–Fr 8–19 Uhr, Sa 9–15 Uhr, Tel. 1884. Außerdem im Akropolis-Einkaufszentrum. **Geldautomaten** findet man überall in der Stadt.

Post/Telekommunikation

- **Hauptpostamt,** Laisvės 102, Mo–Fr 7–19/ Sa 7–17 Uhr (auch Telefon, Fax, Kopien, Schreibwaren), Tel. 401368, Fax 401341.

- **Senas Paštas (Alte Post),** Valančiaus 1, Mo–Fr 9–13, 14–18 Uhr (neben Kathedrale, altes Mobiliar).
- **Postamt,** Vytauto 21, Tel. 324428, Mo–Fr 9–13, 14–20 Uhr; Sa, So 9–13, 14–18 Uhr.
- **EMS,** Laisvės 102, Tel. 401378, Mo–Fr 7–19, Sa 7–17 Uhr.
- **Internetcafé,** Vilniaus 24, 8.30–22 Uhr, Sa/So 9–21 Uhr, viele weitere.

Medizinische Hilfe

- **Apotheken**, Vokieçiu Vaistine (dt. Apotheke), Šv. Gertrudos 3, Tel. 228061; Lucerna, Vytauto 2 (24 Std.); Homöopatische Apotheke, Rotušės a. 3.
- **Krankenhaus,** Laisvės 17, Tel. 425919, 24 Std.
- **Zahnarzt,** Savanorių 241-56, Tel. 798888, www.visvitalis.lt (Mo–Fr 8–20 Uhr).

Reisebüros

- **DELTA Tours,** Vytauto 32-208, Tel. 425 896, Fax 422571, www.deltatours.lt (bietet alle Arten von touristischem Service, das Team spricht Deutsch), Mo–Fr 8–17 Uhr. Dolmetscherservice, Hotelreservierung mit Discounts, Städte-, Studien-, Erholungs-, Pilger-, Radreisen im Baltikum. Mitglied im Dt. Reisebüroverband.
- **Lithuanian Student and Youth Travel,** Ožeškienės 27, Tel. 407140, Fax 407141, www.jaunimas.lt. Mo–Fr 9–18 Uhr. Verbilligte Tickets für Studenten und Jugendliche.
- Weitere Reisebüros in „KIYP".

Sonstiges

- **Öffentliche WC,** Vytauto 16, Rotušės a. 27, Laisvės 93 sowie im (Bus-)Bahnhof.
- **Gepäckaufbewahrung,** im Bahnhof.
- **Reparatur** von Schuhen und Kleidung, Vilniaus 17; von Uhren, Laisvės 73.

Unterkunft

Das Angebot in der mittleren und oberen Kategorie ist recht gut. Reisende mit kleinerem Geldbeutel finden gute Angebote in Pensionen und Apartments. **Vermittlung** durch Reisebüros und Touristinformationsbüros, die für einige Unterkünfte **Sondertarife** haben. Teurere Hotels haben oft Wochenendtarife.

Hotels obere Kategorie

- **Hotel Daugirdas,** T. Daugirdo 4, Tel. 301 561, Fax 301562, www.daugirdas.lt. Bestes Hotel der Altstadt (hier übernachtete *Daniel Craig* alias *James Bond*), 48 Zimmer (EZ/DZ ab 260 Lt.), besteht aus einem neuen Teil und einem umgebauten Gebäude aus dem 16. Jh., verbunden durch eine mit Glas überdachte Passage mit Straßenlaternen. Nichtraucher- und behindertengerechte Zimmer, Dachterrasse, in den mittelalterlichen Kellerräumen gibt es 3 Restaurants.
- **Best Western Santaka,** Gruodžio 21, Tel. 302702, Fax 302700, www.santaka.lt, 92 Zimmer (EZ/DZ ab 360, DZ ab 480 Lt.). Bar, Restaurant, Sauna, Pool, Nachtclub.
- **Perkūno Namai,** Perkūno 61, Tel. 320230, Fax 323678, www.perkuno-namai.lt, 29 Zimmer (EZ/DZ ab 220 Lt.). Sehr gutes Restaurant, Bar, Luxusausstattung, ruhig. Zimmer mit Balkon verlangen.
- **Daniela,** Mickevičiaus 28, Tel. 321505, Fax 321632, www.danielahotel.lt. 75 Zimmer (EZ ab 260, DZ ab 320, Suiten ab 490 Lt.). Moderne Architektur, Restaurant, Bar.
- **Kaunas,** Laisvės 79, Tel. 750850, Fax 750851, www.kaunashotel.lt. 85 Zimmer (EZ/DZ ab 260 Lt.). Gute Lage, mit Stadtblick, Pool, Fitnesszentrum, Restaurant, Sauna.
- **Hermis,** Savanorių 404, Tel. 490300, Fax 490301, www.hermishotel.lt, 13 Zimmer (EZ/DZ ab 250 Lt., Suiten ab 290 Lt.), am Stadtzentrum (Trolleybus 16), Pool, Fitnesscenter, Restaurant, Bar, Nachtclub). Nähe Autobahn.
- **Sfinksas,** Kudirkos 19 a, Aukštaičių 55, Tel. 301982, Fax 301983, www.sfinksas.lt, 12 Zimmer (ab 200 Lt.), ruhige Lage, schöne Einrichtung, Restaurant, Sauna, Pool, sehr zu empfehlen.

- **Park Inn Kaunas,** Donelaičio 27, Tel. 306100, Fax 306200, www.kaunas.rezidor parkinn.com, 206 Zimmer (EZ ab 260, DZ ab 390 Lt.). Gut ausgestattete Zimmer, Restaurant, 5 Bars, Sauna, komplett umgebaut.
- **Amberton Cozy,** Kuzmos 8, Tel. 229981, Fax 220355, www.klaipedahotel.lt, 28 Zimmer (EZ ab 189, DZ ab 209, Luxus ab 239 Lt.). Hotel in der Altstadt, gutes Restaurant, Bar.
- **Europa Royale Kaunas,** Miško 11, Tel. 407500, Fax 407501, www.europaroyale.com, ruhige Lage, 91 Zi. (ab 280 Lt.).

Hotels mittlere Kategorie

- **Alanta,** Alantos 33, Tel. 731142, Fax 733 871, www.alanta.lt, 6 Zimmer (ab 99 Lt.). Gästehaus in einer Wohngegend, Café. Anfahrt mit Trolleybus 2 u.a.
- **Babilonas,** Raseinių 25, Tel. 202545, Fax 209156, www.babilonas.lt, 10 Zimmer (EZ ab 170 Lt., DZ ab 260 Lt.). In einem schmalen Gebäude in einer Wohngegend mit Dorfatmosphäre, modern, gut für Familien (ausziehbare Sofas), Restaurant.
- **Kunigaikščių Menė,** Daukšos 28, Tel. 320800, Fax 320872, www.hotelmene.lt; 8 Zimmer (EZ 150, DZ 200, Suite 300 Lt.). Gästehaus in toller Lage, ruhig, modern, Restaurant in Keller aus dem 16. Jh.
- **Nakties Magija** (Magische Nacht), Skroblų 3, Tel. 797923, Fax 795832, www.naktiesma gija.lt, 10 Zimmer (EZ ab 220, DZ ab 280 Lt.). Ruhig, Restaurant, schönes Flair.
- **Centre Hotel Nuova,** Savanorių 66, Tel. 321415, www.centrehotel.lt, 28 Zimmer (ab 140 Lt.), Bar, Restaurant.
- **Magnus,** Vytauto 25 (gegenüber Busbahnhof), Tel. 340000, Fax 240804, www.magnus hotel.lt, 82 moderne und schöne Zimmer (EZ/DZ ab 240 Lt.), Panorama-Bar.
- **Pažaislis Park Hotel,** T. Masiulio 18 e, mobil 61463664, Fax 351554, www.pazaislis parkhotel.eu, 10 Zimmer (EZ ab 180, DZ ab 200 Lt.), in der Nähe vom Pažaislis-Kloster (Anfahrt s. dort), einige Zimmer mit Balkon, Blick auf Park.

Hotels untere Kategorie

- **Metropolis,** Daukanto 21, Tel. 205992, Fax 206269, www.metropolishotel.lt, 74 Zimmer (EZ ab 110 Lt., DZ ab 140 Lt.). Gutes Preis-Leistungsverhältnis. Hotel aus den 1940er Jahren, aber renoviert.
- **Apple Economy Hotel,** Valančiaus 19, Tel./Fax 321404, www.applehotel.lt, 14 kleine Zimmer (EZ ab 165 Lt., DZ ab 215 Lt.). Nicht jedermanns Geschmack.

Privatpensionen/B&B/Apartments

- **Litinterp,** Gedimino 28/7, Tel. 228718, Fax 425120, www.litinterp.lt (ab 120 Lt.). Vermittelt auch B&B in anderen Städten; Autovermietung, 8 Zimmer über Büro, viele andere in der Stadt.
- **Namų,** Gaižiūnų 80, Tel. 337444, Fax 337445, www.homehotel.lt, 3 Zimmer (ab 120 Lt.). Sehr sauberes Apartment, sehr komfortabel, gastfreundlich, Abholung vom Flughafen oder Anfahrt mit Minibus 27.
- **Kaunas Apartments,** Laisvės 50, mobil 68701233, Fax 209322, www.kaunas-apart ments.lt, 20 Apartments (60–220 Lt.), Abholung vom Flughafen für 60 Lt.
- **Solo B&B,** Dysnos 10, mobil 68754443, Fax 61557869, www.solohotel.lt, zwei Apartments (110 bzw. 280 Lt.), Küche, kleiner Garten.
- **Gästehaus der Erzdiözese,** Rotušės 21, Tel. 322597, Fax 320090, www.kaunas.lcn.lt/guesthouse, 21 schlichte Zimmer zu einem Superpreis (ab 50 Lt.), einige mit Balkon.
- **Romo Uostas,** Kalantos 199, Tel. 458401, Fax 407160, www.romouostas.lt, ganz in der Nähe des Kaunasser Meeres, Sauna, Pool, Wassersport, 8 Zimmer (EZ ab 100 Lt.).

Hostel

- **Hostel 10,** Neries krantinė 16, Tel. 302218, Fax 302219, www.hostel10.lt, 14 Zi. mit 4 oder 8 Betten, 34 Lt. mit gutem Frühstück, Anfahrt mit Trolleybus 5 bzw. Bus 24.

Motels

- **Sandija,** Jonavos 45, Tel. 332487, Fax 363392, www.sandija.lt, 26 Zimmer (EZ ab

180, DZ ab 200 Lt.). Nahe der Autobahn Richtung Klaipėda. Sehr gutes Restaurant, große Zimmer und Apartments, schöne Anlage mit Garten.
- **Baltosios Burės,** Gimbutienės 35 (Seelage), Tel./Fax 370422, www.jachtclubas.lt, 35 Zimmer (DZ 80–450 Lt.). Anfahrt wie zum Pažaislis-Kloster (s.u.), von dort bis zum Jachthafen 1,2 km durch den Pažaislis-Park; gut zur Erholung; günstig für Radler. Sporthalle, Basketball-, Volleyball-, Tennisplätze; Bootsverleih etc., Sauna, Pool, Restaurant, Camping möglich (Zelt 20 Lt., Wohnmobil 50 Lt.).

Camping

- **Campingplatz,** Jonavos 51 a, mobil 618 09407, www.kaunascamping.eu; bewacht, Zelt 15 Lt., Fahrzeuge 6–48 Lt., Hütten 96 Lt., Zeltverleih, Freibad.

Gastronomie

Die gastronomische Szene ist ständig in Bewegung. Einen aktuellen und detaillierten Überblick über Restaurants, Pizzerien, Clubs etc. bieten „KIYP“ und „Exploring Kaunas“ (s.a. Anmerkungen bei „Gastronomie“ in Vilnius). Die meisten liegen in den Fußgängerzonen Vilniaus g. und Laisvės alėja sowie deren unmittelbarer Umgebung, teilweise in engen Gassen. Im Einkaufszentrum **Akropolis** (s.u.) gibt es viele Fast-Food-Restaurants und einige andere Restaurants (tgl. 10–24 Uhr). Im Sommer gibt es viele **Straßencafés.** Auch die meisten Hotels haben gute Restaurants. Hier nur ein kleiner Querschnitt:

Restaurants in mittelalterlichen Kellern

- **Antis,** im Hotel Daugirdas, s.o.
- **Senieji Rūsai,** Vilniaus 34, Tel. 202806, 11–24 Uhr, sehr gute Küche.

Restaurants

- **Pizza Jazz,** 5-mal in Kaunas (u.a. Laisvės 68), 10–23 Uhr. Die Konkurrenz ist groß. Es gibt in Kaunas viele weitere Pizzerien.
- **Didžioji Siena,** Kumelių 7, Tel. 220585, 11–23 Uhr, leckere chinesische Gerichte.
- **Miesto Sodas/Siena,** Laisvės 93 (neben Stadtpark), Tel. 424424, 10–24 Uhr, gute Gerichte und Salatbar, populär. Von hier Zugang zum beliebten **Nachtclub Siena** im Keller, Do–Sa 22–4 Uhr.
- **Pompėja,** Putvinskio 38, Tel. 422055, 10–24 Uhr. Gute Fisch- und Fleischgerichte (Wildschwein, Reh, Elch), gegrillt auf Lavasteinen, romantisches Ambiente, Livemusik.
- **Žalias Ratas,** Laisvės 36 b (hinter Hotel Park Inn Kaunas in einem traditionellen Bauernhaus), Tel. 200071, 11–24 Uhr, gute litauische Küche in rustikaler Umgebung.
- **Medžiotojų Užeiga** („Jagdtaverne“), Rotušės 10, Tel. 320956, 11–24 Uhr, leckere Wildspezialitäten inmitten ausgestopfter Trophäen, populär bei Gruppen.
- **Grytė,** Vytauto 19, 8–20.30 Uhr, gute und billige Gerichte, sehr zu empfehlen, populär.
- **Bravaria,** im Einkaufszentrum Akropolis, deutsche Gerichte, eigene Mikrobrauerei, 9–23 Uhr, Fr/Sa 9–24 Uhr, www.bravaria.lt.
- **Valgykla,** Laisvės 23, billige Kantine mit guten litauischen Gerichten, Mo–Fr 9–17 Uhr.

Cafés

Hier einige der (für uns) typischen Cafés:
- **Kavos Klubas,** Valančiaus 19, Tel. 229669; 9–23, So 9–19 Uhr. Große Auswahl an Kaffee und Tee.
- **Jums,** Laisvės 61, Tel. 203705; 10–22 Uhr; schöne Einrichtung, guter Platz zum Sehen.
- **Arbatos Klubas (Teeclub),** Vilniaus 41, Tel. 224191, 8–21 Uhr, auch Gerichte.

Nachtleben

- **Siena** (s. Restaurants)
- **Avilys,** Vilniaus 34, Pub mit eigener Brauerei, Tel. 203476, 12–24 Uhr, Honigbier.
- **Skliautas,** Rotušės a. 26 a, Tel. 206843, 10–24 Uhr. Künstlertreffpunkt, Jazzmusik.
- **Senamiesčio Vyninė,** Daukšos 23, Tel. 227656, 10–23 Uhr. Weinbar.
- Seit Jahren beliebt sind auch: **Amerika Pirtyje,** Vytauto 71 (auch Restaurant und Disco); **B.O.,** Muitinės 9 (alternativer Szenetreff).
- **Meksika,** Casino, Savanorių 170, Tel. 732 562, 24 Std.

Kultur

Theater und Konzertsäle

Die meisten sind montags geschlossen. Programme findet man in der „Baltic Times", in der Zeitung „Kauno Diena" (www.kaun odiena.lt), unter www.kaunas.lt und bei den Touristinformationsbüros (dort auch Ticketverkauf und Infos über andere Theater).

- **Akademisches Schauspielhaus,** Laisvės 71, Tel. 224064, www.dramosteatras.lt. Überwiegend Stücke litauischer Dramatiker.
- **Musiktheater,** Laisvės 91, Tel. 227113, www.muzikinisteatras.lt. Opern, Operetten, Ballett.
- **Marionettentheater,** Laisvės 87a, Tel. 221691, www.kaunoleles.lt.
- **Philharmonie,** Sapiegos 5, Tel. 222558, www.kaunofilharmonija.lt.
- **Kammertheater,** Keštučio 74a, Tel. 2282 26, www.kamerinisteatras.lt. Sehr bekannt und aktiv.
- **Kleines Theater,** Daukšos 34, Tel. 206546, www.mazasisteatras.lt.
- **Tanztheater „Aura",** Daukšos 30a, Tel. 202062, www.aura.lt.

Festivals und Feste

Genaue Daten der folgenden und auch anderer Festivals sind bei der Touristinformation zu erfragen.

- **Jazz Festival** (Oktober) 4-tägig, größtes im Baltikum, prominente Jazzmusiker (www. kaunasjazz.lt).
- **Stadtfestival,** Mitte Mai, 3-tägig, Konzerte, Volkstänze, Straßenmarkt, Feuerwerke etc.
- **Musikfestival in Pažaislis,** (1.6.–31.8.) mit Klassik, Jazz, Theater, im Kloster selbst (s.u.) bzw. in Kirchen etc. in Kaunas (www.pazais lis.lt.)
- **Sängerfeste** (wechselnde Termine)
- **Festival zur Erinnerung an den Einmarsch Napoleons von 1812,** Mitte Juli (Umzüge, historische Kostüme).
- **Internationales Modernes Tanzfestival,** 1. Oktoberwoche, www.dancefestival.lt.
- **Internationale Hansetage,** Ende August, zur Erinnerung an den mittelalterlichen Hansebund, www.hanzakaunas.lt.

Ausstellungen und Galerien

Kunstgalerien sowie deren Ausstellungsprogramme findet man in „KIYP", den Tageszeitungen bzw. den Touristinformationen.

Einkaufen

Man findet alles auf der rund 2,5 km langen Fußgängerzone vom Rathausplatz bis zum Unabhängigkeitsplatz.

- **Einkaufszentrum Akropolis,** Mindaugo 49, www.akropolis.lt, tägl. 10–22 Uhr, Bekleidung, Schuhe, Restaurants, Kino, Eisbahn.
- **Antiquitäten,** Rotušes 29, Kumelių 17, Vilniaus 14, A. Jakšto 7.
- **Bücher, Zeitschriften,** Laišvės 81, 75, 29; Vilniaus 11, 43, Mindaugo 49.
- **Fotogeschäfte,** Vilniaus 12, Laisvės 60, 106, Kanto 24.
- **Kunstartikel,** Daukanto 15, Laisvės 31, Vilniaus 22 und 32.
- **Supermärkte,** Skalsa (Laisvės 101), IKI (u.a. Vilniaus 56, Savanorių 111, Jonavos 3, tgl. 8–22 Uhr), Maxima (Vytauto 32, 8–24 Uhr)
- **Kaffee und Tee,** Vilniaus 29, Laisvės 97 a.
- **Lebensmittel,** Vilniaus 3 (tgl. 9–22 Uhr), Laisvės 75 (Bioprodukte), Vilniaus 35 (Süßigkeiten), Daukšos 45/37 (8–23 Uhr), Valančiaus 10 (Bäckerei).
- **Souvenirs,** Vilniaus 25, Valančiaus 5 und 21, Laisvės 110, Maironio 22-2.
- **Blumen,** Laisvės 32 b, 90, 106 bzw. auf Märkten (s.u.).

Märkte

- **Markt am Bahnhof,** M.K. Čiurlionio 23 (Lebensmittel, Blumen), 7–21 Uhr.
- **Urmas,** Pramonės 16, Mo–Fr 10–18 Uhr, Sa 9–17 Uhr, So 9–15 Uhr. Landesweit größter Markt mit 1500 Ständen, www.urmas.net, Trolleybus Nr. 15. Dort auch viermal jährlich großer Flohmarkt.
- **Žaliakalnio-Markt,** Zanavykų 25 (Lebensmittel, Blumen), 7–15 Uhr.
- **Vilijampolė-Markt,** Varnių 48 b, www.vili jampolesturgus.lt, Mo–Fr 9–17, Sa/So 8–17 Uhr, hier gibt es (fast) alles, sonntags mit Flohmarkt.

Kauno-Marios-Regionalpark

Das **Kaunasser Meer** östlich von Kaunas entstand 1959 durch den Bau des landesweit einzigen **Wasserkraftwerks** bei Kruonis im Südosten des heute 64 km² großen und 93 km langen **Stausees,** dem größten Litauens. Der Regionalpark wurde 1992 zum Schutz der Flora und Fauna des Ufers und des kulturellen Erbes gegründet. Dazu gehören der größte und baumartenreichste Park des Landes, der 130 ha große **Girionys-Park** und das **Gedenkmuseum** der Dichterin *Salomėja Nėris* (Tel. 37-373606, Di–Sa 9–17 Uhr, Nėries 7).

Die Hauptattraktionen sind das **Kloster Pažaislis** am West- und das **Freilichtmuseum von Rumšiškės** am Nordostufer. An den Sonntagen von Mai bis September fährt auf Nachfrage ein **Ausflugsschiff** zu beiden Orten. Infos auch zu anderen Ausflugsbooten bei der Touristinformation in Kaunas oder bei der Parkverwaltung im Dorf Vaišvydava, Miškininky 2 (Tel./Fax 37-383070, www.kaunomarios.lt). Der Stausee und dessen Umgebung ist ein beliebtes **Naherholungsgebiet.** Es gibt Radwege, einen Paddelboot- und Pferdeverleih, Campingplätze und einen Naturpfad für Wanderer. Hier kann man auch angeln, segeln oder schwimmen (wird aber nicht unbedingt empfohlen). Weitere Sport- und Unterkunftsmöglichkeiten gibt es beim Jachtklub.

Pažaislis-Kloster

Am Westufer des Stausees auf einer malerischen, mit Kiefern bewachsenen Halbinsel liegt die Klosteranlage von Pažaislis, die als eines der schönsten Barockensembles in Litauen gilt, ein **Meisterstück des Hochbarock** und einer der formvollendetsten Sakralbauten Nordosteuropas. Der Eingang ist links vom Torbogen mit dem Hausschild (Kauno jūros 31, Di–Fr 10–17 Uhr Sa/So 10–16 Uhr, www.pazaislis.org, Führung Tel. 37-456485, Dauer 2 Std., Anmeldung nötig). Im Sommer finden in der Kirche oder davor **Konzerte** des Musikfestivals statt.

Gegründet wurde das Kloster um 1664, mit dem Bau der Kirche begann man 1667. Ihr Stifter war der wohlhabende Adlige und Kanzler Litauens *Kristupas Žigmantas Pacas,* dessen Familienangehöriger *Kazimieras* die St.-Peter-und-Paul-Kirche in Vilnius stiftete. Auch die Bildhauer, Stukkateure und Maler sind zum Teil die gleichen, die das Gotteshaus in Vilnius ausgeschmückt haben. Das Kloster wurde für den als besonders streng bekannten **Orden der Kamaldulenser** erbaut, den *Pacas* während seiner Jugendjahre in Italien kennen gelernt hatte, und der 1662 in Litauen gegründet wurde. Die Mönche dieses Ordens sind die einzigen, die auch heute manchmal noch zu frommer Andacht in besonderen **Eremitenhäuschen** beten. Zehn solcher Häuschen gab es in Pažaislis – zwei davon sind noch erhalten. Weltweit hat der Orden nur noch 8 Klöster mit rund 200 Mönchen.

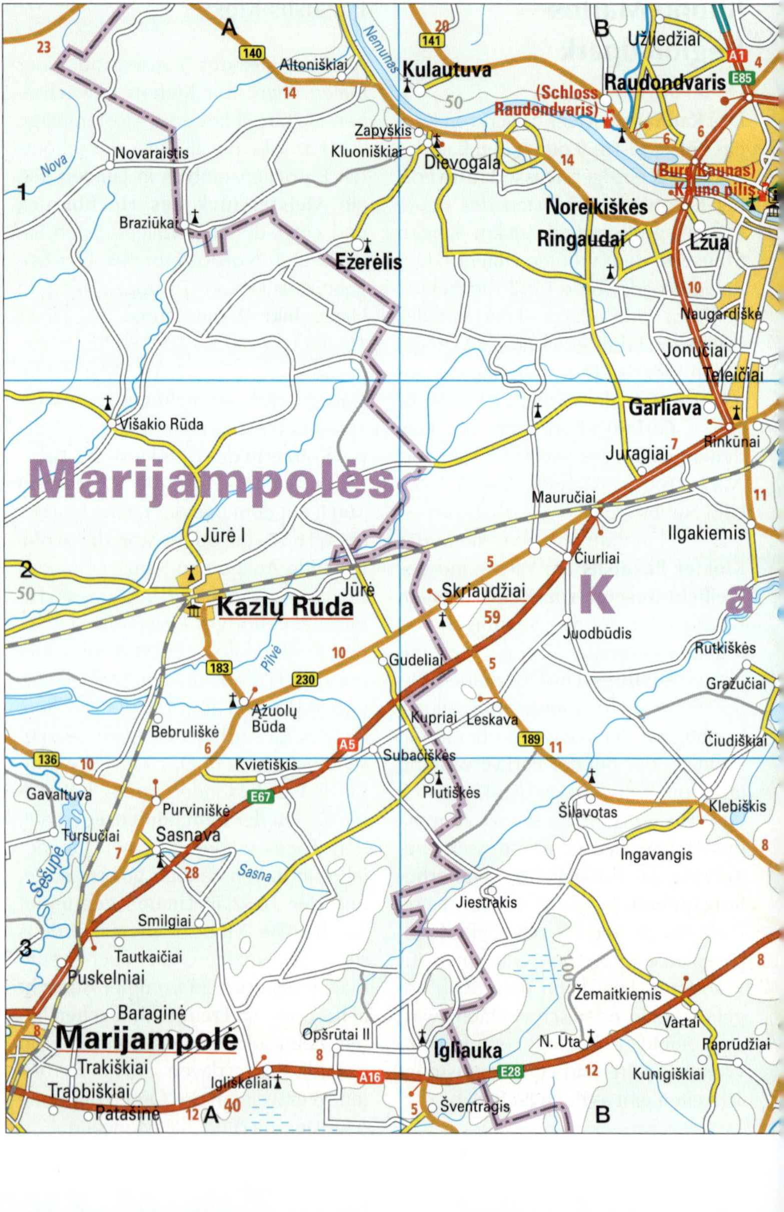
A
B
1
2
3
Užliedžiai
Kulautuva
Raudondvaris
(Schloss Raudondvaris)
Altoniškiai
Nemunas
Zapyškis
Kluoniškiai
Dievogala
Novaraistis
Nova
(Burg Kaunas)
Kauno pilis
Noreikiškės
Ringaudai
Lžūa
Braziūkai
Ežerėlis
Naugardiškė
Jonučiai
Teleičiai
Višakio Rūda
Garliava
Rinkūnai
Juragiai
Marijampolės
Mauručiai
Ilgakiemis
Jūrė I
Čiurliai
Jūrė
Skriaudžiai
Kazlų Rūda
K
a
Juodbūdis
Rūtkiškės
Gudeliai
Pilvė
Gražučiai
Ąžuolų Būda
Bebruliškė
Kupriai
Leskava
Čiudiškiai
Kvietiškis
Subačiškės
Gavaltuva
Plutiškės
Šilavotas
Klebiškis
Purviniškė
Tursučiai
Sasnava
Ingavangis
Sasna
Šešupė
Jiestrakis
Smilgiai
Tautkaičiai
Puskelniai
Žemaitkiemis
Baraginė
Vartai
Marijampolė
Opšrūtai II
Iglïauka
N. Ūta
Paprūdžiai
Trakiškiai
Kunigiškiai
Traobiškiai
Igliškėliai
Patašinė
Šventragis
A1
E85
A5
E67
A16
E28
140
141
183
230
136
189
23
20
14
50
4
6
10
7
11
5
59
8
28
12
40
100

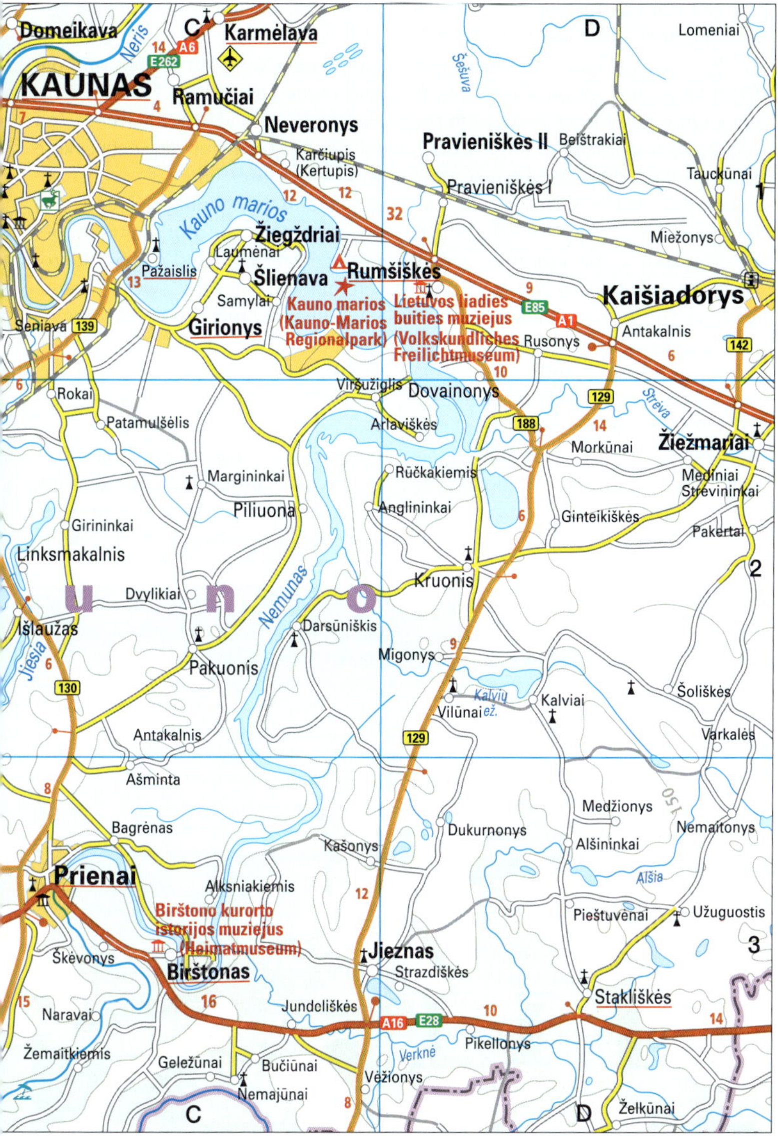
Domeikava
Neris
Karmėlava
KAUNAS
Ramučiai
Neveronys
Karčiupis (Kertupis)
Kauno marios
Žiegždriai
Laumėnai
Pažaislis
Šlienava
Samylai
Girionys
Rumšiškės
Kauno marios (Kauno-Marios Regionalpark)
Lietuvos liadies buities muziejus (Volkskundliches Freilichtmuseum)
Seniava
Šešuva
Pravieniškės II
Beištrakiai
Pravieniškės I
Lomeniai
Tauckūnai
Miežonys
Kaišiadorys
Antakalnis
Rusonys
Strėva
Dovainonys
Viršužiglis
Arlaviškės
Žiežmariai
Morkūnai
Mediniai
Strevininkai
Rokai
Patamulšėlis
Margininkai
Piliuona
Rūčkakiemis
Anglininkai
Ginteikiškės
Pakertai
Girininkai
Linksmakalnis
Kruonis
Dvylikiai
Nemunas
Išlaužas
Darsūniškis
Migonys
Jiesia
Pakuonis
Kalvių ež.
Vilūnai
Kalviai
Šoliškės
Varkalės
Antakalnis
Ašminta
Medžionys
Bagrėnas
Dukurnonys
Nemaitonys
Alšininkai
Kašonys
Alšia
Prienai
Alksniakiemis
Birštono kurorto istorijos muziejus (Heimatmuseum)
Piеštuvėnai
Užuguostis
Škėvonys
Birštonas
Jieznas
Strazdiškės
Stakliškės
Naravai
Jundeliškės
Pikeliony s
Žemaitkiemis
Geležūnai
Bučiūnai
Verknė
Vėžionys
Nemajūnai
Želkūnai
A6
E262
A1
E85
A16
E28
139
142
129
188
130
150
C
D
1
2
3

1696 war die Kirche, 1712 waren die anderen Gebäude fertiggestellt. 1812 wurde sie von Soldaten *Napoleons* verwüstet. In der Zarenzeit, als die katholische Kirche zugunsten der orthodoxen zurückgedrängt wurde, nahmen 1831 die altgläubigen Orthodoxen das Kloster in Besitz und bauten es bis 1845 erheblich um. Ein Teil der Fresken wurde übermalt, einige Altäre und Skulpturen zerstört. 1915–18 benutzte es die deutsche Armee als Lazarett. 1920–44 und wieder ab 1990 war bzw. ist hier der Sitz des Ordens der Schwestern des Heiligen Kasimir, des litauischen Nationalheiligen. Als die Sowjets Litauen besetzten, wurden die Mönche und Nonnen vertrieben. 1966 wurde es zu einem Kunstmuseum umgestaltet. Seit 1990 ist es wieder für Gottesdienste geöffnet.

Beeindruckend von außen sind die malerische Lage von Pažaislis, der romantisch verwilderte **Klostergarten** mit seinem **Turm** und die **sechseckige Kirche** mit ihrer ebenfalls sechseckigen, 53 m hohen Kuppel und den zwei rechteckigen Portaltürmen. Sehenswert im **Hof** sind der Schildkrötenbrunnen, eines der zwei Eremitenhäuschen und rechts vom Kircheneingang das Grab von *A.F. Lvov* (1798–1870), dem Komponisten der russischen Nationalhymne. Die Klostergebäude haben zwei Innenhöfe. Sehr beeindruckend ist die Kirche mit ihrem prunkvollen **florentinischen Design.** Rosa und schwarzer Marmor ziert den sehr hohen Kirchenraum mit seinen

079li Foto: gs

vier Kapellen und dem runden Presbyterium, die alle mit Stukkaturen geschmückt sind. Die wunderschönen 140 Fresken runden den tollen Eindruck ab. Berühmt ist das **Bild der Gottesmutter,** ein Geschenk von Papst *Alexander II.,* das vor allem am 2. Juli, dem Tag der Marienverehrung, viele Gläubige anzieht.

Anreise

Einige Minibusse sowie im Sommer auch die Trolleybusse 9 und 12 fahren zum Stausee in der Nähe des Klosters. Ansonsten fahren sie bis zur Endstation kurz vor der Eisenbahnbrücke. Vorbei am Strand und der Anlegestelle geht es links zum Kloster. Einige **Minibusse** fahren nicht die gleiche Strecke zurück; ggf. fragen.

Mit dem PKW vom Sechsten Fort in Kaunas südöstlich in die Kalantos, am Kreisverkehr südlich in die Masiulio, immer geradeaus unter der Eisenbahnbrücke hindurch zum Stausee (6 km vom Bahnhof). Der Weg zum Kloster und zum Jachthafen (weitere 1,2 km) ist ausgeschildert.

Rumšiškės

Die Ortschaft Rumšiškės wurde schon 1385 in einer Ordenschronik erwähnt und ist doch ganz neu. Wie das? Als 1959 der Nemunas aufgestaut wurde und das „Kaunasser Meer“ entstand, versanken das alte Rumšiškės und andere Ortschaften mit insgesamt 721 Gebäuden in seinen 20 m hohen Fluten. An seinem Ufer wurde das neue Rumšiškės für seine 1600 Bewohner erbaut. Lediglich die **Holzkapelle St. Nikolai** aus dem 18. Jh. wurde zerlegt und mitgenommen. Das alte **Gräberfeld** aus dem 14.–16. Jh., das sich auf einer Anhöhe befand, liegt jetzt auf einer Insel im See. Die Kapelle steht jetzt am gegenüberliegenden Ufer.

Die Klosteranlage von Pažaislis

Ethnografisches Freilichtmuseum

Bekannt ist das Dorf wegen seines Freilichtmuseums mit **140 Originalgebäuden.** Es wurde 1974 nach achtjähriger Aufbauarbeit für Besucher eröffnet. Auf einer Fläche von 176 ha ist praktisch ganz Litauen vom Ende des 17. bis Anfang des 20. Jh. dargestellt. Ein Muss für jeden, der sich für die frühere Bau- und Lebensweise der verschiedenen Regionen interessiert. Es kann auch mit Führung (auf Deutsch) besichtigt werden (Tel. 346-47392, Mai–Sept. Mi–So 10–18 Uhr gesamter Park; Mo/Di 10–20 Uhr, Mi–So 18–20 Uhr sind nur einzelne Gebäude zu besichtigen; Okt.–April Besichtigung nur mit Führung; das Gelände selbst ist oft bis 20 Uhr zugänglich, J. Aisčo 2, www.llbm.lt). An der Kasse gibt es ein sehr gutes Faltblatt in deutscher Sprache mit Route und Plan.

In der hügeligen und abwechslungsreichen Wald- und Wiesenlandschaft hat man traditionelle Bauwerke aus allen **vier ethnografischen Regionen** Litauens (Aukštaitija, Žemaitija, Dzūkija und Suvalkija) zusammengetragen. Jede Region hat ihr eigenes Dörfchen. Es sind Original-Holzbauwerke, die bewohnt worden sind. Man hat sie an ihrem ursprünglichen Standort zerlegt und hier wieder aufgebaut, einschließlich der kompletten Ausstattung.

Man findet Bauernhäuser vom wohlhabenden Gutshof bis zur Tagelöhnerkate, Stallungen, Scheunen, Schuppen, Vorratshäuser (Kleten), Badehäuschen, Rauchhütten, Brotbacköfen, Kammern zum Pilzetrocknen, Werkstätten, Kapellen, aber auch alte Bienenstöcke aus ausgehöhlten Baumstämmen, Hundehütten, Taubenschläge oder Ziehbrunnen. Am Wegrand stehen **Windmühlen** (u.a. eine Ölmühle), Mühlsteine, Opfersteine, Kreuze und Kapellenständer. Oft sieht man Leute in traditionellen Kostümen. Um die Häuser wurden **Gärten** und Zäune angelegt, mit typischen Nutzpflanzen und Blumen. Auch die **Felder** werden nach lokalen Eigenarten bestellt. Daneben erstrecken sich Wiesen und Weiden, auf denen Kühe, Pferde und Schafe grasen. Es gibt auch ein **Pferdegestüt.** Man kann Reiten lernen oder sich in einer Kutsche (im Winter mit einem Schlitten) spazierenfahren lassen.

Den schon in der Bronzezeit gebauten Typ eines **„Numas"-Wohnhauses** vom 17. Jh. findet man im Žemaitija-Dorf; es ist das landesweit einzige erhaltene Gebäude dieses Stils. Nicht weit davon steht ein Gehöft aus Klein-Litauen (Memelland).

Um das Leben der früheren Stadtbewohner zu zeigen, wurde ein **Städtchen** (Miestelis) vom 17.–19. Jh. originalgetreu errichtet (Schulhaus, Spital, Töpferei, Dorfschenke). In einem Schuppen ist die landesweit einzige **Kutschenausstellung** zu sehen. Mitten auf dem Marktplatz steht die originelle Skulptur des Feuerwehrpatrons, des Hl. Florian.

In der Nähe des Dzūkija-Dorfes auf einer Waldwiese stehen **Mahnmale** für die Deportationen während der Sowjetzeit. Neben einem Original-Güterwaggon für den Transport nach Sibirien (mit Fotoausstellung) wurde eine **Erdhütte** nachgebaut, in der 40 Frauen, ältere Leute und Kinder jahrelang bei Innentemperaturen von -2°C leben mussten. Überlebende erzählen hier von ihrem Schicksal. Daneben steht ein Eichenholzdenkmal für die Verbannten.

Man sollte sich einen ganzen Tag Zeit nehmen. Ein einfacher Rundgang ohne größere Abstecher ist etwa 7 km lang. Man kann auch mit dem eigenen Auto oder Minibus durch die Anlage fahren (30 bzw. 50 Lt. Gebühr), doch das schönere Erlebnis hat man natürlich bei einem Spaziergang (ggf. Sonnenschutz und Getränke mitnehmen). Man kann auch picknicken oder in einem Wirtshaus aus dem 19. Jh. im Žemaitija-Dorf auf gutbäuerliche Art essen. Ganz in dessen Nähe hat man einen guten Blick auf den Stausee.

Im Sommer finden fast an jedem Wochenende Volkstänze, Folklorekonzerte und andere **Vorführungen** statt (z.B. im Scheunentheater), ebenso an bestimmten Feiertagen oder an Festen wie z.B. der Faschingsaustreibung. Oft werden kunsthandwerkliche Traditionen (Weben, Töpfern) vorgeführt. Gelegentlich gibt es einen Markt, auf dem man volkstümliche Handarbeiten kaufen kann.

Anreise

Im Sommer mit **Ausflugsschiff** möglich (s.o.). Ansonsten **Minibusse** vom Busbahnhof in Kaunas (Plattform 26); auch mit Minibussen nach Jieznas und Pravieniškės. Von der Bushaltestelle sind es noch 500 m zu Fuß. Der letzte Bus nach Kaunas fährt gegen 20 Uhr zurück (Busfahrplan unter www.llbm.lt). Man kann auch einen der Busse nach Vilnius nehmen und den Fahrer bitten, dass er einen bei der Abzweigung aussteigen lässt; von dort sind es etwa 1,5 km zu Fuß. Für die Rückfahrt kann man auf der Nordseite der Autobahn (leicht zu überqueren!) einen der aus Vilnius kommenden Busse an der überdachten Bushaltestelle anhalten. Der nächstliegende **Bahnhof** ist Pravieniškės (5 km entfernt). Mit dem eigenen Fahrzeug an der Ausfahrt bei km 79 (von Vilnius) abbiegen; von Kaunas sind es 18 km.

Nemunas-Schleifen-Regionalpark

Der Park südlich von Kaunas wurde zum Schutz des Ökosystems der drei einzigartigen, 59 km langen **Nemunas-(Memel-)Schleifen** sowie des Waldes bei Punia und der vielen Kulturdenkmäler errichtet. Im Herzen des Parks liegt der international renommierte Kurort Birštonas mit der **Parkverwaltung** (s.u.).

Birštonas

Der Ort liegt 38 km südlich von Kaunas, via Prienai in einer weiten Flussschleife am rechten Nemunas-Ufer. Der kleinere Stadtteil am linken Ufer ist nur per Boot zu erreichen. Der **Kurort** mit 3000 Einwohnern ist mit jährlich 15.000 Kurgästen in den zwei ganzjährig geöffneten **Sanatorien** der meistbesuchte nach Druskininkai. Seine neun heilkräftigen **Mineralquellen** sind seit alters her bekannt. Dank der geschützten Lage und vieler dichter Wälder, die die Winde abhalten, ist das Klima sehr mild. Schön sind die vielen Parks mit **Spazierwegen** und die liebevoll restaurierten **Holzvillen** vom Ende des 19. Jh.

Erstmals schriftlich erwähnt wurde der Ort „Birston" mit seinen salzhaltigen Quellen und seiner Holzburg auf dem Hügel in Berichten des Deutschen Ordens von 1382. Der spätere Großfürst *Vytautas* hatte hier einen Jagdsitz, die wildreiche Gegend (u.a. Auerochsen, Bisone) war ein beliebtes **Jagdrevier.** Ideal war die natürliche Engstelle in der Flussschleife, an der das Wild für den Adel zusammengetrieben wurde. Die Burg wurde von den Kreuzrittern erobert, aber schon 1410 wieder verlassen. Danach verfiel sie. 1518 bekam der Ort die Stadtrechte. 1846 wurde Birštonas Kurort, das erste Sanatorium wurde 1855 gebaut. Ende 19. Jh. gab es etwa 60 Heilbäder.

Rundgang

Es ist sehr einfach, sich in dem etwas verträumten Städtchen zurechtzufinden. Der **Busbahnhof** liegt an der Kreuzung Vaižganto / Jaunimo / Dariaus ir Girėno / Kestučio. In der Nähe liegen die Verwaltung des Regionalparks und die **Touristinformation.** Östlich vom Busbahnhof liegt der **Skulpturenpark;** die Broschüre „Skulpturenrundweg" gibt es bei der Touristinformation.

An der Ecke Vaižganto/Vytauto geht man nach rechts. Inmitten schöner Holzvillen steht an der Ecke Vytauto/Muziejus das **Heimatmuseum** (Tel. 65606, Mi–So 10–17 Uhr, www.birstonomu ziejus.lt). Die Vytauto geht hinter der Bank in die Birutės über. In der Nr. 10, dem früheren Pfarrhaus im Volksarchitekturstil, findet sich das **Museum der Sakralkunst** (www.sakralinis.lt, Tel. 65699, Mi–So 10–17 Uhr) direkt vor der **neugotischen Backsteinkirche** (1909), die dem *Hl. Antonius von Padua* geweiht ist. Daneben liegt ein kleiner Park mit Holzfiguren sowie einem Teich mit Wassermühle.

Von hier führt ein Weg zum Tulpė-Sanatorium und zur **Deichpromenade.** Etwas südlich sieht man die große Vytautas-Statue am Fuß des 30 m hohen **Vytautas-Hügels.** Diesen erklimmt man von der dem Großfürst gewidmeten Eichensäule über 171 Stufen. An der Stelle der ehemaligen Burg ist heute eine **Aussichtsplattform** mit schönem Blick auf die Flussgegend.

Für den Rückweg kann man auch den Waldweg auf der anderen Hügelseite nehmen. Nicht weit vom Denkmal kann man in dem gelben **Brunnenhäuschen** das salzige Mineralwasser kosten. Daneben liegen andere Gebäude des **Tulpė-Sanatoriums** (www.tulpe.lt), weiter links die Mineralwasser-Abfüllanlage und das **Versmė-Sanatorium** (Sruogos 9, Tel. 656 73, www.versme.com) mit Trinkbrunnen. Von hier führt ein Weg zur Dariaus ir Girėno g. und zurück zum Busbahnhof.

Verkehrsmittel

- Halbstündliche **Minibus-Verbindung** mit Prienai und Kaunas; **Busse** u.a. nach Vilnius und Klaipėda. Auch Ausflugsboote von/nach Kaunas.

Informationen

- **Tel.-Vorwahl Birštonas:** (00370-) 319
- **Touristinformation,** Jaunimo 3, Tel./Fax 65740, Mo–Fr 9–18 Uhr, im Sommer zusätzlich Sa 10–18 Uhr. Auch Vermittlung von Pensionen.
- **Regionalparkverwaltung,** Tylioji 1, Tel. 319-65613, Fax 65610, www.nemunokilpos.lt, Mo–Do 8–12 und 13–17 Uhr; Fr 8–15.45 Uhr, Infos u.a. zu Campingplätzen, Wandern, Radfahren, Reiten, Vogelbeobachtung.

Unterkunft

- Übernachtung im **Versmė-Sanatorium** (s.o., schöne Zimmer, nicht nur für Patienten).
- **Gästehaus Audenis,** Lelijų 3, Tel. 61300, Fax 61301, www.audenis.lt, 9 Zimmer (EZ 150/DZ ab 190 Lt.), sauber, gutes Preis-Leistungsverhältnis, populär.
- **Hotel Sonata,** Algirdos 34, Tel. 83285, www.sonata.lt.
- **Residenz Sophia,** Jaunimo 6, Tel. 45200, www.sofiosrezidencija.lt.
- **Königliche Residenz,** Pakalnės 3, Tel. 62030, www.karaliskojirezidencija.lt, mit Wellness-Angeboten.

Gastronomie

- **Restaurants:** z.B. Seklytele, Prienų 10, gute Küche; Pizza Fun, Birutės 3.
- **Cafés** in Birutės 35 und Kestučio 8, **Teehaus** in Vaižganto 2.

Aktivitäten

Es gibt viele **Rad- und Wanderwege.** Infos u.a. zu **Rad- und Kanuverleih** unter www.birstonosportas.lt, Tel. 65640, und bei der Touristinformation. **Rudern im Wikingerboot** bzw. **Kajak-Tour** unter www.birstononemunas.lt, Tel. 56360. **Ausflugsboote,** www.nemunoslenis.lt, Tel. 56493 bzw. www.sonatahotel.lt, Tel. 65825. **Ballonfahren,** www.audenis.lt.

Feste

- Ende März dreitägiges internationales **Jazzfestival** (im Kulturzentrum, Jaunimo 4, Tel. 65550, www.birstonokultura.lt), nur alle zwei Jahre, gerade Jahreszahlen.
- Am 4. April-Wochenende und im August internationaler **Ruderwettbewerb.**
- Am 2. Juni-Wochenende viertägiges **Stadtfestival** (Umzüge, Konzerte, Tänze, Kunstgewerbemarkt, internationaler Heißluftballonwettbewerb, Air Show, Motorbootrennen).

Kėdainiai

Kėdainiai (32.000 Einw.) liegt 54 km nördlich von Kaunas nahe der Via Baltica. Die am Westufer des Flusses Nevėžis gelegene, 87 ha große **Altstadt** mit Häusern vom 15.–19. Jh. im Stil von Gotik, Renaissance, Barock und Klassizismus wurde liebevoll restauriert und ist recht verträumt.

Die Stadt wurde erstmals 1372 in der **Livländischen Chronik** von *Hermann Wartberg* erwähnt und erhielt später die **Magdeburger Stadtrechte.** Im 17./18. Jh.war sie neben Biržai ein Zentrum und Zufluchtsort der Reformisten, die von der hier seit 1614 ansässigen Fürstenfamilie *Radvila* Unterstützung erhielten, als sie von den Jesuiten in der Gegenreformation verfolgt wurden. 1655 unterzeichnete *Radvila* mit dem schwedischen König den Vertrag von Kėdainiai, da er die Loslösung Litauens vom polnisch-litauischen Reich wollte. Die Stadt war auch bekannt für ihre **religiöse und kulturelle Toleranz,** sodass sich hier u.a. auch viele Schotten, Polen, Deutsche und Juden ansiedelten (erstere stellten einmal rund die Hälfte der Einwohnerzahl). Hier hatten viele christliche Glaubensrichtungen ihre Gebetshäuser, es gab auch drei Synagogen. Es war eine blühende Stadt mit reformierten Schulen, einer Papierfabrik, einer Druckerei, 10 Handwerkergilden und sechs Marktplätzen, von denen noch vier existieren. Der Glanz verfiel durch die Schwedenkriege, den Russlandkrieg, Brände und die Pest.

Rundgang

Man findet sich auch ohne Stadtplan leicht zurecht. Das **Stadtzentrum** liegt 1 km nördlich vom **Busbahnhof** (Basanavičiaus Nr. 93) rund um das **Rathaus** (Basanavičiaus Nr. 36); dorthin fahren auch Busse und Minibusse, allerdings mit einem kleinen Umweg.

Auf halbem Weg (Basanavičiaus Nr. 46a) sieht man linkerhand auf einem Hügel die von außen und innen recht schlichte **Evangelische Lutherkirche** von 1664 mit alten Wandmalereien vom 17. Jh.; der Glockenturm wurde 1713 erbaut. Während der Sowjetzeit diente sie als Lagerhalle für Leder. Auf dem Kirchhof wurden im 1. und 2. Weltkrieg deutsche Soldaten beerdigt.

Im Rathaus ist auch das **Holzskulpturenmuseum** (Tel. 53685, Mo–Fr 10–15 Uhr). Nördlich vom Rathaus, im ehemaligen Gutshof mit der Hausnr. 45, befindet sich heute die interessante **J.-Monkute-Marks-Galerie** (Di–

Fr 10–18 Uhr, Sa/So 10–19 Uhr, www.jmm-muziejus.lt).

Neben dem Rathaus liegt die **orthodoxe Kirche** von 1893 im byzantinischen Stil mit schönen Ikonen und Wandmalereien (Gedimino 2). Gegenüber mündet die **Didžioji gatvė** ein, die älteste und längste Straße der Altstadt, die nach rund 500 m am Nevėžis endet. Im Karmeliterkloster aus dem 18. Jh. in der Nr. 19 befindet sich heute das **Regionalmuseum** in 16 Räumen mit rund 30.000 Exponaten, darunter einige der Radvila-Familie sowie archäologische Fundstücke, Jagdtrophäen und riesige Holzkreuze (Tel. 53685, Di–Sa 10–17 Uhr).

Durch den Torbogen der Nr. 19 kommt man zur **hölzernen St. Josephkirche** (1704–66) in der Radvilų 10, ein Meisterstück einer Stabkirche im Volksbarockstil mit zwei Türmchen sowie frei stehendem Glockenturm.

Zurück zur Didioji, an der Senoji nach rechts. Die Gebäude Nr. 4 und 2 sind die **Rektorenhäuser** von 1660 mit ihren für litauische Bürgerhäuser typischen geschwungenen Giebeln. Gegenüber in der Nr. 1 liegt die **Evangelische Reformistenkirche** mit vier runden Ecktürmchen und einem hohen Portal, auch Calvinistenkirche genannt. Sie wurde 1651–53 im Renaissance-Stil gebaut. Erhalten blieben die Kanzel aus Eiche, der hölzerne Thron der Radvilas mit zwei korinthischen Säulen auf einer Plattform sowie Eichenreliefs in den Seitennischen.

In der Kirchengruft im Kellergeschoss stehen sechs **Sarkophage der Radvila-Familie,** das landesweit bedeutendste Adelsgrab (Di–Sa 10–16 Uhr, Tel. 53680; ggf. Anmeldung bei der Touristinformation). Der Glockenturm stammt vom 18. Jh.

An der Kreuzung mit der Radvilų nach links; das Haus Nr. 5 von 1661 gehörte dem Bürgermeister *Andersen.* Es liegt am **Großen Marktplatz** *(Didžioji rinka),* der von anderen schönen Bauten gesäumt wird. Das Haus der schottischen Kaufleute vom 17. Jh. trägt die Nr. 4.

Im **Alten Rathaus** in der Didžioji gatvė 1, ein Gebäude von 1624–54 im Renaissance-Stil, das 1770 abbrannte und 1983 wiederaufgebaut wurde, sind heute eine **Kunstgalerie** (Tel. 54551, Di–Sa 10–17 Uhr) und die **Touristinformation.** Hier finden gelegentlich Konzerte statt; im Hinterhof ist ein kleiner Skulpturenpark und eine jüdische Sonnenuhr vom 17. Jh. Im Keller waren früher ein Archiv und das Gefängnis, im Erdgeschoss Geschäfte und die erste Apotheke der Stadt, im ersten Stock das Magistrat und das Gericht.

Das Gebäude Didžioji Nr. 6 war das Haus der Glasmacher. Von hier führt eine Brücke über den Nevėžys, wo sich linkerhand die **St. Georgkirche** von 1403, rekonstruiert im 18. Jh, erhebt; sie war ursprünglich spätgotisch und wurde später barockisiert. Das Eckhaus Didžioji-Senoji Nr. 20/7 ist ein Werkstattgebäude von 1624–61.

An der Senoji nach rechts, gelangt man zum **Alten Marktplatz** *(Senoji*

Alte Bürgerhäuser in Kėdainiai

rinka). An dessen Nordseite stehen zwei **Synagogen** vom 17.–19. Jh., heute eine Kunstschule und eine Galerie. Auf dem Weg zurück zur Didžioji zweigt rechts die Smilgos ab, wo man in der Nr. 13 die Reste einer weiteren Synagoge findet; dort ist eine Gedenktafel an *Gaon* (s. Vilnius) angebracht. Der Rundgang führt über die Didžioji zurück zum Rathaus.

Verkehrsmittel

- **Busbahnhof,** Basanavičiaus 93, Tel. 60333, Busse u.a. nach Kaunas, Šiauliai.
- **Bahnhof,** Dariaus ir Girėno 5, Tel. 20700, sporadische Zugverbindungen.
- **Taxis,** Tel. 50005, 60005, 61111.

Informationen

- **Tel.-Vorwahl Kėdainiai:** (00370-) 347
- **Touristinformation** (s.o.), Mo–Fr 8–12 und 13–17 Uhr, Sa 9–15 Uhr, Tel./Fax 60363, www.visitkedainiai.lt. U.a. Führungen durch die Altstadt und Umgebung.

072li Foto: gs

Nützliche Adressen

- **Post,** Basanavičiaus 59, Tel. 53444.
- **Bank,** Basanavičiaus 47, 51, 55, 80.
- **Geldautomat,** Liepų 1, Gegučių 13.
- **Internetcafé,** Josvainiū 4, 10–19 Uhr.

Unterkunft

- **Gästehaus Sandra & Co.,** Šetos 112, im Norden der Stadt, Tel. 68348, Fax 57575; 13 einfache, aber saubere Zimmer (ab 60 Lt.), oft voll.
- **Grėjaus Namas,** Didžioji 36, Tel. 51500, Fax 67154, www.grejausnamas.lt, 19 moderne Zimmer (EZ 110, DZ ab 150 Lt.), bestes Hotel der Stadt, Kellerrestaurant mit Gerichten wie z.B. Straußensteak, Sauna.
- **Smilga,** Senoji 16, Tel. 67224, Fax 56626, www.hotelsmilga.lt, 28 Zimmer (EZ ab 110, DZ ab 140 Lt.), schön ausgestattete Zimmer, Sauna, Billard, Restaurant.
- **Aroma Rex Hotel,** Didžioji 52, Tel. 55555, 5 Zimmer (100–250 Lt.), gemütlich eingerichtete, recht kleine Zimmer.

Gastronomie

- **Pošiaudinių stogu,** Jazminų 1, Tel. 61572, gute litauische Küche in schöner Holzhütte, 10–23 Uhr.
- **Medžiotojų užeiga,** Basanavičiaus 91 b, Tel. 60002, einfache, billige Kantinengerichte, 11–24 Uhr.
- **Kavinė Skaitykla,** Didžiojirinka, Tel. 61285, am Fluss Nevežys, 11–24 Uhr.
- **32 ratai,** Didžioji 25, Tel. 53345, 10–22 Uhr, Café-Bar.
- **Savas Kampas,** Didžioji 39, große Auswahl, u.a. rund 20 Pizzasorten, gutes Frühstück, 9–21 Uhr.
- **Vikonda,** Basanavižiaus 22, sehr populäres Tanzlokal Do–Sa 12–4 Uhr, Mi, So 12–24 Uhr, Billard, Bowling.

Feste

- Anfang August **Eiscrem-Festival** (Konzerte, Feuerwerk), im Sommer **Gurken-Fiesta** (die Stadt gilt als die Gurkenhauptstadt).

Marijampolė

Das **Sūduva-Gebiet** liegt im Südwesten des Landes und wird auch **Suvalkija** genannt. Marijampolė mit 51.000 Einwohnern ist das Verwaltungs-, Industrie- und Kulturzentrum der Region. Von Polen über die Via Baltica (Grenzübergang Kalvarija) oder per Bahn kommend, ist sie die erste litauische Stadt und deshalb ein bedeutendes Handelszentrum. Für Touristen ist Marijampolė meist nur Durchgangs-/Übernachtungsstation.

Die **Via Baltica** (A 5) durchschneidet die Stadt, und zwar als Kauno gatvė nördlich und als Vytauto südlich des **Platzes Basanavičiaus aikšte,** leicht zu erkennen am mehrstöckigen Hotel Europa Royale, in dem auch die **Touristinformation** ist. Am gleichen Platz stehen auch die Post und das Rathaus. Von hier führt die Gedimino g. Richtung Osten zum sehenswerten **Bahnhof** von 1924 (Jugendstil) mit originellem Turm. Südlich des Platzes führt die Bažnyčios g. nach Westen zum **Marktplatz,** um den die zweitürmige **Basilika** (1824, klassizistisch, schöne Gemälde), das **Mariannenkloster** und das **Theater** (P. Armino 2, Tel. 54459) liegen. Das **Heimatmuseum** ist auf verschiedene Gebäude verteilt (Hauptmuseum in Vytauto 29, Tel. 54575).

Verkehrsmittel

- **Busverbindungen** vom Busbahnhof neben dem Bahnhof (Tel. 51333) u.a. nach Polen und Deutschland.
- **Bahnverbindungen** vom Bahnhof, Stoties 2 (Tel. 91520), nach Kaunas und Šeštokai.

Unterkunft

- **Gästehaus Grižulo Ratai,** Kauno gatvė, einfache, saubere Zimmer im 1. Stock eines Fahrradgeschäfts (EZ 80, DZ 160 Lt.).
- **Hotel Vingis,** Poilsio 21, schöne Lage beim Marios-Park am Flüsschen Šešupe im Süden der Stadt, Tel. 20980, www.hotel-vingis.lt, EZ ab 140, DZ ab 165 Lt.
- **Motel Luna,** Mokyklos 1, Tel. 68608, www.motelluna.lt, 32 Zi. (EZ 100 Lt., DZ 130 Lt.), Restaurant, Bar, Bowling, Billard.
- **Hotel Sūdavija,** Sodo 1 a, Tel. 52995, Fax 52926, www.sudavija.com, 15 moderne Zimmer (EZ ab 140, DZ ab 180 Lt.), schöner Garten, ruhig.
- **Hotel Europa Royale,** Basanavičiaus a. 8, Tel. 97778, Fax 31011, www.europaroyale.com, 47 sehr elegante Zimmer (ab 207 Lt.), Fitness- und Spa-Center, Pizzarestaurant im Erdgeschoss, Bar.

Informationen

- **Tel.-Vorwahl Marijampolė:** (00370-) 343
- **Infos zur Nemunas Euroregion,** Vytauto 28, Tel. 51147, www.nemunaseuroreg.lt.

Nützliche Adressen

- **Post,** Basanavičiaus 9.
- **Pizza Jazz** (im Hotel Europa Royale); **Cafés** u.a. in der Gedimino g.
- **Iki-Supermarkt** (Vilkaviškio 22, 9–21 Uhr).

Von Kaunas durch das Nemunas-Tal

Der Fluss Nemunas **(Memel)** stand im 13. Jh. im Mittelpunkt des Kampfes zwischen den Kreuzrittern und den Litauern, und danach wurde er zu einer wichtigen **Handelsstraße.** Die 86 km lange Fahrt am nördlichen Ufer auf der Straße 141 **von Kaunas nach Jurbarkas** führt auf der alten Poststraße vorbei an vielen historischen Orten mit z.T. noch gut erhaltenen **Schlössern,** die von Adligen im 17. Jh. meist im Renaissancestil erbaut wurden. Die **Holzburgen** der Litauer und der Kreuzritter sind zwar nicht mehr erhalten, aber die **Burghügel** reflektieren beeindruckend die Geschichte jener Zeit. Von ihnen hat man gute Ausblicke auf das Flusstal.

Auch **(Mini-)Busse** befahren diese Strecke, und man kann die Tour als **Tagestrip** von Kaunas unternehmen. Die Sehenswürdigkeiten sind vom Bus aus aber schlecht oder gar nicht zu sehen, sodass man unterwegs aussteigen und auf den nächsten der relativ wenigen (Mini-)Busse warten muss (am besten gleich vor der Abfahrt am Busbahnhof die Fahrpläne geben lassen). Es gibt zwei ausgebaute **Radwege,** einer entlang der Nord-, einer entlang der Südseite des Nemunas. Empfohlen ist der „Nemunas Cycle Route Guide".

Raudondvaris

9 km stromab von Kaunas sieht man nahe der Mündung des Nevėžis die roten Ziegelmauern des **Schlosses Raudondvaris** („Rotes Schloss"). Man erreicht es über eine 500 m lange, ausgeschilderte Stichstraße gleich rechts hinter dem Ortseingang. Es wurde 1615, also bereits lange nach den Angriffen der Kreuzritter, auf dem Platz einer früheren Burg als Lustschloss im Renaissance-Stil erbaut. Sein **runder Burgturm,** die schmalen Fenster und Schießscharten waren deshalb nur Kulisse. Einem Beschuss hätten die dünnen Mäuerchen schon damals nicht standgehalten.

Das Schloss wurde oft umgebaut. Im 17. Jh. war es im Besitz der Adelsfamilie Radvila. Anfang des 19. Jh. hatte Graf *Tiszkiewicz* hier seine Bildersammlung und Bibliothek. Die Bilder wurden im Ersten Weltkrieg in den Westen verkauft, die Bibliothek ging an die Universität von Kaunas. 1885 bekam das Schloss neugotische Züge.

Während des Ersten Weltkriegs hat der Schriftsteller *Arnold Zweig* als Schreiber des Oberkommandos Ost hier gearbeitet und das Schloss in seinem Roman „Einsetzung eines Königs" verewigt. Im Zweiten Weltkrieg wurde es schwer beschädigt. Auf dem Parkgelände stehen auch die Orangerie und vier Wirtschaftsgebäude. In einem von diesen ist heute ein **Museum** über den Grafen sowie über den Komponisten *Juozas Naujalis* (Di–Sa, Tel. 37-449601, 10–17 Uhr). Für letzteren wurde in der Stadt ein beeindruckendes Denkmal aufgestellt. Sehenswert ist auch die **Paštuva-Kirche** mit einer schönen Sakristei.

Kulautuva

Nach 17 km führt eine 2 km lange Stichstraße zum populären Luftkurort Kulautuva. Im Sommer fahren Ausflugsboote von Kaunas hierher. Sehenswert sind die **Holzkirche** im Volksarchitekturstil und die vielen **Villen.** Alle zwei Jahre findet hier das „Kaunas Gesangs- und Tanzfestival" statt. Die Touristinformation ist in der Akaciju al. 29, mobil 67266694.

Vilkija

Vilkija (von lit. *vilkas* = Wolf) liegt 27 km von Kaunas entfernt und wurde erstmals 1430 in einem Brief von *Vytautas* an den Magister des Kreuzritterordens erwähnt. Hier hatte der Großfürst ein Schloss. Die Handelsstraße von Vilnius nach Königsberg, auf dem Weg von Danzig nach Moskau, führte durch den Ort, der 1450 als **erste litauische Zollstation** erwähnt wurde, ein wichtiger Umschlagplatz zwischen Litauen, Polen und Russland. 1792 erhielt Vilkija die Magdeburger Stadtrechte. Die Altstadt ist ein urbanes Kulturerbe.

Von der neugotischen zweitürmigen **St. Georgskirche** (1908) auf einem Hügel hat man einen schönen Blick. Nicht weit von hier liegt der **Jauciaikiai-Hügel,** der an die im 14. Jh. hier befindliche Burg und die Kämpfe mit den Kreuzrittern erinnert; Ausstellung im **Heimatmuseum** (Kauno Mažoji 2, Tel. 37-556400).

Seredžius

Die Stadt liegt 42 km von Kaunas am Zusammenfluss von Nemunas und Dubysa und ist einer der **sagenumwobensten Orte** Litauens. Die Holzburg von Piešvė auf dem **Burghügel Palemonas** (abgeleitet vom römischen Patriziergeschlecht Palemon, von dem die Litauer angeblich abstammen sollen) erwehrte sich 1293–1363 den Angriffen der Kreuzritter. Sie verlor aber nach 1410 ihre Bedeutung. Vom Burghügel hat man einen tollen Blick auf das Tal der Dubysa und ihrer Mündung. Es wird vermutet, dass in der Nähe die **Kreuzritterburgen Marienburg** (1336) und **Dubysos** (1406) standen. Von diesen sind nur zwei kleine Hügel mit dem Namen Paločeliai übriggeblieben.

Im 16. und 17. Jh. war die Stadt ein wichtiges Handels- und Handwerkszentrum. 1829 wurde sie überschwemmt, sodass sie an einer der oberen Nemunas-Terrassen wieder aufgebaut wurde, darunter eine alte Wohnsiedlung und die **Kirche des Hl. Johannes des Täufers** (1913). Die Bushaltestelle liegt am Fuß des Burghügels am Ortsausgang. Einen Kilometer weiter liegt rechter Hand das klassizistische **Gutsschloss Belvedere** (1830–40), erreichbar über 365 Treppenstufen. Es ist nicht von innen zu besichtigen.

Panemuniai-Regionalpark

Der Park wurde zum Schutz des Nemunas-Tals von Seredžius bis Jurbarkas mit seinen Schlössern, Burghügeln und Gutshöfen sowie seiner Fauna und Flora errichtet. Die Zeit scheint hier stehengeblieben zu sein, viele **Alleen** säumen die Straße. Die Parkverwaltung ist in Silinės (Tel. 447-41723, Infos u.a. über vier Wanderrouten, Segelboote). Ausflüge von Jurbarkas bis hierher und das Folklore- und Sportfestival Mitte/Ende Mai auf den Burghügeln organisiert die Touristinformation in Jurbarkas.

Veliuona

Folgt man dem Nemunas abwärts, so gelangt man etwa 54 km westlich von Kaunas zu dem geschichtsträchtigen Städtchen Veliuona mit seinen **drei Burghügeln,** die man über Holztreppen besteigen kann. Bereits 1231 stand hier auf einem Schüttberg die **Burg Junigeda,** die von den Ordensrittern immer wieder angegriffen wurde. Da sie aber nie eingenommen werden konnte, errichteten die Ritter dann im Jahre 1337 westlich von Veliuona an der Mündung der Gysta in den Nemunas auf dem Pilaičiai-Hügel ihre eigene Burg – die **Bayerburg** (Pilaitės). Die Litauer aber zerstörten die Bayerburg, indem sie an deren Fuß riesige Feuer legten und die Ritter mit Pfeilen und Katapultsteinen beschossen, sodass diese die Feuer nicht löschen konnten. Wie die Legende behauptet, soll dabei der Großfürst *Gediminas* durch die Kugeln der Kreuzritter gefallen sein, die hier erstmals in Litauen Feuerwaffen einsetzten. Historiker bezweifeln dies allerdings, da der Sturm auf die Burg 1337 stattfand, während *Gediminas* bis 1341 noch lebte.

Das hinderte aber die Litauer nicht daran, den Hügel vor der Burg Junigeda als **Grab des Gediminas** zu bezeichnen und ihrem Nationalhelden dort 1922 ein **Denkmal** zu setzen. *Vytautas* der Große ließ 1412 auf dem **Piliesberg** eine **neue Burg** (Ramybė) westlich davon, durch einen breiten Graben getrennt, aus Stein errichten. Sie diente aber nach der Niederlage der Ritter im Jahr 1410 nicht mehr strategischen Zwecken, sondern als Pfalz. Hier war eine Opferstelle für die Göttin Velionė.

Im Jahr 1507 erhielt die Stadt das **Magdeburger Stadtrecht.** Hier lebten viele Handwerker und Händler aus ganz Europa. *Vytautas* wurde auf dem nach ihm benannten Platz ein **Denkmal** errichtet.

Sehenswert sind auch die **Renaissance-Kirche Mariä Himmelfahrt** (1636–44) mit wertvollen Kunstschätzen und einem tollen Barockaltar sowie das **klassizistische Gut Veliuona** vom 19. Jh., das in einem großen Park mit seltenen Bäumen liegt und ein kleines **Heimatmuseum** beherbergt (Di–So 10–17 Uhr, Tel. 48-42652).

Raudonė

10 km westlich von Veliuona erreicht man Raudonė. Von der Durchgangsstraße aus sieht man von Weitem einen roten Zinnenturm über die Baumwipfel ragen. Die **Schlossburg** liegt auf einer Terrasse oberhalb des Flusslaufes und ist über ein 500 m langes steiles Sträßchen zu erreichen.

Sie heißt wie das Schloss Raudondvaris nach dem roten Ziegelstein „die Rote" und ist ebenfalls gegen Ende des 16. Jh. als reiner Repräsentationsbau (Lustschloss) im Stil der Renaissance errichtet worden. Bauherr war der Holzhändler *Krispin Kirschenstein,* der die Hänge entlang des Nemunas abholzen ließ, um anschließend das Geld in diesen Prunkbau zu investieren. An der gleichen Stelle hatte bereits zur Zeit der Ordensritter und des Großfürsten Vytenis (1294–1316) eine **Festung** gestanden, die zur Kette der Burgen entlang dem Nemunas gehörte. Danach war hier ein Königliches Gut, um das sich dann ein Dorf ansiedelte.

1968 wurde die zuvor gotisch, dann klassizistisch und neugotisch umgebaute Burg restauriert. Heute dient sie als Schule. Vom 35 m hohen spätgotischen Zinnenturm hat man eine tolle **Aussicht.**

Im **Park,** einem der besterhaltenen Schlossparks, stehen eine **Linde mit neun Stämmen** sowie andere seltene Bäume. Von Raudonė fährt eine **Fähre** nach Plokščiai am anderen Flussufer (Anmeldung unter mobil 68679106).

Schloss Panemunė

Etwa 6 km weiter, beim Dorf Vytenai, liegt hoch über dem Nemunas-Tal das Schloss Panemunė, das sich der ungarische Händler Eperjes 1604–10 als Repräsentationsbau errichten ließ. 1753 wurde es im klassizistischen Stil umgebaut, nachdem es ursprünglich im Renaissancestil mit spätgotischen Elementen erbaut wurde. Die Schlossbesitzer, die Brüder *Gelgaudas,* nahmen am Aufstand von 1831 teil, sodass das Schloss zuerst verwüstet, dann von der zaristischen Verwaltung enteignet wurde. Es verwahrloste und wurde in der zweiten Hälfte des 19. Jh. teilweise abgerissen.

Übrig geblieben sind nur die beiden runden **Wehrtürme,** das südliche und westliche Gebäude sowie Reste des östlichen Schlossgebäudes. 1960 begann man schließlich, die Gebäude wieder herzurichten. Ein **Park** mit Teichen umgibt das Schloss. Es ist mit dem Hinweis „Pilis I“ ausgeschildert. Die Burg kann besichtigt werden.

In der nächsten Ortschaft **Skirsnemunė** stand in den Jahren 1313–28 die **Burg Christmemel** des Deutschen Ordens auf dem Hügel, auf welchem heute die St. Georgkirche von 1903 steht.

Jurbarkas

Die Stadt hat touristisch nicht viel zu bieten, dafür aber historisch. Es war ein von Litauern und den Kreuzrittern heftig umkämpfter Ort. Letztere bauten 1259 auf dem von ihnen eroberten Burghügel Bišpiliukais die **Georgenburg** (von der der heutige Stadtname stammt). Fast zur gleichen Zeit errichteten die Litauer ein Schloss auf dem **Schüttberg von Bišpilis.** Die Kämpfe dauerten bis zur Schlacht von Grunwald im Jahr 1410, wonach sich die Ritter zurückzogen. Danach begann die Stadt zu wachsen und wurde ein Handelszentrum, aufgrund der Grenzziehung mit dem Kreuzritterorden sogar eine **Grenzstadt** mit Zollstation. Ende des 16. Jh. erhielt sie Handelsprivilegien, und 1611 die **Magdeburger Stadtrechte.**

Im Zentrum der 13.000 Einwohner zählenden Verwaltungsstadt fließt der Fluss Imsrė in die Mituva, und diese kurz darauf in den Nemunas. Die

Straße 141 von Kaunas nach Klaipėda führt als **Dariaus ir Girėno gatvė** in Ost-West-Richtung. An dieser liegen alle wichtigen „Institutionen“: in der Nr. 98 das Hotel, in der Nr. 94 das Kulturzentrum mit einem Internetcafé, in der Nr. 81 b eine Buchhandlung, in der Nr. 72 die Post, der Supermarkt Maxima in der Nr. 66, außerdem einige Banken und Restaurants.

Hinter der Brücke über die Imsrė liegt der **Busbahnhof.** Von hier führt die Vydūno g. nach Süden über den Nemunas nach Šakiai, die erste Brücke ab Kaunas. Hinter dem Busbahnhof liegen die **Touristinformation** (Nr. 19) und das **Heimatmuseum** (Nr. 21, Tel. 52710, www.jurbarkomuziejus.lt, Di–Sa 10– 17, So 11–16 Uhr). Am Nordrand des Stadtparks liegt am anderen Ufer der Imsrė der **Burghügel Bišpilis.**

Verkehrsmittel

- **Busbahnhof** (s.o.), Tel. 72933, (Mini-) Busse u.a. nach Kaunas, Klaipėda, Vilnius, Tauragė.
- Im Hafen legen die **Schiffe** von Kaunas nach Nida an (s. dort).

Nützliche Adressen

- **Tel.-Vorwahl Jurbarkas:** (00370-) 447
- **Touristinformation** (s.o.), Tel. 51485, Fax 45450, www.jurbarkas.lt.
- Supermarkt **Maxima** (s.o.); 24-Std.-Geschäft, Kauno 72.

Unterkunft

- **Hotel Jurbarkas,** Dariaus ir Girėno 98, direkt am Fluss, Tel./Fax 51646, www.hoteljurbarkas.lt, 28 Zimmer im 5./6. Stock (ab 100 Lt.).
- Pension **Koryznos,** Liepų 19, Tel. 55534, DZ 80 Lt., freundlich, sauber.

Von Kaunas nach Klaipėda auf der A 1

Schneller, aber nicht so interessant wie durchs Nemunas-Tal, ist die Fahrt von Kaunas nach Westen auf der A 1. Das erste Stück bis zur Abzweigung nach Panevėžys ist Teil der Via Baltica.

Raseiniai

In Raseiniai sind das Ensemble des Dominikanerklosters (17./18. Jh.) in der Bažnyčios 11, die Mariä-Himmelfahrtkirche (1782) und das Žemaitis-Denkmal sehenswert.

Unterkunft

- **Hotel Rasa,** Moimio 2, direkt am Fluss, Tel. 428-51274, rasprek@delfi.lt.
- **Gästehaus Mirkliai,** Žemaičiu 26, Tel. 428-70405, office@mirkliai.lt.

Dubysa-Regionalpark

Für Natur- und Sportfreunde ist der Dubysa-Regionalpark nördlich und östlich von Raseiniai interessant. Er wurde zum Schutz des Flusses Dubysa und seiner Umgebung eingerichtet. Es gibt zwei **Naturreservate** (Pasandravys, Lyduvenai) und das **Kulturreservat Betygala** (Burghügel der Žemaiten-Burg von 1253; Hl.-Nikolaus-Kirche mit schönen Gips-und Holzfiguren). Die **Parkverwaltung** ist in Raseiniai (Dominikonų 2 a, Tel. 428-70330, www.raseiniai.lt, Infos über Campingplätze, Pensionen, Bootsausflüge, Kanutrips, Segelboote, Radfahren, Skilanglauf; Kanuverleih unter Tel. 428-50686).

Klaipėda und Ostseeküste

Klaipėda

Klaipėda, das frühere **Memel,** ist mit rund 182.000 Einwohnern (davon 63 % Litauer und 29 % Russen) die drittgrößte Stadt Litauens und der einzige große und eisfreie **Seehafen** des Landes. Die Stadt liegt gegenüber der Nordspitze der Kurischen Nehrung an der Mündung des Flusses Danė (Dange). Alle Vororte mitgerechnet, erstreckt sie sich bei 2–3 km Breite über mehr als 20 km entlang der Haffküste.

Hauptader ist die von Nord nach Süd verlaufende Manto gatvė, die südlich des Flusses für etwa 500 m zur Tiltų gatvė und dann zum Taikos prospektas wird.

Das **Geschäftszentrum** liegt nördlich der Danė. Die reizvolle **Altstadt** findet man am linken (südlichen) Ufer der Flussmündung. Weiter nach Süden hin schließt sich der einstige Vorort **Smeltė** (Schmelz) an, der sich zu einem Industrieviertel entwickelt hat. Dort liegen auch der Fischereihafen (die Heimatbasis der Fischfangflotte), ein riesiger Cargo-Hafen und der **internationale Fährhafen** mit dem Kreuzfahrtschiffterminal. Die Kais haben eine Gesamtlänge von 12 km.

Danach folgen kilometerweit neue Wohngebiete, die sich in Richtung Priekulė erstrecken. Ebenfalls zu Klaipėda gehört **Smiltynė** (Sandkrug) an der Spitze der Kurischen Nehrung, ein Naherholungsgebiet, rund 500 m entfernt auf der anderen Haffseite und mit Fähren verbunden. Dort sind u.a. das Meeresmuseum, das Delfinarium und das Aquarium.

Klaipėda und Ostseeküste

Für den **Tourismus** hat Klaipėda mehrfache Bedeutung. Einmal ist die **Altstadt** mit ihren für Litauen ungewöhnlichen **Fachwerkbauten** einen Stadtbummel wert, und es gibt auch einige lohnende **Museen.**

Nach Norden hin sowie 20 km weiter landeinwärts erstrecken sich einige schöne Kiefernwälder. Gute **Bademöglichkeiten** findet man in erster Linie an den Stränden von Smiltynė, aber auch nördlich von Klaipėda in Melnragė und Giruliai. Die Hafenstadt ist schließlich auch das **Tor zur Kurischen Nehrung** mit ihrer einzigartigen Natur und ihren traumhaften Badeorten.

275li Foto: gs

Das Museum der Geschichte Klein-Litauens

Geschichte Klaipėdas und des Memellandes (Klein-Litauen)

Es wird allgemein vermutet, dass der Name Klaipėda aus der Verschmelzung von zwei Wörtern entstanden ist. *Klaips* bedeutet Brot und *eda* essen. Der Name tauchte erstmals 1413 auf.

Schon zu Beginn unserer Zeitrechnung war die Gegend um den natürlichen Hafen an der Danė-Mündung und nahe dem Haff-Ausgang vom baltischen Aisčiai-Stamm besiedelt. Auf den Inseln der Mündung entstand eine **Burg** mit dem Namen *Cleypeda,* die ab dem 9. Jh. zusammen mit der Ortschaft immer wieder von Wikingern angegriffen wurde.

Im 13. Jh. war der **Fluss Memel** die Grenzlinie der Interessengebiete des Deutschen Ordens nördlich und des Livländischen (Schwertbrüder-)Ordens südlich davon, die den Wasserweg und die Meerenge beim Kurischen Haff für die Missionierung zu sichern und ihre Gebiete zu vereinigen suchten, wobei ihnen die Burg im Wege war. Daraufhin eroberte der **Orden der Schwertbrüder** das Gebiet um Klaipėda.

1252 baute er an der Stelle der eroberten Burg eine **Palisadenburg** und nannte sie und die Stadt **Memele** (der Name beruht vermutlich auf einem Irrtum, da sie den Fluss Dangė für die Memel hielten). Die Burg wurde 1254 durch eine Steinburg ersetzt und kurz darauf erfolglos von litauischen Stämmen angegriffen.

Die Stadt entwickelte sich schnell und erhielt 1254 das **Dortmunder,** 1258 das **Lübecker Stadtrecht.** Im gleichen Jahr wurde die erste Missionskirche gebaut, weitere folgten bis 1290, noch lange vor der Christianisierung Litauens. 1260–74 organisierte *Herkas Mantas* die erfolglosen Pruzzen-Aufstände. Burg und Stadt hatten **große strategische Bedeutung** als Verbindungsort zwischen Königsberg und Riga. Entsprechend erbittert wurde er von den Kuren, Žemaiten und später auch Aukštaiten angegriffen und mehrfach eingenommen, erstmalig 1323, als sich Žemaiten und Aukštaiten unter Führung des Großfürsten *Gediminas* vereinigten und Stadt und Burg einnahmen. Sie wurde jedoch wieder zurückerobert. 1328 vereinigten sich die beiden Kreuzritterorden, und die Stadt mit Burg wurde an den **Deutschen Orden** übergeben.

Die bisherige Grenzlinie am Fluss Memel verlagerte sich deshalb auch ein Stück nach Norden. Das Gebiet von der Memel bis dorthin hieß fortan **Memelland** und wurde später ein Teil von **Ostpreußen.** Der etwa 30–40 km breite Landstreifen erstreckte sich von Nimmersatt (Nemirseta; heute Stadtteil von Palanga) bis nach Schmalleningen (Smalininkai). Hier siedelten sich später u.a. deutsche und polnische Bauern an, und es bildete sich ein Schmelztiegel vieler Nationen. Es wurde auch als **Klein-Litauen** bezeichnet.

Trotz der Niederlage der Kreuzritter 1410 bei Grunwald blieb das Memelland nach den Friedensverträgen von Thorn (1411) und Melnosee (1422) beim Deutschen Orden, doch die Angriffe des litauischen Großfürstentums endeten erst, als sich dessen Interesse mehr nach Polen verlagerte.

Die **Grenze** zwischen **Preußen** und **Litauen** wurde zur **dauerhaftesten in Europa,** von 1422–1919 blieb sie unverändert (der Stadtname Memel blieb bis 1923 erhalten).

Nachdem Memel 1525 durch die Auflösung des Ritterstaates **preußisch** wurde, begann die Stadt zu wachsen, Handwerk und Handel entwickelten sich, aber die Stadt hatte gegen die Konkurrenz von Riga und die der **Hansestädte** Danzig und Königsberg anzukämpfen. Danziger Kaufleute luden sogar Anfang des 16. Jh. große Steine von Schiffen ab und blockierten damit die Hafeneinfahrt. Bis zum 17. Jh. durften aus strategischen Gründen keine Häuser aus Stein errichtet werden, damit man bei einem Angriff die Stadt in Brand setzen und die Gegner keinen Schutz finden konnten. Doch das hatte auch Nachteile, denn der erste von vielen **Großbränden** brach 1540 aus. Im 30-jährigen Krieg fiel 1629 das Memelland für sechs Jahre an die Schweden, die es völlig zerstörten. Wiederaufgebaut fiel Klaipėda 1678 einem erneuten Großbrand zum Opfer. 1701 wurde Memel Teil des **Königreichs Preußen.** Die **Pest** raffte 1709–10 3000 Menschen dahin, Hungersnöte folgten. 1757–62 fiel Memel unter die **Zarenherrschaft** unter dem berühmten Feldherrn *Suvorov.*

Als *Napoleon* Berlin erobert hatte, wurde Memel 1807–08 sogar zur **provisorischen Hauptstadt Preußens** und der Residenz von König *Friedrich Wilhelm III.* und seiner Gattin *Luise.* Sie residierten im späteren „Alten Rathaus" in der Alexanderstraße (heute Danės g.). Zar *Alexander I.*, der sie schon 1802 in Berlin besucht hatte, war hier im April 1807 drei Tage zu Gast. Der König erließ hier u.a. den Befehl zur Abschaffung der Leibeigenschaft in Preußen. Die legendäre Königin *Luise* unternahm hier ein vergebliches Friedensangebot an Napoleon. 1812 besetzten russische Truppen kurzfristig die Stadt.

Danach folgten einige ruhigere Jahrzehnte. Handel und Wirtschaft blühten auf. Das Jahr 1854 brachte zunächst einen enormen **Aufschwung,** weil durch Ausbruch des Krimkriegs der gesamte russische Handel über den Hafen von Memel lief (unter den vermögenden Kaufleuten war auch *Heinrich Schliemann,* der spätere Entdecker Trojas). Im gleichen Jahr ereignete sich aber eine **Brandkatastrophe,** die fast die gesamte Stadt vernichtete. 1871–1919 gehörte Memel zum **deutschen Kaiserreich.** 1873 wurde der Kaiser-Wilhelm-Kanal fertiggestellt. Es erfolgte der Versuch der **Germanisierung der litauischen Bewohner,** der jedoch auf Widerstand stieß. 1875 erfolgte der Bau der **Eisenbahnlinie nach Tilsit,** die Stadt florierte durch Schiffbau und Holzhandel.

Im **Frieden von Versailles** wurde das Gebiet nördlich des Nemunas (Memel) 1919 zunächst zum Völkerbundsmandat, dann am 15.1.1920 zur treuhänderischen Verwaltung an **Frankreich** übergeben. Nachdem die Region Vilnius 1920 von Polen annektiert wurde, beanspruchte Litauen verschärft das Memelgebiet. Im Januar 1923 besetzten **litauische Freischärler** die Stadt und das Memelland, in Šilutė forderten sie am 19. Januar den Anschluss Klein-Litauens an Litauen. Die 200 französischen Soldaten ergaben sich widerstandslos. In der am 8.5.1924 unterzeichneten **Memelkonvention** übertrugen die Hauptmächte der Alliierten ihre Rechte aus dem Versailler Vertrag an Litauen, wodurch das Memelgebiet **Autonomiestatus** unter litauischer Oberhoheit erlangte. Der Landtag bestand jedoch überwiegend aus antilitauischen Abgeordneten. Die überwiegende Mehrheit der Memelländer fühlte sich immer noch dem Deutschen Reich und Kulturkreis angehörig und wählte überwiegend auch deutsche Parteien (diese erhielten 1938 sogar 87 % der Stimmen, obwohl nur rund die Hälfte Litauer waren). Am 23. März 1939 erzwang das Deutsche Reich die Rückgabe des Memellandes, die letzte Rückeroberung vor Ausbruch des Zweiten Weltkriegs (ansonsten hätte die Wehrmacht ganz Litauen besetzt). Litauen wurde nur eine **Freihafenzone** in Memel **für 99 Jahre** zugestanden. Am gleichen Tag traf dann der „Führer" in Memel ein und proklamierte vom Balkon des Theaters den **Anschluss des Memellandes.** Als deutsches Staatsgebiet blieb das Memelland deshalb vom „Heim ins Reich"-Programm verschont.

Fünf Monate später begann der **Zweite Weltkrieg,** und am 28. Januar

1945 besetzte die Rote Armee zusammen mit der 16. Litauischen Division nach monatelangem Artilleriebeschuss die Stadt, die zu zwei Dritteln in Schutt lag. Von etwa 40.000 Einwohnern vor Kriegsausbruch flüchteten die meisten nach Westen, und als die Russen die Stadt eroberten, fanden sie nur noch **28 Überlebende.** 1948 wurde das Memelland der litauischen SSR angegliedert. Die hier gebliebenen **Memelländer** wurden zwangseingebürgert; die meisten wanderten 1956 nach Aufnahme diplomatischer Beziehungen mit der Sowjetunion nach Deutschland aus. Die Stadt florierte als Industrie- und Hafenstadt und war für ausländische Touristen gesperrt. Das frühere Memelland wurde auf die Verwaltungsbezirke Klaipėda und Tauragė aufgeteilt.

Am 20. Oktober 1988 wurde auf dem Theater die litauische Flagge gehisst, das Lenindenkmal wurde am 21. August 1991 geschleift (es ist heute in Grūtas zu sehen).

Altstadt (Senamiestis)

Die rund 60 ha große **Altstadt**, das eigentliche historische Zentrum, erstreckt sich südlich der Danė, gleich bei der einstigen Burg, und ist 1410 nach einem streng rechteckigen Muster angelegt worden. Verlaufen ist unmöglich. Die Anordnung der Straßen und Gebäude hat sich seit Mitte des 17. Jh. nicht verändert. Ihr Gesicht wird geprägt durch die **700 Jahre deutscher Besiedlung** und ihre Funktion als Hafen und Handelszentrum. So findet man hier alte **Speicher** und, was sonst für Litauen sehr ungewöhnlich ist – **Fachwerkbauten,** die nördlichsten in Europa.

Allerdings ist das Fachwerk hier vergleichsweise schlicht und bleibt in den meisten Fällen dem Besucher verborgen, da es aus Gründen des Brandschutzes mit Putz überzogen wurde. Denn mehrmals haben hier verheerende Brände gewütet, zuletzt 1854, sodass nur wenige Fachwerkhäuser und einige andere Häuser vom 17. bis 19. Jh. erhalten sind. Die einstigen Kirchen wurden im 2. Weltkrieg zerstört und abgerissen. Die Stadtmauer wurde schon im 18. Jh. geschleift.

Die gesamte Altstadt wurde 1969 zum **Kulturdenkmal** erklärt, und seither bemüht man sich intensiv und mit Erfolg, alles zu restaurieren, um das traditionelle Gesicht der Stadt zu bewahren. Die **Straßennamen** lassen leicht darauf schließen, welche Betriebe hier früher angesiedelt waren, z.B. Kepėjų g. (Bäcker-), Kurpių g. (Schuster-), Kalvių g. (Schmiede), Šaltkalvių g. (Schlosser-) und Žvejų g. (Fischerstraße). Die Touristinformation und einige Museen verkaufen Kopien eines alten deutschen Stadtplans (2 Lt.). Die Altstadt pulsiert Tag und Nacht. Es gibt einige Museen und Galerien, Theater, viele Gastronomiebetriebe, Nachtklubs und Einkaufsmöglichkeiten.

Rundgang

Der Rundgang beginnt an der **Börsenbrücke** *(Biržos tiltas)* zwischen Manto und Tiltų, der ältesten Brücke der Stadt. Daneben steht eine Infosäu-

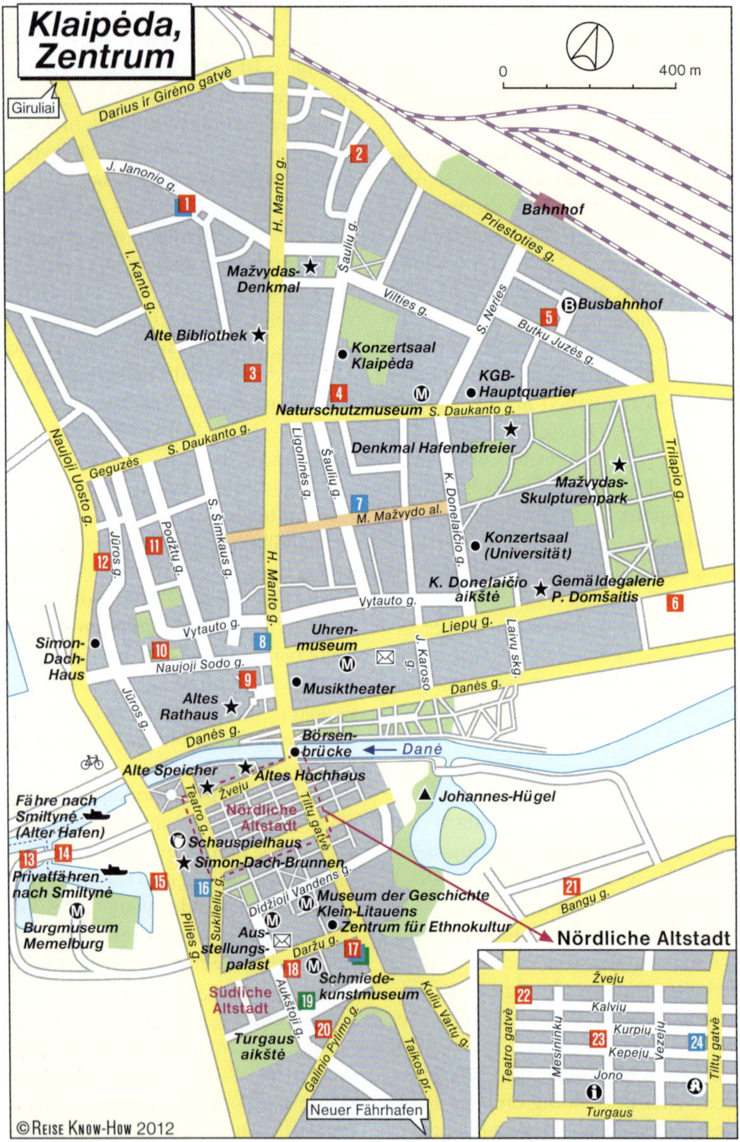
Klaipėda, Zentrum
0
400 m
Giruliai
Darius ir Girėno gatvė
J. Janonio g.
H. Manto g.
Šaulių g.
Priestoties g.
Bahnhof
Busbahnhof
Butku Juzės g.
S. Neries
Vilties g.
Mažvydas-Denkmal
I. Kanto g.
Alte Bibliothek
Konzertsaal Klaipėda
KGB-Hauptquartier
Naturschutzmuseum
S. Daukanto g.
Geguzės
Denkmal Hafenbefreier
Ligoninės g.
Mažvydas-Skulpturenpark
Trilapio g.
Naujoji Uosto g.
K. Donelaičio g.
M. Mažvydo al.
Jūros g.
Podžtų g.
S. Šimkaus g.
Konzertsaal (Universität)
K. Donelaičio aikštė
Gemäldegalerie P. Domšaitis
Vytauto g.
Liepų g.
Laivų skg.
Simon-Dach-Haus
Uhren-museum
J. Karoso g.
Naujoji Sodo g.
Musiktheater
Danės g.
Altes Rathaus
Börsen-brücke
Danė
Alte Speicher
Altes Hochhaus
Žveju
Teatro g.
Tiltų gatvė
Nördliche Altstadt
Johannes-Hügel
Fähre nach Smiltynė (Alter Hafen)
Schauspielhaus
Simon-Dach-Brunnen
Privatfähren nach Smiltynė
Burgmuseum Memelburg
Sukilelių g.
Didžioji Vandens g.
Museum der Geschichte Klein-Litauens
Zentrum für Ethnokultur
Bangų g.
Aus-stellungs-palast
Daržų g.
Pilies g.
Schmiede-kunstmuseum
Südliche Altstadt
Aukštoji g.
Kulių Vartų g.
Turgaus aikštė
Galinio Pylimo g.
Taikos pr.
Neuer Fährhafen
©Reise Know-How 2012
Nördliche Altstadt
Žveju
Kalvių
Kurpių
Kepejų
Jono
Turgaus
Teatro gatvė
Mesininkų
Vezejų
Tiltų gatvė
1 2 3 4 5 6 7 8 9 10 11 12 13 14 15 16 17 18 19 20 21 22 23 24

Unterkunft
1 Magnisima
2 Hotel Promenada
3 Hotel Navalis
4 Radisson Blu
5 Old Town Hostel
6 Ararat Aparthotel
9 Amberton Klaipėda
10 Pirklių Namai
11 Litinterp (B&B)
12 Hotel Večekrug
13 Old Mill Hotel
14 Old Port Hotel
15 Astra
17 Gästehaus Friedrich
18 Hotel Euterpė
20 Lūgnė
21 Hotel Aribė
22 Hotel Europa Royale
23 Preliudija Guesthouse

Essen und Trinken
1 Kiwi
7 Jola
8 Bambola-Pizzeria
16 Anikės Teatras, Taravos Anikė
17 Friedrichspassage
24 Kurpiai

Einkaufen
17 Friedrichspassage
19 Markthalle und Marktplatz

le mit Dächlein, Windrose, Barometer, Thermometer, Stadtplan und Uhr; ein kleineres Modell von der einst 5 m hohen meteorologischen Säule von 1889 (damals noch mit einem Automaten mit Werbeschildern), die 2003 zum 750-jährigen Stadtjubiläum wiedererrichtet wurde. Am Kai liegt der herrliche **Windjammer Meridianas** von 1948, früher ein finnisches Ausbildungsschiff für Matrosen, heute ein Restaurant. Ein großes Denkmal erinnert an die 1000-jährige Staatsgründung (1009–2009). Am Eckhaus Tilty 1 soll die Skulptur des Liebesgottes Cupid an die Liebe der Bürger zu ihrer Stadt erinnern.

Südlich der Brücke, vorbei an ausgegrabenen Fundamenten, geht es westlich in die Žvejų g. Rechts steht das **erste Hochhaus** der Stadt (von 1923, 9-stöckig), das wie die meisten Gebäude der Altstadt wegen des sumpfigen Grundes auf Holzpfählen errichtet werden musste (heute ist eine Bank darin untergebracht). An der Flusspromenade befinden sich fünf **Bronzepoller,** darunter einer zur Erinnerung an *Gintaras Paulonis* (s. Smiltynė). Entlang der schönen Uferpromenade stehen einige **alte Speicher,** die teilweise bereits restauriert und zu Geschäften, Hotels, Cafés, Restaurants etc. umfunktioniert wurden. Das heutige Memelis-Restaurant ziert die alte Aufschrift „Germania-Speicher".

Auf der anderen Seite der Pilies g. (Burgstraße) erstreckte sich der **alte Markt.** Hier sind auch einige alte Speicher erhalten geblieben, und gleich bei der Anlegestelle der Fähre nach

Smiltynė findet man noch Spuren aus der deutschen Zeit in Gestalt einer ausgebleichten Aufschrift an der verwitterten Backsteinfassade des ehemaligen **Raiffeisen-Lagerhauses.**

Von der **Memelburg** sind heute nur noch die Ruinen des Burgfundamentes, Fragmente des Walls und des Rundturms, Reste der Bastion, der Wassergraben und der Ravaline der Burgzitadelle zu sehen. Sie liegt westlich des Theaterplatzes nahe der Danė-Mündung. Unter einem Erdwall wurde zur 750-Jahr-Feier das **Burgmuseum** eingerichtet (Di–Sa 10–18 Uhr, Tel. 410527, www.mlimziejus.lt. Geschichte der Burg, Waffen, Kleidung u.a.). Sehr sehenswert, der Eingang liegt südlich des Wassergrabens. Man erreicht es über die Werftstraße, entweder von der Pilies oder von Westen. Es gibt ein verbilligtes Kombiticket, das auch für das Schmiedekunstmuseum und das Museum der Geschichte Klein-Litauens gilt.

Vom Wassergraben, der einen Zufluss zur Danė hat, fahren im Sommer **private Fährschiffe** nach Smiltynė (s.u.). Eine von Hand zu bedienende **Drehbrücke** von 1855 verbindet den Kanal zwischen der Burg und der Danė. Die erste Steinburg wurde 1254 errichtet. Während der nächsten Jahrhunderte wurde sie oft erobert, teilweise zerstört und deshalb auch oft umgebaut. Im 16. Jh. baute man als Schutz gegen die aufkommende Artillerie die heute noch teilweise gut erhaltenen Erdwälle. Im 18. Jh. wurde sie zum **stärksten Fort Preußens** ausgebaut. Trotzdem wurde sie vom russischen Heer 1757 eingenommen. Nach dem Rückzug der Russen wurde sie 1866 abgerissen, zumal damals auch das Fort Kopgalis gebaut wurde. Der Wiederaufbau der Burg ist geplant.

276li Foto: gs

Ein Prachtstück von einem Fachwerkhaus: der Elefantenspeicher

Nur wenige Schritte von der Burg liegt der **Theaterplatz** *(Teatro aikšte)*, das Herz der Stadt und der frühere Marktplatz. Hier finden viele Feste und Feierlichkeiten statt, hier ist auch der **Souvenirmarkt.** Neben dem **Alten Theater** steht das **Schauspielhaus** von 1982. In Anlehnung an das Weimarer Theater wurde 1819 an der Stelle eines früheren Provisoriums ein Theater im Stil des Neoklassizismus erbaut. Hier dirigierte der junge *Richard Wagner* eine Saison lang, und die Königsberger Oper war oft zu Gast. Beim Großbrand 1854 wurde es zerstört, 1857 wieder aufgebaut, 1893 von der Stadt gekauft und der Giebel mit dem Stadtwappen versehen. Auf dem Balkon proklamierte *Hitler* 1939 den Anschluss Memels ans Großdeutsche Reich.

Seit 1989 steht an seinem alten Platz vor dem Theater wieder das berühmte Standbild des **„Ännchen von Tharau"** *(Taravos Anika)*. Das ursprünglich 1912 enthüllte „Ännchen" hat den Krieg nicht überstanden, aber der „Ännchen-von-Tharau-Gesellschaft" ist es gelungen, eine Kopie der Skulptur ausfindig zu machen und so eine originalgetreue Nachbildung zu schaffen, die auf dem **Simon-Dach-Brunnen** wieder aufgestellt worden ist.

Und auch der Brunnen selbst entspricht dem alten Bild: den Steinsockel ziert das Medaillon des in Memel geborenen Dichters *Simon Dach* (1605–1659), und zu Füßen der anmutigen Mädchengestalt ist die erste Zeile des berühmten Liedes vom „Ännchen von Tharau" eingemeißelt. Er hat 1636 das Liebesgedicht zur Hochzeit der Pfarrerstochter *Anna Neander* aus Tharau (dem heutigen Vladimirovo im Kaliningrader Gebiet) mit Pfarrer *Johannes Pertatius* geschrieben. *Dach,* damals Lehrer an der Domschule in Königsberg, verliebte sich beim ersten Anblick hoffnungslos in sie, was er auch in dem Poem zum Ausdruck bringt. Vertont hat es ein anderes Mitglied des „Königsberger Zirkels", der Domorganist *Johann Albert.* Aber erst nachdem es *Johann G. Herder* 1778 vom ostpreußischen Plattdeutsch ins Hochdeutsche übersetzte und *Philipp F. Silcher* es neu vertonte, wurde es ein Volkslied. Man kann es zu bestimmten Zeiten während des Glockenspiels des Hauptpostamts hören.

Vom Theaterplatz führt u.a. die Jono gatvė nach Osten. Parallel dazu verlaufen die Turgaus gatvė (Marktstraße) und südlich von ihr die Tomo gatvė (Thomasstraße). Von hier führt die Sukilėlių nach Süden. Das Haus mit der Nr. 18 ist ein schönes Fachwerkhaus (eines von zweien, die den Großbrand von 1854 überstanden haben). Nach links in die Daržų, am Musikzentrum (Hausnr. 18) vorbei. Das Eckhaus Daržų/Aukštoji 13 ist die **Alte Post** (sehenswert ist das alte Mobiliar). Von hier lohnt sich ein Abstecher nach Süden zum **Marktplatz** Turgaus aikštė. Links davon ist die **Markthalle,** wo sich bis 1938 die Synagoge befand. Auf dem Platz nahe der Pilio steht eine Dobermann-Skulptur mit dem Namen „Wächter der Altstadt".

Dahinter führt die Seitenstraße Šaltkalvių zum **Schmiedekunstmuseum** (Hausnr. 2, Tel. 410526, www.mlimuziejus.lt, Di–Sa 10–18 Uhr, verbilligtes Kombiticket; u.a. mit einer alten Schmiede sowie schmiedeeisernen Grabkreuzen vom alten Friedhof, der heute ein Skulpturenpark ist, s.u.).

Hier lohnt ein Abstecher zur **Friedrichspassage,** einem Komplex res-

taurierter Gebäude mit Restaurants, Cafés etc. (Tiltų 26 a, www.pasazas.lt), wo eine Nachbildung der Skulptur „Der Wilde" aus dem 17. Jh. steht.

Zurück beim Schmiedekunstmuseum geht man Richtung Norden zur Daržų, nach rechts (im Haus Nr. 10 ist das **Zentrum für Ethnokultur,** das Haus Nr. 3 hat ein schönes Fachwerk) und gleich wieder links in die Vežejų g. (Hausnr. 4) mit schönem Fachwerk; hier ist das Marionettentheater. Dann links in die Bažnyčių und nach links in den Hof mit dem **„Haus der Künstler"** und einer Kunstgalerie

Im Hof des Schmiedekunstmuseums

(Bažnyčių 4), beide prachtvolle Fachwerkbauten (Tel. 410401, Mo–Fr 11–18, Sa 11–13 Uhr). Durch das Tor an der Südseite des Hofs zurück zur Daržų, nach rechts und zurück zur Alten Post.

Den ältesten **Fachwerkbau** findet man an der Aukštoji gatvė 1/2 (Hohe Straße). Es ist ein 16 m hoher, weiterer Speicher von 1819 (auch **Elefantenspeicher** genannt) und wird für Ausstellungen genutzt. Er ist Teil des **Ausstellungspalastes** *(KKKC Parodų rūmai),* eines Komplexes aus sechs Gebäuden, von denen vier Baudenkmäler sind (Tel. 314443, Mi–So 11–19 Uhr, www.parodurumai.lt). Eines davon, die **Baroti-Galerie** im Hinterhof, lohnt allein schon wegen des Gebäudestils

(Tel. 313580, www.barotigalerija.lt, Di–Fr 11–18, Sa 11–16 Uhr).

Die **Aukštoji gatvė** insgesamt ist schön restauriert worden und zeigt hübsche Wohnhäuser alten Stils.

Das **Museum der Geschichte Klein-Litauens** ist in der Didžioji vandens (Große Wasserstr.) Nr. 6. Es beherbergt etwa 56.000 Exponate, darunter archäologische Funde, Trachten, alte Münzen und Landkarten etc. Das Museum war ein aus holländischen Ziegeln gemauertes Kaufmannshaus aus dem 18. Jh., von dem das Mansardendach mit Barockfenstern und das Tor mit Torgewölbe erhalten sind (Tel. 410524, Di–Sa 10–18 Uhr, www.mlimuziejus.lt, verbilligtes Kombiticket).

Von hier zum Ausgangspunkt an der Börsenbrücke kann man durch die vielen Gassen bummeln. Dabei kann man viele interessante **Skulpturen** entdecken, so in der Kepėju die Bronzeskulptur „Turm", das Symbol der Altstadt, an der Kurpių 1a eine Maus, auf dem Haus Kurpių 8 einen Schornsteinfeger und an der Ecke Pastuntinių/Kalvių eine Katze.

In der Turgaus 5 liegt die **Touristinformation.** Entgehen lassen solllte sich man aber nicht das älteste Gebäude der Stadt an der Ecke Turgaus/Tiltų 8/10: Die 1677 von *Jakob Jung* gegründete **Grüne Apotheke** ist restauriert worden und zeigt eine kleine Ausstellung mit altem Apothekenzubehör.

Die Jono gatvė (Johannesstraße) führt zum **Johannes-Hügel** an einem Wassergraben mit Resten einer Bastionsfestung vom 15.–18. Jh. Hier stand auch die Johanneskirche von 1696, die im Weltkrieg zerstört und von den Sowjets abgerissen wurde. Die Anlage ist am besten vom Ende der Turgaus oder der Tomo g. zu sehen. Während der Sowjetzeit war hier ein Ruderzentrum und der Winterhafen. Auf der Insel wird das Johannisfest gefeiert, auch klassische Konzerte gibt es hier.

Südöstlich in der Rumpiškės 6a steht die **Kirche Hl. Maria Königin des Friedens** (1950), von deren 46 m hohem **Turm** man einen tollen Blick auf die Stadt hat (Anmeldung unter Tel. 410120 oder Besichtigung bei einer organisierten Tour).

Neues Zentrum

Das Neue Zentrum liegt am rechten (nördlichen) Danė-Ufer. Bereits 1770 wurde parallel zur Danė die Liepų gatvė (Lindenstraße) angelegt, die schönste Straße im 19. Jh., an der die reichen Kaufleute ihre Villen errichteten. Quer dazu baute man zu Beginn des 19. Jh. die **Manto gatvė** nach Norden in Richtung Palanga. Seither entwickelte sich dieser Stadtteil zunehmend zum neuen Zentrum Klaipėdas. Zu deutschen Zeiten hieß er „Friedrichstadt". Heute präsentiert sich eine eklektizistische Mischung von Baustilen. **Haupteinkaufs- und Flaniermeile** des Bezirks ist die Manto gatvė.

Rundgang

Kommt man von der Altstadt über die **Börsenbrücke** (die Börse und der Industrie- und Handelspalast standen früher gleich links von der Brücke), passiert man wieder den Windjammer Meridianas.

Rechts am Danės-Platz steht die **Arche,** ein rund 8 m hohes und 150 t schweres **Granitdenkmal für das vereinte Litauen.** Die kleine, rötliche Säule stellt Klein-Litauen dar, das 1923 an Litauen (die große, graue Säule), angeschlossen wurde. Eingemeißelt ist das Zitat der Schriftstellerin *Eva Simonaitytė* „Wir sind ein Volk, ein Land, ein Litauen". Der quasi abgebrochene Teil der oberen Säule symbolisiert das Königsberger Gebiet, das heute zu Russland gehört.

Geradeaus sieht man rechts das **Musiktheater** mit der **Philharmonie,** links das **Hotel Amberton Klaipėda** hinter dem Platz Atgiminio a., wo früher die Lenin-Statue stand. Hier verbrannte sich am 2.3.1989 der Künstler *Vičiulis* mit einer litauischen Fahne in der Hand aus Protest, ein Denkmal erinnert an ihn.

Weiter westlich steht das **Alte Rathaus** mit dem Stadtwappen im Giebel. Hier hatten 1807/08 Königin *Luise* und König *Friedrich Wilhelm III.* von Preußen ihre zwischenzeitliche Residenz (s.o.). Das klassizistische Gebäude hatte früher einen Turm. Zwischen den beiden Weltkriegen tagte hier der Landtag des autonomen Memelgebiets. Heute ist hier der Sitz der Kreisverwaltung.

An der Kreuzung rechts beginnt die **Liepų- (Linden-) Straße,** eine der schönsten Straßen mit viel Vorkriegszeit-Charakter. Eine Gedenktafel am Gebäude Nr. 5 erinnert daran. Am

277li Foto: gs

Haus Nr. 7 sieht man schöne Skulpturen an der Fassade der Bibliothek des Heimatmuseums, das 1924 hier eröffnet wurde. Die Gegenstände sind heute im Museum für die Geschichte Klein-Litauens zu sehen (s.o.). Gegenüber erstrahlt das Haus Nr. 10 mit prachtvoll restaurierter Fassade. Im neoklassizistischen Gebäude Nr. 12 ist das **Uhrenmuseum** untergebracht (Tel. 410413, www.muziejai.lt/klm, Di–Sa 12–18 Uhr, So 12–17 Uhr). Es ist das einzige in Litauen (280 Exponate vom 16. bis 20. Jh. aus vielen Ländern, darunter eine Atomuhr). Eine Äquator-Sonnenuhr aus dem 18. Jh. zeigt im Hof die Zeit an; hier finden manchmal Konzerte statt.

Daneben (Nr. 16) steht das 1893 errichtete **Hauptpostamt,** ein Ziegelbau im Stil der wilhelminischen Neugotik. Es hieß früher „Wilhelminische Post" oder auch das „Kaiserliche Postamt" und ist eines der schönsten Gebäude der Stadt. Die Schalterhalle hat bunte Glasfenster, die Wände sind mit Brieftauben bemalt (Mo–Fr 8–19, Sa 9–16 Uhr). Das in Holland hergestellte **Glockenspiel** im 44 m hohen Turm stimmt die „Hymne von Klaipėda/ Memel" an: das „Ännchen von Tharau". Das Glockenspiel mit 48 Glocken ist sehr gut im Hof des Uhrenmuseums zu hören. Es wird an Samstagen, Sonntagen und Feiertagen zwischen 12 und 13 Uhr gespielt, ebenso zum Ostseefestival und zum Geburtstag der Stadt (siehe „Festivals und Feste", außerdem nach Anmeldung unter Tel. 213225). An den Astronomen *Friedrich Wilhelm Argelander,* der 1799 hier geboren wurde und aufwuchs, erinnert eine Gedenktafel an der Außenwand, er starb 1875 in Bonn.

Das Alte Rathaus

Auf der linken Straßenseite nach der Einmündung der Donelaičio liegt der gleichnamige Platz mit dem Denkmal des ersten litauischen Dichters *Donelaitis.* In der Hausnr. 33 findet man den aus drei Gebäuden bestehenden Komplex der **Gemäldegalerie P. Domšaitis** mit Werken litauischer, russischer und ausländischer Künstler (Tel. 410412, Di–Sa 12–18, So 12–17 Uhr).

Vom Ostende der Liepų gatvė nach Norden fast bis zum Busbahnhof erstreckt sich eine Grünanlage: der einstige Stadtfriedhof, der 1977 eingeebnet und zum **Mažvydas-Skulpturenpark** umgewandelt wurde mit rund 180 Skulpturen. Die russisch-orthodoxe Kirche im Südteil des Parks war früher die Friedhofskapelle. Im Park steht auch ein Denkmal für die Aufständischen von 1923 sowie ein Obelisk, ein Originalgrenzpfahl von der früheren Grenzmarkierung zwischen Litauen und Deutschland bei Nimerseta. Vom ehemaligen Friedhof sieht man nur noch ein paar Grabsteine an der Nordostseite. Einige der Grabkreuze sind jetzt im Schmiedekunstmuseum (s.o.) zu besichtigen.

Am Nordende des Parks bei der Einmündung der Sodų in die Daukantos steht das **Denkmal für die Befreier des Hafens** am 28.1.1945; hier sind 700 Sowjetsoldaten begraben. Am Tag des Sieges am 9. Mai gibt es hier ein Blumenmeer; das „Ewige Feuer" ist aber schon längst erloschen. Um die Ecke, in der S. Neries 4, kann man im früheren **KGB-Hauptquartier** die Zelle besichtigen (Tel. 390109, Mo–Fr 8–17 Uhr). Am Eckhaus Daukanto 31 findet sich das **Naturschutzmuseum** (Besuch nur nach Anmeldung, Tel. 4127189).

Ebenfalls zum Gedenken an *Martynas Mažvydas* wurde 1997 auf dem Lietuvininkų-Platz ein **Denkmal** errichtet. Der Name des Platzes rührt von der Bezeichnung der Bewohner Klein-Litauens. Nicht weit von hier steht in der Manto 25 die neoklassizistische **Alte Bibliothek** von 1900 mit Säulenportal. Die sechs neogotischen Ziegelgebäude aus dem 19. Jh. in der Manto 84 waren deutsche Armeekasernen; heute ist dort die **Universität** untergebracht.

Der **Botanische Garten** der Universitat im Tauralaukis-Park liegt an der Kretingos 93, etwa 3 km nördlich der Stadt (Tel. 350463, Mo–Fr 8–18, Sa 10–15 Uhr). Hier sollen sich 1802 König *Wilhelm III.* und Zar *Alexander I.* getroffen haben.

Nicht weit von der Universität, gleich westlich der Manto g., liegt der **deutsche Soldatenfriedhof.**

Mit der Fähre von Klaipėda nach Smiltynė

Smiltynė (Sandkrug)

Smiltynė war schon 1419 aufgrund einer Taverne bekannt. Es ist ein Stadtteil von Klaipėda, aber auch Teil des **Nationalparks Kurische Nehrung.** Nach Smiltynė gelangt man mit **Fähren.**

Das „Smiltynė-Hotel" 200 m südlich vom Fährhafen ist kein Hotel, sondern ein Sportlererholungsheim (Smiltynės 13; es war früher das berühmte „Kurhaus Sandkrug", gebaut 1901). Wer auf die Fähre warten muss, kann sich an den vielen Kiosken oder im Restaurant Nerija 100 m südlich davon (10–2 Uhr) verköstigen. Auf der rund 1,5 km langen, schönen **Uferpromenade** von der Anlegestelle bis zur Nordspitze passiert man ein **Museum** und ein **ethnografisches Fischerdorf** (s.u.). Im Sommer fahren hier Pferdekutschen für 25 Lt. und ein kleiner Touristenzug. Am einfachsten ist jedoch eine Fahrt mit einem der privaten Fährschiffe von der Memelburg in Klaipėda direkt zum Meeresmuseum.

Meeresmuseum, Delfinarium und **Aquarium** befinden sich an der Nordspitze der Kurischen Nehrung (auch „Süderspitze" genannt). Dort baute Preußen 1866–71 zum Schutz des Hafens von Klaipėda das Fort Kopgalis, eine zweistöckige runde Kaserne umgeben von Erdwällen und Gräben. 1895 wurde es aufgegeben, da es kriegstechnisch überholt war. Im Zweiten Weltkrieg war es ein Munitionslager der Deutschen, wurde aber vor dem Einmarsch der Roten Armee in die Luft gesprengt. In seinen renovierten Überresten hat man das Museum

278li Foto: gs

eingerichtet. Auch das Anfang des 19. Jh. errichtete Fischerdorf, später Urlaubsort mit schönen Villen und einem Kurhaus, wurde nach dem Ende des 2. Weltkriegs aufgegeben.

Das **Meeresmuseum** ist eine für Litauen einzigartige Einrichtung. Wenn es nicht gar zu stürmisch oder regnerisch ist, sollte man sich einen Besuch dort nicht entgehen lassen. In den Museumsräumen ist eine Sammlung von über 16.000 farbenprächtigen und skurril geformten Muscheln und Korallen zu bewundern. Im **Aquarium** werden nicht nur die Süßwasserfische Litauens und die Fische der Ostsee gezeigt, sondern auch die Bewohner tropischer Meere, Seehunde, Seelöwen, Ostseerobben und verschiedene Arten von Pinguinen. Im **Delfinarium** mit 1000 Sitzplätzen finden je nach Jahreszeit zwei bzw. drei Schwarzmeerdelfin- und Seelöwenshows statt. Hier werden auch **Delfin-Therapien** für behinderte Kinder durchgeführt.

In den ehemaligen vier **Pulverkasematten** des Forts hat man außerdem die Möglichkeit, sich über die Geschichte der Schifffahrt zu informieren und Schiffsmodelle aus verschiedenen Epochen kennen zu lernen – vom Einbaum bis zu modernen Schiffen. Neben der Seelöwentribüne ist das zerstörte **neufundländische Ruderboot** von *Gintaras Paulonis* zu besichtigen, der als erster Litauer die Ostsee in drei Wochen überquerte. Auf dem Rückweg von Schweden, im September

1994, soll er in dem gleichen Sturm, in dem auch die Fähre „Estonia“ mit 852 Passagieren unterging, gekentert sein. Sein Boot und seine Leiche wurden später am Strand von Nida angespült. Der Komplex ist geöffnet Mai/Sept. Mi–So 10.30–18 Uhr; Juni bis Aug. Di–So 10.30–18.30 Uhr; Okt. bis April Sa und So 10–18 Uhr (Tel. 492250, Führung möglich; www.juru.muziejus.lt).

600 m südlich des Meeresmuseums liegt das **ethnografische Fischerdorf,** das einen interessanten Einblick in die Lebens- und Wohnverhältnisse der kurischen Fischer bietet. Man sieht dort ein typisches Fischergehöft vom Ende des 19. Jh. mit Wohnhaus, Stall, Badehaus, Räucherraum und Kornspeicher. Daneben im **„Garten der Alten Fischerboote“** stehen drei Schiffe auf Betonklötzen, darunter ein deutsches Schleppnetzfischerboot und ein Kurenkahn.

Einen Einblick in die einzigartige Landschaft und die Pflanzen- und Tierwelt der Kurischen Nehrung bietet das **Naturmuseum des Nationalparks Kurische Nehrung,** rund 200 m vom Fährhafen in der Smiltynės 11 (Tel. 391179, Mai–Okt. Di–So 11–18 Uhr). Hier im roten Ziegelhaus ist auch das **Infozentrum des Nationalparks Kurische Nehrung,** zu dem Smiltynė gehört (Tel. 402256, www.nerija.lt, Mai–Juni Mi–So, Juli/Aug. Di–So 10–18 Uhr; Filme, Vorträge, Führungen, Vogelbeobachtungen, Ausflüge). In den Holzhäusern Nr. 9 (braun), 10 (grün) und 12 (gelb) zeigen Ausstellungen die geologische Entwicklung und die geografischen Eigenschaften der Kurischen Nehrung sowie ihre Flora und Fauna. Die Hauptverwaltung ist in der Smiltynė 18, einige Hundert Meter weiter südlich (Tel./Fax 391113).

Auf der Westseite der hier nur rund 1 km breiten Nehrung findet man einen herrlichen **Sandstrand,** der sich unverbaut und nahezu endlos nach Süden erstreckt, aber an heißen Sommerwochenenden total überlaufen ist, und zu dem ausgeschilderte Pfade (vom Fährhafen zuerst geradeaus) durch schöne Kiefernwälder führen. Die Pfade sollte man zum Schutz der Böden und Dünen nicht verlassen.

Bestimmte Sektionen des Strandes sind nur den Damen zugänglich (Schild „Moterų paplūdimys“), andere nur den Herren („Vyrų pliažas“). Nur an diesen darf nackt gebadet werden, nicht jedoch am „gemischten“ Strand („Bendras pliažas“). Die etwa 700 m langen Pfade sind gut ausgeschildert. Zeckenschutz wird empfohlen.

Ein rund 1 km langer hölzerner **Lehrpfad** mit Infotafeln soll an den Waldbrand von 2006 erinnern, der 240 ha vernichtete.

Verkehrsmittel

Bewachte Parkplätze: Hotel Klaipėda (10 Lt. für Nichtgäste) und vor dem Alten Hafen (6 Lt.)

Bahn

Der **Bahnhof** befindet sich an der Priestoties 5a, rund 1,5 km nördlich vom Fluss Danė; er hat einen außergewöhnlichen Uhrenturm. Ein Informationsschalter befindet sich in der Haupthalle (5.45–19 Uhr, Tel.

313677, Fax 202666). Neben dem Bahnhof sind die Toiletten sowie eine alte Dampflokomotive. Vor dem Bahnhof steht die Skulptur „Abschied" zum Gedenken an die Deutschen, die 1945 vor den Russen flohen.

Bei der **Gepäckaufbewahrung** (6–22 Uhr) kann man auch Fahrräder für mehrere Tage abgeben (3 Lt./Tag). Es gibt auch Schließfächer (4 Lt./24 Std.) und Reiseagenturen. Fahrt ins Zentrum mit Bus Nr. 1, 5, 8 (2,40 Lt.). Taxi ins Zentrum 10–15 Lt.

- **Zugverbindungen** u.a. nach Kaunas (6 Std.), Vilnius (5–7 Std.), Šiauliai (3 Std.), Kretinga (30 Min.), Šilute (75 Min.) und Pagėgiai. Fahrpläne in der Haupthalle.

Bus

Der **Busbahnhof** liegt an der Butkų Juzės 9, rund 150 m östlich des Bahnhofs. Die Abfahrtszeiten sind sowohl in der Haupthalle als auch an den einzelnen Plattformen angeschrieben, ggf. am Informationsschalter (4–20 Uhr) fragen (Tel. 411547, telefonisch reservierte Tickets müssen spätestens zwei Stunden vor Abfahrt abgeholt werden). Der Busbahnhof ist von 3.30 Uhr bis 24 Uhr geöffnet (Gepäckaufbewahrung 3.30–11.30 und 12.30–20 Uhr), das Restaurant 7–19 Uhr. Buchladen, Supermarkt, Kioske, aber kein Geldwechsel. Fahrt ins Zentrum siehe Bahn. Einige Verbindungen mit Fahrtdauer:

Vilnius (5 Std.), **Kaunas** (3 Std.), **Palanga** (½ Std.), auch Minibusse, **Kretinga** (1 Std.), auch Minibusse, **Šilute** (1 Std.), weiter nach Jurbarkas, **Šiauliai** (3 Std.), **Panevežys** (4 Std.), **Liepaja** (2 Std.), **Riga** (5 Std.).

Vom Fähranleger **Smiltynė** (s.u.) fahren Busse nach und via Nida (s. Verkehrsverbindungen Kurische Nehrung, Fahrplan vorher in Klaipėda checken). Es gibt wenige Direktbusse vom Busbahnhof nach Nida.

Schiff

Internationale Fährverbindungen gibt es u.a. nach Kiel und Sassnitz (s. Kapitel „Vor der Reise: Anreise/Mit der Fähre"). Der **internationale Fährhafen** liegt rund 8 km südlich der Innenstadt („Tarptautinė perkėla" bzw. „Harbour Kylis"). Anfahrt mit Bus 1a (selten) bzw. Mikrobus 8 A (alle 30 Minuten). Taxi zur Altstadt 35–40 Lt. Perkelós 10, Tel. 395051, Fax 395052. Wechselstube, Tel. 399389, Geldautomat; keine Gastronomie.

- **Jachthafen,** Pilies 4, Tel. 490975, www.ports.lt, www.jurosvartai.lt.
- **Küstenwache,** Gintaro 1, Tel. 397850, www.pasienis.lt.
- **Hafenverwaltung,** Janonio 24, Tel. 499 799, www.portofklaipeda.lt.

Fähren zur Kurischen Nehrung

Nach Smiltynė gehen Fähren von drei verschiedenen Häfen. 24 Std. Infoservice, Tel. 311117 (www.keltas.lt). Bei schlechtem Wetter u.U. keine Fahrt, im Winter weniger Fahrten.

- **Alter Hafen,** Žvejų 8, Tel. 314257; Fahrzeit 7 Min.; 7–23 Uhr; ca. alle 30 Min., im Winter alle 60 Min. Tickets 2,90 Lt. (gilt für Hin- und Rückfahrt), Fahrrad 2,90 Lt.
- **Hafen am Burggraben** (südlich vom Alten Hafen), im Sommer fahren private Fährschiffe zur gleichen Anlegestelle (3 Lt.) und bei Bedarf weiter zum Meeresmuseum (5 Lt.).
- **Neuer Hafen,** Nemuno 8, Tel. 367003; in Smiltynė 3 km südlich der o.a. Anlegestelle (bei Statoil-Tankstelle abbiegen), keine Busverbindungen (3 km südlich des Zentrums; den Schildern „Neringa" folgen; Anfahrt mit Bus 1); empfohlen für PKW (max. 32); 5–2 Uhr; ca. alle 45 Min., PKW 40 Lt., Motorrad 18 Lt., Fußgänger und Fahrrad je 2,90 Lt.

Mietwagen

- **Hertz,** Daukanto 4, Tel. 310737, Fax 492 811, www.hertz.lt.
- **Eurorenta,** Šimkaus 2, Tel. 382121, Fax 402222, www.eurorenta.lt.
- Viele weitere in „Exploring Klaipėda". Einige haben ein Büro am Flughafen in Palanga.

Taxis

Zu empfehlen ist „Autopunkto Taksi", Tel. 311211.

Städtische Verkehrsmittel

- **Tickets** 2,50 Lt. am Kiosk, 2 Lt. beim Fahrer, Minibus 2,50 Lt., nachts 3,50 Lt.

- Die Hauptachse Manto, Tiltų g. und Taikos prospektas entlang fahren die (Mini-)Busse 1, 8, 8 a und 11. Achtung: Es gibt keine Bushaltestellen in der Altstadt auf der Tiltų g. zwischen Danės und Taikos pr. (deshalb rechtzeitig aussteigen).
- Es gibt **5-Tage-** und **7-Tage-Tickets** (16 bzw. 21 Lt.). Infos unter www.klaipedatrans port.lt. In „Exploring Kaunas" ist ein Streckenfahrplan.

Informationen

- **Tel.-Vorwahl Klaipėda:** (00370-) 46
- **Touristinformation,** Turgaus 5-7, Tel. 412186, Fax 412185, www.klaipedainfo.lt, Mo–Fr 9–18 Uhr, Mai und September auch Sa 10–16 Uhr, Juni-August 9–19 Uhr, Sa/So 10–16 Uhr. U.a. Zimmervermittlung, Tourprogramme, Radverleih, Kartenverkauf. Sehr hilfsbereit.
- Empfehlenswert ist der **Stadtführer** „Klaipėda In Your Pocket" (KIYP), erhältlich für 6 Lt. an Kiosken, in Hotels, Buchgeschäften etc. Nur englische Ausgabe, erscheint jährlich; mit Infos und Stadtplänen von Klaipėda und Palanga. Gut als Ergänzung ist das Heft „Exploring Klaipėda" (erscheint jährlich, auch auf Deutsch).
- **Stadtführungen,** bei der Stadtführergilde (Tel. 213973), bei der Touristinformation und bei einigen Reisebüros. Bei der Touristinformation auch Tour im offenen Bus, Brauereiführung, Bernsteintour, Tour durch den Botanischen Garten, Hafenrundfahrt etc.

Sonstige Informationen

- **Simon-Dach-Haus,** Jūros 7, Tel. 311481, Fax 313020, www.vdd.lt; Mo–Fr 11–17 Uhr (deutsches Kulturzentrum, Bücherei, Sprachkurse, Café).
- **Komitee für kulturelles Erbe,** Tomo 2, Tel. 218854.
- **Zollamt,** Nėries 4, Tel. 390000, Fax 390083.
- **Hotline für Ausländer,** Tel. 396014, Fax 410047; Büro in Liepų 11 (Mo–Fr 8–17 Uhr), www.klaipeda.lt.

Nützliche Adressen

Reisebüros

- **Dorlita-Reisebüro,** Tomo 10 a/1, Tel. 411346, Fax 310110 (sehr freundlich, Hotelvermittlung mit Rabatten, Touristinformation auch auf deutsch, Autovermietung, Touren in Klaipėda und Umgebung bzw. nach Kaliningrad, dorlita@takas.lt (Vertretung von Schnieder-Reisen).
- **Baltic Clipper,** Turgaus 2, Tel. 312312, Fax 312057, www.bc.lt, Flugtickets etc.
- **Lithuanian Student and Youth Travel,** Janonio 16, Tel. 314672, Fax 314669, www.jaunimas.lt, verbilligte Tickets für Studenten und Leute unter 26.

Banken/Geldwechsel

- 24 Std. Geldwechsel bei der **Swedbank,** Turgaus 9 (auch Reiseschecks); Hotel Klaipėda 8–13 und 15–21.30 Uhr.
- **24-Std.-Geldautomaten für Visa:** Manto 4, Daržų 13, Taikos 22, Turgaus 9 und 15.
- **24-Std.-Geldautomaten für MasterCard:** Taikos 22, Turgaus 9, 15, Manto 4 und 84, Liepų 16, Daukanto 10, Daržų 13, Naujoji sodo 1, Perkėlos 10 (Intern. Fährhafen).
- **Western Union** (Geldtransfer), Manto 4, Tel. 410479.

Medizinische Hilfe

- **Rot-Kreuz-Krankenhaus,** Nėries 3, Tel. 410711.
- **Deutsche Apotheke** (Vokiečių Vaistinė), Tiltų 14, Tel. 314703.
- **Zahnarzt,** Daukanto 22, Tel. 410898.
- **Optiker,** Manto 30, Tel. 310072.

Post und Kommunikation

- **Hauptpostamt,** Liepų 16, Tel. 315022, Fax 315045 (Mo–Fr 8–19, Sa 9–16 Uhr).
- **EMS,** Priestočio 7, Tel. 315031, Mo–Fr 10–18 Uhr, Sa 10–16 Uhr.
- **Internetcafé,** Manto 36, 46, Taikos 61.

Sonstiges

- **Fotogeschäft,** Liepų 24, Tel. 310018.
- **Fotokopien,** Žvejų 9.

- **Reinigung/Waschsalon,** Pilies 6, Daukanto 22 a, Taikos 61, Minijos 64, Manto 34.
- **Schuhreparatur,** Tiltų 17.
- **Übersetzung,** Šimkaus 21-4, Tel. 411814.
- **Weitere Dienstleistungsanbieter** findet man in „KIYP".

Sport und Erholung

Kontaktadressen zu Billard, Bowling, Fitnesscenter, Fliegen, Golf, Schwimmbädern, Reiten, Fallschirmspringen etc. in „KIYP" und der Touristinformation.

- **Infos für Radfahrer,** auch Touren, Radverleih und Reparaturen bei Balticcycle, Naujoji Uosta 3, Tel. 300144, Fax 300145; Radtouren auch über Dorlita-Reisebüro. An der Kretingos 32 ist eine Radrennbahn. Durch Klaipėda führt der Radweg „Euro Velo 10".
- **Strände** in Smiltynė (s.o.), Melnragė und Giruliai (s.u.).
- **Vergnügungspark,** Manto 83 (im Stadtpark; mit Riesenrad usw.).
- **Hafenrundfahrt,** von der Touristinformation aus sowie unter www.dryzuotas.lt, mobil 65559496.
- **Bootstouren** entlang der Kurischen Nehrung, www.jukunda.lt sowie www.flotile.lt.
- **Vandens Taxis,** eine **Motorjacht** verbindet Klaipėda mit Nida, 1 Std. Fahrt, www.vandenstaxi.lt, mobil 68836014.
- **Botanischer Garten,** Kretingos 92, 8–16 Uhr, Anfahrt mit Bus 3, 7, 9, 14, 15. Tour möglich mit der Touristinformation.

Unterkunft

Das Angebot ist überschaubar und es findet sich für jeden Geldbeutel etwas. Im **Sommer** empfiehlt sich eine **rechtzeitige Reservierung.** Die Touristinformation und einige Reisebüros vermitteln auch Zimmer, z.T. mit Discount. Einige der besseren Hotels haben günstige Wochenendtarife.

Hotels obere Kategorie

- **Amberton Klaipėda,** Naujoji Sodo 1, Tel. 404372, Fax 404373, www.ambertonhotel.com. 246 gut ausgestattete Zimmer (EZ ab 225 Lt., DZ ab 259 Lt.), Restaurant, drei Bars, Nachtclub, Billard, Bowling, Fitnessclub, Pool, Reisebüro, Kiosk mit ausländischen Zeitungen, Massage, Sauna etc.
- **Navalis,** Manto 23, Tel. 404200, Fax 404 202, www.navalis.lt, Restaurant, 28 Zimmer (EZ ab 380 Lt., DZ ab 414 Lt.), Pool, Sauna, neues Business-Hotel mit modernem Design (viel Glas), gute Lage.
- **Radisson Blu,** Šaulių 28, Tel. 490800/Fax 490815, www.radissonblu.com; 74 Zimmer (EZ ab 369 Lt., DZ ab 410 Lt., Apartments ab 810 Lt.), ruhig gelegen, anspruchsvolle Ausstattung, guter Service. Reichhaltiges Frühstücksbuffet, gutes Restaurant.
- **Europa Royale,** Žvejų 21/1, Tel. 404444, Fax 404445, www.europaroyale.com. Gute Altstadtlage, in einem renovierten Haus (hier war 1839 das Hotel „Zum Weißen Schwan", 1889 das „Hotel de Russie"), 50 moderne Zimmer (EZ 280 Lt., DZ ab 300 Lt.); gutes Restaurant, Bar.
- **Euterpė,** Daržų 9/Aukštoji 15, Tel. 474703, Fax 474705, www.euterpe.lt, 23 kleine, moderne Zimmer (EZ 220 Lt., DZ ab 290 Lt.), tolle Lage, gutes Restaurant.
- **Večekrug,** Jūros 23, Tel. 301002, Fax 312 262, www.vecekrug.lt, 23 Zimmer (EZ ab 330 Lt., DZ ab 390 Lt.), Restaurant, Bar, ruhig trotz Lage an Hafen und Hauptstraße, bewachter Parkplatz, Pool, Dachterrasse.
- **Ararat Aparthotel,** Liepų 48 a, Tel. 400 880, Fax 400411, www.ararat.lt, 26 Luxuszimmer mit Küche, ab 220 Lt., Restaurant mit guter armenischer Küche.

Hotels mittlere Kategorie

- **Promenada,** Šauliu 41, Tel. 403020, Fax 403021, www.promenada.lt, 22 Zimmer (EZ ab 130 Lt., DZ ab 180 Lt.), ruhige Lage.
- **Park Inn Klaipėda,** Minijos 119, Tel. 380 803, Fax 482030, www.klaipeda.rezidorparkinn.com, 84 moderne, einfach ausgestattete Zimmer (EZ ab 155 Lt., DZ ab 175 Lt.).
- **Lūgnė,** Galinio Pylimo 16, Tel./Fax 411884, www.lugne.com, 47 Zimmer (EZ ab 130 Lt., DZ ab 160 Lt.), hat schon bessere Zeiten gesehen.
- **Magnisima,** Janonio 11, Tel./Fax 310901, www.magnisima.lt, über einem Casino, 17

Zimmer (EZ ab 200 Lt., DZ ab 250 Lt.), Ausstattung wie in einem italienischen Landhaus, angenehme Atmosphäre.

• **Preliudija Guesthouse,** Kepėjų 7, Tel./Fax 31077, www.preliudija.com, 6 Zimmer (EZ, DZ ab 180 Lt.), Frühstück 15 Lt., renoviertes Gebäude von 1856, recht gut ausgestattet.

• **Astra,** Pilies 2, Tel. 313849, Fax 216420, hotelastra@takas.lt, 14 Zimmer (EZ ab 185 Lt., DZ ab 200, Suite 360 Lt.); Restaurant, Sauna; schöne, geräumige Zimmer, aber nach vorn laut (Hauptverkehrsstraße), nach hinten oft Fischgestank vom Hafen.

• **Atlantas,** Sportininkų 46, Tel. 410066, Fax 401177, www.viesbutisatlantas.lt. 14 Zimmer (EZ ab 80 Lt., DZ ab 100 Lt., Suite ab 180 Lt.); sehr komfortabel und populär bei Sportlern, Sauna, Fitnessraum, Restaurant (amerikanische Küche).

• **Aribė,** Bangų 17a, Tel. 490940, Fax 490 942, www.aribe.lt, 21 Zimmer (EZ ab 130 Lt., DZ ab 170 Lt., Suite ab 210 Lt.), modern ausgestattet, oft voll.

• **Palva,** Smiltynės 19 (an der Haffseite der Kurischen Nehrung, zwischen Fähranleger und dem Jachthafen), Tel./Fax 391155, www.palva.lt ; EZ ab 80 Lt., DZ ab 100 Lt., 17 schöne, saubere Zimmer, ruhig. Bar, Café, Sauna, Ausflugsboote.

• **Vetra,** Taikos 80a, Tel. 348002, Fax 346063, www.vetrahotel.lt. 17 Zimmer (EZ/DZ 135–285 Lt.), freundlich, akzeptables Hotel, Sauna, Restaurant, Bar, Reisebüro, 5 km südlich des Zentrums.

• **Old Port Hotel,** Žvejų 20, Tel. 474764, Fax 474765, www.oldporthotel.lt, am Fluss Dane, moderne Fachwerkoptik, Restaurant, 15 Zimmer (EZ 260 Lt., DZ 290 Lt.).

• **Old Mill Hotel,** Žvejų 22, Tel. 219215, Fax 219921, www.oldmillhotel.lt, das Schwesterhotel mit 30 Zimmern (EZ ab 180 Lt., DZ ab 200 Lt.)

• **Aismarės Gästehaus,** Tel. 420195, Fax 420193, www.aismares.lt, ruhige Lage nahe Industriegebiet, 8 Zimmer (120–160 Lt.), Mini-Pool, Sauna.

• **Pirklių Namai,** Kuršių 1/12, mobil 682 56622, Fax 257928, www.pirkliunamai.lt, 6 große Zimmer (120–200 Lt.), renovierter Altbau, ruhige Lage.

Hotels untere Kategorie

• **Fortuna,** Poilsio 64, Tel. 348028, Fax 360174, www.fortuna.lt. 8 Zimmer (EZ ab 80 Lt., DZ ab 100 Lt.), südlich des Zentrums, ruhig gelegen im Obergeschoss eines Reihenhauses, oft voll, Café.

• **Jachtclub,** Smiltynės 25 (beim Jachthafen), Tel. 391131, Etagendusche, einfache 3-Bettzimmer (20 Lt. p.P.).

Hotels in der Umgebung

Einige der besseren Hotels und die einstigen Ferienheime findet man in den Seebädern **Melnragė** (4 km nördlich) und **Giruliai** (8 km nördlich). Allerdings ist zur Saison vieles ausgebucht, sodass man früh reservieren sollte. Melnragė ist mit Minibus Nr. 4 oder 6 zu erreichen, Giruliai mit dem Minibus Nr. 4. Im Hafen von Melnragė liegt der gestrandete deutsche Frachter „Rudolf Breitscheid“. Der Strand hier ist nicht so sauber wie in Giruliai (s.u.).

• **Morena,** Melnragė, Audros 8a, Tel. 351 314, Fax 401905, www.morenahotel.lt, 26 holzverkleidete Zimmer; Bar; EZ 120 Lt., DZ 160 Lt., Luxus 200 Lt.; renovierungsbedürftig. 3 Minuten zum Strand, Sauna, Restaurant.

• **Pajūris,** Giruliai, Šlaito 18, Tel. 490154, Fax 490142, www.pajuris.lt. Schön im Kiefernwald 800 m vom Strand gelegenes einstiges Sanatorium in einem neuen Backsteinbau; sauber und modern; Pool, Heilbäder, Massage, Sauna; zwei Bars, Balkon; 49 Zimmer, EZ 100 Lt., DZ 140–190 Lt., Triple 220 Lt.; empfehlenswert. Camping möglich (s.u.).

Herberge

• **Old Town Hostel,** Butkų Juzės 7-4 (neben Busbahnhof), Tel. 211879, www.klaipedahostel.com, 3 Zimmer, davon 1 DZ (insg. 10 Betten). Für Jugendherbergsmitglieder 32 Lt., sonst 42 Lt. Guter Treffpunkt und Infoquelle, Fahrradausleihe (30 Lt./Tag), Ausflüge, Internetzugang.

Pensionen und Privatzimmer

Privatzimmer und Apartments sind auch bei o.a. Reisebüros oder bei der Touristinformation zu erfragen.

• **Litinterp B&B,** Puodžių 17, Tel. 410644, Fax 420176, www.litinterp.lt, Mo–Fr 9–18, Sa 10–16 Uhr; arrangieren auch Privatzimmer mit oder ohne Familienanschluss in Klaipėda, Nida und Palanga; 19 Zimmer (EZ ab 70 Lt., DZ ab 120 Lt., Apartment ab 160 Lt.). Auch Übersetzungen.
• **Klaipėda Bed and Breakfast,** Viršutinė 18, Tel. 213363, www.homestead.com/band b_kl, 5 Zimmer (50–60 Lt. p.P.).
• **Gästehaus Friedrich,** Saltkalvių 3, Tel. 391020, Fax 391019, www.pasazas.lt, sechs Apartments ab 260 Lt.

Camping

• Neben Hotel Pajūris (s.o.) gratis, unbewacht, kein WC, im Sommer oft voll, mobil 67773227, www.klaipedainfo.lt, Radverleih.
• **Žuvėdra,** zwischen Giruliai und Karklė an der Ostseestraße, Tel./Fax 385828, www.techas.lt/zuvedra. Holzhütten 15–25 Lt. p.P.
• **Campingplatz beim SOS-Kinderdorf,** Karklė, Tel. 385828.

Gastronomie

Die Szene ist ständig in Bewegung, sodass man auf die jährlich aktualisierten und detaillierten Stadtführer „KIYP" bzw. „Exploring Klaipėda" (mit Lageplan) zurückgreifen sollte. Hier nur einige Empfehlungen. Außerdem haben einige Hotels gute Restaurants.

Restaurants

• **Kurpiai,** Kurpių 1, Tel. 410555; sehenswert eingerichtetes Theater-Restaurant mit einfacher aber guter Küche, gedämpfter Musik und Tanz; tägl. Jazz, Bar, populär (12–2 Uhr).
• **Hämmerli,** Didžioji Vandens 13/16, Tel. 311209, 9–23 Uhr, Schweizer Küche.
• **Jola,** Mažvydo 9, gedrängt voll beim Mittagessen, abends gemütliches und verrauchtes Kellerrestaurant. Im Erdgeschoss Café Sukūriai, 9–24 Uhr.
• **Memelis,** Žvejų 4, Tel. 403040, 12–24 Uhr, www.memelis.lt. Deutsche Gerichte und deutsches Ambiente, in einem Ziegelhaus von 1871, mit Bar, populär, eigene Brauerei.
• **Anikės Teatras,** Sukilelių 8/10, Tel. 341471, 11–24 Uhr, exzellente deutsch-litauische Speisen (u.a. mit Käse überbackene Schweinsohren), rustikale Ausstattung, gute Bar mit billigem Bier, beliebt.
• **Bambola-Pizzeria,** Manto 1, Tel. 433333, 10–23 Uhr, gute Pizzen, populär, auch Takeaway.
• **Friedrichspassage,** Tiltų 26 a, www.pasazas.lt, mit Restaurant, Steakhaus, Pizzeria, Weinrestaurant und Café.

Fast Food

• **Čili,** Taikos 28, 61 und 139 bzw. Manto 11 und 31, sehr leckere Pizzas, Cocktails, litauische Gerichte, Tel. 310953, www.cili.lt.

Cafés

• **Galerija Péda,** Turgaus 10, Tel 410710, 11–23 Uhr, Café und Galerie, sehr gemütliche Atmosphäre, manchmal Live-Pianomusik; ein guter Ort zum Entspannen.
• **Senamiestis,** Bažnycių 4, Tel. 412237, 11–24 Uhr, Café und Cocktailbar, interessanter Innenhof, abgeteilte Sitzecken, gemütliche Sofas, empfehlenswert.
• **Gurman's,** Tiltų 26, 8.30–23 Uhr, Mini-Café in der Friedrichspassage mit vorzüglichen Kaffeespezialitäten aus aller Welt, ebenso Tee.
• **Taravos Anikė,** Sukilelių 6; Café am Theaterplatz, wo man im Sommer draußen direkt vor dem „Ännchen von Tharau" sitzt; 11–24 Uhr, Tel. 314469; Lammschaschlik sowie chinesische und vietnamesische Gerichte.

Nachtleben

Klaipėda hat ein ausgeprägtes Nachtleben. Bald an jeder Ecke gibt es Orte, wo man seinen Durst löschen kann. Hier eine kleine Auswahl:
• **Skandalas,** Kanto 44, Tel. 411585, 12–1 Uhr, populärster Pub mit guter Küche, Live-Jazz, recht teuer.
• **Juodojo Katino Smuklė,** Teatro 1, Tel. 411167, 10–24 Uhr, gemütlicher Treff sowohl für Studenten als auch für Leute um die 30; fantastischer Kaffee.
• **Žvejų,** Kurpių 8, Tel. 214940, die älteste Kneipe der Stadt, schließt schon um 22 Uhr.

- **Kurpiai** (s. Restaurants)
- **Kiwi,** Janonio 27, Tel. 53535; Do–Sa 22–6 Uhr, Rockcafé, Disco, populär. Für Jüngere.
- **Kalifornia,** Laukininkų 17, Tel. 229735, 22–7 Uhr, der Renner bei jungem Publikum.
- **Casino,** Turgaus 1, Manto 11 a, Janonio 11.

Kultur

Theater und Konzertsäle

Das **Veranstaltungsprogramm** findet man in den Tageszeitungen „Klaipėda", „Vakarų Ekspresas" und „Vokiečių Žinios" (Deutsche Nachrichten) bzw. bei der Touristinformation.

- **Schauspielhaus,** Teatro aikštė 2, Tel. 314453, www.kldteatras.lt.
- **Musiktheater,** Danės 19, Tel. 397404, www.klaipedosmuzikinis.lt.
- **Philharmonie,** Danės 19, Tel. 410576
- **Konzertsaal der Universität,** Donelaičio 4, Tel. 398753, Orgel- und Kammermusik (Jugendstilgebäude mit Fresken).
- **Klaipėda Konzertsaal,** Šaulių 36, Tel. 410 566, www.koncertusale.lt.
- **Zentrum für Ethnokultur,** Darzų 10, Tel. 410108, www.etnocentras.lt.

Festivals und Feste

- Juni: dreitägiges **Jazzfestival**
- Ende Juni: **internationales Folklore- und Sängerfest**
- Letztes Wochenende im Juli: **Ostseefestival** und **Glockenspiel-Musikfestival** (Karneval, Neptunparade, Konzerte, Ausstellungen, Regatta, Feuerwerk etc.), gefolgt vom **Geburtstag der Stadt** (1. August) und **Meeresfestival** (www.jurossvente.lt)
- August: **Musikalischer August am Meer** (u.a. in Klaipėda, Palanga und Juodkrantė), jeden Sa/So Konzerte.
- Juni–August: **Live-Konzerte** auf der Fähre nach Smiltynė, www.muzikuojantiskeltas.lt.

Galerien

- Auflistung von Galerien in „KIYP". Einige sind beim Stadtrundgang erwähnt.

Einkaufen

Die Haupteinkaufsstraßen sind die Manto und Tiltų gatvė. Einen guten Einkaufsführer gibt es in „KIYP".

- **Bücher, Zeitschriften** (fremdsprachige), Manto 9, 21, 46; Turgaus a. 2; Taikos 61.
- **Blumen,** Manto 3 bzw. 27 a, Turgaus a. 4.
- **Kaufhaus,** Turgaus 12.
- **Kunsthandwerk,** „Dailė", Turgaus 5/7; „Žematija", Aukštoji 5, Manto 3.
- **Souvenire,** Šukilelių 4, Tomo 10, Turgaus 2.
- **Supermarkt,** IKI (Mažvydo 7, Manto 31 und 84, Taikos 115, Taikos 28, alle tgl. 8–22 Uhr; alle haben sehr gute Backwaren).
- **Einkaufszentrum,** Akropolis, Taikos 61, Tel. 1820 (tgl. 8–24 Uhr), www.akropolis.lt; Anfahrt mit Bus 8, neben dem Parkplatz ist ein Bauernmarkt; mit Eislaufbahn, Kino, vielen Restaurants.
- **24-Std.-Geschäfte,** Taikos 28, Manto 9, 21 und 84.
- **Kaffee und Tee,** Friedrichspassage, Tiltų 26 a.
- **Antiquitäten,** Kurpių 2.

Märkte

- **Delfinas Markt,** Taikos pr. 80; Lebensmittel, Blumen, Importwaren etc. tgl. ab 8 Uhr; viele Busse passieren den Markt.
- **Markt Stebuklu laukas** („Feld der Wunder"), Tilžes 51, Kleidung, Schuhe u.v.m.
- **Souvenirmarkt,** Teatro aikštė (neben dem Schauspielhaus), vor allem Bernstein.
- **Zentraler Markt,** Turgaus aikštė, tägl. 8–18 Uhr; Obst, Gemüse, Fisch etc., z.T. in Markthalle, stimmungsvoll.

Umgebung von Klaipėda

Giruliai

Giruliai, 7 km nördlich von Klaipėda, wurde dank seiner günstigen Lage bereits 1863 zum **Kurort.** Hier bauten Kaufleute von Klaipėda ihre Sommervillen. Außer dem schönen **Badestrand** gibt es hier aber auch gute **Wanderwege** durch den herrlichen alten Kiefernwald. Besonders beliebt ist ein Spaziergang in Richtung Melnragė. Es gibt auch einen Campingplatz und ein Hotel (siehe „Unterkunft Klaipėda", dort auch Hinweise zu **Melnragė** und zu den Verkehrsverbindungen).

Agluonėnai (Aglonehnen)

Das schön gestaltete, typisch memelländische Streudorf am Agluona-Bach, ca. 18 km südöstlich von Klaipėda, beherbegt am Ortsrand ist eine **ethnografische Ausstellung,** die eine Mühle, einen Ziehbrunnen, eine Dampfmaschine, Werkzeuge und Geräte aus dem Memelland zeigt. In der Scheune werden Theaterstücke aufgeführt (Di–So 15–19 Uhr; von der Bushaltestelle in der Dorfmitte den Schildern folgen).

Außerhalb des Dorfs am Waldrand liegt der **Erholungskomplex Karčema** (Restaurant, Bar, russische Sauna, Pool, Volleyball-, Spielplatz etc.). Camping und Übernachtung in Hütte möglich (85 Lt. p.P., Tel. 26-442277). Sehenswert sind die vielen Mühlräder, der Hügel mit dem Thron des *Mindaugas* und das Herrenhaus im Fachwerkstil.

287li Foto: gs

Im Osten des Kurischen Haffs

Eine Rundfahrt südlich von Klaipėda führt durch den westlichen Teil des **Memellands.** Dieses weist hier deutliche Spuren einer einzigartigen Kultursymbiose aus deutschen und litauischen Elementen auf, die im Gegensatz zu früher heute bewusst gepflegt und erforscht werden. Hier in **Preußisch-Litauen (Klein-Litauen)** ist auch die litauische Schriftsprache besonders gepflegt worden. Heute leben

Kurenkahn auf dem Kurischen Haff

Kuršių nerijos nacionalinis parkas (Naturmuseum des Nationalparks Kurische Nehrung)
KLAIPĖDA (MEMEL)
Jakai
Gargždai
Maciuičiai
Dovilai
Baičiai
Minija
Ketvergiai
Kisinai
Šiūpariai
Klai
Vaškiai
LŪŽGALIAI
Dituva
Agluonėnai
Agluona
Kontvainiai
Vanagai
Priekulė
Stragnai
Juodkrantė
Aisė
Šilininkai
Dreverna
Sakutėliai
Venckai
Vilkyčiai
Svencelė
Lankupiai
Mantvydai
Kiškiai
Kukorai
Saugos
Sakūčiai
Petreliai
Uogaliai
Pervalka
Kintai
Kurische Nehrung
Kuršių nerijos nacionalinis parkas
(Nationalpark Kurische Nehrung)
Kroku Lanka
Traksėdžiai
Preila
Ornitologijos stotis (Vogelwarte)
Šilutė (Heydekrug)
Ventė
Uostadvaris
Nemunodeltos regional park
Šyša
Nida (Nidden)
Pakalnė
Rusnė (Ruß)
Etnografinė žvejo sodyba (Volkskundliches Gehöftmuseum)
Didžioji Parnidžio kopa
Kuršių marios
Neringa
A1
141
167
206
227

hier noch etwa 400 Deutsche (s. Geschichtsteil von Klaipėda). Der nur hier gesprochene ethnische **Dialekt Lietuvinkai** stirbt langsam aus.

Die Verbindungen im **öffentlichen Personenverkehr** sind hier sehr dürftig. Deshalb bietet sich eine Tour oder eine Fahrt mit dem eigenen/gemieteten Fahrzeug an. Es gibt auch **Bootsausflüge** von Nida in den Nemunas-Delta-Regionalpark.

Priekulė (Prökuls)

Die typisch preußisch-litauische Kleinstadt (2200 Einwohner) am rechten Ufer der Minja liegt 21 km von Klaipėda entfernt, erreichbar mit Bus und Zug. Bereits 1587 wurde hier, gleich nach der Reformation Ostpreußens, eine evangelisch-lutherische Kirche gebaut, 1896 wurde sie erneuert, 1954 abgerissen. An die Kirche erinnern ein Gedenkstein und die Fundamente. Daneben liegt ein kleiner **Park** mit einem Gedenkstein an die Geschichte des erstmals 1540 erwähnten Städtchens, das sich um das Wirtshaus Prekol bildete. An die Schriftstellerin *Eva Simonaitytė* (1897–1978) erinnert ein Gedenkmuseum in ihrem Häuschen (Vingio 11, Tel. 46-542471, Di–Sa) sowie ein Gedenkstein bei der Abzweigung zum 7 km entfernten Dreverna (Drawöhnen).

Dreverna und Klaipėda-Kanal

Nördlich von diesem typischen Fischerdorf stößt man auf den 24 km langen und 30 m breiten Klaipėda-Kanal (früher **Kaiser-Wilhelm-Kanal**), der 1863–1873 gegraben wurde, da die Holzflöße von den Haffwellen oft auseinandergerissen wurden. Fertiggestellt wurde er von französischen Kriegsgefangenen des deutsch-französischen Krieges 1870/71. (Bei der Brücke ist eine Infotafel.) Für die dabei ums Leben Gekommenen wurde ein **Denkmal** an der Kanaleinmündung beim jetzigen internationalen Fährhafen errichtet. Nach dem 1. Weltkrieg wurde der Kanal nicht mehr genutzt. Erhalten sind das 157 m lange Verschlusssystem, die beiden Tore sowie drei der ursprünglich zehn Brücken. Heute dient der Kanal als Wasserspeicher von Klaipėda. Bootstouren zur Kurischen Nehrung und zum Nemunas-Delta unter Tel. 46-476285, Pamario 8.

Kintai (Kinten)

Kintai, 43 km südlich von Klaipėda, ist ein malerisches Fischerdorf und Kurort mit ca. 1000 Einwohnern, erstmals erwähnt um 1540. Ein Fichtenwald schützt den Ort vor den Seewinden. Die im Jahr 1705 erbaute **Kirche** aus hierher transportierten Mauerresten der alten Windenburg (Ventė) wurde restauriert und dient jetzt als Kammermusiksaal.

In der ebenfalls 1705 gebauten Schule (direkt hinter der Bushaltestelle) ist ein **Museum für den Schriftsteller Vydūnas** (*Wilhelm Storosta,* 1868–1953) untergebracht, der hier 1888–1892 unterrichtete (Di–So 10–17 Uhr, Tel. 441-47379). Später zog er nach Tilsit, dem heutigen Sowetsk. 1953 wurde er in Detmold begraben, 1991 nach Bitėnai umgebettet. Die Ausstellung zeigt außer seinem Klassenzimmer viele Erinnerungsstücke, u.a. seine Harfe. Im Obergeschoss sind Wechselausstellungen.

Gleich hinter Kintai beginnt der Nemunas-Delta-Regionalpark. Die auf dem Parkterritorium liegenden Dörfer Minija und Ventė sind über Stichstraßen von Kintai aus erreichbar, das Dorf Rusnė kann auf dem Landweg nur über Šilutė erreicht werden.

Unterkunft

- **Hotel Kintai,** moderne Anlage in der Nähe der Abzweigung nach Minija, Tel./Fax 441-47339, www.kintai.lt, 15 Zimmer (80–140 Lt.), Café, Sauna, organisiert Jagd-, Boots-, Eisfischen- und Angelausflüge, (Tret-) Bootverleih, Fischfarm, sehr populär. Auch Hausboot mit 12 kajütenartigen DZ.

Nemunas-Delta-Regionalpark

Der 240 km² große Park wurde zum Schutz der besonderen Fauna und Flora sowie der ethnografischen Dörfer und Gehöfte gegründet. Neben Vogelliebhabern und Anglern kommen auch Naturliebhaber und Ruhesuchende auf ihre Kosten. Bei den **Infostellen** in Šilutė und Rusnė erhält man Infos u.a. über Campingplätze (Genehmigung erforderlich), „Urlaub auf dem Land"-Pensionen (20–50 Lt.), Segeln, Boottrips, Bootsverleih (u.a. in Minija, Ventė und Rusnė), Radwege, Fahrradverleih, Reiten, Angeln (Lizenzausgabe 10 Lt./Tag), Wanderrouten und Vogelbeobachtung (organisierte Ausflüge von Mitte Sept. bis Ende Okt. und März bis Mitte Mai).

Der Nemunas teilt sich bei Rusnė. Nach links fließt der 9 km lange **Skirvytė** und bildet die Grenze zum Kaliningrader Gebiet, nach rechts fließt der 13 km lange **Atmata.** Das beste Verkehrsmittel ist das **Boot.** Es gibt wenige Straßen und Wege, man muss deshalb große Umwege in Kauf nehmen (z.B. Pakalnė – Kintai 45 km, mit Boot nur 8 km). Viele Straßen und Wege sind im Frühjahr wegen **Überschwemmung** nicht befahrbar. Weite Teile des Parks, vor allem die Delta-Insel, liegen nur 0,50–1,50 m über dem

286li Foto: gs

Im Gedenkmuseum für den Schriftsteller Vydūnas in Kintai

normalen Flusspegel (streckenweise sogar unter dem Meeresspiegel des Kurischen Haffs). Das **Hochwasser** ist oft doppelt oder dreimal so hoch und übersteigt die vielen Deiche.

Auf der 43 km² großen Delta-Insel führt eine Ringstraße (Pflaster- und Schotterpiste) u.a. zu den Dörfern **Pamarys** und **Pakalnė.** Beim Leuchtturm Uostadvaris von 1873 (8 km von Rusnė am Atmata-Ufer) liegt die erste litauische **Pumpstation** von 1907 mit Dampfantrieb, die das über die Dämme hereintretende Wasser in die Fluss zurückpumpte. Heute geschützt als technisches Denkmal, abgelöst durch eine moderne Pumpstation; gleichzeitig **Hydrotechnisches Museum** (Besichtigung auf Anfrage, Tel. 441-62230, Mi–So). Bei gutem Wetter kann man die Dünen der Kurischen Nehrung sehen. Hier ist auch ein **Vogelbeobachtungsturm** (andere stehen in Naikupė, Rusnė und bei Kintai).

Das sumpfige Naturschutzgebiet mit Schilfwiesen und Feldern ist ein **Vogelparadies.** Hier findet man 270 von den in Litauen vorkommenden 330 Vogelarten, darunter viele Sumpf- und Wasservögel sowie Störche. Es gibt annähernd 3000 **Storchennester** von Weißstörchen, aber nur sieben von Schwarzstörchen (besonders viele bei Ventė). Es gibt auch Kormoraninseln.

Minija (Minge)

Minija (ca. 100 Einwohner) liegt 22 km von Šilutė am gleichnamigen Fluss, nahe der Mündung in den Nemunas. Die Stichstraße endet am Jachthafen, in dem auch Ausflugsboote anlegen. Die Fischerhäuser aus dem 19. Jh., z.T. mit Schilfdächern, sind Architekturdenkmäler und liegen zu beiden Seiten des Minija, der „Hauptstraße ohne Brücken". Das Dorf wird aufgrund des Bootsverkehrs - stark übertrieben - als **„Venedig Litauens"** bezeichnet.

Von Minija führt ein **Radweg** um den See **Krokų Lanka,** den größten des Regionalparks. **Bootsausflüge** nach Nida und zum Nemunas-Delta-Regionalpark unter mobil 68666600, www.mingeskaimas.lt.

Ventė (Windenburg)

Man fährt wieder zurück in Richtung Kintai, biegt aber an der Kreuzung links nach Ventė ab. Der Ort, 10 km südlich von Kintai, 25 km von Šilutė, liegt auf der **Windenburger Ecke** (Ventės ragas), einer Landzunge, die sich ins Haff hinaus erstreckt und von Sandbänken und Untiefen umgeben ist. Sie sieht je nach Wetterlage verschlafen oder wild aus und ist Teil des Nemunas-Delta-Regionalparks.

Das alte Fischerdorf hat ca. 150 Einwohner. Hier entstand bereits 1360 als wichtiger Brückenkopf gegen die Litauer eine **Burg** unter dem Ordensmarschall von Königsberg. Von dieser Burg aus fuhren die Kreuzritter den Nemunas aufwärts. Irgendwann im Laufe des 16. Jh. wurde die Festung schließlich durch die Stürme und Wellen des Haffs zerstört und aufgegeben. Die Kirche wurde zwar wieder aufgebaut, fiel aber 1702 erneut einem Sturm zum Opfer. Danach baute man mit den Steinen die Kirche in Kintai. Auf der Stelle der Burg wurde 1852 ein **Leuchtturm** errichtet, von dem man einen guten Blick auf die elf Kilometer entfernte Kurische Nehrung hat.

Die gesamte Landzunge ist ein unberührtes **Naturschutzgebiet** mit einer **Vogelwarte,** die an einem UNESCO-Projekt zur Erforschung des Vogelzugs mitwirkt. Sie wurde 1929 gegründet und 1960 mit großen Fangnetzen bespannt. Hier beringte Vögel wurden u.a. in Südafrika, Ägypten und im Iran gesichtet. Einen spektakulären Anblick bieten die etwa 200 Vogelarten, die bis zu 300.000 im Herbst und Frühling die Station auf einer der größten Nord-Südrouten überfliegen. Aber auch zu anderen Jahreszeiten lohnt ein Besuch. Bisher wurden Millionen von Vögel beringt, jährlich kommen rund 60–80.000 hinzu. Die Ornithologen sind gerne zu Auskünften und kleinen Führungen bereit. Anmeldung unter Tel. 441-54480 oder 44516, kkod@silute.omnitel.net. Es gibt auch ein kleines **Museum** mit ausgestopften Vögeln (Mo–Fr 8–12 und 13–17 Uhr, Tel. 441-68514).

Unterkunft

- **Hotel Sturmų Svyturys,** 3 km vor Ventė, Tel. 441-68534, Fax 37-200991, vollständig renoviert, Zimmer ab 130 Lt.
- **Leisure Centre Ventainė,** 1 km vor Ventė, Tel. 441-68525, Fax 47422, www.ventaine.lt, sehr gepflegt, 130 Zelt- u. Wohnwagenplätze (WC, Dusche), Zelt 10 Lt., Wohnmobil 40 Lt., Bungalow 100 Lt. Auch 35 schöne Zimmer (EZ ab 80, DZ ab 100 Lt.), Café, Sauna, Billard, Tennis, Fahrrad-, Motorboot-, Waterbike-, Bootsverleih, Organisation von Jagd-, Eisfischen- und Angelausflügen.

Rusnė (Ruß)

Rusnė, 9 km südwestlich von Šilutė, hat 2500 Einwohner und ist ein alter, 1448 erstmalig urkundlich erwähnter Fischerort mit Stadtrechten; er liegt im Osten der 43 km^2 großen **Flussinsel** im Delta des Nemunas, der sich hier teilt. Hier liegt auch die einzige Brücke vom Festland auf die Insel. Rusnė war eine Flößerstadt, wo früher die Flöße auf dem Weg nach Memel neu vertaut wurden. Der alte Hafen wird heute von der Wasserschutzpolizei genutzt. Trotz der Dämme ist der Ort bei Eisbruch gelegentlich nur mit Amphibienfahrzeugen oder Hubschraubern zu erreichen. Im Herbst und Winter wehen starke Weststürme.

Hier scheint die Zeit stehengeblieben zu sein. Schöne alte, liebevoll gepflegte **Fischerhäuser** und Bauerngehöfte aus dem 19. Jh. findet man vor allem in dem eingemeindeten Dörfchen **Skirvytėlė** (1,5 km, gut ausgeschildert). Es gibt dort ein **Ethnografisches Gehöft-Museum** (Tel. 441-58169). Die Bauweise der Gebäude ist ausschließlich in der Küstenregion zu finden. Die massiven Holzhäuser sind mit Brettern verschalt, ihre Dächer oft mit Dachpfannen oder Schilf gedeckt, verziert u.a. mit Reitersymbolen. Gezeigt wird das Leben der Fi-

Der Leuchtturm von Ventė mit Vogelnetzen der Vogelwarte

scher und Bauern, die Beschilderung ist auch auf Deutsch.

Ein architektonisches Denkmal ist die **Žvejų-Straße.** Der **Leuchtturm** wurde 1873 gebaut, bereits 1809 die evangelisch-lutherische **Kirche,** die den Marktplatz prägt.

Rusnė ist Ausgangspunkt für Ausflüge auf der **Rusnė-Deltainsel,** die ebenso wie die Stadt zum Nemunas-Delta-Regionalpark gehört. Dessen **Touristenzentrum** liegt in der Pakalnės 40a, westlich von Rusnė, und ist gut ausgeschildert (Tel. 441-62685, www.nemunodelta.lt; tgl. 9–17 Uhr, im Winter nur Mo–Fr).

Unterkunft

- **Svečių Namai Rusnėje,** Skirvytėlės g. 9 (Tel. 441-58142), Vermietung von Fahrrädern und Ruderbooten.

Šilutė (Heydekrug)

Die Stadt 53 km südlich von Klaipėda mit rund 23.000 Einwohnern liegt am Ufer des Flusses Šyša, auf dem Bootsausflüge zum Nemunas reizvoll sind.

Dieser Ort ist aus einer um 1511 gegründeten Wirtschaft hervorgegangen, um die sich Händler, Bauern, Handwerker und Fischer ansiedelten. Der Ort hieß Heydekrug *(Šilokarčema).* Durch den Zusammenschluss mit den Dörfern Verdaine (Werden), Žibai (Szibben) und Cintjoniškiai (Zintjunischken) entstand 1910 dann die Stadt Heydekrug. Im Januar 1923 forderten hier Freischärler erfolgreich den Anschluss von Klein-Litauen an Litauen, worauf die Stadt in Šilutė umbenannt wurde. Von 1939–44 hatte sie

285li Foto: gs

aber wieder ihren ursprünglichen Namen. Der D-Zug Berlin – Memel hatte hier einen Stopp, der Wochenmarkt war weithin bekannt.

An der **Hauptstraße** Lietuvininkų gatvė (sie erstreckt sich westlich des Bahnhofs bis zum Fluss Šyša) liegen viele Geschäfte, einige Restaurants und Cafés, die Post (Nr. 23), die Bank mit Geldautomat (Nr. 55), der Supermarkt Maxime (Nr. 58) und die Sehenswürdigkeiten, so in der Nr. 29 die 1926 erbaute evangelisch-lutherische **Kirche** mit ihrem 50 m hohen Turm. Die **Fresken** zeigen *Bach, Luther, Melanchthon* und andere Persönlichkeiten. Das mit der Erschaffung der Welt beginnende, chronologisch aufgebaute Fresko dürfte wohl in Gestaltung und Konzeption einmalig sein.

Das **Heimatmuseum** in der Lietuvininkų g. 36 zeigt Stücke aus der reichen Altertumssammlung des einstigen Gutsbesitzers *Scheu* (tgl. 9–13 und 14–17 Uhr, Tel. 62209). Es bietet neben Steinzeitexponaten einen Einblick in das Leben der Menschen in Klein-Litauen (Memelland) und Westlitauen. Das Denkmal für *Scheu* steht vor dem Gebäude Lietuvivinku 4, in dem eine **Ausstellung** über ihn sowie ein Informationszentrum des Museums untergebracht sind (Tel. 62207, Fax 62209, www.pamarys.lt/tic).

Sehenswert sind auch das **Feuerwehrhaus** von 1911 (Nr. 2), das Palais des Landguts von 1816 sowie das Denkmal des Heimatschriftstellers *Hermann Sudermann* (1857–1928), das 1996 neben der Kirche wiedererrichtet wurde. In seinem Geburtshaus in Macikai (Matzicken), 3 km nordöstlich von Šilutė, ist heute sein **Gedenkmuseum** (Di–Sa 10–17 Uhr, Tel. 62209). Unter seinen Werken sind „Die Reise nach Tilsit“ und „Litauische Geschichten“ wohl die bekanntesten.

In **Macikai** war ein Nazilager für Juden, Kriegsgefangene und Zwangsarbeiter (Stalag Luft VI) und danach bis 1955 ein Gulag-Lager, woran ein Museum (Ecke Vilties/Zuderman, Tel. 62207, Di–Sa 10–18 Uhr) und eine Gedenkstätte auf dem Friedhof erinnern.

Sehr schön ist die **Umgebung** der Stadt mit Mooren, Wäldern, Heide und Feldern. Für **Spaziergänge** bietet sich der Weg entlang dem Flüsschen Šyša in Richtung Verdaine (Werden) an. Es gibt auch sehr viele **Radwege.**

Verkehrsmittel

- **Bahnhof,** Gelenžinkelio 4, Tel. 53460, Züge nach Klaipėda.
- **Busbahnhof,** schräg gegenüber, Tel. 51263, u.a. viele Busse nach Klaipėda, Tauragė, Jurbarkas; täglich in die Dörfer Ventė, Rusnė, Kintai, Švėkšna, Žemaičių Naumiestis.
- **Taxi,** Tel. 54445.

Informationen

- **Tel.-Vorwahl Šilutė:** (00370-) 441
- **Touristinformation,** Lietuvininkų 4, Tel. 77795, Fax 77785, www.siluteinfo.lt.

Unterkunft

- **Pensionen,** z.B. in Vyduno 3 (Tel. 53674) oder Pension Heydekrug (mit Apartment, Sauna). **Herberge,** Lietuvininkų 72, Tel./Fax 51804, 30 Betten, 30 Lt. p.P., sehr einfach; geöffnet Mitte Juni bis Mitte August.
- **Hotel Deims,** Lietuvininkų 70; hübsches Hotel mit Restaurant und Café, Tel. 52345, Fax 62480; 24 Zimmer, vollständig renoviert, EZ ab 120, DZ ab 160 Lt.

Kurische Nehrung

Fragt man einen Litauer, was man in seinem Heimatland unbedingt sehen sollte, so wird er die Kurische Nehrung nennen. *Wilhelm von Humboldt* schrieb 1809: „Die Kurische Nehrung ist so merkwürdig, dass man sie gesehen haben muss, wenn einem nicht ein wunderbares Bild in der Seele fehlen soll." Und wer diese eigenartige Mischung aus Südeuropa, Nordafrika und Skandinavien selbst erlebt hat, der wird ihm begeistert zustimmen.

Diese schmale und rund 98 km (52 km auf litauischer Seite, 46 km auf dem Kaliningrader Gebiet) lange **Landzunge** aus purem Sand ist zweifellos eine der eigenartigsten und faszinierendsten Landschaften Europas. In beiden Landesteilen ist sie als **Nationalpark** geschützt, seit dem Jahr 2000 ist sie auch **UNESCO-Welterbe.**

Ihre westliche Küste wird von der **Ostsee,** die östliche vom **Kurischen Haff** umspült. Die schmalste Stelle misst fast 400 m (bei Lesnoj auf der russischen Seite), die breiteste 3,8 km am Bulvikis-Horn zwischen Nida und Preila. Die Nehrung ist die fünftlängste der Welt, die Küste mit 28 Kaps sehr kurvig.

Seit Generationen schon hat sie zahlreiche Maler, Schriftsteller und andere Künstler beeindruckt, unter ihnen *Carl Zuckmayer* und *Thomas Mann.* Das Wechselspiel des Lichts, der Form und der Farben der Landschaft; der Kontrast des Wassers, der Dünen und Wälder sowie zwischen der Brandung der Ostsee und dem stillen Haff; der Sonnenuntergang, der die Dünen erst orange, dann rot färben lässt: Wer wird hier nicht inspiriert? *Heinz Rühmann* drehte hier den Spielfilm „Quax in Afrika". Hier kann man durch eine **Sandwüste** streifen, wie sie die Sahara nicht malerischer bietet, und kann über 60 m hohe **Dünen** erklimmen, die höchsten Europas in der längsten Dünenlandschaft des Kontinents. Im Sommer flimmert über ihnen das Sonnenlicht (die Nehrung hat die meisten Sonnenstunden Litauens), schneebedeckt (meist Dezember bis Februar) wirken sie wie eine unschuldige Weihnachtslandschaft.

Wenig weiter schon findet man **Buchten** mit grünen Kiefern, goldenem Sand und kristallklarem Wasser. Und wenn man dann durch die **Wälder** streift, Pilze sammelt und dabei womöglich einem Elch begegnet, fühlt man sich von der Mittelmeerregion mit einem Schlag nach Schweden oder Finnland versetzt.

In den verträumten **Fischer- und Feriendörfern,** alle an der geschützten Haffseite gelegen, leuchten zwischen dem Grün der Bäume **malerische Holzhäuschen** hervor. Zweiteilige Balkenhäuser, senkrecht mit Brettern verkleidet, meist in blauer, weißer oder bräunlicher Farbe gestrichen (die Farben symbolisieren das Meer, dessen Schaumkrone und die Erde) mit weißen Sprossenfenstern. Sie besitzen zwei Enden, eins für die Familie selbst, eins für Gäste, getrennt durch einen zwei Meter breiten Flur. Die früheren Haustüren hatten zwei Teile, sodass man vom oberen herauskriechen konnte, falls über Nacht Flugsand den unteren barrikadiert hatte. Die zwei sich kreuzenden **Gesimsbretter** am Giebel enden in geschnitzten Pferden, Vögeln oder Blumen, die als Symbole des Leidens Krankheit, Unheil oder Feuer anziehen und somit von den Bewohnern fernhalten sollten. Die traditionelle Dachbedeckung sind rote Dachpfannen oder Schilf. 96 Häuser, fast alle in Nida, stehen unter **Denkmalschutz.**

Die mit Lattenzäunen umgebenen **Vorgärten** mit farbenprächtigen Blumen bieten schöne Fotomotive. Manchmal hängen hier Fischernetze zum Trocknen, und es wird **geräucherter Fisch** nach traditionell kurischem Rezept verkauft. Des öfteren sieht man Holzstäbe mit **Kurenwimpeln** an der Spitze, an denen manchmal eine Windfahne befestigt ist. Sie mussten ursprünglich nach der preußischen Fischereiverordnung von 1844 am Kahnmast befestigt werden. Diese Tradition ist bis heute ein in Europa **einmaliges kulturelles Phänomen.** Die auf der Nehrung vorgeschriebenen schwarz-weiß gefärbten Blechtafeln von 60 x 30 cm Größe hatten ein rotes und weißes Fähnchen, um die Herkunft des Bootes und den Status des Eigentümers bestimmen zu können. Später schmückten die Fischer ihre Wimpel mit selbst geschnitzten und bemalten Holzbrettern in der vorgeschriebenen Größe von 115 x 45 cm. Diese kleinen Kunstwerke sind heute das **Symbol der Nehrung** und dienen teilweise als Straßenschilder. In verkleinerter Form sind sie als Souvenir erwerbbar. Von der Kultur der Kuren zeugen heute auch noch die alten **Kurenkähne und Kurenbretter;** nicht mehr ausgeübt wird das Krähenfangen (Details bei Nida).

Idyllische Schilfbuchten säumen die **Haffküste** und an der Ostseeküste zieht sich ein endlos scheinender, goldig feiner **Sandstrand** hin – unverbaut und so ursprünglich, wie Wind und Wellen ihn geschaffen haben. Ideal für Strandspaziergänge, auf denen man vor allem nach Frühlings- und Herbststürmen mit etwas Glück **Bernstein** findet; ideal auch für Sonnenanbeter und Badefreunde, da er nie überlaufen ist. Von der britischen Zeitung „The Guardian" wurden 2008 die Badestrände auf der Kurischen Nehrung als zweitbeste Europas gekürt.

Die **Ostsee** ist relativ flach und kalt, die Wellen können recht rauh sein. Auf der Haffseite kann man **Bootsausflüge** (u.a. mit einem Kurenkahn) z.B. zum Nemunas-Delta-Regionalpark unternehmen. Lohnend sind auch Angeltrips, im Winter **Eisangeln.** Zwischen Nida und Smiltynė existiert ein **Radweg.** Die Nehrung ist auch ein Paradies für Naturliebhaber sowie für alle, die Ruhe und Erholung suchen und gern spazierengehen (z.B. entlang der Haffpromenaden) oder wandern. Allerdings gibt es zwei **Reservate,** deren Zutritt nur mit Genehmigung erlaubt ist, sodass man sich einer organisierten Tour anschließen kann. Deshalb sollte man eine Karte des Nationalparks mitführen. Hilfreich und interessant ist der Nachdruck des Buchs „Kurische Nehrung" von 1932 im Rautenberg-Verlag.

Unterkunft

Die **Übernachtungspreise** variieren je nach Neben- und Hauptsaison sowie nach Auslastung (ggf. handeln). Frühstück ist meist inklusive. Im Sommer (Juni bis Aug.) sollte man bestimmte Unterkünfte **im Voraus buchen** (Preis genau festlegen), oder zumindest frühzeitig anreisen; ansonsten helfen die Touristinformationen, die u.a. mit der Buchung einer Pension helfen. Hilfreich sind auch Reisebüros, Bed-&-Breakfast-Agenturen wie z.B. Litinterp (u.a. in Klaipėda). Die meisten Hotels und Pensionen sind ebenso wie die Restaurants und Cafés nur in der **Hauptsaison** geöffnet. In Nida gibt es einen **Campingplatz.**

Geschichte der Nehrung

Besiedlung

Die **ersten menschlichen Spuren** datieren von 8000 v. Chr., die ersten „Siedlungen" von 3500 v. Chr. Hier lebten größtenteils Jäger, Sammler und Fischer. Ab dem 12./13. Jh. ließ sich der Stamm der **Kuren** nieder. Nach den Kreuzzügen wurde die Nehrung Teil des **Memellandes** (s. Geschichtsteil von „Klaipėda"). Bis 1944 wurde neben Deutsch auch noch der **kurische Dialekt** gesprochen.

Während der fast 50 Jahre langen Sowjetzeit war die Nehrung **militärisches Sperrgebiet,** Nida war Erholungsort der „Elite-Apparatschiks" (1968 durfte der französische Philosoph *Jean Paul Sartre* die Nehrung mit einer Genehmigung von *Chruschtschtov* besuchen). Es durften nur bestimmte Wege und Badestellen benutzt werden, ein Segen für die Natur und Tierwelt. Kombinate errichteten **Ferienheime** für ihre Angestellten. Nach dem Zerfall der Sowjetunion und der Unabhängigkeit Litauens war die Nehrung wieder zweigeteilt, und der litauische Teil wurde ein magischer Anziehungspunkt für deutsche **„Heimweh"-Touristen".** Die Erholungsheime wurden danach in Hotels umgewandelt. Im Tourismusgewerbe wird heute meist wieder **Deutsch** gesprochen.

Entstehung

Nach der letzten Eiszeit vor etwa 13.000 Jahren blieb am Rande der heutigen Ostsee (dem damaligen Eismeer Litorina) eine Kette von Endmoränenhügeln zurück, die als Inseln aus dem ansteigenden Wasser ragten. Im Laufe der Jahrtausende spülte eine nordwärts gerichtete Meeresströmung Sand von der Küste Samlands weg und lagerte ihn zwischen diesen Inseln ab, bis sich allmählich die Kanäle dazwischen auffüllten und eine lange **Landzunge** entstand. Und der hauptsächlich von Westen her wehende Wind türmte den von den Wellen angespülten Sand zu immer höheren Bergen auf, sodass über 60 m hohe **Dünen** entstanden. Seit damals wandert die Nehrung langsam nach Osten.

Die Landzunge hätte das **Haff** längst völlig vom offenen Meer abgeschlossen, wenn nicht die hier mündenden Flüsse – besonders der Nemunas – durch ihre Strömung einen schmalen Ausgang freihalten würden.

Da das Haff ständig von den Flüssen aufgefüllt wird und nur wenig Meerwasser eindringt, ist das Wasser im Haff **fast salzfrei** und durch die vielen Nährstoffe aus den Flüssen zudem relativ **fischreich.** Mit einer Fläche von 1600 km^2 (davon über 400 km^2 auf litauischem Gebiet) ist das Haff das größte Binnengewässer Litauens; die **Süßwasserlagune** ist rund dreimal so groß wie der Bodensee.

Mit der Ostsee ist es durch die 500 m breite **Passage** bei Klaipėda verbunden; im **Kaliningrader Gebiet** ist es bis zu 35 km breit.

Versandung – Erosion

Ursprünglich war die Nehrung fast ganz von **Mischwäldern** aus Birken, Eichen, Linden und Fichten sowie Gestrüpp und Gras bewachsen, die den Sandmassen Schutz und Halt boten. Kleine Reste dieses ursprünglichen Waldes sind heute nur noch bei Nida und Juodkrantė erhalten. Für die heidnischen Stämme war der Wald heilig. Nicht jedoch für die Eroberer, die Holz für ihre Burgen und Schiffe brauchten und die ab dem 15. Jh. den Wald nach und nach **abholzten,** darunter die Kreuzritter, die Preußen, aber vor allem die Schweden und Russen während des Siebenjährigen Kriegs (1756–63).

Ende des 18. Jh. waren bereits weite Flächen abgeholzt und in den ursprünglichen **wüstenähnlichen** Zustand zurückverwandelt worden. Stürme, Waldbrände und die Erosion der dünnen Humusschicht erledigten den Rest. Das empfindliche ökologische System geriet aus dem Gleichgewicht,

und der Wind türmte den bloßgelegten Sand zu riesigen **Wanderdünen** auf. Unaufhaltsam wälzten sich diese wandernden Berge jährlich bis zu 20 m haffwärts und **begruben** zwischen dem 16. und dem 19. Jh. **vierzehn Fischerdörfer** unter ihren Sandmassen – Karwaiten, Neu-Pilkoppen und viele andere, an die manchmal ein auf der heutigen Düne errichtetes Kreuz erinnert. Teilweise wurde ein Dorf mehrmals neu aufgebaut, wobei man die bedrohten Häuser zerlegte und mitnahm. Doch auch die neuen Dörfer wurden meist bald wieder vom Sand eingeholt.

Erst zu Beginn des 19. Jh. begann man mit Versuchen, die alten Fehler wiedergutzumachen, um die alles verschlingenden Dünen aufzuhalten. Professor *Titius,* Rektor der Universität Wittenberg, erarbeitete einen Plan zur Wiederaufforstung und zur Schaffung einer Schutzdüne an der Seeseite, die dem Sand seinen weiteren Weg zu den Wanderdünen abschneiden sollte. Als einer der ersten nahmen 1825 der Niddener Postmeister *Gottlieb David Kuwert,* aber vor allem sein Sohn *Georg David* diese gigantische Aufgabe am Urbo kalnas hinter dem Postamt in Angriff. Mit Hilfe einer künstlich angelegten Vordüne, Strauchzäunen und Bepflanzung mit Strandhafer **befestigte** er den Flugsand. Dann bepflanzte er eine große Fläche zwischen den Vordünen und den Wanderdünen mit **Kiefern** und rettete so seinen Heimatort vor den Sandmassen. In anderen Orten der Nehrung folgten andere seinem Beispiel und zu Beginn des 20. Jh. war die Vordüne vollständig geschlossen, und der Sand kam allmählich zur Ruhe. Die heutige Landschaft ist größtenteils durch die Aufforstungen aus der zweiten Hälfte des 19. Jh. geprägt.

Doch seither hat die Situation sich umgekehrt: jetzt sind die **Dünen,** die einst die Dörfer bedrohten, **gefährdet.** Denn die heftigen Weststürme reißen noch immer gewaltige Mengen Sand davon und wehen ihn ins Haff. Andererseits sind die einstigen Wanderdünen jetzt durch die Vordünen und die Bepflanzung an der Westseite von ihrem Nachschub abgeschnitten. Die Dünenfläche ist deshalb seit 1990 um 10 ha **geschrumpft,** die Dünen sind jetzt niedriger. So ist die **Parnidder Düne** von Nida in den letzten 30 Jahren um rund 10 m abgetragen worden, und in hundert Jahren wird sie vielleicht ganz verschwunden sein. Daher suchen Naturschützer und Wissenschaftler heute wieder nach Möglichkeiten, diese Dünen zu erhalten. Es laufen einige **Wiederaufbau-, Forschungs- und Aufklärungsprojekte.** Letztere sind auch dringend notwendig, da die Zahl der Touristen ständig zunimmt und da alte Gebräuche wie Beeren- und Pilzsammeln in den Wäldern nur schwer zu unterbinden sind.

Nationalpark Kurische Nehrung

Es ist ein sehr **empfindliches Gleichgewicht,** das die einzigartige Landschaft mit den Dünen, dem auf Sand wachsenden Wald und der biologischen Vielfalt möglich macht und erhält. Deshalb ist es außerordentlich wichtig, dass dieses durch umsichtiges und **verantwortliches Handeln** gewahrt bleibt. Die Humusdecke der Halbinsel ist dünn und verletzlich. Aus diesem Grund wurde 1991 zum Schutz und Erhalt des Naturerbes sowie der mehr als 150 ethnisch-kulturellen und historischen Kulturdenkmäler der Nationalpark Kurische Nehrung geschaffen (ein Infozentrum, die Hauptverwaltung und das Naturmuseum sind in Smiltynė, s.o., ein zweites Infozentrum ist in Nida, s.u.). Er umfasst die gesamte Nehrung einschließlich aller Ortschaften (auch Smiltynė; es ist aber praktischerweise bei Klaipėda erwähnt).

Die **Nationalparkgebühren** (PKW 20 Lt., Minibus 40 Lt., Wohnwagen 150 Lt.; keine Gebühr für Personen und Fahrräder) werden bei der Anreise von Klaipėda erst 8 km südlich von Smiltynė beim **Kontrollposten in Alksnynė** (Tel. 469-53135; er steht neben dem Einzelgehöft von 1898) kassiert, bei Einreise vom Kaliningrader Gebiet gleich hinter dem **Grenzposten.** Das Ticket gilt 24 Std. (Verlassen und Wiedereinfahrt beliebig oft, auch am anderen Kontrollposten möglich – Ticket aufbewahren).

Von den 26.474 ha Parkfläche auf litauischer Seite entfallen 4200 aufs Haff, 12.500 auf die Ostsee und 9774 auf die Nehrung (u.a. 70 % Wald, 25 % Sandflächen). Es gibt u.a. zwei streng geschützte Naturreservate (19 %), vier Landschaftsschutzgebiete (58 %) sowie kulturelle Schutzzonen und Erholungszonen (18 %).

Fauna und Flora

Hier gibt es 37 der 65 in Litauen vorkommenden **Säugetiere,** davon zehn seltene und vier geschützte (u.a. Flussotter und Seehunde). Schätzungen sprechen von 30 Elchen, 210 Rothirschen und Rehen, 120 Wildschweinen, 100 Füchsen und vielen Nagetieren (u.a. Hasen, Eichhörnchen, Biber, Marder, Dachse). Außerdem findet man 40 Fisch-, 470 Schmetterlings-, rund 300 Käfer- und viele Insektenarten. Von den über 200 **Vogelarten** brüten hier mehr als 100, darunter 54 geschützte Arten wie der Seeadler. Nördlich von Juodkrantė ist die mit rund 1500 Nestern landesweit größte Kolonie von grauen Kormoranen beheimatet. Während des **Vogelzugs** im Frühling und Herbst überfliegen rund 15 Mio. Vögel die Nehrung.

Die meisten **Bäume** wurden angepflanzt, darunter die dominanten (Berg-)Kiefern, aber auch Fichten, Birken, und Erlen. Es gibt etwa 350 Pilz- sowie 960 Pflanzenarten, darunter auch 190 sehr seltene sowie 31 geschützte.

Aufenthaltsbestimmungen

Besucher sind gehalten, ihre **Fahrzeuge** nur auf Parkplätzen abzustellen (bei nicht vorschriftsmäßig geparkten Fahrzeugen wird meist eine Reifensperre montiert), nur die zugelassenen Wege zu befahren und die Tempolimits (innerorts 40 km/h, ansonsten 60 bzw. 70 km/h) zu beachten (manchmal Radarkontrollen; gelegentlich überqueren Wildschweine, sehr selten Elche die Fahrbahn). Die Straße ist relativ schmal.

Es ist auch streng **verboten,** Lärm zu machen, ohne Erlaubnisschein zu jagen sowie Vögel zu verscheuchen oder ihre Nester zu zerstören. Denn nur eine intakte Vegetation kann alles erhalten.

Deshalb: Kein Feuer machen, Bäume, Sträucher und Waldwerk nicht beschädigen, bis auf den Campingplatz in Nida nicht zelten, nichts abpflücken, die Wald- und Dünenpfade nicht verlassen, keinen Abfall zurücklassen und keine Strandburgen in den Dünen bauen. Sonst könnte es sein, dass es dort bald keine Dünen und keinen Strand mehr gibt! Für o.a. Vergehen werden **drakonische Strafen** verhängt (bis 300 Lt.). Man sollte auch keine Wildtiere füttern.

Neringa

Neringa ist ein durch die Verwaltungsreform 1961 geschaffenes, künstliches Gebilde. Damals wurde fast der gesamte litauische Teil der Nehrung mit den Orten Juodkrantė, Pervalka, Preila und Nida zusammengefasst und **zur Stadt ernannt.** Smiltynė, das sich bis 5 km südlich des Fährhafens erstreckt, ist Stadtteil von Klaipėda (s. dort). Neringa umfasst 95 km² und hat eine rund 45 km lange „Hauptstraße", aber nur ca. 2400 Einwohner - ein **Kuriosum.**

Verkehrsverbindungen

Von Klaipėda gibt es mehrere **Fährverbindungen** (s.o.). Beim Fähranleger der Personenfähre in Smiltynė ist eine **Bushaltestelle.** Hier fahren Busse nach Nida (s.u.). Man sollte sich in Klaipėda nach den Abfahrtszeiten erkundigen, um nicht zu lange auf die nur etwa alle zwei Stunden verkehrenden Busse warten zu müssen. Die Luxusbusse (z.B. Kaunas - Nida, 4 Std.) nehmen die südlich davon gelegene Autofähre (kein Zustieg in Smiltynė möglich). Die Alte Poststraße, die früher Memel und Königsberg verband, führt auch heute fast durchgehend als Smiltynės plentas die gesamte Nehrung entlang. Sie ist Teil der Litauischen Bernsteinstraße, die von Nida nach Šventoji führt.

- **Busse** Smiltynė - Nida (9 Lt., 50 Min.) via Juodkrantė (4 Lt., 20 Min.). Einige fahren via Pervalka (6 Lt.) und Preila (7 Lt.), sonst muss man die jeweils letzten 2 km zu Fuß gehen. Sie halten i.d.R. nur an den Bushaltestellen.

Radfahrer dürfen die Alte Poststraße nicht mehr benutzen, sondern nur noch den neu angelegten und gut ausgeschilderten, 42 km langen **Radweg von Smiltynė nach Nida.** Dieser führt durch Wald und Dünen, ist meist flach und hat Rastplätze. In der Nähe der Bushaltestellen in Smiltynė, Juodkrantė und Nida können Räder **ausgeliehen** werden und gegen Aufpreis an einer anderen Station wieder zurückgegeben werden (mobil 68214798, www.liucijosratai.com). Auch Verleih von Trekkingrädern, Helmen, Kompassen und Karten.

Der **Grenzübertritt** von Nida in den **russischen** Teil der Nehrung ist nur mit einem russischen Visum möglich, das man sich vor Reiseantritt bei einer Botschaft besorgen muss. Reisebüros sind dabei behilflich.

Die **einzige Tankstelle** auf der Nehrung befindet sich zwischen der südlichen Abzweigung nach Nida (Taikos gatvė) und dem litauischen Grenzposten nach Kaliningrad (24 Std.). Der **russische Grenzposten** ist 2,5 km weiter südlich.

Taxis verlangen oft 100 Lt. pro Person für die Strecke Smiltynė - Nida. Ggf. in einem Sammeltaxi herunterhandeln (Nationalparkgebühr für PKW nicht inklusive).

Juodkrantė (Schwarzort)

18 km von Smiltynė liegt der zweitgrößte Ort der Nehrung mit 720 Einwohnern, langgestreckt an der geschützten Haffseite entlang der Hauptstraße L. Rėzos, eingebettet in das Dünental der großen **Parabol-Dünen.** Sie ist eine der ältesten Siedlungen der Nehrung (erstmals 1429 erwähnt) und hat sogar die Zeit der Wanderdünen unbeschadet überstanden, da Reste des ursprünglichen Waldes mit bis zu 50 m hohen Kiefern den Ort von drei Seiten her schützen. Daher stammt auch sein Name, da sich der „schwarze" Wald deutlich von den weißen Dünen abhob (der litauische Name bedeutet aber „Schwarzküste").

Juodkrantė lebte von der Fischerei und Bernsteinsuche. Bei der Bootsanlegestelle etwa 1 km nördlich des Ortes (Promenadenweg) sind noch Reste des alten **Bernsteinhafens** zu sehen, der bei der Suche nach dem „baltischen Gold" ausgehoben wurde. Daran erinnert auch noch die künstliche Bernsteinbucht, an die der ausgewaschene Sand geworfen wurde.

Vor dem Zweiten Weltkrieg war Schwarzort ein weltberühmter **mondäner Kurort** mit 15 Hotels und Gasthöfen. An ihn erinnern noch einige schöne **Holzvillen** von 1900–20 sowie das Kurhaus von 1868, die ebenso wie die 15 alten **Fischerhäuser** entlang der Rėzos g. unter Denkmalschutz stehen. Diese bieten mit ihren verzierten Giebeln und den Kurenwimpeln reizvolle Fotomotive. Juodkrantė ist dank seines herrlichen alten Waldes mit vielen Wanderwegen und der salzhaltigen Meereswinde ein beliebter **Luftkurort** und hat überdies eine sehr ruhige und erholsame Atmosphäre, obwohl nach dem Ausbau des kleinen **Jachthafens** auch hier der Tourismus verstärkt Einzug gehalten und Nida etwas den Rang abgelaufen hat. Dieser liegt im nördlichen (Haupt-) Teil des Orts, in dem man auch das alte Villenviertel, die meisten öffentlichen Einrichtungen und einige Läden, Lokale und Hotels findet. Vor dem Hotel „Vila Flora" steht das **Denkmal** für *Liudvikas Rėza (Ludwig Rhesa).*

Der Rektor der Königsberger Universität, Dichter und Folkloreforscher (1776–1840) war Herausgeber und Übersetzer des **Poems Metai** („Jahreszeiten"; von 1818) des Schriftstellers *K. Donelaitis,* vieler Fabeln und der ersten poetischen Volksliedersammlung (Dainos) mit 85 Liedern auf Litauisch und Deutsch (1825).

Die 2,4 km lange **Haffpromenade,** an der 1997 ein **Skulpturenpark** mit 31 Figuren des Bildhauersymposiums „Erde und Wasser" angelegt wurde, erstreckt sich nördlich des Jachthafens bis zum kleineren Südteil des Orts mit der **neogotischen Backsteinkirche** von 1885. Davor steht eine Christusstatue. Auf der anderen Staßenseite liegt das **Museum der Miniaturen** (Rėzos 3, Tel. 53323, www.ldm.lt/jps, Mai bis Sept. 11–18 Uhr, außer Mo). Im renovierten historischen Gebäude neben der Kirche sind rund 300 Ausstellungsstücke zu sehen, darunter ein Porträt von *Napoleon,* für das er persönlich Pose bezog.

Neben der Kirche ist eine **Galerie der Kurenwimpel** zu sehen (Rėzos 13, Tel. 53357, www.autentic.lt).

Etwa auf halber Strecke zwischen dem nahen Hotel Ąžuolynas und dem Jachthafen führt bei der Rėzos 46 eine Abzweigung zum **Hexenberg** *(Raganų Kalnas)* mit dem Schild *Muziejus.*

Hier ist ein **Märchenpfad** als Rundparcours mit etwa 1,5 km Länge angelegt worden, der einen Spaziergang lohnt. Den Pfad säumen rund 100 Hexen und Teufel und allerhand sonstige bizarre Eichenfiguren, die von litauischen Holzschnitzern und Volkskünst-

Der Bernsteinschatz von Juodkrantė

1854 wurden während der Vertiefung der Fahrrinne große Schichten von Bernstein entdeckt. Zwei Kaufleute aus Klaipėda (Memel) gründeten die Firma „Stantien und Becker", erhielten 1860 eine Lizenz, und förderten bis 1890 rund 2250 Tonnen Bernstein aus drei riesigen Klötzen, von denen der größte auf einer Sandbank rund 600 m vor dem Haff lag. Hier arbeiteten bis zu 600 Leute mit Dampfbaggern, Schuten und Booten. Dabei fand man außer Rohbernstein überraschenderweise auch **Bernsteinknöpfe, -broschen, -perlen, und -schmuck,** deren Herkunft unbekannt war. Erst 1880 gelang es dem Geologen *R. Klebs,* alle 434 gefundenen Stücke wieder aufzutreiben und zeitlich einzuordnen (die meisten stammten aus dem **Neolithikum** 4000–3500 v. Chr.). Daraufhin ging die sensationelle Meldung vom Fund eines **prähistorischen Bernsteinschatzes** um die ganze Welt. Zu den wertvollsten Bestandteilen des Schatzes gehörten die kunstvoll geschnitzten Menschen- und Tierfiguren, die von den damals an der Ostseeküste lebenden Baltenstämmen zu Amuletten verarbeitet wurden. Man vermutet deshalb, dass hier ein **heidnischer Opferplatz** war. Der größte Teil des Schatzes wurde im Preußischen Museum von Königsberg ausgestellt, einige Stücke gerieten in Privatsammlungen. Im Verlauf des Zweiten Weltkriegs ging ein großer Teil des Schatzes verloren. Doch bereits zu Beginn des 20. Jh. hatte *Klebs* den Schatz vermessen, beschrieben und gezeichnet. Außerdem gab es Gipsabdrücke im Kriegsmuseum von Kaunas. So ist es möglich, dass heute wieder **Kopien des Bernsteinschatzes** in den Bernsteinmuseen von Palanga, Vilnius und Nida zu sehen sind. 22 Originalstücke werden heute im Geologiemuseum von Göttingen ausgestellt.

lern 1979–81 nach Motiven litauischer Volksmärchen und Sagen geschaffen worden sind. 1988 wurde der Pfad um 12 Bildhauerskulpturen erweitert. Bei Symposien werden die Skulpturen renoviert und neue geschaffen. Sie sind nicht nur zum Angucken da, sondern auf einigen davon dürfen die Kinder sogar herumklettern. Schon der Eingang ist eine Sehenswürdigkeit, es lohnt sich auch ein Besuch in einem der vielen Souvenirgeschäfte. Bei Dunkelheit ist der Besuch nichts für schwache Nerven. Geradezu mystisch wird hier der Johannistag am 23./24. Juni die „Sonnenwendfeier" zelebriert, wohl der ideale Platz einer „Walpurgisnacht".

Von der Rėzos gatvė führen einige **Wanderwege** rund 1,6 km durch einen der ältesten Wälder der Nehrung zum Ostseestrand.

288li Foto: gs

Wegweiser zum Hexenberg von Juodkrantė

Informationen

- **Tel.-Vorwahl Juodkrantė:** (00370-) 469
- **Touristinformation,** Rėzos 8, Tel./Fax 53490, www.visitneringa.com, Di–Sa 9–18 Uhr, im Winter Mo–Fr 9–17 Uhr, auch Zimmervermittlung.

Nützliche Adressen

- **Bank** (auch Cashservice und Reiseschecks, Geldwechsel), Rėzos 54, Tel. 53245.
- **Öffentliches WC,** Kalno 3, Rėzos 6 a.
- **Telefon,** Kalno 3 (tgl. 8–24 Uhr).
- **Bushaltestellen,** bei Rėzos 56 und gegenüber Rėzos 6 a (Hexenberg).
- **Post,** Kalno 5, Tel. 53222, Mo–Fr 8.30–17 Uhr.
- **Grenzpolizei,** Žaliasis Kelias 2, Tel. 53182.
- **Erste Hilfe,** Kalno 26, Tel. 53282.
- **Apotheke,** im Hotel Ažuolynas.
- **Buchgeschäft,** Rėzos 13, Tel. 53357, gute deutschsprachige Literatur über das Memelland etc., alte Postkarten.

Unterkunft

- **Ažuolynas** (Eichenwald), Rezos 54, Tel. 53310/Fax 53316, www.hotelazuolynas.lt. Hotelkomplex mit 78 modern ausgestatteten Zimmern (EZ ab 110, DZ ab 150 Lt.); sehr angenehme Atmosphäre, Restaurant, Café, Bar, Sauna, Pool, Fahrradverleih, Tennis; große Wasserrutsche, Basketball, Billard, Zimmer mit Blick aufs Haff können im Sommer stickig sein.
- **Eglių Slenis** („Tannental"), Ievos Kalno 28, Tel./Fax 53364, www.egliuslenis.lt; 20 Zimmer (EZ ab 78, DZ ab 150, Luxus ab 200 Lt.), das beste Hotel am Ort, schöne, moderne Apartments mit Balkon und Küche, guter Service, Café, Bar.

- **Vila Flora,** Kalno 7 a, Tel. 53024, Fax 53421, www.vilaflora.lt, 17 Zimmer (EZ ab 160, DZ ab 240 Lt.), neu erbaut im alten Villenstil, beliebt, modern, guter Service; Bar und gutes Restaurant (mit prima Frühstück).
- **Kuršių Kiemas** (Kurischer Hof), Miško 11, Tel. 53004, Fax 53114, www.neringatravel.lt, 20 Zimmer (EZ ab 110, DZ ab 140 Lt.), renoviertes „Hotel Bachmann" von 1895, in Waldnähe, Fitnessraum.
- **Kurėnas,** Rėzos 10, mobil 69802711, Fax 53101, kurenas@gmail.com, 9 Zimmer (EZ ab 150 Lt., DZ ab 250 Lt.), modern, sehr sauber, mit Café.
- **Užmaris,** Žaliasis Kelias 8, Tel. 53337, Fax 26-227462; liegt direkt am Meer, 3 km vom Zentrum, hinter dem Parkplatz abbiegen; einfache DZ je nach Saison 150–200 Lt./Apartments 350–600 Lt., Sauna, Pool.
- **Vilavita,** Rėzos 25, Tel. 53009, www.vilavita.lt, 12 gemütliche und moderne Zimmer, 140–320 Lt.
- Es gibt rund 30 **Pensionen und Ferienwohnungen,** die meist 30–40 Lt. pro Person verlangen, u.a. in der Kalno 14 und 24, sowie **Apartments** ab 150 Lt. (u.a. in Kalno 5a, levos Kalno 14-2, 16-12). Informationen bei der Touristinformation oder im Ort fragen.

Gastronomie

Neben den **Restaurants** und **Cafés** in den o.a. Hotels gibt es auf der Rėzos g. einige gemütliche und billige **Lokale** (z.B. in Nr. 1, 6a, 30, 42, 48) und **Räucherfischbuden** (z.B. in Nr. 1, 16, 20, 22, 26, 28, 36, 44), dem Haupterwerbszweig neben dem Tourismus. Bei den meisten kann man draußen sitzen, viele haben nur während der Saison geöffnet.

Aktivitäten

- Gute **Anlaufstellen** sind die Hotels. **Bootsverleih** auch in Rėzos 6, **Reiten** unter Tel. 53194. **Bootsausflüge** und vieles mehr bei Jovila Travel, Rėzos 1-2, mobil 68478707, www.jovila.lt.

Feste

- **Fischerfest,** Mitte Juni, Konzerte, Fischerspiele u.a.
- **Festival der Kammermusik,** Ende Juli bis Mitte August (in der Kirche).
- **Musikalischer August an der See,** an Wochenenden.
- **Folklore-Festival,** September.
- **Fest zum Saisonende,** Ende September im Bernsteinhafen.

Südlich von Juodkrantė

Rund 1 km hinter Juodkrantė, wo die Straße vom Haff weg und bergauf führt, kann man nach rechts einen **Abstecher** zu einem Aussichtspunkt bei den 45 m hohen **Reiherbergen** (Garniai-Hügeln), den größten europäischen **Graureiherkolonien,** machen. Graureiher sitzen auf den Ästen und viele **Großkormorane** auf den Baumspitzen der Pinien, die wegen der Exkremente der Vögel fast weiß sind und abzusterben beginnen. Ein beeindruckender Anblick beim Geschrei der rund 3500 Vögel (Fernglas ist zu empfehlen).

Gleich dahinter findet man einen linker Hand schönen Rastplatz, von dem aus man zum **Avinas** (Schafsberg) hinaufsteigen kann. Der ist zwar bloß 40 m hoch, bietet aber dennoch einen wunderschönen Blick über das Haff, die Nehrung und auf die Ostsee. Südlich von hier erstreckt sich die 9 km lange Kette der **„Toten Dünen"**, das streng geschützte **Naglis-Naturreservat,** das sich fast bis Pervalka hinzieht. Es kann erst ca. 2 km vor der Abzweigung nach Pervalka von einem ausgeschilderten Parkplatz aus über einen Bretterfußweg mit Naturlehrpfad besichtigt werden, der auf den 53 m hohen Naglių kopa (Neegelschen Berg) führt, unter dem das Dorf **Neegeln**

(Naglių) liegt. Von hier hat man einen faszinierenden Blick aufs Haff. Das Reservat darf nicht betreten werden. Das Dorf wurde zwar noch zwei Mal an anderer Stelle wiederaufgebaut, aber immer wieder vom Sand begraben, bis es schließlich aufgegeben wurde. Von hier sieht man auch das **Kupsten-Terrain,** wo Wind und Regen bizarre Formen in den Dünensand modelliert haben. 2 km hinter dem Parkplatz zweigen **Stichstraßen** nach rechts zum Ostseestrand (ca. 1,5 km) sowie nach links zum Haff ab. Auf der letztgenannten erreicht man nach 2 km Pervalka.

Pervalka (Perwelk)

Dieser verträumte Ort mit rund 40 Einwohnern und 11 denkmalgeschützten **Fischerhäusern,** der 1836–44 von Bewohnern der vom Sand verschütteten Dörfern Neegeln und Karweiten gegründet wurde, liegt direkt am Haff. Auf dem etwas nach Osten ins Haff hineinragenden **Landvorsprung** hoffte man vor den Wanderdünen sicher zu sein, die weiter nördlich und südlich unaufhaltsam ein Dorf nach dem anderen unter sich begruben. Nördlich des Orts ragt hinter der Agila-Bucht eine Landzunge, der sog. *Pferdehaken* ins Haff, auf dem der **Pferdeleuchtturm** von 1900 steht. Man erreicht ihn per Boot oder zu Fuß am Haffufer entlang.

Nützliche Adressen

- **Infos** bei der Touristinformation in Nida.
- **Boots-/Wasserradverleih:** Pervalkos 13, 21.

Unterkunft

Es gibt einige **Ferienhäuser.**

- **Villa Karalienė Luizė,** Pervalkos 29e, Tel. 469-55191, www.luize.lt.
- **Vila Baldininkas,** Pervalkos 29b, Sauna, Radverleih, Tischtennis, Tel. 469-53506, vila baldininkas.lt.
- **Vaivos Gintaro namai,** Pervalkos 13, mobil 68548473, www.vaivosgintaronamai.lt, Billard, Tischtennis.

Südlich von Pervalka

Der **Radweg nach Nida** führt teilweise an der Haffküste entlang. Neben Kiefern stehen auch viele Birken und Erlen, mit Glück sieht man auch Rotwild. **Autofahrer** müssen die Stichstraße zurück zur Alten Poststraße nehmen.

Von dort etwa einen Kilometer weiter südlich führt ein Weg links auf den 53 m hohen **Skirpstas** (Kirbste-Berg) hinauf. Auf der Kuppe der einstigen Düne, mit Blick weit über die Nehrung und das Meer, steht eine **Holzskulptur** mit dem Porträt von *Ludwig Rhesa* und der Inschrift eines seiner Gedichte (s. Juodkrantė). Er wurde 1776 in dem weiter südlich gelegenen Ort Karvaičiai (Karwaiten) geboren. Dieser wurde 1797 aufgegeben und an die Bucht verlegt, aber auch dort von den Sandmassen eingeholt.

Preila (Preil)

Der 1843 von Bewohnern der versandeten Dörfer Neegeln und Karwaiten gegründete Ort liegt ebenfalls 2 km abseits der Poststraße an der Haffküste, 4 km südlich von Pervalka. Er ist ebenso wie Pervalka bisher ein sehr ruhiger und angenehmer **Ferienort** mit rund 200 Einwohnern und ideal für einen erholsamen und naturnahen Urlaub. Die 19 denkmalgeschützten **Fischerhäuser** mit Schilf- oder Strohdächern wurden 1910–30 erbaut. Sehenswert sind die **alte Schule** und der etnografische **Friedhof.** Ein 2 km langer Weg führt zum Ostseestrand.

Nützliche Adressen

- **Apotheke,** Preilos 57, Tel. 469-51113.
- **Post,** Preilos 57, Tel. 469-52236.

Unterkunft

- **Ferienzimmer** u.a. in Preilos 99, mobil 685 77888, oder Preilos 4a, 9, 17, 93.

Südlich von Preila

Zwischen Preila und Nida erstreckt sich ein Waldgebiet, das **Elchbruch** genannt wird und in dem auch heute noch einige wenige Elche leben sollen.

Südlich von Preila liegt die mit 67 m **höchste Düne der Nehrung** *(Vecekrugo kalnas).* Ihren Namen hat sie von einer alten Kneipe, die sich am Fuß der Düne befand. Der Anstieg ist etwas steil, wird aber von der tollen Aussicht auf die Buchten und Landzungen am Haff belohnt. Auf dem Radweg biegt bei der Bulvikis-Düne kurz vor Nida ein Kiesweg zum **Bulvikis-Horn** ab, der breitesten Stelle der Nehrung mit 3,8 km (es nimmt aber durch den Haffstrom ständig ab). Von hier sieht man bei gutem Wetter die andere Haffseite (8 km entfernt). Autofahrer müssen zur Alten Poststraße zurück, von dort sind es noch 9 km bis Nida.

Nida (Nidden)

Der bekannteste Ort der Nehrung und ihr Verwaltungszentrum liegt rund 48 km von Smiltynė bzw. 3 km von der Kaliningrader Grenze entfernt. **Drei Zufahrtsstraßen** führen zum Zentrum, von denen die *Kuverto* und *Taikos* zu empfehlen sind.

Nida, das ist der Inbegriff der Kurischen Nehrung, ihr Herzstück und sicher ihr schönster und beliebtester **Ferienort,** zudem noch **Kurort, Fischerort** und **Hafen.** 3 km südwestlich von Nida, südlich der „Gleiter-Düne“ im heutigen **Grobštas-Naturreservat** und Grenzgebiet, stand die vermutlich **älteste Siedlung** der Nehrung. Sie wurde erstmals 1385 unter dem Namen *Noyden* in Berichten des Deutschen Ordens erwähnt. Der **Gasthof Nida,** 1429 und 1437 erwähnt, stand weiter östlich, um den sich dann das Dorf Nida entwickelte. Es versandete 1675 und wurde 500 m weiter nördlich bei der Parnidder Düne wiederaufgebaut, wo es 1732 das gleiche Schicksal ereilte. Den neuen Ort verlegte man dann an die Haffküste, wo er mit den Dörfern Škruzdynė („Ameisenhaufen“) und Purvynė („Schlamm“) verschmolz (eine 2 km lange Straße verbindet noch heute die Stadtteile). Der Versandung kam man durch Dünenbepflanzung zuvor. Ende des 19. Jh. wurde Nida **Künstlerdomizil,** 1933 dann Kurort mit damals fünf Hotels.

Herrlich ist die Lage Nidas am stillen Wasser des Haffs: im Norden und Westen von sattgrünen Wäldern eingesäumt, im Osten von der silbrig glitzernden Fläche des Haffs und im Süden von den leuchtend weißen Sanddünen, die sich turmhoch über die Wipfel der Bäume erheben. Die nahe Ostsee lädt zum Baden ein, an der **Haffpromenade** lässt es sich entspannt bummeln und radfahren. Nida hat viel von seinem **Charme** bewahrt, der schon früher viele Künstler und Erholungssuchende anzog. Auf die 1550 Einwohner kommen in der Saison rund 50.000 Feriengäste, was der Gemütlichkeit aber keinen Abbruch tut. Im Sommer geben manchmal kleine Musikkapellen abendliche Konzerte am Haff. Souvenirhändler, Straßencafés, Räucherfischbuden sowie die vielen flanierenden Gäste halten den Ort lebendig.

Sehenswertes

Das **Zentrum** liegt westlich des Hafens beim Rathausplatz und der Touristinformation. Viele der schönen alten **Fischerhäuser,** von denen 52 denkmalgeschützt sind, findet man südlich davon in den Sträßchen Lotmiškio und Naglių, einige mit bezaubernden Vorgärten, einige auch mit (Garten-)Restaurants und Pensionen. Das Räucherfischlokal in der Naglių 6 zieren Giebelbretter mit zwei Schwänen und Sonnenblumen.

In der Naglių 4 ist das **ethnografische Museum** (Di–Sa 11–17 Uhr, 1.6.–1.9. Di–So 10–18 Uhr, Tel. 52372). In diesem Fischergehöft sind original ausgestattete Räume zu sehen, die mit ihren Arbeitsgeräten, Hausrat und Mobiliar einen anschaulichen Einblick in das Leben der Nehrungsfischer vom 19. Jh. bieten. Zum Gehöft gehören Wohnhaus, Stall, Speicher, Dampfbad, Keller und Räucherkammer. Es werden auch traditionelle kurische Festmahle mit Tänzen und Gesängen organisiert (100 Lt. pro Person, Dauer 90 Minuten). Im Garten stehen vier alte schwarze **Kurenkähne.** Die meist 8–10 m langen und 3 m breiten *Kurenai* aus dickem Eichenholz ohne Kiel, aber einem Seitenschwert zur Stabilisierung, waren aufgrund ihres geringen Tiefgangs ideal für den Fischfang auf dem oft nur 3 m tiefen Haff; sie sind seit dem 12. Jh. bekannt und wurden bis 1956 eingesetzt. Heute existieren fünf Nachbildungen aus dem 19. Jh. Eine davon liegt im Sommer am Pier und wird für Touristenfahrten genutzt (mobil 686 65242). An den Mastspitzen dieser Kähne befestigte man ab 1844 **Kurenwimpel.**

An die Südsee erinnert das daneben liegende Restaurant *Eserinė,* das im passenden ethnografischen Stil erbaut ist, mit Reetdach, viel Holz, rustikaler Ausstattung und Innenhof. Es bietet einen herrlichen Ausblick auf die Front der schneeweißen Dünen.

Bernsteinmuseum

Im Bernsteinmuseum *(Gintaro Galerija)* in der Pamario 20 (Tel. 52573, 10–19 Uhr, 1.6.–31.8. 9–20 Uhr, www.ambergallery.lt) erfährt man alles Wissenswerte über das baltische

Strand bei Nida

Gold; auch Ausstellung einer Kopie des Bernsteinschatzes von Juodkrantė (s. Exkurs); im Künstlerhaus daneben Ausstellung berühmter Bernsteinjuweliere und -meister, Vorführungen sowie Verkaufsgalerie. Im Garten stehen interessante Skulpturen. Man erreicht es über die belebte Pamario g. oder über die gemütliche **Haffpromenade,** die beim Hafen beginnt (von ihm hat man einen schönen Ausblick auf die Dünenlandschaft um Nida). Es gibt **Filialen** in der Skruzdynės 17 a und Naglių 14 bzw. 18 c sowie in Vilnius.

Kirche mit Friedhof

Auf einer Anhöhe gegenüber steht die **neogotische evangelisch-lutherische Kirche** von 1888, in der sonntags Gottesdienste (z.T. auf Deutsch), manchmal auch Konzerte stattfinden. Um die Kirche finanzieren zu können, schrieb der Pfarrer 6000 Bittbriefe an Gemeinden des Deutschen Reiches. 1962 wurden Kanzel und Kirchengestühl als Saunaholz verheizt, 1966 wurde sie als Heimatmuseum und Konzertsaal genutzt, 1989 wieder der Kirchengemeinde zurückgegeben. Daneben liegt ein kleiner **Friedhof** aus dem Jahr 1732.

Ungewöhnlich sind die aus einem Brett geschnitzten **Grabkreuze** *(krikštai)*, die man nur um das Kurische Haff herum findet. Diese Tradition reicht bis ins Heidentum zurück. Wie Waldgeister stehen sie zwischen den Bäumen. Und wenn man die schlicht aufgepinselten, teils längst verblassten Inschriften zu entziffern versucht, so

Klaipėda und Ostseeküste

074li Foto: gs

entdeckt man viele deutsche Namen, darunter auch jenen des Gastwirts Blode (s.o.). Vom 16. bis 17. Jh. wurden sie für Männer mit Pferdeköpfen, für Frauen mit Vögeln verziert, ab Ende 17. Jh. für Männer auch mit Vögeln, für Frauen mit Blumen und Herzen. Diese **Symbole** waren Sinnbilder des Leidens, wie man sie auch an den Giebelbrettern der Fischerhäuser findet. **Kröten** dagegen wurden als **heilige Tiere** verehrt. Die **Kurenbretter** wurden am Fußende des Grabes aufgestellt, damit sich die Verstorbenen am „Tag der Auferstehung" gemäß ihres heidnischen Glaubens daran aufrichten konnten. Die der Männer waren aus Eiche oder Birke, die der Frauen aus Linde gefertigt. Größe, Verzierung und Farbe waren von Alter und Geschlecht abhängig. *Lovis Corinth* verewigte den Friedhof in einem seiner Bilder. Auch an neuen Gräbern werden z.T. Kurenbretter aufgestellt.

Das Grab des Dünenbepflanzers *Gottlieb D. Kuvert,* gleichzeitig Denkmal für seinen Sohn *Georg David,* liegt mitsamt der Gräber vieler Förster und Dünenwärter auf dem **Miskininkų-Friedhof,** nordöstlich der Kreuzung Kuverto-Smiltynės pl. (Alte Poststraße).

Künstlerviertel

Nida hat schon immer auch Künstler angezogen, die hier ihre Motive und Inspirationen fanden, und ist daher nicht nur als Badeort berühmt, sondern hat sich auch einen Namen als **Malerwinkel** gemacht. U.a. malten hier *Lovis Corinth, Max Pechstein, Ernst Ludwig Kirchner* und andere Mitglieder der „Brücke". Meist muss man auch heute nicht weit gehen, um irgendwo zwischen Kiefern oder Dünen eine Staffelei zu sehen. Vor allem Ende 19./Anfang 20. Jh. traf sich hier die **Kolonie deutscher Expressionisten,** unterstützt durch den Kunstmäzen *Hermann Blode,* der die Maler in seinem Hotel in der Skruzdynės 2 (dem heutigen *Nidos Smiltė-Hotel,* wo eine Gedenktafel für ihn angebracht ist) freies Quartier gewährte, oder dafür Bilder bekam. Die heutige millionenschwere Gemäldesammlung ist auf viele Museen der Welt verteilt. Replika dieser Gemälde sowie Fotos einiger hier abgestiegener Künstler, Schriftsteller, Schauspieler etc. kann man in einer kleinen **Ausstellung** im Hotel sehen (8–19 Uhr, Tel. 52219).

Historisches Museum

Gegenüber liegt das Historische Museum (Pamario 53, Tel. 51162, Di–Sa 10–17 Uhr, 1.6.–15.9. tgl. 10–18 Uhr). Zu sehen sind u.a. Fischfanggeräte (auch für Eisangeln), Kurenwimpel, Kurenkähne und alte Fotos. Besonders erwähnenswert ist die **Ausstellung über das Krähenfangen,** das bis 1943 meist von Kindern und älteren Leuten im Frühjahr und Herbst praktiziert wurde. Die Tiere wurden erst totgebissen, gekocht, dann gesalzen oder geräuchert verspeist. In der **Bibliothek** im gleichen Gebäude stehen u.a. die Werke von *Thomas Mann.*

Thomas-Mann-Haus

Auch der Nobelpreisträger *Thomas Mann* übernachtete hier 1929 im Blo-

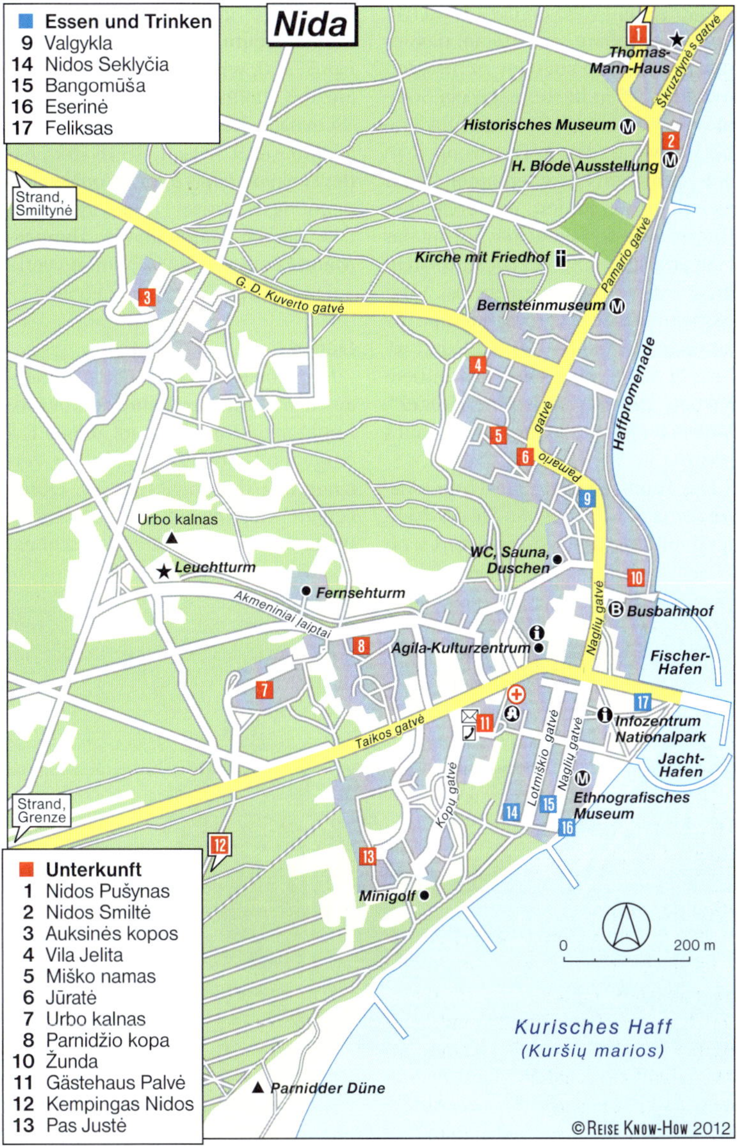
Nida
Essen und Trinken
9 Valgykla
14 Nidos Seklyčia
15 Bangomūša
16 Eserinė
17 Feliksas
Unterkunft
1 Nidos Pušynas
2 Nidos Smiltė
3 Auksinės kopos
4 Vila Jelita
5 Miško namas
6 Jūratė
7 Urbo kalnas
8 Parnidžio kopa
10 Žunda
11 Gästehaus Palvė
12 Kempingas Nidos
13 Pas Justė
Thomas-Mann-Haus
Skruzdynės gatvė
Historisches Museum
H. Blode Ausstellung
Strand, Smiltynė
Kirche mit Friedhof
Pamario gatvė
G. D. Kuverto gatvė
Bernsteinmuseum
Haffpromenade
Urbo kalnas
Leuchtturm
WC, Sauna, Duschen
Fernsehturm
Akmeniniai laiptai
Naglių gatvė
Busbahnhof
Agila-Kulturzentrum
Fischer-Hafen
Taikos gatvė
Infozentrum Nationalpark
Jacht-Hafen
Lotmiškio gatvė
Kopų gatvė
Ethnografisches Museum
Strand, Grenze
Minigolf
0
200 m
Kurisches Haff
(Kuršių marios)
Parnidder Düne
©Reise Know-How 2012

de-Hotel, und war von der Landschaft und Atmosphäre so angetan, dass er sich in der Nähe auf dem „Schwiegermutterberg“ in bester Lage ein Sommerhaus bauen ließ - mit „Rivierablick“, wie es heißt. Erst wenn man von dem am Hang erbauten Haus zwischen den Kiefern hindurch über Laubbäume und Ziegeldächer auf das Haff und seinen Strand blickt, versteht man, was damit gemeint ist. Der Nobelpreisträger verbrachte hier die Sommer der Jahre 1930–32 und arbeitete dabei unter anderem an dem Roman „Joseph und seine Brüder“. Viele nannten das Haus „Onkel Tom's Hütte“.

Das Thomas-Mann-Haus *(Tomo Mano namelis)* im typischen Stil der Nehrung mit Reetdach ist restauriert worden und birgt jetzt ein kleines **Gedenkmuseum** (Skruzdynės 17, Tel./Fax 52260, www.mann.lt). Es ist auch Sitz des Thomas-Mann-Kulturzentrums (Seminare, Konzerte etc., Di–Sa 10–17, 1.6.–15.9. täglich 10–18 Uhr), hat die Funktion eines internationalen Begegnungszentrums und organisiert das jährlich stattfindende **Thomas-Mann-Festival** (s.u.), wo Interessierte auf seinen Spuren wandeln können.

Dünen

Man sollte sich einen Spaziergang auf die **Parnidder Düne** (Parnidžio-Kopa) mit 52 m Höhe auf keinen Fall entgehen lassen (Zugang in der Verlängerung der Naglių gatvė). Durch lichten Kiefernwald und über eine parkartige Fläche geht es den schnee-

289li Foto: gs

weißen Sandbergen entgegen und dann über 170 Treppenstufen höher und höher hinauf. Ein unwirklich schönes Panorama bildet der Steilabbruch dieser hohen Dünenwand zwischen grünen Bäumen, mittelmeerblauem Himmel und dem Wasser des Haffs.

Die fast 14 m hohe **Sonnenuhr** (mit alten baltischen Kalenderinschriften) auf dem Gipfel ist bei einem Orkan 1999 teilweise abgesplittert. Man erreicht die Düne auch auf einem Asphaltweg, der bei dem bewachten Parkplatz links von der Taikos gatvė abgeht (2 km von der Post) und weitere 2 km bis zum Parkplatz in der Nähe der Sonnenuhr führt. Von der Sonnenuhr führt Richtung Norden ein Waldweg zurück nach Nida. Dabei passiert man den **Gedächtnisstein für die Segelfliegerschule,** die 1933–39 hier operierte; später war hier das Sommerlager der litauischen Segelflieger. Auf dem Fundament des ehemaligen Hangars steht heute ein Bogen.

Die Düne ist Teil des **Parnidis-Landschaftsschutzgebiets,** an das das weiter südlich bis zur 2 km entfernten Kaliningrader Grenze liegende 9 km^2 große **Grobštas-Naturreservat** anschließt, dessen Zutritt verboten ist (unter dem Sand dieser zwei Gebiete liegen übrigens die ursprünglichen Siedlungen von Nida, 1675 und 1732 verschüttet). Hier sieht man eine der höchsten Dünen Europas in den Himmel ragen, die **Sklandytojų (Gleiter-) Düne** mit zurzeit 65 m Höhe. Sie war bei Drachenfliegern sehr beliebt, liegt aber heute im Grenzgebiet (Betreten verboten).

Dies ist das Gebiet, das auch den Namen **Litauische Sahara** trägt. Und wer schon einmal in der Sahara war, weiß, dass dieser Vergleich gar nicht übertrieben ist. Dort liegt auch das **Tal des Schweigens,** auch **Tal des Todes** genannt, weil hier im Mittelalter der Pestfriedhof lag und während des Deutsch-Französischen Kriegs 1870/71 viele französische Kriegsgefangene wegen der harten Lebensbedingungen bei der Dünenbepflanzung ihr Leben lassen mussten.

Am Fuß der Dünentreppe kann man aber auch am Haffufer ein Stück in Richtung Süden gehen, wo man mit dem Blick auf die legendäre **Sandwand beim Grobštas-Horn** belohnt wird. Ein faszinierendes Naturerlebnis, nur Sand und Himmel. Hier beginnt das **Naturreservat,** das man nicht betreten darf. Man sollte es sowohl aufgrund der drakonischen Strafen auf litauischer Seite und möglicher stundenlanger Verhöre von russischen Grenzbeamten als auch zum Schutz der Natur nicht darauf ankommen lassen weiterzugehen. Wind und Sandmassen haben hier **großartig skurrile Landschaften** modelliert, die nicht nur Maler und Fotografen faszinieren. Fantastische Schluchten und Steilabbrüche haben die Stürme in den Sand gefräst,

Die Haffpromenade in Nida

feine Wellenmuster geschaffen und bizarre Sandinseln herausmodelliert.

Das **Wahrzeichen Nidas** ist der rotweiß geringelte, 29 m hohe **Leuchtturm** auf dem Urbo kalnas (Bärenberg). Er wurde 1874 auf der 51 m hohen Düne, die übrigens als erste Düne der Nehrung wiederaufgeforstet wurde, eingeweiht. Nach Zerstörungen im Zweiten Weltkrieg wurde er 1945 wieder aufgebaut. Von hier hat man einen tollen **Ausblick** auf die gesamte Breite der Nehrung (der noch besser ist, wenn einem der Leuchtturmwärter erlaubt, den Turm zu besteigen).

Am Strand

Der Badestrand des Ortes liegt an der Ostseeküste und ist unterteilt in Textilstrand (rechts) und FKK (links), dazwischen der Frauenstrand (Erläuterungen beim Strand in Smiltynė). Hier ist auch der Turm der Rettungswacht untergebracht. 2002 erhielt der Strand zum ersten Mal den Status der „Blauen Flagge" für sauberen Wasserzustand. Es gibt einige Umkleidekabinen, die Wassertemperatur beträgt im Juli/August max. 22°C. Alle Wege von Nida nach Westen führen zum Strand, die meisten durch den kühlen Kiefernwald. Der kürzeste mit rund 20 Min. Gehzeit ist der **Fußweg** entlang der Taikos g., gesäumt von einigen Räucherfischbuden. Es gibt im Sommer den **Shuttle-Bus** „Centras-Paplūdimys" zu jedem gewünschten Strandabschnitt bei genügend Passagieren (Abfahrt vor der Apotheke, Taikos 11; Fahrpreis 2.50 Lt.). **Parkplätze** gibt es an der Alten Poststraße, von der drei ausgeschilderte Zugangswege zum Strand führen und auf denen u.a. Eis, Getränke und Würstchen verkauft werden.

Verkehrsmittel

- **Taxi,** Tel. 52708.
- **Busbahnhof,** Naglių 18e, Tel. 52859. Busse nach Smiltynė; Busse u.a. nach Kaliningrad (3 Std.), Kaunas (4 Std.), Vilnius (5 Std.). Gepäckaufbewahrung (3 Lt., 7.45–20 Uhr).

Informationen

- **Tel.-Vorwahl Nida:** (00370-) 469
- **Touristinformation,** Taikos 4, Tel. 52345, Fax 52015, www.visitneringa.com, Mo–Fr 9–13, 14–18 Uhr, Sa 10–15 Uhr, Juni bis August Mo–Sa 10–19/So 10–15 Uhr. U.a. Zimmervermittlung (5 Lt. Gebühr), Karten, Exkursionen.
- **Infozentrum des Nationalparks,** Naglių 8, Tel. 51256, Fax 51224.

Nützliche Adressen

- **Post,** Taikos 15, Tel. 52647, Mo–Fr 9–12, 13–17.30 Uhr; hier Gästehaus *Palvė* (s.u.).
- **Telefonamt,** Taikos 13, Tel. 52007, 9–22 Uhr; Okt.–April 9–17.45 Uhr; auch Fax.
- **Internetcafé,** in der Touristinformation.
- **Bankas Snoras-Kiosk,** Naglių 27 (Geldautomat im Sommer 24 Std.).
- **Krankenhaus und Apotheke,** Taikos 11, Tel. 51203 bzw. 52138.
- **(Verkehrs-)Polizei,** Taikos 5, Tel. 52205.
- **Grenzpolizei,** Tel. 52100.
- **Zollamt,** Tel. 52161.
- **Hafenbüro,** Tel. 51101.
- **Umweltschutzbüro,** Taikos 2, Tel. 51232.
- **Öffentliches WC,** hinter Naglių 29, dort auch **Duschen** (7 Lt.) und **Sauna** (13 Lt./Std.); 10–20 Uhr.
- **Wäscherei,** Pamario 5, 8–22 Uhr.
- **Autovermietung,** *Keliauk Rent a car,* Naglių 29, Tel. 53300, www.keliauk-car.lt

Unterkunft

Neben den **Hotels** gibt es fast 70 **Ferienhäuser** und **Pensionen,** einige davon im traditionellen Fischerhausstil neu errichtet, einige nur im Sommer geöffnet. Eine detaillierte Broschüre ist bei der Touristinformation erhältlich. Gegen eine **Gebühr** von 5 Lt. vermittelt sie Privatzimmer (i.d.R. 30–80 Lt. p.P.) und Apartments (i.d.R. 150– 300 Lt.). Für den **kleinen Geldbeutel** haben die Hotels *Nidos Smiltė* und *Pušynas* sehr schlichte Räume (20–40 Lt.p.P.).

Hotels

- **Auksinės kopos** (Goldene Dünen), Kuverto 17, Tel. 52387/Fax 52947, 90 Zimmer (EZ ab 95, DZ ab 150, Luxus ab 200 Lt.), 300 m nach Nida, 800 m zum Strand, im Kiefernwald, Restaurant, Bar, Sauna, Türkisches Bad, Schwimmbad (öffentlich!), Minigolf, Billard, Radverleih, Reiten, Wassersport; gut für Familien, abends oft Livemusik. Recht laut.
- **Jūratė,** Pamario 3, Tel. 52300/Fax 51118, www.hotel-jurate.lt; Ferienheim mit 10 sehr verschiedenen Häusern, 112 einfache Zimmer (115–355 Lt.); das Haupthaus war von *Königin Luise* bewohnt und steht unter Denkmalschutz; Restaurant, Bar, Café, Sauna, Fitnesstudio, Radverleih. Gute Lage.
- **Urbo kalnas,** Taikos 32, Tel. 52428/Fax 52953, urbokalnas@is.lt; 900 m zum Strand, 300 m nach Nida; in sehr schöner Lage auf der Düne beim Leuchtturm mit herrlichem Ausblick; ganzjährig geöffnet; 40 Zimmer (EZ ab 85, DZ ab 210 Lt.), Halb- und Vollpension; Pool, Sauna, Bar, Radverleih.
- **Parnidžio kopa,** Taikos 26 (Zugang nach Taikos 10), Tel. 52631, Fax 52794, www.kds/parnkopa.htm; 13 Zimmer (EZ 240, DZ 480 Lt., Apartment 1000–1200 Lt.), sehr modern, Fitnessraum, Pool, Sauna, Billard, Café.
- **Litorina,** Smiltynės 19, in Ostseenähe, Tel. 52528, Fax 51102, www.litorina-dubingiai.lt; 19 Zimmer (DZ ab 100 Lt., Apartment 450 Lt.), sehr modern, Restaurant, Fitnessraum, Sauna, Tennis, Billard, schöner Garten.
- **Nidos Smiltė** („Niddener Sand"), Skruzdynės 2, Tel. 52221, Fax 52762, www.smilte.lt; früheres *Hermann-Blode-Künstlerhotel* (s.o.); 88 Zimmer (160–460 Lt.), zweckmäßig eingerichtet, hell, etwas klein; Restaurant, Bar, Radverleih; 15 Min. zum Zentrum.
- **Nidos Pušynas** („Niddener Kiefernwald"), Purvynės 3 (nahe Thomas-Mann-Haus), gleiche Kontaktadresse und Preise wie Nidos Smiltė; Komplex aus den traditionellen Fischerhäusern „Heimat" (6 Zimmer), „Blumen" (5 Zi.) und „Haffstrand" (11 Zi.); modern eingerichtet, schöne Lage und Atmosphäre, beliebt bei deutschen Touristen, 25 Min. zum Zentrum, Restaurant, Radverleih.
- **Žunda,** Naglių 20 (Rezeption im Restaurant davor), Tel. 52835, 14 Zimmer (80–120 Lt.), an Haffpromenade; etwas hellhörig, aber für den Preis und die Lage schwer zu schlagen, obwohl etwas heruntergekommen.

Gästehäuser, Pensionen

- **Pas Justė,** Kopų 15-4, Tel. 52354, Fax 52698, www.kopos.lt, 11 schöne Zimmer, 250–300 Lt., angenehme Atmosphäre.
- **Palvė,** Taikos 15, Tel. 52702, Fax 52824, www.palve.lt, Gästehaus der Telekom (über dem Postamt), modern eingerichtet mit Miniküche, 28 Zimmer (200–250 Lt.), Sauna, Billard.
- **Miško namas** (Villa Waldhaus), Pamario 11, Tel./Fax 52290, www.miskonamas.com, acht Zimmer (100–330 Lt.); bezauberndes Holzhaus, romantische Atmosphäre, modern eingerichtet, mit Balkon, getrennte Eingänge, eigene Küche, Fahrradverleih.
- **Vila Jelita,** Kuverto 7-4 (in Seitenstraße), mobil 61404451, Fax 54287, www.jelita.lt, im Fischerhausstil, 7 Zi. (200 Lt.), Küche.

Campingplatz

- **Kempingas Nidos,** Taikos 45a (Richtung Strand, dann links ab; ist ausgeschildert), Tel./Fax 52045, www.kempingas.lt, 39 Lt. p.P., 50 Lt. für PKW. Viele Freizeitmöglichkeiten (Tennis, Kino etc.), Verleih von Zelten, Schlafsäcken etc., auch Vermietung von 10 Apartments, Restaurant, Sauna, Pool.

Gastronomie

Neben den Hotelrestaurants wartet Nida mit guten Lokalen auf, die meisten in traditionellen Fischerhäusern und deren Vorgärten an der Naglių gatvė. Die Bedienung kann recht langsam sein. Spezialität des Ortes ist **Räucherfisch** *(rųkyta žuvis)*, fast überall zu kaufen.

- **Nidos Seklyčia,** Lotmiškio 1, Tel. 50000, www.neringaonline.lt, tägl. 10–23 Uhr, urgemütliches Café-Restaurant in kleinem Holzhaus mit Terrasse; Nationalspezialitäten, riesige Auswahl, auch gutes Weinsortiment; herrlicher Dünenblick, teuer.
- **Užeiga Senas Žvejas** (Alte Fischerkneipe), vor der Tankstelle am Grenzübergang zum Kaliningradgebiet; zünftige Grillbar, in der man das Fleisch an Halbmeterspießen und frisch geräucherte Aale bekommt.
- **Faksas,** im Wald in der Taikos gatvė 32a, ein Stück nach dem *Lineja-Hotel* rechts. Urige Atmosphäre, Räucherfisch, Tel. 51140.
- **Senasis Vostas,** Nagliū 29 a, mobil 699 38980, 8–24 Uhr; rustikale Ausstattung, Fisch und Hähnchen, gute Küche.
- **Vizitas/Kolibris,** Naglių 14a, Café, nebenan Räucherfisch, 10–24 Uhr, Tel. 52557.
- **Po Vyšniom,** Naglių 10, gutes Gartenlokal mit litauischer Küche, 10–22 Uhr, Tel. 52906.
- **Agila-Kulturzentrum,** Taikos 4; kleines Café, litauische und italienische Gerichte, 10–22 Uhr.
- **Bangomūša,** Naglių 5, Café, 9–24 Uhr, Tel. 52517.
- **Feliksas,** Taikos 14 (Hafengebäude), 24 Std., internationale Küche, manchmal Live-Musik.
- **Kuršis,** Naglių 29, Tel. 52804, 9–24 Uhr, kleines Cafe mit guten, billigen Gerichten.
- **Sena Sodyba,** Naglių 6, Tel. 52782, 9–23 Uhr, angenehme Atmosphäre unter Bäumen, gute Fisch-und Fleischgerichte, geräucherter Fisch hinter dem Gartenlokal.
- **Eserinė,** Naglių 2 (s.o.), Tel. 52757, 10–24 Uhr, kreative Küche, beliebt (s.o.).
- **Čili Pizza,** Naglių 16, 10–3 Uhr, Kuvento 7, 9–24 Uhr, auch Anlieferung in Nida und an den Strand, Tel. 50300.
- **In Vino,** Taikos 32, Tel. 77997, 10–24 Uhr, angenehme Weinbar in toller Lage.
- **Valgykla** (Kantine), Pamario 1, einfache und billige Gerichte.

Aktivitäten

- Bei einigen der o.a. Hotels und an verschiedenen Plätzen im Zentrum kann man **Fahrräder** ausleihen (Ausweis mitbringen).
- **Reiten,** beim Forstamt (Nidos Girininkija, Purvynes 27, Tel. 52302).
- **Pferdekutschenfahrten,** beim Hafen.
- **Kegeln,** Hotel Linėja.
- **Minigolf, Tischtennis, Billard, Fitnessraum,** bei Neringa-Sportschule, Lotmiškio 2, Tel. 52828; Ruder-/Tretbootverleih, Jachtclub.
- **Motor-, Segelbootverleih, Wasserski,** beim Hafen.
- **Bootsausflüge,** u.a. zum Nemunas-Delta-Regionalpark (s.o.), Infos beim Hafenbüro bzw. bei den im Hafen liegenden Ausflugsbooten, www.mariulavai.lt, www.nidas. eu.
- **Kanus,** Blokart- und Ruder-Katamarane, Windräder, Windschlitten, Strandsegeln, Treträder, Eissegeln, Nordic Walking, Rafting, Sauna auf Rädern, Lenkdrachen u.v.m. unter www.irklakojis.lt, Kopų 3-7, mobil 61881957.
- **Wassertaxi** von/nach Klaipėda, www.vandenstaxi.lt.
- **Kurenkahnfahrten** (Mai–Sept.), beim Hafen.
- **Elektroroller, Velomobil, Luftkissenverleih,** Naglių 3, Tel. 258654, wwwkurortupramogos.lt.
- **Freibad,** beim Hotel Auksinės kopos (10 Lt.).
- Das **Reisebüro baltTours** im Busbahnhof, Tel./Fax 51190, www.balttours.lt, hilft bei der Visumsbesorgung für **Kaliningrad.** Auch weitere **Ausflüge, Autoverleih, Rundflüge.**

Feste

- **Ende Mai,** Musikfestival.
- **22.–24. Juni,** Intern. Kunstfestspiele (u.a. Theater, Konzerte, Folklore-, Handwerksvorführungen).
- **Mitte Juli,** Thomas-Mann-Festival, einwöchig, Konzerte, Lesungen, Filme, Ausstellungen u.a., Infos Tel./Fax 52260, www.thomas-mann-festival.de; es gibt Sonderreisen deutscher Reiseveranstalter.
- **Ende Juli–Mitte August,** Kammermusikfestival, Segelregatten.
- **Musikalischer August,** an Wochenenden (Opern u.a.).

- **Mitte August,** Fest des prähistorischen und mittelalterlichen Handwerks (Konzerte, Ausstellungen u.a.), Jazzfestival.
- **15. November,** Stadtgründungsfest, Konzerte u.a.
- **Weitere kulturelle Veranstaltungen** (Filme, Ausstellungen, Chor-, Theater-, Folkloregruppen etc.) im Agila-Kulturzentrum, Taikos 4 (Tel. 52345, Fax 52538, www.visitneringa.lt, Mo–Fr 8–17 Uhr). Wer sich für die umfangreichen Werke des Künstlers *Eduardas Jonusas* interessiert, kann ihn in seiner Werkstatt besuchen (im Rahmen einer Führung, mobil 68758233, keine offizielle Adresse, bei Touristinformation fragen).

Einkaufen

- **Lebensmittel,** im Zentrum gibt es u.a. den Maxime-Supermarkt.
- **Souvenirs,** Naglių 16 (Holzhäuschen) bzw. Markt neben dem Agila-Kulturzentrum.

Palanga (Polangen)

Der **Bernstein-, Kur- und Badeort** mit rund 17.600 Einwohnern und einem Vielfachen an Feriengästen im Sommer (Anfang Juni bis Mitte Sept.) liegt etwa 25 km nördlich von Klaipėda und ist der **größte Ferienort** des Landes.

Scheinbar endlos erstreckt sich der rund 10 km lange **Strand** mit feinem weißem Sand (auch Seidensand genannt), gesäumt zunächst von einem Dünenwall, den man auf Bohlenwegen durchquert, dann von den **Küstenwäldern,** deren harziger Kieferduft sich mit dem Salzgeruch der Ostsee mischt (die Ausführungen zum Naturschutz im Kapitel „Nationalpark Kurische Nehrung" gelten sinngemäß). Der Strand auf Höhe des Botanischen Gartens erhielt die „Blaue Flagge" für gute Wasserqualität.

Die Stadt selbst bietet einen wunderbaren Park, Alleen, zahlreiche Cafés, Bars, Restaurants, Sport- und Kultureinrichtungen, Sanatorien und Europas größtes **Bernsteinmuseum.**

Bei den großen Besucherzahlen darf man natürlich nicht erwarten, dass es hier so ruhig und beschaulich zugeht wie auf der Nehrung. In der **Hauptsaison,** besonders an Wochenenden, ist der Strand oft gedrängt voll, die Hotels, Pensionen und Fremdenzimmer sind meist ausgebucht und die Cafés, Bars und Restaurants sind überlastet. Es gibt dann auch viele Veranstaltungen wie **Konzerte** oder **Festivals.** Wer Strandurlaub mit Abwechslung liebt, ist hier richtig. Bis spät in die Nacht ist auf der **Flanier-, Gastronomie- und Vergnügungsmeile Basanavičiaus** etwas los: Souvenirstände, Straßenverkäufer, Rummelplätze, Spielautomaten u.v.m.; abends eine Disco unter freiem Himmel, überall dröhnen (Live-)Musik und Karaoke, hier geht die Post ab. Es gibt hier auch zwei Radspuren. Auch die **Vytauto** ist recht belebt; in den anderen Straßen ist es fast so ruhig wie in Nida.

Ähnlich wie Neringa auf der Kurischen Nehrung ist Palanga durch die Verwaltungsreform zu einer riesigen **Flächenstadt** geworden. Sie erstreckt sich von Nemirseta (Nimmersatt), 6 km südlich von Palanga, rund 24 km (einschließlich Šventoji, das extra aufgeführt ist) und einer Breite von bis zu 4 km bis Lettland; das bedeutet, dass von den 99 Küstenkilometern Litauens etwa 74 km allein auf die „Stadtgebiete" von Neringa und Palanga entfallen.

Palanga ist aber nicht nur Seebad im Sommer, sondern auch **Ganzjahreskurort** für Badekuren und Schlammbadtherapien. In einer Tiefe von 500 m ist man auf Mineralquellen gestoßen, es gibt Salzthermen, und die Moore der Umgebung liefern das Material für heilsame Packungen und Bäder in den zehn Sanatorien. Aufgrund der jodhaltigen Luft ist es auch **Luftkurort.** Infos über alle Kurmöglichkeiten liefert die Broschüre „Palanga – Quelle der Gesundheit".

Palanga gehört mit seinem endlosen Strand, den vielen **Wander- und Fahrradwegen,** den Wäldern und dem großen Park sicher zu den **schönsten Kur- und Badeorten Europas.** Es gibt Radwege nach Klaipėda (25 km) und Šventoji (12 km). Für Erholungssuchende besonders zu empfehlen ist die **Nachsaison** Ende September. Dann ist es meist noch angenehm warm, das Wetter ist stabiler als im Sommer, und die Menschenmassen sind weg.

Stadtgeschichte

Das Gebiet war bereits im 3./2. Jh. v.Chr. vom baltischen Stamm der **Kuren** besiedelt. In Gräberfeldern und Grabhügeln fand man Gefäße, Bronzeschmuck und Spuren des Bernsteinhandels, darunter römische Münzen vom 3./4. Jh. Andere Gräber aus dem 8.–13. Jh. enthielten Silberschmuck, Schwerter und arabische Geldstücke, Beweis für die Bedeutung Palangas als wichtiges Handelszentrum des **Kurenlands Meguva.** Am Fuß des Birutė-Hügels, einer 22 m hohen Düne im heutigen Botanischen Garten, fand man Überreste einer Siedlung von Kuren und dänischen Händlern (Wikingern) sowie ein **astronomisches Observatorium** vom 14./15. Jh., ein Kreuz von Steinen (Stonehenge in England ähnlich). Die Himmelsrichtungen waren mit Holzpfählen bezeichnet, man ermittelte hier auch die Kalenderfeste (ein Modell steht heute im Museum der Geschichte Klein-Litauens in Klaipėda).

Auf dem Hügel befand sich vom 10.–13. Jh. eine kleine **Palisadenburg** sowie ein **heidnisches Heiligtum,** in dem der Hohepriester zusammen mit den *Vaidilutės* (jungfräulichen Priesterinnen) das **Ewige Feuer** hütete.

Die „Litauische Chronik" berichtet, dass Großfürst *Kestutis* (1345–82) sich in die schönste der *Vaidilutės* verliebt haben soll, die den Göttern jedoch ewige Jungfernschaft gelobt hatte und ihn daher nicht erhören wollte. Da entführte der Fürst sie kurzerhand in seine Residenz in Trakai und heiratete sie. Sie gebar ihm 1350 den späteren Großfürsten *Vytautas.* Nachdem *Kestutis* ermordet worden war, soll sie wieder zu ihrem Heiligtum zurückgekehrt sein. Ihr Name war *Birute,* und nach ihr wurde der Hügel benannt, auf oder neben dem sie auch begraben worden sein soll. Sie gilt als **Symbol der Treue und Liebe** zu ihrem Land.

Erstmals erwähnt wurde Palanga schon 1253 in der Chronik des Schwertbrüderordens. Ähnlich wie Memel

LATVIA
Klaipėdos
Pape
Rucava
N. Įpiltis
Senoji Įpiltis
Plokščiai
Nida
Šventaja
Šventoji
Juodupėnai
Laukžemė
Nausėdai
Grūšlaukė
Leliūnai
BŪTINGĖ
(BŪTNCIEMS)
Kumpikai
ŠVENTOJI
(SVENTAJA)
Darbėnai
Pasertupis
Vaineikiai
Lazdininkai
Nasrėnai
Tarvydai
Akmena
Šukė
Kūlupėnai
Tūbausiai
Rūdaičiai
Martynaičiai
Palanga
(Polangen)
Kurmaičiai
Kiauleikiai
Kartena
Klibiai
Gintaro muziejus
(Bernsteinmuseum)
Kretingsodis
Vydmantai
Padvariai
Rubuliai
Kretinga
Dupulčiai
Budriai
NEMIRSETA
Girkaliai
Raguviškiai
Žutautai
Valėnai
Kretingalė
Jokūbavas
Baubliai
Karklė
Danė
Kalotė
Plikiai
Eketė
Fähre Klaipėda-Riga
GIRULIAI
Aukštkiemiai
Žvelsa
Smilgynai
Lapiai
Mazūriškiai
Kvietiniai
MELNRAGĖ
Ginduliai
Saulažoliai
Rudaičiai
A11
A13
E272
218
216
168
217
226
166
A
B
1
2
3

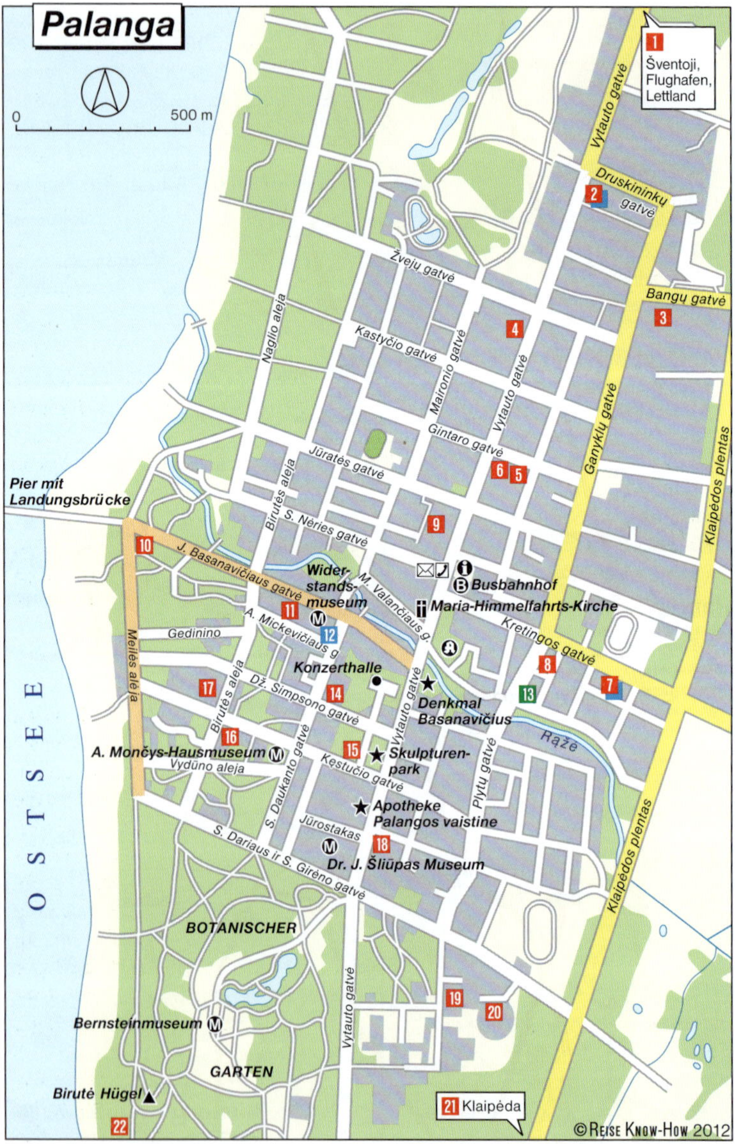
Palanga
0
500 m
1
Šventoji, Flughafen, Lettland
Vytauto gatvė
Druskininkų gatvė
2
Žvejų gatvė
Bangų gatvė
3
4
Kastyčio gatvė
Maironio gatvė
Vytauto gatvė
Naglio aleja
Ganyklų gatvė
Klaipėdos plentas
Gintaro gatvė
Jūratės gatvė
6
5
Birutės aleja
Pier mit Landungsbrücke
S. Nėries gatvė
9
10
J. Basanavičiaus gatvė
Widerstandsmuseum
M. Valančiaus g.
Busbahnhof
Maria-Himmelfahrts-Kirche
11
A. Mickevičiaus g.
12
Kretingos gatvė
Gedinino
Meiles alėja
Konzerthalle
8
Birutės aleja
Dž. Simpsono gatvė
17
14
Vytauto gatvė
Denkmal Basanavičius
13
7
Rąže
16
O S T S E E
A. Mončys-Hausmuseum
15
Skulpturenpark
Vydūno aleja
Kęstučio gatvė
Plytų gatvė
S. Daukanto gatvė
Apotheke Palangos vaistine
Jūrostakas
18
S. Dariaus ir S. Girėno gatvė
Dr. J. Šliūpas Museum
Klaipėdos plentas
BOTANISCHER
Vytauto gatvė
19
20
Bernsteinmuseum
GARTEN
Birutė Hügel
21 Klaipėda
22
©Reise Know-How 2012

Unterkunft
1 Camping Senasis Kempingas
2 Du Broliai I
3 Jugendherberge
4 Žalias namas
5 Žydroji Liepsna
6 Tauras
7 Du Broliai II
8 Gamanta
9 Aitvaras
10 Šachmatinė
11 Kastytis
14 Alka
15 Vila Šilelis
16 Vandenis
17 Baltija Žilvinas
18 Vila Ramybė
19 Joldija
20 Baltija Vyturys
21 Campingplätze
22 Auska

Essen und Trinken
2 Du Broliai I
7 Du Broliai II
12 Zvaigždė

Einkaufen
13 Supermarkt

(Klaipėda) befand sich auch Palanga während der **Zeit der Kreuzritter** (13.–15. Jh.) in einer wenig beneidenswerten Lage. Im Norden saßen die Ritter des Schwertbrüder-Ordens, im Süden die des Deutschen Ordens, die beide bemüht waren, ihre Territorien entlang der Küste auszudehnen. Mehrmals wurde der Ort von den Rittern besetzt, aber jedes Mal von den Litauern wieder zurückerobert. Da Klaipėda sich in der Hand der Deutschen befand, waren Palanga und das nahe-gelegene Šventoji die einzigen litauischen Häfen. Nach dem **Frieden von Melnosee** (1422) endete die Ordensmission, im Friedensvertrag von Brest (1435) wurde Palanga endgültig Litauen zuerkannt, **Nemirseta** war nördlichster Punkt des **Memellandes.** Danach wurde der Landstrich auch von Žemaiten besiedelt. Spätere Versuche, den Hafen auszubauen, scheiterten am Widerstand der Nachbarhäfen Memel, Riga und Liepaja.

1639 erhielt die Stadt das **Privileg des freien Handels** mit Riga, Königsberg und Danzig. 1685 richteten die Schweden (wie schon zuvor 1589 die Engländer) eine eigene Handelsvertretung ein, um von Memel und Riga unabhängig zu sein, und die Stadt erlebte eine kurze Blütezeit als Hafenstadt. Doch schon 1701 wurde sie im **Schwedenkrieg** verwüstet, und der Hafen wurde zerstört, weil die Konkurrenz, die Handelsherren von Riga, darum gebeten hatten.

Palanga versank für ein Jahrhundert in einen Dornröschenschlaf, bis zu Beginn des 19. Jh. in den Kreisen des

Adels Kuraufenthalte und **Badeorte** in Mode kamen. 1824 kaufte Graf *Tiskiewicz,* ein Oberst der Zarenarmee, den gesamten Ort. 1847 wurde ein Park angelegt, die Stadt entwickelte sich langsam zum **Kurort.** 1890 ließ er eine Landungsbrücke und einen Hafen bauen, der allerdings bald wieder versandete. 1897 ließ er sich auch ein **Schloss** errichten, in dem heute das Bernsteinmuseum untergebracht ist. Immer mehr Adlige und wohlhabende Bürger aus dem Zarenreich und Polen wurden durch den herrlichen Strand und die Wälder angelockt und bauten hier ihre **Villen und Sommerresidenzen.** Neue Kurhäuser und Sanatorien entstanden. Deutsche Kriegsschiffe zerstörten 1915 große Teile der Stadt. Viele wieder errichtete Gebäude fielen 1933 einem Großbrand zum Opfer. Die Grafenfamilie emigrierte 1940. Nach dem Zweiten Weltkrieg bis zur Unabhängigkeit Litauens wurde Palanga jeden Sommer von Hunderttausenden Gästen aus allen Teilen der einstigen Sowjetunion besucht. Jetzt kommen viele Litauer. Seit 2008 gibt es auch wieder Direktflüge von/nach Moskau.

Rundgang

Nach Palanga locken das Meer, die Sonne und der 8 km lange **Badestrand.** Ein **Spaziergang** durch die Stadt lohnt sich, auch wenn es hier nicht viele Baudenkmäler zu besichtigen gibt – oder gerade deshalb. Es ist ein gepflegtes Städtchen mit viel Grün, mit einer verkehrsberuhigten Innenstadt, mit hübschen alten Villen und Kurbauten.

Ausgangspunkt ist die genau im Stadtzentrum stehende neogotische **Maria-Himmelfahrts-Kirche** (1897–1906) mit dem 76 m hohen Kirchturm. Das Kircheninnere ist geschmückt mit Schnitzereien und Marmorskulpturen (Vytauto 88; tgl. 8–19 Uhr). Nördlich der Kirche liegen das Geschäftszentrum sowie die meisten öffentlichen Einrichtungen. Die **Vytauto** verläuft parallel zum etwa 700 m weiter westlich gelegenen Strand und führt zum Hotelkomplex im nördlichen Stadtteil Vanagupė und zum Flughafen, nach Süden zur Hauptsehenswürdigkeit, dem Bernsteinmuseum. Auf dem Weg dorthin passiert man den kleinen **Souvenirmarkt** bei der Brücke über das Flüsschen Ražė und der Einmündung der Basanavičiaus. Rechter Hand liegt der **Skulpturenpark** mit 28 Figuren des Kunstmuseums.

Weiter südlich an der Vytauto 33 liegt die 1827 eröffnete **Apotheke „Palangos Vaistinė"** mit Originalmobiliar (9–21 Uhr, Sa/So 10–19 Uhr). Hier war 1944–51 zwischenzeitlich das städtische Hauptquartier des KGB. Etwas zurückversetzt an der Nr. 23 a liegt das **Dr. Jonas Sliūpas-Museum** (Tel. 54559, Sept.–Mai Di–So 11–17 Uhr; Ausstellung über die Geschichte Palangas sowie über den Unabhängigkeitskämpfer, Sprachwissenschaftler und ehemaligen Bürgermeister, der hier 1933–39 wohnte).

Hinter der Kreuzung mit der Dariaus ir Girėno liegt der 110 ha große **Bota-**

nische Garten, der größte seiner Art in Litauen, ein Ort der Erholung und Ruhe. Er wurde 1843 angelegt, 1897–1907 vom französischen Gartenarchitekten *Edouard André* erweitert und zum Schlosspark umgebaut. Die ersten Pflanzen kamen aus den Botanischen Gärten von Berlin und Paris. 1960 entstand daraus der Botanische Garten, nachdem zu den Schwanenteichen, Springbrunnen und Blumenrabatten u.a. noch ein Rosengarten und einige Gewächshäuser für subtropische Pflanzen hinzugefügt wurden. Heute blühen hier rund 370 einheimische und rund 250 importierte Pflanzenarten, davon 24 gefährdete.

Südwestlich des Haupteingangs steht die landesweit bekannte **Märchenplastik der Natternkönigin Eglė** (eine zweite steht vor dem Alka-Hotel). Sie symbolisiert die Liebe der Fischerstochter *Eglė* („Tanne") zu *Žilvinas* („Uferweide"), einem verzauberten Prinzen in Form einer Schlange. Sie lebten glücklich mit ihren 4 Kindern. Doch Eglės 12 Brüder wollten sie von diesem Fluch ihres Mannes befreien und ermordeten ihn. *Eglė* verwandelte sich daraufhin in eine Tanne, und ihre 4 Kinder *Ažuolas* (Eiche), *Beržas* (Birke), *Uosis* (Erle) und *Drebule* (Espe) in ewig lebende Bäume (vgl. „Natur").

In der Parkmitte steht eine **Christus-Statue** (eine Replika, da das Original von den Sowjets zerstört wurde) vor dem **Schloss des Grafen Tiskiewicz,** 1897–1902 im Stil der Neorenaissance gebaut. Es beherbergt seit 1963 **Europas größtes Bernsteinmuseum,** das man sich nicht entgehen lassen sollte, es ist Teil der litauischen Bernsteinstraße (Tel. 53501, Di–Sa 10–20 Uhr, So 10–19 Uhr, Sept.–Mai Di–Sa 11–17, So 11–16 Uhr, www.pgm.lt). Hier erfährt man auch einiges über Entstehung und Verbreitung von Bernstein und über seine Gewinnung (Verarbeitung, Morphologie etc.). Das Museum ging 1963 aus einer kleinen Ausstellung von 32 Stücken hervor, die der Graf in seinem Billardzimmer gezeigt hatte. Heute umfasst es über 26.000 Exponate, von denen aber nur 4500 in 15 thematisch geordneten Räumen ausgestellt sind, darunter kiloschwere Bernsteinbrocken, über tausend prähistorische Schmuckstücke aus Bernstein und 15.000 Inklusen (mit Vergrößerungsgläsern. Zu sehen sind u.a. auch eine **Kopie des Bernsteinschatzes** von Juodkrantė sowie eine Bernsteinwerkstatt.

In der Kapelle ist eine Ausstellung mit Fotos und persönlichen Gegenständen des Grafengeschlechts *Tiszkiewicz* zu sehen. Auf der Terrasse finden im Sommer **klassische Musikabende** (Nachtserenaden) statt. Südwestlich davon liegt der geschichtsträchtige **Birutė-Hügel** (s.o.), auf dem eine achteckige Kapelle von 1869 mit schönen Silberikonen steht. Am Fuß steht die Holzskulptur mit der Inschrift „Für Dich, Birutė" sowie neben der Grotte ein Denkmal der Jungfrau Maria, gestiftet von *Vilius Orvydas* (s. Salantai). Unweit davon steht eine kleine Infotafel. Optionen: entweder am Strand oder den Dünen an der Meilės alėja entlang; Kunstinteressierte können noch einen Abstecher machen zur Daukanto 16 ins **Hausmuseum** von *A. Mončys* (1921–93), einem berühmten Bildhauer, Schnitzer und Maler (Tel. 49366, www.antanasmoncys.com, Mi–So 11–17 Uhr).

Alle Wege führen zwangsläufig zur „Touristenmeile" **Basanavičiaus gatvė.** Kurz vor Sonnenuntergang haben (fast) alle nur ein Ziel: Man spaziert auf die **Landungsbrücke** hinaus, die die „Verlängerung" der Basanavičiaus gatvė ist. Errichten ließ den ursprünglich 630 m langen hölzernen Landungssteg der bekannte Graf *Tiskiewicz,* der mit seinem Dampfer „Phoenix" gerne hier anlegte. Das Ende des Stegs zeigte nach Norden, um die anlegenden Schiffe vor den mächtigen Wellen zu schützen. Durch die heftigen Winterstürme 1923, 1968 und 1993 wurde der größte Teil der Brücke weggerissen, aber 1997 mit Beton, Stahl und Holzdielen mit einer Länge von 470 m wieder aufgebaut. Tausende von Leuten tummeln sich hier abends auf der Brücke, um den **Sonnenuntergang** zu sehen. Sie ist vor allem auch als Rendezvous-Platz beliebt, sodass sie von den Einheimischen auch **„Liebes-Allee"** genannt wird. Am Beginn des Landungsstegs steht ein Springbrunnen mit *Jūratė* und *Kastytis.* Zwischen den vielen Lokalen sieht man auch einige schöne **Holzvillen.** In der Nr. 21 können Interessierte einen Blick ins **Widerstandsmuseum** werfen (Mi, Sa, So 16–18 Uhr). Das Denkmal für den Namensgeber der Straße, *J. Basanavičius,* steht an der Einmündung in die Vytauto.

041li Foto: gs

Verkehrsmittel

Eigenes Fahrzeug

- Palanga ist durch eine gut ausgebaute Straße mit Klaipėda verbunden (ca. 25 km) und über die **Autobahn** auch von Vilnius aus rasch zu erreichen. Die *Klaipėdos plentas* ist die Umgehungsstraße zwischen Klaipėda und Šventoji.
- Bei der Touristinformation gibt es einen **Stadtplan für Autofahrer** (Details über Parkplätze, Halteverbote etc.) Es empfiehlt sich, sein Auto auf einem der bewachten Parkplätze abzustellen, um Palanga als Erholungsort so gut wie **autofrei** zu halten. Die meisten Straßen sind gesperrt. Wer außerhalb der vorgezeichneten Stellen parkt, riskiert eine Wegfahrsperre und ein sehr hohes Bußgeld.

Am Flughafen

- Palanga hat den einzigen Flughafen an der Küste. Er liegt etwa 6 km nördlich der Stadt an der Hauptstraße (Liepojos pl. 1, Tel./Fax 52020, www.palanga-airport.lt, Mo–Fr 5–24, Sa 5–20, So 8–24 Uhr. Café 8–20 Uhr, im Winter 8–18 Uhr; Geldwechsel (7–23 Uhr).
- **Stadtbusse** der Linie Nr. 3 fahren zwischen 6 und 22 Uhr vom Busbahnhof etwa stündlich zum Flughafen und fahren ca. 20 Minuten nach Ankunft der Flugzeuge zurück nach Klaipėda. Taxis verlangen meist 30 Lt. nach Palanga, 90 Lt. nach Klaipėda (telefonische Reservierung am Info-Schalter im Obergeschoss ist billiger und sicherer). Sollte kein Bus fahren, empfiehlt sich ein Taxi zwischen Flughafen und Palanga, und von Palanga nach Klaipėda einen (Mini-)Bus (4 Lt.).

Bahn

Die nächsten Bahnhöfe liegen in **Kretinga** sowie in **Klaipėda;** Verbindungen s. dort. Fahrkartenverkauf Vytauto 74, Tel. 48265.

Egle-Figur im Botanischen Garten

Bus

- Der **Busbahnhof** liegt im Zentrum an der Kretingos 1 (Tel. 53333) 7–19.30 Uhr. Gepäckaufbewahrung 8–13, 14–20 Uhr. Mindestens einmal stündlich gibt es eine Verbindung von und nach **Klaipėda.** Die Fahrt dauert ca. 45 Min. (per Mikrobus 30 Min.). Weiterhin gibt es Verbindungen u.a. nach: **Kretinga** (20 Min., u.a. Minibusse) – mindestens halbstündlich, **Kaunas** (3½ Std., auch Kautra-Luxusbusse), **Šiauliai** (2½ Std.), **Vilnius** (5½ Std.), **Liepaja/Lettland** (1 Std.), **Riga/Lettland** (4½ Std.). Nach **Vilnius** verkehrt auch ein Express-Minibus in 3½ Std. (Tel. 31314). Von Klaipėda (via Kretinga) gibt es mehr Verbindungen nach **Darbenai, Skuodas, Salantai** und andere Orte in der Umgebung als von Palanga aus.

Öffentlicher Stadtverkehr

- Bus 3 fährt Richtung Flughafen und passiert den Hotelkomplex Vanagupė; weiter nach Šventoji (Abfahrt Busbahnhof), 6–22 Uhr, ca. stdl., Fahrplan bei der Touristinformation.

Taxi

- Tel. 51777, 52425, 54103, 53333 u.a.; **Taxistand** in der Nähe des Busbahnhofs. Preis pro km 2–2,50 Lt., Einsteiggebühr 2–3 Lt.

Informationen

- **Tel.-Vorwahl Palanga:** (00370-) 460
- **Touristinformation,** Kretingos 1 (im Busbahnhof-Gebäude), Tel. 48811, Fax 48822, www.palangatic.lt, 9–18 Uhr (1.9.–31.5. Mo–Fr 9–19 Uhr, Sa, So 10–16 Uhr); u.a. Zimmervermittlung, Exkursionen.

Nützliche Adressen

- **Bank,** u.a. Vytauto 61, Jūratės 15 (Reiseschecks, Western Union).
- **Geldautomaten,** Vytauto 53, 61, 106, Juratės 15 u.a.
- **Apotheken,** Vytauto 59, 92.
- **Internetcafés,** Vytauto 94a (Tel. 49525, 8–23 Uhr, und Vytauto 97 (Tel. 53411).

• **Post,** Vytauto 53, Mo–Fr 9–18, Sa 9–14 Uhr; Fax und Telegramm Tel. 48225; Western-Union-Geldtransfer; EMS-Expresspost Tel. 217103.

Unterkunft

Bestimmte Unterkünfte sollte man in der Saison (Mitte Juni bis Ende August) **rechtzeitig buchen.** Es gibt eine breite Palette von luxuriös bis schlicht. Relativ billig sind die meisten Privatzimmer und die (noch) unrenovierten Erholungsheime. An den Einfallstraßen von Klaipėda und Kretinga sowie am Busbahnhof stehen **private Zimmervermieter** mit Schildern *(kambariai, nuomo jami).* Hilfreich bei der Zimmervermittlung für die fast 90 Hotels, Erholungsheime und Pensionen ist die **Touristinformation.** Auch Reisebüros z.B. in Klaipėda und Bed&Breakfast-Agenturen wie *Litinterp* (s. Klaipėda) vermitteln Zimmer. Weitere Übernachtungsmöglichkeiten findet man auch im „Kaunas/Klaipėda In Your Pocket"-Stadtführer („KIYP" bzw. „Exploring Klaipėda"). In der **Nebensaison** sind die Preise viel günstiger, viele Hotels sind aber geschlossen. Die Preise sind i.d.R. inkl. Frühstück. Einige Hotels haben einen Spa-Bereich, wo mit vielen Kurgästen zu rechnen ist.

Obere Kategorie

Einen ganzen Komplex von Betonklötzen und kleineren Villen – einstige Erholungsanlage der kommunistischen Nomenklatura mit Sauna und Pool – bilden die Häuser „Auska", „Vyturis", „Žilvinas" sowie die Jugendherberge (s.u.). Buchung unter: www.baltijahotel.lt.

• **Auska,** Vytauto 11, Tel. 49084, Fax 49087, www.baltijahotel.lt, 10 Apartments (500–800 Lt.), 5-Sterne-Hotel, 50 m vom Strand, Restaurant, Bar, Tennis, Sauna, Pool mit Salzwasser, Park, für gehobene Ansprüche (u.a. *Breschnew* stieg hier immer ab).

• **Šachmatinė,** Basanavičiaus 45, Tel./Fax 51655, www.sachmatine.lt, 11 Zimmer (120–400 Lt.), direkt am Strand und Pier und inmitten des Touristenrummels, luxuriös, guter Service, Disco, Pizzeria, Sauna, Pool, aber eher laut.

• **Du Broliai,** Vytauto 160, Tel. 40040 bzw. Kretingos 36, Tel. 48108, Fax 52889, www.dubroliai.lt (DZ 300–1200 Lt.); sehr elegante Zimmer, Restaurant, Pianobar, Wintergarten, Pool, Sauna, Fitnessraum.

• **Žydroji Liepsna** („Blaue Flamme"), Gintaro 36, Tel. 52441, Fax 48250, www.hotelzliepsna.lt; 35 Zimmer (180–360 Lt.), auch ideal für Familien, sehr gut ausgestattete Zimmer, Sauna, Restaurant, Bar, Kegelbahn, exzellent und preiswert.

• **Tauras,** Vytauto 116, Tel./Fax 49111, www.feliksas.lt, 20 Zimmer (100–295 Lt.), populäres Hotel mit modernen Möbeln, Balkon, Café, Restaurant, Sauna, Bowling, Radverleih.

• **Žalias namas,** Vytauto 97, Tel./Fax 51231, www.zaliasnamas.lt, 12 Zimmer (ab 150 Lt., Suiten 400 Lt.); modern, Pool, Sauna, Restaurant.

• **Vila Šilelis,** Kestučio 2a, Tel./Fax 54592, geschmackvolle Zimmer, verschiedene Kategorien (ab 200 Lt.), populär.

• **Alka,** Daukanto 21 (zu erkennen an der Eglė-Statue davor), Tel. 41433, Fax 41434, www.alka.lt, 34 Zimmer, (EZ ab 90, DZ ab 250 Lt.), Billard.

Mittlere Kategorie

• **Vandenis,** Birutės 47, Tel. 52987, Fax 53584, www.vandenis.lt, 20 Zimmer (200–300 Lt.), 200 m zum Strand, Nähe Park, recht einfache Zimmer, älteres Mobiliar, aber angenehme Atmosphäre, ruhig, Bar, Restaurant, Sauna, Billard.

• **Gamanta,** Plytų 7, Tel. 48885, Fax 48889, www.gamanta.lt, 33 Zi. (ab 100 Lt.), Sauna, Pool, Restaurant.

• **Hotel Žilvinas,** Kestucio 26, Tel. 49146/Fax 49197, www.baltijahotel.lt, ruhige Lage, 200 m zum Strand, 400 m zum Stadtzentrum; 41 Zimmer (DZ 195–540 Lt.), große und komfortable Apartments, bewachter Parkplatz, Tennis, Sauna, Pool, Restaurant und Bar, gut für Familien. Zum Komplex gehören auch die Holzhäuser in der Gedimino 2, 4, 5 und 6. Kureinrichtungen.

• **Hotel Vyturys,** Dariaus ir Girėno 20, Tel. 49147, Fax 49148, www.baltijahotel.lt, 145 Zimmer (EZ 84, DZ ab 114 Lt.); ruhige Lage;

1 km zum Strand bzw. zum Zentrum; Bar, Restaurant, Parkplatz, Kureinrichtungen, Tennis, Sauna, Pool, Reha-Zentrum.
- **Kastytis,** Mickeviciaus g. 8, Tel. 53507; gut für Familien (alle Zimmer mit Wohn- sowie Schlafraum), 6 Zimmer (ab 150 Lt.), Bar.
- **Vila Ramybė,** Vytauto 54, Tel./Fax 54124, www.vilaramybe.lt, 13 Zimmer (DZ 100–300 Lt.), schönes, gemütliches Holzhaus; kann aber wegen des Restaurants (gute Küche), der überdachten Veranda und der Bar recht laut sein.

Untere Kategorie

- **Aitvaras,** Biliūno 8, modernisierte Zimmer mit Balkon, Tel. 51497, ab 70 Lt.
- **Joldija,** Dariaus ir Girėno 12, Tel. 53057, 20 Lt. pro Person in 2-, 3-, 4 Bettzimmern eines typischen Ferienheims, 1,5 km vom Strand, Etagendusche.
- **Jugendherberge,** Ganyklų 30, Tel. 49184, Fax 49226, www.baltijahotel.lt, ab 29 Lt. pro Bett.

Camping

- **Campingplatz,** Vytauto 8 (4 km südlich), Tel./Fax 53533, Hütten mit Platz für 2–4 Personen (10–15 Lt. p.P.), Heißwasserdusche, auch Zeltplatz; Saison: 15.5.–15.9.; mit Bus Nr. 1 zu erreichen (Haltestelle Kempingas).
- **Užkanavės,** Tel. 51676, 2 km südlich an der Straße nach Klaipėda, 1 km von Bushaltestelle; gute sanitäre Einrichtungen, empfehlenswert.
- **Nemirseta,** Tel. 52377, 5 km südlich nahe der Hauptstraße, Duschen, empfehlenswert.
- **Senasis Kempingas,** Vytauto 180, Tel. 287-07545, Zeltverleih, Dusche.
- **Weitere Campingplätze** sowie Details sind bei der Touristinformation erfragbar.

Gastronomie

Die **Basanavičiaus** ist die Gastronomiemeile. Man stolpert fast von einem Lokal ins andere. Jeder findet hier sein Fleckchen, wo er sich wohl fühlen kann. Es geht dort meist **sehr laut** zu. Viele Lokale sind nur im Sommer geöffnet. Neue sprießen aus dem Boden, alte schließen oder ändern ihre Namen. Die unten angeführten existieren schon länger und zählen zu den besten und populärsten. Weitere sind in „KIYP" zu finden. Frühstücksbuffets in Hotels stehen oft auch Nichtgästen offen, sind aber meist teuer. Auch die meisten **Hotels** haben Restaurants oder Cafés.
- **Čili,** Basanavičiaus 45, Tel. 51655, So–Fr 9–24 Uhr, Sa 9–7 Uhr, u.a. leckere Pizzas.
- **1925,** Basanavičiaus 4, in tollem Holzhaus, Tel. 52526, 10–24 Uhr, deftige Landesgerichte, manchmal Live-Musik.
- **Senas Tiltas/Jųros Tiltas/Meilutė,** Basanavičiaus 38, 9–24 Uhr, drei kleine Restaurants unter einem Dach, billige litauische Gerichte.
- **Judex Bistro,** Basanavičiaus 48, 9–2 Uhr, tagsüber billige Kantine, Wochenende Disco.
- **Du Broliai** („Zwei Brüder"), Kretingos 36 bzw. Vytauto 160, Tel. 40040 bzw. 46040; tägl. 10–22 Uhr; Fisch- und Fleischgerichte.
- **Žvaigždė,** Daukanto 6, Tel. 49012, 9–24 Uhr, gutes ukrainisches Essen, schöner Innenhof mit Veranda und Pool.
- **Jimmy's,** Basanavičiaus 19, Tel. 54178, 12–24 Uhr (nur im Sommer), etwas zurückversetzt, aber leicht zu erkennen am hölzernen Indianer, gutes Essen, sehr beliebt.
- **Monika,** Basanavičiaus 12, Tel. 52560, 10–24 Uhr, litauische und italienische Küche.
- **Molinis Asotis,** Basanavičiaus 8, 11–2 Uhr, Tel. 53455, Terrasse direkt am Fluss, im Winter am Kamin, gute internationale Küche.

Nachtleben

Im Sommer ist die ganze Basanavičiaus spät abends eine Tanzfläche. Überall dröhnt laute Musik, z.T. von Live-Bands.
- **Šachmatinė,** gute Disco und Kellerbar im gleichnamigen Hotel (21–5 Uhr). Tel. 51655. Hier kommt jeder auf seine Kosten.
- **Vila Ramybė,** Vytauto 54, Tel./Fax 54124 (9–24 Uhr), Café, Jazzbar im gleichnamigen Hotelgebäude aus 1926 mit sehr großer Terrasse, gemütlich, gute Auswahl an Weinen.
- **Kurhauzo Diskoteka,** Vytauto 45, 23–6 Uhr, Treffpunkt der Jugend.
- **Elnio Ragas,** Basanavičiaus 25, Tel. 53505, 10–24 Uhr, beliebte Bar mit Veranda, auch gute Wildgerichte.

• **Anapilis Muzikos Klubas,** Basanavičiaus 39, Tel. 51951, 11–24 Uhr, nur im Sommer, herrlich im Wäldchen gelegenes Holzhaus, der Ort zum Entspannen, Künstlertreff.

Kultur

• **Veranstaltungskalender** bei Touristinformation bzw. in der Zeitung *Vakarinė Palanga* (erscheint Do und Sa; vakpalanga@is.lt). Auf Straßenplakate achten.
• **Konzerthalle,** Vytauto 43; Konzerte, Opern, Balletts.
• **Kino,** Vytauto 82.

Festivals, Konzerte und Feste

• **21./22. April,** St.Georgstag, Frühlingsfest mit Folklore im Botanischen Garten.
• **Mitte Mai,** dreitägiges Kurortfestival, volkstümliche Märkte.
• **1. Samstag im Juni/letzter Samstag im August:** Zur Eröffnung und zum Ende der Sommersaison steigen große Feste; Karneval, Straßenmarkt, Konzerte, Strandparties, Liederfestival, Feuerwerk, Theater, Beachvolleyball, Skulpturenfest.
• **Juni bis August,** Festival „Hauptstadt des Sommers" (Konzerte, Musikparaden, Strandveranstaltungen, Ausstellungen, Feuerwerk).
• **Ende Juli bis Anfang August:** Nachtserenaden (Klassikkonzerte vor dem Bernsteinmuseum).
• **14. und 15. September:** Birutė-Park-Tag, Konzerte, Tänze etc.
• **Letztes Oktober-Wochenende:** Festival des Herbstbeginns (Konzerte u.a.).

Aktivitäten

• **Strand,** viele baden, obwohl er nicht so sicher sein soll. Der Damenstrand (vgl. Bestimmungen beim Strand in Smiltynė) liegt ca. 700 m nördlich der Landungsbrücke. Badeverbot 23–7 Uhr.
• **Surfen,** 6 km nördlich Richtung Šventoji, Infos unter Tel. 285-11895.
• **Surfbretter, Wasserski, Jetski, Boote,** Leihe möglich an der Seenotstation, Žvejų 2, Tel. 1509.
• **Tretboote und Trampolin,** beim Pier.
• **(Strand-)Volleyball,** beim Pier und bei Basanavičiaus 39.
• **Schwimmen,** ganzjährig beheiztes Frei- und Hallenbad, Vanagupės 5 (Tel. 51451, 9–20 Uhr/Sa, So 9–21 Uhr).
• **Minigolf,** Basanavičiaus 37a, Tel. 51079.
• **Reiten,** Dobilas Reitclub, Tel. 54209; Gintarinė Pasaga, Klaipedos 32.
• **Tennis,** Gėlių 1, Tel. 52828
• **Fahrradverleih,** u.a. Vytauto 67, 116; Darius ir Girėno 1, Daukanto 4.
• **Pferdekutsche,** Tel. 54209.
• **Gokart,** Kretingos 56 a, Tel. 21130.
• **Bowling,** Vytauto 98 (Tel. 53288, auch Billard), Vytauto 116; Gintaro 36, Daukanto 21, Žvejų 32.
• **Wasserrutsche** (für Kinder), Basanavičiaus 5a.
• **Elektro-, Wassermobile,** Basanavičiaus 22.
• **Inline-Skater-Verleih,** an vielen Plätzen.
• **Vergnügungspark,** zwischen Jųratės 11 und 13.
• **Bernsteinwerkstatt,** Darius ir Gireno 21
• Einige Galerien bieten **Bernstein-Workshops** an.

Einkaufen

• **Buchhandlung,** Vytauto 84.
• **Einkaufszentrum,** Vytauto 96, Mo–Fr 10–20, Sa 10–16 Uhr.
• **Filme,** Vytauto 65, tgl. 8–24 Uhr.
• **Fisch,** Virbališkes 6, 7.30–19.30 Uhr; Räucherfisch gibt es an vielen Ständen.
• **Kunstartikel,** „Dailė", Basanavičiaus 12.
• **Souvenirmarkt,** Vytauto gatvė (bei der Kirche), Bernstein u.v.m.
• **Souvenirs,** Vytauto 170, Kestučio 26.
• **Supermarkt,** Plytų 9, tgl. 8–22 Uhr; IKI-Supermarkt, Taikos 68a.

Šventoji

13 km nördlich von Palanga liegt „Die Heilige", ein **Kurort** mit Ferienheimkomplexen, auf Massentourismus ausgerichtet (jährlich 20.000 Besucher), aber längst nicht so reizvoll und exklusiv wie das von ihm verwaltete Palanga, obwohl der **Strand** ähnlich schön ist. Das Städtchen mit 2000 Einwohnern liegt südlich des gleichnamigen Flusses, der hier mit vielen Windungen schlängelnd in die Ostsee mündet. Am alten **Hafen** legen noch Fischerboote und kleinere Jachten an. Sehenswert ist die **alte Hängebrücke,** an der jedoch mittlerweile der Zahn der Zeit nagt.

Nach Wiedererlangung der Unabhängigkeit gehörte Šventoji einige Zeit zu Lettland, und selbst heute bezeichnen sich einige Einwohner als Letten und werden **„kuršininkai"** genannt. Von hier sind es nur rund 12 km bis zur **lettischen Grenze.**

Im Norden der Stadt, in Dünennähe, stehen rituelle Holzpfähle auf dem Žemaičių-Alka-Hügel, einer früheren **heidnischen Opferstätte** mit einem paleoastronomischen Observatorium.

Täglich fahren viele Minibusse nach Palanga sowie Busse in andere Städte, u.a. auch ein Kautra-Expressbus nach Kaunas.

- **Übernachtung** im *Hotel Auksinės kopos,* Jūros 30, Tel. 460-45365, Fax 45192, www.akopos.lt (ab 135 Lt.).
- **Festivals:** 24. Juni, die **Johannisnacht** wird auf dem Žemaičių-Alka-Hügel und im Zentrum groß gefeiert; 19. Juli, **Fischerfest** mit Bootsrennen und anderen Wettbewerben, Konzerte etc.

Kretinga

Das 13 km östlich von Palanga im Tal der oberen Danė gelegene Kretinga (20.000 Einwohner) lohnt einen Besuch. Erstmalig wurde 1253 eine **Burg Kretinga** erwähnt, die dem Livländischen Orden von den Žemaiten abgenommen wurde. Seither war die Stadt im Besitz litauischer Fürsten wie Katkevičius, Sapiega und Masalskis, die hier ein Schloss hatten.

Einen Eindruck von der wechselvollen Geschichte erhält man am **Rathausplatz,** auf dem sich auch ein Unabhängigkeitsdenkmal befindet. Im Nordteil steht das architektonisch interessante Ensemble von Kirche und Kloster: Die **Kirche Mariä Verkündigung** wurde 1617 geweiht und weist Stilmerkmale von der Renaissance bis zum Barock auf. Sehenswert sind insbesondere die aus Holz geschnitzte Renaissancekanzel, die Bänke mit aufgemalten Mönchsportraits, die geschnitzten Türen von Sakristei und Vorraum sowie die Fresken mit Szenen des Alten und Neuen Testaments.

Hinter der Kirche ist eine **heilige Grotte** mit einer Quelle, der Heilkräfte zugeschrieben werden. Um die Kirche ist ein **Kreuzweg** angelegt. Im Glockenturm steht die Statue eines Franziskanermönchs. 1610–17 wurde das **Franziskanerkloster** erbaut. Es fällt durch den Stufengiebel auf und hat Elemente von Renaissance und Barock. Die schönsten Räume sind das Refektorium und die Bibliothek.

Nach Norden führt die Vilniaus gatvė durch einen Flusspark zum **Schloss.**

Der von Graf *Subow* (ein Günstling der Zarin) erbaute und von Graf *Tiškevičius* umgebaute Adelssitz in der Vilniaus 20 beherbergt heute neben einer Fachschule das **Heimatmuseum** mit rund 36.000 Exponaten (Bernsteinfunde, Masken, Tongefäßen, Möbel) sowie einer Ausstellung über den Bischof Valančiaus und einer Gemäldegalerie (Tel. 77612, www.kre tingosmuzie jus.lt, Di–So 10–18 Uhr).

An den Palast ist die **Orangerie** (Wintergarten) in einem Glaskuppelbau als Anbau angegliedert, wo rund 150 exotische Pflanzen, ein Wasserfall, künstliche Quellen und Bächlein zu sehen sind. Dort ist auch das Café-Restaurant *Pas Grafa* (Zum Grafen), geöffnet Di–So 12–23 Uhr (tolles Ambiente, gute Küche, Konzerte und kulturelle Veranstaltungen). Im Park liegt neben dem Teich der **Stein der Liebe,** durch dessen Berühren romantische Wünsche erfüllt werden sollen.

Verkehrsmittel

- **Busbahnhof,** Šventosios 1 (300 m westlich vom Rathausplatz), Tel. 51333; Busse u.a. nach Salantai, Skuodas, Plungė, Palanga, Klaipėda.
- Am Rathausplatz fahren **Minibusse** u.a. nach Palanga, Klaipėda, Darbenai, Salantai.
- **Bahnhof,** Stoties 1 (gegenüber Busbahnhof), Tel. 51197; Züge u.a. nach Klaipėda, Šiauliai, Kaunas, Vilnius.

Nützliche Adressen

- **Tel.-Vorwahl Kretinga:** (00370-) 445
- **Touristinformation,** im Schloss, Vilniaus 20, Tel. 77612, Fax 53505, www.kretinga.lt.

Unterkunft

- **Vienkiemis Padvarų Kiemas,** am See im Norden der Stadt, Tel. 78425, sieben Zimmer (80–120 Lt.), sauber, modern, ruhig; Sauna, Café; Angel- und Segeltouren, Radverleih.
- **Gelmė,** Žemaičių 3 (gleich südlich vom Rathausplatz), Tel. 76931, 5 DZ (60–100 Lt.).

Umgebung von Kretinga

Orvydų sodyba

Bei Salantai, nordöstlich von Kretinga, trug die Familie *Orvydas* eine eigenartige Sammlung zusammen, bekannt als **Absurditätenmuseum** bzw. **Orvydas Garten.** Dieses Museum, das die tiefe Religiosität der Litauer zeigt, sollte auch, wie der Berg der Kreuze bei Šiauliau, von den Sowjets vernichtet werden. Auch hier sind sie jedoch gescheitert. In den 1960er Jahren mussten auf Befehl Moskaus nämlich die **Grabsteine** auf allen Friedhöfen **beseitigt** werden. Der Steinmetz *Kazys Orvydas* erlaubte den Einwohnern daraufhin, die von ihm gefertigten Grabsteine in seinem Garten aufzustellen. Die Sammlung vergrößerte sich zusehends, die Sowjets ließen die Steinkreuze abtransportieren, aber es häuften sich immer wieder neue Exemplare an. Erneut zerstörten sie teilweise den Garten und errichteten eine Blockade. 1980 besichtigte der spätere Sowjetpräsident *Gorbatchow* den Ort, worauf die Schikanen aufhörten.

Der Steinmetzsohn *Vilius* verwandelte das „Grabstein-Asyl" in ein **surrealistisches Labyrinth** aus Bretterverschlägen, Hütten, Grotten, Pfaden, und Torbögen; dazwischen findet man skurrile Holzschnitzereien, Findlingspyramiden, Skulpturen, Kreuze und sogar eine alte Rakete und einen Panzer. Das Durcheinander macht den Reiz aus, manche empfinden den Garten als mystisch. Das Museum wird von Familienmitgliedern fortgeführt (Di–So 10–18 Uhr, mobil 61328624).

● **Anfahrt:** Die wenigen Busse von Klaipėda/Kretinga nach Skuodas fahren über Salantai und Mosėdis. Nach der Ortsdurchfahrt von Salantai kommt man zu einer Kreuzung mit einer Tankstelle (links nach Skuodas 23 km, geradeaus nach Plateliai 12 km, rechts nach Plungė 26 km). Hier aussteigen und Richtung Plungė zu Fuß 2 km zum Dorf Gargždele; dort sieht man den 1 km entfernten Hain. Von dem Wegweiser, einem Eichenkreuz, führt eine 600 m lange Stichstraße zum Museum. Die (seltenen) Busse von Plungė nach Skuodas halten dort auf Wunsch (auch an der Kreuzung bei Salantai).

Mosėdis

Der Ort 12 km nördlich von Salantai ist bekannt durch das **Museum einzigartiger Steine** (*Akmenų muziejus*, Salantų 2, Tel. 440-76291, Mo–Fr 8–18 Uhr, Sa/So 10–18 Uhr, Nov.–April Mo–Fr 8–12 und 13–17 Uhr). Die Steine scheinen in diesem Teil Litauens regelrecht zu „wachsen". „Teufelssteine" werden sie daher von den Bauern genannt. Während der Kaltzeiten der letzten Eiszeit rückten die **Gletscher** von Skandinavien vor und bedeckten das gesamte Gebiet des heutigen Baltikums. Durch ihre Bewegung und ihre Ablagerungen prägten sie das Gesicht dieser Region. Sie transportierten riesige, meist vom Eis abgeschliffene Felsblöcke mit einem Gewicht bis zu 1600 Tonnen, die nach dem Abschmelzen des Eises als **Findlinge** liegenblieben. Besonders viele kann man hier in Mosėdis sehen.

Der Dorfarzt sammelte verschiedene Arten dieser „Teufelssteine" und legte im Tal einen eigenen Park für sie an. Inzwischen wurden über 5000 Findlinge und andere Steine zusammengetragen. Die **102 verschiedenen Arten** sind nach Größe (bis zu 2 m hoch und 10 t schwer) und Herkunftsort (heimische sowie aus Lettland, Estland, Finnland, Schweden und vom Grund der Ostsee) sortiert und in **Steinalleen** angelegt. Um sie herum wachsen die für das Gebiet der Steinart typischen Pflanzen; man findet Teiche mit Wasserrosen, traditionelle Holzpfähle und Schnitzereien.

Die Pfade beginnen bei der alten **Wassermühle,** in der eine **Ausstellung** über die Gletscher informiert. Das Dorfbild dominiert die zweitürmige barocke **Erzengel-Michael-Kirche** von 1783. Unweit davon am Ufer des Flusses Bartuva stand auf dem Schüttberg die alte Burg. Auf dem Dorfplatz liegen drei **Findlinge,** einer mit Inschriften im žemaitischen Dialekt, die anderen mit politischer Kritik.

Senoji Įpiltis

Das Dorf liegt neben einem der berühmtesten Schüttberge Litauens, auf dem Reste einer **Holzburg** aus dem 10.–13. Jh. gefunden wurden: ein Burgtor, Palisaden und ein interessanter Tunnel aus Eichenstämmen.

Darbėnai

Sehenswert in dem Ort nördlich von Kretinga sind der hölzerne Glockenturm (Anfang 19. Jh.) und die Wassermühle von 1820 etwas außerhalb.

Im Norden und Osten

Plungė

Plungė liegt 50 km östlich von Palanga. Der Babrungas teilt die Stadt in zwei Teile; am linken, südlichen Ufer befindet sich das Zentrum. Auf der rechten Seite erstreckt sich ein 50 ha großer **Park,** in dessen Mitte das **Oginski-Schloss** liegt, das 1879 von dem deutschen Architekten *K. Lorenz* erbaut wurde und damals zu den prachtvollsten des Landes gehörte. In dem Renaissancebau war bis 1902 die landesweit erste **Musikschule** untergebracht, die auch der Maler und Komponist *M.K. Čiurlionis* 1889–93 besuchte. Ein Zimmer im heute darin befindlichen **Žemaitija-Kunstmuseum** erinnert an ihn (Mi–So 10–17 Uhr, Tel. 52492; auch ethnografische Ausstellung). Vom Schloss die Treppen nach unten gehend, sieht man links die frühere **Orangerie,** die an den Vecchio-Palast in Florenz erinnert.

Die Stadt ist ein guter Ausgangspunkt für den Žemaitija-Nationalpark.

Verkehrsmittel

- **Bahnhof,** Stoties 2, Tel. 52297; Züge u.a. nach Klaipėda und Vilnius.
- **Busbahnhof,** Dariaus ir Girėno 29, Tel. 52333; Busse u.a. nach Klaipėda, Palanga, Skuodas, Plateliai, Žemaičių Kalvarija.
- **Taxi,** Tel. 55555.

Nützliche Adressen

- **Tel.-Vorwahl Plungė:** (00370-) 448
- **Touristinformation,** Parko 1, Tel./Fax 524 92, www.plunge.lt.
- **Bank,** Vytauto 3, Tel. 57651.

Das Oginski-Schloss

Unterkunft

- **Beržas Hotel,** Minijos 2, Tel./Fax 56840, ab 80 Lt., sehr gut, freundlich, 15 Zimmer.
- **Motel Angelos,** Vaižganto 112 (südliche Verlängerung der Dariaus ir Girėno), Tel. 71861, 10 Zimmer, ab 90 Lt.

Žemaitija-Nationalpark

Der von Wald und Seenlandschaft geprägte Žemaitija-Nationalpark umfasst mehr als 200 geschützte **Mythologie- und Ethnografie-Denkmäler** sowie malerische **Grab- und Hainhügel.** Bis auf den Plateliai-See ist er touristisch gesehen relativ ruhig.

Der Ort **Plateliai,** 10 km nördlich von Plungė am Westufer des gleichnamigen Sees, liegt im Zentrum des Nationalparks in einer romantischen Hügellandschaft. Die Gegend wird auch **„Litauische Alpen"** genannt. Der kristallklare, 12 km² große See ist der größte der Region Žemaitija. Im Dorf steht im schönen Schlosspark eine **„Hexenesche",** mit 7,20 m Durchmesser und 32 m Höhe die landesweit größte.

Beim Dorf **Plokštinė** an der Ostseite des Sees liegt ein **Militärmuseum.** 1962–87 waren hier drei russische **Atomraketen** mit dem Ziel Deutschland unterirdisch stationiert. Um zu den 27 m tiefen Einbuchtungen zu gelangen, muss man sich durch dunkle und enge Schächte zwängen. Die **Abschussrampen** waren gut getarnt. Heute sind die Betonkuppeln von außen sichtbar. Die Gegend hier ist

043li Foto: gs

Im Herzen der Žemaitija

Die Žemaitija ist die nordwestliche Region Litauens, auch Niederlitauen, Samogitia und Schemaiten genannt. Sehr verbreitet ist hier die Tradition, **Kreuze, Kapellpfähle und Bildstöcke** am Straßenrand oder an Kreuzungen aufzustellen. Man findet sie oft alle paar Hundert Meter. Infos über die Hügel und Seen der Žemaitija, Ferienheime, Reiten oder Radrouten erhält man bei der Verwaltung des **Varniai-Regionalparks** in Ožtakiai, südlich von Telšiai (Tel. 444-47415); Infos über **Urlaub auf dem Lande** in der Touristinformation in Telšiai.

heute nicht mehr radioaktiv belastet. Eine Besichtigung ist nur mit Führung möglich (Tel. 448-49361 bzw. bei der Parkverwaltung).

- **Parkverwaltung** und **Touristinformation,** Plateliai, Didžioji 8–10, Tel. 448-49231, Fax 49337, www.zemaitijosnp.lt, Führungen unter Tel. 448-49240, es gibt einen zweistündige **Diashow.** Verkauf von **Karten,** Ausstellung von **Angellizenzen** und **Camping-Erlaubnisscheinen** (es gibt 5 offizielle Campingplätze). **Zimmervermittlung** in Ferienheimen und Urlaub auf dem Lande; empfohlen wird das **Gästehaus** Mikašauskienė, Ežero 33, Tel. 448-49117, herrliche Lage an einem Teich, auch frei stehende Hütten, 80–250 Lt., Küche, Sauna, Kaminfeuer, Billard, sehr freundlich.

Organisierte Touren (Vogelbeobachtung, Biotopwanderung, Fahrradtour, Besuch der Dörfer und Holzschnitzer, Organisation von traditionellen Volkstänzen, Besuch des Militärmuseums, s.u.).

Infos über **Reiten, Windsurfen, Wasserräder, Segel-, Tret-, Ruderboote** und **Fahrradverleih.**

Telšiai

Die Stadt auf 7 Hügeln (35.000 Einwohner), 29 km östlich von Plungė, erstreckt sich rund um den Mastis-See und entlang des Flusses Durbinis. Sie ist **Bezirkshauptstadt** der Žemaitija-Region und gehört zu den sehenswerteren der Provinzstädte.

Die **Altstadt** hat ihren natürlich entstandenen sternförmigen Grundriss beibehalten. Es dominieren Backsteingebäude vom Anfang des 20. Jh., aber es gibt auch noch Gebäude aus dem 17. und 18. Jh., darunter das Bernhardinerkloster und das alte Schulhaus.

Im Zentrum der Stadt erhebt sich der **Bischofsdom,** errichtet 1761–91 im Barockstil (Eingang auf der Rückseite, 9–12 und 17–19.30 Uhr). Die Altäre sind im Übergangsstil von der Renaissance zum Klassizismus. Der Dom ist dem Hl. Antonius von Padua geweiht. Der **Bischofspalast** ist erst 1929 entstanden. Das 1740 eingerichtete, aber 1863–1927 bzw. 1946–89 geschlossene **Priesterseminar** zeugt von der Bedeutung der Stadt als eines der religiösen Zentren des Landes, was auch im Stadtwappen ersichtlich ist. Originell ist der **Glockenturm mit Haube** auf dem Marktplatz vor dem Rathaus.

Zu den lohnendsten Zielen gehören das **Freilichtmuseum** mit žemaitischen Bauernhäusern vom Ende des 19. Jh. mit Windmühle und Schmiede im Stadtpark am Südwestufer des Sees (Parko 8a, Tel. 70001, Mai–Sept. Mi–So 9–17 Uhr; hier finden auch Konzerte und Folklorefeste statt) sowie das **Heimatmuseum** *(Alka)* an der Muziejaus gatvė 31 (Tel. 53833, Mi–So 9–17 Uhr), das über die Geschichte der Region Žemaitija informiert (alte Möbel, Trachten, Holzkreuze, Gemälde, u.a. von *Rubens*).

Verkehrsmittel

- **Bahnhof,** Stoties 35, Tel. 53297; Züge u.a. nach Klaipėda, Vilnius.
- **Busbahnhof,** Respublikos 48, Tel. 53333; Busse u.a. nach Šiauliai, Mažeikiai.
- **Taxi,** Tel. 53430.

Informationen

- **Tel.-Vorwahl Telšiai:** (00370-) 444
- **Touristinformation,** Turgaus 21, Tel. 530 10, www.telsiai.lt, sehr hilfreich.

Unterkunft

- **Hotel Telšiai,** Kestučio 21, Tel. 53292, Fax 69261 (ab 30 Lt.), 12 Zimmer, schlicht und sauber.
- **Hotel Roneta,** Respublikos 59, Tel. 53597, Fax 68255, 40–250 Lt., Sauna, Minipool.

Šiauliai (Schaulen)

Die mit rund 127.000 Einwohnern viertgrößte Stadt Litauens ist ein **industrielles und kulturelles Zentrum** und ein wichtiger Verkehrsknotenpunkt. Aufgrund vieler Plünderungen, Brände und Kriege besitzt Šiauliai nur wenige alte Gebäude und Architekturdenkmäler. Dafür hat es viele **originelle Museen.** Fast alle Sehenswürdigkeiten sind zu Fuß zu erreichen. Die Stadt ist Ausgangspunkt für den **„Berg der Kreuze".**

Stadtgeschichte

Über die frühe Geschichte der Stadt weiß man nicht viel. Doch ihr Name wird mit der berühmten **Schlacht bei Saulė** (Sonne) in Verbindung gebracht, bei der die litauischen Žemaiten am 22. September 1236 einem fast 3000 Mann starken Heer unter Führung des **livländischen Schwertbrüderordens** eine vernichtende Niederlage bereiteten. Der Orden, der selbst nur mit 55 Rittern beteiligt war, hatte den Feldzug auf den Winter verschieben wollen, da Ordensmeister *Volquin* sehr wohl wusste, dass Sümpfe und Flüsse vor der Zeit des Frostes für die Ritter eine besondere Gefahr darstellten und dass die landeskundigen Einheimischen ihnen in dieser Zeit überlegen waren. Doch die mit ihnen gekommenen rund **500 deutschen Kreuzzugsteilnehmer,** die nur ein halbes Jahr in Litauen verbringen wollten, um hier anstatt in Palästina durch die „Heidenmission" Ablass von ihren Sünden zu erlangen, drängten auf den Kampf. Die Ordensritter gaben dem Drängen nach und schlossen sich an. Zusammen mit rund 1500 kriegsdienstpflichtigen Esten, Kuren und Letten waren die Ritter bereits einige Zeit plündernd und sengend durch das Land der Žemaiten gezogen. Übrigens haben zu jener Zeit und auch schon früher die Žemaiten ihrerseits – im Winter, wenn die Feldarbeit ruhte und die Sümpfe gefroren waren – die Kuren, Liven und Letten in ähnlicher Weise überfallen, um Frauen, Kinder und Vieh zu rauben. Die žemaitischen

Streitkräfte unter Prinz *Vykintas* überraschten das Heer der Ritter und ihrer Hilfstruppen auf dem Rückweg in morastigem Gelände. Der Ordensmeister und alle seiner Mitstreiter fielen im Kampf oder auf dem Rückzug vom nördlich von Meškuičiai gelegenen Dorf **Jauniūnai,** wo zum 750. Jahrestag ein Eichenwäldchen gepflanzt wurde.

Danach begann *Mindaugas* mit der Erweiterung seines Großfürstentums und der Festigung des Staates. Nach dieser schweren Niederlage erhoben sich auch andere Baltenstämme gegen die Ritter, und der Orden war daher gezwungen, sich 1237 dem in Ostpreußen ansässigen Deutschen Orden anzuschließen.

1589 erhielt die Stadt **Selbstverwaltung** nach dem **Magdeburger Recht** und entwickelte sich zum Verwaltungszentrum eines königlichen Guts mit 6000 Bauernhöfen. Danach litt Šiauliai mehrmals unter Großfeuern; hinzu kamen Plünderungen durch die Schweden und Pestepidemien. 1812 wurde es von der Armee *Napoleons* geplündert und 1872 durch einen Brand fast völlig vernichtet, da nahezu alle Gebäude aus Holz bestanden.

Wichtig für die weitere Entwicklung der Stadt waren der Aufbau der Textilindustrie durch schlesische Weber Ende des 18. Jh., der Bau der Straße Petersburg – Königsberg im Jahre 1839 und der Bahnlinie von Liepaja 1871, die auch andere Industriezweige nach Šiauliai brachten. Die Stadt wurde zu einem **Handelszentrum.** Im Ersten und Zweiten **Weltkrieg** wurden 65 bzw. 85 % der Gebäude beschädigt oder zerstört. Während der Sowjetherrschaft wurde es zu einem **Industriezentrum** und war aufgrund der Hochtechnologieprodukte für militärische Güter bis 1987 für Ausländer gesperrt. Der frühere sowjetische Militärflughafen Žokniai wurde 1995 zu einer **Freihandelszone** und verhalf der Stadt zu neuem wirtschaftlichen Aufschwung.

Sehenswertes

Die Tilžės gatvė ist die Hauptachse von Nord nach Süd. Ein **Uhrentürmchen** steht am Centrinė-Platz, wo sie sich mit der Ost-West-Achse **Vilniaus gatvė** schneidet (beliebter Rendezvous-Platz); auf Knopfdruck ertönen Nachrichten in verschiedenen Sprachen, auch auf Deutsch. Nicht weit von hier findet man im Saulė-Kino, Tilžes 140, beeindruckende **Glasmalereien;** das 200 m² große Werk ist das landesweit größte und zeigt Szenen der Schlacht von 1236. Ein Muss!

Die Vilniaus ist streckenweise **Fußgängerzone** und **Flaniermeile,** die mit ihrer Allee, Blumenrabatten, Wandmalereien, Springbrunnen, dem Amphitheater, Geschäften, Cafés und einigen älteren Gebäuden an die Laisvės-Allee von Kaunas erinnert. Hier findet man mehrere **Museen** (s.u.) und das **Dramatheater.** Einige Plastiken und auffällige Ladenschilder, die auf mittelalterliche Traditionen zurückgehen, schmücken die Straße. An der Vilniaus 245 steht die kirchturmlose St.-Ignatius-Kirche, ein früheres Wohn-

Unterkunft
1 Hotel Saulininkas
2 Jugendherberge
3 Jaunimo Nakvynės Namai
4 Hotel Aronija
7 Hotel Šaulys
9 Hotel Šiauliai
10 Turnė
11 Hotel Salduvė

Essen und Trinken
5 Mambo Pizza, Bravaria
8 Pekinas
12 Senasis Sodžius, Dybysa

Einkaufen
6 Einkaufszentrum Saulės Miestas

gebäude, in dessen Priesterhaus Papst *Johannes Paul II.* 1993 übernachtete. Nahe der Kreuzung mit der Žemaitės erinnert der **Berg der Aufständischen** *(Sukilėlių kalnas)* an die Anführer des Aufstands von 1863 gegen die Zarenherrschaft, die hier öffentlich gehängt wurden; für sie wurde ein Obelisk, später noch eine Skulpturengruppe errichtet. An der Aušros 3 steht der oktagonale 70 m hohe Turm der **St.-Peter-und-Paul-Kathedrale.** Der zweithöchste Turm des Landes wurde gegen Ende des 19. Jh. erbaut und dient als Eingangsportal. Die Kirche entstand 1595–1625 als Renaissance-Basilika, finanziert von reichen Bauern. Sie ist das einzige Gebäude und architektonische Denkmal der alten Stadt, das alle Brände und Kriege überstand.

297li Foto: gs

An der Südwand zeigt eine für Litauen einzigartige **Sonnenuhr** die genaue Zeit. Die Kirche hat mit ihren zahlreichen Erkern und Schießscharten Wehrcharakter.

Am Talšos-See findet man die angeblich größte freistehende **Sonnenuhr** der Welt. Ihren „Zeiger" bildet eine 21 m hohe, klassizistische Säule, auf deren Spitze die vergoldete Skulptur eines Bogenschützen steht. Sie wurde zum 750. Jahrestag der Schlacht bei Saulė errichtet. Der **Schütze** ist das **Wahrzeichen** der Stadt, da ihr Name von Šaulys (Schütze) oder von Saulė (Sonne) abgeleitet ist. Als Zifferblatt dient der halbkreisförmige, einem Amphitheater ähnliche Sonnenuhrplatz, in den die Metallziffern 1, 2, 3 und 6 eingelassen wurden. Östlich des Talšos-Sees liegt der populäre Salduves-Park, in dem es u.a. einen 5 km langen Ökopfad mit 23 Infostellen gibt (zu erreichen über einen Pfad am Südende des Sees).

Die katholische **St.-Georg-Kirche** im neobyzantinischen Stil von 1903 in der Kratų 17 war früher russisch-orthodox.

Einige der vielen **Museen** sind aufgrund der in Šiauliai ansässigen Industrie, z.B. dem Fahrradwerk und Werk für Fernsehgeräte, entstanden (s.u.).

Verkehrsmittel

- **Taxi,** Bahnhof, Busstation und Ecke Vilniaus/Žemaitės gatvė, Tel. 1400, 1458.

St.-Peter-und-Paul-Kathedrale

Bahn

- Der **Bahnhof** (Tel. 203445) liegt an der Dubijos gatvė 44 (Gepäckschließfächer). Reisebüro, Geldautomat und Toiletten im Gebäude nebenan. Hier ist auch das **Eisenbahnmuseum** (s.u.). Verbindungen u.a. nach **Riga** (2½ Std.), **Vilnius** (2½ Std.), **Kaunas** (2½ Std.), **Klaipėda** (2 Std.), **Tallinn** (10 Std.).

Bus

Der **Busbahnhof** (Tel. 20345) ist Teil des großen Einkaufskomplexes Saulės Miestas an der Tilžės gatvė 109. Es gibt eine Gepäckaufbewahrung (6–19, So 7–19 Uhr). Wichtige Verbindungen:

- **Kaunas** (140 km, 3 Std.), **Vilnius** (220 km, 3½ Std.; schnellste Route via Panevėžys), **Klaipėda** (160 km, 2½ Std.), **Palanga** (150 km, 2½ Std.), **Riga** (130 km, 2 ½–3 Std.), **Tallinn** (450 km, 7 Std.), **Panevėžys** (80 km, 1½ Std.), **Berg der Kreuze** (s. dort).

Informationen

- **Tel.-Vorwahl Šiauliai:** (00370-) 41
- **Touristinformation,** Vilniaus 213, Tel. 523 110, www.siauliai.lt/tic; Mo–Fr 9–18 Uhr, Sa 10–16 Uhr, 15.6.–1.9. auch So 10–15 Uhr, Zimmervermittlung, Touren etc.

Nützliche Adressen

- **Bank,** Vilniaus 225, Tilžes 149, 170.
- **Geldwechsel,** viele Wechselstuben (insbesondere auf der Vilniaus gatvė).
- **Hauptpostamt,** Aušros al. 42, Tel. 523740.
- **Internetcafé,** Vytauto 111, Tel. 431961 (10–22 Uhr).
- **Apotheke,** Aušros 66, Varpo 27, Vilniaus 32.

Unterkunft

Hotels

- **Šiauliai,** Draugystės pr. 25, Tel. 437333, Fax 438339, www.hotelsiauliai.lt. 14 Stockwerke an der Fußgängerzone, 131 zweckmäßige Zimmer (EZ ab 105 Lt., DZ 160–200 Lt.), gutes Preis-Leistungs-Verhältnis, Restaurant, Café, Sauna.
- **Saulininkas,** S. Lukauskio 5 a, Tel. 436555, Fax 421848, www.saulininkas.com. 13 Zimmer (EZ 150 Lt., DZ 180 Lt.), Sauna, Pool.
- **Aronija,** Gumbinės 10 (100 m vom Busbahnhof), Tel./Fax 423672; von außen wie ein Traumschloss, 7 innen sehr moderne geräumige Zimmer (85–200 Lt.), Restaurant.
- **Salduvė,** Donelaičio 70 (in Querstraße von Tilžes g. nach 200 m), Tel. 553593, Fax 553 590, salduve@gmail.com, 17 Zimmer (EZ 60, DZ 120 Lt.; außerhalb in Waldnähe; Bus Nr. 6), altes Sowjethotel, recht gut in Schuss.
- **Turnė,** Rųdes 9, Tel. 500150, Fax 429238, www.turne.lt, 23 Zimmer (EZ 140, DZ 160–180 Lt.), sauber, modern, mit Restaurant.
- **Šaulys,** Vasario-16-osios 40, Tel. 520812, Fax 520911, www.saulys.lt; 39 Zimmer (EZ 230 Lt., DZ ab 280 Lt.), Restaurant, modern, Sauna, Pool.
- **Motel Medžiotojų Užeiga,** Dubijos 20 (500 m westlich vom Busbahnhof), Tel. 524 526, Fax 524525, www.medziotojuuzeiga.lt, 27 Zimmer (ab 160 Lt.), modern, Fitnessraum.
- **Nakvynė Šiauliuose,** Gumbinės 34 (etwa 500 m westlich vom Busbahnhof), mobil 61446634, www.nakvynesiauliuose.lt, von einer netten Familie betriebenes Gästehaus, saubere, einfache Zimmer, Kochgelegenheit, für den Preis und die Leistung kaum zu schlagen, 10 Zimmer (EZ 50 Lt., DZ ab 60 Lt.).
- **Jaunimo Nakvynės Namai,** Tilžės 159, Tel. 23764, Fax 25091, www.jnn.siauliukolegija.lt, Hostel mit 18 sauberen, schlichten Zimmern, Küche, DZ ab 80 Lt.

Jugendherberge

- Rygos gatvė 36, Tel. 427845, 17 Zimmer (EZ/DZ, 3- und 4-Bett-Zimmer); Dusche, Küche, Übernachtung 20 Lt.; Frühstück extra; organisiert Exkursionen; Fahrradverleih.

Gastronomie

Einen Überblick bietet der „Siauliai in Your Pocket Miniguide“ (1,50 Lt.).

- **Mambo Pizza,** Tilžės 109, für den Heißhunger am Busbahnhof.

- **Bravaria,** Tilžės 109, leckere deutsche Gerichte, 10–24 Uhr, Fr/Sa 10–2 Uhr.
- **Senasis Sodžius,** Stoties 3 (Bahnhofstraße), gute litauische Küche, Mo–Fr 11–18, Sa 10–16 Uhr.
- **Dubysa,** Stoties 2, Kantine mit günstigen litauischen Gerichten, 7.30–20, Sa 8–19, So 9–19 Uhr.
- **Mimoza,** Vilniaus 219, Café mit leckeren Kuchen, schöne Atmosphäre, populär.
- **Pizzeria Italia,** Vilniaus 167, gute Pizzeria.
- **Pekinas,** Višinskio 41 (Ecke Vilniaus), 12–22 Uhr, chinesische Küche.
- **Club Juonė Pastuogė,** Aušros 31 a, Tel. 524926, Country-Musik, Jazz, litauische Küche, schöner Innenhof, im Winter Kaminfeuer.

Nachtleben

- **Kapitonas Morganas,** Vilniaus 183, gemütliche Bar, 10–22, Fr–So 11–23 Uhr.
- **Arkos,** Vilniaus 213, Restaurant mit Bar, bei TV-Sportübertragungen voll, hier treffen sich Yuppies und Ausländer, 10–24 Uhr.
- **Martini,** Draugystės 25, Club für die Betuchteren, Disco, Cabaret, nicht jedermanns Geschmack.

Aktivitäten

- **Jachtclub,** Rėkyva, Poilsio 14, Tel./Fax 434531.
- **Bootsverleih,** Zyro 34, Tel. 428657.
- **Aeroclub,** Žemaitės 43, Tel. 462556 (u.a. Rundflüge).

Einkaufen

- **Bücher,** Vilniaus 118, 213.
- **Supermarkt,** Vilniaus 117, 124, 204.
- **Kunsthandwerk,** Vilniaus 136.
- **Markt,** Turgaus gatvė.
- **Souvenirs,** Vilniaus 134, 146, 193, Tilžės 151.
- **Schwarze Keramik,** Familie Mataitis im Dorf Gruzdžiai (7 km von Šiauliai).
- **Einkaufszentren:** Saulės Miestas, Tilžės 109 (beim Busbahnhof), Supermarkt, Restaurants, 8–22 Uhr, www.saulesmiestas.lt; Akropolis, Aido 8 (im Südteil der Stadt), 8–23 Uhr, mit Supermarkt, www.akropolis.lt.

Kultur

Festivals und Feste

- **Internationales Kirchenmusikfestival** über die Osterfeiertage.
- **Anfang Juni,** Internationales Country-Musikfestival.
- **21./22. Juni,** Festival der litauischen Country-Musik zum Johannistag *(Country Joninės)*.
- **Mitte Juli,** internationales Folklorefestival.
- **Mitte September,** Šiauliai-Tage (beim Saldūva-Burghügel im Osten der Stadt), Musik, Tanz, Handwerksmarkt u.v.m.

Museen, Ausstellungen, Galerien

- **Aušra Museen,** Aušros al. 47, Tel. 524391; Außenstelle: Vytauto 89, Tel. 524392; eines der größten historischen und ethnografischen Museen Litauens (mehr als 700.000 Exponate), Di–Fr 9–17, Sa 11–17 Uhr.
- **Fahrradmuseum,** Vilniaus 139, Tel. 524395; Di–Fr 10–18 Uhr, Sa 11–17 Uhr, rund 250 Fahrräder.
- **Katzenmuseum,** Žuvininkų 18, Tel. 238203; Mi–Sa 10–17 Uhr; ein Museum von Kindern für Kinder mit lauter Katzenbildern, -figuren und -futterverpackungen, in einer Schule.
- **Museum der Fotografie,** Vilniaus 140, Tel. 524396; Di–Fr 10–18, Sa 11–16 Uhr.
- **Radio- und Fernsehmuseum,** Vilniaus 174; Tel. 524399, Di–Fr 10–18 Uhr, Sa 11–17 Uhr, Juli–Sept. Di–Fr 10–18 Uhr, Sa, So 11–17 Uhr.
- **Eisenbahnmuseum,** Dubijos 44 (Dampflok), Tel. 203684, Mo–Fr 8–17.30 Uhr.
- **Brandschutzmuseum,** Basanavičiaus 89, Tel. 1397911, Mo–Fr 7.30–16.30 Uhr.
- **Wasserversorgungsmuseum,** Vytauto 103, Tel. 592257, Mo–Fr 8–12, 13–17 Uhr (im Erdgeschoss eines Wasserturms); Filiale in Žemaitės 83, Tel. 425611, Di–Sa 11–19 Uhr.
- **Žaliųkiai-Windmühle,** Architektų 73 (2 km südwestlich des Bahnhofs), Tel. 524391, Mai–Sept. Mi–So 11–18 Uhr, Außenstelle

des Aušra-Museums mit ethnografischer Ausstellung in einer Windmühle; jeden Mai findet hier eine Messe über alte Gewerbe statt.

- **Polizeimuseum,** Aušros 19, Tel. 97522, Mo–Fr 8–17 Uhr.
- **Feuerwehrmuseum,** Lakūnų 2 (in einem Hangar des Flughafens südöstlich der Stadt), Mo–Fr 8–17 Uhr.

Berg der Kreuze

Etwa 10 km nördlich von Šiauliai nahe der Straße Richtung Riga, vor der Ortschaft Meškuičiai, findet sich der **Kryžių kalnas.** Es ist eine der Sehenswürdigkeiten, die jeder Litauer unter den ersten aufführen wird, da sie den litauischen Geist widerspiegelt und bei Besuchern einen tiefen Eindruck hinterlässt. Auf und neben einem rund 9 m hohen Hügel, dessen Form an einen Sattel erinnert, sieht man ein weltweit einzigartiges **Meer von Kreuzen,** Zehntausende oder Hunderttausende, dicht an dicht, in allen Größen und Formen; einige davon sind geschnitzte Kunstwerke, viele sind bei anderen Kreuzen eingehängt und bilden Girlanden, viele liegen aufgestapelt am Fuß großer Kreuze. Einige sind Gedenkkreuze, verziert mit Blumen, Fotos und mit einer kleinen Nachricht für die Verstorbenen versehen.

Der **Wallfahrtsort** steht als Symbol des Leidens und Gedenkens, aber auch der Liebe und Hoffnung. Am Parkplatz vor dem Hügel kann man Kreuze kaufen. Wenn man eines am Hügel zurücklässt, sollen laut einer Legende die Wünsche in Erfüllung gehen, weshalb auch bei freudigen Anlässen wie z.B. Hochzeiten der Ort besucht wird.

Der einstige **Burghügel** Jurgaičiai, dessen Burg 1348 von Kreuzrittern zerstört worden sein soll, ist seit alters her von Legenden umwoben und ein besonderer Ort der Volksfrömmigkeit. Der Hügel war vermutlich eine **Gebets- und Opferstätte,** und man geht davon aus, dass die Kreuze als Dank- oder Bittopfer aufgestellt worden sind. Historisch richtiger ist wahrscheinlich, dass die Bewohner der Umgebung nach der Niederschlagung der Aufstände gegen den Zarismus (1831/1863) damit begannen, hier Kreuze für ihre bei dem Aufstand ums Leben gekommenen Angehörigen zu errichten, von denen sie nicht wussten, wo sie begraben lagen. Die Litauer legen traditionell großen **Wert auf die Grabpflege** und das Andenken an ihre Toten, da sich sonst, dem Volksglauben nach, die Geister der Toten an ihnen rächen könnten. Erstmals schriftlich erwähnt wurden die Kreuze in Chroniken von 1850. Ende des 19. Jh. gab es 150 Kreuze, 1940 etwa 400. Danach kamen auch Kreuze für die **Opfer des Stalinismus** hinzu, als Tausende von Litauern nach Sibirien deportiert wurden und dort starben. Die Überlebenden, die nach Stalins Tod 1953 in ihre Heimat zurückkehren durften, stellten dann für die im Gulag Gestorbenen Kreuze auf; ebenso ehemalige politische Gefangene und viele Gläubige.

Dass diese Gedenkstätte den sowjetischen Machthabern ein Dorn im

Auge war, ist offensichtlich. 1961 und 1975 haben Bulldozer die Kreuze **plattgewalzt.** Doch Glaube und Freiheitsliebe der Litauer waren nicht zu bezwingen. Am nächsten Tag waren die Kreuze wieder aufgerichtet, und je mehr die atheistischen Machthaber sich bemühten, den Glauben zu unterdrücken und die Gedenkstätte zu vernichten, desto hartnäckiger wehrten sich die gläubigen Litauer. Der Hügel wurde zu einem **Symbol** für den neu erstarkenden katholischen Glauben und die eng damit verbundene nationale Identität der Litauer, ein Kristallisationspunkt für den Widerstand gegen das Sowjetregime und für die Unabhängigkeit des Landes. 1990 gab es dann schon rund 40.000 Kreuze, Gebetsstöcke, feierliche Standbilder und Bilder mit Rosenkränzen auf rund 4600 m². Nach der Unabhängigkeit besuchten auch viele Emigranten und deren Angehörige den Ort.

Inzwischen dehnt sich die Flut der Kreuze rings um den Hügel in die Ebene aus. Geht man auf den schmalen Pfaden durch den Wald von Kreuzen, so ist man tief beeindruckt - nicht nur von der Unmenge an Kreuzen, sondern auch von der Atmosphäre des Ortes und von der Kraft des Glaubens und dem Freiheitswillen dieses kleinen Volkes, der hier zum Ausdruck kommt. Und das eigentümliche **Geräusch** von den vielen Rosenkränzen und kleinen Kreuzen, die im Wind gegen die großen schlagen, wird man gewiss nicht so schnell vergessen.

Zu **Ostern** wird der Kreuzhügel zu einer wahren Pilgerstätte. Er ist einer der **meistbesuchten touristischen Orte.** Es gibt viele Verkaufsstände mit religiösen Gegenständen (Infos unter www.kryziukalnas.lt).

- **Anreise:** In Šiauliai fahren vom Busbahnhof **Busse** in Richtung Joniškis, Meškuičiai und Riga ab. Nehmen Sie keinen Bus, der über Pakruojis geht und sagen Sie dem Fahrer, wo Sie hin wollen. Von der Haltestelle im Dorf Domantai sind es noch etwa 1,5 km zu Fuß. Das Straßenschild zeigt zwar 2 km, aber es dauert nur ca. 20 Minuten zu Fuß. Insgesamt 25 Busse passieren täglich. Ein **Taxi** kostet etwa 45 Lt. (einfache Fahrt). Wer anschließend weiter nach **Norden** will, braucht nicht nach Šiauliai zurück, sondern kann dort auf einen Bus warten. Das gilt auch für Fahrten vom Norden her.

045li Foto: gs

Das Papstkreuz vor dem Berg der Kreuze

Panevėžys

Panevėžys ist ein Bezirkszentrum am Fluss Nevėžis, eine moderne Industriestadt und wichtiger Straßenknotenpunkt an der Via Baltica. 1927 wurde die Stadt zum **Bischofssitz.** Wie Šiauliai hatte sie schwer zu leiden: im Ersten Weltkrieg brannte praktisch die ganze Stadt ab, im Zweiten wurde sie von den Nazis beim Rückzug zerstört. Danach baute man sie nach den Prinzipien sowjetischer Planwirtschaft wieder auf. Bekannt ist Panevėžys als **Theater- und Kunststadt;** für die meisten ist es nur Durchgangsstation, echte Sehenswürdigkeiten besitzt die Stadt nicht.

Nördlich des zentralen Freiheitsplatzes hat man einen schönen Blick hinab aufs alte Flussbett (Senvagė), das zu einem großen **Teich mit Fontäne** und Inselchen aufgestaut wurde. Entlang des neuen Flussbetts wurden **Uferpromenaden** angelegt und Skulpturen aufgestellt. Von hier oben sieht man die ziegelrote, zweitürmige **St.-Peter-und-Paulskirche** von 1804 im Barockstil (Smelynės 10). Südlich des Platzes liegt in der Katedros 7 die **bischöfliche Kathedrale des Königs der Christenheit** (1908–29) und in der Sodų 3 die klassizistische **Dreieinigkeitskirche** von 1803, die älteste Kirche der Stadt, verbunden mit dem **Kloster der Piaristen** vom 18. Jh.

Verkehrsmittel

- Der **Bahnhof** (Tel. 463615), Kerbedžio 9, ist am Nordende der Stoties gatvė (ins Zentrum Buslinie 7 bis Bushaltestelle Ukmergė). Die Stadt liegt an der Strecke Šiauliai – Daugavpils. In jeder Richtung fahren täglich mehrere Züge. Ebenso Züge u.a. nach Riga, Mažeikiai. Wer nach Vilnius will, muss in Radviliškis umsteigen.
- Der **Busbahnhof** (Tel. 463333) liegt im Zentrum am Savanorių aikštė 5. Sehr häufige Verbindungen gibt es nach Vilnius (2–2½ Std.), Kaunas (1½–2 Std.) und Šiauliai (1 Std.); nicht so häufig z.B. nach Klaipėda oder Biržai. Es gibt auch Busse in deutsche Städte (s. „Vor der Reise: Anreise“), ebenso nach Bauska (2½ Std.), Riga (4 Std.) und Tallinn (8 Std.).
- **Taxi,** Tel. 511111, 515151, 511112.

Informationen

- **Tel.-Vorwahl Panevėžys:** (00370-) 45
- **Touristinformation,** Laisvės aikštė 11, Tel. 508081, Fax 508080, www.panevezys.lt; Mo–Fr 9–16, Sa 9–14 Uhr.

Nützliche Adressen

- **Banken/Geldwechsel,** Laisvės 15 (Tel. 430521), Laisvės 18 (Tel. 505649), Ukmergės 20 (Tel. 505400).
- **Geldautomaten,** Laisvės 18 und 26, Respublikos 56, Basanavičiaus 3.
- **Apotheken,** Laisvės 16, Ukmergės 7, Vilniaus 25.
- **Internetcafé,** Respublikos 30, Tel. 468833, 10–22 Uhr.
- **Hauptpost,** Respublikos 60, Tel. 464445.
- **Verkehrspolizei,** Tel. 463715.

Unterkunft

- **Hotel Romantic,** Kranto 24, Tel. 584860, Fax 581162, www.romantic.lt, komfortable Zimmer (EZ ab 190, DZ ab 320 Lt.), Restaurant, Nachtclub, Fitnessraum, Sauna.
- **Gästehaus Smėlynė,** Smėlynės 3, Tel. 507790, Fax 581094, www.smelyne.lt, 8 Zimmer (180–220 Lt.).
- **Gästehaus Kaziuko kamara,** Klaipėdos 67, Tel. 508656, Fax 420423, kazys@elekta.lt, 5 Zimmer (80–150 Lt.).
- **Hotel Pervaža,** Smėlynės 112, Tel. 508118, Fax 508119, www.pervaza.lt, 31 Zimmer (ab 90 Lt.)

•**Motel Prie Paistrio,** in Paistrys, nördlich von Panevėžys, Tel./Fax 554487, moderne Zimmer (EZ ab 80, DZ ab 120 Lt.), Frühstück 36 Lt. extra.

Gastronomie

•**Puntukas,** Respublikos 2, Tel. 424542, 11–24 Uhr; Bar, internationale Küche, Tische aus Aquarien, Wasserfall, angenehmes Flair.
•**Malūnas,** Ramygalos 121 a, Tel. 430901, in einer alten Windmühle nahe der Autobahnzufahrt; europäische Küche, recht teuer.
•**Galerija XX,** Laisvės 7, Tel. 430873, Café-Bar in einer Galerie.
•**Garsas,** Respublikos 30, Tel. 468833, Unterhaltungskomplex (2 Kinos, Nachtclub, Bar, Internetcafé) mit Kulturzentrum.
•**Žara,** Dariaus ir Girėno 4, Tel. 429209; gute europäische Gerichte und litauische Spezialitäten; tägl. 11–24, Mo 11–17 Uhr

Kultur

•**Dramatheater,** Laisvės 5, Tel. 468691/ Fax 64980. Es hatte lange einen republikweiten und sogar internationalen Ruf, und auch heute bemüht man sich, diesem Ruf weiter gerecht zu werden.
•**Jugendtheater,** Vasario 16-osios 19, Tel. 468935.
•**Musiktheater,** Nepriklausomybės 8, Tel. 468941.
•**Puppentheater,** Respublikos 30, Tel. 460533; für Kinder; im Sommer ist die Gruppe nach guter alter Theatersitte mit dem Pferdewagen unterwegs; es heißt deshalb auch das Kutschentheater *(Vežimo teatras).*
•**Fotogalerie,** Vasario-16-osios g. 11; Mi–Sa 11–19, So 11–18 Uhr, Tel. 467551.
•**Kunstgalerie,** Respublikos 3, Tel. 468933, www.arspanevezys.lt; Mi–So 11–19 Uhr; etwa 25 Ausstellungen jährlich; Keramiksymposien.
•**Landeskundemuseum,** Vasario-16-osios g. 23, Tel. 461973; Di–Sa 11–18 Uhr; u.a. archäologische Funde, 5000 Schmetterlinge.
•**Altes Skulpturenmuseum,** Kranto 21, Do–So 11–17 Uhr; sehr interessante Holzskulpturen im ältesten Gebäude der Stadt von 1614.

Einkaufen

•**Bücher,** Respublikos 21; Vilniaus 14.
•**Jagd- und Angelbedarf,** Smėlynės 2a.
•**Markt,** Ukmergės 26 (östlich vom Busbahnhof).
•**Souvenirs,** Respublikos 28, Savanorių 12.
•**Supermarkt IKI,** Kerbedžio 12 a; 9–21 Uhr; 500 m vom Bahnhof, Ukmergės 18.
•**24-Std.-Shop,** Beržu 34, Tel. 572021.

Biržai

70 km nördlich von Panevėžys liegt Biržai in einer sehr reizvollen Landschaft mit Karstseen und Wäldern nahe der lettischen Grenze, 20 km östlich der Via Baltica. Sie liegt am Zusammenfluss von Apaščia und Agluona, die im 16. Jh. zum Schutz der Stadt und Burg gestaut wurden, sodass der 340 ha große **Širvena-See** entstand. Die Grenze des **Biržai-Regionalparks** verläuft mitten durch die Stadt.

Eng verbunden mit der Geschichte des Ortes, der 1455 erstmalig erwähnt wurde, ist das einst mächtige Geschlecht der *Radvila* (Radziwill). 1573 wurde eine evangelische Kirche errichtet, Biržai war neben Kedainiai eine **Hochburg der Protestanten.** 1586–89 entstand nach italienischem Vorbild zum Schutz der nördlichen Landesgrenze eine sternförmige **Burg** mit breiten Wassergräben, die einzige Residenzfestung mit Bastei in Litauen (im Stil der späten Renaissance). Während der Kriege mit Schweden wurde sie mehrfach erobert und zerstört. 1811 ging Biržai in den Besitz des damals mächtigen Grafengeschlechts *Tiszkiewicz* über, was ihr zu neuem

Aufschwung verhalf. 1944 wurde die Stadt zu 70 % zerstört.

Sehenswertes

Die Stadt ist auch ohne Stadtplan leicht zu Fuß zu erkunden. Von Westen kommend mündet die Kestučio nach Überquerung der Agluona in die von Nord nach Süd verlaufende **Hauptstraße Vytauto.** Genau gegenüber liegt die Touristinformation. Am Nordende der Vytauto befindet sich der Busbahnhof. Dazwischen liegt linker Hand die neobarocke **Kirche des Hl. Johannes des Täufers** von 1861 mit schönem Inneren; dahinter am Seeufer ist das **Heimatmuseum Sėla,** das in dem im Renaissance- und Frühbarockstil rekonstruierten **Radvila-Burgpalais** untergebracht ist (Radvilos 3, Tel. 50397, Mi–So 10–18 Uhr); Ausstellung u.a. über Stadtgeschichte, Bierbrauerei, Natur, Volkskunst (u.a. Musikinstrumente), Kirchengeschichte (mit der ältesten Bibel Litauens von 1563); im Foyer finden Konzerte und Kunstausstellungen statt. Um den Palast sieht man die **Burgbrücke** und die **Burgwälle.**

Vom Busbahnhof führt die Reformatų als Verlängerung der Vytauto zur neogotischen **Reformationskirche** (1874) am Seeufer; die Basanavičiaus führt nach Osten. Nach Überquerung der Apaščia geht man die Malųno links ab bis zum See, wo die mit 525 m **längste Fußgängerbrücke Litauens** zum anderen Ufer führt. Dort steht der 1849–62 von der Grafenfamilie Tiszkiewicz errichtete klassizistische **Astravas-Palast.** Schön ist auch die Parkanlage mit sechs Teichen und einem Rosarium. Bewacht wird der Palasteingang von zwei steinernen Löwen, deren Vorgänger heute vor dem Militärmuseum in Kaunas stehen.

Biržai ist auch **„Bierhauptstadt Litauens"** (Bierliebhaber betonen gern die erste Silbe des Stadtnamens). Die erste Brauerei gab es im 17. Jh. Nach der Zerstörung der Stadt 1704 durch die Schweden bauten die Bürger als erstes die Brauerei wieder auf (hier steht heute noch die Biržai-Brauerei). Damals gab es in der Stadt 43 Kneipen. Es gibt heute sieben Brauereien, die Touristinformation organisiert Besichtigungen. Jährlich findet ein **Bierfestival** statt (u.a. mit Bierkrugwerfen).

Verkehrsmittel

- **Bus:** viele Busse nach Vilnius, Kaunas, Klaipėda, Šiauliai etc. Wer von Riga kommt, muss zuerst nach Pasvalys (30 km südlich von Biržai). Express-Mikrobusse nach Vilnius.
- **Busbahnhof,** Basanavičiaus 1, Tel. 51333.

Informationen

- **Tel.-Vorwahl Biržai:** (00370-) 450
- **Touristinformation,** Vytauto 27, Tel./Fax 33496, Mo–Fr 8–17 Uhr (auch Stadtführungen), www.birzai.lt.

Nützliche Adressen

- **Post,** Vytauto 23, Tel. 51444.
- **Telefonamt,** Rotušės 12, Tel. 51234.
- **Bank/Geldautomat,** Rotušės 8.
- **Markt,** neben dem Busbahnhof.

Unterkunft

- **Hotel Tyla,** Tylos 2, Tel. 31191, Fax 32570, www.tyla.lt; EZ 120, DZ 160 Lt.; 16 Zimmer, Sauna, Pool, Boots- und Angelverleih; liegt am See Kilučių im Süden der Stadt.

• **Gästehaus Helveda,** Janorio 7, Tel. 62051, Fax 45031150, www.helveda.projektas.lt, 6 Zimmer (ab 90 Lt.).

Gastronomie

• **Restaurant/Cafeteria,** Vytauto 29; 12–22 Uhr bzw. 8–19 Uhr; billige, einfache Küche.
• **Pizza Parlor,** Rotušės 28, Tel. 51842, 11–23 Uhr; gute Pizzen, auch zum Mitnehmen.
• **Stumbras,** Rotušės 22, Tel. 51557, 11–22 Uhr; englischer Pub mit guter Küche.
• **Aibė,** Vilniaus 47, Tel. 52165; Bar.

Feste

• **März:** Theaterfestival.
• **April:** Volksmusikfestival.
• **Ende Juni/Anfang Juli:** Flugshow.
• **Juli:** Regatta und Schwimmwettbewerb auf dem Širvėna-See.
• Weitere **Infos** beim **Kulturhaus,** Basanavičiaus 4, Tel. 52513.

Biržai-Regionalpark

Der Park umschließt **17 Seen und 13 Landschaftsschutzgebiete.** Infos zu Fahrtrouten und Rad-/Wanderwegen erteilt die **Parkverwaltung** in Biržai, Ramunių 2, Tel. 450-32889, Fax 34264, www.brpd.am.lt. Sie veranstaltet u.a. Touren und Führungen zu einigen der landesweit einzigartigen etwa 3000 **Karstlöcher.** Aufgrund des hohen Gipsgehalts des Untergrunds bildeten sich durch Auswaschungen des Grundwassers im Laufe der Zeit Höhlen, unterirdische Gänge, Flüsse und Seen; die Löcher, teilweise groß wie Krater, entstanden durch das Zusammenstürzen der Höhlen, begleitet von Grollen und kleineren lokalen „Erdbeben“. Einige der Höhlen sind begehbar, z.B. die berühmte **„Kuhhöhle“** (hier brach einmal eine Kuh ein), mit 46 m Länge die größte des Landes, mit einem „Dom“ und einem 1,50 m tiefen See. Man findet sie kurz vor Biržai in der Nähe des Dorfs Karajimiškis; den Schildern „Karvės Ola“ folgen. Hier in der Nähe, wo die Flüsse Tatula und Apašía zusammenfließen, kann man in den vielen kleinen Seen, die zwischen Karstlöchern liegen, **baden.** Eine im Baltikum einzigartige Landschaft.

Rokiškis

Die Stadt mit 17.000 Einwohnern, 93 km nordöstlich von Panevėžys und 27 km vor der Grenze zu Lettland, hat einige Architekturdenkmäler zu bieten. Herz der Stadt ist der 400 m lange **Unabhängigkeitsplatz** (Nepriklasomybės aikštė), der frühere Marktplatz. Zur 500-Jahrfeier (1999) wurde in der Mitte ein Torbogen mit Brunnen errichtet. Der Marktplatz ist der landesweit einzig erhalten gebliebene Platz dieser Art aus der klassizistischen Zeit. Erbaut wurde er ebenso wie das östlich gelegene **Schloss** im Jahr 1701 durch den polnisch-litauischen Grafen *Tiesenhausen.* Man erreicht es über eine 400 m lange Esplanade und dann durch das Tor des 1791 angelegten Schlossparks. Das Palais war zentrales Gebäude eines Guts, das schon 1499 urkundlich erwähnt wurde. 1905 wurde das einstöckige klassizistische Gebäude im Neobarockstilstil aufgestockt.

Heute sind in den mit Eichenholz prachtvoll ausgestatteten Räumen das

Heimatmuseum (50.000 Exponate u.a. zu Geschichte, Volkskunst, Schnitzereien von *L. Šepka,* Mi–So 10–18 Uhr, Tyzenhauzu aleja 5, Tel. 52261, Führung möglich), und die Touristinformation untergebracht. In einigen der 15 gut erhaltenenen **Gutsgebäude** (Gästekanzlei, Dienerhaus, Molkerei, Küche, Orangerie) im Park sieht man Stücke der Volksarchitektur und auch Arbeitsgeräte.

Am westlichen Ende des Unabhängigkeitsplatzes steht die landesweit schönste neogotische Kirche, die dreischiffige **Kirche des Apostels Matthäus,** eine neogotische Backsteinkirche mit einem 60 m hohen Turm, die 1864–85 erbaut wurde. Auffällig ist der durchbrochene Stufengiebel des Hauptbaus, der an Rathäuser Norddeutschlands erinnert. Im Inneren sind wertvolle Kunstarbeiten aus verschiedenen Ländern Westeuropas zu sehen. Die **Krypta** mit dem Familiengrab der Stifterfamilie *Tiesenhausen* sowie einige Katakomben können besichtigt werden (Tel. 52835). An der Südseite steht die sechseckige **Johannes-Kapelle** mit einer Kuppel.

Verkehrsmittel

- **Bahnhof,** Stoties 4, Tel. 52978, u.a. Züge nach Panevėžys, Lettland.
- **Busbahnhof,** Panevėžio 1, Tel. 51078, u.a. Busse nach Biržai, Kaunas.
- Direkt hinter dem Busbahnhof fahren etwa halbstündlich **Busse** (Nr. 1, 2) zum Unabhängigkeitsplatz (1,5 km) und zum Bahnhof.

Nützliche Adressen

- **Tel.-Vorwahl Rokiškis:** (00370-) 458
- **Post,** Respublikos 92.

Unterkunft

- **Hotel Rokiškis,** Nepriklausomybės a. 25, Tel. 97026, schlichte Zimmer (EZ ab 40, DZ ab 60 Lt.), Fahrräder können mit ins Haus genommen werden.
- **Hotel Pagunda,** Respublikos 45 a, Tel./Fax 33234, 11 Zimmer (ab 80 Lt.), gutes Restaurant.
- **Gästehaus Angelė,** Panevėžio 7a, Tel./Fax 32610 (ab 60 Lt.)

Im Land der Seen

Über 1000 größere und kleinere Seen liegen im Nordosten des Landes inmitten vieler Wälder. In der schönen Landschaft kann man sich erholen oder Aktivurlaub machen, z.B. Wandern, Angeln, Radfahren oder Bootfahren. Herzstück der Region ist der **Aukštaitija-Nationalpark.** In der Gegend gibt es einige Campingplätze.

Zarasai

Der Ort liegt an der Grenze zu Lettland. Der Bezirk Zarasai umfasst über 300 Seen und wird auch als **„Litauische Schweiz"** bezeichnet. Hier entspringt der Fluss **Šventoji,** einer der für Kanufahrer interessantesten Flüsse des Landes, da er in seinem Oberlauf durch zahlreiche Seen und abwechslungsreiche Landschaft führt. Zum Schutz der Natur wurde der **Gražutė-Regionalpark** eingerichtet. Die Stadt ist von den Seen Zarasai, Griežtas und Zarasaitis umgeben. Auf dem erstgenannten gibt es vier Inseln, auf denen im Sommer ein Festival stattfindet.

Verkehrsmittel

- **Bahnhof,** Turmantas, Tel. 58335.
- **Busbahnhof,** Savanorių 7 (u.a. nach Vilnius, Utena).

Nützliche Adressen

- **Tel.-Vorwahl Zarasai:** (00370-) 385
- **Touristinformation,** Sėlių a. 22, Tel./Fax 37171, www.zarasai.lt.
- **Infozentrum des Gražutė-Regionalparks,** Laisvoji 14, im Dorf Salakas, Tel. 59426, www.grazute.lt, Infos zu Radwegen, Kanufahren (Verleih möglich), Eisbahn im Winter, kleines Meeresmuseum.
- **Aeroclub,** Žemaitės 15, Tel. 52250, u.a. Rundflüge, Fallschirmspringen.

Unterkunft

- **Ferien auf dem Bauernhof,** u.a. in Vytauto 13, Tel. 51659.
- **Hotel Zaraso Vilnis,** D. Bukonto 7, Tel. 53407, nettes Hotel (EZ ab 40/DZ ab 80 Lt.)
- **Campingplatz,** Kauno 67, Tel. 93432, www.zarasai.lt/tic.

Umgebung von Zarasai

Stelmužė

11 km nördlich von Zarasai an der Grenze zu Lettland liegt Stelmužė in einer reizvollen Landschaft mit Hügeln und Seen. Berühmt ist der Ort für die **älteste Eiche Litauens** – und Eichen sind in Litauen hochgeschätzte Bäume. Das Alter dieses Methusalems wird auf ca. 2000 Jahre geschätzt, sein Stammumfang beträgt stolze 11 m, seine Höhe 23 m! Allerdings beginnt der Eichen-Großvater nun doch immer mehr an Altersschwäche zu leiden, sodass er gestützt werden muss. Sehenswert sind auch die 1650 erbaute **Holzkirche,** die ohne Benutzung von Sägen und Nägeln gebaut wurde und ein Architekturdenkmal ist, sowie ein **Museum für Kirchenkunst.** Die Eiche und die Kirche liegen im gleichen Park.

Dūkštas

Der Ort 27 km südlich von Zarasai ist von Seen, Hügeln, Sümpfen und prähistorischen Siedlungen umringt und hat eine im Jahre 1601 erbaute Kirche. Außerdem befindet sich hier ein **Landgut** im klassischen Stil aus dem 18./19. Jh. mit Knechtshaus, Vorratskammer, Ställen und einem Park aus dem 19. Jh., heute ein Nobelrestaurant (Tel. 386-2621407, www.klimkyne.lt).

Ignalina

Die zwischen sieben Seen gelegene Stadt mit 7200 Einwohnern liegt an der Bahnlinie Warschau – St. Petersburg, der sie ihre Existenz verdankt. Erstmals erwähnt wurde Ignalina im Jahre 1810. 1920–39 gehörte es wie alle östlich der Bahnlinie von der lettischen Grenze bis Švenčionėliai liegenden Orte (und das Gebiet rund um Vilnius) zu Polen.

Die Region ist zu einem Drittel mit Wäldern, über 200 Seen und 20 Flüssen bedeckt; mit rund 30 Fischarten ein **Angelparadies,** aber auch ein Jäger-Mekka (gejagt werden u.a. Elche). Hier liegen auch viele **archäologische und kulturelle Denkmäler.**

C
D
1
2
3
Visaginas
Smalvas
Šventas
Baibiai
Duliai
Biržūnai
Asavas
Kiemionys
Luodis
Dūkštas
Šlepečiai
Salakas
179
102
Pažemiškis
Vajasiškis
Mėmiakalnis
239
Ažukarklinė
Dūkšteliai
113
Rojus
Vyželiai
Dūkštas
Kaniūkai
O
S
Serapiniškė
Ažvintis
Ligūnai
Čiziūnai
Dysnai
Švedriškė
Aukštakalnis
232
Šeimatis
Utenas
Grybėnai
Rupinskai
Dysnykštis
Mažėnai
Kazitiškis
Aukštaitijos
nacionalinis
parkas
Kazimieravas
Tauragnas
Sela
Baluošas
Svencjanskie Griady
(Wassermühle)
Vandens malūnas
Taujūnai
Ožionys
Dysna
Vaišniūnai
Ginučiai
Vidiškės
N. Daugėliškis
Kirdeikiai
Dringis
Būdakalnis
285
112
Mikalavas
Antalksnė
Strigailiškis
Girminiai
S. Daugėliškis
Šiūlėnai
Meironys
Lūšiai
Ignalina
111
Palūšė
Paringys
Grikiapelė
Linkmenys
Bėčiūnai
289
Nevaišių k.
114
Rėkučiai
Kazokinė
Rubelninkai
102
150
Zablatiškė
Ceikiniai
Kančiogina
Reškutėnai
Kaltanėnai
Didžiasalis
Vaičiukiškė
Kretuonas
Papiškė
Šutonys
Luknelė
S. Pašaminė
Bajorai
Jurgeliškė

Ignalina ist Ausgangspunkt für den Aukštaitija-Nationalpark, der den Westteil der Stadt tangiert. Außerdem ist es das **Wintersportzentrum** Litauens, insbesondere für Ski und Biathlon. Der Name stammt von der Volkssage der Liebhaber *Ignas* und *Lina;* sie sind in einer 5 m hohen Holzskulptur am See Paplovinys verbildlicht. Eine 19 m große **Holzskulptur** beim Bahnhof soll an die Verbannten während der Sowjetzeit erinnern.

Verkehrsmittel

- **Bahnverbindungen,** von Vilnius via Ignalina nach Turmantas und Visaginas.
- **Bahnhof,** Geležinkelio 8, Tel. 52975.
- **Busverbindungen** führen u.a. nach Palūšė, Visaginas, Kaunas, Druskininkai und Daugavpils in Lettland.
- **Busbahnhof,** Geležinkelio 8, Tel. 52333.

Informationen

- **Tel.-Vorwahl Ignalina:** (00370-) 386
- **Touristinformation,** Ateities 18 a, Tel. 52597, Fax 53148, www.ignalina.lt; Zimmervermittlung (u.a. „Urlaub auf dem Lande" für die Region Ignalina und den Aukštaitija-Nationalpark), Angelscheine, Touren, Karten.

Nützliche Adressen

- **Bank,** Vasario 16-osios 10 (Geldwechsel); Geležinkelio 8; Ateities 9, Tel. 53948.
- **Postamt,** Laisvės 64, Tel. 52102.
- **Telefonamt,** Laisvės 6a, Tel. 52252.
- **Ethnokulturelles Zentrum,** Taikos 11 (Ausstellungen, Verkauf).
- **Lebensmittelgeschäft,** neben Bahnhof, 7–22 Uhr, gute Auswahl.
- **Polizei,** Vasario 16-osios 11, Tel. 52398.
- **Apotheke,** Laisvės 60, Tel. 52252.

Unterkunft

- **Hotel Gavaitis,** Atgimimo 37, Tel. 52345, einfaches Hotel mit 60 Betten; die Zimmer sind klein; einige mit TV. Bad und Dusche auf der Etage (20–40 Lt.).
- **Herberge,** Mokyklos 4, Tel. 52118, 53476 (DZ, Dusche, TV-Raum, Übernachtung 20 Lt.; 68 Betten.
- **Hotel Žuvėdra,** Mokyklos 11, Tel. 52314, www.zuvedra.com, 10 Zimmer (ab 100 Lt.)

Gastronomie

- **Restaurant Dringis,** Laisvės 68, Tel. 54300.
- **Café Žuvėdra,** Mokyklos 11, weitere Cafés: Atgimimo 30, im Kulturhaus, Laisvės 62, Ligoninės 1.
- **Valgykla** (Kantine), am Busbahnhof, sehr preisgünstig.
- **Bars,** Laisvės 75, Turistų 11 und 21.

Aktivitäten

- **Strand** mit Wasserrutsche, Gavys-See.
- **Wintersportzentrum,** Sporto 3 (2 km östlich am Žaliasis-See), Tel. 54193, Fax 54102, www.lzsc.lt; u.a. Langlauf, Skilift, -hügel, Schanze, Eisangeln; im Sommer 7,5 km Par-

049li Foto: gs

cours für Radfahren, Jogging, Wandern; Tennis, Basketball, Volleyball, Angeln; Verleih von Schlafsack, Zelt, Rad, Ski, Schlitten, Schlittschuhen u.a. möglich; Sauna, Pool, Fitnessraum; Windsurfen, Bootsverleih, Kanu, Wasserräder. **Übernachtung** in einfachen EZ, DZ, Triple (18–40 Lt. p.P.), in Sommerhütten 13 Lt. p.P., DZ 200 Lt., frühzeitige Reservierung empfohlen.

Aukštaitija-Nationalpark

Neben der einzigartigen Kurischen Nehrung und dem Kurort Druskininkai gilt der Aukštaitija-Nationalpark als der **schönste Naturpark Litauens.** Er umfasst das litauische „Bergland" mit zahlreichen Seen, ausgedehnten Wäldern und Urwäldern, Mooren und bis zu 200 m hohen „Bergen" bei Tauragnai (die höchsten Gipfel liegen etwas außerhalb des Parks bei Ignalina und erreichen sogar „stolze" 289 m.)

In den ursprünglichen Sumpflandschaften und unwegsamen Wäldern sind sehr seltene Vogel- und Pflanzenarten zu bewundern. Fast alle **Tierarten** Litauens findet man, beispielsweise Elche, Hirsche, Rehe, Wildschweine, Füchse, Wölfe sowie auch Marder, Nerze, Otter, Biber, Biberratten, Hasen und Fledermäuse. Es gibt 193 Vogelarten, von denen 135 hier brüten. Für Raubvögel (u.a. Adler), Eulen und Enten wurden Nistplätze angelegt. Unter den 16 Spezies von Reptilien und Weichtieren sind Eidechsen und Frösche sehr oft, Grasschlangen und Vipern dagegen äußerst selten anzutreffen. Der Winter ist in dieser Region länger und kälter als im übrigen Litauen, der Sommer wärmer.

Gedenkkreuz im Nationalpark

Der Nationalpark ist in **drei Zonen** eingeteilt: die Wirtschafts-, Erholungs- und Landschafts- und Naturschutzzonen. Außerdem gibt es zwei Reservate, die nur mit besonderer Erlaubnis der Parkverwaltung betreten werden dürfen, der **Ažvinčiai-„Urwald"** und das **Balčio-Reservat.** Schließlich gibt es noch **ethnokulturelle Schutzgebiete** (u.a. das Šakarva-Gräberfeld und ethnografische Dörfer).

In den **Erholungszonen** sind vielfältige Freizeitanlagen geschaffen worden. Hier gibt es herrliche Wander- und Radwege, Campingplätze, Rastplätze mit Feuerstellen, Routen für Wasserwanderer und die Feriensiedlung von Palūšė. Die Gewässer sind ein Anglerparadies, Angelscheine bekommt man in der Nationalparkverwaltung (s.u.). Dort erhält man auch Infos zu vielen anderen Aktivitäten und kann Ausrüstung (auch für Wintersport) leihen. Der Eintritt in den Nationalpark kostet 2 Lt.

Innerhalb des Parks darf nur auf den offiziellen **Campingplätzen** (Karte bei der Parkverwaltung) gezeltet werden. Sie sind auch für Wasserwanderer leicht zu finden. Ausgestattet sind sie mit Feuerstellen, Brennholz und Trinkwasser.

Da sich der Park über drei Verwaltungsbezirke erstreckt, sind die jeweiligen Touristinformationen auch für die **Unterkünfte** in deren Gebiet zuständig. Jede hat eine Auflistung von „Urlaub auf dem Lande"-Unterkünften und Pensionen (z.B. Ignalina für Palųšė, Utena für Tauragnai und Švenčionys für Kaltanėnai). Sie sind sich jedoch gegenseitig behilflich, ebenso wie die Parkverwaltung selbst Unterkünfte vermittelt. Die Übernachtungspreise reichen von 20 Lt. p.P. bis zu 150 Lt. in Apartments. Viele Unterkünfte bieten eine breite Palette an Freizeitmöglichkeiten.

Die Entfernungen sind beträchtlich, sodass man auf ein **Fahrzeug** angewiesen ist, es sei denn, man legt mehrere Etappen mit Übernachtungen ein. Die meisten Straßen sind asphaltiert. Aus Umweltschutzgründen ist zwar ein **Fahrrad** dem Auto vorzuziehen; man sollte jedoch ein geländegängiges, gutes Rad haben, da es viele einzelne Gehöfte gibt, deren freilaufende Wachhunde manchmal aggressiv sind. Da hilft nur schnelles Treten ... (Radverleih bei der Parkverwaltung, dort auch Radwanderkarte erhältlich mit verschiedenen Rundfahrten). Bei mehrtägigen **Wanderungen** ist die Mitnahme eines Zeltes unumgänglich, da die Übernachtungsmöglichkeiten außer den 17 Campingplätzen beschränkt sind.

Verkehrsmittel

Vom Bahnhof **Ignalina** verkehren mehrmals täglich Busse zum 4 km entfernten Palųšė (2 Lt.; ein Taxi sollte nicht mehr als 20 Lt. kosten). Zwischen den beiden Orten verläuft 3 km parallel zur Straße ein Radweg. Die **Busse** von **Utena** nach Ignalina fahren über Palųšė; die nach Švenčionys über Kaltanėnai; es gibt auch sporadisch Busse von Utena nach Tauragnai.

Information

- **Touristinformation / Nationalparkverwaltung:** Tel. 386-47478, www.anp.lt, bzw. **Infozentrum** unter Tel. 386-47430, 24 Std., www.paluse.lt. Hier erhält man auch eine ausführliche Karte des Nationalparks und der Campingplätze, Vermittlung von Unterkünften im Feriendorf, von Campingplätzen, „Urlaub auf dem Lande" und Pensionen im gesamten Parkgebiet; Verleih von Campingausrüstung, Fahrrädern, Ruder-, Paddelbooten, Kanus, Surfbrettern, Wintersportausrüstung etc.; Organisation von Reit-, Jagd- und Angeltouren; Exkursionen (auch mit Boot).

Schöne Dörfer und Sehenswürdigkeiten

Palūšė

Palūšė ist ein guter **Ausgangspunkt für Rundfahrten.** Es liegt 4 km westlich von Ignalina am Lūšiai-See. Das erstmalig 1681 erwähnte Dorf ist mit 150 Einwohnern das größte im Park. Hier findet man viele Unterkunfts- und Betätigungsmöglichkeiten. Es gibt nicht nur einen **Campingplatz** (Tel. 386-52891) und ein Lebensmittelgeschäft, sondern auch ein **Feriendorf** mit Holzhäuschen für 1–4 Personen (350 Betten ohne Bad/Dusche, Mai bis September) in einer reizvollen Waldgegend. Man findet auch **Wanderwege** und Möglichkeiten zum **Baden** und **Bootfahren** auf dem See.

Sehenswert ist die **St.-Joseph-Holzkirche** (1747–57) im Volksarchitekturstil, nur wenige Schritte vom Feriendorf entfernt. Sie ist ohne einen einzigen Nagel errichtet worden und für viele die schönste Holzkirche des Landes. Sie birgt drei Rokoko-Altäre sowie Bilder aus dem 17. und 18. Jh. Der achteckige **Glockenturm** (1750) mit einer Arkade und wertvollen Bronzeglocken steht daneben.

Bei Palūšė beginnen ein 5 km langer **Erholungspfad** (im Winter eine Loipe) und ein 3,5 km langer **Botanischer Rundgang** (Richtung Meironys).

Meironys

Schräg gegenüber am anderen Ufer des Sees Lūšiai liegt das im 16. Jh. erwähnte Fischerdorf. Ein paar Schritte den Hang hinunter zum Ufer, gelangt man zu einer Reihe traditioneller **Holzskulpturen** und einer **Statuette** mit Motiven litauischer Sagen.

Šakarva

Der Ort liegt 4 km südwestlich von Palūšė an einem schmalen, tiefen Arm des Lūšiai-Sees (Wanderweg von Palūšė). Hier kann man einen Abstecher nach Süden einlegen zum **Gräberfeld Šakarvos.** Auf einer Fläche von 72 ha finden sich 37 Gräber vom 8.–12. Jh. zwischen dem Šakarva- und dem Žeimenys-See. Wo der Žeimena diesem See entspringt, liegt in einer malerischen Schleife der Ort Kaltanėnai.

Kaltanėnai

Hübsch ist der **Marktplatz** des alten Dorfes, der unter Denkmalschutz steht. Die **Kirche** und das **Kloster** wurden im 17. Jh. gegründet. Beim ehemaligen Landgut ist eine mehr als **100-jährige Scheune** erhalten geblieben.

Tauragnai

Tauragnai liegt an der Nordwestecke des Nationalparks. In der Nähe fand man einige Hügelgräber vom 5./6. Jh. Im Dorf ist ein **Heimatmuseum** (Tel. 386-32311).

Stripeikiai

Etwa 10 km südöstlich von Tauragnai zweigt ein kleiner Fahrweg in nordöstlicher Richtung ab, der nach Stripeikiai führt. Hier findet man eine weitere **Wassermühle.** Zu den interessantesten Sehenswürdigkeiten des Parks gehört das hiesige **Imkereimuseum,** das in traditionellen Holzhäusern untergebracht und sehr liebevoll gestaltet ist. Es soll das einzige dieser Art in Europa sein. Es informiert anhand von alten Werkzeugen und Geräten über die Imkerei von ihren Anfängen, als die Menschen noch auf Bäume stiegen, um wilden Honig zu erbeuten, über die ersten „Hausbienen" in ausgehöhlten Baumstämmen und Strohkörben bis zur heutigen Imkerei (1. Mai–15. Okt. tgl. 10–19 Uhr, Tel. 386-52891; auch Honigverkauf).

Ginučiai

Der Ort, erstmals im 16. Jh. erwähnt, liegt am Sravinaitis-See. Hier gibt es einen Burgberg sowie eine alte **Wassermühle** aus dem 19. Jh., die zu einer **Touristenherberge** umgebaut wurde (15 Betten, Küche, Tel. 386-52891). In einem Nebentrakt ist ein **Brotmuseum** untergebracht. Etwa 2 km südlich inmitten von malerischen Seen erhebt sich der 155 m hohe berühmte **Ladakalnis** (Eisberg), von dem aus man einen wunderschönen Ausblick genießt. Sechs Seen auf einmal sieht man zwischen den dunklen Wäldern blinken.

108le Foto: mk

Lettland

117le Foto: mk

084le Foto: mk

Das bekannteste Schloss Lettlands: Pilsrundāle

Die Daugava verbindet die beiden größten Städte des Landes: Riga und Daugavpils

Kurzeme bietet traumhafte Ostseestrände

Lettland
0
30 km
Jämaja
Saaremaa
Sääre
RIGAER BUCHT
Ruhnu
Kabli
Ikla
Ainaži
Salacgrīva
Kolkasrags
Slītere NP
Mazirbe
Kolka
Uši
OSTSEE
Ovišrags
Pūrciems
Irbene
Dundaga
Roja
Tūja
Via Baltica
Pope
Rinda
Ventspils
Valdemārpils
Mērsrags
Ugāle
Užava
Talsi
Engures ezers
Zvejniekciems
Saulkrasti
Usmas ezers
Stende
Engure
Carnikava
Vanga
Venta
Jūrkalne
Sabile
Kandava
RIGA
Ādaži
Gauja
Lapmežciems
Alsunga
Kuldīga
Tukums
Jūrmala
Saliena
Pāvilosta
Ulbroka
LETTLAND
Kemeri NP
Salaspils
153
Oiaine
Ziemupe
Aizpute
Jaunpils
Kalnciems
Ikšķile
Skrunda
Saldus
Brocēni
Liepāja
Dobele
Jelgava
Vecumnieki
Grobiņa
Iecava
Lielupe
182
Nīgrande
Kursīši
Auce
Bēne
Priekule
Tērvete
Schloss Pilsrundāle
Vaiņode
Eleja
Bauska
Bārta
Mažeikiai
Naujoji Akmenė
Skuodas
Kākiške
Joniškis
Pape NP
Seda
Venta
Salantai
Darbėnai
Plateliai
Žemaitijos NP
LITAUEN
Pasvalys
Mūša
Palanga
Telšiai
Kuršėnai
Kretinga
Plungė
Šiauliai
Pakruojis
229
Radviliškis
Klaipėda
Vėžaičiai
Panevėžys
Gargždai
Užventis
Šeduva
Kaunas, Vilnius
Vilnius
488
520
444
460
552
A1
A2
A7
A8
A9
A10
A11
A12
A13
E6
E22
E67
E77
E85
E272

ESTLAND
RUSSLAND
LETTLAND
WEISSRUSSLAND
Pskover See
St. Petersburg
Tartu
Vilnius
Pärnu
Karksi-Nuia
Mõisaküla
Tõrva
Otepää
217
Põlva
Treski
Värska
Pskov
Sangaste
Antsla
Võru
Pechory
Novyy Izborsk
Karula Nationalpark
Suur Munamägi
318
Rõuge
Valga
Valka
Rūjiena
Mazsalaca
Salaca
Staicele
Aloja
Burtnieks ezers
Strenči
Valmiera
Limbaži
Brasla
Smiltene
Ape
Zaiceva
Palkino
Velikaya
Alūksne
Liepna
Ostrov
Lode
Jānmuiža
Rauna
Cēsis
Līgatne
Augšlīgatne
Gauja NP
Drusti
Gauja
Zeltiņi
Litene
Kuprava
Jaunpiebalge
Gulbene
Balvi
Viļaka
Sigulda
Inčukalns
265
Vyshgorodok
Ropaži
Mālpils
Cesvaine
Baltinava
Ergli
Madona
Lubāna
Bērzpils
Kārsava
Krasnogorodskove
Ogre
311
Bērzaune
Lubānas ezers
Lielvārde
Barkava
Mežvidi
Skrīveri
Koknese
Varakļāni
Aiviekste
Jaunjelgava
Aizkraukle
Pļaviņas
Viļāni
Rēzekne
Ludza
Sala
Jēkabpils
585
Malta
Rāznas ezers
Zilupe
Daugava
Līvāni
Preiļi
Kaunata
Viesīte
289
Šuškova
Mēmele
Nemunėlis
Biržai
Nereta
Rušona
Aknīste
Dagda
Kastrova
Aglona
Voyera Asvyeyskaye
Pandėlys
Subate
Višķi
Ilūkste
Vabalninkas
Rokiškis
Obeliai
Krāslava
220
Daugavpils
Druya
Vyerkhnya-dzvinsk
Kupiškis
Silene
Subačius
Zarasai
Svėdasai
A2
A3
A6
A12
A13
A116
A212
E22
E77
E262
M9
M20
P60
© Reise Know-How 2012

Lettland

Riga und Umgebung

Die Hauptstadt

Riga nennt sich selbst gern **Hauptstadt des Baltikums.** In der langen Geschichte der drei kleinen Ostseeländer spielte deren größte Stadt schon immer auch die größte Rolle. Und noch einen „Hauptstadt"-Titel nimmt die Stadt an der Daugava (deutsch „Düna") für sich in Anspruch: **Hauptstadt des Jugendstils.** Die Ironie der Geschichte wollte es, dass ausgerechnet im lettischen Riga das größte einheitliche Ensemble überhaupt in diesem Stil zu finden ist. Das teils mittelalterliche, teils neuzeitliche, teils moderne Vecrīga, die von der UNESCO als **Welterbe** ausgezeichnete Altstadt mit ihren Kirchen, Gassen, Höfen, Passagen, Restaurants, Museen und architektonischen Perlen ist bei all ihrem Reiz daher nur *ein* großer Höhepunkt eines jeden Riga-Besuches. Der zweite sind eben jene Straßen rund um die Alberta iela, nur wenige Schritte von der Altstadt entfernt, in denen die ungemein prächtigen und imposanten Jugendstil-Gebäude mit ihren reich geschmückten, oft frisch herausgeputzten Fassaden um die Aufmerksamkeit der Spaziergänger buhlen. Eine moderne Kneipen- und Restaurantszene erweitert noch die Attraktivität dieses Viertels.

Faszinierend auch, dass die Jugendstil-Bauten weit über dieses Neustadt genannte Gebiet hinausreichen. Auf der Fahrt aus dem Zentrum stadtauswärts in Richtung Nordosten erstrecken sich die Wohnhäuser mit den schön geschmückten Fassaden teilweise noch kilometerweit. Riga ist also keine dieser „Schmuckkästchen-Städte", die letztlich nur im engsten Zentrum schön, darüber hinaus aber eher unattraktiv sind.

Als wäre die einmalige Ansammlung von Gebäuden und Straßen aus Epochen vom Mittelalter bis zum 20. Jh. noch nicht genug, haben auch noch die Sowjets eine bleibende Marke hinterlassen – zum Leidwesen der Letten. Doch den Besuchern hilft es, die Stadt zu verstehen, die doch erst einige Jahre (seit 1991) wieder frei ist und nicht mehr bloß Provinzhauptstadt in einem riesigen Sowjetreich.

Besonders schön ist **Riga von oben.** Man muss noch nicht einmal auf festen Boden unter den Füßen verzichten, um das Stadtpanorama aus luftiger Höhe zu genießen: Per Fahrstuhl geht es auf den Turm der Petrikirche in der Altstadt, auf den Fernsehturm der Daugava-Insel, in die Skyline-Bar des Hotels Latvija und auf den Turm des sozialistischen Bollwerks der Akademie der Wissenschaften.

Riga ist bis ins engste Zentrum hinein eine sehr **grüne Stadt.** Selbst mitten in der Altstadt finden sich kleine Oasen der Natur wie der blumenübersäte Līvu laukums (Livenplatz).

In Riga leben laut der letzten Zählung **706.000 Menschen,** fast ein Drittel der gesamten lettischen Bevölkerung. Knapp die Hälfte davon sind in Lettland lebende Russen, Weißrussen und Ukrainer, teilweise mit lettischer Staatsbürgerschaft – das lange Erbe der sowjetischen Jahre. Daher hört man äußerst häufig Russisch auf den Straßen. Letten waren in ihrer eigenen Hauptstadt jahrzehntelang in der Minderheit. Nun ist zumindest das Gleichgewicht erreicht und in wenigen Jahren wird wohl eine Mehrheit Lettisch als Muttersprache haben.

Diese **kulturelle Vielfalt,** die den Bewohnern das Zusammenleben nicht immer erleichtert, ist aber auch eine Bereicherung und macht es für Besucher noch spannender, die Stadt zu entdecken. Die weltoffene Atmosphäre kommt nicht von ungefähr, denn schon seit Jahrhunderten wandelt Riga unter der Herrschaft verschiedener Länder nicht nur auf dem schmalen Grat zwischen Ost und West, sondern war und ist als Hafen- und Handelsstadt in ständigem Kontakt zum Rest der Welt.

Stadtgeschichte

Die offizielle 800-Jahr-Feier hat Riga hinter sich: **1201** wurde es vom Bremer Bischof *Albert Buxhövden* gegründet. Fünfeinhalb Hektar groß war die befestigte Siedlung an der Mündung des Flusses, der damals Düna hieß und heute auf Lettisch Daugava genannt wird. Im 12. oder sogar schon im 11. Jh. war an dem Ort bereits eine erste Siedlung errichtet worden.

Bischof Albert teilte 1207 die gesamte Region Livland zwischen der Kirche und dem Schwertbrüderorden auf. Ein Drittel des Gebietes aber, Riga und Umgebung, behielt er wohlweislich als eigenes Herrschaftsgebiet. Noch im selben Jahr begann er mit dem Bau von Stadtmauern zu Verteidigungszwecken. Es ging Schlag auf Schlag weiter: Bereits drei Jahre später kamen die Stadtwälle zu ihrem Einsatz, als die **Kuren Riga belagerten** – sie konnten die Festung nicht einnehmen. Wiederum nur ein Jahr später begann der Bau der Kathedrale. Bischof Albert genehmigte offiziell das Prägen von Münzen. 1215 kam es zum ersten großen Feuer, das beträchtlichen Schaden an den gerade entstandenen Gebäuden anrichtete. Bis 1226 erhielt Riga ein eigenes Wappen und einen Stadtrat.

Langsam begann der Ort, sich als Wirtschaftsfaktor zu etablieren. Ein Handelsabkommen mit dem Prinzen von Smolensk wurde unterzeichnet. 1282 kam schließlich der große Schritt, mit dem Riga endgültig zu einer Handelsmacht aufstieg: Der Beitritt zur **Hanse.** 1293 verwüstete ein **gewaltiges Feuer** fast die halbe Stadt. Der Bau von Holzgebäuden wurde eingeschränkt – Riga war dafür schon zu groß geworden.

Die „brüderliche Aufteilung" Livlands hielt kein ganzes Jahrhundert: Zwischen 1297 und 1330 kam es zum **Krieg** zwischen dem Livländischen Orden der Schwertbrüder und der Stadt Riga. Letztere war am Ende zu einer wichtigen Konzession gezwungen: Außerhalb der Stadtmauern musste Riga für den Orden eine große Burg erbauen.

Wirtschaftlich stand das 14. Jh. ganz unter dem Zeichen eines gewaltigen Aufschwungs: Immer mehr **Gilden und Berufsgenossenschaften** bildeten sich, von den Goldschmieden bis zu den Bierbrauern. Die Vereinigungen strebten nach Macht und Exklusivität: So setzte man etwa 1412 beim

005le Foto: mk

006le Foto: mk

Stadtrat durch, dass „Nicht-Deutsche" kein Bier mehr brauen und verkaufen durften. Bauern war es nicht mehr erlaubt, ihre Produkte auch außerhalb der Stadtmauern zu veräußern.

1481 bis 1494 gipfelte der schwelende Konflikt zwischen dem Orden und der Stadt Riga erneut in einem bewaffneten Kampf. Diesmal kam Riga nicht so glimpflich davon: Es musste sich dem mächtigen Ordensgroßmeister **Wolter von Plettenberg** unterwerfen. Allerdings handelten die Stadtväter eine gewisse Souveränität aus.

1521, der Machtverfall des Livländischen Ordens war schon im Gange, begann die **Reformation** sich auch in Riga durchzusetzen. Nur drei Jahre später kam es zu gewalttätigen Auseinandersetzungen zwischen Katholiken und Anhängern der Reformation. Beim sprichwörtlich gewordenen „Ikonen-Pogrom" wurden zahlreiche Kirchen in der ganzen Stadt beschädigt. Die Reformationsbewegung war nicht aufzuhalten: 1535 gewährte der Ordensgroßmeister den Bürgern von Riga Glaubensfreiheit, eine Entscheidung von tiefer geschichtlicher Ironie, waren die Ordensritter doch einst nach Livland gezogen, um die Bevölkerung katholisch zu missionieren.

Im 29 Jahre währenden **Polnisch-Schwedischen Krieg,** der genau 1600 begann, stand Riga mitten im Schlachtgeschehen. 1621 war es mit der, wenn auch begrenzten, Unabhängigkeit endgültig vorbei: Die Stadt ergab sich dem schwedischen König *Gustav II. Adolph.* Der Protestantismus gewann endgültig die Oberhand. Wenige Jahre später – und gut zwei Jahrhunderte vor der industriellen Revolution – wurde die **erste Fabrik** der Stadt eröffnet: ein Werk für Holzverarbeitung des Unternehmers *Rutger Niderhof.*

Mitte des 17. Jh. belagerte Zar *Alexej* die Stadt im Zuge des **Russisch-Schwedischen Krieges.** Doch das schwedisch kontrollierte Riga wehrte sich erfolgreich gegen die Einnahme. 1698 erschien in Riga die von *Ernst Glück* ins Lettische übersetzte Bibel, das erste Buch überhaupt auf Lettisch. Dafür ist Glück heute noch im ganzen Lande berühmt, denn das Ereignis wird als **Geburtsstunde der lettischen Schriftsprache** und als Meilenstein zur Bildung einer lettischen Identität angesehen.

Doch bis zur Unabhängigkeit mussten noch Jahrhunderte der Fremdherrschaft überstanden werden. Die relativ liberale Zeit der schwedischen Besatzung endete bereits 1710, als der nächste Zar, **Peter I.** *(der Große),* Riga neun Monate lang belagerte. Die folgende Hungersnot und eine Pest-Epidemie rafften gut die Hälfte der Stadtbevölkerung dahin. Riga lag am Boden und wurde dem **Russischen Zarenreich** einverleibt. Es war nun offiziell ein Bezirk (Gouvernat) unter der Kontrolle St. Petersburgs. Der Kaisergarten, ein Park zu Ehren des Zaren, wurde eingerichtet (heute Wochenendziel vieler Rigaer, während des Zweiten Weltkriegs war hier das Konzentrationslager „Riga-Kaiserwald").

Die Altstadt wurde von der UNESCO als Welterbe ausgezeichnet

Weitere wichtige Institutionen entstanden in der russischen Zeit des 18. Jh.: Das Museum von Riga, das erste Theatergebäude, das erste Krankenhaus, 1816 die Börse. Doch Börsenturbulenzen waren nichts gegen die Angst, die vier Jahre zuvor herrschte, als **Napoleon** das zur Großstadt gewordene Riga auf seinem Vormarsch nach Russland ins Visier nahm. Er hielt auf Riga zu, doch am Ende konnte er die Bastion nicht einnehmen.

Das 19. Jh. stand ganz im Zeichen **infrastruktureller Errungenschaften:** 1830 legte das erste große Dampfschiff im Hafen an – die „Oscar" aus Lübeck. 1852 wurde ein öffentliches Verkehrssystem mit Pferdekutschen eingerichtet. 1861 weihte man feierlich den Bahnhof und eine Zugverbindung nach Dünaburg (Daugavpils) ein. Viele weitere Strecken folgten schnell und erschlossen so das ganze Land. Damit nicht genug: Bereits 1882 wurden den ersten 54 Abonnenten die Telefonleitungen freigeschaltet. Ganz am Ende des Jahrhunderts, kurz vor der 700-Jahr-Feier, wurden der erste Wasserturm, das erste Elektrizitätswerk und das erste Kino eröffnet. Hinzu kam ein gewaltiger Zuwachs an Fabriken und Industrieanlagen.

Was wie eine mustergültige Entwicklung klingt, war für die Letten eine schwierige Zeit: **Nationale Bewegungen wurden unterdrückt,** teilweise auch gewaltsam. Die Spannungen entluden sich 1905 in einem Arbeiteraufstand, ja einer richtigen **Revolution,** die in blutigen Konfrontationen mit Polizei und Militär endete.

Die Kampfhandlungen des **Ersten Weltkriegs** erreichten Riga im Jahre 1915. Wieder einmal wurde die Stadt belagert, diesmal von den reichsdeutschen Truppen. Über 200.000 Fabrikarbeiter aus Riga wurden mit ihren Familien ins russische Stammland umgesiedelt. 1917 nahmen die Deutschen die Stadt ein und sogar Kaiser *Wilhelm II.* reiste zu einem Besuch an.

Am 18. November 1918 erklärte sich Lettland erstmals in seiner Geschichte für **unabhängig.** Das Deutsche Reich hatte den Krieg verloren und sich zurückziehen müssen. Bis 1940 war Riga nun die Hauptstadt eines souveränen Lettlands.

Ab 1940 musste die Stadt das selbe Schicksal erdulden wie der Rest des Landes: **Besatzung durch die Sowjets** mit Verfolgungen und Deportationen vieler Menschen, dann die **Okkupation durch die deutschen Truppen** bis zum Ende des Krieges. Geschätzte 44.000 jüdische Bewohner Rigas wurden in ein Ghetto gesperrt, umgebracht oder abtransportiert. Riga war zu dieser Zeit Sitz des „Reichskommissariats Ostland". Bei den Kämpfen gegen die Rote Armee 1944 wurde vor allem die Altstadt schwer beschädigt.

Schließlich gewannen die Sowjets. Die erneute Einverleibung Lettlands in die Sowjetunion war die Folge. Riga war nun die Kapitale der **Lettischen Sozialistischen Sowjetrepublik** und das Parlament im Stadtzentrum wurde zum „Obersten Sowjet" dieser Teilrepublik. Es dauerte bis 1990, als das Parlament – noch nicht in freien und fairen Wahlen bestimmt – die **Unab-**

hängigkeit von der UdSSR deklarierte. Die Parteiführung in Moskau wollte Lettland nicht so einfach aufgeben und ließ das Parlamentsgebäude vom Militär umstellen. Die Situation drohte zu eskalieren. Doch im Vergleich zur litauischen Hauptstadt Vilnius kam es zu weniger **gewalttätigen Auseinandersetzungen.** Bei einer Konfrontation zwischen Letten und sowjetischen Militäreinheiten starben aber 1991 zwei lettische Kameramänner auf dem Basteihügel, gleich vor den Toren der Altstadt.

Noch im selben Jahr erkannten die Sowjetunion und später Russland die Republik Lettland als freien Staat und Riga als dessen **Hauptstadt** an. Ab diesem Zeitpunkt entwickelte sich Riga rasant als **Wirtschafts- und Tourismuszentrum.** Gewaltige Wiederaufbaumaßnahmen und Renovierungsarbeiten wurden unternommen. Den historischen Beitritt zur Europäischen Union im Mai 2004, der die Freiheit und Unabhängigkeit Lettlands zementierte, feierten Zehntausende in den Straßen der Metropole. In den Jahren 2008 und 2009 geriet Riga vor allem durch Demonstrationen gegen die schwere Wirtschaftskrise und die Sparpolitik der Regierung in die internationalen Schlagzeilen.

Ankunft am Flughafen

Der Flughafen von Riga (Starptautiska lidosta Riga, Tel. (6)7207009, www.riga-airport.com) liegt im **Vorort Lidosta,** 13 Kilometer südwestlich des Zentrums. Der Weg in die Stadt ist gut ausgeschildert. Die **Buslinie 22** verkehrt von der Haltestelle am Ausgang der Ankunftshalle mindestens alle halbe Stunde in Richtung Zentrum (Fahrzeit ca. 30 Minuten, 0,70 Ls, Tickets beim Fahrer). Die Fluglinie AirBaltic bietet Fahrten ins Zentrum mit **Minibussen** an, Preis 3 Ls.

Auch **Taxis** stehen dort zur Verfügung. Seriöse Anbieter sind „Rigas taksometru parks", „Rigas taxi" und „Baltic Taxi", Gebühr 1,50 Ls beim Einsteigen und 0,50 Ls/km, Wartezeit kostet 6 Ls/Stunde.

Der Flughafen ist zwar nicht der kleinste der baltischen Hauptstädte, wirkt aber doch sehr übersichtlich. In 10 Minuten hat man die gesamten Hallen durchlaufen. Ein großer **Parkplatz** unter freiem Himmel direkt vor dem Gebäude steht Kurzzeitparkern zur Verfügung (1 Ls/30 Min., jede weitere Stunde 2 Ls). Langzeitparkplätze sind ebenfalls vorhanden und schnell zu erreichen (1,50 Ls/Stunde für die ersten vier Stunden, 6 Ls für den ersten Tag, weitere Tage 3 Ls).

Auf Straßenebene liegt das Ankunfts- und in der ersten Etage das Abflugterminal mit den Verkaufsschaltern und Check-in-Punkten der einzelnen Fluggesellschaften. Zahlreiche **Geschäfte** und eine **Touristeninformation** sind hier zu finden. Auf der Galerie in der zweiten Etage lockt ein **Restaurant** der Lido-Kette mit Selbstbedienung und lettischen Gerichten – etwas teurer als in Riga selbst, aber mit akzeptablen Preisen, einem großen Saal in ansprechender Holzatmosphäre und einem schönen Blick durch Panorama-

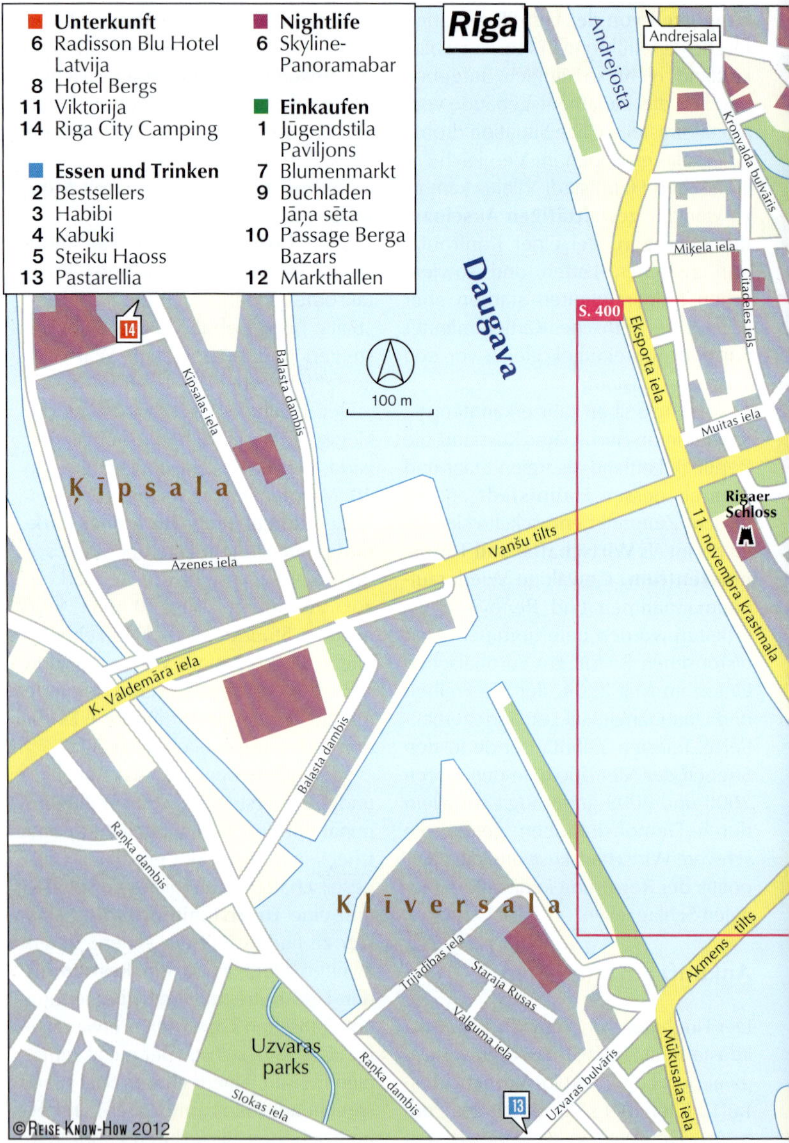
Riga
Unterkunft
6 Radisson Blu Hotel Latvija
8 Hotel Bergs
11 Viktorija
14 Riga City Camping
Essen und Trinken
2 Bestsellers
3 Habibi
4 Kabuki
5 Steiku Haoss
13 Pastarellia
Nightlife
6 Skyline-Panoramabar
Einkaufen
1 Jūgendstila Paviljons
7 Blumenmarkt
9 Buchladen Jāņa sēta
10 Passage Berga Bazars
12 Markthallen
Andrejosta
Andrejsala
Kronvalda bulvāris
Miķela iela
Citadeles iela
S. 400
Eksporta iela
Daugava
100 m
Balasta dambis
Ķīpsalas iela
14
Muitas iela
Ķīpsala
Rigaer Schloss
Vanšu tilts
11. novembra krastmala
Āzenes iela
K. Valdemāra iela
Balasta dambis
Raņka dambis
Klīversala
Akmens tilts
Trijādības iela
Staraja Rusas
Valguma iela
Uzvaras parks
Slokas iela
Raņka dambis
13
Uzvaras bulvāris
Mūkusalas iela
©Reise Know-How 2012

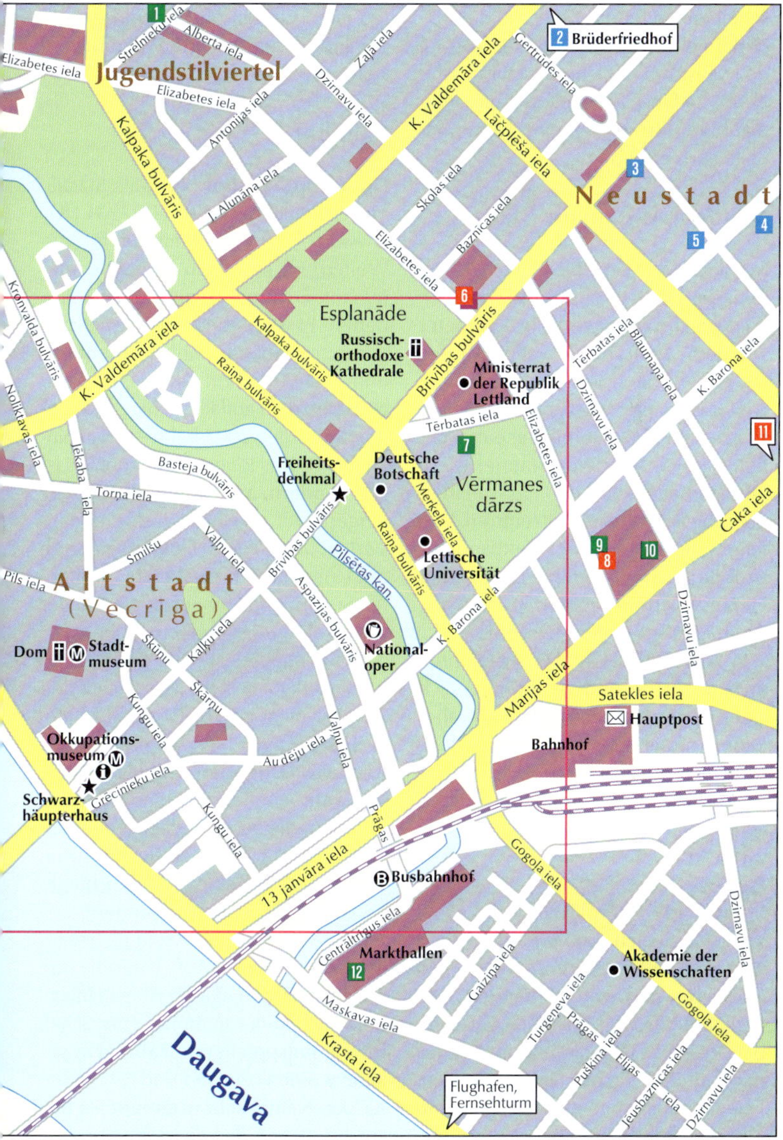
Jugendstilviertel
Neustadt
Altstadt
(Vecrīga)
Esplanāde
Vērmanes dārzs
Daugava
Brüderfriedhof
Russisch-orthodoxe Kathedrale
Ministerrat der Republik Lettland
Freiheits-denkmal
Deutsche Botschaft
Lettische Universität
National-oper
Dom
Stadt-museum
Okkupations-museum
Schwarz-häupterhaus
Hauptpost
Bahnhof
Busbahnhof
Markthallen
Akademie der Wissenschaften
Flughafen, Fernsehturm
Elizabetes iela
Strēlnieku iela
Alberta iela
Antonijas iela
Dzirnavu iela
Zaļā iela
K. Valdemāra iela
Ģertrūdes iela
Lāčplēša iela
Kalpaka bulvāris
J. Alunāna iela
Skolas iela
Baznīcas iela
Kronvalda bulvāris
Raiņa bulvāris
Brīvības bulvāris
Tērbatas iela
Blaumaņa iela
K. Barona iela
Noliktavas iela
Jēkaba iela
Basteja bulvāris
Torņa iela
Merķeļa iela
Čaka iela
Smilšu
Vaļņu iela
Pils iela
Pilsētas kan.
Aspazijas bulvāris
Kaļķu iela
Skūņu
Šķūņu
Kungu iela
Marijas iela
Satekles iela
Audēju iela
Grēcinieku iela
Prāgas
13 janvāra iela
Gogoļa iela
Centrāltirgus iela
Gaiziņa iela
Maskavas iela
Krasta iela
Turgeņeva iela
Prāgas iela
Puškina iela
Elijas
Jēsusbaznīcas iela
Dzirnavu iela

scheiben auf das Flugfeld und die Landebahnen (Tel. (6)7068771, www.lido.lv, Bistro 8–20 Uhr, Restaurant und Bar 8–24 Uhr). Im zweiten Stock steht gläubigen Reisenden eine kleine Kapelle zur Verfügung.

Mit dem Auto in die Stadt

Kommt man von Polen und Litauen über die Via Baltica (E67/A7) nach Riga, kreuzt man etwa zehn Kilometer vor dem Zentrum die Schnellstraße, die einen Bogen um Riga macht und weiter in Richtung Estland führt. In die Hauptstadt hinein führt eine einst sehr holprige, inzwischen restaurierte Zufahrtstraße. Nach der Daugava-Überquerung ist man im Stadtzentrum. Von einem beliebigen Ziel in Lettland aus ist Riga nicht zu verfehlen: Aus jeder Himmelsrichtung führen sternförmig große Straßen in die Metropole.

In Riga selbst ist das Autofahren zwar nicht besonders abenteuerlich oder schwierig, es lohnt sich aber kaum, zumal die Altstadt, soweit sie für Autos überhaupt geöffnet ist, nur gegen eine hohe Gebühr (mindestens 5 Ls) befahren werden darf.

Parken

Bewachte Parkplätze sind sowohl an vielen Stellen rund um die Altstadt als auch bei Hotels, am Bahnhof und anderswo zahlreich vorhanden. Die Parkgebühr sollte von außen gut sichtbar ausgewiesen sein und im Voraus mit dem Parkwächter geklärt werden. Die Gebühr kann je nach Lage um 1 Ls pro Stunde betragen. Hotels bieten ihren Gästen oft kostenlose oder zumindest vergünstigte Parkmöglichkeiten an.

Bahnhof

Der **Hauptbahnhof** (Centrālā Stacija, Stacijas laukums 1, Tel. (6)7231181, www.ldz.lv) ist vorwiegend für die Weiterreise innerhalb Lettlands interessant. Er ist mit seiner sandsteinfarbenen Fassade und dem quadratischen, schlanken, hohen Uhrenturm und der Aufschrift „Riga" schlicht, aber trotzdem auffällig. Einige Glaselemente wurden 2003 beim Ausbau hinzugefügt. Das Innere des Bahnhofs ist sehr **modern, angenehm und sauber** eingerichtet und besitzt eine direkte Verbindung zu einer **Einkaufspassage** mit einem täglich bis 24 Uhr geöffneten Supermarkt – ebenfalls ein Teil der Modernisierungsarbeiten 2003.

Im Bahnhof selbst scheinen der Fahrkartenverkauf und das Warten auf den Zug gar nicht im Vordergrund zu stehen, denn auch hier wimmelt es von **Kiosken, Drogerien, Imbissen, Restaurants** and allerlei anderen Geschäften, die zum Geldausgeben einladen. Selbst wer keine Zugreise plant, kann durchaus einmal im Vorbeigehen durch die Station schlendern.

Die Verkaufsschalter sind übersichtlich angeordnet. Auf Lettisch und meist auch auf Englisch ist ersichtlich, bei welchen der nummerierten Schalter die entsprechende **Fahrkarte** gekauft werden kann. So sind Fahrkarten für den Nahverkehr nach Jūrmala beispielsweise an den Fenstern Nummer

7–12 erhältlich. Beim Informationsschalter kostet die Auskunft Geld: 10 Cent für eine einfache Frage, 20 oder 30 Cent, wenn eine Verbindung für den Kunden ausgedruckt wird. Möglicherweise ist man als Ausländer auch erst einmal bei der **Touristeninformation** (vom Eingang aus rechts) im Bahnhof besser aufgehoben – diese gibt grundsätzliche Auskunft und kann im Zweifelsfall weiterleiten.

Schließfächer und Gepäckaufbewahrung sind von 4 Uhr morgens bis 1 Uhr nachts geöffnet. Der **Hinterausgang** des Bahnhofs (zu erreichen durch den Tunnel unter den Gleisen) führt direkt zum Zentralmarkt mit seinen fünf großen Hallen (siehe „Sehenswertes").

Züge fahren von Riga unter anderem nach Moskau (eine Direktverbindung täglich, die 922 km lange Fahrt dauert gut 16 Std.) und St. Petersburg (eine Direktverbindung, 13 Std. für 679 km). Das Visum für Russland muss vor der Reise besorgt werden!

Wichtige Bahnstrecken

Die wichtigsten innerlettischen Bahnstrecken führen von Riga aus nordöstlich über Sigulda, Cēsis und Valmiera nach Valka an der estnischen Grenze, ostwärts über Sigulda nach Gulbene (von dort verkehrt die Schmalspurbahn nach Alūksne), in südöstlicher Richtung über Koknese nach Daugavpils, in die südwestliche Küstenstadt Liepāja und westwärts nach Ventspils, wo die Fähren aus Deutschland anlegen. Viele kleinere Orte in Lettland können nur per Bus erreicht werden. Parallel zu einigen Bahnstrecken verkehren ebenfalls Busse, doch für einige Fahrten kann sich die Eisenbahn durchaus lohnen. So kostet die dreieinhalbstündige Fahrt von Riga nach Daugavpils nur gut 5 Ls pro Person, ebenso wie die knapp dreistündige Reise von Ventspils in die Hauptstadt (aber es existieren oft nur wenige Verbindungen täglich, das Angebot bei Bussen ist größer).

Busbahnhof

Der Busbahnhof (Autoosta, Prāgas iela 1, Tel. (6)9000009, www.autoosta.lv) liegt schräg hinter dem Bahnhof in Sichtweite der Altstadt nur wenige Schritte vom Zentralmarkt entfernt in einer außen schmucklosen, aber innen sehr gepflegten Halle. Es ist nichts von dem Muff, der Zugluft und dem Dreck zu spüren, die in vielen anderen Busbahnhöfen vorherrschen. Ganz im Gegenteil: Es duftet sogar nach lettischer Seife und Kosmetika, die in einem kleinen Laden verkauft werden. Kioske, Imbisse und Automaten ergänzen das Angebot.

Natürlich gibt es auch ausreichend einfache Sitzplätze für Wartende. Für alle, die länger oder sogar über Nacht warten müssen, stehen in der 1. Etage **Ruhesessel, Duschen** und sogar einfache, aber ordentliche **Zimmer** zur Übernachtung zur Verfügung (Einzelzimmer 15 Ls, Doppelzimmer 20 Ls). Wer also abends per Bus ankommt und morgens früh weiter muss, braucht mit seinem Gepäck nicht ins Zentrum zu fahren.

Vom Eingang aus rechts an der Wand hängt ein übersichtlicher Abfahrtsplan für alle Busse. Verkaufsbüros für Tickets stehen ebenso zur Verfügung wie eine **Gepäckaufbewahrung** (je nach Größe des Gepäckstücks und Dauer zwischen 0,40 Ls und 1 Ls/Stunde). Über den Hinterausgang gelangt man direkt auf die klar nummerierten Bussteige.

Im Busbahnhof stehen auch **Internet-Terminals** zur Verfügung (8.30–21 Uhr, Mittagspause 14–14.30 Uhr, 1,20 Ls/Std.) sowie Kopierer, Drucker und Faxgeräte.

Stadtverkehr

Busse und Bahnen

Eine U-Bahn wie in anderen Landeshauptstädten der ehemaligen Sowjetunion existiert in Riga nicht. Doch die Entfernungen zu fast allen Sehenswürdigkeiten sind, wenn nicht zu Fuß, dann per Bus, Trolleybus (mit elektrischer Oberleitung) oder Straßenbahn leicht zurückzulegen. Von 05.30 Uhr bis 23.30 Uhr verkehren die meisten der insgesamt 83 Linien, einige stellen aber schon gegen 22 Uhr den Betrieb ein. Nachts sind die wichtigsten Linien einmal pro Stunde unterwegs.

Eine Erleichterung für die Passagiere ist der **Ticketverkauf im Verkehrsmittel** selbst, sodass kein Kiosk gesucht werden muss. Die Kuriosität dabei: Meist arbeitet in den Bussen und Bahnen ganz wie zu Sowjetzeiten noch eine **Schaffnerin** *(konduktore),* die Fahrkarten verkauft und kontrolliert. Wenn keine Schaffnerin im Fahrzeug ist, sind die Tickets beim Fahrer erhältlich. Eine Einzelfahrt kostet 0,50 Ls.

Das System wird allerdings langsam umgestellt. In Straßenbahnen wurden bereits **Automaten zum Abstempeln** der Fahrkarten eingerichtet, die weiterhin beim Fahrer, aber auch in vielen Kiosken erhältlich sein werden. Es werden auch immer mehr Ticketautomaten eingerichtet.

Wer **umsteigt,** muss jedes Mal ein **weiteres Ticket** kaufen. Fahrkarten gelten nur für ein Verkehrsmittel und eine Strecke. Es werden verschiedene Arten von **Tageskarten** angeboten, sinnvoll sind aber nur diejenigen, die für alle drei Verkehrsmittel Tram, Trolleybus und Bus gelten (1,90 Ls).

Immer aktuelle Informationen – auch auf Englisch – über den ständig von Neuerungen und Änderungen betroffenen Stadtverkehr findet man unter **www.rigassatiksme.lv.** Leider ist die Orientierung manchmal schwierig, weil an den Haltestellen kaum Übersichtspläne aushängen. Auch hier hilft die angegebene Internetadresse oder der Gang zur Touristeninformation.

Minibusse

Eine weitere Möglichkeit, von A nach B zu kommen, sind die zahlreichen Minibus-Routen (Maršrutka, nach dem deutschen Wort „Marschroute"), die vom Zentrum aus der Stadt hinausführen. Die Minibusse können nicht nur an Haltestellen bestiegen, sondern an einer beliebigen Stelle auf der Route **per Handzeichen angehalten** werden. Das gleiche gilt fürs Aussteigen: Es kann überall auf der

Strecke erfolgen, man muss dem Fahrer nur vorher Bescheid sagen. Ob man also nur einen oder zehn Kilometer im Minibus sitzen bleibt: Er kann eine schnelle Alternative zu den großen Bussen und Straßenbahnen sein. Doch man muss die Routen kennen. Für Ortsunkundige empfehlen sich die kleinen Busse daher nur in bestimmten Fällen (etwa bei der Fahrt nach Jūrmala) oder in Begleitung eines Einheimischen. Eine interessante Erfahrung ist diese Art Taxi mit fester Fahrstrecke aber in jedem Fall. Der **Minibus-Bahnhof** liegt gegenüber dem Hauptbahnhof an der Satekles iela.

Taxis

Folgende drei Taxigesellschaften sind rund um die Uhr zu erreichen (aus dem Rigaer Festnetz kostenlos, Preis ca. 1,50 Ls plus 0,50 Ls pro km):

- **Rīgas taksometru parks,** Tel. (6)8383, www.rtp.lv.
- **Rīga taxi,** Tel. (6)80001010, www.taxi.lv.
- **Baltic Taxi,** Tel. (6)8500, www.baltictaxi.lv.

Fahrradmiete

Überall im weiteren Stadtzentrum – besonders in Altstadt und Neustadt, aber auch in Jūrmala – sind die grünen Fahrradstationen von **BalticBike** zu finden. Am besten man meldet sich vorher per Internet und Kreditkarte (www.balticbike.com) an und macht sich mit der Prozedur vertraut. Dann kann man an einer beliebigen Station ein Fahrrad ausleihen und an jeder anderen wieder abgeben. Der Code, um das gewünschte Rad zu entsperren, wird per SMS verschickt.

007le Foto: mk

Sehenswertes

Prinzipiell lässt sich das Besichtigungsprogramm in drei Bereiche unterteilen: Altstadt, Neustadt mit Jugendstilgebäuden und einige Ziele außerhalb des Zentrums. Die ersten beiden Gebiete liegen direkt im Stadtzentrum und sind daher nicht nur zu Fuß zu erreichen, sondern auch am besten bei einem Spaziergang zu entdecken. Für die Anfahrt zu den weiter außerhalb gelegenen Zielen wie den Kaiserpark mit Zoo, das Freilichtmuseum und den Fernsehturm kommen Stadtbusse, Straßenbahnen und das eigene Auto in Frage.

Das Schwarzhäupterhaus mit dem Waagenhaus (links) aus der Blütezeit der Hanse

Altstadt

Die in ihren Ursprüngen mittelalterliche Altstadt **Vecrīga** ist kein komplett erhaltenes architektonisches Ensemble. Zu viele Brände und Zerstörungen machten dem alten Riga in den vergangenen Jahrhunderten den Garaus. Es dominieren neben zeitgenössischen Gebäuden vor allem Häuser aus dem 19. Jh., viele geprägt vom Jugendstil – diese sind dafür aber umso prächtiger. Während der eigentliche Stadtkern bereits wieder in alter Pracht erstrahlt, wird in mancher Altstadtgasse und an mancher Fassade noch immer gewerkelt und restauriert.

Jeder Aufenthalt in Riga wird den Besucher unweigerlich immer wieder in das weitläufige Vecrīga führen. So verwinkelt diese auch sein mag: Die **Kaļķu iela** (Kalkstraße) ist immer ein guter Orientierungspunkt.

Schwarzhäupterhaus

Die Kaļķu iela durchschneidet den Stadtkern vom Rātslaukums (Rathausplatz), wenige Meter vom Fluss Daugava entfernt, bis zum berühmten Freiheitsdenkmal. Der **Rathausplatz,** ein ungleichmäßiges Viereck, ist nicht besonders groß. Auch zählt er noch nicht allzu viele Jahre, denn er wurde während des Zweiten Weltkriegs komplett zerstört. Doch er beherbergt – dem Rathaus gegenüber – eines der bekanntesten Rigaer Gebäude: das heute wieder intakte Schwarzhäupterhaus (Melngalvju nams).

Die Bezeichnung geht auf die **Bruderschaft der Schwarzhäupter** (offiziell: „Compagnie der Schwarzen Häupter") zurück, eine mittelalterliche Vereinigung unverheirateter, wohlhabender deutschstämmiger Kaufleute im alten Riga. Nach ihrer Heirat verließen die Mitglieder die Gemeinschaft und traten den mächtigen Gilden bei. Der Schutzpatron der Schwarzhäupter, der **heilige Mauritius,** wird in historischen Abbildungen stets mit dunkler Hautfarbe dargestellt.

Das Gebäude entstand spätestens 1334, die Zahl prangt in goldenen Lettern auf einem blauen Band unter dem Dachfirst. Daneben steht „RENOV. ANNO 1999", erst zu dieser Zeit kam es zum **Wiederaufbau** des Gebäudes, das im Zweiten Weltkrieg dem Erdboden gleich gemacht worden war.

Die Schwarzhäupter zogen 1447 als Mieter ein, 1713 wurden sie Eigentümer der Immobilie. Anfang des 18. Jh. musste das im Nordischen Krieg zerstörte Bauwerk weitgehend restauriert werden, in der zweiten Hälfte des 19. Jh. wurden sowohl Fassade als auch Inneneinrichtung erneuert. Diesen Zustand bemühten sich die Restaurateure von 1995 bis 1999 wieder herzustellen. Im Keller, der als einziger Teil des Gebäudes noch viele mittelalterliche Merkmale aufweist, sind **historische Fundstücke und Bruchstücke** ausgestellt.

Die **Frontseite** ist mit schlichten roten Backsteinen gemauert, doch dafür ist sie umso reicher geschmückt mit auf Sockeln stehenden Heiligenfiguren, Wappen und allerlei verschnörkelten Verzierungen. Unter dem Dach der nach oben hin immer schmaler werdenden Giebelfassade prangt zentral eine mit Gold geschmückte, große **Sonnenuhr,** deren deutsche Monatsnamen in alter Schreibweise („Märtz, Aprill, May, Juny, Julyā") nur mit scharfem Auge zu erkennen sind. Den Haupteingang säumen große, farbige Reliefs des heiligen Mauritius und, auf der anderen Seite, der Jungfrau Maria mit dem Christuskind im Arm.

Im 18., 19. und nach dem Wiederaufbau im 20. Jh. war das Schwarzhäupterhaus ein wichtiger Ort für den Empfang hochkarätiger Gäste und herausragende Kulturveranstaltungen. Heute besitzt das Gebäude eine repräsentative Funktion als eines der **Symbole für Riga.**

Einige Innenräume und eine Vielzahl von Utensilien und Fundstücken aus der Geschichte des Hauses sind zu besichtigen. Beliebt sind die schmuckvollen Säle auch bei frisch gebackenen Hochzeitspaaren als Fotokulisse. Zum Rathausplatz hin ist ein kleines Café und Esslokal im Gebäude untergebracht.

Links grenzt direkt an das Schwarzhäupterhaus das **Waagenhaus,** beide bilden zusammen ein Gebäude. Das Waagenhaus ist genau so hoch, aber schmaler, etwas weniger verziert und im Gegensatz zum Schwarzhäupterhaus mit einem spitz zulaufenden Dach versehen. Seit dem 19. Jh. trägt es auch den Namen Schwabe-Haus. Im Untergeschoss hat die **Touristeninformation** ihren Sitz – ein weiterer Grund, den Stadtrundgang am Rathausplatz zu beginnen.

• **Melngalvju nams** (Schwarzhäupterhaus), Rātslaukums 7, tgl. außer Mo 10–17 Uhr, Eintritt 2 Ls, Tel. (6)7044311.

Rolandstatue

Zwischen Rathaus und Schwarzhäupterhaus, mitten auf dem mit Kopfsteinpflaster bedeckten Platz, steht auf einem hohen Sockel die imposante Rolandstatue. Der „Roland" ist ein Ritter mit einem einfachen Schwert, der mit seiner Erhabenheit den Stolz der Stadtbevölkerung auf ihre Rechte, Freiheit und Errungenschaften symbolisiert. Rolandstatuen stehen in zahlreichen Städten mit mittelalterlichen Wurzeln, die bekannteste von ihnen wahrscheinlich in Bremen. Da passt es nur zu gut, dass der Bremer Schlüssel auch im Rigaer Stadtwappen auftaucht und die Schwarzhäuptervereinigung bis zum heutigen Tag in Bremen (und nur in Bremen) existiert. Diese Kopie der Rolandstatue aus dem 19. Jh. wurde im Jahre 2000 aufgestellt. Das beschädigte Original ist in der St. Petrikirche zu sehen.

Okkupationsmuseum

Das hässliche, dunkle, kastenförmige Gebäude am Rande des Rathausplatzes drückt die durch die anderen Gebäude erhabene Stimmung gewaltig. Doch das manchmal böswillig „Sarg" genannte Okkupationsmuseum (Latvijas Okupācijas muzejs) ist für die Letten von besonderer Bedeutung: Hier wird die **leidvolle Geschichte** des kleinen, stolzen Volkes beschrieben, seit es nach dem Ersten Weltkrieg erstmals Souveränität erlangte.

Unterkunft
4 Doma Hostel
5 Gutenbergs Hotel
12 Hotel Radi un Draugi
13 Argonaut Hostel
14 ALA Hotel
17 Boutique Hotel Viesturs
18 Konventhof, Hotel Ekes Konvents
19 Hotel Konventa Seta
30 Europa Royale Riga
31 Hotel Bergs
33 Central Hostel, Hostel Knights Court

Essen und Trinken
2 Picnix
3 Kiploku Krogs
6 1221
7 Kamala
8 Alus Sēta
10 Varzob
11 Habibi
15 Steiku Haoss
20 Pelmeni XL
21 Steiku Haoss
22 Arbat
23 Austrumu Robeža
24 Skonto Zivju Restorāns
25 Nostalgija
26 Pelmenu Centrs
27 Restaurant Otto Schwarz
28 Melnā Kaķa Alus Ordenis

Einkaufen
1 Laima
9 Laipa
16 Einkaufszentrum Galeria Centrs
29 Blumenmarkt
32 Passage Berga Bazars
34 Zentralmarkt

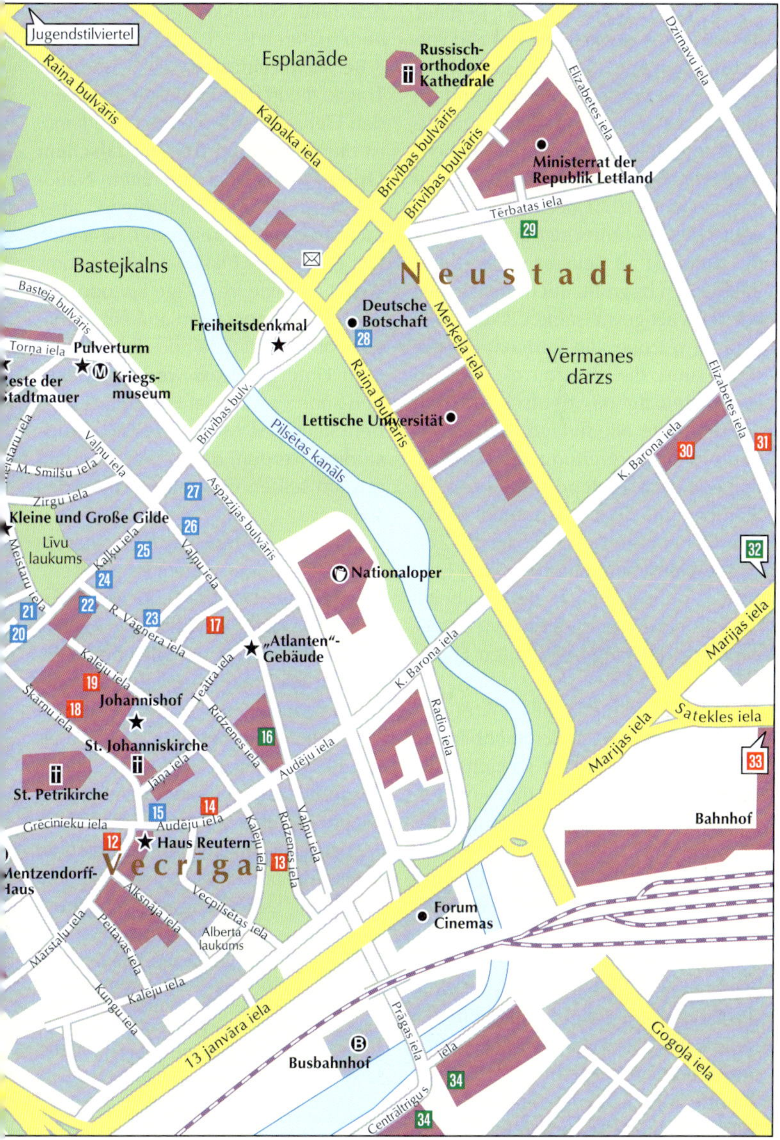

Riga und Umgebung

Mit dem Hitler-Stalin-Pakt beginnt die Museums-Ausstellung. Anhand von historischen Fotos, Zeitungsausschnitten, Kopien von Dokumenten und Informationstafeln wird der tragische Fortgang der Geschichte dokumentiert: Der sowjetische Überfall und die Besatzung ab 1940, der Einmarsch der deutschen Wehrmachtstruppen 1941, die zunächst als Befreier gefeiert und mit Blumen begrüßt, doch sehr schnell ebenfalls als gewaltsame Okkupanten erkannt wurden; die Vernichtung der Juden und die Zwangsrekrutierung von Letten für das deutsche Militär; die deutsche Niederlage und die erneute Machtergreifung der Sowjets mit den Massendeportationen nach Sibirien und dem grausamen Terror des Geheimdienstes; die lange Zeit des sowjetischen, unterdrückten Lettlands und schließlich der Freiheitskampf und die endgültige Wiedergewinnung der lange ersehnten Eigenständigkeit.

All dies wird hier sehr konkret und bildhaft dargestellt: Die Nachbildung einer Schlafbaracke im sowjetischen Lager zusammen mit dem niedergeschriebenen Erlebnisbericht eines Häftlings über den ständigen Gestank und die Not der Insassen lässt das Schicksal der Opfer beklemmend nah kommen. Der gar nicht allzu große Saal im ersten Stock des Gebäudes ist gut durchdacht eingerichtet. Durch die Fächerform der einzelnen, offenen Räume wird der Platz ideal ausgenutzt und die Besucher haben nur wenige Schritte zurückzulegen, können in Sekundenschnelle zu einem vorherigen Abschnitt zurückkehren oder zu einem späteren Bereich springen.

Bei allem Leid, aller Gewalt und aller Tragik, die in diesem düster anmutenden Gebäude sehr nahe gehen kann, ist die Ausstellung **frei von falschem Opfer-Pathos** oder kitschigem Nationalismus. Es wird mitfühlend, aber sachlich von den Ereignissen berichtet. Der Besuch des Okkupationsmuseums kostet nur eine freiwillige Spende und ist für Ausländer in Lettland ein wichtiges und beeindruckendes Erlebnis.

Im Untergeschoss werden Bücher und anderes Material verkauft. Außerdem kann das Modell des Museums studiert werden, das in wenigen Jahren am selben Ort erweitert werden soll.

Zu Sowjetzeiten gab es in diesem Gebäude übrigens ebenfalls eine feste Ausstellung. Damals hieß das Haus „Museum der Revolution". Erzählt wurde dabei von der gleichen Zeitspanne wie jetzt – freilich mit völlig entgegengesetzten Schlussfolgerungen: Die Sowjetbesatzung wurde als große Errungenschaft für alle Letten dargestellt. So wurde der geneigte Besucher darüber informiert, dass die Menschen 1940 „mit überwältigender Mehrheit" per Volksabstimmung dem Beitritt zur UdSSR zugestimmt hätten.

● **Latvijas Okupācijas muzejs,** Strēlnieku laukums 1, Tel. (6)7212715, www.occupationmuseum.lv, Mai bis September tgl. 11–18 Uhr, Oktober bis April tgl. 11–17 Uhr, als Eintritt wird um eine Spende gebeten, Audio-Guide auf Deutsch 2 Ls.

Rathaus und Einkaufspassage

Natürlich steht am Rathausplatz auch das Rathaus, ein massiver, cremefarbener Bau mit roten Backsteinen am rechten und linken Rand – wiedererrichtet nach dem Zweiten Weltkrieg und originalgetreu seinem Vorgänger aus dem 18. Jh. nachempfunden. Einen leicht kuriosen Eindruck macht der etwas zu klein wirkende, putzige Turm auf der Mitte des Daches.

Die Jaunavu iela (Jungfernstraße), die hinter dem Rathaus verläuft, ist zu einer **modernen Einkaufs- und Ladenpassage** umgestaltet worden. Dort wird neben vielen Gelegenheiten zum Konsum auch ein 3500 Jahre alter Eichenstamm gezeigt, der bei den Bauarbeiten frei gelegt wurde.

Mentzendorff-Haus

Hinter dem Schwarzhäupterhaus, an der Kreuzung von Grēcinieku iela und Kungu iela, sticht das Haus Mentzendorff (Mencendorfa nams) hervor, das nach seiner langjährigen und letzten Besitzerfamilie benannt ist. Das schöne Gebäude mit dem steilen, roten Dach und der weißen Fassade entstand im 17. Jh., wurde im 18. Jh. grundlegend umgebaut und in den 80er Jahren des 20. Jh. restauriert. In einem kleinen **Museum** im Inneren des Hauses sind einige Elemente des Original-Gebäudes sowie sehr schöne **Wand- und Deckenmalereien** zu besichtigen. Es ist ein offizieller Zweig des Rigaer Museums für Stadtgeschichte und Schifffahrt.

- **Mencendorfa nams,** Grēcinieku iela 18, Eingang von der Kungu iela, Tel. (6)7212951, www.mencendorfanams.com, Mi–So 10–17 Uhr, Do 12–19 Uhr, Eintritt 1 Ls, deutschsprachige Führung 7 Ls, Foto und Video 2 Ls. Kombiticket für drei Museen innerhalb 24 Std. 4 Ls (Museum für Stadtgeschichte und Schifffahrt, Mentzendorff-Haus, Fotografiemuseum).

St. Petrikirche mit Aussichtsturm

Nur einen Steinwurf vom Rathausplatz entfernt liegt die St. Petrikirche. Zwar läuft ihr der Dom offiziell gesehen den Rang ab, doch bei der Anzahl der Besichtigungen liegt Petri eindeutig vorn – was nicht zuletzt an der zentralen Lage und am Fahrstuhl liegt, der in den barocken Turm hinaufführt und einen **fantastischen Blick** über die Dächer der Altstadt und weit darüber hinaus ermöglicht. Einige Dutzend Stufen müssen auf dem Weg zum Lift allerdings zu Fuß erklommen werden. Eine sympathische ältere Dame (so lange sie nicht in Pension geht) informiert bei der Fahrt nach oben wahlweise auf Lettisch, Russisch oder Englisch über das Alter und die Höhe der Kirche (123,24 m). Es kann bis zu zehn Minuten dauern, bis der Fahrstuhl wiederkommt, doch nicht nur Fotografen werden angesichts der hervorragenden und einzigartigen Motive eher noch mehr Zeit auf der **72 Meter hohen Aussichtsplattform** verbringen wollen.

St. Petri ist eines der **ältesten Sakralgebäude im gesamten Baltikum.** Die erste Erwähnung in den historischen Quellen datiert von 1209. Der Bau war ursprünglich als die Hauptkirche von Riga geplant. Im Kampf gegen den Schwertbrüderorden wurde das Gotteshaus sogar kurzerhand als Katapult zweckentfremdet, um das Wittensteiner Schloss besser bombardieren zu können. Trotz des niedrigeren Ranges im Vergleich zum Rigaer Dom prägte die Petrikirche wie keine andere das tägliche Leben in der mittelalterlichen Stadt: Eine spezielle Glocke läutete den Menschen Anfang und Ende ihrer täglichen Arbeit. Die erste städtische Uhr Rigas wurde 1352 an eben jener Kirche angebracht. Auch war der Turm schon immer ein wichtiger Aussichtspunkt: In Friedenszeiten wachte ein Späher von oben über Recht und Ordnung, während in Kriegszeiten die Feindbewegungen erkannt und gemeldet werden konnten.

Freilich wurde die Kirche im Laufe der Jahrhunderte immer wieder umgebaut und erhielt die Prägung neuer Kunstepochen. Anfang des 15. Jh. baute der Rostocker Architekt *Johann Rumeschottel* einen neuen Altar. 1491 wurde ein Holzturm auf das Gebäude gesetzt, der ganze 136 Meter Höhe aufweisen konnte – seinerzeit die **höchste hölzerne Turmkonstruktion** der Welt. 1690, nach der ersten verheerenden Zerstörung, wurde der Kirchturm in der heute zu besichtigenden Form im Barockstil errichtet. Wiederum wurde eine Holzkonstruktion gewählt, die sich mit 121 Metern Höhe immerhin als europäischer Rekordhalter rühmen konnte. Vom Original ist aber auch hier nichts übrig, denn es brannte gleich dreimal aus – zuletzt während des Krieges 1941, ausgerechnet am Namenstag des heiligen Petrus. Erst in den 1970er Jahren kam es zum Wiederaufbau, diesmal wohlweislich mit Stahl statt Holz. Das Aussehen gleicht jedoch recht genau dem von vor 300 Jahren. Besonders charakteristisch ist die spitz zulaufende Form des Turmes, der gleich zweimal von offenen, luft- und blickdurchlässigen Galerien unterbrochen ist. Dies war im 17. Jh. eine echte Rarität. In den Siebzigern wurde von den Sowjets der in Kirchen eher seltene Fahrstuhl zur Aussichtsplattform eingerichtet.

Von der Originalkirche sind Teile der Außenwände an den Seitenschiffen erhalten. Die **barocke Westfassade** mit Bibeldarstellungen und Gleichnissen stammt von dem aus Straßburg nach Riga bestellten Architekten *Rupert Bindeschuh,* der auch für den innovativen Turm am Ende des 17. Jh. verantwortlich war.

Durch die Zerstörung im Zweiten Weltkrieg ist vom Innenleben der Kirche kaum etwas übrig geblieben. Doch das leere Gebäude strahlt immer noch eine besondere Atmosphäre der Macht und Erhabenheit aus. Temporäre **Kunstausstellungen** gastieren in St. Petri. Gelegentlich werden **Konzerte** in dem beeindruckenden Bau gespielt (dienstags um 18 Uhr präsentieren sich junge Musiker mit ihren Lehrern), doch für Musikdarbietungen ist sonst eher der Rigaer Dom berühmt.

Mit dem so oft zerstörten Kirchturm ist eine den Rigaern wohl bekannte **Anekdote** verbunden: Mitte des 18. Jh. eröffnete der Baumeister den nach einem Blitz zerstörten und wie-

der aufgebauten Turm, indem er persönlich ganz auf die Spitze zum goldenen Wetterhahn kletterte. Er goss sich ein Kristallglas Wein ein, trank es aus und warf das Glas über die Schulter. Der Turm solle so viele Jahre halten, rief er aus, in wie viele Einzelteile das Glas zersplittere. Doch wie durch ein Wunder blieb das Glas heil und nur der Stiel brach ab. Statt zwei Jahren stand der Turm aber immerhin gut zwei Jahrhunderte, bis zum Zweiten Weltkrieg. Das historische Glas war bis 1941 im Museum für die Geschichte Rigas ausgestellt, fiel dann aber wie ein Großteil der Kirche den Bomben zum Opfer.

Portal von St. Petri

Und noch eine Wendung erfuhr diese Geschichte: 1970 setzte sich der Baumeister *Petras Saulitis* ganz wie sein einstiger Vorgänger auf das Dach zum Wetterhahn und warf erneut das ausgetrunkene Glas über seine Schulter. Diesmal zersprang es in unzählige Einzelteile, was die Menschen als sehr gutes Omen auffassten.

• **Sv. Pētera baznīca,** Skārņu iela 19, Di–So 10–17 Uhr, Eintritt zum Turm 3 Ls. Die Besichtigung der Kirche kostet 0,50 Ls extra.

Dom

Auf der anderen Seite der Kaļķu iela, nur zwei Minuten Fußweg von der Petrikirche entfernt, beherrscht der mächtige Dom von Riga das Bild. Der erzbischöfliche Sitz trägt den Namen **St. Marien** und hat einen deutlich größeren Grundriss als die Petrikirche, der die beachtliche Fläche von 87 x 47 Metern einnimmt. Eine weitere erstaunliche Zahl: Das Dach des Haupt-Kirchenschiffs besitzt so viel Oberfläche wie zwei Fußballfelder.

Zu dem Komplex gehört auch das gleichzeitig mit der Kirche erbaute **Kloster St. Marien,** das mit seiner großartigen Akustik vor allem für die regelmäßigen **Orgelkonzerte** bekannt ist. Es treten hier aber auch Gruppen auf - von Barockensembles bis hin zu philharmonischen Orchestern -, was das Gebäude zu einem der wichtigsten Konzertorte Rigas macht.

Im Jahre 1211, also fast zeitgleich mit der Errichtung der Petrikirche, wurde auch der Bau des Doms begonnen. Der von vielen als Stadtgründer bezeichnete Erzbischof *Albert* hatte den Bau der Kathedrale in Auftrag gegeben. Er starb vor ihrer Fertigstellung, die über 17 Jahre nach Beginn der Arbeiten erfolgte. Heute steht ein **Denkmal Alberts** im sehenswerten Kreuzgang des Doms.

Wie so häufig treffen auch beim Dom durch die verschiedenen Bauphasen unterschiedliche Kunstepochen aufeinander: späte Romanik, Frühgotik, Barock (die Haube des 140 Meter hohen Turms sowie der Ostgiebel) und sogar Jugendstil (die 1906 umgebaute Vorhalle mit dem Aufgang zur Orgel). Der Architekt *Christoph Haberlandt* baute Ende des 18. Jh. das Obergeschoss des Klosters zur Stadtbibliothek aus. Gemäß der damaligen Mode wählte er dafür den klassizistischen Stil. Erst bei Renovierungsarbeiten um die Wende vom 19. zum 20. Jh. entstanden die heute zu sehenden Glasfenster und auch der Hauptaltar.

010le Foto: mk

Stolz verweisen die Rigaer darauf, dass es sich beim Dom um den größten und **wichtigsten Sakralbau Lettlands,** ja gar des Baltikums handelt. Noch ein Superlativ: Die **Orgel** war mit 124 Registern und 6718 Pfeifen zu ihrer Entstehungszeit 1884 die größte und modernste der Welt. Die legendäre Ludwigsburger Manufaktur Walcker & Co. zeichnete für den Bau und die Installierung des gewaltigen Instruments verantwortlich. Bis heute ist es eine der voluminösesten Kirchenor-

Blick aus dem Kreuzgang auf den Dom

geln ganz Europas mit einem außerordentlichen Klang. Neben den wöchentlichen, offiziellen Orgelkonzerten kann man zu vielen anderen Zeiten immer wieder das Glück haben, dass gerade ein Organist in seine Probe vertieft ist und die Besucher daran teilhaben lässt. Orgelfans sollten also im Vorbeigehen immer mal horchen, ob die Orgel spielt – und dann erst die Eintrittskarte lösen.

Besonders beeindruckend im Inneren sind die hohen, schlanken Fenster mit den bunten und reichen **Glasmalereien.** Ungewöhnlich für ein Gotteshaus dieses Ausmaßes ist der **Fußboden aus Holzdielen** anstelle von Stein, sonst eher in kleinen Dorfkirchen anzutreffen. Der hohe Dom mit den gotischen Bögen ist ohne Zweifel ein gewaltiges Gebäude. Doch wer Prunk und Pracht erwartet, wird möglicherweise enttäuscht sein. Getreu der evangelisch-lutherischen Lehre macht St. Marien trotz seiner Wucht einen fast bescheidenen, asketischen Eindruck.

Während der Sowjetzeit, als Religion aller Art unterdrückt wurde, gehörte das Gebäude zum Historischen Museum und wurde auch bereits als Konzertsaal genutzt. Nach der Unabhängigkeit 1991 wurde St. Marien wieder der evangelischen Gemeinde übertragen.

Am Rande sei bemerkt, dass die Katholiken und Russisch-Orthodoxen in Riga sich gegen die Bezeichnung „Rigaer Dom" oder „Kathedrale von Riga" für den evangelischen-lutherischen Dom verwahren, denn auch sie besitzen selbstverständlich ihre Kathedralen in der lettischen Hauptstadt. Dennoch hat sich im Sprachgebrauch des überwiegend protestantischen Lettland (auch wenn in Riga selbst der Orthodoxen-Anteil sehr hoch ist) durchgesetzt: Wenn von *dem* Dom oder *der* Kathedrale die Rede ist, dann ist die evangelisch-lutherische mitten in der Altstadt gemeint.

● **Rīgas Doms,** Doma laukums 1, www.doms.lv, tgl. 9–18 Uhr, Mi und Fr bis 17 Uhr, Oktober bis April 10–17 Uhr, Eintritt 2 Ls; Konzerte Mai bis September Mi und Fr 19 Uhr, Oktober bis April Fr 19 Uhr, Eintritt 5 Ls.

Herder-Denkmal

Auf der Westseite des Doms, auf dem nach ihm benannten Platz (Herdera laukums), steht ein Denkmal des deutschen Dichters **Johann Gottfried Herder,** der neben seinen Tätigkeiten als Schriftsteller und Philosoph auch protestantischer Pastor war und von 1764 bis 1769 an der Domschule Naturwissenschaften, Mathematik, Französisch und Stilkunde unterrichtete. Als er nach Riga kam, war Herder gerade einmal 20 Jahre alt. Man kann sagen, dass er seine literarische Laufbahn hier begann.

Herder, ein enger Freund *Goethes* und wichtiger Vertreter der Weimarer Klassik, war einer der ersten Sammler traditioneller lettischer Volkslieder – zu einer Zeit, als der Begriff „Lettland" oder ein lettisches Nationalgefühl noch gar nicht existierten. 1807, vier Jahre nach Herders Tod, erschienen elf dieser Liedtexte in Tübingen in gedruckter Form.

Das Denkmal auf dem Rigaer Herder-Platz ist eine neu geschaffene Kopie des zerstörten Originals aus dem 19. Jh. Lettland besitzt auch einige Nationaldichter, doch wahrscheinlich ist Herder der über die Landesgrenzen hinaus berühmteste Schriftsteller, der zumindest eine Zeit seines Lebens in Riga verbracht hat.

Museum für Stadtgeschichte und Schifffahrt

Direkt am Dom – baulich mit ihm verbunden – steht das Rigaer Museum für Stadtgeschichte und Schifffahrt. Das Gebäude, dessen eine Seite zum Herder-Platz hinausschaut, zählt zum **Dom-Komplex** und ist allein deswegen einen Besuch wert. Höhepunkt der Innenräume in diesem **ältesten Museum des Baltikums** ist der Säulensaal mit viel hellem Marmor, Kronleuchtern, wertvoller Deckendekoration aus Stuck und einer großen Wandmalerei an der Stirnseite des Raumes, der häufig für klassische Konzerte im kleinen Rahmen genutzt wird. Der lang gezogene Saal mit einer Empore gehört zur Ausstellungsfläche.

Über 200 Jahre ist es her, als 1773 das Museum mit Exponaten aus der Privatsammlung des Arztes *Nikolaus von Himsel* eröffnet wurde. Heutzutage ist es von sehr verschiedenen Ausstellungsstücken geprägt: Landkarten, Büchern, Dokumenten, Briefen, Werkzeugen, Schmuck, Münzen, Waffen, Kunstwerken und vielem mehr aus vergangenen Zeiten vom Mittelalter bis ins 20. Jh. Insgesamt gibt es hier über eine halbe Million Exponate.

Der Besucher gewinnt einen guten Eindruck von den zahlreichen Wendungen der Rigaer Geschichte: Deutsche, Schweden, Polen, Russen und natürlich Letten regierten im Laufe der Jahrhunderte die Stadt. Dass Riga zu allen Zeiten seiner Historie stark von deutscher Sprache und Kultur geprägt worden ist, vermitteln viele **deutschsprachige Dokumente** wie etwa versiegelte Erlasse des Rigaer Stadtrats. Auch auf den interessanten, großformatigen **historischen Fotos** vom 18. und frühen 19. Jh. wird die deutsche Dominanz deutlich: Die Straßen- und Ortsbezeichnungen sind in deutscher Sprache angegeben. So hieß das Gebäude, das heute als Nationaloper bekannt ist, damals „Deutsches Theater“. Zu bewundern ist auch Kurioses wie der zu seiner Zeit kleinste Fotoapparat der Welt: die in der Zwischenkriegszeit in Riga hergestellte „Minox“.

Der Museumsname „Stadtgeschichte und Schifffahrt“ mag zunächst eigenartig anmuten, doch die Seefahrt war für die große Hafen- und Handelsstadt außerordentlich wichtig. Im entsprechenden Bereich der Ausstellung sind weniger Navigationsgeräte und detaillierte Beschreibungen der Handelsgeschichte zu bewundern als vielmehr metergroße **Modelle beeindruckender Schiffe,** die einst von Riga aus in See stachen, darunter das erste Rigaer Schiff aus dem 13. Jh.

Die Beschriftungen der Exponate sind vielfach nur lettisch. Allerdings liegen in jedem Saal Hefte in deutscher Sprache aus, die man beim Rundgang durch den Raum einsehen kann.

• **Rīgas vēstures un kuģniecības muzejs,** www.rigamuz.lv, Palasta iela 4, Mai bis September tgl. 10–17 Uhr, Oktober bis April Mi–So 11–17 Uhr, Mo, Di geschlossen, Eintritt 3 Ls, fremdsprachige Führung 8 Ls, Anmeldungen und Führungen Tel. (6)7356676. Wer fotografieren will, muss zusätzlich zum Eintritt stolze 5 Ls berappen. Es wird verlangt, Jacken und Taschen an der Garderobe gegenüber der Kasse abzugeben. Trotz der reichen Geschichte des Gebäudes herrscht im Inneren (besonders am Eingang) eine eher sozialistische Atmosphäre. Dazu gehört, dass man bereits 20 Minuten vor Schließung von ungeduldigen Mitarbeiterinnen, die sich auf den Feierabend freuen, an das Ende der Öffnungszeit erinnert wird. Man sollte also mindestens anderthalb Stunden vor Schließung den Rundgang beginnen.

Drei Brüder

Vom Domplatz die Jēkaba iela nehmend, vorbei an der schönen roten und hellgrünen, mit Figuren geschmückten Fassade der **Rigaer Börse** (Rīgas birža) und dann gleich in die erste Straße links hinein, führt die Mazā Pils iela nach einigen Schritten zu drei auf der linken Straßenseite aneinander geschmiegten Häusern, welche unter der Bezeichnung „Drei Brüder" (Tris brali) berühmt geworden sind – angelehnt an ein ähnliches Ensemble in Tallinn mit dem Namen „Drei Schwestern". Dabei haben die Gebäude außer der Tatsache, dass sie aneinander gewachsen zu sein scheinen, äußerlich kaum Gemeinsamkeiten: Sie sehen völlig verschieden aus und stammen aus verschiedenen Jahrhunderten.

Das Gebäude mit der **Nummer 17,** errichtet um die Wende vom 15. zum 16. Jh., ist das älteste noch erhaltene Wohnhaus der Stadt. Es hat **gotische und Renaissance-Elemente** an der Fassade und bestand zunächst nur aus einem Raum mit Schornsteinküche und einem Lager auf dem Dachboden. Später wurde das Haus nach vorn und hinten ausgebaut. Unter anderem war eine Bäckerei darin untergebracht.

Das Gebäude mit der **Nummer 19** entstand in seiner jetzigen Form 1646. Die Fassade enthält Elemente des **holländischen Manierismus.** Mitte des 18. Jh. wurde das Steinportal hinzugefügt.

Das Haus mit der **Nummer 21** wurde Ende des 17. Jh. gebaut – also im selben Jahrhundert wie die Nummer 19, aber doch in einem völlig anderen Stil, nämlich vor allem im **Barock.** Die drei Gebäude, so verschieden sie sein mögen, geben einen sehr guten Eindruck von Rigas Altstadt, wie sie noch vor etwa 200 Jahren ausgesehen hat.

Das mittlere Haus beheimatet seit 1995 das **Lettische Architekturmuseum** und bietet eine gute Gelegenheit, im Rahmen des Museumsbesuchs die Innenräume des historischen Baus genauer unter die Lupe zu nehmen. Es werden wechselnde, thematische Ausstellungen gezeigt.

Eine besondere Herausforderung für Hobby-Fotografen ohne Weitwinkel-Objektiv ist es, die drei Häuser auf ein Foto zu bekommen. Gut, dass direkt gegenüber dem Ensemble die Klostera iela abgeht, aus der heraus man es versuchen kann.

• **Latvijas Arhitektūras muzejs,** Mazā Pils iela 19, Tel. (6)7220779, www.archmuseum.

lv, Mo 9–18, Di–Do 9–17, Fr 9–16 Uhr, Sa und So geschlossen.

Parlament

Die Klostera iela führt nach wenigen Metern direkt auf die **Saeima** zu, das lettische Parlament. 100 Abgeordnete werden alle vier Jahre in diese Volksvertretung gewählt. Das kastenförmige Gebäude wurde im 19. Jh. von dem Deutschbalten *Robert Pflug* zusammen mit dem ersten akademisch ausgebildeten lettischen Architekten *Janis Baumanis* im Stil des **Eklektizismus** entworfen und errichtet. Die Saeima vereint also viele Kunststile in sich: Neorenaissance-Elemente sind außen und in der Eingangshalle zu finden, wo der Landtag der Region Vidzeme sich einst traf. Im Speisesaal dagegen herrscht die Neogotik vor. Andere Säle sind im Stil des Franzosenkönigs *Ludwigs XVI.* gehalten. Damals galten die Innenräume als einige der schönsten und prächtigsten von Riga.

Häuserensemble Drei Brüder

In der Zwischenkriegszeit hatte zunächst die verfassungsgebende Versammlung und später das Parlament der ersten freien lettischen Republik hier ihren Sitz, bis Präsident *Kārlis Ulmanis* 1934 die Macht an sich riss und die Parlamentsarbeit unterbrach. Zu Zeiten der UdSSR residierte der oberste Sowjet der lettischen Republik in dem Gebäude, unterbrochen von der deutschen Besatzungs-Periode, als die SS die Räumlichkeiten als Hauptquartier für die Region in Beschlag nahm und viele Kunstwerke zerstörte oder nach Deutschland bringen ließ. Seit Anfang der 1990er Jahre ist das lettische Parlament wieder in der Saeima untergebracht. Einige, aber nur wenige Teile der prächtigen Original-Inneneinrichtung sind erhalten, alle Räume wurden aber grundlegend restauriert.

● **Saeima,** das Parlament hat 2009 ein Besucherzentrum eingerichtet, besonders für lettische Bürger, aber auch für ausländische Besucher, mit Infomaterial, Multimedia-Darstellungen und Möglichkeiten einer Besichtigung oder der Teilnahme an einer Sitzung: Jēkaba iela 16 (Eingang über Trokšnu iela), Tel. (6)7087321, www.saeima.lv, Mo–Fr 9–16.30 Uhr.

St. Jakobikirche

Gegenüber der Saeima liegt in der Klostera iela die **katholische Kathedrale** von Riga, die gotische St. Jakobikirche (Sv. Jēkaba baznīca, Jēkaba iela 9), die bereits 1225 entstand. In ihrer wechselvollen Geschichte wurde das Gotteshaus zwischendurch von der Reformationsbewegung mitgerissen und „lutherisiert". Der polnische König *Stefan Batory* erwirkte 1582 die Übertragung des Gebäudes an die Jesuiten. Als wenige Jahre später ein Blitz in der Kirche einschlug, sahen einige Lutheraner dies als Rache Gottes. Im 17. Jh. übernahmen die Protestanten unter schwedischer Herrschaft wieder die Macht – und auch St. Jakobi. Später, als Riga zum zaristischen Russland gehörte, war die Kirche nicht in Betrieb und viele wertvolle Gegenstände wie die Glocken wurden entwendet. 1923 wurde das Gotteshaus dann wieder der katholischen Gemeinde übertragen. 1993 war sogar Papst *Johannes Paul II.* zu Besuch, worauf eine Tafel im Inneren hinweist.

Die Backsteinfassade wie der Innenraum der Kirche wirken zwar mächtig, aber doch auch auf protestantische Art schlicht und bescheiden. Der schmale und hohe, grünliche Turm ist von weitem auszumachen und garantiert St. Jakobi eine wichtige Rolle im Bild der Rigaer Innenstadt.

Rigaer Schloss

Das Rigaer Schloss (Rīgas pils, Pils laukums) ist ein massiver Gebäudekomplex am Rande der Altstadt und fast direkt an der Daugava gelegen. Ganz große Pracht oder Reichtum strahlt er auf den ersten Blick allerdings nicht aus. Das Schloss ist nicht die spektakulärste Station eines Riga-Besuchs und doch für die Stadt von enormer Wichtigkeit – nicht nur, weil der **lettische Präsident** heute in einem Flügel des Bauwerks residiert, so wie einst die lettischen Staatsoberhäupter während der Unabhängigkeit nach dem Ersten Weltkrieg.

1330 wurde die Burg vom Schwertbrüderorden am Rande des damaligen Riga errichtet, nachdem die Kreuzritter den Ort erobert hatten. Nur 23 Jahre dauerte es, bis sie fertiggestellt war. Die Lage am Fluss war natürlich kein Zufall: Von hier aus konnte der Hafen eingesehen und sich auf unerwartete Gäste vorbereitet werden – denn die kamen hauptsächlich auf dem Seewege. Zunächst hatte die Burg einen quadratischen Grundriss mit einem Turm an jeder der vier Ecken. Bei Auseinandersetzungen des Ordens mit der Stadtbevölkerung kam es 1484 zur kompletten Zerstörung der Burg, die aber bis 1515 vollständig wieder aufgebaut wurde. Als im 16. Jh. die Macht des Ordens schwand und nacheinander Polen, Schweden und Russen über Lettland herrschten, fungierte die Burg stets als Machtzentrale. Als Sitz des russischen zaristischen Generalgouverneurs wurde sie gleich mehrmals umgebaut, erneuert und erweitert. In den dreißiger Jahren des 20. Jh. folgte eine weitere große Rekonstruktion.

Eine Chance, das Schloss von innen in Augenschein zu nehmen, bieten die drei dort untergebrachten Museen. Das sehenswerte **Museum der lettischen Geschichte** nimmt den Besucher mit auf eine faszinierende Reise durch die Jahrtausende bis in die Gegenwart. Das **Museum für Ausländische Kunst** zeigt Malerei, Skulpturen und Grafikarbeiten aus aller Welt und aus allen Kunstepochen bis zum 20. Jh. Es ist die größte Sammlung ihrer Art in Lettland. Schließlich residiert auch das **Museum für Literatur, Theater und Musik** (Raiņa Literaturas un Makslas Vestures Muzejs) im Schloss. Alle drei Museen, ganz besonders aber die ersten beiden sollten wegen ihrer Ausstellungen und vor allem wegen ihrer schönen Innenräume auf jeden Fall besucht werden – auch wenn das Schloss bei vielen Stadtführungen nicht im Mittelpunkt steht. Zu einer Pause lädt der grüne **Schlossplatz** (Pils laukums) vor dem Gebäude ein.

- **Museum der lettischen Geschichte** (Latvijas Nacionālais vēstures muzejs), Pils laukums 3, Tel. (6)7223004, www.history-museum.lv, Di–So 10–17 Uhr, Eintritt frei.
- **Museum für Ausländische Kunst** (Ārzemju mākslas muzejs, Tel. (6)7226467, www.amm.lv (auf Russisch), tgl. 11–17 Uhr, April bis September Do 13–19 Uhr, Eintritt 1 Ls, Sonderausstellungen 2,50 Ls.

Zeughaus

Vom Schlossplatz führt die Torņa iela, an der Lettischen Nationalbank (Latvijas banka) vorbei zu einem sehr interessanten Abschnitt der Straße. Zunächst liegt auf der rechten Seite das im russischen Klassizismus erbaute Zeughaus (Arsenals) mit einem Ausstellungssaal des **Lettischen Nationalen Kunstmuseums.**

- **Arsenals,** Torņa iela 1, Tel. (6)7357527, tgl. 11–17 Uhr, Mo geschl., Mai bis September Do 11–19 Uhr.

Jakobsbaracke und Schwedentor

Ab dem Zeughaus läuft man zur Linken an einem langen, niedrigen Reihenhaus vorbei – einer **ehemaligen Kaserne,** in der heute schicke **Boutiquen, Juweliergeschäfte und Cafés** residieren. Das Besondere: Es existiert keine Straßenebene. In den Keller führen einige Stufen hinab und ins Erdgeschoss gelangt man über kleine Treppen nach oben. Das Gebäude mit dem Namen Jakobsbaracke (Jēkaba kazarmas) zieht sich über mehrere Hundert Meter hin.

Auf der anderen Straßenseite ist beim Eingang in die Aldaru iela zunächst das Schwedentor (Zviedru vārti) zu bewundern, das 1698 in ein altes Haus hineingeschlagen wurde, das Teil der Stadtbefestigung war. Diese hatte nach dem Bau eines neuen Verteidigungssystems für Riga ihre Bedeutung verloren.

Parallel zur Torņa iela verläuft ein Graben. In ihm stehen die Überreste eben jener einst so gewaltigen Rigaer **Stadtmauer.** Besonders reizvoll ist ein Abendspaziergang in der Straße, die am Pulverturm endet: Hier das luxuriöse Flair der Geschäfte und Lokale in den ehemaligen Baracken mit schönen Laternen und Schmuck, dort die hell beleuchteten Ruinen des mittelalterlichen Verteidigungswalls.

Pulverturm und Kriegsmuseum

Im Pulverturm (Pulvertornis), wo die Mauer endet, ist das Kriegsmuseum untergebracht. Der Turm ist einer der wenigen **Überreste der früheren Stadtmauer.** Er wurde im 17. Jh. an der Stelle eines Sandturms aus dem 14. Jh. errichtet, der kurz zuvor zerstört worden war. Im Rahmen eines Museumsbesuchs ist es daher auch attraktiv, das Innere des Bauwerks zu besichtigen (das Museum ist allerdings hauptsächlich in einem Anbau untergebracht, der dem Pulverturm in der Zwischenkriegszeit hinzugefügt wurde).

Der Schwerpunkt der Ausstellung liegt auf dem **20. Jh.** – was angesichts der lettischen Geschichte nicht erstaunt. Gezeigt wird die Gründung des unabhängigen Staates, die Zerstörungen durch die Weltkriege, die schwierige und leidvolle Zeit der sowjetischen und deutschen Okkupation sowie der Weg zur Freiheit Ende der 1980er und Anfang der 1990er Jahre. Die Inhalte ähneln sehr denen des beeindruckenden Okkupationsmuseums am Rathausplatz und mögen wie eine Wiederholung der dort behandelten Themen wirken. Im Kriegsmuseum liegt das Gewicht aber auf den **militärischen Aspekten.** So werden Waffen, Uniformen, Medaillen, Fotos, Soldatenausrüstung und historische Dokumente gezeigt – wobei menschliche Schicksale nicht ausgeklammert werden, wie etwa die Erfahrungen jener Letten, die zwangsweise in die Wehrmacht oder später in die Rote Armee eingezogen wurden.

1915 entstand erstmals so etwas wie ein lettisches Militär, als im Rahmen der zaristischen Armee ein lettisches Bataillon gegründet wurde. Bereits ein Jahr später öffnete ein Museum zu ihren Ehren seine Pforten – der Vorgänger des heutigen Kriegsmuseums. Zu Sowjetzeiten sahen die Ausstellungsräume freilich anders aus. Damals war dort Propagandamaterial zur lettischen Sowjetrepublik untergebracht. Im Jahre 1990, bereits ein Jahr vor der offiziellen Wiedererlangung der Unabhängigkeit, wurde das Kriegsmuseum wieder eröffnet. Eine Abteilung ist der mittelalterlichen und neueren Geschichte gewidmet.

● **Kriegsmuseum** (Kara muzejs), Smilšu iela 20, Tel. (6)7228147, www.karamuzejs.lv, tgl. 10–18 Uhr, Eintritt frei, Führung 7 Ls.

Livenplatz

Vom Pulverturm aus ist über die schöne Meistaru iela in wenigen Minuten der malerische, kleine **Līvu laukums** erreicht. Den Namen trägt der Platz seit dem Jahr 2000 zu Ehren der Liven (vorher war es der Gildenplatz), die in Riga und Umgebung schon siedelten, lange bevor die Kreuzritter hier eindrangen.

Wohin der Blick auch wandert, von diesem Platz aus gibt es viel herausragende Architektur zu bewundern. Auch der berühmte Rigaer **Jugendstil,** der besonders häufig außerhalb der Altstadt vorkommt, ist vorhanden. Während die schöne Häuserzeile auf der Westseite des Platzes aus dem 17. Jh. stammt, wurde das **Katzenhaus** (Meistaru iela 10) 1909 nach einem Entwurf des Architekten *Friedrich Scheffel* im Jugendstil errichtet. Der Beiname des Hauses erklärt sich beim Blick auf die Spitze der beiden Türmchen: Jeweils eine Katze macht einen Buckel und richtet ihren Schwanz in Habacht-Haltung auf. Die Legende besagt, dass ein reicher Kaufmann einst nicht in die mächtige Gilde aufgenommen worden war und daher auf dem Dach seines Hauses, direkt gegenüber der Großen Gilde, die Katzen mit dem entblößten Hinterteil zur Gilde hin aufstellen ließ. Als die Gilde nachgab und ihn aufnahm, soll er die Tiere „richtig herum" platziert haben.

An der Ecke Amato iela und Skunu iela steht ein weiteres Jugendstilhaus von 1902 mit reich geschmückter Fassade und, zur Abwechslung, einer Hundefigur auf dem Dach.

Große und Kleine Gilde

Die wichtigsten Gebäude am Līvu laukums sind die Große und Kleine Gilde, die zu beiden Seiten der Amatu iela stehen – dort, wo sie in den Platz mündet. Die Kleine Gilde (Mazā Ģilde, auch unter dem Namen **Johannisgilde** bekannt) ist ein neogotisches Haus aus dem 19. Jh. Das erste Gildengebäude an diesem Platz stand hier bereits im 14. Jh. und war die **Berufsgenossenschaft der Handwerker,** die noch bis zum Zweiten Weltkrieg existierte. Doch erst vor kurzem, zur 800-Jahr-Feier der lettischen Hauptstadt, wurden die Innenräume des Bauwerks grundlegend erneuert. Seitdem dienen sie hauptsächlich als faszinierender Ort für **Konzerte.**

Auch die Große Gilde (Lielā Ģilde, auch **Mariengilde** genannt) direkt gegenüber wurde im 14. Jh. errichtet. In ihr versammelten sich wohlhabende **Kaufleute,** aber auch einige hoch angesehene Handwerker wie etwa **Goldschmiede.** Eine Mitgliedschaft in der Gilde war eine besondere Auszeichnung für jeden Stadtbewohner. Ganz so, wie es *Thomas Mann* in den „Buddenbrooks" über Lübeck zu erzählen weiß, war es auch in der Hansestadt Riga: Die reichen Kaufleute versammelten sich nicht nur in einflussreichen Gilden, sondern bestimmten auch direkt als Ratsherren über das Schicksal und die Politik der damals mächtigen Handelsstadt.

Das gesamte Gebäude wurde wie die Kleine Gilde im 19. Jh. in ein **neogotisches Ensemble** umgestaltet. Aus dem Mittelalter sind nur die sogenannte Münsterstube und die Brautkammer erhalten und in den Neubau integriert worden. Heute residiert in dem prachtvollen Gebäude das **Lettische Nationale Symphonieorchester.**

- **Kleine Gilde** (Mazā Ģilde), Amatu iela 5, Tel. (6)7223772, interaktive Tour durch das Haus: www.gilde.lv/maza.
- **Große Gilde** (Lielā Ģilde), Amatu iela 6, Tel. (6)7213643, www.lnso.lv, Tickets in der Halle der Großen Gilde: Mo–Do 12–19 Uhr, Konzertkarten 2–20 Ls.

Eckes Konvent mit Hof

Vom Līvu laukums aus auf der Kaļķu iela nach rechts gehend und dann links in die Skārņu iela abbiegend, kommt man zu einem sehr attraktiven Element der Rigaer Altstadt: Dem ehemaligen **Witwenasyl der Meister der Kleinen Gilde,** auch Eckes Konvent (Ekes konventa nams) genannt. Es entstand bereits im 15. Jh., 130 Jahre später wurde es umgebaut und im 18. Jh. mit zwei Portalen versehen. Benannt ist das Haus nach dem reichen Rigaer Bürgermeister *Nikolaus Ecke.* Die Fassade mit ihrem Spätrenaissance-Relief von 1618 im Stil des Manierismus, genau in der Mitte, ist besonders erwähnenswert. „Der werfe den ersten Stein, der ohne Sünde ist", sagt die Inschrift zur Darstellung der von Christus geretteten Sünderin. Bürgermeister Ecke wählte dieses Motiv mit Bedacht, wurde er doch selbst gleich zweimal wegen Betrugs aus der Stadt geworfen, bevor er zurückkehren durfte.

Der Höhepunkt des Konvents ist aber der **Konventhof** (Konventa sēta), dessen Eingang neben dem Haus liegt. Er entstand einst als Ansammlung von Armenhäusern, Heilstätten und Herbergen, die Ende des 13. Jh. an der Stelle der alten Schwertbrüderburg gebaut worden waren. Im 19. Jh. wurden viele der Häuser umgebaut oder gar neu errichtet. Der in den 1990er Jahren restaurierte Hof mit seinen kleinen Gässchen und den immer noch aktuellen deutschen Namen („Graue Schwestern") bildet ein faszinierendes, kleines Labyrinth, in dem neben einem großen Hotel auch einige **Boutiquen und Läden** sowie Restaurants untergebracht sind.

St. Johanniskirche

Direkt neben dem Konventhof liegt das dritte wichtige evangelische Gotteshaus der Altstadt, die St. Johanniskirche. Das um die Wende vom 15. zum 16. Jh. entstandene spätgotische Bauwerk mit dem auffälligen Stufengiebel und dem sehr kleinen neogotischen Turm aus dem 19. Jh. lohnt einen genaueren Blick von außen. Das Innere ist schön, hat aber keine besonderen Attraktionen zu bieten. Wer Ruhe sucht, wird sie hier eher finden als im Dom oder in St. Petri.

- **Sv. Jāņa baznīca,** Jāņa iela 7, Di–Sa 10–17 Uhr und zu Gottesdiensten.

Johannishof

Sehr sehenswert ist auch das niedrige, massive **Johannistor** (Jāņa varti) aus roten Ziegelsteinen, das in den Johannishof (Jāņa sēta) führt. Der Johannishof wurde wie der benachbarte Konventhof auf den Ruinen der mittelalterlichen Schwertbrüderburg errichtet. Noch heute sind hier Reste des **Schutzwalles aus dem 13. Jh.** zu besichtigen.

Haus Reutern

Auf der anderen Seite der Skārņu iela liegt die St. Petrikirche (s.o.), womit sich der Kreis des Stadtrundgangs geschlossen hat. Einen kleinen Abstecher wert ist noch das Haus Reutern (Reuterna nams, Marstalu iela 2) an der Mündung der Skārņu iela in die Grēcinieku iela. Es wurde im 17. Jh. von eben jenem *Rupert Bindeschuh* errichtet, der auch an der Renovierung der St. Petrikirche maßgeblich beteiligt war. Auf Bestellung des reichen Ratsherren *Johann Reutern* baute Bindeschuh dieses barocke Schmuckstück.

„Atlanten"-Gebäude

Vom Johannishof durch die nahe gelegene Teātra iela nach Norden in Richtung Neustadt gehend, gelangt man zum Haus Teātra iela 9, das durch seine Fassade mit Barock- und Renaissance-Elementen besticht. Berühmt ist es aber vor allem wegen der **Atlantengruppe** auf dem Ecktürmchen. Die starken Männerfiguren tragen einen gewaltigen, dunklen Erdball. Besonders schön ist das Ensemble nachts, wenn die Kugel von innen beleuchtet wird.

Neustadt

Auf der anderen Seite des Grünstreifens mit dem Pilsētas kanāls, hinter dem Freiheitsdenkmal, beginnt die Neustadt. Mit ihrem Jugendstilviertel steht sie, gemeinsam mit der Altstadt (Vecrīga), auf der Liste des **UNESCO-Weltkulturerbes.**

Freiheitsdenkmal

Die Kaļķu iela führt aus der Altstadt hinaus. Man geht geradewegs auf einen breiten, freien Platz zu, der für die Letten eine ganz besondere Bedeutung hat, den **Freiheitsboulevard** (Brīvības bulvāris). Als erstes fällt die hübsche **Standuhr** mit der großen „Laima"-Werbung auf – ein äußerst beliebter Treffpunkt für Verabredungen und Rendezvous in Riga. Es scheint, dass es in der Nähe der Uhr niemals

012le Foto: mk

Das Atlanten-Haus (links) in der Altstadt

menschenleer ist. Besonders abends zieht die von innen beleuchtete Säule mit der Retro-Ästhetik die Blicke der Passanten an. **Laima** ist eine lettische Schokoladenmarke mit einer sehr langen Tradition. In der litauischen und lettischen Mythologie ist Laima die Schicksalsgöttin und Göttin des Glücks. Das Unternehmen wurde im 19. Jh. von einem gewissen *Theodor Riegert* gegründet und war zu seiner Zeit der größte Süßigkeitenhersteller des Baltikums. Seit der Unabhängigkeit Lettlands 1990 wuchs das Unternehmen sehr erfolgreich, konnte aber die Übernahme durch einen internationalen Riesen bisher vermeiden. Laima gilt im ganzen Land als Synonym für Schokolade.

Das Schönste am Freiheitsboulevard ist seine Lebendigkeit: Ältere Damen füttern Tauben, junge Mütter und Väter gehen zum Spielplatz im Park, Jugendliche treffen sich, Inlineskater können sich austoben und Passanten spazieren in die Altstadt.

Doch die größte Attraktion des Boulevards ist unumstritten: Inmitten der Fläche ragt das Freiheitsdenkmal (Brīvības piemineklis) in den Himmel, das nicht zufällig an die New Yorker **Statue of Liberty** erinnert, wenn es auch nicht ganz so hoch ist: Eine Frauenfigur reckt die Arme hoch. Sie hält drei Sterne – Symbole für die drei großen historischen Regionen Lettlands (Kurland, Livland und Lettgallen). Die grünliche Figur ruht auf einer schlanken, grauen Steinsäule, an deren unterem Ende überlebensgroße, in Stein gemeißelte Freiheitskämpfer für die lettische Unabhängigkeit stehen. Am Fuß der Figuren prangt in großen Lettern die Widmung „Tevzemei un Brivibai" („dem Vaterland und der Freiheit"). Zu beiden Seiten des massiven, braunen Sockels stehen zwei **Soldaten** Spalier. Immer wieder wechseln sie in genauestens einstudierten Ritualen ihre Position, marschieren gemeinsam nach rechts und links und nehmen dann wieder ihre Plätze ein.

Ständig bringen Privatleute frische **Blumen** zum Denkmal, um so an den langen, brutalen und mühsamen Freiheitskampf der Letten im 20. Jh. zu erinnern. Der Bildhauer *Kārlis Zale* entwarf die Statue in den 1930er Jahren – als Lettland zwei Jahrzehnte lang unabhängig war. Die Sowjets degradierten das Denkmal zur Insel in einem Kreisverkehr. Mit dem Erwachen der lettischen Nationalbewegung zu Zeiten von Glasnost und Perestroika wurde es aber wieder zum Bezugspunkt aller patriotischen Letten und entwickelte aufs Neue eine große symbolische Bedeutung. Nach der Wiedergewinnung der Unabhängigkeit wurde eine große verkehrsfreie Zone rund um das Freiheitsdenkmal eingerichtet.

Gleich nebenan findet sich der Mitte des 19. Jh. künstlich aufgeschüttete **Basteihügel** (Bastejkalns). Auch der kleine Hügel hat eine besondere Bedeutung für den Freiheitskampf, denn hier starben 1991 zwei Kameramänner, als sie die Auseinandersetzung zwischen Letten und sowjetischen militärischen Spezialeinheiten filmen wollten. Denkmalsteine auf dem Hügel ehren heute ihr Andenken.

Schlosskanal und Grünstreifen

Der Grünstreifen rechts und links des Freiheitsdenkmals, der auf der einen Seite bis zum Hauptbahnhof und in der anderen Richtung bis zum Kronvalda parks reicht, ist nicht nur wegen des Schlosskanals (Pilsētas kanāls), der sich durch die Anlagen schlängelt, einen ausgiebigen **Spaziergang** wert. Die schönen Pfade führen auch zu einigen weiteren Sehenswürdigkeiten.

Lettische Nationaloper

Nach Südosten in Richtung Bahnhof gehend, trifft man zunächst auf die prachtvolle, klassizistische Nationaloper, die nach dem Abriss des Stadtwalls im 19. Jh. als **Deutsches Theater** gebaut wurde. Seit 1919 residiert hier die Oper. Man kann jederzeit den Eingangsbereich besichtigen. Das wahre Erlebnis ist aber der Besuch einer der Vorstellungen im mit Plastiken und Verzierungen aller Art versehenen Saal. Hier treten Musiker von nationalem und internationalem Rang auf.

- **Latvijas Nacionālā Opera,** Aspazijas bulvāris 3, Tel. (6)7073777, www.opera.lv, reguläre Preise von 1 Ls bis 45 Ls.

Universität

Gegenüber der Nationaloper auf der anderen Kanalseite liegt das Hauptgebäude der Lettischen Universität (Latvijas Universitate), ein eklektizistischer Komplex mit Ursprung im 19. Jh.

Blumenmarkt

Kavaliere und Charmeure kommen in Riga weder am Valentinstag, noch am in Lettland viel beachteten Frauentag (8. März) noch in einer anderen Situation in Verlegenheit, denn zahlreiche Blumenverkäuferinnen stehen an der Tērbatas iela, direkt am schönen **Wöhrmannschen Garten** (Vērmanes dārzs), rund um die Uhr und bei jedem Wetter draußen. Hinter dem Freiheitsdenkmal geht man zunächst gut 100 Meter geradeaus und dann an der großen Kreuzung schräg rechts. Mindestens 50 Meter lang ist die Reihe der konkurrierenden Blumenstände mit einem Meer aus bunten Pflanzen. Die Preise mögen etwas höher sein als bei einem gewöhnlichen Blumenstand an weniger prominenter Stelle, doch die freundlichen Verkäuferinnen, die fast alle Russinnen oder russischsprachige Lettinnen sind, und die angenehme Atmosphäre laden zum Kauf ein.

Russisch-orthodoxe Kathedrale

Vom Blumenmarkt ist es nicht weit zur dritten Kathedrale von Riga: Die russisch-orthodoxe **Christi-Geburts-Kirche** liegt auf der nordwestlichen Seite des Brīvības bulvāris (Nr. 23). Das mächtige Gotteshaus mit den charakteristischen Zwiebeltürmen, einst auch **Alexander-Newskij-Kathedrale** genannt, dominiert seine Umgebung. Es wurde noch im 19. Jh., also zur Zarenzeit, im neobyzantinischen Stil erbaut und war die größte orthodoxe Kirche des Baltikums. Im Ersten Weltkrieg wandelten die deutschen Besatzungstruppen das Gebäude kurzerhand in eine evangelische Kirche um. In der Zwischenkriegszeit wurde die

Kirche wieder russisch-orthodox, doch mit der Eingliederung in die Sowjetunion war es schon wieder vorbei mit der freien Religionsausübung. Anfang der 1960er Jahre wurde der spirituelle Ort zu einem **Planetarium** umfunktioniert. Bis heute nennen viele Bewohner das Gebäude umgangssprachlich „Planetarijs". 1991 schließlich konnte die Kathedrale ihre ursprüngliche Rolle wieder übernehmen.

Der wie immer bei orthodoxen Kirchen rundliche Innenraum ohne Sitzbänke ist von enormer Größe und Höhe und mit großen Kronleuchtern bestückt. Ein besonderes Erlebnis ist es, einem Gottesdienst beizuwohnen. Dabei sind aber Rücksicht, Unauffälligkeit und Respekt oberstes Gebot. Wer sich leise hineinschleicht, während eine Messe in Gange ist, und von hinten das Geschehen beobachtet, stört die Gläubigen nicht und erhält einen eindrucksvollen Einblick in die von den evangelischen und katholischen stark abweichenden Zeremonien der orthodoxen Christen: Der intensive Geruch, der monotone, aber einnehmende Gesang, die Ergebenheit der Gläubigen, die sich immer und immer wieder vor Gott verbeugen, schaffen eine ganz besondere Atmosphäre.

Sehenswert sind auch die 24 großen, goldenen Ikonen, die im Altarraum die Ikonostase bilden. Über den Altar selbst wölbt sich ein mächtiger Bogen mit der russischen Aufschrift: „Christus ist auferstanden." In Riga, wo gut die Hälfte der Einwohner dem russisch-orthodoxen Glauben angehört, ist die Kathedrale eine genau so wichtige Kirche wie der evangelisch-lutherische Dom in der Altstadt.

- **Kristus Piedzimšanas pareizticīgo katedrāle,** Eintritt frei, Spende erwünscht.

Regierungsviertel

Hinter der orthodoxen Kathedrale erstreckt sich der schöne Park **Esplanāde.** Hier und im gegenüber liegenden Wöhrmannschen Garten tummeln sich Spaziergänger, sobald auch nur einige Sonnenstrahlen auf Riga scheinen. Der Esplanāde-Park wurde von einem Deutschen namens *Georg Kuphaldt* entworfen, der während des Ersten Weltkriegs als angeblicher Spion aus seiner Heimat verbannt worden war. Direkt gegenüber der Christi-Geburts-Kirche liegt der gewaltige, wenn auch nicht allzu schmuckvolle Komplex des **Ministerrates der Republik Lettland** sowie des **Justizministeriums.**

Radisson Blu Hotel Latvija

Wenige Meter weiter liegt an der nächsten Kreuzung, wo der Brīvības bulvāris in die Brīvības iela übergeht, das Radisson Blu Hotel Latvija mit der **Skyline-Panoramabar** in der 26. Etage (siehe „Bars, Pubs und Clubs"). Das in den 1960er und -70er Jahren aus dem Boden gestampfte Gebäude war einer der ersten Wolkenkratzer Lettlands und galt als Pioniertat.

Jugendstilviertel

Am Radisson Blu Hotel Latvija zweigt die **Elizabetes iela** links vom Brīvības bulvāris ab und führt geradewegs zu dem einzigartigen Jugendstil-

016le Foto: mk

ensemble Rigas. Die prächtigsten Gebäude stehen innerhalb des kleinen, unregelmäßigen Vierecks, das von den Straßen Elizabetes iela, Antonijas iela, Alberta iela und Strēlnieku iela gebildet wird. Kurz vorher, an der Elizabetes iela 10b, sticht das **Maskenhaus** hervor. Es wurde von zwei deutschen Architekten aus Leipzig entworfen und bleibt durch die beiden großen Steinmasken über dem Eingangsportal in Erinnerung.

Die **Alberta iela** kann als Hauptstraße des Jugendstils bezeichnet werden. In ihr reiht sich ein fantastisch verziertes und beeindruckendes Haus ans nächste. Die 14 Gebäude der Straße entstanden in der erstaunlich kurzen Zeitspanne von 1901 bis 1908.

Der legendäre Architekt *Michail Eisenstein,* Vater des sowjetischen Regisseurs *Sergej Eisenstein,* schuf das Haus mit der **Nummer 2a.** Es verbindet den Jugendstil mit Neoklassizismus und ägyptischen Elementen, denn **zwei mächtige Sphinxe** bewachen den Eingang. Die schöne Fassade erhebt sich höher als das Haus selbst: Hinter den Fenstern im oberen Stockwerk ist einfach nur Luft. An der Hausfront fallen außerdem noch die zwei „Sieges-Skulpturen" auf. Eine von ihnen streckt einen Lorbeerkranz, die andere eine Siegesfackel in die Luft. Das Gebäude wurde wie viele andere

Das Maskenhaus – eines der berühmten Jugendstilgebäude in der Rigaer Neustadt

in der Umgebung in den 1990er Jahren grundlegend restauriert. Das Haus mit der **Nummer 4** stammt ebenfalls von Eisenstein, der fast eigenhändig die wichtigsten Gebäude des gesamten Viertels projektierte. Die reich geschmückte Fassade besticht durch ihre drei oberen Fenster, die wie riesige Schlüssellöcher aussehen.

Eisenstein zeichnete auch für die Häuser mit den Nummern 6 und 8 verantwortlich. Das Rätsel, warum die am raffiniertesten verzierten Gebäude auf der Straßenseite mit den geraden Hausnummern stehen und warum nur auf jener Seite ein schöner Grünstreifen zu finden ist, klärt sich bei genauerer Beobachtung: Es ist die Sonnenseite der Alberta iela. Die andere Seite liegt häufiger und länger im Schatten. Interessant zu beobachten ist der Eklektizismus der Jugendstilgebäude, die Elemente verschiedener Kunstepochen in sich vereinigen. Auch regionale Akzente wie die volkstümlichen lettischen Verzierungen an der Alberta iela 8 sind vorhanden.

Herausragend in dem beschriebenen Viereck ist auch das **Schwedenhaus** in der Strēlnieku iela 4a.

Weitere Sehenswürdigkeiten im Zentrum

Zentralmarkt

Hinter dem Hauptbahnhof (Centrālā stacija) und direkt gegenüber dem Busbahnhof (Autoosta) dominieren fünf große, weiße Hallen das Stadtbild, vier davon parallel zueinander stehend und eine quer. Es handelt sich um ehemalige **Hangars für Zeppeline,** die einst in Riga gebaut wurden. Heute sind es **riesige Markthallen,** die Touristen faszinieren und für viele Einheimische zum Alltag gehören: Der Zentralmarkt ist der größte Lebensmittelmarkt Lettlands und war in der Zwischenkriegszeit, als er entstand, sogar lange Jahre der größte und modernste Markt in ganz Europa.

Die Hallen sind miteinander verbunden, sodass die Käufer niemals das hoch gewölbte Dach über dem Kopf verlassen müssen. Jede der Hallen hat Verkaufsstände mit einem bestimmten Warenangebot. So gibt es in einem Hangar **Fleisch,** in einem **Milchprodukte,** in einem **Fisch** und in einem weiteren eine gemischte Warenwelt mit verschiedenen Lebensmitteln. Hinzu kommen Süßigkeiten, Imbisse mit frisch gebratenen *Tscheburaki* oder *Pelmeni,* Apotheken, kleine Kioske mit Dutzenden Zigaretten- und Zigarrenmarken, Kosmetikstände sowie allerlei weitere Angebote. Das **Obst** strahlt auf den unendlich scheinenden Theken in allen nur denkbaren Farben, die Frische der Fische wird dadurch demonstriert, dass sie noch beim Verkauf zappeln, und die meist russisch sprechenden Marktfrauen und -männer (natürlich müssen sie auch Lettisch können, auch wenn die Mehrheit der Kunden ebenfalls russisch zu sein scheint) lassen auf freundliche Weise niemanden unbehelligt, der auch nur ansatzweise Interesse an den Produkten zu zeigen scheint. Dies alles schafft eine einzigartige Atmosphäre.

Riga als europäische Hauptstadt des Jugendstils

Es ist erstaunlich: Jeder kennt ihn, er ist auch heute noch in vielen europäischen Städten sehr präsent, und doch ist der Jugendstil eine Kunstrichtung, die im Gegensatz zu den großen Stilen anderer Epochen wie Renaissance oder Barock nur eine sehr kurze Lebensdauer hatte: Kurz vor und direkt nach der Wende vom 19. zum 20. Jahrhundert entstanden Kunstwerke aller Art im Jugendstil. Danach war es damit sehr schnell wieder vorbei und andere Einflüsse bemächtigten sich der Kunstszene. Dass der Stil bis heute allgegenwärtig ist, liegt an seiner großen Verbreitung: Der Jugendstil fand nicht nur in Architektur und Malerei Anwendung, sondern auch Möbel, Schmuckstücke, Geschirr und viele andere Gegenstände des täglichen Bedarfs wurden nach Art des Jugendstils gestaltet.

Um das Jahr 1880 bildete sich zunächst in London und dann sehr schnell auch in den deutschsprachigen Gebieten eine Gruppe von Künstlern heraus, die mit dem Historismus der vorangegangenen Jahrzehnte nichts mehr zu tun haben wollte. Klassizismus, Neobarock – alle existierenden Moden schienen ihnen nur lauwarme Aufgüsse vergangener Epochen zu sein. Sie entwickelten einen eigenen Stil, dem natürlich auch eine tiefer gehende Philosophie zu Grunde lag. Man wollte sich von den starren Formen der Vergangenheit verabschieden. So gehen die Elemente etwa in einer Jugendstil-Fassade ineinander über: Die Figuren und Gesichter, die reichen Ornamente, die oft hohen Ziergiebel – nichts ist so richtig voneinander getrennt. Man wehrte sich ganz bewusst gegen starre Formen: Der Grundriss eines Gebäudes musste keineswegs rechteckig sein. Warum nicht eine Rundung hier und da oder gleich eine völlig asymmetrische Form wie bei der berühmten Kirche Sagrada Familia von *Antoni Gaudí* in Barcelona? Bunt und durchaus verspielt durften, ja sollten die Kunstwerke sein. Schließlich war es auch wichtig, dass keine hohe Kunst für die Elfenbeintempel dieser Welt geschaffen wurde, sondern Bauwerke und Gegenstände für die Menschen, für den Alltag – um darin zu wohnen, daraus zu essen oder seine Blumen hineinzustellen.

Der Name „Jugendstil“, zurückgehend auf die Münchner illustrierte Kulturzeitschrift „Die Jugend“, war hauptsächlich im deutschsprachigen Raum und eben in Lettland gebräuchlich (und ist es bis heute). Die Österreicher nannten ihn „Secession“, die Franzosen „Art Nouveau“, die Engländer „Modern Style“ und die Spanier „Modernismo“. Neben dem bereits erwähnten

013le Foto: mk

Spanier Gaudí ragen die Namen des Belgiers *Henry van de Velde* und des Wiener Malers *Gustav Klimt* aus dieser Zeit besonders hervor. Weltberühmt sind auch die kunstvoll-verspielten Eingänge der Metro in Paris. Österreich-Ungarn wurde wie kein anderes Herrschaftsgebiet von dieser Kunstrichtung geprägt, wovon zahlreiche Fassaden in Budapest, Prag und Wien noch heute zeugen. In Riga waren aus Deutschland „importierte" Künstler wegweisend für die Errichtung der meisten Jugendstil-Bauten.

Es wird wohl ein Geheimnis bleiben, warum dem Jugendstil nur eine so kurze Blütezeit beschieden war. Wahrscheinlich war es einfach so, dass diese Richtung keine künstlerische Fortentwicklung fand und gewissermaßen in einer Sackgasse steckte. Moderne Strömungen wie der Expressionismus bildeten schnell die neue Avantgarde und ließen den Jugendstil auf einem Nebengleis zurück. Dort entwickelte dieser sich allerdings ganz prächtig. Es gibt sogar in neuester Zeit wieder Künstler, die wichtige Elemente des Jugendstils aufgreifen. Einer von ihnen war der 1999 verstorbene Österreicher *Friedensreich Hundertwasser*. Seine Kunstwerke, etwa der komplett umgestaltete Bahnhof von Uelzen oder das Hundertwasserhaus in Wien, machen den Jugendstil wieder lebendig oder rufen ihn zumindest in Erinnerung.

In ganz Europa gehören die Jugendstilgebäude bis heute zu den größten Attraktionen der jeweiligen Städte. Das Ensemble von Riga – auf der UNESCO-Welterbeliste stehend – ist als größtes seiner Art aber ein ganz besonderes.

014le Foto: mk

018le Foto: mk

Während niemand die Faszination der Hallen bestreiten wird, gehen die Meinungen der Rigaer über die Einkäufe hier auseinander. Die einen schwören auf die Qualität und die schier unerschöpfliche Auswahl, andere beklagen die ihrer Ansicht nach überzogenen Preise. Auf jeden Fall findet jeder, der durch die unzähligen Gänge schlendert (und ständig von eiligen Käufern angerempelt wird, wenn er sich nicht ihrem Tempo anpasst), hier ein echtes Stück Rigaer Lebens und erhält nebenbei noch einen guten Eindruck davon, was bei den Menschen zu Hause auf den Tisch kommt.

Schöne Mitbringsel von den Markthallen sind **Honig direkt vom Imker** aus dem ganzen Land, der an mehreren Ständen feilgeboten wird, der scharfe Kräuterlikör **Rīgas balzams** oder Mittel zur **Körperpflege** aus eigener Produktion - schließlich wird Lettland von vielen als das Land der edlen Seifen geschätzt. Ein **Imbissstand** steht in der Halle mit Fleischwaren und heißt Bistro Krasts.

Unter freiem Himmel, im Bereich vor den riesigen Hallen, hat sich ein Markt etabliert, der etwas chaotischer und bescheidener aussieht als das Innenleben der Hangars. Hier wird neben Lebensmitteln vor allem **günstige Kleidung** verkauft, meist Billigmarken oder Kopien bekannter Labels.

- **Centrāltirgus,** Nēģu iela 7, Zugang über die Pragas iela, Tel. (6)7229985, www.centraltirgus.lv, täglich 7-18 Uhr, So und Mo 7-17 Uhr, erster Mo im Monat bis 15 Uhr geschlossen (Säuberung).

Die Auswahl an Obst und Gemüse auf dem Zentralmarkt scheint schier unendlich

Akademie der Wissenschaften

Was den Warschauern ihr Kulturpalast und den Moskauern die Lomanossow-Universität, das ist den Rigaern die nur einen Steinwurf vom Zentralmarkt entfernte Lettische Akademie der Wissenschaften: ein protziger, sandsteinfarbener Palast auf quadratischem Grundriss, der die Macht der stalinistischen, sowjetischen Epoche verkörpert. Daher verwundert auch nicht der Bauzeitraum von 1953 bis 1956: Zehn Jahre später wäre das „Geschenk der anderen Sowjetrepubliken an das lettische Volk", wie es in der Propagandasprache hieß, nicht mehr in dieser Form entstanden. Die Fassade weist neben kommunistischen Symbolen wie Hammer und Sichel auch lettische folkloristische Elemente auf. Ein großes Stalin-Porträt war auch vorgesehen, wurde aber zur Erleichterung vieler Letten nie realisiert.

Der Palast ist 108 Meter hoch. Damit war er der **erste Wolkenkratzer Lettlands** und blieb für lange Zeit das höchste Gebäude der Stadt. Er wird stufenweise nach oben hin schmaler und endet in einer kleinen Spitze. Im Volksmund wurde er unter anderem „Stalins Geburtstagstorte" genannt.

Im Zentrum von Riga erinnert auf den ersten Blick nicht mehr allzu viel an die stalinistische Vergangenheit der Stadt. Daher lohnt sich umso mehr eine genauere Besichtigung der Akademie, auch wenn sie bei den meisten Touristen nicht ganz oben auf der Liste steht. Im Sommerhalbjahr kann man mit einem Fahrstuhl auf den **Aussichtsbalkon im 17. Stock** fahren und aus 65 Metern Höhe einen interessanten Blick auf die Altstadt genießen. Wer im Winterhalbjahr das Gebäude betritt, wird meist direkt von einem Angestellten abgefangen, der den Besuchern „inoffiziell" und mit einigen Brocken Englisch oder auf Russisch ebenfalls die Fahrt mit dem Lift anbietet.

- **Latvijas Zinātņu akadēmija,** Akadēmijas laukums 1, Tel. (6)7225361, www.lza.lv, Fahrt auf die Aussichtsplattform 2 Ls, Mai bis September 9–20 Uhr.

Sehenswertes außerhalb des Zentrums

Fernsehturm und Daugava-Insel

Der Fernsehturm steht auf der **Insel Zaķusala** („Haseninsel") inmitten der Daugava und ist per Auto, aber auch sehr gut mit Trolleybus (am häufigsten verkehrt Linie 19) und Bus (Linie 40) zu erreichen (Haltestelle „Zaķusala" auf der Daugava-Brücke). Auch zu Fuß sind es nur 2 km vom Zentrum. Der Turm ist praktisch nicht zu verfehlen: In einem Umkreis von mehreren Hundert Metern stört kein einziges Gebäude die Sicht.

Von der am weitesten südlich gelegenen und längsten Daugava-Brücke (Salu tilts, die Verlängerung der zentralen Hauptstraße Lacplesa iela) führt

017le Foto: mk

eine schlechte, kleine Straße aus Betonplatten direkt am Fluss entlang zum Turm. **368 Meter** reckt er sich in die Höhe – genug, um den Fernsehturm am Berliner Alexanderplatz knapp zu übertrumpfen, wie eine Tafel im Eingangsbereich klar macht. Kein anderes Land in Europa kann mit diesen Ausmaßen mithalten. Mit seinen „Beinen", die schräg aufeinander zulaufen, sieht er aus wie eine sowjetische Weltraumrakete kurz vor dem Start.

Die wichtigste Funktion des leicht skurrilen Bauwerks ist die Ausstrahlung der Frequenzen für alle lettischen Radio- und Fernsehsender. Wenn der Turm ausfallen oder zusammenbrechen würde, hätte halb Lettland keinen Empfang mehr – ganz abgesehen von den Mobilfunknetzen, verschiedenen Navigations- und Kommunikationssystemen von Militär, Flugsicherheit, der Stadt Riga und anderen wichtigen Institutionen. Doch so leicht wird der Turm nicht umfallen, denn er sitzt ganze 30 Meter tief in der Erde. Das soll ihn resistent machen gegen Erdbeben bis zur Stufe 8 auf der Richterskala. Da aber jeder noch so stabile Wolkenkratzer irgendwann zu wackeln beginnt, wurden in luftiger Höhe von 200 Metern schwere Pendel aufgehängt, welche die Schwingungen ausgleichen sollen. Damit trotzt der Tornis auch Winden in Orkanstärke.

Bereits in den 1970er Jahren begannen die Planungen für den Turm, doch erst 1986 konnte er in Betrieb genommen werden. Seine erste Sternstunde erlebte er beim Freiheitskampf 1991, als die Letten auf die Haseninsel eilten, wissend, dass sie von strategischer Bedeutung war. Denn hier steht außer dem Turm auch die Zentrale des staatlichen lettischen Fernsehens. Wer die Kontrolle über das Fernsehen gewann, entschied, was die Menschen in ganz Lettland zu sehen und hören bekamen. Nur wer auch den Fernsehturm in der Hand hatte, konnte die Ausstrahlung wirklich garantieren. Nicht zufällig kam es in der litauischen Hauptstadt Vilnius in eben jenem Jahr zu blutigen Auseinandersetzungen mit der sowjetischen Militärgewalt um den dortigen Fernsehturm.

Die Zeiten sind friedlicher geworden und eine freundliche und bereitwillig Auskunft gebende Angestellte fährt mit den Besuchern zusammen in Sekundenschnelle auf fast 97 Meter Höhe. Nur die Mitarbeiter fahren noch weiter hinauf. Der **Panoramablick** über ganz Riga in Verbindung mit dem Erleben dieses eigenartigen Turms ist großartig. Im Gegensatz zu den anderen Aussichtspunkten (St. Petrikirche, Akademie der Wissenschaften, Radisson Blu Hotel Latvija) steht man nicht mitten in Riga, sondern schaut aus einiger Entfernung auf das Zentrum und die anderen Stadtteile. Bei klarem Himmel reicht die Sicht bis nach Sigulda mit dem berühmten Schloss Turaida – ein Fernglas sollte also im Gepäck sein. Da stört es auch nicht, dass die Fenster ein wenig beschlagen oder schmierig sind – das Bedienen von Touristen gehört nicht zur Hauptbeschäftigung des Personals.

Die **Fahrt auf die Insel** lohnt sich auch ohne den Besuch des Fernsehturms. Direkt am Daugava-Ufer stehend, tut sich dem Betrachter das malerische Panorama des alten Riga mit dem glitzernden Fluss im Vordergrund auf – ein garantiertes Postkartenmotiv bei klarem Wetter. Besonders reizvoll ist es, am Anfang oder am Ende des Riga-Besuchs herzukommen, um entweder einen ersten Überblick oder einen schönen Rückblick auf die Stadt zu erhalten.

● **Televīzijas tornis,** www.tvtornis.lv, Tel. (6)7108643, Besichtigung der Aussichtsebene: 15. Mai bis 30. September täglich 10–20 Uhr, 1. Oktober bis 14. Mai täglich außer So 10–17 Uhr, Eintritt 2,60 Ls.

Motormuseum

Eine kleine Perle unter den Rigaer Museen ist das wenige Kilometer außerhalb im Nordosten gelegene Motormuseum, das ganz angemessen neben einem großen, modernen Autohaus in einer Sporthalle liegt, in der mehrere Sportklubs und Fitness-Studios in Betrieb sind.

Gegründet wurde die Ausstellung 1989 noch zu Sowjetzeiten. Auf zwei Etagen wird hier eine beachtliche Anzahl an **faszinierenden Autos** präsentiert – von den ersten Anfängen der Motorisierung bis hin zu Flitzern und Nobelkarossen vom Ende des 20. Jh. Insgesamt 100 Exponate zählt die Schau, darunter einige Motorräder und Fahrräder. Selbst Menschen, die sich nicht als Auto-Narren bezeichnen würden, kommen hier aus dem Staunen nicht heraus. Bei der Gelegenheit lernen sie noch eine ganze Menge über die Geschichte des Automobils. Die deutschen Klassiker von Horch aus Zwickau und Opel bis hin zum BMW der 1980er sind ebenso dabei wie die amerikanischen Legenden Buick, Chrysler und Chevrolet.

Besonders spannend ist der **Schwerpunkt Sowjetunion:** Wie kamen die kommunistischen Bonzen in Moskau in den 1930er Jahren zu ihren ersten Luxusautos aus dem Westen? Was fuhr *Stalin* am liebsten (in einem der Wagen sitzt eine lebensgroße Stalin-Puppe auf dem Rücksitz), welchen „imperialistischen" Autos konnte Außenminister *Molotow* nicht widerstehen? Wann bauten die Sowjets erstmals ihre eigenen Oberklassewagen? Und warum saß Staats- und Parteichef *Breschnew* selbst am Steuer seines Rolls Royce, als er 1980 in Moskau einen Auffahrunfall verursachte? (Man sieht Breschnew mit aufgerissenem Mund tatsächlich vorn im verbeulten Auto sitzen.)

Neben normalen Straßenfahrzeugen sind auch die ersten **Rennwagen** zu sehen. Dazu kommt der Bericht des deutschen Rennfahrers *Bernd Rosenmeyer,* der 1937 auf einer deutschen Autobahn den Geschwindigkeitsrekord brach, aber „leider bei seinem Rekordversuch ums Leben kam". Sein Fahrzeug ist ebenfalls zu sehen.

Im Museum erzählt man sich, dass die weiblichen Besucher nach einer halben Stunde alles gesehen haben, während die Männer mindestens die dreifache Zeit brauchen. Doch man sieht auch viele Frauen gebannt vor den edlen Gefährten stehen – ebenso wie Kinder, auf die das Motormuseum eine besondere Faszination ausübt.

- **Motormuzejs,** S. Eizenšteina iela 6, Tel. (6)7097171, www.motormuzejs.lv, täglich 10–18 Uhr, Eintritt 2 Ls, Eltern mit bis zu vier Kindern: 4 Ls. Beste Verbindung mit Bus Nr. 5 (Haltestellen an den Markthallen hinter dem Hauptbahnhof und an der Dzirnavu iela) bis Haltestelle „Motormuzejs". Dort hält auch Bus Nr. 15, fährt aber nicht ins Stadtzentrum.

Freilichtmuseum

In der gleichen Richtung wie das Motormuseum, aber noch einige Kilometer weiter stadtauswärts an der Ausfallstraße Brīvības gatve Richtung Nordosten liegt das große Ethnografische Freilichtmuseum, das bereits seit 1924 existiert und bis zum heutigen Tag ständig um neue Gebäude und Elemente bereichert wird. Hier kann man in einem mindestens zweistündigen Spaziergang die vier großen lettischen Regionen und ihre Geschichte kennenlernen. Viele planen aber auch gleich einen halben Tag für die Erkundung dieses **„Miniatur-Lettlands"** ein, das auf sympathische Weise (noch) keine glatt polierte, kommerzorientierte Touristenattraktion ist, sondern erstaunlich bescheiden, fast unauffällig daherkommt.

In die Landschaft gebaut sind **kleine Siedlungen** mit Wohnhäusern, Ställen, Brunnen, Kirchen, Windmühlen und Speichern – meist aus dem 19. Jh. – genau so, wie sie damals in Kurland, Livland, Lettgallen und Semgallen üblich waren (auch wenn es recht schwer ist, die regionalen Unterschiede in Bauweise und Arrangement der Siedlungen auszumachen). Im Sommerhalbjahr sind die Häuser mit ihren authentisch eingerichteten Innenräumen allesamt zur Besichtigung geöffnet.

Neben Wohnhäusern finden sich vor allem Arbeitsgebäude von **Bauern und Handwerkern.** Darin demonstrieren den alten Zeiten entsprechend gekleidete und ausgerüstete **Schmiede, Imker, Töpfer, Müller** und 14 andere Berufsgruppen den Besuchern ihre Kunst. Die Werkzeuge der Bauern und Handwerker sind ebenso zu begutachten wie Haushaltsgeräte. Der Blick ins großzügig mit mehreren Räumen eingerichtete **Badehaus,** die klassische lettische Sauna *(pirts),* lässt erahnen, dass selbst im ländlichen Lettland das Leben neben harter Arbeit auch zu jenen Zeiten Annehmlichkeiten zu bieten hatte.

Der Eindruck, den man hier vom traditionellen Leben gewinnt, wird durch Auftritte von **Volkstanz- oder Gesangsgruppen** ergänzt. Sonntags wird die **Usma-Kirche** zum lebendigen Haus, wenn darin Gottesdienste abgehalten werden.

Unglaubliche 100.000 Ausstellungsstücke sind nach Angaben der Betreiber im Museum zu bewundern. Wer alles anschauen will, sollte also ausreichend Zeit mitbringen. Angenehm ist auch der Spaziergang am **Ufer des Juglas-Sees,** das zum Gelände gehört. Der romantische Steg, die alten Häuser, die Enten und Schwäne und die sanften Hügel würden den Betrachter in eine andere Zeit versetzen – wäre da nicht der Blick auf die Hochhäuser

020le Foto: mk

am gegenüberliegenden Ufer und das leise, aber hörbare Dröhnen der Motoren auf der nahen Brīvības gatve.

Wer in der passenden Atmosphäre noch ein wenig die gewonnenen Eindrücke sacken lassen will oder vom vielen Laufen hungrig geworden ist, kann im traditionellen und urigen „krogs“ Halt machen. Das **Gasthaus** nahe dem Museumseingang bietet Getränke und einfache Speisen aller Art. An kühleren Tagen lockt eine heiße *Soljanka* oder eine Kohlsuppe direkt aus dem großen Kessel, dazu eine Scheibe dunklen, malzigen Brotes, und schon ist die verlorene Energie wieder hergestellt. Natürlich gehört auch ein kleiner Laden mit **Souvenirs,** schönen kunsthandwerklichen Artikeln wie Töpferwaren sowie Büchern, Heften, Postkarten und anderem zum Museum.

Man sollte rechtzeitig eintreffen, denn auch im Sommer schließt das Gelände, das von ungefähr 100.000 Menschen jährlich besucht wird, bereits um 17 Uhr seine Tore. Ein Besuch des Museums empfiehlt sich auch für Autoreisende, die gar nicht nach Riga hinein wollen, sondern deren Weg nur die Hauptstadt kreuzt. Man kann im Vorbeifahren einen kleinen Abstecher machen, ohne allzu sehr in den dichten Stadtverkehr gezogen zu werden.

Fasziniert nicht nur Liebhaber: das Motormuseum

● **Brīvdabas muzejs,** Brīvības gatve 440, Tel. (6)7994106, tgl. 10–17 Uhr, Eintritt 2 Ls, Parkplatz vor dem Eingang 0,50 Ls. Ein Prospekt für 0,20 Ls, auch auf Deutsch, informiert über die Route und darüber, welches Gebäude welche Rolle spielt. Anfahrt mit Bus Nr. 1 vom Hauptbahnhof, ca. 30 Min., Haltestelle „Brīvdabas muzejs".

Kaiserwald

Wer per Auto das Motormuseum oder das Freilichtmuseum besucht hat, kann auf dem Rückweg einen kleinen Abstecher zum Kaiserwald machen und nicht auf der Brīvības iela direkt in die Stadt zurückkehren. Man fährt einige Hundert Meter weiter stadtauswärts und biegt dann links ab, um am **Ufer des Sees Ķīšezers** entlang in einem recht großen Bogen wieder das Zentrum anzusteuern.

Zunächst taucht auf der anderen Seite des Sees eine große Werft am Horizont auf. Wenige Minuten später ist die Werft bereits erreicht – ein wichtiges, wenn auch nicht eben schönes Industriegelände der größten Hafenstadt des Baltikums. Weiter Kurs aufs Zentrum nehmend, kommt man an dem mit 400 Hektar Fläche riesigen Kaiserwald vorbei, einer **weitläufigen Grünanlage,** etwa fünf Kilometer vom Herzen der Metropole entfernt. Der Weg zum Haupteingang führt am Ende der Straße nach links und dann auf der Meža prospekts entlang, während das Zentrum nach rechts ausgeschildert ist.

Vom Eingang aus führt ein breiter, langer **Fußgänger-Boulevard** mit schicken Laternen zu beiden Seiten und zahlreichen Sitzbänken tief in den **Mežaparks** hinein. Zwei Seitenwege führen an das Ufer des Ķīšezers-Sees. Mehrere große **Kinderspielplätze** und der Rigaer Zoo (s.u.) sorgen dafür, dass die Grünanlage zum Ausflugsort Nummer eins für Familien, Pärchen, Senioren und eigentlich alle anderen Bewohner der Großstadt geworden ist. Im Sommer lockt außerdem ein beachtliches **Amphitheater** (Mežaparka Lielā estrāde), das 1955 im sozialistischen Stil gebaut wurde und Platz bietet für bis zu 25.000 Zuschauer. Die Bühne ist ausgelegt für monumentale Chöre von mehreren Tausend Sängern sowie Ensembles mit Hunderten von Tänzern. Der Weg zu dieser Freiluftbühne führt vom Boulevard aus einen knappen Kilometer bis zur ersten großen Kreuzung, dann weiter geradeaus einen halben Kilometer auf einer Waldallee und schließlich noch ein kleines Stückchen nach links.

Der Mežaparks hat eine noble Geschichte, denn niemand anderes als **Zar Peter I.** („der Große") erließ die Anweisung, einen Park für die „Rigaer Gesellschaft" zu errichten. Peter inszenierte sich als Mann des Volkes, denn die Grünanlage war nach seinen Worten „besonders für die weniger Wohlhabenden und für diejenigen, die keine eigenen Sommerhäuser besitzen" vorgesehen. Das war Anfang des 18. Jh. Schon vorher trug der Wald aber den Beinamen „königlich", weil der Schwedenkönig *Gustav Adolf* hier 1621 vor dem Angriff auf Riga sein Lager aufgeschlagen hatte. Im 20. Jh. – noch unter russischer Herrschaft und dann auch während der lettischen Unabhängigkeit bis 1940, wurde die Gegend rund um den Mežaparks zu einem **schicken Wohnviertel** mit einer Reihe von Villen und exklusiven Wohnhäusern.

Wer sich in den Nebenstraßen nahe dem Haupteingang umschaut, wird auch heute noch eine gediegene Atmosphäre der gehobenen Klasse mit einer Reihe schöner Gebäude vorfinden. Die Sowjets schufen neben der Freiluftbühne eine über den Park verteilte Ausstellung, in der die angeblichen „Errungenschaften der Volkswirtschaft der lettischen Sowjetrepublik" zelebriert wurden. Auch ein Restaurant und ein Hotel liegen im Park.

• **Mežaparks,** Meža prospekts, Tel. (6)755 7988, Bus Nr. 9 und Straßenbahn Nr. 11 vom Hauptbahnhof, Haltestelle „Saules Dārzs", www.scmezaparks.lv mit Informationen zu einem Hotel am See mit Café und Bar, aber auch mit Tennisplätzen (5 Ls pro Stunde), Sporthalle (25 Ls pro Stunde) und Fitness-Studio (2 Ls pro Besuch), die jeder nutzen kann.

Zoo

Der Nationale Zoologische Garten von Riga am Eingang zum Mežaparks ist eine weitere Attraktion für Kinder und Familien. Nach Angaben der Betreiber sind hier **443 verschiedene Tierarten** zu bewundern, davon 98 Säugetier-, 91 Vogel-, 110 Amphibien- und Reptilien- sowie 78 Fischarten und 66 wirbellose Spezies. Rund 140 von ihnen bekommen jedes Jahr Nachwuchs, gewissermaßen vor den Augen der Zuschauer. Zu den prominentesten Bewohnern des 1912 eröffneten Tiergartens gehören der sibirische Tiger, der Grauwolf, Wildschweine, Rotfüchse, Braunbären, Lamas, Luchse, Dachse und Vielfraße. Außerdem steht den Besuchern ein Giraffenhaus offen. Ein Elefantenhaus ist gerade in Vorbereitung.

Für Kinder gibt es **Tiere zum Anfassen** – nicht nur Schafe oder Ziegen, sondern auch das eine oder andere Reptil kann in die Hand genommen werden. Der Zoo preist sich selbst dafür, dass viele der wilden Tiere unter Bedingungen gehalten werden, die ihrer Natur nah sind. Eine Herde von Kiangs – eine tibetanische Pferdeart – bevölkert zusammen mit ungarischen Kühen einen Bereich von 30 Hektar inklusive Hügeln, Waldstücken und einem natürlichen Teich.

Im Zoo kann man ohne weiteres eine bis zwei Stunden oder sogar mehr Zeit verbringen. Sympathisch: Man darf sein eigenes **Picknick** mitbringen und es an einem der Rastplätze ausbreiten und verzehren.

• **Rīgas Nacionālais zooloģiskais dārzs,** Meža prospekts 1, Tel. (6)7518409, www.rigazoo.lv, tgl. 10–19 Uhr, Mitte Oktober bis Mitte April tgl. 10–17 Uhr, die Kasse schließt jeweils eine Stunde früher, Eintritt 4 Ls, Kinder 1,50 Ls, Anfahrt wie zum Kaiserwald, s.o.

Brüderfriedhof

Zwischen dem Kaiserwald und Rigas Zentrum liegt der Brüderfriedhof, der für die Letten eine **große nationale Bedeutung** hat. Es ist mehr als ein Militärfriedhof, denn neben Tausenden Gefallenen der beiden Weltkriege sind hier auch diejenigen Letten bestattet worden, die beim **nationalen**

Freiheitskampf nach dem Ersten Weltkrieg ihr Leben gelassen haben. In der Phase der ersten lettischen Unabhängigkeit entstand das Projekt für diesen Ort, geleitet von der lettischen Bildhauer-Legende *Kārlis Zale,* dem selben Mann, der auch die Freiheitsstatue entworfen hat. Das große Eingangsportal, das ständige Feuer auf der Ehrenterrasse, mehrere Skulpturen, die beeindruckende Statue der „Mutter Lettland" und die Alleen unterstreichen den hohen symbolischen Rang des Friedhofs.

Die Sowjets bestatteten nach dem Zweiten Weltkrieg hier Soldaten der Roten Armee und wichtige politische Persönlichkeiten. Nach der Wiedererlangung der Freiheit wurden deren Gebeine von den Letten aber umgebettet, denn sie passten ihrer Ansicht nach nicht zu dem Geist des Ortes.

- **Brāļu kapi,** Aizsaules iela 1b, Straßenbahn Nr. 11, Haltestelle „Braļu kapi", dieselbe Linie fährt weiter zum Kaiserwald.

Andrejsala

Das **Hafengebiet** Andrejsala an der Daugava, nur zwei Kilometer von der Altstadt entfernt und z.B. vom Turm der Petrikirche auszumachen, entwickelte sich zu einem Treffpunkt für Künstler und Kreative aus der alternativen Rigaer Szene. Es entstanden Ateliers und Studios. Auch die Politik begann, sich für die Landzunge zu interessieren: 2009 beschloss der Stadtrat einen weitgehenden Entwicklungsplan für Andrejsala, durch den das Hafenviertel zu einer „ästhetischen, multifunktionalen, urbanen Umgebung mit Architektur der Spitzenklasse" werden sollte. In jüngster Zeit ist von einer Entwicklung allerdings nichts zu spüren. Das Viertel wirkt heruntergekommen mit lediglich einer alten Fabrik und einem Getränkeverkauf aus der Lagerhalle. Ob es bald den entscheidenden Schub für Andrejsala geben wird, steht derzeit in den Sternen.

- **www.andrejsala.lv,** mit vielen Informationen rund um das Viertel.

Museum der Naiven Kunst

Interessant auf Andrejsala ist das noch recht junge Museum der Naiven Kunst mit festen Exponaten aus **Malerei und Bildhauerei** sowie wechselnden Ausstellungen. Das 2006 gegründete Museum baut die Anzahl seiner Exponate von Jahr zu Jahr aus und verfügt inzwischen über eine zumindest nationale Reputation.

- **Latvijas Naivās mākslas muzejs,** Kontakt zu Museumschef *Dzintars Zilgavis,* Tel. mobil 29474401, Mai bis September Mi–So 12–19 Uhr, Eintritt frei.

Daugava-Insel Ķīpsala

Die kleine Insel liegt vom Zentrum aus gesehen schon beinahe auf der anderen Seite des Flusses. Zu ihr führt die große Straße Krišjāņa Valdemāra iela über die Brücke Vanšu tilts, direkt am nördlichen Ende der Altstadt. Neben dem kleinen Rigaer Campingplatz findet sich auf der ruhigen Insel eine ganze Reihe sehr hübscher alter **Holzhäuser** mit kunstvoll geschnitzten Fassaden. Manche Bauten sind verwittert, andere bereits restauriert. Einige Letten und Ausländer mit finanziellen Mitteln haben hier auch ansehnliche Neubauten errichtet.

Am besten nimmt man sich im Zentrum Rigas ein **Fahrrad** und erkundet auf diese Weise das Eiland (auf der Brücke gibt es einen Radweg). Der Abzweig von der Brücke zur Insel (dort steht ein großes Einkaufszentrum mit Supermarkt) liegt auf der Fahrradstrecke, die an der Bahnlinie entlang zu den Stränden von Jūrmala führt. Der Rundweg kann also gut in einen Jūrmala-Ausflug integriert werden. Auch für einen Spaziergang ist die Insel geeignet, zu Fuß sind es vom Zentrum etwa 15 Minuten.

Informationen

- **Touristeninformation,** Schwabe-Haus (Švābes nams) am Rathausplatz, Rātslaukums 6, www.rigatourism.lv, tgl. 9–18 Uhr, Tel. (6)7037900.
- **Filiale im Hauptbahnhof:** Stacijas laukums 2, Tel. (6)7233815, Di–Sa 9–17.30 Uhr.
- **Filiale im Busbahnhof:** Prāgas iela 1, Tel. (6)7220555, Di–Sa 9–18 Uhr.

Im Internet

- **www.rigathisweek.lv,** unentbehrliches Online-Magazin mit sehr vielen aktuellen und allgemeinen Informationen.

Stadtführungen und Ausflüge

Buchungen von Ausflugsfahrten bei den Touristeninformationen, außerdem u.a.:

- **Ltd. Amber Way,** zwei Stunden lange Tour durch Riga mit deutschem Audioguide über Kopfhörer (10–12 Ls). Weitere Angebote wie geführter Altstadtspaziergang oder Bus- und Spaziertouren mit lettischem Essen. Jeden Samstag Fahrt zum Schloss Pilsrundāle bei Bauska. Infos: www.sightseeing.lv. Start ist jeweils am Opernhaus, Tickets gibt es beim Fahrer.

Für Behinderte

Kaufhäuser, Hotels sowie öffentliche Einrichtungen wie Bahnhöfe und Ämter sind inzwischen sehr häufig behindertengerecht eingerichtet. Es gibt aber immer noch beispielsweise Museen mit vielen für Rollstuhlfahrer unüberwindlichen Stufen. Gleiches gilt für viele öffentliche Verkehrsmittel. Sogar einige Hotels sind noch nicht auf Behinderte eingestellt. Zu Sowjetzeiten hatten es Rollstuhlfahrer wegen mangelnder Einrichtungen besonders schwer, sich selbständig fortzubewegen. Noch heute sieht man sie seltener im Straßenbild als etwa in einer westeuropäischen Großstadt. Die Bedingungen haben sich aber bereits massiv verbessert.

Interessante Adressen

- **Goethe-Institut Riga,** Torņa iela 1 (Altstadt, Eingang von Klostera iela), Tel. (6)7508194, www.goethe.de/riga, unter anderem mit Lesesaal und Ausleihe deutscher Bücher und Zeitungen.
- **Deutsch-Baltische Industrie- und Handelskammer,** Vīlandes iela 1, Tel. (6)732 0718, www.ahk-balt.org, mit Informationen für Messebesucher und regelmäßigen Stellenangeboten und/oder Praktikumsplätzen.
- **Lettische Freundschaftsgesellschaft mit Deutschland** (Latvijas un arzemju draudzibas biedrbu savieniba), Vecpilsētas iela 3, 2. Korp., Tel. (6)7227256.
- **Deutsch-Baltische Gemeinschaft zu Riga,** Aglonas iela 56, www.deutsch-balten.de, Tel. (6)7187250 (Vorsitzender *Janos Danos*).
- **Deutsche Evangelische Kirche in Riga,** Gottesdienst in deutscher Sprache jeden ersten Sonntag im Monat um 13 Uhr in der Jesuskirche (Jēzus baznīcas iela, hinter dem Zentralmarkt), Auslandspfarramt der EKD, Pastor *Dr. Martin Grahl,* K. Valdemāra iela 7–9, Tel. (6)7211251, www.kirche.lv.

Post und Telekommunikation

Post

- **Postzentrum Sakta,** Brīvības bulvāris 32, Mo–Fr 7.30–20 Uhr, Sa 8–18 Uhr.
- **Weitere Postämter im Zentrum:** Tallinas iela 4; Marijas iela 20; Brīvības iela 152 (alle drei Mo–Fr 8–19, Sa 8–16 Uhr); Stacijas laukums (Bahnhof, Origo-Supermarkt), Mo–Fr 7–21, Sa 9–20, So 10–20 Uhr.

Telefonieren

Telefonnummern für Riga haben in der Regel acht Ziffern und beginnen mit einer 6. In Telefonzellen wird fast immer eine Telefonkarte (2, 3 oder 5 Ls) mit dem Aufkleber „Telekarte" benötigt, die überall in Läden, Kiosken und Postämtern erhältlich ist. Seltener ist auch der Einwurf von Münzen möglich.

Notruf- und Hilfsnummern:

- Allgemeiner Notruf: 112
- Fundbüro: (6)7086628
- bei Verkehrsunfall: (6)7377000
- Medizinischer und Giftnotruf (6)7042473

Internet

Die gesamte Altstadt ist vom **WiFi-Netz** der lettischen Lattlecom abgedeckt (Benutzung kostet aber fast 1 Ls/Stunde). Sehr viele der Hotels und Hostels bieten kostenloses W-LAN und auch eine Gratis-Computerbenutzung an. Darüber hinaus gibt es in der gesamten Stadt viele Internetcafés (ab 1 Ls/Stunde, teilweise noch weniger), einige sind rund um die Uhr geöffnet.

- **Dualnet Café,** Peldu iela 17, Tel. (6)781 4440, mit Bar und Drinks.
- **Elizabete,** Elizabetes iela 75, Tel. (6)728 2876, Mo–Fr 9.30–22, Sa, So 10–21 Uhr.
- **Virtual Travel Bureau,** Kaļķu iela 20, Tel. (6)7228228, täglich 9.30–0.30 Uhr, mit 70 Arbeitsstationen und anderen Multimedia-Angeboten auf drei Etagen.
- **Planeta Internet Café,** Vaļņu iela 41, Tel. (6)7220030, rund um die Uhr geöffnet.

Geld

Wie im ganzen Lande sind auch und besonders in Riga zahlreiche **Bankautomaten** vorhanden. Normale Maestro-(EC-)Karten werden ebenso akzeptiert wie Visa- und andere Kreditkarten. Restaurants und Hotels nehmen ebenfalls mit einigen Ausnahmen Kreditkarten an. Es ist nicht notwendig, Geld mitzubringen und umzutauschen. Wer es dennoch tun will, kann dies in Banken oder in einer der im Zentrum sehr häufigen **Wechselstuben** erledigen.

Notfälle und nützliche Adressen

Botschaften

- **Deutsche Botschaft,** Raiņa bulvāris 13, Tel. (6)7085100, in dringenden Fällen auch mobil 29466456, www.riga.diplo.de.
- **Österreichische Botschaft,** Elizabetes iela 15/4, Tel. (6)7216125, www.bmeia.gv.at/botschaft/riga.
- **Botschaft der Schweiz,** Elizabetes iela 2, Tel. (6)73383-51/-52/-53, www.eda.admin.ch/riga.

Apotheken

- **Kamēlijas Aptieka,** Brīvības iela 74, Tel. (6)7293514, 24 Stunden geöffnet.
- **Vecpilsētas Aptieka,** Audēju iela 20, Tel. (6)7223826, 24 Stunden geöffnet.

Englischsprachige Ärzte

- **Dr. Livija Caune,** Elizabetes iela 2a, „World Trade Centre", 1. Etage, Tel. (6)7321980, mobil 29139115.

Der Blumenmarkt an der Tērbatas iela ist rund um die Uhr geöffnet

- **Dr E. Tirans,** Bruninieku iela 67, Tel. (6)7315594, Allgemeinmediziner.
- **Dr. Dina Sviridova,** Vienibas gatve 45, Tel. (6)722 9942, Ärztin im Kinderkrankenhaus.

Englischsprachiger Zahnarzt

- **Smaidisim,** Audēju iela 6, Tel. (6)7228024.

Krankenhäuser

- **ARS Clinic,** Skolas iela 5, Tel. (6)7201006 (Rezeption), (6)7201009 (24 Std. Bereitschaft auf Englisch), (6)7201005 (Notfälle zu Hause).
- **Krankenhaus für Traumatologie and Orthopädie,** Duntes iela 12/22, Tel. (6)73 99300.
- **Gailezers Krankenhaus,** Hipokrata iela 2, Tel. (6)7042400.
- **Stradins Krankenhaus,** Pilsonu iela 13, Tel. (6)7069600.
- **Linezers Hospital,** Linezera iela 6, Tel. (6)7040210 (Aufnahme), Tel. (6)7040355 (Information).

Waschsalon

- **Nivala,** Akas iela 4, Tel. (6)7281346, 24 Stunden Selbstbedienung, 6 kg Wäsche 2,20 Ls.

Unterkunft

Das Angebot an Hotels, Hostels und Appartements in Riga ist sehr groß und breit gefächert – und es wächst immer mehr. Durch die Konkurrenz steigt auch die Qualität: Kaum eine Unterkunft, selbst in den unteren Preisklassen, ist unangenehm, unsauber oder auf andere Weise völlig inakzeptabel. In vielen Fällen empfiehlt sich eine rechtzeitige Buchung per Internet, die oft sogar Preisnachlässe mit sich bringt. Bei den günstigeren Hostels ist Kartenzahlung nicht überall möglich. Die in Lettland hohe Inflation macht auch vor den Hotelpreisen nicht halt, und so ist das Niveau insgesamt schon recht hoch, aber noch akzeptabel, wenn man die Attrak-

021le Foto: mk

tivität Rigas und die Qualität der Unterkünfte berücksichtigt.

Weitere Übernachtungsmöglichkeiten findet man unter www.rigatourism.lv und bei www.rigathisweek.lv.

Preiskategorien für Riga

€€€€ über 150 Euro pro Doppelzimmer
€€€ 100 bis 150 Euro pro Doppelzimmer
€€ 50 bis 100 Euro pro Doppelzimmer
€ unter 50 Euro pro Doppelzimmer

Obere Preiskategorie

- **Europa Royale Riga** €€€-€€€€, K. Barona iela 12, Tel. (6)7079444, www.europaroyale.com. Luxushotel in einem restaurierten, edlen Gebäude aus dem 19. Jh. mit Blick auf den Wöhrmannschen Garten. Die Royal Suite kostet mindestens 500 Euro, Doppelzimmer gibt es dagegen schon für rund 100 Euro. Alle Zimmer stilecht mit hohen, stuckverzierten Decken und echtem Parkettboden.
- **Hotel Bergs** €€€, Elizabetas iela 83/85, Tel. (6)7770900, www.hotelbergs.lv. In der schönen, modernen Boutiquen-Passage „Berga Bazars" sehr elegant und sympathisch gelegen mit geräumigen Zimmern und Suiten. Preise inkl. Fitnesscenter und Sauna. Verglaster Saal auf dem Dach für Konferenzen.
- **Konventa Seta** €€€, Kalēju iela 9/11, Tel. (6)7087501, www.konventa.lv. Der Konventhof ist einer der sympathischsten Orte der Altstadt. Ins Hotel integriert sind neun mittelalterliche Gebäude mit Ursprung im 13. Jh.
- **Gutenbergs Hotel** €€€, Doma laukums 1, Tel. (6)7814090, www.gutenbergs.lv. Im Stil des 19. Jh. direkt am Domplatz. Jedes Stockwerk ist individuell eingerichtet. Gemütliche Atmosphäre „wie zu guten alten Zeiten" mit nur 38 Zimmern.

Mittlere Preiskategorie

- **Boutique Hotel Viesturs** €€, Mucenieku iela 5, Tel. (6)7356060, www.hotelviesturs.lv. Weniger luxuriös als das Hotel Bergs, aber sehr schön situiert in einem restaurierten Altstadtgebäude aus dem 17. Jh. Nur 13 nicht allzu große Zimmer. Diese sind aber bis ins Detail schmuckvoll eingerichtet, bis hin zu den Badezimmern im Landhausstil. Höhepunkt: Die Suite mit eigener Panorama-Dachterrasse sowie Sauna und Whirlpool im Badezimmer (165–210 Euro).
- **Ekes Konvents** €€, Skārņu iela 22, Tel. (6)7358393, www.ekeskonvents.lv. Im Jahre 1435 wurde das erste Gasthaus in Riga im selben Haus eröffnet. Nur elf Zimmer in einem kleinen, klosterähnlichen Gebäude. Atmosphäre des alten Riga.
- **Radi un Draugi** €€, Maršalu iela 1/3, Tel. (6)7820200, www.draugi.lv. „Verwandte und Freunde" heißt das von einem britisch-lettischen Paar in der Altstadt geführte Hotel. 77 gemütliche Zimmer.
- **ALA Hotel** €€, Audēju iela 11, Tel. (6)7223957. Für alle, die mehr als nur ein Zimmer zum Schlafen suchen und beispielsweise selbst Frühstück machen oder gelegentlich kochen wollen. Nennt sich Hotel, bietet aber Appartements in der Altstadt.

Untere Preiskategorie

- **Viktorija** €, Čaka iela 55, Tel. 67014111, www.hotel-viktorija.lv. Hübsches Haus im schönen Jugendstil-Gebäude einer bekannten Einkaufsstraße. Suite 100 Euro.
- **Dodo Hotel** €, Jersikas iela 1, Tel. (6)72 40220, www.dodohotel.com. Gute Lösung für Riga-Besucher mit weniger Geld, die ein schlichtes, gutes Hotel einem jugendlich geprägten Hostel vorziehen. Zimmer und Betten erstaunlich gemütlich. Fester Preis für ein DZ bei Internetbuchung: 39 Euro, sonst 49 Euro, im Sonderangebot teilweise auch schon für 29 Euro. W-LAN-Internetzugang und Pfannkuchen zum Frühstück inbegriffen. Knapp zwei Kilometer zur Altstadt.
- **Central Hostel** €, Birznieka Upīša iela 20e, Tel. mobil 22322663, www.centralhostel.lv. Fünf Minuten Fußweg zum Bahnhof, zehn Minuten zur Altstadt, zehn Minuten zum Jugendstilviertel. In unscheinbarem Gebäude, aber mit ruhiger, sympathischer Atmosphäre. Kein Party-Hostel. Küche zum Selberkochen, breite Holzbetten, Online-Computerbenutzung und W-LAN. Freier Parkplatz vor dem

Haus (oft problematisch bei Hostels in der Altstadt). Rezeption 24 Stunden besetzt, Bezahlung nur in bar.

- **Doma Hostel** €, Skunu iela 16, Tel. (6)7213101, www.domahostel.lv. Günstige Unterkunft mitten in der Altstadt. Computer mit Internet, W-LAN gratis, Küche und gemütlicher Aufenthaltsraum. Kreditkarten akzeptiert.
- **Argonaut Hostel** €, Kalēju iela 50, Tel. (6)26147214, www.argonauthostel.com. Sehr beliebtes Hostel in einer mittelalterlich geprägten Altstadtstraße. Viele Zimmer, viele Betten und ideal für Partyfreunde. In diesem Haus tut sich immer etwas.
- **Knights Court** €, Bruņinieku iela 75b, Tel. (6)7364444, www.knightscourt.lv. Im Zentrum, aber leicht abseits und ruhig gelegen. Das stilvolle Knights Court firmiert als Hostel und bietet entsprechende Zimmer, hat aber einen leicht höheren Standard als andere Hostels. Gratis-Internet.

Campingplätze

- **Riga City Camping,** Rietumu iela 2, Tel. (6)7065000, www.bt1.lv/camping. Ideal gelegen auf der Daugava-Insel Ķīpsala, wenige Hundert Meter von der Altstadt. Der Platz ist nüchtern mit Stellplätzen für Wohnmobile, einer Wiese zum Zelten und sanitären Anlagen, aber sauber und ordentlich. 2–2,50 Ls pro Person, Kinder bis 16 Jahre 1 Ls, Zelten 3–5 Ls, Wohnmobil 7–9 Ls.
- **ABC Kempings,** Šampētera iela 139a, Tel. (6)7892728, www.janisnaglis.lv/abc. Hotel und Camping in einem. Komplette Ausstattung, Abholung vom Flughafen, Autoverleih, Sauna, Grill, Konferenzräume. Am Stadtrand von Riga, 5–10 Minuten zum Flughafen.

Essen und Trinken

Besonders interessant sind neben den lettischen Restaurants und Bistros die Lokale der in Riga so zahlreich vertretenen Russen und anderer Völker der ehemaligen Sowjetunion wie etwa der Usbeken. Die russische Teigtaschen-Spezialität **Pelmeni** zum Beispiel ist als Imbiss wesentlich beliebter und verbreiteter als jede lettische Speise. Ein weiterer sympathischer und angenehmer Aspekt der Rigaer Gastronomie ist die Tatsache, dass es fast an jeder Straßenecke günstiges, meist lettisches und russisches Essen in den Lokalen mit der Aufschrift **„kafejnīca"** gibt. Diese sind anders, als der Name suggeriert, keine klassischen Cafés, sondern oft sehr schön eingerichtete Kombinationen aus Café und Imbiss mit Selbstbedienung und Sitzplätzen. Viele Einheimische nutzen dieses schnelle, gemütliche und günstige Angebot, um zu Hause nicht kochen zu müssen.

Bei den **Restaurants** der unteren Preiskategorie kann man schon zu zweit mit 10 Ls auskommen, in der mittleren Kategorie kostet es dann zwischen 10 und 20 Ls, in der oberen Kategorie mehr als 20 Ls.

Weitere Adressen findet man unter www.rigathisweek.lv.

Obere Preiskategorie

- **Arbat,** Vagnera iela 3, tgl. 12–24 Uhr, Tel. (6)7214057, www.arbat.lv, geöffnet täglich 12 Uhr bis „letzter Kunde". Für alle, die russische Küche auf einem höheren Niveau in schickem Ambiente kennenlernen wollen. Natürlich gibt es auch einfache Gerichte wie Pelmeni.
- **Otto Schwarz,** Kaļķu iela 28, Frühstück täglich 7–10.30 Uhr, dann 12–23 Uhr, Tel. (6)7087623, www.derome.lv. Panorama-Restaurant auf der oberen Etage des Hotel de Rome am Übergang von der Altstadt zum Freiheitsboulevard. Natürliche und regionale Zutaten. Das Frühstücksbüffet steht Gästen von außen offen.
- **Skonto Zivju Restorāns,** Vagnera iela 4, täglich 12–24 Uhr, Tel. (6)7210087. Eine der ersten Adressen für Fisch-Gourmets in Riga. Vier in verschiedenen Stilen eingerichtete Esssäle. Die Gäste können ihre Speisen teilweise selbst aus dem Aquarium aussuchen.
- **Nostalgija,** Kaļķu iela 22, tgl. 10–2 Uhr, Tel. (6)7222338. Zu Sowjetzeiten gab es nur eine Hand voll schöner Restaurants. Dieses ist mit der barocken Einrichtung, den hohen Decken und den edlen Leuchtern so eingerichtet wie eines von ihnen. Interessant auch die kreisrunde Theke in der Mitte.

Mittlere Preiskategorie

- **Steiku Haoss,** Meistaru iela 25, Mo–Do 12–24 Uhr, Fr, Sa 12–01 Uhr, weitere Lokale: Audēju iela 2, Mo–Fr 11–24 Uhr, Sa, So 11–1 Uhr; Terbatas iela 41/43, Mo–Do, So 12–23 Uhr, Fr, Sa 12–24 Uhr; Tel. (6)7222419, www.steikuhaoss.lv. In Wildwest-Manier eingerichtete Restaurants. Der Name bedeutet nicht „Steak-Haus", sondern „Steak-Chaos". 17 verschiedene Steaks werden vor den Augen der Gäste gebraten. Country-Livemusik und Tanz. Preise nicht niedrig, aber bezahlbar.
- **Alus Sēta,** Tirgoņu iela 6, tgl. 11–23 Uhr, Tel. (6)7222431, www.lido.lv. Restaurant in gemütlicher Kneipenatmosphäre mit Selbstbedienung an der Theke und rustikaler Holzeinrichtung. Typisch lettische Speisen, die man wählt, ohne die komplizierten Namen verstehen zu müssen. Dazu das von der Restaurantgruppe Lido selbst gebraute Bier. Mitten in der Altstadt, auch Letten kommen häufig. Bezahlung nur in bar.
- **Citi Laiki Krogs,** Brīvības iela 41, Mo–Do 11–22, Fr 11–23, Sa 12–22, So geschlossen, Tel. 29118819, www.citilaiki.lv. Auch hier wird traditionelles lettisches Essen mit dem obligatorischen einheimischen Bier offeriert. Dazu eine ländliche, urige Atmosphäre. Abends lettische Live-Musik. An Werktagen 12–16 Uhr Business Lunchmenü für 2,95 Ls.
- **Dzirnavas,** Dzirnavu iela 76, Mo–Sa 10–22, So 10–21 Uhr, Tel. (6)7284228, www.lido.lv. In der „Mühle" herrscht eine rustikale, lockere Atmosphäre: Von Wasser angetriebene Räder drehen sich munter, während die Gäste auf dicken Holztischen ihre Speisen und Getränke abladen. Besonders leckere, frische Salate. Kinderfreundlich mit Spielecke.
- **Lido Atputas Centrs,** Krasta iela 76, tgl. 11–24 Uhr, Tel. (6)7504420, www.lido.lv. Weiteres Lokal der Lido-Gruppe: Staburags, Čaka iela 55, tgl. 11–24 Uhr. Etwas außerhalb des Zentrums, zu erreichen mit den Straßenbahnen 3, 7 und 9 sowie Bus Nr. 12 (Haltestelle „Lido"). Großer Komplex mit Express-Restaurant, Bistro und Bierkeller. Lettisches Essen, eigenes Bier, jeden Abend Live-Musik, reiche Dekoration und Folklore zu nationalen Feiertagen.
- **Melnā Kaķa Alus Ordenis,** Raiņa bulvāris 15, Mo–Do 13–23 Uhr, Fr, Sa 13–24 Uhr, So 13–23 Uhr, Tel. (6)7814190, www.alusordenis.lv. Der „Bierorden der Schwarzen Katze" ist ein mittelalterlich eingerichteter Keller mit entsprechend gekleideten Kellnern. Deftiges lettisches Essen und Bier in tönernen Krügen.
- **Habibi,** Peldu iela 24, tgl. 14 Uhr bis zum letzten Gast, Tel. (6)7228551, außerdem: Ģertrūdes iela 14, tgl. 13 Uhr bis zum letzten Gast, So ab 14 Uhr. Plüschig eingerichtet mit dicken Teppichen und weichen Sesseln. Neben traditioneller arabischer Küche stehen hier riesige Wasserpfeifen im Vordergrund. Do, Fr, Sa Bauchtanz.
- **Kamala,** Jauniela 14, tägl 12–22 Uhr, Business Lunch 12–15 Uhr, Tel. (6)7211332, www.kamala.lv. Eines der noch relativ wenigen vegetarischen Lokale der Stadt, mit entsprechender Philosophie. Der Schwerpunkt liegt auf Ayurveda-Rezepten wie Tofu-Schaschlik.
- **Austrumu Robeža,** Riharda Vāgnera iela 8, tgl. 11–23 Uhr, Tel. (6)7814202, www.austrumurobeza.lv. „Ostgrenze" heißt dieses Erlebnisrestaurant in der Altstadt. In dem Kellersaal wird mit Augenzwinkern auf die Sowjetära geblickt: Die Kellnerinnen in düsteren Uniformen, Stalin-Porträts an der Wand und sogar die Toiletten sind mit Hammer und Sichel geschmückt. Dazu gibt es Konzerte, Kabarett und natürlich eine entsprechende Küche – alles, was zu Sowjetzeiten als besonders galt.
- **Bestsellers,** Dzirnavu iela 33, tgl. 6.30–23 Uhr, Tel. (6)7331717, www.alberthotel.lv. Modern, im Dekor einer Bibliothek eingerichtetes Restaurant im Hotel Albert mit 130 Sitzplätzen. Internationale Küche von griechisch und italienisch bis chinesisch. Ohne Spezialisierung, daher ideal für Unentschlossene und natürlich für Bücherfreunde.
- **Kabuki,** Terbatas iela 46 (Eingang von Martas iela), Mo–Fr 11–22.30, Sa, So 12–22 Uhr, Tel. (6)7842728, www.sushi.lv. Weitere Filialen in K. Barona iela 14 (Eingang von Elizabetes iela) und Audēju iela 14, Mo–Do, So 12–23, Fr, Sa 12–24 Uhr. Japanische Lokale, mit Laufband für Sushi-Gerichte, aber nicht reduziert auf Sushi, sondern mit einer breiteren Palette. Modern eingerichtet.

● **1221,** Jauniela 16, 11–23 Uhr, Tel. (6)722 0171. Deftige lettische und internationale Küche in einem urigen, mit Kühen bemalten Altstadthaus im Schatten des Doms. Viel Holz in der Einrichtung und ein Kamin sorgen für Gemütlichkeit.

● **Ķiploku Krogs** (The Garlic Pub), Jekaba iela 3/5, Eingang von Maza Pils iela, Tel. (6)7211451, www.kiplokukrogs.lv, tgl. 12–23 Uhr. In dieser Restaurant-Kneipe mit netter, kleiner Außenterrasse in der Altstadt wird alles bis hin zum Nachtisch mit Knoblauch zubereitet. Sogar ein Bier mit Knoblauch-Zugabe ist zu haben, es schmeckt sehr gut. Sehr schmackhafte Speisen.

Untere Preiskategorie

● **Pelmeni XL,** Kaļķu iela 7, tgl. 9–4 Uhr, Tel. (6)7222728. Das perfekte Essen für Zwischendurch, auf die Schnelle und für den kleinen Geldbeutel – dabei angenehm, freundlich und gemütlich in einem Haus, dessen Stil an Hundertwasser erinnert. Ideal gelegen mitten in der Altstadt. Verschiedene Sorten der russischen Teigtaschen Pelmeni, auch ohne Fleisch, dazu immer eine heiße Suppe und frischer Salat. Selbstbedienung an der Theke. Pelmeni XL ist auch ein Refugium für Nachteulen zum Aufwärmen und Stärken: Es hat bis 4 Uhr morgens geöffnet.

● **Pelmenu Centrs,** Vaļņu iela 16, Mo–Fr 8–21 Uhr, Sa, So 10–21 Uhr, Tel. (6)7104441. Der gleiche Stil und das gleiche Essen wie in Pelmeni XL, nur mit noch größerem Saal, ebenfalls in der Altstadt. Ein weiteres Lokal dieser Art ist im Hauptbahnhof zu finden.

● **Picnix,** Aldaru iela 11, tgl. 8–20 Uhr, Tel. (6)7225607. Wer sich mit Pelmeni nicht anfreunden kann und hausgemachte Sandwiches, belegte Brötchen und Panini vorzieht, kommt hier auf seine Kosten.

● **Varzob,** tgl. 12 Uhr bis zum letzten Kunden, Tel. (6)7224180. Leckere usbekische Küche, einst in einem Minilokal in der Peldu iela, jetzt in einer kleinen, vom Rathausplatz abgehenden Straße (gegenüber dem Schwarzhäupterhaus) und etwas größer. Vorwiegend wird Lamm serviert wie beim berühmten „Plov“ oder beim „Lagman“ (Suppe mit Lammfleisch). Der Geheimtipp des Chefs ist „Manti“. Dazu gibt es frisch gezapftes Bier und verschiedene Weine. Kuriosität am Rande: Der Name „Varzob“ stammt gar nicht aus Usbekistan, sondern von einem Berg im benachbarten Kasachstan.

● **Pastarellia,** Mārupes iela 3, ein Stückchen außerhalb des Zentrums nahe der alten Markthalle Āgenskalns, tgl. 10–22 Uhr, Tel. (6)7420372, www.vairaksaules.lv. Restaurant und Laden in einem. Man kann die verschiedenen hausgemachten Nudelsorten entweder vor Ort im Lokal gemütlich essen oder die Zutaten im Laden kaufen und selbst kochen. Große Auswahl an Weinen.

● **Slavu Restorāns,** Vaļņu iela 19, täglich 11–24 Uhr, Fr, Sa 11–1 Uhr, Tel. (6)7283974. Typische und schmackhafte russische Küche von Pelmeni über Vareniki, Soljanka und Borschtsch bis hin zu Süßigkeiten und Getränken wie Kwas oder Meerrettich-Wodka.

Cafés

● **Double Coffee,** u.a. Raiņa bulvāris 25, Vaļņu iela 11, Terbatas iela 28, teilweise rund um die Uhr geöffnet, www.doublecoffee.lv. Café-Kette, deren Filialen an jeder Ecke zu stehen scheinen. Modern mit viel Metall und Spiegeln eingerichtet. Neben Dutzenden Kaffee-Kreationen, Kuchen und Torten werden auch warme Speisen und alkoholische Getränke serviert. Spezielles Frühstücksangebot. Mittlere Preisklasse, 10 % Trinkgeld werden auf den Preis geschlagen. W-LAN.

● **Emils Gustavs Shokolahde,** Marijas iela 13/VI (in der Passage Berga Bazars), tgl. 10–22 Uhr, Tel. (6)7283959. Emils Gustavs ist derzeit auf Expansionskurs und will sich auch im Ausland durchsetzen. Auch in Riga gibt es mehrere Cafés, u.a. Aspazijas bulvāris 24. Der Name Emils Gustavs steht in Riga für exklusive, unglaublich dickflüssige Trinkschokolade (immer serviert zusammen mit einem Gläschen Wasser), ausgewählte Pralinen und erlesene Torten. Die mit belgischen Zutaten selbst gemachten Leckereien, bei deren Herstellung man teilweise zuschauen kann, präsentieren sich hervorragend im Wiener Kaffeehaus-Ambiente. Die Pralinen sind auch ein schönes Souvenir.

●**Kaspara Dilana konditoreja,** Vaļņu iela 2, Tel. (6)7220032. Nettes, klassisch lettisches Café, das nicht auf Touristen abzielt. Zahlreiche Tische unter freiem Himmel mit Blick auf den Basteihügel und die hübschen ehemaligen Kasernen der Torņa iela.

●**Cadets de Gascogne,** Basteja bulvāris 6, Tel. (6)7876265, Mo–Sa 7–20 Uhr, So 9–20 Uhr. Französisches Café mit gutem Kaffee und leckerem, selbstgemachtem Gebäck am Basteiboulevard am Rande der Altstadt. Der Clou: Man kann gemütlich auf dem Dach sitzen und den Basteihügel sowie den Eingang zu Vecrīga im Blick haben.

Am Abend

Bars, Pubs und Clubs

Die Kategorien überschneiden sich stark. So sind eine ganze Reihe der oben genannten Restaurants auch genau so gut als Pubs zu bezeichnen, in denen man einfach nur ein Bier trinken geht. Andererseits haben fast alle Clubs, Kneipen und sogar Discos in Riga etwas zum Essen im Angebot.

●**Balzambars,** Tornu iela 4/1b, Mo–Do, So 11–24 Uhr, Fr, Sa 11–1 Uhr, Tel. (6)72 14494, www.balzambars.lv. Benannt nach dem berühmten Rigaer Kräuterbalsam, der hier, auch als Cocktail, ausgeschenkt wird – neben weiteren lokalen und nationalen Getränken. Für Hungrige gibt es Snacks und internationale Küche. Schön gelegen in der schicken ehemaligen Kaserne gegenüber den Resten der Stadtmauer und dem Schwedischen Tor.

●**Dickens Pub,** Grēcinieku iela 9/1, So–Do 11–1 Uhr, Fr, Sa 11–2 Uhr, Tel. (6)7213087. Sympathische und gemütliche Kneipe mit englischem Ale, irischem Bier, Fish&Chips und anderen britischen „Köstlichkeiten". In der Peterbaznīcas iela gibt es auch ein Dickens Restaurant der etwas höheren Preisklasse.

●**Red Fred,** Audēju iela 14, tgl. 12–24 Uhr, Tel. (6)7359662, www.sushi.lv. 20 Sorten Bier und deftige Grillgerichte in diesem im Stil eines „Feuerwehrhauses" gehaltenen Restaurants mit lockerer Stimmung. Live-Musik und Sportübertragungen.

●**Lidojosa Varde,** Elizabetes iela 31a, So–Do 10–1 Uhr, Fr, Sa 10–3 Uhr, Tel. (6)7321184, www.flying-frog.lv. Der „Fliegende Frosch" liegt sehr zentral im Jugendstilviertel. Touristen treffen hier auf Einheimische und auf in Riga lebende Ausländer. Im Winter brennt drinnen ein gemütliches Feuer, in der warmen Saison ist die Terrasse gut gefüllt. Neben Getränken werden auch Salate, Omelettes, Pasta-Gerichte und frisch zubereitete Hamburger serviert, deren Zutaten man bei der Bestellung selbst bestimmt. Verhältnismäßig teuer, aber nicht luxuriös.

●**Kiploku Krogs,** Jēkaba iela 3/5 (Eingang von Maza Pils iela), tgl. 12–23 Uhr, So ab 13 Uhr, Tel. (6)7211451, www.kiplokukrogs.lv. Der „Knoblauch-Pub" macht seinem Namen alle Ehre, denn alle leckeren Gerichte, die hier zu haben sind, enthalten mehr oder weniger Knoblauch – sogar die Desserts! Hier wird sich niemand über Knoblauch-Geruch beschweren. Dafür wird der Bierdurst größer.

●**Skyline Bar** (Radisson Blu Hotel Latvija), Elizabetes iela 55, Mo–Do 16–2 Uhr, Fr, Sa 15–3 Uhr, So 15–2 Uhr, Tel. (6)7772222, www.skylinebar.lv. Im wahrsten Sinne des Wortes ein gehobenes Ambiente herrscht in dieser Lounge auf dem Dach des Wolkenkratzer-Hotels am Beginn des Rigaer Jugendstilviertels. Hier im 26. Stock gibt es auch Speisen, aber wer sich für „trendy" hält, macht es sich hauptsächlich wegen der Aussicht über Riga und der reichen Auswahl an Cocktails in den Plüsch-Sofas gemütlich. Am Wochenende Live-DJs.

Homosexuelle

Die weltoffene Großstadt im protestantischen Lettland steht Schwulen und Lesben insgesamt tolerant gegenüber. Riga hat eine Reihe von Schwulenclubs zu bieten. Trotzdem ist es noch nicht üblich, dass zwei Männer oder zwei Frauen Händchen haltend oder küssend in der Öffentlichkeit zu sehen sind. Wer es doch tut, hat nichts zu befürchten, wird aber unweigerlich große Aufmerksamkeit auf sich ziehen.

●Der **Club Purvs** (Schwulen- und Lesbenclub, Matisa iela 60/62, tgl. 22–6 Uhr, Eintritt

2–4 Ls, Tel. (6)7311717, www.purvs.lv) ist von außen nicht beschildert und hat daher einen gewissen „Insider-Reiz". Schicke, lockere und humorvolle Atmosphäre mit Tanz und Musik.

Kino

- **Forum Cinemas,** 13. Janvara iela 8, www.forumcinemas.lv. Großer Kinokomplex direkt neben dem Hauptbahnhof. Nicht-lettische Filme laufen im Original mit lettischen Untertiteln.
- **Kinogalerija,** Jauniela 24, Tel. (6)7229030, www.kinogalerija.lv. Sympathisches Kino mitten im Stadtkern, meist sehr gutes Filmangebot. Auch Hollywood, aber etwas anspruchsvoller.

Theater, Oper und Konzerte

Neben ständig in Riga spielenden Einrichtungen wie dem Nationalen Symphonieorchester kommen in die lettische Hauptstadt auch häufig internationale Gäste von höchstem Rang, sei es in der klassischen Musikszene oder in der Rock-, Pop- und Jazzwelt. Man sollte also vor einem Riga-Besuch immer die aktuellen Programme studieren und möglichst Karten schon von zu Hause aus bestellen. Das aktuelle Programm für Konzerte, Oper und Theater findet sich unter www.rigathisweek.lv.

- **Lettisches Nationales Symphonieorchester,** in der Großen Gilde, Amatu iela 6, Tel. (6)7213643, www.lnso.lv, Eintrittskarten 2–20 Ls.
- **Lettische Nationaloper** (Latvijas Nacionālā Opera), Aspazijas bulvāris 3, Tel. (6)7073777, www.opera.lv, reguläre Preise von 1 Ls bis 45 Ls.
- **Konzerte im Rigaer Dom** (Rīgas Doms), Doma laukums 1, www.doms.lv, Mai bis September Mi und Fr 19 Uhr, Oktober bis April Fr 19 Uhr, Eintritt 5 Ls. Oft hochkarätige Gastauftritte.
- **Russisches Tschechow-Theater** (Rīgas Krievu teatris), Kaļķu iela 16, Tel. (6)7225395, www.trd.lv.

Einkaufen

Bücher

- **Globuss,** Vaļņu iela 26, Mo–Fr 9–19 Uhr, Sa 10–19 Uhr, So geschl., Tel. (6)7226957. Großer Altstadt-Buchladen auf zwei Etagen (im Keller kleines Café und Toiletten) mit einer Auswahl an deutsch- und englischsprachigen Romanen und Sachbüchern, auch aus und über Lettland und Riga. Im selben Gebäude ist ein Emihla-Gustava-Café mit der berühmten Schokolade.
- **Jāņa sēta,** Elizabetes iela 83/85, Mo–Fr 10–19 Uhr, Sa 10–17 Uhr, So geschlossen, Tel. (6)7240894, www.mapshop.lv. Buchladen im Stadtzentrum mit großer Anzahl an Reisebüchern und Landkarten in verschiedenen Sprachen.

Souvenirs

Das wichtigste Mitbringsel aus Riga ist der scharf schmeckende Kräuterschnaps **Rīgas balzams,** der in braunen Steingutflaschen in verschiedenen Größen verkauft wird. Er ist in sehr vielen Geschäften erhältlich und nicht zu übersehen. Am günstigsten kauft man ihn ganz profan im Supermarkt. Unbedingt ins Gepäck gehört auch **Laima-Schokolade** oder Pralinen dieser Traditionsmarke – in vielen Geschäften auch erhältlich mit Riga-Abbildungen auf der Verpackung. Lohnend ist auch der Gang in einen der vielen Läden, in denen edle, **handgemachte Seifen** feilgeboten werden.

- **Laima,** Smilšu iela 8, Tel. (6)7221533, www.laima.lv, Mo–Fr 9–19 Uhr, Sa 9–16 Uhr, So geschlossen. Haupthaus der lettischen Schokoladenmarke. Weitere Filialen in vielen Kaufhäusern.
- **Jūgendstila Paviljons,** Strēlnieku iela 9, tgl. 10–18 Uhr, Tel. (6)7333030, www.artnouveauriga.lv. Sehr schöner Laden für Souvenirs, Geschenke und Kunstwerke im für Riga so berühmten Jugendstil, von Schmuck und Keramik über Bücher bis hin zu Postkarten.
- **Laipa,** Laipu iela 2/4, Mo–Fr 10–18 Uhr, Sa 10–16 Uhr, So geschl., Tel. (6)7229962. Traditionelle lettische Produkte aus Leinen, Wolle, Leder, Holz, Keramik, Silber und natürlich Bernstein.

Hinweis: Die **Ausfuhr von antiken Kunstwerken** aus Lettland ist verboten. Eine Exportgenehmigung kann man aber erhalten. In der Regel helfen die Läden, in welchen die Waren verkauft werden, bei der Erledigung dieser Formalität. Dies betrifft nur Antik-Waren von historischem Wert.

- **Mara,** Kalēju iela 9/11, tgl. 9–19 Uhr, Tel. (6)7087541. Juwelierwaren aus baltischem Bernstein und andere traditionelle Souvenirs sind in dieser Boutique im schönen Altstadt-Hotel Konventa Seta zu erwerben.

Einkaufszentren und Passagen

- **Origo,** Stacijas laukums 2, tgl. 10–21 Uhr, **Supermarkt Rimi** tgl. 7–24 Uhr, Tel. (6)70 73030, www.origo.lv. In diesem neuen, baulich mit dem Hauptbahnhof vereinten Zentrum sind die typischen Rigaer Souvenirs zu erwerben: Seife bei „Stendera Ziepju Fabrika", Laima-Schokolade direkt daneben im firmeneigenen Laden und Rīgas Balzams bei Rimi im Supermarkt.
- **Galerija Centrs,** Audēju iela 16, tgl. 8–22 Uhr, www.galerijacentrs.lv. Übersichtliches, helles und modernes Einkaufszentrum mit Glasdach in der Altstadt, zahlreiche Boutiquen, Geschäfte und Restaurants.
- **Berga Bazars,** Marijas iela 13, zwischen Dzirnavu iela und Elizabetes iela, tgl. 10–22 Uhr, www.bergabazars.lv. Sehr schöne und exklusive Einkaufspassage unter freiem Himmel mit Galerien, Cafés, Restaurants, Boutiquen und Geschäften sowie dem Hotel Bergs. Sehr viele Souvenirs und Geschenke sowie das Haupthaus des legendären Schokoladencafés Emihla Gustava Shokolahde mit handgemachten Pralinen.
- **Stockmann,** 13. Janvara iela 8, www.stockmann.lv, Mo–Sa 9–22 Uhr, So 10–22 Uhr. Großes Kaufhaus in Sichtweite vom Hauptbahnhof, gegründet 2003, mit Kleidung, Schuhen, Geschirr, Parfüm und vielen anderen Produkten.

Märkte

- **Zentralmarkt,** Centrāltirgus, Di–Sa 7–18 Uhr, So und Mo 7–17 Uhr, Neģu iela 7, Zugang über Pragas iela, www.centraltirgus.lv. Größter Lebensmittelmarkt Lettlands in fünf großen Hallen (siehe „Sehenswertes").
- **Blumenmarkt,** Tērbatas iela, entlang dem Wöhrmannschen Garten (Vērmanes dārzs). Blumen, so weit das Auge reicht, rund um die Uhr (siehe „Sehenswertes").

Lebensmittel

- **Rimi** (im Origo-Einkaufszentrum am Bahnhof, s.o.), groß, bis Mitternacht geöffnet.
- **Visbija 24h Lebensmittel** (Brīvības iela 68)
- **Biotēka** (Skunu iela 12/14, Mo–Fr 10–19 Uhr, Sa 11–16 Uhr, Tel. (6)7211268, www.bioteka.lv). Großer Bioladen mit gesunden, fair gehandelten Lebensmitteln aller Art, aber auch Kosmetika und Haushaltsmitteln.

Jūrmala

Westlich von Riga, direkt an der schönen Küste der Rigaer Bucht, liegt Jūrmala, der berühmte **Badeort,** in den nicht nur die Erholung suchenden Bewohner der Hauptstadt gern flüchten. Tausende von Letten aus dem ganzen Land und auch immer mehr Ausländer nutzen die Nachbarschaft zu Riga für einen kombinierten Urlaub.

Zwei Dinge sollte man allerdings von Anfang an wissen. Zum einen: Jūrmala gibt es eigentlich gar nicht. Dies klingt eigenartig, aber tatsächlich ist es so, dass der Begriff nur eine Reihe von nebeneinander am Meer lie-

Typische Ostsee-Bäderarchitektur in Jūrmala

genden Orten zusammenfasst. Wer also mit Bus oder Bahn anreist, steigt nicht in „Jūrmala" aus, sondern beispielsweise in **Majori,** dem zentralen und größten Ort auf der Strecke.

Während Jūrmala in bunten Prospekten oft als der Badeort der Reichen und Schönen bezeichnet wird, handelt es sich in Wirklichkeit um eine sehr interessante Mischung. Sicher, es gibt sie, die teuren Villen und prächtigen **Wohnhäuser mit Jugendstil-Elementen,** großer Gartenanlage und Videoüberwachung rund um die Uhr. Besonders in Majori lohnt sich ein Gang durch die Wohnstraßen. Doch wer einen noblen Vorort von Riga erwartet, könnte enttäuscht werden: Ganz normale Häuser und ordentliche, aber einfache Wohnblöcke sind hier ebenso zu finden wie ein nicht allzu schönes Hochhaus-Hotel, ein heruntergekommenes ehemaliges Kurhaus und die eine oder andere Großbaustelle. Dies ist aber nicht als Abschreckung zu verstehen: Die Dörfer von Jūrmala besitzen ihren Charme, eine gute Infrastruktur für Touristen – ob zum Einkaufen, Erholen oder Sport treiben – und natürlich einen mit gut 30 Kilometern sehr langen, schönen **Sandstrand,** an dem man von Ort zu Ort spazieren kann.

Stadtgeschichte

Die langen Jahrhunderte der Deutschen Ordensherrschaft im heutigen Lettland vergingen, ohne dass die Küs-

024le Foto: mk

Talsu rajons
Rīgas
Tukuma rajons
Roja
Rude
Kurbe
Kaltene
Tingere
Īve
Anuži
Lubezere
Dumciems
Valgalciems
Jaunciems
Upesgrīva
Ciruļi
Kronmuiža
Laukmuiža
Nogale
Pobuži
Valdemārpils
Dārte
Grīva
Ugunciems (Uguņi)
Mērsrags
Pūnas
Sasmakas ez.
Vandzenes dižakmens
Vandzenes vidusskola
Gambija
Kipatciems (Ķipati)
Laidzes ez.
Vandzene
Laidze
Iģene
Valdgale
Lādzere
Oktes pienotava
Krievragciems
Ķūļciems (Kipati)
Roceži
Sārcene
Carlene
Talsciems
Talsi
Šķēde
Engures ezers
Pļavas
Pastende
Stūrīši
Lauciene
Pļavmuiža
Dzedrupe
Bērzciems
Odre
Fridrikmuiža
Mundigciems
Kamparkalns 175
Dursupe
Abragciems
Dižstende
Ezermuiža
Lībagi
Kāķiši
Balgale
Engure
Lēdas
Zentene
Stende
Oksle
Strazde
Rindzele
Rideļi
Jaunpagasts
Vecciems
Dzirciems
Ķesterciems
Cēre
79
Veģi
Lielvērbi
Līgciems
Bebrupe
Lamiņi
Kaives dižozols
Pliencieme
Abavas rumba
Griepciems
Rūmene
Pūres st.
Dzintars
Brizule
Valgale
Apšuciems
Rinkule
Kaive
Sabile
Kandava
Abava
Pūre
Sēme
Klapkalnciems
Lāčupīte
Vīšļi
Velna akmens
Cērkste
Ragaciems
Kalnmuiža
Rauda
Vecmokas
Milzukalns 114
Buses pilsk.
Valdeķi
Jaunmoku pils
Slocene
Ķanieris
Aizdzire
Kukšas
Milzkalne
Antinciems
Matkule
Abavnieki
Ķemeru nacionālais parks
Pūces
Tukums
Imula
Ķiši
Smārde
Sauti
Tume
Ozolnieki
Ozolpils
Vāne
Aizupe
Zemīte
Vecsāti
Ķemeri
Sārcene
Amula
Vēdzele
Sāti
Degole
Vienība
Slocene
Lielais Ķemeru tīrelis
Varieba
Jaundziras
Grenči
Irlava
Praviņas
Smiltiņkalns 155
Slampe
Jaunvarieba
Zante
Rāvi
Snapji
Vaski
Spirgus
Lielsatiķi
Pētertāle
Lancenieki
Satiķi
Vecgaiķi
Viesatas
Viesata
Džūkste
Gaiķi
Struteles muiža
Saule
Abava
Blāzma
Grauzde
Džūkste
Apšupe
Stūrīši
Lestene
Remte
Brandavas
P 126
P 125
P 127
P 131
P 128
P 120
P 130
A10
E 22
P 121
P 109
P 98
P 104
A 9
A
B
1
2
3

Jūras
Līcis
Travemünde - 39 h
Kurmrags
Melbārži
Mežciems
Tūja
Tūjasmuiža
Jelgavkrast
Prinkas
Lembuži
Liepupe
Duntes sk.
Stiene
Mustkalni
Dunte
Skultes muiža
Vārzas
Lauču akmens
Mandagas
Zvejniekciems
Skulte
Gāršmuiža
Saulkrasti
Pēterupe
Pabaži
Baltā kāpa
Bādciems
Lilaste
Lilastes ez.
Gauja
Dūņezers
Carnikava
Garupe
Siguļi
Garciems
Kadaga
Vangaži
Ādaži
Ilkene
VECĀKI
Kalngale
JAUNCIEMS
M.Baltezers
Garkalne
Alderi
DAUGAVGRĪVA
Baltezers
RĪGA
L.Baltezers
Bolderāja
Ķīšezers
Bukulti
Bullupe
Lapmežciems
Bigauņciems
Jūrmala
JAUNĶEMERI
Langstiņi
Skuķīši
Upesciems
Babīte
JUGLA
Berģi
Juglas ez.
Silakrogs
SLOKA
Pinķi
Līči
Zakumuiža
Mucenieki
Babītes ez.
Dzilnas
Ulbroka
Upeslejas
Spunciems
(Sala)
Klīves
Acone
Gātciems
Cielavas
Skulte
Mārupe
Saurieši
Bunči
Salaspils memor.
Trenči
Peles
Tīraine
Valdlauči
Stopiņi
Salaspils
Lielupe
Jaunmārupe
Gaismas
Baloži
Plavniekkalns
Cenas tīrelis
Saulkalne
Ikšķile
Tīreļi
Bērzpils
Dolesmuiža
Rīgas ūdenskrātuve
Kalnciema skola
Kalnciema masīvs
Olaine
Ķekava
Daugmales pilsk.
Daugmale
Kalnciems
Birznieki
Jaunolaine
Rīgas rajons
Misa
Kekava
Pulkarne
Pēternieki
Plakanciems
Mencendarbe
LATVIJA

tenlinie neben dem damals schon wichtigen Riga eine besondere Bedeutung besessen hätte. Die Gegend gehörte nicht zur von Bischöfen regierten Stadt Riga, sondern zum **livländischen Ordensstaat.** Nur langsam entstanden kleine Fischerdörfer. Erst Mitte des 17. Jh. begann eine neue Entwicklung, als das Dorf Sloka ins Blickfeld des kurländischen Herzogs *Jakob* geriet. Vom 16. bis zum späten 18. Jh. gehörte die Region nämlich zum **Herzogtum Kurland.** In Sloka entstand die erste Kirche und mehr Menschen siedelten sich an, obwohl die Zahl für heutige Verhältnisse mit einigen Hundert immer noch sehr klein blieb.

Es dauerte aber bis zur Einverleibung Lettlands ins russische Zarenreich, dass die so malerisch an der Rigaer Bucht gelegenen Dörfer endlich als potenzielle **Badeorte** ins Visier genommen wurden.

Wurde der Lebensunterhalt der Bewohner bis dahin fast allein vom Fischfang und der Fischräucherei bestritten, so krempelte sich die Gesellschaft im Laufe des 19. Jh. komplett um und der **Tourismus** trat immer mehr in den Vordergrund. Zunächst lag der Schwerpunkt aber auf dem **Kur- und Heilungsaspekt:** Die im Krieg gegen *Napoleons* Truppen verwundeten russischen Soldaten erholten sich bei den Fischern zu Hause. Auch die Zarin *Katharina die Große* soll ein Bad in Jūrmala genommen haben.

Schon 1844 begann ein Dampfschiff den regelmäßigen Passagierverkehr von und nach Jūrmala, weitere **Verbindungen nach Riga** und auch Jelgava folgten bald. Noch vor Beginn des 20. Jh. entstand ein großer Teil der heute noch existierenden Infrastruktur: Kur- und Badehäuser sowie Unterkünfte für Gäste wurden gebaut - die meisten davon aus Holz. Ein guter Teil dieser **Holzarchitektur** ist noch heute in den Dörfern präsent – etwa an der Promenade von Bulduri. Meerwasser wurde gesammelt und in Wannen erwärmt. Ein Bad darin sollte die verschiedensten Leiden mindern und Krankheiten heilen.

Auch der Strand selbst blieb natürlich nicht ungenutzt. Allerdings durften Männer und Frauen nur getrennt zu verschiedenen Zeiten ans Wasser. Später wurde die Separation aufgehoben. Es mussten aber die von alten Fotos bekannten, kuriosen Ganzkörper-Badeanzüge getragen werden.

Erst 1920 wurde der Name Jūrmala erstmals öffentlich aus Anlass der Vergabe von Stadtrechten verwendet, allerdings noch unter der Bezeichnung „Rīgas Jūrmala". 1959 entfiel der Beiname „Riga".

Sehenswertes

Jūrmala hat fast den **Charakter einer Insel,** denn während das Gebiet im Norden von der Meeresküste begrenzt wird, so endet es auf der gegenüberliegenden Seite am **Ufer der Lielupe.** Der Fluss verläuft, abgesehen von einigen Schlenkern, parallel zum Strand. Sowohl die Eisenbahn als auch alle Busse und Autos müssen also von Riga kommend zunächst die recht breite Lielupe überqueren, um nach Jūrmala zu gelangen.

Vor dem Fluss werden alle Autofahrer bei einer **Mautstation** aufgehalten, denn die Einfahrt kostet Geld, weswegen es ratsam sein kann, für einen kleinen Ausflug nach Jūrmala lieber Bus oder Bahn zu nehmen (siehe „Praktische Tipps"). Hinter dem Fluss beginnt der Ortsteil Lielupe, dessen Bahnstation mit Baujahr 1913 einer der ältesten **aus Holz gebauten Bahnhöfe** Lettlands ist.

Majori

Wer mit öffentlichen Verkehrsmitteln anreist, sollte in Majori aussteigen. Bahnhof und Bushaltestelle liegen mit Blick zum Fluss, der hier einen großen Bogen schlägt und damit das Stück zwischen Fluss und Meer sehr eng macht. Am Horizont wird eine Reihe von Industrieanlagen mit Kränen und Fabriken sichtbar.

Es lohnt sich ein kurzer Spaziergang kreuz und quer durch die Wohnstraßen von Majori. Hier stehen einige **schöne Villen** und Häuser der gehobenen Klasse, meist hinter hohen Zäunen und schön gepflegten Gärten ein wenig im Hintergrund. Das Viertel ist schnell durchschritten und der **Strand** erreicht. Geht man am Strand entlang nach links, geraten einige Gebäude in den Blick, die ihre beste Zeit schon sehr lange hinter sich haben. Es waren einst stolze **Kurhäuser** und Unterkünfte für gut betuchte Gäste. Heute sind sie bereits **verfallen** und stehen leer. Die einst repräsentative Terrasse direkt am Strand zerbröckelt langsam, die Treppe hinunter ans Wasser ist nur noch mit Vorsicht zu betreten. Es ist allerdings sicher nur eine Frage der Zeit, bis mit Hilfe von EU-Mitteln hier neue, schicke Gebäude entstehen.

Nach diesem kleinen Abstecher empfiehlt sich ein Gang in die Gegenrichtung, also nach Osten, immer am Wasser entlang. Recht bald sind Gebäude in deutlich besserem Zustand auszumachen und es dauert keine halbe Stunde, bis das große Baltic Beach Hotel auftaucht, das mit der zum Strand hin abgestuften Außenwand wie ein Ozeanriese aussieht, der gerade in See stechen will. Dahinter liegt der 100 Jahre alte **Seepavillon,** mit dem großen **Schildkröten-Denkmal** im Vordergrund. Nicht nur Kinder lieben das Klettern auf und das Posieren mit der Schildkröte, deren Metall von den vielen Berührungen der Passanten schon glänzende Stellen aufweist. Das Tier steht für ein langes Leben und wer es anfasst, sichert sich genau das, wenn er dem Aberglauben folgt. Der frisch renovierte, weiße Seepavillon, dessen Spitzdach mit Wetterhahn fast wie ein Kirchturm aussieht, beherbergte im Jahre 1929 sogar schon den damaligen Schwedenkönig *Gustav V.*

Direkt am nächsten, bald darauf folgenden Ausgang vom Strand steht noch ein prächtiges weißes Haus, ganz im Stil der Bäder-Architektur, ebenfalls fast ein Jahrhundert alt. Hier wurden lange Zeit die heilenden Bäder mit erwärmtem Meerwasser genommen. Die Sowjets machten aus dem Gebäude das **Kurzentrum** von Jūrmala. Heute werden immer noch

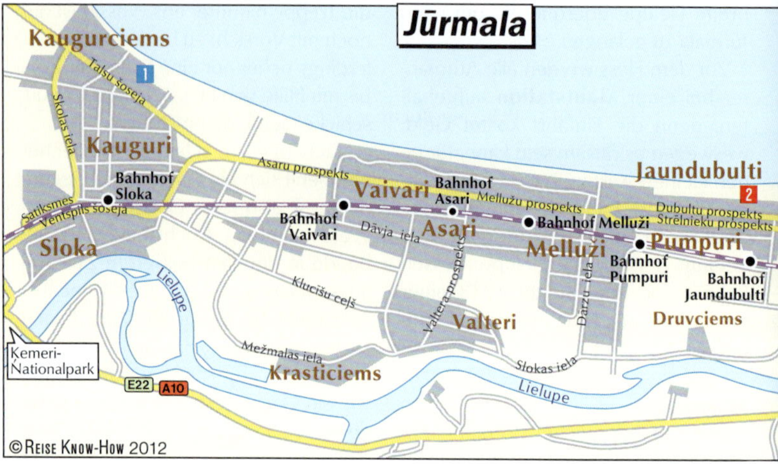

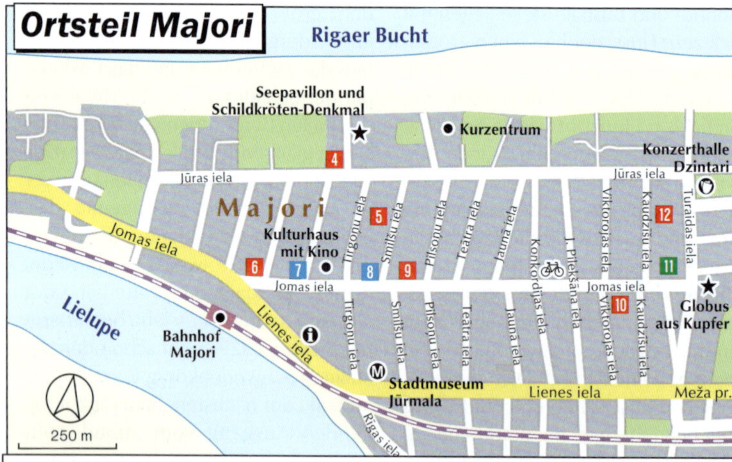

Unterkunft
2 Camping Nemo
3 Hotel Dzintars
4 Baltic Beach Hotel
5 Majori Spa Hotel
6 Best Eastern Majori Hotel
9 Jūrmala Spa Hotel
10 Spa-Hotel Alve
12 Hotel Pegasa Pils

Essen und Trinken
1 Restaurant Kūriņs
7 Orient Sultan
8 Kazbeks

Einkaufen
11 Souvenirladen Pie Meistara

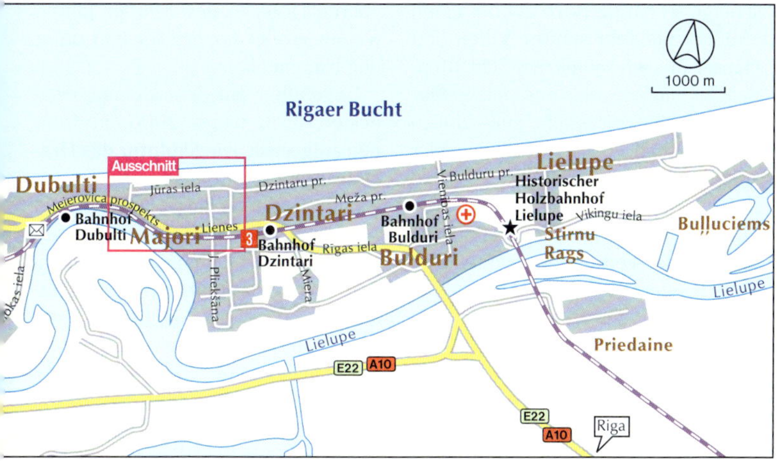

Behandlungen und Kuren aller Art angeboten.

Wer nochmals einige Hundert Meter am Strand zurücklegt, gelangt zum nächsten Ausgang. Die schöne **Konzerthalle von Dzintari** sticht sofort ins Auge. Hier treten regelmäßig Musiker aus dem In- und Ausland auf. Im Sommer kommen Konzerte auf der direkt daneben gelegenen **Freilichtbühne** hinzu. Abends hier zu sitzen oder zu flanieren, nur wenige Meter vom Strand entfernt, und Live-Musik zu lauschen, ist ein schönes Erlebnis.

Der klassische Spazierweg führt nun die Turaidas iela hinauf. Gleich hinter der ersten Querstraße steht rechts eines der prächtigsten Bauwerke Jūrmalas: das **Hotel Pegasa Pils** („Schloss des Pegasus"), Anfang des 20. Jh. im Jugendstil mit viel Liebe zum Detail errichtet. Eigenartig: Bis heute ist nicht bekannt, wer der Architekt war.

Als nächstes zweigt rechts die Jomas iela ab. An der Ecke findet sich ein weiteres Postkartenmotiv des Kurortes: der große, drehbare **Globus aus Kupfer.** Die Fußgängerzonen-Straße Jomas iela führt schnurstracks zum Bahnhof von Majori zurück. Unterwegs sind nicht nur eine Vielzahl von **Hotels, Restaurants und Cafés** zu finden, abends oft mit Live-Musik, sondern auch schöne Gebäude im Stil der hiesigen Architektur und eine ganze Reihe von Geschäften mit Kleidung, Kunsthandwerk und Souvenirs.

Zwischendurch lohnt sich ein Blick auf die **Jūras iela,** die parallel verläuft, aber näher zum Meer direkt an den Dünen. Während die Straße selbst auf den ersten Blick wenig aufregend scheint, so hat sie doch auf der einen Straßenseite **sehr schöne Villen** und Häuser in allen möglichen Stilrichtungen zu bieten, meistens mit weißer oder sehr heller Fassade, gelegentlich mit Türmchen, verzierten Balkons oder ausladenden Freitreppen.

Jūras iela und Jomas iela sind durch gut ein Dutzend kleiner Querstraßen miteinander verbunden, sodass man ohne Weiteres ein- oder zweimal hin und her springen kann. Die Fußgängerzone Jomas iela mündet schließlich am Bahnhof in die große Durchfahrtsstraße. Hier steht das 1925 im Stil des Historismus erbaute **Best Eastern Majori Hotel.** Einst beherbergte es wertvolle Möbel und Kunstschätze, die in die Burg von Sigulda gebracht wurden, als das damals Hotel Majori genannte Hotel in den 1930er Jahren wegen großer finanzieller Not unter den Hammer kam.

Gegenüber auf dem kleinen, dreieckigen Platz wurde 2006 ein Brunnen aufgestellt. Die **Skulptur des Drachentöters** steht dagegen schon wesentlich länger an dieser Stelle.

In einem großen, modernen Gebäude direkt an der Durchgangsstraße findet sich das **Stadtmuseum** von Jūrmala (Tirgoņu iela 29, Tel. (6)7764746, Mi–So 10–17 Uhr, Eintritt 1 Ls, Fr frei). Es bietet eine gute Übersicht über die recht junge Stadtgeschichte und die Traditionen der Region. Ein Schwerpunkt liegt auf Künstlern aus der Gegend. Im Museumsshop sind Bücher, Alben, Postkarten und Handwerksprodukte erhältlich.

025le Foto: mk

Ortsteile westlich von Majori

Es gibt selbstverständlich noch eine ganze Hand voll weiterer sehenswerter Gebäude und Straßen, auch wenn die Mehrheit der Attraktionen sich auf dem beschriebenen, relativ übersichtlichen Raum konzentriert. Besonders im Sommer aber, wenn der Betrieb groß und die Straßen, Läden und Cafés voll sind, lohnt sich durchaus die Fahrt mit dem Bus, dem Zug oder dem Fahrrad weiter an der Küste entlang nach **Dubulti, Pumpuri, Melluži, Asari** und **Vaivari.** Dort herrscht während der Saison zwar auch immer großer Betrieb, aber hinter Vaivari läuft man gut drei Kilometer am Strand entlang, ohne auf Bebauung zu treffen. Hier ist es deutlich ruhiger, außer auf der Höhe des riesigen Campingplatzes in der Mitte dieser Strecke. Es folgt der Ort **Kauguri,** der direkt am Wasser Kaugurciems heißt. Erst hier endet das eigenartige Gebilde Jūrmala. Die Hauptstraße führt weiter entlang der Rigaer Bucht in Richtung Roja und Kolka. Das westliche Ende von Jūrmala bildet den Beginn des riesigen und faszinierenden Ķemeri-Nationalparks.

Praktische Tipps

Information

- **Touristeninformation,** Babītes iela 1a, Ortsteil Priedaine, außerdem: Lienes iela 5, Majori, Tel. (6)7147900, Mo–Fr 9–19 Uhr, Sa 10–17 Uhr, So 10–15 Uhr, www.jurmala.lv. Informationen über aktuelle Veranstaltungen, kostenlose Prospekte und Karten, Hilfe bei der Buchung von Ausflügen, Suche von Unterkünften, Internetzugang.

Holzhaus in Majori

Behinderte

Im Kurort Jūrmala sind eine ganze Reihe von Einrichtungen und Hotels auf Behinderte eingestellt. Eine befestigte Promenade am Strand entlang existiert leider nicht. Der beste Zugang zum Strand ist die Turaidas iela in Majori. Die Fußgängerzone Jomas iela ist gut gepflastert.

Notfälle und nützliche Adressen

- **24-Stunden-Apotheke:** Āris, Raiņa iela 98a, Kauguri, Tel. 7734888.
- **Krankenhaus:** Vienības prospekts 19/21, Bulduri, Tel. (6)7752254, www.jurmalasslimnica.lv.
- **Polizei:** Dubultu prospekts 1, Jaundubulti, Tel. (6)7093970.
- **Post:** u.a. Strēlnieku prospekts 16, Majori, Tel. (6)7762430, Mo–Fr 7.30–19 Uhr, Sa 8–16 Uhr, So geschlossen.
- **Internet:** Gratis-Internetzugang u.a. an der Touristeninformation (Lienes iela 5), im Stadtmuseum (Tirgoņu iela 29), beim Stadtrat (Jomas iela 1/5), im Kulturhaus Majori (Jomas iela 35) und im Kulturhaus Kauguri (Raiņa iela 110, Kauguri). Internetcafé: Interneta klubs Dablins, Nometņu iela 6, Kauguri, Tel. (6)7811121, 9–22 Uhr.
- **Fahrradverleih:** Velonoma, Jomas iela 63, Majori, Tel. mobil 29607669; Picnic, Mellužu prospekts 21, Melluži, Tel. (6)7767899, auch Scooter und Roller.

Unterkunft

- **Hotel Pegasa Pils,** Jūras iela 60, Tel. (6)7761149, www.hotelpegasapils.com. Nur wenige Schritte von der Konzerthalle und vom Strand in einem der schönen Kurhäuser an der Jūras iela gelegen. Hoher Standard, sehr gute Ausstattung, Sauna, Restaurant, Konferenzsäle. DZ ab 55 Ls in der Neben- und ca. 100 Ls in Hauptsaison.

Majori Spa Hotel, Smilšu iela 6, Tel. (6)7764242, majori@inbox.lv. Kleines Gasthaus, gut gelegen zwischen den beiden interessantesten Straßen der Stadt Jūras iela und Jomas iela. Geräumige Zimmer mit guten Holzbetten, Sauna, Hydro-Massage. DZ im Sommer ab 25–30 Ls.

Hotel Jūrmala Spa, Jomas iela 47/49, Majori, Tel. (6)7784415, www.hoteljurmala.lv. Modern eingerichtetes, großes Kurhotel mit sehr breitem Angebot von der Wellness-Oase über Schönheitskuren bis hin zu medizinischen Kurbehandlungen. Großzügige Zimmer, Restaurant, Bars, Konferenzräume. Sonderaktionen mit „Paketen" aus Übernachtung und Behandlungen auf der Website. Nur Übernachtung im DZ ab ca. 50 Ls, in der Saison ab 100 Ls.

Hotel Dzintars, Edinburgas prospekts 15, Dzintari, Tel. (6)7751582, www.hoteldzintars.lv. Kleines, sympathisches Hotel in für Jūrmala typischem Häuschen. Sehr nah an der Bahnstation Dzintari, 10 Min. Fußweg von der Konzerthalle und dem Strand. Café, Sauna, Minigolf. DZ im Sommer ab 25 Ls.

Camping

Nemo, Dubultu prospekts 51, Jaundubulti, Tel. (6)7732350, www.nemo.lv. Großer Campingplatz zwischen den Ortsteilen Vaivari und Majori in direkter Nähe zum Strand mit Holzbungalows, Wohnmobil- und Zeltplätzen, Esslokal, Kinderspielplatz, Fernsehen, Internet, Feuerstellen, Sportgelegenheiten, Sauna usw. Nichts für Romantiker, sondern eher für Action- und Entertainment-Freunde. Geöffnet Mai bis September. Wohnmobil in Hauptsaison 10 Ls plus 2,50 Ls pro Person.

Essen und Trinken

Die meisten Hotels bieten lettische und internationale Küche in einem hauseigenen Restaurant an. Es kann sich aber durchaus lohnen, ein anderes Lokal zu suchen. Besonders in der Jomas iela von Majori findet sich etwas für jeden Geschmack. Wer schon zu viel Geld ausgegeben hat, findet auch in Jūrmala einige der typisch lettischen Häuser mit dem Namen **kafejnica,** in denen man oft mit Selbstbedienung sehr einfach und günstig, aber typisch lettisch essen und trinken kann.

Kūriņš, Kaugurciema iela 47, Kaugurciems, Tel. 26529539. Die meisten Besucher lieben dieses rustikale Lokal in einem alten Fischerhaus mit ausgelassener Stimmung und lettischer Biergartenatmosphäre. Einheimische Speisen und Bier, Terrasse direkt oberhalb des Strandes und oft Volksmusik live. Moderate Preise. Per Auto ein wenig schwer zu finden, am besten vom Strand aus.

Orient Sultan, Jomas iela 33, Majori, Tel. (6)7762082. Neben der im Namen des Lokals versprochenen, sehr schmackhaften Orient-Küche sind hier auch europäische Standard-Gerichte erhältlich. Das größte Plus ist die Lage direkt in der Fußgängerzone von Majori mit zahlreichen Tischen auf der Straße im Sommer. Hier kann man die Menschen aus aller Herren Länder an sich vorbei ziehen sehen.

Kazbeks, Jomas iela 39, Majori, Tel. (6)7764271. Ganz in der Nähe des Orient Sultan und ebenfalls nicht auf lettische Küche spezialisiert. Dieses kleine, sympathische kasachische Lokal ist wärmstens zu empfehlen.

Einkaufen

Pie Meistara, Jomas iela 85, Majori, in der Fußgängerzone, Tel. (6)7762153, 10–18 Uhr. Handarbeiten, besonders aus Wolle, und Bernsteinschmuck, schöne Geschenke und Mitbringsel.

Kultur

Konzerthalle Dzintari, Turaidas iela 1, Tel. (6)7762092, www.dzk.lv. Die geschichtsträchtige Halle fasst bis zu 600 Zuschauer, doch im Sommer spielt sich das Leben vor allem daneben auf der Freilichtbühne ab. Hochkarätige Musiker vom Range beispielsweise des deutschbaltischen Geigers *Gidon Kremer* treten hier regelmäßig auf.

Künstlerhaus Bulduri, Muižas iela 6, Bulduri, Tel. (6)7752472. Hier kann man die Handwerkskünste der Einheimischen bewundern und selbst beim Weben und Töpfern sein Glück versuchen (oft Voranmeldung erforderlich, die Touristen-Info hilft weiter).

Feste und Veranstaltungen

- Ein Höhepunkt des reichen Veranstaltungskalenders ist die jährliche **Mittsommernachts-Feier** am 22. und 23. Juni mit einer großen Fest-Parade in der Jomas iela von Majori und einem Konzert mit viel Pomp bei der Konzerthalle von Dzintari.

Sport und Erholung

Das Angebot ist riesig. Besucher sollten vor Ort oder auf www.jurmala.lv Einrichtungen suchen, die ihren Wünschen entsprechen. Generell kann man sagen, dass fast alle Häuser mit **Kur- und Wellness-Angeboten** auf einem guten Niveau operieren, besonders jene, die von den Tourismus-Verantwortlichen empfohlen werden. Wer keine komplexe Kurbehandlung möchte, sondern einfach mal ein Schlammbad oder eine Massage ausprobieren will, findet in fast jedem Hotel ein passendes Angebot.

- **Spa-Hotel Alve,** Jomas iela 88a, Majori, Tel. (6)7755970, www.alve.lv. Sympathisch, weil kein gigantischer Kurkomplex, sondern eine Spa-Anlage in einem recht kleinen, architektonisch interessanten Haus direkt in der Fußgängerzone. Konzentration auf Behandlungen von innen: Entgiftung des Organismus, Entspannungs-Programme mit vielen Arten von Massagen, Wasserbehandlungen, Gespräche mit Patienten, Ernährungsberatung usw. DZ im hauseigenen Hotel im Sommer ab 60 Ls.
- **Spaßbad Līvu akvaparks,** Viestura iela 24, Lielupe, Tel. (6)7755636, www.akvaparks.lv. Großes Spaßbad, im Gegensatz zu der Anlage auf dem Campingplatz Nemo ganzjährig geöffnet. Man könnte denken, eine Stadt mit kilometerlangem Sandstrand brauche keinen Aquapark, doch er erfreut sich größter Beliebtheit, besonders bei Kindern. 2 Std. 12,80 Ls, 4 Std. 15,90 Ls.

Verkehrsverbindungen

- **Auto:** Aus Rigas Zentrum kommend, ist die Strecke nach Jūrmala auf der A10 ausgeschildert. Es lohnt sich aber, das Auto stehen zu lassen und Bus oder Bahn zu nehmen, denn die Einfahrt ins Stadtgebiet von Jūrmala kostet eine **Gebühr,** die an einer Mautstation zu entrichten ist. Sie ist mit 1 Ls pro Tag allerdings nicht sehr hoch.
- **Bahn:** Es gibt keine Station mit dem Namen Jūrmala, die Stadt ist eine Ansammlung einzelner Orte. Der touristisch wichtigste von ihnen ist Majori. Die Vorortbahn aus Riga, die eine gute halbe Stunde bis Jūrmala braucht, hält auch in Lielupe, Bulduri und Dzintari sowie in jedem weiteren Ort hinter Majori. Die Station von Lielupe ist einer der ältesten aus Holz gebauten Bahnhöfe Lettlands. Die Vorortbahn verkehrt in der Regel mindestens zweimal pro Stunde. Eine Fahrkarte von Riga Hauptbahnhof nach Majori kostet 0,95 Ls.
- **Bus:** Es lohnt sich kaum, einen großen Linienbus zu nehmen. Viel praktischer sind die sehr oft verkehrenden **Minibusse** (lettisch *maršrutki,* siehe „Riga, Stadtverkehr"). Sie starten tagsüber alle fünf oder zehn Minuten in Riga schräg gegenüber vom Hauptbahnhof und halten unterwegs überall, wo der Fahrgast es wünscht. Er muss es nur rechtzeitig dem Fahrer ankündigen. Man zahlt beim Einsteigen, sollte aber Kleingeld bereit halten, Riga – Jurmala kostet 0,50–0,70 Ls. Wer nicht das Risiko eingehen will, falsch auszusteigen oder sich mit dem Fahrer misszuverstehen, nimmt lieber die Vorortbahn nach Jūrmala.
- **Fahrrad:** Besonders reizvoll ist die Anreise nach Jūrmala aus Riga per Fahrrad, beispielsweise mit einem Mietrad von BalticBikes (www.balticbikes.com, siehe Riga, Stadtverkehr). In Majori stehen sowohl bei der Konzerthalle am Strand als auch gegenüber dem Bahnhof Stationen von BalticBike zur Verfügung, sodass man beispielsweise per Rad anreisen, es dort abgeben und mit dem Zug nach Riga zurückkehren kann. Die Fahrradstrecke aus Riga ist ausgewiesen (evtl. vorher bei der Touristeninformation eine Karte geben lassen) und führt aus der Hauptstadt zunächst über die Daugava-Brücke (Krišjāņa Valdemāra iela) und später an der Bahnlinie entlang durchs Grüne.
- Man kann auch mit einem **Ausflugsboot** von Riga (nahe der Akmens-Brücke) nach Majori fahren, Preis 10 Ls (15 Ls hin und zurück), Fahrzeit ca. 2½ Std.

Ķemeri-Nationalpark

Das gewaltige Areal des **Ķemeru nacionālais parks** von über 38.000 Hektar wurde 1997 in den Rang eines Nationalparks erhoben. Der zu über die Hälfte aus **Wäldern** und im Übrigen aus **Sümpfen und Wasserflächen** bestehende Park wird kaum von Straßen durchschnitten, sodass es recht schwer ist, ins Innere dieses „Dschungels" vorzudringen. Die Verantwortlichen in der Region sind peinlich darauf bedacht, den Tourismus so zu steuern und zu begrenzen, dass kein Besucher Schaden anrichtet oder Spuren hinterlässt und dennoch bleibende Eindrücke von der fantastischen Pflanzen- und Tierwelt mit nach Hause nehmen kann. Per Auto ist also bestenfalls ein Blick von außen in diese geheimnisvolle Welt möglich. Mit dem Fahrrad kommt man dem Kern des Parks schon wesentlich näher: Markierte Wege führen durch das Innere. Auch Wanderwege verlaufen durch die Wälder, auf langen Holzbrücken über Sümpfe und zu den berühmten **Schwefelquellen,** derentwegen die Mineral- und Heilwasser der Region so bekannt sind.

Im Herbst kommen vor allem **Vogelbeobachter** in Scharen. Auf den Karten des Parks sind die Stellen verzeichnet, wo man die beste Chance hat, seltene Vögel und andere Tiere wie **Fledermäuse und Biber** zu erspähen.

Direkt im Ort Ķemeri startet ein **Wanderweg,** der hauptsächlich auf Holzstegen durch die Sümpfe verläuft, die jedes Jahr im Frühling vom Fluss Vēršupīte überflutet werden. Drei **Fahrradrouten** – 16, 17 und 22 Kilometer lang – sind in den Farben rot, blau und orange gut ausgeschildert. Sie beginnen nicht in Ķemeri, sondern haben das Dorf Valgums als Fixpunkt. Es liegt recht nah an der Stadt Tukums, die sich ebenfalls als Ausgangspunkt für Touren in den Nationalpark eignet, auch wenn sie 15 Kilometer von seinem Rand entfernt ist. Radler, die gut in Form sind, können aber ohne Weiteres von Ķemeri oder gar von der Küste aus zu den Fahrradrouten durch den Nationalpark gelangen.

Mit einem **geländetauglichen Auto** kann man dem Innenleben des Parks von Ķemeri kommend auf der A10 Richtung Westen (Ventspils) und dann bei erster Gelegenheit links auf einer kleinen Sandpiste auf die Spur kommen. Der Weg verläuft am Rand des Parks entlang und führt nach neun Kilometern ein Stückchen in das Gebiet hinein. In dieser Gegend liegen auch die Fahrrad- und weitere attraktive Wanderrouten.

Ķemeri und Jaunķemeri

Ķemeri liegt sieben Kilometer vom mit Hotels und Kuranlagen bestückten Jaunķemeri entfernt und damit nicht direkt am Wasser. Kurz hinter der Ortseinfahrt aus Richtung Jaunķemeri beginnt ein **Park.** Dort ist an der Straße direkt hinter einem hübsch geschmückten kleinen Pavillon eine **Schwefelquelle** zu finden. Es wird empfohlen, das Gesicht mit dem intensiv riechenden Wasser zu waschen. Im Park, der sich schön für einen Spaziergang eignet, erhebt sich auf der winzigen, künstlich angelegten „Liebesinsel" ein größerer Pavillon mit schönen Holzschnitzereien. Die Insel ist besonders am Wochenende fest in der Hand frisch vermählter Paare, die hier Foto-Sessions abhalten. Sehenswert ist auch die ebenfalls in der Grünanlage gelegene russisch-orthodoxe Kirche.

Der Ort Ķemeri ist ansonsten weit entfernt vom regen Treiben in Jūrmala. Allerdings entsteht am Rande des Parks derzeit ein großes Kurhaus.

Information

- **Information Ķemeri-Nationalpark,** Meža māja, Ķemeri, Tel. (6)7146819. Ein kleines Stückchen außerhalb des Ortes nahe der Zufahrtsstraße Tūristu iela. Wenn man aus Richtung Jūrmala anfährt, geht es am Ortseingang rechts zur Zentrale des Nationalparks. Informationen über die Wander- und Radwege, Kartenmaterial und Vermittlung von geführten Touren.

Unterkunft

Die klassischen großen Hochhaus-Kurhotels von Jaunķemeri sind nicht jedermanns Geschmack, während das Angebot in Ķemeri selbst sehr klein ist. Besucher, die länger bleiben wollen, können darüber nachdenken, ob sie nicht lieber im günstigeren Städtchen Tukums unterkommen wollen oder auch auf einem der Campingplätze oder Hotels etwas weiter entfernt an der Rigaer Bucht (zu erreichen auf der P128).

- **Rehabilitationszentrum Jaunķemeri,** Kolkas iela 20, Jaunķemeri, Tel. (6)7733522, www.jaunkemeri.lv. Sehr breites Angebot an Kurbehandlungen, darunter Bäder und Massagen aller Art, Moorbehandlungen, Hochdruckkamer, Physiotherapie. In dem Komplex ist auch ein großes Hotel. Preis für eine Einzelperson im Doppelzimmer inkl. Vollpension und Heilbehandlungen ab ca. 30 Ls/Tag.

Entlang der Daugava nach Osten

Neben Jūrmala sowie den Städten Bauska und Jelgava mit ihren Schlössern und Burgen (beschrieben im Kapitel „Zemgale") ist von Riga aus ein Tagesausflug an der Daugava (deutscher Name: Düna) entlang denkbar. Die meisten werden diese Strecke jedoch wählen, wenn sie sowieso dem Fluss in Richtung Daugavpils folgen wollen, denn unterwegs warten eine Reihe von Sehenswürdigkeiten, Ortschaften und die reizvolle Natur des Daugava-Tals. Der weitere Verlauf des Flusses mit der fantastischen Burg von Koknese als Höhepunkt ist im Kapitel „Zemgale" beschrieben.

Gedenkstätte Salaspils

Salaspils ist von Riga aus sehr schnell zu erreichen, wenn man die A6 in Richtung Daugavpils nimmt (Entfernung 24 km). Autofahrer, die auf der Via Baltica in einem großen Bogen um Riga herumgeführt werden, stoßen automatisch auf Salaspils und müssen wenige Hundert Meter in Richtung Riga zurückfahren. Aus Riga kommend, liegt das Gelände etwa zwei Kilometer vor Salaspils auf der linken Seite. Es ist nur auf Lettisch mit „Memoriālais ansamblis" ausgeschildert. Die Zufahrt von der A6 ist gut einen Kilometer lang. Der Weg endet auf einem großen Parkplatz, das letzte Stück muss man zu Fuß zurücklegen.

Ob auf der Durchreise oder im Rahmen eines gezielten Ausflugs: Es lohnt sich der Besuch des **ehemaligen Konzentrationslagers** von Salaspils. Vom Lager selbst ist nichts übrig geblieben. Trotzdem bleibt die ganz im Grünen gelegene Gedenkstätte allen in Erinnerung, die sie gesehen haben. Das ganze Gelände ist frei zugänglich und kostet keinen Eintritt.

Von 1941 bis 1944 nutzten die Nazis Salaspils als Etappenlager, bevor die Gefangenen weiter transportiert wurden. 39 Baracken standen einst, wo jetzt nur eine große Wiese übrig geblieben ist. Auf der Fläche stehen gewaltige, ausdrucksstarke **Steinfiguren:** Ein unbeugsamer Mann, ein Erniedrigter, eine Mutter mit Kindern. Die monumentalen Gestalten erinnern an den Denkmal-Stil der Sowjets. An der Stelle der einstigen Kinderbaracke erinnern Stofftiere und Spielzeug neben Blumen an das Schicksal und das Leid der jungen Gefangenen.

Hauptobjekt des Geländes ist ein schmales, längliches, schräg ansteigendes Bauwerk, das als Ausstellungsraum errichtet wurde. Innen entsteht auf diese Weise ein **langer, dunkler Tunnel,** der vom Eingang aus langsam und schnurgerade nach oben führt. Ein Metronom klopft den immer gleichen Takt, während man sich der zunächst endlos weit erscheinenden Wand am Ende des Tunnels nähert. Keine ausführlichen Beschreibungen sind hier notwendig, um den Schrecken des Ortes zu dokumentieren und zu vermitteln. Die Wand trägt die Namen all jener Völker, deren Menschen hier ums Leben gekommen sind – in lettischer und russischer Sprache. Draußen vor dem Tunnel steht eine Tafel mit nichts weiter als einer Strichliste für die Opfer: tausend Tote pro Strich.

Daugava-Museum

Hinter der Gedenkstätte Salaspils, aber noch vor dem Städtchen selbst, treffen sich die A5 und A6 am Ufer des Daugava-Stausees. Nimmt man die A5 für wenige Minuten, z.B. Richtung Bauska oder Jelgava, überquert man den großen Daugava-Damm und kann rechts zum Daugava-Museum abbiegen. Wer wie oben beschrieben auf der Via Baltica fährt, kommt am ausgeschilderten Abzweig vorbei.

Das Museum liegt landschaftlich sehr reizvoll an einem toten Nebenarm der Daugava. Zu ihm gehört ein kleines Herrenhaus mit Park. Im kleinen Museum wird die **Geschichte des Flusses,** seiner Besiedlung und seiner Nutzung dargestellt, beispielsweise alte Fotos von der Eröffnung des Wasserkraftwerks Rigas HES durch die kommunistischen Parteibonzen. Besonders schön ist ein Spaziergang durch den **Park,** wo einige für die Daugava-Besiedlung typische historische Gebäude rekonstruiert wurden, eine Art kleines Freilichtmuseum. Am Ufer gibt es eine Bootsanlegestelle (Motorbootfahrten werden organisiert). Es gibt auf dem Gelände auch **Picknick- und Grillplätze** mit Blick aufs Wasser. Das Daugava-Museum bietet vor allem eine willkommene Pause im Grünen, bei der sich etwas über diesen für die Letten so wichtigen Fluss erfahren lässt.

● **Daugavas muzejs,** Tel. (6)7216367, www.daugavasmuzejs.lv, täglich außer Di 10–17 Uhr, Park bis Dämmerung, Eintritt 0,70 Ls.

Daugava-Stausee

Die A6 in Richtung Daugavpils führt noch einige Kilometer am Stausee entlang. Der Fluss wurde hier einst künstlich verbreitert, um den riesigen Fabriken Energie zu liefern. Man kann an einigen Stellen seitlich parken und den **Deich** erklimmen. Oben bietet sich ein weiter Blick auf das gestaute Wasser. Auf dem Deich selbst verläuft ein kilometerlanger Fußweg.

Der nächste Ort auf der nördlichen Daugava-Seite heißt **Ikšķile.** Er wartet mit einer kuriosen Sehenswürdigkeit auf: Wenn man durch den Ort zum Flussufer hinunterfährt und dann am Wasser entlang, wird plötzlich **mitten in der Daugava die Ruine einer Kirche** sichtbar. Vom Parkplatz aus führt eine Art Damm die Spaziergänger trockenen Fußes zu dem einstigen Gotteshaus. Nicht alle Mauern sind erhalten und mit dem neu hinzugefügten Blechdach und dem großen, modernen Kreuz macht das Ensemble einen eigenartigen, aber doch sehr interessanten Eindruck.

Altlettische Burg Lielvārde

Weitere gut 20 Kilometer von Ikšķile führt die A6 nach Lielvārde. Von der Durchfahrtsstraße ist eine eigenartige, hohe **Holzkonstruktion** sichtbar. Es ist die altlettische Burg von Lielvārde, ein Minidorf aus dicht beieinander stehenden Gebäuden, wie eine Schutzburg erbaut, mit Aussichtstürmchen zum Erspähen von Feinden.

Der in Lettland recht bekannte Künstler *Agris Liepinš* hat es zu seinem Hobby gemacht, hier das **Leben der altlettischen Völker** nachzuempfinden. Entstanden ist eine kuriose Ansammlung von Wohnhäusern, Gemeinschaftsgebäuden, Ställen und Scheunen. Man erhält einen Eindruck von den Lebensumständen der Menschen, die so oder so ähnlich bis zum 13. Jh. und dem Einmarsch der deutschen Ritter vom Schwertbrüderorden gelebt haben. Es ist eine gute Erinnerung daran, dass die Geschichte Lettlands nicht mit den Burgen und Städten der Ordensritter begonnen hat.

Es ist spaßig, in diesem Minidorf umherzulaufen und durch die Türen in die **schön ausgestatteten Innenräume** mit den authentisch gekleideten Figuren zu blicken. Die Menschen lebten damals zu einem guten Teil vom Handel mit Bienenwachs, den die Länder Westeuropas vor allem für ihre Kerzen in den Kirchen brauchten.

Auf verschiedenen Leitern und Treppen lassen sich die oberen Ebenen der Festungsanlage erkunden. Die Betreiber erklären bereitwillig die einzelnen Objekte, was auf Russisch und Lettisch am besten funktioniert, doch auch sonst lässt sich mit Zeichensprache einiges erfahren, zumal ein englischsprachiges Flugblatt verteilt wird.

Direkt neben der Anlage liegt ein **Minizoo** mit Ziegen, Kaninchen und anderen vertrauten Tieren (Eintritt 0,80 Ls).

● **Altlettische Burg,** Do–So 10–19 Uhr, Eintritt 2 Ls, an der Straße braunes Hinweisschild „Uldevena pils".

Vidzeme – der Norden

Überblick

Die größte der vier lettischen Regionen wird oft mit dem aus der Geschichte bekannten Begriff **Livland** gleichgesetzt, wobei das historische Livland weitaus größer war als das heutige Vidzeme, das die **östliche Küste der Rigaer Bucht,** die gesamte **lettisch-estnische Grenze** und das Land dazwischen umfasst. Vidzeme grenzt auch mit einem kurzen Abschnitt an Russland. Durch die zentrale Lage im Baltikum war Vidzeme schon immer mitten im Geschehen. Einst galt dies vor allem für den Handelsverkehr, heute hauptsächlich für den Tourismus. Wer auf der Via Baltica nach Estland fährt, kommt an Vidzeme nicht vorbei.

In den ersten 1200 Jahren unserer Zeitrechnung lebten in der Region vor allem zwei Stämme: Die aus Westfinnland kommenden **Liven** und die baltischen **Lettgallen.** Dann folgte der Einmarsch der Christen. Nach Vidzeme kamen die germanischen Kreuzritter vom Schwertbrüderorden als erstes, als sie das Gebiet des heutigen Lettlands unter ihre Kontrolle brachten. Dies geschah zu Anfang des 13. Jh. Sie bauten die mächtigen Festungen und Burgen, die heute noch vollständig oder in Form von Ruinen in fast jedem größeren Ort zu bestaunen sind, und hielten ihre Vormachtstellung bis ins 17. Jh. hinein.

Dann begannen die großen Territorialkriege, während derer das heutige Vidzeme mal unter **schwedischer,** mal unter **polnischer** und mal unter

russischer Kontrolle stand. Letztlich wurde die Region mit einem Teil des heutigen südlichen Estlands zusammengefasst und ins russische Zarenreich eingegliedert.

Heute präsentiert sich Vidzeme als ein moderner, aufgeschlossener Landstrich, der seine Touristenzentren – allen voran **Cēsis** und **Sigulda** – sehr gut verwaltet und von allen Regionen des Landes nach der Hauptstadt Riga die meisten Besucher verzeichnet – hauptsächlich dank der Ostseeküste, dem Nationalpark Gauja und der berühmten **Burg Turaida.**

Cēsis

Das kleine Cēsis mit seinen knapp 20.000 Einwohnern ist leicht zu unterschätzen. Für viele Letten ist es nach Riga und neben Sigulda symbolisch gesehen der wichtigste Ort im ganzen Land. Hier schlugen die Esten und Letten 1919 das vordringende deutsche Heer zurück und verteidigten so ihre gerade gewonnene Unabhängigkeit.

Auch die **lettische Fahne,** stolzes Symbol des Freiheitskampfes, stammt aus Cēsis. So will es jedenfalls die Legende, der zufolge der lettgallische König 1272 in einer Schlacht an diesem Ort verwundet wurde. Seine Untertanen legten ihn auf eine weiße Fahne, die sich von seinem Blut rasch rot verfärbte. In der Mitte blieb aber ein weißer Streifen. So wurden die Nationalfarben geboren. Verständlich daher, dass Cēsis sich selbst als „eine der lettischsten Städte in Lettland" anpreist.

Über die historische Richtigkeit dieser Behauptung kann man freilich streiten, denn bereits im Mittelalter, Jahrhunderte, bevor Lettland entstand, war dieses scheinbar so ruhige Nest, das damals den deutschen Namen **Wenden** trug, ein wichtiges Zentrum des Baltikums, zu Zeiten der Ordensherrschaft sogar wichtiger als Riga. Neben Riga wurde im heutigen Lettland nur Wenden mit dem Titel **Hansestadt** versehen und mit dem verbrieften Recht auf eine eigene Münzprägung ausgestattet.

Außer Geschichte und Symbolik hat Cēsis aber vor allem die zentrale Lage im großartigen **Gauja-Nationalpark** zu bieten, auf halber Strecke zwischen Sigulda mit seiner phänomenalen Burg Turaida und dem Ort Valmiera. So stellt Cēsis einen idealen Ausgangspunkt für Touren und Ausflüge aller Art dar.

Doch auch die Kleinstadt selbst, 80 Kilometer nordöstlich von Riga gelegen, ist einen eigenen Besuch wert, steht in ihr doch die alte Ordensburg, Respekt und Ehrfurcht heischend wie eh und je, obwohl sie nur als Skelett die vielen Jahrhunderte überdauert hat. Feste im Sommer und nahe gelegene Skipisten im Winter locken die Gäste an, die immer zahlreicher herbeiströmen. Dennoch hat Cēsis sich außerhalb der Monate Juli und August seinen leicht verträumten, sympathischen, fast niedlichen Charakter bewahrt. Überreste der alten Stadtmauer, das System der Altstadtgassen und eine Vielzahl an kleinen **Holz- und Kaufmannshäusern** sind stumme, aber

Rīgas
Jūras
Līcis
Lauču akmens
Zvejniekciems
Saulkrasti
Pabaži
Baltā kāpa
Bādciems
Lilaste
Carnikava
Garupe
Garciems
Gauja
Siguļi
Kadaga
Vangaži
Ādaži
Ilkene
Kalngale
JAUNCIEMS
M. Baltezers
Alderi
Baltezers
Bukulti
Ķīšezers
RĪGA
JUGLA
Berģi
Langstiņi
Upesciems
Jugla ez.
Ulbroka
Acone
Līči
Mucenieki
Saurieši
Upeslejas
Salaspils memor.
Stopiņi
Salaspils
Valdlauči
Baloži
Plavniekkalns
Dolesmuiža
Ķekava
Daugmales pilsk.
Daugmale
Rīgas ūdenskrātuve
Saulkalne
Ikšķile
Ogre
Bekuciems
Ciemupe
Pulkarne
Mencendarbe
Mežvidi
Baldone
Avoti
Plakanciems
Dzērumcelmi
Vārpas
Stūri
Morisona k.
Ziemeļi
"Dobuli"
Dimzukalns
Dzelzāmurs
Piebalgas
Misa
Zvirgzde
Tecavas st.
Iecava
Vecumnieki
Beibeži
Bāliņi
Mandagas
Skulte
Gārśmuiža
Pēterupe
Pabaži
Sēja
Lilastes ez.
Puska
Dūnezers
Rampas purvs
Garkalne
Vangažu st.
Krievupe
Skuķīši
Tupšupe
Podkājas
Rīgas rajons
Silakrogs
Zakumuiža
Villasmuiža
Kākciems
Bunči
Ceplīši
Tinūži
Vidriži
Ķišupe
Gravas
Lēdurga
Lēdurgas dendroparks
Laugas purvs
Vanagi
Biriņi
Lode
Inciems
Eikaži
Ragana
Suniši
Loja
Krustiņi
Murjāņi
Sigulda
Turaida
Gauja
Eglupe
Inčukalns
Allaži
Allažmuiža
Tumšupe
Ropaži
Upmalas
Sidgunda
Mālpils
Vite
Lielā Jugla
Vāverkrogs
Augšciems
Lielkangari
Lielie Kangari
Mazā Jugla
Kranciems
Turkalne
Glāznieki
Suntaži
Jugla
Kieģelceplis
Upespils
Vatrāne
Viršņukalns
Laubere
Abza
Straupe
Plācis
Unguri
Ungura ez.
Gaujas nacionālais parks
Auciems
Lielstraupe
Raiskums
Brasla
Juglas
Ķūķu iezis
Skaļupes
Zvārtes iezis
Līgatnes MAP
Līgatne
Ratnieki
Nurmiži
Vildoga
Ķempji
Augšlīgatne (Līgatne)
Kipari
Sudas-Zviedru-purvs
Peltes
Kalnabeites
Saltavots
Jūdaži
Kārtūži
Stīveri
Eglaine
Akenstaka
More
Suda
Bukas
Mergupe
Ogres
Cēsītes
Krodzinieki
Zādzene
Tropmači
Bekas
Ogresgals
Silavas
Glāžškūnis
Aviekstes dzirnavas
Lēdmane
Veckrape
Ķegums
Rembate
Lielvārde
Tome
Tomes zivjaudzētava
Ķeguma ūd-krāt.
Linde
Kaibala
Dzintari
Jumprava
Dzelmes
Pumpuri
Birzgale
Talke
Daugava
Skrīveri
Zemkopības instituts
Līči
Jaunjelgava
Zvirgzde
Ogre
Kekava

Vidzeme – der Norden

vielsagende Zeugen der mittelalterlichen Entstehungsgeschichte.

Stadtgeschichte

Die Stadt taucht in schriftlichen Quellen zum ersten Mal im Jahr **1206** auf und ist damit einer der ältesten noch heute existierenden Orte Lettlands. Das **800-jährige Bestehen** wurde 2006 groß gefeiert. Je nach Quellenlage begann der gerade frisch gegründete **Schwertbrüderorden** zwischen 1207 und 1209 mit dem Bau einer gewaltigen Burg. Cēsis erhielt seine ursprüngliche Bezeichnung **Wenden** vom gleichnamigen Volk, das ab dem 11. Jh. von Westen kommend den Ort als neue Heimat auserkoren hatte. Eine heute nicht mehr erhaltene Holzburg der Wenden stand auf dem Nussberg (Riekstu kalns) über der Gauja und diente den Ordensrittern als Vorlage für ihren nur einen Steinwurf entfernten Bau.

Die **Ordensburg** war für Jahrhunderte eine der größten Festungen in Livland, oft verglichen mit der monumentalen Burg des Deutschritterordens im heute polnischen Marienburg. Um die Burg Wenden bildete sich schnell eine Handelssiedlung. Lange war die Festung **Sitz des Großmeisters** und Wenden avancierte zur Hauptstadt des vom Orden eroberten livländischen Gebiets. Die Burg sah in ihren Mauern im Laufe der Jahrhunderte nicht weniger als 40 Großmeister.

Einer der letzten und auch bekanntesten von ihnen war **Wolter von Plettenberg** (1450–1535). Der Orden hatte seine Machtposition im heutigen Lettland und Estland gefestigt, kam aber durch interne Querelen, Streit mit den Bischöfen, Druck von außen (Russland) und die Reformation immer mehr in Bedrängnis. Plettenberg gelang es, die Interessen auszugleichen, er regierte in Wenden über eine Periode der Stabilität. Doch die Entwicklungen waren nicht aufzuhalten: Die Reformation setzte sich auch in Livland und damit in Wenden durch und 42 Jahre nach Plettenbergs Tod war die Stadt umzingelt vom Moskauer Großfürsten **Ivan IV.** („dem Schrecklichen"). Die Bewohner sahen keinen anderen Ausweg, als sich zusammen mit der Burg in die Luft zu sprengen. Das stabile Bauwerk behauptete sich zwar, wurde aber im Nordischen Krieg 1703 endgültig zerstört.

Die Stadt Wenden, die durch die zentrale Lage im Herzen der Macht und den Handel mit Russland florierte und bereits im 13. Jh. das Stadtrecht erhalten hatte, wurde wie Riga zu einer **Hansestadt** (1383), damals ein äußerst begehrter Titel. Es gründeten sich Gilden, es bildete sich ein gesellschaftliches, kulturelles und geistliches Zentrum. Doch mit dem 25 Jahre tobenden Krieg gegen Russland war die Zeit des großen Aufschwungs vorbei. Kämpfe, Brände, die polnisch-schwe-

In den Gassen des mittelalterlichen Städtchens Cēsis – rechts die Johanniskirche

0641e Foto: mk

0631e Foto: mk

dischen Kriege im 17. Jh. und die große Pest (1710–11) gaben Wenden den vorläufigen Todesstoß.

Als die gesamte Region 1721 an das russische Zarenreich überging, war es eine unbedeutende Kleinstadt geworden. 1785 ging es mit der Ernennung zur Kreisstadt langsam wieder bergauf, doch erst 1889 brachte die Eröffnung der ersten **Bahnstrecke** von Riga über Cēsis nach Valka einen Wachstumsschub, ebenso wie der Straßenbau. Cēsis begann wegen seiner einmaligen Umgebung, auch als Erholungsort für Reisende immer attraktiver zu werden.

Nahe der Stadt wurden einige brutale Schlachten des Ersten Weltkriegs geschlagen, doch der wichtigste Kampf folgte, als der Krieg offiziell schon vorbei war: Entgegen dem Versailler Friedensvertrag drangen reichsdeutsche Truppen unter Graf *Rüdiger von der Goltz* zusammen mit Deutschbalten über Riga nach Norden vor und wollten Lettland und Estland unter ihre Kontrolle bringen. Ein **estnisch-lettisches Heer** besiegte die Aggressoren im Sommer **1919** in Cēsis. Der **23. Juni** wird bis heute als „Siegestag" in ganz Lettland begangen.

Seit dieser Zeit spielt Cēsis politisch keine entscheidende Rolle mehr, behält aber bis heute seinen Status als patriotisches Symbol und Herz des beliebtesten lettischen Nationalparks.

Sehenswertes

Kreuzritterburg

Die alte Burg des Schwertritterordens ist auch als **Ruine** die Hauptattraktion von Cēsis. Dass noch recht viel zu besichtigen blieb, verdankt die am besten erhaltene Kreuzritterburg Lettlands dem Grafen *Karl von Sievers,* der die Burg 1777 kaufte und in Teilen renovieren ließ.

Sievers errichtete für sich selbst ein kleines, heute rosafarbenes **Schlösschen** am östlichen Rand der Anlage, in dem seit Kriegsende das **Städtische Museum für Geschichte und Kunst** (Cēsu vestures muzejs) untergebracht ist. Dort finden sich archäologische Fundstücke aus Cēsis und Umgebung, aber auch viele andere Exponate und Erläuterungen zur bewegten Geschichte der Stadt. 1812 ließ Sievers noch einen romantischen **Schlossgarten** anlegen, heute der beste Erholungsort für Bewohner und Besucher.

Am auffälligsten an den Überresten der Burg ist der noch recht gut erhaltene runde **Südturm** mit seinem charakteristischen Spitzdach. Der **Westturm** hingegen ist quadratisch und versetzt Besucher mit seinen 4,60 Metern dicken Mauern ins Staunen. Bei einer Besichtigung wird jedem Besucher eine **Laterne mit Kerze** überreicht, denn in der Burg ist es oft sehr finster. Anstatt die Räume und Treppen zu beleuchten, kamen die Betreiber auf die schöne Idee, die Gäste bei Kerzenlicht das Innenleben der Festung kennenlernen zu lassen. Der Gang mit der Laterne über den Schlossgraben und in die dunkle Burg ist ein besonderes Erlebnis, das man sich nicht entgehen lassen sollte.

Die Anlage wurde in den letzten Jahren weitgehend umgebaut und renoviert. In das Objekt wurde ein modernes, gläsernes **Besucherzentrum** mit Touristeninformation integriert. Dort erhält man auch die Eintrittskarten für die Burg.

In einem alten Nebengebäude auf dem Gelände stellt ein Goldschmied traditionellen lettischen **Schmuck** her. Gern lässt der stets gut gelaunte Meister *Daumants Kalnins* Touristen bei seiner Arbeit zuschauen und erzählt, auch auf Englisch, von seiner Tätigkeit. Er ist leidenschaftlicher Sammler von alten Fundstücken und versucht, diese originalgetreu nachzuarbeiten. Man kann die Ringe, Armreifen und Ohrringe direkt bei ihm kaufen.

Neben dem Haupteingang zum Burggelände ist in einem Kasten die **Lenin-Statue** zu sehen, die jahrzehntelang den heutigen Platz der Einheit dominierte.

Reste des **Stadtwalls** umgeben die Burg auf dem Nussberg (Riekstu kalns) mit dem kleinen See an seinem Fuße heute noch. Auf der Rückseite der Burg erstreckt sich der schöne **Park** (Pils parks), der 1812 angelegt wurde, mit weiten Grünflächen, einem großen Teich, dem Blick auf das Burgensemble und einer Freilichtbühne, auf der im Sommer sehr häufig Open-Air-Konzerte stattfinden.

• **Burg mit Schmiede und Museum,** Pils laukums 11, geöffnet täglich außer Mo und Di 10–18 Uhr, letzte Tickets 17.15 Uhr. Eintritt

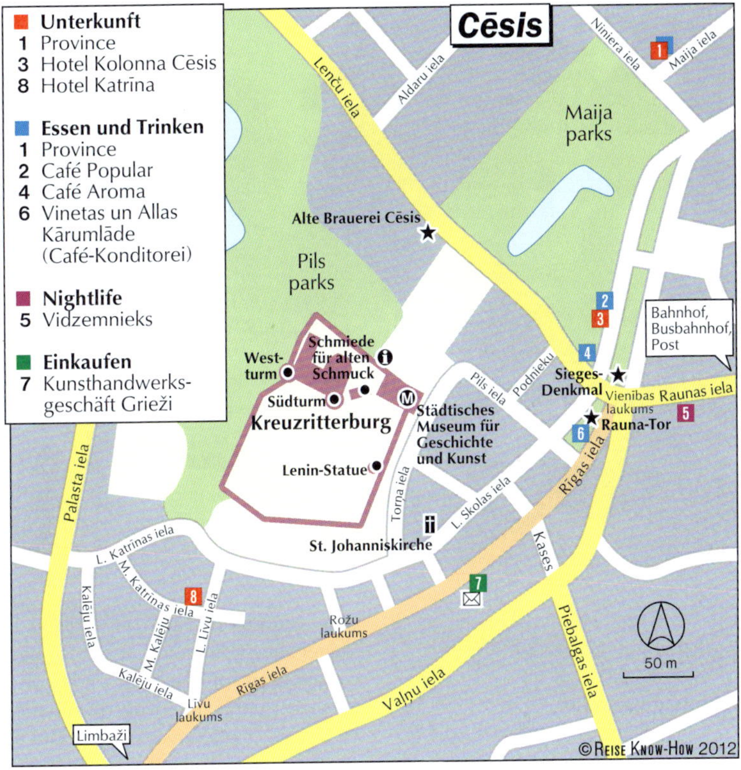

2 Ls in der Sommersaison (15.5.–15.9.), sonst 1 Ls, Schmiede 0,50 Ls, Führungen in Deutsch und Englisch 20 Ls (Infos bei der Touristeninfo). Der Schlosspark gehört nicht zum Burgkomplex und ist frei zugänglich.

Altstadtgassen

Im gemütlichen Cēsis lohnt sich ein Spaziergang durch die **mittelalterlich anmutenden Gassen** der niedlichen Altstadt mit ihren roten Ziegeldächern und Steinmauern. Besonders schön lässt es sich abends beim Schein der alten Laternen, die an vielen Häusern hängen, durch die Sträßchen flanieren.

Das Gebäude des alten Rathauses von 1767 sowie die vielen kleinen **Bürgerhäuser** aus Ziegelsteinen und Holz aus dem 17. und 18. Jh. haben eine besonders urige und idyllische Ausstrahlung. Allerdings ist noch längst nicht die gesamte Altstadt wieder originalgetreu hergestellt. Hässliches Straßenpflaster ist ebenso noch zu finden wie nicht renovierte oder

065le Foto: mk

gar baufällige Häuser. Der Eindruck wird aber von Jahr zu Jahr besser.

St. Johanniskirche

Am meisten ins Auge sticht die hohe, renovierte St. Johanniskirche. Sie ist außerhalb Rigas das größte gotische Gotteshaus im Land. 1283 bis 1297 wurde sie errichtet und danach in den Wirren der Zeit (Reformation) mehrfach umgebaut. Ihre jetzige Gestalt erhielt sie nach einem verheerenden Brand 1754. Neben dem mächtigen Turm ist besonders die schmuckvolle **Sonnenuhr** an der südlichen Mauer beeindruckend, ebenso die **Grabstätten** von Bischöfen und Großmeistern, unter ihnen der berühmte *Wolter von Plettenberg,* dem zu Ehren an seinem 320. Todestag eine Bronzebüste auf seine Ruhestätte gestellt wurde. Ein weiterer Höhepunkt ist die **Orgel,** 1907 von der Firma Walcker & Co. aus dem baden-württembergischen Ludwigsburg erbaut, ebenso wie die Orgel in der Kathedrale von Riga. Lohnend ist auch die **Besteigung des Kirchturms,** von dem aus sich ein hervorragender Blick auf die gesamte Altstadt, die Burganlage und die Umgebung auftut.

Die weitläufige Anlage der Ordensburg besteht großteils aus Ruinen

Im Neuen Schloss residiert das Städtische Museum für Geschichte und Kunst

- **Sv. Jāņa baznīca,** Eintritt 0,50 Ls, Turmbesteigung 0,50 Ls, geöffnet tgl. 10–20 Uhr.

Rosenplatz

Im späten 14. Jh. wurde vor der St. Johanniskirche ein **Marktplatz** (Rožu laukums) eingerichtet und damit der Stadtkern kurzerhand nach Osten verschoben. Wo am Rosenplatz im Mittelalter Pranger und Brunnen standen, steht heute eine **Pagode** im chinesischen Stil (kiniesu namiņš). In den letzten Jahren wurde der Platz aus seinem Dornröschenschlaf erweckt, er bildet nun mit Brunnen, Bänken, Cafés und Kwas-Ständen einen reizvollen Vordergrund zur Kirche.

Rīgas iela

Die Hauptstraße durch die Altstadt heißt Rīgas iela und verläuft vom **Līvu laukums** (Livenplatz) mit seinem kleinen, abends beleuchteten Brunnen zum moderneren **Vienības laukums** (Platz der Einheit), der heute als großer Kreisverkehr fungiert, mit einem schmucken Gerichtsgebäude aus dem 19. Jh. An dieser kleinen Verkehrsader steht eine Hand voll denkmalgeschützter Häuser und Gebäude.

Wie in praktisch jeder lettischen Stadt wird auch in Cēsis an die Kämpfer für die Unabhängigkeit des Landes erinnert. Hier hat diese Funktion ein **Sieges-Denkmal** auf dem Platz der Einheit. Als Mahnung, dass mit der staatlichen Souveränität 1920 das Leiden noch nicht vorbei war, dient die Tatsache, dass der Obelisk für die Freiheitskämpfer 1951 in einer Nacht- und Nebelaktion gesprengt und für fast 40 Jahre durch eine Lenin-Statue ersetzt wurde – Cēsis war mit dem gesamten Baltikum Teil der Sowjetunion geworden.

Rauna-Tor

Das **Raunas varti** gibt einen Eindruck von der Massivität der alten Stadttore, die leider nicht erhalten sind. Auch das Rauna-Tor wurde nach alten Aufzeichnungen wieder aufgebaut. Auf dem nun wieder begehbaren alten Kopfsteinpflaster kann man heute feierlich durch das Tor schreiten.

Brauerei Cēsis

Nahe der Burg steht die alte Brauerei von Cēsis, mit fast 500 Jahren eine der ältesten im gesamten Baltikum.

- **Cēsu alus darītava,** Lenču iela 9–11, die Besichtigung ist nur von außen möglich.

Praktische Tipps

Information

• **Touristeninformation,** Pils laukums 1, Tel. (6)4121815 oder mobil 28318318, www.tourism.cesis.lv, geöffnet Mo 9–17 Uhr, Di–Sa 9–19 Uhr. Gut ausgestattetes Center für Info-Material, Unterkünfte, Aktivitäten und Erholungsmöglichkeiten in Cēsis und Umgebung. Internetzugang: 1 Ls pro Stunde.

Behinderte

Die Bedingungen für Behinderte haben sich in den letzten Jahren auch in Cēsis verbessert, doch Rollstuhlfahrer treffen immer noch auf viele unüberwindliche Hindernisse. Die Altstadt ist gut zu besichtigen, ebenso wie der Schlossgarten. Die Burg ist teilweise für Rollstuhlfahrer zugänglich.

Notfälle und nützliche Adressen

• **Apotheke:** Cēsu Vecpilsētas aptieka, Rīgas iela 7, Tel. (6)4122965.
• **Krankenhaus:** Palasta iela 15, Tel. (6)41 22163.
• **Polizei:** Pils iela 12, Tel. (6)4122575.
• **Post:** Raunas iela 13, Tel. (6)4122788, Mo–Fr 7.30–18 Uhr, Sa 7.30–14 Uhr.
• **Internet:** Touristeninformation, s.o., Preis: 1 Ls/Stunde.

Geld

Geld kann werktags in allen Bankfilialen gewechselt werden. Es gibt zahlreiche **Geldautomaten.** Die meisten Hotels und Restaurants in Cēsis akzeptieren Kreditkarten (VISA, MasterCard), kleinere Lokale und Läden aber nicht immer.

Unterkunft

• **Hotel Katrīna,** Mazā Katrīnas iela 8, Tel. 20008870, www.hotelkatrina.com. Kleines, gemütliches Hotel mit nur 16 Betten, renoviertes Gebäude, ordentliche Zimmer, gute Altstadtlage. Doppelzimmer ab 30 Ls.
• **Hotel Kolonna Cēsis,** Vienības laukums 1, Tel. (6)4120122, www.hotelkolonna.com. Sehr nah an Schloss und Altstadt. 75 Schlafplätze, groß, modern, gut ausgestattet in einer Art Villa aus den 1930er Jahren, mit Café und Schönheitssalon. Für anspruchsvolle Gäste. Doppelzimmer ab 66 Ls.
• **Province,** Niniera iela 6, Tel. (6)4120849, www.provincecesis.viss.lv. Kleine, preisgünstige, familiäre Pension in Zweifamilienhaus mit 10 Plätzen, ordentlich, gutes Café im Haus, Doppelzimmer ab 32 Ls.
• **Buts Hotel,** Bērzaines iela 15, Tel. (6)4127432, mobil 29461970. Sehr einfache Unterkunft in nicht renoviertem Haus, zentrumsnah. Die Bērzaines iela geht direkt von der zentralen Hauptstraße Palasta iela ab. Unschlagbar günstig, 40 Plätze, ab 10 Ls pro Person.
• **Cepļa pirts,** Cepļa 18, Tel. mobil 295 85844, www.ceplapirts.times.lv. Schönes, massives Holzhaus mit 40 Schlafplätzen, günstig. Das Haus liegt nah am Gauja-Ufer. Von Cēsis Zentrum in Richtung Limbaži, aber noch vor Ortsende und kurz vor Überquerung der Gauja-Brücke links abbiegen.

Jugendherberge:
• **Trainingslager der Sportschule Cēsis,** Cēsu prospekts 1, Priekuļi, Tel. (6)4130985, mobil 29499941. 55 anständige, saubere Schlafplätze, ab 2 Ls pro Person, 4 km außerhalb des Stadtkerns.

Camping

• **Kempings laivu baze Žagarkalns,** Murlejas iela 12, Tel. mobil 26266266, www.zagarkalns.lv. In Richtung Limbaži, bei der Ausfahrt aus Cēsis direkt vor der Gauja-Brücke führt ein Sandweg links zum Campingplatz am Gauja-Strand, der eine wahre Rundum-Versorgung bietet: Plätze für Zelte und Wohnmobile, Boots- und Fahrradverleih, Sauna, Grillplätze direkt am Wasser. Sogar Zelte, Schlafsäcke und Grillspieße kann man leihen. Guter Startpunkt für Kajaktouren nach Sigulda.
• **Camping Apaļkalns,** im Dorf Raiskums, Tel. mobil 29448188, www.apalkalns.lv. Neuer, auf einer schönen, leicht hügeligen

Grünfläche direkt am See errichteter Platz mit viel Raum für Wohnmobile und Zelte sowie einigen sehr ordentlichen Holzhütten (20 Ls/2 Personen, 32 Ls/4 Personen). Sympathischer Betreiber *Juris Leimanis,* einwandfreie sanitäre Anlagen, Strom und W-LAN zur freien Verfügung auf dem ganzen Platz. Ca. 8 km von Cēsis, Zufahrt von dort in Richtung Limbaži, dann bald links nach Raiskums (Camping ausgeschildert).

Essen und Trinken

Die meisten Restaurants und Bars sind Teil eines Hotels, dazu kommen noch einige eigenständige Cafés und Imbisse. Selbstverständlich ist es im Hotel meist am teuersten, wobei aber niemals Rigaer Preise erreicht werden. In Cēsis sind auch die einfachen Lokale vom Typ Kafejnīca gut vertreten.

- **Glendeloka,** A. Kronvalda 2b, Tel. mobil 26630600. An der Ausfahrtstraße Valmieras iela aus Cēsis hinaus (in Richtungen Valmiera, Riga), einen guten Kilometer vom Zentrum entfernt. Gemütliches, modernes Lokal mit Holzeinrichtung und anständiger, preisgünstiger lettischer Küche.
- **Aroma,** Lenču iela 4, Tel. (6)4127575, 10–18 Uhr. Café mit schöner Sommerterrasse im Zentrum von Cēsis am Vienības laukums. Größte Auswahl an Kaffee- und Teesorten der Stadt, auch abgepackt zu kaufen. Eis und Kuchen schmecken hier hervorragend.
- **Café Popular,** Vienības laukums 1, Tel. (6)4120122, www.hotelkolonna.com, 8–19 Uhr, große, schattige und angenehme Terrasse mit Blick zum Hauptplatz. Für Liebhaber von Partystimmung: Café und Bar im Keller des Hotel Kolonna Cēsis mit regelmäßigem Unterhaltungsprogramm (Karaoke, Live-Musik). Lettische Küche und Pizza, im Sommer viele Touristen.
- **Vinetas un Allas Kārumlāde,** Rīgas iela 4, Tel. mobil 29392810, Mo–Sa 9–22 Uhr, So 10–18 Uhr. Winziges, gemütliches und sympathisches Konditorei-Café, wenige Schritte von der Johanniskirche entfernt.
- **Province,** Niniera iela 6, Tel. (6)4120849. Schickes, verglastes Panorama-Café mit Sommerterrasse im Erdgeschoss des gleichnamigen Gästehauses (siehe „Unterkunft").

Am Abend

Ein facettenreiches Nachtleben gibt es in Cēsis kaum, außer den angesprochenen Bars bieten sich bestenfalls noch sogenannte Spielklubs an:

- **Vidzemnieks,** Raunas iela 13a, Kino, Musikklub, Spielhalle.

Einkaufen

Die **Supermärkte** sind täglich geöffnet, meist bis 22 Uhr, unter anderem ein recht großer „Maxima" am Ende der Rīgas iela. Alle übrigen Geschäfte sind in der Regel werktags von 9 bis 18 Uhr (samstags bis 15 Uhr) geöffnet und sonntags geschlossen.

- **Kunsthandwerksgeschäft Grieži,** Rīgas iela 17a, Tel. (6)4120259, Mo–Fr 9–18 Uhr, Sa 9–17 Uhr.

Feste und Veranstaltungen

- Besonders im Sommer, wenn die Stadt aus ihrer Ruhephase erwacht, werden viele **Festivals und Konzerte** veranstaltet. Doch auch im Herbst, Winter und Frühling werden im **Kulturzentrum** oft lettische Volkstänze oder Gastkonzerte gezeigt. Raunas iela 12, in der Stadtmitte, Tel. (6)4122431, http://kulturcentrs.wordpress.com, mit Konzerthalle für bis zu über 500 Gäste, mehreren kleineren Sälen und Bühnen.
- Im Mai öffnet regelmäßig das **Stadtmuseum** für einen Tag und eine Nacht seine Pforten für besondere Schauen und Präsentationen.
- Am 19. Mai wird der Geburtstag des Retters der Ordensburg, Graf Sievers, auf dem **Schlossplatz** gefeiert.
- Zum **Johannisfest** wird am 23. Juni wie im ganzen Land die Sonnenwende mit Bier, Tanz und Live-Musik gefeiert, allerdings nicht so sehr in der Stadt selbst, sondern an der Strecke nach Limbaži, knappe 10 km außerhalb. Auf einer Wiese werden riesige Bühnen und Bierzelte aufgestellt. Es heißt, es sei die größte Party in ganz Lettland. Der Weg ist angesichts der Auto- und Menschenmassen, besonders am späteren Abend, nicht zu verfehlen.
- Das **Stadtfest** Mitte Juli ist in Cēsis ein echtes Ereignis mit großen Feiern, Feuerwerk

und Musik in der gesamten Altstadt und auf der Burganlage.

- Ein weiterer Höhepunkt ist der jährliche Auftritt der lettischen **Nationaloper** auf den Stufen der Ordensburg. Immer am ersten Samstag im Juli verwandelt sich die Stadt in ein Meer aus Dekorationen und Musik. Zuschauen kann man für 2 Ls (Stehplatz auf dem Hügel) bis 7 Ls (beste Sitzplätze).
- Am letzten Wochenende im Juli wird das **Bierfest** gefeiert.
- Wer sich zur **Weihnachtszeit** nach Cēsis aufmacht, kann den großen Weihnachtsbaum auf dem Einheitsplatz und zahlreiche **Adventskonzerte** in der schönen St. Johanniskirche bestaunen.

Sport und Erholung

- **Indoor-Kartbahn,** Apšu iela 4, täglich 14–22 Uhr, Tel. mobil 29191183, 29473923. Karting und Bar mit traditionellen Pfannkuchen, Preis: 2 Ls für 5 Minuten, 5 Ls für 15 Minuten.
- **Cīrulīši,** Mūrlejas iela 12, Tel. mobil 292 75378, 28707707. Verleih von Fahrrädern, Booten, Skiern, gut sortiertes Geschäft auf dem Campingplatz Zagarkalns (s.o.).

Verkehrsverbindungen

- **Auto:** Cēsis liegt etwa 80 km nordöstlich von Riga und ist mit dem Auto über die A2 und dann die letzten 10 km links auf der P20 in gut anderthalb Stunden zu erreichen. **Bewachter Parkplatz:** Lenču iela 6, mitten im Zentrum (nahe Rauna-Tor), rund um die Uhr geöffnet, Tel. (6)4127025.
- **Bahn:** Züge von und nach **Riga** (Fahrzeit knapp 2 Std.) verkehren mindestens 4-mal täglich, Preis 2,30 Ls, von und nach **Sigulda** dauert es 45 Min., 1,30 Ls, es ist dieselbe Bahnstrecke wie nach Riga. Der Bahnhof (Stacijas laukums, Tel. mobil 25828245) liegt zentral im Ort am Ende der Raunas iela, nur wenige Schritte von Burg und Altstadt.
- **Bus:** Der Busbahnhof (Autoosta, Stacijas laukums, Tel. (6)4122762) liegt direkt gegenüber dem Bahnhof und bietet weit mehr Verbindungen von und nach **Riga,** insgesamt 27 täglich. Fahrzeit zwei Stunden, Preis 2,60 Ls, 4.25–19.50 Uhr.

Nach **Sigulda** in ca. 45 Minuten, Preis 1 Ls, gleiche Strecke wie nach Riga. Die Busse halten nicht direkt in Sigulda, sondern zwei Kilometer südlich an der Vidzemes soseja.

Von Cēsis nach Līgatne

Zwischen Cēsis und Sigulda liegt der Ort Līgatne mit einem sehenswerten Naturpark in seiner Umgebung. Am schnellsten zu erreichen ist er von beiden Städten aus über die A2. Interessanter ist es jedoch, aus Cēsis kommend auf Schleichwegen nach Līgatne zu fahren. Dazu fährt man aus dem Stadtkern zunächst in Richtung der A2 (Riga, Sigulda).

Kurz vor Erreichen der großen Straße bietet die **Wasserburg von Āraiši** eine Besichtigung der ungewöhnlichen Art (tgl. 9–19 Uhr, Eintritt 2 Ls, Führung englisch: 10 Ls). Während die meisten Sehenswürdigkeiten in Lettland höchstens bis ins Mittelalter zurück datieren, wurde hier eine **Siedlung des Stammes der Lettgallen** aus dem 9. Jh. rekonstruiert. Mit ihrer Lage auf einer kleinen Insel hat sie einen einzigartigen Charakter, auch wenn das kleine Ensemble gleichförmig erscheinender Holzhütten schnell besichtigt ist. Im Dorf Āraiši steht eine alte, ein wenig verwitterte, aber solide **Mühle** aus Stein.

Wer nun so schnell und bequem wie möglich Līgatne erreichen will, fährt weiter bis zur A2, biegt rechts in Richtung Sigulda und Riga ab und fährt nach 13 Kilometern in **Augslīgatne** wieder rechts weitere sechs Kilometer nach Līgatne. Wer dagegen eine Strecke von gut 20 Kilometern auf einer rauen, aber akzeptablen Schotterpiste in Kauf nimmt, kann einen lohnenden Zwischenstopp einlegen.

Kurz bevor man von Cēsis aus die A2 erreicht, zweigt rechts ein Weg nach **Kārļi** ab. Dort geht es weiter über Skalupes nach Līgatne. Zwischen Kārļi und Skalupes wartet eine große Wand aus dem in der Region so häufigen **roten Sandstein** direkt am Fluss Amata auf eine Besichtigung, der **Zvārtes iezis** (Eintritt 0,60 Ls). Einige hartnäckige Pflanzen haben sich im Laufe der Jahrzehnte auf dem Felsen einen Platz erkämpft. Eine lange, schöne **Hängebrücke** aus Holz über die Amata führt zum Ziel. Über eine Reihe von Holztreppen gelangt man über einen Wanderweg auf den **hohen Felsen,** von dem aus sich ein reizvoller Blick über die liebliche Landschaft bietet. Der **Rundweg** enthält auch Holzschilder mit Märchenfiguren und Beschreibungen von Bäumen – allerdings nur auf Lettisch – sowie einige folkloristische Holzarbeiten wie eine Reihe von dicht nebeneinander an Ketten hängenden Holzbrettern mit geschnitzten Symbolen, die bei Wind gegeneinander schlagen und Töne erzeugen. Unterwegs stehen schöne Picknickplätze bereit.

Kurz vor dem Dorf Skalupes versteckt sich ein System von **unterirdischen Bunkern** aus der Sowjetzeit – einst streng geheim, heute gegen Voranmeldung sogar zu besichtigen (Tel. (6)467747, Auskunft in der Touristeninformation Cēsis).

Naturpark Līgatne

In Līgatne lohnt es sich, zum Fluss hinunterzufahren, wo eine **kleine Fähre** die nicht allzu breite Gauja überquert. Für die übersichtliche Distanz wird kein Motorschiff benötigt, vielmehr zieht die Fähre sich an einem Seil von einem Ufer zum gegenüber liegenden.

Auf der anderen Seite des Dorfes erstreckt sich der weithin bekannte und sehr sehenswerte Naturpark Līgatne. Schon für die Einfahrt, noch vor dem Parkplatz, muss das Eintrittsgeld beglichen werden. Die Zufahrtstraße wurde verbessert und am Eingang zum Park ein schönes, hölzernes Besucherzentrum mit Parkplatz errichtet. Mindestens zwei, eher aber drei oder vier Stunden sollte man für die Besichtigung einplanen.

067le Foto: mk

Der Zvārtes-Felsen

Auf einem äußerst weitläufigen Gelände sind neben schönen, bergauf und bergab führenden **Wanderwegen** vor allem selten anzutreffende wilde Tiere zu bestaunen. Der Naturpfad ist 5,5 Kilometer lang. Zusätzlich können ein botanischer Pfad von gut einem Kilometer Länge, ein 0,9 Kilometer messender Märchenweg und ein kurzer Wanderweg durch „wilde Natur" von 1,3 Kilometern erlaufen werden.

Ein Besuch ist besonders für **Kinder** ein großer Spaß, so lange ihnen die Wege nicht zu lang werden. Die Kleinen und die erwachsenen Tierfreunde sollten allerdings wissen, dass es sich hier nicht um einen Zoo handelt, sondern um einen Wildpark. Es gibt also keinerlei Garantie, dass man tatsächlich alle der anwesenden Tierarten zu Gesicht bekommt.

Der **Luchs** beispielsweise tut den Besuchern nur selten den Gefallen, aus seinem Versteck herauszukommen. Relativ gute Chancen bestehen dagegen, Exemplare der Kreuzung aus Hund und **Wolf** anzutreffen: kurz hinter dem Eingang. Ebenso ist es mit den **Braunbären,** die in ihrem großen Gehege von einem Platz weit oberhalb beobachtet werden können. Außerdem sind in Līgatne **Eulen, Rothirsche, Wildschweine** und mächtige **Büffel** zu Hause.

Die Parkverwaltung versichert, dass die hier zu sehenden Exemplare allesamt große, den natürlichen Bedingungen angepasste Gehege bewohnen und nicht gewaltsam ihrem ursprünglichen Lebensraum entrissen wurden. Vielmehr seien nur verletzte oder aus anderen Gründen aufgelesene Tiere hier versammelt, die sich in ihrer natürlichen Umgebung nicht mehr zurecht gefunden hätten.

Da die Gehege groß und die Tiere nicht immer so freundlich sind, an den Zaun zu kommen, erweist sich ein **Fernglas** neben dem Fotoapparat im Rucksack als äußerst praktisch. Unterwegs steht ein 22 Meter hoher **Aussichtsturm** und ein **Café** bietet seine Dienste an. Wichtig auf den langen und oft steilen Wegen ist es, ausreichend zu trinken. Natürlich finden sich auf der Strecke immer wieder schöne Orte zum Picknicken. Es besteht auch die Möglichkeit, per Auto eine Rundfahrt zu machen.

- **Līgatnes dabas takās,** Tel. (6)4153313, www.gnp.lv (Seite des Gauja-Nationalparks, auch mit Infos zum Zvārtes-Felsen und zur Fähre von Līgatne), tgl. 9–18 Uhr, an Wochenenden und Feiertagen 9–19 Uhr, Eintritt 2,50 Ls, Behinderte frei. Im Winter leicht verkürzte Öffnungszeiten und geringere Eintrittspreise. Für zusätzliche 5 Ls (Wochenende 7 Ls) darf man per Auto das Gelände befahren.
- **Canoe camping,** Gaujas iela 36, Līgatne, Tel. mobil 29244948, www.makars.lv.

Unterkunft

- **Lāču miga,** Gaujas iela 22, Tel. (6)41 53481, www.lacumiga.lv. Schönes, großes Holzgebäude in Līgatne (gut ausgeschildert). Die „Bärentatze" bietet geschmackvolle, schicke Zimmer. Restaurant und Bar der gehobenen, aber bezahlbaren Kategorie, mit Sommerterrasse. DZ ab 40 Ls. Organisation von Ausflügen in die Umgebung, darunter Wanderungen, Fahrradtouren, Vogelbeobachtung, Skifahren im Winter.

Herrenhaus Orellen und Ungurs-See

Wenn man auf der Straße P14 knapp über zehn Kilometer aus Cēsis in Richtung Limbaži fährt, taucht auf der linken Seite der Ungurs-See mit einem schönen Campingplatz auf. Ziemlich genau gegenüber liegt die Zufahrt zum äußerst interessanten Herrenhaus Orellen (Ungurmuiža) mit langer deutscher Geschichte und Tradition. Das Gutshaus unterscheidet sich von den meisten anderen der zahlreichen Herrenhäuser Lettlands dadurch, dass es **fast ganz aus Holz** gebaut ist.

Der *Baron von Campenhausen* kaufte Orellen Anfang des 18. Jh. und entschloss sich, ein Herrenhaus auf seinem Grund und Boden zu errichten. Der Entwurf wurde in Russland erarbeitet, wo Campenhausen gerade lebte, doch der Baustil lässt besonders auf **ostpreußischen Ursprung** schließen. 1732 war das Gebäude nach zweijähriger Bauzeit schon so weit fortgeschritten, dass Campenhausen einzog. In den kommenden Jahrzehnten wurden zahlreiche Erweiterungen vorgenommen: der Ausbau des Obergeschosses, eine Uhr für die Fassade mitsamt in Riga gegossener Glocke, zusätzliche Treppen und Wandmalereien. Im 19. Jh. kam es zu ersten Renovierungen. Während des Ersten Weltkriegs zog die Familie Campenhausen in ein Nebengebäude und die Rote Armee beschädigte das Haupthaus stark. In der Zwischenkriegszeit stand es leer und verfiel weiter. In den 1950er Jahren folgte dann ein Umbau und bis 1988 die Nutzung als Schule. Im Garten zum Teehaus wurden früher Wettläufe organisiert.

Abgesehen von einigen Konservierungsarbeiten in den 1970ern dauerte es bis 1989, dass eine wirkliche Rekonstruktion begonnen wurde. **Wandmalereien** wurden frei gelegt und der Ursprungszustand des Hauses wieder hergestellt. Bis heute wurde Orellen noch nicht perfekt restauriert, doch der Zustand ist gut genug, um die Schönheit und den Charme des Hofes zu erkennen. Im eleganten **Teehaus** von 1753 gegenüber dem Hauptgebäude werden heute vor allem Kulturreisegruppen verköstigt. Die Zufahrt zum Teehaus wurde breit genug gestaltet, um per Kutsche dorthin gelangen zu können.

Zu Pfingsten und in der ersten Augustwoche werden hier **Freiluftkonzerte** veranstaltet. Nähere Informationen zum jeweiligen Programm gibt es beim Haus Orellen selbst und auch bei der Touristeninformation von Cēsis.

Wenige Hundert Meter weiter in Richtung Limbaži steht rechts eine kleine evangelische **Kapelle** im Grünen. Hinter ihr versteckt sich ein großer, hügeliger **Friedhof** mit äußerst schönen Grabsteinen.

● **Ungurmuiža,** Tel. (6)4158223, Besichtigung Di–So 10–18 Uhr, Eintritt 0,50 Ls, Führung 5 Ls. Die Zufahrt zum Gutshaus besteht aus einem etwa 1 km langen Schotterweg. In einem Nebengebäude sind sechs **Gästezimmer** für je zwei Personen eingerichtet. Sie liegen mit 25 Ls pro Person inklusive Frühstück in der mittleren Preisklasse, bieten aber nicht nur stilvolle Zimmer mit Holzfußböden und schönen, alten Möbeln, sondern vor allem einen Aufenthalt in der berückenden Atmosphäre des Landgut-Ensembles. Die privaten Besitzer des Objekts sind auf deutschsprachige Besucher eingestellt.

Camping

- **Ungurs,** Tel. (6)4134402. Schön am Ungurs-See gelegen, fast gegenüber vom Herrenhaus Orellen. Man kann im See schwimmen und Tretboot fahren.

Nationalpark Gauja

Der Nationalpark Gauja rund um den gewundenen Flusslauf der Gauja wurde 1973 eingerichtet. Es ist mit 920 km^2 der größte Nationalpark aller drei baltischen Länder. Wegen des Steilufers der Gauja, der hügeligen Landschaft und der vielen Grotten und Höhlen bekam die Region den Beinamen **Lettische Schweiz.** Zar *Alexander II.* von Russland war bei seinem Besuch 1862 von der Gegend äußerst angetan, wie damalige Reporter zu berichten wussten. Das beste Zeichen für die Einzigartigkeit des Parks ist die Tatsache, dass die Letten selbst hierher strömen: Nur der Badeort Jūrmala zieht mehr einheimische Besucher an.

Im gesamten Nationalpark weisen präzise aufgestellte Schilder den Weg für **Wanderungen,** führen zu Feuerstellen, **Zeltplätzen** und **Aussichtspunkten.** Ob zum Luft Schnappen für zwei Stunden oder für eine dreitätige Paddeltour mit ausführlicher Beobachtung seltener Wildtiere: Alle Varianten stehen Besuchern offen. Nur einige Reservate sind streng geschützt und dürfen nur mit einem offiziellen Führer erkundet werden.

Sehr beliebt sind auch **Fahrradtouren** durch die fantastische Landschaft. Allerdings sollten Velo-Freunde vorgewarnt sein, dass die Straßen- und Wegequalität nicht immer gut ist. Das wiederum ficht die zahlreichen Enthusiasten nicht an, die den Park durch **Ausritte zu Pferde** erkunden. Schließlich ist das Fahren auf der Gauja selbst mit Hilfe von **Flößen, Ruderbooten, Kajaks und Kanus** eine ganz besondere Attraktion. Die Perspektive von der Mitte des Flusses aus ist einmalig. Gleich eine Hand voll Veranstalter bietet organisierte Touren an oder holt individuelle Paddler am Nachmittag von ihrem Zielort wieder ab.

Die beliebteste Radroute verläuft von Cēsis nach Valmiera. Der populärste Gauja-Abschnitt für Wassersportler ist die Strecke von Cēsis nach Sigulda. Wander-, Rad- und Wasserwege im Nationalpark sind allesamt nach einem einheitlichen und übersichtlichen System ausgeschildert, sodass man durchaus einfach drauflos wandern oder radeln kann. Nur mit dem Boot sollte man im Voraus festlegen, wo man abgeholt werden möchte, sollte dies notwendig sein.

Eines kann in der Gauja allerdings nicht guten Gewissens empfohlen werden: schwimmen. Der Fluss hat einen sehr weichen Sandboden. Durch die recht starke Strömung werden auf dem Grund immer wieder Löcher, Höhlen und tiefe Stellen ausgewaschen, die ihrerseits gefährliche Strudel erzeugen. Die Gauja gilt als einer der **gefährlichsten Flüsse** des Landes. Dies bedeutet natürlich nicht, dass man um sein Leben fürchten muss, sobald man aus dem Kajak fällt. Dennoch ist **größte Vorsicht** angebracht.

- **Informationen** bei allen Touristeninformationen in den jeweiligen Städten der Region (Cēsis, Sigulda, Valmiera).
- **Bootsfahrten:** Makara tūrisma birojs, Peldu iela 2, Tel. mobil 29244948, www.makars.lv. Am Campingplatz in Sigulda direkt an der Gauja. Organisation von Ausflügen auf der Gauja, Kanu- und Bootsverleih mit Abholung vom Ziel (z.B. Abholung von Cēsis 42 Ls pro Boot). River-Rafting für 10–60 Personen.

In der Nähe von Valmiera organisiert der Campingplatz Baiļi (siehe Valmiera) Rafting-Trips, außerdem Bootsverleih für Fahrten auf der Gauja. Auch der Campingplatz in Cēsis verleiht Boote.

Sigulda

Sigulda ist das Ziel fast jedes Lettland-Urlaubers, denn direkt vor den Toren der Stadt thront die berühmteste Burg des Landes: **Turaida.** Lettische Besucher und Touristen aus den sozialistischen „Bruderländern" machten Sigulda (deutsch: **Segewold**) bereits zu Sowjetzeiten zu einem lebhaften, internationalen Treffpunkt. Seit der lettischen Unabhängigkeit 1991 kamen immer mehr Touristen aus dem westlichen Ausland hinzu. Die Gesamtzahl der Besucher ist seither stetig gestiegen. Einwohner zählt der 53 Kilometer von Riga entfernte, kleine Ort nur etwas über 10.000.

Nach den Zerstörungen in beiden Weltkriegen war Sigulda den Launen der sowjetischen Architekturplaner ausgeliefert, blieb allerdings von hässlichen Blöcken und Plattenbauten weitgehend verschont. Es entstanden hauptsächlich kleinere, niedrige Häuser – passend zur Umgebung oft aus Holz. Eine malerische Altstadt oder urige Gassen sind hier dennoch nicht zu finden. Es reihen sich aber wichtige Sehenswürdigkeiten aneinander: vier Schlösser und Burgen, spektakuläre **Höhlen,** ein Hügel mit legendärem Blick auf einen weiten Bogen der Gauja und eine **Seilbahn** über den Strom von Hügel zu Hügel. Der **Wintersportort** Sigulda hat außerdem eine Bob- und eine Rodelbahn zu bieten. Die Lage inmitten des wunderschönen Gauja-Nationalparks ermöglicht Wanderungen, Radtouren und Flussfahrten in der Umgebung.

Stadtgeschichte

Sigulda spiegelt die wechselvolle Geschichte Lettlands perfekt wider: Der Stamm der **Liven** lebte im gesamten Gauja-Tal. Den wenigen erhaltenen Dokumenten zufolge soll es mehrere **hölzerne Burgen und Festungen** gegeben haben, unter anderem in Turaida. Die Liven bauten die Stellungen zur Verteidigung gegen die eindringenden Kreuzritter. Mindestens sieben Burghügel gab es in Sigulda und Umgebung. Mehrere mittelalterliche Friedhöfe legen Zeugnis ab für die großen Verluste.

Um das Jahr 1200 eroberten die **Kreuzritter** die Region. Die deutschsprachigen Kreuzritter erbauten die Ziegelfestung Segewold am linken Gauja-Ufer, um die Grenze zum bischöflichen Gebiet um Riga abzusichern. Es entstand ein kleines **Händlerdorf mit Ziegelsteinkirche** rund um die Festung. Ab 1266 gab es eine christliche Kirchengemeinde. Es folgte eine Zeit relativer Ruhe, in der sich die Siedlung vergrößerte.

Während des **Livländischen Krieges** (1558–83) wurde Sigulda gleich zweimal von russischen Truppen unter dem für seine Brutalität gefürchteten Zaren *Iwan dem Schrecklichen* eingenommen. Der letzte **Ordensmeister Gotthard Kettler** wandte sich 1561 hilfesuchend an das Königreich Polen-Litauen. Das gesamte Livland fiel daraufhin an die Doppelmonarchie, Sigulda wurde Provinzhauptstadt. Doch nur kurze Zeit später, zu Anfang des 17. Jh., tobte der **Polnisch-Schwedische** Krieg für lange 29 Jahre. Auch Sigulda war betroffen. Die Burg diente nun nicht mehr als Festung, sondern wurde zum Adelssitz. Mehrere Nebengebäude wurden hinzugefügt, zuletzt 1881 ein Wohngebäude, das den Namen **Neue Burg** erhielt.

Sigulda verlor für lange Zeit seine strategische Bedeutung und es wurde ruhig um die Region, die Ende des 18. Jh. unter die Kontrolle des russischen Zarenreiches geriet. Im 19. Jh. wurden eine große Straße von Riga nach Pleskau (russisch: Pskov) und eine Eisenbahnstrecke von Riga in die estnisch-lettische Grenzstadt Valka gebaut – plötzlich war Sigulda wieder mitten im Geschehen. Die Russen erkannten die einzigartig schöne Lage der Region und machten Sigulda zu einem Erholungsgebiet für Menschen aus weiten Teilen des Zarenreiches. Wanderungen, Rodelfahrten, Schloss- und Höhlenbesichtigungen zogen bereits damals die Privilegierten an, die sich die lange Reise aus den Tiefen Russlands leisten konnten. Der Ort sah mit den Hügeln und den vielen **schmuckvollen Holzhütten** ähnlich aus wie ein Städtchen in den Schweizer Alpen.

Doch während des Ersten Weltkriegs wurden viele Häuser zerstört. In der kurzen Zwischenkriegsperiode der lettischen Unabhängigkeit stellten die Bewohner ihren Ort wieder her. Erst in dieser Zeit, 1928, erhielt Sigulda erstmalig Stadtrechte zugesprochen. Die Burg wurde konfisziert und einer Schriftsteller- und Journalistenvereinigung als Sitz zur Verfügung gestellt. Während des Zweiten Weltkrieges wurde die Stadt erneut schwer beschädigt: Der Bahnhof, die Gauja-Brücke, die Freilichtbühne und viele weitere Bauwerke fielen den Angriffen zum Opfer.

Nach dem Krieg wurde Sigulda für Verwaltung, Kultur und Wirtschaft zur **Hauptstadt der Gauja-Region.** Industrie siedelte sich an. Das auf der anderen Gauja-Seite liegende Krimulda und Turaida gehörten nun zur Gemeinde. Seit 1969 verkehrt die Seilbahn über den Fluss nach Krimulda.

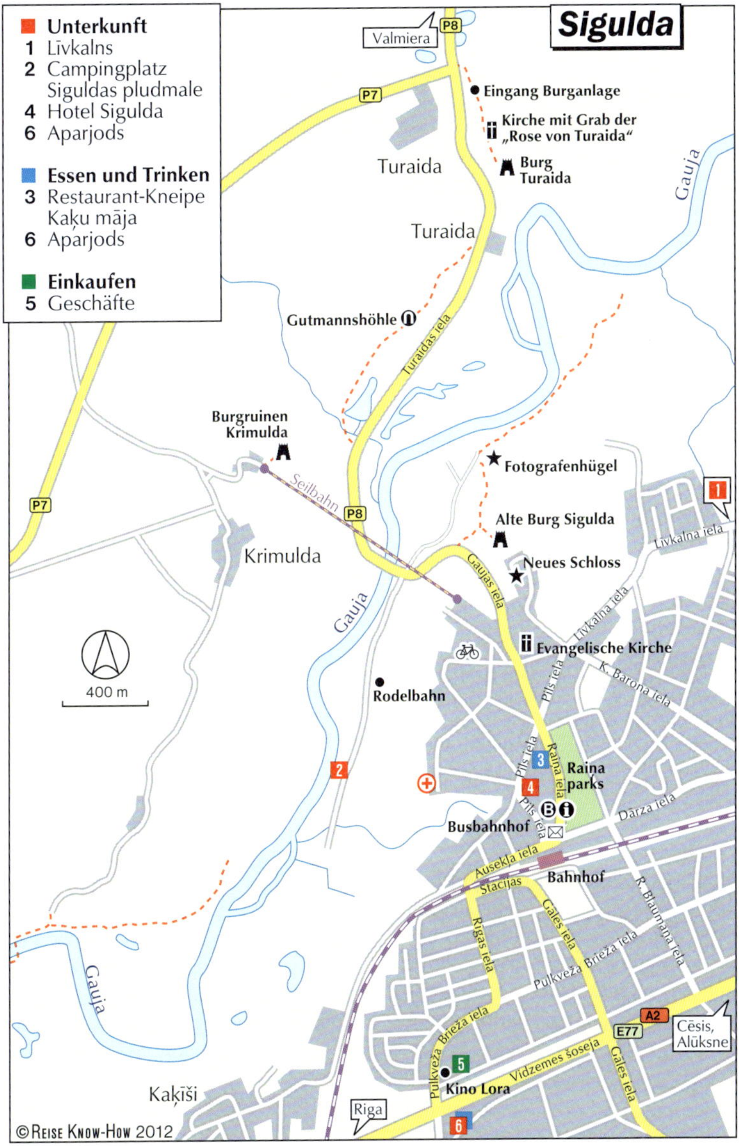
Sigulda
Unterkunft
1 Līvkalns
2 Campingplatz Siguldas pludmale
4 Hotel Sigulda
6 Aparjods
Essen und Trinken
3 Restaurant-Kneipe Kaķu māja
6 Aparjods
Einkaufen
5 Geschäfte
Valmiera
P8
P7
Eingang Burganlage
Kirche mit Grab der „Rose von Turaida“
Burg Turaida
Turaida
Turaida
Gauja
Gutmannshöhle
Turaidas iela
Burgruinen Krimulda
Seilbahn
Fotografenhügel
Alte Burg Sigulda
Neues Schloss
Līvkalna iela
Krimulda
Gaujas iela
Gauja
Evangelische Kirche
Līvkalna iela
K. Barona iela
Pils iela
400 m
Rodelbahn
Pils iela
Raiņa iela
Raiņa parks
Pils iela
Busbahnhof
Dārza iela
Ausekļa iela
Stacijas
Bahnhof
Gāles iela
R. Blaumaņa iela
Rīgas iela
Pulkveža Brieža iela
Gauja
Pulkveža Brieža iela
A2
E77
Cēsis, Alūksne
Vidzemes šoseja
Gāles iela
Kino Lora
Kaķīši
Riga
©Reise Know-How 2012

Sehenswertes

Der eigentliche Ortskern von Sigulda liegt um die Raiņa iela herum. Ein kleiner Spaziergang durch die Gassen und Straßen eröffnet keine spektakulären Sehenswürdigkeiten. Im **Raiņa parks,** der sich an die Straße schmiegt, lädt ein Minigolfplatz zur Zerstreuung ein. Näher am Fluss ändert die Raiņa iela ihren Namen in Gaujas iela. Direkt an der Straßenecke zur Baznīcas iela liegt rechts die **evangelische Kirche** (Luteranu baznīca).

Seilbahn

Nach links führt ein Weg zur nahe gelegenen Seilbahn, die in einem gewaltigen Bogen über den Fluss hinüber nach Krimulda (s.u.) schwebt. Eine Fahrt lohnt sich, die großen Gondeln gleiten hoch über dem Wasser von Hügel zu Hügel.

- **Trošu ceļš,** Fahrzeiten: Mo–Do 10–19.30, Fr–So 10–18.30 Uhr alle halbe Stunde, teilweise nur einmal pro Stunde, Preis 2 Ls, am Wochenende 2,50 Ls, www.lgk.lv. Auch im Angebot: **Bungee Jumping,** Fr ab 18.30 Uhr (20 Ls), Sa und So ab 18.30 Uhr (25 Ls), www.bungee.lv.

Neues Schloss und Burg Sigulda

Dort, wo die Gaujas iela sich zum Fluss abwärts schlängelt, liegt rechts das schmucke Neue Schloss mit dazu gehörigem **Park.** Heute ist ein großes, schickes Restaurant darin untergebracht mit einer schönen Terrasse auf der Rückseite. In diesem Gebäude aus dem 18. Jh. lag einst die Residenz der in dieser Region bedeutenden Kropotkin-Familie. Frisch Vermählte lassen sich hier gern fotografieren oder laden zum Essen ein.

Direkt hinter dem Schlösschen liegen die **Ruinen** der alten Schwertbrüder-Ordensburg aus dem 13. Jh. (Siguldas pilsdrupas). Von den sehenswerten Überbleibseln sind das Eingangstor sowie die Brücke über den Burggraben recht gut erhalten.

Zum Neuen Schloss und den Ruinen muss man bereits bei der Kirche in die Baznicas iela rechts abbiegen und dann gleich wieder links. Wer diesen Abzweig verpasst, fährt bereits auf der Hauptstraße zur Gauja hinunter. Nur noch ein Fußweg führt dann rechts direkt zum Schloss.

Fotografenhügel

Bietet das Gelände der Burgruine schon malerische Aussichten auf den Fluss, so lässt sich das Panorama durch einen weiteren kleinen Spaziergang von dort noch beeindruckender gestalten: mit dem einzigartigen Blick vom sogenannten Maler- oder Fotografenhügel über den **Gauja-Bogen** von Sigulda. Die Natur bietet hier tatsächlich ein Postkartenmotiv mit den dicht von dunkelgrünen Bäumen bewachsenen Hügeln und der rot leuchtenden Burg Turaida in nicht allzu weiter Entfernung. Man kann das Auto am Parkplatz abstellen und muss noch ein Stückchen auf einem markierten Weg zu Fuß gehen.

Burg Turaida über der Gauja

Rodelbahn

Vor dem Fluss, wo von der Gaujas iela der Pfad zum Fotografenhügel rechts abzweigt, beginnt links die Peldu iela, die an der Gauja entlangführt. Hier gelangt man zur Sommerrodelbahn (Rodeļu trase) – besonders für Kinder ein großer Spaß: Mit einem Sessellift gelangen die Rodelwilligen den Hügel hinauf. Von oben geht es dann in Seifenkisten auf einer gewundenen Bahn wieder bergab (Fahrt 2 Ls). Als Alternative kann man auch oben starten (Zufahrt über die Raiņa iela im Stadtzentrum) und zu Fuß den Hügel wieder hinaufklettern. Neben der Rodelbahn wurde ein kleiner **Abenteuerpark** eröffnet.

Ein Stückchen hinter der Rodelbahn liegt direkt an der Peldu iela und an der Gauja ein Campingplatz (s.u.). Im Winter wird aus diesem Hügel ein kleines **Skigebiet.** Dann wird der Sessellift erst so richtig genutzt.

Höhlen

Die Hauptstraße Gaujas iela führt auf einer großen Brücke über den Fluss und dann in einer Rechtsbiegung an der Gauja entlang. Es geht relativ steil bergauf. Links von der Trasse verstecken sich nach einem guten Kilometer drei faszinierende Höhlen (Zugang vom Parkplatz auf der rechten Straßenseite und dann zu Fuß durch einen Tunnel). Sie sind frei zugänglich und kosten keinen Eintritt.

Die 19 Meter tiefe und bis zu zehn Meter hohe **Gutmannshöhle** ist die größte ihrer Art im höhlenreichen Lett-

070le Foto: mk

Die tragische Legende der Rose von Turaida

Unterwegs zur Burg Turaida führt der Weg an einer bescheidenen **evangelischen Kirche** aus dem Jahr 1750 vorbei, einer der ältesten Holzkirchen in Lettland. Sie ist nicht nur ein Teil des Burgmuseums: Zweimal im Monat werden hier immer noch Messen abgehalten. Neben der Kirche liegt ein **mittelalterlicher Livenfriedhof.** Doch ein einzelnes, symbolisches Grab zieht die gesamte Aufmerksamkeit auf sich: das der Rose von Turaida. Hier liegen immer neue Blumen, meist von frisch vermählten Paaren gebracht. Auf dem **Grabstein** stehen die Jahreszahlen 1601–1620.

Die Rose von Turaida war ein wunderschönes Mädchen namens Māja. Sie wies viele Verehrer ab, die um ihre Hand anhielten. Doch als sie 19 Jahre alt wurde, verliebte sie sich in den jungen Gärtner Viktor aus der Umgebung von Sigulda. Die beiden wählten eine Höhle in der Nähe als ihr kleines Liebesnest. Wie groß aber war seine Verzweiflung, als Viktor seine Liebste eines Tages mit durchschnittener Kehle in der Höhle vorfand. Es stellte sich heraus, dass der junge polnische Offizier Adam Jakubowski, der in der Burg diente, die Tat begangen hatte. Er war ebenfalls unsterblich in das Mädchen verliebt gewesen und raste vor Eifersucht. Er schleppte Māja, die seine Avancen abblockte, zur besagten Höhle und wollte Gewalt anwenden. Da präsentierte Māja in ihrer Not Jakubowski ein Tuch, das ihn angeblich vor jeglicher Verletzung durch ein Schwert schützen sollte. Māja wollte die Wirkung des Tuches an sich selbst demonstrieren. Der Offizier schlug zu – und das Mädchen stürzte leblos zu Boden. Der schockierte Totschläger rannte in den Wald und erhängte sich an einem Baum.

071le Foto: mk

Über viele Jahre wurde diese Geschichte als romantische und herzzerreißende Legende betrachtet. Doch im 19. Jh. änderte ein sensationeller Zufallsfund im Keller des Schlosses von Riga diese Auffassung: Es tauchten Dokumente über einen Mordprozess in der Gutmannshöhle bei Turaida auf. Vielleicht steckt also doch eine Portion Wahrheit in dieser Legende?

land und sogar im gesamten Baltikum. Dort soll sich die junge Māja, die „Rose von Turaida", mit ihrem Geliebten getroffen haben und dort starb sie auch tragisch (siehe Exkurs). Eine weitere Legende verbindet sich mit dieser Höhle: Ein Wunderheiler soll hier einst gewirkt haben – und zwar noch zu Zeiten, als die deutsche Sprache in dieser Region dominierte. Daher die Bezeichnung „Gutmannshöhle" (auf Lettisch abgewandelt *Gutmana ala*). Dieser Begriff ist mit der Gegend so verwurzelt, dass Versuche, einen lettischen Namen durchzusetzen, von der Bevölkerung ignoriert wurden und damit scheiterten.

Auf die nur wenige Schritte dahinter liegende Höhle **Viktora ala** folgt die **Maza ala.** Sie soll dem Mythos zufolge von Luzifer persönlich ausgeschlagen worden sein, als er sich vor der Sonne schützen wollte. Daher die Bezeichnung „Teufelshöhle".

Burg Turaida

Einige hundert Meter weiter ist bereits die **berühmteste Burg Lettlands** erreicht, die imposante mittelalterliche Burg Turaida. Leuchtend rot thront sie auf einem hohen Hügel über der Gauja und erfüllt alle geschichtsbewussten Letten mit Stolz.

Albert, der damals mächtige Erzbischof von Riga mit großem Einflussgebiet, ließ das Bauwerk 1214 dort errichten, wo einst eine hölzerne Burg der Liven gestanden hatte. Dies war gängige Praxis, auch die Burg von Cēsis steht an einem historischen Schauplatz. Wie andere Kreuzritterburgen entstand die Festung im gotischen Stil aus **roten Ziegelsteinen.** Sie wurde im Laufe der Jahrhunderte erweitert und fiel 1776 einem verheerenden Großbrand zum Opfer und verkam. Erst in den 1970er Jahren wurden Restaurierungsarbeiten aufgenommen, die sehr lange andauerten. Die Letten spotteten schon über das langsame Tempo der Wiederbelebung Turaidas, doch seit wenigen Jahren ist das Werk weitgehend vollbracht.

Dominiert wird die nun wieder strahlende Anlage vom gewaltigen **Nordturm,** der mit 38,50 Metern in den Himmel ragt. Seine Mauern sind unglaubliche 3,70 Meter dick. Eine schmale Steintreppe führt ganz hinauf. Der Turmaufstieg ist wegen der atemberaubenden Aussicht auf die Burg, die Gauja und die grüne Umgebung ein Muss.

Schon am Eingang der Burg begrüßen Frauen in traditionellen Gewändern stilecht die Touristen. Die gesamte Burganlage mit Umgebung ist in einem „Museumsreservat" zusammengefasst. Dieses enthält auch die Kirche von Turaida und den **Grabstein der legendären „Rose von Turaida",** die im Herzen jedes Letten einen besonderen Platz einnimmt. Die Lebensgeschichte dieses Mädchens ist so ergreifend wie kurz (siehe Exkurs).

Die zur Burg Turaida gehörenden Wirtschaftsgebäude wurden alle restauriert. Einige von ihnen sind schon gut zwei Jahrhunderte alt. Und sie stehen nicht leer: In der **Schmiede** können Besucher die Arbeiten bewundern – inklusive einer Ausstellung von Schmiedeprodukten und -werkzeugen. Auch das Verwaltungsgebäude, das Bade-, das Hunde- sowie das Fischerhaus können besichtigt werden.

Auf dem Dainu-Hügel lädt der **Park der Volkslieder** zum Spaziergang ein. Der Hügel ist eines der Symbole der lettischen Unabhängigkeit. Jahrelang kamen an den Sommerwochenenden Folkloresänger und -gruppen hierher, um die nationale Identität zu festigen und zu stärken.

Von der Spitze des **Hauptturms** eröffnet sich ein herausragender Blick

0721e Foto: mk

Mit der Seilbahn von Sigulda nach Krimulda

auf den Fluss, der sich durch ein tiefes Tal windet, und auf das Grün der Bäume, so weit das Auge reicht. Im Inneren des Turms erläutert eine kleine **Ausstellung** die detaillierte Geschichte der Burg und ihrer Umgebung. Neben dem Turm wird im **Speicher** das Leben der Einwohner im 18. Jh. demonstriert. In der ersten Etage rekonstruierte man den Arbeitsraum eines der einflussreichen Rigaer Bischöfe aus dem 16. Jh.

Noch heute haben die Mächtigen des Landes ein besonderes Verhältnis zu Turaida. Als die beliebte Präsidentin *Vaira Vīķe-Freiberga* im Juli 2007 ihr Amt verließ, schickten Zehntausende von Letten Blumen nach Turaida oder kamen selbst her, als auf dem Gelände ein großes Abschiedsfest für das Staatsoberhaupt gefeiert wurde.

- **Turaidas pils,** Turaidas iela 10, Tel. (6)797 1402, www.turaida-muzejs.lv, Eintritt 3 Ls, geöffnet täglich 10–18 Uhr, November bis April bis 17 Uhr.

Krimulda

In Krimulda, das man am einfachsten mit der **Seilbahn** von Sigulda aus erreichen kann, harren ebenfalls **Burgruinen** (Krimuldas pilsdrupas) der Besichtigung. Wer mit dem Auto den Weg nach Krimulda antreten will, muss über Turaida fahren, links abbiegen und nochmals links den kleinen Berg nach Krimulda hinauffahren. Die Burg wurde Mitte des 13. Jh. von Bischof *Albert II.* erbaut. 1601 wurde sie im Krieg niedergebrannt und trotz ihrer strategisch günstigen Lage nahe der Burg Turaida bis heute nie wieder aufgebaut oder saniert. Dementsprechend wenig ist von ihr übrig geblieben. Umso schöner ist das hinter ihr liegende Panorama von Sigulda, Turaida und des Gauja-Tals.

Von Krimulda führt die kleine Straße noch fast drei Kilometer weiter durch die Wälder zu einem Parkplatz. Von dort kann man zur Gauja hinabsteigen und eine weitere **Höhle** besichtigen (Velna ala). Ganz in der Nähe führt eine Fußgängerbrücke auf die Sigulda-Seite des Flusses. Hier ist man wieder gegenüber von Sigulda angekommen und kann den Kreis schließen.

Praktische Tipps

Information

- **Touristeninformation,** Raiņa iela 3, Tel. (6)7971335, www.tourism.sigulda.lv, täglich 9–19 Uhr, November bis April Mo–Fr 9–18 Uhr, Sa, So 9–17 Uhr, neu eingerichtet in einem Büro neben dem Busbahnhof. Breites Angebot an Prospekten und Informationsmaterial über Sigulda, Turaida, Nationalpark Gauja, die gesamte Region und ganz Lettland. Verkauf von Postkarten und Souvenirs. Organisation von Führungen, Ausflügen und Touren, Hilfe bei Fahrradausleihe, Autovermietung etc.

Behinderte

Sigulda mit seinen vielen Hügeln und Burgen ist für Rollstuhlfahrer ein schwieriges Terrain. Allerdings kann man bei den meisten Sehenswürdigkeiten und Aussichtspunkten mit dem Auto vorfahren. Auf dem Gelände der Burg von Turaida steht dem Besuch von Rollstuhlfahrern nichts im Wege (außer den Steigungen).

Notfälle und nützliche Adressen

- **Apotheke:** Pils iela 3, Tel. (6)7970910.
- **Krankenhaus:** Lakstīgalas iela 13, Tel. (6)7976933.
- **Polizei:** Miera iela 1, Tel. (6)7971253.
- **Post:** Pils iela 2, Tel. (6)7971740, Mo–Fr 8–19 Uhr, Sa 8–16 Uhr.

Geld

Geld kann werktags in allen Bankfilialen gewechselt werden. Es gibt zahlreiche Geldautomaten. Die meisten Hotels und Restaurants in Sigulda akzeptieren Kreditkarten (VISA, MasterCard), kleinere Lokale und Läden aber nicht immer.

Unterkunft

- **Hotel Sigulda,** Pils iela 6, Tel. (6)7972263, www.hotelsigulda.lv. Im Zentrum von Sigulda, nahe an Bahnhof und Busbahnhof in schönem Gebäude, sehr gehobenes Niveau, geräumige, schön ausgestattete Zimmer. Im Hause auch Restaurant, Sauna und Konferenzsäle. DZ ab 35 Ls.
- **Hotel Santa,** Tel. (6)7705271, www.hotelsanta.lv. Gemütliches Hotel außerhalb von Sigulda an der Straße Riga – Cēsis, direkt hinter dem Abzweig nach Sigulda, aus Riga kommend auf der rechten Seite. Mit Restaurant, Bar, Sauna, Konferenzsaal, Organisation von Ausflügen in den Gauja-Nationalpark, Pferdereiten, Ballonfahrten. DZ ab 30 Ls.
- **Hostel Laurenči,** Laurenču iela, Tel. (6)7971852. Außerhalb des Stadtkerns in westlicher Richtung (also Fernziel Riga). 55 anständige, saubere Schlafplätze, schon ab 2 Ls pro Person.
- **Līvkalns,** Pēteralas iela, Tel. (6)7970916, www.livkalns.lv. Angenehme Unterkunft der gehobenen Klasse nahe der Peterhöhle (Pētersala). Restaurant mit schönem Speisesaal und traditionellem Essen. DZ ab 25 Ls, zur Auswahl auch Deluxe-Zimmer mit Jacuzzi.

Camping

- **Siguldas pludmale,** Peldu iela 2, Tel. mobil 29244948, www.makars.lv. Nicht allzu großer Campingplatz, unterhalb der Rodelbahn und direkt an der Gauja gelegen, nur wenige Hundert Meter zum Zentrum und zur Gauja-Brücke in Richtung der Burg Turaida. Stellplätze für Wohnmobile und Zelte, einige Zimmer im Gebäude, Picknick- und Grillplatz. Wenn man abends ankommt oder gerade kein Angestellter in Sichtweite ist, kann man das Zelt schon mal aufbauen. Organisation von Ausflügen auf der Gauja, Kanu- oder Bootsverleih (s. „Sport und Erholung").

Essen und Trinken

- **Aparjods,** Ventas iela 1a, Tel. (6)7974414, www.aparjods.lv, täglich 12–24 Uhr. Großes Ensemble hübscher Landhäuser mit Reetdächern. Rustikal mit Steinmauern, Holzbalken und Kamin in gehobener Atmosphäre. Akzeptable Preise (etwa 10 Ls für ein Mittagsgericht). Zur Anlage gehört ein schönes **Hotel** (Tel. (6)7972230, DZ ab 33 Ls).

●**Kaķu māja** (Cathouse), Pils iela 8, Tel. mobil 29150104, www.cathouse.lv, täglich 9–23 Uhr. In diesem „Katzenhaus" direkt im Zentrum kann man in lockerer Atmosphäre sowohl günstig und anständig essen als auch am Abend einfach ein Bier oder an der Bar Cocktails trinken. Am Wochenende Tanz. Mit Billardtisch und angeschlossener Bäckerei. Auch Vermietung von gemütlichen **Appartements** (20 Ls für zwei Personen, Zustellbett 5 Ls).

Direkt daneben liegt eine weitere Kneipe mit Namen **Trīs Draugi.**

●**Zaļumnieku piestātne,** Pils iela 9, Tel. mobil 29150104, www.cathouse.lv, täglich 10–23 Uhr, gleich gegenüber dem „Katzenhaus" und im selben Besitz. Gemütliches, günstiges Lokal mit typischen, einfachen Speisen und Sitzplätzen unter freiem Himmel im Grünen. Ein Teil mit Bedienung am Tisch, ein Teil mit Selbstbedienung. Kleiner Kinderspielplatz.

Einkaufen

●An der A2 von Riga, beim Abzweig zum Zentrum (Strēlnieku iela 2, www.kinolora.lv), wurde ein großes Gebäude mit dem **Kino Lora** sowie einer Reihe von **Geschäften und Lokalen** eröffnet, etwa für Bekleidung oder Geschenkartikel.

Feste und Veranstaltungen

Die Burg von Turaida ist jedes Jahr Schauplatz wichtiger kultureller und politischer Veranstaltungen. So eröffnete der deutschbaltische Geiger *Gidon Kremer* hier im Sommer 2008 das Festival seines Ensembles „Cremerata Baltica". Das nahe gelegene Turaida zieht einiges an Aufmerksamkeit auf sich, weswegen es in Sigulda selbst vergleichsweise ruhig zugeht.

Sport und Erholung

Die Touristeninformation gibt Auskunft über die vielfältigen Möglichkeiten für Wanderungen, Radtouren und Flussfahrten mit Start in Sigulda.

●**Bootsfahrten:** Makara tūrisma birojs, Peldu iela 2, Tel. mobil 29244948. An dem oben erwähnten Campingplatz direkt an der Gauja. Organisation von Ausflügen auf der Gauja, Kanu- und Bootsverleih mit Abholung vom Ziel (z.B. Transport nach Cēsis 38 Ls pro Boot). River-Rafting für 10–60 Personen.

●**Reiten:** Turaidas staļļi, Turaidas iela 10, Tel. mobil 29268457. Pferdereiten sowie Kutsch- und im Winter Schlittenfahrten nahe der Burg Turaida.

●**Fahrradverleih:** Velo Noma, Cēsu iela 15, Tel. mobil 29644800.

Verkehrsverbindungen

●**Bahn:** Züge von und nach Riga (Fahrzeit 1 Std.) verkehren mindestens 4-mal täglich, von und nach Cēsis dauert es ebenfalls eine Stunde. Die Züge aus Riga fahren weiter nach Cēsis. Der Bahnhof liegt nicht ganz im Zentrum, sondern am Ende der Raiņa iela, die man einen guten Kilometer entlanglaufen muss, um zum Ortskern zu gelangen.

●**Bus:** Der Busbahnhof (Autoosta, Raiņa iela 3, Tel. (6)7972106)) liegt kaum näher am Zentrum als der Bahnhof am Anfang der Raiņa iela. Es verkehren täglich etwa 20 Busse von und nach Riga (Fahrzeit ungefähr eine Stunde, Preis ca. 1 Ls). Fast ebenso viele Verbindungen gibt es nach Cēsis. Auch andere Städte in der Region Vidzeme wie Valmiera und Limbaži werden regelmäßig bedient.

Umgebung von Sigulda

Schloss Bīriņi

Auf der P9 in Richtung Limbaži (zu erreichen vom Stadtzentrum Siguldas über die P7 in Richtung Küste) sind gleich zwei Paläste zu bestaunen, der erste von ihnen nach 18 Kilometern in der Ortschaft Bīriņi. Das Schlösschen ist außergewöhnlich schön in einem großen, grünen **Landschaftspark** und am malerischen Bogen des kleinen Flusses gelegen. Das Gebäude selbst besticht ebenfalls. Es wurde 1860 gebaut, doch ein klarer Baustil ist nicht

073le Foto: mk

auszumachen – Eklektizismus heißt diese Mischung verschiedener Stile. Die braunrote Fassade mit dem weißen Fensterschmuck und dem ebenfalls weißen Säulenportal ist komplett erneuert worden, ein winziger und ein etwas größerer Turm ragen in die Höhe. Der terrassenartig zum Fluss hin abfallende englische Rasen mit den streng rechteckig angelegten Spazierwegen ist ebenso reizvoll wie das Ufer inklusive Bootsanleger.

Nicht weniger attraktiv präsentiert sich das **stilvoll eingerichtete Innere** des Palastes mit den Parkettfußböden, geschwungenen Holztreppen und -säulen und schweren Vorhängen an den großen Fenstern. Die schönste Art, das Innenleben des Gebäudes unter die Lupe zu nehmen, ist eine Übernachtung im hauseigenen **Hotel.** Ein nobler Speisesaal und ein Konferenzraum fehlen ebenso wenig wie eine traditionelle lettische Sauna mit Swimmingpool zum Abkühlen. Sympathisch: Frisch vermählte erhalten im Hotel ein Sonderangebot. Die Besitzer bieten auch die Organisation von Touren und Ausflügen an. Eine kleine Kuriosität des Palastes von Bīriņi ist das steinerne Einfahrtstor. Betrachtet man es von der Seite, stellt sich heraus,

Schloss Bīriņi bietet stilvolle Übernachtungsmöglichkeiten

dass es in sich völlig schief steht, was von vorn gar nicht zu sehen ist.

- **Bīriņu pils,** Region Limbaži, Tel. (6)402 403, www.birinupils.lv. Im schicken Gärtnerhaus sind Doppelzimmer in der Nebensaison ab 48 Ls, in der Hauptsaison ab 58 Ls erhältlich. Schloss Bīriņi besitzt außerdem ein feines **Restaurant** in unvergleichlicher Atmosphäre mit gehobenen, aber nicht überteuerten Preisen (Tel. (6)4024033, tgl. 13–21 Uhr). Es werden zu 100 % biologische Lebensmittel verarbeitet.

Schloss Igate

Weitere gut 15 Kilometer auf der P9 in Richtung Limbaži folgt das Neorenaissance-Schlösschen von Igate aus dem Jahre 1880, das von Limbaži ebenfalls gut zu erreichen ist. Auch dieses Gebäude mit der gelb-weißen Fassade wurde erst kürzlich renoviert. Es ist umgeben von einem schönen Landschaftspark. Hier stehen **Gästezimmer** zur Verfügung – allerdings nicht im Palast selbst, sondern in einem Nebengebäude – und es werden Veranstaltungen sowie Ausflüge für die Gäste organisiert.

- **Igates pils,** Tel. mobil 29245500, www.igatespils. lv. Im Schlösschen von Igate sind die Zimmer etwas einfacher, aber durchaus sehr elegant, ab 35 Ls.

Valmiera

Das ziemlich genau 100 Kilometer von Riga entfernte und wie Cēsis und Sigulda im schönen **Gauja-Tal** gelegene Valmiera kann sich nicht unbedingt als die touristisch wichtigste Stadt von Vidzeme bezeichnen, doch mit knapp 30.000 Einwohnern immerhin als die größte. Die **Hauptstadt der Region Vidzeme** ist nicht nur Anfangs- und Endpunkt vieler Gauja-Touren mit Booten und Kajaks, sondern auch der berühmten Fahrradroute von und nach Cēsis. Von Valmiera führen Straßen in alle Himmelsrichtungen zu weiteren herausragenden Sehenswürdigkeiten. Daher bietet sich eine Übernachtung in Valmiera an – besonders für alle, die es etwas weniger touristisch mögen. Die Stadt selbst ist mit ihrer imposanten gotischen Simonskirche, den Resten der alten Livenburg und dem großen, zeitgenössischen Marktplatz mindestens einen ausführlichen Zwischenstopp wert.

Stadtgeschichte

Bereits vor 9000 Jahren siedelten Menschen auf dem Gebiet Valmieras. Wie überall in Vidzeme begann alles mit den in der Region ansässigen Liven-Stämmen, die sich im 12. Jh. gegen die Angriffe der Kreuzritter wehrten. Im Jahre 1224 ergab sich die damalige Siedlung dem Schwertbrüderorden, der den Ort **Wolmar** nannte und eine Burg errichtete. Es folgten Wohnhäuser und 1282 der Bau der Simonskirche. Dokumente belegen, dass der Ort bereits 1323 von einem Magistrat regiert wurde. Damit ist Valmiera eine der ältesten Städte des Landes.

Vom 14. bis 16. Jh. war Wolmar Mitglied der einflussreichen **Hanse,** was zu einer gewaltigen Bereicherung des Ortes führte. Während der Nordischen Kriege wurde es zerstört und brannte 1702 fast völlig nieder. Zu Sowjetzeiten lag der **Luftwaffenstützpunkt Liepas** ganz in der Nähe. Erst nach der Wende rückte die Kreisstadt wieder stärker in den Mittelpunkt - besonders wegen der touristisch attraktiven Lage an der Gauja und im dazugehörigen Nationalpark.

Sehenswertes

Valmiera macht im Gegensatz zu Sigulda oder Cēsis einen städtischen Eindruck - schon bei der Einfahrt über die weitläufige Umgehungsstraße mit riesigen Kreisverkehren, die Durchgangsverkehr aus dem Zentrum heraushalten. Eine alte, urige Stadtmitte sucht man hier vergebens.

Simonskirche

Die hohe Simonskirche (Bruņinieku iela 2, tgl. außer Mo 11–17, So 10–14 Uhr) dominiert das Ortsbild. Sie thront an einer scharfen Kurve der Hauptstraße. Jeder Autofahrer steuert also direkt auf das evangelische Gotteshaus mit dem Turm aus roten Ziegelsteinen zu, das bis heute weitgehend in seiner damaligen Form erhalten ist - eines der **ältesten gemauerten Bauwerke Lettlands.** Das Kirchenschiff ist weiß verputzt und trägt ein rotes Dach im Barockstil. Das romanische Eingangsportal an der Westseite stammt aus dem 13. Jh. und ist damit der älteste Teil des Gebäudes. Eine Eigenart besteht darin, dass **zwei Kanonenkugeln** aus dem Polnisch-Schwedischen Krieg in die Nordwand eingemauert sind. Das Innere der dreischiffigen Simonskirche ist bescheiden und ohne jede Art von Prunk gehalten, ganz wie es das schlichte Äußere erwarten lässt.

Ordensburg

Hinter der Kirche verstecken sich ein Hof die Ruinen der Ordensburg von Valmiera (Bruņinieku iela), die nur sehr spärlich erhalten sind. Die **Mauerreste** geben aber einen Einblick in die erstaunlichen Dimensionen der ehemaligen Festung: Bis zu vier Meter dick waren ihre massiven Wälle, als die Schwertbrüder im 13. Jh. das Bauwerk errichten ließen.

Regionalmuseum

Auf dem stillen Hinterhof direkt neben den Burgresten wurde ein modernes Gebäude aus Glas und Ziegelstein errichtet, in dem das Regionalmuseum Valmiera (Bruņinieku iela 3, Tel. (6)42 23620) seinen Platz hat. Es gibt Auskunft über die Geschichte Valmieras und der Umgebung, unter anderem an Hand einer Postkartensammlung mit Stadtmotiven aus dem 19. Jh.

Stadtpark

Einen Steinwurf weiter auf der Hauptstraße stadtauswärts liegt links der Stadtpark mit dem Mühlenteich

A
B
1
2
3
Rīgas
Jūras
Līcis
Arumetsa
Krundiküla
Jaagupi
Kabli
Massiaru
Urissaare
Nigula looduskaitseala
Tali
Veelikse
Jäärja
Sookuninga looduskaitseala
Lanksaare
Tuuliku
Ipiku skola
Ramata
Saprasa
Ipiķi
Ramatas Lielezers
Sokas ez.
Saklauru purvs
Ramata
Vērsis
Vilpulka
Treimani
Metsapoole
Ikla
Ainaži
Mērnieki
Rozēni
Glažupe
Valmieras
Blankas
Idus
Ige
Ska aiskalns
Mazsalaca
Skaņkalne
Sēļi
Salaca
Vīķi
Sarkanās klintis
Staicele
Karogi
Kuiviži
Zonepe
Stābeģi
Vecate
Koškele (Austrumi)
Vecsalaca
Korģene
Jogla
Ungurpils
Aloja
Braslava
Bauņi
Salacgrīva
Smilgas
Urga
Vilzēni
Kuikule
Svētciems
Libiešu upuralas
Lauvas
Svētupe
Pāle
Limbažu
Matīši
Puikule
Buiva
Kirbiži
Ārciems
Puikules st.
Ozolmuiža
Vākšēni
Vitrupe
Bridaga
Rūkas
Ozoli
Jaunburtnieki
Dikļi
Dzeņi
Škirstiņi
Ātere
Vitrupe
Viļkene
Rustūži
Ludinupe
Tiegaži
Pociems
Bērzaine
Priedes
Zilaiskalns
Melbārži
rajons
Katvari
Augstrozes Lielezers
Dauguļi
Zilaiskalns
Ķurmrags
Ežergu klintis
Ozolaine
Umurga
Mežciems
Limbaži
Oliņi
Mazbrenguli
Tūja
Jelgavkrast
Tūjasmuiža
Limbažu Lielezers
Rotenbergi
Augstrozes muiža
Lembuži
Prinkas
Jumpravmuiža
Brasla
Vainiži
Liepupe
Lāde
Kalnmuiža
Daibe
Duntes sk.
Stiene
Mustkalni
Kaijciems
Lādes ez.
Lādezers
Rozula
Lenči
Dunte
Inte
Pemmas
Skultes muiža
Vārzas
Age
Aijaži
Kūdums
Īgates pils
Aijažu ez.
purvs
Straupe
Stalbe
Unguri
Plācis
Lauču akmens
Vidriži
Mandagas
Ungura ez.
Auciems
Kišupe
Juglas
Gaujas nacionālais parks
Gravas
Skulte
Zvejniekciems
Lēdurga
Lēdurgas dendroparks
Lielstraupe
Raiskums
LATV
A 1
E 67
4
P 15
P 12
P 13
P 16
P 21
P 11
P 14
P 9
A 3

Pori
Leebiku
Purtsi
Puka
Penuja
Ärikula
Rutu m.
144
Rubina looduskaitseala
Linna
Otepää looduspark
Arakste
Laatre
Lode
Ruhijärv
Ala
Helme
Tõrva
Soontaga
Adu
Taagepera
Patküla
Priipalu
Lilli
Unguriņi
Tündre looduskaitseala
Kalme
E E S T I
Holdre
Keeni
Doles
Rūja
Koorküla
Jeti
Atamõisa
Lota
Koņi
Virķēni
Ērgļi
Ērmi
Ērviņi
Ērķi
Uniküla
Õru
Ēriņi
Hummuli
V. Emajõgi
Õruste
Lossiküla
Kalnakrogs
Piksāri
Rūjiena
Jeri
Naukšēni
Acupīte
Omuļi
Staļi
Piiri
Tsirguliina
Laatre
ndzele
Sooru
Tõlliste
Rikanda
Iigaste
Nurmi
Kārķi
Ērģeme
Pedele
Pedel
Veckārķi
Oleri
Valka
Valga
Seda
Kaagjärve
rajons
Ķemere
Vēveri
Lugaži
Lüllemäe
Burtnieks
Rencēnmuiža
Daksti
Turna
Seda
Rencēni
Dūras
LATVIJA
Sēļi
Saule
Zīle
Koikküla
Burtnieki
Lizdēni
Jērcēni
Ēvele
Valkas
Penči
Sauļi
Seda
Koiva
Strenči
Šalkas
Laanemetsa
Pidriķis
Buka
Gauja
Ķeiži
Sipi
Ūdriņas
rajons
Vijciems
Tožas
Valmiermuiža
Rūpnieki
Jaunklidzis
Salainis
Zaķi
Putras
Bāci
Trikāta
Stepi (Kalnaine)
Dūķeri
Brenguļi
Viški
Plāņi
Loberģi
Koceni
Valmiera
92
Jēņu k.
Aumeistari
Cempi
Kačori
Kauguri
Dutka
Bilska
Grundzāles muiža
Jaunvāle
Bikšēja
Abuls
Pubulupe
Rubene
Līči
Mūrmuiža
Nigra
Mēri muiža
Grundzāle
Lisa
Brutuļi
Zeltiņi
Mēri
Vizla
Sietiņiezis
Blome
Kalnamuiža
Vaidava
Starti
Smiltene
Rauza
Mārsnēni
Vidzeme
Silva
Vija
Sarkaņi
Sikuļi
Rauza
Palsmane
Miglāci
Rozes
Lembis
Mežmuiža
Kalēja ala
Ērsģelu klintis
Liepa
Rauna
Nigra
Palsa
Vizla
Vidaga
Šepka
Pieškalni
Cimza
Branti
Rauziņa
Kempes
Jaunraunas muiža
Jānmuiža
Dukuri
Rauna
Launkalne
Ķeņģi
V ariņi
Priekuļi
Cēsis
C
D
1
2
3
A 3
A 2
E 77
P 17
P 16
P 18
P 20
P 22
P 23
P 24
P 25
P 27
P 28
P 29
P 30
54
67
69
72
73

samt Wasserfontäne in der Mitte - eine willkommene Naturoase im sonst eher grauen Stadtbild. Der Name des Teiches stammt von einer Wassermühle, die hier vom 17. Jh. bis 1937 in Betrieb war.

Praktische Tipps

Information

- **Touristeninformation,** Rīgas iela 10, Tel. (6)4207177, visit.valmiera.lv/en, mit Internetzugang, Juni bis August Mo–Fr 9–18, Sa 10–17, So 10–15 Uhr, September bis Mai Mo–Fr 9–18, Sa 10–15 Uhr.

Behinderte

Die Burgruinen, die Simonskirche und den Park von Valmiera erreicht man ohne Schwierigkeiten.

Notfälle und nützliche Adressen

- **Apotheke:** Briežu aptieka, Rīgas iela 4, Tel. (6)4207556.
- **Krankenhaus:** Jumaras iela 195, Tel. (6)4202602.
- **Polizei:** Garā iela 4, Tel. (6)4201309.
- **Post:** Rīgas iela 34, Mo–Fr 7–18 Uhr, Sa 7–16 Uhr, Tel. (6)4225595.

Unterkunft

- **Hotel Naktsmājas,** Vaidavas iela 15, Tel. (6)4201200, www.naktsmajas.lv. Anderthalb Kilometer vom Stadtzentrum in einem neuen Gebäude. Einfache, ordentliche Räume. DZ ab 28 Ls.
- **Hotel Vidzeme,** Ausekļa iela 31, Tel. (6)4229606, www.viesnicavidzeme.lv. Einfaches, aber neu eingerichtetes und günstiges Hotel, zwei Kilometer vom Zentrum, mit nur 14 Zimmern. Bewachter Parkplatz, Frühstück und Kabelfernsehen im Preis inbegriffen; lettische Sauna. Rezeption rund um die Uhr geöffnet. Lokal mit Essen, Trinken und Billard. DZ ohne Bad ab 20 Ls, mit Bad ab 25 Ls.
- **Hostel Dienesta viesnīca,** Beātes iela 48e, Tel. (6)4228712. Einfache Unterkunft in einem nicht zu großen Wohnblock, Platz im Mehrbettzimmer ab 4 Ls. Entfernung vom Zentrum 3 km.

Camping

- **Campingplatz Baiļi,** Gemeinde Kauguri, Tel. (6)4221861, mobil (24 Std.) 29284119, www.baili.lv. Fünf Minuten Fahrt von Valmiera Richtung Süden. Anfahrt vom Zentrum: über die Gauja-Brücke, geradeaus weiter und der Ausschilderung zum Campingplatz folgen. Sehr ruhig und schön gelegen mit rund um die Uhr geöffneter Rezeption. Stellplätze für Zelte und Wohnmobile, ein interessantes Gebäude mit einigen Gästezimmern sowie vier Holzhäuschen (zwei mit eigenem Dampfbad, zwei einfachere). Sehr nah an der Gauja gelegen, Bootsverleih für Fahrten auf der Gauja und der Salaca. Organisation von Rafting-Trips und von Ausflügen für Vogelbeobachter. Skihang auf dem Gelände.

Essen und Trinken

- **Jaunā saule,** Rīgas iela 10, Tel. (6)42 24444, Mo–Do 11–24 Uhr, Fr, Sa 11–2 Uhr, So 12–24 Uhr. Helles, buntes und freundliches Lokal mit beliebten Speisen wie Pizza und Sushi sowie alkoholischen und anderen Getränken.
- **Ieva,** Rīgas iela 26, Tel. (6)4233689, Mo–Fr 7.30–19.30 Uhr, Sa 7.30–18.30 Uhr, So 9–18.30 Uhr. Einfaches, günstiges, typisch lettisches Café mit traditionellen Speisen und Getränken. Der Schwerpunkt liegt auf Kaffee und Kuchen.

Einkaufen

Gegenüber der Simonskirche an Stelle des früheren Marktes ist das **Einkaufszentrum Valleta** entstanden (tgl. 10–21 Uhr, Supermarkt 8–22 Uhr, Rīgas iela 4, Tel. (6)42 50820, www.valleta.lv), wo u.a. Kleidung, Bücher, Kosmetika, Schmuck, Möbel, Schuhe, Blumen und Elektroartikel erstanden werden können. Hinzu kommen diverse Lokale.

Verkehrsverbindungen

- **Bahn:** Züge von und nach Riga (Fahrzeit knapp über 2 Std.) verkehren mindestens 5-mal täglich, Preis ca. 2 Ls (Fahrpläne unter www.ldz.lv). Der Bahnhof (Stacijas laukums 5, Tel. (6)4296203) liegt zentrumsnah.
- **Bus:** Der Busbahnhof (Autoosta, Stacijas iela 1, Tel. (6)4224728, www.autoosta.lv) liegt direkt gegenüber dem Bahnhof und bietet noch mehr Verbindungen von und nach Riga als die Bahn.

Strenči

Die A3 führt von Valmiera aus in den Grenzort Valka und dann nach Estland hinein. Unterwegs, gut 20 Kilometer hinter Valmiera, liegt Strenči. Der Ort ist einen kurzen Halt wert, denn die **Gauja** präsentiert sich hier besonders malerisch mit einem schönen Spazierpfad entlang ihrem rechten Ufer und einer typisch lettischen Freiluftbühne direkt am Fluss.

Zu bewundern ist auch die **Holzskulptur eines Flößers,** ein nicht seltener Beruf in der Geschichte der Region: Mit der relativ starken Gauja-Strömung wurde das geschlagene Holz auf Flößen bis zum jeweils nächstgelegenen Bahnhof transportiert. Von dort ging es über die Schiene weiter nach Riga. Die Tradition lebt bis heute: An jedem dritten Samstag im Mai feiert Strenči das **Fest der Flößer** mit einem Wettbewerb, Musik und traditionellem Essen. An den Sommer-Samstagen zwischen 20 und 22 Uhr stimmen einheimische Musiker auf einem Boot traditionelle Musik an. Ein Flößermuseum, das einst bestand, gibt es leider nicht mehr.

Auf Voranmeldung werden **Floßfahrten** für bis zu 60 Personen angeboten (mehr unter www.valmiera.lv und bei den Touristeninformationen in Strenči und Valmiera).

Wer hinter der Ortsausfahrt von Strenči dem Hinweisschild „Gaujmala" folgt, gelangt zu einem **Waldpfad** mit 20 „von Menschen und Natur geschaffenen Objekten". Die Beschreibungen sind nur auf Lettisch, aber für einen Spaziergang lohnt sich der Pfad allemal.

Information

- **Touristeninformation,** Rīgas iela 7, Tel. (6)4707544, strencutic@inbox.lv.

Valka

Weitere knapp 30 Kilometer auf der A3 führen nach Valka, einer besonderen, weil zweigeteilten Stadt: Mitten durch den Ort verläuft die **Staatsgrenze** zwischen Lettland und **Estland.** Beide Seiten kooperieren sehr eng und 2007 sind auch die zuletzt schon lockeren Grenzkontrollen eingestellt worden. Umso kurioser und reizvoller ist es, praktisch ohne Übergang von einer lettischen in eine estnische Stadt zu gelangen, mit den Straßenschildern in einer völlig anderen Sprache und einer leicht, aber doch spürbar anderen Atmosphäre. Auf Estnisch heißt der Ort Valga (siehe Kapitel „Estland: der Süden").

St. Katharinenkirche

Im lettischen Teil dominiert ein großer, dreieckiger Platz den Stadtkern. Die weiße, von Bäumen umstandene evangelisch-lutherische St. Katharinenkirche (Di–Fr 14–17 Uhr, Sa 12–15 Uhr) mit ihrem roten Dach ist hier zu finden. Gegen Entrichtung einer Spende kann man den nicht allzu hohen **Turm** erklettern und eine sehr lohnende Aussicht über die Grenzstadt genießen. Das Gotteshaus, erstmals 1477 erwähnt, wurde im 18. Jh. zweimal zerstört und danach wieder aufgebaut. Anfang des 20. Jh. musste die Kirche nach einem Brand restauriert werden. Nun wurde sie zum vorerst letzten Mal erneuert und herausgeputzt, inklusive Sicherung der Dachkonstruktion, eines Turm-Neuanstrichs und einer Wiederherstellung des Wetterhahns auf der Turmspitze. Durch die vielen Umbauten verschmelzen mehrere Stile, sowohl im schlichten Inneren als auch beim Außenbild der Kirche.

Stadtpark

Gegenüber der Kirche erstreckt sich der Stadtpark mit der **Waldbühne** in Form eines kleinen Amphitheaters in dessen Mitte, wo jedes Jahr im August ein **Rockfestival** gefeiert wird. Den ganzen Sommer über, besonders an den Wochenenden, werden **Konzerte** aller Art dargeboten. Ein Denkmal im Park (eine niedrige, lange, um mehrere Ecken verlaufende Mauer mit 414 eingravierten Namen) erinnert an die im Zweiten Weltkrieg gefallenen sowjetischen Soldaten der Roten Armee.

Russisch-orthodoxe Kirche

In der Auseklą iela dominiert die gelbliche russisch-orthodoxe Kirche das Bild. Das Sakralgebäude ist erst 2005 fertiggestellt worden und damit eine der neuesten orthodoxen Kirchen Lettlands (geöffnet tgl. 12–16 Uhr).

Deutscher Soldatenfriedhof

Am Stadtrand liegt ein deutscher Soldatenfriedhof. Ein **Denkmal** erinnert an die 1943 in Valka und Umgebung Gefallenen. „Gedenket ihrer und der Opfer aller Kriege" mahnt die steinerne Tafel auf Deutsch und Lettisch.

Information

- **Touristeninformation,** Rīgas iela 22, Tel. (6)4725522, www.valka.lv.

Nützliche Adressen

- **Internetcafé:** Rīgas iela 22, Tel. 4723672.
- **Fahrradverleih:** Vivo, Auseklą iela 4, Tel. (6)4781552.

Unterkunft, Essen und Trinken

- **Otrā elpa,** Zvaigžņu iela 12, Tel. (6)47 22280. Kleines Gästehaus mit anständigen Zimmern ab 20 Ls. Außerdem einfaches, aber gemütliches Esslokal.
- **Rīts,** Rīgas iela 5, Tel. (6)4723467. Klassische lettische Kafejnīca: einfache, deftige und leckere Speisen sowie Kaffee und einige Süßwaren.

Einkaufen

- **Saulīte,** Em. Dārziņa iela 8, Tel. (6)375211. Handarbeiten und Handwerksartikel aus der Region.

Mazsalaca

Im kleinen Ort Mazsalaca, einem der nördlichsten in Lettland, warten keine herausragenden Sehenswürdigkeiten. Nett ist das Heimatkundemuseum, in dem eine charmante **Ausstellung von Teufelsfiguren** zu sehen ist (Velniņu muzejs, Tel. (6)4251781).

Auf dem Weg vom Zentrum zum Naturpark erscheint auf der linken Seite ein schöner, frisch renovierter, ehemaliger Gutshof, der nun als Schule dient. Wer um das Gebäude herumgeht und dann geradewegs hinunter zum Fluss, gelangt zu einer etwas wackeligen, aber faszinierenden **Hängebrücke.** Dies allein ist einen Abstecher wert. Auf der anderen Uferseite führt ein etwa 200 Meter langer Trampelpfad zu einer interessanten **Höhle.** Durch die dreieckige Öffnung geht es nicht nur in einen kleinen Raum, sondern von dort noch ein wenig weiter in den Felsen hinein. Es ist ein Gang ins Unbekannte, denn nach einigen Schritten ist es stockdunkel. Eine Taschenlampe macht sich hier bezahlt oder zumindest ein Fotoapparat mit Blitz.

Information

- **Touristeninformation Mazsalaca,** Rīgas iela 1, Tel. (6)4251776, www.mazsalacatourism.webs.com.

Echofelsen Skaņaiskalns

Der Grund, warum Mazsalaca in jedem Fall auf der Reiseroute liegen sollte, ist der nahe gelegene **Naturpark** mit schönen Wanderwegen, bildhauerischer Kunst und dem faszinierenden „Echofelsen" als Schlusspunkt. Der Felsen fällt zum Ufer des malerischen Flusses Salaca steil ab. Die dem Wasser zugeneigte Seite offenbart eine steile Wand aus **rötlich leuchtendem Sandstein.** Wer den Wanderweg bis zum Ende läuft, sieht diesen Felsen vom anderen Ufer aus. Der Zahn der Zeit hat ihm eine besondere, abgerundete Form gegeben, sodass man von der gegenüber liegenden Seite ein schönes Echo erzeugen kann. Am besten postiert man sich zentral unter der mächtigen Eiche und stößt kurze, heftige Rufe aus. Dann wird man von einem erstaunlich **starken und klaren Widerhall** belohnt. Der Platz vis-a-vis dem Echofelsen ist auch ein schöner Ort für ein Picknick; Bänke und Tische stehen bereit.

Der Wanderweg vom großen Parkplatz zum Echofelsen zieht sich ungefähr drei Kilometer in die Länge. Es ist ein sehr schöner Spazierweg mit einigen reizvollen Stationen, etwa vier großen **Holzfiguren** von Soldaten. Jeder Soldat repräsentiert mit seiner Kleidung und seinen Symbolen eine der vier lettischen Regionen: Vidzeme, Latgale, Kurzeme und Zemgale. Nebenpfade, Abstecher und Parallelwege führen zu weiteren Attraktionen: dem „Zwergenpfad" mit Holzfiguren der kleinen, lustigen Gnome, der „Liebesbrücke", der kleinen „Treppe der Träume" sowie einigen mehr oder weniger versteckten, geheimnisvollen **Felsen und Höhlen.** In die „Teufelshöhle" wagen sich angeblich nur die Mutigsten. Die „Teufelskanzel" ist da-

075le Foto: mk

gegen für jeden zu besichtigen. Es handelt sich um einen Stein, der aussieht, als könne der Beelzebub einst hier gestanden und seine Reden geschwungen haben.

● **Skaņākalna park,** Tel. mobil 26429500, Eintritt 1 Ls. Alternativ zu der Wanderung kann man für 2 Ls mit dem eigenen PKW den gut befestigten Weg entlangfahren und auf Halteplätzen eine Pause einlegen, Zwischenstationen besichtigen und ein wenig spazieren gehen. Auf diese Weise lässt sich per Auto der Echofelsen erreichen.

Auf dem Weg zum Echofelsen an der Salaca

Limbaži

Limbaži liegt westlich von Valmiera bereits ein wenig abseits des Gauja-Nationalparks und hat daher nicht dieselbe touristische Bedeutung wie Sigulda, Cēsis oder Valmiera. Trotzdem bietet auch diese Kleinstadt einige Sehenswürdigkeiten im Ort und besonders in der Umgebung. Außerdem ist sie nur wenige Autominuten von der Via Baltica entfernt.

Limbaži bietet sich an als ruhiger, mit seinen Restaurants und Unterkünften günstiger Standort für eine Rundreise nach Norden und an der Rigaer Bucht entlang wieder herunter, eventuell auch als Ausweichort, falls unmittelbar an der Küste keine Unterkünfte mehr zur Verfügung stehen. Auch für Fahrradausflüge kann die Kleinstadt je nach Routenplanung gut geeignet sein.

Stadtgeschichte

Die Kreisstadt trug zu Zeiten des in Livland regierenden Schwertbrüderordens noch den deutschen Namen **Lemsal.** Auch Lemsal war ein Mitglied der Hanse. Wie üblich in Livland entstand der Ort um eine Ordensburg herum. Die **Burg** von Limbaži stammt aus dem Jahre 1223. Kurz darauf erhielt die Siedlung Stadtrechte – als eine der ersten überhaupt in Livland –, 1385 dann die begehrten **Lübecker Stadtrechte.** Es entstanden die zentrale Labrencis-Kirche, das Rathaus und eine Stadtmauer. Ende des 14. Jh. war der Ort mit immerhin gut 400 Häusern nach Riga die zweitgrößte Stadt Livlands.

Im 16. Jh. traf Limbaži jedoch das gleiche Schicksal wie die anderen livländischen Handelsstädte: ein dramatischer **wirtschaftlicher Niedergang.** Neben den politischen Gründen kam für Limbaži noch die Austrocknung des nahen Dune-Sees und des Flusses Svetupe hinzu. Die großen Schiffe konnten nun nicht mehr einlaufen und der Handel versandete buchstäblich. Das nur wenige Kilometer westlich an der Rigaer Bucht gelegene Salacgrīva, obwohl viel kleiner als Limbaži, übernahm in weiten Teilen dessen Rolle.

Doch auch ein existierender Wasserweg hätte nicht geholfen, denn Limbaži wurde in der zweiten Hälfte des 16. Jh. nacheinander von *Iwan dem Schrecklichen,* dann von den Schweden und wieder von russischen Truppen niedergebrannt. 1602 kam es während der schwedischen Besatzung zur **völligen Zerstörung** – inklusive der Verteidigungsmauern. Ein langsamer und bescheidener Wiederaufbau fiel 1747 erneut den Flammen zum Opfer. Das heutige Stadtzentrum stammt aus dem 18. und 19. Jh., als sich die Stadt im Zuge der industriellen Revolution wieder nach vorn entwickelte.

Sehenswertes

Im Ortskern, der nach einer grundlegenden Erneuerung und Restaurierung bereits einiges an Reiz hinzugewonnen hat, ist die Anordnung der Straßen gemäß mittelalterlichen Regeln deutlich zu erkennen. Viele historische Gebäude sind auf Grund der unglücklichen Stadtgeschichte jedoch nicht erhalten, abgesehen von der **evangelischen Kirche** aus dem 17. und dem **Rathaus** aus dem 18. Jh.

Am interessantesten sind die noch vorhandenen **Ruinen der mittelalterlichen Burg** im Stadtzentrum (Limbažu pilsdrupas).

Aufmerksamkeit verdient auch die **russisch-orthodoxe Kirche** des Ortes, die vor gut 100 Jahren im neobyzantinischen Stil aus schlichten, roten Ziegelsteinen erbaut wurde – ungewöhnlich für die sonst üppig geschmückten Gotteshäuser dieser Konfession. Auch die grauen Zwiebeltürme weisen weit weniger Farbenfreude auf als üblich. Das Gebäude wirkt wie eine Kombination aus evangelischer und orthodoxer Kirche.

Großer Limbaži-See

Gleich südlich von Limbaži, am Ortsrand beginnend, liegt der Große Limbaži-See (Limbažu lielezers), der sich entlang der P9 nach Sigulda in die Länge zieht und einen schönen **Naturpfad** (dabas taka) für Wanderer und Radfahrer sowie Möglichkeiten zum **Bootfahren** bietet. Nicht die gesamte Umgebung des Sees ist zugänglich gemacht worden, sondern nur das nordöstliche Ufer mit einem 3,6 Kilometer langen Wanderweg.

Ein Bad im See empfiehlt sich nicht, denn der Grund ist bedeckt von einer bis zu einen Meter dicken Schlammschicht. Umso schöner ist es, dass lange Holzbrücken über den Sumpf eingerichtet sind, sodass man mitten in sonst nicht zugänglicher Natur spazieren gehen kann. 90 Vogelarten, teilweise sehr seltene, sind hier gezählt worden.

Information

- **Touristeninformation,** Torņa iela 3, Tel. (6)4070608, www.visitlimbazi.lv, Mo–Fr 10–18, Sa 10–15 Uhr. Allgemeine Informationen, auch über den Landkreis Limbaži, der den Küstenabschnitt bis Saulkrasti umfasst; Broschüren, Karten, Reservierung von Touren und Unterkünften, Souvenirverkauf.

Notfälle und nützliche Adressen

- **Apotheke:** Limbažu aptieka, Burtnieku iela 1, Tel. (6)4070113, geöffnet 8–21 Uhr, Sa 8–18 Uhr, So 8–15 Uhr.
- **Krankenhaus:** Limbažu slimnīca, Klostera iela 3, Tel. (6)4070105.
- **Polizei:** Cēsu iela 28, Tel. (6)4001508.
- **Post:** Pasta iela 3, Tel. (6)4022444, geöffnet 7.30–18 Uhr, Sa 7.30–16 Uhr.
- **Internet:** Stadtbibliothek, Rīgas iela 9, Tel. (6)4070715, geöffnet Mo–Fr 10–18 Uhr, Sa 10–15 Uhr; Internet auch in der Touristeninformation, Mo–Fr 10–18 Uhr, Sa 10–15 Uhr.

Unterkunft

- **Ezermala,** Ievu iela 1, Tel. (6)4021867. Einfaches, aber ordentliches Gasthaus direkt am See mit 13 Doppelzimmern ab 16 Ls. Sauna, Bootsverleih, Möglichkeit zum Baden im See.

Essen und Trinken

- **Ezermala,** Ievu iela 1, Tel. mobil 26425645. Café und Restaurant im gleichnamigen Hotel. Günstiges, typisch lettisches Essen in schlichter Atmosphäre.
- **Trīs kambari,** Baumanu Karla laukums 3, Tel. (6)4070711. Geschmackvoll und gemütlich eingerichtetes, einfaches Lokal am Hauptplatz, halb im Keller, mit äußerst sympathischer Betreiberin und gutem Essen. Auch zum Bier- oder Weintrinken geeignet.
- **Pilsmuižas krodziņš,** Burtnieku iela 7, Tel. (6)4022602, Mo–Do 10–21, Fr 10–23, Sa 11– 23, So 12–20 Uhr, gutes, einfaches Ess- und Trinklokal mit hübscher Holzterrasse.

Einkaufen

- **Touristeninformation,** Verkauf von Postkarten und Souvenirs aus der Region.
- **Salon Tine,** Pļavu iela 4, Tel. (6)4022528, Kunsthandwerk und andere Geschenk- und Schmuckartikel.

Verkehrsverbindungen

- **Bus:** Busse verkehren zahlreich, sowohl aus Riga als auch aus den anderen Orten der Region wie Valmiera, Sigulda und Cēsis. Der Busbahnhof (Limbažu autoosta, Stacijas iela 7, Tel. (6)4021045, Fahrpläne unter www.autoosta.lv) ist nicht weit vom Stadtkern.
- **Taxiunternehmen:** Limbaži, Tel. mobil 29436700, rund um die Uhr.

Die Ostküste der Rigaer Bucht

Ainaži

Ainaži, der **nördlichste Ort** an der lettischen Küste, war noch vor wenigen Jahren ein verschlafenes Nest, das außer einem **Leuchtturm** und einem Fußgänger-Grenzübergang nicht viel zu bieten hatte. Inzwischen können Reisende auch per Auto auf einer kleinen Straße nach **Estland** hinüberfahren. Doch auch Ainaži selbst hat sich ordentlich herausgeputzt: Fußwege und Radwege zum nahen Strand, kleine Geschäfte, Cafés und Lokale vom Typ *kafejnīca* sind hier nun zu finden. Um den Ortskern zu erreichen, muss man die Via Baltica rechtzeitig vor der Grenze verlassen.

In südlicher Richtung verläuft die Via Baltica, die offiziell A1 heißt, nach Riga. Zwischen Ainaži und Salacgrīva fährt man direkt an der Küste entlang, unterwegs tun sich immer wieder schöne Blicke auf. Bis zur ersten Ortschaft Kuiviži liegen zwischen Straße und Meer die sogenannten **Randu-Wiesen.** Die Bewohner der Gegend heben hervor, dass auf diesen Strandwiesen auf einem Abschnitt von einigen Kilometern nicht weniger als ein Drittel der gesamten lettischen Pflanzenarten wächst. Damit brachten es die Grünflächen auf die europäische Liste der wichtigsten Orte für Vogelmigration.

Salacgrīva

Salacgrīva ist ein kleiner **Fischerort** direkt an der Via Baltica. Obwohl ohne große Sehenswürdigkeiten besitzt er den gewissen Charme eines Städtchens an der Küste mit ein paar Seemannskneipen, einem **Hafen** (dem einzigen Jachthafen an der Küste von Vidzeme) und dem Geruch des Meeres. Die hässliche und nicht gerade angenehm duftende Fischfabrik Brīvais vilnis gehört auch dazu.

Erwähnenswert sind noch die orthodoxe Kirche mit ihrem schönen Zwiebelturm sowie die Reste der alten **Ordensburg** (Pilsdrupas), von denen nur noch ein Hügel und einige Mauern übrig geblieben sind.

Salacgrīva wird von der A1 durchschnitten. Auf der Wasserseite laden einige **Cafés und Restaurants** zum Verweilen ein, teilweise mit Terrasse und Hafenblick. Auf der dem Wasser abgewandten Seite von Salacgrīva, also jenseits der Via Baltica, legen die Fischer in der Salaca ganz besondere Reusen aus: **Neunaugen** werden mit Hilfe einer wie ein großer Zaun im Fluss stehenden Konstruktion in größeren Mengen gefangen.

Information

- **Touristeninformation,** Rīgas iela 10a, Tel. 4041254, www.salacgriva.lv.

Unterkunft, Camping

- **Brīze,** Valmieras iela 7, Tel. (6)4071717, www.brize.lv. Spa-Hotel direkt an der Via Baltica, mit einer Reihe von Angeboten für Kurbehandlungen sowie eigenem Sauna-

Haus inklusive Party-Raum. DZ ab 30 Ls. Im Hause auch **Restaurant Rondo.**

● **Gasthaus und Campingplatz Rakari,** Svētciems, Tel. (6)4071122, www.rakaricamp.lv. Großer Campingplatz, etwa 5 km südlich von Salacgrīva. Ausgeschildert von der Via Baltica, 800 m von ihr entfernt, 300 m zum Meer. Camper haben sehr viel Platz und sehr gute sanitäre Einrichtungen, aber wenig Schatten oder Windschutz durch Bäume. Zusätzlich gibt es acht große Zwillings-Holzhütten mit voller Einrichtung und ein rustikales Gästehaus mit sehr gemütlichem Restaurant und Bar sowie acht Zimmern. Fußball-, Basketballplatz, Sauna. DZ ab 30 Ls, Hütte für zwei Pers. ab 35 Ls, Nebensaison ab 25 Ls.

Essen und Trinken

● **Pie Bocmana,** Pērnavas iela 6, Tel. (6)40 71455, täglich 11–23 Uhr, einfaches, gemütliches Esslokal am Hafen von Salacgrīva.

● Wer aber doch etwas Gediegeneres sucht, wird wenige Hundert Meter weiter auf der anderen Seite des Flusses fündig. Neben der Touristeninformation in der Rīgas iela liegt die **Kambīze,** die Schiffsküche (Rīgas iela 14a, Tel. (6)4041222, täglich 10–24 Uhr, So 10–22 Uhr). Im rustikalen, authentisch nach Seemannsart eingerichteten Steinhaus werden vor allem gute Fischgerichte, aber auch deftige Fleischspeisen angeboten. Im Halbkeller gelegen, ist das Lokal besonders gut geeignet für einen gemütlichen Abend zu zweit oder in einer größeren Gruppe.

● **Ostmala,** Ostas iela 2, Tel. mobil 2667 2585, täglich 10–22 Uhr. Tagsüber Café und abends schicke Bar mit Terrasse zum Hafen.

Tūja

30 Kilometer südlich von Salacgriva zweigt von der A1 Richtung Riga, die hier mit einigem Abstand zur Küste verläuft, rechts eine asphaltierte Straße in das Dorf Tūja ab. Von hier führt ein befahrbarer Sandweg am Meer

078le Foto: mk

entlang nach Norden. Die Landschaft ist malerisch, teilweise grasen Ziegen vor dem Meerespanorama, doch es ist recht schwierig, tatsächlich an den Strand zu gelangen, der hier ziemlich steinig ist.

Gut zweieinhalb Kilometer hinter Tuja taucht ein Parkplatz auf. Eine Weiterfahrt auf dem Sandweg lohnt kaum, besser ist es, das Auto stehen zu lassen und die kleine Treppe hinunter zum **Strand** zu steigen. Hier stehen Holzbänke, Tische, Grills und ein **Zeltplatz** zur Verfügung. Es ist eine der letzten Möglichkeiten, vor dem Großraum Riga ein romantisches Fleckchen an der Küste zu finden. Näher an der Hauptstadt, im sich an der Via Baltica kilometerlang in die Länge ziehenden Städtchen Saulkrasti und dahinter, ist es weitaus weniger ruhig und entspannend.

Münchhausen-Museum und -Park

Eine besonders charmante Station erwartet die Reisenden aber noch, bevor sie sich mit großen Schritten Riga nähern: Das Münchhausen-Museum und der dazugehörige Park. Eben jener berühmte **Baron von Münchhausen,** dessen Name wegen seiner fantastischen Lügengeschichten in der ganzen Welt ein Begriff ist, hat im heutigen Lettland seine Wurzeln.

Kurz hinter der Kreuzung, deren Straßen links nach Limbaži und rechts nach Tūja führen, folgt das kleine Dorf **Liepupe.** Die weiße **evangelische Kirche** mit dem roten Ziegeldach ist hübsch, wäre aber vielleicht keine besondere Erwähnung wert, wäre da nicht die Tatsache, dass der Baron von Münchhausen hier 1744 seine Gemahlin *Jacobine von Dunten* aus dem Nachbardorf heiratete. Und noch eine historische Figur ist mit diesem Gotteshaus verbunden: In der Pfarrei arbeitete jener *Garlieb Merkel* als Hauslehrer, der später mit seinem Buch „Die Letten" ein deutschsprachiges Standardwerk schuf.

Acht Kilometer weiter auf der A1 in Richtung Riga weist ein Schild nach **Dunte,** der Heimat von Münchhausens Ehefrau. Knappe zwei Kilometer von der großen Straße durchfährt man ein Einfahrtstor und ist schon auf dem Münchhausen-Gelände.

Zur Linken erhebt sich das Münchhausen-Museum, untergebracht im restaurierten **Landgut Dunte,** das der Baron von 1744 bis 1750 sein eigen nannte. Anhand von teilweise lebensgroßen Figuren, Objekten und Bildern werden die verrückten Erlebnisse, aber auch die tatsächliche Existenz des Lügenbarons dargestellt. Außerdem wird im Rahmen der Schau eine **Wachsfigurensammlung** mit berühmten Persönlichkeiten der lettischen Geschichte gezeigt. Es ist nach Angaben des Hauses eines von nur zwei Münchhausen-Museen auf der Welt und wird aus EU-Mitteln mitfinanziert.

Ebenso reizvoll ist der gegenüber dem Museum gelegene **Münchhausen-Park,** durch den zwei Pfade füh-

Strand bei Tūja

ren: Einer ist 5,4 Kilometer lang, der kürzere misst 3,1 Kilometer. Unterwegs werden über die Strecke verteilt mit Hilfe von **Holzschnitzereien** die Abenteuer des Barons vor Augen geführt: Der Ritt auf der Kanonenkugel, die versunkene Stadt, die fliegenden Fische, das Gefressenwerden durch ein Krokodil und manche andere unglaubliche Geschichte. An einer Stelle werden die Besucher ganz im Geiste des verschmitzten Barons auf die Schippe genommen – mehr sei hier nicht verraten!

Das i-Tüpfelchen jedoch ist der schöne **Sandstrand,** den man nach der Hälfte des Spaziergangs erreicht, wenn man den langen Weg wählt. Hier lässt sich das Meer in seiner ganzen Pracht erleben. Wer nicht nur im Sand sitzen, sondern sich zur Abkühlung in die Fluten stürzen möchte, sollte Badesachen einpacken.

Kinder können sich außerdem auf dem **Spielplatz** vor dem Eingang austoben. Zu dem Komplex mit Park und Museum gehört auch ein gemütliches **Restaurant** mit gehobenem Standard, aber Preisen der mittleren Kategorie.

- **Minhauzena muzejs,** Tel. (6)4065633, www.minhauzens.lv (Website mit vielen weiteren Informationen), Mo–Do 10–17 Uhr, Fr–So 10–18 Uhr, Wintersaison nur Mi–So 10–17 Uhr, Eintritt Museum: 1,50 Ls, Münchhausen-Pfad: 1,50 Ls (zusätzlich).
- **Atpūtas komplekss Minhauzena Unda,** Ainažu iela 74, Tel. (6)7955198, www.minhauzens.lv. Schön ausgestattetes Hotel mit DZ ab 30 Ls. Restaurant, Sauna, Swimmingpool, Billard, Zeltplatz.

Saulkrasti

Saulkrasti ist eine Ansammlung ehemals kleiner Dörfer, die sich schier endlos aneinander reihen. Der Fernverkehr der Via Baltica rollt auf einer großen Umgehungsstraße. Die direkt an der Rigaer Bucht gelegene Stadt ist in der wärmeren Jahreszeit meist stark von **Wochenend- und Kurzurlaubern** aus der Hauptstadt frequentiert, die kaum über 30 Kilometer zu fahren haben, um dorthin zu gelangen. Nur der nordwestlich von Riga gelegene Badeort Jūrmala ist noch etwas näher, aber auch exklusiver und teurer. Saulkrasti hingegen ist dank der regelmäßigen Invasion durch erholungssuchende Rigaer reich mit Hotels, Unterkünften und Restaurants aller Art gesegnet.

Alūksne

Die äußerst sehenswerte Kleinstadt Alūksne liegt etwas abseits ganz im Nordosten Lettlands in der Region Nord-Vidzeme. Selbst wer eine große Tour durch Vidzeme macht (mit Gauja, Cēsis, Sigulda, Valmiera und der Ostküste der Rigaer Bucht), wird die Region um Alūksne wahrscheinlich umfahren. Mit ein wenig mehr Zeit im Gepäck sollte man dies aber nicht tun, denn es gibt einiges zu entdecken – und so weit ist die Gegend auch wieder nicht entfernt. Wer mit der Region Latgale den Osten des Landes bereist, für den bietet sich sogar eine **große Rundfahrt** an: von Daugavpils nach

Norden quer durch Latgale und dann über Alūksne zurück durch Vidzeme (Cēsis, Sigulda) in Richtung Riga.

Die Stadt liegt sehr idyllisch am großen **Alūksne-See** (Alūksnes ezers). Die Umgebung geizt ebenfalls nicht mit schöner Landschaft, Gutshöfen und Kirchen. Und da ist natürlich noch die alte **Schmalspurbahn,** die in Alūksne endet.

Stadtgeschichte

Obwohl die Gegend um Alūksne nachweislich schon viele Jahrhunderte vorher besiedelt war, findet die Ortschaft im Jahre 1284 erstmals urkundliche Erwähnung – in der Chronik von Pleskau (heute russisch Pskov) unter dem Namen Alyste. Es dauerte noch bis 1342, als der Livländische Orden hier eine Burg errichtete. Daraufhin nannte der Orden den Ort **Marienburg,** so wie das berühmte Marienburg mit der gewaltigen Kreuzritterburg im heute polnischen Großraum Danzig. Über Jahrhunderte hinweg trug Alūksne diesen Namen. Durch seine Lage ein wenig **abseits der großen Handels- und Reisewege** gestaltete sich auch die wirtschaftliche Entwicklung der Region eher bescheiden.

Dies änderte sich erst Anfang des 20. Jh. mit dem Bau der Schmalspurbahn von Gulbene. So kam es, dass Alūksne wuchs und im Jahre 1920 mit 2000 Einwohnern endlich die Stadtrechte erhielt. Heute leben hier schon 9000 Menschen und nach der Öffnung der Grenzen zu Estland profitiert Alūksne von der Nähe zum Nachbarland. Zu Russland sind die Grenzen zwar noch recht undurchlässig (was sich durch den Schengen-Beitritt Lettlands sogar noch verschärft hat), doch auch mit dem großen östlichen Nachbarn wird Handel getrieben.

Sehenswertes

Schloss und Schlosspark

Die erste Station einer Besichtigung ist das Neue Schloss (Jauna Pils, Pils iela 74) von Alūksne, in dem heute unter anderem die Touristeninformation und zwei Museen untergebracht sind. Eines davon ist das **Museum für Lokalerbe und Kunst** (Novadpētniecības un mākslas muzejs). Daneben ist noch das **Naturmuseum Vides labirints** zu besichtigen. Das Schlösschen wurde 1863 im neogotischen Stil erbaut. Innen ist von dem einstigen Glanz des Schlösschens nicht viel übrig geblieben, doch die Fassade ist sehr schön zu betrachten.

Etwas Besonderes ist aber der Schlosspark, der sich breit und lang auf der gegenüberliegenden Seite der Hauptstraße zum See hin erstreckt. Auf **schönen Wanderwegen** kann man verschiedene kleine **Architektur-Denkmäler** suchen und finden. Sie zeichnen sich dadurch aus, dass sie keinen historischen Wert besitzen, sondern ganz neu errichtet wurden: 2001 sind sie auf einem Bildhauersymposium entstanden und später dann in den Schlosspark eingefügt worden, darunter ein kleiner **Tempel** und ein

079le Foto: mk

offener **Pavillon** mit Seeblick. Der Park selbst hingegen blickt schon auf zwei Jahrhunderte Historie zurück. Von 1802 bis 1804 erschuf ihn der Schlossgärtner *Peter Bux* im englischen Stil. Auf einer Fläche von 40 Hektar verteilen sich 152 verschiedene Laub- und 18 Nadelbaumarten. Reizvoll ist der Blick auf den See und hinüber zum Tempelhügel auf der Halbinsel.

Stolz sind die Bewohner von Alūksne auch auf ihre fünf **Springbrunnen** im Schlosspark. Drei von ihnen präsentieren im Sommer bei Dunkelheit farbige Lichtspiele.

- **Novadpētniecības un mākslas muzejs,** Tel. (6)4381321, Di–Sa 10–17 Uhr, So 10–16 Uhr, im Winterhalbjahr am Wochenende eine Stunde kürzer geöffnet.

Insel mit Burgruinen

Über die Vācieša iela, gleich neben dem Schloss, gelangt man zur Insel im Alūksne-See. Die Straße heißt später Pilsētas iela und führt über eine Brücke direkt auf das kleine Eiland. Neben einem **Badestrand** am Ufer finden sich hier ein Sportplatz, ein Hügel und die Reste der alten **Kreuzritterburg** – schön für einen ausführlichen Spaziergang mit Blick zurück auf den Schlosspark von Alūksne.

Halbinsel mit Tempelberg

Wer sich noch weiter die Füße vertreten will, kann zurück aufs „Festland“ und dann in einem größeren Bogen auf die Halbinsel **Kapsetas pussala** gehen (oder mit dem Auto fahren).

080le Foto: mk

Dort findet sich neben einem Parkplatz und einem großen Friedhof ein **217 Meter hoher Hügel** (Tempļa kalns) mit einem über 200 Jahre alten Tempel in Erinnerung an den Nordischen Krieg (ein runder, offener Pavillon mit fünf Säulen) auf dessen Gipfel, von dem sich ein hervorragendes Panorama sowohl der kleinen Insel als auch von Alūksne auftut.

Unterwegs zur Halbinsel, an der Hauptstraße Pils iela bei der Fahrt stadtauswärts rechts, kommt man nicht nur an zwei weiteren Hügeln mit **Aussichtspunkten** vorbei, sondern vorher noch an den beiden berühmten **Eichen** (Glika ozoli), die der deutsche Bibelübersetzer *Ernst Glück* hier im Jahre 1689 gepflanzt hat.

Bibelmuseum

Im Zentrum ist noch eine weitere Einrichtung erwähnenswert: Das Bibelmuseum, das an jenen **Ernst Glück** erinnert, der von 1683 bis 1702 in Alūksne lebte, als erster überhaupt die **Heilige Schrift ins Lettische** übertrug und damit einen wichtigen Grundstein für die Entwicklung der lettischen Schriftsprache und damit der nationalen Identität legte. Glück war deutschstämmig, vertrat aber die Meinung, dass die lettischsprachige Bevölke-

Schloss und evangelische Kirche von Alūksne

rung sich nicht zur Feier des Gottesdienstes einer fremden Sprache bedienen, sondern die Möglichkeit haben sollte, in ihrer Muttersprache zu beten.

Die evangelische Kirche richtete gegenüber ihrem Gotteshaus im Zentrum von Alūksne ein Bibelmuseum ein – im Jahre 1991, gleich nach dem Sturz des Kommunismus. In dem nur zwei Räume umfassenden Museum werden **Bibeln** sowie **Gesangs- und Gebetbücher** aus aller Herren Länder und in allen möglichen **Sprachen** gezeigt – insgesamt 226 Ausstellungsstücke. Der ganze Stolz der Sammlung ist die erste Ausgabe der von Glück übersetzten Bibel. Dieses Exponat konnte erst 2004 hinzugefügt werden. Eine sehr freundliche Dame empfängt jeden Gast und erzählt gern auf Russisch oder Lettisch (oder zur Not auch per Zeichensprache) über die Geschichte der Sammlung und einige besonders interessante Stücke.

Die **evangelische Kirche** ist auch einen näheren Blick wert, denn mit ihrem sich nach oben hin stufenartig verkleinernden Turm, dem Säulenportal und der recht stark geschmückten, gelblichen Fassade sticht sie gegenüber den meist eher schlichten evangelisch-lutherischen Kirchen heraus. In der Kirche hängt eine auf Deutsch und Lettisch verfasste Gedenktafel für Glück.

- **Biblis muzejs,** Pils iela 25a, Tel. (6)4323164, Di–Sa 10–17 Uhr, Eintritt 0,50 Ls.

Schmalspurbahn

Die Sehenswürdigkeit von Alūksne mit dem größten Spaßfaktor ist die Schmalspurbahn ins etwas über 30 Kilometer entfernte **Gulbene.** Es ist die einzige noch aktive Schmalspurbahn im Baltikum. Als sie Anfang des 20. Jh. gebaut wurde und Alūksne zu einem Entwicklungsschub verhalf, war die Trasse allerdings deutlich länger. Damals verlief sie noch von Stukmani in den lettisch-estnischen Grenzort Valga/Valka, ein gutes Stück nordwestlich von Alūksne.

Wenn man der Bahn irgendwo auf freier Strecke „auflauert" oder auch im Bahnhof von Alūksne auf sie wartet, hört man sie schon von weitem tuten. Nicht schneller als 40 Stundenkilometer fährt die mit Blümchen bemalte, schon etwas alt aussehende Lokomotive mit ihren drei kleinen, **grünen Retro-Waggons** für Fahrgäste. Der Schaffner steht bei dem Tempo gern mal in der offenen Tür und genießt den Fahrtwind, Touristen und Einheimische stecken ihre Köpfe aus den Fenstern. In fast anderthalb Stunden ist die Strecke nach Gulbene bewältigt, doch auf zehn Bahnhöfen kann man unterwegs ebenfalls zusteigen und beim Schaffner eine Fahrkarte kaufen.

- **Abfahrtszeiten:** Gulbene 13 und 18 Uhr, Alūksne 15.20 und 19.50 Uhr, Preis für volle Strecke 2,40 Ls, www.banitis.lv, gute Website mit vielen Informationen.

Praktische Tipps

Information

- **Touristeninformation,** Pils iela 25a (im Bibelmuseum), Tel. 64322804, mobil 2913 0280, www.aluksnetourism.info. Infomaterial über die Stadt und die Region.

Notfälle und nützliche Adressen

- **Apotheke:** Alūksnes lielā aptieka, Tirgotāju iela 13, Tel. (6)4381337.
- **Krankenhaus:** Pils iela 1a, Tel. (6)4307149.
- **Polizei:** Dārza iela 8a, Tel. (6)4323156.
- **Post:** O. Vācieša iela 8, Tel. (6)4322501, Mo–Fr 8–18 Uhr, Sa 8–14 Uhr.
- **Internet:** Net, Interneta klubs, Pils iela 60, Tel. (6)4381677.

Geld

Banken und Wechselstuben sind im Zentrum ebenso leicht zu finden wie Bankautomaten. Kreditkarten werden in den kleinen Cafés eher nicht angenommen, in den größeren Hotels und Supermärkten dagegen schon.

Unterkunft

- **Hotel Jolanta,** Tel. mobil 29424253, www.jmgrupa.lv (auf „Hotel" klicken). In einer ruhigen Wohnstraße nahe dem Bahnhof gelegenes, ansehnliches Hotel mit komfortablen Zimmern ab 35 Ls, Budget-DZ ab 25 Ls.
- **Motel Vējakalns,** Siguldas iela 8, Tel. (6)4322795, www.eols.lv. Sehr kleines Haus mit einer Hand voll Zimmern, die aber sehr annehmbar und günstig sind (ab 15 Ls); auch zwei Hostelzimmer, Schlafplatz ab 7 Ls. Man kann für 2 Ls zelten. Fahrradverleih, Organisation von Ausflügen und Touren. Ein Kilometer zum Zentrum, ein Kilometer zur Insel mit den Burgruinen und ein halber Kilometer zum Tempel gegenüber der Stadt.
- **Hostel im Ernst Glück-Gymnasium,** Glika iela 10, Tel. (6)4307116, www.aluksne.edu.lv. Unterkünfte in der nach dem deutschen Bibelübersetzer benannten Schule. Nicht immer stehen Plätze zur Verfügung.

Camping

- **Jaunsētas,** Tel. mobil 28650600, www.jaunsetas.lv. Malerisch am großen Alūksne-See gelegener Campingplatz, wenige Minuten abseits der Stadt, mit sehr guter Badegelegenheit. Einige Holzhütten ohne Bad und Toilette (Nutzung Gemeinschaftsbad), Gasthaus mit **Restaurant Katrīnkrogs** und Zimmern, Zelt- und Stellplätze für Wohnmobile. **Bootsverleih und Bootstouren, Fahrradverleih,** Verleih von Angelausrüstung, Basketball, Bechvolleyball, Fußball, Paintball, Sauna.

Essen und Trinken

- **Jolanta,** Merķeļa iela 16, Tel. (6)43 81011. Ordentliches, klassisch lettisches Restaurant im gleichnamigen Hotel.
- **Pajumte,** Pils iela 68, Tel. (6)4322572. Einfaches Lokal mit ausgezeichnetem, günstigem traditionellen Essen im Zentrum, auch Frühstück. Gemütliche Tische unter freiem Himmel.
- **Altiņš,** Pils iela 29, Tel. (6)4322784. Restaurant in der Stadtmitte. Lettische Küche.

Einkaufen

- **Rota,** Tirgotāju iela 16b, Tel. (6)4381222. Souvenirs und Geschenke, schöne Kunsthandwerksartikel aus der Region im Zentrum der Stadt.

Verkehrsverbindungen

- **Auto:** Von Riga muss man für die knapp über 200 Kilometer genügend Fahrzeit einplanen. Der überwiegende Teil der Strecke verläuft aber auf der sehr geraden und gut ausgebauten A2. Für die letzten 24 Kilometer muss man rechts abbiegen und gelangt auf der P39 direkt nach Alūksne. Wer aus der ostlettischen Region Latgale kommt, erreicht Alūksne über Balvi und dann über die P35 und die P43.
- **Bahn:** Es gibt einen Bahnhof in Alūksne (dzelzceļa stacija). Diesen steuert allerdings nur die Kleinbahn aus Gulbene an. Gulbene wiederum ist auch per normaler Bahnstrecke zu erreichen.
- **Bus:** Der Busbahnhof (Alūksnes autoosta, Pils iela 72, Tel. (6)4322157, www.autoosta.lv) liegt im Zentrum der Stadt. Eine ganze Reihe von Bussen verbindet Alūksne täglich mit Riga.

Kurzeme – der Westen

Überblick

Die deutsche Bezeichnung der westlettischen Region Kurzeme hat fast jeder schon einmal gehört. Das **historische Kurland** deckt sich allerdings nicht vollständig mit dem heutigen lettischen Verwaltungsgebiet Kurzeme, doch man kann es ungefähr gleichsetzen. Kurzeme zeichnet sich besonders durch die sehr lange Küstenlinie aus, davon ein großes Stück an der freien **Ostsee** und ein Abschnitt an der **Rigaer Bucht.**

Besonders zum offenen Meer hin sind sie zu finden: die schier **endlosen Sandstrände** in wilder Natur, die teilweise erst jetzt touristisch entdeckt werden, weil sie zu Sowjetzeiten innerhalb geschlossener Gebiete lagen. Davon zeugt die Tatsache, dass die Küstenstraße hinauf zur Landspitze von Kolkasrags erst kürzlich asphaltiert wurde.

Kurzeme hat einige außerordentliche Städte zu bieten wie die **Hafenstadt Ventspils,** das wie aus einer anderen Zeit zu kommen scheinende **Kuldīga** mit seiner historischen Altstadt, **Kandava** mit seiner reichen jüdischen Geschichte und natürlich wie überall in Lettland großartige Natur in dünn besiedelter Landschaft sowie zahlreiche Schlösser, Burgen und Gutshöfe.

Strand nördlich von Liepāja

Der Name Kurland und damit auch die heutige Bezeichnung Kurzeme stammt nicht von den Kreuzrittern oder den späteren Herzögen, sondern leitet sich vom baltischen **Stamm der Kuronier** ab, der die Gegend vor dem Mittelalter bewohnte. Als der deutsche Schwertbrüderorden im frühen 13. Jh. einmarschierte und die Bevölkerung christianisierte, lehnte man die Bezeichnung der Region also an den Namen der Ureinwohner an.

Der Livländische Orden kontrollierte im Folgenden für lange Zeit nicht nur das Gebiet Kurlands, sondern große Teile des Terrains der heutigen Staaten Lettland und Estland. Mit den Livländischen Kriegen im 16. Jh. kam es dann erstmals zu einer deutlichen Aufsplitterung. 1561 entstand das **Herzogtum Kurland und Semgallen,** das durch verschiedene Phasen mehr oder weniger großer Abhängigkeit ging. Insgesamt kann man das Gebilde, das bis 1795 existierte, als teilweise unabhängig bezeichnen. Die Herzöge galten zwar offiziell als eigenständig, doch de facto war Kurland und Semgallen ein Vasallenstaat des Polnisch-Litauischen Königreichs, bis kurz vor der Wende zum 19. Jh. das **russische Zarenreich** das Gebiet übernahm. Vom halbselbstständigen Herzogtum sank die Bedeutung der Region nun zu einem reinen Verwaltungsbezirk Russlands ab, dem sogenannten **Gouvernement Kurland.**

Bis dahin, auch unter polnisch-litauischer Herrschaft, waren die Landbesitzer fast ausschließlich **aus deutschen**

085le Foto: mk

Gebieten stammende Adelige oder ihre Nachkommen gewesen. Dies änderte sich nun, sodass auch einige Letten Grund und Boden, auf dem sie lebten, erwerben durften, auch wenn nur eine Minderheit dieses Recht wirklich ausnutzen konnte.

Die relativ kleine Minderheit der Deutschstämmigen dominierte über all die Jahre das Leben der übergroßen Mehrheit der Letten. Zum Ende des 19. Jh. hin wuchs die Einwohnerzahl stetig an. Hauptstadt war das semgallische Jelgava, gefolgt von Liepāja (64.000 Einwohner). Das heute wichtige Ventspils (deutsch: Windau) lag damals mit nur 7100 Bewohnern noch hinter Kuldīga.

Bis zum Ersten Weltkrieg währte die Zugehörigkeit zu Russland, danach gehörte Kurland mit Semgallen zum neu ausgerufenen Staat Lettland, sodass die Mehrheit der Bevölkerung sich erstmals selbst regierte. Die Regionen hießen nun offiziell Kurzeme und Zemgale. Im Süden ging allerdings ein Stückchen Land an **Litauen** verloren: Der Kurort Palanga an der Ostsee, einst Teil von Kurland, ist heute Teil des Nachbarlandes.

Wie im Rest des jungen Lettland behielt die deutsche Minderheit zunächst viele ihrer Privilegien, hatte aber im Laufe der Jahre immer härter darum zu kämpfen, bis in den 1930er Jahren die nationalistischen Regierungen den Deutschen das Leben schwer machten. Um die Zeit des Kriegsausbruchs wanderten sie dann massenhaft ins Deutsche Reich aus.

Liepāja

„Die Stadt, wo der Wind geboren wurde" – unter dieser Bezeichnung ist Liepāja (deutsch: **Libau**) im ganzen Land bekannt und dieses Motto ist auch der Titel des offiziellen Liedes von Liepāja. Der Beiname bezieht sich auf die Lage Liepājas an der **offenen Ostsee.** Das nördlich gelegene Ventspils ist die einzige weitere große Stadt, die ebenfalls am Meer liegt. Riga und andere Städte wurden zwar auch am Ostseewasser gebaut, aber in der ruhigeren Rigaer Bucht. Nur hier an der westlettischen Küste bläst einem der Wind so richtig durch die Haare.

Auch als **Stadt der Kunst und der Künstler** sieht sich Liepāja selbst gern. Zu Sowjetzeiten einst eine geschlossene Stadt, entwickelt und öffnet sich Liepāja immer mehr. Mit **etwa 84.000 Einwohnern** liegt es in Lettland auf Platz drei hinter Riga und Daugavpils.

Liepāja war schon immer eine wichtige **Hafenstadt** für Güter und Waren, während der Passagierverkehr sich eher in Ventspils ansiedelte. Inzwischen ist aber wieder eine regelmäßige Fährverbindung in Betrieb: zweimal pro Woche von und nach Lübeck-Travemünde (www.scandlines.lv). Der Flughafen der Stadt, der zum internationalen Airport werden sollte, steht dagegen einstweilen fast still.

Die wirtschaftliche und touristische Bedeutung der Stadt wächst ständig, was allein an der professionellen Vermarktung des sowjetischen Ex-Gefängnisses im „russischen Stadtteil" Karosta deutlich wird. Deshalb und wegen der **äußerst reizvollen landschaftlichen Lage** mit dem Naturpark Pape und anderen Reservaten in der Nähe steht Liepāja bei vielen Reisenden auf dem Besuchsprogramm.

Stadtgeschichte

Nachdem der Schwertbrüderorden ungefähr das Areal des heutigen Lettland eingenommen hatte, wurde Kurland zwischen den Ordensbrüdern und dem Bischof von Kurland aufgeteilt. In diesem Zusammenhang tauchte Liepāja 1253 erstmals in historischen Dokumenten auf. Der Ort war aus einigen kleinen Fischerdörfern am Fluss Liva entstanden. Über Jahrhunderte trug Liepāja den deutschen Namen **Libau.**

1560 zerbrach die Herrschaft des Ordens und Kurland wurde **Preußen** zugeschlagen. Erst 1625 wurde Liepāja auf Geheiß von *Friedrich,* Herzog von Kurland, mit Stadtrechten versehen. Doch dem Aufstieg des Ortes als Handelsstadt stand die flache Liva mit ihren Sandbänken im Wege. Ende des 17. Jh. wurde daher ein Kanal und daraufhin ein großer Hafen gebaut. 1795 geriet Liepāja zusammen mit ganz Kurland unter die Herrschaft des **russischen Zarenreiches.**

Auch wenn die Russen ihre neuen Gebiete an der Ostsee zunächst etwas nachlässig behandelten, behielt Liepāja doch seinen wichtigen Stellenwert als **Handels- und Hafenstadt.** Getreide, Holz, Wolle, Öl und viele andere Waren wurden von hier in den Westen exportiert. Im Laufe des 19. Jh. wurde eine **Bahnlinie** aus Russland gebaut. Seit 1906 konnten sich die Bewohner der Stadt sogar einer Verbindung in die große, weite Welt preisen: Eine Fähre verkehrte regelmäßig nach New York und ins kanadische Halifax. Angesichts solch guter Vernetzung florierte die lokale Industrie, Menschen strömten auf der Suche nach Arbeitsplätzen herbei: Zu Beginn des Ersten Weltkriegs zählte die Stadt bereits 110.000 Einwohner.

Das markanteste Merkmal Liepājas entstand um die Wende zum 20. Jh. Zar *Nikolaus II.* erkor die Stadt für den **Bau einer großen Festung** aus. Zwischen 1899 und 1909 wuchsen ein Militärhafen und eine acht Kilometer lange Befestigungsanlage aus dem Nichts. Die Festung besteht bis heute, inklusive Offizierspalast, Reitmanege, riesiger orthodoxer Kirche und einer Stadt in der Stadt darum herum. Das Kuriose daran ist, dass die Festung nie als solche genutzt worden ist. Erst die Rote Armee nutzte sie Jahrzehnte später zu militärischen Zwecken. Passenderweise ist dieses Gebiet auch heute noch das **russische Viertel** von Liepāja. Hier wird auf den Straßen kaum Lettisch gesprochen. Die Festung inklusive einem großen kommunistischen **Gefängnis,** der Hafen und die Kirche sind zu einer einzigartigen Touristenattraktion geworden.

Im Ersten Weltkrieg war die Stadt von deutschen Truppen besetzt. Während der lettischen Unabhängigkeit diente sie zeitweise sogar als **Hauptstadt Lettlands** – die Interimsregierung war per Schiff aus dem um-

Liepāja
Seebrücke Karosta
Karosta
Russisch-orthodoxe Kathedrale
Ģenerāla Baleža iela
Gefängnis Karosta
Priekšosta
Karostas kanāls
Cukura iela
Pulvera iela
Unterkunft
1 Camping Favorits
2 Hotel Amrita
3 Hotel Promenade
4 Fontaine Hotel
7 Hotel Jugend
8 Hotel Roze
Ziemupes iela
Ziemeļu iela
Ziemeļu
Oskara Kalpaka iela
Siļķu iela
Krūmu iela
Ventspils iela
Flughafen, Riga
Brīvības iela
Priekšpilsēta
Brīvosta
Bahnhof
Flotes iela
Ziemas osta
Raiņa parks
Raiņa iela
Rīgas iela
Zemnieku iela
Ausschnitt
Tirdzniecības kanāls
Jaunā ost.
Zirgu sala
Atteku sala
Kūrmājas p.
Jūras iela
K.Zāles
Jaunā iela
Ulliha iela
Peldu iela
Kungu iela
Ganību iela
Zirņu iela
Liepāja-See
Ezera iela
Ostsee
Lauku iela
Miera iela
Dzērves iela
Essen und Trinken
2 Restaurant Oskars
5 Barons Bumbier's
Nightlife
6 Rock Café
Einkaufen
9 Pētertirgus
Dienvidrietumu Rajons
Saldus iela
Litauen
Klaipēdas iela
Ezerkrasts
600 m
©Reise Know-How 2012

Karte Lettland S. 384

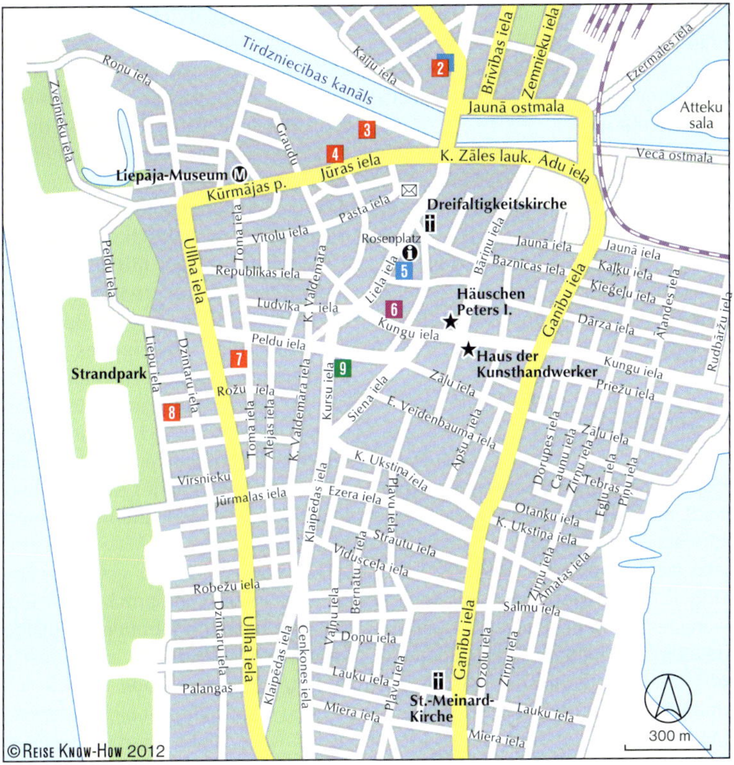

kämpften Riga geflohen. Allerdings war Liepāja nur für ein halbes Jahr Regierungssitz. Im Zweiten Weltkrieg wurden zahlreiche Gebäude bei Bombenangriffen zerstört.

Zu Sowjetzeiten bestand ein Drittel Liepājas aus einer **Marinebasis** mit 26.000 dort stationierten Soldaten. Die meisten von ihnen waren Einwanderer aus anderen Sowjetrepubliken. Wegen der militärischen Bedeutung für die Sowjets wurde Liepāja zu einer **geschlossenen Stadt.** Besucher und sogar Einwohner brauchten spezielle Genehmigungen, um in andere Städten der Sowjetunion ein- und auszureisen. 1969 wurden die Bestimmungen etwas gelockert, doch Liepāja blieb im Vergleich zu anderen lettischen Städten isoliert.

Nach der Wiedererlangung der Freiheit bemühten sich die Letten sofort, aus der Garnisons- wieder eine prosperierende Hafenstadt zu machen.

Gleich 1991 wurde der zivile, kommerzielle Hafen neu eröffnet. Erst 1994 verließ der letzte russische Soldat Liepāja, einer der letzten in Lettland überhaupt.

Liepāja befreite sich schnell aus seiner isolierten Lage. 1997 wurde eine **Sonderwirtschaftszone** für die Stadt eingerichtet, die auf 20 Jahre angelegt ist. Die speziellen Steuer- und Investitionsanreize für in- und ausländische Unternehmen dauern also noch bis 2017 an.

Sehenswertes

Liepāja ist keine aufregende Großstadt, man kann dem Ort provinziellen Charakter zuschreiben, was nicht zuletzt der Tatsache geschuldet ist, dass Liepāja zu Sowjetzeiten abgeriegelt war. Dementsprechend sollte man keine atemberaubenden Touristenattraktionen erwarten. Ein Spaziergang durchs Zentrum lohnt sich dennoch unbedingt. Wegen der Lage am Meer ist die Stadt mit 20 Kilometern sehr lang und dafür mit zwei bis vier Kilometern äußerst schmal. Das hilft Ortsunkundigen zumindest bei der Orientierung.

Eine Kuriosität stellen die **Musiknoten** auf den Bürgersteigen der Innenstadt dar. Sie führen Besucher zu den wichtigsten Sehenswürdigkeiten. „Besichtigen wie nach Noten" – so werben die Verantwortlichen für diese Idee. Und tatsächlich: Unterwegs trifft man die Noten häufig und weiß sich damit auf dem richtigen Weg.

Dreifaltigkeitskirche

Die Dreifaltigkeitskirche bietet sich als Ausgangspunkt an. Von außen macht sie nicht gerade den prächtigsten oder frischesten Eindruck, doch nach dem Eintritt, der nur eine freiwillige Spende kostet, stellt sich heraus, dass die Innenräume für eine evangelische Kirche reich geschmückt sind.

So war die **Orgel mit über 7000 Pfeifen** bis zum Jahr 1912 die größte der Welt. Ein Kuriosum: Als Besucher kann man hier sein **eigenes Orgelkonzert bestellen.** Rechtzeitiger Anruf, am besten mindestens einen Tag vorher, genügt und schon kann jeder für sich allein oder in einer Gruppe für 20 Ls sein ganz eigenes Klangerlebnis genießen. Die Privatvorführung dauert 30 Minuten.

Der **Altar** ist mit einer goldenen Dekoration im Stil von Barock und Rokoko sowie einem schönen Gemälde versehen. Darüber steht auf Deutsch: „Vater, in Deine Hände befehle ich meinen Geist." Dies ist nicht die einzige deutsche Spur in dem Gotteshaus. Im Juli und August werden sonntags um 16 Uhr **Gottesdienste in deutscher Sprache** abgehalten, in den anderen Monaten alle zwei Wochen. Es war die deutsche Gemeinde, die das Gebäude errichten ließ.

Am interessantesten ist der Gang auf den **Turm,** den man mit persönlichem Führer antritt. Auf halbem Wege ist das Innenleben der **Turmuhr** zu bestaunen, die aus dem Jahr 1905 stammt und von der deutschen Firma J.F. Weule aus Bockenem gefertigt wurde. Jede Viertelstunde läutet die

Uhr den Bewohnern von Liepāja die Zeit. Nach mehreren weiteren Holztreppen bietet sich den Kletterern das **Stadtpanorama** aus 35 Metern Höhe – auf den großen Liepāja-See (Liepājas ezers) und das Hafengelände.

● **Sv. Trīsvienības baznīca,** Ecke Lielā iela und Baznīcas iela, keine geregelten Öffnungszeiten, meist zwischen 10 und 18 Uhr. Turmbesteigung: 1 Ls, Bestellung Orgelkonzert unter Mobiltel. 25914456, 20 Ls.

Historische Straßenbahn

Zurück auf der Straße lohnt sich ein Blick auf die Tram. Sie wurde 1899 als erste elektrische Straßenbahn Lettlands eingeführt. Die Waggons selbst sind allerdings nicht historisch, sondern mehr oder weniger aus heutiger Zeit. Eine 12,8 Kilometer lange Linie durchquert in 24 Minuten die Stadt. Die Strecke führt ganz aus dem Süden durchs Zentrum und dann über die Brücke bis in die Neustadt hinein. Tickets sind im Kiosk am Bahnhof oder beim Fahrer erhältlich.

Rosenplatz

Der kleine Rožu laukums, wenige Schritte von der Kirche entfernt, ist sehr schön mit bunten Blumenbeeten gestaltet (500 Rosen) und ein beliebter Treffpunkt für Einheimische. Hier starten von Juni bis August tägliche Touren für Touristen. Von den Beeten umgebene Wappen stehen symbolisch für die Partnerstädte Liepājas, darunter das deutsche Darmstadt.

Hafen

Das auffälligste Merkmal des Hafens ist das schicke **Hotel Promenade,** das stilecht in einer völlig umgestalteten alten Lagerhalle eingerichtet wurde. Es liegt am Kanal, der die Ostsee mit dem Liepāja-See verbindet und die Innenstadt durchschneidet. Eine große, **goldene Skulptur** zieht die Aufmerksamkeit auf sich. Sie sieht aus wie eine Sanduhr, nur dass statt Sand das „baltische Gold" Bernstein im Inneren ruht.

Fußgängerzone

Der eigentliche Ortskern wird markiert durch eine Mini-Fußgängerzone. Das hervorstechende, modern mit Stahl und Glas gestaltete **Rock Café** wird von einer großen, silbernen Gitarre beworben, die auf dem Platz davor fast schon zu einem Symbol der Stadt geworden ist. Vor dem Gebäude glänzt der lettische „Walk of Fame", in dem sich bekannte einheimische Musiker ganz nach Hollywood-Art verewigt haben.

Ein kleiner Spaziergang auf der Kungu iela mit einem Blick auf interessante, wenn auch zum Teil noch immer recht heruntergekommen aussehende **Holzhäuser** sollte zum Programm gehören. Das bekannteste Gebäude ist ein nicht allzu hervorstechendes Holzhaus aus dem 17. Jh. an der Ecke Kungu iela und Bāriņu iela, in dem Zar *Peter der Große* 1697 übernachtet hat (Kungu iela 24). Es wird heute noch verniedlichend **Häuschen Peters I.** (Pētera I namiņš) genannt.

Strandpark

Sehr schön ist der große Strandpark westlich des Zentrums zur Meeresseite hin (Jūrmalas parks, Zufahrt z.B.

über die Peldu iela), auch ohne weiteres in zehn Minuten zu Fuß zu erreichen. Neben vielen schönen Gehwegen im Grünen und Zugang zum Wasser bietet der Park ein Stadion, Tennisplätze, Minigolf, Springbrunnen, das Restaurant Kapteins, das Café Meduza und gelegentlich zusätzliche Attraktionen wie **Konzerte** oder andere Vorstellungen unter freiem Himmel auf einer eigens dafür gebauten Bühne. Der Park zieht sich kilometerlang nach Süden. Der eigentliche **Strand** ist unter dem Beinamen „mit der blauen Flagge" bekannt.

Orthodoxe Kirche im Stadtteil Karosta

Einst war im Hafen von Liepāja ein „U-Bootfriedhof" zu besichtigen, doch diese eigenwillige Sehenswürdigkeit beendete vor wenigen Jahren ihre Existenz, weil eine deutsche Firma, wie es die Einheimischen erzählen, kürzlich die Boote einschmolz und den Stahl weiter verarbeitete.

St.-Meinard-Kirche

Kurios ist ein modernes Gotteshaus, nämlich die St.-Meinard-Kirche (Sv. Meinarda baznīca, Ganību iela 120). Das Besondere an ihr: Sie war der Pavillon des Vatikan auf der **Expo 2000** in Hannover. Zwei Jahre später schenkte der Kirchenstaat ihn der Stadt Liēpaja. Seitdem fungiert er als reguläre Kirche.

Karosta

Mit dem Zentrum hat man in Liepāja bestenfalls die Hälfte der Attraktionen gesehen. Der **russische Stadtteil** Karosta sollte unbedingt entdeckt werden. Aus Vecliepāja (Alt-Liepāja) geht es nördlich durch ein neueres, industriell geprägtes Gebiet und über einen weiteren Kanal hinweg (mit dem Auto macht man einen recht großen Bogen nach rechts, um zur nächsten Brücke zu gelangen) nach Karosta.

Das Viertel, das als eigene Stadt gedacht war und der Stolz des zaristischen Russlands sein sollte, wirkt auf den ersten Blick ziemlich **heruntergekommen.** Einige der großteils weißen Wohnblöcke sind verlassen und verrotten zusehends. Die meisten sind bewohnt und wirken mit ihren schmuddeligen Fassaden und der vor den Fenstern oder auf den kleinen Balkons aufgehängten Wäsche eher ärmlich. Die Straßen sind löchrig und statt moderner Supermärkte dominieren kleine Läden das Bild. Genau so könnte es hier auch zu Sowjetzeiten vor zwanzig oder dreißig Jahren ausgesehen haben – einmal abgesehen von den allgegenwärtigen Handys und einigen neuen Autos.

Dies alles klingt nicht besonders vielversprechend, wenn auch diese Zeitreise sehr spannend sein kann. Doch plötzlich tut sich der Blick auf und eine prächtige, monumentale orthodoxe Kirche strahlt am Ende der breiten Straße: die **Dreifaltigkeitskathedrale** (Sv. Trīsvienības katedrāle, Bāriņu iela 9, Eintritt frei, Spende erbeten), die verwirrenderweise fast den gleichen Namen trägt wie die oben beschriebene evangelische Kirche, nur dass hier der Zusatz „Kathedrale" gesetzt wird. Bestimmt einen halben Kilometer fährt oder geht man auf sie zu und sieht ihre goldenen Zwiebeltürme glänzen – umso mehr, als die Kirche gerade restauriert wurde. Nicht nur von der Imantas iela aus, an deren Ende sie liegt, ist sie sichtbar, sondern wie das Symbol von Karosta aus allen vier Himmelsrichtungen.

Ein Blick ins Innere ist nicht nur all jenen vorbehalten, die sich während einer Messe unauffällig (und mit angemessener Kleidung) hineinschleichen können. Offizielle Besichtigungen sind ebenfalls möglich. Auch innen ist das Gotteshaus prachtvoll mit viel Goldschmuck und zahlreichen schönen, alten Ikonen ausgestattet.

Gefängnis Karosta

Sowjetnostalgie der etwas anderen Art bietet sich im ehemaligen kommunistischen Gefängnis von Karosta, in dem aus dem dunklen, abstoßenden Ort voll schlechter Erinnerungen eine Touristen-Attraktion gemacht wurde: Mit dem nötigen Maß an Augenzwinkern wird eine „realitätsnahe" Führung durch das von außen eher unscheinbar aussehende rote Backsteingebäude angeboten. Als **sowjetische Wachen** verkleidete Männer machen die **Besucher** aus dem In- und Ausland für die Zeit der Führung zu **Gefangenen.** Man lässt sich anbrüllen, nimmt Befehle entgegen, lernt seine persönliche Zelle ebenso kennen wie den Rest des Gefängnislebens. All dies frei nach dem Motto: Wenn es zu deprimierend wird, muss man darüber lachen. Es klingt wie ein kontroverses Konzept, doch Liepāja hat damit offenbar Erfolg: Bei den Besuchern kommt es bestens an und hat sich bereits als Tipp herumgesprochen. Wer sich als hartgesotten bezeichnet, kommt um eine **Übernachtung in der Gefängniszelle** natürlich nicht herum - auch dies wird hier angeboten!

- **Karostas cietums,** Invalīdu iela 4, Tel. mobil 26369470, www.karostascietums.lv, Mai bis September 10–18 Uhr, Oktober bis April nur auf Anfrage, Eintritt 2,50 Ls; Übernachtung 8 Ls pro Nacht und Person.

Seebrücke

Eine weitere „hässliche Schönheit" in Karosta ist die kilometerlange graue Mole aus Beton. Schier endlos zieht sich die **Ziemeļu mols** ins Meer hinaus und gibt den Blick frei zurück auf den Strand und die goldenen Kuppeln der orthodoxen Kirche hinter den Bäumen. Man kann mit dem Auto an den Anfang der Mole heranfahren.

Praktische Tipps

Information

- **Touristeninformation,** Rožu laukums 5/6, Tel. (6)3480808 oder Mobiltel. 2940211, www.liepaja.lv (Website mit Adressen weiterer Informationsbüros in der Region Liepāja), geöffnet Mo–Fr 9–19 Uhr, Sa 10–18 Uhr, So 10–15 Uhr. Reichlich Informationsmaterial; die Mitarbeiter kennen sich gut aus und können auch Ausflüge, Hotels und andere Unterkünfte vermitteln. Es werden auch Souvenirs verkauft, außerdem Fahrradverleih.

Behinderte

Liepāja, inklusive Karosta, lässt sich von Rollstuhlfahrern relativ gut besichtigen, abgesehen vom Kirchturm und dem ehemaligen sowjetischen Gefängnis. Einige Hotels sind behindertengerecht eingerichtet.

Notfälle und nützliche Adressen

- **Apotheke:** u.a. Mēness aptieka, Tirgoņu iela 24, Tel. (6)3426275.
- **Krankenhaus:** Liepājas centrala slimnīca (Zentralkrankenhaus), Slimnīcas iela 25, Tel. (6)3403255.
- **Polizei:** Jelgavas iela 48, Tel. (6)3420269.
- **Post:** u.a. Pasta iela 4, Tel. (6)3422399.
- **Internet:** Netlogs, Peldu iela 16, Tel. (6)34 24717, sehr zentral gelegen zwischen Katoļu iela, Tirgoņu iela und Peldu iela. **Hotspots** außer in den Statoil-Tankstellen (u.a. Esperanto iela 2/8) auch in vielen Lokalen.
- **Fahrradverleih:** Velo-Moto, Kungu iela 6, Tel. mobil 26447726, Mo–Fr 10–18 Uhr, Sa 10–15 Uhr, ordentliche Hollandräder, auch Verleih und Reparatur von Scootern, Rollern und Motorrädern; Velo, Kungu iela 22, Tel. (6)3424424.

Unterkunft

- **Promenade Hotel,** Vecā Ostmala 40, Tel. (6)3488288, www.promenadehotel.lv. Komfortables, geschmackvolles Fünfsterne-Hotel mit einem Hauch von Luxus, 42 Zimmern und verhältnismäßig akzeptablen Preisen, besonders schön am Hafen gelegen. Doppelzimmer in der Saison ab 70 Ls, Luxus-Suite 120 Ls, Sonderangebote auf der Website. Mit unter dem selben Dach: Restaurant Piano und Kunstgalerie Promenade.
- **Hotel Amrita,** Rīgas iela 7/9, Tel. (6)340 3434, www.hotelamrita.lv. Zwischen Bahnhof und Innenstadt in einem besseren Wohnblock angesiedelt. Die 83 Zimmer sind gemütlich und sympathisch eingerichtet, der Service ist gut (Internetanschluss und Satelliten-TV auf dem Zimmer). Gutes Preis-Leistungsverhältnis: DZ in Saison ab 41 Ls, „Economy class"-Zimmer schon ab 17 Ls ohne Frühstück. Schöne Mini-Suite.

● **Fontaine Hotel,** Jūras iela 24, Tel. (6)34 20956, www.fontaine.lv. Hotel mit Charakter in zwei Holzhäusern aus dem 18. und 19. Jh. an derselben Straße im Zentrum. Jedes Zimmer ist individuell eingerichtet mit bunten und manchmal etwas schrägen Farben, einige besitzen sogar einen Balkon. Günstig (DZ ab 25 Ls, „Studentenzimmer" mit Bad auf dem Flur schon ab 15 Ls). Internet, TV, Bar, Frühstück.

● **Hotel Jugend,** Toma iela 46, Tel. (6)34 21445. Nicht etwa eine Jugendherberge, sondern ein kleines, schickes Hotel in einem 100 Jahre alten Jugendstilgebäude erwartet die Gäste in einer ruhigen Wohnstraße nahe dem großen Strandpark von Liepāja mit den vielen Freizeitmöglichkeiten und der Nähe zum Strand. Ab 40 Ls kann man ein hübsches Doppelzimmer buchen. Ein Restaurant und eine typisch lettische Sauna stehen ebenfalls bereit.

● **Hotel Roze,** Rožu iela 37, Tel. (6)3421155, www.parkhotel-roze.lv. Reizvolle und komfortable Zimmer und Appartements in zwei schönen alten Holzhäusern in einer ruhigen Wohnstraße direkt am großen Strandpark. Sauna, freier bewachter Parkplatz für Gäste. DZ im Sommer ab 41 Ls (September bis Mai ab 27 Ls), Appartement für zwei Personen ab 62 Ls.

Camping

● **Favorits,** Latgales iela 3, Karosta, Tel. mobil 26463336. Nahe der Hauptstraße Ģenerāļa Baloža iela, gute zwei Kilometer vom Wasser (von der beschriebenen Mole) entfernt. Sauna, Gästezimmer. Es wird auch Pferdereiten angeboten.

Essen und Trinken

● **Barons Bumbier's,** Lielā iela 13, Tel. (6)34 25411, www.baronsbumbiers.lv, geöffnet So, Mo 11–20 Uhr, Di–Do 11-22 Uhr, Fr, Sa 11–23 Uhr. Breites Angebot an traditionellen lettischen Speisen nahe dem hübschen Rosenplatz (Rožu laukums) beim Einkaufszentrum Kurzeme. Rustikal und gemütlich eingerichtet mit schöner Außenterrasse, sehr preisgünstig.

● **Oskars,** Rīgas iela 7/9, Tel. (6)3403434, www.hotelamrita.lv, geöffnet 11–23 Uhr, Frühstücksbüffet 7–10 Uhr, Sa, So 8–11 Uhr. Schickes Restaurant im Hotel Amrita (s.o.) mit lettischer und internationaler Küche und der rustikaleren, einfacheren **Grillbar Bruno,** Mo–Do 17–23 Uhr, Fr, Sa 17–1 Uhr, So geschlossen.

● **Rock Café,** Stendera iela 18/20, Tel. (6)3481555, www.rockcafe.lv, 8–6 Uhr (gelegentlich etwas frühere Schlusszeit). Das auffällige Glashaus mit den zwei Etagen (plus Keller), der Dachterrasse und der großen Gitarre vor dem Eingang mitten in der Fußgängerzone ist eine Mischung aus Kneipe, Café, Imbiss und Restaurant mit ordentlichem Essen und interessanten Rockmusik-Accessoires im Inneren. Fast rund um die Uhr geöffnet – nachts wird das Haus zu einem Klub.

Am Abend

● **Unterhaltungszentrum Klondaika,** Stendera iela 3, Tel. (6)3489455, www.klondaika.lv, tgl. 9–7 Uhr, Restaurant 12–24 Uhr. Der Name verspricht Schatzsuche und Reichtum. Mancher Gast wundert sich hier eher, wo sein Geld geblieben ist, denn Spielautomaten, ein Kasino und eine der in Lettland so beliebten Bowlingbahnen laden zum Amusement ein. Im Hause ist auch ein Tex-Mex-Restaurant. Das Unterhaltungszentrum liegt wie das Rock Café an der Stendera iela, etwa 200 m weiter nach Norden.

● **Fontaine Palace,** Dzirnavu iela 4, Tel. (6)3488510, rund um die Uhr geöffnet, Bar und Nachtklub mit viel Live-Musik. Zum gleichnamigen Hotel gehörend, liegt dort in der Nähe direkt am Hafen.

Einkaufen

Es gibt einige Supermärkte, die an jedem Wochentag geöffnet sind. Kleinere Geschäfte schließen sonntags ganztägig und an Samstagen ab Mittag oder Nachmittag.

● **Pētertirgus,** Marktplatz direkt im Stadtzentrum mit Obst, Gemüse, fangrischem Fisch, Fleisch, Milchprodukten und je nach Jahreszeit auch Pilzen und Beeren – das meiste frisch und naturbelassen aus der unmittelbaren Umgebung von Liepāja, außerdem Blumen, Honig und Bernstein. Der Markt existiert seit fast einem Jahrhundert. Früher war hier der zentrale Platz von Liepāja, heute ist es „nur" noch der Petermarkt.

● **Haus der Kunsthandwerker** (Amatnieku nams), Kungu iela 26, Tel. (6)3423286, geöffnet Mo–Fr 9–17 Uhr, sonst nach Voranmeldung. Werkstatt für und Verkauf von Artikeln der traditionellen Handwerkskunst, direkt gegenüber dem Peterhäuschen. Man kann bei der Herstellung zuschauen. Im Haus wird auch die mit 123 Metern angeblich längste Bernsteinkette der Welt ausgestellt.

Kultur

● Liepāja preist sich damit, im Sommerhalbjahr viele attraktive **Konzerte** zu veranstalten, viele unter freiem Himmel. Der Ort dafür ist der große Strandpark (Jūrmalas parks) am westlichen Rand der Innenstadt mit dem Stadion und der Freilichtbühne. An Wochenenden sind hier interessante Veranstaltungen fast garantiert.

● Für Filmfans oder auch als Alternative an regnerischen Tagen bietet sich ganzjährig das **Kino** am Rosenplatz an (Kinoteātris Balle, Rožu laukums 5/6, Tel. (6)3480638, www.balle.lv). Es laufen neben lettischen auch zahlreiche internationale Produktionen.

● **Liepāja-Museum,** Liepājas muzejs, Kūrmājas prospekts 16, Tel. (6)3422973, www.liepajasmuzejs.lv, Do, Sa, So 10–18, Fr 11–19 Uhr, Mo–Mi geschlossen, Eintritt frei.

Verkehrsverbindungen

● **Auto:** Liepāja ist die westlichste Stadt Lettlands und von Riga etwa 220 Kilometer entfernt (auf der relativ gut ausgebauten A9 zu erreichen). Für nicht wenige Reisende empfiehlt sich die Anfahrt aus dem litauischen Klaipėda (Memel), beispielsweise gleich zu Beginn einer Lettland-Rundfahrt. Von der litauischen Grenze sind es nach Liepāja gut 50 km auf der A11 (100 km von Klaipėda).

Parken im Zentrum (z.B. an der Kungu iela oder am Rožu laukums) kostet 0,40 Ls/Std., Parkscheine gibt es im Automaten.

● **Bahn:** Der Kurzeme-Express verkehrt zweimal wöchentlich von und nach Riga (Fahrzeit 3 Stunden), ansonsten bieten sich nur regionale Verbindungen an. Der Bahnhof (Dzelzceļa stacija, Stacijas laukums, Tel. (6)341 6284) liegt leicht abseits des Zentrums nördlich der Altstadt im neuen Teil von Liepāja. Ohne allzu schweres Gepäck ist die Strecke in den Stadtkern zu Fuß in gut 20 Minuten über die schnurgerade Rīgas iela zu bewältigen. Eine sinnvolle Alternative ist die historische Straßenbahn. Tickets sind im Kiosk am Bahnhof oder auch beim Fahrer erhältlich.

● **Bus:** Der Busbahnhof (Autoosta, Stacijas laukums, Tel. (6)3427552) liegt direkt am Bahnhof und bietet über 20 Verbindungen täglich nach Riga. Die Wartezeit ist nie besonders lang, Fahrzeit 3½–5 Stunden, Preis ab 5,50 Ls. Weitere regelmäßig und täglich bediente Strecken führen ins litauische Klaipėda und in die anderen Städte der Region Kurzeme, darunter Ventspils und Kuldīga.

Die Küste um Liepāja

Es sind etwa **500 Kilometer Küstenlänge,** die das kleine Lettland aufzuweisen hat – und an den meisten Stellen zieht sich ein mehr oder weniger gut zugänglicher, **mehr oder weniger einsamer Strand** am Wasser entlang. Während im Kurort Jūrmala jeden Sommer die Badehandtücher dicht beieinander liegen, sind in weiten Abschnitten der Westküste jedoch nur das Rauschen des Meeres und das Schreien der Möwen zu hören.

Pape-Naturpark

Ein sehr schönes Reservat mit reicher Tier- und Pflanzenwelt findet sich gleich nördlich der litauisch-lettischen Grenze auf dem schmalen Streifen zwischen der A11 und der Ostsee.

Die beste Möglichkeit, sich den Pape-Naturpark aus der Nähe anzusehen, bietet sich wenige Kilometer hinter der Grenze. Auf Höhe der Ortschaft **Rucava** – in der ein Geldautomat zu finden ist –, gut 40 Kilometer vor Liepāja, führt eine kleine, nicht asphaltierte, aber befahrbare Straße in das kleine **Dorf Pape.** Es liegt malerisch direkt an der Ostsee und gleichzeitig am **Pape-See** (Papes ezers). Weiter als bis zum Dorf mit einigen Campingplätzen sollte man mit dem Auto besser nicht fahren.

Vogelbeobachter finden hier ein wahres Paradies vor: Insgesamt wurden **271 Vogelarten** gesichtet, darunter viele äußerst seltene. Auch ein ornithologisches Zentrum wurde hier eingerichtet (Tel. (6)3400341). Wer nicht auf gefiederte Tiere spezialisiert ist, sondern den Erholungswert fast unberührter Natur genießen will, kann einen neun Kilometer langen **Wanderweg** für einen ausführlichen Spaziergang wählen. Eine anspruchsvolle, sehr schöne **Fahrradroute** (nur für sportliche Radler) führt gut 20 Kilometer um den Pape-See, ebenso eine weitere, ähnlich lange Wanderstrecke. Man kann an einer Führung teilnehmen und wilde Pferde, Wisente sowie Auerochsen beobachten.

- **Papes dabas parks,** Tel. mobil 29489775, www.pdf-pape.lv. Die Website des Naturparks ist informativ und auch auf Englisch verfügbar. Weitere Informationen erteilt das Touristen-Informationszentrum in Rucava (Tel. (6)3494766, mobil 29134903, rucava.tic@inbox.lv), wo auch Buchungen von Führungen und Übernachtungen getätigt werden können.

Unterkunft

- Noch vor dem Dorf Pape, beim ersten Abzweig nach rechts, bietet das **Gästehaus Lejnieki** eine komplette Holzhütte ab 25 Ls an (Tel. mobil 26306030). Gegen geringes Entgelt kann man hier auch Zelte aufschlagen. Eine schönere Lage ist kaum vorstellbar: im Naturpark, am Pape-See und am Meer.

Camping

- **Camping Verbelnieki,** Gemeinde Nica, Tel. mobil 29138565, nur wenige Kilometer südlich von Liepāja, gute, ausgeschilderte Zufahrt. Ganzjährig geöffneter, großer Platz im Grünen, nahe einem wunderbar wilden Ostseestrand, einfache, saubere Duschen und Toiletten, WiFi, schattige Plätze, von morgens bis abends gutes, selbstgemachtes Essen in der Bar. Auch 40 Gästezimmer.

Nördlich von Liepāja

Landschaftlich reizvoll ist es, am Wasser entlang bis nach Ziemupe zu fahren. Der unbefestigte, aber akzeptable Weg führt sehr nah an der Küste entlang durch das Dorf **Saraiķi** (wo ein asphaltierter Weg rechts zur P111 führt) bis nach **Ziemupe.** Unterwegs tun sich immer wieder imposante und idyllische Motive mit dem Meer im Hintergrund auf, allerdings ist das Wasser meist durch Wälder verdeckt. Entlang der Strecke liegen einige romantische Camping- und Zeltplätze.

Um von Ziemupe weiter nach Norden zu gelangen, muss man die P111 ansteuern, denn eine andere Straße existiert nicht. Man trifft auf den Asphaltweg ungefähr auf halber Strecke zwischen Liepāja und Pāvilosta, mit einigem Abstand zum Meer.

BALTIJOS
JŪRA
Travemünde - Rīga 39 h
Ventspils
STALDZENE
Jaunupe
Liepene
Muižarāji
Akmeņdziras
Būšnieku ez.
St. Ventspils II
A 10
P 124
Krievlauki
Elkšķenes st.
Cirpstene
Dokupe
Kurzeme
Tārgale
Elkšķene
Kamārce
Vārve
Venta
P 122
P 108
Liezde
Ūdrande
Gārzde
Leči
Žūras
Zūru mežniecība
Užava
P 111
Ventava
Landze
Piltene
Ventspils rajons
Ziras
Užava
Sise
Sārnate
Tērande
Zlēkas
Nabes ezeri
Jūrkalne
P 119
Mātras
Ēdole
Ķimale
Reģi
Ivande
Alsunga
Almāle
Vanka
Bērzkalni
Ulmale
Rīva
Kukšu ez.
Alejas
Kuldīgas rajons
Pāvilosta
Saka
Gudenieki
Birži
Jātele
Vilgāles ez.
Ludženieki
Basi
Vilgāle
Akmeņrags
Liepājas rajons
Grīnu rezervāts
Durbe
Tebra
Apriķi
Ķikuri
P 112
Turlava
Grantiņi
Vanga
Ziemupe
Dzērvenieki
Štakldanga
Padure
Cīrava
Alokste
Cildi

C
D
Rinda
Ance
Lonaste
Vēde
Jornini
Dundaga
Jaundundaga
Kārļmuiža
Fuiškalns
Žocene
Roja
P 131
Roja
Rinda
Lonaste
Virpe
Pāce
Pāce
Kurbe
Rude
Talsu rajons
18
23 Kaltene
Tinģere
22
Plintiņi
Liepniekvalka alas
Jaunmuiža
17
Īve
Anuži
Valpene
P 125
Lubezere
1
Pope
Rakupe
Gibzde
Dumciems
Jaunciems
Nīcnieki
54
Cīruli
Kronmuiža
Laukmuiža
E22
Dandzītes
Puze
Amele
63
Nogale
Puzes ez.
Salas purvs
Pobuži
Valdemārpils
18
Puzenieki
P 126
Dārte
Pūnas
16
Sasmakas ez.
Vandzenes dižakmens
Grīva
Stikli
Vandzenes vidusskola
Puzesmuiža
Stende
Gambija
Roja
Stiklu dižpurvs
15
19
Engure
Laidzes ez.
Vandzene
Īģene
Laidze
Lādzere
Ugāle
75
Iliņi
Valdgale
P 127
Sārcene
Oktes pienotava
6
Usmas st.
Roceži
15
Talsciems
Šķēde
18
Talsi
Māteri
Dzirnavas
Kraujas
Carlene
Usma
Spāres ezeri
Stūriši
Lauciene
Pļavmuiža
Pastende
6
Spāre
Gibuli
Odre
Fridrikmuiža
P 123
A 10
Aizupes
Mundigciems
Kamparkalns
21
P 128
Moricsalas rezervāts
E 22
20
175
Laidzes ciems
Līči
Dižstende
Dursupe
67
20
Lībagi
Balgale
Amjūdze
Mordanga
P 120
Cirkale
Usmas ez.
Tiezumi
Vidusupe
22
Kākiši
2
50
14
Lēdas
Stende
Strazde
Oksle
Ezeri
Jaunpagasts
45
Vecciems
Ventspils rajons
Kaleši
Cēre
Veģi
Lielverbi
Bebrupe
Abava
Renda
Līgciems
53
Māras kambari
13
Abavas rumba
Griepciems
Rūmene
Pūres st.
Venta
Ozoli
P 130
Rinkule
P 130
Kronrenda
Valgale
Abava
A10
Padure
Riežupes alas
25
Sabile
Kandava
5
Īvande
24
Deksne
P 120
Velna akmens
Vīsli
Kalnmuiža
Rimzātu dīķi
Riežupe
Buses pilsk.
Valdeķi
Mežvalde
Aizdzire
Kukšas
Venta
Matkule
14
Priedaine
Kuldīga
P 121
28
Tukuma rajons
Kabile
Pūces
21
Pelči
Lejas
Jaunāmuiža
19
Imula
P 121
P 109
Sauti ni
24
13
Kaltiķi
Novadnieki
Vāne
Aizupe
Šķēde
Kinguti
Zemīte
Amula
Sarcene
Grenči
17
Ēda
Vārme
Vēdzele
3
P 116
Ēdas
Jaundziras
Varieba
10
P 108
Smiltiņkalns
155
Šķēde
Sņepele
Vārme
Dūrupe
Jaunvarieba
93
Jaunlutriņi
Venta
Zante
Rāvi
Ošenieki
6
Savenieki
Lielsatiķi
Bulļupe
Satiķi
Vecgaiķi
Viesatas
Raņķi
Vidnieki
Ponakste
Gaiķi
20
24
Struteles muiža
18
C
D

Pāvilosta

In dem kleinen Ort Pāvilosta erreicht man dann wieder das Wasser. Es lohnt sich ein kurzer Halt und ein Spaziergang durch den Hafen. Mit etwas Glück verkaufen Händler gerade ihre frisch gefangenen Fische oder es werden Fahrten aufs offene Meer mit einem kleinen Schiff angeboten (Tel. 3498381). Eine neu asphaltierte kleine Straße (in den Ort kommend, links abbiegen) führt zu einem schönen **Strand** (Parkplatz 1,50 Ls). Im Wasser schwimmt manchmal ziemlich viel Grünzeug. Neben einem Beobachtungsturm zieht der größte aus dem Wasser gespülte **Stein** von Kurzeme die Blicke auf sich. Er steht zur Hälfte unter Wasser, ist 3,50 Meter hoch und hat einen Umfang von 15 Metern.

An der Dzintaru iela, dort wo die Meža iela abzweigt, steht ein Schiff im Garten. Es ist ein gut 50 Jahre altes **Fischerboot,** das damals in der DDR gebaut wurde. An dieser Stelle ist ein Weg ausgeschildert, der über die Saka-Brücke zur Mīlestības priede führt, der großen **Liebeskiefer.** Der mächtige Stamm des Baumes gabelt sich in zwei Stämme. Die Kiefer thront majestätisch über dem Fluss Saka.

Information

- **Touristeninformation,** Dzintaru iela 2, Tel. (6)3498229, www.pavilosta.lv. Mit Internetzugang.

Nützliche Adressen

- **Apotheke:** Dzintaru iela 31, Tel. (6)349 8222.
- **Fahrradverleih Dandzenieki,** Kalnu iela 16, Tel. mobil 29126098.

Unterkunft

- **Das Crocodill,** Kalna iela 11, Tel. mobil 26151333, www.dascrocodill.lv. Acht sehr individuell eingerichtete, höchst angenehme Apartments für zwei Personen ab 34 Ls. Woher der deutsche Zusatz „das" zum Krokodil kommt, weiß keiner so recht zu sagen. Es klang einfach gut.
- **Motelis vēju paradīze,** Smilšu iela 14, Tel. mobil 26446644, www.veju-paradize.lv (schöne Website, auch auf Englisch, mit Informationen über die Unterkunft, den Ort und die Region). Sehr ansprechendes Motel/Hotel aus viel Holz und Glas. DZ ab 30 Ls, mit Café/Restaurant, Sauna, Feuerstelle und Konferenzraum.
- **Rietumu krasts,** Ostmalas iela 4, info@west-coast.lv, Tel. mobil 26557856. Vier schöne Apartments mit viel Glas in traumhafter Lage und mit bester Aussicht direkt am Strand. DZ ab 25 Ls, Zeltplatz, Stellplätze für Wohnwagen und Wohnmobile, Feuerstelle, Grillausleihe sowie Verleih von kleinen **Booten, Katamaranen und Jachten.**

Essen und Trinken

- **Krodziņš āķagals,** Dzintaru iela 3, Tel. (6)3498212. Rustikales Lokal mit deftigem, gutem Essen, Speisen aus der Region, z.B. Kurzemer Pork Strogonoff. Gemütliche Terrasse mit direktem Zugang zum Strand über Holzstege. Das Restaurant liegt neben dem **Museum für Lokalgeschichte** von Pāvilosta (Dzintaru iela 1, Tel. 63498276).

Einkaufen

- **Ilgas darbnīca,** Dzintaru iela 71, Tel. mobil 29606950. Souvenirs aus der Region und aus Lettland sowie schöne Seidenmalereien.

091le Foto: mk

Jūrkalne

Das etwa 20 Kilometer von Pāvilosta entfernte Fischerdorf Jūrkalne ist besonders für seine imposante **Steilküste** von bis zu 20 Metern Höhe bekannt. Man kann mit dem Auto direkt an die Stelle heranfahren (Parkplatz, 1 Ls). Es bietet sich ein sehr schöner Blick auf die Meeresküste. Natürlich kann man hier auch zum Strand hinuntergehen und dort baden. Informationen: www.jurkalne.lv. Man kann von Jūrkalne aus an der Küste entlang weiter nördlich nach Ventspils fahren oder auf der P119 ins Inland nach Kuldīga.

Strand bei Jūrkalne

Kuldīga

Mit dem sehr gut erhaltenen Ensemble des alten Stadtzentrums und den vielen schönen, wenn auch teils noch nicht restaurierten Holzhäusern ist Kuldīga, das auf Deutsch ehemals **Goldingen** hieß, eine der **malerischsten Städte** Lettlands. Hinzu kommt das Panorama des breitesten Wasserfalls Europas, der sich nahe der mächtigen Backsteinbrücke über die an dieser Stelle erweiterte Venta zieht.

In der Umgebung der sympathischen Kleinstadt locken Naturparks. Auch für weitere Ausflüge eignet sich Kuldīga bestens als Standort. Westwärts sind es gut 40 Kilometer bis zur Ostsee mit den Felsen von Jūrkalne und nach Osten ist es nicht viel weiter bis zu den schönen Orte Sabile, Kandava und Talsi. Die 58 Kilometer nach Ventspils bewältigt man in weniger als einer Stunde. In einem Wort: Die ganze Region Kurzeme liegt in Kuldīgas Reichweite. Doch zunächst will die alte Hansestadt mit der reichen Geschichte und gerade einmal 13.500 Bewohnern entdeckt werden.

Stadtgeschichte

Bereits im 9. Jh. entstand eine Siedlung neben dem heutigen Kuldīga, dort wo das Volk der **Kuren** eine **Burg** errichtet hatte. Als die deutschen Kreuzritter vom Schwertbrüderorden im 13. Jh. Kurland einnahmen, zerstörten sie die Burg und bauten 1242 ihre eigene am Ufer der Venta. Aus dem gleichen Jahr stammt auch die erste Nennung des Ortes in historischen Quellen, unter dem von den Kreuzrittern vergebenen Namen Goldingen, der über Jahrhunderte aktuell blieb. Die **Ruinen** der Festung sind noch heute zu besichtigen.

Eine kleine Stadt entstand rund um die Burg. Die Entwicklung verlief so schnell, dass Kuldīga bereits 1368 der Liga der **Hansestädte** beitrat. Um den Übergang vom 16. zum 17. Jh. war der Ort sogar Hauptstadt Kurlands – allerdings nur für 20 Jahre. Doch auch danach erlebte Kuldīga eine Fortsetzung seines wirtschaftlichen Aufstiegs.

Erst Kriege und Plagen setzten der glanzvollen Entwicklung ein Ende: zunächst der Polnisch-Schwedische Krieg von 1653 bis 1667 und dann der Große Nordische Krieg, während dessen die schwedische Armee die Burg zerstörte. Sie wurde nie wieder aufgebaut. Eine große **Pest-Epidemie** tat ein Übriges, um Kuldīgas Bedeutung zu dezimieren. Als Ende des 18. Jh. die Grafschaft Kurland ins russische Zarenreich eingegliedert wurde, war Kuldīga nur mehr eine **Provinzhauptstadt** unter Hunderten in Russland.

Doch die Lage war für den Handel nach wie vor günstig und im Laufe des 19. Jh. entstanden nach und nach immer neue Fabriken. Die Zahl der Einwohner stieg. Kuldīga entwickelte sich zu einem Vorposten der Reformer und Revolutionäre: 1896 gründete sich hier die erste **sozialdemokratische Partei** und während der Tage der Revolution von 1905 waren es die **Studenten des Baltischen Lehrerseminars,** die als erste mit ihrem Streik begannen. Das Seminar war erst wenige Jahre vorher aus Riga nach Kuldīga umgezogen.

Später erlebte Kuldīga ein ähnliches Schicksal wie die meisten anderen lettischen Städte. Die beträchtliche **jüdische Bevölkerung,** die Kuldīga im 19. Jh. stark geprägt hatte, verschwand in Folge des Nazi-Terrors gänzlich aus der Stadt. Stattdessen wurden von den Sowjets auch nach Kuldīga Menschen russischer Sprache umgesiedelt, allerdings relativ gesehen nicht so viele wie etwa nach Liepāja.

Seit der Unabhängigkeit 1991 sind in Kuldīga einige Anstrengungen unternommen worden, den historischen Stadtkern zu restaurieren und zu pflegen. Die Arbeiten werden noch weitere Jahre in Anspruch nehmen, doch immer mehr **Touristen** strömen in den idyllischen Ort und machen den Fremdenverkehr zum inzwischen wichtigsten Wirtschaftszweig.

Sehenswertes

Rathausplatz und Fußgängerzone

Um ein Gefühl für Kuldīga zu bekommen, sollte man zunächst einmal die Fußgängerzone der sich in die Länge ziehenden **Liepājas iela** abschreiten. Auf dem Rathausplatz (Rātslaukums), wo die Straße beginnt, sind ein Parkplatz und die **Touristeninformation** zu finden. Die Liepājas iela mit ihren alten Häusern, viele von ihnen aus der Zeit vom 17. bis 19. Jh., wirkt ein wenig wie die Kulisse zu einem Film, der in den 1930er Jahren spielt. Die Straße wurde gerade neu gepflastert und die Häuser präsentieren ihre Schönheit, auch wenn eine ganze Reihe noch auf die Restaurierung wartet. Mehrere Gebäude, einige davon aus Holz, sind bereits sehr geschmackvoll instandgesetzt und mit Blumenkübeln verziert worden.

In dieser autofreien Straße, in der sogar die Schilder und Werbetafeln der Geschäfte äußerst dezent angebracht sind, fühlt man sich wie aus einer Zeitmaschine entsprungen. Dieses Gefühl drängt sich auch im Rest der Stadt immer wieder auf. Erst bei näherem Hinsehen stellt sich heraus, dass die Läden durchaus auch moderne Elektronik, elegante Kleidung und schöne Souvenirs wie Töpfer- oder Holzwaren anbieten. Einige Geschäfte stehen immer noch leer.

Auf dem Rathausplatz lohnt sich ein Blick auf das **Alte Rathaus** (Vecais rātsnams) aus dem 17. Jh. Im Keller war damals das erste Gefängnis der Stadt untergebracht. Das kleine, dunkle und hölzerne Gebäude mit dem roten Ziegeldach nimmt sich geradezu bescheiden aus gegen das aktuelle Rathaus, das schräg gegenüber in relativ pompösem Stil errichtet wurde.

Häuser am Alexflüsschen

Vom Rathausplatz verläuft die kleine Straße Pasta iela bergab und gibt den Blick frei auf weitere **verwinkelte, alte Häuschen,** viele davon aus Holz. Bereits nach wenigen Metern überquert die Straße das winzige Flüsschen **Alekšupīte,** das sich malerisch durch die Altstadt schlängelt. Nach wenigen Schritten auf der Pasta iela kann man sich links zwischen den Häusern hindurchquetschen und einen Blick auf das Alexflüsschen, wie es auf Deutsch genannt wird, erhaschen. In dem schmalen Spalt zwischen den Gebäuden fließt es hindurch. Die Mauern der Wohnhäuser aus dem 17. und 18. Jh. stehen ganz im Wasser, was Kuldīga unweigerlich den Beinamen **Venedig Lettlands** einbrachte. Hier findet sich fast kein zeitgenössisches Gebäude – das **Ensemble aus dem Mittelalter** bzw. aus der frühen Neuzeit ist bestens erhalten, wenn auch vielfach renovierungsbedürftig.

Häuser in der Baznīcas iela

Die wichtigste Straße in diesem Areal ist die Baznīcas iela, in der die alten, mehr oder weniger abgenutzten, aber doch solide wirkenden Fassaden einen besonders schönen Eindruck machen. In einem der Gebäude hat sich ein modernes Hotel eingerichtet, die anderen Häuser wirken dagegen sehr ruhig, als seien sie voller nostalgischer Erinnerungen.

Im Gebäude mit der Hausnummer 8 war einst die herzogliche Hofapotheke untergebracht. Es ist das einzige Haus Kuldīgas, das im typisch **deutschen Fachwerkstil** errichtet wurde. Die Hausnummer 7 ist das mit Baujahr 1670 **älteste Holzhaus** in Kurzeme.

Schließlich verdient auch das Gebäude mit der Nummer 17 besondere Erwähnung. Es stammt ebenfalls aus dem 17. Jh. und war das Wohnhaus des damals mächtigen Bürgermeisters *Stafenhagen*. Wenn möglich sollte man einen Blick in den Eingangsbereich werfen, wo eine große **Schatztruhe** des Schwedenkönigs *Karl XII.* steht.

Katharinenkirche

Nach nur wenigen Schritten – die Wege in Kuldīga sind kurz – führt die Baznīcas iela, auf Deutsch „Kirchstraße", zu dem evangelischen Gotteshaus der Stadt: Die Katharinenkirche dominiert mit ihrem recht einfachen weißen Turm samt grünlichem Dach nicht das Stadtbild, ragt aber heraus. Sie ist benannt nach der Schutzheiligen der Stadt und beherbergt eine schöne, gut **300 Jahre alte Orgel** der deutschen Fabrik Zauer mit 996 Pfeifen und einen Altar mit hübschen Schnitzereien aus Holz.

Erstmals erbaut wurde St. Katharinen schon 1252 als Holzgebäude, doch im Laufe der Jahrhunderte blieb aufgrund von Zerstörungen nichts davon übrig. Historische Bedeutung sicherte sich die Stätte aber, als Herzog *Jakob von Kurland-Semgallen* hier im 17. Jh. Prinzessin *Charlotte Luise von Brandenburg* ehelichte. Jakob war in dieser Kirche getauft worden, worauf eine schmuckvolle Tafel hinweist.

Eine besondere Freude für deutschsprachige Besucher ist eine **Wandtafel** von 1801, auf der ausführlich von den Feierlichkeiten der Stadt und der Kirchengemeinde zum Jahrhundertwechsel erzählt wird, verbunden mit einem Blick in die Zukunft. Die Lektüre mit der Überschrift „Nachricht für künftige Zeiten, wie der Schluss des 18. und Anfang des 19. Jh. von dieser Stadt, in dieser Kirche gefeyert wurde" gibt einen faszinierenden Einblick in den damaligen Alltag und die Vorstellungen, welche die Menschen von der Zukunft hatten.

Zu Sowjetzeiten wurde die Kirche zeitweise zu einem Getreidelager degradiert. Der wellige Boden zeugt noch heute von den Transportwagen, die damals ein- und ausfuhren.

Eine weitere Attraktion hat St. Katharinen zu bieten: den Gang auf den 34 Meter hohen **Turm,** von dessen Aussichtsplattform sich ein schöner Blick auf das einmalige historische Gebäude-Ensemble von Kuldīga und die Venta bietet. Beim Aufstieg kann man das komplizierte Innenleben der **Turmuhr** in Augenschein nehmen.

- **Sv. Katrinas baznīca,** Eintritt 0,20 Ls, Turmbesteigung 0,30 Ls, Fototicket 0,20 Ls, Video 0,30 Ls.

Wasserfall des Alexflüsschens

Wer hätte gedacht, dass ausgerechnet das kleine Alexflüsschen den **höchsten Wasserfall** Lettlands produziert? Zwar stürzt sich das Wasser nur gerade einmal viereinhalb Meter in die Tiefe, aber Rekord ist Rekord. Hinter der Kirche macht die Baznīcas iela einen Bogen und endet in der Stendes iela. Auf der linken Seite ist der Wasserfall nicht zu verfehlen. Er liegt sehr schön eingebettet in die grüne Umgebung und hat den Vorteil, dass man ihn von oben bewundern kann (und außerdem von der Seite). Schließlich kann man nach unten klettern und von dort hinaufschauen.

Reste der Kreuzritterburg

Direkt gegenüber liegt das Gelände der ehemaligen Kreuzritterburg. Von dem einst so mächtigen Bauwerk, um das sich Kuldīga bildete, sind nur wenige Steine und Mauern geblieben. Dafür hat die Stadt aber einen schönen **Park mit modernen Skulpturen** (Pils parks) der Bildhauerin *Livija Rezevska* eingerichtet.

Museum der Region Kuldīga

Ein schönes Haus im Burgpark beheimatet heute das Museum der Region Kuldīga. Hier wird dem Besucher erst richtig klar, wie viele **deutsche Spuren** es in der Gegend gibt. Ein beeindruckender **Kachelofen** ist allein schon die Besichtigung wert.

Die interessanteste Abteilung des Hauses ist aber eine **Spielkartenausstellung.** Es ist das Verdienst eines begeisterten Sammlers, der im Laufe der Jahre fast 200 Kartenblätter aus aller Welt zusammenstellte, die heute thematisch und auch nach Ländern geordnet bestaunt werden können. Mit etwas Glück erwischt man den Herrn der Karten selbst, *Jānis Mētra,* der bereitwillig auf Lettisch oder Russisch über alle Einzelheiten Auskunft gibt. Bei Bedarf wendet er auch die Zeichensprache an.

Kurios ist die Geschichte des Gebäudes: Auf der berühmten **Weltausstellung 1900** in Paris diente es den Russen als Beispiel für ein **zusammensetzbares Holzhaus.** Ein Geschäftsmann aus Liepāja nahm die Russen beim Wort, kaufte das Objekt, ließ es nach Kuldīga transportieren und für seine Braut als Geschenk originalgetreu wieder aufbauen.

Backsteinbrücke und Wasserfall Ventas Rumba

Die Stendes iela führt nun direkt auf die 164 Meter lange Backsteinbrücke über die Venta, die 1874 so breit gebaut wurde, dass zwei Kutschen einander auf ihr begegnen konnten – damals war es ein Zeichen von Wohlstand, dass man sich ein solches Bauwerk leisten konnte. 2008 wurde sie grundlegend restauriert und strahlt nun in neuem, altem Glanz.

Doch die Brücke wäre nur halb so viel wert, würde sie nicht den Blick frei geben auf den **breitesten Wasserfall Europas,** wie er in Kuldīga gepriesen wird. Da stört es auch kaum, dass es sich eher um eine Schwelle als einen Wasserfall handelt, mit einer Höhe von durchschnittlich gut zwei Metern.

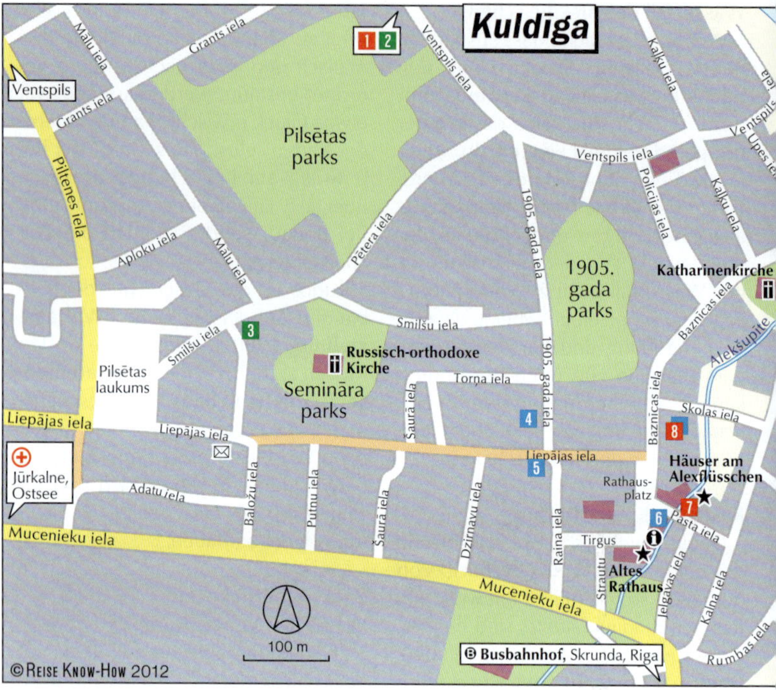

Dennoch ist der Ventas Rumba ein echtes Phänomen, denn die Wasserstufe ist ohne menschliches Zutun entstanden und zieht sich in einigen Schlangenlinien über eine Breite von sagenhaften **249 Metern** hin. Dementsprechend ranken sich viele Legenden um diese Erscheinung. Historisch belegt scheint zu sein, dass der aus Kuldīga stammende Herzog *Jakob* auf der Höhe des Ventas Rumba Lachse fischen ließ, was der Stadt den Beinamen „wo Lachs in der Luft gefangen wird" einhandelte.

Man kann hinabsteigen und den Wasserfall von beiden Seiten aus der Nähe betrachten und fotografieren. Auf der dem Ortskern zugewandten Uferseite lässt er sich von oben bewundern. Herrlich ist es, sich vom herabstürzenden Wasser Schultern und Rücken massieren zu lassen. Im Sommer genießen viele Einheimische und Touristen bis in die Nacht hinein diese natürliche Wellness-Behandlung. Weiter am Ufer entlang wurden ein Holzsteg mit Treppen sowie ein offizieller **Badestrand** angelegt.

Unterkunft
1 Virkas Muiža
7 Hotel Aleksis
8 Hotel-Restaurant Metropole
9 Hostel und Zeltplatz Ventas Rumba

Essen und Trinken
4 Kafejnīca Ķengurs
5 Kafejnīca Staburadze
6 Kafejnīca Pagrabiņš
8 Hotel-Restaurant Metropole

Einkaufen
2 Elvi Supermarkt und Bistro
3 Elvi Supermarkt und Bistro

Russisch-orthodoxe Kirche

Sehenswert ist auch die Russisch-orthodoxe Kirche in der Smilšu iela 14, die der schöne **Semināra parks** umgibt.

Praktische Tipps

Information

• **Touristeninformation,** Baznīcas iela 5 (im Alten Rathaus), Tel. (6)3322259, Mobiltelefon 29334403, www.visit.kuldiga.lv (Website mit Adressen weiterer Informationsbüros in der Region Kuldīga). Im selben Gebäude werden schöne **Handwerksartikel und Andenken** verkauft. Außerdem kann man **Fahrräder** ausleihen (5 Ls pro Tag).

Behinderte

Kuldīga hat als einer der ersten Orte in Lettland eine offizielle Übersicht aller behindertengerechten Einrichtungen erstellt. Dazu gehören die Supermärkte Elvi und Rimi, die Banken Latvijas krajbanka und Hansabanka, die Touristeninformation und das Postamt der Stadt. Doch auch was die Sehenswürdigkeiten angeht, ist Kuldīga ein für Rollstuhlfahrer geeigneter Ort, denn die Wege sind kurz, die hübschen Straßen mit den alten Häusern befahrbar und die Wasserfälle von den Brücken aus zu besichtigen. Einziges Problem: Im Stadtzentrum ist es leicht hügelig.

Notfälle und nützliche Adressen

- **Krankenhaus:** Kuldīgas jauna slimnīca, Aizputes iela 22, Tel. (6)3374002, www.slimnica.kuldiga.lv.
- **Polizei:** Liepājas iela 26, Tel. (6)3350445, Mo–Fr 8–18, Sa 8–16 Uhr.
- **Post:** Liepājas iela 34.
- **Internet:** Touristeninformation (s.o.); Interneta kafejnica „MP3", Pilsētas laukums 6, Tel. mobil 26562959, Interneta kafejnīca „Eltra IT", Piltenes iela 22, Tel. (6)3350033; PC Konsultants, Raiņa iela 2, Tel. (6)3350010.

Geld

Zwei Banken finden sich in der Fußgängerzone der Liepājas iela. Es gibt auch zahlreiche Geldautomaten, außer in der Liepājas iela auch mehrere am Pilsētas laukums. Wechselstuben existieren kaum.

Unterkunft, Camping

Gemessen an der Attraktivität dieser malerischen Kleinstadt ist das Angebot an Hotels eher gering, was sich in baldiger Zukunft sicher ändern wird. Dafür findet sich aber eine ganze Reihe interessanter Unterkünfte in der näheren und weiteren Umgebung. Im Ort selbst stehen einige Hotels zur Verfügung, die in Spitzenzeiten ausgebucht sein können.

- **Hotel Metropole,** Baznīcas iela 11, Tel. (6)3350588. In idealer Lage in direkter Nachbarschaft zum Rathausplatz, dort wo die beiden historischen Straßen Liepājas iela und Baznīcas iela ihren Anfang nehmen. Nur 22 Betten, aber modern eingerichtet und gepflegte Atmosphäre. DZ ab ca.50 Ls.
- **Aleksis,** Pasta iela 5, Tel. (6)3322153. Mini-Hotel in schön verwinkeltem, von der Frontseite ein wenig verwahrlost aussehendem Holzhaus (Eingang über den Hof), wenige Schritte vom Rathausplatz entfernt, dort, wo man das Alexflüsschen zwischen den Häusern sieht. Nur 12 Betten. DZ ab 35 Ls.
- **Virkas Muiža,** Virkas iela 27, Tel. (6)332 2787, mobil 8657664. Dieses Sport- und Jugendhotel liegt direkt am Stadion nahe dem Flussufer der Venta im nördlichen Teil Kuldīgas, aber nur drei Autominuten vom Zentrum entfernt. Sogar zu Fuß ist die Strecke zu schaffen, man spart sich dabei den Ärger mit den vielen Einbahnstraßen. Das Hotel ist in einem historischen Gutshaus, dem ehemaligen Hof der Familie *Firch,* untergebracht. Es ist einfach, aber sehr ordentlich und sauber eingerichtet. Vor allem glänzt es mit günstigen Preisen: DZ ab 20 Ls, Mehrbettzimmer ab 5 Ls pro Person.
- **Ventas Rumba,** Latgales iela 3, Tel. (6)3324168, mobil 26438250, www.ventasrumba.lv. In Traumlage am Fluss, auf der dem Zentrum gegenüber liegenden Uferseite, direkt auf der Höhe des breiten Wasserfalls. Anfahrt per Auto zunächst Richtung Sandhöhlen, dann die erste links, auf Feldwegen hinunter zum Fluss und an ihm entlang bis zur Anlage (am besten vorher oben auf dem Parkplatz bleiben und sich erst einmal informieren). Im Gebäude wenige Meter vom Wasser stehen Zwei-, Drei- und Vierbettzimmer zur Verfügung. Auch Zelte können hier aufgeschlagen werden. Im Frühling kann

093le Foto: mk

Geschäft an der Liepājas iela

man springende Lachse beobachten und im Sommer das fallende Wasser zur Massage nutzen. Sauna (gratis für Gäste), Bademöglichkeit, **Bootsverleih,** am Abend Lagerfeuer, Grill. DZ ab 20 Ls, mit Bad 30 Ls, Oktober bis März und in der Saison ab drei Tagen Aufenthalt DZ 15 Ls, mit Bad 20 Ls. Für **Camper** gibt es Dusche und WC im Gebäude.

- **Wohnmobilstellplatz:** Auf dem Parkplatz über dem Wasserfall (vom Zentrum kommend gleich rechts hinter der großen Brücke) kann man für 1 Ls im Wohnmobil übernachten (keine sanitären Einrichtungen, ein Café ist vorhanden).

Essen und Trinken

- **Restaurant und Bar Metropole,** Baznīcas iela 11, Tel. (6)3350588. Im geschichtsträchtigen Gebäude des Hotels Metropole, eine der wenigen gehobenen Adressen der Stadt.
- **Kafejnīca Pagrabiņš,** Baznīcas iela 5, Tel. (6)3320034, 11–23 Uhr, Sa 11–3 Uhr, So 12–22 Uhr. Typisch lettische Mischung aus Restaurant, Café und Kneipe mit soliden, rustikalen Speisen und Getränken in der historischen Baznīcas iela. Einmalig gemütliche Terrasse über dem Alexflüsschen.
- **Kafejnīca Staburadze,** Liepājas iela 8, Tel. (6)3324021, So, Mo 11–18 Uhr, Di–Sa 11–22 Uhr, einfaches, ordentliches und günstiges Essen in der Innenstadt, Tagesmenü schon für 1,50 Ls.
- **Ķengurs,** Liepājas iela 9, Tel. (6)3323078, 9–19 Uhr, Fr, Sa 9–21 Uhr, einfaches Esslokal vom Typ „kafejnīca“ und Bierstube.
- **Pīlādzītis,** Stendes iela 2a, Tel. mobil 292 83859, 9–20 Uhr, Café und Imbiss auf dem Parkplatz über dem Wasserfall, guter Ort für ein kleines Frühstück.

Einkaufen

Die schöne **Liepājas iela** mit Fußgängerzone bietet eine Vielzahl höchst interessanter **Läden und Boutiquen** mit regionaltypischen Souvenirs und Geschenken: Weidenkörbe, kunstvolle Keramik, Strickwaren, Holzarbeiten und vieles mehr. Die üblichen Öffnungszeiten: Mo–Fr 9–13 und 14–18 Uhr, Sa 9–15 Uhr.

- **Elvi,** Smilšu iela 20 und Gravas iela 1, geöffnet 8–22 Uhr. Zwei sehr gut sortierte Supermärkte, unter anderem mit frischen Salaten an der Theke und im Kühlregal.

Feste und Veranstaltungen

Da der kleine Ort keine eigenen Theater, Orchester, Kinos oder Ähnliches vorweisen kann, ist man stolz auf eine Reihe von regelmäßigen **Kulturveranstaltungen** hohen Ranges. Alle zwei Jahre wird im Frühling ein internationaler **Cellisten-Wettbewerb** abgehalten. Die Touristensaison wird mit einer Reihe von Festen eröffnet, hauptsächlich vor dem Panorama des beeindruckenden Wasserfalls Ventas Rumba.

Höhepunkt im Sommer ist das viertägige **Stadtfest Dzires Kuldīga,** das mit Konzerten, Präsentationen, Feiern, Ausstellungen, sportlichen Wettbewerben, einem großen Umzug und einem Feuerwerk das größte Fest seiner Art in Kurzeme darstellt.

Gegen Ende der Sommersaison zieht eine große **Velotour** Fahrrad-Enthusiasten aus der Umgebung an, während der vor einigen Jahren eingeführte **Halbmarathon** ebenfalls auf sportliche Emotionen setzt.

Nähere Informationen und die konkreten Termine gibt es bei der Touristeninformation und unter www.kuldiga.lv.

Verkehrsverbindungen

- **Auto:** Es ist nicht eindeutig, welcher Weg aus **Riga** am besten nach Kuldiga führt. Wer am wenigsten Zeit aufwenden will, nimmt die gut ausgebaute A9 in Richtung Liepāja und fährt auf ihr rund 120 km bis nach Saldus. Dort geht es rechts auf die P108 und weitere 50 km bis Kuldīga. Kürzer ist die Strecke über die A10 von Riga bis Tukums und dann auf kleineren Landstraßen westlich bis Kuldīga. Interessante Sehenswürdigkeiten liegen auf der Route über Tukums bis zum Abzweig nach Kandava, dann links auf der P130 über die sehenswerten Orte Kandava und Sabile zur P120 nach Kuldīga.

Aus **Liepāja** führt die A9 in Richtung Riga bis Skrunda und dann die P116 nach Kuldīga. Die Entfernung beträgt gut 100 km.

Von **Ventspils** verläuft die P108 auf einer Länge von 58 km direkt nach Kuldīga.

- **Bus:** Der Busbahnhof (Kuldīgas autoosta, Stacijas iela 2, Tel. (6)3322061, Fahrpläne unter www.autoosta.lv) liegt einige Hundert Meter südlich des Zentrums. Von dort verkehren Busse nach Riga, die Fahrzeit beträgt 2½ bis 3½ Stunden, Preis 4,10 bis 4,50 Ls, ein gutes Dutzend Verbindungen täglich. Weitere Buslinien verkehren unter anderem nach Liepāja und Ventspils. Über aktuelle Fahrpläne verfügt die Touristeninformation.

Umgebung von Kuldīga

Sandhöhlen Riežupes alas

Durch die zentrale Lage Kuldīgas in der Region Kurzeme fehlt es in allen Himmelsrichtungen nicht an äußerst sehenswerten Objekten. Das nächste von ihnen liegt nur wenige Kilometer nördlich der Stadt, dort, wo es eigentlich gar keine richtigen Straßen gibt.

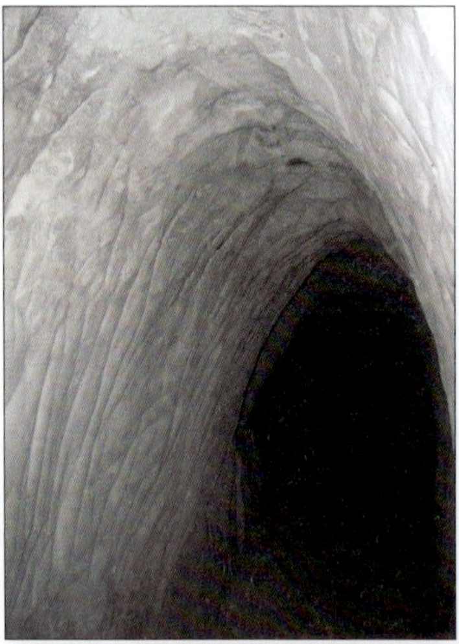

094le Foto: mk

Die engen Stollen, in denen einst Sand abgebaut wurde, sind begehbar

Trotzdem ist ein Besuch fast schon obligatorisch.

Der Weg beginnt in Kuldīga am großen Parkplatz des Wasserfalls Ventas Rumba. Ein Holzschild auf der anderen Straßenseite mit der Aufschrift „SMILŠU ALAS" weist den Weg zu den einzigartigen Sandhöhlen am Fluss Riežupe. Die Entfernung wird mit 4,1 Kilometern angegeben. Nach zwei Kilometern auf einer sehr einfachen Straße heißt es dann, es seien noch 2,6 Kilometer, die man dann auf einem Sandweg zurücklegen muss. Doch es lohnt sich, denn an Ort und Stelle erwartet den Besucher eine sehr unterhaltsame und spannende Führung durch das **größte Sandhöhlen-System des Baltikums.**

Vor ungefähr 150 Jahren wurde hier der **edle weiße Sand** für die Produktion der europaweit berühmten Rigaer Glaswaren abgebaut und per Schiff auf der Venta in die Hauptstadt transportiert. Ein Teil des Sandes wurde ins Ausland geliefert. Durch den **Abbau** entstanden Höhlen, die noch heute eine Länge von insgesamt zwei Kilometern aufweisen. Begehbar sind zurzeit 450 Meter.

Am Eingang wird man nach der Sprache gefragt. Die ausländischen Besucher kommen meist in eine Gruppe mit einer Führerin, die während der gesamten Tour mit mehrsprachigem Kauderwelsch, Aufforderungen zum Mitmachen bei verschiedensten Tätigkeiten und lustigen Erzählungen die Touristen auf sympathische Weise bei Laune hält. Gleichzeitig herrscht in den teils engen, niedrigen und **dunklen Tunneln,** in denen jeder eine **Kerze** in die Hand bekommt, eine geheimnisvolle Atmosphäre. Man sollte keine Angst vor engen Räumen haben und körperlich einigermaßen fit sein, um die Führung zu absolvieren.

Am Ende, schon wieder unter freiem Himmel, kann man einige Meter zum Flussufer hinabsteigen, wo eine **Quelle** entspringt, deren Wasser Wunderkräfte nachgesagt werden.

- **Riežupes Smilšu alas,** Tel. (6)3326236, 11–17 Uhr, die etwa halbstündige Führung kostet 3 Ls.

Sabile

Der schönste Ausflug von Kuldīga führt auf der P120 nach Osten. Ein paar Kilometer vor Sabile durchläuft der Fluss Abava rechts der Straße einige **Stromschnellen,** die eine kurze Pause lohnen (Abavas Rumbas, Parken und Eintritt 1 Ls pro Person, man kann eine Viertelstunde zum Ufer spazieren oder mit dem Auto hinfahren). Die Stromschnellen selbst sind wenig spektakulär, aber malerisch im Grünen gelegen mit Kinderspielplatz sowie Grill- und Picknickmöglichkeit. Sogar Häuschen zum Umziehen für Badewütige wurden aufgestellt.

Das kleine, hübsch gelegene Örtchen Sabile hat es mit den am weitesten nördlich gelegenen **Weinbergen** der Welt ins Guinness Buch der Rekorde geschafft. Von Kuldīga kommend, führt aus dem Zentrum die kurze Kalna iela links zum Weinberg hinauf (Schild: „Sabiles vinakalns", Mi–So 10–18 Uhr, Eintritt 0,30 Ls.

Natürlich begeht Sabile wie jede andere Weinhochburg einmal im Jahr ein großes **Weinfest:** Ende Juli mobilisiert sich der gesamte Ort zu einer großen Feier mit vielen Gästen von nah und fern. Für diese Zeit sollte man Unterkünfte früh buchen. Zu allen Zeiten des Jahres lohnt in Sabile ein gemütlicher Spaziergang durch den Ortskern und zum Weinberg. Weitere Informationen zum Ort: www.sabile.lv.

Freilicht- und Kunstmuseum

Gegenüber von Sabile in einer Entfernung von knapp zwei Kilometern am anderen Ufer der Abava liegt **Pedvale.** Es ist das Gelände zweier ehemaliger Gutshöfe. Der Bildhauer *Oskars Feldberg* richtete hier ein sehr umfangreiches Freilicht- und Kunstmuseum ein – heute in ganz Lettland eine bekannte Adresse für moderne Kunst.

- **Pedvāles muzejs,** der Weg vom Zentrum Sabiles ist ausgeschildert, Mai bis Mitte Oktober täglich 10–18 Uhr, sonst 10–16 Uhr, Eintritt 1,50–2 Ls, Führung für Gruppen 25 Ls pro Stunde bei vorheriger Anmeldung unter Tel. (6)3252249. Die Internetseite www.pedvale.lv gibt einen ersten Eindruck und weitere Informationen.

Essen und Trinken

- **Kafejnīca Zane,** Rīgas iela 8, 9–18 Uhr, einfaches, aber ordentliches Esslokal an der Hauptstraße von Sabile.

Kandava

Die P120 erreicht kurz hinter Sabile das etwas größere Städtchen Kandava, dessen Zentrum einen besonders malerischen Eindruck macht. Dies liegt an der landschaftlich schönen Lage an der Abava und an den mit Kopfsteinpflaster belegten Straßen, die in der hügeligen Gegend auf- und abwärts führen. Erwähnt wurde Kandava in historischen Quellen bereits im 13. Jh., doch die Stadtrechte erhielt der heute 4250 Einwohner zählende Ort erst 1917. Ein schöner Spaziergang führt an der Lielā iela entlang durch das **historische Zentrum,** vorbei an vielen sehr alten Holzhäusern.

Burghügel und Pulverturm

Es lohnt sich ein Gang auf den Burghügel (Bruņinieku pilskalns) mit einigen wenigen **Resten der alten Ordensburg.** Man erreicht ihn über die kleine Pils iela, die von der Lielā iela abgeht. Der Ausblick auf das wunderschön sich dahinschlängelnde Tal der Abava ist den kleinen Anstieg wert. Die Burg, entstanden im 13. Jh., existierte noch bis ins 18. Jh. hinein und war bewohnt.

Unten am Burghügel steht ein dicker, eckiger etwas heruntergekommener Turm (Pulvertornis), dessen Baujahr unbekannt ist. Fest steht nur, dass im 17. Jh. hier Schießpulver gelagert und trocken gehalten wurde.

Unter dem Burghügel wurde ein sehenswertes großes **Modell** der alten, nur noch als Ruinen erhaltenen Festung aufgestellt.

Museum Kandava

Im Museum der Gemeinde Kandava gibt es eine kleine, interessante Sammlung zu allen möglichen Aspekten der Geschichte der Stadt und ihrer Umgebung. Von einem **alten Radio** der Marke „Abava" über historische **Telefone** bis hin zu **Kaffeemühlen** werden Retro-Fans interessante Dinge finden.

- **Kandavas novada muzejs,** Talsu iela 11, Tel. (6)3182064, www.kandava.lv, Di, Mi, Fr 9–16, Do 9–18, Sa 10–14 Uhr, Eintritt 0,50 Ls.

Backsteinbrücke

Einen kleinen Schlenker wert ist die schöne Backsteinbrücke über die Abava, die der damals in der Region mächtige Adelige *Theodor von Firks* 1873 errichten ließ. Man erreicht das Bauwerk auf der Lielā iela stadtauswärts gehend und die Durchfahrtsstraße Kurorta iela/Abavas iela überquerend.

Information

- **Touristeninformation,** Kurorta iela 1b, Tel. (6)3181150, www.kandava.lv, Mo–Fr 8.30–12.30 und 13–17 Uhr, in der Saison auch Sa 9–13 Uhr, Gratis-Internet-Terminal.

Notfälle und nützliche Adressen

- **Krankenhaus:** Ziļu iela 1, Tel. (6)3182044.
- **Apotheke:** Vecā aptieka Kandava, Sabiles iela 7, Tel. (6)3182415.
- **Polizei:** Zīļu iela 2, Tel. (6)3122045.
- **Taxi:** Tel. mobil 28718171.

Unterkunft, Essen und Trinken

- **Hotel Pils,** Pils iela 7, Tel. (6)3124919, www.guesthousepils.com. Direkt gegenüber dem Pulverturm wurde das kleine, schöne Hotel mit Restaurant eingerichtet. DZ 15–

25 Ls. Das Hotel besteht seit 1991, mit Sauna, Bootsverleih, Organisation von Offroad-Touren und Souvenirladen, im Restaurant breite Auswahl an guten Speisen, fast alle unter 5 Ls.

- **Hotel Kandava,** Sabiles iela 3, Tel. mobil 26406733, www.hotelkandava.lv. Kleines, schlichtes, aber ordentliches Hotel in der Nähe der Burgruine; Sauna, Doppelzimmer ab 25 Ls. Wenn niemand im Hause ist und man nicht reserviert hat, muss man eine Telefonnummer anrufen, die aushängt.
- **Hotel Plosti,** Tel. mobil 26310303, www.hotelplosti.lv. Große Anlage 8 km von Kandava entfernt an der Strecke nach Sabile. **Campingplatz,** über 20 komfortable Holzhäuser, jeweils für 4 Personen oder mehr eingerichtet, **Fahrrad- und Bootsverleih,** Vermietung von Angelausrüstung und **Angelmöglichkeit,** Badehaus (mit Massage, 12 Ls pro Stunde), Whirlpool, Picknick- und Grillplätze. Schöne Boots-, Wander- und Fahrradrouten in der direkten Umgebung. Ein Holzhaus für 4 Personen mit zwei Räumen, Dusche, WC, Küche und Satelliten-TV kostet 45 Ls, im Sonderangebot gelegentlich schon ab 25 Ls. Einfache, günstige, typisch lettische Küche im Café-Restaurant.

Ventspils

Für lettische Verhältnisse liegt das 44.000 Einwohner zählende Ventspils ziemlich weit ab vom Schuss, ganz im Nordwesten des Landes, 190 Kilometern von Riga. Eine spezielle Anreisemöglichkeit hat die Stadt aber zu bieten: per Schiff über die Ostsee. Genau hier sieht Ventspils seine Stärke, als **moderne Hafenstadt** im „wilden", von traumhafter Natur umgebenen Winkel Lettlands. Dieses Bild eines lebendigen Fleckchens Erde mit im wahrsten Sinne des Wortes frischem Wind drängt sich bei einer Besichtigung auf. Der Hafen hat nicht mehr nur eine wirtschaftliche Funktion: **Passagierfähren** verkehren regelmäßig nach **Lübeck-Travemünde.** Die Altstadt, in der viele Gebäude die Wirren der Zeit überstanden haben, wurde von Grund auf renoviert und die Kreuzritterburg lädt zur Besichtigung ein.

Ventspils eignet sich gut zu einem ausführlichen Spaziergang: durch die kleine Altstadt, an der langen Hafenpromenade entlang von den gewaltigen Fähren bis hin zur Burg, durch kleine Sträßchen mit alten Holzhäusern und hübschen Villen mit gepflegten Gärten bis hin zum netten Freilichtmuseum – Ventspils mit seinen Blumen, den Springbrunnen, dem vielen Grün und der weltoffenen Stimmung ist eine angenehme Stadt. Außerdem ist es ein guter Ausgangspunkt für eine ausgedehnte Tour entlang der extrem dünn besiedelten Küste bis zur Landspitze Kolkasrags.

Stadtgeschichte

Auch in Ventspils zeugt eine imposante Burg des Schwertbrüderordens von der langen Geschichte und der Bedeutung der Stadt. 1290 wurde dieses Bauwerk erstmals in offiziellen Urkunden erwähnt. Um die Burg herum entstand zunächst die Siedlung der Ordensritter (deutscher Name: **Windau**), später kamen Geistliche, Kaufleute und Handwerker dazu. Die Dokumente geben keine klare Auskunft, doch spätestens 1378 wurden Ventspils die Stadtrechte verliehen.

Als Hafenstadt war Ventspils auch schon für die Schwertbrüder ein strategisch wichtiger Ort, der im Mittelalter zur **Hanse** gehörte. Im 17. Jh. erlebte er seinen bis dahin größten ökonomischen Aufstieg: Die Stadt war der führende **Hafen der Region Kurland** und ein wichtiges Zentrum für Schiffbau und Handwerk. Dutzende von Handels- und Kriegsschiffen wurden in der hiesigen Werft gefertigt, die teilweise bis nach Gambia und Tobago fuhren. Diese beiden Länder waren für einige Zeit sogar Kolonien Kurlands.

Im Polnisch-Schwedischen Krieg brannte Ventspils fast vollständig nieder, Anfang des 18. Jh. brachte der Nordische Krieg die Pest mit sich: Ein Großteil der Einwohner starb. 1795 geriet die Stadt zusammen mit ganz Kurland unter die Herrschaft Russlands. Es folgten gut 50 eher ruhige Jahre, bis Mitte des 19. Jh. der Hafen und die Werft wiederbelebt wurden.

Kurz vor der Jahrhundertwende beschloss das Zarenreich, einen neuen, modernen Hafen in Ventspils aus dem Boden zu stampfen. Gebaut wurden außerdem Straßen und eine **Eisenbahnroute nach Moskau.** Damit nahm die Bedeutung von Ventspils als Handelsplatz rapide zu. Die Zahl der Einwohner und der Arbeitsplätze stieg. Der Ausbruch des Ersten Weltkriegs machte der Aufwärtsentwicklung aber ein Ende. Auch wenn sich die Zerstörungen in Grenzen hielten, konnte nach dem Krieg während der kurzen lettischen Unabhängigkeit bis 1940 das vorherige Niveau nicht wieder erreicht werden. Zu Sowjetzeiten nahm Ventspils wieder eine neue, wichtige Rolle ein: Die Stadt wurde in den 1960er und 1970er Jahren zum **größten Exporthafen der UdSSR** für Öl und Ölprodukte. Seit der Wiedergewinnung der Unabhängigkeit versucht sich Ventspils auf die alten Stärken zu besinnen und gleichzeitig touristisch attraktiv zu werden.

Sehenswertes

In der Altstadt

Ein guter Ausgangspunkt ist die kleine Altstadt (Vecpilsēta) rund um die Fußgängerzone der Kuldīgas iela. Auf dem **Rathausplatz,** der leider teilweise als Parkplatz benutzt wird, steht eine hübsche Uhr im Retro-Stil mit einer runden Sitzbank um sie herum. Ein stilisiertes, großes **Tintenfass** mit zwei riesigen Federn vor dem Alten Rathaus weist auf die heutige Nutzung des Gebäudes hin: Es ist das Internationale Haus der Schriftsteller und Übersetzer. Gegenüber steht die gelblich-weiße **evangelische Kirche** im klassizistischen Stil.

Nicht direkt am Rathausplatz, aber nur einen Steinwurf hinter dem Schriftstellergebäude fällt die **Zentralbibliothek** (Galvenā bibliotēka, Akmeņu iela 2, www.biblioteka.ventspils.lv) ins Auge, die in einem stilvollen, modernen Bauwerk aus Holz und Glas residiert.

Geht man die Tirgus iela vom Rathausplatz in Richtung Wasser, tut sich nach wenigen Schritten der weiträumige **Marktplatz** auf, der in den letzten Jahren komplett neu gestaltet wurde. Sah er vorher außerhalb der Marktzeiten eher schmuddelig und wenig einladend aus, so ist er jetzt besonders hübsch. Nur ein Teil wird für den ständigen Marktbetrieb genutzt, zu erkennen an den drei langen Häuserreihen mit Verkaufstheken (täglich 8–13 Uhr). Auf dem freien Teil des Platzes wurde ein kleines, hohes und offenes Holzhäuschen errichtet, darin läutet ein **Glockenspiel** zu jeder vollen Stunde. Man kann einige Stufen hinaufklettern. Außerdem ist eine **Sonnenuhr** zu betrachten, ebenso wie eine Darstellung der alten Maßeinheiten für den Marktbetrieb. Schön ist der Blick auf die den Platz umgebenden Häuser, darunter einige Lagergebäude aus dem 17. Jh. und das **älteste erhaltene Wohnhaus** von Ventspils an der Kreuzung Tirgus iela und Skolas iela: das Baujahr 1646 macht es zu einem der ältesten in Lettland.

Hafen

Wenige Meter weiter auf der Tirgus iela ist die Hafenpromenade erreicht. Ein Stückchen nach rechts liegt das ebenfalls nagelneu und mit viel Glas gestaltete Terminal für die **Passagierschiffe** (Dārza iela 6, Tel. (6)3622263, www.portofventspils.lv). Durch Korridore erreichen die Fahrgäste von dort bequem und trockenen Fußes ihr Boot. Im Terminal kann man Tickets kaufen, sich über Fahrzeiten und Preise unterrichten lassen und die Touristeninformation besuchen. Im Hafen liegt meist gerade eines der großen Schiffs-Ungetümer vor Anker. Neben den Fernpassagen nach Travemünde und ins schwedische Nynäshamn legen Fähren zur gar nicht weit entfernten **estnischen Insel Saareema** und nach St. Petersburg ab.

Ganz rechts in der Plosta iela 10 versteckt sich die wichtigste **russisch-orthodoxe Kirche** der Stadt mit ihrer weißen Fassade und den für ein Gotteshaus dieser Konfession relativ bescheidenen, dunklen Zwiebeltürmchen. Der Hauptturm ist allerdings spitz und endet nur nach oben hin mit einem ganz kleinen „Zwiebelchen". Die sehr schön gepflegte Grünfläche mit vielen großen Bäumen verstärkt noch den eigenartigen Eindruck dieser Kirche mitten zwischen Passagier- und Containerterminal im Hafen.

Empfehlenswert ist ein Spaziergang an der **Hafenpromenade,** der Ostas iela. Besonders weit schweift der Blick hier allerdings nicht, denn der Hafen liegt nicht etwa direkt am offenen Meer, sondern am Fluss Venta, der einige Hundert Meter weiter mündet. Dafür gibt es aber eine Hand voll Attraktionen: das kleine **Ausflugsschiff Hercogs Jēkabs,** auf dem man den Hafen und die Stadt vom Wasser aus besichtigen kann (Reservierungen Tel. mobil 26353344 oder bei der Touristeninfo), einen originell gemachten **Springbrunnen** mit dem Namen „Beobachter der Schiffe" und eine „Reisende Kuh", deren Aufkleber beweisen, dass sie schon die ganze Welt gesehen hat. Sogar die Abfalleimer werden hier zur lustigen Attraktion, weil sie passend zur Lage im Hafen in Form von Periskopen gestaltet sind.

Ordensburg

Die Ostas iela weitergehend, taucht wenige Minuten später linker Hand die Kreuzritterburg auf. Sie wurde von außen restauriert und glänzt mit ihrer **strahlend gelben Fassade** und dem roten Dach wie neu, aber in der Gestalt des 19. Jh. 1290 erschien sie zum ersten Mal in historischen Quellen.

Bei den Mitte der 1990er Jahre begonnenen Erneuerungsarbeiten wurden **Wandmalereien** aus dem 15. bis 17. Jh. entdeckt. Das Innenleben des Bauwerks wurde massiv umgestaltet. Dies fällt beim Gang in den kleinen Innenhof auf, der mit einem hohen Glasdach versehen ist. Ansonsten gibt es innerhalb der dicken Mauern einige schöne Raritäten wie alte **Holztruhen** mit deutscher Beschriftung („Windauer Schlossergesellen"), historische **Münzen, Karten** und **Fotos** der Stadt. Von der Urgeschichte bis in die Neuzeit werden Stadt und Region dargestellt, mit einem besonderen Akzent auf den verschiedenen Handwerksberufen. Auch die Geschichte der Burg selbst wird nachvollzogen.

Rund um die Anlage wird in der warmen Jahreszeit einiges an Attraktionen geboten: ein Ritterturnier im Mai, Bogenschießen, mittelalterliche Utensilien, ein Kräutergarten und die Ausstellung „Hinter Gittern" in einem Nebengebäude über das ehemals dort betriebene Gefängnis. Ein schön gelegenes Schlossrestaurant wird ebenfalls betrieben.

- **Livonijas ordeņa pils,** Jaņa iela 17, Tel. (6)3622031, www.ventspilsmuzejs.lv, Di–So 10–18 Uhr, Eintritt 1,50 Ls.

Pils iela

Ein Stück weiter verläuft die Ostas iela am Hafen entlang, bevor sie nach links abknickt und vom Wasser weg führt. Man trifft dabei auf die Pils iela, an der einige sehr schöne Gebäude

stehen, darunter die Hausnummern 30, 31 und 40 im **schmuckvollen Art-déco-Stil.** Die Pils iela verläuft parallel zum Hafen zurück bis in den Kern der Altstadt und hat auf der ganzen Strecke eine nähere Betrachtung verdient.

Ostgals

Zunächst sollte man aber den noch ein Stückchen weiter liegenden kleinen Stadtteil Ostgals nicht übersehen, der rechter Hand liegt, wenn man am Ende der Hafenpromenade links hochgeht. So ungewöhnlich wie die orthodoxe Kirche bei den Schiffsterminals erscheint der Wohnbezirk an der Mündung der Venta in die Ostsee. Er kam zustande, als die zaristische Regierung in St. Petersburg den Bauern von Ventspils Order gab, hier in den Dünen zu bauen, um weitere Sandverschüttungen zu verhindern. Es entstanden meist bescheidene, **kleine Holzhäuser,** die als Ensemble fast unzerstört geblieben sind und heute sowohl historischen Wert besitzen als auch schön anzuschauen sind. Das ganze Viertel steht mit seiner blumengeschmückten Holzarchitektur und den **romantisch gepflasterten Straßen** unter staatlichem Denkmalschutz. Gerade im Vergleich zu dem sich sehr modern gebenden Rest von Ventspils entsteht hier beim Gang kreuz und quer durch die recht kurzen Gassen der Eindruck, einer Zeitmaschine entsprungen zu sein.

Strandpark und Mole

Von Ostgals aus durch den Strandpark (Jūrmalas parks) geht es zum schönen **Sandstrand** „mit der blauen Flagge", wie die Einwohner ihn wegen der im Wind flatternden Fahne nennen. Über die Medņu iela durch das Viertel Ostgals lässt sich per Auto und auch zu Fuß eine **Landspitze** erreichen, von der eine Mole weit ins Wasser hineinragt. Auf der Mole steht eine weitere Kuh. Anders als ihre „reisende" Kollegin an der Hafenpromenade ist diese vier Meter hohe Kunststoff-Kuh blau-weiß bemalt wie ein Matrose. Dort, wo die Mole beginnt, ankern meist Schiffe, die man auch an Bord besichtigen kann. Außerdem bietet der nicht zu übersehende **Aussichtsturm** (Skatu tornis) einen reizvollen Blick auf das Panorama des Hafens und der Stadt. Man kann mit dem Auto bis in diesen Hafen hineinfahren und dort parken. Es besteht auch Zugang zum Badestrand.

Freilichtmuseum

Noch einen großen Anziehungspunkt hat Ventspils zu bieten: das Freilichtmuseum. Es liegt ganz am Ende der Vasarnīcu iela, jener Straße, die vom Ende der Hafenpromenade hochführt. Kurz bevor rechts ein großer Campingplatz ins Blickfeld gerät, taucht ebenfalls auf der rechten Straßenseite ein unauffälliges Holzhaus auf, durch das die Ausstellung betreten wird.

Auf der nicht allzu riesigen, schön in die grüne Landschaft eingebetteten Fläche werden **alte Schiffe und Boote,** historisch rekonstruierte **Wohnhäuser,** Windmühlen, Saunas und sogar eine **Schmalspur-Eisenbahn** mit Dampflokomotive präsentiert (Mazbānītis). Die Bahn wurde 1916 in Deutschland gebaut, sie verkehrte damals mit einer Höchstgeschwindigkeit von 20 km/h zwischen den Küstenorten. Von Mai bis Oktober dampft sie auch heute noch an Wochenenden durch den Strandpark und macht eine Runde von 1,4 Kilometern Länge

Einkaufsstraße im Zentrum

(Fahrt 0,50 Ls). Auf den Schmalspurgleisen im Museum kann man zu zweit sein Geschick auf einer großen **Draisine** ausprobieren (0,50 Ls). Ein angenehmer Kinderspielplatz wurde ebenfalls eingerichtet.

- **Piejūras brīvdabas muzejs,** Riņķa iela 2, Tel. (6)3624467, www.ventspilsmuzejs.lv, Mi–So 10–18 Uhr, Eintritt 1 Ls, Bahnfahrt je nach Strecke 1–1,50 Ls.

Praktische Tipps

Information

- **Touristeninformation,** Dārza iela 6, Tel. (6)3622263, www.tourism.ventspils.lv, Mai bis September Mo–Fr 8–19, Sa 10–17, So 10–15 Uhr, Oktober bis April Mo–Fr 8–17, Sa, So 10–15 Uhr. Gute Auswahl an Prospekten über Stadt und Region, zum Teil kostenpflichtig (meist nicht mehr als 0,50 Ls).

Stadtrundgänge in englischer Sprache werden vom 19. Juni bis 31. August jeden Mittwoch, Freitag und Samstag um 14 Uhr angeboten. Start und Verkauf von Tickets an der Touristeninfo.

Internet

- **Bibliothek,** Akmeņu iela 2, Tel. (6)362 3598, Mo–Fr 11–19 Uhr, Sa 10–16 Uhr.
- **Ventspils Digitalzentrum,** Akmeņu iela 3, Tel. (6)3607607, kabelloses Internet, Computer-Terminals, Multimedia-Einrichtungen, Mo–Do 9–19 Uhr, Fr 9–18 Uhr.
- **Danar,** Kuldīgas iela 47, Tel. (6)3629205, täglich 9–22 Uhr.
- **Baltic Data,** Lielāis prospekts 3/5 (im Einkaufszentrum Tobago), Tel. (6)3621030, täglich 10–21 Uhr.

Behinderte

Ventspils präsentiert sich als moderne Stadt und kümmert sich mehr um Behinderte als andere Orte. So ist die Burg mit Fahrstüh-

098le Foto: mk

len ausgestattet und auch für Rollstuhlfahrer zur Besichtigung geeignet. Schwierigkeiten dürften dagegen die vielen Straßen mit Kopfsteinpflaster bereiten, doch meist steht ein glatter Bürgersteig zur Verfügung. Die Hafenpromenade und auch die Innenstadt mit Fußgängerzone sind ebenfalls gut befahrbar.

Notfälle und nützliche Adressen

- **Apotheke:** Ģimenes Aptieka, Ganību iela 8, Tel. (6)3625513, www.gimenesaptieka.lv, Mo–Fr 8–22, Sa 9–22, So 9–21 Uhr.
- **Krankenhaus:** Ventspils slimnīca, Inženieru iela 60, Tel. (6)3624665, www.ventspilsslimnica.lv.
- **Polizei:** Kuldīgas iela 2, Tel. (6)3604707.
- **Post:** u.a. Platā iela 8, Tel. (6)3629630, Mo–Fr 8–18.30 Uhr, Sa 9–15 Uhr.

Unterkunft

- **Hotel Dzintarjūra,** Ganību iela 26, Tel. (6)3622719, www.dzintarjura.lv. Hotel der gehobenen Klasse, aber ohne Luxus in einem einfachen, modernen Blockhaus, sehr zentral und auch nicht weit vom Strand gelegen. Mit Restaurant, Sauna und Swimmingpool. DZ ab 40 Ls (Angebote ab 30) Ls, Familienzimmer 50 Ls.
- **Hotel Jūras Brīze,** Vasarnīcu iela 34, Tel. (6)3622524, www.hoteljurasbrize.lv. Neues, kleines und sympathisches Haus mit teils roter Holzfassade. Ideale Lage zwischen Stadtzentrum, Hafen, dem alten Viertel Ostgals und dem Freilichtmuseum. Dabei sehr günstig, DZ ab 32 Ls. Mit Café Jūras Brīze.
- **Hotel Raibie logi,** Lielāis prospekts 61, Tel. mobil 29142327, www.raibielogi.lv. Etwa in der Mitte zwischen Zentrum, Hafen und Strandpark, in keine Richtung länger als 10–15 Minuten Fußweg. Angenehme Zimmer und gute Betten in einem kleinen, grünen, renovierten Häuschen aus dem frühen 20. Jh. DZ ab 25 Ls.
- **Hostel Pie Saules laiviņām,** Ganību iela 18, Tel. (6)3625101. Sehr günstiges, zentral gelegenes Budget-Hotel mit Gemeinschaftsnutzung von Bädern und Küche. DZ ab 10–15 Ls.
- **Hostel Ventspils** (Augstskolas Tūristu viesnīca), Inženieru iela 101, Tel. mobil 2656 5230, studentu.viesnica@ventspils.gov.lv. In der Nähe des Strandparks gelegenes Hostel im Wohnblock, ideales Preis-Leistungs-Verhältnis, gewann den Preis für die beste Unterkunft in Ventspils 2009, DZ 12 Ls, Juli und August 16 Ls.

Camping

- **Piejūras kempings,** Vasarnīcu iela 56, Tel. (6)3627925, www.camping.ventspils.lv. Riesiger, moderner Campingplatz direkt am Meer neben dem schönen Freilichtmuseum. Historischer Stadtteil Ostgals fast in direkter Nachbarschaft, drei Kilometer zum Stadtzentrum. Mit Freilichtbühne, Saunas, Strandvolleyball, Streetball, Picknickplätzen und Feuerstellen, Spielplatz, Touristeninformation und Sommercafé. Bungalows für 4 Personen 22–52 Ls, Wohnmobil 10 Ls, Zelt 3 Ls pro Pers.

Essen und Trinken

- **Krodziņš Don Basil,** Annas iela 5, Tel. (6)3623434, geöffnet 11–23 Uhr. Gemütliches, kleines Lokal mit Holztischen, entspannter Atmosphäre und mediterraner Küche im Zentrum. Wenige Tische im Sommer auch an der Straße.
- **Melnais Sivēns pils krogs,** Jāņa iela 17, Tel. (6)3622396, www.pilskrogs.lv, geöffnet Mo–Mi 11–23 Uhr, Do–So 11–24 Uhr. Das „Schwarze Ferkel" in der Burg ist sehr rustikal eingerichtet, außen mit Terrasse und schönem Blick auf den Fluss. Leckere, deftige „Burggerichte" zu akzeptablen Preisen.
- **Splīns,** Kuldīgas iela 17, Tel. (6)3607176, Mo–Fr 11–23 Uhr, Sa, So 11–24 Uhr. Stilvoller Klub mit Restaurant, gediegene Retro-Atmosphäre, an Wochenenden mit Live-Musik.
- **Kupfernams Kafe,** Kārļa iela 5, Tel. (6)36 26999, tgl. 8–24 Uhr (kann bei mangelndem Betrieb früher schließen). Das „Kupferhaus" ist ein gemütliches Esslokal in einer ruhigen, gepflasterten Nebenstraße wenige Gehminuten von der Burg mit netter Terrasse.
- **Unterhaltungszentrum Klondaika,** Ganību iela 14, Tel. (6)3607567, www.klondaika.lv, tgl. 9–7 Uhr. Billard, Darts, Spielautoma-

ten, eine „virtuelle Bowlingbahn", Bar und Tex-Mex-Restaurant (tgl. 12–24 Uhr).

Sport und Erholung

- **Akvaparks,** Medņu iela 19, www.pludmales akvaparks.lv, Tel. mobil 26429684, Preis für 1½ Stunden je nach Tag und Uhrzeit 3–4 Ls, Tageskarte 7 Ls, 10–21 Uhr. Eine der größten Unterhaltungs-Attraktionen der Stadt im Strandpark mit mehreren Schwimmbecken, zwei Türmen (acht und zehn Meter hoch), Rutschen und einigem mehr.

Feste und Veranstaltungen

Besonders im großen **Strandpark** herrscht in der Sommersaison kultureller Hochbetrieb – fast jedes Wochenende und auch an Werktagen kann man mit Konzerten, Feiern und Spektakeln rechnen.

Schöne Gelegenheiten für einen Ventspils-Besuch sind unter anderem: Die „Nacht der Museen" im Mai, das Ritterturnier „Maifest" rund um die Ordensburg, ein Strandfest Anfang Juni, ein Rockmusik-Festival im Juni im Stadtzentrum, Kinonächte auf dem Hof der Ordensburg im Juli und das große Stadtfest Anfang August im ganzen Ort.

Verkehrsverbindungen

- **Auto:** Die Anreise aus Riga erfolgt auf der großteils sehr gut ausgebauten A10 (knapp 200 km), sodass man mit drei Stunden Fahrzeit entspannt auskommt. Ein reizvoller Umweg führt von Riga auf der A10, bis hinter Tukums die P130 nach Kandava abzweigt. Die Strecke führt dann über die schönen Orte Kandava, Sabile und Kuldīga. Von Kuldīga wiederum verläuft die 58 km lange P108 direkt nach Ventspils.

Wer aus Litauen anreist, fährt über Klaipėda und dann an der Ostseeküste entlang auf der A11 nach Liepāja und dann auf der P111 bis Ventspils. Entfernung von Liepāja: gut 120 km.

- **Fähre:** zur Fährverbindung nach Travemünde siehe Kapitel „Vor der Reise: Anreise".
- **Bahn:** Der Bahnhof liegt in der Dzelzceļnieku 1, gegenüber der Innenstadt auf der anderen Seite der Venta gleich hinter der Brücke. Er bietet allerdings praktisch keine für Touristen interessanten Verbindungen.
- **Bus:** Der Busbahnhof (Autoosta, Kuldīgas iela 5, Tel. (6)3622789) liegt weit näher am Zentrum als der Bahnhof und bietet eine Vielzahl von Verbindungen in alle Himmelsrichtungen wie etwa nach Kuldīga und Liepāja, bis zu 50-mal am Tag auch nach Riga. Man sollte allerdings vorher die Fahrzeit klären, denn einige Busse steuern die lettische Hauptstadt mit Umwegen an und brauchen daher länger als die drei Stunden, die man normalerweise einplanen muss. Der Preis für eine Einzelfahrt beträgt 4,70 Ls pro Person. Fahrpläne unter www.autoosta.lv.

Užava

Um an der Küste weiter nach Süden zu gelangen, fährt man aus Ventspils zunächst auf der P108 in Richtung Kuldīga und Liepāja und biegt dann rechts ab auf die P111 in Richtung Liepāja. Am Anfang verläuft die Trasse ein Stückchen an der Venta entlang und dann in einem Bogen zum Meer. Im Dorf Užava ist die Küste wieder beinahe erreicht. Sie zeigt sich an dieser Stelle sehr **steil und malerisch.**

Am schönsten kann man sie am **Leuchtturm Užavas bāka** bewundern, der allerdings nicht ganz einfach zu erreichen ist. Von Ventspils aus gesehen weist direkt hinter der Überquerung des Flüsschens Užava ein Schild den Weg zum Leuchtturm. Die Entfernung wird mit 4,1 Kilometern angegeben. Die letzten 1,5 Kilometer muss man sich auf einem schlechten, aber befahrbaren Waldweg (grünes Schild „Bāka") zum Leuchtturm mühen. Doch der 19 Meter hohe, weiße Turm von 1924, direkt vor dem kleinen Abhang am Steilufer gelegen, ist einer der schönsten in Lettland. Eine Wirtin wohnt hier das ganze Jahr über.

Užava ist in ganz Kurzeme für sein Bier bekannt. Es wird in vielen Gasthäusern von Ventspils ausgeschenkt. Die **Brauerei von Užava** kann nach Voranmeldung (Tel. (6)3630632) besichtigt werden.

Usma-See

Auf der gut ausgebauten Straße A10 von Ventspils in Richtung Riga gelangt man sehr schnell zum großen Usma-See (Usmas ezers). Knapp 40 Kilometer hinter Ventspils geht auf der Höhe einer Tankstelle rechts ein kleiner Weg in das Dorf Usma ab. Die drei, vier Kilometer bis Usma sind asphaltiert – kein Wunder, denn der Usma-See ist ein höchst beliebter Platz für sportliche Aktivitäten wie **Segeln und Angeln** – hauptsächlich für die Einheimischen aus Ventspils und anderen Bezirken, aber auch immer mehr für Urlauber. Obwohl mit 3892 Hektar bei weitem nicht der größte See des Landes, besitzt Usma den einzigen lettischen **Jachthafen** für Binnenschifffahrt. Immerhin ist eine der sieben **Inseln** im See die größte ihrer Art in Lettland (die Insel Viskuzu sala). Die Insel Moricsala ist ein einziges, großes **Naturschutzgebiet** und daher nicht zugänglich.

100le Foto: mk

Der Leuchtturm von Užava

Die Küste nördlich von Ventspils

Von Ventspils aus bietet sich eine **Fahrt entlang der Küste** nach Nordosten an bis zur Landspitze in Kolka und dann nach Südosten entlang der Küste der Rigaer Bucht – möglicherweise bis Jūrmala und Riga.

Los geht es in Ventspils zunächst auf der A10 in Richtung Riga und dann kurz außerhalb der Stadt nach links auf die Küstenstraße P124. Es gibt auch eine kleinere Zubringerstraße, die aus dem Zentrum von Ventspils direkt nach Norden zur P124 führt. Nach einem größeren Ort kann man sich nicht richten, denn die Strecke endet in keiner Stadt, sondern nur im kleinen Kolka, das vor nicht allzu langer Zeit für Besucher noch kaum zugänglich war. Bevor der Zubringer die große Straße erreicht, lockt links ein kleiner Abzweig nach **Staldzene** mit seiner schönen **Steilküste.**

Landspitze Ovišrags

Die einsame, einst sehr abenteuerliche und löchrige, inzwischen aber ausgebesserte Hauptstraße verläuft eine Weile nah (aber nicht direkt) am Wasser entlang durch endlos scheinende **Kiefernwälder.** Einige Male zweigen links kleine Feldwege zum **Strand** ab. Der erste nennenswerte dieser Wege geht in das Dörfchen **Oviši** mit der kleinen Landspitze Ovišrags. Diese ist allerdings kaum ausgeschildert. Nachdem man die 2,5 Kilometer nach Oviši zurückgelegt hat, geht es im Dorf noch einmal 300 Meter links, diesmal mit Hinweisschild. Vor Ort ist neben einer fabelhaften Aussicht auf das Meer auch der älteste, äußerlich seit dem Baujahr 1814 nie veränderte **Leuchtturm** Lettlands zu finden (Tel. (6)3600364, 10–18 Uhr). Eigenartig scheint, dass innerhalb des Turms ein weiterer Turm gebaut wurde. Offenbar war das Objekt weniger für die Steuerung der Schifffahrt, sondern vielmehr als getarnte militärische Anlage geplant worden.

Riesenteleskope in Irbene

In Irbene wartet die nächste Attraktion, aber diesmal ganz anderer Art: das **Internationale Zentrum für Radioastronomie** von Ventspils. Zwei riesige, weiße parabolische Radioteleskope richten sich gen Himmel. Das größere der beiden ist mit 32 Metern Durchmesser das größte Nordeuropas und das achtgrößte der Welt. Heute haben die „Schüsseln" ganz harmlose wissenschaftliche Zwecke. Spannend wird es erst mit dem Wissen um ihre Geschichte: Die **Sowjets** erbauten die Station zu **Spionagezwecken** in gigantischen Ausmaßen. Es war eine der wichtigsten in der Sowjetunion überhaupt. Noch gespenstischer wird die Atmosphäre, wenn man das **Geisterdorf Irbene** sieht: Die von den Sowjets einst erbauten Wohnblöcke sind verlassen, es herrscht Stille. Damals hatten hier Hunderte von geheim arbeitenden Technikern und Wissenschaftlern alle Hände voll zu tun, heute arbeitet nur noch eine Hand voll Forscher in dem Objekt.

Man kann die Zufahrt leicht verpassen. Sie zweigt kurz vor Kilometer 26 (von Ventspils aus, kleine Kilometerschilder am Straßenrand) rechts ab. Es geht auf Betonplatten vorbei an den leeren Wohnblöcken ohne Fenster und Balkons, bis rechts ein größeres Tor auftaucht. Einige Hundert Meter dahinter fallen die Teleskope auf der rechten Seite ins Auge. Man kann relativ nah herangehen. Die Universität Ventspils verwaltet die Station. Nach Voranmeldung sind hier **Führungen** möglich (http://virac.venta.lv).

Leuchtturm Miķeļbāka

Jahrzehntelang endete kurz hinter Irbene die befestigte Strecke und es begann ein etwas abenteuerlicher Abschnitt über eine staubige und mühsame Schotterpiste bis nach Kolka. In den letzten Jahren wurde die Straße nach und nach asphaltiert und ermöglicht nun eine geradezu luxuriöse Fahrt – wenn auch das „Wildwest-Gefühl" ein wenig verloren ging.

Bald führt eine Straße links zum Miķeļbāka, wieder ein Leuchtturm mit einem Superlativ – hier handelt es sich um den mit 62 Metern über dem Meeresspiegel **höchsten Leuchtturm des Baltikums.** Das gegenwärtige Gebäude stammt von 1957, die Rote Armee hatte den Vorgänger an der selben Stelle in die Luft gesprengt.

Camping

- **Camping Miķeļbāka,** Mobiltel. 27884438, www.mikelbaka.lv. In direkter Nähe zum Leuchtturm wurde ein sympathischer Campingplatz eingerichtet, der eine Übernachtung lohnt. Zehn Holzhütten, je nach Ausstattung zwischen 20 und 50 Ls. Man sollte sie sich vorher anschauen, einige verfügen über ein schönes Doppelbett, andere nicht. Internetzugang auf dem Grundstück. Zelten 5 Ls, Wohnmobil 10 Ls (kein Zusatzpreis pro Person). Frisch zubereitetes Essen und Bier vom Fass. Direkter Fußweg (200 m) zu einem wunderschönen Ostseestrand. Kinderspielplatz, Grill, Lagerfeuer, Volleyball, Tischtennis.

Slītere-Nationalpark

Auf der immer einsamer wirkenden Straße nach Kolka folgt einige Zeit gar nichts, bis die kleinen Dörfer sich plötzlich wieder häufen. Es ist das Gebiet des Nationalparks Slītere, eines der **unberührtesten und natürlichsten** Flecken im ganzen Land. Seine Pflanzen- und Tierwelt ist einzigartig und unglaublich vielfältig. Es wurden einige **Naturpfade** mit Beschreibungen eingerichtet. Viele Wege sind nur mit Führung zu betreten, wo dann Dachshöhlen und Biberdämme entdeckt werden können (www.slitere.gov.lv, nur auf Lettisch).

Das **Dorf Slītere** ist über die Asphaltstraße P125 zu erreichen, die südlich nach Talsi führt. Zum **Leuchtturm** von Slītere (Slīteres bāka) muss man noch 1,4 Kilometer auf einem Schotterweg zurücklegen. Er steht sehr weit vom Meer entfernt: 5,3 Kilometer Luftlinie. Der Leuchtturm ist von innen zu besichtigen und zeigt eine kleine **Ausstellung** oben im Turm (täglich 10–18 Uhr, Eintritt 0,50 Ls). Man sieht weit über den großen Naturpark hinweg auf die Ostsee und bei gutem Wetter sogar die etwa 35 Kilometer entfernte estnische Insel Saareema.

Hinter dem Leuchtturm führt ein kleiner Pfad steil abwärts in eine **Schlucht** hinein. Dies war einst die natürliche Grenze in den Lebensräumen der finno-ugrischen und der lettischen Völker. Auch dieser Naturpfad ist nur mit Führer zu erkunden. Eine Art Urwald erwartet hier den Wanderer (Führungen an Wochenenden, 9 Ls pro Person, vorher telefonisch bestellen, Tel. (6)3291066 oder www.daba.gov.lv, Mi–So 10–18 Uhr).

Livisches Dorf Košrags

Während der Hauptteil des Naturparks rechts der P124 liegt, reicht er links davon bis ans Wasser heran. Eines der originellsten Dörfer direkt am Meer ist Košrags mit einem ganzen **Ensemble von alten Holzhäusern** im Stil der Liven. Jedes Haus, obwohl bewohnt, ist wie ein Ausstellungsstück, daher stehen vor den entsprechenden Häusern Schilder mit Erläuterungen.

Ein weiteres Schild am Wasser verkündet ganz unbescheiden, man befinde sich am **„längsten Strand Europas".** Damit ist der gesamte Abschnitt an der lettischen Westküste gemeint.

Hörnersammlung

Eine lokale Berühmtheit ist der Sammler *Ivars Hausmanis*. Sein Vater begann vor 35 Jahren mit der Kollektion und so kamen im Laufe der Jahre über **600 Hörner von Wildtieren** zusammen. Einen guten Teil davon präsentiert Hausmanis samt **ausgestopften Adlern** und **Fellen** nun stolz in seinem Haus. Er denkt sogar über eine Erweitung nach. Die „ragu kolekcija" ist von Košrags ausgeschildert.

- **Haus „Purzviedi",** Tel. mobil 29395624 und (6)3200179, www.purzviedi.viss.lv, Eintritt 0,80 Ls.

Camping

- Neben seiner Hörner-Ausstellung bietet Ivars Hausmanis einen Zeltplatz und eine lettische Sauna zur Benutzung an: **Camping Pītagi,** Košrags, Gästezimmer (DZ 25 Ls), drei Wohnmobil-Stellplätze im Dorf Košrags, 800 Meter vom Meer. Gemeinschaftsdusche und WC.

Vaide

Bei Vaide, dem letzten Dorf an der Route zum Kap, verläuft die Straße nah am Wasser: Nur einen Kilometer muss man zurücklegen, um zum breiten **Sandstrand** zu gelangen.

Landspitze Kolkasrags

Das Dorf Vsaide ist bereits die letzte ruhige Station vor dem Menschenauflauf (jedenfalls für lettische Verhältnisse) in Kolka. Die Landspitze Kolkasrags ist nicht zu verfehlen, es geht einfach immer geradeaus, bis der Weg endet. Man fragt sich, wo plötzlich die ganzen Leute herkommen, denn auf dem Parkplatz (1 Ls pro Stunde, Bezahlung bei der Ausfahrt) versammeln sich im Sommer nur einige Autos. Ein kurzer Fußweg leitet die Besucher zum Strand, wo man dann geradewegs auf die Landspitze zuläuft. Als wollte die Natur den Übergangspunkt ganz besonders verdeutlichen, kann man buchstäblich sehen, wie die Wellen des offenen Meeres und der Rigaer Bucht sich in einem Punkt treffen. In diesem speziellen Abschnitt ist die Ostsee sogar gefährlich, **Baden ist bei Kolkasrags verboten.**

Zwischen den Bäumen, direkt am Strand, steht im Sommer eine **mobile Sauna** *(pirts)*, die kurzerhand in einem alten Kastenwagen-Transporter untergebracht wurde.

103le Foto: mk

Die Küste von Kolka bis Roja

Kolka

Das Dorf Kolka, dem das Kap Kolkasrags den Namen verdankt, liegt gleich südlich davon an der Rigaer Bucht. Hier ist die Küstenstraße, die die Nummer P131 trägt und zum Fernziel Riga führt, asphaltiert. Kolka selbst ist nicht besonders attraktiv – zu Sowjetzeiten war die gesamte Region streng abgeschirmtes **Militärgebiet,** auch wenn es hier schon immer Bewohner gab, wovon die älteren, nicht recht zur Gegend passenden Wohnblöcke zeugen.

Kap Kolkasrags – rechts die Rigaer Bucht, links die offene Ostsee

Eine Touristeninformation existiert nicht (Kolka gehört zum Kreis Talsi, in dem ein Informationsbüro ist). Es riecht appetitanregend nach **Räucherfisch** und an der Hauptstraße stehen den auf der langen, einsamen Strecke ausgehungerten Reisenden zwei **„Top"-Supermärkte** zur Verfügung (geöffnet 8–22 Uhr). Eine evangelische und eine hübsche orthodoxe Kirche ergänzen das Ortsbild.

Uši

Im nächsten Dorf Uši liegt ein einfacher Zeltplatz. In Uši besteht erstmals nach Kolkasrags wieder Zugang zum

Wasser mit einer schönen **Steilküste** (im Dorf links abbiegen und das letzte Stück zu Fuß zum Meer).

Pūrciems

Das kleine Dorf Pūrciems liegt gut 20 Kilometer südlich von Kolka direkt am Meer, kurz vor dem nächsten Ort Ģipka. Hier tun sich **gewaltige Sanddünen** auf (Pūrciema Baltā kāpa). Vom ausgeschilderten Parkplatz an der Hauptstraße gelangt man schnell auf den 900 Meter langen Rundweg. Die Verantwortlichen haben sich die größte Mühe gegeben, mit Hilfe endloser Holzstege und -treppen den Besuchern die Besichtigung dieser Naturerscheinung leicht zu machen. Die Dünen liegen nicht etwa direkt am Strand, sondern einige Hundert Meter vom Wasser entfernt im Wald. Von der Holzbrücke aus schaut man in einen erstaunlich tiefen Abgrund aus hellem Sand. Archäologische Untersuchungen dieser faszinierenden Stätte haben gezeigt, dass bereits in der Steinzeit Fischer rund um die Dünen siedelten. Schilder informieren unterwegs über die geologische Entstehung der Dünen.

Camping

- **Camping Plaucaki,** Pūrciems, Tel. (6)326 7138. Der Campingplatz liegt nah an der großen Straße, aber weit genug entfernt, um ruhig zu sein. Die Rezeption besteht aus einem Kiosk, wo auch Snacks, Getränke und heißes Wasser erstanden werden können. Duschen mit warmem Wasser kosten extra. Von hier erreicht man in wenigen Minuten den Strand sowie in einer guten halben Stunde Fußweg die riesigen Sanddünen.

Roja

Die Küstenstraße verläuft nun nah am Wasser, aber meist ohne Seeblick, bis in das Hafenstädtchen Roja. Dort dreht sich alles um das Thema Fisch. Man kann mit einem **Fischerboot auf Ausflugstour** gehen und in einem kleinen, aber netten **Fischereimuseum** die Geschichte des in dieser Gegend so wichtigen Berufes erkunden. Im Museum wird das typische Wohnzimmer eines Fischers ausgestellt. Außerdem kann man lernen, Fischernetze und Seemannsknoten zu knüpfen.

- **Fischereimuseum,** Selgas iela 33, Tel. (6)3269594, Di–Sa 10–17 Uhr, Eintritt 2 Ls.

Information

- **Touristeninformation Roja,** im Fischereimuseum, www.roja.lv (nur auf Lettisch), Di–Sa 10–17 Uhr. Ganztägiger Ausflug zu einer Robbeninsel oder kürzere Tour in die Rigaer Bucht, Tel. mobil 26178372.

Unterkunft, Essen und Trinken

- **Hotel Roja,** Jūras iela 6, Tel. (6)3232226, www.rojahotel.lv (nur auf Lettisch). Anständiges, kleines Hotel, DZ ab 30 Ls. In einem Fischerhof lassen sich in schöner Atmosphäre geräucherte Meerestiere und Fischsuppe zum Bier verspeisen.

Camping

- **Dzintarkrasts,** Dorf Zocene, Gemeinde Roja, Tel. mobil 28600600, www.dzintarkrasts.lv, großer Campingplatz unmittelbar an der Rigaer Bucht mit schönen Zelt- und Wohnmobil-Stellplätzen sowie neuen Holzhütten. Ausgezeichnete sanitäre Anlagen, direkter Strandzugang, Restaurant und Bar. DZ in Hütte 25 Ls, Zelt 3,50 Ls/Person, Wohnmobil 5 Ls und 10 Ls mit Strom und Wasser.

Zemgale – der Süden

Überblick

Zemgale (deutsch **Semgallen**) ist die kleinste der lettischen Regionen. Auch wenn es historisch als eigenständiges Gebiet verankert ist, so ist Zemgale in der Geschichte doch immer wieder mit Kurland (Kurzeme) zusammengefasst und damit „vereinnahmt" worden. Selbst im lettischen Wappen oder beispielsweise auf dem Kopf der Freiheitsstatue von Riga sind nur drei Sterne als Symbol für die Regionen des Landes zu sehen: Kurland, Livland und Lettgallen.

Der Westteil mit Jelgava und Bauska bietet sich in Verbindung mit einer Kurzeme-Reise oder einem Riga-Besuch an. Der Mittelteil an der Daugava mit Jaunjelgava und Koknese lässt sich ebenfalls gut mit Riga oder auch mit Vidzeme verknüpfen. Im östlichen Abschnitt der Region folgt man am besten dem Fluss nach Daugavpils, der Hauptstadt von Latgale.

Dennoch ist Zemgale eine eigenständige Region, nicht nur historisch, sondern auch in der gegenwärtigen administrativen Aufteilung Lettlands. Sie hat zwar keine Meeresküste zu bieten, dafür aber einige der wichtigsten **Schlösser und Burgen** des Landes sowie die einmalige Route entlang der **Daugava.**

Das Barockschloss von Jelgava diente Napoleons Truppen als Lazarett

Jelgava

Jelgava, das früher unter dem deutschen Namen **Mitau** und später als russisches Mitawa lange Zeit der politisch zweitwichtigste Ort Lettlands war, schmückt sich mit dem Titel „Hauptstadt Zemgales". Berühmt sind das gewaltige und gerade frisch herausgeputzte Schloss im Zentrum an der Lielupe sowie die Academia Petrina. Einige schöne Kirchen aller drei großen christlichen Konfessionen runden das Bild ab. Das war es dann aber auch schon – weitere touristische Höhepunkte sucht der Reisende hier vergebens. Man sollte Jelgava wegen des Schlosses und der Akademie gesehen haben, aber länger als drei Stunden wird kaum jemand im Ort verbringen. Diejenigen, die sich doch etwas mehr Zeit nehmen, erleben eine lebendige, russisch dominierte lettische Stadt im Umbruch.

Stadtgeschichte

Im 13. Jh. erkor der deutsche Schwertbrüderorden das Gebiet zum Stützpunkt aus, um die Region Semgallen zu erobern, die bis dahin noch von den einheimischen Stämmen kontrolliert worden war. Sie nannten den Ort **Mithow** (manchmal taucht in den Quellen auch „Mitau" auf). Die Liven wählten später jedoch einen anderen Namen: **Jelgab.** Dies hieß soviel wie „Stadt in niedriger und feuchter Lage".

A
B
1
2
3
Tukuma rajons
Dobeles rajons
LATV
Siauliu
LIET
Varieba
Jaundziras
Jaunvarieba
Smiltiņkalns
155
Irlava
P 104
Zante
Rāvi
Snapji
20
Vaski
Spirgus
Slampe
Slampe
Lielsatiķi
Satiķi
Gaiķi
Vecgaiķi
Viesatas
Viesata
Pētertāle
Abava
Lancenieki
Džūkste
Grauzde
Apšupe
12
P 109
Struteles muiža
Saule
Blāzma
Džūkste
24
Stūrīši
Remte
Lestene
15
6
Jurģi
Jaunpils
15
Brandavas
Pienava
30
A 9
Pēteri
Jaunbērze
Kaulači
Leveste
P 104
5
Bikstupe
•104
Jaunsēži
Lībbērzes st.
Broceni
Pilsblīdene
Aizstrautnieki
17
Oškalni
Biksti
Bikstu st.
Bērzupe
7
Annenieki
Bērze
Saldus
A 9
32
27
Upenieki
Kakenieki
Lejasstrazdi
P 102
Līvbērze
Lielciecere (Imantas)
Blīdene
Lukas
14
15
Bērze
Cieceres ez.
Gardene
Miltiņi
Šķibe
Auce
Zebrus
Slagūne
Dobele
Dorupe
Gardene
16
Striķi
Zebrene
Nākotne
Glūda
Stūri
Bērze
Parūki
22
P 103
Krimūnas
12
Auce
Pokaiņu mežs
Auri
Druve
Ķieģeļceplis
Stirnas
Īles sanatorija
Sesava
12
P 104
P 96
Incēnu pilsk.
Ražotāji
Lielauce
Naudite
Kirpēni
8
Zalenieki
Skujaine
Keveles avoti
6
Kronauce
Kokmuiža
Kevele
14
P 96
Bēne
Penkule
9
7
9
Vecauce
8
Tērvete
Gauriņi
2
Līkupe
Ropmuiža
19
Auce
Krūškalne
Klūnas
Auce
Zelmeņi
P 96
Jaunauce
Avikne
Bungas
Vītiņi
9
11
13
3
Ziedkalne
Mūrmuiža
90
Putras
Rociņas
P 95
Dzeguzēni
100
Šnikere
Bukaišu skola
Bukaiši
Ruba
Vecsnikere
Augstkalne
Kapteines
Vadakste
Priedula
Vegeriai
5
Laižuva
Vadakstė
Kivyliai
95
Žagarės dvaro rūmai
Švėtė
Daukšiai
Bandenieki
Jučiai
Klykoliai
12
Žagarė
Blankenfelde
Agluona
Ramučiai
Ukri
Purvėnai
Agluonai
Stungiai
11
Kamanų rez.
Naujoji Akmenė
153
Minčaičiai
Veršiai
Skaistgirys
Gailaičiai
154
5
Sapnagiai
Alkiškiai
Menčiai
8
Raistai
Mažeiliai
Reibiniai
Lankaičiai
Dabikinė
Akmenė
7
7
Gaižaičiai
Domeikiai
Vešetinis
10
153
4
155
Palnosai
Sablauskiai
Juodeikiai
Kalnelis
Antano Ciapo botanikos sodas
Kruopiai
Jurdaičiai
Maldeniai
8
Gyvoliai
Dabikinė
156
Platonis
3
Virvyčia
8
Pragalvys
Spaigiai
154
12
93
Žarė
Venta
Šventupis
Mikaičiai
Linkaičiai
Žerkščiai
Paeglesiai
Žarėnai
Noruta
Jankūnai
8
Ūdupys
9
Eglesiai
Šakyna
Mūša
Jakiškiai
Kalniškiai
Papilė
Piktuižiai
194
Šiaudinė
7
Klaišiai
Raudondvaris
Kūra
Rudiškiai
38
7
Daubiškiai
13
Kairiškiai
Gumbakiai
Papilės atodanga
Tulminai
Saveikiai
Beržėnai
Gataučiai
155
Memorialinis botanikos parkas
7
8
Biliūniškės
Šiupyliai
Gruzdžiai
Jauniūnai

Lielupe
Tīreļi
Kalķis
Kalnciema skola
Kalnciems
Valgunde
Vītoliņi
Vārpa
Ozolnieki
Jelgava
Tušķi
Slapatas
Svēte
Zemgale
Lapas
Platone
Pēterlauki
Ūziņi
Lielplatone
Zizma
Sidrabe
Vilce
Eleja
Ošenieki
Sesava
Bērvircava
Daumanti
Jaunmārupe
Cenas tīrelis
Kalnciema masīvs
Gaismas
Bērzpils
Olaine
Birznieki
Jaunolaine
Misa
Pēternieki
Dalbe
Kazu ferma "Līcīši"
Brankas (Lielupe)
Tetele
Ane
Mežciems
Vecsvirlauka
Staļģene
Vircava
Platone
Eleja
Garoza
Mazlauki (Liepāre)
Oglaine
Vairogi
Bērstele
Emburga
Renceles
Islīce
Lielupe
Svitene
Rundāle
Pilsrundāle
Klāvi
Klieņi
Lielsesava
Svitene
Saulaine (Kaucmīnde)
Mežotne
Jumprava
Baloži
Plavniekkalns
Dolesmuiža
Ķekava
Rīgas ūdenskrātuve
Daugmales pilsk.
Daugmale
Salaspils
Saulkalne
Ikšķile
Tinūži
Cepliši
Bekuciems
Pulkarne
Mencendarbe
Mežvidi
Plakanciems
Mellupi
Jānupe
Dzērumcelmi
Avoti
Baldone
Morisona k.
Vārpas
Stūri
"Dobuli"
Ziemeļi
Dimzukalns
Piebalgas
Dzelzāmurs
Zvirgzde
Iecavas st.
Zālīte
Iecava
Vecumnieki
Bāliņi
Audrupi
Misa
Beibeži
Zorģi
Stelpe
Rosme (Ūdri)
Dāliņi
Garoza
Lambārte
Nīzere
Stelpes pienotava
Gaisma
Birzes
Brukna
Code
Jauncode
Vecsaule
Kūdra
Ozolaine
Bauska
Mūsa
Strautiņi
Bangas
Īslīce
Mūsa
Mēmele
Brunava
Jaunsaule
Ceraukste
Ānmēmele
Ērgļi
Grenctāle
Budberga
Tunkūni
Rīgas rajons
Jelgavas rajons
Bauskas rajons
JA
Drąsutaičiai
Plikiškiai
Tautginiai
Satkūnai
Žadvainiai
Skilvioniai
Pavirčiuvė
Saugėlaukis
Joniškis
Beržininkai
Darginiai
Žiniūnai
Kepaliai
Kirnaičiai
Kurmaičiai
Rimdžiūnai
Gasčiūnai
Rimšoniai
Mikniūnai
Stupurai
Kriukai
Blauzdžiūnai
Lieporiai
Skakai
Mazberstele
Adžūni
Išliči
Bērzi
Pāce
Užvara
Viteikas
Krievgaļi
Žeimelis
Noreikiai
Lauksodis
Mažučiai
Pašvitinys
Steigviliai
Grikpėdžiai
Bardiškiai
Rimkūnai
Ūdekai
Ruponiai
Draudeliai
Gegiedžiai
Guostagalis
Degėsiai
Nairiai
Butniūnai
Vaškai
Titkoniai
Kriaušiškiai
Tetirvinai
Ainavas
Dagiai
Kiemėnai
Kyburiai
Namišiai
Žvirbliniai
Noriai
Saločiai
Kurpalaukis
Kubiliūnai
Smilgiai
Pasvaliečiai
Saudogala
Žadeikoniai
Puškoniai
Kirdonys
Žilpamušis
Puodžiai
Raubonys
Kraštai
Ceriaukstė
Yslykis
Virčiuvis
Svitinys
Viršytis
Plonė
Mūša
Tatula
apskritis
UVA
Zemgale – der Süden

Vom 16. bis zum Ende des 18. Jh. gehörte Jelgava zum Herzogtum Kurland-Semgallen, 1573 erhielt es die Stadtrechte und fünf Jahre später war es bereits die **Hauptstadt des Herzogtums.** Diese Rolle wurde unterbrochen von der Teilung des Herzogtums 1596. Der Herzog Semgallens, *Friedrich Kettler,* war nun der Herrscher des Gebietes ohne Kurland. Doch 1617 vereinigten sich die Herzogtümer erneut und Jelgava erhielt seine Hauptstadtfunktion zurück. Als die Union aus Polen und Litauen im 17. Jh. das Zepter in der Region übernahm, hieß der Ort „Mitawa". In den polnisch-schwedischen Kriegen litt Jelgava wiederholt unter kräftezehrenden **Belagerungen.** Letztlich waren es weder Schweden noch Polen und Litauer, die in Semgallen an der Macht blieben. Vielmehr geriet die Region unter russische Kontrolle. Die Gräfin *Anna Iwanowna,* die hier von 1711 bis 1730 regierte, wurde später zur Zarin *Anna I.* des Russischen Reiches.

Doch es war auf Erlass von **Graf Ernst Johann von Biron,** dass die beiden Einrichtungen gebaut wurden, für die Jelgava noch heute berühmt ist: Das Schloss und die **Academia Petrina.** Von Biron war ein Deutschbalte, der sich geschickt die Gunst der Gräfin gesichert und großen Einfluss auf sie ausgeübt hatte. Seine erstaunliche und kuriose Lebensgeschichte ist ein eigenes Buch wert.

Jelgava, das ein kleines Nest in der Provinz irgendwo zwischen West- und Osteuropa hätte bleiben können, wurde zu einem wichtigen **Zentrum für Handel und Diplomatie** im 18. und 19. Jh. 1775 wurde die Academia Petrina gegründet, an der zahlreiche in- und ausländische Elitestudenten ihre Ausbildung genossen. Die Akademie existiert heute nicht mehr, doch das Gebäude ist eine Besichtigung wert.

Mitte des 19. Jh., nach 73 Jahren Zugehörigkeit zum Zarenreich, erhielt Jelgava eine **Eisenbahnverbindung** und die **Industrie** in der Stadt blühte auf. Immer mehr Arbeiter und Handwerker bevölkerten den Ort, der 1914 bereits 45.000 Einwohner zählte. Im Ersten Weltkrieg besetzten deutsche Truppen die Stadt. 1919 war Jelgava Schauplatz schwerer Auseinandersetzungen zwischen Sowjets, deutschen Freischärlern und lettischen Freiheitskämpfern. In der Zwischenkriegszeit hatte Jelgava den Rang einer der wichtigsten Städte des freien Lettland. Im **Zweiten Weltkrieg** wurde es zu 90 % **zerstört** und das historische Zentrum war praktisch verschwunden. Nach dem Krieg wurde die Stadt ganz im Sowjetstil wieder aufgebaut.

Sehenswertes

Schloss

Hauptattraktion ist unzweifelhaft das Schloss von Jelgava, in dem heute die **Lettische Landwirtschaftliche Universität** ihren Sitz hat. Der Palast ist aus dem Zentrum nach wenigen Schritten erreicht. Man geht zum Fluss Lielupe, von dort führt eine Fußgängerunterführung unter der breiten Hauptstraße Lielā iela hindurch direkt zum imposanten Gebäude.

Bereits im 14. Jh. stand hier erstmals eine klassische Burg mit Ecktürmchen und Ringmauer. Zu Zeiten von *Gotthard Kettler* wurde die Anlage um eine Kirche erweitert. Bis ins 18. Jh. stand das mittelalterliche Schloss. Es war weder Krieg noch Katastrophe, was dem massiven Bauwerk den Garaus machte, sondern der eigenwillige und machtbesessene Graf *Ernst Johann von Biron* (siehe „Stadtgeschichte"). Von Biron ließ die Burg kurzerhand abreißen und den Bau eines neuen Palastes beginnen. Der italienische Architekt *Francesco Rastrelli* erhielt den Auftrag. Der Bau begann, doch nach drei Jahren - die politische Lage hatte sich geändert - mussten die Arbeiten abgebrochen werden. Erst 23 Jahre später konnte Rastrelli sein Werk fortsetzen, um acht Jahre später, 1771, sein **barockes Meisterstück** zu vollenden. Graf von Biron residierte noch kurz in dem Gebäude, nachdem er jahrzehntelang in der politischen Bedeutungslosigkeit verschwunden und beinahe sogar zum Tode verurteilt worden war.

Der Palast ist in Hufeisenform gestaltet und hat als Grundfarbe ein dunkles, bräunliches Rot, das passenderweise an den Farbton der erst viel später entstandenen lettischen Flagge erinnert. Die vielen Fenster sind weiß umrahmt und verziert. 1788 richtete ein Großbrand erheblichen Schaden an, der Palast wurde aber wieder hergerichtet. In der russischen Zeit wurde das Gebäude zum **Sitz des Gouvernements Kurland.** Die Befestigungsanlagen erlitten Anfang des 19. Jh. einigen Schaden. Bei seinem Vormarsch gen Russland richtete **Napoleon** im Palast ein Lazarett ein, bevor Jelgava wieder in russische Hände fiel.

Die deutsche Armee brannte auf ihrem Rückzug zum Ende des Ersten Weltkriegs das Gebäude nieder, doch die lettische Landwirtschaftskammer nahm sich ab 1920 des Wiederaufbaus an. Die unheilvolle Serie ging aber weiter: Im Zweiten Weltkrieg brannte der Palast erneut aus, die Rekonstruktion wurde erst 1961 abgeschlossen.

Die **Innenräume** waren einst reich geschmückt und gefüllt mit Rokoko-Ausstattung. Das wenige, das von diesem Interieur im Erdgeschoss übrig ist, bleibt heute den Studenten der Hochschule vorbehalten: Eine Tour für Touristen wird von der Stadt Jelgava nicht angeboten. Besichtigen kann man jedoch die **Grüfte der Herzöge von Kurland.** Der geheimnisvolle Keller mit den reich verzierten Särgen ist einen Abstieg wert.

Im Park zwischen den Flüssen Lielupe und Driksa sind noch einige Teile der ehemaligen **Befestigungsanlage** ausgestellt.

- **Jalgavas pils,** Lielā iela 2, Tel. (6)3005617, www.llu.lv (engl. Version vorhanden). Die **Grüfte** sind nur Mai bis Oktober 9–17 Uhr geöffnet, Eintritt 1,50 Ls, Tel. (6)3962197. Der Eingang ist an der zur Stadt weisenden Vorderseite des Schlosses.

Im Zentrum

Der Weg vom Palast zurück ins Zentrum führt wieder unter der Lielā iela hindurch und dann mit dem Fluss im Rücken geradeaus. Die zweite Straße links ist die Akadēmijas iela. Direkt an der Straßenmündung steht ein **Denkmal von Janis Čakste** (1859–1927), dem ersten Präsidenten der Republik Lettland. Dieser historische Staatsmann ist ein Sohn Jelgavas. Er wurde in Lielsesava südlich von Jelgava an der litauischen Grenze geboren. In der Akadēmijas iela 36 lebte er während seiner Schulzeit, nebenan in der Katoļu iela 23 dann von 1908 bis 1915, bevor er die Stadt verließ. Vorher war er bereits in St. Petersburg offizieller Abgeordneter für seine Region im zaristischen Parlament gewesen.

Im Hintergrund, ganz am Anfang der Straße, steht der **Glockenturm** der evangelischen **St. Trinitatiskirche** von 1688 (Akadēmijas iela 1), der großteils im Originalzustand erhalten ist – ohne zugehörige Kirche. Damit ist er eines der ältesten Gebäude der durch Kriegszerstörungen um so viele historische Objekte beraubten Stadt. An der selben Stelle war im Jahre 1522 die älteste Kirche Jelgavas erbaut worden.

Die Akadēmijas iela selbst ist die interessanteste Straße Jelgavas, denn hier sind neben den unten erwähnten Sehenswürdigkeiten einige schöne **Jugendstilhäuser** zu entdecken – auch wenn sie zum Teil recht verfallen und abgebröckelt aussehen und nur langsam restauriert werden.

Academia Petrina

Mehr Informationen und Ausstellungsstücke zum Schloss von Jelgava und vieles mehr erwarten den Besucher im **Geschichts- und Kunstmuseum,** das im kürzlich restaurierten **barocken Gebäude** der Academia Petrina untergebracht ist. Das Bauwerk wurde 1775 fertiggestellt, auch hierfür hatte Graf Ernst Johann von Biron die Verantwortung. Kein Wunder also, dass die Akademie im Erscheinungsbild stark an das Schloss von Jelgava erinnert: das gleiche erdige Rot als Grundfarbe, Weiß für die Umrahmung der Fenster und ähnliche Verzierungen. Nachdem er aus dem Abseits an die Macht zurückgekehrt war, ließ von Biron die Akadamie dort erbauen, wo Gräfin *Anna Iwanowna* – die spätere Zarin von Russland – residiert hatte. Doch es war sein Sohn *Peter,* der die Einrichtung als **Universität** mit vier Fakultäten vollendete.

Im 35 Meter hohen **Turm,** der zentral auf dem Gebäude ruht, war bis 1919 das erste astronomische Observatorium Lettlands untergebracht. Wie die meisten Bauwerke Jelgavas blieb auch die Akademie im Ersten wie im Zweiten Weltkrieg nicht von schweren Zerstörungen verschont. Sie wurde nach Ende der Kriegshandlungen jeweils wieder aufgebaut. Doch nach der Sowjetzeit hatte das Gebäude erneut an Glanz verloren. Daher wurden 50 Jahre nach der letzten Rekonstruktion wieder Erneuerungsarbeiten in Angriff genommen, die 2008 abgeschlossen werden konnten.

Im Museum wird sowohl die Geschichte der Herzogtümer Kurland und Semgallen von 1561 bis 1795 als auch die Historie der Stadt Jelgava von der Gründung bis in die heutige Zeit sehr anschaulich dargestellt. So sitzt eine Figur des Grafen in voller Pracht am Tisch, die **Ausstattungen**

der Räume sind authentisch nachempfunden und an den Wänden hängen historische Landkarten.

Sehenswert ist auch die Ausstellung von Werken des berühmten lettischen **Malers Ģederts Eliass,** dessen Denkmal vor dem Gebäude platziert wurde – zusammen mit vier großen Kanonen aus der Zeit des Herzogtums Kurland. Hinzu kommen wechselnde, teilweise sehr sehenswerte **Kunstausstellungen.**

● **Academia Petrina,** Akadēmijas iela 10, Tel. (6)3023383, www.jvmm.lv, Mai bis September Do–So 10–17 Uhr, Oktober bis April Mi–Sa 10–17 Uhr, Eintritt 1,50 Ls.

Russisch-orthodoxe Kathedrale

Nicht zu verpassen ist die russisch-orthodoxe Kathedrale (Raiņa iela 5), nur wenige Schritte hinter der Academia an der Kreuzung von Akadēmijas iela und Raiņa iela. Es scheint, als hätte der Architekt *Francesco Rastrelli* im 18. Jh. jedes wichtige Gebäude der Stadt entworfen, denn neben dem Palast und der Akademie war Rastrelli auch für den Bau dieser Kirche verantwortlich – auf Befehl der **Zarin Katharina der Großen.** Es war die erste in der Region Kurland und Semgallen. Allerdings ist es nicht sein Werk, das heute hier zu bewundern ist: Ende des 19. Jh. wurde eine neue Kirche mit fünf Türmen an Stelle von Rastrellis Objekt im **russisch-byzantinischen Stil** errichtet.

Die nach den orthodoxen Heiligen Simeon und Anna benannte Kirche mit ihren schneeweiß getünchten Mauern und den großen und kleinen, blaugolden strahlenden Zwiebeltürmen zieht die Aufmerksamkeit auf sich. Im russisch dominierten Jelgava, wo Lettischsprachige die Minderheit bilden, kann man dieses Gotteshaus als **Hauptkirche der Stadt** bezeichnen. Ein Blick ins reich geschmückte Innere lohnt sich – besonders, wenn gerade ein Gottesdienst abgehalten wird. Wer eine Messe miterleben möchte, sollte sich sehr unauffällig und respektvoll im Hintergrund halten.

Der **Glockenturm** kann besichtigt werden (Anfragen in der Kirche selbst oder in der Touristeninformation).

Katholische Kathedrale

Nur eine Kreuzung entfernt an der Katoļu iela 11 („Katholische Straße“) liegt die **Georg- und Marienkirche,** die katholische Kathedrale der Stadt. Das rote Backstein-Bauwerk mit dem hohen, spitzen Turm ist ebenfalls ein weithin sichtbares Wahrzeichen Jelgavas. Mit dem Baujahr 1906 ist sie erst ein gutes Jahrhundert alt. Ihr Inneres ist eher schlicht gehalten und die Kirche strahlt durch ihre beachtlichen Ausmaße Erhabenheit und Ruhe aus. Schön gestaltet und verziert präsentiert sich das Eingangsportal.

St. Annenkirche

Ein großes **evangelisches Gotteshaus** zieht an der Ecke Lielā iela und Brieza iela die Aufmerksamkeit auf sich: Die St. Annenkirche von 1638. Ein kleiner Umweg lohnt sich allein schon wegen der mächtigen **Martin-Luther-Eiche,** die 1883 im Gedenken an den 400. Geburtstag des Reformators vor der Kirche gepflanzt wurde.

Praktische Tipps

Information

- **Touristeninformation,** Pasta iela 37, Tel. (6)3022751, Mo–Do 8–17 Uhr, Fr 8–15.30 Uhr, Sa 10–16 Uhr, So 10–14 Uhr, flexible Mittagspause, www.jrp.lv (nur auf Lettisch, aber man kann auf „Touristeninformation“ klicken und dann einen Prospekt auf Deutsch über Jelgava mit praktischen Infos aufrufen).

Behinderte

Der Weg zum Schloss aus dem Zentrum ist ohne Stufen zu bewältigen.

Notfälle und nützliche Adressen

- **Apotheken:** Jelgavas Pils aptieka, Akadēmijas iela 2, Tel. (6)3023966; Jelgavas aptieka, Lielā iela 5, Tel. (6)3020216; Jelgavas Lielā aptieka („Die große Apotheke“), Uzvaras iela 3, Tel. (6)3024230.
- **Post:** Pasta Centrs Jelgava, Katoļu iela 2b, Tel. (6)3012445, Mo–Fr 8–19, Sa 8–16 Uhr.
- **Internet:** Hotspots u.a. im Restaurant Silva und im Chocolate & Pepper, ein Computer-Terminal in „Jelgavas Dome“, Lielā iela 11.

Unterkunft

- **Hotel Jelgava,** Lielā iela 6, Tel. (6)3026193, www.hoteljelgava.lv (auch auf Deutsch). Touristen wählen oft diese Unterkunft. Das Hotel liegt sehr zentral, hat einen guten Dreisterne-Standard, eine gemütliche Einrichtung und ein breites Service-Angebot mit Sauna, Café, W-LAN, Autovermietung und Vermittlung von Ausflügen. Große, angenehme Zimmer bis zu 25 m². DZ 28 Ls inkl. Sauna, Luxuszimmer 50 Ls, Appartement 60 Ls, Frühstücksbüffet 3 Ls.

Essen und Trinken

- **Čili Pica,** Driksas iela 4, Tel. (6)3048387, leckere Pizzavariationen im Einkaufszentrum Pilsētas pasāža.
- **Silva,** Driksas iela 7/9, Tel. (6)3084899, großes Café-Bistro-Restaurant gegenüber dem Einkaufszentrum, Mo–Fr 9–20 Uhr, Sa 9–18 Uhr, So 10–17 Uhr. Behindertengerecht, Internetzugang.
- **Crash,** Akadēmijas iela 21, So–Do 12–23 Uhr, Fr und Sa 12–1 Uhr, Tel. (6)3010000. Modern gestaltetes Restaurant im Stil eines amerikanischen Diners, mit Bowlingbahn. Wegen der langen Öffnungszeiten beliebter Treffpunkt.
- **Chocolate & Pepper,** Kr. Barona iela 6, Tel. (6)3024925. Schön an einer kleinen Grünfläche gelegenes, preiswertes Restaurant und Cocktailbar, stilvoll eingerichtet, wenige Schritte vom Stadtkern.

Am Abend

- **Mūzikas klubs Jelgavas krekli,** Lielā iela 19a, Tel. (6)3022259, Mo, Di, Do, So 12–24 Uhr, Mi, Fr, Sa 12–5 Uhr. Neu gestalteter, schön mit verglaster Terrasse aufgemachter Musikclub mit Restaurant in einem Hinterhof der Hauptstraße Lielā iela, wenige Gehminuten vom Zentrum.

Einkaufen

- **Pilsētas pasāža,** dieses übersichtliche, aber moderne, 2004 eröffnete Einkaufszentrum bietet auf zwei Etagen eine Vielzahl an Cafés, Imbissen, Restaurants und Geschäften aller Art, mit Bekleidung und Schuhen bis hin zu lettischer Seife und Schokolade. Der große **Supermarkt Maxima** im Inneren ist täglich bis Mitternacht geöffnet (Alkohol darf aber wie überall in Lettland nur bis 22 Uhr verkauft werden), andere Geschäfte 10–21 Uhr.
- **Latvijas keramika A,** Rīgas iela 67, Tel. (6)3022868, www.keramika.lv. Souvenirs, besonders einige schöne Keramikprodukte im Stil der Region. Etwas außerhalb in Richtung Riga.

Verkehrsverbindungen

- **Auto:** Die A8 führt von Riga direkt nach Jelgava. Einige Kilometer vor der Ortseinfahrt geht die Trasse in eine kleinere Landstraße über. Die Fahrzeit beträgt unter einer Stunde.
- **Bahn:** Die Fahrzeit beträgt von Riga zwar nur gut 40 Minuten, doch es verkehren nur gerade einmal zwei Diesel-Züge täglich nach

Jelgava. Es gibt aber auch die Vorortbahn, die den ganzen Tag über mindestens einmal pro Stunde verkehrt (Fahrzeit ca. 45 Min., Preis 1,35 Ls, www.ldz.lv). Abgesehen von Riga lohnt sich die Anreise mit der Bahn nicht.

Wer am Bahnhof (Dzelzceļs, Stacijas laukums) ankommt, ist nicht weit vom Zentrum entfernt. Wenn man den Zemgales prospekts einige Hundert Meter geradeaus läuft, geht die Straße in die sehenswerte Akadēmijas iela über.

- **Bus:** Wesentlich größer ist das Angebot an Linienbussen und Minibussen, die den sehr zentral gelegenen Busbahnhof (Jelgavas Autoosta, Pasta iela 26, wenige Schritte von der Touristeninformation, 6–23 Uhr, Tel. (6)302 2639, Fahrpläne unter www.autoosta.lv) von allen Richtungen des Landes ansteuern. Busse verkehren täglich unter anderem nach Tērvete, Dobele, Bauska, Riga und Ventspils. Von Riga täglich über 70 Verbindungen, Fahrzeit 55 Minuten, Preis 1,50 Ls. Viele Rigaer bevorzugen die Minibusse, die noch häufiger und flexibler verkehren und bei denen man jederzeit ein- und aussteigen kann.

Bauska

Die kleine Stadt Bauska mit knapp 11.000 Einwohnern wird von fast jedem Touristen zumindest durchfahren, denn sie liegt an der **Via Baltica,** nur 66 Kilometer von Riga entfernt. Sie wäre nicht besonders hervorzuheben, hätte sie nicht eine große, schöne **Burg** im Zentrum zu bieten. In der Umgebung liegen ein Palast (Mežotne) und das wohl berühmteste Schloss Lettlands (Pilsrundāle). Daher kommt Bauska als Basis für mindestens einen Tag in Frage.

Auch wenn Bauska wie eine verschlafene Kleinstadt wirkt, hat es sein Gesicht durch die Öffnung der Grenzen und den Tourismus verändert. Die Supermärkte profitieren vom gewaltigen Durchgangsverkehr (es gibt keine Umgehungsstraße) und die Schlösser und Burgen in der Nähe ziehen immer mehr Besucher an.

Stadtgeschichte

Im Jahr 2009 feierte Bauska sein **400-jähriges Bestehen.** Damit ist das Städtchen nicht ganz so alt wie einige andere Orte in Lettland. Wie so oft war es auch hier der Schwertbrüderorden, der mit dem Bau einer mächtigen Burg den Grundstein für ein Dorf legte. Im 16. und 17. Jh. begann ein rasantes Wachstum. 1609 hatte die Stadt schon größere Bedeutung, was Handwerk und Handel anging. Doch die glücklichen Zeiten währten nicht lange, denn mehrere Kriege machten ab Ende des 17. Jh. viele der Fortschritte zunichte. Eine schwere Pestepedemie 1710 tat ein Übriges, um die Zahl der Bewohner, aber auch ihren Wohlstand zu dezimieren.

Im 19. Jh. kam ein großer Umschwung: Der Handel blühte wieder auf, die Industrialisierung setzte langsam ein. Die Händler waren großteils eingewanderte Juden, die schließlich fast die Hälfte der Stadtbevölkerung stellten. Die Stadt gehörte zum russischen Zarenreich, doch die hier lebenden Deutschstämmigen behielten viele ihrer Privilegien.

Nach dem Ersten Weltkrieg war Bauska wie der Rest des Landes Teil des freien lettischen Staates. In der

Zwischenkriegszeit wurde es zu einem regionalen Zentrum und die Letten stellten nun drei Viertel der Bewohner. Dennoch spielten deutsche und jüdische Händler weiter eine wichtige Rolle. Dies endete mit dem Ausbruch des Zweiten Weltkriegs, der Auswanderung der meisten Deutschen und 1940 mit der Zwangseingliederung in die Sowjetunion. Drei Jahre lang okkupierten die deutschen Truppen Bauska: von 1941 bis 1944. In dieser Zeit wurden die meisten jüdischen Bewohner umgebracht, wenn es ihnen nicht gelungen war, vorher zu fliehen.

Als kleine Stadt in der riesigen Sowjetunion veränderte sich Bauska gewaltig, denn Tausende von Menschen aus anderen Sowjetstaaten wurden angesiedelt, sodass die Letten lange Zeit in der Minderheit waren. Anders als im nahen Jelgava ist Russisch hier heute aber nicht mehr die dominierende Sprache, auch wenn immer noch viele lettische Russen im Ort leben.

Kreuzritterburg

Die größte Touristenattraktion der Stadt ist die mittelalterliche Kreuzritterburg, die dem Zentrum sehr nah liegt und nicht zu verfehlen ist. Etwas jünger als andere Burgen ihrer Art, entstand sie Mitte des 15. Jh. in der strategisch günstigen, leicht erhöhten Lage zwischen den beiden Flüssen Mēmele und Mūsa, die sich kurz hinter der Festung zur Lielupe vereinigen.

Die alte Burg bildete ein unregelmäßiges Rechteck, hatte fünf Türme, die mit beinahe **vier Meter dicken Mauern** verbunden waren und ein Garnisonsgebäude. Weitere Türme wurden im Laufe der Zeit hinzugefügt – teilweise mit unterirdischen Verbindungswegen von einem zum anderen. Die Kellerräume dienten den Ordensherrschern als Gefängnis.

Heute sind von dieser ursprünglichen Anlage nur noch einzelne Elemente übrig geblieben, denn der Herzog von Kurland ließ um 1670 einen guten Teil der Festung abtragen und ordnete den Bau einer neuen Burg an. Besucher erhalten bis zum heutigen Tag aber einen Eindruck von der ursprünglichen Burg, denn die alten Befestigungsmauern, die Türme und das Portal wurden in den Neubau integriert. Drei Gebäude mit zwei Etagen bildeten von nun an einen hufeisenförmigen, relativ kleinen Innenhof.

Doch lange hatte keiner etwas von der Burg. Nachdem bereits Schweden, Polen und die Kurländer selbst um das Bauwerk gekämpft und es teilweise beschädigt hatten, war es schließlich der Krieg zwischen Schweden und Russland, der Anfang des 18. Jh. der Burg den Garaus machte: Zar *Peter der Große* gab 1706 die Order, die Festungen in Jelgava und Bauska dem Erdboden gleich zu machen. Der Befehl wurde nur teilweise ausgeführt, doch fast dreihundert Jahre lang nahm sich niemand mehr dem Wiederaufbau der Burg an und so verfiel sie zu einer malerischen Ruine. Die Menschen stahlen Steine und gusseiserne Elemente und verwendeten sie für ihre eigenen Häuser.

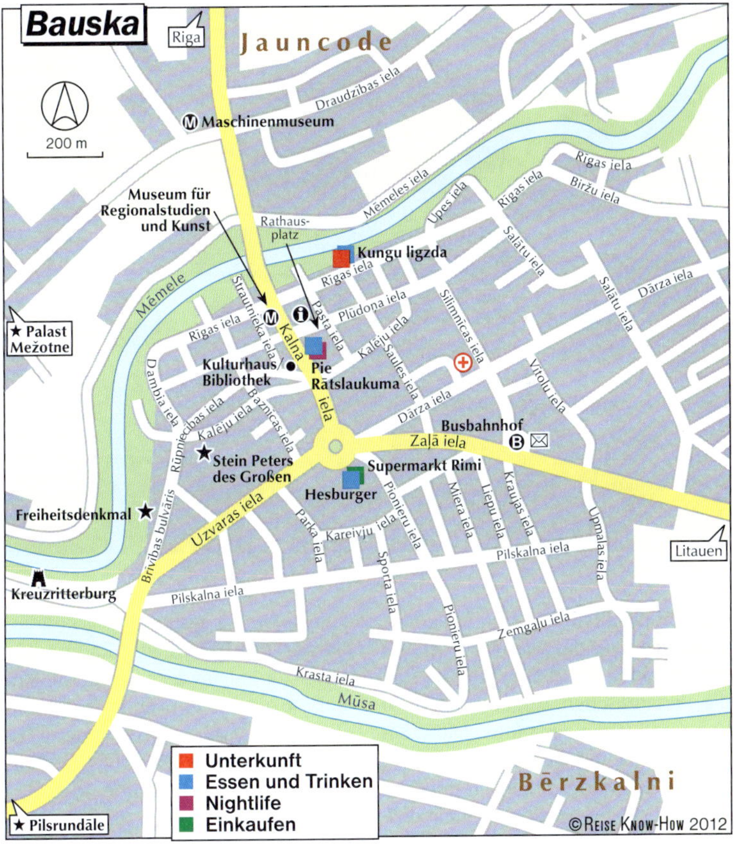

1973 begann der langwierige und mühsame Prozess des Wiederaufbaus. 1990, kurz vor der Wiedererlangung der Unabhängigkeit, wurde das **Museum** eröffnet. Doch zu einem Durchbruch kam es erst in den letzten Jahren, nachdem 2006 endlich wieder Mittel für die Restaurierung zur Verfügung standen. Inzwischen ist die Burg fast komplett wieder aufgebaut. Besonders reizvoll ist es, über die schmalen Steintreppen den Turm zu erklimmen und von oben die Festungsanlage, die beiden Flüsse und das Städtchen mit seiner malerischen Umgebung zu überblicken.

Rundgang

In der Besichtigung inbegriffen ist ein Rundgang durch einige der ehe-

111le Foto: mk

mals **herzöglichen Säle,** etwa das Empfangs- und das Wohnzimmer des Fürsten oder der „Landtag", wo sich die kurländischen Abgeordneten zu Versammlungen einfanden. Diese Säle sind größtenteils recht leer und noch nicht wieder originalgetreu eingerichtet. Dafür wurden Informationstafeln und zahlreiche Ausstellungsstücke in den Räumen platziert, etwa **Rüstungen und Waffen,** eine massive, mit Eisen beschlagene Holztruhe oder der nachempfundene Versammlungstisch der Landtagsabgeordneten.

Burg Bauska

Am interessantesten ist es allerdings, die geschichtsträchtigen Räume, die ohne Flur ineinander übergehen, einmal abzuschreiten und durch die schmalen Fenster nach draußen zu blicken. Neben der Geschichte der Burg wird auch eine Ausstellung über Kleidung und Ornamente des Herzogtums Kurland gezeigt.

Sehr schön ist auch ein Spaziergang rund um den **Burghügel** und zum Ende der Insel Ķirbaksala, wo die beiden Flüsse sich vereinigen – ein idealer Ort für ein gemütliches Picknick.

● **Bauskas pils,** Tel. (6)3922280, www.bauskaspils.lv, Mai bis September 9–19 Uhr, Oktober 9–18 Uhr, sonst 11–17 Uhr, Mo jeweils geschlossen, Kombiticket Burg, Turm und Museum 3 Ls, Foto 1 Ls, Video 2 Ls, deutschsprachige Führungen 20 Ls.

Feste

Das Gelände der Festung wird in der ersten Juliwoche jeden Jahres besonders lebendig, wenn das **Internationale Festival der Alten Musik** Teilnehmer und Besucher aus allen Himmelsrichtungen anlockt. Es gibt keine bessere Atmosphäre als die Umgebung der mächtigen mittelalterlichen Burg für diese Veranstaltung.

In der zweiten Juliwoche geht es mit einem **Countrymusik-Festival** weiter, allerdings nicht an der Burg, sondern auf der Freilichtbühne der Stadt.

In der ersten Septemberwoche ist das **Stadtfest** einen Besuch wert. Bauska verwandelt sich dann in eine Parade aus mittelalterlich, herzöglich oder auch modern gekleideten Menschen mit viel Musik und ausgelassener Stimmung.

Sehenswertes im Zentrum

Direkt am Marktplatz in einem historisch wichtigen Gebäude befindet sich das **Rathaus,** das Anfang des 17. Jh. gebaut wurde und mit seiner relativen Größe damals den Reichtum und den wachsenden Wohlstand Bauskas widerspiegelte.

In den Straßen rund um den Marktplatz, besonders in der Rīgas iela und der Plūdoņa iela, stehen noch einige **Holz- und Steinhäuser,** die einen kleinen Blick in das Bauska der Vergangenheit frei geben – auch wenn die meisten von außen nicht im besten Zustand sind und ein wenig verfallen wirken. Doch auch hier gibt es Fortschritte: Straßen wurden neu gepflastert, Plätze verschönert und einige Gebäude bereits renoviert.

Stein Peters des Großen

Zwischen Zentrum und Burg sind noch zwei steinerne Zeugen der Geschichte erwähenswert: An der Ecke Kalēju iela und Rūpniecības iela ruht der große Stein Peters des Großen. Hier soll der russische Zar *Peter I.* mit dem polnischen König *August dem Starken* gemeinsam gegessen haben. Später haben die beiden angeblich ihre Silberlöffel unter dem Stein versteckt.

Freiheitsdenkmal

Ein Stückchen näher zur Burg, am Brīvības bulvāris, steht das Denkmal der Freiheitskämpfer von 1929. Die Bronzestatue eines semgallischen Kämpfers auf einem hohen, grauen Sockel soll an die Helden der ersten lettischen Unabhängigkeit erinnern.

Museum für Regionalstudien und Kunst

Kurios ist das Museum für Regionalstudien und Kunst. In dem Gebäude eines ehemaligen noblen Hotels wird neben der interessanten Geschichte der früher in Bauska lebenden Minderheiten wie Deutschen und Juden und der Entwicklung Bauskas im 20. Jh. eine Sammlung von **Spielzeug und Puppen** einer einheimischen Künstlerin gezeigt. Als wäre das noch nicht Kontrast genug, wurde auch ein **Friseursalon** aus den 1920er und -30er Jahren nachgebaut.

- **Bauskas novadpētniecības un mākslas muzejs,** Kalna iela 6, Tel. (6)3960508, www.bauskasmuzejs.lv, Mai bis Oktober Di–Fr 10–18 Uhr, Sa, So 10–16 Uhr, November bis April Di–Fr 10–17 Uhr, Sa, So 10–16 Uhr, Eintritt 1 Ls.

Maschinenmuseum

Für Technikfreunde bietet sich das Maschinenmuseum an, eine Außenstelle des faszinierenden Rigaer Automuseums. Schwerpunkte der Ausstellung sind die **Entwicklung des Automobils** in Lettland mit einigen schönen und kuriosen Oldtimern sowie Nutzfahrzeuge wie **Traktoren und Feuerwehrautos,** darunter ein imposanter Traktor der Marke Lanz Bulldog aus den 1930er Jahren.

- **Mašīnu muzeja izstāde,** Pie Bauskas, Tel. mobil 29484384, Mai bis Oktober Di–So 10–17 Uhr, Eintritt 1 Ls, mit Führung 2 Ls.

Praktische Tipps

Information

- **Touristeninformation,** Kalna iela 6a, Tel. (6)3923797, www.tourism.bauska.lv (Seite auch auf Deutsch), Mai bis September Mo–Fr 9–18 Uhr, Sa, So 10.30–15.30 Uhr, Oktober bis April Mo–Fr 9–17 Uhr. Freundliches, englischsprachiges Personal, viele kostenlose Prospekte über Stadt und Region (auch Pilsrundāle), dazu Material über Lettland und die anderen baltischen Staaten. Verleih von Fahrrädern, Verkauf von Souvenirs, Postkarten, Landkarten und Bustickets. Hier kann man auch Sonderaktionen buchen wie etwa einen romantischen Abend an der Burg.

Internet

- **Kostenloses Internet:** Katoļu iela 3, Tel. (6)3927788.
- **Bibliothek,** im Kulturhaus, Kalna iela 18, Tel. (6)3960578, www.bauskasrcb.lv, Mo–Fr 11–18 Uhr, Sa 10–16 Uhr.
- **Bitite** (Schild „Internets"), Kalna iela 26, Tel. (6)3923090, 0,50 Ls/halbe Stunde.
- **Hotspot:** Statoil-Tankstelle, Zala iela 10.

Behinderte

Die Besichtigung der Burg gestaltet sich ohne Hilfe leider schwierig bis unmöglich, denn es sind Hügel und Treppen zu überwinden. Ein Spaziergang auf der Burginsel ist dagegen gut möglich.

Notfälle und nützliche Adressen

- **Krankenhaus:** Dārza iela 7/1, Tel. (6)3923158.
- **Apotheken:** Ratsnama aptieka, Ratslaukuma iela 4, Tel. (6)3927031; Bauskas aptieka, Darza iela 7/3, Tel. (6)3960503.
- **Post:** Pasta Centrs Bauska, Slimnīcas iela 9a, Tel. (6)3922268, Mo–Fr 8–18.30 Uhr, Sa 8–16 Uhr.
- **Polizei:** Zaļā iela 12, Tel. (6)3922646.
- **Fahrradverleih und -reparatur:** Velo sēta, Kalna iela 12, Tel. (6)3960636.

Unterkunft

- **Hotel Kungu ligzda,** Rīgas iela 41, Tel. (6)392400, www.kunguligzda.viss.lv. Im Zentrum in einem renovierten Gebäude aus dem 18. Jh. am Flüsschen Mēmele. Trotz der Klassifizierung als Dreisterne-Hotel eher einfache Zimmer, aber akzeptabel. Frühstück nicht gerade üppig. Organisation von Besichtigungen der Bierbrauerei von Bauska mit Verköstigung. DZ mit Frühstück ab 35 Ls.

Camping

- **Araji,** Mežotnes pagasts, Tel. mobil 294 75007, andrris@navigator.lv. Fünf Kilometer von Bauska entfernt auf dem Weg zum Palast in Mežotne (beim Dorf Jumprava dem Hinweisschild folgen), schön ruhig im Grünen, mit 6 Wohnmobil-Stellplätzen (7 Ls), schönen Holzhütten für zwei Personen mit breiten Doppelbetten (12 Ls pro Person) und zahlreichen Zeltplätzen (Zelt 2 Ls, pro Person 0,50 Ls). Dusche, Küche, lettische Sauna, Grill- und Feuerstelle, Fahrradvermietung. Geöffnet Mai bis Oktober. Der Besitzer spricht Englisch.

- **Labirinti,** Tel. mobil 26320336, www.labirinti.lv. Gut ausgestatteter Campingplatz 18 km nördlich von Bauska nahe der Via Baltica (in Richtung Riga, bei Iecava), für Wohnmobile und zum Zelten; Küche, Waschmaschinen, Grill, Spielplatz und Bootsfahrten. Ganzjährig geöffnet.

Essen und Trinken

- **Kungu ligzda,** Rīgas iela 41, Tel. (6)39 2400, www.kunguligzda.viss.lv. Restaurant des gleichnamigen Hotels mit sehr schöner Sommerterrasse direkt am Fluss Mēmele. Lettische und internationale Küche.
- **Pie Rātslaukuma,** Plūdoņa iela 38, Tel. (6)3923233, geöffnet 8–20 Uhr. Klassische lettische Kafejnīca direkt am Rathausplatz. Sehr günstige einheimische Speisen und Getränke in einfacher Atmosphäre.

Weitere Kafejnīca-Lokale im Zentrum laden zu sehr günstigem, typisch lettischem Essen ein, etwa dem Klassiker *karbonade* (Schweineschnitzel).

- **Hesburger,** Pionieru iela 2, Fast-Food-Restaurant im skandinavischen Stil bei den großen Supermärkten auf dem Weg aus dem Zentrum in Richtung Litauen.

Einkaufen

- **Rimi** und **Maxima,** zwei Supermärkte nebeneinander an der Durchfahrtsstraße Pionieru iela.

Verkehrsverbindungen

- **Bus:** Zahlreiche Busse täglich nach Riga und in andere Städte Lettlands. Auch der nahe gelegene Palast von Mežotne wird mehrmals täglich angefahren, Schloss Pilsrundāle fast jede Stunde bis zum frühen Abend. Ein aktueller Busfahrplan ist im Internet unter www.tourism.bauska.lv zu finden. Der Busbahnhof (Bauskas Autoosta, Slimnīcas iela 11, Tel. (6)3922477) liegt im Zentrum.

Schloss Pilsrundāle

Das Schloss von Rundāle ist der **bekannteste Palast Lettlands.** Man erreicht ihn von Bauska nach gut zwölf Kilometern auf der P103 nach Westen in Richtung Dobele (Busse verkehren etwa stündlich). Der Parkplatz ist ein wenig provisorisch organisiert, sodass viele Ortskundige einfach an der Landstraße halten. Dennoch empfiehlt es sich, den Wegweisern zum offiziellen Parkplatz zu folgen.

Das riesige, prächtig verzierte und überreich ausgestattete **Barockschloss** mit Rokoko-Elementen ist nach Riga das Reiseziel Nummer eins für Touristen aus dem In- und Ausland. Wer an einem Wochenende im Sommer kommt, wird sich vor dem **Ansturm an Besuchern** manchmal kaum retten können. Die Menge erinnert mehr als irgendwo anders in Lettland an die klassischen, überlaufenen Touristenattraktionen in Paris, Rom oder London. Die Schönheit der Architektur und der Ausstattung steht jedoch außer Frage.

An Samstagen fahren oft lange, weiße Lincoln-Stretchlimousinen vor, in denen frisch vermählte Brautpaare zum Schloss kutschiert werden, um dort auf dem Hof oder sogar in den Gemächern standesgemäße Fotoshootings zu absolvieren. Hochzeitspaare in Limousinen sind interessanterweise fast immer Russen oder russischsprachige Letten.

Im Vergleich zu manch anderem lettischen Palast ist Pilsrundāle relativ jung, denn es entstand in kürzester Zeit zwischen 1736 und 1740. Bau-

112le Foto: mk

113le Foto: mk

herr war der Herzog von Kurland, *Ernst Johann von Biron,* der auch in Jelgava für die Errichtung des Palastes und der Academia Petrina verantwortlich war. Von Biron genoss das Vertrauen und die Unterstützung der russischen Zarin *Anna Iwanowna* und konnte sich daher ein Prestigeobjekt wie Pilsrundāle erlauben, das er als Sommerresidenz für sich selbst vorgesehen hatte.

Der italienische **Architekt Francesco Rastrelli** war, wie in Jelgava auch, für den Entwurf des Anwesens zuständig. Es war 1740 noch nicht fertig errichtet, als die Zarin starb und Herzog von Biron in Ungnade fiel. Erst als *Katharina II. („die Große")* in St. Petersburg das Zepter übernahm, konnte von Biron zurückkehren und sein Werk vollenden – fast 25 Jahre später. Zu dieser Zeit entstand der Großteil der Inneneinrichtung. Für die **Malereien** an Wänden und Decken waren die Italiener *Francesco Martini* und *Carlo Zucchi* verantwortlich.

Als Kurland und Semgallen vollständig ans Zarenreich fielen, geriet das Schloss in den Besitz mächtiger russischer Familien. Erst 1920 enteignete der junge lettische Staat die Hausherren und nahm den Palast an sich. 1933 wurde das staatliche Geschichtsmuseum in den edlen Gemäuern von Pilsrundāle untergebracht. Dem Objekt blieb wie durch ein Wunder im Zweiten Weltkrieg das Schicksal der meis-

Barocke Pracht im Inneren von Pilsrundāle

ten anderen Paläste und Burgen erspart, die schwer beschädigt oder zerstört wurden. Einzig der Zahn der Zeit nagte an dem Gebäudekomplex. 1972 wurden das **Rundāle-Palastmuseum** eröffnet und Restaurierungsarbeiten aufgenommen. Sie dauern bis heute an, auch wenn die meisten Gebäudeteile schon wieder in altem Glanz erstrahlen.

Die rechteckige Schlossanlage liegt malerisch in der grünen, spärlich besiedelten Landschaft von Zemgale. Ein von zwei **Löwenfiguren** bewachtes Portal durchbricht die Fassade, führt in den großen Innenhof und direkt auf den Haupteingang zu (die Kassen liegen hinter dem Portal rechts). Die gelbe Fassade mit der weißen Fenster-Umrahmung von Pilsrundāle erinnert deutlich an das Aussehen des Palastes im nahen Jelgava.

Noch nicht alle Flügel des Schlosses sind zur Besichtigung frei gegeben. Dennoch lohnt sich der Besuch, denn vom **Arbeitszimmer** des Herzogs bis zum **Schlafzimmer** der Herzogin, vom repräsentativen Empfangssaal, dem **goldenen Saal** mit Deckenmalereien und dem Treppenhaus mit reicher **Stuckverzierung** bis zu glitzernden Kronleuchtern und prächtigen **Kachelöfen** gibt es vieles zu bewundern.

Gegen Aufpreis können wechselnde **Kunstausstellungen** in einigen Sälen besichtigt werden. Man sollte sich auch Zeit für einen Spaziergang durch den **französischen Schlossgarten** nehmen, der noch nicht ganz fertig gestaltet ist, jedoch mit jedem Jahr schöner aussieht.

- **Pilsrundāle,** Tel. (6)3962274, www.rundale.net, Mai bis Oktober täglich 10–18 Uhr, Park 10–19 Uhr, November bis April Schloss und Park täglich 10–17 Uhr. Einlass bis 30 Minuten vor Schluss. Es werden ein kürzerer (ohne die Wohnräume der Herzogin, Eintritt 2,50 Ls) und ein längerer Rundgang (3,50 Ls) durch die Räumlichkeiten angeboten. Fotografieren 1 Ls, Filmen 3 Ls (man erhält einen Aufkleber, den man sichtbar tragen muss), deutschsprachige Führungen.

Palast Mežotne

Ein besonders schönes **Landschlösschen** ist in Mežotne zu finden, gut zehn Kilometer nordwestlich von Bauska (eine kleine asphaltierte Nebenstraße führt aus dem Ortskern dorthin). Der in schönster Umgebung gelegene weiß-gelbe Palast mit den häufig auf dem Rasen vor dem Gebäude grasenden Schafen als Markenzeichen ist unbedingt einen Abstecher wert.

Ende des 18. Jh., als Kurland und Semgallen bereits zum russischen Reich gehörten, übertrug die Zarin *Katharina II.* Mežotne (deutsch: Mesothen) an *Charlotte von Liven,* die Lehrerin der Zarenenkel. Charlotte begann den Bau des Palastes, der 1802 abgeschlossen wurde. Die Liven-Familie blieb bis ins 20. Jh. hinein im Besitz der Immobilie.

Doch 1919 war die schöne Zeit vorbei: Der Palast erlitt bei Kampfhandlungen erheblichen Schaden. Gleich danach wurde die Landwirtschaftsschule hier untergebracht. 1944 feuerte die Rote Armee auf das Gebäude und zerstörte es fast vollständig. Erst 1958 wurden erste Restaurierungsarbeiten in Angriff genommen. Doch es dauerte bis 1996, als die lettische Immobilienverwaltung sich des Objekts annahm und eine grundlegende Wiederherstellung durchführte. Im zweiten Obergeschoss richtete man ein **Hotel** ein.

Mežotne bietet neben dem schönen Palast einen **faszinierenden Landschaftspark** am Fluss Lielupe. Ein ausführlicher Spaziergang sollte eingeplant werden. Auch die Besichtigung der Innenräume ist die Zeit und das Geld wert. Die eleganten Treppen, Säle, Kronleuchter und klassizistischen Säulen und Figuren, die schön geschmückten Wände und Decken sowie das Parkett beeindrucken. Der kunsthistorische Wert mag nicht groß sein, weil die Arbeiten allesamt aus jüngerer Zeit stammen, doch ästhetisch wurde hier einiges richtig gemacht.

Für Romantiker mit ein wenig Erspartem in der Tasche ist eine Übernachtung sicher ein bleibendes Erlebnis. Für 10 Ls kann man auf dem Parkgelände ein Lagerfeuer entzünden, außerdem lassen sich Boote mieten. Am Strand des Flusses ist Baden möglich.

• **Mežotnes pils,** Tel. (6)3960711, www.mezotnespils.lv, Besichtigung des Palastes: Mai bis Oktober 9–17 Uhr, November bis April 9–16 Uhr, Eintritt 1,50 Ls, Fotografieren 2 Ls. **Schlossrestaurant** täglich 11–22 Uhr.

Hotel: Die sehr geschmackvoll und individuell im Stil des 19. Jh. eingerichteten Zimmer (jeder Raum hat seinen eigenen, romantischen Namen wie „Schwarzwald“, „Rosenzimmer“ oder „Schubert“) sind in der Hauptsaison ab 70 Ls pro Doppelzimmer mit Bad erhältlich, inklusive Frühstück und Besichtigung. Nicht stilecht, aber praktisch: Telefon und Fernseher in jedem Zimmer. Auch drei Einzelzimmer und einige Familienapartments sind vorhanden. Gegen Aufpreis steht eine Sauna zur Verfügung.

Das Aufstellen eines **Zeltes** im Park kostet stolze 10 Ls, macht sich aber wegen der traumhaften Umgebung bezahlt.

Entlang der mittleren Daugava nach Daugavpils

Die Strecke an der Daugava entlang von Riga nach Daugavpils führt durch drei der vier lettischen Regionen: Vidzeme, Zemgale und Latgale. Doch die interessanteste (und längste) Teilstrecke des Flusses gehört zu Zemgale. Jede der drei Städte **Jaunjelgava, Aizkraukle** und **Jēkabpils** ist für sich allein recht sehenswert, aber erst der Besuch aller drei Städte lohnt sich wirklich. Die gesamte Daugava-Strecke, an der die Orte liegen – mit einigen interessanten Zwischenstopps – sollte man nicht missen.

Jaunjelgava ist ein wenig schwer zu erreichen, denn es liegt auf der „falschen“, der südlichen Seite des Flusses. In der direkten Umgebung steht keine Daugava-Brücke zur Verfügung. Deswegen empfiehlt es sich, von Riga kommend schon in Kegums den Strom zu überqueren und dann die kleinere P85 in Richtung Jaunjelgava zu nehmen. Aus Osten kommend, kann man in Aizkraukle die Brücke benutzen und so den Ort erreichen.

Jaunjelgava

Die Kleinstadt Jaunjelgava verfügt über ein sonst kaum zu findendes Ensemble **alter Häuser,** viele davon aus **Holz.** Wären nicht die vereinzelt durch das Städtchen fahrenden Autos, könnte man sich in einigen Straßen ins 18. oder 19. Jh. zurückversetzt fühlen, als viele der Gebäude entstanden.

Bemerkenswert ist auch, dass in diesem kleinen Ort gleich **vier Kirchen** stehen: eine evangelische, eine katholische, eine orthodoxe und eine Kirche der Altgläubigen. Ein Rundgang durch Jaunjelgava dauert nicht länger als eine Stunde.

Aizkraukle

Die nächste Stadt an der Route ist Aizkraukle mit knapp 9000 Einwohnern. Im Gegensatz zu vielen lettischen Orten blickt es auf eine kurze Geschichte zurück: 1960 wurde ein Dorf für die Arbeiter eingerichtet, die den **Staudamm von Pļavinas** an der Daugava bauten. Immer mehr Menschen siedelten sich an und 1967 stieg Aizkraukle zur Stadt auf. Technikfans können sich das riesige **Wasserkraftwerk** (Pļavinu hidroelektrostacija, Tilta iela 1, Tel. (6)5110309) genauer anschauen. Neben der Besichtigung einer Ausstellungshalle werden auch Exkursionen ins Innere des Ungetüms angeboten.

Historische Spuren gibt es in Aizkraukle dennoch, was die Ruinen der mittelalterlichen **Kreuzritterburg** (Aizkraukles pilsdrupas) beweisen. Aus historischen Quellen ist bekannt, dass der Ort damals auf Deutsch Ascheraden hieß. Die Ruine ist ausgeschildert und liegt sehr malerisch an der Daugava. Man muss nicht auf der schlechten Straße ganz heranfahren, sondern kann die Reste der im 13. Jh. gegen einfallende Litauer errichteten Burg von oben betrachten. Die Zufahrt beginnt bereits deutlich vor Aizkraule direkt hinter Skriveri. Hier geht es nach rechts, vorbei an einer Kirche und dann noch ein Stückchen der Nebenstraße folgend. Der Blick auf die Ruinen und vor allem auf die Daugava entschädigt für den Abstecher. Am Ufer wurde ein **Naturschutzgebiet mit Wanderwegen** eingerichtet.

Koknese

Burg

Die **Ruinen** der Burg von Koknese (Zufahrt von Koknese Zentrum ausgeschildert), elf Kilometer hinter Aizkraukle, sind ein weiteres Highlight der Daugava-Tour. Wie ein **Wasserschloss** stehen sie im äußerst malerischen Daugava-Bogen, während ihre Mauern in den Himmel ragen. Die Burg gehört zu den interessantesten Ruinen des Landes, wegen der romantischen Lage, aber auch was die Bedeutung für Lettland angeht. Sie ist der Schauplatz von einigen Szenen der mittelalterlichen Heldensage „Lāčplēsis", einem wichtigen Stück Literatur für die nationale Identität des jungen Staates.

Bischof *Albert* von Riga befahl 1209, die alte Burg lettischer Stämme durch eine neue Festung zu ersetzen. Damals hieß Koknese auf Deutsch **Ko-**

kenhusen. In den Nordischen Kriegen Anfang des 18. Jh. wurde das Bauwerk schwer beschädigt und seitdem nie wieder aufgebaut. Ein wenig verwirrend ist seine Lage im Wasser. Das Bauwerk stand damals auf einem Hügel, doch das Gelände darum herum wurde nach dem Bau des **Staudamms** von Aizkraukle **geflutet,** sodass nur die Ruinen aus dem Wasser ragen.

Vom Parkplatz in der Nähe des Eingangs führt ein Fußweg durch einen Park zu den Ruinen. Besucher können dazwischen umherwandern, Kinder spielen gern Verstecken. Allerdings ist Vorsicht angeraten, denn das Labyrinth der Mauern endet direkt am Ufer. Im Zusammenspiel von Sonne, Wasser und Mauern tun sich je nach Perspektive faszinierende Motive auf.

Einen Steinwurf vom großen Parkplatz entfernt führt im Ensemble des alten Landgutshofes von Koknese die **Touristeninformation** viel Material über die Region. Man erfährt, wo man beispielsweise lokale Werkstätten besuchen und handgefertigte Erzeugnisse beim Produzenten erwerben kann.

- **Kokneses pilsdrupas,** 8–19 Uhr, Eintritt 0,70 Ls, Tel. (6)5161296.

Park

Wanderwege laden zum Spaziergang im 18 Hektar großen Park ein, der außer zu den Burgruinen auch zu einer elf Meter hohen Holzskulptur, einem schönen Brunnen, einem Soldatenfriedhof und zu mächtigen, alten Kanonen führt. Der beste Startpunkt ist die Touristeninformation.

115le Foto: mk

Burgmodell im Rathaus

Ein Modell der Burg, wie sie vor der Zerstörung einmal in ihrer ganzen Pracht ausgesehen haben soll, wird im Rathaus der Stadt ausgestellt (Melioratoru iela 1, Tel. (6)5161296).

Information

- **Touristeninformation,** Blaumaņa iela 3, Tel. (6)5161296, www.koknese.lv.

Unterkunft, Essen und Trinken

- **Hotel-Restaurant Vino Rosso,** Bilstiņi, Tel. mobil 29212909, www.vinorosso.lv. Sehr elegant in einem alten Landgutshaus im Dorf Bilstiņi bei Koknese. Blick vom Balkon auf die Burgruinen. Mit Wellness-Bereich und Behandlungen, DZ ab 60 Ls. Restaurant der gehobenen Klasse mit großer Weinauswahl, Di–Fr 18–23 Uhr, Sa, So 12–23 Uhr.

Jēkabpils

Hinter Koknese führt die A6 für einige Kilometer direkt an der Daugava entlang. Mehrere Gasthöfe und Hotels nutzen diese verkehrsgünstige und gleichzeitig malerische Lage, um ihre Dienste anzubieten. In Pļavinas machen sowohl die Daugava als auch die parallel verlaufende A6 einen scharfen Rechtsbogen und man gelangt nach gut 20 Kilometern zur **Doppelstadt** Jēkabpils/Krustpils.

Schloss Krustpils

Die Hauptstraße führt mitten durch das am nördlichen Ufer der Daugava gelegene Krustpils. Der Name verspricht ein weiteres Schloss. Der im 13. Jh. vom Rigaer Erzbischof als **Kreuzburg** erbaute Komplex wurde 1577 gesprengt, kurze Zeit später aber wieder aufgebaut. Je nach politischer Lage residierten hier schwedische, polnische und russische Eroberer. Im 19. Jh. – das Gebiet gehörte längst zum Zarenreich – war die Innenausstattung sehr prachtvoll und von großem Wert. Im 20. Jh. benutzten die sowjetische und die lettische Armee das Gebäude, das sich mit seinen großzügigen Räumen und dem großen Innenhof ideal für militärische Zwecke eignete. Doch im Laufe der letzten gut 100 Jahre litt der Zustand der Burg. Von außen wurde sie nicht besonders gepflegt und innen wurden viele der vorhandenen Reichtümer mehr oder weniger legal entwendet.

Das Gelände ist heute wesentlich weniger spektakulär, als man es erwarten könnte. Restaurationsarbeiten sind aber im Gange, um der Kreuzburg einiges ihres alten Glanzes zurückzugeben. Einstweilen steht in einem Teil des Gebäudes ein **Museum** für Besichtigungen offen.

- **Jēkabpils vēstures muzejs,** Rīgas iela 216b, Tel. (6)5221042, Mai bis November Mo–Fr 9–18 Uhr, Sa, So 10–17 Uhr, November bis Mai Mo–Fr 9–17 Uhr, Sa 10–16 Uhr, Eintritt 1,20 Ls.

Zentrum von Jēkabpils

Direkt gegenüber, auf der anderen Seite der Daugava, gibt es noch einiges zu entdecken. Die einzige Brücke führt über den Fluss in einen Ortsteil, der sich als eigenes Städtchen heraus-

Die Ruinen von Koknese an der Daugava

stellt, auf der in Fließrichtung linken Daugava-Seite heißt es nicht mehr Krustpils, sondern Jēkabpils. Vorbei an einem großen Einkaufszentrum geht es ins sehr interessante Zentrum des Ortes, das einen ausgiebigen Spaziergang verdient hat.

Den Ortskern durchmisst die Brīvības iela, die hinter der Brücke von der Hauptstraße rechts abzweigt und zum hinter hohen Mauern liegenden orthodoxen Kloster führt. Die Kleinstadt hat ihren Charme - ein wenig verschlafen, ein wenig altmodisch, mit engen Straßen, kleinen Häuschen, teilweise noch aus Holz. Vor dem Kloster verläuft die Brīvības iela parallel zur Daugava, wenige Meter von ihr entfernt.

Schön gestaltet mit neuen Pflastersteinen, Brunnen, Tierfiguren und anderem Schmuck wurde der zentrale Platz **Vecpilsētas laukums** im Ortskern. Rundherum sind einige schöne alte Hausfassaden zu bestaunen.

Orthodoxes Kloster

Die russisch-orthodoxe Kirche mit zugehörigem Kloster (Brīvības iela 200, Tel. (6)5233822) war noch vor Kurzem abgeschirmt, nur die Zwiebeltürme erspähte man über den hohen Mauern. Nach einer grundlegenden Renovierung kann nun jeder einfach auf den Klosterhof spazieren und die sehenswerte Kirche auch von innen anschauen (um eine Spende wird gebeten). Mit etwas Glück erwischt man gerade die Zeit, wenn die Mönche im Gotteshaus ihre Gesänge anstimmen. Die tiefen Klänge dringen bis ans Ufer des Flusses, wo ein kleiner Deich das Zentrum vor Überflutungen schützt. Auf dem mit Gras bewachsenen Damm lässt es sich entlangspazieren, mit Blick auf die Kreuzburg im gegenüber liegenden Krustpils.

Freilichtmuseum

Eine versteckte Attraktion, die man auf keinen Fall verpassen sollte, ist das Freilichtmuseum in einer Parallelstraße zur Brīvības iela. Zu der kleinen Sammlung gehören Wohnhäuser, Unterkünfte der Bediensteten, Kornspeicher, eine Schmiede und sogar eine Sauna - alles aus dem 19. oder vom Anfang des 20. Jh. In alle Gebäude kann man den Kopf hineinstecken oder hineingehen und die schön und **authentisch ausgestatteten Innenräume** unter die Lupe nehmen.

Besonders reizvoll sind die wechselnden Aktionen, die das Museum zusammen mit Bewohnern der Stadt durchführt. So wurde einmal eine **traditionelle Hochzeit** nachgestellt, wie sie in der Region vor 100 Jahren hätte gefeiert werden können - inklusive Brautpaar, Pfarrer und einer riesigen Gruppe von Gratulanten.

- **Sēļu sēta,** Filozofu iela 6, Tel. (6)5232501, Mai bis Oktober Mo–Fr 10–18 Uhr, Sa, So 10–17 Uhr, November bis April geschlossen, Eintritt 0,80 Ls.

Information

- **Touristeninformation,** Brīvības iela 140–142, Tel. (6)5233822, www.Jekabpils.lv, Mo–Fr 11–18 Uhr, Sa 9–14 Uhr.

Nützliche Adressen

- **Post:** Andreja Pormala iela 27, Tel. (6)5231 446, Mo–Fr 8–18 Uhr, Sa 8–15 Uhr.

- **Internet:** Stadtbibliothek, Vecpilsētas laukums 3, Mo–Fr 12–19.30 Uhr, Sa 10–18.30 Uhr; Hauptbibliothek, Rīgas iela 210/212, Mo–Fr 11–19 Uhr, Sa 10–16 Uhr, So 11–15 Uhr.

Unterkunft, Essen und Trinken

- **Hercogs Jēkabs,** Brīvības iela 182, Tel. (6)5233433, www.jnami.lv. Dieses Gästehaus ist neu, modern, nicht zu groß und hat die unnachahmliche Lage auf dem schmalen Streifen zwischen Brīvības iela und der Daugava zu bieten. Gepflegte, ordentliche Zimmer, einige ohne Bad, teils mit Blick auf den Fluss, freundliche Angestellte sowie ein gemütliches, rustikales Restaurant mit schöner Außenterrasse machen das Hercogs Jēkabs zu einem guten Ort, um für eine oder zwei Nächte Halt zu machen. DZ ab 35 Ls.
- **Uguntiņa kafejnīca,** Pasta iela 23, Tel. (6)5231907, einfaches, gutes Lokal in einem hübschen, kleinen Ziegelstein-Häuschen direkt am Hauptplatz Vecpilsētas laukums.

Camping

- **Camping Radži,** Zīriņu iela 1, Tel. mobil 29471447, www.radzi.demvar.lv. Am See Radžu ūdenskrātuve am südlichen Stadtrand, durch das Zentrum fahren, den Wegweisern nach Nereta (53 km) folgen und dann gleich außerhalb der Stadt hinter einer Brücke links (nur ein kleines Camping-Zeichen). Mit einem großen Sauna-Haus, fünf wunderschön am Ufer gelegenen, sehr günstigen Holzhütten (unter 10 Ls), zwei großen Holzhütten mit jeweils drei bzw. fünf Zimmern sowie Zeltplätzen. Wann man den Verwalter nicht antrifft, muss man ihn anrufen und evtl. auf ihn warten. Es stehen nur Trockentoiletten zur Verfügung und ein Hahn mit Leitungswasser unter freiem Himmel. Trotzdem ist eine Übernachtung in den Hütten ein romantisches Erlebnis. Ein Bad im See direkt vor der Tür entschädigt für den sparsamen Komfort. Sogar ein kleiner Fleck Sandstrand ist vorhanden, außerdem: **Angelmöglichkeit,** günstiger Verleih von **Booten, Fahrrädern** und Tauchequipment.

Einkaufen

- **Galerija mans's,** Brīvības iela 154, Tel. (6)5231953, Mo–Fr 9–18 Uhr, Sa 9–15 Uhr, schöne, selbstgemachte Keramik aus der Region, außerdem Schmuck, Gemälde, Düfte.

Līvāni

Wer von Jēkabpils weiter die Daugava flussaufwärts fährt, gelangt zum bereits in Latgale gelegenen Ort Līvāni. Hier lohnt der Besuch des **Zentrums für Lettgallisches Kunsthandwerk** (Latgales Amatniecības centrs, Domes iela 1, Tel. (6)5381855, Mai bis Oktober 9–18 Uhr, Sa 10–16 Uhr, November bis April Di–Fr 9–17 Uhr, Sa 10–16 Uhr, Eintritt 0,50 Ls). In dem modernen Gebäude kann man sich einen schönen Eindruck verschaffen von den vielen Facetten der Handwerkstradition, die in dieser Region besonders stark ausgeprägt ist. So wird beispielsweise die **Bearbeitung von Leinenstoffen** erklärt. Zu sehen ist eine 1930 patentierte Lochkarte, die beim Sticken geholfen hat. Schmuckvolle Kleider, Hemden, Handtücher und Schürzen wurden so hergestellt und später mit der Rinde von Lindenbäumen gefärbt. Auch Holzarbeiten, etwa schöne Truhen, und die Herstellung von bestickten Schuhen aus Stoff werden dem Besucher nähergebracht.

An der Kasse kann man eine Vielzahl von **Kunsthandwerksprodukten** aus der Region erstehen – darunter Töpferwaren, Bernstein, Lederprodukte und weiteren Schmuck.

Von Līvāni sind es noch 50 Kilometer auf der A6 bis nach Daugavpils.

Latgale – der Osten

Überblick

Das östliche Lettland ist ein **selten von Touristen besuchter Teil** des Landes, obwohl er gerade für westliche Besucher eine Vielzahl von Attraktionen zu bieten hat. Hier kann man ein deutlich anderes Lettland entdecken. Es ist ein wenig **wie eine Reise nach Russland** – mit einer noch nicht so weit entwickelten Wirtschaft, einfacheren Häusern, Dörfern und Städten, der Allgegenwart russisch-orthodoxer Kirchen und der starken Verbreitung der russischen Sprache auf der Straße. Zusätzlich gibt es in Latgale eine starke Präsenz **polnischstämmiger Menschen,** manifestiert durch die vielen katholischen Kirchen im sonst protestantisch dominierten Lettland.

Angesichts der kleinen Ausmaße des Landes mag dies verwundern, denn schließlich sind es von der Regionalhauptstadt Daugavpils nur drei Autostunden nach Riga. Doch in Latgale leben auch viele nicht-russischsprachige Letten und selbstverständlich ist die offizielle Sprache in Ämtern, auf Plakaten und auf Straßenschildern Lettisch. Dennoch wirkt Latgale anders, was allein schon zu einer Entdeckungsreise ermutigen sollte. Hinzu kommen viele **landschaftliche Reize,** die stark verwurzelte **Volkskunst** mit dem Schwerpunkt auf schönen Keramikprodukten und einige Sehenswürdigkeiten.

Latgale ist nach dem Volk der **Lettgallen** benannt, die schon in antiker Zeit die Region bewohnten und mit den alten Römern, den Byzantinern

Die für den Osten des Landes typische schwarze Keramik

und den Arabern Handel trieben. Ende des 12. Jh. stießen die Kreuzritter des deutschen Schwertbrüderordens auch nach Latgale vor und besetzten es. Das Terrain gehörte von diesem Zeitpunkt an zu Livland. Der Orden baute Burgen und Festungen und zementierte seine Machtstellung, die mehrere Jahrhunderte andauerte. Im 16. Jh. wanderte die Reformationsbewegung ein und setzte sich langsam durch, auch wenn die Landbevölkerung nur teilweise konvertierte. Doch im Gegensatz zu den anderen Regionen war die Entwicklung nicht von Dauer, denn bereits 1561 geriet Latgale an das katholische **Polnisch-Litauische Königreich.** Es verging nicht allzu viel Zeit, bis die zuvor Macht habenden deutschen Adelsfamilien sich ins polnisch-litauische System eingliederten und sich ihm anpassten.

Gleich zu Anfang des 17. Jh. erschütterte der Polnisch-Schwedische Krieg die Region, doch Latgale blieb in polnischer Hand. Die Polen kennen das Gebiet bis zum heutigen Tag unter dem Namen Inflanty. Eine relativ stabile Phase, was die herrschende Macht angeht, währte bis zum Jahre 1772, als Latgale vom **russischen Zarenreich** übernommen wurde, kurz bevor Polen bis zum Ersten Weltkrieg ganz von der Landkarte verschwand. Doch Russland griff zunächst kaum in die Verwaltungsstrukturen ein. Erst nach einem Aufstand der Polen 1831 wandte die zaristische Regierung harte Methoden an, entfernte alle polnischen Einflüsse und **bekämpfte den**

121le Foto: mk

Katholizismus. Russische Beamte wurden nach Latgale entsandt, Russisch wurde zur offiziellen Sprache. Erst gegen Ende des Ersten Weltkriegs tat sich für Latgale die Möglichkeit auf, zum freien Lettland zu gehören. Beim Kongress von Rēzekne 1917 stimmte die Mehrheit dafür. Es dauerte aber noch bis 1920, dass Latgale eine der vier Provinzen des erstmals souveränen Staates wurde.

Während des Zweiten Weltkriegs und danach hatte Latgale ein ähnliches Schicksal zu tragen wie der Rest des Landes: Sowjet-Okkupation, Nazi-Besatzung, Zugehörigkeit zur Sowjetunion bis 1991. Seit der Wiedergewinnung der lettischen Freiheit hat es Latgale vielleicht am schwersten von allen Regionen, denn hier leben die meisten **Russischsprachigen,** die sich am wenigsten mit dem neuen, eigenständigen Lettland identifizieren können und daher wenig begeistert nach vorn schauen.

Schwierig ist auch die Lage mit der langen, durch den Schengen-Beitritt Lettlands noch undurchlässiger gewordenen **Ostgrenze zu Russland und Weißrussland.** Auf der anderen Seite ist Russland (Weißrussland weniger) immer noch ein wichtiger Handelspartner, und Latgale fällt hierbei die Rolle einer Brücke zwischen beiden Ländern zu. Das sehr von **Handwerkskunst und Landwirtschaft** geprägte Latgale entdeckt auch gerade erst sein durchaus vorhandenes **touristisches Potenzial.**

Daugavpils

Daugavpils ist nicht nur die Kapitale, sondern schlicht die alles dominierende Stadt von Latgale, obwohl es im äußersten Süden dieser Region liegt. Mit knapp über 100.000 Einwohnern darf es sich **zweitgrößte Stadt Lettlands** nennen.

Auf den Straßen dominiert die **russische Sprache,** auch wenn die Werbetafeln, Schilder und Beschriftungen an den Geschäften fast alle auf Lettisch sind. Wer in den Laden geht und mit „labdien" freundlich einen guten Tag wünscht, wird wahrscheinlich eher Staunen auslösen, auch wenn die meisten Menschen natürlich Lettisch können, besonders die jüngeren Russen, die es seit 1991 in der Schule lernen. Ältere Russen tun sich da schon schwerer. Sie mussten bis in die Neunziger Jahre hinein nie Lettisch sprechen, weil Russisch als offizielle Amtssprache fungierte. Bis heute können sie in Daugavpils mit fast jedem auf Russisch kommunizieren. Es ist interessant zu beobachten, wie die Menschen hier in diesem Zwiespalt leben mit dem allgegenwärtigen Lettisch als offizieller und Russisch als Umgangssprache. Gut zwei Drittel der Stadtbewohner waren bei der letzten Zählung Russen, Weißrussen oder Ukrainer. Gut 15 % identifizierten sich als Polen, die zwar katholisch sind, aber auch eher Russisch als Lettisch sprechen. Nur 17 % gaben sich als Letten aus.

Daugavpils macht bisweilen einen leicht verschlafenen Eindruck. Dies kann jedoch darüber hinwegtäuschen, dass sich auch in dieser Regionalmetropole zurzeit vieles tut: Schöne, alte Häuser werden restauriert, moderne Gebäude entstehen und die Stadt erwacht zu neuem Leben. Eine gewisse Dynamik ist zu spüren, ein Drang, nicht länger ein Schattendasein zu fristen. Einige Attraktionen gibt es schließlich auch: Die riesige Zarenfestung und die vier nebeneinander liegenden Kirchen verschiedener Konfessionen sollte man auf keinen Fall verpassen.

Stadtgeschichte

Daugavpils taucht in historischen Quellen erstmals im Jahr 1275 auf, als der livländische Schwertbrüderorden eine Steinburg mit den Namen **Dinaburga** errichten ließ. Die historische Burg lag gut 20 Kilometer vom heutigen Daugavpils entfernt. Ihre Ruinen sind heute noch in malerischer Lage zu besichtigen (siehe „Umgebung von Daugavpils"). Um die Burg herum entstand eine Stadt mit Kirche, Rathaus und zunächst einer Hand voll Wohngebäuden, deren Anzahl dann immer größer wurde. Die Burg wurde in den verschiedenen Kriegen mehrmals zerstört und wieder aufgebaut.

Auf dem jetzigen Gebiet der Stadt entstanden erst in der zweiten Hälfte des 16. Jh. erste Häuser und Befestigungen, 1582 erhielt Daugavpils seine Stadtrechte. Abwechselnd stand der Ort unter polnischer, russischer und schwedischer Herrschaft. Auch damals schon war es die Hauptstadt von Latgale. Anfang des 17. Jh. siedelten sich **katholische Jesuiten** an, missionierten die Bevölkerung und gründeten geistliche und kulturelle Einrichtungen, darunter des erste Theater von Latgale.

Ab 1772 gehörte die Region zum **russischen Zarenreich.** Die Russen begannen 1811 mit dem Bau einer Festung, die bereits ein Jahr später von Napoleons Truppen angegriffen wurde. Um die Festung herum entstanden „Vorstädte", darunter das gegenwärtige Stadtzentrum. Richtiger Schwung kam aber erst im zweiten Teil des 19. Jh. in die Entwicklung: Daugavpils wurde zu einer immer wichtigeren Station auf dem **Handelsweg nach Russland:** Per Eisenbahn war die Stadt mit Warschau, St. Petersburg und Riga verbunden. Die wichtige Straße von St. Petersburg in die polnische Hauptstadt führte durch Daugavpils. Über die Daugava wurde die russische Witebsk erreicht – ebenfalls eine wichtige Handelsroute. Gleichzeitig siedelten sich immer mehr **Fabriken** an.

Während des Ersten Weltkriegs wurde Daugavpils stark zerstört. Als die Letten zum ersten Mal ihre Unabhängigkeit errangen, war die Regionalhauptstadt Schauplatz von Kämpfen. In den kurzen Zwischenkriegsjahren entwickelte sich die **lettische Wirtschaft und Kultur** zum dominierenden Faktor in der Region, auch wenn eine russisch-orthodoxe, eine russisch-altgläubige, eine polnische und eine jüdische Minderheit weiterhin anwesend waren.

Mit der Einverleibung in die Sowjetunion in den 1940er Jahren war es nicht nur mit der Unabhängigkeit, son-

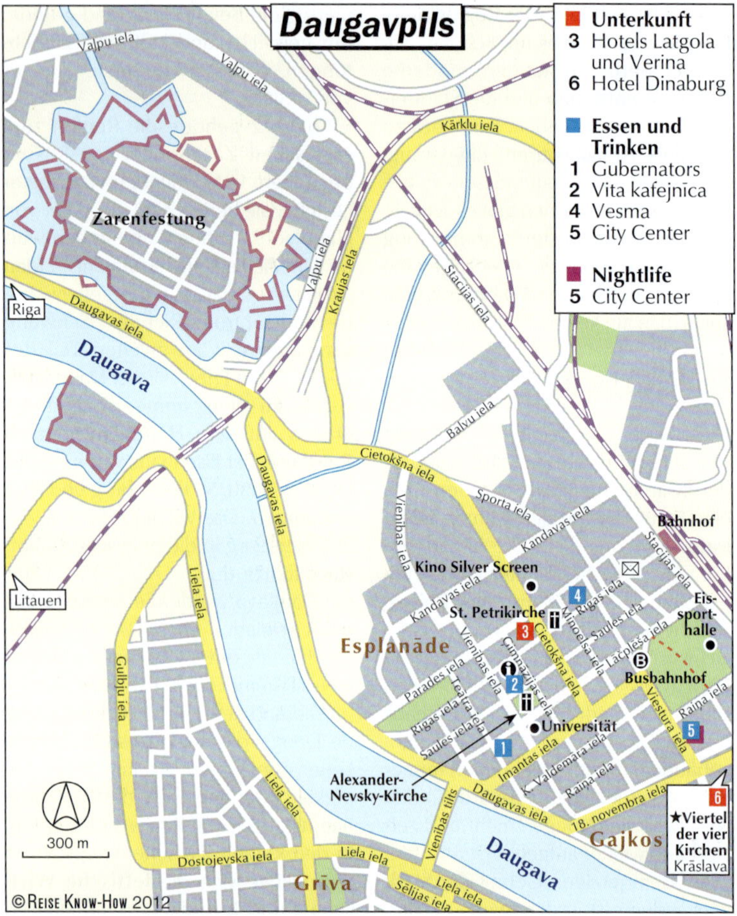

dern auch mit der lettischen Dominanz schnell vorbei: Von den zahlreichen Russen, die in Lettland angesiedelt wurden, kamen viele in die Region Latgale. Seit der Wende 1990/1991 ist die offizielle Sprache auch hier wieder Lettisch.

Sehenswertes

Wer mit dem Auto unterwegs ist, wird über die Daugava-Brücke von Süden in Richtung Innenstadt fahren. Es empfiehlt sich, den Wagen in einer der schachbrettartig angeordneten Seitenstraßen stehen zu lassen und diese zu Fuß zu erkunden (K. Valdemāra iela, Imantas iela, Lāčplēša iela). Hier stehen einige sehenswerte **Wohnhäuser,** viele davon um 100 Jahre alt, einige mit schönen **Jugendstil-Elementen.**

Rīgas iela

Einen besonderen Rang nimmt die Rīgas iela ein, die vom Fluss bis zum Haupteingang des Bahnhofs verläuft. Die größtenteils als **Fußgängerzone** gestaltete Straße hat gerade ein „Facelifting" hinter sich: Die grauen Betonplatten sind einer schönen Pflasterung gewichen und die in Reihen stehenden Bäume haben Gesellschaft von Neuanpflanzungen bekommen. Dazu präsentieren sich immer mehr Hausfassaden restauriert und sehr ansehnlich. In Cafés kann man bei gutem Wetter draußen sitzen und während des Mittagessens oder der Kaffeepause das Leben der Stadt an sich vorbeiziehen lassen. Oder man kauft sich an einem mobilen Verkaufsstand den russischen Getränke-Klassiker Kwas zur Erfrischung.

An der Rīgas iela liegt die schöne, weiß gestrichene **katholische St. Petrikirche** mit einem gewaltigen, breiten Säulenportal (Sv. Pētera ķēdēs draudzes baznīca, Rīgas iela 39). Am Ende der Straße thront das mächtige, braune Gebäude des **Hauptbahnhofs.**

Universität und Saules iela

An der Vienības iela 13 liegt das monumentale Gebäude der **Universität** von Daugavpils (www.du.lv) hinter einem von Blumenbeeten und Grünflächen gesäumten Platz, der das Gebäude fast schon in den Rang eines kleinen Palastes erhebt.

Schmuckvoll ist auch die kleine russisch-orthodoxe **Alexander-Nevsky-Kirche** in der Saules iela 20 (geöffnet 9–18 Uhr), die in ihrer heutigen Form im Jahr 2004 entstanden ist. In dieser Straße stehen auch einige **Jugendstil-Gebäude** (noch nicht alle restauriert), die einen Blick wert sind.

Viertel der vier Kirchen

Vom Bahnhof führt die wenig schmuckvolle Stacijas iela zur großen Brücke der 18. novembra iela über zahllose Bahngleise. Die Brücke ist per Treppe zu erklimmen. Auf der anderen Seite ist bereits ein neuer, durch die Bahnlinie vom Zentrum getrennter Stadtteil erreicht. Hier warten vier hochinteressante Kirchen auf ihre Besichtigung.

Gleich hinter der Brücke, rechts der Hauptstraße, ragt die aus Backstein gebaute, hohe **Martin-Luther-Kirche** (Martina Lutera baznīca, 18. novembra iela 68) in den Himmel. Sie beeindruckt eher durch ihre stolze Schlichtheit, die auch im Inneren vorherrscht. Die evangelischen Letten von Daugavpils treffen sich hier.

Die in direkter Nachbarschaft gelegene **katholische Marienkirche** (Dievmātes Marijas baznīca, A. Pumpura iela 11a) dient vor allem der polnischen Gemeinde und so werden hier häufig Gottesdienste in polnischer Sprache abgehalten. Wie so viele andere katholische Kirchen in Latgale ist auch dieses frisch restaurierte Bauwerk von

122le Foto: mk

einer schneeweiß gestrichenen Fassade und zwei parallel aufstrebenden, hohen Türmen geprägt. Der hohe Bogen des zentralen Kirchenschiffs und der breite Gang zum Altar geben einen erhabenen Eindruck.

Am schmuckvollsten ist die **Boris-und-Gleb-Kathedrale** (Sv. Borisa un Gļeba pareizticīgo katedrāle, Tautas iela 2), eine der größten russisch-orthodoxen Kirchen Lettlands. Sie steht auf der anderen Seite der Hauptstraße, ebenfalls direkt hinter der Brücke, aber ein wenig im Hintergrund. Ihre hellblau-weiße Fassade und die nach oben hin goldenen Zwiebeltürme mit den orthodoxen Kreuzen sind weithin sichtbar, obwohl die Kirche von Bäumen und Grün umgeben ist. Der mit viel Gold und unzähligen Ikonen prächtig geschmückte Innenraum ist sehr groß – ein Eindruck, der sich durch die orthodoxe Tradition noch verstärkt, keine Sitzbänke aufzustellen. Die Gläubigen stehen oder knien während der oft langen Messen.

Alle drei oben beschriebenen Kirchen sind Anfang des 20. Jh. geweiht worden.

In der Rīgas iela

Kirche der Altgläubigen

Die am wenigsten auffällige, aber ungewöhnlichste Kirche ist die der Altgläubigen, die sich ein Stückchen weiter oben in der Tautas iela (zwischen A. Pumpura iela und Kaunas iela) versteckt. Schon außen an der rosafarbenen Fassade sind Bilder mit **Darstellungen von Heiligen,** von Christus und der Jungfrau Maria zu finden. Der **Zwiebelturm** erinnert an orthodoxe Kirchen, doch das kürzlich renovierte Äußere wirkt bescheidener. Man betritt zunächst eine Art Vorraum, dann einen weiteren, bevor man den Kern des Heiligtums erreicht.

Die Altgläubigen, die sich im 17. Jh. von den Orthodoxen abgespalten haben, folgen wesentlich strengeren Ritualen und Regeln. Bei einem Besuch der Kirche ist **höchster Respekt** geboten. Frauen erhalten beim Eintritt ein Kopftuch, wenn sie keines mitgebracht haben. Mit etwas Glück erhält man die Erlaubnis, den Altarraum in Augenschein zu nehmen. Man sollte sich aber immer an die Anweisungen halten und auf keinen Fall Fotos machen, auch nicht ohne Blitz.

Ein großer Kronleuchter hängt in der Mitte. Die Altarwand und die Seitenwände sind mit einer schier unglaublichen Zahl an **Ikonen** geschmückt, um die 300 sollen es sein. Die Tradition der Altgläubigen will es, dass die Jüngeren ein Heiligenbild in die Kirche bringen, wenn ein älterer Mensch stirbt. Ein schwerer Geruch von **Weihrauch und Kerzen** liegt in der Luft. Sei es beim Gottesdienst, bei einer Beerdigung oder Taufe: Endlos scheinende, monotone und mystische **Gesänge** erfüllen die Räume. So in sich gekehrt und zurückhaltend die Altgläubigen auch sind, so freundlich begegnen sie respektvollen Besuchern. Täglich um 8 und um 18 Uhr sind feste Gebetszeiten.

Zarenfestung

Schließlich gilt es das einmalige Gelände der Festung aus dem frühen 19. Jh. zu erkunden. Die Strecke dorthin führt auf der Daugavas iela am Fluss entlang und dann einige Hundert Meter nach rechts (ausgeschildert). Die Zarenfestung ist zu Fuß sehr gut erreichbar, man geht eine gute Viertelstunde vom Zentrum, vom Bahnhof 5 bis 10 Minuten länger.

Auf dem Gelände stand ab dem 17. Jh. eine Steinkirche und ein dazu gehöriges Kloster. Mit dem Anschluss der Region Latgale an Russland 1772 ersetzten die Russen Kloster und Kirche gegen eine orthodoxe Kathedrale. Gleichzeitig begannen die Planungen für die Festung, doch es dauerte bis 1810, dass die Bauarbeiten schließlich aufgenommen wurden. 1000 Männer arbeiteten an dem Objekt. Rund um die **elf Meter hohe Festungsmauer** wurde ein bis zu neun Meter tiefer **Graben** ausgehoben. Der Vormarsch von *Napoleon* mit seiner Armee unterbrach die Bauarbeiten, die Russen mussten die Festung zwischenzeitlich räumen, kehrten aber zurück und stellten sie 1833 fertig.

Zu der Anlage gehören eine **Zitadelle,** acht fünfeckige **Bastionen,** der äußere **Schutzwall** und ein unbebautes Gebiet zur Daugava hin. Auf dem Gelände stehen lange Reihen von Kasernen, Wohnblöcken, militärischen Verwaltungsgebäuden, ehemaligen

Waffenlagern und Pulverkellern sowie Häusern für die Offiziere und sonstigen Höhergestellten. Durch leere Straßen und baumbestandene Alleen, über weite Appellplätze, vorbei am Offizierskasino und an Denkmälern führt der Weg. Der Besuch dauert nicht länger als eine gute Stunde.

Die Bauten sind zwar nicht mehr im besten Zustand, aber diese **militärische Geisterstadt,** einst Stolz der zaristischen Armee, übt eine große Faszination aus. So entstanden auch allerlei Legenden und Geschichten. Es soll beispielsweise einmal einen geheimen Tunnel vom Festungsgelände bis zur Daugava und unter dem Fluss hindurch auf die andere Seite gegeben haben. Hierfür konnten ebenso wenig Beweise gefunden werden wie für die Behauptung eines russischen Schriftstellers, das sagenumwobene deutsche Bernsteinzimmer sei aus St. Petersburg in eben jene Festung von Daugavpils gebracht worden.

- **Cietoksnis,** die Festung ist immer geöffnet, man kann draußen parken und zu Fuß das Gelände erkunden oder auch mit dem Auto hineinfahren. Der Eintritt ist davon unabhängig: 0,20 Ls pro Person.

Praktische Tipps

Information

- **Touristeninformation,** Rīgas iela 22, Tel. (6)5422818, Mo 9–14 Uhr, Di–Fr 8.30–18 Uhr (Mittagspause 12–13 Uhr), Sa 9.30–14 Uhr, www.visitdaugavpils.lv (Informationen über Daugavpils von den Sehenswürdigkeiten über Unterkünfte und Restaurants bis hin zu Shopping und aktuellen Veranstaltungen).

Internet

- **Zentralbibliothek,** Saules iela 23a, Tel. (6)5426422, geöffnet 11–20 Uhr.
- **Valkari,** Valkas iela 5d, Tel. (6)5422818.
- **Digitalia,** Vienības iela 4–8, Tel. (6)542 0480, geöffnet 9–23 Uhr.
- Internetzugang auch in der **Touristeninformation.**

Behinderte

Daugavpils ist an vielen Stellen nicht wirklich gut auf Behinderte eingestellt. Symbolisch für die Probleme steht der Bahnhof, zu dem eine breite, Eindruck schindende Treppe hinaufführt – ohne Fahrstuhl oder Rampe. Fortschritte gab es durch die Neugestaltung der Fußgängerzone in der Rīgas iela, die jetzt keine Probleme mehr bereitet. Das Gelände der Zarenfestung kann in der Regel per Auto befahren werden.

Notfälle und nützliche Adressen

- **Apotheke:** A Aptieka, Rīgas iela 24, Tel. (6)5424774, Mo–Fr 8–20, Sa, So 9–18 Uhr.
- **Krankenhaus:** Daugavpils Reģionālā Slimnīca, Vasarnīcu iela 20, Tel. (6)5405282.
- **Polizei:** Vaļņu iela 27, Tel. (6)5403399.
- **Post:** Rīgas iela 41a, Tel. (6)5422791, Mo–Fr 9–19 Uhr, Sa 9–15 Uhr.

Unterkunft

- **Park Hotel Latgola,** Ģimnāzijas iela 46, Tel. (6)5404900, www.hotellatgola.lv. Zu Sowjetzeiten der zentrale Hotelkomplex, inzwischen modernisiert mit schicker Lobby, bunter Designer-Bar und Zimmern der gehobenen Klasse. Mit Restaurant, Casino, Sauna und Touristeninformation, Organisation von Stadtführungen. DZ ab ca. 40 Ls, im Sommer ab ca. 50 Ls.
- **Hotel Dinaburg,** Dobeles iela 39, Tel. (6)5453010, www.hoteldinaburg.lv. Hübsches, neues Haus im Stadtteil auf der anderen Seite der Bahngleise nahe den vier großen Kirchen. Zentrum zu Fuß in 20 Minuten oder per Straßenbahn zu erreichen. Gemütliche Zimmer, Restaurant, Bankettsaal, Sau-

na, Swimmingpool, kostenloser Parkplatz. DZ ab 30 Ls.

● **Hotelis Verina,** Ģimnāzijas iela 44, Tel. (6)5422190. Kleines Hotel an der Ecke zur Fußgängerzone, ohne Luxus, aber mit guter Ausstattung, geräumig, komfortabel und angenehm, teils mit Balkon, Internet, Parkplatz. DZ ab 25 Ls.

Camping

● **Atpūtas bāze Vīrogna,** Dorf Spogi, Gemeinde Višķi, Mobiltel. 29532939. Nahe der A13 von Daugavpils nach Rēzekne, etwa 25 km von Daugavpils. Campingplatz mit sechs Holzhütten, Zeltplätzen und Stellplätzen für Wohnmobile mit Stromanschluss. Bademöglichkeit und Bootsverleih am See. Im Park von Višķi gibt es 75 exotische Baum- und Buscharten zu bestaunen.

Essen und Trinken

● **Vesma,** Rīgas iela 49, Tel. (6)5444363. Mischung aus Bistro, Café und Bar in der Fußgängerzone der Rīgas iela. Originell dekoriert mit riesigen Aquarien voller exotischer Fische und Kaninchen in Käfigen. Schöne Sitzplätze auf der Terrasse zur Straße hin. Einfache Gerichte von der Theke, Kaffee und Süßwaren.

● **Vita kafejnīca,** Rīgas iela 22a, Tel. (6)5427 706, einfaches, günstiges Esslokal mit lettischen Gerichten in der Fußgängerzone.

● **Gubernators,** Lāčplēša iela 10, Tel. (6)54 22455. Restaurant der mittleren Klasse mit vorwiegend lettischer Küche.

● **City Center,** Viestura iela 8, Tel. (6)540 2600, www.citycenter.lv. Großer Unterhaltungskomplex mit Restaurant Eiropa, Billard (Fr, Sa 12–2 Uhr, So 12–23 Uhr), Bowlingbahn (Di–Do 15–23 Uhr, Fr, Sa 12–2 Uhr, So 12–23 Uhr), Café Arabika (Mo–Do 11–23 Uhr, Fr, Sa 11–5 Uhr, So 11–23 Uhr), Nachtclub Banzai (Fr, Sa 23–5 Uhr).

Einkaufen

● **Mākslas salons Māra,** Rīgas iela 8, Tel. (6)5424155. Traditionelle Handwerkskunst, Keramik, Leinenstoffe, Bernstein u.a. im schönen, vom Jugendstil geprägten Gebäude des Museums für Regionalstudien und Kunst (www.dnmm.lv, englische Version).

● **Deko Art,** Vienibas iela 11–34, Tel. (6)542 3777. Kunsthandwerk und Schmuck, u.a. mit Jugendstil-Anklängen.

Verkehrsverbindungen

● **Auto:** Vom litauischen Kaunas sind es rund 200 Kilometer auf der relativ gut ausgebauten A6, die in Lettland A13 heißt. Daugavpils liegt nur 26 Kilometer von der Grenze entfernt. Man erreicht die Stadt, überquert die Daugava-Brücke und ist bereits im Zentrum.

● **Bahn:** Der Bahnhof (Stacija Daugavpils, Stacijas iela 44, www.ldz.lv) liegt zentral am Ende der Fußgängerzone Rīgas iela. Täglich drei Verbindungen von/nach Riga, Preis ca. 5 Ls; tägliche Züge in die litauische Hauptstadt Vilnius.

● **Bus:** Der Busbahnhof (Autoosta, Viestura iela 10, www.autoosta.lv) ist mitten im Stadtzentrum zu finden. Täglich stehen gut 25 Verbindungen von und nach Riga zur Verfügung, teilweise in Bussen, die von Daugavpils weiter ins weißrussische Minsk oder ins ukrainische Kiew verkehren. Der Fahrpreis für einen Erwachsenen beträgt 5,60 Ls. Auch in die Provinz von Latgale verkehren regelmäßig Busse, zum Beispiel dreimal täglich in den katholischen Wallfahrtsort Aglona.

Umgebung von Daugavpils

Naujene

Entlang der **Daugava** geht es auf der A6 weiter in Richtung Krāslava. Eines der ersten Dörfer hinter Daugavpils ist Naujene, wo im Heimatmuseum ein Modell der **Unterwasserwelt** der Daugava präsentiert wird.

● **Naujenes Novadpētniecības muzejs,** Skolas iela 1, Tel. (6)5471321, Mo–Fr 8–12 und 13–17 Uhr, www.naujene.lv (nur auf Lettisch).

Dinaburga

In Naujene beginnt ein Abstecher von der A6 mit einer Reihe sehr sehenswerter Stationen. Eine kleine Asphaltstraße (der letzte kurze Abschnitt ist eine Schotterpiste) führt rechts zum Burgberg von Dinaburga (Dünaburg) mit den Ruinen der mittelalterlichen Ordensburg aus dem 13. Jh., die ein ganzes Stück außerhalb des heutigen Daugavpils liegen. Der Eintritt kostet 0,40 Ls pro Person, die Parkgebühr beträgt 0,50 Ls (Tel. (6)5422818). Ein Fußweg führt in der hügeligen Gegend zunächst zu einem schönen, kleinen, aber sehr detailliert gearbeiteten **Modell der Burg.**

Hinter dem Modell fällt die Landschaft steil ab und unten tut sich das wunderbare **Panorama des Daugava-Tals** auf. Der Fluss schlängelt sich in diesem Gebiet in einigen großen, S-förmigen Bögen durch die Natur. Der Weg führt vom Burgmodell hinab, es geht auf **Holzbrücken** über kleine Schluchten bis zu den wenigen erhaltenen Überbleibseln der Festung.

Daugava-Bögen

Man kehrt nun per Auto nicht bis zur A6 zurück, sondern biegt rechts in eine Schotterstraße ab. Die braunen Sehenswürdigkeiten-Schilder weisen den Weg. Dieser ist nicht gerade autofreundlich, aber bei langsamem Tempo gut befahrbar. Nach etwa drei Kilometern taucht rechts am Straßenrand ein hoher **Aussichtsturm** auf (Vasargelisku skatu tornis). An dieser Stelle verläuft einer der Daugava-Bögen ganz in der Nähe des Weges. So eröffnet sich nach Überwindung der 65 Stufen bei meist steifem Wind und leichtem Schaukeln des Turms ein fantastischer Ausblick auf den Fluss und seine Windungen. Die Daugava-Bögen (Daugavas loki) standen Pate für die Gründung eines eigenen **Naturparks** mit schönen Wanderpfaden. Unterwegs kommt man an der Strecke an einigen landschaftlich sehr reizvoll gelegenen **Zeltplätzen** vorbei.

Altgläubigen-Dorf

Nochmals etwa drei Kilometer weiter ist rechts das Dorf **Slutišķi** ausgeschildert. Es handelt sich um eine alte Siedlung der Altgläubigen, die heute als „ethnografisches Dorf" wie ein **Freilichtmuseum** präsentiert wird. Bereits im 5. Jh. existierten an diesem Ort Siedlungen. In neuerer Zeit erbauten die Altgläubigen hier ein Dorf von 30 Holzhäusern, von denen heute noch zehn Gebäude stehen. Sie waren in Gefahr, als beim Bau eines Staudamms während der Sowjetzeit das Dorf geflutet werden sollte. Doch die Überschwemmung wurde verhindert.

Stattdessen können Besucher heute, allein oder mit Führung, einen Blick in das Dorf werfen und in einem Haus das **original ausgestattete Innere** in Augenschein nehmen. Über den Fenstern besaß jedes Gebäude eine Verzierung, die wie ein Wappen die jeweilige Familie repräsentierte. Die Eingänge zu den außen reich mit Blumen geschmückten Häusern haben eine hohe Schwelle und sind nach oben hin niedrig. So verneigt man sich automatisch beim Eintritt. Die Altgläubigen

Skrebelu purvs
Lūzenieki
Rudzāti
Smelteri
Preiļu rajons
Stabulnieki
Belobabina
Kruki
Prezma
Bekši
Oša
Sauna
L. Anspoki
Bikova
Zuji
Silmala
Gornica
Švirksti
Steporu purvs
Vecie Mozuļi
Pieniņi
Stikāni
Rozalina
Silajāņi
Rogoviki
Petrovka
Vertukšne
Muktupāveli
Prīkuļi
Riebiņi
Feimanka
Pūdniki
Malta
Rozentova
Mucenieki
Rožupe
L. Pupāji
Markova
Rušenieki
Sutri
Līči
Vainova
Černostes ez.
Reutova
Lipuški
Preiļi
Sprindži
Salmejs
Feimaņu ez.
Vanagi
Tiltova
Ančkini
Anspoki
Gailmuiža (Gailiši)
Feimaņi
Černoste
Kliškovas
Zalvu ez.
Puša
Krievu purvs
Lielkursiši
Vārkava
Bicānu ez.
Želvji
Kastīre
Pušas ez.
Gospori
Rimicāni
Upmala
Piliški
Raudauka
Aizkalne (Jasmuiža)
Baški
Rušons
Geraņimova
Geraņimovas Ilzas ez.
Vingri
Brokauski
Susta
Dubna
Jaša
Aglonas stacija
Jaunaglona
Priežmale
Nīcgales Lielais akmens
Arendole
Pelēči
Ārdava
Cukuriņi
Nīcgale
Keiši
Nīdermuiža
Ciriss
Salenieki
Aglona
Kapiņi
Kalupes ez.
M. Stradiški
Bībeliški
Kalupe
Viganti
Tartaks
Kustaru ez.
Velnezers
Jaziņu ez.
Daugava
Pudāni
Dubna
Lukštenieki
Lukņas ez.
Putāni
Prusaki
Dviete
L. Mukāni
Krivāni
Špogi
Viški
Višku ez.
Belogrudova
Grāveri
Glaudāni
Daugavpils rajons
Ambeļi
Šķeltova
Aksenovas ez.
Kirupe
Vabole
Rubeniški
Koroļevščina
Slostovka
Sauleskalns
Dolnaja
Vaikuļāni
Priednieki
Zaļumi
Kazimiriški
L. Klockas
Līksna
Malinova
Jančiški
Pavlovska
Šahmani
Piskalne
Kombuļi
Līksna
Biķernieki
Ilūkste
Tilti
Lipiniški
Izvalta
Pastari (Ezerkalns)
Pašulienė
Arone
Lociki
Dunski
Jaunie Račini
Daugavpils
Naujene
Židina
Borovka
Šēdere
Sventė
Krauja
Dinaburgas pilsdrupas
Rudņa
PRIEDAINE
Krāslava
Sīļi
Eglukalns
Vecstropi
Elkšņi
Tartaks
Kaplava
Jaunborne
Rauda
Randene
Cibuļovka
Tabore
Faltopi
Vecborne
Stelmužė
Sventes ez.
Kalkūni
Peski
Saliena
Červonka
Pl'usy
oz. Pl'usy
Ilgas ez.
Kališi
Ilga
Birkineli
Laucesa
Mirnijs
Tartaks
Šlapaki
Rožki
Semeli
Medumu ez.
Matulaniški
Skrudaliena
Medumi
Bruņene
Dubino
Krasnahorka
rajons
Bystromovcy
Krivosel'cy
oz. Snudy
Leoški
Dimitriškes
Kšceva
Jāņuciems
Kumbuļi
Šengeida
Silene
oz. Volas
Sila ez.
Boruny
Zarasai
Pastorāts
Demene
Riču ez.
Keziki
Luni
Magučiai
Zemgale
Nacional'nyj
oz. Strusto
Turmantas
Urbany
Strusto
Slabodka
Bartkiškė
oz. Riču
Krivosel'e
LIETUVA
Kimbartiškė
Mikolaevcy
oz. Buže
Braslav
Šauliai
Smalvos
Tilže
Nurvjancy
Krasnosel'cy
Mežany
oz. N'edrava
Samavas
Drūksiai
LATVIJA

bekreuzigten sich jedes Mal beim Überschreiten ihrer Türschwelle. In jedem Wohnzimmer stand ein kleiner Altar mit Ikonen. Mit den Heiligenbildern liefen die streng religiösen Menschen um ihr Haus herum, um es vor Feuer zu schützen. Sie versorgten sich selbst, backten Brot, betrieben Ackerbau und fertigten Handarbeiten an, etwa kunstvolle Stickereien.

Ein schöner Spazierweg führt durch den Wald, vorbei an einem großen **Stein,** der jedem, der ihn berührt, besondere **Energie und Kraft** verleihen soll. Ende Mai wird auf der Lichtung im Wald ein Fest gefeiert. Am Eingang zu dem Gelände gibt es einen kleinen **Strand mit Bademöglichkeit.**

Hinter dem Altgläubigendorf endet die Schotterpiste recht bald wieder an der A6.

- **Slutišķu sadza,** Tel. (6)5471321, Mo–Fr 9–17 Uhr, Eintritt 0,40 Ls, Parkplatz 0,50 Ls.

Aglona

Das kleine Aglona ist das „Lourdes der lettischen Katholiken", ein **Wallfahrtsort,** zu dem jedes Jahr Zehntausende pilgern. Rund um den 15. August, zu **Mariä Himmelfahrt,** kommen sie aus der Region Latgale, aber auch aus anderen Teilen Lettlands, wo die Katholiken eine kleine Minderheit bilden. Es reisen außerdem ausländische Pilger an, besonders aus Polen.

Unübersehbar dominiert die weiße **Kathedrale** mit ihren zwei rechteckigen, 60 Meter hohen Türmen das Ortsbild. Gegenüber dem Gebäude verrät ein riesiger Parkplatz, wieviele Menschen zur Pilgerzeit hierher strömen. An der Straße, wo das Kirchengelände beginnt, durchschreitet man ein mächtiges, weißes **Portal.** Auf der großen Grünfläche zwischen Portal und Kirche stehen während der Pilgertage neben Kapellen kleine mobile Häuschen aufgereiht, in denen die Pilger ihre Beichte ablegen können. Auf einem Hügel im Hintergrund links sind drei große, weiße Kreuze sichtbar.

Der Eingang des im **Barockstil** erbauten Gotteshauses aus dem 19. Jh. wird über eine Art Balkon erreicht, auf dem bei Freiluftgottesdiensten der Altar eingerichtet wird. Papst *Johannes Paul II.* feierte hier schon eine Messe.

Das Innere präsentiert sich reich geschmückt, besonders der im Rokoko-Stil goldverzierte **Altarraum,** der im oberen Bereich blau beleuchtet wird, und die Kreuzgewölbe. Die über 200 Jahre alte Orgel fällt dagegen überraschend klein aus. Man kann über Treppen die Rückseite des sehr hohen Altars besichtigen. Einige Ölgemälde aus dem 18. und 19. Jh. zieren die Seitenschiffe. Unter dem Haupteingang führt ein Zugang in die **Krypta.** Unter dem Gotteshaus liegt ein altes **Grabgewölbe,** das ebenfalls zur Besichtigung frei gegeben ist.

Seitlich im Kirchgarten am See sprudelt eine **Quelle,** von der sich die Menschen heilende Kräfte erhoffen. Sie füllen sich das kühle Nass literweise in mitgebrachten Plastikflaschen ab.

In einem Nebengebäude wird ein Laden mit Andenken, Postkarten und

Devotionalien betrieben. Direkt daneben steht Pilgern eine begrenzte Anzahl von recht günstigen **Gästezimmern** (Cirišu iela 8, Tel. (6)5381109) zur Verfügung. Während der Pilgerzeit campen viele wild außerhalb des Kirchengeländes am See.

Information

- **Touristeninformation,** Somersētas iela 34, Tel. (6)5322100, www.visitaglona.lv, Mo–Fr 9–17 Uhr.

Camping

- Es gibt in Aglona mehrere offizielle Zelt- und Campingplätze. Einer davon ist der große, vom Zentrum gut ausgeschilderte, zwei Kilometer entfernte **Aglonas Alpi,** Mobiltel. 29194362, www.aglonasalpi.viss.lv. Vom Parkplatz gegenüber der Kathedrale dem Schild „Šķeltova" folgen, dann den Campingzeichen. 12 Holzhütten am See, 30 Wohnmobil-Stellplätze, Raum für 500 Zelte, einige Zimmer, Bademöglichkeit, Bootsverleih und Sauna, geöffnet April bis November. Das nette Besitzerpaar *Juris* und *Mihalīna* spricht ein wenig Deutsch.

Essen und Trinken

- **Kafejnīca Turība,** Somersētas iela 36, Tel. (6)5375475, geöffnet ab 9 Uhr, kleines, einfaches und günstiges Esslokal an der Ortsdurchfahrtsstraße mit Sitzplätzen draußen.

Umgebung von Aglona

Berzgale

Östlich von Aglona geht es in Richtung des 35 Kilometer entfernten Dagda durch eine liebliche Landschaft, teilweise vorbei an schönen **Seen,** mit denen diese Region wahrhaft gesegnet ist. Wer möchte, kann beim Dorf **Kapiņi** einen kurzen Abstecher von zwei Kilometern am See entlang nach links machen, wo in Berzgale eine der ältesten **Holzkirchen** von Latgale steht (Berzgales katoļu baznīca, Baujahr 1744).

Hof Jasmuiža

Liebhaber von **Keramik** werden in ganz Latgale auf ihre Kosten kommen. Eine gute Möglichkeit zur Besichtigung dieser Handwerkskunst besteht bei dem Hof Jasmuiža im Dorf **Aizkalne** – zu erreichen von Aglona über die P62 in Richtung Preiļi, über die Kreuzung mit der großen A13 geradeaus hinweg und kurz dahinter links in einen Schotterweg.

Jasmuiža besteht aus zwei mit Wein bewachsenen Gebäuden und einem schönen Garten. Der 1865 geborene lettische Dichter *Jānis Rainis* verbrachte hier seine Jugend. In dem nach ihm benannten Haus werden kunstvolle Töpferwaren ausgestellt und verkauft. Besucher können auch selbst ihr Glück beim **Töpfern** versuchen. Besonders am Wochenende ist sehr viel los.

- **Jasmuiža,** Tel. (6)5329313, solemia@inbox.lv, Mi–So 10–17 Uhr.

002es Foto: il

Estland

206es Foto: ta

094es Foto: af

Blick vom Tallinner Domberg auf die alte Stadtbefestigung, im Hintergrund die Olaikirche

In den weiten Sumpfgebieten sind Birken und Kiefern die häufigsten Baumarten

Panga-Steilküste auf Saaremaa

Estland
OSTSEE
644
788
810
762
Naissaar
Aegna
Tallinn
Väike-Pakri
Paldiski
Suur-Pakri
Osmussaar
Saue
Jüri
Klooga
Keila
Saku
Vasalemma
Dirhami
Nõva
Kohila
Riisipere
Turba
Lehtma
Kärdla
Vormsi
Hullo
Halbinsel Noarootsi
Sviibi
Taebla
Rapla
Kalana
Lauka
Rohuküla
Haapsalu
Palivere
Märjamaa
Kehtna
Hiiumaa
Heltermaa
Kullamaa
Nurste
Käina
Puise
Kassaare laht
Nationalpark Matsalu
Laiküla
Järvakandi
Sõru
Saasina
Soela väin
Lihula
Nationalpark Vilsandi
Panga
Leisi
Muhu
Lõpe
Pärnu-Jaagupi
Tagamõisa
Undva
Tagavere
Kuivastu
Virtsu
Koonga
Are
Mustjala
Kõrkvere
Lavassaare
Tori
Vilsandi
Valjala
Varbla
Audru
Kärla
Aste
Kõljala
Mannikuste
Sindi
Lümanda
Saaremaa
Pärnu
Tõstamaa
Karala
Mullutu laht
Kuressaare
Munalaid
Liu
Manilaid
Uulu
Salme
Abruka
Kihnu
Kilingi-Nõmme
Häädemeeste
Rigaer Bucht
Kabli
Jämaja
Sääre
Ikla
Ainaži
Staicele
Ruhnu
Kolkasrags
Salacgrīva
Aloia
Mazirbe
Uši
LETT
Dundaga
Roja
0
50 km
Limbaži
Tūja
Mērsrags
Ugāle
Talsi
Riga, Jelgava
Riga, Jelgava
Saulkrasti
©Reise Know-How 2012

Nationalpark Lahemaa
662
Prangli
Suurpea
Loksa
Võsu
Kaberneeme
Maardu
Vakla
Kuusalu
Annikvere
Kunda
Kohtla-Järve
Sillamäe
Narva-Jõesuu
Narva
Ivangorod
Ust-Luga
Rakvere
Sõmeru
Kivioli
Pussi
Jõhvi
Sompa
Ahtme
St. Petersburg
Raasiku
Kehra
Kadrina
Tapa
Vaida
Aegviidu
Vinni
Ambla
Pandivere-Hochland
Porkuni
Väike-Maarja
Tudu
Mäetaguse
Jõgua
Slantsy
Kose
Aravete
Tamsalu
Kuismetsa
Järva-Jaani
Tudulinna
Jaama
Vasknarva
Roosna-Alliku
Rakke
Avinurme
Kauksi
Lohusuu
Tammispää
Dobruchi
Paide
Endla-Moor
166
Mustvee
Raja
Türi
Koigi
Jõgeva
144
Peipus-See
718
Plyussa
Gdov
Imavere
Saare
Ranna
Chernevo
Vändra
Põltsamaa
Palamuse
Kallaste
Pärnu
Võhma
Alatskivi
RUSSLAND
Suure-Jaani
Tabivere
Koosa
Spitsyno
Kolga-Jaani
Varnja
Nationalpark Soomaa
Vastemõisa
Laeva
Emajõgi
Yamm
Leie
Tartu
Meerapalu
Viljandi
Puhja
Nõo
Ülenurme
Samolva
Kõpu
Võrtsjärv
Elva
Lämmijärv
Rannu
Mustla
Vaste-Kuuste
Rasina
Seredka
Abja-Paluoja
Karksi-Nuia
Räpina
Pskover See
728
Mõisaküla
Tõrva
Otepää
Põlva
Veriora
217
Yershovo
Värska
Väimela
Saatse
Pskov
Sangaste
Rüjiena
Võru
Mazsalaca
Antsla
Pečory
Valga
Nationalpark Karula
Suur Munamägi
Vastseliina
318
Valka
Haanja-Naturpark
Burtnieku ezers
Velikaya
Vasil'yevo
Strenči
Palkine
LAND
Valmiera
Ape
Ziemeris
Zaiceva
Smiltene
Ostrov
Lode
Alūksne
Rauna
Zeltiņi
Cēsis
Kuprava
Litene
Vilaka
Estland

Tallinn und Umgebung

Die Hauptstadt

Tallinn ist Dreh- und Angelpunkt praktisch jeder Reise durch Estland. Die estnische Hauptstadt liegt am Finnischen Meerbusen im Norden des Landes und ist mit etwa 400.000 Einwohnern seine größte Stadt. Spaziert man durch die Gassen des Zentrums, ist es, als ob man durch ein großes Freilichtmuseum wandelt, gehört doch die mittelalterliche Hansestadt zu den ältesten Städten an der Ostsee. Die Altstadt wurde 1997 zum **Weltkulturerbe** der UNESCO erklärt.

Die Gesamtfläche des Verwaltungsbezirks Tallinns beträgt 158 Quadratkilometer und umfasst zwei Seen (Harku und Ülemiste), 46 Kilometer Küste sowie die Insel Aegna (siehe „Umgebung von Tallinn").

Tallinn ist, wie so viele Hauptstädte Europas, gleichermaßen typisch wie untypisch für das Land. Wohl nirgendwo sonst in Estland liegen Moderne und Tradition, Hightech und Altbewährtes so dicht beieinander. Während Studentinnen in purpurfarbenen Samtroben oder Trachten vor dem „Olde Hansa" oder dem „Peppersack" die Touristen in ein mittelalterliches Restaurantambiente locken, stöckeln ihre Altersgenossinnen auf hohen, dünnen Absätzen an ihnen vorbei, um sich in szenigen Chill-out-Bars dem Tallinner Nachtleben hinzugeben. Für das junge Estland steht auch das Viertel südöstlich der Altstadt, wo in den letzten Jahren zahlreiche moderne Gebäude entstanden sind, die Einkaufszentren, Banken, Hotels oder Büros beherbergen.

Doch ob jung oder alt, die Esten sind stolz auf ihre Hauptstadt, in der die Mitglieder der Regierung hinter der frühklassizistischen Fassade des Stenbockhauses auf Flachbildschirme schauen, wo die Parkuhren vor der mittelalterlichen Stadtmauer mit dem Handy bezahlt werden können und wo sich dennoch fast jeder Bewohner mit den alten Legenden und Mythen der Stadt auskennt.

So spielt natürlich auch die Hauptstadt eine bedeutende Rolle im estnischen Nationalepos „Kalevipoeg". Der Domberg beispielsweise, eine Kalksteinanhöhe, die bis zu 48 Meter über dem Meeresspiegel liegt, ist – so die Sage – der Grabhügel des mythischen Königs Kalev, den seine Frau Linda aufschüttete. Die Tränen, die sie nach dem Tod ihres Gatten verschüttete, bildeten den See Ülemiste im Südosten der Stadt.

Hier schließt sich eine andere Legende an: Jedes Jahr im Herbst steigt ein kleines graues Männlein aus dem See und fragt den Stadtwächter, ob die Stadt schon fertig erbaut sei. „Nein, noch lange nicht, es wird noch Jahre dauern, bis alle Bauarbeiten beendet sind", lautet Jahr für Jahr die Antwort und das Männlein kehrt grummelnd in seinen See zurück. Wenn Tallinn einmal fertig sei, so heißt es in einer der vielen Sagen, würde das Männlein das Wasser des Sees über die Ufer treten lassen, um die Stadt zu vernichten. Um dieser Zerstörung zu entgehen, wurde den Wächtern vor langer Zeit per Gesetz verboten, jemals die Frage zu bejahen. Doch selbst heute müsste sich niemand in Lügen verstricken, um das drohende Schicksal abzuwenden. Wer zum wiederholten Mal in die Hansestadt reist, wird dies angesichts des sich stetig wandelnden modernen Tallinns außerhalb der Stadtmauer bestätigen.

Auch um die Entstehung und die Namen der Stadt rankt sich eine Legende. Nachdem der dänische König *Waldemar II.* Nordestland erobert hatte, vergnügte er sich eines Tages bei der Jagd. Ein prächtiger Rehbock lenkte die Aufmerksamkeit des Königs auf sich, sodass dieser beschloss, das Tier lebendig zu fangen. Tagelang verfolgte er mit seinen Leuten den Rehbock, bis es den Jägern gelang, ihn am Rand eines steilen Felsens zu umzingeln. Doch das edle Tier zog den Tod der Gefangenschaft vor und stürzte sich den Abhang hinunter. Der König beschloss daraufhin, an dieser Stelle eine Stadt zu gründen: Tallinn. Am Fuße des Dombergs steht heute eine kleine Rehfigur, die an die Legende erinnert. Etwas scherzhaft wird auch der alte deutsche Name der Stadt – Reval – als Erinnerung an den „Reh-Fall" angesehen.

Stadtgeschichte

Bereits vor etwa 3500 Jahren besiedelten finnisch-ugrische Stämme das Gebiet, in dem Tallinn heute liegt. Lange Zeit ging man davon aus, dass die erste schriftliche Erwähnung der Stadt aus dem Jahr 1154 stammt, als der arabische Geograf *al-Idrisi* auf seiner Weltkarte einen Eintrag machte, den man als *Kolywan* deutete, den Namen einer Stadt, die in einer altrussischen Chronik auftaucht. Die neuere Forschung sieht diese Version aber als nicht belegbar an. Ob schriftlich belegt oder nicht: sicher gab es an der Stelle des heutigen Dombergs schon früh eine estnische Festung.

1219 eroberte der oben erwähnte dänische König *Waldemar II.* Tallinn und Nordestland - auch wenn in der Legende erzählt wird, er habe die Stadt gegründet. Auf dem Domberg legten die Dänen anstelle einer Bauernburg eine neue Burg an. Diese sogenannte **Dänenburg** *(Taani linn)* gab der Stadt ihren heutigen Namen: Tallinn.

Zwei unabhängige Siedlungen entstanden, die heute im Altstadtkern vereint sind. Während auf dem **Domberg** die Ritter und Adligen ansässig wurden und von hier aus über das Land herrschten, siedelten sich in der **Unterstadt** Kaufleute an, die ebenso mächtig wurden. 1248 erhielt die Unterstadt das Lübische Recht, seit dem 13. Jh. erscheint Tallinn auch als Mitglied der **Hanse.** Die rührigen Kaufleute gründeten Gilden und wählten einen Rat, erhielten das Münzrecht und oblagen bereits 1265 nicht mehr der Herrschaft der Domherren. 1346 verkauften die Dänen Nordestland an den Deutschen Orden.

Vom 14. bis in die Mitte des 16. Jh. erlebt Tallinn als bedeutende **Hansestadt Reval** seine Blütezeit. Reval lag strategisch günstig auf dem Handelsweg zwischen Westeuropa und Russland. Eine mächtige Befestigungsmauer schützte die prunkvollen Handelshäuser der Altstadt.

Im Livländischen Krieg kam Tallinn 1561 unter **schwedische Herrschaft.** Bis 1710 regierten die Schweden über die Stadt und engagierten sich stark für das Bildungswesen, dann fiel Tallinn im Nordischen Krieg an das **russische Zarenreich.** Unter dessen Herrschaft entstand das Barockschloss **Kadriorg** (Katharinental) mit seinen zahlreichen Nebengebäuden und einer hübschen Parkanlage im Osten der Stadt. Ein Kriegshafen wurde gebaut, die Eisenbahnlinie nach St. Petersburg angelegt und im 19. Jh. schritt die Industrialisierung voran. Erst 1889 wurden die Ober- und Unterstadt offiziell zusammengelegt.

Am 24. Februar 1918 wurde die **Republik Estland** ausgerufen und Tallinn zu ihrer **Hauptstadt** erklärt, bis sie 1940 entsprechend den Vereinbarungen des Hitler-Stalin-Pakts der Sowjetunion angegliedert wurde. 1941 marschierte die deutsche Wehrmacht ein. Bei der **Bombardierung** in der Nacht des 9. März 1944 durch die sowjetische Armee wurden über 600 Menschen getötet und etwa ebenso viele verletzt. Glücklicherweise blieb der größte Teil der Altstadt verschont. Zu den zehn Prozent der zerstörten Gebäude gehörte vor allem das Gebiet um die Harju-Straße rings um die Nikolaikirche.

Zu Sowjetzeiten entstanden **Trabantenvorstädte** rund um die Altstadt, in denen auch die zahlreichen Russen unterkamen, die aus anderen Teilen der Sowjetunion zuzogen.

Ende der 1980er Jahre wurde Tallinn Zentrum der Unabhänigkeitsbewegung und 1991 wieder Hauptstadt einer unabhängigen Republik.

Orientierung

Vom **Rathausplatz** (Raekoja plats) in der Unterstadt aus kann man die meisten Sehenswürdigkeiten der Altstadt zu Fuß über pflastersteinerne Gässchen, Plätze und Straßen erreichen. Der zentrale Platz mit seinem gotischen Rathaus eignet sich auch gut als Ausgangspunkt, weil in der Nähe die **Touristeninformation** angesiedelt ist, die kostenloses Kartenmaterial zur Verfügung stellt.

Wer sich jedoch zunächst einen – im wahrsten Sinne des Wortes – Überblick über die Stadt verschaffen will, sollte auf den **Domberg in der Oberstadt** steigen, ein Kalksteinplateau, das sich über der Altstadt erhebt. Von den dortigen Aussichtsplattformen kann man seinen Blick über die Stadt schweifen lassen und anschließend den Sehenswürdigkeiten des Dombergs einen Besuch abstatten.

Für einen Bummel durch Ober- und Unterstadt sollte man mindestens einen Tag einplanen. Wer Kirchen und Museen auch von Innen besichtigen will, kann problemlos mehrere Tage im Zentrum der Stadt verbringen.

Sehenswürdigkeiten jenseits des Stadtzentrums sind das **Kadriorg-Schloss,** das 1718–25 von Zar *Peter I.* errichtet wurde, und seine Parkanlagen. Bleibt man mehr als einen Tag, sollte dieses beliebte Ausflugsziel ein fester Programmpunkt der Stadttour sein. Unweit des Stadtteils Kadriorg mit seinen vielen Museen befindet sich – bereits zum Stadtteil Pirita gehörig – die berühmte **Sängerfestbühne,** auf der alle fünf Jahre das Sängerfest stattfindet.

Im Westen der Stadt liegt inmitten eines schönen Naherholungsgebietes das **Freilichtmuseum Rocca al Mare,** in dem die verschiedenen Architekturformen und Bräuche des Landes dokumentiert werden. Mehr als 70 Bauernhäuser, Windmühlen und Holzhütten aus allen Teilen Estlands wurden auf dem rund 80 Hektar großen Gelände aufgestellt. Hier bietet sich die beste Möglichkeit, die architektonische Vielfalt des Landes im Überblick kennenzulernen. Ist man nicht mit dem eigenen Auto oder Mietwagen unterwegs, kann man die Sehenswürdigkeiten in der Umgebung problemlos mit öffentlichen Verkehrsmitteln erreichen.

Die Unterstadt rund um den Rathausplatz

Im Herzen Tallinns befindet sich der **Raekoja plats** mit dem Rathaus, der heute wie vor Hunderten von Jahren das Zentrum der Stadt darstellt. Von hier aus sind die meisten Sehenswürdigkeiten Tallinns leicht zu Fuß zu erreichen, Cafés und Restaurants laden zum Verweilen ein und verschiedene Märkte, Geschäfte und auch Konzertveranstaltungen in den kleinen Gassen ringsum bieten Kultur und Kitsch für jeden Geschmack. Angesichts der gut erhaltenen Architektur rund um den Platz fällt es nicht schwer sich vorzustellen, wie hier zu Hansezeiten Märkte und Feste, Umzüge und Feierlichkeiten abgehalten wurden.

Wer sich mit Karten- und Informationsmaterial ausstatten möchte, kann ein paar Schritte südwestlich des Platzes die **Touristeninformation** (Kullassepa 4 / Ecke Niguliste 2, s. „Praktische Tipps") aufsuchen. Ihr Name (*kullassepp* = Goldschmied) weist darauf hin, dass hier in früheren Zeiten vor allem Goldschmiede ansässig waren.

Rathaus

Wie archäologische Ausgrabungen beweisen, gab es an dieser Stelle bereits spätestens in der zweiten Hälfte des 12. Jh. eine Siedlung. Eine der markantesten Sehenswürdigkeiten der Stadt, das den Platz dominierende Rathaus, stammt aus dem 14. Jh. Zum ersten Mal 1322 schriftlich erwähnt, wurde es 1370 auf die heutige Größe ausgebaut und erhielt nach weiteren Umbauten Anfang des 15. Jh. sein heutiges Aussehen. Der schlanke, achteckige Turm des **spätgotischen Gebäudes** wurde schließlich im Jahr 1628 durch den im Renaissance-Stil errichteten Turmhelm gekrönt, auf dessen Spitze die Figur des Stadtknechts **Alter Thomas** *(Vana Toomas)*, eine Wetterfahne aus dem Jahr 1530, die Stadt überblickt.

Drachenköpfige Wasserspeier an der Seitenfassade unterhalb des Daches stammen aus der gleichen Zeit wie der Turmhelm. Sie wurden von einem Kupferschied namens *Daniel Pöppel* angefertigt. Die darunterliegenden Gewölbebögen dienten einstmals Händlern als Verkaufsraum, in dem sie ihre Waren den Bürgern der Stadt feilboten. Außerdem befand sich hier der Pranger, an dem kleinere Verbrechen gesühnt wurden. Zum Tode Verurteilte hat man normalerweise außerhalb der Stadt auf dem Galgenberg hingerichtet.

Im Inneren des unterkellerten, zweistöckigen Gebäudes befinden sich der zweischiffige **Bürgersaal** mit hübsch bemalten Pfeilern sowie der angrenzende **Ratssaal** mit bemerkenswerten Schnitzarbeiten unter anderem von den Barockkünstlern *Elert Thiele* und *Joachim Armbrust*. Kunstvolle **Holzschnitzereien** weisen auch die Ratsbänke auf, die Szenen verschiedener Legenden bzw. biblische Motive aufgreifen: Tristan und Isolde, Simons Kampf mit dem Löwen, David und Goliath. Die acht **Gemälde,** die biblische Motive zeigen, stammen vom Lübecker Meister *Johann Aken* aus dem 17. Jh. In diesem Saal tagten einst die Ratsherren der Unterstadt und hielten Gericht. Bis zum Ende des 19. Jh. stand dem Rat die höchste Gerichtsbarkeit der Stadt zu. Weitere Räumlichkeiten sind die Küche, die Kämmerei, der Warensaal sowie der Ratsweinkeller.

Wer wie der „Alte Thomas", der ein Wahrzeichen Tallinns ist, einen Blick über die Stadt werfen möchte, kann in den Sommermonaten den **Rathausturm** erklimmen.

● **Rathaus,** Raekoja plats 1, 1.7.–31.8. Mo–Sa 10–16 Uhr, sonst nach Vereinbarung, Anmeldung Tel. 6457900 oder raekoda@tallinnlv.ee. Eingang durch den Keller. Der Turm ist vom 1. Mai bis 15. Sept. täglich 11–18 Uhr geöffnet.

001es Foto: jl

Das Rathaus bei Nacht

Fotomuseum

Hinter dem Rathaus stand in einer kleinen Gasse ab Mitte des 14. Jh. das **Ratsgefängnis.** Bis Mitte des 19. Jh. als solches genutzt, beherbergt das Gebäude heute ein Fotomuseum, in dem neben alten Kameras, alten Fotos und einer nachgebauten Dunkelkammer zeitgenössische Fotoausstellungen zu sehen sind.

● **Fotomuseum im ehemaligen Ratsgefängnis,** Raekoja 4/6, Tel. 6448767, www.linnamuuseum.ee, Do–Di 10.30–17.30 Uhr, November–Februar nur bis 16.30 Uhr.

Ratsapotheke

Unter den in zarten Pastellfarben gestrichenen Häusern rund um den Rathausplatz ist vor allem die Ratsapotheke (Raeapteek, Raekoja plats 11) gegenüber dem Rathaus hervorzuheben. Sie gilt neben einer Apotheke in Dubrovnik als älteste noch heute dem Verkauf dienende Apotheke Europas, da dort vermutlich schon lange vor ihrer ersten schriftlichen Erwähnung 1422 Heilmittel verkauft wurden. Ihr heutiges Aussehen erhielt sie Mitte des 16. Jh. bei Umbauten, kurz bevor die Familie *Johann Burchart* die Geschäfte übernahm und die Apotheke über 300 Jahre lang führte. Das Familienwappen schmückt noch immer das Gebäude. An der geschnitzten und bemalten Tür sind der Stab des göttlichen Arztes Asklepios und die Schlange zu sehen. Katzenblut, Fledermauspulver, Schlangenhauttrank und Schwarzpulver sind in der Apotheke heutzutage nicht mehr zu bekommen, doch im Falle einer Urlaubserkrankung werden hier sicherlich gute Dienste geleistet.

Wenn man genau hinschaut, kann man im **Pflastersteinmuster** auf Höhe der Apotheke eine Besonderheit erkennen: Zwei längliche Steine, die zu einem „L" zusammengefügt sind, markieren die grausige Stelle, an der in finsteren Zeiten ein Pfarrer geköpft wurde, nachdem er eine Magd erschlagen hatte.

Weitere Gebäude am Rathausplatz

Gleich gegenüber der Apotheke befindet sich ein ehemaliges **Handwerkerhaus.** In dem schmalen, grauen Eckhaus (Raekoja plats 12) ist heute das Denkmalsamt der Stadt untergebracht. Das **Haus des Ratsschreibers** (Nr. 15, heute Restaurant Troika) beherbergte einst die Ratskanzlei, das jetzige Gebäude wurde im 15. Jh. errichtet.

Über die nordwestlich vom Rathausplatz abgehende Voorimehe-Straße, die in die Pikk jalg übergeht, kann man den Domberg besteigen, über die nördlich abzweigenden Straßen zunächst den nördlichen Teil der Unterstadt besichtigen.

Heiligengeistkirche

Nur ein paar Meter hinter dem Rathausplatz findet sich eine der schönsten Kirchen der Stadt. Zur Heiligengeistkirche (Pühavaimu 2) gelangt man, wenn man links von der Apotheke beim Haus Nr. 11, in dem sich das Restaurant Balthasar befindet, dem Durchgang in die kleine Gasse Saiakang folgt. Saiakang lässt sich mit „Weckengang" übersetzen, eine Erinnerung daran, dass hier einst Bäcker Weißbrot feilboten.

Die Fassade der Heiligengeistkirche wird von einer auffälligen **Holzuhr** (vom Weckengang einmal rechts um die Ecke schauen) aus dem 17. Jh. geschmückt, die von *Christian Ackermann* angefertigt wurde. Die Kirche selbst ist viel älter, sie wurde bereits 1319 schriftlich erwähnt. Gegründet als Kapelle, hatte sie zeitweise zwei Funktionen: Sie diente als Kirche des Armenhauses und als Ratskapelle. Ihr jetziges Aussehen erhielt sie im 14. Jh. Aus dieser Zeit stammt auch der **schlanke, achteckige Turm,** der im 17. Jh. seinen Turmhelm erhielt. Hoch oben hängt die älteste **Glocke** des Landes aus dem Jahr 1433. Der berühmteste Pastor der Kirche war der Autor der „Livländischen Chronik", *Balthasar Russow* (1536–1600).

Im Inneren der zweischiffigen Kirche befinden sich kunstvolle **Holzschnitzarbeiten** wie der Altar des Lübecker Meisters *Bernd Notkes.* Im mittleren Teil kann man die Ausgießung des Heiligen Geistes und die Krönung der Jungfrau Maria bewundern. Auf den Flügeln sind der heilige Olaf, Maria, die heilige Elisabeth und der heilige Viktor zu erkennen. Außerdem wurde der Leidensweg Christi dargestellt. Kunstvolle Schnitzereien weisen auch die Kanzel aus dem Jahr 1597 und die mit allegorischen Figuren geschmückte Empore von 1660 auf.

Im Norden der Unterstadt entlang der Pikk-Straße

Vor der Heiligengeistkirche liegt der Suurgildi-Platz, über den die Pikk-Straße verläuft. Der Name spricht für sich: Pikk heißt „lang" und in der Tat ist sie die längste Straße der Altstadt. Hier siedelten sich im Mittelalter die genossenschaftlichen, nach Berufsständen gegliederten Vereinigungen an, die **Gilden.**

Große Gilde

Gleich gegenüber der Heiligengeistkirche erhebt sich die Große Gilde (Pikk 17), der auch der Platz (Suurgildi) ihren Namen zu verdanken hat. Die Mitglieder der Großen Gilde – mächtige Kaufleute – gehörten zu den reichsten Bürgern der Stadt. Sie erstanden 1406 das Grundstück, auf dem im Jahr 1416 das Gebäude errichtet wurde. Die **Fassade** des Giebelhauses hat weitgehend ihr ursprüngliches Aussehen bewahrt. Die Tür des zweistufigen Portals ist mit **bronzenen Türklopfern** versehen, die Löwenköpfe darstellen (1430). Auch das **Wappen** der Kaufleute (zugleich das kleine Wappen Tallinns) ziert bis heute das Haus: ein weißes Kreuz auf rotem Untergrund. Die ursprünglich rechteckigen Fenster im Hochparterre wurden im 19. Jh. mit Spitzbögen versehen.

Der **Große Gildensaal** im Inneren mit seinem Kreuzgratgewölbe und sechseckigen Pfeilern ist ebenfalls weitgehend erhalten geblieben. Die Kapitelle der Pfeiler sind mit Blättern, Drachen und Vögeln geschmückt.

Im Keller befand sich ab dem 15. Jh. eine legendäre Weinstube. Wer sich dort nicht manierlich benahm, wurde in einen Käfig im hinteren Teil der Schenke gesteckt.

Heute ist das **Museum für Estnische Geschichte** in der Großen Gilde untergebracht.

• **Museum für Estnische Geschichte** (Eesti Ajaloomuuseum), Pikk 17, Tel. 6411631, www.eam.ee, 1. Mai bis 31. Aug. tgl. 10–18 Uhr, 1. Sept. bis 30. April Di u. Do 10–18 Uhr, an verschiedenen Feiertagen geschlossen.

Weitere Gildehäuser

Wenige Meter weiter befinden sich auf der gegenüberliegenden Seite der Pikk-Straße eng beieinander weitere Gildehäuser, das der Kanuti-Gilde, der Olai-Gilde und der Bruderschaft der Schwarzhäupter. Zuvor lohnt sich jedoch ein Blick auf das **Jugendstilhaus** (Nr. 18), das mit Drachen und barbusigen Schönheiten geschmückt ist. Gegenüber, am Giebel eines weiteren Jugendstilhauses (Pikk 21–25), gleich gegenüber der Kanuti-Gilde, befindet sich eine Figur, die einen durch ein Monokel blickenden Herren darstellt. Um ihn ranken sich diverse Legenden, so erzählt man, dass es den ehemaligen Besitzer des Hauses darstellt, der heimlich eine hübsche Frau im gegenüberliegenden Gebäude beobachtete.

Das Haus der **Kanuti-Gilde** (Pikk 20, auch: Handwerkergilde) diente Goldschmieden, Schustern, Bäckern, Hutmachern und anderen angesehenen Handwerkern als Sitz. Das heutige Gebäude wurde jedoch lange nach der Hansezeit erbaut, nämlich 1863–64. Die Fassade schmücken das kleine (weißes Kreuz auf rotem Grund) und das große Stadtwappen (drei Löwen) sowie zwei Figuren: Martin Luther und den heiligen Knut (Kanutus) darstellend, den Schutzpatron der Gilde.

Während in der Kanuti- oder Handwerkergilde vorwiegend deutsche Mitglieder zusammentrafen, vereinigte die **Olai-Gilde** (Pikk 24) Skandinavier und Esten. Auch sie gingen handwerklichen Tätigkeiten nach. Von außen relativ schlicht, verbirgt sich hinter den Mauern ein sehenswerter mittelalterlicher Gewölbesaal aus dem Jahr 1422. 1919 erwarben die Schwarzhäupter das Haus, deshalb schmückt ihr Wappen die Fassade.

Schwarzhäupterhaus

Gleich nebenan steht ein hübsches Giebelhaus mit einer auffälligen rotgrünen Tür, die mit goldenen Blumen geschmückt ist: das Schwarzhäupterhaus. Sein heutiges Aussehen erhielt das Gebäude im Jahr 1595. Reliefbilder schmücken die **Renaissancefassade,** darunter Abbilder des polnisch-schwedischen Königs *Sigismund III.* und seiner Gattin *Anna,* die zu dieser Zeit die Stadt besuchten. Außerdem sind die Wappen der vier Hansekontore Brügge, Nowgorod, London und Bergen an der Fassade zu sehen. Hoch oben am Giebel sind Pax und Justitia dargestellt.

Die **Bruderschaft der Schwarzhäupter** wurde im 14. Jh. gegründet und war eine Vereinigung lediger, deutschstämmiger Kaufleute, die sehr einflussreich und mächtig war. Zu ihren Ehrenmitgliedern gehörten sogar einige russische Zaren: *Peter I., Paul I.* und *Alexander I.* Der Name der Gilde geht auf den heiligen Mauritius zurück, einen dunkelhäutigen Märtyrer. Ein weiteres Schwarzhäupterhaus findet sich in der lettischen Hauptstadt Riga.

- **Schwarzhäupterhaus,** Pikk 26, Tel. 6313 199, www.mustpeademaja.ee.

KGB-Zentrale

Ein paar Meter weiter gabelt sich die Straße. Bleibt man links auf der Pikk, kommt man ein ganzes Stück weiter nördlich an der ehemaligen KGB-Zentrale vorbei (Pikk 59 / Ecke Pagari 1). Hinter zugemauerten Kellerfenstern wurden hier zu Sowjetzeiten Staatsfeinde verhört und nicht selten erschossen. Heute erinnert eine **Gedenktafel** an die düstere Vergangenheit.

Olaikirche

Eine Straßenecke weiter, an der Oleviste-Straße, die Pikk- und Lai-Straße verbindet, erhebt sich die gotische Olaikirche (Lai 50, www.oleviste.ee). Erstmals 1267 schriftlich erwähnt, wur-

Die Drei Schwestern

de das Gotteshaus im Laufe der Jahrhunderte - nicht zuletzt wegen mehrerer Brände - mehrfach wieder aufgebaut, umgebaut und erweitert, unter anderem im 16. Jh., als die spätgotische Bremerkapelle (auch: Marienkapelle) angebaut wurde.

Besondere Aufmerksamkeit galt und gilt jedoch dem **Turm.** Bei seiner Erbauung um 1500 galt er mit 159 Metern als höchstes Bauwerk der Welt. Nach einem Brand im Jahr 1820 wurde er etwas kürzer wieder aufgebaut und misst heute 124 Meter. Dennoch handelt es sich bei der Olaikirche - abgesehen vom weit außerhalb der Stadt gelegenen Fernsehturm - noch heute um das höchste Gebäude Tallinns. Angesichts der immer höher in den Himmel ragenden Wolkenkratzer im modernen Tallinn ist fraglich, wie lange dem noch so ist. Bis jetzt haben sich allerdings auch zeitgenössische Architekten an die „nicht zu übertreffende Höhe" gehalten. Vielleicht, weil sie jener Legende Glauben schenken, wonach der Turm vom Teufel höchstpersönlich erbaut wurde?

Den Turm kann man besteigen (tägl. 10-18 Uhr, im Juli und August 10-20 Uhr) und von dort aus die Altstadt, den Domberg und den Hafen überblicken.

Die Drei Schwestern

Ganz am Rande der Tallinner Altstadt, nur ein paar Meter neben der mittelalterlichen Stadtmauer am Ende der Pikk, säumen drei **eng aneinandergebaute Häuser** die pflasterstei-

004es Foto: il

nerne Straße: die „Drei Schwestern". Jahrhundertelang von reichen Kaufleuten bewohnt, beherbergen die drei in zarten Pastelltönen gestrichenen Gebäude heute **eines der luxuriösesten Hotels** der Stadt (The Three Sisters). Auch wenn die Häuser heute zu einem einheitlichen Bauensemble zusammengeschlossen sind, sieht man doch auf den ersten Blick ihre unterschiedlichen architektonischen Stile. Wer das Hotel besucht, sollte sich auf jeden Fall die Engelfresken im Inneren zeigen lassen.

Dicke Margarete

Gleich hinter den Drei Schwestern begrenzt die **Stadtmauer** die Altstadt. Die **Große Stadtpforte** mit einem stattlichen Turm an der Seite, der Dicken Margarete, führt zum Hafen hinaus. Die Pforte ist neben der Viru-Pforte das einzige von insgesamt sechs mittelalterlichen Toren, das noch heute steht. Turm und Pforte hatten zwei Funktionen: Einmal dienten sie zur Verteidigung der Stadt, aber ebenso sollten sie Besucher, die vom Hafen kamen, beeindrucken.

Heute ist in dem gewaltigen Kanonenturm ein **Schifffahrtsmuseum** untergebracht. Man erkennt es an dem kleinen Schiffchen, das aus der Wand ragt. Vom Turm, auf dessen oberste Ebene man aus dem Museum steigen kann, hat man einen schönen Blick auf die Umgebung.

Geht man durch die Große Stadtpforte hindurch und hält sich außerhalb der Stadtmauer rechts, findet man das Kunstwerk **Katkenud liin** („Unterbrochene Linie"), das an den Untergang der Estonia-Fähre 1994 erinnert.

- **Meeresmuseum** (Meremuuseum), im Turm der Dicken Margarete, Pikk 70, Tel. 6411408, www.meremuuseum.ee, Mi–So 10–18 Uhr. Im Stadtteil Kalamaja sind zudem **Museumsschiffe** zu besichtigen. Dort entsteht auch ein neuer Teil des Museums, der 2012 eröffnet werden soll (Küti 15a).

Entlang der Lai-Straße und der Stadtmauer

Innerhalb der Stadtmauer, gegenüber der Dicken Margarete, geht von der Pikk-Straße eine kleine mit Steinen gepflasterte Straße ab. Sie führt auf die zweite Hauptstraße der Altstadt: die Lai-Straße. Diese ist nicht viel breiter als ihre Parallelstraße, obgleich *Lai* übersetzt „breit" heißt. Zu beiden Seiten befinden sich einige sehenswerte und liebevoll restaurierte **Bürgerhäuser aus der Hansezeit.** Hält man sich von der Stadtmauer kommend links, sieht man schon von hier aus wieder den gewaltigen Turm der Olaikirche.

Rossmühle

Beim Meriton Old Town Hotel führt die Straße an einem einstöckigen Gebäude aus dem 14. Jh. vorbei, der Rossmühle (Hobuveski, Lai 47). Damals trieben acht Pferde gleichzeitig die Mühle an, um die Stadtbürger mit Mehl zu versorgen. Sie lag innerhalb der Mauern, um auch zu Kriegszeiten die Nahrungsmittelversorgung zu gewährleisten.

Ukrainische Kirche

Wer mag, kann von hier aus einen kleinen Schlenker entlang der Stadtmauer machen. Dorthin gelangt man, wenn man an der Mühle rechts abbiegt in Richtung Mauer (beim Café Mademoiselle). Hier verläuft, parallel zu Lai-Straße und Stadtmauer, die Laboratooriumi-Straße. Kurz vor der Suurtüki-Straße passiert man zur Linken die kleine **ukrainisch-griechisch-katholische Kirche** (Laboratooriumi 22). Obgleich die ukrainische Gemeinde bereits im 17. Jh. in Tallinn aktiv war, bezog sie dieses Gebäude erst Ende des 20. Jh. Heute beherbergt das schiefe, mit einem Lastkran versehene Gebäude, das vormals nur weltlichen Zwecken diente, die Kirche mit einer hübschen Ikonostase von *Pjotr Gumenjuk,* ein kleines Kloster und ein **ukrainisches Kunstmuseum.**

Park an der Mauer

An dieser Stelle hat man mehrere Möglichkeiten, den Rundgang fortzusetzen. Entweder man läuft an der Stadtmauer entlang, die innerhalb und außerhalb der Altstadt sehr sehenswert ist, und steigt in Höhe der Suur-Kloostri-Straße den Nonnenturm hinauf, um einmal die Position früherer Wachmänner einzunehmen (s.u.), oder man kehrt auf die Lai-Straße zurück.

Zuvor lohnt sich aber auf jeden Fall ein Blick nach rechts, wo die Suurtüki-Straße aus der Altstadt hinausführt. Hier ist nicht nur die Deutsch-Baltische Handelskammer untergebracht, sondern auch ein Park angelegt, von dem man einen tollen Blick auf die Türme der Stadtmauer hat – daher der Name „Platz der Türme" (Tornide väljak).

Huecksches Haus

Folgt man der Suurtüki- von der Laboratooriumi-Straße aus nach links, gelangt man zurück auf die Lai-Straße. Dort verdient das gleich zur Rechten liegende Huecksche Haus (Huecki maja, Lai 29) Aufmerksamkeit. Vor dem Gebäude stehen zwei **Linden,** die – glaubt man den Erzählungen – der russische Zar *Peter I.* höchstpersönlich gepflanzt haben soll. Im Haus soll es außerdem spuken, allerdings geistert nicht der Zar, sondern ein Mönch durch die Mauern.

Naturkundemuseum und Theater

Gleich nebenan befinden sich das Estnische Naturkundemuseum und das **Tallinner Stadttheater** (Linnateater, Lai 23). Letzteres ist in einem hübschen mittelalterlichen Haus mit Stufenportal untergebracht. Wie an so vielen Häusern der Altstadt kann man auch hier noch den Flaschenzug am Giebel erkennen, ein Zeichen dafür, dass die oberen Stockwerke als Warenlager benutzt wurden.

- **Estnisches Naturkundemuseum** (Eesti Loodusmuuseum), Lai 29 a, Tel. 6411739, www.loodusmuuseum.ee, Mi–So 10–17 Uhr.

Weitere Museen

Einige nahe gelegene Gebäude beherbergen weitere Museen: das Estnische Museum für **Gesundheitswesen** und das Estnische Museum für **angewandte Kunst und Design.** Letzteres ist in einem sehenswerten alten Kornspeicher untergebracht. Der Eingang liegt etwas versteckt in einem Hinterhof, den man durch die Toreinfahrt betritt.

- **Estnisches Museum für Gesundheitswesen** (Eesti Tervishoiu Muuseum), Lai 30, Tel. 6411732, www.tervishoiumuuseum.ee, wird zurzeit renoviert, Wiedereröffnung voraussichtlich Sept. 2012.
- **Estnisches Museum für angewandte Kunst und Design** (Eesti Tarbekunsti- ja Disainimuuseum), Lai 17, Tel. 6274600, www.etdm.ee, Mi–So 11–18 Uhr.

Christi Verklärungskirche

Hinter den Museen geht rechter Hand die schon erwähnte Suur-Kloostri-Straße ab, die wieder zur Stadtmauer führt. Man passiert die russisch-orthodoxe Christi Verklärungskirche (Suur-Kloostri 14), die auf eine lange Geschichte zurückblickt. Zunächst errichteten die Dänen an dieser Stelle eine Kapelle (1219), später (1249) nahm das Nonnenkloster St. Michael hier seine Tätigkeit auf. Es fiel jedoch 1433 einem Brand zum Opfer. Zwar wurde es wieder aufgebaut, aber etwa hundert Jahre später, nach der Reformation, wurde es geschlossen. Nach dem Livländischen Krieg stand das Gotteshaus zunächst den schwedischen Truppen als Garnisonskirche zur Verfügung, ab 1716, nach dem Nordischen Krieg, den Russen. Seither dient es der **russisch-orthodoxen Gemeinde** als Kirche. Ihr heutiges Äußeres bekam sie nach einigen Umbauarbeiten in den Jahren 1827–30. Sehenswert ist die Ikonostase des russischen Meisters *Ivan Zarudnyij*, sie soll ein Geschenk *Peters I.* sein. Ein **Denkmal** erinnert an *Platon*, den ersten Bischof der estnisch-orthodoxen Kirche, der 1919 von Kommunisten ermordet wurde.

Zu besagten Schwedenzeiten, also nach dem Livländischen Krieg, ließ König *Gustav II. Adolf* im Konventgebäude des Klosters das erste **Gymnasium** Estlands (Suur-Kloostri 16) einrichten (1631), das seinen Namen trägt.

Stadtmauer und Nonnenturm

Hinter der Christi Verklärungskirche erhebt sich bereits wieder die Stadtmauer. Ursprünglich umgab sie die komplette Unterstadt und war zwischen dem 13. und 16. Jh. die mächtigste Befestigungsanlage Nordeuropas. Immerhin sind von der bis zu drei Meter breiten und 16 Meter hohen Mauer, die in einer Länge von etwa 2,4 Kilometern um die Stadt verlief, noch knapp zwei Kilometer mit 26 Türmen erhalten.

An dieser Stelle hat man die Möglichkeit, die Mauer zu erklimmen und wie seinerzeit die Stadtwächter den Blick über Innenstadt und Umgebung schweifen zu lassen. Der etwas abenteuerliche **Aufstieg** im Nonnenturm wird mit einem schönen Ausblick auf die Umgebung belohnt. Vom Nonnenturm gelangt man durch den Verteidigungsgang zu zwei weiteren Türmen: dem Badestubenturm und dem Goldenen Fuß.

- **Stadtmauer,** Aufstieg vom Nonnenturm, Väike Kloostri 1 / Gümnaasiumi 3, Juni bis August tägl. 11–19 Uhr, den Rest des Jahres variierend und kürzer.

Aufstieg zum Domberg

Wer von hier aus auf den Domberg steigen will, kann eine **Treppe** nördlich des Kalksteinplateaus benutzen. Hierzu folgt man der Suur-Kloostri-Straße durch das Tor, überquert am Ende der Häuserreihe links die Straße und steigt die Treppe am Hang des Dombergs hinauf.

Weitere Aufgänge befinden sich in der Innenstadt und heißen **Pikk jalg** oder **Lühike jalg.** Die Pikk-jalg-Straße ist nicht weit von hier entfernt. Statt durch die Toreinfahrt gegenüber dem Gymnasium zu gehen, hält man sich links und folgt der Väike-Kloostri-Straße, die in die Nunne-Straße übergeht. Am Ende der Nunne steht rechts ein Turm – der Eingang zur Pikk jalg (siehe „Oberstadt/Domberg: Das kurze und das lange Bein").

Rückkehr zum Rathausplatz

Um den Rundgang durch die Unterstadt zu vervollständigen, kann man sich aber zunächst die Sehenswürdigkeiten südlich und östlich des Rathausplatzes ansehen. Statt rechts auf die Pikk jalg abzubiegen, geht man geradeaus (etwas versetzt) in die Rataskaevu. Vor dem St. Petersbourg Hotel (Rataskaevu 7) kann man mit dem **Radbrunnen** den wahrscheinlich ältesten Brunnen der Stadt bewundern, der bereits im 14. Jh. genutzt wurde. Die Dunkri-Straße zur Linken führt zurück auf den Rathausplatz.

Das Lateinerviertel entlang der Vene-Straße

Außer der Pikk- und der Lai-Straße zieht sich eine dritte Achse durch die Unterstadt: die Vene-Straße, die früher einmal Mönchsstraße hieß, aber im Mittelalter den Alten Markt mit einer Siedlung von russischen Kaufleuten verband, sodass sie in Russenstraße (estnisch: *Vene*) umgenannt wurde. Man erreicht sie vom Rathausplatz aus entweder über die Vanaturu kael (hinter dem Rathaus) oder über die Apteegi-Straße neben der Apotheke.

Kaufmannshäuser

Wählt man den Weg hinter dem Rathaus, passiert man einige interessante mittelalterliche Gebäude, beispielsweise das **Haus eines reichen Fleischers** (Vana Turg 3, die Vana turg geht in die Vene-Straße über), in dem heute eine Galerie ansässig ist, oder das **Packhaus** (Vana turg 1), welches heute das Restaurant **Olde Hansa** beherbergt. Bevor es im 17. Jh. umgebaut wurde, beherbergte das Haus drei Speicher für die Waren ausländischer Kaufleute. Kehrt man hier ein, fühlt man sich angesichts der mittelalterlichen Kostüme der Kellner sowie der Musik und Ausstattung des Restaurants in diese Zeit zurückversetzt. Eine ähnliche Atmosphäre findet man gegenüber im Restaurant **Peppersack** (Vana turg 6) vor.

Hof der Meister

Der Vene-Straße Richtung Norden folgend, dringt man in das sogenannte **Lateinerviertel** vor. In den Hinterhöfen liegen kleine Schätze verborgen, beispielsweise im Hof der Meister *(Meistrite Hoov),* in den man beim Haus Nr. 6 abbiegt. Hier befinden sich **kleine Geschäfte** und ein ausgezeichnetes Schokoladencafé.

Katharinengang und -kirche

Zurück auf der Vene-Straße, zweigt nicht weit vom Hof der Meister entfernt eine weitere kleine Gasse rechts ab. Folgt man ihr, findet man sich in einer der romantischsten Szenerien der estnischen Hauptstadt wieder. Der **Katariina käik** (Katharinengang), der die Vene-Straße mit der Müürivahe-Straße verbindet, führt an der Wand der ehemaligen gleichnamigen Kirche entlang, an der heute alte Grabsteine und -platten angebracht sind. Die Katharinenkirche, die zu einem benachbarten Kloster gehörte, war die größte der Stadt, bevor sie mit dem Kloster im 16. Jh. durch einen Brand zerstört wurde.

Restaurants, kleine Handwerkerläden und Galerien haben sich in den letzten Jahren im Katharinengang angesiedelt. Übrigens kann es leicht passieren, dass man hier auf ein Filmteam stößt. Der Katharinengang war schon Kulisse für einige Filme, auch wenn er zuweilen als Straße des mittelalterlichen London oder Paris ausgegeben wurde.

Ehemaliges Dominikanerkloster

Im Bereich zwischen Vene, Katariina käik und Müürivahe liegt das ehemalige Dominikanerkloster, das 1246 von Mönchen gegründet wurde und der heiligen Katharina geweiht war. Bei der Klosteranlage handelt es sich um das älteste zumindest teilweise erhaltene Gebäude der Tallinner Altstadt. In der Müürivahe-Straße liegt in einem kleinen Innenhof der Zugang zu einem Teil des Klosters, der besichtigt werden kann. Obwohl in den Räumen außer einigen **Steinmetzarbeiten,** darunter solchen von *Arent Passer,* der auch an den Dekorationen der Domkirche und des Schwarzhäupterhauses gearbeitet hat, nicht viel zu sehen ist, lohnt ein Besuch wegen der Atmosphäre des Gebäudes. Im Keller lädt eine **„Energiesäule"** Besucher ein, Kraft und Energie zu tanken.

Der andere Teil des Klosters mit der **Klosterkirche** und dem Kreuzgang kann zurzeit nur von größeren Gruppen im Rahmen von Führungen und

Foto: jl 005es

Veranstaltungen genutzt und besichtigt werden.

Im Mittelalter hatten die Mönche einen großen Einfluss auf die Stadtbevölkerung, sehr zum Argwohn der weltlichen Herrscher. Unter dem Deckmantel der Reformation verjagte der Rat 1525 die Dominikaner aus Tallinn. Die Anlage fiel nur sechs Jahre später einem Brand zum Opfer. Erst 1996 kehrten die Dominikaner nach Tallinn zurück und ließen sich östlich des ehemaligen Klosters an der Müürivahe-Straße nieder.

- **Klausur des Dominikanerklosters,** Müürivahe 33, mobil 5112536, www.mauritarium.edu.ee, Juni bis August täglich 10–17 Uhr; im Winter nur nach Voranmeldung.
- **Klosterkirche und andere Gebäudeteile,** Vene 16/18, mobil 5155489, www.kloostri.ee.

St.-Peter-und-Paul-Kirche

Dreht man am Ende des Katharinengangs um und kehrt auf die Vene-Straße zurück, findet man nur einige Schritte weiter nördlich einen weiteren Schatz der Altstadt. Die neoklassizistische St.-Peter-und-Paul-Kirche (Vene 16) in einem Hinterhof neben dem Katharinengang wurde zwischen 1841 und 1844 an der Stelle erbaut, wo sich einstmals das Refektorium eines mittelalterlichen Dominikanerklosters befand. Die neoklassizistische Fassade ist erst nachträglich entstanden.

Häufige Filmkulisse: der Katharinengang

Tallinner Stadtmuseum

Das Geschichtsmuseum der Stadt liegt weiter nördlich auf der gegenüberliegenden Seite der Vene-Straße und ist in einem hübschen Patrizierhaus untergebracht. Im Tallinner Stadtmuseum kann man sich durch sämtliche Epochen führen lassen – vom Mittelalter über die Sowjet-Okkupation bis hin zur Unabhängigkeit Estlands.

- **Linnamuuseum,** Vene 17, Tel. 6155183, www.linnamuuseum.ee, März bis Oktober 10.30–17.30 Uhr, November bis Februar 11–16.30 Uhr, dienstags geschlossen.

Kirche des heiligen Nikolai des Wundertäters

Schräg gegenüber, auf der anderen Seite der Vene-Straße, erhebt sich die Kirche des heiligen Nikolai des Wundertäters (Vene 24), ein Nachfolgebau jener russischen Kirche, die hier bereits im 13. Jh. gestanden hat. Wie schon erwähnt, kommt der Name der Straße („Russische Straße") daher, dass hier ein russischer Handelshof angesiedelt war, zu dem auch das Gotteshaus gehörte. Die Kirche, die sich heute an dieser Stelle erhebt, wurde vom St. Petersburger Architekten *Luigi Rusca* entworfen und 1827 fertiggestellt.

Läden in der Müürivahe-Straße

Wer noch einen kleinen Einkaufsbummel einlegen will, dem sei ein Gang durch die Müürivahe-Straße empfohlen. Dorthin gelangt man über die Munga-Straße oder den oben erwähnten Katharinengang. **Souvenirs** findet man bei den Handarbeitsständen an der Stadtmauer (Müürivahe oberhalb der Viru-Straße): Hier werden handgestrickte Pullover, Mützen und Handschuhe, aber auch Leder- und Holzarbeiten, Keramikwaren und Schmuck feilgeboten, wobei dies allerdings nicht die preiswerteste Kaufgelegenheit ist.

Im Süden der Unterstadt

An der Stadtmauer

Nach dem Einkaufsbummel lohnt sich ein Blick auf die **Viru-Pforte** oder auch Lehmpforte, eine der beiden noch erhaltenen Vorpforten, die heute die Altstadt mit dem modernen Tallinn verbindet. Die Vorpforte war Teil des Haupttores, welches außerdem Hängebrücke, Wallgraben und Fallgitter umfasste. Sechs solcher Tore waren im Mittelalter Bestandteil der Stadtmauer.

Entlang der Viru-Straße, die in östlicher Richtung zum modernen Teil Tallinns führt, in westlicher jedoch wieder in Richtung Rathausplatz, finden sich weitere Restaurants, Geschäfte und Fast-Food-Ketten.

Theater- und Musikmuseum

Kulturinteressierte können der Müürivahe weiter folgen und einen Blick in das estnische Theater- und Musikmuseum werfen. Im Haus lebte und arbeitete von 1923 bis 1933 Professor *Jaan Tamm,* der Direktor des Tallinner Konservatoriums.

Zuvor passiert man ein klassisches Beispiel stalinistischer Architektur (Vana-Posti 8), ein **Kino** aus dem Jahr 1955 mit der Aufschrift **„Sõprus"** (Freundschaft).

•**Theater- und Musikmuseum,** Müürivahe 12, Tel. 6446407, www.tmm.ee, Mi–Sa 10–18 Uhr.

An der Harju-Straße

Etwas weiter kreuzt die Harju-Straße die Müürivahe. Auch hier stand im Mittelalter ein großes Stadttor, die **Harju-Pforte,** von der allerdings nichts mehr zu sehen ist. Errichtet im 14. Jh., verband sie die Stadt mit dem Landkreis Harjumaa. Die Zeit überdauert hat jedoch die Geschichte jenes Mannes, der an dieser Stelle hingerichtet wurde: *Johann von Üexküll,* der am 7. Mai 1535 genau zwischen den zwei Außentoren der Pforte den Tod fand. Die Hinrichtung des Adligen durch den Rat der Stadt führte zu einem erbitterten Streit zwischen der Stadt und der Ritterschaft in Harjumaa, sodass das Tor von 1538 bis 1767 geschlossen blieb. Abgetragen wurde es 1875.

Bereits von hier öffnet sich der Blick auf eine der ältesten Kirchen Tallinns, die Nikolaikirche, auf den Wachturm „Kiek in de Kök" sowie die Zwiebeltürme der Alexander-Newski-Kathedrale, die schon auf dem Domberg liegt.

Auffällig an der Harju-Straße ist die fehlende Bebauung auf der einen Seite. Ursprünglich befand sich hier, wie in der ganzen Altstadt, eine geschlossene Häuserzeile, die aber durch den Bombenangriff der Roten Armee am 9./10. März 1944 zerstört wurde. Zwischenzeitlich waren die Fundamente der Gebäude als Mahnmal freigelegt.

Nikolaikirche

Angesichts der Tallinner Hansetradition erstaunt es nicht, dass deutsche Kaufleute, die Anfang des 13. Jh. über Gotland nach Tallinn gekommen waren, eine Kirche bauten, die sie dem Schutzpatron der Seefahrer und Kaufleute widmeten, dem heiligen *Nikolaus*. Die spätgotische Steinkirche wurde, wie auch andere Gotteshäuser im Ostseeraum, als **Wehr- und Speichergebäude** genutzt. Da zur Zeit ihrer Erbauung noch keine schützende Mauer die Unterstadt umgab, fiel der Turm mächtig und hoch aus. Der Dachspeicher diente dazu, Waren zu lagern.

Im 15. Jh. fing man an, die Kirche zur **Basilika** umzubauen. Es heißt, sie sei die einzige Kirche der Unterstadt, die während des Bildersturms in der Reformationszeit unversehrt blieb, weil der Kirchenvorsteher Zinn in die Schlösser goss, um eine Stürmung zu verhindern.

Bis zum Zweiten Weltkrieg nutzte die deutsche Gemeinde das Gotteshaus, das 1944 bei einem Bombenangriff der Sowjetarmee stark beschädigt wurde. Fast das ganze Viertel um die Kirche wurde dabei zerstört. 1982 fiel sie einem Brand zum Opfer.

Nach einer erneuten Restaurierung dient die Nikolaikirche heute als Zweigstelle des **Estnischen Kunstmuseums.** Herausragende Exponate sind der kostbare ehemalige Hauptaltar der Kirche, der 1482 vom Lübecker Meister *Hermen Rode* mit bemalten Holzskulpturen versehen wurde, ein Fragment des „Totentanz“ von *Bernd Notke* aus Lübeck sowie eine historische Silbersammlung, die unter anderem das Silber der Schwarzhäuptergilde beinhaltet.

- **Niguliste-Museum und Konzertsaal in der Nikolaikirche,** Niguliste 3, Tel. 6314330 (Info), 6449903 (Eintrittskarten), www.ekm.ee/niguliste, Mi–So 10–16.30 Uhr.

Michaeliskirche

Geht man von der Nikolaikirche die Rüütli-Straße hinunter, gelangt man zu einem schlichten, turmlosen Gebäude aus dem 16. Jh.: der schwedischen Michaeliskirche (Rüütli 7/9). Ursprünglich war sie als sogenanntes Neues Siechenhaus und Armenspital erbaut worden, wurde aber ab dem 18. Jh. von der **schwedischen Gemeinde** in Tallinn als Kirche benutzt. Zu Sowjetzeiten hat man das im Krieg stark beschädigte Gebäude zu einer Sporthalle umfunktioniert, bis es 1992, nachdem Estland seine Unabhängigkeit wiedererlangt hatte, an die schwedische Gemeinde zurückgegeben wurde.

Oberstadt/Domberg

Das kurze und das lange Bein

„Warum hinkt Tallinn?“ lautet eine beliebte Scherzfrage, die Touristenführer den Besuchern der Stadt stellen. Die Antwort lautet: Weil die Stadt ein kurzes und ein langes Bein hat. Frage und Antwort beziehen sich auf zwei Straßen, die Ober- und Unterstadt miteinander verbinden: **Lühike jalg** („kurzes Bein“) und **Pikk jalg** („langes Bein“). Im Deutschen werden sie auch

„Kurzer Domberg" und „Langer Domberg" genannt.

Obgleich man den Domberg auch über eine Treppe, die im Norden auf das Kalksteinplateau hinaufführt, oder über eine Straße im Süden erreicht, gelangen die meisten Touristen auf einem dieser beiden Wege in die Oberstadt. Der Weg über die Pikk jalg ist weniger steil, dafür etwas weiter, während sich die Lühike jalg im Wesentlichen als eine enge Treppengasse entpuppt. Wer etwas Zeit mitbringt, sollte auf jeden Fall beide Wege ausprobieren. Die Pikk jalg betritt man am unteren Ende durch einen Torturm aus dem Jahr 1380. Die Lühike jalg beginnt gegenüber der Nikolaikirche. Im Mittelalter wurde die Lühike jalg von Fußgängern benutzt, während Reiter und Kutschen die Pikk jalg frequentierten.

Auf dem Weg laden **Galerien** wie die „Galerii Kaks" zu einer Verschnaufpause ein. Sie bieten weit mehr als die typischen Souvenirs wie Bernsteinketten, gestrickte Socken oder Kochlöffel aus Wacholderholz. Zeitgenössische **Designer** wie *Helina Tilk,* die in ihrem gleichnamigen Geschäft Geschirr mit Tiermotiven verkauft, die einem Comic entsprungen sein könnten, wurden bislang noch nicht von eintönigen Souvenirläden verdrängt.

Garten des dänischen Königs und Stadtmauer

Hält man sich am oberen Ende der Lühike jalg geradeaus und dann links, erreicht man den Garten des dänischen Königs (Taani kuninga aed, alternativ geht man um die Alexander-Newski-Kathedrale herum), wo der Legende nach im Jahr 1219 im Krieg Dänemarks gegen Estland auf Gebete des dänischen Königs *Waldemar II.* die dänische Fahne vom Himmel gefallen sein soll. Bestärkt durch dieses Wunder, soll das dänische Heer die Schlacht gewonnen haben.

Entlang dem Garten befinden sich Teile der mächtigen Stadtmauer, die an dieser Stelle zwei Türme, den **Jungfern-** und den **Marstallturm,** miteinander verbindet. Etwas weiter südlich erhebt sich ein besonders behäbiger Turm, der **Kiek in de Kök** genannt wird (s.u.).

Alexander-Newski-Kathedrale

Hoch auf dem Domberg (Toompea) dominiert die orthodoxe Alexander-Newski-Kathedrale (estnisch: Aleksander Nevski katedraal, Lossiplats 19, täglich 8–19 Uhr) mit ihren **fünf Zwiebeltürmen** bereits seit über einem Jahrhundert das Stadtbild. Erbaut wurde sie in den Jahren 1894–1900 vom Architekten *Michael Preobraženski* im historistischen Stil. Vorbild waren fünftürmige Kirchen aus dem 17. Jh., wie man sie beispielsweise in Moskau findet.

Obgleich sie ein beliebtes Fotomotiv für Touristen abgibt, die vom üppig geschmückten und märchenhaft wirkenden Inneren und Äußeren der Kirche fasziniert sind, schätzen viele Esten das Bauwerk nicht besonders. In der Tat will es nicht so recht in das mittelalterliche Architekturensemble der Oberstadt passen. Doch nicht nur das, die Kirche galt zur Zeit ihrer Erbauung als deutliches **Symbol der Russifizierung.** Mit ihrem Bau wollte der russische Zar ein politisches Zeichen setzen und den Macht- und Überlegenheitsanspruch Russlands gegenüber der lutherischen Bevölkerung – Deutschen und Esten – unterstreichen. Bewusst wurde der wohl repräsentativste Platz der Stadt als Standort der Kirche ausgewählt, genau an der Stelle, wo zuvor ein Denkmal *Martin Luthers* gestanden hatte. Zahlreiche alte Gebäude und ein Teil der alten Burgmauer wurden abgerissen, um Platz für die nunmehr größte Kuppelkirche Tallinns zu schaffen.

Auch der Name des Bauwerks hat Symbolwert, schließlich war es *Alexander Newski*, der die deutschen Kreuzritter im Jahr 1242 auf dem zugefrorenen Peipus-See vernichtend schlug und somit ihr Vordringen gen Osten vereitelte. Szenen, wie *Newski* gegen die Deutschen kämpft (über dem Südeingang) oder Fürst *Wsewolod* die Esten besiegt (Nordfassade), sind in den Wandmosaiken wiederzufinden.

Elf Glocken hängen in den fünf Türmen des Sakralgebäudes, mehr als in jeder anderen Kirche der Stadt. Die mächtigste misst drei Meter im Durchmesser und gilt mit einem Gewicht von 15 Tonnen als größte des Landes.

006es Foto: jl

Perfekter Kitsch und nicht jedermanns Geschmack: die Alexander-Newski-Kathedrale

Trotz seiner umstrittenen Geschichte ist das Bauwerk mit seinen zahlreichen Mosaiken und Ikonen sehr sehenswert.

Domschloss und Langer Hermann

Gleich gegenüber der vergleichsweise jungen Alexander-Newski-Kathedrale befindet sich die weitaus geschichtsträchtigere Domberg-Festung, an die sich auch das **Wahrzeichen Tallinns,** der über 45 Meter hohe Lange Hermann (Pikk Hermann) angliedert. Auf dem Turm weht die blau-schwarz-weiße Nationalfahne.

Bereits im 11. Jh. stand an dieser Stelle eine estnische Bauernburg, die später unter dem Schwertbrüderorden durch ein Kastell mit Eckturm ersetzt wurde. Ab 1238 bauten die Dänen die Burg aus, bis diese Mitte des 14. Jh.

007es Foto: jl

vom Livländischen Orden übernommen wurde. Aus dieser Zeit stammt der in der Südwestecke der Burg angesiedelte **Lange Hermann** sowie der **Pilsticker-Hängeturm,** der sich an der Nordwestecke befindet.

Neben diesen beiden Türmen sind heute noch die nördliche **Wehrmauer** und der **Landskroneturm** erhalten. 1533–90 errichteten die Schweden mit Hilfe der polnischen Meister *Antonius* und *Johann Poliensis* ein zweigeschossiges Paradehaus, das **Reichssaalgebäude.**

Etwa 200 Jahre später, 1767–73, wurde die Burg endgültig vom Jenaer Architekten *Johann Schultz* in ein **Schloss** umgebaut, das den Ostflügel der Burg und einen Eckturm ersetzte und dem Gouverneur von Estland als Residenz diente. Zu dieser Zeit bekam die Hauptfassade des dreigeschossigen Bauwerks ihr heutiges Antlitz. Während die Fassade barocken Stils ist, hielt man sich im Inneren an frühklassizistische Motive. Anstelle des abgebrannten Konventhauses entstand 1920–22 das expressionistische Gebäude der estnischen Staatsversammlung (Riigikogu). Auch heute hat das estnische **Parlament** hier seinen Sitz.

Gasse an der Domkirche

Domgilde und Domschule

Folgt man der Toom-Kooli-Straße, erreicht man den Kiriku plats (Kirchplatz), der seinen Namen der Domkirche zu verdanken hat. Zuvor passiert man zwei weitere geschichtsträchtige Bauten. Ein Vorgängerbau des klassizistischen Gebäudes auf der Toom-Kooli-Straße 9 diente einst der Domhandwerks-Gilde als Sitz. In der unmittelbaren Nachbarschaft war jahrhundertelang die Domschule tätig. 1319 auf Anordnung des dänischen Königs *Erich Menved* gegründet, wurden hier die adligen Schüler unterrichtet. 1919–1939 diente es als **deutsches Gymnasium.**

Domkirche

Am Kirchplatz erhebt sich an der Stelle, wo vermutlich bereits im frühen 13. Jh. von den Dänen eine Holzkirche erbaut worden war, die spätgotische Domkirche, die der Jungfrau Maria geweiht ist, eines der ältesten Gotteshäuser des Landes. Das erste steinerne Bauwerk wurde 1240 fertiggestellt, aber bereits weniger als ein Jahrhundert später nach dem Vorbild gotländischer Kirchen in eine **dreischiffige Basilika** umgebaut. Die Ostwand des quadratischen Chors wurde abgetragen und durch eine polygonale Apsis ersetzt, außerdem erhielt der Chor ein Gewölbe mit Rundstab-Rippen.

Nachdem die Domkirche in den folgenden Jahrhunderten nach und nach durch kleinere Anbauten wie Kapellen, einen Glockenturm sowie das Stufenportal an der Südseite erweitert worden war, wurde sie im Jahr 1684 bei einem Brand auf dem Domberg schwer zerstört. In nur zwei Jahren hat man sie wieder aufgebaut, doch der Turm mit dem barocken Helm wurde erst 1778/79 hinzugefügt.

Die Besichtigung des Innenraums gehört zum Muss eines jeden kulturhistorisch interessierten Tallinn-Besuchers. Obgleich die Ausstattung bei dem Brand im 17. Jh. überwiegend zerstört wurde, sind noch zahlreiche Stücke – vor allem **Wappenschilde und Grabsteine** – aus früheren Zeiten erhalten. Die Wände des Kalksteingebäudes werden von Wappenepitaphen baltendeutscher Adliger geziert. Grabmäler erinnern an berühmte Köpfe des Landes wie den schwedischen Heerführer *Pontus de la Gardie* oder den Anführer der Tallinner Garnison *Carl Horn* (1601). Aus dem 18. und 19. Jh. stammen die Grabmäler des schottischen Admirals *Samuel Greigh* (1788), der sich in der russischen Flotte verdient machte, und des Weltumseglers *Adam Johann von Krusenstern* (1848).

Aus der Barockzeit stammen die mit kunstvollen Schnitzereien versehenene **Kanzel** (1686) und der **Altar** (1694–96) von *Christian Ackermann.* Das Altarbild ist ein Kunstwerk *Eduard von Gebhardts.*

Adelshäuser und Aussichtspunkte

Rings um die Kirche gruppieren sich prächtige Adelshäuser, darunter das **Haus der Estländischen Ritterschaft** (Kiriku plats 1), der Selbstverwaltung vorwiegend deutschstämmiger Adliger, das aus der Mitte des 19. Jh.

stammt und heute einen Teil der Kunsthochschule beherbergt.

Den wohl schönsten Blick auf Gassen und Plätze, Speicher und Gildehäuser, Kirchen und spitzgiebelige Dächer hat man von den **zwei Aussichtsplattformen** des Dombergs. Hier drängeln sich Touristen aus aller Welt, um einen Blick bis hin zur Ostsee zu erhaschen, bevor sie sich – eingekeilt zwischen Postkartenverkäufern und Straßenmusikern – den Schönheiten des Dombergs zuwenden.

Eine der Plattformen liegt nicht weit vom Haus der Estländischen Ritterschaft entfernt. Man folgt entweder der Toom-Rüütli-Straße oder der Kohtu-Straße. Letztere führt an weiteren Adelshäusern aus dem 19. Jh. vorbei. Das ehemalige Haus der Familie *von Uexküll* (Kohtu 4) beherbergt heute die **finnische Botschaft.** Im Innenhof des Hauses Kohtu 6, das der Familie *von Ungern-Sternberg* gehörte und vom Architekten *Martin Gropius* (Großvater von *Walter Gropius*) erbaut wurde, erinnert eine Gedenktafel an die **deutsche Kulturselbstverwaltung,** die hier zur Zeit der ersten estnischen Unabhängikeit ihren Sitz hatte. Das **Gebäude Nr. 8** gehört zu den schönsten klassizistischen Bauwerken Tallinns und wurde von *Karl Ludwig Engel,* einem Schüler *Schinkels,* für die Familie *von Kaulbars* erbaut. Da das Gebäude am Hang des Dombergs liegt, ist die der Stadt zugewandte, von hier aus gesehen hintere Seite repräsentativer als die vordere. Sie ist mit sechs ionischen Säulen geschmückt. Einen Blick erhascht man von der Pikk jalg.

Am Ende der Straße biegt man rechts um die Ecke und gelangt zu der Plattform, wo man hervorragend Fotos von der Unterstadt schießen kann. Von hier aus geht es weiter zur zweiten Aussichtsplattform ganz im Norden des Dombergs an der Patkul-Treppe. Dort eröffnet sich der Blick über den Hafen, die Stadtmauer und die Olaikirche. In unmittelbarer Nähe befindet sich das Stenbockhaus.

Stenbockhaus

Im nördlichen Teil des Dombergs befindet sich das sogenannte „Stenbockhaus“, der **Regierungssitz** des Landes. Ursprünglich wurde es Ende des 18. Jh. als Gerichtsgebäude und Gefängnis errichtet. Da der russische Staat, der den Bau in Auftrag gegeben hatte, jedoch nicht für die Kosten aufkam, beschloss der Erbauer, es stattdessen als Wohnhaus für seine Familie zu nutzen. Nachdem Estland Anfang der 1990er Jahre wieder seine Unabhängigkeit erlangt hatte, wurde das Stenbockhaus Sitz der Regierung. Hinter der frühklassizistischen Fassade geht es sehr modern zu, schließlich bilden die Regierungsmitglieder die erste „E-Regierung“ der Welt, die vollkommen ohne Papier und Aktenberge auskommt.

An der Fassade des Gebäudes erinnert eine Gedenktafel an jene Politiker, die am Ende der ersten estnischen Unabhängigkeit bei der Okkupation ermordet wurden bzw. danach als verschollen galten.

Am Rande der Altstadt

Kiek in de Kök

Wer nach der Besichtigung des Dombergs nicht über die Pikk jalg oder die Lühike jalg auf direktem Weg in die Unterstadt zurückkehren möchte, kann südlich der Oberstadt zwei sehr unterschiedliche, jedoch gleichermaßen sehenswerte Museen aufsuchen. Eines befindet sich in dem **Turm** Kiek in de Kök, den man vom Schlossplatz in ein paar Minuten erreicht. Hierzu folgt man der Toompea-Straße abwärts und biegt links in die Komandandi tee ein.

Im 15. Jh. galt der Turm mit seinen drei bis vier Meter dicken Mauern als einer der stärksten Kanonentürme des Baltikums. Seinen durchaus originellen Namen, der aus dem Niederdeutschen stammt und soviel wie „Schau in die Küche" heißt, soll daher stammen, dass die Turmwächter von dem 49 Meter hohen Turm einen hervorragenden Blick in die Küchen der Unterstadt hatten. Einige in die Wand eingemauerte Kanonenkugeln stammen noch aus dem Livländischen Krieg, als die Truppen *Iwans des Schrecklichen* versuchten, die Stadt anzugreifen. Im Turm, der durch den Bau der Bastionen etwa zu einem Drittel unterirdisch liegt, ist heute eine Filiale des **Tallinner Stadtmuseums** untergebracht. Wer Tallinn einmal von unten sehen will, kann sich im Museum einer Führung durch die **Tunnel der Stadt** anschließen. Etwa 470 Meter stehen für Besucher offen.

• **Kiek in de Kök,** Komandandi tee 2, Tel. 6446686, www.linnamuuseum.ee, März bis Oktober 10.30–17.30 Uhr, November bis Februar 11–16.30 Uhr, Mo geschlossen. Für die Führungen durch die Tunnel man muss sich vorher telefonisch, per E-Mail oder im Museum anmelden. Eintritt Museum ca. 5 Euro, Bastionstunnel 6 Euro.

Okkupationsmuseum

Das zweite sehenswerte Museum südlich der Oberstadt, das Okkupationsmuseum, erreicht man, vom Domberg kommend, indem man der Toompea-Straße ganz hinunterfolgt oder gleich hinter Kiek in de Kök über den Vabaduse-Platz geht. Nur ein paar Fußminuten vom Vabaduse väljak entfernt befindet sich am Fuße des Dombergs das auffällige, einstöckige Gebäude. Das 2003 fertiggestellte „Haus ohne Wände" von *Indrek Peil* und *Siiri Vallner* mit schiefer Fassade, Glaswänden und einem von der Straße zugänglichen Innenhof ist ein gelungenes Beispiel moderner Architektur.

Die im Inneren befindliche Ausstellung widmet sich der Zeit zwischen 1939 und 1991, als Estland zunächst kurz von den Deutschen und dann rund ein halbes Jahrhundert lang von der Sowjetunion besetzt war. Verschiedene Ausstellungsstücke, Fotos und Tondokumente zeugen von den Repressalien der Besatzer und dem Widerstand der Bevölkerung. Wer sich für die Geschichte des Landes interessiert, sollte auf jeden Fall einen Besuch einplanen.

• **Okkupationsmuseum,** Toompea 8, Tel. 6680250, www.okupatsioon.ee, Di–So 11–18 Uhr.

Kaarli-Kirche

Schräg gegenüber, auf einer Art Verkehrsinsel, steht die Kaarli-Kirche, die nach dem schwedischen König *Karl XI.* benannt wurde. Er finanzierte den Bau einer Vorgängerkirche im Jahr 1670. Aus Holz erbaut, brannte sie 1710 ab und wurde 1862–70 durch das heutige Gebäude ersetzt. Die Zwillingstürme im neoromanischen Stil wurden 1882 fertiggestellt. Im Inneren befindet sich die größte Orgel Estlands aus dem Jahr 1923. Das Altarbild schuf der große estnische Maler *Johann Köler.*

Nationalbibliothek

Nicht weit von der Altstadt und dem Okkupationsmuseum entfernt befindet sich in einem mächtigen, wenn nicht gar ein wenig überproportionierten Gebäude die estnische Nationalbibliothek. Das Bauwerk wurde noch zu Sowjetzeiten geplant, aber erst 1993, als Estland bereits unabhängig war, eröffnet.

Im oberen Stockwerk liegen der **deutsche, österreichische und schweizerische Lesesaal,** wo man nicht nur Literatur und Sachbücher, sondern auch deutschsprachige Zeitungen erhält. Allerdings muss man sich zuvor einen Benutzerausweis ausstellen lassen. Wer in der Bibliothek arbeiten möchte, findet optimale Bedingungen vor. Mit einem eigenen Laptop kann man den kostenlosen Internetzugang nutzen; die Caféteria bietet preiswerte Snacks. Im Erdgeschoss und ersten Stock finden oftmals kleine Ausstellungen statt.

Vor der Bibliothek stand bis Mai 2007 das umstrittene **Denkmal für den Sowjetischen Soldaten,** das 1947 errichtet wurde. Den Esten war es ein Dorn im Auge, sahen sie darin doch ein Symbol der jahrzehntelangen sowjetischen Besatzung. Daran hatte sich auch mit der Änderung der Inschrift nicht viel getan, die zuletzt „Für die Gefallenen des Zweiten Weltkriegs" lautete. So wurde das Denkmal demontiert und auf einem Friedhof weit außerhalb aufgestellt. Dies gefiel wiederum den russischstämmigen Bewohnern nicht, weswegen es zu heftige **Unruhen in Tallinn** kam. In die Auseinandersetzungen mischte sich schließlich sogar Moskau ein.

- **Estnische Nationalbibliothek,** Tõnismägi 2, Tel. 6307611, www.nlib.ee, Mo–Fr 11–20 Uhr, Sa 12–19 Uhr, im Juli und August Mo–Fr 12–18 Uhr.

Freiheitsplatz

Der **Vabaduse väljak** wurde am 20.8.2009 zum 18. Jahrestag der Wiedererlangung der Unabhängigkeit feierlich wiedereröffnet, nachdem er im Zuge von archäologischen Grabungen grundlegend umgestaltet worden war. Neu hinzugekommen ist das **gläserne Kreuz,** das Denkmal für den Unabhängigkeitskrieg.

Die Bebauung um den Platz stammt hauptsächlich aus den 1930er Jahren. Hervorzuheben sind (im Uhrzeigersinn): das **Café Wabadus,** das an die berühmten Vorgänger Kultas (in den 1930er Jahren) und Moskva anzuknüpfen versucht, das **Tallinner Kunsthaus** mit dem Café Kuku, Ausstellungsräumen und Ateliers sowie die neugotische **Johanniskirche** (Jaani kirik) aus dem Jahr 1867. Wendet man den Blick weiter im Uhrzeigersinn, erblickt man auf der anderen Seite der breiten Kaarli pst drei weitere interessante Gebäude: Links liegt das **Hotel Palace** aus den 1930er Jahren mit seiner eleganten, wenn auch etwas angegrauten Fassade, rechts daneben ist das **Russische Theater** (Vene teater) von 1926 zu sehen, ursprünglich ein Kino. Das in rotbraunen Klinkerziegeln ausgeführte Haus der **Stadtverwaltung** nebenan stammt aus dem Jahr 1932 und ist ein hervorragendes Beispiel der Art déco in Tallinn.

Die zwei Säulen am Beginn des Grünstreifens in der Mitte der Kaarli pst sind die **Freiheitsuhren,** von denen die eine die Zeit seit der Unabhängigkeit 1918 und die andere die seit der Unabhängigkeit 1991 zählt.

- **Tallinner Kunsthaus,** Vabaduse väljak 6–8, Tel. 6442818, www.kunstihoone.ee, Mi–So 12–18 Uhr.

Viru-Platz und Umgebung

Der Vabaduse väljak ist durch eine breite Verkehrsachse, die Pärnu-Straße, mit dem zweiten Hauptplatz des modernen Tallinn, dem Viru väljak, verbunden, der von einem hohen Hotelgebäude und einem Einkaufszentrum dominiert wird. Auf dem Weg passiert man das **Estnische Dramentheater** aus dem Jahr 1910, das im nordischen Jugendstil erbaut wurde, und das danebenliegende **Estonia Theater** von 1910–13. Es beherbergt die Nationaloper und den Estonia-Konzertsaal (s.u.: „Praktische Tipps: Aktivitäten“).

Östlich des Viru-Platzes sind im ersten Jahrzehnt des 21. Jh. zahlreiche neue **Hochhäuser** mit verspiegelten Fassaden in die Höhe gezogen worden. Nachdem die Dänen, Deutschen und Russen ihre Spuren in Tallinn hinterließen, sind es jetzt internationale Hotelketten und skandinavische Banken. Hier erheben sich jene Gebäude, die man von der Aussichtsplattform auf dem Domberg im Hintergrund der Altstadt sehen kann: etwa die luftige Rahmenkonstruktion an der Spitze des Hochhauses der schwedischen Bank SEB von Architekt *Raivo Puusepp* oder das bläulich schimmernde Radisson-Hotel von *Vilen Künnapu* und *Ain Padrik*.

Vorbei am Viru-Platz führt die Mere-Straße zum **Passagierhafen** Tallinns, wo unter anderem die Fähren nach Helsinki ablegen. Das **Haus der Marineoffiziere** (Mere pst 5) ist ein herausragendes Beispiel stalinistischer Architektur.

Rotermannviertel

Das Rotermannviertel ist geprägt von **Industriebauten des 19. Jh.,** die mit teilweise extravaganten Um- und Zubauten in einen modernen Geschäfts-, Gastronomie-, Wohn- und Einkaufsbereich verwandelt wurden. Neben der Gleichförmigkeit moderner Shoppingtempel präsentiert sich das Rotermannviertel ausgesprochen ambitioniert. Es wird begrenzt durch die Straßen Mere pst, Narva mnt, Ahtri und Hobujaama. Die Lage zwischen Altstadt, Innenstadt und Hafen ist hervorragend, doch bis zur Sanierung seit 1991 gehörte diese Gegend zu den düstersten und heruntergekommensten im Innenstadtbereich.

Die Entwicklung des Viertels geht zurück auf *Christian Abraham Rotermann,* der hier 1829 die Basis für das spätere Handels- und Industrieimperium der *Rotermanns* legte. Der Gründer und seine Nachfahren entfalteten ein erstaunliches Spektrum wirtschaftlicher Aktivitäten: Baustoffhandel, ein Warenhaus, Sägewerke, Wollverarbeitung und Nudelherstellung sind nur einige davon.

Biegt man hinter dem quadratischen Klotz des Postgebäudes an der Narva mnt in die Hobujaama-Straße ein, folgt dahinter das Kino Coca-Cola-Plaza und links dahinter der Zugang in das Herz des Viertels. Es gibt weitere Zugänge, die aber alle recht versteckt liegen. Auf dem zentralen Platz finden **Märkte** und verschiedene **Veranstaltungen** statt. Die Entwicklung des Viertels ist noch nicht abgeschlossen, weder die Restaurierung der Gebäude noch die Nutzung der entstandenen Gewerbeflächen. Es lohnt sich also, in dem verwinkelten Areal selbst auf Entdeckungsreise zu gehen.

- Mit süßen Versuchungen lockt das **Schokoladen- und Marzipangeschäft Kalev,** das im ehemaligen Sägewerk untergebracht ist (Roseni 7).
- Mehr als 30 Künstler haben sich in dem **offenen Atelier Loovale** (Roseni 10/Rotermanni 5) niedergelassen. Sie verkaufen hier ihre Werke, lassen sich bei der Arbeit beobachten und geben Workshops.
- Wechselnde **Ausstellungen,** bislang mit einem Schwerpunkt auf dem Alltagsleben während der Sowjetzeit, finden im Gebäude Rotermanni 4 statt, Eingang von der Ahtri-Straße.

Architekturmuseum

Noch vor dem Hafen biegt rechts die Ahtri-Straße ab. Dort befindet sich, im ehemaligen **Rotermanns Salzspeicher,** das Architekturmuseum. Das Kalksteingebäude war ursprünglich vom deutsch-baltischen Ingenieur *Ernst Boustedt* entworfen worden, es wurde Mitte der 1990er Jahre von *Ülo Peil* und *Taso Mähar* restauriert und 1996 wieder eingeweiht.

- **Museum der estnischen Architektur,** Ahtri 2, Tel. 6257000, www.arhitektuurimuuseum.ee, Mi–So 11–18 Uhr.

Kindermuseum

An Groß und Klein richtet sich das Puppenmuseum, das man mit Bahn 1 oder 2 erreicht (Haltestelle „Balti jaam"). Hier findet man von der 250 Jahre alten Rokokopuppe aus Holland bis zu Teletubbies-Figuren alles aus der Welt der Puppen, Teddybären und sonstigen Spielsachen.

- **Kindermuseum,** Kotzebue 16, Tel. 6413491, http://linnamuuseum.ee/lastemuuseum, März bis Oktober Mi–So 10.30–17.30 Uhr, sonst Mi–So 10.30–16.30 Uhr.

Patarei-Festung

Ein Abenteuer für Erwachsene bietet das **Patarei Fort** nördlich der Altstadt. Das alte Meeresfort aus dem Jahr 1840 diente bis 2002 als **Gefängnis.** Heute lässt sich hier eine „Gefängnis-

204es Foto: ta

erfahrung" buchen: Auf einer „etwas anderen Tour" wird man wie ein Häftling behandelt und eingesperrt. Bislang richtet sich das Angebot nur an Gruppen, aber auf Anfrage kann man sich vielleicht einer anschließen.

- **Patarei-Festung,** Kalaranna 2, mobil 504 6536, www.patarei.org.

Das Barockschloss Kadriorg beherbergt heute ein Museum

Kadriorg (Katharinental)

Schloss Kadriorg

1718 ließ **Zar Peter I.,** der sich zum Bau eines neuen Kriegshafens in Tallinn aufhielt, im Osten der Stadt ein barockes Sommerschloss mit Parkanlage für seine Familie errichten. Zu Ehren seiner Frau *Katharina I.* wurden Schloss und Park „Katharinental" genannt. Erbaut wurde das prächtige Anwesen von dem italienischen Architekten *Niccolo Michetti,* der auch an der Gestaltung des Schlosses Peterhof bei St. Petersburg beteiligt war. Der Zar höchstpersönlich soll den Grundstein für das Schloss gelegt haben, das den Grundriss einer italienischen Villa hat

Tallinn
0
1 km
Paljassaare laht
Tallinna laht
Kopli laht
Hintere Umschlagklappe
Patarei Fortmuseum
PÕHJA-TALLINN
CITY ZENTRUM
Bahnhof
Rocca al Mare Freilichtmuseum
HAABERSTI
Premia Eishalle
Tallinn Zoo
KRISTIINE
MUSTAMÄE
NÕMME
FK Keskus, Keila
Pärnu
Tartu
Sepa
Maleva
Paljassaare tee
Kopli
Sirbi
Pelguranna
Enka
Tööstuse
Volla
Vana-Kalamaja
Kaera
Ehte
Kolde pst
Sõle
Ristiku
Heina
Härjapea
Rohu
Telliskivi
Tehnika
Rannamäe tee
Toompuiestee
Merimetsa tee
Paldiski mnt
Tulika
Endla
Lulse
Kaarli pst
Pärnu mnt
Estonia pst
Narva
Mere pst
Suur-Ameerika
Väike-Ameerika
Liivalaia
Veerenni
Vabaõhumuuseumi tee
Maria
Tuuliku
Mustamäe tee
Sõpruse pst
Tedre
Kotka
Kadaka tee
Linnu tee
Nõmme tee
Õismäe tee
Ehitajate tee
Järveotsa tee
A. H. Tammsaare tee
Tondi
E. Vilde tee
Akadeemia tee
Keskuse
Retke tee
Rahumäe tee
Mäealuse
Mäepealse
Raja
J. Sütiste tee
Tervise
Trummi
Vabaduse pst
Viljandi mnt

Stockholm
Helsinki
Strand
Randvere tee
Meriväljä tee
Waldfriedhof
Fernsehturm
Botanischer Garten
Jachthafen Pirita
Hawaii Express
Ruinen des Brigittenklosters
Kloostrimetsa tee
Bootsverleih am Pirita-Fluss
Pirita
Lükati tee
Pirita tee
Rummu tee
Kose tee
Narva mnt
Läänemere
Linnamäe tee
M Geschichts-museum
Mustakivi tee
Sängerbühne
Liikuri
Laagna tee
Schloss Kadriorg
Kumu Kunstmuseum
Valge
J. Smuuli tee
Varraku
Kuuli
Punane
LASNAMÄE
Peterburi tee
Narva
Lootsi
Tuukri
Pronksi
Gonsiori
Tartu mnt
Pallasti
Pae
Odra
Busbahnhof
Suur-Sõjamäe
Jeti Eishalle
Flughafen
Ülemiste järv
Tartu
©Reise Know-How 2012
Unterkunft
1 Academic Hostel
2 Hostel Tehnika 16
8 Hotel Ülemiste
9 Comfort Hotel Oru Tallinn
10 Tallinn City Camping
11 Pirita Top Spa
12 Pirita Hafen Camping
13 Gästehaus des Klosters Pirita
14 Viimsi Spa Hotel
15 Hotel Ecoland
Essen und Trinken
3 Café Peterson
5 Rock Café
Nightlife
6 Sossi Klubi
Einkaufen
4 Hauptmarkt (Keskturg)
7 Ülemiste keskus

und im nordischen Barockstil erbaut wurde. Sehenswert sind vor allem der sich über zwei Etagen erstreckende **Große Saal** (auch „Weißer Saal" genannt) mit reichem Stuck und Deckengemälde.

In den 30er Jahren des 20. Jh. wurde das Schloss zum **Sitz des estnischen Präsidenten.** Auf der anderen Seite des Blumengartens ließ dieser genau auf der Mittelachse des Gebäudes seine Kanzlei errichten. Dort hat der heutige estnische Präsident seinen Sitz, während im Schloss das **Museum für ausländische Kunst** (Väliskunsti Muuseum) untergebracht ist.

● **Schloss Kadriorg,** Weizenbergi 37, Tel. 6066400, www.ekm.ee/kadriorg, Mai bis Sept. Di–So 10–16.30 Uhr, im Winter dienstags geschlossen.

Park

Der Park rund ums Schloss ist ein beliebtes Ausflugsziel der Tallinner. Er wurde wie das Schloss auf Initiative *Peters des Großen* angelegt. Während der Bereich in der Nähe des Schlosses und in Richtung der Innenstadt eher den streng geometrischen Vorbildern französischer Parks folgt, wandelt sich das Bild zu den Rändern hin zum Landschaftspark englischen Stils. Außerdem gibt es einen Bereich mit Kinderspielplätzen.

In jüngster Zeit wurde die Achse zwischen dem Denkmal für *Friedrich Reinhold Kreutzwald,* der das estnische Nationalepos „Kalevipoeg" niederschrieb, und dem Kumu neu gestaltet. Ein beliebter Platz ist der nah am Eingang gelegene **Schwanenteich** (Luigetiik) mit einem Pavillon auf der Insel. Die Weizenbergi-Straße führt vom Schwanenteich bergan Richtung Kumu und passiert linker Hand das Schloss Kadriorg, den Amtssitz des Präsidenten und weitere Nebengebäude (s.u.). Auf jeden Fall lohnt es sich, etwas Zeit mitzubringen und sich dem gepflegten Müßiggang hinzugeben.

Nebengebäude

In unmittelbarer Nachbarschaft des Schlosses befindet sich in einem kleinen, eher unscheinbaren Gebäude aus dem 17. Jh. das **Hausmuseum Peter I.** Zu besichtigen sind Wohnstube sowie Ess- und Schlafzimmer des Zaren, die mit zahlreichen persönlichen Gegenständen eingerichtet sind.

Auch die übrigen Nebengebäude des Schlosses – das Küchenhaus und das **Haus des Schlossverwalters,** auch Kastellanhaus genannt – dienen heute als Museum. Letzteres dokumentiert das Leben des estnischen Schriftstellers *Eduard Vilde* (1865–1933), der seine letzten Lebensjahre in dem barocken Haus verbrachte. Zudem ist im oberen Stockwerk eine Galerie untergebracht, in der wechselnde Ausstellungen stattfinden.

Die Sammlung ausländischer Kunstwerke im ehemaligen **Küchenhaus** wurde nach dem privaten Kunstsammler *Johannes Mikkel* benannt, der die Exponate, darunter wertvolle Grafiken, stiftete.

● **Hausmuseum Peters I.,** Mäekalda 2, Tel. 6013136, www.linnamuuseum.ee, Mai bis Aug. Di–So 11–18.30 Uhr, Sept. bis April Mi–So 11–15.30 Uhr.

- **Eduard Vilde Museum,** Roheline aas 3, Tel. 6013181, www.linnamuuseum.ee, Mi–Mo 11–18 Uhr.
- **Mikkel Museum,** Weizenbergi 28, Tel. 6015844, www.ekm.ee, Mi–So 10–16.30 Uhr.

Rund um den Schlosspark

Um den Schlosspark gruppieren sich einige reich verzierte **Villen** und gut erhaltene alte Holzbauten verschiedener Stilepochen: Funktionalismus, Art déco, Historismus und Jugendstil. Sehenswerte Gebäude findet man vor allem westlich des Parks entlang jener Straßen, die nach estnischen Intellektuellen benannt sind: an der Weizenbergi, entlang der Koidula, der Faehlmanni sowie der Vilmsi- und Poska-Straße (Informationen zu den Personen im Kapitel „Land und Leute"). Wer einen kleinen Spaziergang durch diese Straßen macht, sollte vor allem auf folgende Gebäude einen Blick werfen: Koidula 7, 8, 9 und 10 sowie Poska 20, 35, 51 und 53.

Eines jener sehenswerten Gebäude an der Koidula-Straße ist einem weiteren estnischen Schriftsteller gewidmet: das **Tammsaare-Museum.** *Anton Hansen Tammsaare* (1878–1940, s. auch „Literatur") gilt als einer der bedeutendsten estnischen Schriftsteller des vergangenen Jahrhunderts. Im Gebäude kann man seine rekonstruierte Wohnstätte besichtigen und seine Werke kennenlernen.

- **Tammsaare-Museum,** Koidula 12 a, Tel. 6013232, www.linnamuuseum.ee, Mi–Mo 10–17 Uhr.

Jenseits der Narva-Schnellstraße, am Strand von Kadriorg, steht ein stattliches Denkmal aus dem Jahr 1902. Die sogenannte **Russalka** erinnert an den Untergang des gleichnamigen Kriegsschiffes, das im Jahr 1893 177 Menschen mit sich ins Meer riss. Gekrönt wird das Denkmal von einer Engelsskulptur, die von *Amandus Adamson* (siehe „Kunst") geschaffen wurde.

Anfahrt

Mit der **Straßenbahn** Nr. 1 oder 3 kann man bis zur Endstation am Park Kadriorg fahren.

Vom Busbahnhof im Untergeschoss des Viru-Einkaufszentrums (Viru-Platz) in der Innenstadt fahren die **Busse** 1a, 8, 19, 29, 34a, 35, 38, 44 und 51 nach Kadriorg. Die Haltestelle, an der man aussteigen muss, heißt „J. Poska". Dorthin fahren auch von der Narva mnt (Haltestelle „Hobujaama" in der Nähe der A.-Laikmaa-Str.) die Busse 60 und 63. Außerdem fahren an der Gonsiori-Straße bei der Akademie der Künste (Kunstiakadeemia) in der Nähe des Viru-Einkaufszentrums die Busse 31, 67 und 68, aussteigen bei der Haltestelle „Kumu".

Mit dem **Auto** folgt man, von der Innenstadt aus, der Narva maantee, bis rechter Hand die A. Weizenbergi abknickt. Man kann das Auto an der Straße oder am Parkplatz des Kumu (s.u.) an der Valge-Straße abstellen.

Kunstmuseum Kumu

Am Kalksteinhang zwischen dem Kadriorg-Park und dem Stadtteil Lasnamäe befindet sich das hervorragende Kunstmuseum Kumu. Das vom finnischen Architekten *Pekka Vapaavuori* entworfene Gebäude ist das erste Museum Estlands, das eigens zu diesem Zweck erbaut wurde. Es öffnete 2006 seine Pforten und ist ein gelungenes Beispiel **moderner Museumsarchitektur,** außerdem ein Muss für jeden, der sich für estnische Kunst interessiert.

Die rund 55.000 Ausstellungsstücke, darunter 7000 Gemälde und 1500 Skulpturen, waren vor Eröffnung des Museums in verschiedenen Museen, Kirchen und Depots verteilt, sodass das Kumu erstmalig die estnische Kunst unter einem Dach vereint. Die Dauerausstellung zeigt die Entwicklung der estnischen Kunst seit dem Beginn des 18. Jh., einschließlich der Gegenwartskunst. Neben den Werken zum Teil unbekannter deutsch-baltischer Porträtmaler befinden sich hier Werke von Künstlern wie *Johann Köler, Kristjan Raud* und *Konrad Mägi,* aber auch Werke des sozialistischen Realismus der Nachkriegszeit sowie monumentale Porträts *Stalins*. In der vierten Etage sind wechselnde Sonderausstellungen zu sehen.

Von der **Dachterrasse** kann man den Ausblick über den Park und die Kadriorg-Gebäude genießen.

• **Kumu,** Weizenbergi 34 / Valge 1, Tel. 6026000, www.ekm.ee, Mai bis September Di–So 11–17.30 Uhr, Oktober bis April Mi–So 11–17.30 Uhr, geschlossen an Feiertagen, Eintritt ca. 5,50 Euro. Ein Audioguide ist auf Englisch, nicht aber auf Deutsch verfügbar. Essen und Trinken kann man im Café oder im Restaurant des Museums, im Museumsladen kann man Andenken erstehen. Anfahrt siehe Kadriorg.

009es Foto: af

Im Inneren des Kumu

Sängerbühne

In der Nähe von Kadriorg befindet sich ein Bauwerk, das für den estnischen Nationalstolz eine herausragende Rolle spielt: die Sängerbühne (Narva maantee 95, www.lauluvaljak.ee), ein Werk des estnischen Architekten *Alar Kotli*. Die Konzertbühne aus dem Jahr 1960 hat die Form einer **Muschel.** An ihrer Seite steht ein 42 Meter hoher Leuchtturm, an dessen Spitze bei den traditionellen Sängerfesten ein Feuer entzündet wird. Das **Sängerfest,** die größte Veranstaltung in Estland, findet alle fünf Jahre statt, das nächste Mal 2014 (siehe Kapitel „Land und Leute: Traditionen und Bräuche"). Höhepunkt der Veranstaltung ist der Auftritt eines aus etwa 25.000 Mitgliedern bestehenden Chors.

Neben dem Sängerfest finden hier diverse **Konzerte, Festivals und Jahrmärkte** statt, unter anderem das alljährliche Volksfest „Biersommer" (Õllesummer). Im Winter nutzen Kinder die Hänge rund um die Bühne zum Rodeln.

Geschichtsmuseum und Klosterruine in Pirita

Fährt man von Kadriorg nicht zurück in Richtung Innenstadt, sondern steigt in einen Bus, der in die entgegengesetzte Richtung fährt, gelangt man in Höhe des Jachthafens zu den Ruinen des ehemaligen Brigittenklosters im Stadtteil Pirita. Zuvor passiert man ein großes Gutshaus, **Maarjamäe loss** (Schloss Marienberg), das sein ehemaliger Besitzer *Anatoli Orlov-Davydov* 1874 im neogotischen Stil errichten ließ. Es wurde in den 1980er Jahren renoviert, dient heute als **Außenfiliale des estnischen Geschichtsmuseums** und beherbergt Exponate zur Geschichte des 19. und 20. Jh. Auf jeden Fall sollte man (auch außerhalb der Öffnungszeiten) einmal um das Hauptgebäude herumgehen, um den „Friedhof" der Statuen aus der Sowjetzeit anzusehen.

1407 wurde das **Brigittenkloster** von wohlhabenden Kaufleuten gegründet und avancierte zum größten Kloster des alten Livland. Bis zum Einzug *Iwans des Schrecklichen* 1577, dessen Heer das Kloster zerstörte, war der Brigittenorden hier ansässig.

Heute sind nur noch die 35 Meter hohe gotische Giebelwand sowie die Kalksteinseitenwände erhalten, die davorliegenden Grabsteine stammen aus späteren Jahrhunderten. Im Sommer finden hier häufig Open-Air-Konzerte oder Märkte statt. Ein Höhepunkt ist das Birgitta-Festival im August, das sich besonders dem Musiktheater widmet. Im Jahr 2001 wurde ein neues Konvent eröffnet, in dem Nonnen des Brigittenordens aus aller Welt ansässig sind.

- **Maarjamäe loss,** Pirita tee 56, Tel. 6228600, www.eam.ee, Mi–So 10–17 Uhr. Wer mit Bus Nr. 5 kommt, steigt an der Haltestelle „Maarjamägi" aus.
- **Pirita klooster,** Kloostri tee 9, Tel. 6055044, www.piritaklooster.ee, Juni bis Aug. 9–19 Uhr, Apr/Mai/Sept./Okt. 10–18 Uhr, Nov. bis März 12–16 Uhr. Die Nonnen betreiben ein Gästehaus (s. Unterkunft). Zum Kloster gelangt man mit den Bussen Nr. 1a, 8, 34 und 38. Das Festival hat eine eigene Internetseite: www.birgitta.ee.
- **Bootsverleih** am Pirita-Fluss (Paadilaenutus Pirita jõel), Kloostri 6a, mobil 58374124, www.bellmarine.ee, Mai bis Sept. (bei gutem Wetter) täglich 10–22 Uhr.

Botanischer Garten

Im 1961 angelegten Botanischen Garten der Stadt gedeihen auf etwa 110 Hektar Fläche rund 8000 verschiedene Pflanzenarten. Ein **Rosengarten,** ein **Baumpark** und ein **Steingarten** laden zu Spaziergängen ein. Monatlich wechselnde Sonderausstellungen widmen sich Spezialthemen, etwa Heilpflanzen, Pilzen oder Insekten. Im **Palmenhaus** wachsen exotische Pflanzen aus Übersee.

● **Botaanikaaed,** Kloostrimetsa tee 52, Tel. 6062666, www.tba.ee, täglich geöffnet, Juni bis Anfang Okt. 11–19 Uhr, Okt. bis Mai 11–17 Uhr, die Gewächshäuser schließen jeweils eine Stunde früher. Den Botanischen Garten erreicht man mit Bus Nr. 34, Haltestelle „Kloostrimetsa".

Fernsehturm

Mit 314 Metern Höhe ist der Fernsehturm das **höchste Bauwerk Tallinns.** Er wurde anlässlich der Olympischen Spiele errichtet, die 1980 zum Teil in Tallinn ausgetragen wurden. Nach längerer Pause soll der Turm im Frühjahr 2012 gründlich renoviert wiedereröffnet werden, sodass man den hervorragenden Ausblick genießen kann.

● **Teletorn,** Kloostrimetsa 58a, www.teletorn.ee. Den Fernsehturm erreicht man mit Bus Nr. 34.

Zoo

350 verschiedene Tierarten sind im Tallinner Zoo im Westteil der Stadt zu finden, darunter Wölfe, Tiger, Elefanten, Kamele, Affen und Krokodile. Im Sommer findet ein Streichelzoo mit Hamstern, Meerschweinchen und Kaninchen besonders bei kleinen Besuchern regen Anklang.

In Fachkreisen hat sich der Zoo für die Aufzucht von **Europäischen Nerzen** einen Namen gemacht. Der Europäische Nerz ist der vom Aussterben bedrohte Vetter des Amerikanischen Nerz, welcher im 20. Jh. zur Pelztierzucht nach Europa geholt wurde und den kleineren europäischen Verwandten zusehends verdrängte.

● **Tallinna Loomaaed,** Paldiski mnt 145, Tel. 6943300, www.tallinnzoo.ee, täglich ab 9 Uhr geöffnet, je nach Jahreszeit schließt der Zoo zwischen 15 und 19 Uhr. Tropen- und Elefantenhaus sind montags geschlossen. Man gelangt mit Bus Nr. 21 (ab Bahnhof) oder den Trolleybussen 6 (fährt bei Kaufhaus Kaubamaja ab) und 7 (ab Bahnhof) zum Zoo.

Estnisches Freilichtmuseum (Rocca al Mare)

Im Westen der Stadt, etwa sieben Kilometer vom Zentrum entfernt, liegt inmitten eines der schönsten Naherholungsgebiete der Stadt das Estnische Freilichtmuseum, in dem die verschiedenen **Architekturformen und Bräuche des Landes** dokumentiert werden. Den italienisch klingenden Namen bekam die Anlage von Baron *Arthur Girard de Soucanton.* Der von einer französischen Adelsfamilie abstammende Tallinner Bürgermeister pachtete das Grundstück 1863 als Landsitz. Da er ein großer Bewunderer Italiens war, gab er dem Ort einen italienischen Namen.

Mehr als 70 Gebäude aus allen Teilen des Landes wurden seit 1957 auf dem rund 80 Hektar großen, bewaldeten Grundstück aufgestellt. Neben Bauern- und Wohnhäusern kann man

Kirchen, einen Gasthof, mehrere Mühlen, ein Schulhaus und eine Feuerwehrstation besichtigen. In einer Villa von 1870, die im frühen 20. Jh. als Sommerhaus diente, ist heute die Verwaltung des Freilichtmuseums untergebracht. Viele Gebäude stammen aus dem 19. Jh.

Für den Besuch sollte man mindestens einen halben Tag einplanen und festes Schuhwerk mitbringen. Im Informationszentrum, das gleichzeitig der Eingang zum Museum ist, kann man typische **Handarbeitserzeugnisse** aus allen Teilen des Landes erstehen.

- **Estnisches Freilichtmuseum** (Eesti Vabaõhumuuseum), Vabaõhumuuseumi tee 12, Tel. 6549101, www.evm.ee. Das Gelände ist ganzjährig täglich außer an manchen Feiertagen geöffnet, allerdings kann man im Winter (Oktober bis April) nicht in alle Gebäude hineingehen, im Sommer 10–20 Uhr, im Winter 10–16 Uhr. Eintritt im Sommer 6 Euro, sonst die Hälfte. Das Museum gibt eine detaillierte Broschüre („Estnisches Nationalmuseum“) auf Deutsch heraus, in der die meisten Gebäude und ihre Geschichte erläutert werden.
- In das Museum eingegliedert ist die alte Schenke **Kolu Kõrts,** in der man nationale Gerichte oder auch nur eine Tasse Kaffee zu sich nehmen kann.
- **Anfahrt:** Zum Freilichtmuseum fahren vom Stadtzentrum aus die Trolleybusse Nr. 6 und 7 sowie Bus Nr. 22, aussteigen an der Haltestelle „Zoo“. Von dort aus kann man am Ufer entlang in etwa 15 Minuten bis zum Museum zu Fuß gehen. Vom Bahnhof aus fährt Bus Nr. 21 zum Freilichtmuseum.

Besenhockey im Freilichtmuseum

010es Foto: jl

Ankunft

Am Flughafen

Der Flughafen liegt etwa 4 km von der Altstadt entfernt. Das Zentrum kann man problemlos mit öffentlichen Verkehrsmitteln erreichen. **Bus Nr. 2** fährt von etwa 6.30 Uhr morgens bis ca. 23.30 Uhr in der Regel dreimal in der Stunde. Die Haltestelle liegt direkt vor der Ankunftshalle. In der Innenstadt hält der Bus an der Laikmaa-Straße, zwischen dem Tallink Hotel und dem Viru-Einkaufszentrum.

Außerdem halten **Taxis** direkt vor der Ankunftshalle. Eine Fahrt in die Innenstadt kostet etwa 8 Euro, je nach Hotellage vielleicht etwas mehr. Es wurde über Fälle berichtet, in denen Taxifahrer am Flughafen versuchten, Touristen wesentlich mehr Geld abzuknöpfen.

Am Busbahnhof

- **Zentraler Busbahnhof,** Lastekodu 46, Ticketinfo: Tel. 12550, www.bussireisid.ee. Hier halten die Inlands- und Auslandsbusse, es gibt eine Gepäckaufbewahrung. Vom Busbahnhof gelangt man mit Straßenbahn Nr. 2 oder 4 sowie Bus Nr. 17, 17a, 23 oder 23a in die Innenstadt. Die Straßenbahnen halten bei der Tartu maantee in der Nähe des Viru-Platzes, die Busse stoppen am Platz Vabaduse väljak. Wenn man aus dem Busbahnhof kommt, rechts die Straße bis zur Tartu mnt laufen, dort auf die gegenüberliegende Seite wechseln. Im Zweifelsfall Passanten oder Fahrer fragen: „Kesklinna?" (Innenstadt?) Ein Taxi vom Busbahnhof in die Innenstadt kostet etwa 6 Euro.

Am Hafen

- Der Hafen liegt einen etwa 15-minütigen Fußmarsch von der Innenstadt entfernt. Mit Gepäck sollte man Bus Nr. 2 oder ein Taxi nehmen. Der Bus hält in der Innenstadt hinter dem Viru-Einkaufszentrum.
- Der Tallinner **Jachthafen** (59°28,2′ N 24°49,2′ E, VHF 16, Tiefe 2,80 m) liegt etwa 5 km außerhalb im Osten Tallinns im Stadtteil Pirita. **Pirita Jachthafeninformation,** Tel. 6398800, Fax 6398823, www.piritatop.ee.

Autovermietungen

Die meisten Autovermietungen haben ein Büro am **Flughafen** oder bieten einen Bring- und Abhohldienst dorthin an.

- **Advantec Autorent Eesti,** Lennujaama tee 2, mobil 5203003, www.advantage.ee.
- **Amestic,** Tulika 9/11, Tel. 6616701, mobil 53457799, www.amestic.ee.
- **Avis,** Pärnu mnt 141, Tel. 6671515, sowie am Flughafen: Lennujaama tee 2, Tel. 6058222, www.avis.ee.
- **Budget,** Lennujaama tee 2 (am Flughafen), Tel. 6058600, www.budget.ee.
- **Easy Car Rent,** Ahtri 12, Tel. 6454044, mobil 56454064, www.easycarrent.ee.
- **Europcar,** Airport office, Lennujaama tee 2, Tel. 6058031, Fax 6058151, Downtown office, Jõe 9, Tel. 6116202, Fax 6116212, www.europcar.ee.
- **Hansarent,** Ahtri 6, Tel. 6557155, außerhalb der Öffnungszeiten mobil 53044055, www.hansarent.ee, Mo–Fr 8.30–17.30 Uhr.
- **Hertz,** Ahtri 12, Tel. 6116333, Fax 6116209, www.hertz.ee.
- **Sirrent,** Juhkentali 11, Tel. 6614353, www.sirrent.ee.
- **Sixt,** Lennujaama 2 (am Flughafen) und Rävala 5, Tel. 6058148, www.sixt.ee.
- **Yes Rent,** Kuninga 8, Tel. 6806086, www.yesrent.eu.

Informationen

- **Touristeninformation,** Kullassepa 4 / Niguliste 2, Tel. 6457777, Fax 6457778, www.tourism.tallinn.ee. Auf der Homepage findet man alles Wissenswerte, u.a. auch aktuelle Angaben zu Verkehrsmitteln, Preisen und Unterkunft. Es können jedoch keine Reservierungen über die Touristeninformation vorgenommen werden. Eine zweite Touristeninformation findet sich im Erdgeschoss des Einkaufszentrums Viru keskus.

Die Touristeninformation vertreibt sogenannte **Tallinn Cards,** deren Benutzer eine kostenlose Stadtrundfahrt bekommen, das Eintrittsgeld von Museen sparen sowie die öffentlichen Verkehrsmittel benutzen können. Infos unter www.tallinncard.ee.

Magazine

- Die englischsprachigen Publikationen **„Tallinn in your pocket"** (www.inyourpocket.com) und **„Tallinn this week"** sind zu empfehlen. Darin sind nützliche und aktuelle Informationen zu Unterkünften, Kulturangeboten, Clubs und Veranstaltungen zu finden.
- Ebenfalls informativ ist die englischsprachige Zeitschrift **„Baltic City Paper"**.

Stadtführungen

- Die Touristeninformation (Anmeldung dort, s.o.) organisiert mehrmals täglich offizielle Stadtführungen **zu Fuß** durch die Innenstadt und **Rundfahrten mit dem Bus.** Es gibt auch sogenannte „Hop on-Hop off-Touren", bei denen man unterwegs zu- und aussteigen kann, auch hierfür gilt die Tallinn Card (s.o.).

Service

Post

- **Hauptpost,** Narva mnt 1, www.post.ee, Mo–Fr 8–20 Uhr, Sa 9–17 Uhr.
- **Domberg Post,** Lossiplats 4, Mo–Fr 9–17 Uhr.

Internet

Überall in der Stadt gibt es **Hotspots,** die mit einem WiFi-Schild ausgezeichnet sind. Im Innenstadtbereich ist die Abdeckung praktisch lückenlos. Wer einen eigenen Laptop hat, kann hier kostenlos im Internet surfen. Außerdem bieten viele **Hostels** Computer, manche **Hotels** haben auch welche in den Zimmern.

- Im Nebengebäude der **Nationalbibliothek,** Tõnismägi 2.
- Im Keller des Einkaufszentrums **Viru keskus** beim Busbahnhof.
- **Stockmann Café,** Liivalaia 53, im 1. Stock des Kaufhauses.

Notfälle

Notruf

- **Notruf:** 112
- **Polizei:** 110

Polizei

- Für die Tallinner Innenstadt zuständig ist die **Dienststelle in der Kolde pst 65,** Tel. 6125400. Wenn tatsächlich etwas passiert ist, sollte man 110 anrufen. Allgemeine Informationen: Polizei- und Grenzschutzamt, www.politsei.ee.

Estnischer Automobilklub

- **Eesti Autoklubi,** Laki 11, Pannendienst: Tel. 6979188 oder 1888, Fax 6979110, eak@autoclub.ee, 24-Stunden-Service.

Apotheken

- Apotheken sind normalerweise 10–19 Uhr geöffnet. Zentrale Apotheken befinden sich beispielsweise in der Pärnu mnt 10 und am Rathausplatz, im Viru- und im Solariscenter.

Krankenhäuser

- **Zentralkrankenhaus,** Ravi 18, Tel. 6227 070, Notfall 6207040, www.itk.ee.
- **Kinderkrankenhaus,** Tervise 28, Tel. 6977 113, Notfall 6977194.

Zahnärzte

- **Baltic Medical Partners,** Tartu mnt 32, Tel. 6010550, www.bmp.ee, Privatklinik.
- **Eurodent,** Lootsi 3a, Tel. 6115551, www.eurodent.ee, Privatklinik.
- **Tallinna Hambapolikliinik,** Toompuiestee 3, Tel. 6119230, www.hambapol.ee, öffentliche Klinik und Zahnnotfälle.

Stadtverkehr

Öffentliche Verkehrsmittel

Die öffentlichen Verkehrsmittel der Stadt, also Busse, Trolleybusse (O-Busse), Straßenbahnen und Minibusse, verkehren von etwa

6 bis 23 Uhr. Tickets erhält man beim Fahrer oder an Kiosken. Ein Ticket kostet ungefähr 1 Euro (beim Fahrer ist es teurer als am Kiosk) und muss im jeweiligen Transportmittel entwertet werden. Wenn man vorhat, öfter mit öffentlichen Verkehrsmitteln zu fahren, empfiehlt sich die **Tallinn Card,** deren Besitzer die Verkehrsmittel kostenlos benutzen dürfen (siehe oben: „Informationen“), oder ein **Zehnerticket,** das am Kiosk erhältlich ist. Ferner gibt es, allerdings nur an Verkaufsständen, Stunden- und Mehrtagestickets.

Ganz wichtig: Wenn man beispielsweise Nr. 2 nehmen soll, muss man unbedingt nachfragen, ob Bus *(bus)*, O-Bus *(trolley)* oder Bahn *(tram)* gemeint ist, damit man nicht mit dem falschen Verkehrsmittel in eine vollkommen falsche Richtung fährt!

Alle Straßenbahnlinien halten am Viru-Platz. Die meisten **Straßenbahnlinien** halten vor dem Vabaduse-Platz und am Viru-Platz. Die **Busse** 1a, 19, 29, 34a, 38, 44, die teilweise zu den Sehenswürdigkeiten rund um Tallinn fahren, halten am **Innenstadt-Busbahnhof** am Viru-Platz im Untergeschoss des Viru-Einkaufszentrums.

Taxis

Taxis stehen am Bahnhof, Hafen, Flughafen, vor größeren Hotels und rings um die Innenstadt. Man kann an einem Taxistand einsteigen, per Handzeichen ein fahrendes Taxi anhalten (sofern nicht besetzt) oder telefonisch einen Wagen bestellen. Hotels und Restaurants, in denen man Gast ist, sind dabei gern behilflich. Wer sich in der Stadt mit dem Taxi bewegt, sollte es telefonisch vorbestellen (lassen), das ist meist preiswerter, als eines auf der Straße anzuhalten.

Taxifahren ist in Estland wesentlich **preiswerter** als in Deutschland. Um sicher zu gehen, sollte man den Fahrer beim Einsteigen nach dem ungefähren Preis fragen und darauf achten, dass das **Taxameter** angeschaltet ist. Grundgebühr und Kilometerpreis sind immer auf einem kleinen Schild am Fenster des Wagens angeschrieben. Die Grundgebühr beträgt etwa 3 Euro, der Preis pro Kilometer liegt bei 70 bis 90 Cent. Die Nachttarife sind etwas höher. Wenn Bedarf besteht, ist der Fahrer nach der Fahrt verpflichtet, eine Quittung auszustellen.

Segway-Vermietung

Die einachsigen Elektroroller können in der Vene 3 ausgeliehen werden.

Parkmöglichkeiten

Da große Teile der Innenstadt für Autos gesperrt und Parkplätze rar sind, empfiehlt es sich, beim Hotel Erkundigungen einzuholen, ob es einen hauseigenen oder nahe gelegenen Parkplatz gibt. Man sollte den eigenen Wagen vor allem nachts auf bewachten Parkplätzen abstellen.

Die Parkplätze rings um die Altstadt – zum Beispiel rund um den Viru väljak und am Hafen – sind gebührenpflichtig.

Unterkunft

Es gibt in Tallinn unzählige Arten von Unterkünften, vom exklusiven Hotel bis zur einfachen Jugendherberge. Jährlich kommen viele neue Pensionen, Gästehäuser und Hotels hinzu. Im Folgenden nur eine Auswahl von Unterkünften; wenn ein Haus nicht gelistet ist, heißt dies nicht automatisch, dass es nicht empfehlenswert ist. Weitere Adressen findet man in den Heften „Tallinn in your pocket“ (www.inyourpocket.com) und „Tallinn this week“ und auf der Seite der Touristeninformation: www.tourism.tallinn.ee.

Hotels

- **Barons Hotel** €€€, Suur-Karja 7 / Väike-Karja 2, Tel. 6999700, Fax 6999718, www.baronshotel.ee. Im Herzen der Altstadt gelegen, alle Zimmer voll ausgestattet mit Bad, Sat-TV, Telefon und Internetanschluss. Suite mit Sauna und Jacuzzi.
- **Best Western Hotel Tallink** €€€, A. Laikmaa 5, Tel. 6300800, Fax 6300810, http://bwhotel.tallink.com. Modernes, großes Hotel, direkt gegenüber dem Einkaufszentrum Viru Keskus gelegen.
- **City Hotel Portus** €, Uus-Sadama 23, Tel. 6806600, Fax 6806601, www.portus.ee. Di-

rekt am Hafen, im Retrolook, mit Restaurant und Garage, schöner Ausblick aus der Sauna.

- **Hotel Oru Tallinn** €€-€€€, Narva mnt 120b, Tel. 6033300, Fax 6012600, www.oruhotel.ee. Doppelzimmer inklusive Frühstück, Sauna, Konferenzräume, nur einige Meter von der Sängerbühne entfernt. Kinder bis zum 6. Lebensjahr kostenfrei.
- **Hotel Ecoland** €€€, Randvere tee 115, Tel. 6051999, www.tallinnhistoricalhotels.com. Ca. 11 km außerhalb von Tallinn bei Pirita, großes Frühstücksbuffet und Morgensauna im Preis inbegriffen. Kinder unter 12 Jahren dürfen kostenlos bei ihren Eltern im Zimmer übernachten.
- **Baltic Hotel Imperial** €€€, Nunne 14, Tel. 6274800, Fax 6274801, www.baltichotelgroup.com. Am Fuße des Dombergs an der alten Stadtmauer, sehr stilvoll renoviertes Haus, Zimmer und Suiten, Sauna, Jacuzzi, Räume für Allergiker, Restaurant und Pub.
- **Meriton Old Town Garden** €€€, Pikk 29 / Lai 24, Tel. 6648800, Fax 6648801, www.meritonhotels.com. Im Herzen der Altstadt, bietet modernen Komfort im historischen Gewand. Jeder Raum unterscheidet sich ein bisschen von den anderen. Besonders schön nächtigt man im oberen Stockwerk unter freigelegten Holzbalken.
- **Radisson Blu Hotel** €€€€, Rävala 3, Tel. 6823000, Fax 6823001, www.radissonblu.com. Modernes Hotel in einem der Hochhäuser des Innenstadtviertels, voll ausgestattete Zimmer, Bar und Restaurant, von der Aussichtsplattform hat man einen weiten Blick über die Stadt.
- **Radisson Blu Hotel Olümpia** €€€-€€€€, Liivalaia 33, Tel. 6315333, Fax 6315325, www.radissonblu.com. Fitnesscenter und Pool im 26. Stock mit Panoramablick auf Tallinn, zum Haus gehört der Nachtclub Bonnie & Clyde.
- **St. Petersbourg Hotel** €€€-€€€€, Rataskaevu 7, Tel. 6286500, Fax 6286565, www.schlossle-hotels.com. Nicht ganz preiswertes, aber elegantes Hotel, untergebracht in einem mittelalterlichen Gebäude.
- **Savoy Boutique Hotel** €€€€, Suur-Karja 17/19, Tel. 6806688, www.savoyhotel.ee. In altem Gebäude aus dem 19. Jh. im Herzen der Altstadt, 2006 liebevoll renoviert, in warmen Farbtönen gehalten, Zimmer mit allem Komfort, Restaurant und Bar, hohe Preisklasse, aber variiert nach Jahreszeit.
- **Scandic Palace** €€€, Vabaduse väljak 3, Tel. 6407300, Fax 6407299, www.scandichotels.com. Voll ausgestattete Räume, auch für Nichtraucher und Allergiker, Bar und Restaurant mit umfangreicher Weinkarte, gute Lage, zurzeit aber keine hoteleigene Parkmöglichkeit.
- **Schlössle Hotel** €€€€, Pühavaimu 13/15, Tel. 6997700, Fax 6997777, www.schlossle-hotels.com. Eines der bekanntesten und edelsten Hotels in der Innenstadt in einer idyllischen Seitenstraße, nur wenige Gehminuten vom Rathausplatz entfernt. Tradition und Moderne wurden eindrucksvoll kombiniert, hervorragendes Restaurant.
- **Taanilinna Hotell** €€€€, Uus 6, Tel. 6406700, Fax 6464306, www.taanilinna.ee. Hübsches, kleines Hotel in der Altstadt, nicht gerade preiswert, finnische Sauna. Über 200 verschiedene Weine und kubanische Zigarren gibt es im hauseigenen Weinkeller.
- **Hotel Telegraaf** €€€€, Vene 9, Tel. 6000600 Fax 6000601, http://telegraafhotel.com. Nobelhotel in altem Postgebäude aus dem 19. Jh. in der Nähe des Rathausplatzes, sehr edel, gehobene Preisklasse, Spa-Bereich mit Pool, Dampfbad, Jacuzzi. Restaurant Tchaikovsky mit gehobener russischer Küche, eigenes Parkhaus.
- **The Three Sisters** €€€€, Pikk 71 / Tolli 2, Tel. 6306300, Fax 6306301, www.threesistershotel.com. Im Norden der Altstadt, gleich an der Stadtmauer gelegen, eines der namhaftesten Hotels vor Ort, sehr luxuriös, mit hervorragendem Restaurant.
- **Uniquestay City Hotel** €, Paldiski mnt 3, Tel. 6600700, www.uniquestay.com. Liegt gleich hinter dem Domberg am Rande der Stadt, moderne, einfache, sehr ordentliche Zimmer.
- **Uniquestay Mihkli** €€, Endla 23, Tel. 6664800, Fax 6664888, www.uniquestay.com. In der Nähe der Nationalbibliothek, etwas außerhalb der Altstadt.
- **Baltic Hotel Vana Wiru** €€-€€€, Viru 11, Tel. 6691500, Fax 6691501, www.vanawiru.ee. Zimmer und Suiten, Jacuzzi, Finnische Sauna, Türkisches Bad, Räume für Allergiker, mit angegliederter Kneipe und Restaurant.

Spa-Hotels

• **Kalev Spa Hotel und Wasserpark** €€€, Aia 18, Tel. 6493300, Fax 6493301, www.kalevspa.ee. Das zurzeit noch einzige Spa-Hotel, das in der Innenstadt liegt, mit großem Wasserpark, Jacuzzi, diversen Saunen, Fitnessraum und Schönheitszentrum, Salz- und Kältekammer. Diverse Spa-Anwendungen, man kann verschiedene Pakete buchen.

• **Pirita Top Spa** €€-€€€, Regati pst 1, Tel. 6398600, Reservierungen 6398822, Fax 6398821, reservation.topspa@tallink.ee. Liegt in Pirita beim Olympischen Segelsportzentrum direkt am Meer, verfügt über Schwimmhalle, Finnische Saunen, Dampf- und Infrarotsauna, Salzkammer, Fitnessraum, A-la-carte-Restaurant. Wer sein Haustier mitbringen möchte, kann dies gegen Aufpreis tun.

• **Viimsi Spa Hotel** €€, Randvere tee 11, Viimsi, Tel. 6061000, Fax 6061003, www.viimsispa.ee. Liegt auf der Halbinsel Viimsi östlich von Tallinn mit Blick auf die Tallinner Bucht. Neuer Hotelkomplex mit 104 Zimmern und einigen Suiten, alle mit TV und Telefon, Restaurant mit Terrasse, Bar, Läden, Schönheitssalon, Schwimm- und Dampfbad, Sauna, diverse Spa-Anwendungen.

Gästehäuser, Bed&Breakfast und Apartments

• **Rasastra,** Vermittlung von Privatunterkünften (Bed&Breakfast), das Bürogebäude der Vermittlung liegt in Mere pst 4, Tel./Fax 6616291, rasastra@online.ee, www.bedbreakfast.ee, Mo–Fr 9.30–18 Uhr, Sa bis 17 Uhr. Es werden Zimmer und Apartments von Privatpersonen vermittelt, nicht nur in Tallinn, sondern auch in Pärnu, Kuressaare, Riga und Vilnius. EZ und DZ ab €, Apartments ab €€.

• **Hotell G9** €€, Gonsiori 9, Tel. 6267130, Fax 6267132, www.hotelg9.ee. Einfache, aber preiswerte Unterkunft in einem Bürogebäude, etwa fünf Minuten zu Fuß von der Altstadt. 1- bis 4-Bett-Zimmer.

• **Gästehaus des Klosters Pirita** €€, Meriväl-ja tee 18, Tel. 6055000, Fax 6055010, www.osss.ee. Wird von den Nonnen des Brigittenordens in Pirita betrieben, moderne, recht schlichte, aber sehr ordentliche EZ, DZ und 3er-Zimmer.

• **Old House** €-€€, Uus 22, Tel. 6411281, Fax 6411464, www.oldhouse.ee. Zum Old House gehören ein Gästehaus und ein Hostel. Das Angebot reicht von Mehrbettzimmern bis zur Suite mit Sauna, nette Atmosphäre mitten in der Altstadt.

• **Old House Apartments,** Rataskaevu 16, Tel. 6411464, Fax 6411604, www.oldhouse.ee, Rezeption 8–20 Uhr. Sehr schöne, zentrale Ferienwohnungen in unterschiedlicher Größe, Ausstattung und Preislage.

• **Villa Hortensia** €€, im Meistrite Hoov, Vene 6, Tel./Fax 6418017, mobil 5046113, www.hoov.ee. Individuell gestaltete Zimmer und Suiten, direkt im sehr idyllischen Hof der Meister bei der Chocolaterie gelegen.

Hostels und Jugendherbergen

• **Academic Hostel** €, Akadeemia tee 11, Tel. 6202275, Fax 6202276, www.academichostel.com. Großes Hostel, etwa 5 km außerhalb der Stadt bei der Technischen Universität, vom Vabaduse väljak aus mit Trolleybus 3 zu erreichen (bis Keemia). Küche, Essraum und Badezimmer teilt man sich mit zwei Zimmern, gegen Aufpreis darf man sein Haustier mitbringen.

• **Eurohostel** €, Nunne 2, Tel./Fax 6447788, www.eurohostel.ee. Mitten in der Altstadt, gut für Rucksackreisende, einfach, aber ganz passabel. Es gibt eine Küche für die Gäste, Duschen und Toiletten auf dem Gang, nur ein DZ, ansonsten Mehrbettzimmer mit Doppelstockbetten für 4–6 Personen.

• **The Flying Kiwi Backpackers** €, Nunne 1, mobil 58213292. Das ehemalige City Bike Hostel bietet auch unter der neuen Führung durch ein neuseeländisches Paar legere Traveller-Atmosphäre mitten in der Altstadt.

• **Hostel Tehnika 16** €, Tehnika 16-1, Tel. 6533173, Fax 6533173, hosteltehnika16@hot.ee. In der Nähe des Bahnhofs, DZ und Mehrbettzimmer, die Küche kann mitbenutzt werden.

• **Vabriku Hostel** €€, Vabriku 24, Tel. 6466287, Fax 6485330, www.vabrikuhostel.eu. Im Stadtteil Kalamaja, kleines Hostel von 2008, Parkplatz und W-LAN vorhanden.

• **Vana Tom** €, Väike-Karja 1, Tel./Fax 6209266, www.vanatom.ee. Nettes, wenn auch nicht mehr ganz frisches Hostel in bester Lage. Der Eingangsbereich im Tordurchgang kann etwas unangenehm wirken (und riechen), im Hostel im ersten Stock ist davon nichts zu merken. Es gibt EZ, DZ und Schlafsäle, außerdem Küche zur Mitbenutzung.

Camping

- **Pirita Hafen Camping,** Regati pst 1, Tel. 6398980, www.piritatop.ee. Stellplätze für 20 Wohnwagen und Wohnmobile, auch zelten möglich.
- **Tallinn City Camping,** Pirita tee 28, Tel. 6052044, Fax 6137429, www.tallinn-city-camping.ee. Auf dem Messegelände, geöffnet vom 22. Mai bis 15. Sept., Stellplätze für Wohnwagen und Wohnmobile, auch zelten möglich, aber im Verhältnis zu teuer.

Essen und Trinken

Auf die Schnelle

- Schnell und gut bedient wird man im Erdgeschoss des Hotel Olümpia (s.o.), wo sich das **Café Boulevard** befindet, sowie im **Café Mmuah,** das im Tallinna Kaubamaja (siehe Einkaufszentren) angesiedelt ist.
- **Sõõrikukohvik,** Kentmanni 21, Tel. 6605002, www.soorikukohvik.ee. Nettes, kleines Café mit Kantinencharakter. Snacks und warmes Essen zu günstigen Preisen.
- **Wayne's Coffee,** Viru-Einkaufszentrum, Viru väljak 4–6. Filiale der schwedischen Kette. Verschiedene Kaffeegetränke, Kuchen, Bagels und Sandwiches zum Mitnehmen.

Cafés und Bistros

- **Café Bestseller,** Viru väljak 4–6, im 2. Stock des Viru-Einkaufszentrums. Gehört zum Buchladen und wird vom estnischen Starkoch *Imre Kose* betrieben, täglich 9–21 Uhr.
- **Café Maiasmokk,** Pikk 16, Tel. 6464070. Traditionsreiches Café im Herzen der Stadt, für vorzügliche Süßspeisen und Torten, vor allem auch für sein Marzipan bekannt.
- **Café Peterson,** Narva mnt 15, Tel. 662 2195. Internationales Angebot an Speisen und Häppchen, sehr empfehlenswert die Kuchenpalette, verschiedene Kaffeesorten. Nebenan und mit dem Café verbunden ist eine kleine Galerie für Malerei.
- **Café Reval,** Müürivahe 14, Tel. 6446702. Kuchen, Baguettes, Sandwiches und andere Snacks zu günstigen Preisen. Weitere Filialen im Stadtgebiet.
- **Café VS,** Pärnu mnt 28, Tel. 6272627, www.cafevs.ee. Europäische und indische Küche, gutes Preis-Leistungsverhältnis und angenehme Atmosphäre, Essen auch zum Mitnehmen.
- **Pierre Chocolaterie,** im Meistrite Hoov (Hof der Meister), Vene 6, Tel. 6418061, tgl. 10–24 Uhr. Auf der Vene-Straße durch den Toreingang gehen. Kleines Café mit leckerem Kuchen, selbstgemachten Trüffelpralinen und anderen Kleinigkeiten.

012es Foto: jl

Auch das ist Tallinn: Radisson Hotel

●**Kehrwieder,** Saiakang 1. Man sollte es aufgrund seiner Lage am Rathausplatz nicht für möglich halten, aber das Café ist gut und gemütlich geblieben, nicht touristisch. Kleine Snacks und leckerer Kuchen. Weitere Filialen im Stadtgebiet.

●**Kompressor,** Rataskaevu 3, Tel. 6464210. Sehr leckere Pfannkuchen, kein Wunder, dass das Lokal besonders von Studenten besucht wird. Preiswerte und große Portionen. Keine Kartenzahlung.

●**Matilda,** Lühike jalg 4, Tel. 6816590, www.matilda.ee. Feines, klassisches Café mit ausgefallenen Kuchen- und Tortenkreationen.

●**Weckengang,** Saiakang 3, Tel. 6443055, www.saialill.ee. Nettes, kleines Café, sehr zentral. Rundum empfehlenswert für Kaffee, Kuchen und Snacks.

Estnische und mittelalterliche Küche

●Hervorragende, allerdings sehr teure Restaurants, die internationale Kost mit verfeinerten estnischen Speisen verbinden, sind das **Bordoo** im Hotel The Three Sisters oder das Restaurant **Stenhus** im Schlössle Hotel (s. Unterkunft).

●**Kaerajaan,** Raekoja plats 17, Tel. 6155400, www.kaerajaan.ee, tägl. 11–24 Uhr. Die Gerichte verbinden klassische estnische Küche mit modernen internationalen Kochtrends. Dasselbe Prinzip wurde beim Interieur angewandt, wo traditionelle Muster in kühles Design eingebunden sind.

●**Kloostri Ait,** Vene 14, Tel. 6446887, www.kloostriait.ee, täglich 12–24 Uhr. Gemütliches Restaurant und Bar, traditionelle Küche im Souterrain mit Kaminfeuer im Winter. Populär unter Studenten, Intellektuellen und Kreativen, entspannte Atmosphäre, bezahlbare Getränke, manchmal Live-Musik.

●**Kuldse Notse Kõrts,** Dunkri 8, Tel. 6286500, tgl. 12–24 Uhr. Estnische Küche, vor allem Schweinefleischgerichte, aber auch einige vegetarische Speisen, nur ein paar Meter vom Rathausplatz entfernt.

●**Maikrahv,** Raekoja plats 8, Tel. 6314227, www.maikrahv.ee. Lokale und internationale Küche, mittelalterliche Atmosphäre, geöffnet 12–23 Uhr.

●**Olde Hansa,** Vana turg 1, Tel. 6279020, www.oldehansa.ee, täglich 10–24 Uhr. Sehr bekanntes, „mittelalterliches" Restaurant im Herzen der Altstadt. Die Servicekräfte sprechen die meisten europäischen Sprachen und bedienen in mittelalterlicher Kleidung. Es lohnt sich, einmal hineinzugehen; aufgetischt werden traditionelle Speisen in originellem Ambiente, allerdings weilt man zumeist nur unter Touristen.

●**Peppersack,** Viru 2, Tel. 6466800, www.peppersack.ee, tgl. 11–24 Uhr. Mittelalterliches Interieur, estnische und europäische Küche, unweit des Rathauses.

●**Vanaema juures,** Rataskaevu 10, Tel. 6269080, vanaema.juures@mail. ee, Mo–Sa 12–22 Uhr, So 12–18 Uhr. Man sitzt wie „bei Oma" (= *Vanaema juures*) in einem kleinen Restaurant zwischen alten Möbeln, Fotografien und Accessoires.

Internationale Küche

●**Admiral,** im Hafen, Lootsi 15, Tel. 6623777, www.aurulaev-admiral. ee. Wer Seeluft beim Speisen schnuppern möchte, kann das auf diesem Restaurantdampfschiff tun, estnische und internationale Küche, Fischgerichte, aber auch einige vegetarische Speisen.

●**Al Sole,** Viru 8, Tel. 6117617, http://alsole.viruinn.ee, tägl. 8–23 Uhr. Für Pizza zwar nicht ganz billig, aber die schönen Sitzplätze draußen und drinnen sowie die zentrale Lage sind es allemal Wert, wenn man Lust auf italienische Küche hat.

●**Aed,** Rataskaevu 8, Tel. 6269088. Sehr gutes Öko- und Vollwertrestaurant, leckere Speisen in mittelalterlichem Ambiente.

●**Baieri Kelder,** Roosikrantsi 2a, Tel. 6400040. Für alle, die Heimweh haben, gibt es im Bayernkeller deutsches Bier, Schnitzel, Würste u.Ä.

●**Balthasar,** Raekoja plats 11, Tel. 6276400, www.balthasar.ee. Alle Gerichte haben eines gemein: Sie sind mit Knoblauch angereichert. Sehr originelle Speisen in schönem Ambiente direkt am Rathausplatz.

●**Elevant,** Vene 5, Tel. 6313132, www.elevant.ee, tgl. 12–23 Uhr. Indische Küche in gemütlicher Einrichtung für nicht ganz so kleine Preise.

● **Le Bonaparte,** Pikk 45, Tel. 6464444, www.bonaparte.ee. Restaurant, Konditorei und Weinkeller. Feine Kuchen und Croissants, französische, je nach Saison wechselnde Küche und beste Weine im gemütlichen Keller, obere Preiskategorie. Konditorei Mo–Sa 8–22 Uhr, So 10–18 Uhr, Restaurant und Weinkeller Mo–Sa 12–24 Uhr, So geschl.

● **Controvento,** Vene 12 (Kaatariina käik), Tel. 6440470, www.controvento.ee. Hervorragendes und sehr beliebtes (reservieren!) italienisches Restaurant in der romantischen Katharinengasse.

● **Klafira,** Vene 4, mobil 58377333, www.klafira.ee, Di–Sa 12–23 Uhr. Wer die russische Küche probieren möchte, findet in Tallinn gute Gelegenheiten und das Klafira mit seiner warmen Atmosphäre und hervorragenden Küche rangiert ganz oben auf der Empfehlungsliste.

● **Kohvik Moon,** Võrgu 3, Tel. 6314575, www.kohvikmoon.ee. Nicht nur aufgrund seiner Lage außerhalb des Altstadtkerns gilt das Café-Restaurant Moon bislang als Geheimtipp. Der Besitzer *Roman Zasteserinski* hat sich als Koch in namhaften Restaurants einen guten Ruf erarbeitet, bis er den Sprung in die Selbstständigkeit wagte. Seither serviert er feinste estnische Küche im stilvollen Ambiente. Mo geschlossen.

● **Must Lammas,** Sauna 2, Tel. 6448317, www.mustlammas.ee, tägl. 12–23 Uhr, So 12–18 Uhr. Feine kaukasische Küche in ruhiger, gepflegter Atmosphäre. Wer Lamm, Minze, Knoblauch und dergleichen schätzt, ist hier bestens bedient.

● **Pizza Grande,** Väike-Karja 6, Tel. 6418718, tägl. 11–23 Uhr.

● **Pizzeria Americana,** Müürivahe 2, Tel. 6448837, www.americana.ee, tägl. 11.30–22.30 Uhr. Amerikanische Kochkunst, insbesondere Pfannenpizza in vielen Varianten. Seit Jahren eine feste Adresse in Tallinn, um sich relativ günstig satt zu essen.

● **Restoran Bocca,** Olevimägi 9, Tel. 6117290, www.bocca.ee. Edles Restaurant, gehobene Preisklasse, italienische Küche.

● **Restoran Ö,** Mere pst 6 e, Tel. 6616150, www.restoran-o.ee. Stylisches, in Schwarz-Weiß gehaltenes Restaurant, gehobene internationale Küche.

● **Restoran Oliver,** Viru 3, Tel. 6307898, www.oliver.ee, tgl. 11–24 Uhr. Der geschnitzte Holzkellner Mr. Oliver steht als Maskottchen vor dem Eingang und gibt das Tagesmenü preis. Angeboten werden klassische Grillgerichte mit Soßen und Beilagen.

● **Sfäär,** Mere pst 6e, mobil 56992200. Ambitionierte estnisch-italienisch-internationale Fusion-Küche mit angeschlossenem Feinkosthandel, irgendwo zwischen leger und schick.

● **Silk Sushi Bar,** Kullassepa 4, Tel. 6484625, www.silk.ee, weitere Filialen im Stadtgebiet.

● **Troika,** Raekoja plats 15, Tel. 6276245, www.troika.ee. tgl. 10–23 Uhr. Typisch russische Küche, oft in Begleitung von folkloristischer Live-Musik. Vorbestellen ist aufgrund größerer Beliebtheit angebracht.

● **Turg,** Mündi 3, Tel. 6412456, www.turg.ee. *Turg* heißt „Markt“ und genau dem Motto fühlt sich das Restaurant verpflichtet, es ist ein Themenrestaurant mit internationaler Küche.

Nachtleben

Bars, Kneipen und Nachtclubs

● **Beer House,** Dunkri 5, Tel. 6276520, www.beerhouse.ee, 11–24 Uhr, Fr und Sa länger. Tallinns einzige Brauerei mit deutschem Bier, untypisches Lokal für Estland, Touristentreffpunkt nahe dem Rathausplatz.

● **Bon Bon,** Mere pst 6e, Tel. 6616080, www.bonbon.ee, Mi, Fr und Sa ab 22 Uhr bis open end. Nachtclub, global grooves, House, Asian Hip-Hop, Jazz und 70er.

● **Bonnie & Clyde,** Liivalaia 33, Nachtclub/Diskothek, gehört zum Hotel Olümpia.

● **Café Amigo,** Viru väljak 4, Live-Musik, Nachtclub im Sokos Hotel Viru, wird auch von Einheimischen gern besucht.

● **Clayhills Gastropubi,** Pikk 13, Tel. 6419312, www.clayhills.ee, die Eigenbezeichnung Gastropub verweist auf Einordnung zwischen Restaurant und Kneipe mit gediegener Atmosphäre. Die Lage im Zentrum ist hervorragend, hin und wieder Live-Musik.

● **Clazz,** Vana turg 2, Tel. 6279022, www.clazz.ee, 17–2 Uhr, Do–Sa länger geöffnet. Eine Mischung aus Restaurant, Lounge, Disco und Jazzclub, angenehme Atmosphäre und gemischtes Publikum. Gute Anlaufstelle im Zentrum.

• **Club Privé,** Harju 6, Tel. 6310545, www.clubprive.ee, Mi 22–4 Uhr, Fr–Sa 23–6 Uhr. Angesagter Club im Zentrum, gemischte Musik, verschiedene Abendveranstaltungen.

• **Déjà Vu Lounge,** Sauna 1, www.dejavu.ee, stylische Lounge.

• **Depeche Mode Bar,** Voorimehe 4, Tel. 6314308, www.depechemode.ee/bar, ab 12 Uhr geöffnet, nette alternative Bar mit ... ? Musik von Depeche Mode.

• **Hell Hunt,** Pikk 39, wwww.hellhunt.ee, typisch estnische Kneipe.

• **Hollywood,** Vana-Posti 8, Tel. 6274770, www.club-hollywood.ee, Mi–Sa 22–5 Uhr. Erster Club, der nach neu erlangter Unabhängigkeit öffnete. Im Sõprus-Kinogebäude angesiedelt, mit stalinistischen Balkonen und Fünfziger-Jahre-Stuck, junges Publikum.

• **Karja Kelder,** Väike Karja 1, www.karjakelder.ee, traditionelle estnische Kneipe.

• **Levist väljas,** Olevimägi 12, etwas heruntergekommene Kellerbar mit preiswerten Getränken, von der alternativen Szene Tallinns frequentiert, nicht jedermanns Geschmack.

• **Molly Malone's,** Mündi 2, Tel. 6313016, www.mollymalones.ee, tägl. 10–22 Uhr, Fr–Sa 9–4 Uhr. Kneipe nach irischer Art, Fußballübertragungen, ordentliches Essen, Raucherraum. Mit seiner zentralen Lage guter Ausgangspunkt ins Nachtleben.

• **Nimeta Baar,** Suur-Karja 4, Tel. 6411515, www.nimetabaar.ee, am Wochenende mit DJs, ansonsten manchmal mit Sportfernsehen, beliebt bei Einheimischen und Rucksacktouristen.

• **Parlament,** Tartu mnt 17, www.clubparlament.com, Nachtclub mit Mainstream-Musik, Fr und Sa geöffnet.

• **Popular,** Vana-Viru 6, Tel. 6141565, www.popular.ee, tägl. 9–1 Uhr, Fr/Sa 9–4 Uhr. Café/Bar/Club nicht nur für Freunde von Wasserpfeifen und Cocktails.

• **Rock Café,** Tartu mnt 80 d, Tel. 6810878, www.rockcafe.ee. Der Liveclub – alles was in der alternativen Musikszene Rang und Namen hat, spielt in Estland im Rock Café.

• **Sossi Klubi,** Tartu mnt 82, Tel. 6014384, www.sossi.ee, Fr/Sa 20–3 Uhr, ca. 6,50 Euro Eintritt. Reiferes Publikum, Jazz, Blues und Rock.

• **Spirit,** Mere pst 6e, Tel. 6616151, www.kohvikspirit.ee. Schickes Lounge-Café-Restaurant, gutes Sushi.

• **St. Patrick's,** Suur-Karja 8, Tel. 6418173, www.patricks.ee, tägl. 11–2 Uhr, Fr/Sa 11–4 Uhr. Sehr angenehmer Pub in tollem Altstadtgebäude. Es gibt noch drei weitere Filialen.

• **Venus Club,** Vana-Viru 14, Tel. 6418184, www.venusclub.ee, Mi und Do 22–3 Uhr, Fr und Sa 22–4.30 Uhr, belebte Mainstream-Disco mit gemischtem Publikum.

• **Von Krahli Teater-Baar,** Rataskaevu 10, www.vonkrahl.ee, gehört zu einem kleinen Theater, oft Live-Musik alternativer Bands, beliebt bei Studenten und Künstlern, tagsüber auch preiswerte Speisen.

• **Woodstock,** Tatari 6, Tel. 6604915, www.woodstock.ee, 70er-Stil und -Musik, auch Speisen im Angebot.

Clubs für Homosexuelle

• **Kapp,** Vana-Posti 8, www.kapp.ee.

• **X-Baar,** Tatari 1, www.xbaar.ee, Club und Bar, Mo–Do 16–1 Uhr, Fr/Sa 14–3 Uhr, So 14–1 Uhr.

Kinos

Alle Filme werden im Original mit estnischen Untertiteln gezeigt.

• **Artis,** im Solaris-Center, www.kino.ee, Programmkino, Kinderfilme. Das Filmfest der Dunklen Nächte findet hier statt.

• **Coca-Cola Plaza,** Hobujaama 5, Tel. 1182, www.forumcinemas.ee, Estlands größtes Kino mit 11 Sälen, Läden, Friseur und Spielzimmer für Kinder.

• **Kinomaja,** Uus 3, Tel. 6464510, www.kinomaja.ee, kleines Kino mit internationalem Filmangebot außerhalb des Mainstreamprogramms.

• **Kosmos,** Pärnu mnt 45, zwei Säle, Hollywoodfilme.

• **Sõprus,** Vana-Posti 8, Tel. 6466332, http://kinosoprus.ee, neue und alte estnische und auch alternative europäische Filme.

Theater und Oper

Da die Theateraufführungen in estnischer Sprache stattfinden, wird hier darauf verzichtet, sämtliche Theater aufzuführen. Eine Adressliste erhält man von der Touristeninformation oder unter www.tourism.tallinn.ee.

● An sechs Tagen der Woche finden in der **Nationaloper Estonia** Vorstellungen statt, klassische sowie zeitgenössische Opern, Ballette, Operetten, Kindervorführungen. Gesungen wird in der Originalsprache. Rahvusooper Estonia, Estonia pst 4, Tel. 6831201, www.opera.ee.

Weinstuben und Zigarrenlounges

● **Davidoff Sigari Maja,** Raekoja plats 16, für Zigarrenliebhaber.

● **Gloria Veinikelder,** Müürivahe 12, Tel. 6448846, www.gloria.ee, romantisch, in die mittelalterliche Stadtmauer hineingebaut.

● **La Casa del Habano,** Dunkri 2, www.havanas.ee, Zigarren.

● **Le Bonaparte,** Weinkeller, s. Restaurants.

● **Musi,** Niguliste 6, www.musi.ee, Weinstube.

● **Negossiant,** Lai 42, Tel. 6424037, www.negossiant.ee, tolle Atmosphäre, große Auswahl.

● **Three Sisters Wine Bar,** s. Hotels.

Einkaufen

Markt

● **Keskturg** (Hauptmarkt), Turu Põik 2, mit Straßenbahn 2 oder 4 erreichbar, eine Haltestelle nach dem Stockmann-Kaufhaus, täglich bis 16 Uhr.

● Auf dem **Hauptplatz des Rotermannviertels** finden das ganze Jahr über verschiedene Märkte statt.

Einkaufszentren und Kaufhäuser

● **De La Gardie,** Viru 13.

● **Demini Kaubamaja,** Viru 1.

● **Kaubamaja,** Gonsiori 2, www.kaubamaja.ee, täglich 9–21 Uhr, das Lebensmittelgeschäft im Keller bis 22 Uhr.

● **Rotermanni kaubamaja,** im Rotermannviertel, Rotermanni 5/Roseni 10.

● **Solaris-Center,** Estonia pst 9, www.solaris.ee, Kultur-, Kino-, Konferenz- und Einkaufskomplex. Hier finden sich eine Filiale der lettischen Restaurantkette Lido, das Café Komeet und ein großes Lebensmittelgeschäft.

● **Stockmann Department Store,** Liivalaia 53, www.stockmann.ee, Mo–Sa 9–21 Uhr, So 10–21 Uhr. Hier gibt es auch eine gut ausgestattete Feinkostabteilung und ein Internetcafé.

● **Ülemiste keskus,** Suur Sõjamäe 4, www.ulemiste.ee, neben dem Flughafen, täglich 10–21 Uhr.

● **Viru keskus,** Viru väljak 4–6, www.virukeskus.com, tgl. 9–21 Uhr, Lokale bis 22 Uhr. Im Keller des Gebäudes liegt eine größere Busstation, in der Haupthalle gibt es eine Touristeninformation und einen Kartenvorverkauf (Piletilevi). Außerdem Zugang zum Kaubamaja (s.o.). Die Lebensmittelabteilung des Kaubamaja (Toidumaailm, im Keller) ist der zentralste Supermarkt der Stadt.

Bücher und Karten

● **Apollo,** im Solaris-Center, www.apollo.ee.

● **Rahva Raamat,** Viru väljak 4–6, 9–21 Uhr, im Einkaufszentrum Viru Keskus.

Film und Foto

● Im Viru keskus und Solaris findet man Fotogeschäfte und Elektronikhandel.

Galerien, Kunsthandwerk und Souvenirs

Sehr schön sind die kleinen Geschäfte im **Hof der Meister** (Meistrite Hoov), einer kleinen Gasse, die von der Vene-Straße beim Haus Nr. 6 abgeht.

Einige Meter weiter entlang der Vene-Straße befindet sich am Eingang zum **Katariina käik** der Verkaufsraum der Katharinengilde, ein Zusammenschluss unterschiedlicher Kunsthandwerker.

● **Bogapott,** Pikk jalg 9, www.bogapott.ee, Café und Keramikstudio.

● **Domini Canes,** Vene 12, Tel. 6445286, täglich 11–18 Uhr, wechselnde Ausstellungen und Verkauf von Kunsthandwerk.

- **Galerii 36,** Lühike jalg 8, Tel. 6441658, Mo–Sa 10.30–17.30 Uhr, So 10.30–16 Uhr, Bilder, Grafikarbeiten, Keramik und Glas, temporär auch Ausstellungen.
- **Helina Tilk,** Lühike jalg 5 und Rataskaevu 6, www.helinatilk.com, Tel. 6464280, Mo–Fr 9–18 Uhr, Sa 10–17 Uhr, So 10–15 Uhr, farbenfrohe Keramik mit lustigen Tierzeichnungen der bekannten Designerin.
- **Galerii Kaks,** Lühike jalg 1, Tel. 6418308. Schmuck, Keramik, Glas, Leder und Textilien.
- **Galerii Portaal Eesti Tarbekunst,** Vene 16, Tel. 6464209, Mo–Fr 10–18 Uhr, Sa/So 10–17 Uhr, typisch estnische Kunstgegenstände und Schmuck aus Glas, Keramik, Metall und Seide.
- **Hindricus,** Lühike jalg 2, schöner Laden, hochwertige Filz-, Schmiede- und andere Waren.
- **Hobusepea Galerii,** Hobusepea 2, www.eaa.ee/hobusepea, Kunstgalerie, Malerei, Skulptur, Installation.
- **Krambude,** Vana turg 1, www.oldehansa.ee, authentische mittelalterliche Glas-, Leder- und Keramikwaren, sehr schöner Laden.
- **Lühikese Jala Galerii,** Lühike jalg 6, www.hot.ee/lgalerii, Tel. 6314720, Mo–Fr 10–18 Uhr, Sa/So 10–17 Uhr.
- **Navitrolla Galerii,** Sulevimägi 1, www.navitrolla.ee, Tel. 6313716, Mo–Fr 10–18 Uhr, Sa/So 10–16 Uhr. Ausstellungs- und Verkaufsraum des bekannten Künstlers *Navitrolla*.
- **Saaremaa sepad,** Nunne 7, www.sepad.ee, gute Adresse für Schmiedewaren.
- **Sepaäri,** Olevimägi 11, www.ross.ee, ebenfalls empfehlenswert für Schmiedewaren.
- **Santa Katariina,** Müürivahe 22, www.santakatariina.ee, unter den zahlreichen Souvenirläden ein empfehlenswerter.
- Auf der **Müürivahe-Straße** entlang der Stadtmauer findet man Verkaufsstände, an denen **Handarbeitsartikel,** vor allem selbstgestrickte Kleidung, angeboten werden.
- **Jolleri Käsitöökamber** (Handwerksstube), Müürivahe 11, www.jollery-bunny.ee, netter kleiner Laden, hauptsächlich Gestricktes.
- **Rewill,** Vene 7, www.rewill.ee, Woll- und Stoffarbeiten, Puppen.
- **Estnischer Volkskunst- und Kunsthandwerksverband,** www.folkart.ee. In den drei Läden des Verbands findet man hochwertiges Kunsthandwerk: **Estnisches Kunsthandwerkshaus,** Pikk 22; **Platsiveere meistrid,** Pikk 15, und **Allikamaja,** Lühike jalg 6.
- **VeTa,** Pikk 6 und 8 (für Männer) und Kullassepa 4, Woll- und Leinenkleidung. Keine Handarbeit, aber schönes, individuelles estnisches Design.

Feste und Veranstaltungen

Neben zahlreichen Märkten und Kulturveranstaltungen finden folgende regelmäßig statt:

- **Frühjahr: Jazzkaar,** internationales Jazzfestival, genauer Termin unter www.jazzkaar.ee; es gibt auch im Winter ein kleineres Jazzkaar.
- **Juni: Altstadttage,** großes Mittelalter- und Kulturfest, www.vanalinnapaevad.ee; **Mittsommerfest,** die kürzeste Nacht des Jahres, der Johannistag, wird mit Feuer, Tanz und Musik gefeiert, u.a. im Freilichtmuseum Rocca al Mare.
- **Juli: Bierfest Õllesummer,** findet auf dem Gelände der Sängerbühne statt, genaue Daten unter www.ollesummer.ee.
- **Dezember:** Auf dem Rathausplatz findet der **Weihnachtsmarkt** statt. Von Ende November bis Weihnachten wird hier täglich von 10 bis 19 Uhr an vielen kleinen Holzhäuschen und Ständen typische estnische Handarbeit feilgeboten. Eine Besonderheit ist der kleine Weihnachtsmann-Poststand, wo man Karten vom Weihnachtsmarkt verschicken kann.

Etwa Ende November bis Mitte Dezember findet im Kino im Solaris-Center das **Filmfestival der dunklen Nächte** *(Pimedate Ööde Filmifestival,* kurz: PÖFF) statt, www.poff.ee.

Markt auf dem Rathausplatz

Aktivitäten

Ausflugs- und Tourveranstalter

• **Estravel,** Suur-Karja 15, Tel. 6266233, www.estravel.ee, Ausflüge und Rundreisen durch Estland.

• **Baltic Tours,** Jõe 5, Tel. 6300460, Fax 6300411, www.baltictours.eu.

• **Via Hansa Estonia,** Rüütli 13, Tel. 6277870, Fax 6277871, www.viahansa.com.

Wer es gern abenteuerlich mag, kann sich an einen Spezialanbieter für Aktivitäts- und Sportangebote wenden. Sie haben ihren Sitz nicht in Tallinn, können aber ggf. Abholung organisieren:

• **360°,** Sõtke, Gemeinde Märjamaa, mobil 55558755 (Bert, spricht Deutsch), www.360.ee. Moorwanderungen, Kanutouren, Touren in Nordestland zu jeder Jahreszeit, z.B. Seekajakfahrten zu den estnischen Inseln oder vor der Küste Tallinns, Schneeschuhwanderungen, Tiersafaris oder Skitouren über die zugefrorene Ostsee im Winter.

• **Reimann Retked,** Gemeinde Kuusalu, Dorf Saunja, Hof Mikumärdi, mobil 5114099, www.retked.ee. Kajak-, Rafting-, Wander-, Fahrrad- und Skitouren.

Bowling und Billard

• **KU:LSA:L** (sprich: Kuulsaal), Mere pst 6, Tel. 6616682, www.kuulsaal.ee.

Boots- und Schiffsfahrten

Fähren nach Finnland und Schweden siehe Weiterreise.

• **Bootsverleih am Pirita-Fluss** *(Paadilaenutus Pirita jõel),* Kloostri 6 a, mobil 58374124, www.bellmarine.ee, Mai–Sept. bei schönem Wetter täglich 10–22 Uhr (Bus 1, 1a, 8, 34, 38 bis Pirita).

• **Segeltörns** auf dem historischen Schooner „Kajsamoor" und anderen Schiffen, Väike-Patarei 15-2, mobil 5068152, Fax 6012781, www.kippar.ee. Man muss anfragen, welche Möglichkeiten es je nach Jahreszeit und Gruppengröße gibt.

003es Foto: jl

211es Foto: jl

Neue Hochhäuser verändern
die Silhouette der estnischen Hauptstadt

- Der Reiseveranstalter Reimann Retked (s.o.) bietet **Seekajaktouren zu den Inseln** vor der Küste an, inklusive Wanderungen über die Eilande und Spezialführungen durch die ehemaligen Militärbasen, Bunker und alten Dörfer. Die Mitarbeiter sprechen z.T. Deutsch.

Fahrradverleih

- **City Bike,** Uus 33, mobil 5111819, www.citybike.ee, Fahrradverleih und organisierte Radwanderungen durch Tallinn und Umgebung, auch Kinderfahrräder, Kindersitze und -anhänger. Man kann sich auch Räder für Estlandtouren ausleihen. Der Anbieter spricht sehr gut Deutsch.
- **Hawaii Express,** Regati 1, Tel. 6398508, www.hawaii.ee, beim Pirita-Jachthafen.

Golf

- **Estonian Golf & Country Club,** Manniva, Jõelähtme, östlich von Tallinn, Tel. 6025291, Fax 6025292, www.egcc.ee.
- **Niitvälja Golf Course** (Tallinn Golf Club), Niitvälja, Tel. 6780454, www.egk-golf.ee, südwestlich von Tallinn, etwa 6 km westlich von Keila südlich der Paldiski mnt, entspricht internationalem Standard.
- **Suuresta Golf,** Suuresta, Gemeinde Rae, südöstlich von Tallinn nahe der Straße 2 bei Vaida, Tel. 6091351, mobil 5247700, Fax 6626111, www.golfest.ee.

Schwimmen und Spa

- Man kann sich eine Tageskarte für das Schwimmbad im **Kalev Spa Hotel** (siehe Unterkunft) holen.
- Ebenso kann man im **Aqua Spa** des Tallink Spa & Conference Hotel schwimmen gehen. Sadama 11a, Tel. 6301028, spa@tallink.ee, tägl. 10–22 Uhr.

- **Viimsi Tervisekeskus,** Randvere tee 11, Viimsi, Tel. 6061000, www.viimsitervis.ee, täglich 7–23 Uhr (Bus 1a nach Viimsi), Schwimm- und Saunalandschaft.
- **Pirita Top Spa,** Regati pst 1, Tel. 6398836, http://hotels.tallink.com, Juni–August tägl. 10–22 Uhr, ansonsten 10–16 Uhr (Bus 1, 1a, 8, 34, 38, Haltestelle „Lillepi"), Schwimmbad, Sporthalle, Therapie- und Schönheitsbehandlungen, Restaurant.

Wer sich nicht in ein Spa-Hotel einbuchen möchte, kann sogenannte Tages-Spa-Clubs besuchen:

- **Day Spa,** Vana-Posti 4, Tel. 6418701, www.dayspa.ee, 9–21 Uhr.
- **City Spa,** Rävala pst 4, Tel. 6400200, www.cityspa.ee, Mo–Fr 7–22 Uhr, Sa/So 9–22 Uhr.
- **Shnelli Day Spa,** Toompuistee 37, Tel. 6310160, www.spalife.ee, Mo–Fr 10–19 Uhr, Sa bis 16 Uhr, angegliedert an den Bahnhof.

Schlittschuhlaufen

- **Jeti Jäähall,** Eishalle, Suur-Sõjamäe 14 b, Tel. 6101035, www.jeti.ee, Juni–August geschlossen, ansonsten täglich 10–22 Uhr (Bus 15 bis Kaubajaama).
- **Premia,** Eishalle, Haabersti 3, Tel. 6600500, www.icearena.ee, unterhalb des Rocca al Mare neben der Saku Suurhall (Konzerthalle).

Weiterreise

Fähre

Vom Hafen aus fahren etwa stündlich Fähren nach **Helsinki,** die schnellsten davon brauchen nur 1½ Stunden. Täglich fahren auch Schiffe von und nach **Stockholm** (ungefähr 15 Std.).

- **Tallinner Hafen,** Tel. 6318550, www.portoftallinn.ee.

Bus

Von Tallinn kann man per Bus nach **St. Petersburg** (Visum!), **Riga** und zu weiteren Zielen in den Nachbarländern fahren. Lux Express fährt auch die estnischen Städte Pärnu, Tartu und Narva an.

- **Lux Express,** Lastekodu 46, Tel. 6800909, www.luxexpress.eu.

Flug

- Inlandsflüge nach Hiiumaa bietet **Avies,** Tel. 6301370, www.avies.ee.
- Inlandsflüge nach Saaremaa bietet **Estonian Air,** Tel. 6401160, www.estonian-air.ee.
- Alle anderen möglichen Flugverbindungen über **www.tallinn-airport.ee.**

Bahn

Von Tallinn aus kann man täglich nach **Moskau** fahren (mit Visum). Seit einiger Zeit wird auch **Tartu** mit einer schnellen Zugverbindung bedient. Im Inlandsverkehr spielt der Zug ansonsten eine unbedeutende Rolle. Nostalgiker können zwar diverse Strecken im Land – nach Pärnu, Viljandi, Türi, Rapla, Rakvere und Narva – mit dem Zug zurücklegen, doch Busse sind schneller und zumeist auch preiswerter. Hinzu kommt, dass die Bahnhöfe in den Zielorten, etwa in Pärnu und Tartu, nicht gerade verkehrsgünstig gelegen sind.

- **Bahnhof** (Balti jaam), Toompuiestee 37, Tel. 6156722, Ticketinfo 1447, www.baltijaam.ee. Zugverbindungen innerhalb Estlands werden bedient von Edelaraudtee, www.edel.ee. Die Verbindung nach Moskau betreibt Go Rail, im Bahnhof, Tel. 6310044, www.gorail.ee. Der Bahnhof liegt etwa 10 Min. zu Fuß von der Innenstadt. Man kann die Straßenbahnlinien 1 oder 2 nehmen.

Umgebung von Tallinn

Rund um Tallinn erstreckt sich der Landkreis Harjumaa, der oftmals nur von den Touristen durchfahren wird, die zu den Städten an der Westküste, zum Lahemaa-Nationalpark oder nach Südestland unterwegs sind. Dabei sind einige Sehenswürdigkeiten und Naturlandschaften einen Zwischenstopp oder gar kleinen Umweg wert.

Entlang der Küste verläuft die Baltische Glint, sodass sich an einigen Stellen Spaziergänge entlang der **Steilküste** anbieten, vor allem dort, wo **Wasserfälle** das Kalksteinplateau hinabstürzen, etwa der Wasserfall Keila-Joa westlich von Tallinn oder der Jägala-Wasserfall östlich der Hauptstadt. **Gutshöfe und alte Friedhöfe** zeugen von der jahrhundertelangen Geschichte der deutsch-baltischen Gutsherren. **Badestrände** finden sich entlang der Lahepere-Bucht westlich von Tallinn.

Von den kleinen Holmen und **Inselchen** vor der Küste Tallinns sind nur eine Hand voll erwähnenswert und zu besuchen: Naissaar (Nargen, Nargö) und Aegna, die gleich vor Tallinn liegen und von Pirita aus angefahren werden, die etwas weiter östlich liegende Insel Prangli, die man von Viimsi aus erreicht, und die Pakri-Inseln vor Paldiski. Privatunternehmen bieten Ausflüge zu den Inseln an.

Eine Fahrt in den Osten sollte indes unbedingt mit einem Besuch des Lahemaa-Nationalparks (siehe Kap. „Der Nordosten“) verbunden werden. Auf dem Weg dorthin kann man im **Schutzgebiet Rebala** einige interessante Architektur- und Landschaftsdenkmäler bewundern wie Steingräber der Bronzezeit, Kirchen aus dem Mittelalter und ein besonders im Frühjahr zur Hochwasserzeit beeindruckendes Karstgebiet.

Wasserfall Keila-Joa und Lahepere-Bucht

Wer nicht gerade den kürzesten Weg an die westestnische Küste einschlägt und der Straße 4 nach Haapsalu folgt, kann westlich des Freilichtmuseums Rocca al Mare einen Ausflug entlang der Nordküste unternehmen und die **Steilküste** bei Tabasalu, Rannamõisa und – kurz vor Keila-Joa – Türisalu aufsuchen, von wo aus man bei gutem Wetter bis zur Insel Naissaar blickt.

Etwas weiter westlich gelangt man in die idyllische Ortschaft Keila-Joa (nicht zu verwechseln mit dem Ort Keila weiter südlich), wo einer der schönsten Gutshöfe des Landkreises zu finden ist. Beim alten **Gutskomplex von Keila-Joa** aus dem Jahr 1830 stürzt der gleichnamige **Wasserfall,** der weniger durch seine Höhe, als durch seine Breite besticht, vom nordestnischen Plateau hinab. Besonders schön ist der etwa sechs Meter hohe und 60 bis 70 Meter breite Wasserfall im Frühjahr und Herbst, wenn Schneeschmelze oder häufige Niederschläge die Wassermenge ansteigen lassen. Im Laufe der Jahre hat das Wasser Stufen in die Kalksteinschichten gespült und ein 15 Meter tiefes Tal geformt. Wasserfall und Gutshof sind in einen idyllischen Park eingebettet.

Wer sich am Ufer entlangbewegt, trifft auf Steilküstenabschnitte und Feriensiedlungen, die zwischen Wäldern gelegen sind und nette Badestrände haben. An der Lahepere-Bucht (Lahepere laht) befinden sich die meisten der beliebten **Badeorte,** die die Tallinner am Wochenende aufsuchen: **Lohusalu, Laulasmaa** und **Kloogaranna.** Trotz der Nähe zur Hauptstadt sind sie nicht besonders überlaufen.

Unterkunft

• **Ferienzentrum Laulasmaa** €, im gleichen Dorf, Tel. 6721989, mobil 56207115, www.puhkekeskus.ee. Einfache Zimmer und Platz für Zelte; Dusche, WC und Küche zur Mitbenutzung, Ausflugspakete.

Kloster Padise

In den südlichen Teil der sich westlich anschließenden Paldiski-Bucht mündet der Fluss Kloostri, dessen Name auf ein im Landesinneren gelegenes **Zisterzienserkloster** verweist. Man erreicht es, wenn man von Madise kommend rechts in die Straße 17 abbiegt. Von Tallinn aus fährt man am besten über Keila die Straße 17 entlang, an deren Wegesrand inmitten einer alten Parkanlage die stattliche **Ruine** liegt.

Bereits um 1280 ließen Mönche des Klosters Daugavgriva (im heutigen Lettland) an dieser Stelle eine Kapelle errichten, die ab 1317 in den Bau des Klosters einbezogen wurde, den der Dänenkönig *Erik VII. Menved* gestattet hatte und durch umfangreiche Schenkungen förderte. Die erste Bauphase endete 1343 mit dem Aufstand in der Georgsnacht. Das Kloster brannte nieder und 28 Mönche kamen ums Leben.

Ende des 14. Jh. begann der Wiederaufbau. Diesmal wurde das Kloster – unter Einfluss des Livländischen Ordens – als Konventhaus errichtet, das von einem Wallgraben umgeben war und später im Livländischen Krieg als Festung genutzt wurde. Heute wie damals erreicht man den Innenhof durch zwei Portale. Verbunden waren die meisten der umliegenden Räumlichkeiten durch einen Kreuzgang. Im Nordflügel der Anlage lag die einschiffige Kirche mit ihrer sehenswerten Krypta, im Ostflügel befanden sich Sakristei und Kapitelsaal sowie das darüberliegende Dormitorium. Die Wohnräume des Abtes und das Refektorium, die durch ein Hypokaustum, eine Art antike Fußbodenheizung, gewärmt wurden, erfuhren im Livländischen Krieg starke Beschädigungen, die Wirtschaftsräume im Westteil sind nicht mehr erhalten.

1622 schenkte der Schwedenkönig *Gustav II. Adolf* die Ruine samt Ländereien *Thomas Ramm,* dessen Nachfahren das Anwesen bis zur estnischen Landreform 1919 hielten. Teile der Klosterruine nutzten sie, um einen **Gutshof** zu errichten, zu dem im 19. Jh. hübsche **Nebengebäude** wie Ställe und Speicher kamen.

Keila

Westlich des gleichnamigen Flusses liegt die Ortschaft Keila (Kegel), der 1938 die Stadtrechte verliehen wurden. Ältestes Gebäude ist die **Micha-**

Suomenlahti
Soome laht
Stockholm 14 h
Travemünde 32-36 h
Rostock 23-37 h
Lübeck 36 h
Stockholm 15 h
Rostock 21 h
Sassnitz
Helsinki - Tallinn 3 1/2 h
Sankt-Peterburg 10h
Naissaar
Naissaare looduspark
Aegna
Viimsi ps.
Rohuneeme
Leppneeme
Püünsi
Tammneeme
Pringi
Haabneeme
Viimsi
Randvere
TALLINN
Muuga
Pirita
Ninamaa
Suurupi
Kakumäe laht
Kopli laht
Muraste
Vääna-Jõesuu
Rannamõisa
Tabasalu
Türisalu
Lohusalu
Keila-Joa
Harkujärve
Vatsla
Harku
Pakri pank
Lahepere
Väike-Pakri
Paldiski
Laulasmaa laht
Vääna
Keila
Hüüru
Alliku
Laagri
Ülemiste jv.
Peetri
Lagedi
Rae
Loo
Assaku
Lehmja
Jüri
Suur-Pakri
Laoküla
Kloogaranna
Kiia
Karjaküla
Kumna
Harju
Vanamõisa
Männiku
Saue
Luige
Patika
Kiili
Paldiski laht
Kurkse väin
Klooga
Niitvälja
Keila
Valingu
Saku
Kurkse
Madise
Ämari
Lehola
Vasalemma
Tuula
Kasemetsa
Lokuti
Nabala
Vihterpalu
Ohtu
Jõgisoo
Tõdva
Paekna
Harju-Risti
Veskiküla
Vasalemma
Ääsmäe
Kiisa
Tammiku looduskaitseala
Padise
Rummu
Kibuna
Kurtna
Tagadi
Kata karstiala
Hatu
Pae
Määra
Kasepere
Laitse
Maidla
Angerja
Kata
Audevälja
Munalaskme
Ruila
Masti
Suursoo
Kaasiku
Prillimäe
Kohila
Hageri
Läänemaa Suursoo Maastikukaitseala
Riisipere
Haiba
Lohu
Järlepa
Kernu
Pihali
Rabivere
Lõiuse
Alema looduskaitseala
Härgla
Lääne maakond
Kasari
Rapla
Seli
Turba
Nurme
Ohulepa
Linnuraba sookaitseala
Purila
Raka
Hagudi
Piirsalu
Ellamaa
Lehetu
Varbola
Rapla maakond
Kodila
Maidla
E 67

C
D
NLAHTI
VIKEN
LAHT
Keri
Idaotsa
Prangli
Aksi
Rammu
Juminda nina
Juminda
Tapurla
Leesi
Virve
Majakivi
Kolga-Aabla
Purekkari neem
Pärispea
Mohni
Viinistu
Suurpea
Hara laht
Pärispea ps.
Hara
Loksa
Lobi neem
Pedassaare neem
Palganeem
Käsmu laht
Turbuneeme
Käsmu
Eru laht
Kasispea
Lahe
Vergi
Võsu
Tammispea
Vihasoo
Juminda ps.
Kabelimeeme laht
Koipsi
Kolga laht
Uitru säär
Neeme
Ihasalu
Kaberneeme
Pedassaar
Pedaspea
Kolgaküla
Lahemaa rahvuspark
Lääne-Viru maakond
Ilumäe
Sagadi
Palmse
Joaveski
Ihasalu laht
Uusküla
Maardu
Rebala
Salmistu
Muuksi
Kolga
Vanaküla
Kõnnu
Valkla
Uuri
Kahala jv.
Kahala
Viru raba
Valgejõe
Viitna
Jägala juga
Jõelähtme
Jägala-Joa
Kodasoo
Kiiu
E 20
Kuusalu
Loobu
Ama
Maardu
Kostivere
Kostivere Karstiala
Jägala
Soodla vh.
Valgejõgi
Haljava
Anija
Soodla
Anija looduskaitseala
Lilli
Ohepalu looduskaitseala
Ohepalu
Võhnja
Pajupea
Aruküla
Raasiku
Kehra
Aavoja
Peningi
Paraspõllu looduskaitseala
Lehtmetsa
Mustjõgi
Soodla
Saurjv
Põima
Ridaküla
Udriku
Perila
Vaida
Jõelähtme
Aegviidu
Pikva
Härma
Tapa
Imastu
Lehtse
Moe
Jänijõgi
Jäneda
Rägavere
Kämbla looduskaitseala
Alavere
Jootme
Vahakulmu
Tuhala
Kose-Uuemõisa
Viskla
Vetla
Valgehobuse m.
106
Lehtmetsa
Näo
Palvere
Voose
Kukevere
Kose
Peedu
Ambla
Karkuse
Oru
Ravila
Kõrvemaa maastikukaitseala
Käravete
Järva maakond
Kuivajõe
Pirita
Vardja
Jõgisoo
Reinevere
Sääsküla
Albu
Järlepa raba
Paunküla
Roosna
Aravete
Ojasoo
Järva-Madise
Rava
Kursi
Habaja
Rava
Paunküla vh.
Orgmetsa
Vajangu
Kaalepi
Ahula
Mahtra
Ardu
A.H. Tammsaare muuseum
Kuie
Triigi
Jalgsema
Võhmuta
Vaopere
Atla
Juuru
Kuimetsa
Metstaguse
Aavere
Virla
Järva-Jaani
Valasti
Karinu
maakond
akond

elskirche, die 1219 nach der Eroberung des Gebietes durch die Dänen zunächst als eingeschossige Kapelle errichtet wurde. Bereits Mitte desselben Jahrhunderts wurde sie nach Tallinner Vorbildern zu einer Wehrkirche umfunktioniert und später zu einer zweigeschossigen Kirche mit Kreuzgratgewölben und polygonalem Chor ausgebaut. *Johann Gottfried Exner* fügte 1851 den monumentalen Westturm hinzu, der von den Evangelisten geziert wird. Im Inneren kann man einen dreistufigen Altar mit Elementen aus der Renaissance und dem Barock bewundern. Ebenso wie die Kanzel von 1632 stammt er von *Tobias Heinze*. Drei Jahre jünger ist das Triumphkreuz. Auf dem **Friedhof** sind alte Rundkreuze und Grabkapellen der ehemaligen deutschen Gutsbesitzer erhalten.

Gutshof Keila

Im Gutshof von Keila ist heute das **Museum des Landkreises Harjumaa** untergebracht. Es dokumentiert unter anderem die Geschichte des Gebäudes, die bis ins späte Mittelalter zurückgeht. Nach der Zerstörung des Anwesens in diversen Kriegen bekam es im 19. und 20. Jh. sein heutiges Aussehen.

• **Harjumaa Muuseum,** Linnuse 9, Keila, Tel. 6781668, www.muuseum.harju.ee.

Laitse

Südlich von Keila gibt es weitere Gutshöfe. Der Gutshof Laitse (Laitz), der den Beinamen **Schloss** *(loss)* trägt, stammt vom Ende des 19. Jh. und wird von Arkaden und einem Turm geziert. In einem Nebengebäude kann man übernachten. Der Bildhauer *Tauno Kangro* bietet auf dem Gelände Unterricht an, in dem die Teilnehmer lernen, eigene Skupturen zu schaffen.

• **Gutshof Laitse** €€, Laitse, Gemeinde Kernu, Tel. 6717555, Fax 6717554, www.laitseloss.ee, Gaststätte Mi–So 12–22 Uhr.

Saue

Wenige Kilometer östlich von Keila nahe der Via Baltica (A4/E67) lohnt sich ein weiterer Zwischenstopp. Unweit der Kleinstadt Saue führt eine hübsche Allee zum sehenswerten gleichnamigen **Gutshof** (dt. Friedrichshof). Bereits in den 1950er Jahren wurden das Anwesen und der umgebende Park mit seinen Skulpturen, Bäumen, Grünflächen und Pavillons unter Schutz gestellt. Ab 1774 gehörten die Ländereien dem Baron *Friedrich Herman von Fersen*, der in der zweiten Hälfte des 18. Jh. das frühklassizistische Gebäude errichten ließ. Das Anwesen besticht nicht nur durch sein harmonisches Äußeres, einer Einheit des reich verzierten Herrenhauses mit Walmdach mit den ringförmig darum gelegenen Wirtschaftsgebäuden, sondern auch durch die im Inneren erhaltenen kleinen Schätze: dekorative Stuckarbeiten im frühklassizistischen Stil, Kachelöfen mit Motiven aus dem Rokoko, Wandverkleidungen aus Kunstmarmor, die in verschiedenen Farben gehaltenen Säle und Räume sowie den alten Mantelschornstein in der Küche.

● **Saue Mõis** €€€, Pärnasalu 38, Saue, Tel. 6790888, Fax 6790889, mobil 5125553, www.sauemois.ee. Übernachtung mit Frühstück, Sauna, Führungen.

Saku

Der Name *Saku* wird in Estland vor allem mit einem in Verbindung gebracht: **Bier.** 1876 begann man in der kleinen Ortschaft, die etwa fünfzehn Kilometer südlich von Tallinn liegt, die wohl bekannteste Biersorte Estlands „Saku Õlu" zu brauen. Wer sich für die Braukunst interessiert, kann das gleichnamige **Museum mit Verkostung** besuchen. Das **Herrenhaus Saku** (Sacke), das der Gründer der Brauerei bewohnte, stammt aus den Jahren 1825–30. Das hübsch verzierte klassizistische Haus wurde im Jahr 2002 liebevoll restauriert und beherbergt heute eine Gaststätte.

● **Saku Pruulikoda Pubi Muuseum,** Tallinna mnt 2, Tel. 6508338, www.pruulikoda.ee, So–Do 12–23 Uhr, Fr bis 3 Uhr, Sa bis 1 Uhr.

Unterkunft, Essen und Trinken

● **Saku Mõis** €€, Juubelitammede tee 4, Tel. 6728540, Fax 6728362, www.sakumois.ee. Hübsche Räume in altem Gutshof, mit Sauna, Gaststätte, Räumen für Allergiker und Behinderte; Jeep-Ausflüge; in der Umgebung Schwimmbad, Reitmöglichkeiten.

● **Hotel Salzburg** €-€€, Pärnu mnt 555, Laagri, Gemeinde Saku, Tel. 6503965, Fax 6503900, www.salzburg.ee. 53 Zimmer verschiedener Standards, etwa 2 km südlich der Ortsgrenze von Tallinn. Es gibt Wohnwagenstellplätze und ein Restaurant, Haustiere sind gegen ein Entgelt willkommen.

● **SafariPark Lodging** €, Trapi tee 3, Männiku, Gemeinde Saku, Tel. 6540044, Fax 6042442, www.safaripark.ee. Sehr einfach ausgestattetes Hotel auf halber Strecke zwischen Tallinn und Saku. Es werden unter anderem Quadsafaris durch benachbarte Sandgruben und Ausflüge zu ehemaligen sowjetischen Militärgebieten angeboten. Hunde ausdrücklich willkommen.

Karstgebiete bei Tuhala

Südöstlich von Tallinn, bei Tuhala, liegt eines der größten Karstgebiete des Landes – eine Landschaft, in der fast alle Gewässer im porösen Kalkstein verschwinden. Im Laufe der Zeit hat das Wasser dort **Höhlen, Rinnen und Senken** geformt. Es fließt unterirdisch durch die Hohlräume, bis es an anderer Stelle in Form von Karstquellen wieder an die Oberfläche gelangt.

Von Tallinn kommend, folgt man der Straße 2 und biegt bei Tuhala ab. Das **Landschaftschutzgebiet** kann man am besten in Begleitung eines Führers über einen 2,5 Kilometer langen **Lehrpfad** erkunden, der sich durch die Landschaft mit typischen Karstphänomenen wie Senken, Dolinen (trichterförmige Hohlräume, die durch eingestürzte Decken entstanden sind) und Höhlen windet. Am bekanntesten sind die mit 54 Metern Länge **größte natürliche Höhle** Estlands (Vihulase) und der sogenannte **Hexenbrunnen** (Nõiakaev), der im Frühjahr während der Schneeschmelze bis zu drei Wochen lang „überkocht". Der Fluss Tuhala, der das Gebiet auf über sechs Kilometern Länge unterirdisch durchfließt, tritt an mehreren Stellen in Form von Quellen an die Oberfläche. Die größte davon ist die **Veetõusme-Quelle.** Bei Hochwasser werden die Senken und Vertiefungen überflutet und das Wasser sprudelt an manchen Stellen - wie bei besagtem Hexenbrunnen - aus der Erde. Die Höhlen liegen zu dieser Zeit mehrere Meter unter Wasser.

● Informationen und Führer findet man im **Naturzentrum Tuhala** (Looduskeskus), Dorf Kata, Gemeinde Kose, mobil 56984123, www.tuhalalooduskeskus.ee.

Blaue Quellen von Saula

Östlich der Straße 2, etwa in Höhe von **Kose-Vuemõisa** (Neuhof), dessen Gutshof beim Bauernaufstand 1858 attackiert wurde, tritt das Grundwasser in Form dreier Quellen - den Saula Siniallikad - aus der Erde. Durch schwebende Mineralien wirken die Quellen auffällig farbintensiv - bräunlich oder blau-grün. Manche Anwohner halten die Gewässer für heilend.

Denkmalschutzgebiet Rebala

Rund um die Dörfer Rebala und Jõelähtme erstreckt sich das Denkmalreservat Rebala, das auf einer Fläche von etwa 25 km² eine Reihe interessanter **Architektur- und Landschaftsdenkmäler** umfasst, die schnell von der Straße 1 (Tallinn - Narva) aus zu erreichen sind: Steinkistengräber der Bronzezeit, ein Burghügel, Kultsteine sowie Kirchen aus dem Mittelalter. Informationen über diese Sehenswürdigkeiten erhält man im **Museum** des Schutzgebietes, das sich an der Straße 1 befindet (Tel. 6033097, www.rebala.ee). Das alte Rävala, so der ehemali-

015es Foto: jl

ge Name des Kirchspiels um Tallinn (heute Harjumaa) und nicht zuletzt der alte Name Tallinns, Reval, gehen auf das **Dorf Rebala** nördlich der Straße 1 zurück.

Wie dutzende **Steinkistengräber** aus der späten Bronzezeit belegen, handelt es sich hier um ein jahrtausendealtes Siedlungsgebiet. Im Museum sind Fundstücke aus der Gegend untergebracht, es wird Wissenswertes über die 36 Steinkistengräber aus dem 8.–7. Jh. v. Chr. vermittelt.

Jõelähtme

Zwei architektonisch interessante Gebäude finden sich im Dorf Jõelähtme östlich von Tallinn. Die **Marienkirche,** erstmals Mitte des 13. Jh. erwähnt, wurde mehrfach zerstört und wieder aufgebaut. Die letzte größere Baumaßnahme war das Hinzufügen eines Turms 1910. Im Inneren sind noch einige Kostbarkeiten aus früheren Zeiten erhalten: die Renaissancekanzel aus der ersten Hälfte des 17. Jh. von *Tobias Heinze* und der etwas jüngere Barockaltar.

Folgt man der Ortsstraße nach Osten, gelangt man hinter der Steinbrücke zur alten **Poststation** von 1822–24. Schon vor seinem Bau gab es im Ort Poststationen, die auch als Gaststätten dienten. Man schätzt, dass im frühen 17. Jh. die erste errichtet wurde. Ab 1712 ist der Sitz einer Poststation dokumentiert.

Der Jägala-Wasserfall

Jägala-Wasserfall

Etwa zwei Kilometer weiter nordöstlich stürzt der etwa sieben bis acht Meter hohe Jägala-Wasserfall auf rund 15 Metern Breite von der Glintterrasse herab. Im Laufe der Zeit hat er eine 300 Meter lange und 13 Meter tiefe Schlucht ausgespült. Von hier fließt der Jägala weiter in die Ihasalu-Bucht.

Kiiu

Folgt man der Straße 1 nach Osten, lohnt sich ein weiterer Zwischenstopp, bevor man den Nationalpark Lahemaa erreicht. Etwa 15 Kilometer hinter Jõelähtme kann man im Dorf Kiiu die kleinste Burganlage Estlands bewundern – den im 16. Jh. als Festung dienenden **Wohnturm von Kiiu,** auch Mönchsturm genannt. *Fabian von Tiesenhausen* ließ den vierstöckigen Turm in der Nähe seines Gutes errichten. Da sich der kreisförmige Wehrbau nach oben hin verjüngt, erinnert er ein wenig an den Rumpf einer Windmühle. Wie die Schießscharten belegen, diente das Erdgeschoss ebenso wie der zweite Stock mit seinem (rekonstruierten) hölzernen Wehrgang zu Verteidigungszwecken. Der erste Stock fungierte als Wohnraum. In allen Etagen gab es Latrinen und Kamine. Heute ist im Turm ein **Café** untergebracht.

Unterkunft, Essen und Trinken

- **Resort Valkla Rand** €€, beim Strand von Valkla (Valkla Rand), nordwestlich von Kiiu, Tel. 6393267, mobil 56244544, www.valklarand.ee. Zimmer in der „Villa", Campinghütten, Zeltplatz. Diverse Freizeitangebote.

Der Nordosten Überblick

Die Reise in den Nordosten Estlands beginnt beim **Nationalpark Lahemaa,** der sich – nur 50 Kilometer von Tallinn entfernt – in den Landkreisen Harjumaa und Lääne-Virumaa befindet. Ein Besuch des Gebietes gehört wohl zu den Höhepunkten einer jeden Estlandreise. Hier hat sich die typische nordestnische Landschaft im Urzustand bewahrt, was auch dadurch begründet ist, dass an der Küste die Außengrenze der ehemaligen Sowjetunion verlief und die Gegend als militärisches Sperrgebiet jahrzehntelang so gut wie keinen menschlichen Einflüssen ausgesetzt war. Der Nationalpark wartet mit einsamen Buchten, Moorlandschaften, ausgedehnten Wäldern, Fischerdörfchen und Herrenhäusern auf. Letztere wurden sorgfältig renoviert und gehören zu den herausragendsten Zeugnissen der deutsch-baltischen Geschichte in Estland.

Das daran anschließende Gebiet, das historische **Wierland,** das heute in einen West- (Lääne-Virumaa) und einen Ostteil (Ida-Virumaa) unterteilt ist, gilt hingegen als kontrastreichster Teil des Landes. Einerseits lassen sich Umwelt- und architektonische Sünden aus Sowjetzeiten nicht leugnen. Industrieruinen und verfallene Häuser um die Stadt **Kohtla-Järve** sind alles andere als schöne Anblicke. Wegen der teilweise hohen Arbeitslosigkeit und des Alkoholismus gilt die Gegend als sozialer Brennpunkt. Die Fabriken und Industrieanlagen im Osten haben Umwelt und Natur schweren Schaden zugefügt. Ölschiefer- und Torfabbau, Urangewinnung und Zementherstellung hinterließen trostlose Mondlandschaften. Nur langsam erholt sich die gebeutelte Natur von der massiven Ausbeutung während der sowjetischen Herrschaft.

Andererseits zeichnet sich der 300 Kilometer lange **Küstenstreifen** am Finnischen Meerbusen durch bis zu 55 Meter hohe Steilküsten – den Baltischen Glint –, einsame Buchten und dichte Wälder aus. Vor der Küste liegen 74 kleine Inseln. Die Eiszeit hat eine sanfte Moränenlandschaft hinterlassen, die einige unerwartete Schätze birgt. Im Landkreis Ida-Virumaa, ganz im Nordosten Estlands, breiten sich über weite Strecken **Wälder, Seen und Hochmoore** aus. Mittendrin liegt ein einsames russisch-orthodoxes Kloster, das einem Märchen entsprungen zu sein scheint.

In **Rakvere** wartet die Ruine einer stattlichen Burg auf Besucher, während sich kurz vor der russischen Grenze, im alten **Kurort Narva-Jõesuu** mit seinen Sandstränden und Kiefernwäldern, Spa-Hotels aneinanderreihen, die hoffen, an die ruhmreiche Vergangenheit als Kurort wieder anknüpfen zu können. In **Narva,** der östlichsten Stadt des Landes, endet die Europäische Union. Die stattliche Hermannsfestung und ihr auf der russischen Seite des Flusses Narva liegendes Pendant, die Burg Ivangorod, markieren die **Außengrenze der EU.**

Lahemaa-Nationalpark

Der Nationalpark Lahemaa (Lahemaa rahvuspark), rund 50 Kilometer östlich von Tallinn, ist nicht nur aufgrund seiner **landschaftlichen Vielfalt,** sondern auch wegen seiner historisch und kulturell bedeutsamen Denkmäler ein Highlight. Auf dem 725 Quadratkilometer großen Areal, das zu einem Drittel von Wasser bedeckt ist, befinden sich einige der schönsten **Gutshöfe** Estlands wie die Gutshauskomplexe Sagadi, Vihula und Kolga oder das sorgfältig renovierte **Herrenhaus Palmse** mit seinen schmucken Nebengebäuden. Der Park des Gutes Palmse könnte mit seinem weißen Pavillon, einer ehemaligen Schnapsbrennerei und einem kleinen See, auf dem Schwäne ihre Runden drehen, auch in einer englischen Grafschaft liegen.

Doch in dem dichten Wald und den abgelegenen Mooren ringsum sind **Wildschweine, Elche, Bären und Wölfe,** aber auch **Schwarzstörche** und **Höckerschwäne** zu Hause. Libellen gleiten durch die milde Luft und an manch altem Baum am Wegesrand flattern bunte Bänder, gelten einige Linden oder Eichen hier doch als heilige Bäume. Mit seinen dunklen Seen, mannshohen Findlingen und rot-weißen Fliegenpilzen, die im Herbst überall aus dem Boden sprießen, erinnert der Nationalpark Lahemaa an einen Märchenwald. Begibt man sich hier auf Wanderung, wird man kaum eine Menschenseele treffen, außer vielleicht ein paar alte Frauen, die nach Beeren und Pilzen suchen, oder Fischer, die an der Küste ihrer Arbeit nachgehen.

Unter den verstreuten Siedlungen ist vor allem der **Fischerort Altja** hervorzuheben, der seine Besucher in vergangene Zeiten zurückversetzt. Aber auch die Dörfer Pedassaare, Natturi, Pärispea, Pedaspea und Virve haben ihre Ursprünglichkeit bewahrt. Als **Badeorte** eignen sich besonders Võsu und das pittoreske Käsmu. Kunstinteressierten sei das sehr sehenswerte **Museum in Viinistu** empfohlen, das Besuchern einen guten Überblick über die estnische Kunstszene verschafft.

Kurz, Lahemaa ist ein Idyll, das bewahrt und geschützt werden soll. Das erkannte auch die Sowjetregierung, die das Gebiet nördlich der Schnellstraße Tallinn – Narva, das sich über etwa 40 Kilometer von Andineeme im Westen bis Vainupea im Osten hinzieht, bereits 1971 unter Schutz stellte und damit den ersten Nationalpark der Sowjetunion gründete. Während einige Teile komplett vor menschlichem Einfluss geschützt sind, dürfen andere Bereiche wirtschaftlich genutzt werden, solange der Schutz der Natur gewährleistet ist.

Das Landschaftsbild und die Küstenlinie wurden im Laufe der Zeit vom sich zurückziehenden Kontinentaleis und vom Meer geformt. Wie Brotkrumen, die ein Riese verstreut hat, liegen Hunderte **Findlinge** auf den Landzungen, Halbinseln, Sandbänken und Buchten verteilt. Hervorzuheben sind dabei besonders das 400 Hektar große Findlingsfeld auf der Halbinsel Käsmu und die sogenannten Klostersteine bei Palmse.

In der Bucht von Altja

Die vier großen **Buchten** Kolga, Hara, Eru und Käsmu gaben dem Nationalpark den Namen: Ins Deutsche übersetzt bedeutet „Lahemaa" soviel wie „Buchtenland". Dazwischen ragen langgezogene **Halbinseln** in den Finnischen Meerbusen hinein, die klangvolle Namen wie Juminda, Pärispea, Käsmu und Vergi tragen.

Der Baltische Glint trennt die Küstenniederung vom **Kalksteinplateau.** In der Nähe der Brackwasserseen, die sich auf den Halbinseln verteilen, rasten jedes Jahr zahlreiche **Zugvögel,** die Seen und Flüsse gelten als sehr fischreich. Das Plateau wird von kleineren Seen, Flüssen und Mooren bedeckt. An manchen Stellen fallen **Wasserfälle** von der Kalksteinterrasse herab. Die steppenartige Landschaftsform, die sich an manchen Stellen auf dem Kalkstein gebildet hat und zumeist von Wacholderbüschen bewachsen ist, wird Alvar genannt und lässt sich beispielsweise in der Nähe des Dorfes Muuksi vorfinden. Weitaus größere Teile, nämlich zwei Drittel des Gebiets, sind indes mit **Wald** bedeckt.

Die schönste Art, den Nationalpark kennenzulernen, ist sicherlich, ihn mit dem **Fahrrad** zu erkunden. Wer es nicht eilig hat, kann auf diese Art gut und gerne mehrere Tage im Nationalpark verbringen, ohne dass Langeweile aufkommt. Ab und zu kann man das Fahrrad am Baum anbinden und einen der **Wander- und Lehrpfade** ablaufen. Schilder und das umfangreiche Informationsmaterial, das man bei der Parkverwaltung in Palmse bekommt, geben Auskunft über Küstenökosysteme, Hochmoore, Architekturdenkmäler sowie die tierischen Bewohner des Gebiets.

Palmse ist somit ein guter Ausgangspunkt für einen Besuch des Nationalparks. Von dort aus lässt er sich in westlicher oder östlicher Richtung erkunden, zum Beispiel mit Tagestouren nach Sagadi und Altja. Alternativ kann man, von Tallinn kommend, natürlich auch einem weiter westlich gelegenen Abzweig in den Nationalpark folgen, um den Westteil des Gebiets zu erkunden. In Höhe des **Viru-Moors** geht beispielsweise eine Straße nach Kolga bzw. Loksa ab. Zwar ist dies nicht das größte Moor des Nationalparks, aber es ist aufgrund des dort verlaufenden Lehrpfads am besten erschlossen.

Auf mehreren **Lehrpfaden** bzw. **Wanderwegen** kann man die Natur und die von Menschenhand geschaffenen Sehenswürdigkeiten des Gebiets erkunden. Karten und Informationen (auch auf Deutsch) bekommt man im Besucherzentrum des Nationalparks in Palmse (s.u.).

022es Foto: af

Palmse

Einer der bekanntesten und in seiner Gesamtheit besterhaltenen Gutshöfe des Landes ist das **Herrenhaus Palmse** (Palms), das mit seinen Nebengebäuden - Orangerie, Schnapsbrennerei, Stallungen, Scheunen, Badehaus, Pavillons und Waschhaus - in eine schöne Parklandschaft eingebettet liegt. Die Parkanlage, die zu den größten Estlands zählt, gibt mit den darin befindlichen Gebäuden ein harmonisches, in sich geschlossenes Gesamtbild ab.

Lange Zeit gehörte das Anwesen, das erstmals im 13. Jh. erwähnt wurde, der deutsch-baltischen Familie *von der Pahlen.* Bereits 1677 ging das Gebiet in ihren Besitz über, erst die Landreform zu Zeiten der ersten Unabhängigkeit Estlands und die damit einhergehende Enteignung der Gutsherren setzte dem ein Ende.

Zu Sowjetzeiten schaffte es ein weitsichtiger Kolchosenvorsitzender, Geld aus Moskau locker zu machen, das er in die Renovierung des Anwesens steckte. Nach weiteren umfangreichen Renovierungsarbeiten in den 1990er Jahren befindet sich im Herrenhaus heute ein **Museum,** während die alte Schnapsbrennerei zu einem schönen **Hotel** umgebaut wurde. In den alten Stallungen haben die **Nationalparkverwaltung** und das **Besucherzentrum** ihren Sitz. Stärken kann man sich im zum Hotel gehörenden **Restaurant** oder im **Café** im Badehaus.

Im Herzen der Anlage befindet sich das **Hauptgebäude,** das Ende des 17. Jh. erbaut wurde und ein knappes Jahrhundert später, 1785, sein heutiges Aussehen erhielt. Zwischen den Museumsexponaten im Inneren befinden sich noch einige Originalkachelöfen im Rokokostil und restaurierte Möbelstücke aus den vergangenen Jahrhunderten. Die Wände sind mit Malereien verziert.

Wer durch den Park mit dem alten Baumbestand schlendert, kann ferner eine **Orangerie** und einen am Schwanenteich gelegenen **Gartenpavillon** besuchen. Außerdem gibt es ein kleines **Oldtimermuseum,** in dem außer Autos auch Fahrräder und Motorräder zu sehen sind.

Daran, dass der Gutshof im 13. Jh. bis 1510 zu einem dänischen Zisterzienserkloster gehörte, erinnern heute noch die sogenannten **Kloster- oder Teufelssteine.** Der Sage nach handelt es sich bei der Ansammlung von Findlingen, südöstlich des Gutshofs im Wald, um versteinerte Teufel, die hier den Nonnen auflauerten.

- **Palmse mõis,** Tel. 3240070, www.palmse.ee, Eintritt für das gesamte Gelände 5 Euro. Weitere Infos s.u.: „Praktische Tipps".

Sagadi

Östlich von Palmse führt eine Straße nach Sagadi (Saggad), der zweiten architektonischen Perle des Nationalparks. Wie Palmse besticht das acht Kilometer entfernte **Gutshof-Ensemble** durch das harmonische Gesamtbild, zu dem sich Herrenhaus, Nebengebäude und Park fügen.

Erstmals Mitte des 15. Jh. erwähnt, gehörte das Anwesen ab 1687 der Familie *von Fock*, die es bis 1919 hielt und ihm zu seinem jetzigen Aussehen verhalf. Nach der Landreform der ersten Estnischen Republik nutzte man das Herrenhaus als Schule.

Kurz nachdem Lahemaa zum Nationalpark erklärt wurde, begann man mit der Restaurierung des Anwesens, das heute zwei **Museen** (im Herrenhaus eine Ausstellung alter Möbel, in einem Nebengebäude ein Forstmuseum), ein **Hotel,** ein **Hostel** und ein nettes **Restaurant** beherbergt. Außerdem kann man auf dem Gelände ein kleines **Souvenirgeschäft** und einen **Reitstall** vorfinden. Wie Palmse liegt auch das Sagadi-Herrenhaus an einem kleinen Teich, der von alten Bäumen und einer geometrisch angelegten Parkanlage umringt ist. Im Sommer zieren zeitgenössische Kunstwerke den Park.

- **Sagadi mõis,** Tel. 6767878, www.sagadi.ee. Weitere Infos s.u.: „Praktische Tipps".

Vihula

Auch der **Gutshof** Vihula (Viol), der sich etwa fünf Kilometer östlich von Sagadi befindet, zählt zu den größeren und bedeutenden Anlagen Estlands. Wenn auch das Hauptgebäude weniger schlossartig ausgebaut ist, als bei den mondänen Nachbargütern im Westen, beeindruckt das Gut mit seiner baumgesäumten Zufahrt, dem weitläufigen Park und den herausgeputzten Gebäuden. Das Gut wird heute von einer Hotelkette betrieben, auch ein gehobenes Restaurant befindet sich hier.

Das Herrenhaus wurde in der zweiten Hälfte des 18. Jh. auf einer kleinen Anhöhe errichtet. Nach und nach kamen verschiedene Holz- oder Steinbauten hinzu, die als Ställe, Mühle, Scheunen, Sauna oder Schnapsbrennerei dienten. Das ganze Areal mit seinen rund 25 Gebäuden ist von einer Kalksteinmauer umgeben. Ein schöner Blick auf die gesamte Anlage eröffnet sich vom anderen Ende des Teiches. Kleine Holzbrücken und Pavillons laden zum Spazierengehen und Verweilen ein.

- **Vihula mõis,** Tel. 3264100, www.vihulamanor.com. Weitere Infos siehe unten: „Praktische Tipps".

Altja und Vergi

Während im Inneren des Nationalparks Gutshöfe Touristen anlocken, sind urtümlich erhaltene **Fischerdörfchen** die Perlen der Küste. Hervorzuheben ist vor allem der kleine Ort Altja, nördlich von Sagadi, der im 15. Jh. gegründet wurde. Auf dem Weg dorthin lohnt sich eine Wanderung über einen der Naturlehrpfade.

Die kleinen Holzhäuser und Fischerkaten, die die Dorfstraßen säumen, mit ihren Gärten voller Blumen, Obstbäumen, Gemüsebeeten und Brennholzstapeln, sind hübsche Fotomotive. Besonders empfehlenswert ist der Besuch der **alten Höfe Toomarahva und Uustalu,** die zu einer Art Freilichtmuseum umfunktioniert wurden. Im Hof Toomarahva kann man auch übernachten oder zelten (s.u.: „Praktische Tipps").

Durch das Dorf führt ein 3,5 Kilometer langer Wanderweg, der am sogenannten „Schaukelberg“ (Kiigemägi) startet. Geht man an der alten **Schenke Altja Kõrts** (s.u.: „Praktische Tipps“) vorbei in Richtung Meer, stößt man auf einige alte **Netzhäuschen,** die nahezu jede Postkarte Lahemaas schmücken. Dabei handelt es sich um kleine Schuppen, in denen die Fischer ihre Netze aufbewahren und draußen an den Wänden zum Trocknen aufhängen. Von hier aus kann man in die idyllische Bucht mit ihren unzähligen aus dem Wasser ragenden Findlingen blicken.

Võsu

Auf der anderen Seite der zu Sowjetzeiten komplett als militärisches Sperrgebiet abgeriegelten Vergi-Halbinsel liegt der Ort Võsu, der sich im 19. Jh. zu einem Seebad mauserte. Ein schöner **Sandstrand** an der flachen, windgeschützten Bucht lockt auch heute wieder Badeurlauber an. Zwar verschandeln einige Betonblöcke das Ortsbild, doch die hölzernen Villen und Häuser des Dorfes lassen erahnen, wie Võsu aussah, als sich im 19. Jh. die russischen Aristokraten zum Sommerurlaub einfanden. Vor Ort gibt es einige kleine Cafés und Gaststätten, aber außerhalb der Saison, vor allem im Winter, muss man damit rechnen, verschlossene Türen vorzufinden.

Käsmu

Käsmu (Kasperswiek) liegt etwa fünf Kilometer nordwestlich von Võsu auf der gleichnamigen Halbinsel und schmiegt sich idyllisch an die Bucht. Mit seinen Holzvillen, alten Bäumen und seiner schönen Lage zwischen Meer und Wald gilt es als **eines der schönsten Dörfer Estlands.** Ab Ende des 19. Jh. wurden hier über 50 große Segelschiffe gebaut, außerdem gab es von 1884 bis 1931 eine Seemannsschule. Kein Wunder, dass Käsmu seither den Beinamen **Kapitänsdorf** trägt. Dutzende Kapitäne wurden vor Ort ausgebildet, rund 25 ließen sich im Ort nieder.

Im Gebäude der ehemaligen Seemannsschule, das zu Sowjetzeiten als Grenzschutzhaus diente, befindet sich heute ein kleines **Meeresmuseum.** Ein Besuch lohnt sich, vor allem wenn man das Glück hat, den Betreiber und Gründer, *Aarne Vaik,* anzutreffen. Von ihm stammen auch die 365 verschiedenen Meeresansichten. Die kleinen Gemälde hat er selbst angefertigt, sie zeigen immer dasselbe und doch so unterschiedlich wirkende Motiv: das Meer, von seinem Küchenfenster aus gesehen. Im Inneren sieht man außerdem Schiffsmodelle, darunter ein nachgebauter Einbaum und alles, was man im und um das Meer findet.

- **Käsmu Meremuuseum,** Merekooli 1, Tel. 3238136, mobil 5297135.

Halbinsel Pärispea

Die Nordspitze der Halbinsel Pärispea ist der nördlichste Punkt des estnischen Festlands. Kurz vor dem Dorf **Kasispea** liegt der 7,5 Meter hohe Findling Jaani-Tooma suurkivi. Südlich des Dorfes an der Küste von Kasispea

024es Foto: af

Im Museum von Viinistu

und auf den davorgelagerten Inselchen der Eru-Bucht nisten zahlreiche Wasservögel.

Suurpea ist ein gutes Beispiel für die Hinterlassenschaft des Sowjetmilitärs. Vergammelte Plattenbauten, zumeist leerstehend, einige noch bewohnt, verschandeln die idyllische Landschaft.

Kunstinteressierte sollten einen Stopp in **Viinistu** einlegen. Hier hat der frühere ABBA-Manager, Außenminister und Kunstsammler *Jaan Manitski* in einer ehemaligen Fischfabrik ein sehr sehenswertes **Kunstmuseum** geschaffen. Es handelt sich um die größte öffentlich zugängliche Privatsammlung estnischer Kunstwerke. Sie umfasst Werke, die ab 1880 entstanden sind, etwa von *Karl Ludvig Maybach* (1833–89) und *Ants Laikmaa* (1866–1942) bis hin zu zeitgenössischen Werken, etwa von *Jaan Toomik* (geb. 1961). In den ehemaligen Wassertonnen, rundturmähnlichen Gebilden rings um die alte Fischfabrik – einstmals die Vorzeigekolchose des Landes – werden zeitgenössische Wechselausstellungen präsentiert.

- **Viinistu Kunstimuuseum,** Tel. 6086422, www.viinistu.ee, Mi–Sa 11–18 Uhr, in der Hauptsaison täglich, Eintritt lint2 Euro.

Kolga

Der Ort Kolga (Kolk) mit seinem gleichnamigen **Gutshof** (Kolga mõis) liegt nur ein kurzes Stück nördlich der Straße Tallinn – Narva. Es handelt sich hierbei um einen der einstmals größten Gutshöfe Nordestlands. Zwar ist das klassizistische Anwesen recht baufällig, aber durchaus sehenswert.

Ein in Gotland ansässiges Zisterzienserkloster besaß von 1230 bis 1519 die Ländereien um Kolga und errichtete ein Konventhaus mit einigen Nebengebäuden, das während des Livländischen Krieges 1602 stark beschädigt wurde. In den Jahren 1626–42 ließ *Jacob de la Gardie* anstelle der Ruinen ein zweigeschossiges Herrenhaus aus Stein errichten. Nach und nach wurde das Gut ausgebaut und um Nebengebäude erweitert. Nach dem Nordischen Krieg ging das Anwesen in die Hände der Familie *Stenbock* über, deren Ländereien sich bis nach Tallinn erstreckten. 1768 ließ *Carl Magnus Stenbock* das Herrenhaus erneut umbauen, das nun barocke Züge bekam. Zeitgleich entstanden der englische Park und weitere Nebengebäude. Der Portikus mit den sechs Säulen stammt aus dem Jahr 1820.

Das Gut blieb bis 1939 in Hand der Familie Stenbock, die das Anwesen 1993 zurückerhielt. Nachdem ein Restaurant in einem kleinen, renovierten Teil des Hauptgebäudes seine Pforten geschlossen hat, wird es kaum genutzt. Im rechten Seitenflügel gibt es ein kleinen Laden. Man sollte auf jeden Fall einen Spaziergang durch den Park unternehmen und dabei die teilweise klassizistischen, teilweise barocken Nebengebäude besichtigen.

Hochmoor Viru

Das Viru-Moor (Viru raba) bei Kolga kann man auf einem 3,5 Kilometer langen **Lehrpfad,** der auf Holzstegen quer hindurchführt, am besten erkunden. Von einem hölzernen **Aussichtsturm** kann man das Moor mit seinen dunklen Seen und rot-grünen Moosflächen gut überblicken, zwischen denen auch der insektenfressende Sonnentau und kleine Kiefern wachsen. Die Tümpel sind die Reste eines Sees, der vor etwa 5000 Jahren verlandete.

Halbinsel Juminda

Auf der Juminda-Halbinsel verläuft beim Moor Aabla (Aabla raba) ein Wanderweg, der einen der größten Findlinge des Nationalparks, den **Majakivi-Findling,** passiert. Bei Kiiu-Aabla lädt ein **Strand** zu einem Bad im Meer ein.

Praktische Tipps

Informationen

- Sehr gut ausgestattet und im Herzen des Parks gelegen ist die **Nationalparkverwaltung** und Informationsstelle in Palmse, Tel. 3295555, Fax 3295556, www.lahemaa.ee, 15. Apr. bis 15. Okt. tägl. 9–18 Uhr (Mitte Mai bis Mitte Sept. eine Stunde länger, im Winter nur bis 17 Uhr und am Wochenende geschlossen). Im Besucherzentrum wird ein etwa viertelstündiger Film über den Nationalpark gezeigt. Außerdem gibt es diverse interessante Broschüren. Empfehlenswert ist die deutschsprachige Karte des Gebietes, in der auch alle Wanderwege eingezeichnet sind.
- In der **Touristeninformation von Rakvere** (s.u.) bekommt man Kartenmaterial und eine Liste mit Unterkünften für den Nationalpark.

Service

- **Postämter** und **Banken** bzw. **Geldautomaten** findet man in Võsu und Loksa.

Unterkunft

Gutshöfe:

- **Park Hotel Palmse** €€, Palmse, Tel. 3223626, Fax 3234167, www.phpalmse.ee. Das Hotel ist in der ehemaligen Schnapsbrennerei des Gutshofkomplexes untergebracht, inmitten der idyllischen Parkanlage. Restaurant, Bierkeller, Sauna, Fahrradverleih (auch für Nicht-Gäste).
- **Hotel Sagadi** €€€, Sagadi, Tel. 6767888, Fax 6767880, www.sagadi.ee. Das der Waldschutzbehörde gehörende Hotel liegt in den ehemaligen Stallungen des Gutshofes, relativ einfach ausgestattet, mit Restaurant, Sauna, Fahrradverleih. Zum Gutshof gehört auch ein Hostel (s.u.), außerdem kann man ein Gartenhaus komplett mieten (für 2 Personen).
- **Vihula Manor Country Club and Spa** €€€, Vihula, Tel. 3264100, Fax 3264103, www.vihulamanor.com. Schickes, modernes Hotel in schönem Gutshofkomplex, unterschiedlich gestaltete Zimmer mit guter Ausstattung, Restaurant, Weinstube, Kur-Angebote, Fahrräder, Reiten, Kutschtouren etc.

Pensionen, Ferienhäuser und Hostels:

- **Hara Ferienhaus** €-€€, Hara, westlich von Loksa in der Bucht Hara, Tel. 6077323, mobil 5038035, www.aivel.ee. Man kann das ganze Ferienhaus oder eines der drei DZ mieten, Sauna, Küche, Billard, Grill, auch Platz zum **Zelten** vorhanden.
- **Kuivoja Ferienzentrum** €, Rahu 39, Loksa, Tel. 6075151, mobil 5048233, www.kuivoja.ee. Moderner Komplex am Stadtrand von Loksa, Sauna, Bar, auch **zelten** möglich, dort Grill und Feuerstelle.
- **Bauernhof Kuusiku** €€, etwa 3 km südlich von Viitna, mobil 5153573, www.kuusikunaturefarm.ee. Man hat die Wahl zwischen zwei Standardzimmern im Haus, einem einfachen Sommerhäuschen und ein paar Schlafgelegenheiten im Saunahaus. Gäste können Fahrräder ausleihen, außerdem bieten die Besitzer geführte Wanderungen, Naturprodukte und Handarbeitsartikel an. Achtung: die Einfahrt in den schmalen Waldweg bei einer größeren Kiefer ist leicht zu übersehen, Anfahrtsbeschreibung auf der Internetseite.
- **Pension Laane** €, Laane tee 7, Käsmu, Tel. 3252959, mobil 5078904, www.laanepansion.ee. Man hat die Wahl zwischen DZ, Mehrbettzimmer und Ferienhäuschen; Sauna, Grill, Fahrradverleih.
- **Merekalda Ferienhof,** Neeme tee 2, Käsmu, Tel./Fax 3238451, mobil 56644377, www.merekalda.ee. Unterkunft im Gästehaus, wo DZ €€ und ein Apartment €€€ untergebracht sind, darüber hinaus gibt es einfache Holzhütten für zwei Personen € im Garten. Sehr schön am Meer gelegen, Sauna am Strand, Vermietung von Fahrrädern und Booten, es kann ein Auto (mit Fahrer) genutzt werden.
- **Gästehaus Rannamännid,** Neeme tee 31, Käsmu, Tel./Fax 3238329, mobil 5117975, www.rannamannid.ee. Gästehaus mit nettem Garten, Sauna, Grill und Feuerstelle im Hof. Man hat die Wahl zwischen einem der Zimmer im Haupthaus €€ und einfachen Betten im Nebenhaus €.
- **Hostel/Jugendherberge Sagadi** €-€€, Sagadi, Tel. 6767888, Fax 6767880, www.sagadi.ee. Liegt wie das gleichnamige Hotel im Gutshofkomplex Sagadi, einfache Unterkunft mit Gemeinschaftsbädern, zum Teil Doppelstockbetten und Schlafsäle, aber auch DZ. Viele Annehmlichkeiten, die auch das Hotel bietet, also schöne Lage, Fahrradverleih, Restaurant.
- **Ferienhof Toomarahva** €€, Altja, Tel. 3252511, mobil 5050850, www.toomarahva.ee. Alter Blockholzbauernhof mit Reetdach, in dem zwei Zimmer für Gäste und ein Apartment untergebracht sind. Wer es ganz unluxuriös mag, kann auch im alten Speicher übernachten, muss dort aber mit anderen Gästen rechnen. Waschen kann man sich in der Sauna. Wer mag, kann im Garten auch **zelten** oder seinen **Wohnwagen** aufstellen. Fahrradverleih, Frühstück und Abendessen auf Vorbestellung.
- **Viinistu Hotell** €€, Viinistu, Tel. 6086422, www.viinistu.ee. Einfach ausgestattetes Gästehaus, das zum Kunstmuseumskomplex Viinistu auf der Halbinsel Pärispea gehört. Schlichte Zimmer mit Kiefernmöbeln und eigenem Bad, am Jachthafen gelegen, Sauna, einfaches Restaurant gehört dazu.
- In Võsu gibt es zwei einfache Hostels, in denen man preisgünstig übernachten kann: **Võsu Postimaja** €€, Mere 63, mobil 5292 722, vosu.hostel@post.ee, Küchenmitbenutzung, Grill; **Männisalu Hostel** €, Lääne 13, Tel. 3238320, mobil 5035354, www.mannisalu.ee, Grill, Sauna, Sportmöglichkeiten, auch **Camping** möglich.

Camping

Wildcampen und Lagerfeuer sind im Park verboten, aber viele Unterkünfte heißen auch Gäste, die im Garten **zelten** wollen, willkommen (s.o.). Ausgewiesene Plätze, auf denen man kostenlos oder gegen ein sehr geringes Entgelt zelten kann, befinden sich auf der Spitze der Pärispea-Halbinsel, im Norden der Halbinsel Juminda und am Nordwestzipfel der Vergi-Halbinsel. Der Begriff „Campingplatz" wäre jedoch übertrieben, da keine entsprechende Infrastruktur vorhanden ist. Von der Lage her sind jedoch alle sehr schön und versprechen Ruhe und Abgeschiedenheit. Außerdem kann man beim idyllischen Dorf Käsmu zelten.

- **Eesti Karavan,** Lepispea bei Võsu, Tel./Fax 3244665, mobil 5052053, Rezeption

53705191, www.eestikaravan.eu. Etwa 150 Stellplätze für Wohnwagen mit Strom, Wasser, Entsorgung, Sauna, Waschmaschine, nah am Meer, auch Zelten möglich.

Essen und Trinken

Bei Palmse befindet sich ein kleines **Geschäft,** in dem man neben Mitbringseln auch die nötigsten Lebensmittel erstehen kann, außerdem gibt es in Võsu oder Loksa Lebensmittelgeschäfte.

- Gute Restaurants findet man in den Nebengebäuden der **Gutshöfe Palmse** und **Sagadi.** Zum Gutshof Palmse gehört das **Café Isabella** im alten Badehaus.
- In den Küstenorten Vergi, Võsu, Viinistu und Loksa findet man **Kneipen und Gaststätten,** die kleinere Speisen anbieten.
- **Altja Kõrts,** Altja, mobil 5209156, www.altja.ee. Sehr gute, traditionelle estnische Küche, allerdings manchmal ausgebucht, wenn Gruppen angemeldet sind.
- **Forellenhof Kotka Forell,** Tel. 6075625, mobil 56630543, 5651225, www.kotkaforell.ee, im Sommer Di–So 11–22 Uhr, südlich von Loksa gelegen. Sehr nett, es werden fertige Speisen angeboten (besser vorbestellen), man kann aber auch selber **angeln.**
- **Lahemaa Kohvikann,** Palmse, Richtung Võsupere, Tel. 3234148, mobil 53877729, www.kohvikann.ee. Die „Kaffeekanne" ist ein sehr nettes Café und Restaurant mit reichlicher Speisenauswahl, das auch einen Umweg wert ist. Es wird von einem deutsch-russischen Ehepaar betrieben.

Aktivitäten

Einige Unterkünfte (siehe oben) organisieren Führungen, Reit- oder Bootsausflüge.

- **Reiterhof Mätta,** Paasi, Tel. 3252750, mobil 55696241, www.ratsatalu.ee. Liegt an einer Stichstraße zwischen Sagadi und Vihula, die Betreiber bieten neben Ausritten, Kutsch- oder Schlittenfahrten auch **Zimmer** und **einfache Holzhäuschen** € zum Übernachten.
- Das **Wanderzentrum Lahemaa** (Lahemaa Matkakeskus) in Loobu, bei der Abzweigung der Straße 24 nach Tapa von der Straße 1 Tallinn – Narva (mobil 5093177, www.lahemaa.info), bietet kleinen Gruppen diverse Aktivitäten an, beispielsweise **Kanuausflüge.**
- Bei Võsu und Loksa findet man **Badestrände.** Auch an der Ostseite der Spitze der Käsmu-Halbinsel gibt es ein kleines Stück Sandstrand.

Verkehr

- Ohne eigenes Auto ist es zum Teil sehr schwierig, in bestimmte Bereiche des Nationalparks vorzudringen. Mo, Mi, Fr und So fährt ein **Bus** von Rakvere nach Palmse, auch die anderen Ortschaften werden nur selten angefahren. Je nach Jahreszeit fahren ein bis mehrmals täglich Busse von Tallinn nach Loksa, Võsu und Käsmu. Aktuelle Fahrpläne unter www.bussireisid.ee.

Man kann sich von den Überlandbussen, die von Tallinn nach Rakvere fahren, an der **Raststätte Viitna** (s.u.) absetzen lassen und dort ein **Taxi** bestellen (oder bei der Parkverwaltung anrufen und diese darum bitten), das einen nach Palmse oder in einen anderen Ort des Nationalparks bringt.

- Einmal angekommen, empfielt es sich, **Fahrräder** auszuleihen, um flexibler zu sein.
- **Tanken** kann man in Kotka, Loksa, Võsupere und in der Nähe von Viitna an der Straße Tallinn – Narva.

Rakvere

Etwas südlich der Straße 1, die von Tallinn nach Narva führt, knapp 100 Kilometer östlich von Tallinn, liegt der Hauptort des Landkreises Lääne-Virumaa: Rakvere (Wesenberg). Mit rund 17.000 Einwohnern versprüht die Stadt gerade mal Kleinstadtatmosphäre, und würde nicht die alte **Burgruine** auf dem Vallimägi, dem Wallberg, thronen, könnte man den Ort auf der Durchreise guten Gewissens passieren. In der Innenstadt sind außer einer Kirche, dem Theater und zwei Museen nicht viele Sehenswürdigkeiten vorzufinden.

Obwohl die breiten Verkehrsachsen sich im Osten des Zentrums in der Nähe der Touristeninformation erstrecken, liegen die für Touristen interessanten Bereiche der Stadt eher im Westen, zu Füßen des Burghügels.

1226 tauchte in der Livländischen Chronik erstmals der Name einer Burg auf dem Hügel Vallimägi auf. „Tarvanpea", was übersetzt „Kopf des Auerochsen" oder „Kopf des Wisent" bedeutet, wurde die frühzeitliche hölzerne Festung der Esten genannt, die nach der Eroberung der Dänen 1220 durch ein steinernes Kastell ersetzt wurde. Vom Dänenkönig *Erik VII. Menved* bekam der Ort, der nach und nach durch die Ansiedlung von Handwerkern und Kaufleuten angewachsen war, das lübische Stadtrecht verliehen. Zu Hansezeiten profitierte Wesenberg, wie die Stadt in Anlehnung an den ursprünglichen Namen genannt wurde, von seiner günstigen Lage.

Wie in ganz Estland wechselten die Herrscher auch in Rakvere in den kommenden Jahrhunderten häufig. Schwedenkönig *Gustav II.* schenkte die Stadt Anfang des 17. Jh. dem Niederländer *Reinhold von Brederode*, später ging sie in den Besitz der Familie *Tiesenhausen* über. 1870 gab es einen neuen entscheidenden Einschnitt in der Geschichte der Stadt: Die Eisenbahnverbindung von Tallinn nach Narva und St. Petersburg entstand und brachte erneut Wohlstand.

Nach der üblichen Kolchosenbildung zu Sowjetzeiten leben die Bewohner heute vor allem von der Holzindustrie oder arbeiten in der nahe gelegenen Fleischfabrik. Nach und nach wächst der Dienstleistungsbereich, außerdem wenden sich viele Menschen wieder handwerklichen Berufen zu. So ist 1992 ein Handarbeitsunternehmen entstanden, das seine Waren nicht nur im ortsansässigen *Viru Käsitöö Salong* (Handarbeitsgeschäft, Pikk 16), sondern in ganz Estland anbietet.

Besonders stolz sind die Bewohner Rakveres auf ihren früheren Mitbürger, den international bekannten Komponisten *Arvo Pärt*, der allerdings 1980 nach Deutschland zog.

Burg

Die wichtigste Sehenswürdigkeit der Stadt überragt diese im wahrsten Sinne des Wortes: Hoch auf dem Wallberg liegt die Ruine der Burg Rakvere. Man erreicht sie am besten von der westlichen Seite, ein Fußweg geht von der Vallikraavi-Straße ab.

Nachdem die Dänen den hölzernen Vorgänger durch ein steinernes Kastell ersetzt hatten, wurde die Burg mehrfach umgebaut. 1346 verkauften die Dänen sie an den Deutschen Orden, der die Festung zu einem Konvent mit Innenhof ausbaute und verstärkte. Russen, Schweden und Polen beherrschten sie in den kommenden Jahrhunderten, bis sie nach zahlreichen Kämpfen und Zerstörungen im 16. und 17. Jh. schließlich an Bedeutung verlor. Wie die ganze Stadt ging auch die Burg im 17. Jh. in den Besitz

A
B
1
2
3
Põhja-Uhtju
Lõuna-Uhtju
Pedassaare neem
Vergi
Mustoja
Vainupea
Altja
Eisma
Letipea neem
Karepa
Kunda laht
Ehalkivi
Vihula
Karula
Sagadi
Kandle
Selja
Kunda
Malla
Mahu
Varangu
Kavastu
Annikvere
Aaspere
Kalvi
Vasta
Aseri
Pada
Haljala
Essu
Ama
Viru-Nigula
Liimala
Purtse
Rannu
Auküla
Põdruse
Kohala
Ubja
Sämi-Kuristiku kaitseala
Veltsi
Uhtna
Lüganuse
Varja
Erra
Vohnja
Kihlevere
Arkna
Rakvere
Sonda
Kiviõli
Püssi
Hulja
Sõmeru
Viru-Kabala
Undla
Lepna
Ulvi
Varinurme
Maidla
Kadrina
Vetiku
Vaeküla
Soonurme
Savala
Põima
Tõrma
Piira
Põlula
Mõdriku
Nurkse
Udriku
Neeruti
Vana-Vinni
Vinni
Kantküla
Siirtsi raba
Ojamaa
Kiku
Karitsa
Rääsa
Lääne-Viru maakond
Saksi
Levala
Inju
Pajusti
Siirtsi looduskaitseala
Oandu
Moe
Lasila
Koeravere
Viru-Jaagupi
Anguse
Vahakulmu
Assamalla
Kadila
Küti
Tarumaa
Valgejõgi
Purtse
Kulina
Kullenga
Porkuni
Muraka
Naistevälja
Aburi
Aruküla
Obja
Muraka raba
Ristiküla
Uudeküla
Roela
Tamsalu
Pandivere
Sääse
Rasivere
Kursi
Väike-Maarja
Koonu
looduskaitseala
Oonurme
Põdrangu
Eipri
Rajaküla
Vajangu
Ebavere m.
146
Avispea
Muuga
Kuie
Kiltsi
Triigi
Rahkla
Vao
Rohu
Kellavere m.
155
Paasvere
Tagajõgi
Aavere
Avanduse
Moora
Laekvere
Tudulinna
Pikevere
Simuna
Vassivere
Hirla
Paadenurme
Liigvalla
Venevere
Ao
Tammiku
Pedja
Vahuküla
Rakke
Koeru
Kõveriku
Avinurme
Avijõgi
Väinjärve
Edru
Salla
Käru
Lepiksaare
Lohusuu
Lasinurme
166
Emumägi
Laekannu
Ervita
Piibe
Adraku
Piilsi
Tammispää
Udeva
Endla looduskaitseala
Tuimõisa
Vägeva
Ulvi
Kalmaküla
E 20

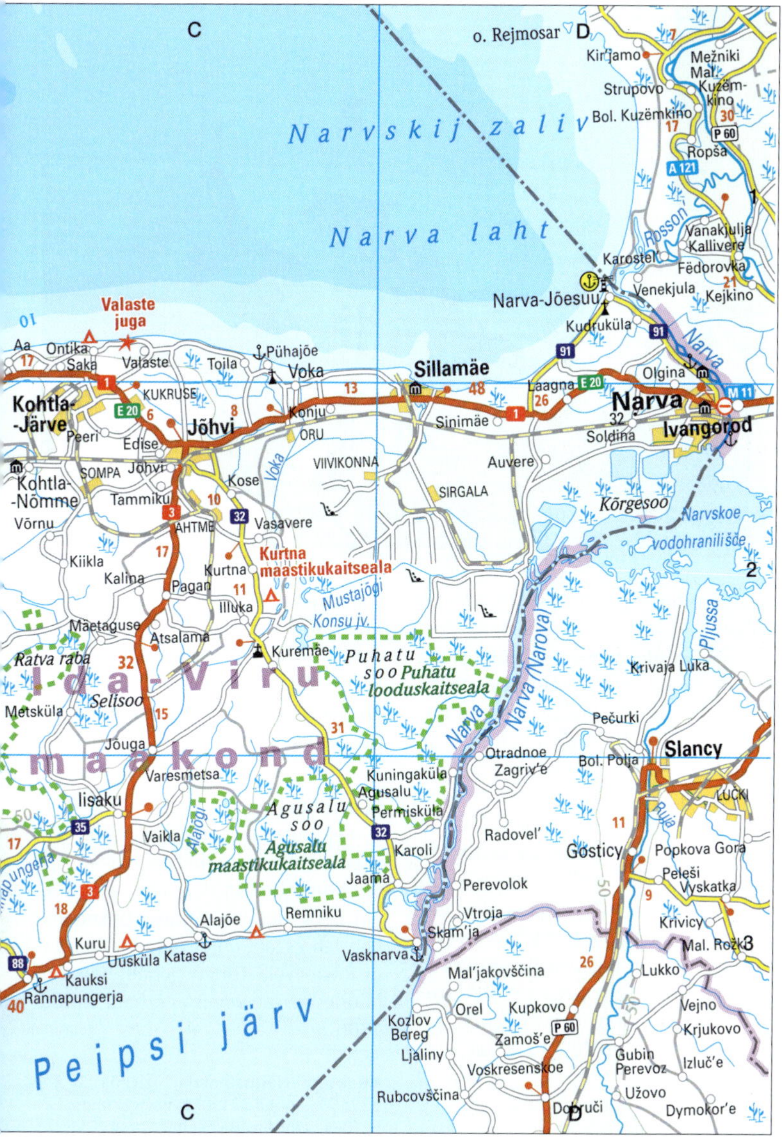

Der Nordosten

des Gutsherrn *Reinhold von Brederode* über.

1975 wurde die Burg schließlich restauriert und in ein **Museum** umgewandelt. Von Mai bis September (11–19 Uhr) kann man die Ruine, die auch eine Gaststätte beherbergt, besichtigen. Vom Kanonenturm aus dem 16. Jh. genießt man den Blick über den vorderen Burghof und die Stadt. Von den Burgmauern aus kann man das nahe gelegene Wahrzeichen Rakveres sehen, ein auf dem benachbarten Hügel stehender, gigantischer **Auerochse,** der an den alten Namen des Ortes erinnert. Das Denkmal von *Tauno Kangro* steht hier seit 2002. 700 Jahre zuvor waren Rakvere die Stadtrechte verliehen worden.

Am nördlichen Fuße des Wallbergs liegen das **Kulturhaus** und das **Theater** der Stadt, das einen ausgezeichneten Ruf genießt.

Holzhäuser in der Pikk-Straße

Stadtmuseum

Wer mehr über die Geschichte Rakveres erfahren möchte, sollte das Stadtmuseum an der Tallinna-Straße, am Ende der Pikk-Straße, besuchen. Die Jahreszahl unter dem Giebel des in Rosa-Weiß-Tönen gehaltenen Gebäudes verrät, wann es erbaut wurde: 1786.

- **Rakvere Näitustemaja,** Tallinna 3, Tel. 3225503, mobil 5219072, www.svm.ee, Di–Fr 10–17 Uhr, Sa 10–15 Uhr.

Hausmuseum des Stadtbürgers

Die Pikk-Straße war einstmals die Hauptstraße der Stadt. Unter den hübschen, teilweise liebevoll renovierten **Holzhäusern** befindet sich auch das Hausmuseum des Stadtbürgers von Rakvere, das Mitte des 18. Jh. errichtet wurde. Es versetzt seine Besucher zurück in die Zeit Anfang des 20. Jh.

● **Hausmuseum des Stadtbürgers,** Pikk 50, Tel. 3225506, 3244248, www.svm.ee, Di–Sa 11–17 Uhr.

Dreifaltigkeitskirche

Auf dem Weg zwischen den beiden Museen erhebt sich der hohe Turm der spätmittelalterlichen Dreifaltigkeitskirche (Pikk 19). Sein heutiges Aussehen erhielt das Kalksteingebäude Ende des 17. Jh. Im Inneren können Besucher eine **barocke Kanzel** mit Holzschnitzereien von 1690 bewundern. Der Altar von 1730 ist ein Werk von *Johann Valentin Rabe*.

Informationen

● **Touristeninformation Rakvere,** Laada 14, Tel./Fax 3242734, turism@rakvere.ee, rakvere @visitestonia.com, Mitte Mai bis Mitte Sept. Mo–Fr 9–17 Uhr, Sa/So 9–15 Uhr, im Winter Mo–Fr 9–13 und 14–17 Uhr.

Unterkunft

● **Aqva Hotel & Spa** €€€, Parkali 4, Tel. 3260000, Fax 3260001, www.aqvahotels.ee. Schickes, neues Spahotel mit zahlreichen Bade- und Saunaangeboten, zentral gelegen. Dazu gehören das Restaurant Mezzo und das Café Arabella.

● **Art hotell** €€, Lai 18, Tel. 3232060, www.art hotell.ee. Sehr zentral gelegenes, schönes, kleines Hotel. Die Betreiber sind dieselben wie die des schräg gegenüber liegenden Art café (s.u.). Weinstube im Haus, Parkplatz vorhanden, für die Sauna des nahegelegenen Aqva Hotel gibt es einen Rabatt. Das Hotel bietet außerdem eine Rundreise durch den Lahemaa-Nationalpark mit deutschsprachiger Führung an.

● **Bed&Breakfast Tammiku** €, Tammiku 36, mobil 5157765, ylle.gaver@mail.ee, http://web.zone.ee/tammikukodumajutus. Nur drei Zimmer in Privathaus, ein bisschen abseits im Süden der Stadt, sehr preiswert, mit Garten und Grill, der zur freien Verfügung steht, Küchenmitbenutzung möglich.

● **Gästehaus Katariina** (Katariina Külalistemaja) €€, Pikk 3, Tel. 3223943, mobil 5040320, Fax 3223331, www.katariina.ee. Zentral an der alten Hauptstraße, ganz in der Nähe der Burg gelegen, Zimmer in verschiedenen Größen, die im Preis z.T. stark variieren, die meisten mit eigenem Bad und TV, Sauna. Das Restaurant Katariina Kelder gehört zum Haus.

● **Villa Theresa** €€, Tammiku 9, Tel. 3223699, www.villatheresa.ee. Hübsches, kleines Hotel mit Restaurant, die Zimmer variieren in Preis und Größe, alle haben eigenes Bad und TV, sicherer Parkplatz.

● **Hotell Wesenbergh** €€, Tallinna 25, Tel. 3223480, Fax 3223524, www.wesenbergh.ee. Zentral gelgenes Hotel, zu dem auch eine Villa mit mehreren Suiten und ein Gästehaus mit Ferienwohnungen gehören. Alle Zimmer mit Bad, Telefon und Sat-TV, z.T. behindertengerecht und für Allergiker geeignet. Speisen kann man im Restaurant nur auf Vorbestellung, die Bar ist rund um die Uhr geöffnet. Bewachter Parkplatz vorhanden.

Die zum Hotel gehörenden Ferienwohnungen liegen im Gästehaus **Margit,** Side 12, Tel. 3223476, mobil 5145202, jeweils mit komplett eingerichteter Küche, Bad, Sat-TV, je nach Größe ab €.

Essen und Trinken, Nachtleben

● Restaurants befinden sich im Hotel **Wesenbergh** und im Gästehaus **Katariina,** aber auch in den meisten Cafés und Kneipen gibt es eine Reihe von Speisen.

● In der Burg liegt die Gastwirtschaft **Schenkenberg** mit mittelalterlichem Ambiente.

- **Art café,** Lai 13, nettes, kleines Café mit einer Auswahl an Salaten und kleineren warmen Gerichten. Fungiert auch als Galerie.
- **Inglise pubi (English pub) Old Victoria,** Tallinna 27, Kneipe mit englischem Bier und Speisen, abends Musik und Tanz.
- **Turuplatz,** Turu plats 3, bezeichnet sich selbst als Sofa-Bar, ist aber auch ein Restaurant. Modern gestylt, man kann auch draußen sitzen und dem Treiben auf dem Marktplatz zusehen.
- **Virma Bar/Dragonhouse,** Tallinna 8, asiatische Küche, abends Musik und Tanz, Freitag- und Samstagabend oft Live-Musik, donnerstags Karaoke.

Verkehr

- **Züge** von Tallinn nach Narva halten in Rakvere. Der Bahnhof liegt im Norden der Stadt an der Raudtee-Straße.
- Regelmäßige **Busverbindungen** nach Tallinn, Tartu, Narva, Jõhvi und in weitere Städte der Umgebung sowie in andere Teile des Landes vom Busbahnhof aus, der unweit der Touristeninformation an der Laada 18 liegt.

Von Rakvere nach Osten

Auf der Straße 1 nach Osten fahrend, hat man kurz vor Kohtla-Järve die Wahl zwischen zwei Strecken. Der direkte und schnellere Weg nach Narva führt an den Städten Kohtla-Järve, Jõhvi und Sillamäe vorbei quer durch das wenig sehenswerte **Ölschieferindustriegebiet.** Alternativ kann man eine kleine Stichstraße wählen, die nach Aa abbiegt und sich bis Toila an der Küste entlangschlängelt. Dieser Weg ist empfehlenswerter, führt er doch durch eine der landschaftlich schönsten Gegenden im Nordosten Estlands mit der bis zu 56 Meter hohen Steilküste, dem Baltischen Glint.

Gleich hinter dem Gutshof von **Aa,** in dem ein Altersheim untergebracht ist, breitet sich ein Sandstrand aus. Von hier aus hält man sich gen Osten. Noch verdecken Bäume oft die Sicht auf die Steilküste. Bei **Saka** jedoch hat man Gelegenheit, einen Blick auf das Kalksteinplateau und das Meer zu werfen. In einem Nebengebäude des Saka-Gutshofes ist ein luxuriöses Hotel untergebracht, in dem man sich verwöhnen lassen kann (s.u.). Wer will, kann hier sein Auto stehen lassen und zu Fuß den rund 5,5 Kilometer langen Wanderweg entlang der Küste laufen.

Bei **Ontika,** nördlich von Kohtla-Järve, erreicht die Steilküste mit rund 56 Metern ihre maximale Höhe. Zwar erstreckt sich der Baltische Glint nahezu an der ganzen Nordküste Estlands, doch präsentiert er sich in diesem Landschaftsschutzgebiet höher und steiler als andernorts.

Ein Stückchen weiter östllich, etwa zehn Kilometer vor Toila, stürzt der **Wasserfall Valaste** aus rund 25 Metern Höhe hinab. Er ist nicht gut ausgeschildert, an der Straße weist in Höhe eines kleinen Cafés rechter Hand lediglich das kleine Schild „Valaste oja" auf den Wasserfall hin. Dort befindet sich ein Parkplatz. Während der Valaste-Fall im Frühjahr relativ wasserreich ist, kann es sein, dass sich im Sommer nur ein Rinnsal in die Tiefe ergießt. Ohnehin ist der durch Entwässerungsarbeiten entstandene Wasserfall nicht mehr gut zu besichtigen, seit die Aussichtsplattform durch Hochwasser beschädigt wurde und nun bis auf Weiteres gesperrt ist.

An der Mündung des Flusses Pühajõgi, etwa elf Kilometer nordöstlich von Jõhvi, findet sich beim Ort **Toila** eine der größten **Parkanlagen** Nordestlands. Von dem dreistöckigen Gutshaus Oru, das der St. Petersburger Geschäftsmann *Grigori Jelissejev* im 19. Jh. erbauen ließ, ist leider nichts mehr zu sehen. Noch zu Zeiten der ersten Estnischen Republik weilte der damalige Präsident *Konstantin Päts* in den Sommermonaten in der schlossähnlichen Anlage, aber im Zweiten Weltkrieg wurde das Ansehen komplett zerstört. Dennoch ist der Park mit seinen über 250 verschiedenen Pflanzenarten einen Besuch wert. Eine Höhle und ein Pavillon laden zum Verweilen ein. Bei einem Picknick auf der alten Terrasse kann man die Aussicht von der Glintküste genießen.

Von Toila oder auch ein Stückchen weiter, von **Voka,** wo sich die Ruinen eines alten Gutshofes befinden, gelangt man über Stichstraßen zurück auf die Hauptstraße.

Unterkunft, Essen und Trinken

- **Saka Cliff Hotel & Spa** €€€, Kohtla vald, Saka mõis, Tel. 3364900, Fax 3364901, www.saka.ee. Das Hotel befindet sich in einem der Nebenhäuser des Herrenhauses in unmittelbarer Strandnähe, Zimmer mit Dusche, WC, Fernseher und Telefon, im Hotel auch kabelloser Internetzugang. Massagen, Sprudelbäder, Infrarot- und Dampfsauna, Fahrradverleih. Das Restaurant bietet sehr gute russische Küche. Auf dem Gelände befindet sich auch ein **Zeltplatz** mit Feuerstelle und Grill.
- **Toila Spa Hotell** €€€, Ranna 12, Toila vald, Tel. 3342900, Fax 3342901, www.toilaspa.ee, am Rande des Toila-Oru-Parks gelegen. Das Hotel bietet Kuraufenthalte im Haupthaus an, betreibt aber auch Ferienhäuschen €, in denen Selbstverpfleger unterkommen können. Camping ist ebenfalls möglich. Restaurant, Sauna, Kurangebote, Schwimmhalle.
- **Toila Puhkemajad** €, Pikk 24, Toila, mobil 5014302, www.hot.ee/toilapuhkemajad. Blockhaus mit drei Zimmern, ganzes Haus (7 Plätze) oder auch einzelne Zimmer zu mieten, in der Nähe des Sanatoriums. Komplett ausgestattete Küche, Grill, Sauna.

Weiterfahrt

Von Jõhvi aus führt die sehr gut ausgebaute Straße Nr. 1 (Tallinn – Narva) weiter nach Sillamäe. Reisende, die nicht weiter **nach Osten** fahren möchten, können in Jõhvi die Straße nach Süden in **Richtung Peipus-See** einschlagen. Vor dem See passiert man – wenn man ein paar kleine Umwege in Kauf nimmt – das Kurtna-Seengebiet und das Kloster Pühtitsa in Kuremäe (siehe „Von Narva zum Peipus-See“ am Ende dieses Kapitels).

Narva-Jõesuu

An der Küste des Finnischen Meerbusens, im äußersten Nordosten Estlands, liegt der beschauliche **Kurort** Narva-Jõesuu. Kleine Holzhäuschen, zum Teil künstlerisch verzierte Holzvillen und alter Baumbestand säumen die kleinen, schachbrettartig angelegten Sträßchen des Ortes, die in den Wald oder an den Strand hinunterführen. Man fühlt sich in alte Zeiten zurückversetzt, die – wenn man den Zustand der Holzgebäude näher betrachtet – sicherlich für den Ort rosiger waren als die heutigen.

Der ehemalige Fischerort und Vorhafen von Narva stieg Ende des 19. Jh. zu einem mondänen Kurort auf. Gäste aus Moskau, von der Krim und aus Kaukasien kamen hierher, um sich am kilometerlangen weißen **Sandstrand** und in den Kiefernwäldern rings um Narva-Jõesuu zu erholen. Trug der Ort zuvor aufgrund seiner Armut lange den Beinamen „Hungerburg", wurde er zu seinen besten Zeiten „Riviera des Baltischen Meeres" genannt.

Heute ist es aufgrund von Visabestimmungen für Russen sehr schwierig, den Ort aufzusuchen, und westliche Kurgäste vergnügen sich lieber auf den estnischen Inseln oder in den Kurorten entlang der Westküste. Während viele Holzvillen einen morbiden Charme ausstrahlen, zeigen die „Sanatorien" aus der Sowjetzeit, obgleich sie noch heute genutzt werden, oft deutliche Zeichen des Verfalls.

Ein Spaziergang durch den idyllischen Ort und entlang des Strandes lohnt sich auf jeden Fall. Sehenswert sind einige mit aufwendigen Schnitzereien verzierte Holzvillen, beispielsweise auf der Aia-Straße, Teile des Kursaals von 1882 sowie die kleine orthodoxe Wladimirkirche aus dem 19. Jh. In einem kleinen Park bietet der verzierte Tschaikowski-Pavillon Schutz gegen Sonne oder Regen.

Auf dem Weg nach Narva

Folgt man der Straße Richtung Südwesten, gelangt man in die etwa 14 Kilometer entfernte Stadt Narva. Auf dem Weg dorthin, immer am **Grenzfluss Narva** entlang, passiert man zwei Denkmäler: Der **T-34-Panzer** erinnert an die Gefechte im Zweiten Weltkrieg, das **Monument in Siiversti,** ein wenig weiter, an die berühmte Schlacht zwischen Russen und Schweden im Jahr 1700 und ehrt besonders mutige Kämpfer. Wirft man einen Blick hinüber auf die russische Uferseite, sieht man nichts als Wälder.

Unterkunft

- **Hotell Liivarand** €-€€, Koidula 21, Tel./Fax 3577391, www.liivarand.ee. Frische Luft durch die Nähe zum Wasser und die zahlreichen Pinien, Sandstrand, Zimmer mit Telefon und Fernseher, Sauna, Billiardzimmer und Fitnessraum im Haus.
- **Narva-Jõesuu Spa Hotell** €€€, Aia 3, Tel. 3599529, Fax 3599525, www.narvajoesuu.ee. Alle klassischen Spa-Anwendungen, verschiedene Freizeitangebote, Fahrradverleih. Je nach Jahreszeit gibt es Sonderangebote bei den Zimmerpreisen.

Narva

Die Frage, ob sich eine Reise nach Narva wirklich lohnt, ist schwer zu beantworten. Während sich die Stadt selbst in Imagebroschüren gern das **„Tor in die EU"** nennt, bezeichnete eine deutsche Tageszeitung im Zuge der EU-Osterweiterung Narva als „hässlichste und verwahrloseste Stadt Europas". Einerseits ist von der einstigen „barocken Perle der Ostsee" nicht mehr viel zu sehen. Statt der schmucken Häuser der Schwedenzeit, die bis zum Zweiten Weltkrieg Narva zierten, prägen heute graue Plattenbauten das Stadtbild. Andererseits markieren die imposante Hermannsfestung und ihr auf russischer Seite liegendes Pendant, die Burg Ivangorod, die Grenze zwischen Ost und West. Wo sonst auf der Welt liegen zwei ehemals feindliche Festungen so nah beieinander? Ein imposantes Architekturensemble, das seinesgleichen sucht!

Der zwischen den Burgen fließende Grenzfluss, der wie die Stadt Narva heißt, galt von jeher als wichtige Handelsroute, die schon von den Wikingern ab dem 5. Jh. genutzt wurde. Seit dem 1. Mai 2004 markiert der Fluss die EU-Außengrenze.

Außer der sehenswerten Festung hat die drittgrößte Stadt Estlands (66.000 Einwohner) jedoch in der Tat nicht viel zu bieten. Die Innenstadt, deren Hauptverkehrsstraße die Pushkini-Straße darstellt, ist gut zu Fuß zu durchqueren. Allerdings verläuft man sich trotz der kurzen Distanzen rasch, da Informations- und oft auch Straßenschilder fehlen. An vielen Hauswänden findet man neben der estnischen Beschriftung noch Straßenschilder in kyrillischer Schrift – 90 % der Einwohner nennen Russisch ihre Muttersprache. Dennoch ist hier wie im Rest des Landes Estnisch Amtssprache.

Die wenigen Gebäude, die der Krieg verschont hat und die teilweise renoviert wurden, liegen versteckt hinter tristen Gebäuden aus der Chruschtschow- und Breschnew-Zeit. Sie stehen großteils leer und sind dem Verfall preisgegeben. Trotzdem kann man den Besuch der Burg gut mit einem kleinen Rundgang verbinden, der eine so ganz andere Seite Estlands zeigt. Nirgendwo sonst im Land fühlt man sich Russland so nah wie in Narva. Nicht nur, dass sich die Grenzstation mitten in der Stadt befindet – die russische Metropole St. Petersburg liegt mit lediglich 140 Kilometern Entfernung näher als die estnische Hauptstadt (nach Tallinn sind es 210 km).

Stadtgeschichte

Am linken Ufer des Narva-Flusses entstand im 13. Jh., als die Dänen über Nordestland herrschten, eine **Kaufmannssiedlung,** die im Jahre 1240 erstmals schriftlich erwähnt wurde. Ein Jahrhundert später erhielt die Ansiedlung das lübische Stadtrecht. Im Laufe der Jahrhunderte herrschten Dänen, Deutsche, Schweden, Russen und Esten über die Stadt. Dänenkönig *Woldemar IV.,* der Schwede *Karl XII., Iwan IV.,* der nicht umsonst den Beinamen „der Schreckliche" trug, *Peter I.* und zuletzt die deutschen und russischen Truppen im Zweiten Weltkrieg bauten Narva um oder zerstörten die Stadt. Seine günstige Lage am Kreuzungspunkt der Handelswege musste sie mehr als einmal mit Menschenleben und Zerstörung der Bebauung bezahlen. Kein Wunder, dass die wechselnden Herrscher die **Befestigungsanlage** – die Hermannsburg und später die Bastionen – immer weiter ausbauten. Leider nutzte dies meist nicht. Die vom Deutschen Orden errichtete Stadtmauer wurde erst von den Russen und später von den Schweden zerstört. Innerhalb zweier Tage sollen ihre Kanonen große Teile der Stadtmauer niedergerissen haben. So ist heute nichts mehr von den Verteidigungsmauern zu sehen.

Doch auch die Herrschaft der **Schweden** hatte keinen Bestand. Ihr im 17. Jh. errichtetes Bastionssystem wurde Anfang des 18. Jh. vom russischen Zaren **Peter I.** durchbrochen. Zehn Tage lang beschossen die Russen die Verteidigungsanlage, dann soll es, so heißt es in einer Legende, *Peter I.* binnen 45 Minuten gelungen sein, die hohen Mauern zu überwinden – er musste einfach den Berg der davorliegenden Toten erklimmen.

Nachdem die Stadt im 17. Jh. durch mehrere große **Brände** zerstört worden war, verbot man Holzgebäude. Stattdessen gaben deutsche und holländische Architekten unter schwedischer Herrschaft Narva ein **barockes Antlitz.** Infolge der Industrialisierung wurde 1857 außerhalb der Altstadt die backsteinerne Kreenholm-Textilmanufaktur erbaut und mit ihr zwei Kirchen im südlichen Teil der Innenstadt.

Zur Zeit der ersten Unabhängigkeit gehörte auch die **Nachbarstadt Ivangorod** zum estnischen Staat, eine Entscheidung, die die UdSSR gleich nach Eingliederung Estlands als Sowjetrepublik rückgängig machte.

Die letzte große Katastrophe ereilte Narva im 20. Jh. Während der russischen „Befreiung" im März 1944 wurden 98 % der Stadt durch **russische Bomben,** aber auch durch **deutsche Rückzugsgefechte** zerstört. Vom barocken Narva der Schwedenzeit, das über die Landesgrenzen hinaus für seine Schönheit bekannt war, blieben nichts als Ruinen übrig. Zu Sowjetzeiten wurde Narva im damals üblichen Baustil wieder aufgebaut – was man bis heute sehen kann. Es wurden gezielt **russische Familien** hier angesiedelt, was den hohen Anteil an russischer Bevölkerung erklärt. 1922 waren ca. 63 % der Bewohner Esten, 1989 nur noch drei Prozent. Bis heute hat sich an diesem Verhältnis nicht viel geändert.

Tipp: In der Tallinner Domkirche kann man auf dem Grabstein des schwedischen Heerführers *Pontus de la Gardie* eine Schlachtszene des Jahres 1581 besichtigen, die einzige Darstellung, auf der die **mittelalterliche Stadtmauer Narvas** zu sehen ist.

Hermannsfestung

Die touristische Hauptattraktion Narvas, wenn nicht sogar der Grund, überhaupt dorthin zu fahren, ist ohne Zweifel die stattliche Burg. Ausgehend vom Peetri-Platz, schlendert man zunächst durch den kleinen **Schlossgarten** (Lossiaed), der eher einem begrünten Platz als einem Garten ähnelt, und betritt dann durch einen Torbogen den Burghof. Von hier aus bietet sich ein guter Blick auf die Anlage, die von dem gut 50 Meter hohen Turm Langer Hermann dominiert wird.

Doch vorher sollte man links einen Blick um die Ecke werfen. Hinter dem Burgcafé findet man eine Lenin-Figur, die früher auf dem Peetri-Platz aufgestellt war. Bei diesem **Lenin-Denkmal** handelt es sich wohl um das einzige

028es Foto: jl

des Landes, das noch öffentlich aufgestellt ist. Ein paar wilde Anekdoten ranken sich um das Standbild. Der ausgestreckte Finger Lenins, so heißt es, zeige einen Platz an, der vom Unglück heimgesucht wird. Zunächst soll er so gestanden haben, dass er auf das Burgcafé zeigte, das kurz darauf Pleite ging. Nun weist er gen Osten, nach Russland. Gerade bei westlichen Touristen hat sich das Denkmal zum beliebten Fotomotiv entwickelt.

Hier endet die EU: Grenzfluss Narva und ein Stückchen Russland

Zum Eingang in das Burgmuseum geht es einmal um den Burghof herum. Bevor man das Museum betritt, lohnt sich ein Blick über den Grenzfluss Narva auf die gegenüberliegende **Burg Ivangorod.** Hier beginnt Russland.

Zurzeit können drei Flügel und der Lange Hermann besichtigt werden. Der **nördliche Innenhof** der Burg (Põhjaõu) ist im Sommer geöffnet (ca. Mitte Mai bis Ende August). Dann finden hier zahlreiche Veranstaltungen statt und es gibt Workshops zu verschiedenen historischen Handwerkstechniken. Einige **Handwerksstuben** haben sich im Hof angesiedelt, darunter eine Töpferei und eine Schmiede, außerdem eine **historische Apotheke.**

Die Apotheke kann auf Kräuter aus dem Linné-Garten zurückgreifen, in dem Pflanzen gesammelt werden, die von dem berühmten schwedischen Botaniker beschrieben wurden. Die Aktivitäten im Nordhof sind durchaus ambitioniert und Teil eines Museumsprojekts zur experimentellen Geschichte. Man kann aber auch schöne Souvenirs erstehen.

Geschichte

Die Narvaer Burg wurde Ende des 13. Jh. von den damals in Nordestland herrschenden **Dänen** als kastellartige Festung angelegt. Das quadratische Bauwerk sollte als Residenz für den Statthalter des dänischen Königs dienen und war, im Vergleich zu seinen späteren Ausmaßen, mit einer Seitenlänge von 40 Metern eher klein. Der große Burghof wurde Mitte des 14. Jh. errichtet, um den ringsum angesiedelten Menschen im Kriegsfall Schutz zu bieten. 1347 verkaufte der dänische König Estland an den Livländischen Orden, der die Burg in ein **Konventgebäude** umbaute, das aus vier Flügeln und dem auf sechs Stockwerke erweiterten Turm bestand. In den Flügeln wurden Versammlungs-, Speise- und Schlafsaal untergebracht.

In den nächsten 150 Jahren wurde der Komplex aufgrund der sich stetig weiterentwickelnden Waffensysteme mehrfach erweitert und umgebaut. So kam im Westen ein **Rundturm** – das Rondell – hinzu.

Ende des 17. Jh. wurde die Burg unter den **Schweden** ein Bestandteil des **Bastionssystems,** das die Stadt umfasste, wohl auch, um mit der Ende des 15. Jh. errichteten Burg Ivangorod mithalten zu können, die natürlich ebenfalls immer weiter ausgebaut wurde. Während des Zweiten Weltkriegs erfuhren beide Komplexe starke Zerstörungen, ab den 1950er (Burg Narva) bzw. 1960er Jahren (Burg Ivangorod) wurden sie wieder aufgebaut und restauriert.

Rundgang und Museum

Schmale Treppen führen die Besucher durch die bis zu vier Meter dicken Festungsmauern in die Säle und Ausstellungsräume sowie in die Aussichtsgalerie hoch oben im Langen Hermann. Der größte Saal ist das **Refektorium,** das als Versammlungs- und Speisesaal diente. Wegen seiner guten Akustik finden unter den Kreuzgewölben oftmals Konzerte statt.

In fünf Sälen sind die ständige **Ausstellung** des Museums sowie wechselnde Sonderausstellungen untergebracht. Interessant ist vor allem die Geschichte der Stadt vom 13. Jh. bis zu ihrer Zerstörung im Zweiten Weltkrieg.

Es empfiehlt sich, den **Langen Hermann** bis ganz oben zu erklimmen. Vom hölzernen Wehrgang an der Außenseite des Turms hat man einen guten Ausblick auf beide Grenzstädte. Die einzelnen Stockwerke stammen aus verschiedenen Epochen, da im Laufe der Jahrhunderte unter den wechselnden Herren immer wieder eines aufgesetzt wurde.

● **Hermannsfestung / Narva Muuseum,** Peterburi mnt 2, Tel. 3599230, www.narvamuuseum.ee, tägl. 10–18 Uhr.
● **Castell,** Restaurant und Pub in der Festung, Tel. 3599257, Mittelalter-Themenrestaurant in schönen Räumlichkeiten.

Weitere Sehenswürdigkeiten

Peetri-Platz

Verlässt man die Burg, geht es durch den Schlossgarten (Lossiaed) wieder auf den Peetri-Platz, der seinen Namen *Peter dem Großen* zu verdanken hat. Neben der Grenzstation zur Rechten fallen besonders zwei Gebäude ins Auge: ein hässlicher, grauer, zwölfstöckiger Klotz mit einem seltsamen Gebilde auf dem Flachdach. Er wurde als Wasserturm gebaut, tatsächlich aber nie als solcher genutzt. Heute beherbergt er Büros und Privatwohnungen. Das andere auffällige Gebäude ist ein grell violett gestrichenes Haus, in dem die Stadtverwaltung untergebracht ist.

Bastionen

Auf den ersten Blick sind nicht alle Bastionen leicht zu finden, liegen sie doch mitten in der Innenstadt und sind zum Teil überbaut. Von ursprünglich neun geplanten konnte der schwedische Staatsmann, Heeresführer und Baumeister *Erik Dahlberg* im 17. Jh. sieben realisieren, bevor der Nordische Krieg ausbrach. Die Bastionen tragen lateinische Namen: Fortuna (Glück), Spes (Hoffnung), Justitia (Gerechtigkeit), Pax (Frieden), Victoria (Sieg), Honor (Ehre) und Gloria (Ruhm). Am besten erkennt man die am Fluss gelegenen Bastionen vom Ufer aus (von der Burg aus gesehen hinter der Grenzstation). In einigen befinden sich Kasematten, die jahrzehntelang geschlossen waren. Die Stadt Narva plant jedoch, sie mittelfristig zu sichern und für die Öffentlichkeit zugänglich zu machen. Da ungewiss ist, wann diese Pläne realisiert werden, sollte man in der Touristeninformation nachfragen, ob sie geöffnet sind.

Die am Ufer der Narva liegenden Bastionen laden zu einem schönen Spaziergang ein, denn von hier aus hat man einen hervorragenden Blick auf die beiden Burgen. Auf der 16 Meter hohen **Bastion Viktoria** wurde bereits

029es Foto: jl

Die Hermannsfestung hat viele verschiedene Herrscher gesehen im 19. Jh. ein Park angelegt, der „Dunkle Garten". Zwei Denkmäler erinnern an vergangene Schlachten: den Nordischen Krieg und den Freiheitskrieg (1918).

Auf der **Gloriabastion** wurde das ehemalige Munitionslager aus dem 18. Jh. wieder aufgebaut, es beherbergt heute eine **Kunstgalerie.** Neben zeitgenössischen Exponaten ist hier eine Sammlung russischer Kunstwerke der Kaufmannsfamilie *Lavretsov* ausgestellt.

- **Kunstigalerii,** Vestervalli 21, Tel. 3592151, www.narvamuuseum.ee, Mi–So 10–18 Uhr, an Feiertagen geschlossen.
- Eine **virtuelle Tour** durch die Narvaer Bastionen kann man unter http://bastion.narva.ee machen.

Rathaus

Das Rathaus bietet einen traurigen Anblick, vielleicht weil es die einstige Schönheit der Stadt erahnen lässt. Der zweigeschossige Bau wird von acht toskanischen Pilastern an der Hauptfassade und einem schmalen Türmchen auf dem Walmdach geschmückt. Sein Grundriss folgt den Traditionen niederländischer Paläste. Nach Plänen des Lübecker Architekten *Georg Teuffel* im 17. Jh. erbaut, war es bis zum Zweiten Weltkrieg Teil eines Architekturensembles, das einst aus Rathaus, Börse, Apotheke und den Wohnhäusern schwedischer Bürger bestand, die sich um den Rathausplatz gruppierten. Heute rahmen stattdessen Plattenbauten das Rathaus ein, dessen gelb-rosa Farbe samt Putz von den Außenwänden bröckelt.

Zu Sowjetzeiten als Pionierlager genutzt, steht das Gebäude heute zum größten Teil leer. Im Inneren wurden das Treppenhaus und das Deckengebälk der Vorhalle renoviert, jedoch ist das Rathaus trotz einer kleinen Fotoausstellung, die sich dort befindet, meist geschlossen.

Die Stadtverwaltung plant eine Renovierung des Rathauses sowie die Neugestaltung des davorliegenden Platzes. An der Stelle, wo einstmals die alte Börse stand, soll wieder ein Gebäude errichtet werden. Bislang konnten sich die Verantwortlichen jedoch nicht entscheiden, ob es sich dabei um eine Rekonstruktion oder ein modernes Haus handeln soll. In das Rathaus sollen einmal die Touristeninformation und kleine Handwerks- und Souvenirläden einziehen. Sicher ist jedoch eines: Es wird wohl noch Jahre dauern, bis diese Pläne realisiert sind.

Aussichtspunkte

Südlich der Burg, auf dem Weg zum Bahnhof und Busbahnhof, befinden sich zwei nette Aussichtspunkte, die sich hervorragend für ein Foto von den beiden Festungen eignen. Der eine liegt am Ende der Raja-Straße, auf der man auch einen kleinen Snack in der Pizza-Döner-Bude oder im German Pub einnehmen kann (siehe „Essen und Trinken").

Etwas repräsentativer ist der Aussichtspunkt weiter südlich beim **Schwedischen Löwen.** Das Denkmal erinnert an die Schlacht zwischen den Streitmächten *Peters I.* und des schwedischen Königs *Karl XII.* am 19. No-

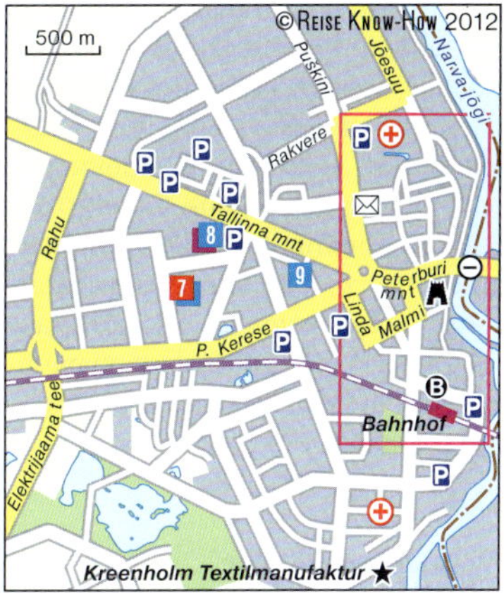

Unterkunft
1 Hotel Inger
2 Etapp Hotel
3 Hotel King
6 Hotel Narva
7 Hostel Lell

Essen und Trinken
5 Pizza und Kebab Narva
7 Restaurant Lell
8 Café und Nachtclub Geneva
9 Café Belgrad

Nightlife
4 Tavris Bar
5 German Pub
8 Café und Nachtclub Geneva

vember 1700. Von hier aus kann man auch einen Blick auf eine kleine Flussinsel mit Sandstrand werfen, auf der sich im Sommer Angler und Badende tummeln.

Alexanderkirche

Ein Stückchen weiter südlich, hinter der Grafovi-Straße, erhebt sich eine der beiden Kirchen vom Ende des 19. Jh. Die in den Jahren 1881–84 errichtete, lutherische Alexanderkirche wurde im Krieg stark beschädigt, der gut 60 Meter hohe Glockenturm völlig zerstört. Zu Sowjetzeiten diente das achteckige Gebäude als Lager für Alkoholika. Genau wie die Auferstehungskirche wurde auch dieses Gotteshaus von der Kreenholm Manufaktur (siehe unten) finanziert.

Mittlerweile reckt sich der Turm wieder stolz in die Höhe, er ist in den letzten Jahren vollständig wiederaufgebaut worden, eine neue Orgel ist im Bau. Im Sommer hat man eine recht gute Chance, eine **Konzertveranstaltung** mitzubekommen, es gibt praktisch jede Woche Musikdarbietungen. Spielplan (auf Englisch) unter www.eelk.ee/narva.

Auferstehungskirche

Folgt man der Grafovi-Straße, gelangt man zur Auferstehungskirche. 1890–96 wurde das knapp 30 Meter hohe, backsteinerne Gebäude für die orthodoxen Arbeiter der Kreenholm Manufaktur errichtet. Im Gegensatz zur nahe gelegenen, etwa gleich alten Alexanderkirche hat das im byzantinischen Stil erbaute Gotteshaus den Zweiten Weltkrieg unbeschadet überstanden. Auch heutzutage finden hier regelmäßig Gottesdienste statt. Eine klassische dreiteilige Ikonostase und ein hölzernes Kreuz aus dem 17. Jh. schmücken das Innere. Wände und Kuppel wurden aus Backstein, Treppen und Ornamente aus Granit angefertigt. Leider ist das hübsche Bauwerk – ähnlich wie das Rathaus – von schäbigen Plattenbauten umringt.

Kreenholm Textilmanufaktur

Die Kreenholm Manufaktur im Süden der Stadt ist zum Glück von den Zerstörungen des Zweiten Weltkriegs weitgehend verschont geblieben. Die „Stadt in der Stadt" ist ein beeindruckendes Beispiel für die **Industriearchitektur des 19. Jh.** Die damals benutzte Technologie war innovativ – als billige Energiequelle diente ein Wasserfall –, sodass der Komplex auf der Pariser Weltausstellung 1900 mit dem Grand Prix ausgezeichnet wurde. Neben einer Fabrik englischen Stils wurden ein Krankenhaus (1913 zu Ehren der 300-jährigen Romanow-Dynastie im modernistischen Stil errichtet), Arbeiterunterkünfte, Wohnhäuser für die Leiter der Fabrik sowie ein Park angelegt.

Auch heute werden in dem backsteinernen Komplex Textilien hergestellt, vorwiegend für den Export. Allerdings hat die einst größte Fabrik des Russischen Imperiums mit mehreren Zehntausend Angestellten seit der Unabhängigkeit Estlands die Zahl seiner Angestellten immer weiter reduziert.

Weitere alte Gebäude

Weitere vom Krieg verschonte bzw. wieder aufgebaute Gebäude gibt es wenige, sie sind eigentlich keinen Umweg wert. Wer doch noch etwas durch die Stadt schlendern will, findet in der Kraavi-Straße 2 das ehemalige Gebäude des Barons *von Velio,* in dem heute eine Schule untergebracht ist. Auf der Koidula-Straße (Nr. 3a und 6) befinden sich weitere Gebäude, die ein wenig an die prächtige Vergangenheit erinnern. Im Norden der Stadt, auf dem Weg nach Narva-Jõesuu, passiert man die neue orthodoxe Kirche.

Deutscher Soldatenfriedhof

Am Ortsausgang an der Straße nach Narva-Jõesuu liegt auf der Flussseite ein deutscher Soldatenfriedhof. Neben dem Gräberfeld erinnert ein Gedenkkreuz an die Gefallenen des Zweiten Weltkrieges in der strategisch wichtigen Narva-Region. Die Anlage ist auch als **Landschaftspark** reizvoll.

Praktische Tipps

Informationen

- **Touristeninformation,** Pushkini 13, Tel. 3560184, Fax 3560186, http://tourism.narva.ee, Mo–Fr 9–18 Uhr, Sa/So 9–15 Uhr. Hier bekommt man die englischsprachige Broschüre **„In your pocket – Narva“,** die man auch online einsehen kann: www.inyourpocket.com/estonia/narva/en. Sie beinhaltet sämtliche Adressen von touristischen Sehenswürdigkeiten.

Service

- **Bank:** Filialen z.B. Tallinna mnt 28 (SEB), Geldautomaten finden sich auch in den Einkaufszentren und Supermärkten.
- **Post:** Aleksander Pushkini 22.
- **Tanken:** an der Tallinna mnt.

Unterkunft

- **Etapp Hotel** €€, Lavretsovi 5, Tel. 3591333, 3592333, Fax 3591333, www.hot.ee/etapp. Untergebracht in einem der wenigen erhaltenen Gebäude aus dem 19. Jh., komplett renoviert, Bar, 19 Zimmer mit eigenem Bad und Telefon, Haustiere sind willkommen.
- **Hotel Inger** €€, Pushkini 28, Tel. 6881100, Fax 6881101, www.inger.ee. 70 modern ausgestattete Zimmer mit Bad, TV und Telefon, Spezialräume für Allergiker, bewachter Parkplatz vorhanden.
- **Hotel King** €€, Lavretsovi 9, Tel./Fax 3572404, www.hotelking.ee. Zimmer mit Bad, TV und Telefon. Frühstück auf Anfrage, gemütliches Restaurant mit Kamin.
- **Hostel und Restaurant Lell** €, Partisani 4, Tel. 3549009, Fax 3573460, www.narvahotel.ee. Rund 50 Zimmer, Sauna, Fitnessraum, Billiardtisch, Restaurant.
- **Hotel Narva** €€, Pushkini 6, Tel. 3599600, Fax 3599603, www.narvahotell.ee. Mitten im Zentrum gelegen, renoviert, großes Restaurant im Hotel.

Essen und Trinken, Nachtleben

- **Café Belgrad,** Energia 2a, www.hot.ee/belg, einfache Speisen.
- **Café und Nachtclub Geneva,** Võidu 2, www.geneva.ee, zu später Stunde oft Live-Musik.
- **German Pub,** Pushkini 10, Tel. 3591548, www.germanpub.ee. Obgleich dieses Lokal „Pub“ heißt und in einem dunklen Untergeschoss gelegen ist, ist die Auswahl an Speisen relativ groß und der Service nicht zu bemängeln. Außerdem ist die Speisekarte nicht nur auf Estnisch und Russisch, sondern auch in Englisch angelegt.
- **Pizza und Kebab Narva,** Pushkini 10, Tel. 3572828, gleich neben dem German Pub.
- **Tavris Bar,** Pushkini 12, Tel. 3594482, kleine Bar im ersten Stock des Hauses. Man sollte sich darauf einrichten, dass das Personal nur Russisch spricht. Beliebter Treffpunkt der Jugendlichen von Narva.

Verkehr

- Der gleich neben dem Bahnhof gelegene **Busbahnhof** an der Vaksali erinnert eher an einen größeren Kiosk als an ein Bahnhofsgebäude. Von hier fahren täglich zahlreiche Busse nach Tallinn, und auch Rakvere, Jõhvi, Narva-Jõesuu und Tartu werden regelmäßig angefahren. Die **Eurolines-Busse** nach St. Petersburg halten hier.
- Über Rakvere fährt außerdem ein **Zug** nach Tallinn.

Von Narva zum Peipus-See

Südlich von Narva führt keine befestigte Straße direkt an der Grenze entlang zum größten See des Landes, dem **Peipsi järv.** Will man Richtung Süden fahren, muss man sich zunächst nach Jõhvi zurückbegeben, um von dort aus an den See zu gelangen. Dichte Wälder und Moorlandschaften, darunter der größte Sumpf des Landes, Puhatu, zeichnen dieses dünn besiedelte Gebiet aus.

Kurtna-Seengebiet

Wanderfreunden sei das Kurtna-Seengebiet empfohlen, das östlich der Straße 32 nach Vasknarva liegt. In einem Umkreis von rund 30 m^2 liegen zwischen malerischen, bewaldeten Hügeln über 40 Seen, die in der Eiszeit entstanden sind. Pilz- und Beerensammler kommen in dieser einsamen Gegend auf ihre Kosten.

Kloster Pühtitsa

Das **Nonnenkloster** von Pühtitsa beim Dorf **Kuremäe** gehört zu den herausragenden Sehenswürdigkeiten der Region. Es liegt in einer einsamen Gegend, eingebettet in eine nahezu unbesiedelte **Moor- und Waldlandschaft** etwa 20 Kilometer südöstlich von Jõhvi. Das Kloster war eines der wenigen in der ehemaligen Sowjetunion, das ohne Unterbrechung in Betrieb war. Es hat gerade für westliche Besucher ein besonderes Flair. Wandelt man durch den Klosterkomplex, fühlt man sich in eine vergangene Zeit im tiefsten Russland versetzt. Prachtvolle Kirchen mit Zwiebeltürmchen, in lange Gewänder und Kopftücher gehüllte Nonnen, wertvolle Ikonen und meterhohe, zu Türmen aufgeschichtete Brennholzstapel wirken auf westliche Augen durchaus exotisch.

Im 16. Jh. soll einem Hirten auf dem Hügel Pühtitsa die heilige Jungfrau Maria erschienen sein. Wenig später fanden Bauern unter einer Eiche eine Ikone der Muttergottes, die noch heute zu den Schätzen des Klosters gehört. Doch erst drei Jahrhunderte später begann man auf Veranlassung des Gouverneurs von Estland, *Sergej Shakhovsky,* mit dem Bau des Klosters, das der heiligen Synode der russisch-orthodoxen Kirche angehören sollte.

Heute betritt man den von einer Mauer umgebenen Komplex durch ein stattliches Tor mit grünem Dach und farbenprächtiger Wandbemalung und schreitet durch einen schönen Rosengarten auf die **Uspenski-Kathedrale** zu, die Anfang des 20. Jh. erbaut wurde. Das dreischiffige Sakralgebäude wird von drei Altären und einer wertvollen Ikonostase geschmückt. Bis zu 1200 Menschen finden in dem Gotteshaus Platz. Außen krönen fünf grüne Kuppeln die Kathedrale.

Neben ihr gehören eine weitläufige Parkanlage, fünf kleinere Kirchen, hölzerne Wohnhäuser der Nonnen, ein Friedhof, eine Schule und ein Altersheim zu dem Gebäude-Ensemble. Allerdings sind nicht alle Bereiche zugänglich. Eine heilige Quelle, die im Winter nicht zufrieren soll, zieht die Besucher an. Die rund 150 russischsprachigen Nonnen leben auch heute noch weitgehend eigenständig von Landwirtschaft, Viehzucht und Handarbeiten, die in einem kleinen Kiosk verkauft werden.

Mäetaguse

Südwestlich von Mäetaguse geht beim Dorf **Metsküla** der **Selisoo-Wanderweg** ab, der auf Holzstegen durch das gleichnamige Moor führt. Der Zugang ist auch von der anderen Seite, von der Jõhvi-Taru mnt, möglich. Je nach Jahreszeit kann das Gebiet auch zur **Vogelbeobachtung** interessant sein.

Unterkunft

- **Vaikla Puhkekeskus** €, Vaikla, Gemeinde Iisaku, Tel. 3327314, mobil 58049366, www.vaiklapuhkus.ee. Einfaches Ferien- und Erholungszentrum, idyllisch an einem kleinen See mitten im Wald gelegen, Zelt- und Wohnwagenstellplätze und Vermietung. Gemütlicher Speiseraum mit Bar, Lagerfeuerplatz, Boots- und Kanuverleih, großer Abenteuerspielplatz für Kinder, großer Grillplatz, Fischen und Eisfischen im Winter.

Am Nordufer des Peipus-Sees

Von Kiefernwald umrahmte Strände, menschenleere Dünen und ein Gewässer, das so groß ist, dass es vom Ufer aus wie das Meer wirkt, so lässt sich das Nordufer des Peipus-Sees beschreiben. Der See lädt zum **Baden** ein, beispielsweise bei Remniku, Alajõe, Uusküla, Rannapungerja, aber vor allem in **Kauksi** mit seinem schönen Sandstrand. In Kauksi und Raadna befinden sich einfache Campingplätze.

Das Gebiet ist dünn besiedelt und hat bis auf kleine orthodoxe Kirchen in **Alajõe** und **Vasknarva** sowie den sich dort befindlichen Resten einer Ordensburg aus dem Jahr 1427 nicht viel zu bieten, ist aber der ideale Ort für einen ruhigen Badeurlaub.

Der Peipus-See wird im Kapitel „Der Süden" ausführlich beschrieben.

In **Lohusuu** beginnt das Gebiet der **Altgläubigen.** Die knapp 1000 Einwohner umfassende Gemeinde teilt sich auf in Esten, Altgläubige und Russen, die zu Sowjetzeiten hierher gezogen sind. Auf dem örtlichen Friedhof finden sich noch Gräber deutscher Soldaten aus dem Zweiten Weltkrieg.

Unterkunft

- **Hostel Peipsi Lained** €-€€, Kalmaküla, Gemeinde Lohusuu, Tel./Fax 3393723, mobil 55690131, www.peipsi-lained.ee. Direkt am Ufer des Peipus-Sees gelegen. Unterkunft in einzelnen Hütten, Dusche und WC sind separat, aber im selben Haus, Koch- und Grillplätze auf dem Gelände.
- **Kauksi Ferienhaus (Puhkemaja) und Campingplatz** €-€€, Kauksi, Tel. 3372996, mobil 5219362, www.kauksipuhkemaja.ee. Zur Auswahl stehen zwei Holzhäuser, die man komplett mieten kann, sowie kleine, einfache Sommerhäuschen; auch Camper sind willkommen; Rauchsauna, Grill und Lagerfeuerplatz.
- **Kauksi puhkeküla (Feriendorf Kauksi)** €, Kauksi pk. 138, Tel. 3393835 (Juni–August), mobil 56640649, Fax 3393835, www.kauksirand.ee. Nur Juni bis August geöffnet, einfache Hütten, z.T. mit Mehrbettzimmern, Dusche und WC in separatem Haus, Kiosk, Boots- und Sportartikelverleih.
- **Puhkekeskus (Erholungszentrum) Suvi** €-€€, Remniku, Gemeinde Alajõe, Tel. 339 3119, mobil 5229809, Fax 3368067, www.peipsi-suvi.ee. Im Wald gelegen, nicht weit vom See, alle Zimmer mit Dusche, WC, TV und Kühlschrank; außer dem Motel gibt es zwei Ferienhäuser.

Im Zentrum Estlands

Überblick

Die im Zentrum liegenden Landkreise Raplamaa, Järvamaa und Jõgevamaa werden von den meisten Reisenden eher stiefmütterlich behandelt, sind sie im Großen und Ganzen doch nicht für herausragende Sehenswürdigkeiten bekannt. Doch wer es nicht allzu eilig hat, kann auf dem Weg von der Hauptstadt nach Tartu, Viljandi oder Pärnu den einen oder anderen Zwischenstopp bei kleineren Sehenswürdigkeiten einlegen oder sich in einem einsamen, kleinen Landschafts- und Naturschutzgebiet die Füße vertreten. Vor allem wer **Moore** und **Karstgebiete** mag, wird auf seine Kosten kommen. Auch im **Pandivere-Hochland** findet man beim Urstromtal Porkuni eine liebliche Landschaft mit Hügeln und Seen vor. Die sehenswertesten Städte in Zentralestland sind **Paide** und **Põltsamaa,** in deren Herzen jeweils alte **Burgruinen** liegen, die heute Museen beherbergen. So manches **Herrenhaus** hat wieder zu altem Glanz gefunden, mittelalterliche **Kirchen** und kleine **Museen** haben zumindest im Sommer ihre Pforten geöffnet.

Lebendige alte Zeit im Heimatmuseum – der Apotheker ist aus Wachs

Paide

Die Stadt Paide (Witten- oder Weißenstein) liegt im **Landkreis Järvamaa,** etwa auf halber Strecke zwischen Tallinn und Tartu, und nennt sich etwas großspurig „Herz von Estland" (Eesti süda), was wirklich nur geografisch stimmen mag. Bis auf die alte **Befestigungsanlage** hat Paide nicht sehr viel zu bieten, deshalb verwundert es kaum, wenn viele Touristen die Stadt und den umgebenden Landkreis einfach durchfahren. Wer es aber nicht allzu eilig hat, sollte einen Zwischenstopp einlegen und die Hauptsehenwürdigkeit des Ortes, den Befestigungsturm auf dem Burghügel, besuchen.

Im Landkreis können einige sehenswerte **mittelalterliche Kirchen** sowie einige schön herausgeputzte **Herrenhäuser,** beispielsweise **Jäneda** im Norden Järvamaas, besucht werden. Die Landschaft in der Umgebung ist sehr abwechslungsreich und umfasst Karstgebiete, Drumlins, Moore und ein Quellgebiet.

1265 entstand auf dem Vallimägi (Burghügel) unter Leitung *Konrad von Manderns* anstelle einer altestnischen Burg eine Ordensburg, um die sich schon bald eine Siedlung entwickelte, die bereits 1291 zum ersten Mal Stadtrechte erhielt. Sie ist für die Stadtbewohner eng mit dem Aufstand in der Georgsnacht (Jüriöö) im Jahre 1343 verbunden, als sich die Esten gegen die deutschen Herren erhoben, denn auf dem Burggelände wurden einige Zeit später vier estnische Älteste, die

036es Foto: jl

zu Verhandlungen abgesandt waren, auf Anordnung des Livländischen Ordensmeisters *Burchardt von Dreileben* getötet. Im Volksmund werden die Stammesältesten „Könige“ genannt und noch heute erinnern der Name des ortsansässigen Hotels „Vier Könige“ (Nelja Kuninga) und ein Denkmal auf dem Vallimägi an das Ereignis.

Im Laufe des 16.–17. Jh. eroberten immer wieder die Russen und die Schweden, 1602 auch einmal die Polen die Stadt. Bei einem Brand im Livländischen Krieg wurden schließlich die Festung und mit ihr große Teile der Stadt zerstört. 1636 wurde sie dem nordöstlich gelegenen Gutshof Mäo zugeordnet und erhielt erst 1783 erneut Stadtrechte.

Der **Name** Paides, auf Deutsch Witten- oder **Weißenstein,** geht auf den weißen Kalkstein zurück, aus dem auch die Burg errichtet ist. Ähnliches gilt für den estnischen Namen: Aus *Pae linn* (Stadt oder Burg aus Kalkstein) wurde *Paide.*

Die Geburtsstadt des international bekannten Komponisten *Arvo Pärt* ist gut zu Fuß zu durchschreiten. Zentraler Platz ist der Keskväljak, wo sich neben Rathaus und Kirche noch einige ältere Gebäude aus dem 19. Jh. befinden, darüber thront der Burghügel.

Ordensburg

Zwar wurde die alte Ordensburg im Livländischen Krieg zerstört, doch lohnt sich trotzdem ein Besuch ihrer Überreste und des restaurierten **Burgturms Pikk Hermann** (Langer Hermann). Er gehörte zu den ersten Bauteilen der Ordensburg, die später, zu Beginn des 14. Jh., zu einem Konventhaus-ähnlichen Komplex ausgebaut wurde, dessen Mauern zum Teil noch stehen. Im 16. Jh. hat man die Burg ausgebaut und mit Wällen und Bastionen gesichert. In dem hohen Bergfried ist ein **Museum** untergebracht, das sich mit der Geschichte der Stadt beschäftigt.

Von der **Aussichtsplattform** des achteckigen Turms kann man auf die Stadt hinuntersehen. Ursprünglich war er 30 Meter hoch, seine Wände waren drei Meter dick. Heute wird die Höhe sogar noch übertroffen: Zusammen mit dem Turmhelm misst der wieder aufgebaute Lange Hermann 42 Meter.

Eine **Freilichtbühne** auf dem Gelände zeugt davon, dass hier öfters Konzerte und Aufführungen stattfinden.

- **Verteidigungsturm der Ordensburg,** Veski 11, Tel. 3850576, http://vallitorn.paidekultuurikeskus.ee.

In der Altstadt

Am Fuße des Burghügels erstreckt sich der zentrale **Platz Keskväljak,** an dessen Enden Kirche und Rathaus stehen. Die lutherische **Heiligenkreuzkirche** fällt vor allem durch die ungewöhnliche Lage ihres Turms auf, der nicht im Westen des Gebäudes, sondern mittig an der Südseite in den Himmel ragt. Sie folgte 1786 auf einen mittelalterlichen Vorgängerbau, 1848 wurde sie erneut umgebaut und erhielt ihr heutiges Aussehen. Die Stadtbewohner sind stolz auf die hübschen Glasmosaikfenster, die *Ernst Tode*

1901 schuf, und das aus einer Riesenmuschel angefertigte Taufbecken.

Zwischen der Kirche und dem am Südende des Platzes befindlichen **Rathaus,** dessen Fassade aus dem Jahr 1920 Jugendstilelemente aufweist, befinden sich einige hübsche **spätklassizistische Holzhäuser.** Weitere alte Gebäude findet man auf der Tallinna-Straße, die westlich am Vallimägi vorbeiführt, beispielsweise ein **Speicherhaus** von 1786 (Nr. 25) oder das alte **Gerichtsgebäude** von 1783 (Nr. 18).

Heimatmuseum

Wer vor dem Rathaus rechts in die Pärnu-Straße abbiegt, kommt – vorbei an der Touristeninformation – zu einem zweiten zentralen Platz, der von einem klotzigen Bau, dem Kulturhaus, dominiert wird. Rechter Hand liegt das Heimatmuseum des Landkreises Järvamaa, das im Jahr 2005 sein hundertjähriges Bestehen feierte. Besonders hübsch sind die Innenausstattung der **alten Apotheke** und weitere Wohnstätten- und Arbeitseinrichtungen.

- **Järvamaa Muuseum,** Lembitu 5, Tel. 3850276, 3851867, www.jarvamaamuuseum.ee, April bis Oktober Di–Sa 11–18 Uhr, im Winter 10–17 Uhr.

Friedhof Reopalu

Folgt man der Pärnu-Straße zum Ortsausgang, findet man rechter Hand den Friedhof Reopalu vor, auf dem einige wichtige Persönlichkeiten der Ortsgeschichte begraben liegen, so etwa der ehemalige Kreisarzt *Carl Hermann Hesse* (1802–96), Großvater des Schriftstellers *Hermann Hesse.*

Informationen

- **Paide Touristeninformation,** Pärnu 6, Tel. 3850400, paide@visitestonia.com.

Service

- **Erste Hilfe:** Tiigi 8, Tel. 112.
- **Polizei:** Tallinna 12, Tel. 110.
- **Post:** Telliskivi 5.
- **Internetzugang:** in der Stadtbücherei, Järvamaa Keskraamatukogu, Lai 33.
- **Busbahnhof:** Jaama 15, Tel. 3846131.

Unterkunft

- **Nelja Kuninga Hotell** €€, Pärnu 6, Tel. 3850882, Fax 3850167, www.nelikuningat.ee. Gleich bei der Touristeninformation, 24 mäßig geschmackvoll eingerichtete Zimmer, nichts Besonderes, aber ganz okay, zumal das **Restaurant Kuldkroon** angegliedert ist.
- **Gästehaus Tõru** (Külalistemaja) €€, Pikk 42a, Tel./Fax 3850385, www.toruhostel.com. Schlichte Räume, aber sauber und nett, kostenpflichtiger bewachter Parkplatz. Wer länger bleibt, erhält Rabatt. Café im Haus täglich 7–22 Uhr.

Essen und Trinken

- **Paide Šokolaadipood,** Vee 1, mobil 54547888, Mo–Fr 8–18 Uhr, Sa 9–17 Uhr, schönes Café und Schokoladengeschäft des größten estnischen Süßwarenherstellers Kalev. Mit Kinderspielecke.
- **Pubi Alempos,** Keskväljak 8, Tel. 3852466, So–Do 10–21 Uhr, Fr 10–2 Uhr, Kneipe mit einfacher Speisekarte, Fr ab 22 Uhr Live-Musik (kostet Eintritt).
- Das **Restaurant Paide,** Keskväljak 15, Tel. 3849190, liegt im oberen Stockwerk des „Hochhauses" schräg gegenüber dem Rathaus. Trotz des Namens kein Restaurantbetrieb, bzw. nur noch für größere Feiern. Es gibt aber ein „Sommercafé", Mo–Sa 12–19 Uhr. Von der Terrasse hat man einen schönen Blick auf die Stadt.
- Im Nachbarort Mäo, an der Straße Tallinn – Tartu, liegt der empfehlenswerte **Sämmi Grill,** Tel. 3846000, tägl. 11–23 Uhr. Für Freunde hochwertiger Grillgerichte ein Muss.

Türi

Über 50 **Drumlins,** parallel liegende Höhenrücken, die die letzte Eiszeit hinterlassen hat, liegen in dem Gebiet zwischen Paide, Väätsa und Türi. Der Fluss Pärnu fließt durch die fruchtbaren Felder, Wiesen und Weiden. Über **Kirna** mit seinem alten Gutshofpark samt klassizistischem Herrenhaus gelangt man von Paide nach Türi.

„Eesti kevadpealinn", Estlands **Frühlingshauptstadt,** nennt sich das von nicht einmal 7000 Menschen bewohnte Städtchen, das sich damit in die Reihe diverser „Hauptstädte" des Landes (Sommerhauptstadt Pärnu, Geisteshauptstadt Tartu, Winterhauptstadt Otepää) einfügt. Das Wort „Hauptstadt" mag angesichts der Größe etwas lächerlich erscheinen, aber immerhin lassen die netten **Gärten, Alleen und Parks** des Ortes tatsächlich eine Anmutung von Frühling erkennen, eine Zeit, in der in Türi alles grünt und blüht und diverse Festivitäten, etwa ein großer Blumenmarkt, abgehalten werden.

Erstmals tauchte der am Fluss Pärnu gelegene Ort 1347 unter dem Namen Turgel in historischen Dokumenten auf. Einen gewissen Zuwachs verzeichnete er nach Anlegen der später zur normalen Bahnlinie ausgebauten Schmalspurbahn Tallinn – Viljandi um die Wende vom 19. zum 20. Jh., sodass Türi 1926 Stadtrechte bekam. Im Laufe der Zeit verwandelte es sich in eine Gartenstadt, landesweit bekannt wurde ferner das hier ansässige Rundfunkstudio.

Museen

Nicht weit vom Bahnhof, südlich der Gleise, befinden sich nebeneinander die beiden Museen der Stadt sowie die Touristeninformation. Im **Rundfunkmuseum** kann man verschiedene technische Geräte, Fotos und Wachsfiguren populärer Radiomacher betrachten. Das **Heimatmuseum** dokumentiert die Stadtgeschichte.

- **Eesti Ringhäälingumuuseum,** Vabriku pst 11, Tel. 3857055, www.rhmuuseum.ee, Di–Sa 10–17 Uhr.
- **Türi Muuseum,** Vabriku pst 11, Tel. 3857 429, Di–Sa 10–17 Uhr.

St. Martinskirche

Weiter nördlich, an der Wiedemanni-Straße 7, steht das älteste Bauwerk der Stadt, die St. Martinskirche, ein mittelalterliches Bauwerk, das sein heutiges Aussehen 1867 erhielt, als der **neogotische Turm** mit seinem Wetterhahn auf der Spitze erbaut wurde. Sie stellt eine interessante Mischung der für Nordestland typischen Bauweise aus Kalkstein und der in Südestland verbreiteten Ziegelsteintechnik dar. Das Südportal ist mit hübschen **Ornamenten** verziert. Im Sommer ist das Gotteshaus normalerweise dienstags bis sonntags geöffnet (abgesehen von einer Mittagspause), dann kann man im Inneren den von *Christian Ackermann* 1693 geschnitzten **Altar** bewundern. Das Altarbild von 1856 stammt von *August Pezold*.

Gutshöfe

In Särevere, etwas südlich des Ortes, kann man einen Blick auf ein schönes, rotes Holzhaus, das **Herrenhaus Särevere** aus dem 19. Jh., werfen.

Hält man sich gen Süden, erreicht man ein paar Kilometer weiter den sehr schönen **Gutshof Laupa,** der idyllisch am Ufer des Flusses liegt. Das reich dekorierte rosa Gebäude wurde 1913 für die Familie *von Taube* errichtet. Der Steinbau wird von einem hohen Walmdach abgeschlossen, die Fassaden sind von Terrassen, Vorsprüngen, Balkonen und reicher Ornamentik verziert.

Informationen

- **Touristeninformation,** Vabriku 11, Türi, Tel. 3853111, mobil 53033111, www.tyri.ee, Di–Sa 10–17 Uhr.

Service

- **Post:** Viljandi 1a.
- **Internetzugang:** in der Bücherei, Kohtu 2.
- **Bankautomaten** findet man in der Ortsmitte (Kreuzung Tallinna/Paide/Viljandi).
- **Bahnhof** und **Busbahnhof:** Jaama 8, Tel. Bus 3846131, Tel. Bahn 3857123.
- **Taxi:** mobil 56486123, 56474665, 5646 5476.

Unterkunft

- Übernachten kann man in Väätsa, etwa 5 km westlich von Paide: **Vana Tall Gästehaus** €€, Kooli 4, Väätsa, Tel. 3892301, mobil 53411290, Fax 3849250, www.hot.ee/kylalistemaja. Sechs ordentliche Zimmer, untergebracht in einem ehemaligen Stall aus dem 19. Jh., der zu einem alten Gut gehörte, Verpflegung auf Vorbestellung, Sauna.
- **Hotel Veskisilla** €€€ in Türi-Alliku, Tel. 3857050, Fax 3857464, www.veskisilla.ee. Nette Zimmer mit Minibar, TV und Duschbad, morgens Frühstücksbuffet, ansonsten kann man sich in der hauseigenen **Gastwirtschaft** stärken; verschiedene Saunen, diverse Aktivitätsangebote wie Paintball und Bowling, zum Haus gehört eine Kartbahn.

Essen und Trinken

- **Bahnhofsrestaurant Jaamakohvik,** Jaama 8, Tel. 3848420.
- **Café Kadri Tare,** Paide 10, Tel. 3878346 (auch Geschäft).

Von Paide nach Norden

Järva-Jaani

Eine **mittelalterliche Wehrkirche** kann man in Järva-Jaani an der Straße 39 besuchen. Das einschiffige Gotteshaus (Pikk 25) aus dem 13. Jh. wurde Johannes dem Täufer geweiht. Später umgebaut, erhielt es 1881 mit Anbau des Westturms sein heutiges Aussehen. Im Sommer ist die Kirche zumeist freitags bis sonntags in den Nachmittagsstunden geöffnet. Man sollte unbedingt einen Blick auf die farbenprächtige **barocke Kanzel** mit wertvollen Holzschnitzereien sowie das Epitaph werfen. Im Pastorat lebte der Verfasser der Livländischen Chronik von 1695, *Christian Kelch*.

Ambla

Die **Marienkirche** in Ambla (Valguse tee 1) gilt als ältester Kirchenbau Zentralestlands. Bereits im 13. Jh. wurden Langhaus und Chor vom Deutschen Orden am nördlichsten Punkt ihres Gebietes errichtet, weiter nördlich lagen schon die Ländereien der Dänen. Später kamen die beiden Seitenschiffe und der Turm hinzu. Von Außen eher schlicht, bestechen im Inneren die verzierten Kapitelle der Säulen, der Renaissance-Altar von *Berendt*

Geistmann (um 1620), die zwei Fensterrosetten an Westfassade und Südwand des Chors sowie die Kanzel und das Gestühl aus der Werkstatt *Adam Pampes.*

Über **Käravete,** wo man auf ein weiteres Gutshofensemble aus dem 18. bzw. 19. Jh. stößt, geht es weiter nach Jäneda.

Gutshof Jäneda

Nordwestlich von Ambla bzw. etwa 15 Kilometer westlich von Tapa (von dort kommend immer an den Schienen entlangfahren) stößt man auf den stattlichen Gutshof von Jäneda (Jendel), der seit Jahrhunderten im Herzen des Dorfes liegt. Erstmalig erwähnt wurde das Anwesen 1510, doch das heutige Gebäude aus rotem Backstein, in dessen Turm sich ein Observatorium befindet, wurde erst 1915 von *Hans von Benckendorff* errichtet. Es trägt neogotische Elemente, hat aber auch Anlehnungen an den nordischen Jugendstil. Die Gutsherrin *Maria Zakrevskaja Benckendorff* hat in Italien für den Schriftsteller *Maxim Gorki* gearbeitet und hielt rege Kontakte zu anderen Schriftstellern und Intellektuellen. Sie übersetzte die Werke von *H.G. Wells,* der Jäneda 1934 besuchte. 1921, nach der Bodenreform der ersten Estnischen Republik, zog eine landwirtschaftliche Schule in das Herrenhaus.

Heute beherbergt der Komplex u.a. ein kleines **Museum.** Zur Anlage gehört ein **Gästehaus,** das in einem nachträglich erbauten Nebengebäude aus den 1970er Jahren untergebracht ist. Im ehemaligen Stall von 1888 befindet sich die **Gastwirtschaft Musta Täku Tall** („Zum schwarzen Hengst"), in der häufig Folklore- und Musikabende stattfinden. Außerdem hat das hier ansässige **Handarbeitszentrum** im Sommer seine Pforten für Touristen geöffnet (So–Di 10–18 Uhr, Mi–Sa 10–19 Uhr).

- **Jäneda mõis,** Jäneda, Gemeinde Tapa, Tel. 3849750, www.janedaturism.ee. Das **Gästehaus** €€ verfügt über DZ und 3er-Zimmer und kann bis zu 120 Gäste beherbergen. Wer mag, kann auch **zelten.** Außerdem helfen die Besitzer bei der Vermittlung von Ausritten und geführten Touren; Minigolfplatz. Die **Gastwirtschaft Musta Täku Tall** bietet 300 Gästen Platz, rustikale Atmosphäre, Hausmannskost, offener Grill.

Camping

- **Esna Camping,** Roheline 1, Esna, Gemeinde Kareda, mobil 51944543, www.esnankeidas.com. 3 km nördlich von Mäo (Kreuzung der Straßen 2 und 5) in Höhe von Voja von der Straße 5 rechts abbiegen. Strom für Wohnwagen, Küche und Sauna im Haus, auch einfache Zimmer €€, in denen man übernachten kann, Waschmaschine, Reitausflüge; geöffnet von Mai bis August.

Pandivere-Hochland

Südlich von Rakvere und östlich von Tapa erstreckt sich die bedeutendste Erhebung Nordestlands, das Pandivere-Hochland. Beim Berg Emumägi erreicht der Kalkstein-Höhenzug eine **maximale Höhe von 166 Metern.** Wie so viele Orte im Land wird auch der Emumägi mit dem Sagenheld Kalevipoeg in Verbindung gesetzt. Sein

Pferd habe ihn vor einem Rudel Wölfe retten wollen, dazu habe es mit den Hufen die Erde aufgegraben und sie zu einem Haufen zusammengescharrt. Von der Spitze des Berges kann man auf die umliegenden Felder, Wälder und das Moor Endla blicken.

Porkuni

Im Herzen des Pandivere-Hochlands liegt das Urstromtal Porkuni, eine liebliche Landschaft mit Hügeln und Seen, die bereits Ende der 1980er Jahre zum Wasserschutzgebiet erklärt wurde. Der **Porkuni-See** (Porkuni järv) wird von zahlreichen Quellen gespeist, sodass das Wasser rein und klar ist. Um den See mit den darin liegenden kleinen Inseln ranken sich zahlreiche Legenden, wie die von einer Nixe, die in dem Gewässer lebt. Das hohe Ufer ist von alten Bäumen umsäumt, an einer Seite gibt es einen kleinen **Sandstrand,** wo im Sommer Boote vermietet werden.

Von der Burg aus dem 15. Jh., die auf der **Insel Küngassaare** mitten im See liegt, ist nur noch ein **Turm** erhalten. Dieser wurde liebevoll renoviert und beherbergt ein sehenswertes **Kalksteinmuseum.** Wer die in den

Im Gutshof Jäneda kann man auch übernachten

Stein gehauene, enge Treppe besteigt, kann von der 21 Meter hohen Turmspitze auf die reizvolle Landschaft und den zu Füßen des Turms liegenden **Gutshof Porkuni** (Borgholm) blicken. Im 17. Jh. gehörte der Gutshof der Familie *Tiesenhausen*. Das heutige Gebäude wurde von *Ludwig von Rennenkampf* in Auftrag gegeben und war 1870 fertiggestellt. Es dient als Wohnheim für die Schüler der gegenüber liegenden Gehörlosenschule. Man erreicht die Insel über eine Brücke.

- **Porkuni Kalksteinmuseum** (Porkuni Paemuuseum), Tel. 3293881, mobil 5144836, www.tamsalu.ee/paemuuseum, Mai bis Sept. täglich 11–18 Uhr, im Winter auf Anfrage.

Väike-Maarja

In Väike-Maarja kann man die **mittelalterliche Kirche** (Tamme 4) besichtigen, deren dicke Mauern davon zeugen, dass sie auch zu Verteidigungszwecken genutzt wurde. Den Turm hat man 1873 auf eine Höhe von knapp 62 Metern aufgestockt. Auf manchem Grabstein des alten Friedhofs liest man noch deutsche Namen.

Das kleine **Museum** des Ortes ist in einem hübschen Holzhaus untergebracht. Dort gibt es auch ein Informationsbüro, das gern bei der Suche nach einer Unterkunft behilflich ist und deutschsprachige Broschüren über die Gutshöfe der Gegend bereithält.

- **Väike-Maarja Touristeninformation und Museum,** Pikk 3, Tel. 3261625, www.v-maarja.ee, Mai bis September Di–Sa 10–17 Uhr, Winter Mo–Fr 10–17 Uhr.

Endla-Moor

An den südlichen Ausläufern des Pandivere-Hochlands erstreckt sich auf über 80 km² das sehenswerte Moorschutzgebiet Endla, ein typisches Hochmoorareal mit zum Teil drei bis vier Meter dicken Torfschichten. Einige **Adlerarten,** aber auch **Schwarzstörche** und verschiedenste **Sumpf- und Wasservögel** brüten an den Ufern der Flüsse, Seen und Quellen, die das Gebiet mit seinen sieben Hochmooren durchziehen. Moosbeeren sowie der insektenfressende Sonnentau verwandeln das Moor in eine farbenprächtige Landschaft, die von dunklen Moorseen durchzogen und teilweise von niedrigem Wald bewachsen ist.

Die **Besucherzentrale** des Moorgebietes befindet sich in Tooma etwas westlich der Straße 39. Links des Gebäudes, über einen Reiterhof, liegt der Zugang zum eigentlichen Moorgebiet. Der rund drei Kilometer lange **Weg um den Männikjärv** biegt nach einer Weile links in den Wald ab. Alternativ folgt man dem Hauptweg geradeaus und gelangt über den Bohlenweg zum **Aussichtsturm** im Männikjärve-Moor und weiter bis an den Waldrand. Man könnte weitergehen bis an den Endla-See und zurück über Kärde, doch ergibt dies einen sehr ausgedehnten Tagesmarsch. Die in den Karten verzeichnete kürzere Runde am Kaasikjärv vorbei ist zugewachsen. Hier ist die beste Option wohl am Waldrand umzudrehen. Wer den schönen Endla-See erreichen will, startet die Wanderung besser von unten her, über Kärde. Von dort sind es nur noch rund zwei Kilometer.

- **Endla looduskaitseala,** Tel. 6767999, www.endlakaitseala.ee. Die Besucherzentrale in Tooma bietet zurzeit keinen regelmäßigen öffentlichen Service, sondern dient nur der Verwaltung und Betreuung von Gruppen.

Weiterfahrt zum Peipus-See

Wer den Peipus-See und die Dörfer der Altgläubigen kennenlernen möchte, sollte ab Jõgeva der Straße 36 Richtung Mustvee folgen (siehe Kapitel „Der Süden").

Palamuse

Südöstlich von Jõgeva liegt der kleine, aber sehenswerte Ort Palamuse, der ein guter Ausgangspunkt für einen Besuch des Schutzgebietes Vooremaa darstellt. Einige Geschäfte, eine Post, eine eigene kleine Sängerbühne und eine Gastwirtschaft gruppieren sich um das Zentrum des Ortes, das nördlich der Seen Veskijärv und Paisjärv liegt. Am Ufer des Vesksijärv (Mühlensees) steht eine **Wassermühle** aus den 1870er Jahren.

Ein kleines Informationsbüro versorgt Besucher mit Karten- und Infomaterial. Gleich um die Ecke erhebt sich die **St. Bartholomäuskirche** aus dem Jahr 1234, die mehrfach um- und wieder aufgebaut wurde. Im Inneren sind der barocke Altar und die Kanzel vom Ende des 17. Jh. erwähnenswert. Die Grabsteine und Steinkreuze auf dem Friedhof datieren bis ins 15. Jh. zurück.

Unterkunft, Essen und Trinken

- Etwas außerhalb von Palamuse liegt der **Ferienhof Mokko** €€, wo Selbstverpfleger unterkommen können, Änkküla, bei Palamuse, Tel. 7763710, mobil 5052573, www.mokko.ee. Es stehen Küche und Grill zur Verfügung, Frühstück kann man auf Wunsch bekommen. Die Deutsch sprechenden Besitzer verleihen Boote und Fahrräder, außerdem kann man in der Nähe reiten. Besonders hübsch ist der Garten des Anwesens, in dem man sich abends von den Ausflügen erholen kann.
- **Lible juures,** Schnellimbiss in Palamuse.

Landschaftsschutzgebiet Vooremaa

Die von ungewöhnlich lang geformten Höhenzügen gezeichnete Gegend südlich von Jõgeva ist beim Zurückweichen des Festlandeises nach der letzten Eiszeit entstanden. Durch den Druck der Gletscher Richtung Nordwesten und die Verschiebung des Moränenmaterials entstanden zahlreiche **längliche Hügel,** die sich allesamt von Nordosten nach Südwesten erstrecken. Diese spezielle Moränenform, die man auch in anderen Ländern, etwa Großbritannien, aber auch in Süddeutschland (beispielsweise in der Nähe von Konstanz) vorfindet, wird **Drumlin** genannt. Der Höhenzug bei Laiuse ist mit 144 Metern der höchste Drumlin der Region. Bei dem Gebiet um Kassinurme handelt es sich um eine der ausgeprägtesten Drumlin-Landschaften Osteuropas. Der südliche Teil dieses Gebiets wurde unter

Schutz gestellt. Das Vooremaa-Schutzgebiet zeichnet sich dadurch aus, dass sich zwischen den Drumlins acht ebenso lang gezogene **Seen** erstrecken, von denen der Badesee Saadjärv und der Kaiavere järv die größten sind. Beim See Raigastvere lädt ein **Aussichtsturm** dazu ein, einen Blick auf die Umgebung zu werfen. Der bis zu 25 Meter Tiefe Saadjärv ist sehr fischreich, vor allem Barsche, Zwergmuränen und Hechte kommen in dem Gewässer vor.

Luua

Am Nordrand des Schutzgebietes Vooremaa liegt ein **Gutshofensemble,** das aus Herrenhaus, Wassermühle und Pastorat besteht. Es ist umgeben von einem der artenreichsten Parks Estlands, was die Vielfalt der Baum- und Buscharten angeht. 1730 ließ der Graf *Ernst von Münnich* ein barockes Herrenhaus errichten. Der Name des Anwesens - estnisch Luua, deutsch Ludenhof - geht aber auf seine vorherigen Besitzer, die Familie *Luden* zurück. Von 1831 bis 1921 gehörte es wie der Gutshof Kuremaa der Familie *von Oettingen.* Nach dem Zweiten Weltkrieg wurde das Hauptgebäude umgebaut und um ein Stockwerk erweitert, seither beherbergt es eine Forstwirtschaftsschule. Sehenswert sind neben dem Park das reichlich verzierte „Pfefferkuchenhäuschen".

- **Arboretum Luua,** Gemeinde Palamuse, Tel. 7762111, ganzjährig geöffnet. Man kann eine Naturausstellung besichtigen oder sich bei einer Führung (auf Deutsch) die Flora und Fauna erklären lassen.

Wildpark Elistvere

Wer auf seiner Reise durch Estland noch keinem Elch oder Bären begegnet ist, kann dies in Elistvere nachholen. 1997 wurde der ehemalige Park des Gutshofes Elistvere (Ellistfer), zu dem in der Mitte des 19. Jh. 28 Gebäude gehörten, in einen Wildpark umgewandelt. Neben **Elchen, Luchsen,** einem **Bären** und **Wildschweinen** - natürlich hinter Zäunen gehalten - können unter anderem Rehe und verschiedene Kleintiere aus nächster Nähe beobachtet werden.

- **Loomapark Elistvere,** Gemeinde Tabivere, Tel. 6767030, täglich geöffnet, Juni bis Aug. 10-20 Uhr, März bis Mai und Sept./Okt. 10-17 Uhr, Nov. bis Febr. 11-15 Uhr.

Unterkunft, Essen und Trinken

- **Motel Äksi** €, Äksi, Gemeinde Tabivere, Tel./Fax 7764988, mobil 5158191, www.aksimotell.ee. Nur 400 m vom Ufer des Saadjärv entfernt, das Restaurant bietet Suppen, Gebratenes und Süßes zu guten Preisen.

Põltsamaa

Obgleich das weiter westlich liegende Jõgeva Verwaltungssitz des gleichnamigen Landkreises ist, hat die Stadt Põltsamaa (Oberpahlen) nicht nur mehr zu bieten, sondern liegt gerade für Durchreisende auf der Strecke Tallinn - Tartu verkehrsgünstiger. Dass Põltsamaa sich von anderen Provinzstädten abhebt, ist vor allem seiner wohl bekanntesten Sehenswürdigkeit zu verdanken, den **Ruinen des Schlos-**

ses **Põltsamaa,** dem einzigen ehemaligen Königssitz des Landes.

Mitte des 18. Jh. kam der deutsche Geistliche *August Wilhelm Hupel* (1737–1819) als Pastor in die Stadt. Er beschäftigte sich intensiv mit der estnischen Sprache und Literatur, gab ein Wörterbuch zu estnischen Dialekten heraus, sammelte Volkslieder und Sprichwörter, schuf einen dreiteiligen Band mit volks- und landeskundlichem Inhalt und korrespondierte mit Intellektuellen im In- und Ausland. Gemeinsam mit dem Arzt und Lehrer *Peter Ernst Wilde* (1732–85), der eine der ersten Druckereien Estlands gründete, gab Hupel 1766 die erste estnischsprachige Zeitschrift des Landes heraus.

Ordensburg und Museum

1272 wurde am Ufer des Flusses Põltsamaa, der damals Pala genannt wurde, eine Ordensburg gebaut, die von einer kastellartigen Mauer und Wallgräben umringt war. Im 14. Jh. kam in der Ostecke ein Konventhaus hinzu, später hat man die Mauer erhöht und mit Türmen ausgestattet.

Acht Jahre lang, von 1570 bis 1578, diente sie dem Bischof von Ösel-Wiek und Vasallenkönig *Magnus* als Residenz. *Iwan der Schreckliche* hatte den jüngeren Bruder von Dänenkönig *Frederik II.* zum Herrscher über Livland erklärt, damit dieser von dort aus Reval (Tallinn) erobern konnte, das sich seinerseits in schwedischer Hand befand. Da das Magnus jedoch nicht gelang und sich dieser kurz darauf mit dem König von Polen verbündete, löste der Zar das Vasallenreich auf. Die Burg wurde während des Livländischen Krieges beschädigt und verlor an Bedeutung, im Nordischen Krieg brannten die Mauern nieder.

1750 ging sie in Besitz von *Woldemar Johann von Lauw* über, der zahlreiche Manufakturen vor Ort aufgebaut hatte: Er ließ Spiegel und Glas herstellen, besaß eine Kupferwerkstatt und eine Gerberei. Auf den Ruinen ließ er schließlich ein prächtiges **Rokokoschloss** errichten und ringsherum einen **Park** mit mehreren Brücken anlegen, die über den Fluss führten.

Allerdings lebte Lauw über seine Verhältnisse, am Ende war er so verschuldet, dass sein Schloss auf einer Auktion veräußert werden musste. Es ging an *Katharina II.* über, die es dem Grafen *Aleksei Bobrinsky* schenkte.

Von der Schönheit und Pracht des Rokokoschlosses ist heute nichts mehr zu sehen, 1941 wurde es komplett zerstört. Dennoch ist die Anlage einen Besuch wert. Teile der Ringmauer wurden konserviert, in einem Schlosstrakt liegt ein **Restaurant,** das allerdings nur auf Bestellung öffnet, außerdem gibt es ein **Museum,** das die Geschichte des Schlosses dokumentiert und gleichzeitig als Informationsbüro fungiert. Nebenan findet sich ein kleines **Kunsthandwerksgeschäft.**

Wer den lokalen Wein probieren möchte, kann dies im **Weinkeller** tun, allerdings muss man wissen, dass es sich dabei um Fruchtweine handelt, die aus verschiedenen Beeren hergestellt werden. Die Esten, die ihren Sehenswürdigkeiten, Städten und Regionen gern klangvolle Namen geben,

haben Põltsamaa den Titel „Weinhauptstadt" verliehen.

• **Põltsamaa Museum,** Lossi 1b, Tel. 7751390, www.poltsamaa.ee, Mitte Mai bis Mitte Sept. tgl. 10–18 Uhr, im Winter Mo–Sa 10–16 Uhr.

Nikolaikirche

Beim Betreten der Burganlage fällt die gelbe Kirche auf, die in die alte Festungsanlage integriert ist. Bereits im 13. Jh. stand am linken Ufer des Flusses eine Kirche, die jedoch Anfang des 17. Jh. wie auch die Burg im Krieg zerstört wurde. Also errichtete man auf einem Teil der Festungsmauern 1730 kurzerhand ein neues Gotteshaus. Dabei diente das alte Torgebäude als Kirchenschiff und der runde Kanonenturm als Sakristei, nach dem Nordischen Krieg als Altarchor. Mitte des 18. Jh. wurde dem Turm ein **barocker Helm** aufgesetzt. Wie das Rokokoschloss fiel auch die Kirche 1941 dem Zweiten Weltkrieg zum Opfer. In den Nachkriegsjahren widmete man sich dem Wiederaufbau, seit 1969 wird die Spitze wieder von dem Turmhelm geschmückt.

Ein Großteil der Einrichtung wie Kanzel, Altar, Bänke und Kronleuchter stammen aus der ebenfalls im Krieg zerstörten Universitätskirche der Stadt Tartu. Die **Orgel,** die von der Firma

Die Nikolaikirche in Põltsamaa

Sauer in Frankfurt an der Oder im Jahr 1900 angefertig wurde, stammt aus der Johanniskirche in Viljandi und wurde 1966 durch die Orgelbauerfamilie *Kriisa* erweitert. Besonders stolz sind die Gemeindemitglieder auf das **drehbare Altarbild.**

Weitere Sehenswürdigkeiten

Auf der gegenüberliegenden Flussseite liegt das in einen Park eingebettete **Gutshaus Uue-Põltsamaa** (Neu-Oberpahlen; Veski 7), das *Jakob Heinrich von Lilienfeld* Mitte des 18. Jh. erbauen ließ.

An der Lossi-Straße wurde 1895 für die anwachsende orthodoxe Gemeinde eine hübsche **Kirche** aus Ziegel- und Natursteinen gebaut, die von typischen Zwiebeltürmchen gekrönt ist.

Die 17 **Brücken,** die über den Fluss und auf die darin liegenden Inseln führen, laden zu einem netten Spaziergang ein. Neben dem Titel „Weinhauptstadt" brachten sie Põltsmaa den Namen „Stadt der Brücken" ein.

Doch – aller guten Dinge sind drei – noch ein weiterer Titel schmückt den Ort: Die Bezeichnung „Rosenstadt" ist der Tatsache geschuldet, dass hier Rosen gezüchtet werden. Im **Rosengarten,** der etwas außerhalb des Zentrums nach Norden Richtung Mällikvere liegt, findet man rund 1000 verschiedene Arten vor. Er ist täglich von 8 bis 18 Uhr, am Wochenende ab 9 Uhr geöffnet (www.eestiroos.ee).

Eine Verköstigung der bekannten Fruchtweine aus Põltsamaa ist im **Weinkeller** möglich. Man kann sie dort natürlich auch kaufen.

- **Weinkeller,** Lossi 1, Tel. 7766199, www.felix.ee, Mai bis Oktober 10–19 Uhr, sonst Di–Sa 10–18 Uhr.

Informationen

- **Põltsamaa Touristeninformation,** Lossi 1b (auch Museum), Tel. 7751390, turism@poltsamaa.ee.

Service

- **Bank/Geldautomat:** Kesk 2, Lossi 7.
- **Post:** Silla 2.
- **Apotheke:** Kesk 3, Lossi 9.
- **Busbahnhof:** Tartu mnt.
- **Internet:** Kesk 2

Unterkunft

- **Gästehaus Heleni Külalistemaja** €, Pajusi mnt. 12, Tel./Fax. 7762720, www.helenimaja.ee. Neues Gästehaus, vielleicht etwas steril eingerichtet, aber mit Kaminraum, Billard, Sauna und in den Zimmern TV.
- **Gästehaus und Café Rivaal** €, Veski 1, Tel. 7762620, www.rivaal.ee. Kleines Gästehaus, Zimmer etwas karg, mit TV, Sauna, Frühstück.

Essen und Trinken

- **Hullava Naise Pubi,** Kesk 4a, Gastwirtschaft mit Billardtisch.
- **Adavere Tuulik,** Adavere, Gemeinde Põltsamaa, Straße 2 in nordwestlicher Richtung, wenige Kilometer hinter Põltsamaa, Tel. 7769311, www.adaveretuulik.ee, tägl. 6–24 Uhr. In der restaurierten Mühle ist ein gutes Restaurant untergebracht.

Umgebung von Põltsamaa

Naturschutzgebiet Alam-Pedja

Südlich von Põltsamaa liegt das 260 km² große Naturschutzgebiet Alam-Pedja, das sich fast bis zum Võrtsjärv (Wirz-See) erstreckt. Ironischerweise ist es der Sowjetbesatzung, die hier einen Truppenübungsplatz anlegte und die Gegend zum militärischen Sperrgebiet erklärte, zu verdanken, dass in dem abgeschiedenen Gebiet Sumpfwiesen und Moorinseln, ursprüngliche Wälder und liebliche Flusslandschaften vor menschlichen Einflüssen geschützt waren. See-, Fisch- und Steinadler, Tüpfelsumpfhühner und Schnepfen, Singschwäne und viele andere **Wat- und Wasservögel** rasten auf den weiten Auenwiesen und Hochmooren. Hinzu kommen **Otter, Biber, Luchse, Bären** und sogar **Wölfe,** die hier beheimatet sind.

Zwei **Wanderwege** erschließen Besuchern das Gebiet. Der eine, etwa 7,5 Kilometer lang, startet in Kirna, etwa fünf Kilometer flussabwärts von Puurmani. Die Zufahrt zum zweiten, vielleicht schöneren, zweigt in Laeva ab. Von Süden kommend, weist ein Schild zum „Laeva kontor". Diese Einfahrt noch nicht, sondern die nächste nehmen. Ein kurzes Stück ist der Weg geteert, nach einer kleinen Brücke geht er dann in eine recht holprige Schotterstraße über. An dieser folgen nach einer ganze Weile zwei Wanderparkplätze. Welchen man nimmt, ist egal, denn damit man einen Rundweg hat, muss man das Stück Straße dazwischen ohnehin gehen. Der eigentliche Lehrpfad ist fünf Kilometer lang, die Runde etwas länger. Der Aussichtsturm liegt näher am ersten Parkplatz.

● Informationen über das Naturschutzgebiet erhält man bei der staatlichen **Forstverwaltung** (Riigimetsa Majandamise Keskus, RMK), die auch alle Nationalparks betreut. Tel. 6767999, www.rmk.ee.

● Bei Kärevere, am Rand des Naturschutzgebietes an der Straße 2, hat ein **Bootsverleih** seinen Sitz. Hier kann man sich auch eine **Angelausrüstung** leihen, außerdem werden **Bootstouren** organisiert. Paadilaenutus, Kärevere, Gemeinde Laeva, mobil 5118411, 5020411, www.paadirent.ee.

Kõo und Pilistvere

Wer von Põltsamaa nach Viljandi fahren möchte, kann entweder querfeldein über Võisiku und Kolga-Jaani (Straße 51) durch weite, menschenleere Naturlandschaften fahren oder einen kleinen Schlenker über Võhma (Straße 38) machen. Auf dem Weg nach Võhma liegt das 1670 gegründete **Gut Kõo** (Wolmarshof). Ende des 18. Jh. entstanden das Herrenhaus, ein Pavillon, ein Vorratsspeicher, der Stall und eine Schnapsbrennerei.

Keine andere **Landkirche** hat einen derart hohen Turm wie die des Nachbarortes **Pilistvere.** 66 Meter ragt er in den Himmel empor. Die Jahreszahl am Giebel der Kirche, 1762, zeigt an, wann das Gebäude nach schweren Beschädigungen im 17. und 18. Jh. umfangreich renoviert wurde. Die Geschichte des Gotteshauses geht bis ins 13. Jh. zurück. Am Südportal überdauerten die in die Wand integrierten Drachen- und Menschenskulpturen aus dem 14. Jh. die Zeit. Sehenswert sind die reich verzierte Kanzel vom Dorpater (Tartuer) Meister *Thomas Öhmann* aus dem Jahr 1686. Die Orgel kommt aus Frankfurt an der Oder, wo sie *Wilhelm Sauer* 1893 baute.

Der Süden

Überblick

Südestland zeichnet sich durch eine liebliche Landschaft mit Hügeln und kleinen Bergen aus, zwischen denen romantische Seen, Flüsse und Bäche liegen, die zum Teil durch eiszeitliche Urstromtäler fließen. In den Landkreisen Võrumaa und Valgamaa gehen die sanften Moränenhügel in Höhenzüge über, deren höchste Erhebung der Suur Munamägi ist, mit 318 Metern bereits der **höchste Berg des Baltikums.** Auch die „Große Himmelspforte" und „Kleine Himmelspforte" genannten **Sandsteinklippen** am Ufer des Flusses Ahja sowie die **Sandsteinhöhlen** in Piusa sind interessant.

Etwa 185 Kilometer von Tallinn entfernt liegt die Universitätsstadt **Tartu.** Die zweitgrößte Stadt des Landes gilt als Wiege der estnischen Kultur. Fast alle Esten mit Rang und Namen haben hier studiert, außerdem spielte die Stadt eine bedeutende Rolle in der „Zeit des Nationalen Erwachens".

Tartu und der umliegende Landkreis Tartumaa sind durch den **Fluss Emajõgi** (Embach) geprägt, welcher die beiden größten estnischen Seen, den **Peipus-See** und den **Võrtsjärv,** verbindet und auf einer Länge von zehn Kilometern durch die Stadt fließt. Am Ufer des Peipus-Sees befinden sich die **Altgläubigen-Dörfer,** langgestreckte Ansiedlungen, in denen alteingesessene Russen mit einer eigenen Kultur und traditionellen Sitten leben.

Die Landkreise Valgamaa und Võrumaa sind die beliebtesten **Skigebiete** des Landes. Das Städtchen **Otepää,** ganz auf Winterurlauber eingestellt, gilt als Estlands Winterhauptstadt. Das Hochland von Otepää ist das sicherste Schneegebiet des Baltikums und lockt jedes Jahr Tausende Skifans an. Als Ausrichter internationaler Wettkämpfe ist Otepää auch über die Landesgrenzen hinaus bekannt.

Etwas ruhiger, aber landschaftlich ebenso ansprechend geht es im Haanja-Hochland zu. Im Sommer laden hier viele kleinere und größere **Badeseen,** zum Beispiel im hübschen Örtchen Rõuge, zum Baden ein.

Tartu

Die südestnische **Universitätsstadt** Tartu (Dorpat) ist nach Tallinn mit ca. 100.000 Einwohnern die zweitgrößte Stadt des Landes. Tartu gilt als geistiges Zentrum der Esten, seine Universität ist die älteste und größte des Landes. In der **„geistigen Hauptstadt“** entwickelten sich Literatur, Theater und Kunst. Zudem ist Tartu ein wichtiger Ursprungsort des estnischen Nationalbewusstseins. Hier fand 1869 das erste große Sängerfest des Landes statt, das Ausdruck des nationalen Erwachens war und bis heute alle fünf Jahre abgehalten wird, mittlerweile jedoch in Tallinn. Die heutige Nationalflagge ging aus der 1884 kreierten blau-schwarz-weißen Fahne eines Studentenvereins hervor.

Bis heute prägen Studenten das Stadtbild. Etwa 19.000 junge Leute studieren in der am Fluss Emajõgi (Embach) gelegenen Stadt und machen damit fast ein Fünftel der Einwohner aus. Dennoch ist Tartu nicht überlaufen. In den kleinen Straßencafés des Zentrums finden Besucher auch in den Sommermonaten immer ein Plätzchen, können sich für ein paar Euro satt essen und ein Glas der estnischen Biersorte „A Le Coq“ genießen, das hier gebraut wird.

Tartu ist mit über 30 verschiedenen **Museen und Galerien** ein wichtiges Kulturzentrum. Hervorzuheben sind besonders das **Estnische Nationalmuseum** sowie die **KGB-Zellen.** In diesem Kapitel werden nur die wichtigsten vorgestellt, eine vollständige Liste bekommt man unter www.tartu.ee oder in der Touristeninformation der Stadt. Dort gibt es auch die sehr empfehlenswerte Broschüre „Innenstadt zu Fuss“.

Orientierung

Dorpat, wie die Stadt auf Deutsch genannt wurde, ist touristisch gut erschlossen, doch Bettenburgen und horrende Preise sind nicht bis hierher vorgedrungen. Die meisten Sehenswürdigkeiten gruppieren sich um den zentralen **Rathausplatz** (Raekoja plats), wo sich auch die **Touristeninformation** befindet, und den dahinter gelegenen **Domberg.** Die gesamte Innenstadt kann man gut zu Fuß erkunden.

Haupteinkaufsstraße ist die Rüütli/Küüni, die von den Einkaufszentren an der Vanemuise über den Rathausplatz bis zur Lai-Straße führt. Auf der Rüütli/Küüni-Straße und der parallel liegenden Ülikooli, die weiter hinten in die Jaani-Straße übergeht, befinden sich viele **Restaurants und Cafés.**

Hauptverkehrsstraßen sind die Riia, die weiter nördlich in die Narva übergeht, sowie die Vabaduse (später Turu). An der Kreuzung in der Innenstadt, wo ein großes, im Volksmund „Flachmann" genanntes und ebenso geformtes Hochhaus steht, liegen nicht nur die **zentrale Bushaltestelle** der Stadtbusse, sondern, ein paar Meter dahinter, der **Busbahnhof,** der **Markt** und die Schwimmhalle Aura. In der Nähe stehen das Hotel Dorpat und ein 23-stöckiges Wohn- und Bürohaus, der **Tigutorn** (Schneckenturm). Eine neue Attraktion in der Stadt ist das **Science-Center AHHAA,** in dem naturwissenschaftliche Phänomene anschaulich erklärt werden (www.ahhaa.ee). Die mit einer Hansekogge geschmückte **Marktbrücke** führt Fußgänger hinüber zum Stadtteil Annelinn. An der Riia-Straße nahe dem Fluss sind mehrere größere **Einkaufszentren** angesiedelt und die **Hauptpost** ist nicht weit entfernt.

Geschichte

Tartu ist die **älteste Stadt Estlands,** sie wurde 1030 erstmals urkundlich erwähnt. Bereits zuvor soll hier eine altestnische Festung gestanden haben, die den Namen **Tarbatu** trug. Sie soll gegen 550 n. Chr. erbaut und erst 1030 vom Großfürsten von Kiew *Jaroslaw dem Weisen* erobert worden sein. Knapp zwei Jahrhunderte später wurde sie von **deutschen Ordensrittern** niedergebrannt, die an ihrer Stelle eine Burg und eine Domkirche errichteten.

Die Blütezeit der von da an **Dorpat** genannten Stadt ist im Mittelalter anzusiedeln: Um 1280 wurde sie Mitglied der **Hanse** und vermittelte die Geschäfte zwischen Westeuropa und Russland, sodass sie neben Riga als zweitwichtigste Stadt Livlands galt. Aus dieser Zeit stammen die wichtigsten historischen Baudenkmäler, die backsteinerne **Johanniskirche** sowie die Ruine des **Doms** auf dem nach ihm benannten zentralen Hügel. Auch die **Stadtmauer,** von der heute nur noch Reste am Ufer des Emajõgi zu finden sind, wurde damals, auf zwei Kilometern Länge und mit 27 Türmen versehen, errichtet.

Doch zahlreiche wechselnde Herrscher – erst die **Russen,** dann ab 1582 die **Polen** –, Kriege und verheerende Brände vernichteten fast die gesamte mittelalterliche Bausubstanz. Auch die neuen Herrscher hinterließen Spuren. 1625, nach dem Schwedisch-Polnischen Krieg, geriet Tartu unter **schwedische Herrschaft.** Kurz darauf errichtete Schwedenkönig *Gustav Adolf II.* die Universität, die bis heute als wichtigste Lehranstalt des Landes gilt.

Anfang des 18. Jh. wurde die Stadt während des Nordischen Krieges vom russischen Heer erobert und fast völlig zerstört. Dies bedeutete das Ende der sogenannten guten schwedischen Zeit, von nun ab regierte das **russische Zarenreich,** das die Stadt nach einem weiteren Großfeuer in der Innenstadt im Jahr 1775 im spätbarock-klassizistischen Stil wieder aufbauen

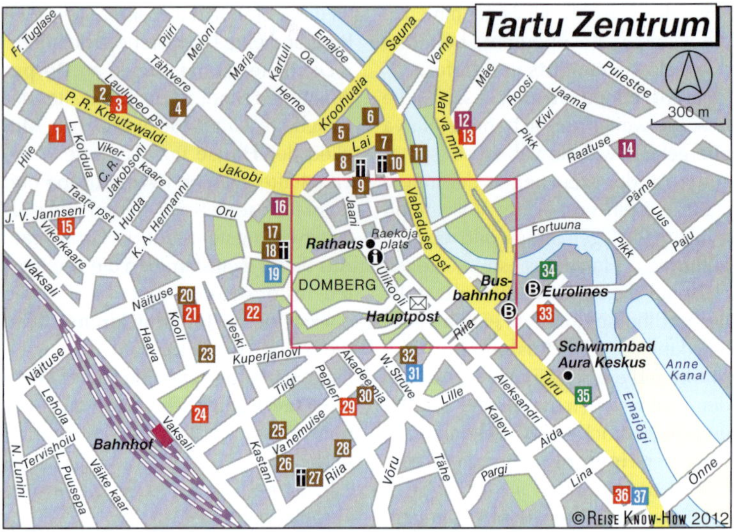
Tartu Zentrum
300 m
Fr. Tuglase
Piiri
Meloni
Tähtvere
Laulupeo pst
P. R. Kreutzwaldi
Marja
Kartuli
Oa
Emajõe
Sauna
Verne
Mäe
Roosi
Jaama
Puiestee
Herne
Kroonuaia
Lai
Narva mnt
Kivi
Pikk
Raatuse
Hiie
L. Koidula
Viker-kaare
C. R. Jakobsoni
Jakobi
Jaani
Vabaduse pst
Pärna
Uus
Paju
J. V. Jannseni
Taara pst
J. Hurda
K. A. Hermanni
Oru
Raekoja plats
Rathaus
Fortuuna
Vikerkaare
Vaksali
DOMBERG
Ülikooli
Bus-bahnhof
Eurolines
Näituse
Kooli
Haava
Veski
Hauptpost
Riia
Kuperjanovi
Schwimmbad Aura Keskus
Anne Kanal
Näituse
Tiigi
Pepleri
Akadeemia
W. Struve
Lille
Aleksandri
Turu
Emajõgi
Lehola
Kalevi
Vanemuise
Kastani
Aida
Tervishoiu
Bahnhof
Vaksali
N. Lunini
L. Puusepa
Väike kaar
Riia
Võru
Tähe
Pargi
Lina
Õnne
1 2 3 4 5 6 7 8 9 10 11 12 13 14 15 16 17 18 19 20 21 22 23 24 25 26 27 28 29 30 31 32 33 34 35 36 37
© Reise Know-How 2012

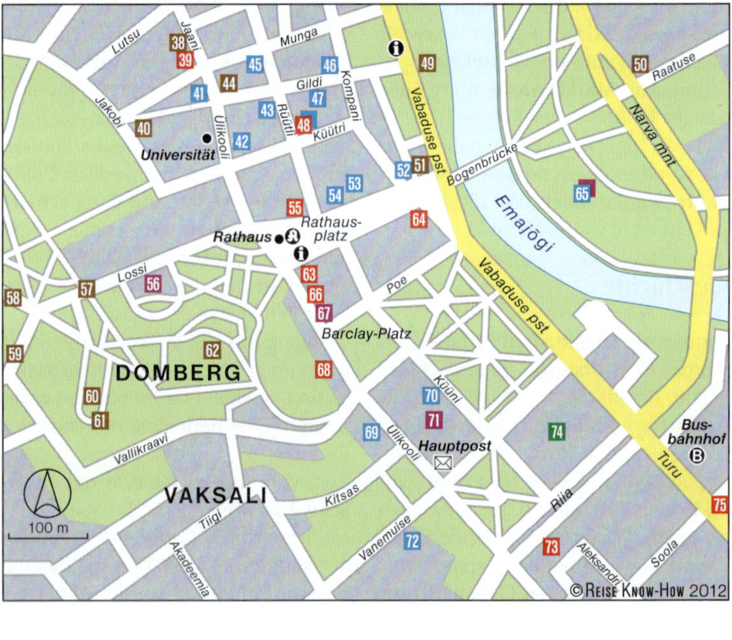
Lutsu
Jaani
Munga
Gildi
Kompani
Vabaduse pst
Raatuse
Narva mnt
Jakobi
Rüütli
Küütri
Ülikooli
Universität
Bogenbrücke
Emajõgi
Rathaus
Rathaus-platz
Lossi
Poe
Barclay-Platz
DOMBERG
Vabaduse pst
Küüni
Vallikraavi
Ülikooli
Hauptpost
Bus-bahnhof
Turu
VAKSALI
Kitsas
Riia
Tiigi
Vanemuise
Akadeemia
Aleksandri
Soola
100 m
38 39 40 41 42 43 44 45 46 47 48 49 50 51 52 53 54 55 56 57 58 59 60 61 62 63 64 65 66 67 68 69 70 71 72 73 74 75
© Reise Know-How 2012

Übersichtsplan S. 711

Unterkunft
1 Hiie Maja
3 Tähtvere Hostel
13 Narva mnt 27
15 Vikerkaare Gästehaus
21 B&B Kastani
22 Park Hotel
24 Rändur Gästehaus
29 Pepleri
33 Tartu Hotel und Tartu Hostel (Jugendherberge)
36 Aleksandri Hotel und Gästehaus, Hansa Hotel
39 Tampere maja
48 London Hotel
55 Draakon Hotel
63 Ferienwohnungen Domus Dorpatensis
64 Ferienwohnung Carolina
66 Ferienwohnungen Wilde
68 Barclay Hotel
73 Pallas Hotel
75 Hotel Dorpat

Essen und Trinken
19 Restaurant Neljas aste
31 Pappa Pizza
37 Hansatall, Õlle Tare
41 Ülikooli Kohvik
42 Werner Café-Lounge
43 Gruusia Saatkond
45 Crepp
46 La Dolce Vita
47 Itaalia köök Restaurant
48 Restaurant Entri
52 Taverna
53 Chocolaterie Pierre
54 Suudlevad Tudengid („Küssende Studenten“)
65 Restaurant Atlantis
69 E. Vilde Restaurant und Café
70 Tbilisi
72 Café Shakespeare

Einkaufen
34 Markt
35 Zeppelini Kaubanduskeskus
74 Tartu Kaubamaja

Nightlife
12 Tallinn
14 Club Illusioon
16 Krooks
56 Püssirohukelder (Pulverfasskeller)
65 Disco Atlantis
67 Illegard Art und Jazz Club
71 Nachtclub Maasikas

Sehenswürdigkeiten, Museen, Gotteshäuser
2 Sängerfestbühne
4 A le Coq Brauerei
5 Adelshäuser
6 Botanischer Garten
7 Reste der Stadtmauer
8 Spielzeugmuseum
9 Johanniskirche
10 Uspenski-Kirche
11 Denkmal von Kalevipoeg
17 Denkmäler, Opferstein
18 Domruine
20 Dt. Kulturinstitut
23 Verein Studierender Esten, Nationalmuseum
25 Vanemuine Theater, Kleines Haus
26 Naturkundemuseum
27 Pauluskirche
28 KGB-Zellen
30 Kunsthaus
32 Vanemuine Theater, Großes Haus
38 Antoniushof
40 Denkmal von Gustaf Adolf II
44 Denkmal von J. Tõnisson
49 Denkmal von F. R. Kreutzwald
50 Stadtmuseum
51 Gemäldegalerie/ Schiefes Haus
57 Engelsbrücke
58 Staatsgericht
59 Teufelsbrücke
60 Denkmal von F. R. Faehlmann
61 Altes Anatomikum
62 Sternwarte

ließ – diesmal aus Stein, statt wie zuvor aus Holz.

Trotz des Machtwechsels wurde an der Universität bis Ende des 19. Jh. in **deutscher Sprache** gelehrt. Die russischen Zaren wollten so die Europäisierung ihres Landes vorantreiben. Erst im Zuge der dann verstärkten Russifizierung wurde ab 1893 auf Russisch gelehrt und erst ab 1919, in der Estnischen Republik, auf Estnisch. Bereits in der Zarenzeit war die Universitätsstadt aber ein Zentrum der **nationalen Bewegung** Estlands.

1876 wurde die **Eisenbahnstrecke** nach St. Petersburg und Tallinn eröffnet, 13 Jahre später nach Riga und Pskov. Am 2. Februar 1920 wurde in Tartu der nach der Stadt benannte Friedensvertrag unterzeichnet, in dem Sowjetrussland die Souveränität der Estnischen Republik anerkannte, die jedoch nur wenige Jahre halten sollte.

Im Zweiten Weltkrieg erneut stark zerstört, war die Stadt anschließend unter **sowjetischer Herrschaft** bis zur Unabhängigkeit Estlands 1991 jahrzehntelang abgeschirmt, da sie einen Militärflughafen beherbergte. Seit dem erneuten Erlangen der Freiheit hat sich Tartu allmählich wieder zu einer Vorzeigestadt entwickelt, die stolz auf ihre Geschichte und Kultur ist.

Rund um den Rathausplatz

Rathaus

Zentraler Platz und Ausgangspunkt zu den meisten Sehenswürdigkeiten ist der **Raekoja plats.** Das rosa gestrichene Rathaus aus dem 18. Jh. ist bereits das dritte, das an dieser Stelle gebaut wurde. Den Entwurf machte der damalige Stadtbaumeister *Johann Heinrich Bartholomäus Walter*, der aus Rostock stammte. Obgleich die Grundsteinlegung auf das Jahr 1782 datiert ist und die feierliche Einweihung des Gebäudes 1786 stattfand, dauerten die Ausbauarbeiten noch bis 1789 an. Das mit einem hohen Walmdach versehene Gebäude, von dessen zierlichem **Turm** dreimal täglich ein **Glockenspiel** erklingt, weist Charakteristika verschiedener Stilepochen auf: Im Wesentlichen sind dies frühklassizistische Formen, aber auch Anleihen aus dem Barock und Rokoko sind vor allem bei der Außengestaltung eingeflossen.

Im Erdgeschoss waren ursprünglich ein Gefängnis und das Wiegehaus untergebracht, während in den oberen Stockwerken der Rat tagte. Anstelle des Wiegehauses zog 1922 eine Apotheke in den rechten Flügel, die auch heute noch dort ansässig ist.

Brunnen der küssenden Studenten

Vor dem Rathaus steht eines der mittlerweile bekanntesten Symbole der Stadt, der Brunnen der küssenden Studenten. Als 1998 ein Brunnen errichtet werden sollte, wurden die Bürger aufgerufen, Vorschläge zur Gestaltung zu machen. Ein verliebtes Studentenpaar schickte ein Foto ein, das sie eng umschlungen in einen Kuss ver-

Das Rathaus

tieft zeigte. Schon bald darauf durften die jungen Leute Modell stehen. Das Figurenpaar mit Schirm, von dem das Wasser herunterfließt, hat sich zu einem beliebten **Treffpunkt** von Stadtbewohnern und Touristen entwickelt.

Webcam

Hinter einem Fenster des Rathauses ist eine Webcam angebracht, die den **Platz und den Brunnen** rund um die Uhr filmt (unter www.tartu.ee auf Webcam klicken). Das erklärt die manchmal „verrückt ins Nichts" winkenden und hüpfenden Gruppen um den Brunnen.

Schiefes Haus

Zahlreiche klassizistische Gebäude säumen den Rathausplatz, der sich trapezförmig zum Fluss Emajõgi (Embach) erstreckt. Sie beherbergen Geschäfte und kleine Galerien, wie im Falle des sogenannten Schiefen Hauses, das am unteren Ende des Platzes einstmals auf hölzernen Pfählen im feuchten Untergrund errichtet wurde und sich im Laufe der Jahre immer mehr zur Seite geneigt hat. Hier ist die **Gemäldegalerie** untergebracht.

● **Kunstmuseum Tartu/Gemäldegalerie,** Raekoja plats 18, Tel. 7441080, 7441920, www.tartmus.ee, Mi–Sa 12–18 Uhr, So 11–18 Uhr.

Universität

Gleich hinter dem Rathaus verläuft die schmale Ülikooli-Straße, auf der sich das weiß-grau gestrichene und von

045es Foto: jl

Der Süden

sechs toskanischen Säulen dominierte Universitätsgebäude (Ülikooli 18) erhebt. Es wurde von *Johann Wilhelm Krause* (1757–1828) entworfen und 1802 eingeweiht, doch die Geschichte der Universität reicht weiter zurück.

1632 von Schwedenkönig *Gustav Adolf II.* (1594–1632) errichtet, galt die „Academia Gustaviana Dorpatensis" damals wie heute als wichtigste Lehranstalt des Landes. Bis auf kleinere Unterbrechungen bestand sie zunächst bis 1699 und wurde aufgrund der Unruhen im Land dann nach Pärnu verlegt, wo sie bis 1710 ihren Betrieb aufrechterhielt. 1802 wurde sie von Zar *Alexander I.* wiedereröffnet.

Trotz der Zugehörigkeit zum Russischen Reich lehrte man bis 1895 in den Vorlesungssälen in deutscher Sprache (danach auf Russisch und erst ab 1919 auf Estnisch). Im 19. Jh. entwickelte sich Dorpat, wie Tartu damals noch hieß, zu einem bedeutenden Wissenschaftszentrum des Russischen Reiches. Der Botanische Garten, das Observatorium und das Universitätsklinikum entstanden.

Die **Universitätsbibliothek** verfügt bis heute über mehr als zwei Millionen deutschsprachige Bände, von denen viele aus dem 18. und 19. Jh. stammen. *Karl Ernst von Baer*, der 1827 die Eizelle der Säugetiere entdeckte, und *Alexander Schmidt*, der sich mit der Blutgerinnung beschäftigte, gehörten zu den Lehrenden der Universität. Ende des 19. Jh. beseitigte die Russifizierung die liberalen Tendenzen, doch zuvor war bereits das estnische Nationalbewusstsein an der Alma Mater erwacht. 1869 fand das erste estnische **Sängerfest** in Tartu statt.

Zu den bedeutendsten Lehrenden jüngerer Zeit gehört beispielsweise der Semiotiker *Juri Lotman*. Die meisten Mitglieder der Regierung und die bekanntesten Schriftsteller, Wissenschaftler und Intellektuellen Estlands haben hier studiert. Schwerpunkte sind **Gentechnik** und **Laseroptik, Umwelttechnologie** und **Philologie.**

Im imposantesten Raum der Universität, der über zwei Stockwerke gehenden **Aula,** die mit Säulen und einer umlaufenden Empore geschmückt ist, finden neben universitären Zeremonien und Vorlesungen auch Konzerte und Feierlichkeiten statt. Im Südflügel befindet sich das **Kunstmuseum** der Universität mit Nachbildungen antiker Skulpturen.

- **Kunstmuseum der Tartuer Universität,** Ülikooli 18, Tel. 7375384, www.ut.ee/artmuseum, Mo–Fr 11–17 Uhr, am Wochenende auf Voranmeldung.

Denkmal Jaan Tõnisson

Gegenüber der Universität ist in dem Eckhaus an der Ülikooli/Gildi-Straße die Tartuer Redaktion der renommierten estnischen **Zeitung „Postimees"** untergebracht. Auf der anderen Straßenseite erinnert ein Denkmal an den ehemaligen Besitzer und Chefredakteur, *Jaan Tõnisson*. Der 1868 geborene Tõnisson war auch Premierminister des Landes und wurde 1940 von der Okkupationsmacht verhaftet.

Brunnen am Rathausplatz
und Johanniskirche

046es Foto: jl

048es Foto: jl

Rund um die Johanniskirche

Egal, von welcher Seite man sich Tartu nähert, als erstes fällt das Auge auf den mächtigen Backsteinturm der **gotischen Johanniskirche,** die nur eine Pflastersteinstraße von der Universität entfernt liegt. Neben der Domkirche und den Resten der Stadtmauer am Ufer des Emajõgi ist die Johanniskirche das einzige Gebäude, das von einer Zeit zeugt, als Tartu eine reiche und bedeutende Hansestadt war. 1944 während der sowjetischen Offensive zerstört, wurde die dreischiffige Basilika auch mit finanzieller Hilfe aus Deutschland renoviert und erstrahlt seit 2005 wieder in neuem Glanz.

Berühmt ist das Gebäude vor allem für die rund 1000 **Terrakottafiguren** aus dem 14. Jh., die das Innere und Äußere der Kirche schmücken. Die Skulpturen wurden Anfang des 14. Jh. aus Tonblöcken geschnitzt und stellen einzigartige Unikate dar. An dem von einem Ziergiebel gekrönten Westportal befanden sich 15 Figuren, die Christus, Maria, Johannes den Täufer und die zwölf Apostel darstellen. Sie sollen einen Teil des Jüngsten Gerichts symbolisieren. Weiter oben ist die Fassade ringsherum mit einem Halbfigurenfries, der die ehemalige Höhe des Mittelschiffs markierte, sowie einem Hauptfries geziert. Zurzeit sind hier teilweise nur die Nischen sichtbar, doch irgendwann werden wieder alle Figuren zu sehen sein.

Auch im Inneren der Kirche werden die teilweise nur aus Büsten, teilweise aus Köpfen oder ganzen Körpern bestehenden Terrakotten nach und nach die Wände schmücken: an den Wänden des Mittelschiffes, oberhalb der Säulen, an den Stirnwänden, als lebensgroße Kruzifixgruppe und Halbfigurenfries an der Ostwand oder in Form von Tier- und Blumenmotiven an den Kapitellen der Säulen. Um die wertvollen Stücke vor Wind und Wetter zu schützen, werden an den Außenfassaden nur noch handgefertigte Kopien angebracht, eine Auswahl der Originale kann man im Inneren der Kirche bewundern.

● **Johanniskirche** (Jaani kirik), Jaani 5, Tel. 7442229, www.jaanikirik.ee, im Sommer Mo–Sa 10–19 Uhr, sonst Di–Sa 10–18 Uhr. Konzerte, Kunsthandwerksladen.

Klassizistische Gebäude und Museen

In der Jaani- und der angrenzenden Lai-Straße stehen einige Häuser im klassizistischen und historistischen Stil aus dem 18. und 19. Jh. Ein weiteres in der Lutsu-Straße beherbergt das **Spielzeugmuseum.** Gegenüber der Johanniskirche liegt das **Museum des Stadtbürgers von Tartu aus dem 19. Jh.** Im Inneren des sehenswerten Holzgebäudes, das um 1740 errichtet wurde, findet sich eine typische Wohnung mit Biedermeiermöbeln, Bildern und Gebrauchsgegenständen, die das Leben um 1830 dokumentiert.

● **Spielzeugmuseum,** Lutsu 8, Tel. 7461777, www.mm.ee, Mi–So 11–18 Uhr, das Spielzimmer ist Mi–So 11–16 Uhr geöffnet.
● **Museum des Stadtbürgers von Tartu** (Tartu linnakodaniku muuseum), Jaani 16, Tel. 7361545, http://linnamuuseum.tar tu.ee, April bis September Mi–So 11–17 Uhr, Oktober bis März 10–15 Uhr.

Antoniushof

Der sogenannte Antoniushof bietet sich für einen Bummel an. Hier haben sich viele **Künstler und Handwerker** zu einer **Gilde** zusammengeschlossen und präsentieren ihre Werke in geschmackvollen kleinen Läden, die auf drei Häuser verteilt sind. Auf dem dazwischenliegenden kleinen Marktplatz finden oft Theater- oder Tanzvorführungen statt. Die Künstler knüpfen mit ihrer neuen Gilde an eine alte Tradition an, war hier doch die 1499 erstmals erwähnte Kleine Gilde von Tartu (auch St.-Antonius-Gilde genannt) ansässig.

● **Antoniushof und Gilde,** Lutsu 5, Tel. 7423 823, www.antonius.ee, Mi–Fr 11–17 Uhr, Sa 11–15 Uhr.

Am Ufer des Emajõgi

Am unteren Ende des Rathausplatzes überspannt eine **Bogenbrücke** den Emajõgi. Besonders nachts am Wochenende kann man häufig Studenten und Schüler beobachten, die waghalsig über den Bogen der Brücke balancieren. Dies gehört zu einem Ritual, das ihren Mut beweisen soll – offiziell ist es natürlich verboten.

Früher hat an dieser Stelle eine Steinbrücke gestanden, die auf Befehl von *Katharina II.* 1785 erbaut wurde. Leider wurde die prächtige Bogenbrücke im Zweiten Weltkrieg zerstört.

Vorbei an **Denkmälern** des Schriftstellers und Arztes *Friedrich Reinhold Kreutzwald* und des Helden seines Hauptwerks „Kalevipoeg" kommt man an der Ecke Vabaduse/Lai zu den wenigen Resten der mittelalterlichen **Stadtmauer.** Von der einstmals fast zwei Kilometer langen Mauer ist nur noch wenig zu sehen. Man kann zuvor in Höhe des Kalevipoeg-Denkmals (Munga-Straße) einen Abstecher zur **orthodoxen Uspenski-Kirche** machen, ein Beispiel des russischen Frühklassizismus aus dem Jahr 1781. Ein paar Schritte weiter, auf der Rüütli-Straße, liegen das **Estnische Sportmuseum** sowie das **Postmuseum** (beide Rüütli 15, Mi–So 11–18 Uhr).

Botanischer Garten

Alternativ bleibt man am Flussufer und geht bis zur Ecke Lai. Hier bietet sich ein Spaziergang durch den sehr schönen Botanischen Garten der Universität an. 1803 angelegt, beherbergt er heute über 6500 verschiedene Pflanzen, die man sowohl unter freiem Himmel als auch in verschiedenen Pflanzenhäusern wie dem **Palmenhaus** betrachten kann.

Hinter dem Botanischen Garten beginnt schon das für seine Holzhäuser bekannte Stadtviertel Supilinn (s.u.).

• **Botanischer Garten der Universität,** Lai 40, Tel. 7376180, www.ut.ee/botaed, Garten tgl. 7–19 Uhr, im Sommer 7–21 Uhr, Gewächshäuser tgl. 10–17 Uhr. Auf dem Gelände befindet sich ein netter kleiner Spielplatz.

Domberg

Hinter der Universität und dem Rathaus erhebt sich die grüne Lunge der Stadt, der Domberg. Die hübsche **Grünanlage** mit ihren Denkmälern, die zwischen Buchen und Ahornbäumen stehen, und der darüberliegenden stattlichen Ruine der Domkirche lädt zu einem Spaziergang ein.

Engels- und Teufelsbrücke

Man erreicht die Parkanlage über verschiedene Wege. Entweder man geht hinter die Universität, wo sich am Fuße des Stadthügels ein **Denkmal** von Schwedenkönig **Gustav Adolf II.** (1594–1632) befindet, dem Gründer der Lehranstalt, und biegt dann in die kleine Stichstraße ab, die von der Jakobi nach oben führt. Alternativ kann man der hinter dem Rathaus hochführenden Lossi-Straße folgen, die auf die Engelsbrücke stößt, eine von zwei Brücken, die die beiden Teile des Dombergs verbinden. Die andere, etwas weiter hinten gelegene, heißt Teufelsbrücke. Letztere wurde 1913 zum 300. Jahrestag der russischen Zarendynastie der *Romanov* eingeweiht. Ihr Name geht aber nicht etwa auf den Höllenbewohner zurück, sondern auf den Chirurgen und ehemaligen Professor der Tartuer Universität, *Zoege von Manteufell.* Die ältere Engelsbrücke stammt bereits aus dem Jahr 1838. Eine lateinische Inschrift, die übersetzt soviel heißt wie „In der Ruhe liegt die Kraft", weist auf die Rolle hin, die der Domberg für die Tartuer spielt: ein Ort der Muße und der Entspannung, nicht nur für die Studenten, die hier gern ihre Pause verbringen.

Auf den Brücken veranstalten die Studenten jedes Jahr während der Studententage im Frühjahr ein Wettsingen, wobei es gilt, die andere Gruppe zu übertönen. Dabei stehen die Studentinnen auf der Engels-, die Studenten auf der Teufelsbrücke.

Denkmäler

Weiter oben, zwischen den Bäumen der Parkanlage, erinnern **Skulpturen** und Gebäude an weitere bedeutende Söhne der Stadt wie den Begründer der Embryologie, *Karl Ernst von Baer*, der die Eizelle der Säugetiere entdeckte, oder den Gründer der Universitätsbibliothek, *Johann Carl Simon Morgenstern* (1792–1852). Nicht weit entfernt von einem Denkmal, das den ersten estnischen Dichter *Kristjan Jaak Peterson* (1801–22) zeigt, liegt ein alter **Opferstein.**

Domkirche

Auf der Spitze des Dombergs erhebt sich schließlich die **gewaltige Ruine** der Domkirche aus dem 13. Jh. Im intakt gebliebenen Chorraum der gotisch-romanischen Backsteinbasilika, die Opfer zahlreicher Kriege und Brände wurde, ist das **Museum für die Geschichte der Universität** untergebracht. Nicht nur aufgrund seiner Exponate, sondern auch wegen seiner schönen Räumlichkeiten ist ein Besuch des Museums lohnenswert. Besonders sehenswert sind der Weiße Saal und die Morgenstern-Halle.

- **Museum für die Geschichte der Universität,** Lossi 25, Tel. 7375674, 7375677, www.ajaloomuuseum.ut.ee, Mi–So 11–17 Uhr.

Sternwarte

Auf der anderen Seite des Dombergs, zu dem man über eine der Brücken gelangt, findet man neben einem Denkmal, das an den Schriftsteller *Friedrich Robert Faehlmann* (1798–1850) erinnert, zwei interessante Gebäude vor. Nach einem Entwurf des Architekten *Johann Wilhelm Krause*, der auch die Universität entwarf, wurde Anfang des 19. Jh. eine Sternwarte (Tähetorn) errichtet. Hier arbeiteten bedeutende Astronomen wie *Friedrich Georg Wilhelm Struve* (1793–1864), der vor allem für seine umfangreiche Katalogisierung der Doppelsterne und seine umfangreichen Arbeiten zur Erdvermessung bekannt ist. Er war maßgeblich an der Errichtung des sogenannten Struvebogens beteiligt. Es handelt sich dabei um eine etwa 3000 km lange Kette von Messpunkten von Nordnorwegen bis zum Schwarzen Meer, die eine deutlich genauere Bestimmung der Erdform erlaubte. Der Struvebogen steht heute auf der Liste des UNESCO-Weltkulturerbes. Die Sternwarte in Tartu kann als zentraler Punkt des Struvebogens gelten. Außerdem schaffte Struve ein von *Fraunhofer* konstruiertes Fernrohr an und baute damit die Sternwarte zur größten ihrer Zeit aus.

- **Sternwarte,** Lossi 40, Tel. 7375677, www.ajaloomuuseum.ut.ee, Di–So 10– 18 Uhr.

Altes Anatomikum

Das zweite sehenswerte Gebäude, das halbkreisförmige Alte Anatomikum aus dem Jahr 1805, befindet sich nur einen kurzen Fußweg entfernt. Das Herz des ebenfalls von *Johann Wilhelm Krause* errichteten Gebäudes ist sein Mittelteil, eine **klassizistische**

Rotunde. Die etwa 50 Jahre später hinzugefügten Anbauten stammen von *Karl Rathaus*. Im Inneren befindet sich ein **Hörsaal,** der mit schmalen Bänken ausgestattet ist, die hohe Rückenlehnen haben. In der Mitte steht das alte Rednerpult. 1979 fand man im Bestand des Anatomikums eine Totenmaske, die *Immanuel Kant* zugeschrieben wird. Heute gehört das Gebäude zum Geschichtsmuseum und kann besichtigt werden.

- **Altes Anatomikum,** Lossi 38, Tel. 7375674, 7375677, Di–Sa 11–17 Uhr.

Pulverfasskeller

Wer sich nach dem Spaziergang stärken will, kann zum Abendessen in dem rustikalen Lokal **Püssirohukelder** einkehren. Es ist im alten Schießpulverkeller (Lossi 28) in der Nähe der Engelsbrücke am Hang des Dombergs untergebracht. Der Keller wurde 1767 in einem Graben angelegt und trennte einst Bischofsburg und Vorburg voneinander. Seinem eigentlichen Zweck diente er nur 42 Jahre lang, bis 1982 nutzte man ihn als Lagerraum.

Südlich des Dombergs

Im Viertel **Vaksali,** das südlich des Dombergs an die Innenstadt grenzt, sind einige interessante Museen und weitere Sehenswürdigkeiten angesiedelt, denen man bei einem längeren Aufenthalt in Tartu einen Besuch abstatten kann. Vor allem ein Besuch des Estnischen Nationalmuseums und der KGB-Zellen ist sehr empfehlenswert.

Estnisches Nationalmuseum

Das Nationalmuseum ist ein Muss für jeden, der sich mit der estnischen Geschichte und Landeskunde auseinandersetzen möchte. Bereits 1909 gegründet, stellt das Museum Kostüme und Fotografien sowie Gebrauchs- und Kunstgegenstände aus allen Teilen des Landes aus. Allerdings plant das Museum einen Umzug. In einigen Jahren wird es in Raadi (Ratshof) am Stadtrand von Tartu zu finden sein. Der **Gutshof-Park,** der sich gut für einen Spaziergang oder ein Picknick eignet, ist täglich 7–22 Uhr geöffnet.

- **Estnisches Nationalmuseum,** Kuperjanovi 9, Tel. 7350455, www.erm.ee, Di–So 11–18 Uhr, Führungen auch in Deutsch möglich.

Verein Studierender Esten

Auf der J.-Tõnissoni-Straße, gleich hinter dem Nationalmuseum, fällt eine schöne **Jugendstilvilla** ins Auge (J. Tõnissoni 1). Hier hat der „Verein Studierender Esten" seinen Sitz. 1870 gegründet, war er der erste Verbund, der aus Esten bestand, bis dahin waren nur deutsch-baltische Korporationen gestattet. Die Fahne der Vereinigung, **Blau-Schwarz-Weiß,** wurde im Streben um die Unabhängigkeit ein Symbol der Freiheit und schließlich **Nationalflagge Estlands.** Auch das 1902 erbaute Haus ist eng mit der estnischen Geschichte verknüpft, wurde hier doch der finnisch-sowjetische Friedensvertrag unterzeichnet. Im Inneren erinnern Gedenktafeln an die finnischen Freiwilligen, die im Kampf um die erste estnische Unabhängigkeit Anfang des 20. Jh. gefallen sind.

049es Foto: jl

Deutsches Kulturinstitut

Zwischen Nationalmuseum und Villa kreuzt die Kastani- die Kuperjanovi-Straße. Unter den nett anzusehenden **Holzhäusern** an beiden Seiten der Straße beherbergt eine weitere schöne **Jugendstilvilla** am Anfang der Kastani das Deutsche Kulturinstitut einschließlich **deutscher Bibliothek.** Neben Deutschkursen finden hier deutsch-estnische Stammtische und Kulturveranstaltungen statt.

- **Deutsches Kulturinstitut,** Kastani 1, Tel. 7422639, www.dki.ee.

Holzhäuser in der Kastani-Straße

Bahnhof

Am Ende der Kuperjanovi-Straße liegt der Bahnhof der Stadt. Das **hölzerne Bauwerk** mit den überdachten Bahnsteigen und Zierschnitzereien stammt aus dem 19. Jh., als die Zugverbindung zu den großen Handelspartnern entstand. Heute spielt der Zugverkehr eine eher unbedeutende Rolle, ist aber ein nettes Erlebnis, wenn man Zeit für einen Ausflug hat – beispielsweise nach Elva (siehe weiter hinten in diesem Kapitel). Dem Bahnhof ist auch der Name des Stadtviertels zu verdanken, *vaksal* heißt nichts anderes als Bahnhof. Das Gebäude fiel 2006 einem Brand zum Opfer. Die Renovierungsarbeiten sind bis heute nicht abgeschlossen.

Theater Vanemuine

Wer nicht denselben Weg zurückgehen möchte, kann der Vaksali-Straße parallel zu den Bahnschienen bis zur Vanemuise-Straße folgen. An dieser Straße, die vom Stadtviertel Vaksali in die Innenstadt führt, liegen zwei Gebäude des Theaters Vanemuine - benannt nach einem altestnischen Liedergott.

Das **frühere Deutsche Theater,** das nur ein paar Fußminuten vom Bahnhof entfernt liegt, wird **Kleines Haus des Theaters Vanemuine** (Vanemuise väike maja) genannt. Es befindet sich in einem stattlichen Jugendstilbau.

Das **Große Haus des Theaters Vanemuine** (Vanemuise suur maja) nahe der Innenstadt ist das älteste Berufstheater des Landes. 1870 wurde hier das erste Theaterstück in estnischer Sprache aufgeführt. Nachdem das ursprüngliche Gebäude abgebrannt war, wurde es 1971 durch einen modernen Bau ersetzt. (Weitere Informationen s. „Praktische Tipps".)

Weitere Museen

Unterwegs passiert man zwei Museen: das zur Universität gehörende Naturkundemuseum sowie das Estnische Literaturmuseum.

Hinter dem Naturkundemuseum, schon an der Riia-Straße, erhebt sich die **Pauluskirche** aus dem Jahr 1917, die in beiden Weltkriegen schwere Schäden davontrug.

Wer der Riia-Straße folgt, gelangt an der Ecke zur Pepleri-Straße an ein weiteres sehr sehenswertes Museum, in dem man Einblicke in eines der dunkelsten Kapitel der estnischen Geschichte bekommt, die **KGB-Zellen.** Man läuft durch die **ehemaligen Gefängniszellen** des südestnischen KGB-Hauptquartiers. Hier saßen Oppositionelle und Regimegegner ein oder solche, die dafür gehalten wurden.

Wem eher der Sinn nach Kunst ist, der kann an der Ecke Vanemuise/Akadeemia, nicht weit vom Theater Vanemuine, das **Kunsthaus** besuchen, in dem wechselnde Ausstellungen zeitgenössischer Künstler stattfinden.

- **Naturkundemuseum der Universität Tartu** (Tartu Ülikooli Loodusmuuseum), Vanemuise 46, Tel. 7376076, Mi–So 10–16 Uhr.
- **Estnisches Literaturmuseum** (Eesti Kirjandusmuuseum), Vanemuise 42, Tel. 7377700, Mo–Do 9–17 Uhr, Fr 9–16.30 Uhr.
- **KGB-Zellen** (KGB Kongid), Riia 15b, Tel. 7461717, Di–Sa 11–16 Uhr.
- **Kunstimaja,** Vanemuise 26, Mi–Mo 12–18 Uhr.

In den Außenbezirken

Etwas abseits nordwestlich der Innenstadt und des Dombergs sind die malerischen Viertel Tähtvere und Supilinn sehr idyllisch gelegen. **Tähtvere** wurde vom legendären Stadtarchitekten *Arnold Matteus* in den 1930er Jahren entworfen und galt lange als „Professorenstadt". In **Supilinn,** der „Suppenstadt" am Ufer des Emajõgi, sind die Straßen nach den Zutaten für eine gute Suppe benannt: Kartoffelstraße, Bohnenstraße, Erbsenstraße etc. **Bunte Holzhäuser** mit Schornsteinen, aus denen auch im Sommer Rauch austritt, da mit Holz geheizt und gekocht wird, Pflasterstraßen und kleine Gärten zeichnen diese Stadtteile aus. Etwas abseits der üblichen touristischen Wege sind die von morbidem Charme umhüllten Viertel durchaus einen Besuch wert, zumal sie nur einen kurzen Spaziergang vom Zentrum entfernt liegen. Allerdings sind die zum großen Teil recht verfallen wirkenden Häuser nicht jedermanns Geschmack.

Sängerfestbühne

Westlich von Supilinn und nördlich von Tähtvere befindet sich im Tähtvere-Park die Sängerfestbühne von Tartu, die ihrer großen Schwester in Tallinn architektonisch sehr ähnlich ist. Zwar findet das große Sängerfest mittlerweile in Tallinn statt, doch lässt Tartu, die Geburtsstadt dieser Tradition, es sich nicht nehmen, ein eigenes **Sängerfest** zu veranstalten. Hier feiern die Tartuer auch jedes Jahr den Johannistag mit einem Feuer.

- **Sängerfestbühne,** Laulupeo pst 25, Tel. 7422108, www.arena.ee.

Stadtmuseum

Auf der anderen Seite des Emajõgi gibt es bis auf das Stadtmuseum nicht viel zu sehen. Zum Museum gehört noch eine Außenfiliale: das Wohnhaus des Schriftstellers **Oskar Luts.**

- **Linnamuuseum,** Narva 23, Tel. 7461911, Di–Sa 11–18 Uhr.
- **Museum Oskar Luts,** Riia 38, Tel. 7461030, Mi–Sa 11– 17 Uhr.

Peterskirche

Wer in Richtung Narva fährt, kann an der Kreuzung Narva mnt/Puiestee einen Blick auf die neogotische Peterskirche aus dem 19. Jh. werfen, die im Zweiten Weltkrieg sehr gelitten hat. Heute dient das Gebäude drei Gemeinden als Gotteshaus.

Unterkunft
1 Carolina Gästehaus
2 Iivi Oja
3 Raadimõisa Hotel
4 Liiva
5 Herne Pension
6 Torni Hostel
8 Starest Hotel
9 Viive Koni
10 Eha Suija
12 Kantri
13 Hotel Rehe

Einkaufen
7 Eeden
11 Lõunakeskus

Raadi-Park

Etwas weiter am Stadtrand liegen zur Linken große Friedhöfe, während sich rechter Hand der Raadi-Park mit dem gleichnamigen **Teich** erstreckt. Der alte Gutshof wurde im Zweiten Weltkrieg zerstört. Im Park entsteht ein neues Gebäude für das Estnische Nationalmuseum (s.o.).

Annelinn

In der Nähe des riesigen **Plattenbauviertels** Annelinn sind in den letzten Jahren sehr große und moderne **Einkaufszentren** entstanden. Hier fließt, parallel zum Fluss, der **Anne-Kanal,** in dem Anwohner im Sommer baden. Man erreicht ihn über die Fußgängerbrücke hinter dem Markt.

Tartu
Tallinn
Jõgeva, Rakvere
Kummeli
Põllu
Vahi
3
Narva mnt
Raadi-Park
Kruusamäe
Vaikne
Nurme
2
Emajõgi
Puiestee
Vahi
P. R. Kreutzwaldi
1
Peetri
4
Narva mnt
Jänese
Ujula
Liiva
Peterskirche
Peetri
5
6
698
Kaune
Tähtvere
Meloni
Oa
Herne
Kroonuaia
Puiestee
Roosi
Jaama
Laulupeo pst
P. R. Kreutzwaldi
SUPILINN
Vabaduse pst
Narva mnt
Pikk
Raatuse
Ravila
Fr. Tulgase
Hiie
Jakobi
Lai
Tallinn
Räpina
TÄHTVERE
Betooni
Ülikooli
Anne
Sõpruse pst
Vaksali
Ilmatsalu
Busbahnhof
Näituse
VAKSALI
Pikk
ANNE-LINN
Anne Kanal
Bahnhof
Riia
Veeriku
Turu
Kalda tee
Kalevi
7
N. Lunini
L. Puusepa
Kastani
Tähe
Õnne
8
Ringtee
Nisu
Tulbi
Ravila
Kannikese
Notaufnahme
Lootuse
Viljandi mnt
Lembitu
Õnne
Rebase
Ravila
Raudtee
Väike
Tamme pst
Kesk
Vaba
Sõbra
Võru
Kesk
Kaar
Nooruse
Ehitaja
Emajõgi
Viljandi
Riia
Elva
Tamme pst
Kaar
Turu
Raja
Ringtee
Raja
Suur kaar
Savi
9
Soinaste
Kaabeli
Teguri
Teguri
11
Tähe
Pirni
10
Tamme pst
Savi
Lemmatsi
Aardla
Ropka tee
Aardla
Aardla
Riia
12
Roopa
Aianduse
Sepa
Jalaka
Vasara
Tähe
Sepa
Võru
Turu
Kopli
Alasi
Valga
Ringtee
500 m
13
Otepää, Võru
©Reise Know-How 2012

Der Süden

Praktische Tipps

Informationen

- Die **Touristeninformation** hat eine Filiale im Rathaus, Tel./Fax 7442111. Hier sind Touristen bestens bei allen Fragen und Problemen aufgehoben, außerdem können sie hier das Internet nutzen. Es werden Broschüren, Landkarten und Postkarten verkauft. Außerdem gibt es die kostenlose Broschüre „Tartu zu Fuß“ und weiteres Informationsmaterial, darunter das Heft „Tartu in your pocket“ mit aktuellen Adressen neuer Hotels oder Cafés, die jedes Jahr hinzukommen.
- Es gibt verschiedene **Websites** rund um die Stadt und den Landkreis Tartu: www.tartu.ee, http://kultuuriaken.tartu.ee (in Englisch) und www.visittartu.com, hier findet man zahlreiche nützliche Informationen in deutscher Sprache.

Service

- **Hauptpost:** Vanemuise 7.
- **Banken:** Raekoja plats 20, Küüni 9, Turu 1 sowie im Kaubamaja (Riia mnt 1).
- **Internetzugänge** sind in vielen Cafés und auf öffentlichen Plätzen vorhanden. Hotspots gibt es über die ganze Stadt verteilt, beispielsweise auf dem Rathausplatz, in der Universitätsbibliothek und in Cafés.

Notfälle

- **Polizei:** Tel. 7308710 oder 110.
- Die **Rathausapotheke** direkt im Rathaus ist 24 Stunden durchgängig geöffnet.
- **Notaufnahme:** EMO, Puusepa 8, Tel. 7318183.
- **Pannenhilfe:** Tel. 1888.
- **Fundbüro:** www.tartu.ee/leiubyroo. Ein Fundbüro existiert nur virtuell. Die gefundenen Gegenstände werden online aufgelistet, mit Beschreibung, Datum und Uhrzeit. Kontakt ist dann per Internet aufzunehmen.

Stadtverkehr

Busse:

Bustickets kann man an jedem Kiosk erstehen. Wer mehrere Fahrten plant, sollte sich ein Zehnerblöckchen zulegen, da die einzelnen Fahrten so preiswerter sind. Man kann die Fahrkarten auch im Bus kaufen, sie kosten dann aber mehr. **Fahrpläne** hängen an den Bushaltestellen aus, es kommt jedoch öfters zu Zeitverschiebungen.

Taxis:

- **Taxistände:** Vallikraavi/Ülikooli, Vanemuine/Küüni, Raekoja plats/Vabaduse, beim Busbahnhof in der Turu-Straße.
- **Tartu Linna Takso,** Tel. 7366366
- **Takso 1,** Tel. 7420001, 1300
- **Rivaal,** Tel. 7422222, 12252

Parkplätze:

- Rings um den engen Innenstadtkern findet man problemlos Parkplätze.

Unterkunft

Hotels:

- **Hotel Dorpat** €€€, Soola 6, Tel. 7337180, www.dorpat.ee. Das größte Hotel der Stadt mit rund 200 Zimmern, Restaurant, Day-Spa, Schönheitssalon und Parkplätzen.
- **Aleksandri Hotel und Gästehaus** €-€€, Aleksandri 42, Tel. 7366659, Fax 7349446, www.aleksandri.ee. Ein- bis Vierbettzimmer, Sauna, Gemeinschaftsraum mit Fernseher etc., Frühstück gegen Aufpreis und Vorbestellung, bewachter Parkplatz vorhanden.
- **Barclay Hotel** €€€€, Ülikooli 8, Tel. 7447 100, Fax 7447110, www.barclayhotell.com. Zentral gelegenes Hotel mit Restaurant (estnische Küche); Parkplätze, Tiere erlaubt, auch Autoverleih. Alle Zimmer mit Bad, TV und Telefon.
- **Draakon Hotel** €€€€, Raekoja plats 2, Tel. 7442045, www.draakon.ee. Kleines, luxuriöses Hotel am Rathausplatz mit Sauna, Parkmöglichkeiten; Tiere erlaubt, spezielle Zimmer für Allergiker, Sat-TV, Autovermietung; Restaurant nur für Gäste geöffnet.
- **Hansa Hotel** €€, Aleksandri 46, Tel. 7371800, Fax 7371801, www.hansahotell.ee. Etwa 10 Min. Fußmarsch zur Innenstadt, am Emajõgi bei der großen Brücke (Sõpruse sild/Õnne), verschiedene relativ große Zimmer und Apartments; eine rustikale Schenke ist angegliedert.

• **Kantri** €€, Riia 195, Tel. 7383044, www.kantri.ee. Am Stadtrand von Tartu noch südlich des Einkaufszentrums Lõunakeskus Richtung Elva, Restaurant im Haus mit vegetarischen Menüs, Zimmer mit und ohne Sauna.

• **London Hotel** €€€€, Rüütli 9, Tel. 7305555, Fax 7305565, www.londonhotel.ee. In einer der schönsten Straßen im Herzen von Tartu gelegen, eines der besten Hotels der Stadt, auch behindertengerechte Zimmer; im Haus liegt das Restaurant Entri.

• **Pallas Hotel** €€€-€€€€, Riia 4, Tel. 7301200, Fax 7301201, www.pallas.ee. Obwohl das zentral gelegene, an ein Einkaufszentrum angegliederte Hotel von außen nicht gerade schön aussieht, hat es geräumige und geschmackvoll eingerichtete Zimmer mit Dusche oder Badewanne, Kabelfernsehen, Telefon; Zimmer für Nichtraucher und Allergiker und behindertengerechte Räume.

• **Park Hotel** €€, Vallikraavi 23, Tel. 7427000, Fax 7427655, www.parkhotell.ee. Zimmer mit Bad, Telefon und Fernseher, Reinigungsservice, Internet im Haus. Liegt nett am Domberg, könnte aber eine Renovierung vertragen.

• **Raadimõisa Hotel** €€€, Mõisavärava 1, Tel. 7338050, www.raadihotell.ee. Moderner Komplex am Stadtrand Richtung Narva an der Narva mnt, etwa in Höhe des (östlich davon gelegenen) Raadi-Sees; Sauna und Restaurant im Haus.

• **Hotel Rehe** €€, Võru 235, Tel. 7307287, Fax 7307288, www.rehehotell.ee. Größeres Haus mit Restaurant außerhalb, im Süden der Stadt. Den Gästen stehen Sauna, Billardzimmer und Fitnessraum zur Verfügung. Einfache Zimmer, Frühstücksbuffet.

• **Starest Hotel** €, Mõisavahe 21, Tel. 740 0674, Fax 7489362, www.starest.ee. Modernes Haus mit freundlichen Zimmern mit Fernseher, Dusche und WC, Internetzugang, Restaurant im Haus, liegt etwas außerhalb im Plattenbauvorort Annelinn, aber gut mit dem Bus zu erreichen.

• **Tartu Hotel** €€, Soola 3, Tel. 7314300, Fax 7314301, www.tartuhotell.ee. Zimmer mit Dusche, Fernseher und Telefon, angeboten werden Sauna, Frisör und Massagen. Service auch in Deutsch.

Ferienwohnungen:

Dies ist nur eine Auswahl an Ferienwohnungen, weitere Adressen bekommt man von der Touristeninformation.

• **Carolina** €€€ (für zwei Erwachsene und zwei Kinder), Raekoja plats 11, Tel. 7422070, Fax 7422070, www.carolina.ee. 2 Apartments für 4 Personen, 2 Zimmer, Küche, Bad, Fernseher, Telefon, Waschmaschine, Sauna, Parkmöglichkeit.

• **Domus Dorpatensis** €€-€€€, Raekoja plats 1 / Ülikooli 7, Tel. 7331345, mobil 53333031, Fax 7331340, www.dorpatensis.ee. Je nach Ausstattung Wohnraum mit Fernseher, Schlafraum und Extrabett, Küche, Dusche, WC.

• **Wilde** €€-€€€, Vallikraavi 4, mobil 5113876, www.wildeapartments.ee. Drei komfortable Wohnungen in der Ülikooli-Straße. Bad, Küche, Fernseher, eine Wohnung mit Sauna.

Gästehäuser und Bed&Breakfast:

• **Carolina** €€, Kreutzwaldi 15, Tel. 7422070, Fax 7422070, www.carolina.ee (auf der Homepage ist auch das gleichnamige Hotel in Pärnu aufgeführt, nicht verwechseln!). Auch Autoverleih, etwas außerhalb gelegen, einfache, mit Kiefernmöbeln ausgestattete Zimmer. Ein Haustaxi bringt die Gäste morgens in die Stadt.

• **Eha Suija** €, Tamme pst 73a, Tel. 7304080, mobil 5086834, Fax 7304079, www.hot.ee/ehasuija. Liegt etwa 3 km vom Stadtzentrum entfernt, aber in der Nähe hält ein Stadtbus. Private Gästezimmer mit Gemeinschaftsraum, wo es einen Fernseher und Kamin gibt, Sauna, Fahrradverleih. Zimmer wirken ein bisschen wie Omas Gästezimmer, dafür preiswert und Frühstück inklusive.

• **Herne Pension** €, Herne 59, Tel. 7441959, mobil 5167891, www.hot.ee/supilinn. Zwei- und Vierbettzimmer, Bad muss man sich teilen, im pittoresken „Suppenviertel" von Tartu gelegen, Grillplatz und netter Garten; im Hof kann man Auto oder Wohnwagen aufstellen.

• **Hiie Maja** €€, Hiie 10, Tel. 7421236, www.bed.ee. Nennt sich selbst Bed&Breakfast, vom Standard her aber eher kleines Hostel mit nur 4 spartanischen, aber farbenfroh eingerichteten Zimmern, z.T. mit Doppelstockbetten. Im Garten kann man zelten, das Auto kann im Hinterhof geparkt werden.

•**Iivi Oja** €, Vaikne 20, Tel. 7401429, mobil 53817682, www.iivimaja.ee. Am Stadtrand westlich des Friedhofs Raadi Kruusamäe gelegen, Privathaus mit 5 Gästezimmern, jeweils mit TV, Mitbenutzung von Küche und Sauna, Garten.

•**B&B Kastani** (Kastani Kodumajutus) €€, Kastani 3, Tel. 7427663, mobil 5297703, www.hot.ee/kastanikodu. Etwa 10 Min. Fußmarsch zur Innenstadt, in ruhiger Wohngegend, sehr kleine, an Privathaus angegliederte Pension, nettes Holzhaus, Sat-TV in jedem Zimmer, Gemeinschaftsraum mit Internetanschluss, Wäschedienst.

•**Liiva** €, Liiva 38, Tel. 7333645, mobil 5554 8180, www.liivakodumajutus.eu. Nettes Haus mit zwei einfachen Gästezimmern, Sat-TV, Küche und Bad zur Mitbenutzung, Garten.

•**Rändur** €, Kuperjanovi 66, Tel. 7427190, Fax 7427275, web.zone.ee/randur. Hübsches, typisch estnisches Holzhaus, Zelten möglich, Parkplatz.

•**Tampere maja** €€, Jaani 4, Tel. 7386300, www.tamperemaja.ee. Zentral gelegenes Holzhaus, v.a. für finnische Gäste, Sauna, Fernsehzimmer.

•**Vikerkaare** €€, Vikerkaare 40, Tel. 7421190, Fax 7421192, www.vikerkaare.com. Saubere Zimmer, z.T. renoviert, im hübschen kleinen Haus. Ein wenig außerhalb der Stadt, aber wenn man nichts gegen einen netten Spaziergang hat, durchaus (ohne Gepäck) zu Fuß erreichbar.

•**Viive Koni** €, Õuna 32, Tel. 7381433, mobil 5226834, www.hot.ee/viiveko. Liegt außerhalb der Innenstadt im Stadtteil Tammelinn, aber in der Nähe fährt ein Bus. Mitbenutzung von Küche und Grillplatz im Garten, Parkmöglichkeit.

Hostels, Jugendherbergen, Wohnheime:

•**Narva mnt 27** €, Narva mnt 27, Tel. 7420393, mobil 53442353, www.tartuhostel.eu. Wohnungen im Studentenwohnheim, Fernseher und freie Internetverbindung, praktisch und gut eingerichtet.

•**Pepleri** €, Pepleri 14, Tel. 7427608, mobil 56618173, www.tartuhostel.eu. Studentenwohnheim, einfache, aber nette Zimmer mit Küchenecke und Fernseher. Café Kotka Kelder im Haus.

•**Tartu Hostel** €, Soola 3a, Tel. 7314300, www.tartuhotell.ee. Jugendherberge neben dem gleichnamigen Hotel.

•**Tähtvere Hostel** €, Laulupeo 19, Tel. 74 21708, 7421364, Fax 7421364 sktahtvere@hot.ee. Ganz in der Nähe der berühmten Sängerfestbühne gelegen, sehr einfach ausgestattet, aber sehr preiswert.

•**Torni Hostel** €, Kreutzwaldi 52, Tel. 7313 262 (8–16 Uhr), 7313263, Piret.Kytt@emu.ee. Im am Stadtrand gelegenen Studentenwohnheim sind einige Etagen für Gäste reserviert. Die Zimmer wurden saniert und sind schlicht, aber farbenfroh eingerichtet, jeweils zwei Räume teilen sich eine kleine Küche, jedes Zimmer mit TV und Internetanschluss.

Camping

•Die **Herne Pension** und das **Hotel Rehe** (siehe oben) bieten auch Stellmöglichkeiten für Wohnwagen. Zeltplätze gibt es u.a. bei den Pensionen Herne, Ränduri und Hiie.

Essen und Trinken

Die Liste der hier aufgeführten Restaurants und Cafés umfasst nicht alle Lokalitäten Tartus. Wenn etwas nicht aufgeführt ist, heißt das nicht, dass die Qualität nicht gut ist. Wer über den Rathausplatz, die Rüütli- oder Küüni-Straße schlendert, wird zahlreiche weitere nette Gaststätten vorfinden. Im Kaufhaus Kaubamaja, Riia 1, sind im oberen Stockwerk weitere Bistros untergebracht, zum Teil mit Selbstbedienungscafé.

•**Chocolaterie Pierre,** Raekoja plats 12, Tel. 7304680, www.pierre.ee. Köstlichkeiten aus Schokolade, dazu Kaffee oder – was sonst? – Kakao.

•**Crepp,** Rüütli 16, Tel. 7422133, www.crepp.ee. Französische Küche, Eierkuchen, guter Kaffee.

•**Restaurant Entri,** Rüütli 9, Tel. 7409223, www.entri.ee. Im gleichen Haus wie das London Hotel; die Speisekarte bietet eine gute Auswahl an Vorspeisen, Hauptgerichten und köstlichem Nachtisch.

•**Gruusia Saatkond,** Rüütli 8, Tel. 7441386, www.gruusiasaatkond.ee. Gute georgische Küche in uriger und gemütlicher Umgebung.

● **Hansatall,** Aleksandri 46, Tel. 7371802, www.hansahotell.ee. Im Hansa Hotel, rustikale Holzeinrichtung, deftiges Essen.

● **Illegard Art und Jazz Club,** Ülikooli 5, Tel. 7423743, www.illegaard.com. Anders als in vielen dunklen und rauchigen Jazzclubs sind hier die Wände eher farbenfroh, erinnert an ein Schülercafe, aber nett.

● **Restaurant Itaalia köök,** Gildi 7, Tel. 7423747, itaaliarestoran@hot.ee. Italienische Küche.

● **Krooks,** Jakobi 34, Tel. 7441506, info@krooks.ee. Typischer Pub mit rockigen Klängen, manchmal auch Live-Musik, gemütlich für lange Nächte. Warme Gerichte.

● **La Dolce Vita,** Kompanii 10, Tel. 7407545, www.ladolcevita.ee. Sehr gute italienische Küche.

● **Restaurant Neljas aste,** Lossi 17, Tel. 7425 574, www.neljasaste.ee. Liegt im Gerichtsgebäude am Domberg.

● **Café Shakespeare,** Vanemuise 6, Tel. 744 0140, www.shakespeare.ee. Gehört zum Theater, gute Auswahl an Menüs.

● **Õlle Tare,** Aleksandri 42, Tel. 7344766, www.olletare.ee. Rustikale Kneipe und Restaurant beim Hansa Hotel, etwa 10 Min. zu Fuß von der Innenstadt.

● **Pappa Pizza,** Riia 7, Tel. 7427933, www.pappapizza.ee. Nüchterne Einrichtung, Imbisscharakter, dafür gute Pizza zu moderaten Preisen.

● **Püssirohukelder** (Pulverfasskeller), Lossi 28, Tel. 7303555, www.pyss.ee. Kneipe mit rustikalem, herzhaftem Essen im alten Pulverfasskeller am Domberg, sehr nett, aber man muss lärmunempfindlich sein, denn zu späterer Stunde verwandelt sich die Kneipe mit Tanzfläche in eine Disco.

● **Restaurant Atlantis,** Narva 2, Tel. 7385 495, www.atlantis.ee. Gehört zum Club Atlantis.

● **Suudlevad Tudengid** („Küssende Studenten"), Raekoja plats 10, Tel. 7301892, Fax 7301895, www.suudlevadtudengid.ee. Zentrales Café, mittags günstige Tagesgerichte.

● **Taverna,** Raekoja plats 20, Tel. 7423001, www.taverna.ee. Pizza und Grillgerichte.

● **Tbilisi,** Küüni 7, Tel. 7422727, tbilisi@tbilisi.ee. Gutes georgisches Essen in angenehmer Atmosphäre und mit authentischem Flair.

● **Ülikooli Kohvik,** Ülikooli 20, Tel. 7375405, www.kohvik.ut.ee. Gemütliches Café direkt neben der Universität.

● **Werner Café-Lounge,** Ülikooli 11, Tel. 7426377, Fax 7426377, www.werner.ee. Café, Restaurant und Bäckerei in einem, viel von Studenten besucht. Breite Auswahl an sehr leckeren Kuchen, guter Kaffee. Empfehlenswertes Restaurant im ersten Stock, unten ist das Café.

● **Eduard Vilde Restaurant und Café,** Vallikraavi 4, Tel. 7343400, www.vilde.ee. Im Erdgeschoss befindet sich das Café, im ersten Stock das Restaurant.

Nachtleben

Clubs und Discos:

● **Atlantis,** Narva 2, Tel. 7385485, www.atlantis.ee. Große Disco direkt am Ufer des Emajõgi, Terrasse, verschiedene Räume mit unterschiedlicher Musik, von den Achtzigern über die Neunziger bis hin zu elektronischen Beats, gemischtes Publikum. Di–Sa 22–4 Uhr. Zum Atlantis gehört auch das Restaurant Atlantis, gemischtes, auch älteres Publikum.

● **Club Illusioon,** Raatuse 97, Tel. 7424341, www.illusion.ee. In einem Ballsaal werden Partys und Themenabende geboten, sehr schöne Räumlichkeit und angenehmes Publikum.

● **Nachtclub Maasikas,** Küüni 7, Tel. 7366 273, www.maasikas. com. Spricht Publikum ab einem Alter von etwa 25 Jahre an, zentral gelegen, Do–Sa ab 23 Uhr.

● **Tallinn,** Narva mnt 27, Tel. 7403157, www.clubtallinn.ee. Drum'n Bass, seichte Loungekläge und Elektrobeats, gemütliche Couchecken. Fr und Sa 22–4 Uhr.

Konzerte:

● **Sängerfestbühne,** Laulupeo pst 25, Tel. 7422108, www.arena.ee. Fast alle im Sommer aufgeführten Konzerte Tartus finden dort statt, die zweitgrößte Sängerfestbühne Estlands. Der Jaanipäev, der Johannistag im Juni, wird dort mit einem großen Lagerfeuer und Musik gefeiert.

● **Vanemuise Konzerthalle,** Vanemuise 6, Tel. 7377530, www.concert.ee.

Theater:

- **Vanemuine Theater, „Großes Haus“,** Vanemuise 6, Tel. 7440100, www.vanemuine.ee. Im Jahr 1870 gegründet, stellte es das erste professionelle Theater in Estland dar. Es ist das einzige, das auch Opern, Dramen und Ballett aufführt. Das kleine Vanemuine Theater und das Hafentheater gehören dem großen Vanemuine Theater an.
- **Väike Maja, „Kleines Haus“,** Vanemuise 45a, Tel. 7440160, kassa@vanemuine.ee.
- **Sadamateater,** Hafentheater, Soola 5b, Tel. 7344248, kassa@vanemuine.ee. Modernes Gebäude direkt am Fluss Emajõgi.
- **Teatri Kodu** (Heim des Theaters), Lutsu 2, Tel. 7461060, www.teatrikodu.ee. Aufführungen für Kinder, auch andere Veranstaltungen um die Themen Kindheit, Spielen und Träumen. Gehört zum Spielzeugmuseum.
- **Emajõe Suveteater** (Sommertheater), Jaama 14, mobil 5068165, www.suveteater.ee.

Einkaufen

- **Markthalle:** Vabaduse pst 1, Mo–Fr 7.30–17.30 Uhr, Sa 7.30–16 Uhr, So 7.30–15 Uhr.
- **Wochenmarkt:** Soola 10, Mo–Sa 8–16 Uhr, So 8–15 Uhr.

Einkaufszentren/Kaufhäuser:

- In der Innenstadt liegen das **Tartu Kaubamaja,** Riia 1, das **Einkaufszentrum Tasku,** Turu 2, sowie das **Zeppelini Kaubanduskeskus,** Turu 14.
- Etwas außerhalb findet man das **Lõunakeskus,** Ringtee 75, sowie das große **Eeden,** Kalda tee 1c.

Kunsthandwerk und Souvenirs:

- Originelle Mitbringsel und vor allem Kunsthandwerk findet man im **Antoniushof,** Lutsu 5, bei der Johanniskirche, www.antonius.ee, Di–Fr 12–18 Uhr. Hier haben sich viele Künstler und Handwerker zusammengeschlossen und präsentieren ihre Werke in geschmackvollen kleinen Läden: Töpferwaren, Teppiche, Glaskunst, Lederwaren, Textilien, Puppen und andere schöne Dinge. So manchem Künstler kann man in den offenen Werkstätten über die Schulter schauen.
- **Gildi Galerii,** Varalaegas, Gildi 2, Gemälde, Grafiken, Aquarelle, außerdem lederne Geldbörsen etc.
- **Rae käsitöö,** Küüni 2, Kunsthandwerk am Rathausplatz.
- Weitere Souvenir-, Handarbeits- und Kunsthandwerksgeschäfte findet man in der Innenstadt unter folgenden Anschriften: Gildi 2, Rüütli 6 / Küütri 3, Rüütli 18, Riia 9, Võru 4 und Raekoja plats 8. Auf dem Markt gibt es ebenfalls zwei kleine Handarbeitsgeschäfte, in einem werden auch leckerer Honig und Honigprodukte verkauft.

Bücher:

- Buchhandlungen, in denen häufig auch gute deutschsprachige Bildbände und Werke über Estland zu finden sind, findet man in der Ülikooli 11, Küütri 7 sowie Riia 1 und Turu 2 im Einkaufszentrum.

Feste und Veranstaltungen

- Im Sommer zelebriert man in Tartu lokale **Hansetage.** Sehr schön mit vielen Ständen und Aufführungen, genaue Daten auf der Webseite der Touristeninformation. Ein weiteres Stadtfest ist der **Tartuer Tag,** der am 29. Juni gefeiert wird.
- Im Dezember findet auf dem Rathausplatz und im Antoniushof ein kleiner **Weihnachtsmarkt** statt.

Aktivitäten

Es gibt bei der Touristeninformation Broschüren mit Adressen von Anbietern diverser Aktivitäten. Die englischsprachige **Broschüre** „Tartu County – 10 Routes“ ist mit einer detaillierten Landkarte ausgestattet.

Brauereibesichtigung:

- Besichtigung der Brauerei **A le Coq** ist Do um 14 Uhr und Sa um 10, 12 und 14 Uhr für Einzelpersonen möglich, Gruppenführungen nach Absprache. Tähtvere 56/62, Tel. 7449 711, Fax 744 9775, info@alecoq.ee.

Fahrradverleih:

- **Kauplus Jalgratas,** Laulupeo 19, Tel. 7421731.

- **Kauplus Velospets,** Riia 130, Tel. 7380406, www.velospets.ee.
- **Kauplus Rattaring,** Aardla 112, mobil 5045961, www.rattaring.ee.

Schiffsfahrten:

- Im Sommer legen vor der Diskothek Atlantis, etwa in Höhe des Rathausplatzes auf der gegenüberliegenden Seite, **Ausflugsboote** an, die den **Emajõgi** entlangfahren. Aktuelle Fahrpläne in der Touristeninformation.
- Von Mai bis Mitte September gibt es Linienschiffe zur Insel Piirissaar im **Peipus-See,** außerdem legen hier Ausflugsboote zum Peipus-See ab. **Hafen:** Tartu Sadam AS, Soola 7, Tel. 7340066, www.transcom.ee.
- Ausflugsfahrten auf dem Emajõgi und in der Umgebung von Tartu mit einem historischen **Hanse-Schleppkahn** (estn.: Lodi), der 2006 nach altem Vorbild gebaut wurde. Näheres unter www.lodi.ee.

Schwimmbad:

- **Aura Keskus,** Turu 10, Tel. 7300280, www.aurakeskus.ee, Mo–Fr 6.30–22 Uhr, Wochenende ab 9 Uhr, Schwimmbad, Sauna, Whirlpool, Café, Kinderbecken.

Verkehr

Bus:

- Vom **Busbahnhof** Tartu gibt es landesweite Busverbindungen: Bussijaam, Turu 2, Bussireisid, Tel. 12550, tgl. 6–21 Uhr, Fahrpläne unter www.bussireisid.ee.
- Busverbindungen im Landkreis Tartu werden von der Firma **Go Bus** bedient, die Busverbindungen in der Stadt von der Firma **Sebe.** Tickets kann man an den Kiosken und im Bus kaufen (s.o.).
- **Internationale Busverbindungen:** Lux Express, Turu 2, Tel. 12550, www.luxexpress.eu.

Bahn:

- **Bahnhof:** Rongijaam, Vaksali 6, www.edel.ee. Von hier aus fahren Züge nach Tallinn (schnellere Verbindung als auf den anderen Strecken) und Valga.

Autovermietungen:

- **Avis,** Vallikraavi 2, Tel. 7440360, www.avis.ee.
- **Autorent Q,** Linda 20, mobil 5149555.
- **Carolina,** Kreutzwaldi 15, Tel. 7422070, mobil 5092529, www.carolina.ee.
- **Carring,** Ringtee 56, Tel. 7425764, www.carring.ee.
- **City Car,** Turu 2, mobil 5239669, www.city car.ee.
- **Hertz,** Turu 2, mobil 5069065, www.hertz.ee.
- **Tauf-Auto,** Sepa 24b, Tel. 7300868, www.taufauto.ee.

Alatskivi

Die Straße 43 führt von Tartu in nordöstlicher Richtung über Alatskivi ans Ufer des Peipus-Sees. Kurz vor dem See erreicht man Alatskivi mit seinem sehenswerten Schloss.

Schloss Alatskivi

Das **neogotische Gutshaus** in Alatskivi wurde in den Jahren 1880–85 nach dem Vorbild des schottischen Schlosses Balmoral erbaut. Es ist wohl das imposanteste Gutshaus Tartumaas, sodass das weiße, mit mehreren Türmchen ausgestattete Gebäude auch als Schloss bezeichnet wird. Sein ehemaliger Besitzer *Baron Arved Georg von Nolcken* (1845–1909) war von England fasziniert. Nach einer Reise durch Großbritannien in den 1870er Jahren begann er, das Gut nach eigenen Entwürfen zu bauen.

Das Gutshaus ist auch von innen zu besichtigen, allerdings sollte man sich angesichts des prächtigen Äußeren nicht zu viel versprechen. Die Innenräume wurden von Baron von Nolcken bei weitem nicht so präzise geplant wie das Äußere des Gebäudes

A
B
Udeva
Vägeva
Tuimõisa
Adraku
Ulvi
Kalmaküla
Vilusi
Järva
maakond
Endla
looduskaitseala
Endla jv.
Onga
Reastvere
Tähkvere
Leedi
Sadala
Võtikvere
Näduvere
Mustvee
Kärde
Pedja
Vaiatu
Kõnnu
Kantküla
Torma
Raja
Endla
Laiusevälja
Päinurme
Vaimastvere
Rääbise
Vanamõisa
Arisvere
Tapiku
Laiuse m.
Laiuse
Kurista
Jõgeva
Vilina
Kivijärve
Jaama
Ruskavere
Põltsamaa
Lahavere
Aidu
Jõgeva
maakond
Kuremaa
Kuremaa jv.
Varbevere
Voore
Assikvere
Kullavere
Pisisaare
Kalana
Vägari
Siimusti
Painküla
Halliku
Pajusi
Saare
Mällikvere
Sulustvere
Härjanurme
Pakaste
Kassinurme
Palamuse
Saarjärve
Lustivere
Saduküla
Kudina
Vanassaare
Põltsamaa
Pudivere
Luua
Kaarepere
Võhmanõmme
Pööra
Kaiu järv
Neanurme
Kaave
Pedja
Nava
Kalavere jv.
Väike-Kamari
Umbusi
Visusti
Maarja
Võisiku
Vooorema mka.
Kaiavere
Mustametsa
Kursi
Mullavere
Kamari
Pikknurme
Pataste
Kääpa
Elistvere
Elistvere jv.
Umbusi
Puurmani
Koogi
Voldi
Tabivere
Soitsjv.
Nigula
Alajõe
Umbusi raba
Saadjv.
Kolga-Jaani
Vara
Sinikula
Aksi
Alam-Pedja
Väänikvere
Vedu
Laeva
Lähte
Sojamaa
Vasula
Laeva raba looduskaitseala
Väägvere
Kaavere
Amme
Lalsi
Kärkna
Võibla
Tammistu
Viljandi
Haava
Laeva
Tartu
Meleski
Kärevere
Vorbuse
Vahi
Vesneri
Leie
Tänassilma
Põltsamaa
Pedja
Kõrveküla
Pilka
Emajõgi
Tartu
Oiu
Ilmatsalu
Rahinge
Verevi
Poriküla
Lohkva
Elva
Valma
Vihavu
Rämsi
Ulila
Märja
Rõhu
Luunja
Suure-Rakke
Haage
IHASTE
Kaagvere
Puhja
Võsivere
Ränі
Poka
Väike-Rakke
Mäeotsa
Külitse
Ülenurme
Kurepalu
maakond
Järvaküla
Aardla
Roiu
Neemisküla
Kobilu
Meeri
Nõgiaru
Tõrvandi
Reola
Kriimani
Kavilda
Karijärve
Unikula
Kaarlijärve
Kureküla
Tõravere
Nõo
Villa
Annikoru
Vellavere
Võrtsjärv
Vana-Kuuste
Vissi
Kambja
Ignase
Vallapalu
Unipiha
Rannu
Luke
Rebase
Tarvastu
Kivilõppe
Vehendi
Elva
Konguta
Paali
Suure-Kambja
Lootvina
Ervu
Soe
Tamsa
Pangodi
Vastse-Kuuste
Teedla
Tammiste
Käärdi
Pangodi järv
Järveküla
Valguta
Etsaste
Kalme
Kammeri
Leevijõe
Õhne
Lapetukme
Prangli
Porijõgi
Suislepa
Rõngu
Ködüküla
Lutike
Karilatsi

C
D
1
2
3
Peipsi järv
Čudskoe ozero
Lämmijärv
Pskovskoe ozero
Pskovskaja oblast'
maakond
Põlva maakond
Emajõe Suursoo kaitseala
Emajõe Suursoo
Meerapalu soo
Meelva mka.
Piirissaar
Voskresenskoe
Rubcovščina
Kamennyj Konec
Dobruči
Užovo
P 60
Laptovicy
Podoleš'e
Ljubimec
Krutoe
Polično
Čerma
Verh. Gusinec
Vjazka
Ust'e
Lipjagi
Maziha
Kolokolovo
Lunevščina
Gdov
Sel'cy
Bragino
Sludka
Vetvenik
Beškino
Zaborov'e
Juškino
Stropicy
Trutnevo
Gorka
Zamogil'e
Spicino
Jazba
Zalahtov'e
Podlip'e
Partizanskaja
Dragotina
Ozera
Mda
oz. Velino
Ostrovcy
Korov'e Selo
Podoleš'e
Nizovicy
Podborov'e
Kamennaja Straža
o. Gorodec
Želča
Remda
Kozlovo
Gologljag
Samolva
Tabory
Aksent'evo
Karpovščina
Pnevo
Čudskie Zahody
Put'kovo
Terebišče
Borovik
Čermaja
Krasnaja Gorka
Dub-Bor
Balsovo
Lipno
Baglicy
Tiheda
Kasepää
Omedu
Ranna
Lümati
Kadrina
Kodavere
Torila
Pala
Haapsipea
Kallaste
Kokora
Rootsiküla
Nõva
Savastvere
Nina
Alatskivi
Metsakivi
Kolkja
Sipelga
Koosa
Vanaussaia
Kasepää
Varnja
Kargaja
Koosa järv
Kalli jv.
Meerapalu
Piiri
Kavastu
Emajõgi
Kastre
Mäksa
Võõpste
Meliste
Ahunapalu
Ahja
Võnnu
Lääniste
Jõepera
Issaku
Kurista
Järvselja
Mehikoorma
Aravu
Meeksi
Ahja
Rasina
Lutsu
Naha
Akste
Mooste
Mägiotsa
Valgemetsa
Jaanimõisa
Linte
Tooste
Ahja ürgorg
Meelva
17
43
3
8
9
11
10
9
45
12
5
12
30
27
173
14
7
60
68
43
50

und sind eine bunte Stilmischung. Nachdem die Familie des Barons das Gut 1906 verlassen hatte, folgten verschiedene Institutionen und Gruppen, u.a. eine Schule und die Armee, die sich in dem Gutshof einrichteten. Seit 1999 gehört er der gleichnamigen Kommune.

Umgeben ist das Anwesen von einem 60 Hektar großen Park. Auch er wurde von seinem ehemaligen Besitzer nach englischem Vorbild angelegt.

- **Schloss Alatskivi,** Tel. 7453816, mobil 5286598, www.alatskiviloss.ee, im Sommer täglich 11–18 Uhr, Mai und September Mi–So 11–18 Uhr, sonst auf Anmeldung. Zum Schloss gehören ein Restaurant und eine Unterkunft.

Unterkunft

- **Haus Hirveaia** €€, Hierveaia 4, Alatskivi, Tel. 7453837, hirveaia@hot.ee. Bed&Breakfast mit zwei Doppelzimmern und einer kleinen „Suite für Jungvermählte" mit Kamin und Sauna, in der Nähe des Schlosses Alatskivi. Lagerfeuerplatz, Grill und Spielplatz; die Besitzer bieten Bootsfahrten und geführte Ausflüge an, auch Massage möglich.

Essen und Trinken

- **Kivi Kõrts,** Tel. 7453872, mobil 5067605, www.kivikorts.ee. Preiswerte Gerichte, auch Frühstück im Angebot.
- **Talli Tare Pubi,** Hirveaia 1, Tel. 7453887, mobil 5140991. Gerichte mit Zutaten aus der Umgebung.

Verkehr

- Es gibt östlich von Tartu nicht allzu viele **Tankstellen,** deshalb sollte man den Tank voll haben, bevor man sich in diese Richtung begibt. Eine 24-Stunden-Tankstelle befindet sich in Alatskivi.
- Von Tartu aus fahren mehrmals täglich **Busse** nach Kallaste, die auch in Alatskivi halten.

Der Peipus-See

Der Peipus-See (estnisch: Peipsi järv) ist nicht nur der **größte See Estlands,** sondern mit über 3550 km² auch einer der größten Europas. Durch den See verläuft die **estnisch-russische Grenze** und somit auch die Ostgrenze der EU. Festgelegt wurde sie schon sehr früh. Mitte des 13. Jh. fand auf dem zugefrorenen See eine Schlacht zwischen Russland und den deutschen Ordensrittern statt. Eine Ikone in der Kirche von Vasknarva, am Nordufer des Sees, erinnert an den Sieger, den russischen Feldherrn *Aleksander Nevski* aus Nowgorod. Den Namen Peipus trägt der See seit dem 14. Jh.

Nicht wenigen Besuchern kommt das riesige Gewässer mit 143 Kilometern Länge und bis zu 48 Kilometern Breite wie das Meer vor, schließlich kann man das gegenüberliegende Ufer an den meisten Stellen mit dem bloßen Auge nicht erkennen. Ausnahme ist eine Stelle bei Mehikoorma im Süden (oberhalb der Grenze von Põlvamaa zu Tartumaa): Hier liegt das russische Ufer nur zwei Kilometer entfernt. Dafür ist der See hier mit ca. 17,50 Metern am tiefsten. Dieser Teil des Peipus-Sees hat allerdings schon einen anderen Namen: Im Süden, unterhalb der Insel Piirissaar, geht der Peipus-See in den Lämmi-See und schließlich in den See von Pskov über, der ganz auf russischem Gebiet liegt.

Die größten Städte am See sind **Mustvee** in Jõgevamaa und **Kallaste** in Tartumaa, doch muten sie eher wie größere Dörfer an. Die kleinen Orte

Nina, Varnja, Kasepää und Kolkja südlich von Kallaste sowie Kükita und Raja nördlich davon sind typische **Ansiedlungen von altgläubigen Russen.** Ihre Holz- und Steinhäuser reihen sich manchmal kilometerlang an der Straße aneinander. Allen ist eines gemein: Mindestens zwei Fenster müssen zur Straße zeigen. Dazwischen befinden sich Felder, auf denen in langen, geraden Reihen Zwiebeln angepflanzt werden, was dazu führte, dass die Altgläubigen im Volksmund auch „Zwiebelrussen" genannt werden. In den Orten befinden sich hübsche, kleine **russisch-orthodoxe Kirchen.**

Der Peipus-See hat einige **Badestrände,** unter anderem in Nina und Kallaste.

Von Alatskivi aus kann man entweder über einen kleinen Weg direkt ans Ufer des Peipus-Sees fahren – hier gelangt man zu den Dörfern der Altgläubigen – oder der Straße 43 weiter Richtung Norden folgen. So trifft man in der kleinen Stadt Kallaste auf das Seeufer.

Kallaste

Am Ufer des Peipus-Sees liegt ein bis zu acht Meter hoher und über 900 Meter langer, roter Sandsteinaufschluss, der vor 350 Millionen Jahren im Devon entstand. Der **Rote Berg** dient zahlreichen Uferschwalben als Niststätte und enthält neun größere Höhlen, die man betreten kann.

Bis auf eine kleine, weiß-gelbe **Holzkirche,** die einige Ikonen aus dem 20. Jh. beherbergt, gibt es in Kallaste nicht viel zu sehen. Der kleine Ort bekam zwar 1938 Stadtrechte verliehen, wirkt aber mit seinen bunten Holzhäuschen nicht viel anders als die umliegenden Fischerdörfer. Doch ist der im 18. Jh. gegründete Ort ein typisches Beispiel für die Ansiedlungen der Altgläubigen (siehe Exkurs). Ein **Altgäubigen-Friedhof** befindet sich am Ufer des Sees.

052es Foto: jl

- **Kallaste Altgläubigenkirche,** Kiriku 14, Tel. 7452256, mobil 55622829, Mai bis Sept. So 9–12 Uhr, wobei zwischendurch der Gottesdienst stattfindet.

Mustvee

Mustvee, das schon im Landkreis Jõgevamaa liegt, zieht sich, wie die meisten Dörfer am Ufer des Sees, an der

Hauptverkehrsstraße entlang. Kaum zu glauben, dass dies bereits die größte Ortschaft auf der estnischen Seite des Peipus-Sees ist!

Mustvee ist ein Musterbeispiel für religiöse Vielfalt. **Vier Kirchen** zieren den Ort: eine orthodoxe aus dem Jahr 1864, eine mit goldfarbenen Turmhelmen gekrönte baptistische (ursprünglich orthodoxe) von 1877, eine lutherische, die um 1880 erbaut wurde, sowie ein Gotteshaus aus dem Jahr 1930, das den Altgläubigen dient.

• **Heimatmuseum der Altgläubigen von Mustvee,** Narva 22, Tel. 7726491, mobil 556 47321, Mai bis August Mo–Fr 10–18 Uhr, Sa/So 11–16 Uhr, sonst in der Woche 10–16.30 Uhr, am Wochenende nur nach vorheriger Terminabsprache.

Nina

Nina, südlich von Kallaste, ist das älteste der altrussischen Reihendörfer. Die mit Zwiebeltürmchen versehene, orthodoxe **St. Marienkirche** aus dem Jahr 1827 steht gegenüber einem kleinen **Leuchtturm** von 1936. Daneben, am Ufer des Sees, befindet sich ein Friedhof.

Kolkja

Im Dorf Kolkja kann man sich in einem kleinen **Museum,** das 1998 eröffnet wurde, Einblicke in die Traditionen und Lebensweise der Altgläubigen verschaffen. Hier hat sich das Leben seit Jahrzehnten kaum verändert. Ruhig ist es, oft durchdringt nur das Lachen badender Kinder oder das Rauschen der Birkenblätter die Stille. Kostproben der traditionellen Speisen der Region, die vor allem aus Fisch und Zwiebeln bestehen, sowie heißen Tee aus dem Samowar gibt es im örtlichen **Restaurant** (s.u.). Die Rezepte wurden seit Jahrhunderten von Generation zu Generation weitergegeben.

• **Vanausuliste muuseum,** Tel. 7453431, mobil 53922444, April bis September Mi–So 11–18 Uhr, Oktober bis März am Wochenende 11–17 Uhr oder nach Absprache.

Kasepää und Varnja

Die **Altgläubigen-Kapelle** in Kasepää wurde seit dem 18. Jh. durchgehend genutzt. Die **Steinkirche** im Nachbarort Varnja und ihre Ikonen stammen aus dem Jahr 1903.

Von Varnja aus führt eine kleine Straße zurück ins Landesinnere, wo sie in Koosa auf die Regionalstraße Richtung Tartu stößt. Will man weiter in das Mündungsgebiet des Emajõgi fahren, muss man einen Umweg durchs Landesinnere machen.

Mündungsgebiet des Emajõgi

Auf etwa 250 km² erstreckt sich das Mündungsdelta des Flusses Emajõgi, wovon ein Großteil seit 1981 unter dem Namen Emajõe-Suursoo („Großer Sumpf") unter Schutz gestellt ist. In dem **Naturpark** sind verschiedene **Moortypen** vorzufinden – ein wenig Hochmoor, aber vor allem Nieder- und Übergangsmoor mit zahlreichen Inseln und acht Seen. Zum Vogelzug zieht es Ornithologen hierher, die sich mit dem Fernglas auf die Lauer legen. Pflanzenkenner werden seltene Arten wie die Sibirische Schwertlilie entdecken. Im Frühjahr nach der Schnee-

Die Altgläubigen am Peipus-See

Die kleinen Orte am westlichen Ufer des Sees haben einen eigenen, altmodischen, aber auch romantischen Charakter. Bewohnt werden sie von sogenannten altgläubigen Russen, von den Esten auch augenzwinkernd als „Zwiebelrussen" bezeichnet, da in den Gärten hinter den kleinen Holzhäuschen lange Reihen von Zwiebeln und anderem Gemüse wachsen. Wie die Zwiebelreihen schlängeln sich auch die Dörfchen an der Uferstraße entlang, Holzhaus neben Holzhaus, nur ab und zu von einer kleinen orthodoxen Kirche oder einem Fischerhafen unterbrochen, von wo aus die Männer des Dorfes auf den See hinausfahren. Wenn sie abends zurückkehren, nageln sie ihren Fang an die Wände ihrer Häuser und Schuppen. Luftgetrocknet, so weiß man hier seit Generationen, ist der Fisch eine Köstlichkeit.

37 verschiedene Fischarten wurden im Peipus-See gezählt, die nicht nur im Sommer mit Netzen gefangen, sondern auch im Winter durch Eislöcher geangelt werden. Dazu fahren die Fischer auf Motorschlitten über die dicke Eisdecke weit auf den See hinaus. Die Radarstationen der Grenzer passen auf beiden Seiten auf, dass sich dabei niemand ins Nachbarland verirrt. Im Frühjahr treiben oft riesige Eisschollen und -berge über den See. Nur fünfzehn Meter vor seinem braunen Holzhaus habe vor einigen Jahren ein riesiger, um die 20 Meter hoher Eisberg Halt gemacht, berichtet ein Einwohner von Nina.

054es Foto: jl

Altgläubigenfamilie in Nina

Die Altgläubigen kamen bereits im 18. Jh. aus Russland, vor allem aus der Gegend um Nowgorod, an die Westküste des Peipus-Sees, wo sie der Verfolgung im eigenen Land entgingen und friedliche Plätze zum Leben fanden. Seither bewohnt diese Bevölkerungsgruppe das ganze Ufer des Peipus-Sees und Narva-Flusses, von den Dörfern Gorodenka und Kuningaküla im Norden bis zum Gebiet der Seto im Süden.

Die Altgläubigen leben seither in einer sehr isolierten und streng abgegrenzten Gesellschaft, ihr Alltagsleben hat sich seit ihrer Ansiedlung kaum verändert. Die modernen Zeiten haben nicht viel Gutes für diese Bevölkerungsgruppe gebracht. Arbeitslosigkeit zwingt die Jugend, ins Landesinnere umzusiedeln, wo die moderne Welt als kulturelle Konkurrenz eine ständige Bedrohung für die Weiterexistenz der Altgläubigenkultur darstellt.

Mittlerweile sind erfolgreiche Maßnahmen zu Förderung und Erhaltung der Traditionen ergriffen worden. So eröffneten in Kolkja ein Restaurant mit örtlichen Spezialitäten sowie ein Heimatmuseum. Ferner haben sich in Raja und Mustvee Priester bereiterklärt, ihre Kirchen der Öffentlichkeit zugänglich zu machen und sie über die Eigenart der russisch-orthodoxen Altgläubigen-Kirche und die Besonderheiten der Liturgie zu informieren. Auf der Insel Piirissaar wird jedes Jahr der Peter-und-Paul-Tag festlich begangen. Ein Besuch der Altgläubigensiedlungen ist eine exotische Reise in ein anderes Estland!

schmelze stehen große Flächen unter Wasser. Überhaupt entdeckt man das feuchte Gebiet am besten per Boot, es gibt aber auch verschiedene **Wanderpfade,** wie den rund acht Kilometer langen Weg von Ahunapalu nach Virvissaare (kein Rundweg!).

Nur wenige Touristen dringen in das sehr **entlegene Gebiet** südöstlich der Emajõgi-Mündung vor. Um hierher zu gelangen, bedarf es eines großen Umwegs über das Landesinnere, wenn man nicht von Süden über Räpina anreist. Es geht über unbefestigte Straßen in die ziemlich menschenleere Gegend, die mit keinen größeren Sehenswürdigkeiten aufwartet.

- **Informationszentrum in Kavastu** (Emajõe-Suursoo looduskeskus), am Westrand des Schutzgebietes, Tel. 6767999, www.rmk.ee, im Sommer tägl. 10–18 Uhr, sonst Mo–Fr 11–16 Uhr. Hier bekommt man Kartenmaterial und kann Führer buchen. Eine weitere Anlaufstelle ist die **Touristeninformation in Tartu.**

Informationen

- **Touristeninformation in Kallaste,** Oja 22, Tel. 7452705, info@kallaste.ee.
- Das **Touristeninformationsbüro in Tartu** gibt Auskünfte über das Gebiet rund um den Peipus-See. Auch an der Kasse von **Schloss Alatskivi** (s.o.) gibt es Infomaterial, u.a. die estnisch-englische Landkarte „Peipsiveere Culture & Nature Route", in der alle Sehenswürdigkeiten am See eingezeichnet sind.

Unterkunft

- **Aarde Villa** €€, Sääritsa, Gemeinde Pala, mobil 5183617, www.aardevilla.ee. Auf halber Strecke zwischen Mustvee und Kallaste liegt direkt am Peipus-See das Gästehaus Aarde Villa. Fahrrad- und Bootsverleih, Sauna. EZ bis 4er-Zimmer (alle mit WC, Dusche,

053es Foto: jl

Fernseher und WiFi) inkl. Frühstück, zum Teil mit Seeblick, die Preise variieren nach Saison. Man kann auf dem Grundstück auch **zelten.**

- **Hansu turismitalu** €, Kodavere, Gemeinde Pala, Tel. 7452518, mobil 55599850, www.hansu.ee. Einige Kilometer nördlich von Kallaste in Kodavere, mit Sauna. **Zelten** und aufstellen von **Wohnwagen** möglich. Auch ein Campinghaus vorhanden.
- **Hostel Laguun** €, Liiva 1a, Kallaste, Tel. 745 2553, www.hostel-laguun.e. Kleines Häuschen am Peipus-See, sehr einfache und kleine Zimmer, dafür die meisten mit Blick auf den See, Küche, Bad und Fernsehzimmer zur Mitbenutzung, auf Wunsch mit Frühstück. Man kann auf dem Grundstück auch **zelten.**
- **Marjan Maja** €€, Ranna, Gemeinde Pala, Tel. 7765366, mobil 56222993, www.marjanmaja.com. Renoviertes altes Gasthaus südlich von Mustvee im Dorf Ranna, 6 Zimmer, Verpflegung auf Vorbestellung, die Besitzer bieten auch Ausflüge an, u.a. Angeln.
- **Willipu Külalistemaja** €€, Pusi, Gemeinde Alatskivi (2 km südlich von Kallaste am Ufer des Sees), mobil 56352117, www.willipu.ee. Nettes Gästehaus mit 2- und 3-Bettzimmern. Wer mag, kann angeln oder die Sauna benutzen; Fahrrad- und Bootsverleih. Man kann auch **zelten** oder seinen **Wohnwagen** auf dem Grundstück aufstellen.

Essen und Trinken

- **Kolkja kala- ja sibularestoran** (Fisch- und Zwiebelrestaurant), Kolkja, Tel. 7453445, mobil 5049908, www.hot.ee/kolkjarestoran. tägl. 12–18 Uhr, im Winter auf Vorbestellung. Sehr leckere, typische Spezialitäten der Altgläubigen vom Peipus-See. Das Restaurant ist sehr beliebt und kann schon um 12 Uhr voll belegt sein.

Einkaufen

Tipp: Probieren Sie unbedingt *suitsukala*, **geräucherten Fisch,** der entlang der Straße, vor allem rund um Mustvee, an kleinen Verkaufsständen feilgeboten wird. Als Selbstverpfleger halte man die Augen auf. Im Sommer wird überall **Gemüse aus eigenem Garten** für wenig Geld verkauft.

Kleine **Lebensmittelgeschäfte** gibt es in Alatskivi und Kallaste.

Verkehr

- Es gibt östlich von Tartu nicht allzu viele **Tankstellen,** deshalb sollte man den Tank voll haben, bevor man sich in diese Richtung begibt. Eine 24-Stunden-Tankstelle befindet sich in Alatskivi.
- Von Tartu aus fahren mehrmals täglich **Busse** über Alatskivi nach Kallaste. In die kleinen Altgläubigendörfer, v.a. nach Kolja, fahren zwar Busse, aber selten. Informationen erhält man beim Busbahnhof oder in der Touristeninformation von Tartu.

Typisches Altgläubigendorf: Kolkja

Rund um Põlva

Põlva ist nicht unbedingt eine Reise wert, hat das Städtchen außer seiner alten Kirche doch nicht viel zu bieten. Die von einer Geländestufe durchzogene Provinzstadt ist jedoch ein guter Ausgangspunkt zu zahlreichen schönen **Naturlandschaften** des Landkreises Põlvamaa. Im in der Stadt gelegenen Põlva-See kann man baden.

Entlang der zentralen Kesk-Straße findet man Banken, kleine Geschäfte und Cafés. Hier ragt auch das rote Dach der **Marienkirche** (Maarja kirik) empor, die wie so viele Gotteshäuser im Land seit ihrer Erbauung im 13.–14. Jh. mehrfach zerstört und wieder aufgebaut wurde. Ihr heutiges Aussehen erhielt sie 1845, einige Gemälde im Inneren wie das Altarbild von 1650 stammen aus früheren Zeiten.

In der Touristeninformation kann man sich mit gutem Karten- und Infomaterial eindecken. Sportbegeisterte bekommen dort auch Adressen von **Kanuverleihern, Reitställen und Wanderzentren.**

Taevaskoja und Ahja-Fluss

Nahe der Straße 61, die von Tartu nach Südosten führt, nur ein paar Kilometer nördlich von Põlva, befindet sich inmitten des Ahja-Urstromtals eines der schönsten Naturdenkmäler des Landes: die **Große Himmelshalle** (Suur Taevaskoja), ein 24 Meter hoher Sandsteinaufschluss, der sich am Ufer des Ahja-Flusses in leuchtenden Rottönen präsentiert. Wer den Ahja mit dem **Kanu** entlangfährt (sehr empfehlenswert!), entdeckt eine wildromantische Landschaft. Neben der Großen Himmelshalle gibt es etwa 40 weitere rote Sandsteinfelsen und -wände aus dem Devon.

Wie ihre große Schwester beherbergt auch die einige Fußminuten entfernt gelegene **Kleine Himmelshalle** (Väike Taevaskoja) zahlreiche Schwalben- und einige Königsfischernester. Im Laufe der Jahrhunderte hat das Quellwasser eine Höhle in die knapp 13 Meter hohe und etwa 190 Meter lange Kleine Himmelshalle gespült. Zahlreiche Legenden ranken um die sogenannte Mädchenhöhle (Neitsikoobas) und weitere Quellen, Findlinge und Höhlen. Davon zeugt auch der Name eines großen Findlings, der inmitten der Stromschnellen liegt – er wird als Hexenstein bezeichnet. Zu früheren Zeiten wurde Taevaskoja als heiliger Ort verehrt und war eine Opferstelle.

Am Ufer des Flusses entlang führt ein idyllischer **Wanderweg,** der am kleinen Parkplatz an der Straße beginnt. Man kann die malerische Gegend aber auch mit dem Fahrrad oder auf dem Pferderücken erkunden. Der Wanderweg führt durch den Kiefernwald am Flussufer entlang zu den beiden Himmelshallen. Unterwegs kann man den Blick von einem höher gelegenen Aussichtsplatz genießen. Im Sommer baden Einheimische und Touristen im kühlen Fluss, ein Ausflugsboot bietet Fahrten über den nahen Stausee.

- Wer mehr über das Gebiet erfahren will, findet im Weiler Kiidjärve, etwa auf halber Strecke zum nördlich gelegenen Naturschutzgebiet Akste, das Informationszentrum des Naturparks Ahja: **RMK Kiidjärve teabepunkt,** Kiidjärve, Gemeinde Vastse-Kuuste, Tel. 6767122, www.rmk.ee.

Naturlandschaften südöstlich von Põlva

Zahlreiche Landschaftsschutzgebiete im Süden des Landkreises Põlvamaa lassen sich per pedes oder Rad, auf dem Pferderücken oder vom Kanu aus entdecken. Die sanften Moränenhügel werden von Urstromtälern und Flüssen durchzogen, viele Seen laden zum Baden ein.

Unterkunft

Eine lange Liste von Unterkünften im Landkreis findet man (auf Deutsch) auf der Website www.polvamaa.ee.

- **Hotel Pesa** €€, Põlva, Uus 5, Tel. 7998530, www.kagureis.ee. Dusche, TV und Telefon auf dem Zimmer, Räumlichkeiten für Rollstuhlfahrer, deutschsprachiges Personal, Schwimmbad, Sauna, Bar und Restaurant im

056es Foto: jl

Hotel; Jagen, Reiten, Fahrrad- und Bootsverleih, Ausflugsangebote.

- **Tammekännu-Freizeitzentrum** (Tammekännu vabaajakeskus) €, Mammaste, Gemeinde Põlva, Tel. 7993275, www.tammekanuu.ee. Hütten und Ferienhäuser, Zelt- und Wohnwagenstellplätze, Sauna, Bootsverleih und -ausflüge.

Aktivitäten

- Am einfachsten wendet man sich an die **Touristeninformation von Põlva,** wenn man ein Kanu mieten möchte oder reiten will: Kesk 42, Tel. 7995001, www.polvamaa.ee.
- Auf eigene Faust kann man es hier versuchen: **Kanuumatkad Vesipapp,** mobil 514 5430, www.vesipapp.ee. Ansprechpartner ist *Sander Hausenberg,* spricht gut Deutsch. Vermittlung von Kanutouren in Südestland, besonders schön sind Fahrten auf dem Ahja-Fluss. Mehrstündige, aber auch mehrtägige Kanuausflüge mit Verpflegung möglich. Hausenberg verabredet Treffpunkte und Strecken individuell. Sehr empfehlenswert bei schönem Wetter.

Das Wasser des Ahja hat Höhlen in den weichen Sandstein gespült

Das Grenzgebiet zu Russland

Der südöstlichste Teil Estlands entlang der russischen Grenze ist die Heimat eines eigenständigen Volksstammes, der **Seto.** Der frühere Landkreis Setomaa befindet sich heute zum Teil auf russischem Staatsgebiet. Die Ortschaften Värska, Obinitsa und Meremäe sind die Hauptorte der Seto auf estnischer Seite.

A
B
1
2
3
Järveküla
Valguta
Tammiste
Etsaste
Pangodi järv
Vastse-Kuuste
Teedla
Kalme
Kammeri
Prangli
Leevijõe
Valgemetsa
Karilatsi
Kiidjärve
Suislepa
Lapetukme
Rõngu
Kõduküla
Lutike
Porijõgi
Õhne
Koruste
Hellenurme
Nõuni
Põlva
Vooru
Palupera
Päidla
Elva
Puugi
Veski
Leevi
Pikasilla
Aakre
Valga
Vana-Otepää
Valgjärve
Krootuse
Ihamaru
Aarna
Leebiku
Puka
Otepää
Otepää looduspark
Saverna
Karaski
Tännassilma
Purtsi
217
Kuutsemägi
Arula
213
Tõikamägi
Aaste
Kiuma
Karste
Ädu
Pühajärv
Soontaga
Kääriku
Sihva
Kaaevere
Kaagna
Hurmi
Kähri
150
Erastvere
Priipalu
Kanepi
Tilsi
Kalme
maakond
Kooraste
Põlgaste
Suurküla
Atamõisa
Lota
Keeni
Restu
Soodoma
Visela
Koigu
Roosi
Uniküla
Sangaste
Raiste
Kassi
Urvaste
Kärgula
Sulbi
Hummuli
Õru
Parksepa
Loosu
Navi
V. Emajõgi
Õruste
Lauküla
Kuldre
Uue-Antsla
Linnamäe
Osula
Lossiküla
Tsirguliina
Antsla
Vana-Antsla
Vagula
Võhandu
Piiri
Laatre
Tagula
Kurenurme
Sõmerpalu
Sooru
Tõlliste
Kobela
Vagula järv
Aiju
Hänike
Iigaste
Korijärve
Antsla
Mustjõgi
Vana-Nursi
Ärnu
Nursi
Väheru
Valtina
Rimmi
Võru
Valka
Valga
Lugaži
Kaagjärve
Karula
Rebasemõisa
Haabsaare
Roosiku
Lüllemäe
137
Tornimägi
Tsooru
Sänna (Sännä)
Rõuge
Sēļi
Seda
Aheru järv
Ähijärv
Karula rahvuspark
Kangsti
Viitina
Saarlasõ
Zīle
Koikküla
Vana-Roosa
Pärlijõgi
Valkas
Koiva
Laanemetsa
Varstu
Pähni
Gauja
Taheva
Hargla
Saru
Mõniste
Krabi
Korneti
Paganamaa
Druskas
Salainis
Tsirgumäe
Vijciems
Tiitsa
Vastse-Roosa
Peetri
rajons
Zaķi
Bāci
Putras
Stepi (Kalnaine)
Zvārtava
Karisöödi
Ape
Jaunā muiža
271
Dēliņkalns
Jaunlaicene
Lobērģi
Aumeistari
Gaujiena
Ratenieki
Gaujena muiža
Bilska
Pubulupe
Dārzciems
Līzespasts
Karva
Māriņkalns
Grundzāles muiža
Melnupe
Vaidava
Mēri muiža
Grundzāle
Zeltiņi
Mēri
Vireši
Trapene
Ādams
Rezaka
Alsviķi
Vija
Rauza
Vizla
Vidaga
Alūksnes
Silaktis
Tūja
E 77
A 2
P 24
P 23
P 39
P 44
P 34

Meelva mka.
Naha
Mooste
Akste
Mägiotsa
Linte
Tooste
Jaanimõisa
Ahja ürgorg
Noontsmetsa
Meelva
maakond
Lämmijärv
Balsovo
Dub-Bor
Lipno
Usadišče
Baglicy
Zahody
Mtež
Pskovskoe ozero
Taevaskoja
Miiaste
Toolamaa
Räpina
Kauksi
Leevaku
Beresje
Himmaste
Vanaküla
Rahumäe
Võõpsu
Mammaste
Holvandi
Võuküla
Šartovo
o. Kolpina
Põlva
Ruusa
Suure-Veerksu
Lüübnitsa
Kolpino
Rosma
Metste
o. Talabsk
o. Verhnij
Partsi
Soohara
Pahtpää
Mikitamäe
Kul'e
Peri
Veriora
Mädajõgi
Rõsna
Lis'e
Budoviž
Võhandu ürgorg
Võhandu
Himma
Viluste
Kahkva
Igrise
Kremessova
Värska
Kamenka
Vana-Koiola
Vändramaa
Nõtsiku
Selise
o. Kamenka
Leevi
Päka
Treski
Kamnitsa
Lutepää
Krupp
Tsolgo
Nedsaja
Moložva
Väimela
Pindi
Sesniki
Zimnij Borok
Orava
Saabolda
Krivsk
Kääpa
Saatse
Vidovičy
Lasva
Hanikase
Kliima
Matsuri
Piusa
Kirumpää
Otsa
Lepassaare
Piusa koobastiku looduskaitseala
Võmmorski
Ivanovo
Boloto
Puusepa
Võru
Nõnova
Lezgi
Obdeh
Viski
Luki
Sooküla
Helbi
Pečory
Kose
Loosi
Tabina
Obinitsa
Tajlovo
Bereznjuk
Iskna
Piusa ürgorg
Külatüvä
Novyj Izborsk
Kasaritsa
Kütiorg
Mitkovicy
Senno
Uusvada
Zales'e
Mil'cy
Vällamägi
Külaoru
Tsirgu
Meremäe
Verebkovo
Koshel'ki
Maly
Advoricy
Uue-Saaluse
Vana-Vastseliina
296
Haanja
Vastseliina
Dubrovka
Izborsk
Dubnik
Suur Munamägi
318
Kündja
Illi
Miikse
Panikoviči
Haanja Looduspark
Viitka
Voronkino
Avdaševo
Šahnicy
Mauri
Ljubjat'
Pari
Kašino
A 212
Lykovo
Poddub'e
Plaani
Vruda
Bob'jakovo
oz. Vel'e
Tsiistre
Rotovo
Vasil'evo
Ruusmäe
Bor-Bel'kovo
Pskovskaja oblast'
Luutsniku
Käbli
Missoküla
Lokno
Leont'evo
E 77
Misso
165
Lidva
Hino järv
Lavry
Stukolovo
Kudeb
Rammuka
Pedetsi
Papuševo
Zapol'e
Palkino
Vysokij Most
Ljubjatovo
Kozly
Samohvalovo
Zabolova
Botvino
Ziemeri
Volkova
Siberi
Stuborova
Jaseneci
Juškovo
Logovo
Simonjaty
80
Šļukums
Akaviņa
Kurši
Alūksnes ezers
Mārkalne
Pededze
Kačanovo
Vengerski
196
Garjuru k.
Zaiceva
Pavlovo-Bliny
Opočna
Kolbergis
Visikums
Garjuri
Lugi
Gobas
Voroža
Alūksne
rajons
Ključi
Doktas
Golubovo
C
D
1
2
3

Der Süden

Wer das Gebiet der Seto durchfährt, kann nicht nur alte Friedhöfe und typische **Seto-Höfe** entdecken, sondern wird vielerorts auf typische kleine **Gebetshäuser** stoßen, die *Tsässons* genannt werden und in Orten stehen, die keine eigene Kirche haben.

Värska

Värska, nahe der russischen Grenze und dem **Pskover (Pleskauer) See** gelegen, ist vor allem für sein Mineralwasser bekannt, von dem mehrere Sorten mit verschiedenen Salzgehaltsstufen verkauft werden. Im örtlichen **Sanatorium,** das ein wenig außerhalb bei Väike-Rõsna liegt, können Gäste Mineralwasserbäder nehmen und sich Heilschlammpackungen aus der Värskaer Bucht verabreichen lassen.

Wer sich für die Seto-Kultur interessiert, kann sich im kleinen Touristeninformationsbüro mit Broschüren und Landkarten Setomaas ausrüsten, die zum Teil in deutscher Sprache verfasst sind. Hier erhält man auch den aktuellen Veranstaltungskalender. Alle drei Jahre wird das Seto-Gesangsfest in Värska abgehalten.

Seto-Bauernmuseum

Den besten Eindruck von der Kultur dieser Volksgruppe, ihrer Lebensweise und Architektur bekommt man im sehr sehenswerten Seto-Bauernmuseum in Värska. Ein **typisches Seto-Anwesen** besteht aus dem Wohnhaus und verschiedenen Nebengebäuden, die sich von der Straße abgewandt um einen Innenhof gruppieren. Im Museum kann man eine typische Sauna, Ställe, eine Scheune und kleine Werkstätten besuchen, in denen oft kulturelle Veranstaltungen durchgeführt werden. Mit etwas Glück trifft man Frauen in typischen Trachten an. Im **Teehaus,** das Teil des Seto-Museums ist, bekommt man oft typische Köstlichkeiten serviert.

- **Seto-Bauernmuseum,** Õrsava bei Värska, Pikk 56, mobil 5054673, www.setomuuseum.ee, Mai bis Sept. Di–So 10–17 Uhr, im Winter Di–Sa 10–16 Uhr.

Informationen

- **Touristeninformation Setomaa in Värska,** Pikk 12, Tel. 7964782, www.setoturism.ee, Mitte Mai bis Mitte September Mo–Fr 10–18 Uhr, Sa/So 10–15 Uhr, im Winter Mo–Fr 9–17 Uhr.

Unterkunft

- **Gästehaus Hirvemäe** €, Silla 4, Tel. 7976 105, mobil 5247217, www.hirvemae.ee. Nahe der russischen Grenze, in jedem Zimmer eigenes Bad und TV, Sauna. Neben Gästehaus auch Hütten, zelten möglich. Tennisplatz, Minigolf, Verleih von Sportartikeln und Booten, kleines Café. Tiere erlaubt.
- **Spahotel Värska Sanatoorium** €€, Väike-Rõsna, Gemeinde Värska, Tel. 7993901, www.spavarska.ee. Liegt am Ufer des Lämmijärv, der für seinen heilenden Schlamm bekannt ist. Das Gebäude stammt aus Sowjetzeiten, wurde aber Ende der 1990er Jahre renoviert. Zimmer mit Bad, TV und Telefon, im Haus Restaurant, Sauna, Schwimmbecken, Bücherei, Billard. Gesundheits- und Spa-Behandlungen, Massagen und Aromabäder. Das Klima ist hervorragend bei Atemwegserkrankungen.

Sandflächen bei Piusa

Piusa

Die **Sandhöhlen von Piusa** südwestlich von Värska in Richtung Võru sind durch Quarzsandabbau entstandene Gewölbe und Gänge. 1920 begann nahe der Bahnstation Piusa auf der Strecke Valga – Petseri (Pečory) der Abbau des Sandsteins, der für die Glasindustrie benötigt wurde. Während ein Teil der Höhlen früher frei zugänglich war, ist der Zugang wegen der Einsturzgefahr nunmehr stark beschränkt. Eine Höhle kann von einer Besucherplattform aus besichtigt werden. Die zahlreichen Fledermäuse, die die Höhlen bewohnen, wird es jedenfalls freuen. Nach der Besichtigung der Höhle kann man den Spaziergang bis zu einer weiten Sandfläche ein Stück hinter dem Besucherzentrum ausdehnen. Neben dem neuen Besucherzentrum mit Spielplatz finden sich am Parkplatz ein kleiner Laden und eine Töpferei, die im Sommer geöffnet sind.

Weiter südwestlich in der Gemeinde Meremäe finden sich im Urstromtal Piusa schöne **Sandsteinaufschlüsse.**

205es Foto: ta

- **Piusa Besucherzentrum und -höhlen,** Dorf Piusa, Gemeinde Orava, mobil 530 44120, www.piusa.ee, tägl. 11–19 Uhr, im Winter Fr 15–19, Sa/So 11–17 Uhr, sonst nach Vereinbarung. Im Besucherzentrum gibt es ein Café, eine Touristeninformation und einen kleinen Souvenirladen. Die Führung beinhaltet die Vorführung von zwei Naturfilmen (auf Englisch).

Unterkunft

- **Piusa Puhkemaja** €€, Väiko-Härma, Gemeinde Meremäe, mobil 5289134, www.puhkemaja.ee. Kleines Ferienhaus mit sechs Zimmern direkt am Fluss im Urstromtal Piusa, mit Kochgelegenheit und Sauna, außerdem gibt es die Möglichkeit zu **zelten.** Einfache Unterkunft zudem im renovierten Speicher und Hütten. Kanuverleih, gleich in der Nähe ein Wanderpfad.

Urstromtal Kütiorg

Auf dem Weg nach Võru auf der Straße 2 genießt man die schöne Aussicht auf das Haanja-Hochland. Wenige Kilometer vor dem Ort kann man einen kleinen Abstecher nach rechts machen: Das Urstromtal Kütiorg, mit 70 Metern das tiefste seiner Art in Estland, ist zu allen Jahreszeiten schön anzusehen. Hier lohnt sich ein Spaziergang oder im Winter eine kleine Skitour.

Haanja-Naturpark

Der Landrücken Haanja (Hahnhof) südlich von Võru mit dem **höchsten Berg des Baltikums,** dem Suur Munamägi, zahlreichen malerischen Dörfern, Seen, Urstromtälern, Wäldern und sanften Hügeln wurde zum etwa 17.000 Hektar umfassenden Naturpark Haanja zusammengefasst. Ein Besuch des Gebietes lohnt sich im Sommer ebenso wie im Winter. In den warmen Monaten locken unzählige Seen zum **Baden oder Kanufahren,** im Winter kann man auf **Skiern** die Gegend erkunden. Nirgendwo sonst im Land liegt so lange Schnee wie hier. Ein guter Ausgangspunkt ist die hübsche kleine Ortschaft Rõuge, herausragendste Sehenswürdigkeit ist – im wahrsten Sinne des Wortes – besagter Suur Munamägi.

Berg Suur Munamägi

Auch wenn es so manchen Besucher aus dem Ausland, beispielsweise aus Süddeutschland, Österreich und der Schweiz, schmunzeln lässt – die Esten sind stolz auf den höchsten Berg des Baltikums. Der Suur Munamägi, was übersetzt „Großer Eierberg“ bedeutet, weist gerade einmal eine Höhe von **318 Metern** über dem Meeresspiegel auf. Da er mitten im Haanja-Höhenzug beim **Dorf Haanja** (Hahnhof) liegt und sich von der Umgebung nur durch gute 60 Meter abhebt, kommen hier nicht gerade alpine Gefühle auf. Dennoch lohnt sich ein Aufstieg auf den knapp 30 Meter hohen Aussichtsturm auf der Spitze des Berges, denn von hier eröffnet sich ein weiter Blick über die dichten Wälder der Umgebung und auf den zweithöchsten Berg des Gebiets, den 296 Meter hohen Vällamägi.

Am Fuße des Suur Munamägi kann man einige Souvenirs erstehen, ein kleiner **Laden** verkauft Holzschnitzereien, außerdem bieten im Sommer Bauern Honig und selbstgemachte Marmelade an. Vor dem Aufstieg auf den Suur Munamägi kann man sich am Fuße des Berges im **Café Suur Muna** stärken.

- **Aussichtsturm auf dem Suur Munamägi,** April bis August tägl. 10–20 Uhr, September und Oktober tägl. 10–17 Uhr, im Winter Sa/So 12–15 Uhr.

Vaskna- und Tuul-See

Der See Vaskna südöstlich des Suur Munamägi wurde wie so viele Seen und Hügel in der Umgebung der Legende nach vom epischen Helden Kalevipoeg geschaffen – das Wasser habe sich in seinem Fußabdruck gesammelt. Südlich vom „Großen Eierberg“ erstreckt sich der höchstgelegene See des Landes, der Tuuljärv, der 257 Meter über dem Meeresspiegel liegt.

Berg Vällamägi

Auch eine zweite Erhebung lädt zu Spaziergängen ein. Auf dem Vällamägi, mit 296 Metern Höhe nicht viel kleiner als der Suur Munamägi, verläuft ein **Lehr- und Wanderpfad.** Er führt durch die verschiedenen Naturlandschaften: Wiesen und Fichtenwald, Übergangsmoore und Sümpfe mit dicken Torfschichten, Natur- und

Wirtschaftswald. Eine englischsprachige Wanderkarte erhält man in der Touristeninformation von Võru, eine **Wanderhütte** bietet Besuchern Unterschlupf. Wer keinen Wert auf großen Luxus legt, kann hier auch gegen ein kleines Entgelt auf einer der Pritschen nächtigen. Das sollte man jedoch vorher klären (Tel. 6767532 oder puhkus @rmk.ee).

Unterkunft

Im Naturpark Haanja findet man eine sehr große Auswahl an Unterkunftsmöglichkeiten. Einige Pensionen in Haanjamaa haben sich zu einem Netzwerk zusammengeschlossen. Ist eine Unterkunft belegt, ist der Besitzer gern bei der Zimmersuche behilflich und vermittelt an seine Kooperationspartner. Die meisten Unterkünfte bieten auch **Campingmöglichkeiten** mit Feuerstelle und Grill. Nach Absprache ist auch Verpflegung möglich, obgleich die meisten Unterkünfte keine eigenen Restaurants haben. Auch in Punkto Freizeitgestaltung arbeiten die Kooperationspartner zusammen und organisieren Ausflüge, Reiten, Skiverleih etc. In den meisten Pensionen wird Englisch gesprochen. Die Touristeninformationen in Rõuge und Võru sind bei der Suche nach einer Unterkunft behilflich.

- **Jaanimäe Bauernhof** €, Jaanimäe, Gemeinde Haanja, Tel. 7829007, mobil 5155600, www.jaanimaetalu.pri.ee. 14 km von Võru Richtung Haanja. Zelten, Grill- und Feuerplatz, Sauna, Frühstück inklusive.
- **Plaani Lodge** €, Plaani, Gemeinde Haanja, mobil 5543161, www.plaanilodge.edicypages.com. Bed&Breakfast, 6 km vom Suur Munamägi entfernt, gegenüber der orthodoxen Kirche in Plaani. Vor dem Haus hält der Bus von und nach Võru. Jedes Zimmer mit eigener Dusche, im Obergeschoss auch Familienzimmer mit Dusche und WC. Die Besitzer bieten Shuttleservice zum Tallinner Flughafen, nach Võru oder Haanja. Essen nach Absprache möglich.
- Ein wenig nördlich vom Haanja-Naturpark, etwa 9 km südwestlich von Võru, passiert man die nette **Villa Arossa** €€, Nooska, Tel. 7829114, mobil 5175600, www.arossa.ee. Man kann ein kleines Ferienhäuschen oder ein DZ im Haus mieten, allerdings haben nicht alle Räume ein eigenes Bad. Es gibt ein Grillhaus im Garten, zum Gästehaus gehört eine Sauna mit Swimmingpool (wie das Grillhaus kostenpflichtig), **zelten** ist möglich. Der Besitzer organisiert Kanufahrten, Reit-, Boots- und Wanderausflüge.

Verkehr

- Die meisten kleinen Orte werden nur selten von **Bussen** frequentiert. Allerdings sind viele Unterkünfte bereit, ihre Gäste am nächsten Busbahnhof, zumeist in Võru, abzuholen. Ist man auf öffentliche Verkehrsmittel angewiesen, empfiehlt sich eine Unterkunft in Rõuge oder Haanja. Dort verkehren nahezu stündlich Busse nach Võru. In Haanja hält ein Expressbus, der auch nach Tallinn fährt.

Rõuge

Der etwa 15 km südlich von Võru gelegene Ort Rõuge (Rauge), 1613 erstmals urkundlich erwähnt, liegt in einer idyllischen Landschaft, die sich durch sanfte Hügel und bis zu 75 Meter tiefe Täler, Laub- und Nadelwälder sowie zahlreiche Seen, Flüsschen und Quellen auszeichnet. Wie an einer Perlenkette aufgereiht, liegen sieben durch den Rõuge-Bach miteinander verbundene Seen in und um den Ort. Im Zentrum Rõuges befindet sich der **Suurjärv**, der mit 37 Metern der tiefste See Estlands ist.

Die **Marienkirche** im Zentrum des Dorfes gilt als Symbol Rõuges. Bereits im Jahr 1550 stand hier ein Gotteshaus, das jedoch im Nordischen Krieg zerstört wurde. Das jetzige Gebäude stammt aus dem Jahr 1730. Die einstmals katholische, jetzt lutherische Kirche beherbergt eine der besten Orgeln der **Orgelbauerfamilie Kriisa,** die aus Kokõmäe stammt, einem kleinen Ort in der Nähe von Rõuge. Das Altarbild „Jesus am Kreuze" ist von *Rudolf zur Mühlen.* Die Kirche ist im Sommer Donnerstag bis Samstag 11–16 und Sonntag 9–15 Uhr geöffnet. Die Besteigung des Turmes ist kostenpflichtig. Gegenüber der Kirche erinnert ein **Denkmal** an die Opfer des Unabhängigkeitskrieges.

Vom alten **Festungshügel Rõuge linnamägi** hat man einen schönen Ausblick auf die liebliche Landschaft. Auf dem Linnamägi stand vom 6. bis 11. Jh. eine estnische Burg. Heute kann man von einem hölzernen Aussichtsturm aus die wunderschöne Seenlandschaft betrachten. Zur anderen Seite des Linnamägi liegt das **Tindiorg** (Tindi-Tal), das von Kalksteinfelsen dominiert wird.

Nachtigallental

Eine Reihe von Tälern in der Umgebung von Rõuge laden zum Spaziergang ein, vor allem das 300 Meter lange und bis zu 15 Meter tiefe Nachtigallental (Ööbikuorg) südöstlich des Ortes. Es ist besonders im Frühling, wenn der Gesang zahlreicher Nachtigallen durch das bewaldete Tal schallt, ein beliebter Ausflugsort der Esten.

Naturwanderweg

Ein wunderschöner, zehn Kilometer langer Wanderweg führt an den sieben Seen entlang durch den beschaulichen kleinen Ort und das Nachtigallental und endet in einem Sandsteinaufschluss, der **Hinni-Schlucht** („Canyon" genannt). Die bis zu acht Meter tiefe und 200 Meter lange Schlucht liegt nördlich der Ortschaft in der Nähe des Dorfes Nursi, sie steht unter Schutz. Rõuge selbst liegt in der Mitte des Wanderweges, d.h. man sollte sich entweder an ein Ende bringen lassen oder in zwei Etappen laufen, um nicht insgesamt 20 Kilometer zurücklegen zu müssen. Im Sommer nicht vergessen, ein Anti-Mücken-Mittel aufzutragen!

Energiepfad

Ein weiterer Wanderweg ist 1,5 Kilometer lang und führt an **natürlichen Energiequellen** (zumeist Wasserkraft) vorbei. Schilder erklären dem Wanderer, wie die Energiequellen technisch genutzt werden. Der Rõuge Energiepark gibt ein kleines Faltblatt mit der Wanderroute und englischsprachigen Informationen heraus.

- **Rõuge Energiapark,** Ööbikuoru 1, Tel. 7859312, www.rauge.ee/energiapark.

Informationen

- **Rõuge Touristeninfopunkt,** im Blockhaus beim Nachtigallental, Tel. 7859245, www.rauge.ee, 15. Mai bis 15. September täglich 10–18 Uhr, im Winter geschlossen.

Service

- **Post:** Võru mnt 6, von der Kirche die Straße hinunter am See vorbei, dann rechts.
- **Internet:** Rõuge Noortekeskus, Keskuse 1.
- **Arzt:** Tel. 7859171
- **Zahnarzt:** Tel. 7859209 (Mo 9–11 Uhr)

Unterkunft

- **Ala-Rõuge Külalistemaja** €, Võru mnt 12, Tel. 7859236, mobil 5226384, www.alarouge.ee. Gästehaus mit einfach ausgestatteten Zimmern, nicht jedes mit eigenem Bad, z.T. mit TV; Whirlpool, Sauna, Konferenzraum. Auf Bestellung Mittag- und Abendessen.
- **Eha Talu** €-€€, mobil 56222843, www.ehatalu.ee. Nette Ferienhäuser für 2–8 Personen mit Küche und Sitzecke, nur Selbstverpflegung möglich. Idyllisch am Ratas-See nur wenige Gehminuten vom Zentrum Rõuges gelegen. Reiten, Kutsch- und Planwagenfahrten, Paddelbootverleih, Sauna, Schaukel. Auch **Camping** möglich.
- **Tamme Puhkemaja** €, Vadsa, Gemeinde Rõuge, Tel. 7860835, mobil 5064465, www.hot.ee/tampuhkemaja. Ferienhäuser und Zimmervermietung, liegt zwischen Rõuge und Haanja. Schön angelegtes und gepflegtes Grundstück mit Grill, Sauna, Schaukel, Volleyballplatz. Die Besitzerin spricht etwas Deutsch. **Camping** möglich, Essen nach Absprache.

Essen und Trinken

- **Saarsilla Talu Kohvik,** Haanja mnt 2, Mi-So 11–19 Uhr. Leckere Gerichte, von der Terrasse hat man einen netten Blick auf den Suurjärv.
- Forellen kann man im Sommer bei **Saarlasõ Veski Talu,** Saarlase, Gemeinde Rõuge, mobil 53437532, oder bei **Tindioru forellipüük** (Tindi küla, Gemeinde Rõuge), mobil 5032060, fangen oder fangen lassen und grillen.

Einkaufen

- **Kunstikuur,** Võru mnt 1, mobil 5226277, 55523366, netter Laden mit preiswerten und schönen Handwerksartikeln, selbstgemachter Marmelade, eingelegten Gurken und Honig. Darüber hinaus Workshops und Konzerte.
- Kunsthandwerk findet man auch im **Käsitöötare** im Ööbikuorg-Zentrum, im Sommer täglich 10–18 Uhr.
- Kleines **Lebensmittelgeschäft** schräg gegenüber dem Kunstikuur.

Aktivitäten

Verleih von **Fahrrädern, Booten, Angelzubehör** und **Skiern** bieten die meisten Unterkünfte an. Es werden auch – je nach Jahreszeit – **Kutsch- und Schlittenfahrten** angeboten. Der Touristeninfopunkt hilft gern weiter.

- **Reiten:** Eha Talu, mobil 5048621, www.ehatalu.ee.

Verkehr

- Von Rõuge verkehren nahezu stündlich **Busse** nach Võru. Dreimal täglich hält ein Bus von und nach Tartu.

Võru

Võru (Werro) liegt am **Tamula-See** und mutet – obwohl Hauptstadt des gleichnamigen Landkreises – von der Größe und Atmosphäre her wie eine Provinzstadt an. Auf Geheiß der russischen Zarin *Katharina II.* wurde die Stadt am 21. August 1784 gegründet und in quadratischen Vierteln angelegt. Archäologische Funde weisen darauf hin, dass die Gegend schon in der Steinzeit bevölkert war.

Im Mittelalter stand am linken Flussufer des Võhandu (gleich hinter Võru Richtung Väimela) die **Bischofsburg Kirumpää,** von der allerdings nicht mehr als ein paar Mauerreste zu sehen sind. Bereits 1656 wurde die Burg, die erstmals 1322 Erwähnung fand, zerstört, ihre Steine sind beim Bau der Stadt verwendet worden. Die Fundstücke aus der Zeit sind im Võrumaa Museum ausgestellt.

Võru hat keine großartigen Sehenswürdigkeiten vorzuweisen, doch ist die Stadt eng mit dem Namen ihres berühmtesten Sohnes verbunden, dem auch ein Museum gewidmet ist: *Friedrich Reinhold Kreutzwald*, der die Geschichten des in Estland immer wieder auftauchenden Sagenhelden Kalevipoeg aufgeschrieben hat.

Vom Bahnhof aus sind es nur einige Gehminuten in die Innenstadt. Folgt man der Tartu-Straße, stößt man an der Ecke Jüri auf die Touristeninformation. Rund um die Kreuzung Tartu/Jüri bzw. Antsla, wie die Verlängerung der Jüri-Straße heißt, finden sich die meisten Sehenswürdigkeiten und zahlreiche bunt gestrichene Holzhäuser.

Kirchen und Estonia-Denkmal

Auf dem Weg vom Bahnhof zur Touristeninformation liegt die **orthodoxe Jekateriina-Kirche** (Tartu 26) aus dem Jahr 1804. Nur einige Meter weiter auf der gegenüberliegenden Straßenseite ist noch eine Kirche zu sehen. In Anbetracht dessen, dass Võru auf Anordnung *Katharinas II.* errichtet wurde, erstaunt es nicht, dass auch sie den Namen **Katharina** trägt. Für die Fertigstellung hatte ihre Namensgeberin 28.000 Silberrubel gestiftet. Das einschiffige, evangelische Gotteshaus (Antsla/Ecke Tartu) wurde am 24. Juli 1793 eingeweiht. Die Orgel aus dem Jahr 1913 stammt aus der in Haanja ansässigen Orgelbauerfamilie *Kriisa*.

Vor der Kirche erinnert ein **Denkmal** aus Granit an die 17 Einwohner, die beim Untergang der „Estonia" 1994 ihr Leben verloren haben.

Võrumaa Museum

Das Võrumaa Museum zeigt Exponate aus der Geschichte Võrus und Südestlands. Hier kann man auch typische **Seto-Trachten** bewundern und den Unterschlupf eines **Waldbruders** – so hießen die estnischen Widerstandskämpfer gegen die sowjetische Besatzung – besichtigen.

- **Võrumaa Museum,** Katariina 11, Tel. 7821939, 7824479, www.hot.ee/muuseumvoru, Mi–So 11–18 Uhr.

Kreutzwald-Museum

Das ehemalige Wohnhaus von **Friedrich Reinhold Kreutzwald** (1803–1882) wurde 1793 erbaut und ist eines der ältesten Häuser der Stadt. Von 1833 bis 1877 lebte ihr berühmtester Bürger in dem Haus und hatte auch seine Arztpraxis darin. Zu besichtigen sind im sehr sehenswerten Kreutzwald Museum Wohn- und Arbeitsräume sowie die verschiedensten Ausgaben des estnischen Nationalepos „Kalevipoeg", an denen er hier im Haus gearbeitet haben soll.

- **Kreutzwald-Museum,** Kreutzwaldi 31, Tel. 7821798, www.hot.ee/muuseumvoru, April bis Sept. Mi–So 10–18 Uhr, Okt. bis März Mi–So 10–17 Uhr.

Am Ufer des Tamula-Sees

Läuft man die Tartu-Straße Richtung See, stößt man rechter Hand auf einen kleinen **Park.** Auch hier ist wieder *Friedrich Reinhold Kreutzwald* – gleich in doppelter Form – anwesend. Im Park steht ein Denkmal und die parallel laufende Straße heißt nach seinem großen Werk Kalevipoja.

071es Foto: jl

Võru am Tamula-See

Der See mit ordentlichem Badestrand und einer frisch angelegten Promenade wird im Sommer gern genutzt. Geht man über die große Brücke zum anderen Ufer des Tamula-Sees auf die **Halbinsel Roosisaar,** vermerkt ein Informationsschild, wo Archäologen auf die Reste einer neolithischen Siedlung stießen. Zu besichtigen gibt es hier allerdings nichts, die Fundstücke wurden im Museum untergebracht. Von der Brücke hat man aber einen netten Blick auf den See und die Stadt.

Informationen

- **Touristeninformation,** Tartu 31, Tel. 782 1881, Fax 7821881, www.visitvoru.ee, Mitte Mai bis Mitte Sept. Mo–Fr 9–18 Uhr, Sa/So 9–15 Uhr (außer an Feiertagen, dann nur zeitweise geöffnet), im Winter Mo–Fr 10–17 Uhr, je nach Monat am Wochenende geschlossen. Sehr empfehlenswert ist die (auch deutschsprachige) Homepage. Das Personal spricht Deutsch und ist sehr zuvorkommend. Hier bekommt man einen Stadtplan und Informationen über die Sehenswürdigkeiten in der Umgebung, Übernachtungs- und Ausflugsmöglichkeiten. **Tipp:** Sehr detailliert und informativ ist die kleine Broschüre „Võrumaa Reiserouten".

Service

- **Banken:** Tartu mnt 25, Vabaduse 10a.
- **Internet:** Jüri 12, 1. Stock, Lembitu 2, Jüri 54 (Bibliothek).

Notfälle

- **Krankenhaus** (Lõuna-Eesti Haigla): Meegomäe, am Ortsrand, von der Stadtmitte ca. 4,5 km, Tel. 7868569.
- **Polizei:** Kreutzwaldi 52, Tel. 7868211.
- **Wasserrettung:** Vee 4, Tel. 7821080, mobil 5020750.
- **Abschleppdienst:** Jaama 75, mobil 5040528.

Unterkunft

- **Hotel Kubija** €€, Männiku 43a, Tel. 786 6000, mobil 5045745, Fax 7866001, www.kubija.ee. Etwa 3 km von Võru entfernt in südlicher Richtung, sehr idyllisch im Wald und am Badesee Kubija gelegen, mit Restaurant. Besonders bekannt für seine Behandlungen bei Schlafstörungen, außerdem diverse Spa- und Schönheitsanwendungen; auch 20 Stellplätze für **Wohnwagen** mit Wasseranschluss und Waschmöglichkeiten.
- **Hotel Tamula** €€, Vee 4, Tel. 7830430, Fax 7830431, www.tamula.ee. Obgleich das Hotelgebäude von außen nicht besonders attraktiv aussieht, sind die Zimmer in Ordnung und die Lage am gleichnamigen See ist sehr nett. Vom Zimmerbalkon aus kann man direkt auf den schönen Badestrand vor dem Hotel blicken. Dort gibt es einen kleinen Spielplatz für Kinder, außerdem Sportplätze, Sauna, Restaurant, Fahrradverleih. Zum Zimmer gehören Sat-TV, Duschbad und Telefon.
- **Külalistemaja Ränduri** €€, Jüri 36, Tel. 7868050, www.randur.ee. Rustikales Gästehaus im Herzen der Stadt, Zimmer verschiedenen Standards, Sauna, mit angegliederter Gaststätte.

Essen und Trinken

- **Restaurant im Hotel Kubija,** Männiku 43a, Tel. 7866000.
- **Café Katariina,** Katariina 4, Tel. 7824490. Sehr nettes Café mit frisch zubereitetem warmen Essen und leckerem Gebäck. Weit über Võrus Grenzen hinaus bekannt.
- **Café Spring,** Petseri 20, am Tamula-See, Tel. 7822777, www.springcafe.ee. Auch warme Gerichte, Sauna. Sonntags geschlossen.
- **Pub Ränduri,** Jüri 36, einige Gerichte zur Auswahl.
- **Gaststätte Mõisa Ait,** Jüri 20c, Tel. 782 5587, www.moisaait.ee. Reichliche Speisenauswahl, am Wochenende Live-Musik.

Einkaufen

- Das **Antiquitätengeschäft Karma,** Koidula 14, www.antiques.ee, ist eines der größten im Lande. Untergebracht ist es in einem der ältesten Gebäude der Stadt an der Ecke Antsla/Koidula. Ein Besuch lohnt sich wegen der vielen historischen Stücke, die Preise sind jedoch viel zu hoch.
- Eine große Auswahl an handgefertigten Mitbringseln gibt es im **Käsitöökelder,** Koidula 16, auf der gegenüberliegenden Seite von Karma.

Aktivitäten

- **Reiten:** Tamula Tallid, Vana-Nursi küla, mobil 5048621, www.tamulatallid.ee.
- Falls das Wetter einen Strich durch die Rechnung macht, kann man die **Schwimmhalle** von Väimela nördlich von Võru (Väimela Tervisekeskus, Tel. 7874247) aufsuchen, bei Sonnenschein bieten sich die zahlreichen Seen der Umgebung an.

Verkehr

- **Busbahnhof,** Vilja 2, Tel. 7821018. Der Bus von Tallinn nach Võru ist etwa vier Stunden unterwegs, mehrmals täglich. Gute Anbindung auch nach Tartu, Põlva und in andere Städte. Außerdem fahren von Võru die Regionalbusse ab, beispielsweise nach Haanja oder Rõuge.
- **Taxi:** Tel. 7820002, 7822222, 1300 und 1200.

Karula-Nationalpark

Etwa 30 Kilometer südwestlich von Võru erstreckt sich der Nationalpark Karula, der etwa zwei Drittel des gleichnamigen **Höhenzugs** umfasst. Sanfte Moränenhügel, die sich bis zu 137 Meter über den Meeresspiegel erheben, Sümpfe, Wälder und Seen prägen die malerische Landschaft. Der Name Karula geht auf das estnische Wort *karu* für Bär zurück, doch statt auf Bären stößt man hier mit etwas Glück eher auf Hirsche, Elche, Wildschweine, Wölfe, Luchse, Biber, Füchse oder Marder.

In Lüllemäe startet einer der vier **Lehrpfade,** die durch den Nationalpark führen. Auf der höchsten Erhebung, dem Tornimägi bei Rebasemõisa, steht ein **Aussichtsturm.** In der Nähe befindet sich auch ein Platz, auf dem man **zelten** kann. Im Süden des Nationalparks liegt der etwa drei Kilometer lange **See Ähijärv,** an dem auch das Besucherzentrum zu finden ist.

- **Informationszentrum des Nationalparks Karula,** Ähijärve, Gemeinde Antsla, Tel. 7828350, www.karularahvuspark.ee (in Englisch), Kartenmaterial und Informationen über die Gegend, außerdem gibt es einige Gästezimmer.

Unterkunft

- **Nakatu Taluturism** €, Karula (von Valga kommend, rechts Richtung Ringiste abbiegen, nach etwa 10 km), Tel./Fax 7670300, mobil 5134024, www.nakatu.ee. Ferienhof ein paar Kilometer westlich des Nationalparks mit Sauna an kleinem Teich, Fahrradverleih, auf Wunsch mit Verpflegung. Die Besitzer organisieren auch Kanufahrten in der Gegend.

Valga

Ganz im Süden des Landes, rund 250 Kilometer südöstlich von Tallinn und etwa 150 Kilometer nordöstlich der lettischen Hauptstadt Riga, liegt die Grenzstadt Valga (Walk). Seit 1920, als beide Länder ihre Unabhängigkeit erklärten, verläuft die **estnisch-lettische Grenze durch den Ort,** die sie in einen estnischen und einen lettischen Teil trennt, letzterer nennt sich **Valka.** Nach der langen Sowjetbesatzung ist sie seit 1991 wieder eine Staatsgrenze.

Heute wohnen etwa 20.000 Menschen in beiden Teilen der Stadt, etwas mehr als zwei Drittel auf der estnischen Seite. Wer sich in Valga aufhält, kann problemlos zu Fuß oder mit dem Auto die innerstädtische Grenze passieren. Da die wenigen Hotels oft ausgebucht sind, ist man manchmal sogar gezwungen, auf die lettische Seite auszuweichen. Man kann beide Stadtteile an einem Tag besichtigen, sollte sich aber kein durch die Teilung bedingtes, besonderes Flair erhoffen. Den größten Unterschied stellen die Straßen- und Informationsschilder dar, die in verschiedenen Sprachen verfasst sind, und die Flaggen an offiziellen Gebäuden: rot-weiß-rot die lettischen, blau-schwarz-weiß die estnischen. Vor der Einführung des Euro sollte man nicht vergessen, dass in Valka die lettische Währung in Gebrauch ist.

Johanniskirche

Im Herzen Valgas, am Ende der Kesk-Straße (in Verlängerung der Kuperjanovi) ragt auf einer Straßeninsel die gelb-weiße, oval angelegte **Jaani kirik** in den Himmel empor. Das Kirchenschiff ist von einem hohen Mansarddach gekrönt. *Christoph Haberland,* ein Architekt aus Riga, entwarf das Gotteshaus Ende des 18. Jh., das 25 Jahre nach seiner Fertigstellung um einen Turm erweitert wurde. An der Außenwand ist eine Gedenktafel zu Ehren von finnischen Freiwilligen angebracht, die im Laufe des estnischen Befreiungskampfes Anfang des 20. Jh. gefallen sind.

Rund ums Rathaus

Gegenüber der Kirche befindet sich ein hübsches hölzernes Gebäude, das rot-weiß gestrichen ist. Es beherbergt nicht nur das Rathaus, sondern auch die **Touristeninformation.** Mit einem kleinen Türmchen und aufgesetzten Fenstern auf dem Halbwalmdach gehört das 1865 erbaute Haus zu den schönsten Gebäuden der Stadt.

Ein wenig jünger ist das Haus der **Kreisverwaltung** Valgamaa (Kesk 12), ein paar Schritte weiter auf der gegenüberliegenden Seite. Wie die Johanniskirche plante auch das ehemalige **Gebäude der Deutschen Bank** ein Rigaer Architekt. Nach den Entwürfen *Wilhelm Rösslers* wurde das neoklassizistische Gebäude 1912 eingeweiht. Ionische Doppelsäulen und ein Dreiecksgiebel schmücken seine Fassade.

Museum

Wer sich für die **Geschichte** der Grenzstadt sowie die **Flora und Fauna** der Umgebung interessiert, sollte dem Museum einen Besuch abstatten.

- **Valga Museum,** Vabaduse 8, www.valgamuuseum.ee (nur auf Estnisch), Tel. 7668862, 7668863, Di–Fr 11–18 Uhr, Sa 10–15 Uhr.

Kirchen

Auf dem Weg zum Bahnhof passiert man zwei weitere Kirchen. Die **orthodoxe Isidor-Kirche,** die von fünf Kuppeln und einem Glockenturm überragt wird, entstand Ende des 19. Jh., die **Heiligengeistkirche** liegt etwas versteckt hinter dem Bahnhof (Maleva 8). Sie gehört zu den wenigen katholischen Kirchen des Landes. Ihre Fassade ist von neogotischen Fenstern und einem Giebel geziert. Der Bau eines Turms wurde zur Zeit ihrer Entstehung 1907 von der Zarenregierung nicht gestattet, schließlich durfte ein katholisches Gotteshaus nicht höher sein als die orthodoxe Kirche vor Ort.

Bahnhof

Das heutige, weiß-gelb gestrichene Bahnhofsgebäude (Jaama 10) haben deutsche Kriegsgefangene errichtet. Eine **Lokomotive** an der Bahnstrecke wurde 1998 als Erinnerung an die einstmals wichtige Verbindung Riga – Valga – Pskov aufgestellt.

Kriegsgefangenenlager

Am nordöstlichen Ende der Stadt lag im Wald Priimetsa das **Stalag 351,** ein Kriegsgefangenenlager, das die Deutschen im Herbst 1941 für russische Gefangene errichteten. Im Spätherbst 1944 wendete sich das Blatt, nun saßen deutsche Kriegsgefangene hier ein. Heute erinnert ein **Denkmal** an die Soldaten, die im Lager ums Leben kamen.

Pedeli-Fluss

In den letzten Jahren ist am Pedeli-Fluss eine Art **Erholungsgebiet** eingerichtet worden. Man findet dort Spazierwege, Spielplätze für Kinder und Strände.

Informationen

- **Touristeninformation,** Kesk 11, Tel./Fax 7661699, valga@visitestonia.com. Wenn es einen Preis für das beste Touristeninformationsbüro in Estland gäbe, stände Valga auf der Favoritenliste weit oben. Die Angestellten sind sehr freundlich und stehen mit Rat, Tat und Infos – auch was die Schwesterstadt Valka angeht – den Besuchern zur Seite. In den beiden Büros von Valga und Valka erhält man auch Karten und Broschüren, auf denen Ausflüge entlang des Grenzgebietes vorgestellt werden. Für die nähere Zukunft ist ein neues **Besucherzentrum** direkt an der estnisch-lettischen Grenze am Pedeli-Fluss geplant. Es soll von Esten und Letten gemeinsam geführt werden.

Unterkunft

- **Hotel und Restaurant Metsis** €€, Kuperjanovi 63, Tel. 7666050, Fax 7666051, www.hotellmetsis.com. Stilvoll eingerichtetes Hotel, alle Zimmer mit Bad, TV, Telefon.
- Wer lärmunempfindlich ist, kann im einfachen **Hostel Tolli** €, Tolli 1, Tel. 7640853, übernachten. Es befindet sich an der Grenze, im selben Haus wie der Nachtclub Yes.

Essen und Trinken

- **Cafés** und **Bistros** befinden sich entlang der Straßen Vabaduse (z.B. Nr. 29, 39) und Kesk (Nr. 1, 8, 16).
- **Voorimehe Pubi,** Kuperjanovi 57, mobil 5062652, www.voorimehepubi.ee. Gemütlicher Pub mit Küche, freitags Live-Musik, samstags Disco.
- **Restaurant Lilli,** Kuperjanovi 6, Tel. 766 3509, www.lilli.ee. Café und Restaurant in einem schönen Jugendstilhaus. Gute Auswahl an Speisen, im Sommer Terrasse mit Spielplatz.

Nachtleben

- Junge Leute besuchen den **Nachtclub Exotica Ööklubi,** Turu 6, oder das **Yes,** Tolli 1.
- Wem ein Glas Bier abends reicht, der kann sich eine Kneipe aussuchen: **Voorimehe Pubi** (s.o), **Tammi Baar,** Tartu 6.

Verkehr

- **Bahnhof und Busbahnhof,** Jaama pst 10. Die Busse sind auf jeden Fall schneller als der Zug. Regelmäßige Busverbindungen nach Tallinn, Tartu, Pärnu, Viljandi, Otepää. Regionalbusse halten an den an der Hauptstraße gelegenen Orten und Sehenswürdigkeiten, beispielsweise in Sangaste und Tõrva. Mit dem Zug kann man nach Tartu oder Riga fahren.
- **Autovermietung:** A-Karuse, Rükkeli 4, Tel. 7661020. Im Vergleich zu anderen Anbietern recht günstig. Liegt etwas außerhalb, deshalb sollte man ein Taxi dorthin nehmen.

Schloss Sangaste

Auf dem Weg von Valga nach Otepää stößt man auf halber Strecke, etwa 25 Kilometer von beiden Städten entfernt, auf das Schloss Sangaste, das ein paar Kilometer außerhalb des gleichnamigen Dorfes liegt. Das aus roten Ziegeln errichtete Herrenhaus wurde in den Jahren 1874–81 erbaut, doch bereits Ende des 13. Jh. hat hier ein prächtiger Gutshof gestanden, der dem Bischof von Tartu gehörte.

Der letzte Besitzer, Graf *Friedrich Georg Magnus von Berg,* der sich auch selbst aktiv der Landwirtschaft widmete, baute das Anwesen Anfang des 20. Jh. zu einem fortschrittlichen Gutshof aus. Bekannt war vor allem eine ertragreiche, kälteresistente Roggensorte, die der Gutsherr züchtete. Für seine wirtschaftlich erfolgreiche Arbeit wurde der Graf mit einer Goldmedaille des russischen Zaren ausgezeichnet. Der Architekt des Gutshofes, *Otto Pius Hippius*, hat sich bei der Planung des mit Türmen und Kaminen verzierten Backsteinbaus an ein englisches Vorbild gehalten: Windsor Castle. Eine Kuriosität ist der **Eingangsbereich:** Stellen sich zwei Personen in gegenüberliegende Ecken des überdachten Eingangs, können sie sich flüsternd unterhalten - nicht nur für Kinder ein verblüffendes akustisches Phänomen. Im Inneren sind vor allem der 300 Quadratmeter große **Ballsaal** und das holzvertäfelte **Speisezimmer** sehenswert.

Im Schlosspark findet man neben einem Teich auf der Rückseite des Schlosses alten Baumbestand, darunter eine Eiche, die angeblich von Zar *Peter I.* gepflanzt worden ist. Im Dorf steht eine Kirche aus dem 18. Jh.

Unterkunft, Essen und Trinken

- **Sangaste loss** €, Tel. 7679300, Fax 7679 303, www.sangasteloss.ee. Das Schloss wird nach und nach renoviert, sodass demnächst einige Räume Hotel-, andere eher Hostelcharakter (Mehrbettzimmer) haben. Im Erdgeschoss befindet sich ein **Café.**
- **Sangaste Rukki Maja** €, Tel. 7669323, www.rukkimaja.ee. Über der Gastwirtschaft liegen die relativ neuen Gästezimmer, jeweils mit WC, Dusche, TV und Radio, zu denen auch eine Sauna gehört. Unten befindet sich das Roggen-Restaurant. Der Name spricht für sich: traditionelle estnische und europäische Küche.

Verkehr

- Das Schloss Sangaste kann man mehrmals täglich mit dem **Bus** von Otepää, Tartu und Valga aus erreichen. Mehrmals am Tag hält der Bus zwischen Tartu und Valga im Dorf Sangaste.

Otepää

Namentlich tauchte Otepää (Odenpäh) erstmalig unter dem Begriff *Medvezhya Golova* in der Chronik von Nowgorod auf, beides bedeutet soviel wie Bärenkopf. Der Name kam aber nicht etwa aufgrund einer hohen Anzahl von Bären in dem Gebiet zustande, sondern vielmehr durch die Form des Linnamägi (Stadtberges), der angeblich an einen Bärenkopf erinnert. Doch bereits lange vor ihrer ersten schriftlichen Erwähnung war die Stelle, an der sich heute die Stadt Otepää befindet, besiedelt. Hier soll sich das Zentrum der altestnischen Region Ugandi befunden haben.

Auch in späteren Zeiten spielte die höchste Stadt des Landes (152 Meter über dem Meeresspiegel) eine für die Esten bedeutende Rolle, schließlich wurde in Otepää die blau-schwarz-weiße Fahne, die seit 1922 Estlands

Die „Schweiz Estlands" rund um Otepää ist Wintersportzentrum

Nationalflagge ist, 1884 heimlich geweiht. Stadtrechte erhielt der Ort jedoch erst 1936.

Otepää ist eine nette Kleinstadt, die nicht sehr viele Sehenswürdigkeiten zu bieten hat, aber ein guter Ausgangspunkt für Ausflüge in die Umgebung ist. Die Stadt ist sehr auf Tourismus eingestellt. Eine Vielzahl an Hotels und Pensionen, zahlreiche Kneipen und Freizeitveranstalter locken besonders im Winter auch immer mehr ausländische Gäste an.

Im Zentrum des Städtchens auf dem Lipuväljak steht das **Rathaus.** Rundherum befinden sich die meisten Kneipen und Restaurants, die Post, die Bibliothek und die Apotheke des Ortes. Östlich vom Platz liegt der Busbahnhof.

Sehenswertes

Burgberg

Ein kurzer Spaziergang vom Stadtzentrum aus führt zum Burgberg **Linnamägi,** auf dem einmal eine alte estnische Festung aus der Ugandi-Zeit gestanden hat. Im 13. Jh. wurde sie durch eine Steinburg ersetzt, die erste Estlands, die aus Ziegeln bestand. Ein paar Reste sind noch heute zu sehen.

Kirche

Die Kirche von Otepää, das älteste Bauwerk der Stadt, ist vor allem bekannt, weil hier die verbotene blauschwarz-weiße Fahne einer Studentenvereinigung heimlich geweiht wurde. Zwei Reliefs an der Hauptfront erinnern daran. Die Kirche selbst stammt

078es Foto: jl

aus dem Jahr 1671 und ist der Heiligen Jungfrau Maria geweiht. Im Laufe der Jahrhunderte wurde das Gotteshaus mehrfach umgebaut. Ihr heutiges neogotisches Aussehen erhielt sie in der zweiten Hälfte des 19. Jh.

Museum der Estnischen Flagge

Das Museum der Estnischen Flagge ist im ehemaligen Pfarrhaus untergebracht. Der Volkskundler und Pastor *Jakob Hurt* (1839–1907), der hier wohnte, war es, der die heutige Staatsflagge 1884 heimlich weihte.

- **Eesti Lipu muuseum,** Kirikumõis, Tel. 7663670, mobil 5127002, Besichtigung nur nach Voranmeldung.

Museum für Wintersport

Das Museum für Wintersport befindet sich im Tehvandi-Sportzentrum. Die Filme, die die Geschichte des Skisports in Estland dokumentieren, sind bislang nur in Estnisch zu sehen.

- **Otepää suusamuuseum,** Mi–Fr 11–17 Uhr, Sa/So 11–16 Uhr.

Energiesäule

Auf der Mäe-Straße befindet sich ein sehr seltsames Monument: Die mit Bärenköpfen verzierte Energiesäule soll die Gegenwart positiver Energiefelder verdeutlichen und Passanten daran erinnern, dass der Mensch ein Teil der Natur ist und von ihr abhängt. Ob das Umarmen der Säule wirklich neue Energie bringt, bleibt jedem überlassen auszuprobieren.

Apothekerberg

Südlich der Mäe-Straße erhebt sich der 180 Meter hohe **Apteekrimägi,** von dessen Aussichtsturm Besucher einen schönen Blick auf die Umgebung haben.

See Pühajärv

Im Winter sind die Tränen der Mütter zu Eis gefroren. Daraus soll er nämlich bestehen, der Pühajärv, übersetzt **Heiligensee,** der an den Ort grenzt. Unter den zahlreichen Sagen und Legenden, die um das Gewässer kreisen, ist die der Mütter, die ihre im Kampf gefallenen Söhne betrauern, die bekannteste. Ihre Tränen bildeten den See, die sich darin befindenden Inseln sind die Grabhügel der Gefallenen.

Im Winter sieht man hier Fischer, die dick eingemummelt dem im Norden beliebten **Eisangeln** nachgehen, oder dampfende Saunagänger, die Abkühlung im Eisloch suchen. **Baden** kann man auch im Sommer sehr gut im Pühajärv – ohne Eis. Hübsche Badestrände locken Besucher an den wohl **beliebtesten See Estlands.**

Um das 3,5 km lange, 1,6 km breite und bis zu 8,50 m tiefe Gewässer verteilen sich verschiedene, sehr schöne **Rad- und Wanderwege.** Diese führen auch an einem hölzernen **Monument** am nordöstlichen Ufer des Sees vorbei. Es erinnert an den Besuch des geistigen Oberhaupts der Tibeter, des Dalai Lama, der Anfang der 1990er Jahre zu einer Konferenz von unterrepräsentierten Ländern nach Estland kam. Das Denkmal liegt am **Badestrand** Pühajärve rand.

Bemerkenswert ist die sogenannte **Kriegseiche** (Pühajärve Sõjatamm) im Norden des Sees beim Erholungszentrum Pühajärve. Der nahezu 400 Jahre alte Baum ist 20 Meter hoch und hat einen Umfang von über 6,50 Metern.

Praktische Tipps

Informationen

- **Touristeninfomation,** Tartu mnt 1, Tel. 7661200, otepaa@visitestonia.com, im Sommer Mo–Fr 10–17 Uhr, Sa/So 10–16 Uhr, im Winter So/Mo geschlossen. Weitere Infos zu Otepää findet man (auf Englisch) unter www.otepaa.ee.

Service

- **Banken:** Lipuväljak 4 und 11.
- **Post:** Lipuväljak 24.
- **Internetzugang** hat man in der Bibliothek, Lipuväljaku 13.
- **Apotheke:** Lipuväljak 12.
- **Arzt:** Evi Lill, Tartu 2a, Tel. 7655272.

Unterkunft

- **Hotel Bernhard** €€-€€€, Kolga tee 22a, Tel. 7669600, www.bernhard.ee. Großer, von außen nicht übermäßig schöner Komplex, aber ordentliche Zimmer mit Balkon, Sauna, Swimmingpool, Restaurant, Spielzimmer für Kinder, Verleih von Sportausrüstung, etwa 2,5 km vom Zentrum entfernt.
- **GMP Clubhotel** €€€€, Tennisevälja 1, mobil 5010504, www.clubhotel.ee. Apartmenthotel am idyllischen See Pühajärve, mit Ein- und Mehrzimmer-Apartments, stylisch, aber etwas kühl eingerichtet. Sehr empfehlenswert ist das angegliederte Restaurant.
- **Hotel Karupesa** €€-€€€, Tehvandi 1a, Tel. 7661500, www.karupesa.ee. Nettes, Mitte der 90er Jahre eröffnetes Hotel im Stadtzentrum mit Restaurant, Kaminraum, Sauna, Tennisplatz, im Winter Eisbahn, Verleih von Sportausrüstung, Billard. Alle Zimmer mit eigenem Bad, Telefon und Sat-TV.
- **Tamme Gästehaus** €, Tamme pst 6, Tel. 7663747, www.tammemajutus.ee. Übernachtung in einfachen Zimmern mit Frühstück, weitere Verpflegung auf Anfrage, Sauna; die Besitzer organisieren verschiedene Ausflüge.
- **Valge Kroon** €€, Café und Gästehaus, Kolga tee 33, Tel. 7663284, www.valgekroon.ee. Unschwer von außen zu erkennen an Türmchen und Aufschrift am Giebel, nah am See. Zum Gästehaus gehört ein Café.
- **Arula Gästehaus** €€, Arula, Gemeinde Otepää, Tel. 7670690, mobil 5168655, www.arula.ee. Etwa 10 km westlich beim Kuutsemägi-Skizentrum, 2–4-Bettzimmer mit Frühstück, Restaurant, Sauna, diverse Sport- und Freizeitangebote, Skiverleih.
- **Pühajärve Spa Hotel** €€-€€€, Tel. 7665500, mobil 5044238, Fax 7665501, www.pyhajarve.com. Das sehr idyllisch am Heiligensee liegende Spa-Hotel ist auf dem Gelände des alten Gutshofs untergebracht. Großes Restaurant mit Terrasse; im Pub stehen Billard, Dartvorrichtung und ein großer Bildschirm für Sportübertragungen bereit. Kamin und Grillküche, Schwimmbad, Stellplätze für **Wohnwagen.**

Essen und Trinken

- Das **GMP Restaurant Pühajärve** im Clubhotel (s.o.) hat eine gute Auswahl an Weinen und leckeren Gerichten. Samstags finden auf der Terrasse im Sommer Live-Konzerte statt.
- Pizza bekommt man in der **Pizza-Baar Merano,** Tartu mnt 1a.
- Snacks gibt es im **Café Lumi,** Munamäe 8, www.lumikohvik.ee.
- Ebenfalls zentral an der Straße Lipuväljak liegen die Gaststätten **Edgari Trahter** (Nr. 3), **Hermanni pubi** (Nr. 10), **Oti pubi** (Nr. 26) und **Pubi Time Out** (Nr. 4).
- Wer im häuslichen Rahmen estnische Hausmannskost genießen möchte, kann sich auf Voranmeldung im **Haus-Restaurant Tammuri,** westlich vom Pühajärve in Richtung Mäha, verköstigen lassen, www.tammuri.ee.

Nachtleben

- In den **Kneipen** entlang der Lipuväljak-Straße kann man abends noch ein Bier trinken.

Hier befindet sich auch **Club/Diskothek Help** (Lipuväljak 4). Ein anderer Club namens **Come Back** ist in der Tartu mnt 16.

Einkaufen

- Wer auf der Suche nach Souvenirs ist, kann sich im Geschäft **Anni Butiik,** Pühajärve tee 2, mit gestrickten Handschuhen, Keramik und Holzutensilien eindecken.

Aktivitäten

- **Veetee,** Valga mnt põik 2, mobil 5060987, 56660987, www.veetee.ee, Kanu- und Schlauchboot-Wanderungen in Süd-Estland, Ski- und Snowboard-Verleih.
- **Paap,** mobil 56251015, www.paap.ee, im Winter u.a. Touren mit Motorschlitten bei Tag und Nacht.
- In den Hotels Karupesa, Bernhard und Pühajärve sind sogenannte **Fansport-Läden** untergebracht. Hier kann man verschiedene **Rad-, Kanu-, und Skiwanderungen** buchen und sich **Rollerblades, Fahrräder, Snowboards** und **Skier** ausleihen. Infos auch unter mobil 5077537, www.fansport.ee.
- Beim Dorf Mäha gibt es einen **Golfplatz:** Otepää Golf Center, mobil 56200115, www.otepaagolf.ee.
- **Reiten** kann man im Dorf Nüpli beim Reiterhof Tobra Hobused, Tel. 7667478, mobil 5052282, ratsutamine@tobrahobused.ee.

- Wer schwindelfrei ist, sollte den **Kletterpark Seiklus** beim Tehvandi-Sportzentrum ausprobieren. Man bewegt sich auf Seilen zwischen den Baumspitzen: Otepää Seikluspark, Tehvandi 3, Tel. 7661313, mobil 5049783, www.seikluspark.ee. Auch für Kinder ab 90 cm Körpergröße.

Feste und Veranstaltungen

- Im Januar/Februar kann es in Otepää sehr voll werden, finden dann doch internationale Sportereignisse statt, u.a. der **Tartu Marathon,** der größte Ski-Wettbewerb des Landes. Genaue Daten findet man unter www.otepaa.ee oder www.tartumaraton.ee.
- Zumeist im Februar wird die **Kuldkala (Goldfisch-) Party** auf dem Pühajärv abgehalten, ein vergnüglicher Wettstreit unter Eisfischern. Akutelle Daten unter www.kuldkala.ee.
- Im Juli und im September gibt es in Otepää alljährlich ein **Radrennen.**
- Sehr empfehlenswert ist das **Musikfest in Leigo** beim Dorf Nõuni, das im Juli oder August rund um einen See und auf einer darin schwimmenden Bühne stattfindet. Genaue Daten und Infos: www.leigo.ee. Zu dieser Zeit auf jeden Fall rechtzeitig ein Zimmer reservieren!

Verkehr

- **Busbahnhof:** Tartu mnt 1. Es gibt eine direkte Busverbindung von Tallinn nach Otepää, aber oft ist es schneller mit dem Expressbus nach Tartu und von dort weiter nach Tallinn zu reisen. Von Tartu aus geht es mehrmals täglich nach Otepää. Verbindungen gibt es ferner nach Valga, Võru und in andere Städte der Umgebung wie etwa Sangaste.

Umgebung von Otepää

Naturpark Otepää

Nicht nur im Winter, auch im Sommer ist der 232 km^2 große Naturpark Otepää ein beliebtes Ausflugsziel. Die hügelige Seenlandschaft ist sehr abwechslungsreich und es empfiehlt sich eine ausgedehnte Wanderung oder Radtour. Die großen Waldflächen, Urstromtäler, Flüsschen und Quellen wurden bereits 1979 unter Naturschutz gestellt. Der schönste See des Parks ist der **Pühajärv,** der bis an den Ort Otepää heranreicht.

Der **Väike Munamägi** (Kleiner Eierberg) liegt südöstlich von Otepää. Von seinem Gipfel hat man einen guten Ausblick, bei schönem Wetter bis zu 50 Kilometer in die umliegende Landschaft. Auch der **Harimägi** (auch: Leenardi mägi) lohnt einen Aufstieg. Auf der 211 Meter hohen Erhebung im Süden des Naturparks wurde 2003 ein etwa 25 Meter hoher Aussichtsturm gebaut, von dem aus der Blick über die pittoreske Landschaft bis nach Võrumaa reicht.

Wassermühle Hellenurme

Nordwestlich von Otepää befindet sich der Gutshof Hellenurme (Hellenorm). Die bis heute funktionierende Wassermühle aus roten Ziegeln und Feldsteinen vom Ende des 19. Jh. ist innen sehr sehenswert. In der Mühle, die von der Familie *Middendorff* erbaut wurde, kann man Maschinen und Möbel aus den 1930er Jahren besichtigen und sich die Funktionsweise erklären lassen.

- **Hellenurme veski,** Hellenurme, Gemeinde Palupera, Tel. 7679809, mobil 5205142, www.hot.ee/hellenurmeveski. Wer die Mühle besichtigen will, muss sich auf jeden Fall vorher anmelden (am einfachsten über die Touristeninformation), nur dann lohnt ein Besuch. Ansonsten ist sie meist geschlossen und dann keinen Umweg wert.

Unterkunft

- **Leigo Talu** €-€€, Nõuni, mobil 5091344, www.leigo.ee. Etwas abgelegen am nördlichen Rand des Naturparks, aber sehr schön, am besten die Abfahrt nach Lutike nehmen. Gemütliches Bauernhaus, traditionelle Rauchsauna und eine auf dem See schwimmende Sauna, großer **Zeltplatz.** Im Sommer findet hier alljährlich das in Estland sehr bekannte **Musikfestival von Leigo** statt.

Elva

Die **malerische Kleinstadt** Elva nördlich von Otepää und rund 25 Kilometer südwestlich von Tartu liegt idyllisch in einer Hügellandschaft zwischen Kiefernwäldern und **Seen,** die zum Baden einladen. Kein Wunder, dass sich das Städtchen zu einem beliebten **Urlaubsort** der Esten entwickelt hat und deshalb auch über eine gute Infrastruktur verfügt: kleine Hotels und Restaurants, Geschäfte und Museen sowie Tennis- und Sportplätze, die sonst in der Gegend nicht so häufig anzutreffen sind. Die vom Bahnhof kommende Kesk ist die Hauptstraße, hier befinden sich die meisten Geschäfte und Restaurants.

Überall im Ort stößt man auf **alten Kiefernbestand,** der die Atmosphäre der Stadt prägt. Einige **Villen** liegen malerisch am Seeufer. Der größte See des Ortes ist der Verevi, auch Suurjärv genannt. Er ist elf Meter tief und eine ideale **Badestelle.** In der Stadtmitte liegt der naturbelassene Arbi-See.

Das **Tartumaa-Museum** dokumentiert die Geschichte des Landkreises (Pikk 2, Tel. 7456141, www.tartumaamuuseum.ee, Di–Fr 10–17 Uhr, Sa 10–15 Uhr).

Zu Fuß, mit dem Fahrrad, dem Kanu oder im Winter gar auf Skiern kann man die Umgebung erkunden.

Informationen

- **Touristeninformation** (Elva Matkakeskus), Pargi 2, Tel. 7330132, matkakeskus.elva.ee, Fahrpläne, Ausstellungen, Kunsthandwerk, Kaffeeautomat.
- Für die Naturschönheiten rund um Elva steht die **Vapramäe-Vellavere-Vitipalu Stiftung** (vvvs) mit Rat und Tat zur Seite; Voika 23, Nõo, Tel. 7455491, mobil 5254172, www.vvvs.ee.

Unterkunft

- **Verevi Motell** €€, H. Raudsepa 2, Tel. 745 7084, www.verevi.ee. Hübsch am See gelegen, Zimmer mit Bad und TV, außerdem Sauna und Kamin, auch Camping möglich, Wohnwagenstellplätze mit Elektroanschluss, Fahrradverleih.
- **Waide Motel** €, Käo, Gemeinde Rõngu, Tel. 7303606, mobil 5204219, www.waide.ee. Liegt etwa 2 km westlich von Elva, nette, ordentliche Zimmer mit Dusche, TV, Telefon und Balkon, behindertengerechte Räumlichkeiten, Sauna, eigene Bar im Motel. Außerdem **Zelt- und Wohnwagenstellplätze,** Vermittlung von Ausflügen, Kanufahren und Segeln.

Essen und Trinken

- Zum **Motel Waide** gehört ein Restaurant, das nach Voranmeldung auch Nicht-Gästen offen steht, Tel. 7303606.
- **Cafeteria Ego,** Pikk 1, Tel. 7456150.
- **Pubi Vapper Mäger,** Kesk 10, Tel. 7303616. Kneipe, täglich geöffnet, auch warme Küche.
- **Cafeteria Nupu,** Kirde 2a, Tel. 7370081, Mo–Fr 9–16 Uhr. Frühstück, warme Gerichte.

Verkehr

- Vom Tartuer Busbahnhof fahren mehrmals täglich **Busse** nach Elva.

• Elva ist von Tartu aus auch mehrmals täglich mit dem **Zug** zu erreichen. Das geht zwar etwas langsamer, als mit dem Bus, aber man fühlt sich angesichts der alten Bahnhöfe wie in alte Zeiten zurückversetzt. Elva Matkakeskus (das frühere Bahnhofsgebäude), Pargi 2. Fahrkarten gibt es im Zug bzw. im Bus.

Viljandi

Viljandi (Fellin) gehört neben Tallinn (Reval), Tartu (Dorpat) und Pärnu (Pernau) zu den **vier ehemaligen Hansestädten Estlands,** ist bei Touristen jedoch merklich unbekannter als die drei anderen. Während Tallinn als Hauptstadt, Pärnu als Seebad und Tartu als Stadt des Geistes mit der prestigereichen Universität den meisten ein Begriff ist, haben viele Besucher des Landes von Viljandi, das ein wenig abgelegen auf dem Höhenzug Sakala im Landesinneren liegt, wenig konkrete Vorstellungen.

Ein Besuch der von etwa 20.000 Menschen bewohnten Stadt ist aber durchaus lohnend und lässt sich gut in einen Tagesausflug integrieren, den man mit der Besichtigung einiger Sehenswürdigkeiten in der Umgebung verknüpfen kann. Mit seinen hübschen Holzhäuschen, dem Viljandi-See in einem eiszeitlichen Urstromtal im Südosten des Stadtgebiets und den vielen Grünflächen, allen voran dem unter Naturschutz stehenden Schlosspark mit der Burgruine, strahlt Viljandi eine heitere Kleinstadtatmosphäre aus. Das Zentrum, um das sich die meisten Baudenkmäler gruppieren, lässt sich problemlos zu Fuß erkunden.

Stadtgeschichte

Eine der Hauptsehenswürdigkeiten Viljandis ist zweifelsohne die Ruine der alten **Burg,** die 1154 erstmals schriftlich erwähnt, jedoch wahrscheinlich schon Jahrhunderte zuvor an dieser Stelle errichtet wurde. Nach Einzug des Deutschen Ritterordens wurde die hölzerne Bauernburg zu einer stattlichen Festung ausgebaut, ringsherum siedelten sich Handwerker und Kaufleute an, sodass der Ortschaft bereits im Jahr 1283 die Stadtrechte verliehen wurden. Im 14. Jh. trat sie der **Hanse** bei und war wichtiges Bindeglied zwischen dem Ostseehafen Pärnu und der südestnischen Stadt Tartu. Über den See Võrtsjärv und den Fluss Emajõgi wanderten die Waren von Viljandi gen Osten nach Tartu, um von dort weiter nach Nowgorod zu gelangen.

Nach der glanzvollen Hansezeit ging es in den darauffolgenden Jahrhunderten mit der Stadt bergab. 1481 fiel das Heer von *Ivan III.* ein, Mitte des 16. Jh. tobte der Livländische Krieg und im 17. Jh. begann der Krieg zwischen Polen und Schweden. Als die Schweden nach den Russen und Polen in die Stadt einzogen, lagen die meisten Gebäude in Trümmern und die Einwohnerzahl war soweit geschrumpft, dass Viljandi seine Stadtrechte wieder verlor. Der Ort erhielt sie erst 1783 zurück, als Estland und damit auch Viljandi unter der Herrschaft des russischen Zarenreichs stand.

Danach ging es langsam wieder aufwärts. Das 19. Jh. brachte wirtschaftlichen und kulturellen Aufschwung. Viljandi mauserte sich zu einem Zentrum der nationalen Bewegung. Die Bauern im Umland, das damals noch den Namen Sakala trug, waren die ersten des Landes, die sich von der **Leibeigenschaft** der deutschen Gutsherren **befreiten,** indem sie diesen die Höfe abkauften und selbst bewirtschafteten. Zu Geld kamen sie vor allem durch den **Flachsanbau,** aber auch Getreide wächst in der Gegend heute wie damals sehr gut. Daher stammt wohl auch der Name der Stadt (Getreide = *vili*).

Carl Robert Jakobson gründete 1878 die estnischsprachige Zeitung „Sakala", die in Viljandi herausgegeben wurde. Knapp 20 Jahre später schloss man die Stadt ans Schmalspurbahnnetz an. Nach der Gründung einiger größerer Fabriken erhielt Viljandi als eine der ersten Städte des Landes Wasserleitungen und Kanalisation. Der alte **Wasserturm** im Stadtzentrum stammt aus dieser Zeit und gilt – neben der Hängebrücke im Park – bis heute als eines der Stadtsymbole. 1920 wurde das Theater Ugala gegründet.

Nach der jahrzehntelangen Sowjetbesatzung wurden große Teile der Stadt seit den 1990er Jahren liebevoll restauriert. Bewohner und Stadtverwaltung bemühen sich, Viljandi als kulturelles Zentrum des Landes zu etablieren. Alljährlich werden **Musik- und Tanzfestivals** abgehalten, hinzu kommen die lokalen **Hansetage,** ein großes **Folklorefest** und diverse **Freilichttheateraufführungen,** die im Schlosspark stattfinden.

Der Laidoner-Platz mit Brunnen und Wasserturm

Sehenswertes

Vabaduse väljak

Im Herzen der Innenstadt, am zentralen Vabaduse väljak (Freiheitsplatz), findet sich die **Touristeninformation,** in der man sich mit deutschsprachigen Broschüren und Karten eindecken kann. Von hier aus lassen sich die Sehenswürdigkeiten Viljandis bequem zu Fuß erreichen.

Zu Zarenzeiten befand sich hier ein Apfelgarten, der zum Gutshof des Ortes, Schloss Fellin, gehörte. Hinter dem Gebäude der Stadtverwaltung im Westen des Platzes verbirgt sich das **Herrenhaus** aus dem Jahr 1880, das der Baron *von Ungern-Sternberg* bauen ließ.

Die Gutsherren residierten nicht immer an dieser Stelle. Das erste Schloss Fellin lag außerhalb des heutigen Stadtkerns: Im 16. Jh. befand sich drei Kilometer entfernt ein Anwesen namens Rickhof. Erst nachdem der schwedische König *Gustav Adolf* Viljandi die Stadtrechte verlieh und die Ländereien ringsherum seinem Feldherrn *Jacob de la Gardie* zusprach, wurde das Anwesen in die Innenstadt verlegt, allerdings einige Hundert Meter von seiner heutigen Lage entfernt. Der **Park** des Gutshofes, der auch den kompletten Schlossberg umfasste, wurde 1867 umgestaltet und der Öffentlichkeit zugänglich gemacht.

Südlich der Touristeninformation an der Südostseite des Platzes führt die Tasuja-Straße hinauf zum Burgberg. Auf dem Weg dorthin passiert man eines der geschichtsträchtigsten Bauwerke der Stadt, die Johanniskirche.

Johanniskirche

Strahlend weiß blitzt die **Jaani kirik** (Pikk 8) zwischen den grünen Bäumen und Wiesen der Parkanlage hervor. Sie ist nicht die erste Stadtkirche, bereits im Mittelalter befand sich am Marktplatz ein vom Franziskanerorden errichtetes Gotteshaus mit langem Chorraum, großem Langhaus und Westturm. Es diente dem Orden bis 1560 als Klosterkirche, wurde jedoch zusammen mit dem Kloster im Livländischen Krieg zerstört.

Anfang des 17. Jh. bauten die Schweden auf den Ruinen der Klosterkirche ein neues Gotteshaus, das Johannes dem Täufer geweiht wurde. Überbleibsel des Vorgängerbaus liegen unter dem Altarraum. Doch dieser Nachfolgebau fiel wiederum dem Nordischen Krieg zum Opfer und wurde stark beschädigt. Nach und nach hat man das Gebäude wieder aufgebaut und erweitert. So bekam die Kirche Ende des 18. Jh. einen barocken Helm, der allerdings kurz danach abbrannte. Das heutige Dach stammt von 1815.

Zu Sowjetzeiten diente das Gotteshaus als Warenlager, bis es ab den 1980er Jahren renoviert und 1992 wieder eingeweiht wurde. Die **Orgel** im Inneren ist ein Geschenk von Viljandis deutscher Partnerstadt Ahrensburg.

080es Foto: jl

Geht man weiter in Richtung Burgruine, passiert man auf der rechten Seite das moderne **Zentrum für Volksmusik** (Pärimusmuusika Ait), in dem sich neben Konzertsälen ein Café befindet.

Brücken

Zwei Brücken führen auf den Burgberg mit der Ruine der Ordensburg. Die **Varese-Brücke** spannt sich direkt von der Innenstadt in Höhe der Lossi-Straße über den Burggraben. Ihr Name geht auf den ehemaligen Bürgermeister *Jaan Vares* zurück, der die Brücke 1925 erbauen ließ. Die zweite Brücke, zu der ein Fußweg an der gegenüberliegenden Seite des 13 Meter tiefen Wallgrabens führt, ist das bekannteste Wahrzeichen der Stadt. *Karl von Mensenkampf* schenkte die im 19. Jh. konstruierte, hübsche, rotweiße **Hängebrücke,** die ursprünglich den Park des Gutshofes Tarvastu schmückte, 1930 der Stadt Viljandi.

Ruine der Ordensburg

Wann genau die hölzerne estnische Bauernburg auf einem Hügel des Höhenzugs Sakala über dem See Viljandi

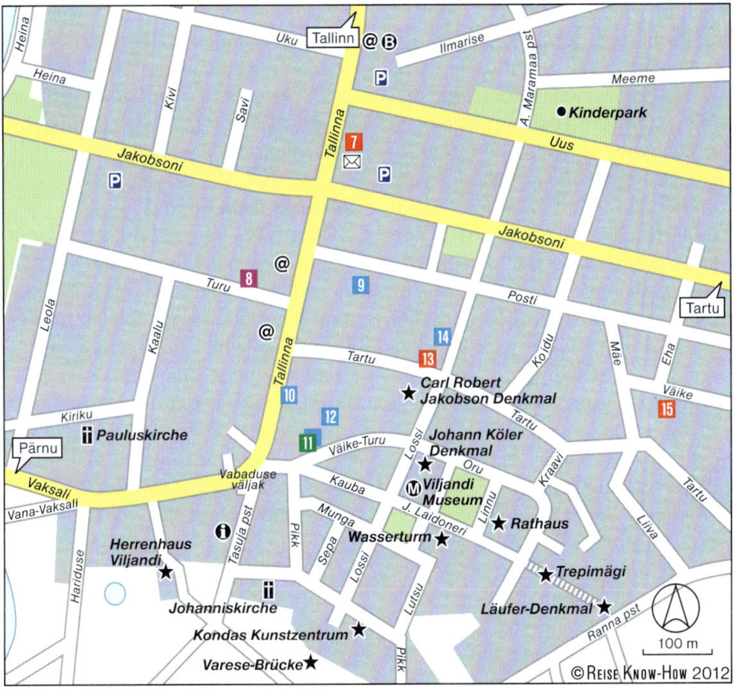

Unterkunft

1 Bed & Breakfast Rehe
2 Hotel & Café Endla
3 Gästehaus Alice
4 Gästehaus Aasa
5 Bed & Breakfast Huntaugu
6 Gästehaus Männimae
7 Hotel Centrum
13 Grand Hotel Viljandi
15 Hostel Oma Kodu

Essen und Trinken

2 Café Endla
4 Café im Gästehaus Aasa
9 Soso juures
10 Pappa Pizza
11 Gildencafé
12 Sohvabaar Zakzak
14 Viljandi Kohvik

Nightlife

8 Suur Vend

Einkaufen

11 Handwerksladen Bonifatiuse Gild und Gildencafé

errichtet wurde, liegt im Dunkeln, doch schriftlich festgehalten ist, dass der Meister des Schwertbrüderordens *Folkwin* 1224 veranlasste, an ihrer Stelle eine stattliche **Festung** anzulegen, die sich wahrscheinlich im Grundriss an den Vorgängerbau anlehnte. In den kommenden Jahrhunderten wurde aus dem zunächst viereckigen Konventsgebäude eine der mächtigsten Burganlagen des alten Livland, die bis zum 16. Jh. um einen quadratischen Nordwestturm (wie vielerorts Pikk Hermann – „Langer Hermann" – genannt), Vorburgen, eine Wallanlage und ein Wohnhaus für Söldner anwuchs. Im Nordflügel befanden sich die wichtigsten Räume der Festung, eine Kapelle und der Kapitelsaal. Im Museum der Stadt (s.u.) kann man erhaltene Teilstücke der reichen Dekore, die die Räume und den Kreuzgang schmückten, bewundern.

Nach zahlreichen Kriegen und Angriffen verlor die Anlage Ende des 17. Jh. an Bedeutung. Von ihrer einstigen Pracht und Größe ist heute nicht mehr viel zu sehen.

Erhalten geblieben ist das **Haupttor,** das auf den Burghof führt. Inmitten der Ruinen auf dem sogenannten Brunnenberg befindet sich eine **Freilichtbühne,** auf der das Theater Ugala im Sommer seine Stücke aufführt. Bis auf die **Westmauer** des Konventsgebäudes sind nur noch Fragmente der Festungsmauern erhalten. Der alte **Brunnen** im Südwesten des Burghofs wurde restauriert.

Vom Schlossberg (Lossimägi) genannten Burghügel hat man einen schönen Blick auf das malerische Urstromtal Viljandi und den tief im Tal liegenden gleichnamigen See. Westlich des Schlossberges befindet sich ein knapp sechs Meter hoher **Sandsteinaufschluss** aus der Devonzeit.

Kunstzentrum Kondas

Über die Varese-Brücke gelangt man zurück in die Innenstadt. Kunstinteressierte können sich im Kunstzentrum Kondas eine Ausstellung **lokaler Künstler** ansehen, darunter Werke des Namensgebers *Paul Kondas* (1900–1985), dessen Bilder der naiven Kunst zugeordnet werden, und Holzskulpturen von *Joann Sõstra*. Die Galerie ist im ehemaligen Pfarrhaus der Johanniskirche untergebracht.

- **Kondase Keskus,** Pikk 8, Tel. 4333968, Mi–So 10–17 Uhr, www.kondas.ee.

Viljandi Museum

Die Lossi-Straße führt weiter in die Innenstadt. Die Straßen rings um den General-Laidoneri-Platz werden von schönen **Holz- oder Steinhäusern** aus dem 18. und 19. Jh. gesäumt, die größtenteils unter Denkmalschutz stehen. Rechter Hand, am Laidoneri plats 10, befindet sich seit 1942 in einem alten Apothekengebäude aus dem 18. Jh. das Viljandi Museum. Gegründet wurde es parallel zu den Ausgrabungsarbeiten auf dem Schlossberg im Jahr 1878. Hier befinden sich kunstvoll verzierte Fundstücke und ein **Modell der alten Ordensburg.**

Auf dem Platz vor dem Museum spritzen die kleinen Fontänen des **Brunnens „Junge mit Fisch"** Wasser in die Luft. Die Fische mögen daran erinnern, dass bis 1933 an dieser Stelle der Markt abgehalten wurde. Namensgeber des Platzes war der Armeeführer *Johan Laidoner,* der sich im Befreiungskrieg einen Namen machte.

- **Viljandi Museum,** Johan Laidoneri plats 10, Tel. 3433316, Di–Sa 10–17 Uhr, www.muuseum.viljandimaa.ee.

Wasserturm

Vom Brunnen aus sieht man schon den Wasserturm aus dem Jahr 1911. Im Sommer (Mai bis Sept. Mi–So 10–17 Uhr) kann man das 30 Meter hohe, in den 1960er Jahren zum **Aussichtsturm** umfunktionierte Bauwerk besteigen und den Blick über die Stadt, den See und die hügelige Umgebung genießen.

Rathaus

Wenige Meter daneben fällt ein weißes Bauwerk mit **Uhrturm** ins Auge: das Rathaus. Die Jahreszahl an der Wand - 1931 - weist auf den Umbau des Gebäudes hin, den der Architekt *Johann Fuks* gemeinsam mit dem Ingenieur *Erich Otting* vornahm. Vom Vorgängerbau, der in den Jahren 1768–74 entstand, blieben nur die Mauern des Erdgeschosses erhalten. Die Uhr hoch oben im Turm wurde von der Firma Siemens angefertigt.

Denkmäler

Nicht weit vom Rathaus entfernt erinnert ein Denkmal an den **Maler Johann Köler.** Es wurde 1976 anlässlich seines 150. Geburtstages aufgestellt. Ein zweites Denkmal, weiter nördlich, ist dem Gründer der Zeitung „Sakala", **Carl Robert Jakobson** gewidmet. Das ehemalige Redaktionsgebäude liegt an der Tartu-Straße 4. Die heutige Redaktion arbeitet im Haus Nr. 9.

Treppe zum Strand

Neben dem Rathaus führt eine Treppe hinunter zum Strand am **Viljandi-See.** Am Fuße des **Trepimägi** (Treppenbergs), der um die Jahrhundertwende (19./20.) errichtet wurde, befindet sich die **Skulptur „Der Läufer"**, die für den jährlichen Wettlauf um den Viljandi-See steht, der seit 1928 jedes Jahr am 1. Mai stattfindet. Von hier aus kann man Bootsausflüge auf dem See unternehmen.

Pauluskirche

Bevor man die Stadt verlässt, lohnt noch der Besuch der Pauluskirche (Kiriku 5) westlich des Zentrums. Mitte des 19. Jh. gab der Gutsherr *Paul von Ungern-Sternberg* den Bau des Gotteshauses in Auftrag. Eingeweiht wurde die im Tudor-Stil erbaute Kirche 1866.

Ugala-Theater und Friedhof

Südlich der Vaksali-Straße befindet sich hinter dem Ugala-Theater (Vaksali 7) der Friedhof der Stadt, zu dem auch der **Deutsche Soldatenfriedhof** gehört. Die Originalkreuze auf den Gräbern der Soldaten, die im Zweiten Weltkrieg fielen, wurden 1944 von den Sowjets zerstört. Die deutsche Kriegsgräberfürsorge stellte den Friedhof Anfang der 1990er Jahre wieder her, nachdem Estland unabhängig geworden war.

Praktische Tipps

Informationen

- **Touristeninformation,** Vabaduse plats 6, Tel./Fax 4330442, www.visitestonia.com, Mitte Mai bis Mitte Sept. Mo–Fr 10–18 Uhr, Sa/So 10–17 Uhr, sonst Mo–Fr 10–17 Uhr. Detaillierte deutschsprachige Informationen findet man im Internet unter www.viljandimaa.ee/turismiinfo.

Service

- **Banken:** Tallinna 7, Vaksali 2, Tallinna 6.
- **Post:** Tallinna 22.
- **Internet:** in der Bibliothek, Tallinna 11/1.

Notfälle

- **Apotheken:** Tallinna 2 und 29, Turu 8, Tartu 1, Tallinna 24, Lääne 2, Vaksali 11a und Riia mnt 35.
- **Privatklinik** (Viljandi Erakliinik): Maramaa pst 5, Tel. 4347631.
- **Krankenhaus:** Gemeinde Pärsti, Tel. 4352022, 4352050.
- **Zahnklinik** (Hambakliinik): Jakobsoni 13, Tel. 4334314.
- **Gesundheitszentrum** (Tervisekeskus): Turu 10, Tel. 4333783.

Unterkunft

- **Hotel Centrum** €€-€€€, Tallinna 24, Tel. 4351100, Fax 4351130, www.centrum.ee. Im gleichnamigen Einkaufszentrum, 25 Zimmer und Suiten, Schönheitssalon, Solarium, Sauna und Restaurant.
- **Grand Hotel Viljandi** €€€, Tartu 11/ Lossi 29, Tel. 4355800, Fax 4355805, www.ghv.ee. 2002 wiedereröffnetes Vier-Sterne-Hotel mit knapp 50 stilvoll eingerichteten Zimmern und Suiten im Herzen der Stadt, Restaurant, Fitnessraum und Sauna.
- **Bed & Breakfast Rehe** €€, Rehe 18, Tel. 4345575, rehe.kodumajutus@mail.ee. Kleines, gemütliches Gästehaus, etwa 1,5 km vom Zentrum, mit Sauna, Garten und Grill; Küche sowie ein Wohnzimmer können mitbenutzt werden.

079es Foto: jl

- **Bed & Breakfast Huntaugu** €, A. Irve 3–1, Tel. 4338506, mobil 55530092, huntaugu@hot.ee. Kleines Gästehaus mit Sauna und Garten, Fahrradverleih, Spielplatz.
- **Gästehaus Alice** €, Jakobsoni 55, Tel. 4347616, mobil 5103930, alice@matti.ee. Alle Zimmer mit Dusche, WC, TV.
- **Gästehaus Männimäe** €, Riia mnt 52d, Tel. 4354845, mobil 5096330, info@mannimaja.ee. Liegt auswärts, die Zimmer stehen in verschiedenen Häusern zur Verfügung; Sauna mit Kaminraum kostet extra. Man kann auch in preiswerteren, einfachen Campinghäuschen unterkommen.
- **Hotel und Café Endla** €, Endla 9, Tel. 4335302, mobil 53457440, endlahotell@reinup.ee. Verschiedene (Nichtraucher)-Zimmer mit Frühstück, angegliedert ist ein nettes Café, Fahrradverleih.
- **Hostel Oma Kodu** €€, Väike 6, Tel. 435 5755, Fax 4355750, www.omakodu.ee. Einfache EZ, DZ oder Mehrbettzimmer mit Frühstück, Gemeinschaftsküche, Wohnwagenstellplätze.

Essen und Trinken

- Die Restaurants im **Hotel Centrum** und **Grand Hotel Viljandi** sowie das **Café Endla** stehen auch Nicht-Übernachtungsgästen offen.
- Pizza, auch zum Mitnehmen, gibt es bei **Pappa Pizza,** Tallinna 8.
- **Viljandi Kohvik,** Lossi 31, zentral gelegenes Café. Auch günstiges warmes Essen.
- **Café im Aasa Külalistemaja,** Aasa 6. Nettes Café im Gästehaus Aasa. Herzhafte Speisen und leckere Kuchen.
- **Gildencafé,** Väike-Turu 8, Kaffee und Kuchen.
- **Suur Vend,** Turu 4, Kneipe mit einiger Auswahl an Speisen. Karaoke, Live-Musik, Disco.
- **Soso juures,** Posti 6a. Armenische und estnische Küche.

Viel ist nicht übrig von der Burg in Viljandi

- **Sohvabaar Zakzak,** Arkaadia aed 5. Modernes Interieur, außergewöhnliche Gerichte.

Einkaufen

- **Film und Foto:** Maksi Foto, Tartu 3.
- **Handwerksladen Bonifatiuse Gild,** Väike-Turu 8, Tel. 4334606, www.bonifatiusegild.ee. Schöner Laden in einem alten Holzhaus. Verschiedene Werkstätten, in denen man Puppen, Keramik, Schmuck, Strickwaren, Schmiedeartikel und Glasmalerei findet. Mo–Fr 10–18 Uhr, Sa 10–15 Uhr.
- Weitere **Handwerks- und Souvenirläden** findet man in Tartu 4 und 14, Lossi 14 und Jakobsoni 21.

Aktivitäten

- Im **Kinderpark** nördlich der Uus-Straße können kleine Besucher Schaukeln und Klettergerüste benutzen.
- **Fahrradverleih:** Jaan Joosepi Jalgrattapood, Turu 6, Tel. 4345757.

Feste und Veranstaltungen

- Im Juli findet in Viljandi alljährlich ein mehrtägiges **Festival für taditionelle Musik** statt. Genaue Daten und Programm unter www.folk.ee. Das Festival wird vom Zentrum für Volksmusik (Pärimusmuusika Ait) veranstaltet, in dem das ganze Jahr über verschiedene Konzerte und Veranstaltungen stattfinden. Tasuja pst 6, Tel. 4342050, 4342070, folk@folk.ee.

Verkehr

- **Busbahnhof:** Ilmarise 1, Tel. 4333680, etwa 700 m nördlich des Stadtzentrums. Regelmäßige Busse nach Tallinn, Tartu, Pärnu, Kuressaare, Haapsalu, Jõhvi, Valga, Võru und Jõgeva. 2–3-mal täglich werden auch Ortschaften in der Umgebung angefahren, z.B. Olustvere.
- **Bahnhof:** Vaksali 44, Tel. 4349425, etwa 1,5 km westlich des Stadtkerns.
- **Taxi:** Tel. 4334441, 4333900, 15444 oder 4333833; vor dem Busbahnhof stehen üblicherweise Taxis.

Am Westufer des Võrtsjärv (Wirz-Sees)

Der etwa 270 km² große Wirz-See ist reich an Fischen, darunter Zander, Barsche, Hechte und Aale. Von Viljandi aus gibt es zwei Möglichkeiten, an den See zu gelangen: Die Straße 92 führt am Nordufer entlang, die Straße 52 verläuft etwas entfernt vom südwestlichen Ufer und passiert schließlich das Südende des Sees. Auf beiden Strecken gibt es nur wenige Stichstraßen, die direkt ans Ufer führen. Die dazwischenliegenden Abschnitte sind relativ unerschlossen und schwer zu erreichen.

Am nördlichen Teil des Sees gibt es kleinere **Badestrände** bei Valma, Oiu und Vaibla, allerdings wuchert das Gewässer von Jahr zu Jahr mehr zu, sodass ungewiss ist, wie lange man hier noch einen Badestopp machen kann. Zumindest die **Wasserqualität,** die zu Sowjetzeiten sehr durch Pestizide der Landwirtschaft gelitten hatte, verbesserte sich in den letzten Jahren stark und wird regelmäßig überprüft.

Mustla

Die Straße 52 führt nah am südlichen Teil des Sees vorbei, den man hinter Mustla, einem netten kleinen Ort mit bunten Holzhäuschen und einem Café, über mehrere Stichstraßen erreicht.

Die **Peetri-Kirche in Tarvastu** bei Mustla ist wahrscheinlich eines der ältesten Gotteshäuser der Gegend, wobei das heutige Gebäude aus dem Jahr 1893 stammt. Der erste Bau wird schriftlich erstmals 1329 im Zusammenhang mit einem Raubzug der Litauer erwähnt, doch vielleicht predigte hier bereits Bischof *Wilhelm von Modena* 1225. Die ältesten Teile des heutigen Gebäudes stammen aus dem 15. Jh., als das Gotteshaus aus einem nahezu quadratischen Langhaus mit angegliedertem Altarchor bestand. 1771 wurde die Kirche, die in verschiedenen Kriegen stark gelitten hatte, neu auf- und umgebaut und um einen Turm erweitert. Der Altar wird von zwei schönen hölzernen Engeln bewacht.

Südlich von Viljandi

Heimtali

Am Hang des Urstromtals Raudna befindet sich etwa sechs Kilometer südwestlich von Viljandi der **Gutshof Heimtali.** Das klassizistische Herrenhaus und seine Nebengebäude, darunter Speicher und ein runder Pferdestall, liegen in einen schönen Park eingebettet. Bemerkenswert ist ein weiteres Nebengebäude des Gutshofes, die sogenannte **Schnapsbrennerei.** Ob hier wirklich Schnaps gebrannt wurde, ist fraglich, denn nach seiner Erbauung 1832 diente das auffällige Gebäude mit seinen vier runden Kaminen, die als Ecktürme „getarnt" sind, als Molkerei. Das Anwesen selbst wurde Anfang des 16. Jh. erstmals unter dem Namen Linsen erwähnt. Der Gutsbesitzer *Peter Reinhold von Sievers* gab ihm jedoch 1793 im Andenken an seine verstorbene Geliebte *Luise Heimenthal* einen neuen Namen.

Im alten Schulgebäude von Heimtali, das im Jahr 1864 aus groben Feldsteinen und roten Ziegeln erbaut wurde, befindet sich ein kleines **Textil- und Heimatmuseum,** zu dem auch ein altes Klassenzimmer gehört.

- **Textilmuseum Heimtali,** Heimtali, Gemeinde Pärsti, Tel. 4398126, Di–So 9–13.30 und 14.15–17 Uhr, im Winter auch sonntags geschlossen. Zu sehen sind alte Textilartikel und Haushaltsgeräte sowie ein Spielzimmer mit gestrickten Haustieren.

Unterkunft

- Einige Kilometer östlich von Heimtali, am Südostufer des Viljandi-Sees, etwa vier Kilometer vor der Stadt, liegt das **Feriendorf** (puhkeküla) **Sammuli** €€, mobil 5044298, www.sammuli.ee. Gästehaus und einfache Campinghäuschen; rauchen in den Zimmern ist verboten; gut für Familien geeignet. **Stellplätze für Wohnwagen,** auch **zelten** ist möglich. Grill, Boot- und Fahrradverleih, Tennisplatz, Café.

Aktivitäten

- **Reiten:** Heimtali hobusekasvandus, Heimtali, Gemeinde Pärsti, Tel. 4333083, mobil 5022501, www.hobusekasvandus.ee. In der Nähe des Feriendorfs Sammuli gibt es einen weiteren Reitstall: Sammuli Tall, mobil 515 7447, www.sammulitallid.ee.

Gutshof Õisu

Folgt man der Hauptstraße 49 Richtung Süden, durchquert man verschiedene **Naturparklandschaften,** die sich über die Hügel des Höhenzugs erstrecken und kleine Seen, Quellen, grüne Täler und rote Sandsteinaufschlüsse umfassen. Nach etwa zehn Kilometern geht eine Straße rechts ab zum Gutshof Õisu (Euseküll), der wie Heimtali der Familie *von Sievers* gehörte. Das klassizistische Herrenhaus, dessen Eingang von einer breiten Treppe und weißen Säulen flankiert ist, stammt aus den Jahren 1760–70. Die zwei barocken Mamorfiguren an der Treppe stellen die Göttin der Gerechtigkeit, Justitia, und die Göttin der Weisheit, Prudentia, dar. Heute beherbergt das Gebäude eine Schule. Eingebettet in einen englischen **Park,** gehören noch einige Nebengebäude zum Gutshof, unter anderem der **„krumme Stall“,** der halbkreisförmig und von Säulen gesäumt angelegt wurde. Die Wetterfahne auf dem Dach dokumentiert das Datum seiner Erbauung: 1762.

Karksi-Nuia

Seit dem Nordischen Krieg ist von der **Ordensburg Karksi** (Karkus) am Hang eines malerischen Urstromtals nur noch eine Ruine erhalten. Die Festung aus dem 13. Jh. bestand aus einer relativ großen Vorburg, einer schützenden Mauer samt mehreren halbrunden Türmen, die im 15. Jh. hinzukamen, und einem nahezu quadratischen Hauptteil, der zusätzlich durch einen Graben geschützt war. Anstelle der im Nordischen Krieg zerstörten Burgkapelle errichtete man in den Jahren 1773–78 eine **barocke Kirche,** deren Turm sich aufgrund des absackenden Bodens im Laufe der Zeit etwas zur Seite geneigt hat. Von der Ruine aus hat man einen schönen Blick auf die im Urstromtal liegenden Seen und die bewaldeten Hügel der Umgebung.

Am Rand des Grundstücks liegt die kleine, weiße **Grabkapelle** des Feldmarschalls *Georg Reinhold von Lieven* (1696–1763). Dieser besaß ab 1747 den **Gutshof Karksi,** der wahrscheinlich zur gleichen Zeit wie die Burg angelegt wurde. Die ersten Gebäude überlebten die wechselnden Kriege und Herrscher - Deutsche, Litauer, Polen, Schweden und Russen - nicht. Außer dem Park sind jedoch einige Nebengebäude erhalten, darunter ein Speicher aus dem 19. Jh. und das L-förmige Haus des Verwalters.

Informationen

- In Karksi-Nuia gibt es eine kleine **Touristeninformation** mit Internetzugang, Viljandi mnt 1, Tel. 4355527.

Schloss Taagepera

In Karksi-Nuia an der Hauptstraße nach Osten Richtung Valga fahrend, erreicht man nach 16 Kilometern das Schloss Taagepera, in dem man übernachten kann.

Hugo von Stryk war es, der Anfang des 20. Jh. den Rigaer Architekten *Otto Wildau* mit dem Bau eines großen Herrenhauses im Stil eines englischen Schlosses beauftragte, das 75 unterschiedlich dekorierte Zimmer umfassen sollte. Seither gilt das im **Art-Nouveau-Stil** errichtete Herrenhaus Taagepera (Wagenküll) als eines der schönsten im Lande. Heute beherbergt es ein Hotel. Vom 40 Meter hohen Turm hat man einen schönen Blick auf den umliegenden Park und die Wälder, in die das Anwesen eingebettet liegt. Aber Vorsicht: Im Turm soll ein Geist umhergehen.

- **Schloss Taagepera** €€, Taagepera, Gemeinde Helme, Tel. 7666390, Fax 7635590, www.taageperaloss.ee. Die Zimmer und Suiten sind zum Teil sehr geräumig, aber manche etwas düster, doch das gehört zu einem alten Schloss wohl dazu.

Mõisaküla

Die Geschichte der kleinen Stadt Mõisaküla an der Grenze zu Lettland ist eng mit der Zugverbindung verknüpft, die ab 1895 die Städe Pärnu und Valga verband und diesen Ort passierte. Erst seither siedelten sich hier verschiedene Fabriken an, die Arbeitskräfte in die Gegend lockten. 1905 wurde die Ortsschule eröffnet.

Kein Wunder, dass das Thema Eisenbahn einen hohen Anteil an den Exponaten des hiesigen **Museums** hat, auch wenn der Bahnverkehr mittlerweile stillgelegt wurde. Das grüne Steinhaus, in dem die Ausstellung untergebracht ist, ist mit der estnischen und lettischen Fahne beflaggt. Neben diversen Zugmodellen ist ein bemalter Bauernschrank Schmuckstück der Sammlung. Besonders stolz sind die Einwohner auf die hier ausgestellten olympischen Medaillen (Silber 1928, Bronze 1936) des aus dem Ort stammenden Gewichthebers *Arnold Luhaäär.*

- **Museum Mõisaküla,** J. Sihveri 4, Tel. 4355 607, Di–Fr 11–17 Uhr (im Winter bis 16 Uhr), Sa 10–15 Uhr.

ÜBERBLICK 761

Westküste und Hinterland

Überblick

Im Westen Estlands liegen die Landkreise Läänemaa und Pärnumaa sowie die größten Inseln des Landes. Die wohl bekanntesten Orte an der Westküste sind die **Kurstädte Pärnu und Haapsalu.**

Bevor der im Nordwesten Estlands gelegene **Landkreis Läänemaa** erstmals im 16. Jh. schriftlich erwähnt wurde, war er unter den Namen Rotala oder Rotelewich (nach den größten damaligen Siedlungen) bzw. Maritima bekannt. Besiedelt wurde er – archäologischen Ausgrabungen zufolge – bereits vor 4000 bis 5000 Jahren.

Im Mittelalter bildeten West-Estland und die Inseln ein **Bistum,** dessen Zentrum zunächst in Lihula, im Süden des heutigen Läänemaa, dann in Alt-Pärnu und schließlich in Haapsalu lag. Zu dieser Zeit entstand das berühmteste Baudenkmal der heutigen Landeskreisstadt: die **Bischofsburg mit Domkirche von Haapsalu.**

Wer die Wahl zwischen Haapsalu und Pärnu hat, sollte wissen, dass Haapsalu die ruhigere Alternative ist und somit eher Kurgäste anspricht. Pärnu ist hingegen vor allem für diejenigen interessant, die gern unter Leuten sind und sich schon mal ins Nachtleben stürzen wollen.

Der Norden Läänemaas mag so manchen Besucher an Schweden erinnern. So haben die bis Mitte des 20. Jh. hier ansässigen **Küstenschweden** einen starken Einfluss auf Landschaft und Traditionen dieser Gegend gehabt. Typische rote Holzhäuser und

A
B
1
2
3
Lemmetsa
Eametsa
Urge
Pulli
Põldeotsa
Kihlepa
Tõhela jv.
Audru
Papsaare
Vainu
Sindi
Paikuse
Soomaa
Kikepera raba
rahvuspark
Põlendmaa
Tipu
Lindi looduskaitseala
Kõima
Kabriste
Lindi
Pärnu
Pärnu laht
Seljametsa
Silla
Tammuru
Seliste
Marksa
Liu
Liu säär
Pootsi
Vaskrääma
Reiu
Uulu
Metsaääre
E
E
S
Munalaid
Manilaid
Tahkuranna
Metsaküla
Ilvese
Surju
Jaamaküla
Ura
Pärnu maakond
Kihnu väin
Võiste
Soometsa
Sorgu
Luitemaa looduskaitseala
Ristiküla
Sigaste
Tihemetsa
Kilingi-Nõmme
Saarde
Leipste
Võidu
Rannametsa
Laiksaare
Kalita
Marina
Külge
Häädemeeste
39
Arumetsa
Tali
Veelikse
Jäärja
Krundiküla
Urissaare
Jaagupi
Nigula looduskaitseala
Sookuninga looduskaitseala
Kabli
Lanksaare
Massiaru
Tuuliku
Ramata
Ramatas Lielezers
Sokas ez.
Saklauru purvs
Glāžupe
Treimani
Metsapoole
Blankas
Ikla
Salaca
Ige
Ainaži
Mērnieki
Rožēni
Sarkanās klintis
Mazsalaca
Skaņaiskalns
Skaņkalne
Vīķi
Staicele
Karogi
35
Kuiviži
Zonepe
Jogla
Stābeģi
Vecsalaca
Korģene
Ungurpils
Aloja
Braslava
Salacgrīva
Limbažu rajons
Smilgas
Urga
77
Vilzēni
Kuiķule
Pāle
Svētupe
Rīgas Jūras Līcis
Svētciems
Libiešu upuralas
Lauvas
Puikule
Ārciems
E 67
P 15
P 12
A 1

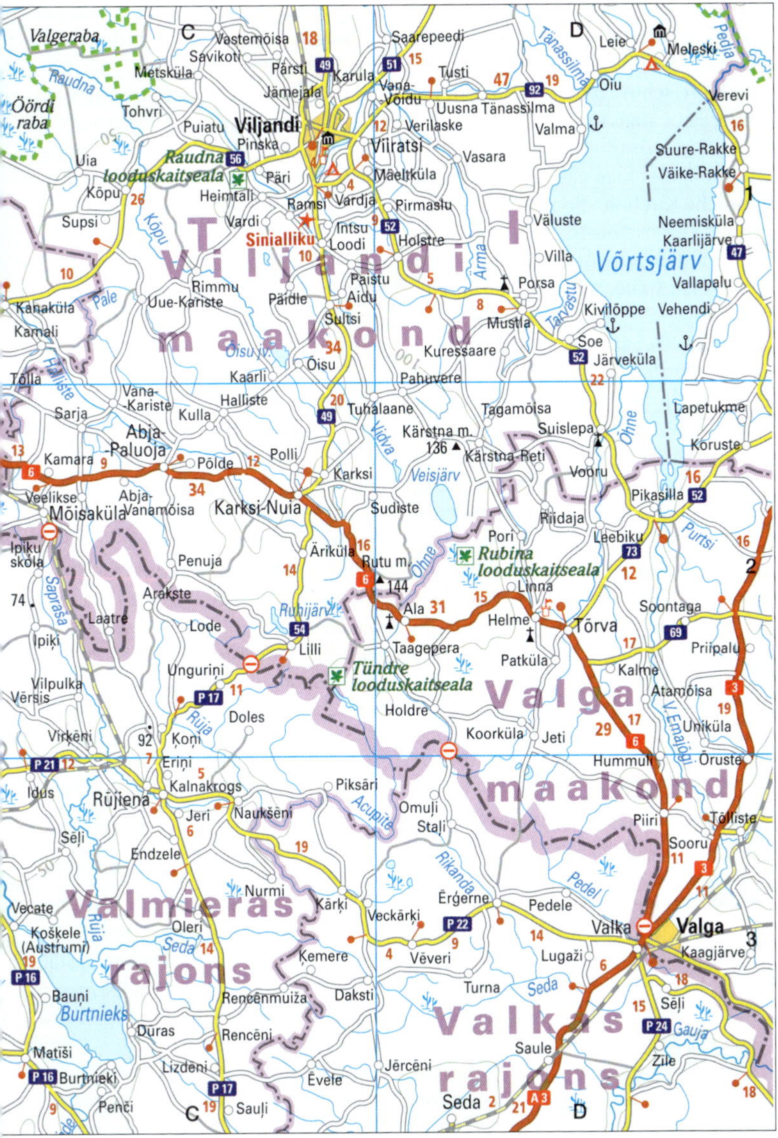
Valgeraba
Öördi raba
Raudna
C
D
Vastemõisa
Savikoti
Metsküla
Pärsti
Jämejala
Karula
Saarepeedi
Tusti
Vana-Võidu
Uusna
Tänassilma
Valma
Leie
Meleski
Oiu
Verevi
Pedja
Tohvri
Puiatu
Viljandi
Pinska
Verilaske
Viiratsi
Vasara
Suure-Rakke
Väike-Rakke
Uia
Raudna looduskaitseala
Päri
Mäeltküla
Kõpu
Heimtali
Ramsi
Vardja
Pirmastu
Supsi
Vardi
Sinialliku
Intsu
Loodi
Holstre
Väluste
Neemisküla
Kaarlijärve
Villa
Võrtsjärv
Rimmu
Paistu
Aidu
Päidle
Porsa
Vallapalu
Kanaküla
Uue-Kariste
Sultsi
Mustla
Kivilõppe
Vehendi
Kamali
Viljandi maakond
Õisu jv.
Õisu
Kuressaare
Soe
Järveküla
Tõlla
Kaarli
Pahuvere
Halliste
Vana-Kariste
Sarja
Kulla
Tuhalaane
Tagamõisa
Lapetukme
Abja-Paluoja
Kärstna m.
136
Suislepa
Koruste
Kamara
Põlde
Polli
Kärstna-Reti
Vooru
Karksi
Veisjärv
Veelikse
Abja-Vanamõisa
Mõisaküla
Karksi-Nuia
Sudiste
Pikasilla
Riidaja
Ipiku skola
Pori
Leebiku
Purtsi
Penuja
Äriküla
Rutu m.
Rubina looduskaitseala
144
Linna
Soontaga
74
Arakste
Ala
Helme
Tõrva
Laatre
Ruhijärv
Lode
Taagepera
Priipalu
Ipiķi
Lilli
Patküla
Kalme
Unguriņi
Tündre looduskaitseala
Valga maakond
Vilpulka
Vērsis
Atamõisa
Doles
Holdre
Uniküla
Virķēni
Koņi
92
Koorküla
Jeti
Hummuli
Õruste
Ēriņi
Idus
Kalnakrogs
Piksāri
Rūjiena
Jeri
Naukšēni
Omuļi
Staļi
Tõlliste
Piiri
Sēļi
Sooru
Endzele
Rikanda
Pedel
Nurmi
Ērģerne
Pedele
Vecate
Kārķi
Veckārķi
Valka
Valga
Koškele (Austrumi)
Oleri
Valmieras rajons
Rūja
Seda
Ķemere
Vēveri
Lugaži
Kaagjärve
Turna
Bauņi
Burtnieks
Rencēnmuiža
Daksti
Sēļi
Gauja
Duras
Valkas rajons
Matīši
Renceni
Saule
Zīle
Burtnieki
Lizdēni
Ēvele
Jērcēni
Penči
Sauļi
Seda
49
51
92
56
52
47
6
73
69
3
54
P 17
P 21
P 22
P 16
P 24
A 3

schwedische Dorfnamen zeugen vor allem auf der **Halbinsel Noarootsi** für ihre jahrhundertelange Anwesenheit. Im **Vogelschutzgebiet Silma** kommen Vogelliebhaber auf ihre Kosten.

In den Dörfern abseits der Küstenstädte findet man zahlreiche **mittelalterliche Kirchen,** die zum Teil bis heute für Gottesdienste genutzt werden. Sie wurden zumeist einschiffig gebaut und erst später um einen Turm erweitert.

Im Süden Läänemaas erstreckt sich rund um die Bucht von Matsalu der **Nationalpark Matsalu,** der bei Ornithologen auf der ganzen Welt bekannt ist. Das Feuchtgebiet ist die größte Nist- und Raststätte von **Zugvögeln** im Ostseeraum und lockt besonders im Frühjahr, wenn Tausende Vögel aus dem Süden zurückkommen, oder im Herbst, wenn sie ihre Reise antreten, Vogelliebhaber aus dem In- und Ausland an.

Der im Südwesten Estlands gelegene **Landkreis Pärnumaa** erstreckt sich hufeisenförmig um die Kurstadt Pärnu. Etwa die Hälfte des Landkreises besteht aus **Wäldern,** ein Viertel ist von **Sümpfen** bedeckt. Einer der längsten Flüsse des Landes, der ebenfalls den Namen Pärnu trägt, mündet in der gleichnamigen Bucht. Das Dorf Pulli bei Sindi gilt als älteste Siedlung des Landes, hat man hier doch menschliche Spuren gefunden, die sich auf das 8. Jahrtausend v. Chr. zurückdatieren lassen. Das Küstengebiet an dieser Stelle ist sehr flach und steinig. Die lange, **buchtenreiche Küstenlinie** wird von Stränden, Heidelandschaften, Wäldern, Wacholderhainen und Mooren geschmückt, in denen im Herbst köstliche Beeren und Pilze wachsen. Hervorzuheben ist der **Nationalpark Soomaa,** der sich auch im benachbarten Landkreis Viljandimaa erstreckt und zu den bedeutendsten Sumpfgebieten Europas gehört. Kanufahrten oder Moorwanderungen durch das entlegene Gebiet sind ein besonderes Erlebnis.

Pärnu

Pärnu gilt als **beliebtester Inlandsferienort** der Esten. Die von historischen Bauten und Grünanlagen geprägte Stadt ist bekannt für ihre Kur- und Spa-Hotels, bietet aber auch für junge Menschen gerade im Sommer eine Vielzahl von Ausgehmöglichkeiten und Sportangeboten. Nicht umsonst wird Pärnu, günstig an der Via Baltica zwischen dem lettischen Riga und Tallinn gelegen, im Sommer zumindest halboffiziell zur „Sommerhauptstadt" ernannt. Von den ausländischen Gästen dominieren Finnen, die hier die vergleichsweise günstigen Kur- und Spa-Angebote nutzen.

Trotz der guten touristischen Infrastruktur, der zahlreichen Freizeitangebote und vieler Geschäfte und Restaurants in der Innenstadt findet man in Pärnu auch ruhige Ecken. Wenn man vom Zentrum durch eine der Alleen, vorbei an hübschen, alten Holzvillen Richtung Strand flaniert, fühlt man sich in Zarenzeiten zurückversetzt, als wohlhabende Kurgäste hier entlangschlenderten.

Die meisten Sehenswürdigkeiten sind in und um den überschaubaren Innenstadtbereich angesiedelt und lassen sich im Rahmen eines mehr oder weniger langen Spaziergangs zu Fuß erkunden.

Allerorts stoßen Besucher dabei auf die in Pärnu geborene Dichterin und Publizistin *Lydia Koidula* (1843–86), die Verfasserin des ersten Theaterstückes in estnischer Sprache. **Haupteinkaufsstraße** ist die Rüütli, wo sich ein Einkaufsbummel wunderbar mit einer Besichtigungstour verbinden lässt, da die kleinen Geschäfte in hübschen alten Stein- oder Holzhäusern untergebracht sind. Der **Busbahnhof** liegt an einer ihrer Querstraßen ebenfalls in Gehnähe. In Richtung Strand erstreckt sich ein Grüngürtel aus Parkanlagen.

Entlang des drei Kilometer langen **Sandstrandes** – etwa einen Kilometer südlich der Innenstadt – befinden sich die **Kureinrichtungen,** darunter einige alte und sehenswerte Gebäude.

Stadtgeschichte

Pärnus Geschichte ist eng verbunden mit der Lage an der **Mündung des gleichnamigen Flusses** und der ebenso genannten Bucht – einerseits aus wirtschaftlichen Gründen, da die strategische Lage zwar den Handel begünstigte, aber auch andere Herrscher anlockte und Kriege und Zerstörung nach sich zog, andererseits durch das sandige Meerufer, die seichte Bucht und den heilenden Schlamm, der den Wandel in eine Kurstadt möglich machte.

Bereits 9000 v. Chr. hat es an der Flussmündung menschliche Siedlungen gegeben. Der Pärnuer **Hafen** wurde 1241 erstmals erwähnt, zehn Jahre später weihte Bischof *Heinrich* den **Dom** des Bistums *Ösel-Wiek* (Saare-Lääne) ein und gründete eine Domschule. Dieses Datum gilt als offizielle Geburtsstunde der heutigen Stadt. Nach einem Angriff durch das litauische Heer zwölf Jahre später verlegten die Bischöfe ihren Sitz von Alt-Pernau nach Haapsalu.

Wiederum ein paar Jahre später wurde am gegenüberliegenden Flussufer die Siedlung Neu-Pernau (zunächst: Embecke) vom livländischen Ordensmeister *Konrad von Mandern* gegründet, die bald darauf Stadtrechte erhielt und sich im 14./15. Jh. zur **Hansestadt** entwickelte. Auf diese glanzvolle Zeit folgten Kriege und Zerstörungen wie das Niederbrennen Alt-Pernaus im 16. Jh. und die Eroberung durch die Schweden im 17. Jh. Kurzzeitig verlegte die Universität von Tartu ihren Sitz hierher, doch im 18. Jh. gab es erneute Rückschläge in der Stadtgeschichte. Nach der Invasion durch russische Truppen herrschte gar die Pest und riss fast die gesamte Bevölkerung in den Tod.

Die Geschichte der Kurstadt beginnt im 19. Jh. 1838 wurde die erste **Badeanstalt** gegründet, daraufhin etablierte sich die Stadt nach und nach als anerkannter **Kurort des Zarenreiches.** Im gleichen Jahrhundert entstand die

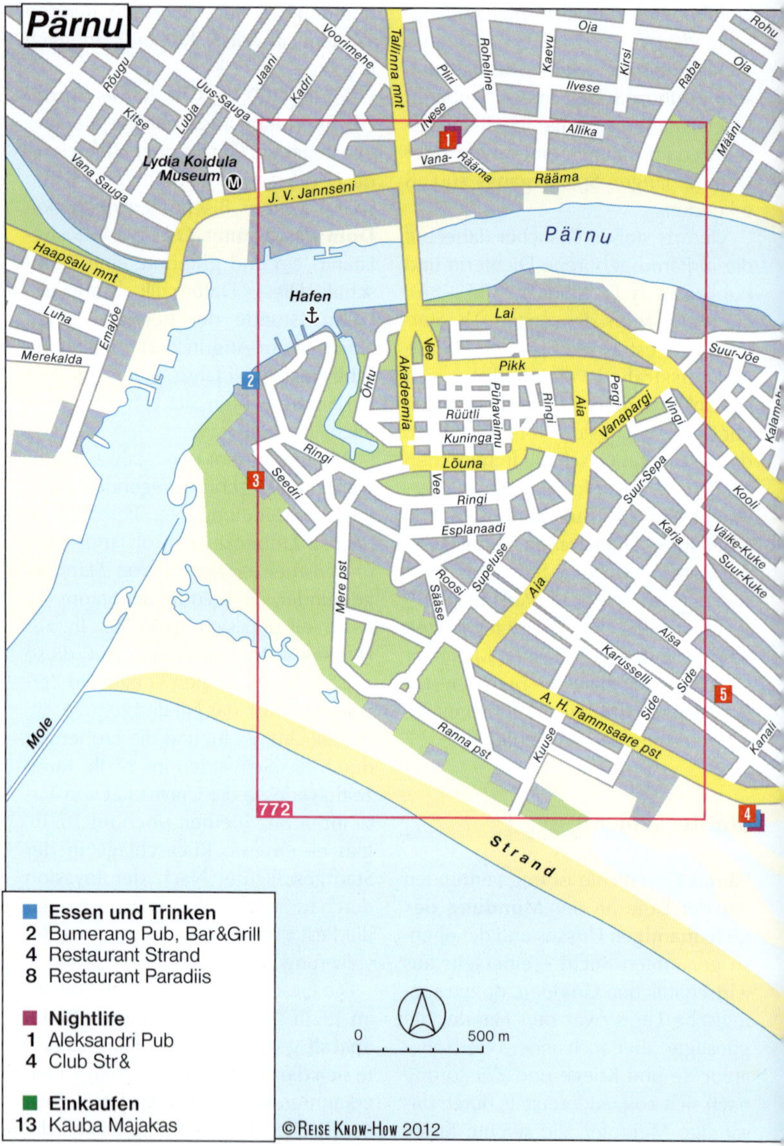
Pärnu
Rõugu
Kitse
Lubja
Uus-Sauga
Jaani
Kadri
Voorimehe
Tallinna mnt
Pliiri
Roheline
Kaevu
Oja
Kirsi
Ilvese
Raba
Rohu
Allika
Määni
Vana Sauga
Lydia Koidula Museum
J. V. Jannseni
Vana-Rääma
Rääma
Pärnu
Haapsalu mnt
Hafen
Luha
Emajõe
Merekalda
Lai
Vee
Akadeemia
Õhtu
Pikk
Pühavaimu
Ringi
Aia
Pergi
Rüütli
Kuninga
Vanapargi
Vingi
Suur-Jõe
Kalamehe
Lõuna
Seedri
Suur-Sepa
Kooli
Esplanaadi
Karja
Väike-Kuke
Suur-Kuke
Mere pst
Roosi
Sääse
Supeluse
Aisa
Karusselli
Side
Ranna pst
Kuuse
A. H. Tammsaare pst
Kanali
Mole
Strand
772
Essen und Trinken
2 Bumerang Pub, Bar&Grill
4 Restaurant Strand
8 Restaurant Paradiis
Nightlife
1 Aleksandri Pub
4 Club Str&
Einkaufen
13 Kauba Majakas
0
500 m
©Reise Know-How 2012

Unterkunft
1 Aleksandri Gästehaus
3 Tervis Spa
4 Spa Hotel Strand
5 Aisa Hotel
6 Villa Freven
7 Villa Eeden
9 Camping Konse Puhkeküla
10 Hotel Emmi
11 Gästehaus und Camping Laine
12 Reldori Motel
14 Gästehaus Männiku
Ehitajate tee
Savi
Lille
Lina
Pimi
Rohu
Oja
Tähe
Mäe
Niidu
Rääma
Oja
Tammiste tee
Suur-Jõe
Friedhof
Liiva
Riia
Kooli
Suur-Kuke
Karja
Kariamaa
Aisa
A. H. Tammsaare pst
Laine
Lao
Pae
Papiniidu
Metsa
Mai
Raja
Bahnhof
1,5 km

erste reguläre Zeitung in estnischer Sprache: 1857 hob *Johann Woldemar Jannsen* die „Perno Postimees" („Pernauer Postbote") aus der Taufe. Seine Tochter, die später den Namen *Lydia Koidula* annahm, wurde die wohl wichtigste Dichterin Estlands und eine bedeutende Protagonistin in der Phase des nationalen Erwachens. Zuvor hatte sich der Pastor *Johann Heinrich Rosenplänter* im Rahmen von Veröffentlichungen intensiv mit der estnischen Sprache auseinandergesetzt. Um die Jahrhundertwende entstand schließlich die erste **Eisenbahnanbindung** der Stadt.

Den Höhepunkt als Kurstadt erlebte Pärnu im frühen 20. Jh. Durch die Bahnverbindung, aber auch durch die Eröffnung einer **Schiffslinie über die Ostsee** in den 1930er Jahren kamen immer mehr Kurgäste. Zuvor, 1918, wurde vom Balkon des Endla-Theaters die erste estnische Unabhängigkeitserklärung proklamiert. Die beiden Stadtteile Alt- und Neu-Pärnu wurden endlich adminstrativ zusammengelegt.

Auch unter der sowjetischen Herrschaft galt Pärnu als **sozialistische Kurstadt.** Nach Erlangen der Unabhängigkeit 1991 erhielt Pärnu als erster Kurort in Osteuropa 1994 die Blaue Flagge, die als Symbol für **hohe Umweltstandards** gilt. Im Jahr 2000, ein Jahr, bevor Pärnu sein 750-jähriges Jubiläum beging, wurde die Stadt Mitglied des Europäischen Heilbäderverbandes (ESPA).

Pärnu hat nette Kneipen und Restaurants

Sehenswertes

Lydia Koidula Museum

Zwischen der Ringi- und der Lõuna-Straße wurde ein **Park** nach der Dichterin *Lydia Koidula* benannt. Dort ist die zierliche Frau am Rand eines Brunnens in Form eines **Denkmals** verewigt.

Außerhalb der Innenstadt auf der anderen Seite des Pärnu-Flusses befindet sich das Lydia Koidula Gedenkmuseum. Untergebracht in einem alten Schulhaus aus dem 18. Jh., sind hier private Gegenstände der berühmten Dichterin zu sehen. Auch an ihren Vater *Johann Woldemar Jannsen,* der 1857 mit der „Perno Postimees" die erste estnischsprachige Zeitung herausgab, wird erinnert. Umgeben ist das Museum von den farbigen Holzhäusern des Stadtviertels Ülejõe, die so typisch für Pärnu sind.

- **Lydia Koidula Gedenkmuseum,** Jannseni 37, Tel. 4433313, Di–Sa 10–17 Uhr, Juni bis August bis 18 Uhr.

Roter Turm

Nicht weit vom Busbahnhof steht das älteste Gebäude der Stadt. Hält man nach dem **Roten Turm** Ausschau, einem im 15. Jh. errichteten **Gefängnisturm,** der Teil der mittelalterlichen Stadtmauer war, sollte man sich nicht durch die Namensgebung beirren lassen. Der rote Backstein, aus dem der Turm gebaut ist und der auch Grund für die Bezeichnung war, ist mittlerweile weiß gestrichenen Wänden gewichen. Heute beherbergt der Turm ein **Kunsthandwerkszentrum.** Im

112es Foto: jl

oberen Stockwerk finden wechselnde Ausstellungen statt. Im Souvenirshop gibt es unter anderem schöne Glasartikel aus eigener Herstellung.

● **Roter Turm** (Punane torn), Hommiku 11, Tel. 4434611, www.punanetorn.ee, Di–Sa 10–17 Uhr.

Pärnu-Museum

Die meisten Sehenswürdigkeiten befinden sich an der **Einkaufsstraße Rüütli,** wo auch die Touristeninformation (Rüütli 16) ansässig ist, oder den davon abgehenden Querstraßen. Am westlichen Ende der Rüütli-Straße führt das Pärnu-Museum Besucher in die Geschichte von Stadt und Landkreis ein. Hier sind auch einige der ältesten **archäologischen Fundstücke** Estlands ausgestellt, die auf das Jahr 9000 v. Chr. datieren.

● **Pärnu Museum,** Aia 4, Tel. 4433231, www.pernau.ee, Di–Sa 10–18 Uhr.

Verklärungskirche

Von hier aus führt die Aia-Straße hinunter zur orthodoxen Verklärungskirche (Aia 5) aus dem Jahr 1904, ein schönes Beispiel für den **altrussischen Stil.**

Steinerimaja

Zwei hübsche Wohnhäuser lohnen einen kleinen Schlenker in die Pühavaimu-Straße. Das grünliche Giebelhaus eines ehemaligen Ratsherrn, das sogenannte Steiner Haus aus dem Jahr 1674, und das gelbe Haus des Apothekers *Heno* von 1670 wurden vom Kaufmann *Hans Diedrich Schmidt* gekauft, der die Gebäude im klassizistischen Stil umbaute. Eine neue Fassade vereinte 1877 die beiden Gebäude und der graue, mit Säulen versehene Vorbau entstand.

Rathaus

Eine Querstraße weiter (Uus/Ecke Nikolai) steht das Rathaus der Stadt, das 1839 in das 1797 erbaute, klassizistische Wohnhaus des Kaufmanns *Harder* einzog. Beachtenswert ist die **geschnitzte, bunt bemalte Tür,** durch die bereits Zar *Alexander I.* bei seinem Besuch in Pärnu 1806 getreten sein soll. 1911 wurde das Rathaus durch einen Jugendstil-Anbau erweitert.

Barockkirchen

In der Nähe des Rathauses liegen zwei Kirchen aus der Barockzeit. Folgt man der Nikolai-Straße bis an die Kreuzung zur Kuninga, gelangt man zur **Elisabethkirche** (Nikolai 22), die der Architekt *Joachim Hinrich Güterbock* entworfen hat. 1750 wurde sie der russischen Zarin *Elisabeth* (*Jelisaweta*) gewidmet, 1893 baulich erweitert. Die Innenausstattung stammt aus dem 19. Jh.

Geht man vom Rathaus die Uus hinunter, trifft man auf die **Katharinenkirche** (Vee 16). Sie fällt schon von Weitem ins Auge: Hellgelb gestrichen und mit einem grünen Dach, das die verspielt wirkenden Türmchen bedeckt, ist sie die prächtigste Barockkirche Estlands. Auch ihr Name geht auf eine russische Zarin zurück. *Katharina II.* besuchte Pärnu 1764 und ordnete den Bau der Kirche an, die dann 1765–68 nach Plänen des Architekten *Pjotr Jegorov* errichtet wurde.

Vee-Straße

Am **Endla-Theater** vorbei, einem Sowjetgebäude, das ein in der Nähe gelegenes Jugendstilbauwerk (dort steht heute das Hotel Pärnu) in den 1960er Jahren ersetzte, führt die Vee-Straße nördlich Richtung Hafen und südlich zurück zur Rüütli. Hier gibt es zahlreiche **Wohn- und Geschäftsgebäude,** die historisch und architektonisch interessant sind, zum Beispiel die Häuser Nr. 1a, 28, 27, 36, 37 oder 41. Am besten flaniert man einfach die Straße hinunter und lässt die schönen Bauten auf sich wirken. In einem der zahlreichen Cafés kann man den Bummel jederzeit unterbrechen.

Mohrsches Haus

Gute Augen können am Giebel des Mohrschen Hauses (Rüütli 21/23) ein auf einer Stange angebrachtes **Hufeisen** entdecken. Dieses soll das Pferd von *Karl XII.* verloren haben, als er im Jahr 1700 durch die Stadt ritt.

Wallgraben

Am westlichen Ende der Kuninga-Straße, die parallel zur Rüütli verläuft, blieb das **Tallinner Tor** (Tallinna värav) aus dem 17. Jh. erhalten. Bis 1710 trug das Walltor noch den Namen Carl-Gustav-Tor. Tritt man hindurch, steht man vor dem alten Wallgraben und einem ihn umgebenden Park. Oberhalb des Tores, wo früher eine Bastion stand, wurde 1970 eine Freilichtbühne errichtet. Der sich zum Strand hin erhebende **Hügel Munamägi** (Eierberg) ist ein Rest der Bastion Mercurius, die 1860 abgetragen wurde.

Kuninga-Straße

Wie die Rüütli- säumen auch die Kuninga-Straße eine Reihe **bemerkenswerter Häuser,** zum Beispiel Nr. 18, 24, 26/28 oder 25. Schlendert man an ihnen vorbei, passiert man die schon erwähnte Elisabethkirche sowie den **Koidula-Park** und gelangt am östlichen Ende fast zum Ausgangspunkt des Rundgangs zurück, der Verklärungskirche.

Es bietet sich von hier aber auch ein **Spaziergang zum Strand** an. Von der Innenstadt führen mehrere Straßen, die von alten Holzvillen gesäumt sind, dorthin. Vor den mit Schnitzereien verzierten Häusern wachsen vielerorts Linden, die hübsche Alleen bilden, wie die kreuzende Ringi-Straße, die auch am Koidula-Park entlangführt.

Museum für moderne Kunst

Eine Querstraße weiter befindet sich das sehr sehenswerte Museum für moderne Kunst, auch **Chaplin-Centrum** genannt, in dem Dauer- und Wechselausstellungen zeitgenössischer Künstler untergebracht sind.

- **Pärnu Uue Kunsti Muuseum,** Esplanaadi 10, Tel. 4430772, www.chaplin.ee, täglich 9–21 Uhr.

Villa Ammende

Unten am Strand befinden sich die großen Hotels der Stadt, darunter einige, die durchaus auch touristisch interessant sind. Auch wenn man sich beispielsweise eine Übernachtung in dem luxuriösen Hotel, das die Villa Ammende (Mere pst 7) beherbergt, nicht leisten kann oder will, ist ein Spaziergang zu der wunderschönen **Jugendstilvilla** lohnenswert. Auf Anordnung des Pärnuer Großhändlers *Hermann Ammende* 1905 erbaut, ist das Gebäude heute das am vollständigsten erhaltene Bauwerk seiner Zeit in Estland. Wandmalereien, Originalmöbel, Kamine und Dekorgegenstände machen die Innenräume zu kleinen Kunstwerken. Umgeben ist die Villa Ammende von einem Park, manchmal finden hier auch Konzerte statt.

An der Mole

Von hier aus kann man sich entweder nach rechts wenden und Richtung Mole wandern oder nach links zu den Kuranstalten der Stadt. Männer sollten sich allerdings vorsehen, ein Stück des Strandes zwischen Kuranstalten und Mole ist **Frauenstrand** (Naiste rand), an dem Männer nicht gern gesehen sind.

Ein Gang bis ans Ende der zwei Kilometer langen Mole soll Glück bringen. Ob einem das Hüpfen von Stein zu Stein über die 1863 gebaute Mole das Wert ist, sollte jeder selbst abwägen. Nordöstlich der Mole geht es, vorbei am Kurhotel Tervis (Seedri 6), zum kleinen **Hafen** der Stadt.

Kuranstalten am Strand

Lohnender ist ein Spaziergang zu den alten Kuranstalten an der Pärnuer

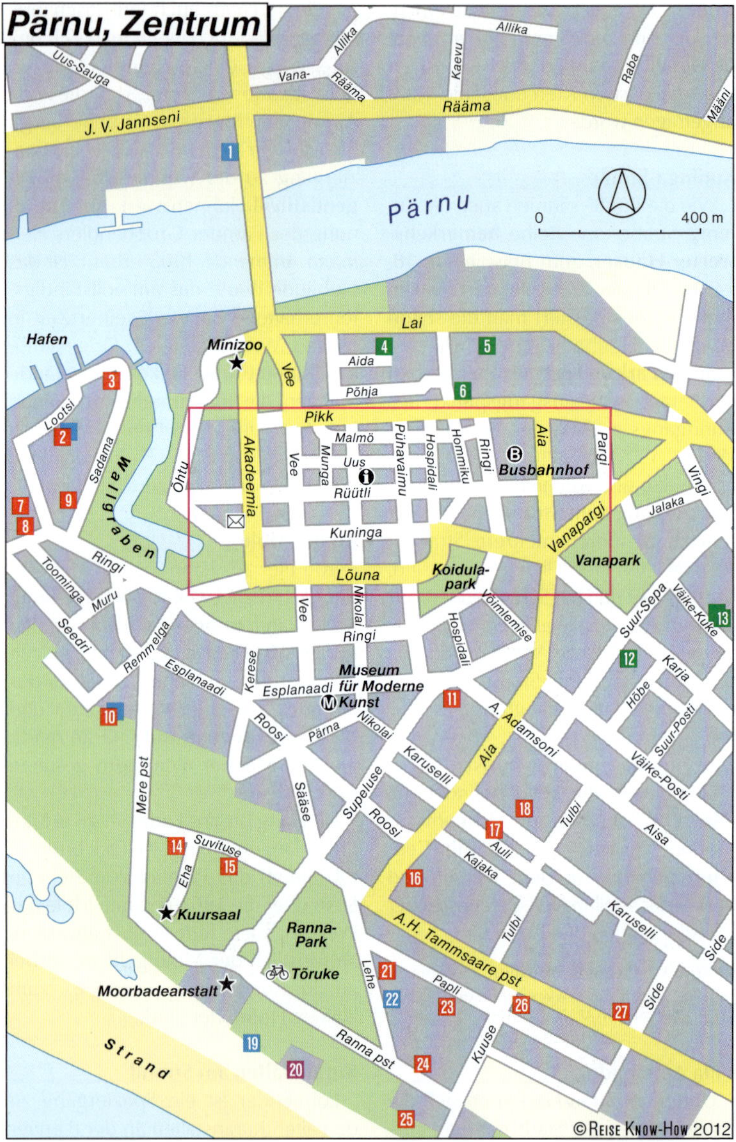
Pärnu, Zentrum
Uus-Sauga
J. V. Jannseni
Vana-
Allika
Rääma
Kaevu
Allika
Rääma
Raba
Määni
Pärnu
0
400 m
Hafen
Minizoo
Lai
Aida
Põhja
Vee
Lootsi
Sadama
Wallgraben
Õhtu
Pikk
Akadeemia
Malmö
Vee
Munga
Uus
Rüütli
Pühavaimu
Hospidali
Hommiku
Ringi
Aia
Busbahnhof
Pargi
Vingi
Jalaka
Vanapargi
Vanapark
Kuninga
Lõuna
Koidula-
park
Ringi
Toominga
Muru
Seedri
Remmelga
Esplanaadi
Kerese
Vee
Nikolai
Ringi
Hospidali
Võimlemise
Suur-Sepa
Väike-Kuke
Museum
für Moderne
Kunst
Esplanaadi
Karja
Hõbe
Roosi
Pärna
Nikolai
A. Adamsoni
Suur-Posti
Väike-Posti
Karuselli
Aia
Mere pst
Sääse
Supeluse
Roosi
Tulbi
Aisa
Auli
Suvituse
Eha
Kajaka
Kuursaal
Ranna-
Park
Tõruke
Moorbadeanstalt
Lehe
Papli
A.H. Tammsaare pst
Tulbi
Karuselli
Side
Side
Kuuse
Ranna pst
Strand
1
2
3
4
5
6
7
8
9
10
11
12
13
14
15
16
17
18
19
20
21
22
23
24
25
26
27
©Reise Know-How 2012

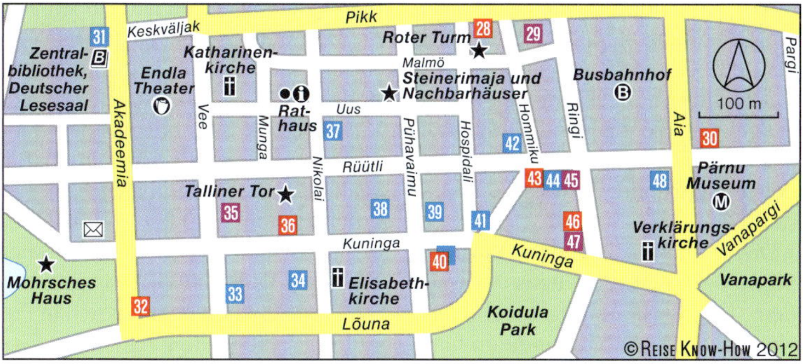

Unterkunft

2 Jahisadama Gästehaus
3 Sadama Villa
7 Carolina Hotel
8 Ranna Villa
9 Viiking Spa Hotel
10 Villa Ammende
11 Villa Artis
14 Villa Johanna
15 Kurhotel Sõprus
16 Estonia Spa Hotel
17 Villa Ene
18 Gästehaus Karusselli
21 Legend Hotel
23 Kapten Mihkel Kurgo Villa
24 Hostel Staadioni
25 Scandic Rannahotell, Strandhotel
26 Spa Hotel Tervise Paradiis
27 Astra Hotel
28 Hotel St. Peterburg
30 Hotel Pärnu
32 Hostel Lõuna
36 Alex Maja Gästehaus
40 Hotel Victoria
43 Hommiku Hostel
46 Koidula Park Hotel

Essen und Trinken

1 Campa Pizza Café
2 Jahtklubi restoran
10 Villa Ammende
19 Rannakohvik
22 Lehe Kohvik
31 Tex-Mex Restaurant Mõnus Margarita
33 Postipoiss
34 Edelweiss
37 Kadri kohvik
38 Piccadilly Veinikohvi
39 Kohvik Mahedik
40 Café Grand
41 Pappa Pizza
42 Seegi Maja
44 Georgi kohvik
48 Asian Village

Nightlife

20 Sunset Club & Star Café
29 Bravo Nightclub
35 Sugar Nightclub
45 Mirage
47 Jazz Café

Einkaufen

4 Pärnu Keskus
5 Port Artur 2
6 Port Artur 1
12 Pärnu Turg
13 Lepa Kaubakeskus, Lepa Turg

Bucht. Am Ende der Mere- bzw. Anfang der Ranna-Straße befindet sich der 1880 erbaute **Kuursaal** (Mere pst 22). Darin ist ein Lokal untergebracht, in dem man recht gut und preisgünstig essen kann (s.u.). Auf der Bühne hinter der Terrasse finden zuweilen Konzerte statt.

Das dahinter liegende **Kurhotel Sõprus** (Eha 2) ist in einer Villa aus dem Jahr 1938 untergebracht. Die ehemalige Villa Wasa wurde im funktionalistischen Stil erbaut und während der Sowjetzeit durch einen Anbau erweitert.

Neben der Kurhalle befindet sich ein übermannsgroßes **Denkmal.** Der sitzende Mann, der Akkordeon spielt, soll den Komponisten und Liedermacher *Raimond Valgre* (1913–49) darstellen, dessen traurige Melodien sich noch heute bei Esten und Finnen großer Beliebtheit erfreuen.

Ganz in der Nähe liegt die **Moorbadeanstalt** (Ranna pst 1). Das neoklassizistische Gebäude aus dem Jahr 1927 wurde anstelle eines im Ersten Weltkrieg abgebrannten Badehauses errichtet. Von 1930 bis 1939 hat hier der Arzt und Heilschlammforscher *Voldemar Vadi* (1891–1951) gearbeitet. Das Gebäude befindet sich in Privatbesitz, die weitere Nutzung ist jedoch noch offen.

Am Badestrand fällt eine pilzförmige Terrasse auf, die zum **Strandcafé** (Ranna pst 3) gehört. Auch dieses Gebäude ist ein Beispiel für den Funktionalismus. Das 1939 eröffnete Haus beherbergt seit 1992 den Nachtclub Sunset (s.u.).

Ein Stückchen weiter den Strand hinunter befinden sich zwei weitere große Hotels, das moderne **Tervise Paradiis** (Side 14) und das **Scandic Rannahotell** (Strandhotel, Ranna pst 5). Letzteres ist gleich neben dem Strandcafé gelegen und soll von seiner Form her an ein Schiff erinnern. Entworfen von den Architekten *Anton Soans* und *Olev Siinmaa,* ist dieses Gebäude das herausragendste Beispiel für den Funktionalismus in Estland.

Eine wellenförmige **Strandpromenade** verläuft zwischen dem Scandic Rannahotell und dem Tervise Paradiis, die von einigen Pflanzenbeeten und Springbrunnen gesäumt wird.

Mohrsches Haus

Praktische Tipps

Informationen

- **Touristeninformation Pärnu**, Uus 4, Tel. 4473000, Fax 4473003, parnu@visitestonia.com.
- Aktuelle Veranstaltungstipps und Adressen findet man in dem Heft **„Pärnu in your pocket"**, das man in der Touristeninformation erhält.
- Die **Zentralbibliothek** (Pärnu Keskraamatukogu) hat einen deutschen Lesesaal, Akadeemia 3, Tel. 4455707, www.pkr.ee.

Service

- **Post:** Akadeemia 7
- **Banken:** Keskväljak 1; Rüütli 40a, Hommiku 1 und 3; Geldautomaten auch in allen Einkaufszentren.
- **Internet:** in der Bibliothek, Akadeemia 3, im Einkaufszentrum Port Artur 1 und im Museum für moderne Kunst.
- Seine **Wäsche waschen** kann man bei Sauberland (im Gebäude Blauhaus), Hommiku 3, Mo–Fr 8–19 Uhr, Sa 9–17 Uhr, So 10–15 Uhr, oder in vielen Unterkünften.

Notfälle

- **Apotheken:** Hommiku 1, Kuninga 3a, Pikk 11, Rüütli 14 und 39, weitere in den Einkaufszentren.
- **Krankenhaus** (Pärnu Haigla): Ristiku 1, Tel. 4473101, www.ph.ee.
- **Zahnklinik:** Pärnu Hambapolikliinik, Väike-Kuke 4b, Tel. 4459260, info@hambapolikliinik.ee.

Unterkunft

Hotels:

- **Aisa Hotel** €€, Aisa 39, Tel. 4438044, Fax 4425866, www.aisa.ee. Traditionelles Hotel im Strandviertel mit großem Parkplatz; unterschiedliche, zum Teil etwas plüschig-bunt eingerichtete Zimmer, auch geräumige Familienzimmer mit Küchenecke, Café im Haus.
- **Astra Hotel** €, Tammsaare 24b, Tel. 4455 500, Fax 4455501, www.astra.ee. Nur 500 m vom Strand, etwa 10 Min. in die Innenstadt. Hotel mit 23 modernen, hellen Zimmern mit Sat-TV und Telefon, Schönheitssalon, Sauna, Restaurant, Parkplatz. Wer mit dem Bus kommt, wird am Busbahnhof abgeholt.
- **Hotel Pärnu** €€, Rüütli 44, Tel. 4478911, Fax 4478905, www.pergohotels.ee. Standardzimmer in zentral gelegenem Hochhauskomplex, Sauna mit Whirlpool, Schönheits- und Massagesalon.
- **Carolina Hotel** €€€, Ringi 54b, Tel./Fax 4420440, www.carolina.ee. Modernes Hotel mit 24 Zimmern inkl. Familienzimmern, bis zum Strand und zur Innenstadt sind es nur paar Minuten zu Fuß.
- **Hotel Emmi** €€-€€€, Laine 2, Tel. 4476444, Fax 4476445, www.emmi.ee. Schlichte Zimmer mit Sat-TV, verschiedene Spa-Anwendungen, Sauna, Restaurant und Bar, Parkplatz.
- **Koidula Park Hotel** €€€, Kuninga 38, Tel. 4477030, Fax 4477033, www.koidulaparkhotell.ee. Im Zentrum mit Blick auf den Koidula-Park gelegen, alle Zimmer mit Bad, Fernseher und Telefon.
- **Legend Hotel** €€€, Lehe 3, Tel. 4425606, Fax 4425770, www.legend.ee. Ca. 200 m vom Strand und 10 Minuten vom Stadtzentrum entfernt. Terrasse, Sauna mit Kaminraum; Kosmetikanwendungen, Ayurveda-Therapien und Massagen.
- **Ranna Villa** €€-€€€, Ringi 52, Tel. 4451120, Fax 4425731, www.rannavilla.ee. Modernes Hotel in unmittelbarer Nähe zu Jachthafen und Strand, zur Innenstadt sind es 5 Min. zu Fuß. 20 moderne Räume inkl. Familienzimmer, Räume für Allergiker, alle mit Dusche/WC, Safe, Sat-TV, Parkplätze im Innenhof.
- **Scandic Rannahotell** €€€, Strandhotel, Ranna pst 5, Tel. 4432950, Fax 4432918, www.scandichotels.com. Fantastischer Blick auf den Strand, 2 km vom Zentrum entfernt. Das Gebäude im Stil des Funktionalismus ist einzigartig in Europa.
- **Hotel St. Peterburg** €€€€, Hospidali 6, Tel. 4430555, Fax 4430556, www.seegimaja.ee. Sehr schönes Hotel im mittelalterlichen Gebäude, stilvoll eingerichtet, auch Suiten mit Sauna und Sprudelbad.
- **Villa Ammende** €€€€, Mere pst 7, Tel. 447 3888, www.ammende.ee. Wunderschönes

Hotel in Jugendstilvilla, Billard- und Kaminzimmer, sehr gutes Restaurant in stilvollem Ambiente.

• **Hotel Victoria** €€€, Kuninga 25, Tel. 444 3412, Fax 4443415, www.victoriahotel.ee. Hotel in stilvollem Gebäude aus der Zeit der Ersten Republik. Zimmer in verschiedener Größe und Raumlösung, alle mit Duschbad, Telefon, TV, Radio und Minibar.

Kur- und Spa-Hotels:

Die Preise in den Kur- und Spa-Hotels variieren je nach Saison beträchtlich. Es gibt oft Sonderangebote, wenn man Unterkunft, Verpflegung und Anwendungen als Paket bucht.

• **Estonia Spa Hotel (Estonia Taastusravikeskus)** €€, Tammsaare pst 4a, Tel. 4476905, Fax 4479901, www.spaestonia.ee. Rehabilitationszentrum mit Gesundheitsfokus, Restaurant, Bar, Fitnessbereich, Schönheitssalon.

• **Kurhotel Sõprus** €€, Eha 2, Tel. 4450750, Fax 4450770, www.soprus.ee. Gemütliches Kurhotel mit Rehabilitationszentrum unweit des Strandes zwischen Parks und Alleen. Professionelles medizinisches Personal gibt Behandlungen bei Herz-Kreislauf-Krankheiten, Gelenk- und Knochenerkrankungen und Störungen des vegetativen Nervensystems; Schönheitssalon. Es besteht die Möglichkeit, an Ausflügen teilzunehmen und Theater- und Konzertkarten zu bestellen.

• **Spa Hotel Strand** €€€, A.H. Tammsaare pst 35, Tel. 4475370, Fax 4475371, www.strand.ee. Schwimm- und Massagebecken, Fitnessraum, Schönheitszentrum, mit Restaurant und Nachtclub.

• **Tervis Spa** €€, Seedri 6, Tel. 4450111, Fax 4450307, www.sanatooriumtervis.com. Bei der Mündung des Flusses Pärnu gelegen, Gesundheits- und Spa-Anwendungen, Schwimm- und Sporthalle, Fitnessraum, Tanzabende und Konzerte, Billard, Fahrradverleih.

• **Spa Hotel Tervise Paradiis** €€€, Side 14, Tel. 4451600, Fax 4451601, www.tervisepara diis.ee. Spa-Behandlungen, großer Wasserpark, Fitnessraum, Solarium, Tischtennis, Bowling, eigenes Kasino.

• **Viiking Spa Hotel** €€€, Sadama 15, Tel. 4431293, Fax 4431492, www.viiking.ee. Reha-Hotel mit Gesundheitszentrum, Tennis, Billard, Schwimmbad, Restaurant, Bar.

Pensionen und Bed&Breakfast:

• **Aleksandri** €€, Vana-Rääma 8, Tel. 443 2160, Fax 4432161, www.aleksandripub.ee. Nördlich des Pärnu-Flusses gelegen, 17 Gästezimmer und kleine Campinghäuser im Garten, man hat die Wahl zwischen Zimmern mit eigenem Bad und etwas preiswerteren mit Bad auf dem Flur, alle mit TV; bewachter Parkplatz. Im gleichen Gebäude ist eine Biker-Kneipe untergebracht.

• **Alex Maja** €€€, Kuninga 20, Tel. 4461866, Fax 4461867, www.alexmaja.ee. Elegant eingerichtetes, gemütliches, kleines Gästehaus in der historischen Altstadt.

• **Gästehaus (Külalistemaja) Jahisadama** €€-€€€, Lootsi 6, Tel. 4471740, Fax 4471752, www.jahtklubi.ee. Direkt am Jachthafen gelegenes, nettes Gästehaus mit 13 gemütlichen Zimmern, alle mit Dusche/WC und Sat-TV.

• **Kapten Mihkel Kurgo Villa** €€€, Papli 13, Tel. 4425736, Fax 4425662, www.kurgovil la.ee. Renovierte Holzvilla mit 5 Apartments, 10 Min. zu Fuß zur Innenstadt, 300 m zum Strand, mit Garten und kleinem Café (nur für Hotelgäste).

• **Gästehaus Karusselli** €€, Karusseli 18, Tel./Fax 4442124, www.karusselli.ee. Ruhig, mit nettem Garten und Sauna, 10 Min. zu Fuß zur Innenstadt und zum Strand, im Sommer auch Frühstück.

• **Gästehaus (Külalistemaja) Laine** €-€€, Laine 6a, Tel.4439111, Fax 4429932, www.ghlaine.ee. Liegt in von außen nicht gerade schönem Hotelblock in einem Wohngebiet, bis zum Strandviertel ca. 15 Minuten zu Fuß; einfache Zimmer. Zum Haus gehören ein Schönheitssalon und ein am Fluss liegender Campingplatz mit Hütten.

• **Gästehaus (Külalistemaja) Männiku** €, Männiku 8, mobil 56488020, www.hot.ee/manniku. 2 km außerhalb des Stadtzentrums bei einem Waldgebiet gelegen, mit Garten und Grill, 13 Zimmer mit TV und Bad.

• **Villa Eeden (Külalistemaja)** €€, Rähni 9, Tel./Fax 4436222, www.inglipuudutus.ee. „Himmlisches" Gästehaus mit schön dekorierten Zimmern für Gäste mit romantischer Ader. Restaurant Paradiis im Haus.

• **Sadama Villa** €€, Sadama 13, Tel. 4470008, www.sadamavilla.ee. Renoviertes Haus aus

114es Foto: jl

dem Jahr 1934 mit 17 unterschiedlichen Zimmern inkl. Mehrbettzimmer; Garten mit Grillgelegenheit, Sauna, Schönheitssalon, Sat-TV, Saunahaus mit Pool, Organisation von Ausflügen.

- **Villa Artis** €€-€€€, A. Adamsoni 1, Tel. 447 1480, Fax 4471482, www.reiser.ee. Kleines Haus mit nettem Garten zwischen Innenstadt und Strandviertel mit 12 neuen, in hellen, warmen Tönen gehaltenen Zimmern, teils mit Balkon.
- **Villa Ene** €-€€, Auli 10, Tel. 4425532, www.villaene.ee. 5 Min. zu Fuß zum Zentrum, Zimmer mit TV und z.T. Kaffeemaschine und Kühlschrank, Sauna, Garten, 2 Garagen für Autos.
- **Villa Freven** €€, Kooli 31, Tel. 4441540, mobil 56686545, www.freven.ee. Zimmer mit TV, Dusche und z.T. Kochnische, Sauna, Feuerstelle, schöner Garten.

In der Einkaufsstraße Rüütli

- **Villa Johanna** €€, Suvituse 6, Tel./Fax 443 8370, mobil 56988370, www.villa-johanna.ee. Hübsches Holzhaus mit neun Zimmern, 300 m zum Strand, mit kleiner Bar, Garten und Sauna.

Hostels:

- **Hommiku Hostel** €€, Hommiku 17, Tel. 445 1122, Fax 4431214, www.hommikuhostel.ee. Zentral gelegenes Hostel, DZ mit TV und Miniküche, auch 3er- und 4er-Zimmer, Frühstück kann zugebucht werden.
- **Hostel Lõuna** €-€€, Lõuna 2, Tel. 4430943, mobil 56650130, www.hostellouna.eu. In einem hübschen Steinhaus aus dem Jahr 1909, Doppel- und Mehrbettzimmer, die oberen Räume werden als Hostel, die unteren als Hotel geführt. Gemeinschaftsküche und Fernsehzimmer.
- **Reldori Motel** €€, Lao 8, Tel. 4478410, Fax 4478401, www.reldor.ee. Außerhalb des Zentrums inmitten einer Wohngegend, DZ und Dreibettzimmer, alle mit Dusche/WC, Sat-TV; gute Parkmöglichkeiten auch für grö-

ßere Autos und Reisebusse; preisgünstiges Bistro (eher Fastfood-Gerichte).

- **Hostel Staadioni** €, Rannapuiestee 2, Tel. 4425799. Beim alten Stadion, DZ und Mehrbettzimmer, Gemeinschaftsraum und -küche, 100 m zum Strand, etwa 15 Min. zu Fuß in die Innenstadt. Schön ist es nicht, aber billig.

Camping und Ferienhäuser

- **Konse Puhkeküla** €-€€, Suur-Jõe 44a, mobil 53435092, Fax 4475561, www.konse.ee (auch deutschsprachige Informationen). Das Feriendorf befindet sich direkt am Ufer des Flusses Pärnu. Komfortable Zimmer im Haus, Zeltplatz und 50 Stellplätze für Wohnwagen, auch Zeltverleih. Gemütliche Sauna mit Kaminraum und Familiensauna, Fahrrad- und Bootsverleih. Der Badestrand und die Einkaufsstraßen der Innenstadt liegen nur 15 Minuten zu Fuß entfernt.
- **Jõekääru kämping,** Nurme, Gemeinde Sauga (4 km nordwestlich der Stadtgrenze), Tel./Fax 4430034, mobil 5022455, www.joekaaru.ee. 19 Blockhütten (je 4–5 Zimmer), Zeltplätze und Stellplätze für Wohnwagen; Grill, Feuerstelle, Sauna, verschiedene Aktivitätsangebote wie Kanufahren.

Essen und Trinken

- **Villa Ammende,** Mere pst 7, Tel. 4473888, www.ammende.ee. Feinstes Restaurant in Pärnu, gute Weinauswahl, gehört zum gleichnamigen Edelhotel, Di–Sa 17–22 Uhr. Im Sommer auch Cafébetrieb mit kleineren Gerichten.
- **Asian Village,** Rüütli 51a, Tel. 4429488, www.asianvillage.ee. Asiatische Küche. Etwas imbissartige Atmosphäre, aber gutes Essen.
- **Bumerang Pub, Bar & Grill,** Ringi 37, Tel. 4420302, www.bumerangpub.ee. Direkt am Pärnu-Fluss gelegen, Grillgerichte. Besonderheit ist eine Auswahl an exotischen Fleischsorten wie etwa Krokodil.
- **Edelweiss,** Kuninga 15, Tel. 4420600, www.edelweiss.ee. Österreichische und internationale Küche, Frühstücksmenü.
- **Restaurant Strand,** A. H. Tammsaare pst 35, Tel. 4475383, www.strand.ee. Gehört zum Hotel, Imbiss und Mittagsmenüs.
- **Café im Endla Theater,** Keskväljak 1. Beliebter Treffpunkt junger Stadtbewohner.
- **Campa Pizza Café,** Tallinna mnt 2, Tel. 4439992. Moderne Café-Lounge, italienische und internationale Küche.
- **Café Grand,** Kuninga 25, Tel. 4443412. Beim Hotel Victoria, galt bereits in den 1920er Jahren als hervorragendes Café-Restaurant, renoviert im alten Stil.
- **Georgi kohvik,** Rüütli 43, www.georgi.ee. Einfach und preisgünstig.
- **Jahtklubi restoran,** Lootsi 6, Tel. 4471760, www.jahisadam.ee. Im Sommer sehr beliebtes Pub-Restaurant, direkt am Jachthafen gelegen, Dekoration entsprechend; gute Speisen, vor allem Fisch, Biergarten.
- **Kuursaal,** Mere pst 22, Tel. 4420368, www.kuur.ee. Rustikales Restaurant im alten Kursaal, Grill- und Biergarten. Am Wochenende gibt es ein Abendprogramm, dann muss man Eintritt bezahlen. Nennt sich selbst „Estlands größtes Gasthaus"!
- **Lehe Kohvik,** Lehe 5, Tel. 4425788. Beliebtes Restaurant-Café im Strandviertel mit traditionellen und internationalen Speisen, Sommergarten.
- **Restaurant Paradiis,** Riia mnt 57, Tel. 4464633. Gehört zum Gästehaus Villa Eden, europäische und estnische Küche.
- **Pappa Pizza,** Kuninga 34, Tel. 4430616. Sehr gute Pizza.
- **Postipoiss,** Vee 12, Tel. 4464864, www.trahterpostipoiss.ee. Rustikal, russische Küche, am Wochenende Live-Musik und Tanzabende.
- **Seegi Maja,** Hospidali 1, Tel. 4430550, www.seegimaja.ee. Restaurant und Weinkeller in stilvollem Ambiente, mittelalterliche Kost.
- **Tex-Mex Restaurant Mõnus Margarita,** Akadeemia 5, Tel. 4430929, www.monusmargarita.ee. Tex-Mex- und Grillspeisen.

Kneipen und Cafés:

- **Jazz Café,** Ringi 11, www.jazzcafe.ee. Auch kleine Speisekarte, hin und wieder Konzerte.
- **Kadri kohvik,** Nikolai 12, Tel. 4429782. Alteingessenes, zentrales kleines Café mit Terrasse, traditioneller Speisenauswahl und günstigen Preisen.
- **Kohvik Mahedik,** Pühavaimu 20, Tel. 442 5393, www.mahedik.ee. Nett eingerichtetes

Bio-Café mit leckeren Kuchen, auch herzhafte kleine Gerichte. Im Hinterzimmer gibt es einen Bio- und Esoterikladen.

- **Piccadilly Veinikohvi,** Pühavaimu 15, Tel. 4420085, www.wine.kohvila.ee. Stilvolles kleines Caféhaus mit großer Weinauswahl. Besonders empfehlenswert sind die selbstgemachten Trüffelpralinen und Kuchen.
- **Aleksandri Pub,** im gleichnamigen Gästehaus (s.o.) außerhalb der Innenstadt gelegene, rustikale Kneipe, unter Einheimischen und Motorradfahrern beliebt - der Besitzer ist leidenschaftlicher Biker.
- **Rannakohvik,** Ranna pst 1d, Tel. 4464890. Strandcafé, nur während der Hochsaison geöffnet.

Nachtleben

Kultur:

- **Pärnu Konzerthaus,** Aida 4, Tel. 4455801, moderne und klassische Stücke.
- **Endla Theater,** Keskväljak 1, Tel. 4420666, Vorführungen auf Estnisch.

Clubs und Diskotheken:

- **Bravo Nightclub,** Hommiku 3, www.bravoclub.ee.
- **Club Str&** (sprich: Strand), A. H. Tammsaare pst 35, www.strand.ee, beim gleichnamigen Hotel, Fr und Sa ab 22 Uhr, ab 21 Jahre.
- **Mirage,** Rüütli 40, www.mirage.ee, Club und Kasino.
- **Sugar Nightclub,** Vee 10, Tel. 4421100, www.sugarclub.ee.
- **Sunset Club & Star Café,** Ranna pst 3, www.sunset.ee.

Einkaufen

Märkte:

- **Pärnu Turg,** Suur-Sepa 18, Di–So.
- **Lepa Turg,** Väike-Kuke 9, Di–So.

Einkaufszentren:

- **Kauba Majakas,** Papiniidu 8/10.
- **Lepa Kaubakeskus,** Väike-Kuke 9.
- **Pärnu Keskus,** Aida 7, www.parnukeskus.ee.
- **Port Artur 1,** Hommiku 2; **Port Artur 2,** Lai 11; www.portartur.ee.

Souvenirs:

- **Kauplus Suveniir,** Ringi 5, Tel. 4440181, www.ringi5.ee, Mo–Fr 10–18 Uhr, Sa 10–16 Uhr, So 11–15 Uhr.
- **Maarja-Magdaleena Gild,** Uus 5, Tel. 447 1901, www.maarjamagdaleenagild.ee, Di–Fr 11–17 Uhr, Sa 11–15 Uhr. Haus, in dem zahlreiche Kunsthandwerker ihre Werkstätten und Verkaufsräume eingerichtet haben. Es lohnt sich, in Ruhe alle Flure zu erkunden, man findet immer noch weitere Ateliers.
- **Maripott keraamika,** Õhtu 7, mobil 564 79940, schöner Laden für Keramikwaren.
- **Pärnu Käsitöö Salong,** Vee 6, Tel./Fax 4425121, www.aale.ee, Mo–Fr 10–19 Uhr, Sa 10–16 Uhr, Schwerpunkt auf traditionellen Wollartikeln.
- **Punane torn** (Roter Turm), Hommiku 11, Tel. 4434611.

Bücher und Karten:

- **Apollo Raamatupood,** Rüütli 41.
- **Rahva raamat,** im Pärnu Keskus, Aida 7.

Foto:

- **Anu Foto,** Hommiku 2, im Einkaufszentrum Port Artur.
- **Pildikoda,** Rüütli 16.

Antiquitäten:

- **Antiik Vanavara,** Karja 26.

Galerien:

- In der **Stadtgalerie** (Aida 4, http://linnagalerii.parnu.ee) und der **Galerie des Endla-Theaters** (Keskväljak 1) werden wechselnde Ausstellungen estnischer sowie internationaler Künstler gezeigt.

Aktivitäten

Baden:

- Wer nicht ins Meer hüpfen möchte, kann den **Wasserpark** des Hotels Tervise Paradiis (s.o.) besuchen oder das **Schwimmbad** des Freizeitzentrums Tervis Medical Spa, Seedri 6, Tel. 4450111, www.spatervis.ee.

Fahrradverleih:

Die meisten großen Hotels verleihen Fahrräder an ihre Gäste.

207es Foto: hr

Keramikgeschäft in Pärnu

- **Tõruke,** Ranna pst / Ecke Supeluse, mobil 5028269, www.torukebicycles.ee.

Tierpark:
- **Minizoo,** Akadeemia 1, www.hot.ee/minizoo.

Verkehr

Taxi (jeweils auch mit Kurzrufnummer):
- **Bristol,** Tel. 4430600, 1700
- **E-Takso,** Tel. 4431111, 1300
- **Pärnu Takso,** Tel. 4427555, 1555

Bus:
- Vom zentralen **Busbahnhof,** Ringi 3, Tel. 12550 (estlandweite Infonummer, aktuelle Fahrpläne www.bussireisid.ee), gelangt man mehrmals täglich in die größeren Städte des Landes, z.B. nach Tallinn (ca. 2½ Std.), Tartu (je nach Bus 3½–4½ Std.), Viljandi (2½ Std.) oder Haapsalu (3 Std.).
- Einige Busse fahren täglich von Tallinn nach **Riga** (etwa 4 Std.) und machen in Pärnu Zwischenstopp, www.luxexpress.eu.

Bahn:
- **Bahnhof,** Riia mnt 116, Tel. 4422667; zwei Züge täglich fahren in 2¾ Stunden nach Tallinn, schneller ist der Bus. Fahrplan unter www.edel.ee.

Flug:
- Vom **Flughafen Pärnu,** Tel. 4475001, www.parnu-airport.ee, gibt es Verbindungen auf die Insel Ruhnu und nach Stockholm, im Winter auch nach Kihnu. Mit der Buslinie 23 gelangt man in die Innenstadt.

Fähre:
- Vom Hafen geht eine Fähre nach **Kihnu** (Mi–Fr 2x täglich, So 1x). Weitere Informationen bei Kihnu Veeteed, Kalda 2, Tel. 4431 069, www.veeteed.com.

Autovermietung:
- **Cavitron,** Kilgi 4, Tel./Fax 4495600, www.cavitron.ee.
- **Privalon Autorent,** Tallinna mnt 99a, Tel./Fax 4437167, mobil 5014095, www.privalon.ee.

Umgebung von Pärnu

Rund um Audru

Wem der Strand in Pärnu zu voll ist, der sollte auf das Küstengebiet südlich der Stadt ausweichen. Etwa sieben Kilometer westlich beginnt beim Dorf Papsaare der 3,5 Kilometer lange **Sandstrand Valgeranna.** Der Name spricht für sich: Valgeranna heißt so viel wie „weißer Strand". Gesäumt wird er von einem schattigen Wald.

Ganz in der Nähe liegt eine eher einfache, aber originelle Herberge namens **Villa Andropoff** (s.u.). Auf einem abgetrennten Grundstück ließ sich die sowjetische Politprominenz das Gebäude als Feriendomizil erbauen. Zur Villa gehört ein **Golfplatz.**

Kurz hinter Papsaare liegt der Ort Audru. Neben dem **Gutshof** aus dem 19. Jh. ist die erste lutherische **Kirche** Alt-Livlands (Tõstamaa mnt 5) eine kurze Besichtigung wert. Bevor sie 1680 erbaut wurde, soll hier bereits ein hölzerner Vorgängerbau gestanden haben. Der Turm stammt aus dem Jahr 1715. Die bunten Glasfenster erinnern an die Familien *Pilar von Pilchau* und *von Ungern-Sternberg*. In der Nähe gibt es einen weiteren Golfplatz.

- **White Beach Golf,** bei der Villa Andropoff, westlich von Pärnu, Tel. 4443453, www.andropoff.ee.
- **Audru Golf,** bei Lemmetsa, etwas nordöstlich von Audru, mobil 5059868, www.audrugolf.ee. Als Besonderheit wird historisches Golfspielen angeboten.

Unterkunft

- **Villa Andropoff** €€, Valgeranna küla, Gemeinde Audru, Tel. 4443453, Fax 4442004, www.andropoff.ee. Die Clubanlage mit Ferienvilla ist 8 km von der Pärnuer Altstadt entfernt. Gästezimmer und Bungalows (für 4–6 Personen). Idyllisch im Wald gelegen mit Restaurant und Saunahaus, Golfplatz.
- **Ojaku turismitalu (Ferienhof)** €€, Marksa, Gemeinde Audru, Tel. 4457444, mobil 5084585, www.ojako.ee. Hübsches, rotes Holzhaus mit zehn Zimmern, die meisten mit Meerblick; rustikaler Aufenthaltsraum mit Kamin, sehr gemütlich, Sauna direkt am Wasser, Verpflegung auf Anfrage, Grill, Bootsverleih.
- In der Nähe des Ortes Saulepa südlich von Audru befindet sich der **Reiterhof Sassi Talu** €, mobil 56467301, www.sassitalu.com. Hier kann man in kleinen Campinghäusern unterkommen, **zelten,** im Swimmingpool oder Meer baden und natürlich reiten. Die Besitzer sind Schweden.

Munalaid und Insel Manilaid

Um auf die Inseln Manilaid oder Kihnu zu gelangen, nimmt man im **Hafen Munalaid,** etwa 40 Kilometer südwestlich von Pärnu an der Landspitze Torila (Torila ots), die Fähre. Manilaid liegt nur 800 Meter vom Festland entfernt vor Munalaid. Wie die Bewohner Kihnus pflegen auch sie bis heute ihre Traditionen und Bräuche.

- Die **Fähren** werden betrieben von **Kihnu Veeteed,** Kalda 2, Pärnu, Tel. 4431069, www.veeteed.com. Die Fähre nach Manilaid fährt einmal wöchentlich, Freitag 13.30 Uhr.

Tõstamaa

Nordwestlich von Munalaid liegt der Ort Tõstamaa (Testama) mit einer Kirche aus dem 18. Jh. Im ehemaligen **Gutshof Tõstamaa** ist seit 1921 eine Schule untergebracht. Im 16. Jh. gehörte das Anwesen dem Bischof von Saare-Lääne (Ösel-Wiek), das heutige Bauwerk wurde im 19. Jh. errichtet. Bei einer Restauration, die 2004 abgeschlossen wurde, kamen Decken- und Wandmalereien zutage. Seither strahlen auch die Fassade und das prächtige Treppenhaus in neuem Glanz. Im Haus befindet sich ein Museum.

- **Tõstamaa mõis (Gutshof Tõstamaa),** Kalli mnt 13, Tel. 4496216, Ansprechpartner *Toomas Mitt,* mobil 5261935, toomas.mitt@tostamaa.ee, und *Liina Käär,* mobil 5083834, liina@tostamaa.ee, http://mois.tostamaa.ee.
- **Hostel Tõstamaa** €, im Gutshof Tõstamaa, Kalli mnt 13, mobil 5083834, http://mois.tostamaa.ee. 4-Bett-Zimmer, Gemeinschaftsdusche, Sauna, Frühstück, auch andere Mahlzeiten möglich.
- **Ferienhof Maria** €€, Kõpu, Gemeinde Tõstamaa, Tel. 4474558, Fax 4443415, mobil 5236066, www.maria.ee. Schöner, alter Bauernhof mit Sauna, Lagerfeuerstelle, Fahrradverleih und Reitpferden, auch Kutschfahrten.

Insel Kihnu

Seit 2003 gehört Kihnu (Kühnö), die mit 16 km² siebtgrößte Insel des Landes, zum **Weltkulturerbe der UNESCO.** Doch es ist ausnahmsweise nicht die unberührte Natur des flachen, tief gelegenen Eilands mit seinen Strandwiesen und Kiefernwäldern, Wacholderhainen und vorgelagerten Holmen, auf denen Seehunde ihre Jungen aufziehen, der diese Auszeichnung gilt. Vielmehr sind es die **Bräuche und Traditionen** sowie der eigentümliche **Dialekt,** die geschützt werden sollen. Nirgendwo sonst im Land werden derartige Bräuche, darunter traditionelle Tänze und Gesang, so im Alltag gelebt wie auf Kihnu, was die Insel auf die Liste der „Meisterwerke des mündlichen und immateriellen Erbes der Menschheit" setzte.

Die nahe der Bucht von Pärnu etwa zehn Kilometer vor der Küste liegende Insel im Rigaer Meerbusen ist der einzige Fleck im Land, wo auch heute noch zumindest einige Frauen tagtäglich ihre bunte **Tracht,** die aus farbig gestreiften Wollröcken, Schürzen und bestickten Blusen besteht, zur Schau stellen. Leider ist dieses Kulturgut in Gefahr, unter anderem weil viele junge Leute die Insel verlassen (müssen), um Arbeit auf dem Festland zu finden.

Besiedelt wurde das etwa 7 Kilometer lange und 3,3 Kilometer breite Inselchen vor etwa 500 Jahren. Die vier Dörfer Lemsi, Sääre, Rootsiküla und Linaküla entstanden bereits im 16. Jh. Neben Esten bewohnten **Schweden und Liven** die Insel, die mal zu Russland, mal zu Polen, mal zu Schweden gehörte. Während die Männer zur See fuhren und Robben jagten, waren die Frauen für Haus und Hof zuständig. Als „Kihnu naine", Frau von Kihnu, bezeichnet man noch heute in ganz Estland Frauen, die trotz Ehe ein unabhängiges Leben führen.

Heute leben knapp 600 Menschen auf Kihnu. Für die Kinder gibt es eine eigene Inselschule. Sehenswert ist das **Inselmuseum** in einem Gebäude dahinter. Die **orthodoxe Kirche** stammt aus dem Jahr 1784. Als lutherische Kirche anstelle eines Vorgängerbaus von 1642 erbaut, wurde sie 1862 umgewidmet, nachdem die meisten Inselbewohner aufgrund eines Erlasses des russischen Zaren zum orthodoxen Glauben übergetreten waren. Im Süden der Insel erhebt sich ein **Leuchtturm,** den man besteigen kann.

Unterkunft

- **Campinghäuser und Zeltplatz Ranna** €, Linaküla, mobil 5255172, kihnurand@kihnu.ee. Einfache Hütten für 1–4 Personen, direkt am Meer, Außenküche, Sauna mit Kamin, Duschen auf dem Gelände, Fahrradverleih; bei Bedarf Transport vom/zum Hafen, Mitte Mai bis August.
- **Gästehaus Rock City,** Tel. 4469956, mobil 56262181, rockcity@kihnu.ee. DZ und Mehrbettzimmer, auch **zelten** möglich, Fahrradverleih, Sauna, auf Wunsch Verpflegung und Transport, pro Person €.
- **Ferienhof Tolli** €, Sääre, mobil 5277380, www.kihnutalu.ee. Zimmer im Gästehaus und im alten Speicher, außerdem einfaches Campinghaus, Sauna, Kamin, Schaukel, Grill, Fahrradverleih, Verpflegung bei Vorbestellung, auch **zelten** möglich; bietet auch Boots- und Angelausflüge sowie Rundfahrten über die Insel an.

Essen und Trinken

- **Cafés** gibt es in Sääre und Rootsiküla; kleine **Geschäfte,** in denen man auch Lebensmittel erhält, haben Lemsi und Sääre.

Aktivitäten

- **AS Kihnurand,** Sääre, mobil 5255172, kihnurand@kihnu.ee. Das Unternehmen organisiert Ausflüge, Unterkunft, Fahrradverleih (mobil 5269012, 5273752) und Folkloreabende auf der Insel.

Verkehr

- Man kann von zwei Häfen auf dem Festland die Insel Kihnu ansteuern: Die Passagierfähre „Liisi" legt vom **Hafen in Pärnu** (Kalda 2, Tel. 4431069, mobil 53441294) ab, die Fähre „Amalie" vom Hafen Munalaid (s.o., Tel. 4431069, mobil 5206629). Die Touristeninformation in Pärnu ist gern bei der Buchung behilflich.
- Im Winter, wenn die **See zugefroren** ist, kann man von Pärnu aus auf die Insel Kihnu **fliegen** oder – bei besonders dicker Eisdecke – **mit dem Auto** hinüberfahren. Letzteres sollte man aber nicht aufs Geratewohl ausprobieren.

Soomaa-Nationalpark

Um von Pärnu zum Nationalpark Soomaa zu gelangen, folgt man der Straße 5 und passiert nach wenigen Kilometern die Kleinstadt **Sindi,** die 1833 um eine Tuchfabrik herum entstand. Die alten Anlagen und die zugehörigen Wohngebäude der damals größten Fabrik Estlands sind noch erhalten.

Am Rande des Nationalparks liegt der Ort **Tori,** ein guter Ausgangspunkt für Ausflüge in das Moorgebiet. In **Jõesuu,** wenige Kilometer hinter Tori, besteht die letzte Möglichkeit, im kleinen Nahrungsmittelgeschäft Proviant für Exkursionen in den Soomaa-Nationalpark zu kaufen. Nebenan gibt es eine zwar nicht allzu einladend wirkende, aber durchaus empfehlenswerte Kneipe, in der man auch warme Gerichte bekommt. Gleich um die Ecke befindet sich eine für die Gegend typische **Hängebrücke,** die über den Pärnu führt. Der Gang über die 1975 errichtete, über 67 Meter lange Brücke ist eine leicht wackelige Angelegenheit, bietet aber einen schönen Blick auf den Fluss.

Im Osten des Landkreises Pärnumaa erstreckt sich der rund 40.000 Hektar große Nationalpark Soomaa („Moorland"), der in den Kreis Viljandimaa hineinreicht und für seine großen **Moore, Wälder und Auen** bekannt ist. In dem Gebiet sind 524 Pflanzenarten und 172 Vogelarten zu Hause, darunter **Adler, Schwarzstörche und Kraniche,** die sich auch auf dem Logo des Nationalparks wiederfinden. Zu den 46 verschiedenen Säugetierarten, die hier ansässig sind, gehören **Biber, Elche, Wölfe, Luchse und Bären.**

Das wohl nasseste Gebiet Estlands wurde 1993 unter Schutz gestellt und umfasst bis zu acht Meter tiefe Moore, die von zahlreichen Flüssen durchschnitten werden. Mehrmals im Jahr ist die Landschaft zu großen Teilen **überflutet.** Dies rührt daher, dass die Wasserpegel der Flüsse stark variieren und die flache Landschaft ein schnelles Abfließen verhindert. Bis zu fünf Meter hoch steigt der Pegel in der von den Einwohnern „fünfte Jahreszeit" genannten **Hochwasserperiode** im Frühjahr nach der Schneeschmelze. Das größte Flutgebiet befindet sich in der Nähe des Ortes Riisa und dehnt sich auf 110 km^2 aus.

Die **Bau- und Lebensweise** der Einwohner hat sich im Laufe der Jahrhunderte den natürlichen Gegebenheiten angepasst. Typisch für die Region sind Haabjas, aus Espenstämmen gefertigte **Einbäume,** die in der „fünften Jahreszeit" oft das einzige Fortbewegungsmittel waren. Noch heute ist die junge Generation bemüht, die Herstellung dieser traditionellen Gefährte fortzuführen, und auch Touristen sind eingeladen, im Einbaum – stehend und mit einem langen Paddel ausgerüstet – die Wasserstraßen Soomaas zu erkundigen.

Ebenfalls charakteristisch für die Gegend sind und waren Hänge- und Stelzenbrücken. Nahezu jeder Bauernhof hatte sich auf diese Art einen eigenen Zugang errichtet, wobei die Stelzenbrücken nur im Sommer aufgestellt wurden, da sie im Winter und zur Flutzeit vom Wasser mitgerissen worden wären. Stelzenbrücken gibt es heute nicht mehr, aber klassische **Hängebrücken** findet man noch in den Orten Läti bei Tipu, Aesoo, Jõesuu und Viira sowie am Fluss Raudna zwischen Riisa und Sandra. Es kann ein höchst abenteuerliches Vergnügen sein, auf derartige Weise von einem Ufer ans andere zu gelangen.

Die Zahl der Einwohner hat im Laufe der Zeit – wohl nicht zuletzt aufgrund der schwierigen natürlichen Bedingungen – immer mehr abgenommen. Archäologische Funde aus der Stein- und Bronzezeit weisen auf frühe menschliche Anwesenheit hin. Die erste schriftlich belegte Besiedlung datiert auf das Jahr 1599. Anfang des 20. Jh. lebten noch rund 1000 Menschen in dem Gebiet, das heute den Nationalpark bildet. Jetzt sind es nur noch etwa 75.

Lediglich zwei **Schotterstraßen** führen durch das Gebiet. Das **Besucher-**

Im Soomaa-Nationalpark

zentrum findet sich in Kõrtsi-Tõramaa zwischen den Dörfern Tipu und Riisa (dort, wo sich die beiden Schotterstraßen treffen) und dokumentiert die Natur-, Pflanzen- und Tiervielfalt. Gute Ausgangspunkte für einen Besuch sind die Orte **Tori** sowie Vastemõisa oder **Kõpu** in Viljandimaa (nicht zu verwechseln mit den gleichnamigen Orten in West-Pärnumaa sowie auf Hiiumaa). Kõpu liegt etwa 15 km von Viljandi entfernt an der Straße 56. Mit dem eigenen Auto oder Mietwagen muss man in der Flutzeit damit rechnen, nicht alle Wege befahren zu können. Eine Direktverbindung von Pärnu nach Viljandi durch den Park gibt es nicht, man muss ihn – will man auf Asphaltstraßen bleiben – nördlich oder südlich umfahren.

In den Sommermonaten sollte man sich ausreichend mit **Insektenschutzmitteln** ausrüsten. Die Mücken und Bremsen können zur Plage werden!

Der Nationalpark lässt sich am besten per **Kanu** oder auf den zahlreichen markierten Wander- und Lehrpfaden erkunden. Einen Überblick über die Wege gibt das Besucherzentrum. Gleich hinter diesem beginnt beispielsweise der ca. zwei Kilometer lange **Biberpfad,** der mit Informationstafeln ausgestattet ist. Schön ist auch der **Toonoja-Wanderweg,** der zu einer Landinsel im Kuresoo-Moor führt, wo einmal das Dorf Toonoja angesiedelt war. Auf dem **Ingatsi-Bohlenweg,** der ebenfalls ins Kuresoo-Moor führt, kann man sehen, wie die Waldlandschaft in ein Hochmoor übergeht.

116es Foto: jl

Informationen

- **Besucherzentrum des Nationalparks,** Tipu küla, Gemeinde Kõpu, Tel. 4357164, mobil 5261924, www.soomaa.ee (auch auf Englisch), 1. Mai bis 30. September 10–18 Uhr, Oktober bis April 10–16 Uhr. Das Besucherzentrum hilft auch bei der Suche von Unterkünften, vermittelt Kanutouren und Führer. Außerdem kann man hier einen englischsprachigen Film über den Nationalpark sehen und sich über Wanderpfade und Freizeitaktivitäten erkundigen.
- Empfehlenswert ist die teilweise deutschsprachige Homepage des Tourveranstalters Karuskose, **www.soomaa.com.** Sie gibt Auskunft über Natur und Kultur, Sehenswürdigkeiten und Aktivitäten.

Unterkunft

Im Park befinden sich mehrere **einfache Holzhütten** ohne Elektrizität, aber mit Feuerstellen, in denen gut ausgerüstete Wanderer z.T. sogar kostenlos übernachten können. Vielerorts kann man sein **Zelt** aufstellen, zum Beispiel in Karuskose in der Nähe des Besucherzentrums, das auch über Lage und Verfügbarkeit der Übernachtungsmöglichkeiten informiert.

Ansonsten kommt man am besten am Rande des Nationalparks unter. Die meisten Unterkünfte befinden sich in Tori. Man kann auch über die Touristeninformationen in Pärnu und Viljandi Unterkünfte finden, dann ergeben sich auch keine Verständnisprobleme, falls die Vermieter kein Deutsch oder Englisch sprechen.

- **Riisa Rantso** €-€€, Dorf Riisa, Gemeinde Tori, mobil 56694270, 5100832, www.riisarantso.ee. Pension in der Nähe des Ortes Riisa. Neben Zimmern mit eigenem Bad steht ein rustikales Ferienhaus mit eigener Sauna zur Verfügung, allerdings schläft man unterm Dach auf Matratzen auf dem Boden.
- **Klaara-Manni Ferienhaus** €€, Randivälja, Gemeinde Tori, Tel. 4475575, mobil 564 57745, Fax 4475571, www.klaaramanni.ee. Hübsches, am Wald von Tori gelegenes, rot gestrichenes Ferienhaus, nur 200 Meter zum Fluss Pärnu. Fahrradverleih, Kanuwanderungen, Reiten und Massage möglich. Sportplatz und Seminarraum vorhanden, **Wohnwagenplätze.**
- **Linnamehe Ferienhof** €-€€, Kuiaru, Gemeinde Tori, Tel./Fax 4474059, mobil 517 8379, www.linnamehe.ee. Neues Gästehaus mit Kamin, Sauna, Seminarraum, Außenschwimmbecken und zwei netten Terrassen. Die Besitzer verleihen auch Fahrräder und organisieren Moor- und Kajakwanderungen im Nationalpark Soomaa. Verpflegung möglich.

Essen und Trinken

Im Besucherzentrum bekommt man einen Kaffee, daneben gibt es Platz für ein Picknick. Kleine **Lebensmittelgeschäfte** findet man am Rand des Nationalparks, u.a. in Tori, Jõesuu, Suurejõe, Vihtra und Vastemõisa. Die meisten Unterkünfte bieten Verpflegung oder Kochmöglichkeiten an. **Restaurants bzw. Cafés** gibt es nur außerhalb des Nationalparks (z.B. in Vastemõisa, Jõesuu, Suurejõe).

Aktivitäten

- **Geführte Exkursionen:** Empfehlenswert sind die gut ausgebildeten, englischsprachigen Naturführer, Tel. 4357164, soomaa.teabepunkt@rmk.ee. Vermittlung auch durch das Besucherzentrum.
- **Kanutouren, Einbaumworkshops und -fahrten** sowie **Saunawanderungen** (Floßsauna) veranstaltet Aivar Ruukel, Tohera küla, Gemeinde Tori, mobil 5061896, www.soomaa.com (auch in Deutsch). Weitere Anbieter vermittelt das Besucherzentrum.
- **Winteraktivitäten:** Wer im Winter nach Soomaa reist, kann mit Schneeschuhen über das Moor wandern und nach Wolf-, Elch- oder Luchsspuren Ausschau halten. Außerdem im Angebot von Aivar Ruukel (s.o.): Eisangeln und Langlauf.
- **Reiten:** Ulvi Rosenberg, in Tipu, Tel. 4359284, mobil 53433423.

Verkehr

Ohne Auto ist der Nationalpark schwer zu erreichen. Zweimal täglich fährt der Bus 339 von Pärnu nach Riisa, von Pärnu nach Tori häufiger. Von Viljandi aus geht der Bus täglich bis Uia, 8 km vor dem Besucherzentrum, nur einmal pro Woche fährt er weiter bis nach Tipu. Da die Fahrpläne hin und wieder geändert werden, wendet man sich am besten an das Besucherzentrum oder an einen privaten Unterkunft- oder Tourenanbieter. Meist lässt sich ein Abholservice organisieren. Aktuelle Fahrpläne unter www.bussi reisid.ee.

Von Pärnu zur lettischen Grenze

Von Pärnu sind es etwa 50 Kilometer bis zur lettischen Grenze. Dazwischen liegen Kiefernwälder und Strände, lang gezogene Dünen und Hochmoore, Fischerdörfer und Landschaftsschutzgebiete. Die Straße 4 führt über den Grenzort Ikla (auf lettischer Seite: Aina i) als **Via Baltica** bzw. E67 weiter nach Riga. Auf dem Weg nach Süden passiert man einsame **Dünenlandschaften und Strände** (z.B. bei Uulu oder Loode), hinter denen sich ausgedehnte Strandwiesen oder Kiefernwälder erstrecken. Wer es nicht eilig hat, sollte ab Rannametsa (hinter dem Kanal) die Hauptstraße verlassen und die alte Küstenstraße entlangfahren.

Um Tahkuranna, Rannametsa und Häädemeeste erstrecken sich lange **Dünenketten,** die bei Rannametsa eine Höhe von etwa 40 Metern erreichen. Zwischen Võiste und Häädemeeste wurden einige davon zum **Naturschutzgebiet Luitemaa** zusammengefasst.

Den Ort **Häädemeeste** schmückt eine hübsche Kirche aus groben Steinen, die aus dem Jahr 1874 stammt. Das Fischerdorf **Kabli** mit typischen alten Häuschen und einem netten Strand ist ein ruhiges Erholungsgebiet. Läuft man durch den Ort, spürt man den Charme der alten Siedlung, die Ende des 19. bzw. Anfang des 20. Jh. durch seine Werft bekannt wurde.

Schwer zu erreichen ist das **Naturschutzgebiet Nigula,** das sich bis an die lettische Grenze erstreckt. Brettstege führen durch die **Sümpfe,** in denen seltene – zum Teil fleischfressende – Pflanzen wachsen und Elche, Wölfe, Bären, Steinadler, Schwarzstörche und Birkhühner beheimatet sind. Beliebt sind die sogenannten **Moosbeeren** *(jõhvikas),* aus denen die Einheimischen Likör, Saftschorle und Marmelade machen. Ein etwa sieben Kilometer langer Naturpfad beginnt am **See Nigula Vanajärv.** Von der Küstenstraße kommend, fährt man das Gebiet am besten von Häädemeeste oder über kleine Straßen in Höhe des Ortes Penu an. Alternativ kann man es über die Straße 6 Richtung Valga und Stichstraßen nach Süden erreichen.

- **Kabli Naturzentrum,** Dorf Kabli, Gemeinde Häädemeeste, mobil 5058242, www.rmk.ee, 15. Mai bis 15. September tägl. 10–18 Uhr, sonst Mo–Fr 11–16 Uhr.

Unterkunft, Essen und Trinken

- **Hotel und Campingplatz Lepanina** €€-€€€, Kabli, Gemeinde Häädemeeste, Tel. 446 5024, www.lepanina.ee. Größeres Hotel am Meer, Restaurant, Sauna, Stellplätze für Wohnwagen. Mai bis Sept geöffnet.
- In Ikla, direkt an der Grenze im ehemaligen Grenzgebäude, gibt es das Schnellrestaurant **Ikla kantiin,** 24 Std. geöffnet.

LÄÄNEMERI
A
B
1
2
3
Ristinina
Keibu
Vihterpalu
Kurkse
Ämari
Rannaküla
Harju-
-Risti
Rummu
Padise
Põõsaspea neem
Spithami/
Spithamn
Nõva
Vihterpalu
Määra
Dirhami/
Derhamn
Vaisi
Hatu
Pae
Kasepere
Veskijärv
Tänavjärv
Tuksi/
Bergsby
Audevälja
Elbiku/
Ölbäck
Suursoo
Hindaste
Riguldi/
Rickul
Leidisoo
Variku
Läänemaa Suursoo
Maastikukaitseala
Hara/
Harga
Leidissoo
looduskaitseala
Telise neem
Aulepa/
Dirslätt
Silma
looduskaitseala
Kersleti/
Kärrslätt
Tjuka
Voosi kurk
Paslepa/
Pasklep
Sutlepa/
Sutlep
Soolu
Piirsalu
Ellamaa
Ingküla
Saxby
Borrby
Rälby
Norrby
Purksi/
Birkas
Saare/
Lyckholm
Jalukse
Risti
Hullo
Sviby
Einbi/
Einby
Österby
Linnamäe
Haapsalu laht
A. Laikmaa
majammuuseum
Nigula
Palivere
Marimetsa
looduskaitseala
Vormsi
Haapsalu
Herjava
Leediküla
Hari kurk
Pasilaid
Uuemõisa
Taebla
Marimetsa
raba
Turvalepa
Rohuküla
Paralepa
Üsse
Kirimäe
Kalju
Laukna
Pusku
Uusküla
Kirna
Koluvere
Saanika
Lääne
Kullumaa
Jõõdre
Suure-Ahli
Sõmeri
Martna
Liivi
Jõgisoo
Silla
Heinlaid
Liia
maakond
Panga
Tauksi
Liivi
Üdruma
Teenuse
Väinameri
Haeska
Puise
Kumari
Puise
nina
Kiideva
Rõude
Laiküla
Kõverlaid
Matsalu laht
Matsalu
Kasari
Ahelaid
Metsküla
Matsalu
Kloostri
Pagasi
Kasari
Vigala
Rahvuspark
Penijõe
Kirbla
Avaste
soo
Muhu
Papilaid
Seira
Allika
Nõmmküla
Suur väin
Salevere
Tuudi
Lihula
Mõisaküla
Lihula
raba
Avaste
looduskaitseala
Tupenurme
Mäense
Järise
Lihula
maastikukaitseala
Paenase
Massu
Tuudi
Lõetsa
Kõmsi
Tarva
Mihkli
Piiri
Liiva
Kesselaid
Kaseküla
Karuse
Hellamaa
Hanila
Kõima
Ridasi
Kuivastu
Tuhu mka.
Tuhu
soo
Oidrema
Rabavere
Koonga
Pädaste
Virtsu
Vatla
Lõpe
Rässa
Kalli
Väikeväin
Viirelaid
Virtsu-Laelatu-
Puhtu mka.
Paatsalu
Irta
Paadrema
Oara
Suurlaid
Tõusi
Pärnu
Kõrkvere
Võilaid
Oosäär

Haapsalu

Haapsalu (Hapsal) ist ein beliebter und dennoch nicht überfüllter **Kurort,** der – nur 100 Kilometer von Tallinn entfernt – **Strand- und Badeliebhaber** mit mildem Wetter und relativ warmen Wassertemperaturen anlockt. In der seichten Bucht um die Kurstadt wird das Meerwasser schnell warm und erreicht im Sommer durchschnittlich 21 °C. Durch den heilenden Schlamm, der in den Kurzentren eingesetzt wird, finden Kranke Linderung ihrer Beschwerden. Schließlich kommen auch Kulturinteressierte in den **Museen** in und um die Stadt sowie auf den sommerlichen **Festen und Konzerten** auf ihre Kosten, die in der Burg, im Kursaal oder im Kulturzentrum veranstaltet werden.

Die Hauptstadt Läänemaas hat mehrere Wahrzeichen: Die Ruinen der mittelalterlichen **Bischofsburg** weisen auf die Ursprünge der Stadt zurück, die über 300 Jahre als Sitz der Bischöfe von Saare-Lääne (Ösel-Wiek, Inseln-Westland) diente. Das zweite Wahrzeichen, die **„Weiße Dame“,** entstammt einer romantischen Legende, die alljährlich bei einem großen Fest gefeiert wird, dann nämlich, wenn der Geist besagter Dame durch die Kapelle der Domkirche wandelt. Schließlich steht der wunderschöne, hölzerne **Kursaal** aus dem Jahr 1898 dafür, dass sich Haapsalu im 19. Jh. in eine Kurstadt verwandelte. Außerdem sind die zarten, handbestickten **Spitzentücher** Haapsalus, die so fein gearbeitet sein müssen, dass man sie durch einen Damenring ziehen kann, ein Produkt der örtlichen Handarbeitskunst.

Spaziert man durch die von hübschen Holzhäusern gesäumten Straßen der Innenstadt, die früher oder später immer ans Meer führen, begegnet man allerorten einem dieser Wahrzeichen – und wenn es die Bischofsburg ist, die die Silhouette der Stadt bestimmt. Die sehenswerte Altstadt ist klein und gut zu Fuß zu erkunden.

Einige **Kurhotels** und ein Rehabilitationszentrum haben sich in Haapsalu angesiedelt, die sich voneinander nur durch Größe und Stil unterscheiden, im Wesentlichen aber das gleiche Angebot haben: Schlammbäder, Fango, Paraffin, Massagen etc. Hier können sich Gäste, die an Rückenschmerzen, Arthritis, Herz- und Kreislauferkrankungen, gynäkologischen Beschwerden und Krankheiten des vegetativen Nervensystems leiden, behandeln lassen. In den Außenbezirken der Stadt befinden sich weniger ansehnliche Wohnblöcke und Industrieviertel, die für Touristen nicht interessant sind.

Stadtgeschichte

Der älteste Teil der Stadt Haapsalu ist auf einem Gebiet gebaut, das noch wenige Jahrhunderte zuvor aus einzelnen Inseln bestand. Doch die **Versandung der Haapsaluer Bucht** durch die allmähliche Anhebung des Bodens (ca. zwei Millimeter im Jahr) sorgte dafür, dass aus mehreren Inseln schließlich Festland wurde.

Urkundlich erwähnt wurde die Stadt erstmals im Jahr 1279, demselben

Jahr, in dem ihr auch Stadtrechte verliehen wurden. Einige Jahrzehnte zuvor, im Jahr 1228, hatte der Erzbischof von Riga das **Bistum Saare-Lääne (Ösel-Wiek)** gegründet, das sich aus dem heutigen Läänemaa und den Inseln vor der Westküste zusammensetzte. Die erste Residenz des Bistums befand sich im nahen Lihula, doch um Streit mit dem Deutschen Orden zu vermeiden, siedelte der Bischof die Residenz nach Alt-Pärnu um und schließlich, nachdem die Letten die dortige Burg niedergebrannt hatten, nach Haapsalu.

300 Jahre lang sollte Haapsalu das Zentrum des Bistums Ösel-Wiek bleiben. Die **Domkirche** und die Reste der Burg zeugen bis heute von dieser Zeit. Zwar wurde im 14. Jh. in Kuressaare eine neue Bischofsresidenz gebaut, doch das geistliche Kollegium des Bischofs, das Domkapitel sowie der Bischofsstuhl behielten ihren Sitz in Haapsalu.

Im 15. und 16. Jh. wechselten die Herren der Stadt: Schweden, Dänen, Russen und Polen kämpften um ihren Reichtum, bis sie schließlich unter **russische Herrschaft** fiel. Allerdings verlor Haapsalu unter Zar *Peter I.* an militärischer Bedeutung, da der Hafen immer mehr versandete und nicht mehr von großen Schiffen angefahren werden konnte.

Erst im 19. Jh. ging es wieder bergauf. Bereits 1805 wurde das erste **Badehaus** gebaut, doch das Geburtsjahr Haapsalus als Kurort liegt im Jahr 1825, als *Dr. Carl Abraham Hunnius* die heilende Wirkung des Schlamms entdeckte und durch seine Initiative das erste **Heilschlammbad** gegründet wurde. Der russischen Zarenfamilie und der höheren Gesellschaft des Zarenreiches kamen die Heilwirkungen zu Ohren, sodass vermögende und einflussreiche Gäste die Stadt aufsuchten. Haapsalu erlebte endlich den lange ersehnten Aufschwung.

Mit der wachsenden Anzahl von Kurgästen veränderte sich die Stadt auch in architektonischer Hinsicht. **Kureinrichtungen, Villen und Pensionen** entstanden, die oftmals mit kunstvollen Holzschnitzereien verziert wurden. Auf Geheiß des Zaren wurden 1905 eine **Eisenbahnlinie** von Tallinn nach Haapsalu und der Bahnhof gebaut, der heute noch, neben dem hölzernen Kursaal, als eine der Hauptsehenswürdigkeiten der Stadt gilt.

117es Foto: jl

Sehenswertes

Bischofsburg und Domkirche

Die Mitte des 13. Jh. erbaute Bischofsburg liegt im Zentrum der Altstadt und ist schon von Weitem gut sichtbar. Als Hauptattraktion der Stadt ist sie nicht nur aufgrund ihrer Lage, sondern auch, weil sie den Ursprung der Stadt darstellt, ein guter Ausgangspunkt, um Haapsalu zu erkunden.

Als Bischof *Herrmann I.* Haapsalu 1279 die Stadtrechte verlieh und den Sitz des Bistums Saare-Lääne von Alt-Pärnu hierher verlegte, waren die Domkirche und die Wohnräume der Domherren, die **Kleine Burg,** bereits fertiggestellt. Mit den Bauarbeiten der **Großen Burg** wurde wahrscheinlich auch schon im 13. Jh. begonnen. Nach ihrer Fertigstellung sollte die Burg immer wieder umgebaut werden. Die endgültige Größe der mächtigen Anlage wurde unter Bischof *Johannes IV. Kievel* Anfang des 16. Jh. erreicht: Die Kleine Burg umgab eine 28 Meter hohe Mauer mit drei Türmen. Der sich anschließende Vorhof und die Große Burg wurden wiederum von einer mit Zinnen versehenen, über zehn Meter hohen und 800 Meter langen Mauer umringt, die weitere sieben gewaltige Türme umfasste.

Im Livländischen Krieg wurde die Anlage stark beschädigt und fiel in den Besitz des schwedischen Staates. 1625 verkaufte König *Gustav II. Adolf* Stadt und Burg an den Grafen *Jacob de la Gardie*, der die Burg zu einem Schloss umbauen wollte. Bis auf die Renovierung der Kirche blieben seine Pläne jedoch unverwirklicht. Unter russischer Herrschaft wurden die Mauern der Anlage auf Befehl *Peters I.* während des Nordischen Krieges niedriger gemacht. Im Laufe der nächsten Jahrhunderte verfiel die Burg aufgrund von Bränden und Stürmen zu einer Ruine.

Im 19. Jh. wurde die Kirche restauriert und die Burganlage in einen romantischen Park umgewandelt. Während des Zweiten Weltkrieges kam es mehrmals zu Plünderungen der Kirche, danach stand sie zu Sowjetzeiten jahrelang leer und wurde später als Getreidespeicher genutzt. Eine erneute Restauration begann man 1971, zunächst unter dem Vorsatz, einen Konzertsaal dort unterzubringen. Nach der Unabhängigkeit des estnischen Staates beschloss man, die Kirche der Gemeinde zurückzugeben. Wieder geweiht wurde sie 1990.

Während heute von der eigentlichen Festung im Westteil des Hofes nur noch eine Ruine übrig ist, sind die Kathedrale und weite Teile der 800 Meter langen **Schutzmauer** samt Türmen erhalten. Man betritt den Komplex durch ein **Tor** an der Nordseite des Schlossplatzes (Lossiplats). Am Eingangstor ist das Wappen des Bischofs angebracht. Dort ist auch das Jahr 1515 vermerkt, in welchem die Bauarbeiten ihr vorläufiges Ende fanden. Im Innenhof der Anlage befindet sich eine **Freilichtbühne,** auf der im

Bischofsburg und Domkirche

Sommer Konzerte und Theaterstücke aufgeführt werden.

Zur Rechten liegt der **Eingang zu Museum und Wachturm** der Burg sowie zur Domkirche. Das Museum vermittelt einen Überblick über die Anlage, ihre Geschichte und das Bistum. Eine Sammlung von Waffen aus dem 15. und 16. Jh. ist ebenfalls ausgestellt. Den Wachturm kann man besteigen und den schönen Blick auf die Stadt und ihre Umgebung genießen.

- **Museum und Wachturm der Bischofsburg,** Eingang am Lossiplats, 15. Mai bis 15. September Di–So 10–18 Uhr.

Vom Museum aus betritt man die **Domkirche.** Bei dem schlicht ausgestatteten, 425 m² großen Gotteshaus handelt es sich um die größte einschiffige Kathedrale Nordeuropas. Besonders beeindruckend ist das Gewölbe der 40 Meter langen, elf Meter breiten und 15,50 Meter hohen Kathedrale. Der Bau wurde in der Übergangszeit von der Romanik zur Gotik errichtet. Auf letztere Stilepoche gehen die Spitzbögen des Gewölbes zurück, während die Pflanzenornamente an den Kapitellen der Säulen im Langhaus romanisch sind. Auch das Hauptportal war ursprünglich romanisch, bevor es Ende des 19. Jh. durch ein **neogotisches Stufenportal** ersetzt wurde. Der Bau wurde nach den Vorschriften des Zisterzienserordens errichtet, ohne Turm und mit schlichter Einrichtung sowie einem **Rosettenfenster** über dem Portal. Um 1300 hat man die mit schmalen gotischen Fenstern versehene **Taufkapelle** angebaut.

Rund um den Schlossplatz

Tritt man aus der Burganlage hinaus auf den Schlossplatz (Lossiplats), erblickt man zur Rechten hinter einigen Bäumen das hübsche, gelb gestrichene Haus, in dem heute das **Läänemaa Museum** untergebracht ist. Hier gibt es Dauer- und Wechselausstellungen zum Landkreis Läänemaa. Im 18. Jh. erbaut, beherbergte das Gebäude in früheren Zeiten das **Alte Rathaus** der Stadt. Der Schlossplatz war früher ein Marktplatz, von hier gehen die ältesten Straßen ab. Nebenan befindet sich die **Alte Apotheke** aus dem Jahr 1772. Ein paar Meter vor dem Alten Rathaus erinnert ein **Denkmal** von *Voldemar Melnik* an die Toten des Unabhängigkeitskrieges.

- **Läänemaa-Museum und Altes Rathaus,** Kooli 2, Tel. 4737065, www.muuseum.haapsalu.ee, Mai bis September Di–Sa 10–18 Uhr, sonst 11–16 Uhr.

Museum „Ilons Wunderland“

Auf der Kooli-Straße (Nr. 5) wurde 2006 das Museum „Ilons Wunderland“ eröffnet. Die 1930 geborene **Künstlerin Ilon Wikland** hat in ihrer Kindheit mehrere Sommer in Haapsalu verbracht, um ihre Großmutter zu besuchen. 1944 emigrierte sie nach Schweden und machte sich als Illustratorin von Kinderbüchern einen Namen. Die meisten **Bücher Astrid Lindgrens,** darunter auch „Pippi Langstrumpf“, wurden von ihr illustriert. Bei dem einen oder anderen Motiv soll sie von Haapsalu inspiriert worden sein.

Das kleine gelbe Gemeindehaus in der Linda-Straße ist auch unter dem

Namen **Wikland-Haus** bekannt, hier hat die Illustratorin in ihrer Kindheit die Sommer verbracht.

• **Iloni Imedemaa** (Ilons Wunderland), Kooli 5, Tel. 4737065, Mai bis August tägl. 11–18 Uhr, September bis April Di–Sa 11–16 Uhr, www.ilon.ee.

Johanniskirche

Gleich hinter dem Läänemaa-Museum erhebt sich der weiße Spitzturm der Johanniskirche. Ursprünglich war das Gebäude im 15. Jh. als Warenspeicher gebaut worden und unterscheidet sich deshalb von anderen Kirchen durch seine Nord-Süd-Ausrichtung. Nachdem die Domkirche im 18. Jh. schwer beschädigt worden war und die Gemeinde die Aufbauarbeiten nicht mit eigenen Mitteln bestreiten konnte, bezog sie die Johanniskirche. Der Steinaltar von *Joachim Winter* aus dem Jahr 1630 und eine hölzerne Kanzel von 1707 schmücken das Innere. Der Turm kam 1856 hinzu.

Peters Haus

Folgt man der links vor dem Museum abgehenden Linda-Straße, stößt man auf die Rüütli-Straße. Im einstigen Stadtvogthaus soll, so heißt es, im Jahr 1715 der russische Zar *Peter I.* abgestiegen sein. Das Holzhaus trägt daher den Namen Peters Haus.

Maria-Magdalena-Kirche

Rund 130 Jahre nach dem Besuch des Zaren, Mitte des 19. Jh., spendeten reiche russische Besucher Geld für den Bau einer **russisch-orthodoxen Kirche.** 1852 war die Maria-Magdalena-Kirche (Linda 2) fertiggestellt. Einer der Hauptspender, der Kaufmann *Alexey Vekshin*, stiftete der Kirche auch einige Ikonen. Zu Sowjetzeiten als Lagerhalle genutzt, wurde das Gebäude Ende der 1980er Jahre renoviert und fungiert jetzt wieder als Gotteshaus.

Strandpromenade

Die Linda-Straße und ihre Parallelstraßen führen auf die schöne Promenade zu, die schon im 19. Jh. Zentrum für die Sommergäste war. Die Promenade beginnt beim **Afrika-Strand,** der bis zum Zweiten Weltkrieg ein beliebter Badestrand war, an dem heute aber aufgrund der Versandung nicht mehr gebadet werden kann. Dafür lassen sich hier gut die Vögel beobachten, die in der schilfbewachsenen Bucht nisten. Auf Höhe des Strandes befinden sich ein Spielplatz für Kinder und eine steinerne Sonnenuhr. Die Promenade lädt auch heute noch zum Flanieren ein. Besonders abends, wenn die Sonne untergeht, bieten sich hier romantische Spaziergänge an.

Kursaal

Einkehren kann man im wunderschönen hölzernen Kursaal. Das mit Holzschnitzereien verzierte Gebäude wurde 1898 für die aristokratischen Kurgäste gebaut und ist der einzige Kursaal Estlands, der seine ursprüngliche Architektur behalten hat und immer noch als solcher genutzt wird: als **Sommerrestaurant und Konzertsaal.**

• **Kursaal,** Tel. 4757500, www.haapsalukuursaal.ee, Mai bis September geöffnet (siehe auch „Praktische Tipps: Essen und Trinken").

Denkmäler

Entlang der Promenade sind mehrere Denkmäler, die von dem lokalen Bildhauer *Roman Haavamägi* geschaffen wurden, wichtigen Persönlichkeiten gewidmet, die Haapsalu besuchten oder hier eine wichtige Rolle spielten: dem estnischen Komponisten *Rudolf Tobias* (1873–1918, in Höhe des Afrika-Strandes), dem Gründer des ersten Heilschlammbades *Carl Abraham Hunnius* (1797–1851, in der Nähe

des Kursaals) sowie eine Musik abspielende Bank in der Nähe des Rehabilitationszentrums, die an *Pjotr Tschaikowski* erinnern soll. Der russische Komponist hat in Haapsalu mehrfach Urlaub gemacht und soll hier das estnische Volkslied „Kallis Mari" („Liebe Mari") gehört haben. Es gefiel ihm so gut, dass er es in seine Sechste Symphonie einbaute.

Bei der Tschaikowski-Bank geht die Promenade in die Sadama- (Hafen-)

Straße über, die auf eine Landzunge hinausführt. Zwei kleine Einbuchtungen schneiden die Landzunge ein: die Große und die Kleine Wiek (Suur viik, Väike viik). Vor dem Laine Spa Hotel an der Kleinen Wiek steht eine weitere Skulptur: Der **Stockbrecher** von *Juhan Raudsepp* soll einen Mann symbolisieren, der – von einer Krankheit geheilt – seinen Gehstock zerbricht.

Museum der Küstenschweden

Die Sadama-Straße führt weiter am Baltic Hotel Promenaadi vorbei zum Museum der Küstenschweden, wo die wechselvolle Geschichte dieser Bevölkerungsgruppe in Westestland dokumentiert wird. Zum Museum gehört ein **traditionelles Segelboot,** das in dem kleinen Hafen nebenan vor Anker liegt. Von hier aus sieht man schon den weiter oben liegenden **Jachthafen** Haapsalus.

- **Rannarootsi Muuseum,** Sadama 31/32, Tel./Fax 4737165, mobil 55623993, www.aiboland.ee, Mai bis August Di–Sa 10–18 Uhr, September bis April Di–Sa 11–16 Uhr.

Badestrand

Auf der gegenüberliegenden Seite der Landzunge zwischen der Großen und der Kleinen Wiek gibt es einen netten Badestrand, den **Vasikaholmi rand.**

Cyrillus Kreek Museum

Am äußersten Zipfel der Kleinen Wiek erinnern ein **Denkmal** und ein kleines **Museum** an *Cyrillus Kreek*. Es werden englischsprachige Führungen durch die Wohnung des estnischen Komponisten zu den Klängen seiner Musik angeboten.

An der Kleinen Wiek vorbei führt die Lahe-Straße zurück in die Innenstadt. Biegt man links in die Saue ab, stößt man wieder auf die Burg. An der Küste entlanggehend, kommt man zum Bahnhof, ein lohnender Spaziergang.

- **Cyrillus Kreek Museum,** Väike-Viigi 10, Tel. 4737065, www.muuseum.haapsalu.ee, Juni bis Aug. Mi–So 14–18 Uhr.

Posti-Straße bis zum Bahnhof

Von der Bischofsburg aus führt eine lange **Einkaufsstraße** quer durch die Stadt. Am oberen Ende heißt sie Karja, anschließend Posti und schließlich Lihula-Straße. In Höhe der Burg endet sie an einem kleinen, mit einem Springbrunnen versehenen Platz: dem **Schwedenmarkt** (Rootsi turg). Hinter dem Springbrunnen steht eine Skulptur, die einen Jungen mit einem Fisch darstellt.

Die Karja- bzw. Posti-Straße wird von vielen kleinen, bunten **Holzhäusern** geschmückt, in denen Geschäfte und Restaurants untergebracht sind. Von der Karja- biegt die Wiedemann-Straße ab. Der Verfasser des ersten estnisch-deutschen Wörterbuchs, *Ferdinand Johann Wiedemann* (1805–87) wurde in Haapsalu geboren.

In ein schönes altes Haus auf der Posti, das im 19. Jh. als Krankenhaus errichtet wurde, zog nach mehrfachem Umbau 1993 das **Restaurant Central** ein (siehe „Praktische Tipps: Essen und Trinken"). Schräg gegenüber liegt das **Museum des Künstlers Evald Okas** mit einer Ausstellung über das Schaffen des Malers; es werden auch Workshops angeboten.

- **Museum Evald Okas,** Karja 24, www.evald okasemuuseum.ee, Juni bis August Di–So 12–18 Uhr.

Hinter der Vaba-Straße befindet sich das **Kulturzentrum** Haapsalus, in dem neben einer Galerie auch die **Zentralbücherei** Läänemaas untergebracht ist. Wie in fast allen öffentlichen Bibliotheken hat man hier kostenlosen Internetzugang. Weiter unten liegt die **Touristeninformation** (Posti 37), die bei der Suche nach Unterkünften behilflich ist und aktuelles Informationsmaterial ausgibt.

Die Jaama-Straße biegt rechts Richtung Bahnhof und Paralepa-Strand ab. An der Ecke Posti/Jaama liegen in einem Park die orthodoxe **Aleksander-Nevski-Kirche,** der **Alte Friedhof** sowie der **Markt,** wo sich Selbstversorger preiswert mit frischen Nahrungsmitteln eindecken können.

Estnisches Eisenbahnmuseum

Der sehr sehenswerte **Bahnhof** wird heute nicht mehr von Zügen angefahren, aber die Nah- und Fernbusse halten hier. Bei seiner Erbauung im Jahre 1907 war der mit den rot-gelb gestrichenen Holzsäulen geschmückte Bahnsteig der längste überdachte Bahnsteig Nordeuropas (216 Meter), worauf die Bewohner der Stadt heute noch stolz hinweisen.

Im rechten Flügel des Bahnhofs, der ursprünglich eigens für die russische Zarenfamilie gebaut worden war, ist heute das Estnische Eisenbahnmuseum untergebracht. Hinter dem Bahnhof können **Züge und Loks** aus alten Zeiten bewundert werden.

- **Eesti Raudteemuuseum,** Raudtee 2, Tel. 4734574, www.jaam.ee, Mi–So 11–16 Uhr.

Paralepa-Strand

Nicht weit vom Bahnhof liegt die beliebteste Badestelle der Stadt. Von der Jaama-Straße geht hinter den Bahnschienen ein kleiner Fußweg ab, der zum Paralepa-Strand führt, der allerdings – angesichts der Lage der Stadt in einer Bucht – kein echtes Meeresgefühl aufkommen lässt. Minigolf- und Strandvolleyball-Anlagen sind vorhanden, ebenso ein Spielplatz. Am Strand liegt das dritte Kurhotel der Stadt, das Fra Mare. Wem nicht nach praller Sonne zumute ist, der kann im nahe gelegenen Wald spazierengehen.

Praktische Tipps

Informationen

- **Touristeninformation Haapsalu,** Karja 15, Tel. 4733248, Fax 4733464, www.haapsalu.ee. 15. Mai. bis 15. September Mo–Fr 9–17 Uhr, Sa/So 10–16 Uhr, 16. September bis 14. Mai Mo–Fr 10–17 Uhr.

Service

- **Bank:** Posti 41, Bankautomaten: Nurme 2, Tallinna mnt 1, Karja 21.
- **Internet:** in der Bibliothek, Wiedemanni 14.
- **Post:** Nurme 2.

Notfälle

- **Apotheken:** Tallinna mnt 1 (im Kaufhaus), Nurme 1a, Posti 26.
- **Kreiskrankenhaus und Notfallstation:** Vaba 6, Tel. 4725870, Auskunft 4725875, Notruf 112.

- **Polizei** Lossiplats 4, Tel. 4732810, Notruf 110.

Unterkunft

Hotels:

- **Baltic Hotel Promenaadi** €€€, Sadama 22, Tel./Fax 4737250, www.promenaadi.ee. Modernes Hotel an der Promenade, Zimmer und Suiten mit Telefon, TV, Bad, die meisten haben auch einen Balkon mit Meerblick. Fahrrad- und Bootsverleih, Konferenzsaal, Solarium, Massage, Whirlpool, Freizeit- und Sportangebote, Restaurant.
- **Fra Mare Spa Hotel** €€€, Ranna tee 2, Tel. 4724600, Fax 4724601, www.framare.ee. Heilbad am Badestrand Paralepa mit Bar, Café, Schwimmbad, Sauna, Schönheits- und Gesundheitsanwendungen, Fitnessraum, Restaurant.
- **Hermannuse Maja** €€, Karja 1a, Tel. 473 7131, www.hermannus.ee. Drei komfortable Zimmer mit Bad, TV und kleiner Sitzecke. Das Hotel ist zentral gelegen an den Ruinen der Bischofsburg. Die Servicekräfte sprechen Deutsch.
- **Hotel Kongo** €€-€€€, Kalda 19, Tel. 472 4800, Fax 4724809, www.kongohotel.ee. 15 Doppelzimmer, 5 Zimmer mit Küche, 1 Suite mit Sauna, Restaurant, Bar, Konferenzräume und Wintergarten.
- **Hotel Päeva Villa** €€€, Lai 7, Tel./Fax 4733672, www.paevavilla.ee. Nah am Meer, zwei Gebäude mit unterschiedlichen Zimmern, die jeweils Bezug auf die Geschichte Haapsalus nehmen, also keine Angst im „Zimmer der Weißen Dame" bekommen! Zum Hotel gehören Sauna und Restaurant.

Gäste- und Ferienhäuser:

- **Endla Hostel** €, Endla 5, Tel. 4737999, Fax 4755957, www.hot.ee/hostelendla. DZ mit Gemeinschaftsküche und -raum, sicherer Abstellplatz für Autos.
- **Herberge Mesilane** €, Väike-Lossi 3, Tel. 4733869, mobil 5201105 (besser über Mobiltelefon Kontakt aufnehmen, da englischsprachig), www.hot.ee/vaikelossi/. Küche, Wohnwagen- und Zeltplatz vorhanden.
- **Ferienhaus Männi Puhkemaja** €, Käbi 11, Tel. 4757238, mobil 5133643, 5109299, www.mannipuhkemaja.com. Schöner Garten, großer Balkon, Küchenecke.
- **Kõrgesaare Ferienhaus** €, Luha 3a, mobil 53732540, Fax 4720363, www.hot.ee/korgesaare/. Zwei getrennte Häuser mit DZ und Mehrbettzimmern, jeweils mit Küche, Bad, TV. Typisch estnische Holzschaukel im Garten, Sauna, Fahrradverleih, Grillen möglich. Häuser auch komplett zu mieten. April bis Oktober.
- **Reinhold'i Külalistemaja** €, Kreutzwaldi 8, Tel. 4735715, mobil 56607274, www.hot.ee/reinholdi. Pension in ruhiger Wohngegend, vier einfache DZ und 3er-Zimmer mit kleinem Duschbad, Parkplatz auf dem Hof, Frühstück gegen kleinen Aufpreis.
- **Ungru B&B** €, Ungru tee 4-3, Tel. 4735843, mobil 5127346, 55686491, www.hot.ee/ungrukodu. 3 km von der Stadt entfernt, idyllisch im Paralepa-Kiefernwald gelegen, einen Kilometer bis zum Strand, an dem auch Veranstaltungen und Konzerte stattfinden. 8 Betten, **Zeltplatz,** Selbstverpflegung, Lagerfeuer und Grillmöglichkeit. Tiere sind willkommen. Geöffnet Mai bis Oktober.

Jugendherberge:

- **Jugendherberge Sport** €, Wiedemanni 15, Tel. 4735140, www.spordibaasid.ee. In der Gemeinschaftsküche kann man auch selbst kochen, vorausgesetzt, die letzten Gäste haben sie in einem ordentlichen Zustand hinterlassen. Fitnessstudio und andere Sportmöglichkeiten stehen in dazu gehörigem Sportcenter zur Verfügung.

Camping

- **Paralepa Camping,** Ranna tee 4, mobil 55641674, 5155666, www.paralepacamping.ee. Geöffnet von Mai bis Sept., nah beim Fra Mare Spa Hotel am netten Paralepa-Strand, auch einfache Campinghäuschen.
- **Camping Pikseke,** Männiku tee 32, mobil 51922291, www.campingpikseke.com. Etwa

Im stillgelegten Bahnhof ist ein Eisenbahnmuseum untergebracht

118es Foto: jl

2 km vom Zentrum entfernt, 40 Stellplätze für Wohnwagen, 24 Std. Überwachung, Autovermietung, Sauna, Waschmaschine.

Essen und Trinken

Die Restaurants in den folgenden **Hotels** sind empfehlenswert: Kongo, Fra Mare, Päeva Villa, Baltic Hotel Promenaadi.

- **Blu Holm,** Sadama 9/11, Tel. 4724406, Fax 4724401, bluholm@bluholm.ee. Im Sommer gepflegtes Restaurant und Bar, gutes Angebot an Speisen, abends manchmal Live-Musik.
- **Café im Kulturzentrum,** Posti 3, Tel. 472 4470, kleine Speisen, Süßes.
- **Restaurant Central und Bierkeller,** Karja 21, Tel. 4735595, www.central-haapsalu.ee. Stilvolles Restaurant mit edler Einrichtung und größerem Weinangebot mittlerer bis höherer Preisklasse in einem schönen, alten Haus, das im 19. Jh. als Krankenhaus errichtet wurde. 1907 begann der Umbau. Seit 1993 gibt es im oberen Stockwerk das Restaurant, im unteren Bereich einen urigen Bierkeller.
- **Epp Maria Galerii,** Kalda 2, Tel. 4724194, www.eppmaria.ee. Eigentlich handelt sich hier um eine Galerie, die von einer Künstlerfamilie betrieben wird, aber es gibt auch ein Café und kleine Gerichte (im Sommer).
- **Grand Holm Marina,** Westmeri 3, mobil 5652887. Gutes Fischrestaurant am Jachthafen, nur im Sommer geöffnet.
- **Hermannuse Maja,** Karja 1a, Tel. 4737131, www.hermannus.ee. Gleich an den Burgmauern mit kleiner Terrasse, estnische Küche, deutschsprachige Servicekräfte.
- **Klubi@kaheksa,** Ehte 8, mobil 56682038, www.at8.ee. Club-Café, geöffnet ab 20 Uhr, teilweise mit Disco- oder Kulturprogramm, dann Eintritt.
- **Kursaal,** Tel. 4757500, www.haapsalukuursaal.ee, Mai bis September geöffnet, tolles Ambiente und schöner Ausblick.
- **Müüriääre kohvik,** Karja 7, Tel. 4737527, www.muuriaare.ee. Schönes Café, guter Kaffee, leckerer Kuchen, auch kleine Speisen.

• **Pizza Grande,** Karja 6, Tel. 4737200, www.pizzagrande.ee. Sommerterrasse, neben Pizza gibt es italienische Gerichte wie Pasta und Tiramisu.

• **Rondo Café,** Posti 7, Tel. 4720555, www.rondokohvik.ee. Torten und weitere leckere Kleinigkeiten warten auf den Gast. Es werden auch einfache Gästezimmer angeboten.

Nachtleben

• **Africa discotheque,** Tallinna mnt 1, Tel. 473 3969, www.africa.ee, Fr und Sa ab 23 Uhr Disco, tagsüber Kneipenbetrieb.

• **Gambrino baar,** Karja 20, kleine, dunkle Bar, in der man Russen und Esten zu einem Bier treffen kann.

Einkaufen

• **Markt:** an der Ecke Posti/Jaama.

• **Haapsalu Kaubamaja,** Tallinna mnt 1, Tel. 4720623, Mo–Sa 9–19 Uhr, So 9–15 Uhr. Größeres Kaufhaus mit umfangreichem Lebensmittelmarkt, Schreibwaren und Postkarten, Schuster. Im selben Gebäude befinden sich auch Läden und Boutiquen.

• **Stadtgalerie,** Posti 3, Tel. 4724470, Mi–So 12–18 Uhr, Eintritt frei, wechselnde Ausstellungen zeitgenössischer Kunst. Es gibt im Ort weitere kleine Galerien verschiedener Künstler, die zum Teil auch Werke verkaufen.

• **Ehe ja Ehtne käsitöö,** Karja 4, mobil 53453853, ehejaehtne@ossmet.ee. Ein verhältnismäßig großes, zentral gelegenes Geschäft, wo man hübsche Andenken erstehen kann: wollene Strümpfe, Handschuhe etc., geschnitzte Haushaltsgegenstände aus Wacholderholz, Keramik. Sonntags geöffnet.

Aktivitäten

• **Golf:** Etwa 5 km außerhalb der Stadt die Straße 31 nach Süden, hinter Valgevälja, liegt ein Golfplatz. Kontakt: Ridala Golf, mobil 5250261, www.haapsalugolf.ee.

• **Fahrradverleih:** Karja 22, Tel. 4729846, mobil 5212796, Mo–Fr 10–18 Uhr, Sa 10–15 Uhr, Verleih und Verkauf von Rädern und Ersatzteilen, Reparaturen.

• **Schwimmhalle:** Lihula mnt 10, Tel. 472 5065, www.spordibaasid.ee. Großes Angebot vom klassischen Schwimmbecken mit vielen Wasserattraktionen und Rutschen bis hin zu Sauna, Aerobic und Schönheitssalon.

• **Bowling:** Vanalinna Bowling, Jaani 4, Tel. 4734900, www.vanalinnabowling.ee, tgl. 12–24 Uhr, 6 Bowlingbahnen, Bar und Billard.

• **Ausflüge:** Natura et Persona, mobil 509 9258, www.naturaetpersona.ee. *Jaak Sirp* bietet verschiedene Touren zu Gutshöfen, in die Natur oder zu Relikten der Sowjetzeit an.

Verkehr

Bus:

Das Bussystem außerhalb Haapsalus ist nicht sehr empfehlenswert. Zu vielen kleinen Orten fährt nur einmal täglich ein Bus, die meisten sind aber an Haapsalu angebunden.

• **Busbahnhof Haapsalu,** Raudtee 2 (im alten Bahnhofsgebäude), Tel. 4734791, tgl. 6–13 und 14–18 Uhr.

• Täglich mehrere Busse nach **Tallinn, Tartu** und auf die **Inseln.**

• Der zwischen Tallinn und Virtsu (Fährhafen) verkehrende **Regionalbus** hält in mehreren kleinen Orten, zum Beispiel in Koluvere, Kullamaa oder Lihula. Am bestem dem Busfahrer vorher Bescheid sagen.

• **Stadtbus Nr. 1** fährt nahezu stündlich zum Hafen Rohuküla. Auch Fernbusse aus Tallinn oder Tartu fahren nach Rohuküla.

• **Gepäckaufbewahrung:** im Bahnhofsgebäude, tgl. 6–21 Uhr. Die Bahnverbindungen wurden eingestellt.

Autovermietung:

• **Aivar Rohilaid,** mobil 5576740, http://rohilaid.edicypages.com.

• **Kalvi Car Rental,** Oja 15, mobil 5543964.

Taxi:

• **ETX Taxi,** Tel. 1700, 4733500.

• **Urmas Kalde, Esra Taxi,**
Tel. 1300, 4734555.

• **Haapsalu Takso,** Tel. 1200, 4733330.

Fähre:

Im **Hafen Rohuküla,** rund 10 km südwestlich von Haapsalu, legen Schiffe zu den **Inseln Vormsi** (zum Hafen Sviby) und **Hiiumaa** (zum Hafen Heltermaa) ab. Die Fähren fahren zwei- bis dreimal täglich nach Vormsi und bis zu achtmal am Tag nach Hiiumaa. Die Überfahrt nach Hiiumaa dauert etwa 90 Minuten. Wenn man mit dem eigenen Auto unterwegs ist, sollte man gerade an den Wochenenden rechtzeitig da sein oder noch besser vorbuchen, da nur eine begrenzte Anzahl an Autoplätzen vorhanden ist. Die Touristeninformation in Haapsalu ist dabei gern behilflich.

Fährbuchungen: Die Linie Rohuküla – Heltermaa wird von der Saaremaa Laevakompanii bedient: Kohtu 1, Kuressaare, Auskunft über Fahrpläne und Preise Tel. 452 4444, www.laevakompanii.ee, Buchungsportal www.tuulelaevad.ee, Infohotline 14204.

Auf der Linie Rohuküla – Sviby fährt Kihnu Veeteed, Kalda 2, Pärnu, Tel. 4431069, mobil 5272974, Fax 4431069, www.veeteed.com, Information und Buchung Mo–Fr 9–17 Uhr.

Der **Hafenbetreiber** ist Saarte Liinid Ltd, Rohu 5, Kuressaare, Tel. 4530140, www.saarteliinid.ee.

Umgebung von Haapsalu

Ridala

Folgt man der Straße 31 von Haapsalu nach Südosten, erreicht man nach etwa acht Kilometern den kleinen Ort Ridala (Röthel). Hier befindet sich eine der ältesten Kirchen des Landes, die **Maria-Magdalena-Kirche** aus dem 13. Jh. Wie die meisten Kirchen Westestlands ist sie einschiffig, in die dicken Mauern wurden nur einige enge Fenster eingelassen. Im 15.–16. Jh. kam ein kleiner Turm hinzu. Im Gegensatz zu anderen Gotteshäusern in der Umgebung hat man diesen jedoch nicht an der Front, sondern am Seiteneingang der Kirche angebaut. Über dem gotischen Spitzbogenportal mit seinem Ziergiebel befindet sich in einer Nische eine der ältesten estnischen Skulpturen, welche die Schutzpatronin der Kirche, Maria Magdalena, darstellen soll. Der barocke Altar und die Kanzel stammen aus dem 17. Jh. An der Ostseite sind im Inneren der Kirche noch einige Fragmente von Wandmalereien aus dem 14. Jh. zu erkennen.

Auf dem **Friedhof** befinden sich neben zahlreichen deutsch beschrifteten Grabsteinen und Kreuzen aus dem 18. und 19. Jh. einige trapezförmige Grabsteine aus dem 13. Jh. Ganz in der Nähe des Ortes fanden Archäologen die Reste der altestnischen **Burg Tubrilinn,** die wahrscheinlich bereits im 1. Jh. n. Chr. gebaut wurde.

Taebla

Folgt man von Haapsalu aus zwölf Kilometer der Straße 9 nach Tallinn, weist in Taebla ein Schild auf das Museum und **Wohnhaus des estnischen Malers Ants Laikmaa** (1866–1942) hin, das sich im Dorf Kardarpiku befindet. In den 1920er Jahren wurde das Haus vom Künstler selbst entworfen. Es ist heute neben einem Sommerhaus und einem Grabdenkmal, die sich wie das Wohnhaus in dem acht Hektar großen **Museumspark** befinden, eine Filiale des Läänemaa-Museums in Haapsalu. Im Erdgeschoss des Hauptgebäudes können Besucher den Lebensweg des Künstlers nachvollziehen. Im Obergeschoss befinden sich das Atelier sowie Arbeits- und Schlafzimmer mit persönlichen Dingen und einigen Originalen. Es sind auch zwei Bilder von Laikmaas Lieblingsschülerin *Erna von Brinkmann* ausgestellt. Das

Grabmal im Park wurde von *Juhan Raudsepp* geschaffen.

Ants Laikmaa (bis 1935 hieß er *Hans Laipman*) gilt als eine der herausragendsten Persönlichkeiten der estnischen Kunstszene. Der in der Gemeinde Vigala (40 km südöstlich von Haapsalu) geborene Maler hatte sich auf Pastellmalerei spezialisiert.

- **Ants Laikmaa Hausmuseum,** Kadarpiku, Gemeinde Taebla, Tel. 4729756, www.laikmaa.eu, Mai bis Sept. Di–Sa 10–18 Uhr, sonst 11–16 Uhr. Führungen auf Deutsch möglich.

In der Nähe, nördlich von Taebla an der Straße Richtung Dirhami, liegt die **Lääne-Nigula-Kirche,** die dem heiligen Nikolaus gewidmet ist. Das mittelalterliche Gebäude wurde um einen barocken Westturm erweitert. Die Altarwand kam 1832 aus St. Petersburg.

Folgt man der Straße weiter, kommt man nach **Koela,** wo sich ein weiteres **Museum** befindet. Es zeigt eine altestnische Bauernwohnung mit Speicher, Sauna und Werkzeugen.

- **Bauernhofmuseum Koela,** Koela, Gemeinde Taebla, mobil 56613584, 15. Mai bis 30. Sept. Do–Sa 10–13 und 14–18 Uhr.

Martna

In der Gemeinde Martna, südöstlich von Haapsalu, liegen einige weitere, für die Gegend typische Gebäude. Im Ort Martna selbst befindet sich die gleichnamige **Kirche,** die wie die meisten westestnischen Kirchen im 16. Jh. einschiffig erbaut wurde. Der Turm kam erst 1883 hinzu. Das Wappen des damaligen Bischofs *Johannes III. Orgas* befindet sich über dem Nordportal. Im Inneren sind zahlreiche weitere Wappen an den Wänden angebracht, viele stammen von ehemals in der Region ansässigen baltendeutschen Familien. Das Taufbecken ist aus dem 15. Jh. An der Wand links neben dem Altar hängt das ehemalige Altarbild „Das letzte Abendmahl". Es wurde um 1700 durch ein neues ersetzt, das die Familie *von Taube* der Kirche stiftete.

Wer schwindelfrei ist, kann die enge Treppe des **Turms** hinaufsteigen und die Glocken sowie eine kleine Ausstellung unter dem Dach der Kirche besichtigen.

- **Martna-Kirche,** im Sommer normalerweise Sa und So 12–16 Uhr. Wenn man beim Pastorat anruft (Tel. 4792605) oder im Ort nachfragt, kommt gern jemand und öffnet die Kirche außerhalb der offiziellen Öffnungszeiten.

Unterkunft

- **Gästehaus Käbi** €, Herjava, Gemeinde Ridala, östlich von Haapsalu, mobil 5064421, www.jahimaja.ee. Nette Unterkunft, schlichte, aber ordentliche Zimmer, Verpflegung auf Vorbestellung, Sauna, man kann auf dem Grundstück auch **zelten.**
- **Gästehaus Altmõisa** €€, Tuuru, Gemeinde Ridala, Tel. 4724680, Fax 4724681, www.altmoisa.ee. Sehr ruhig in Richtung Nationalpark Matsalu an der Küste gelegen. Gemütliche Zimmer mit Bad und TV; Frühstück, Halbpension oder Vollpension möglich; Sauna, Fahrrad- und Fernglasverleih.
- **Ferienhof Tooraku** €, Pusku, Gemeinde Ridala, Tel. 4729710, mobil 5015511, www.tooraku.ee. Ferienhaus an der Küste südlich von Haapsalu, mit Zimmern verschiedener Größe, einfache Sportplätze, Fahrräder und zwei Schlauchboote zum Verleih.

Lihula

Lihula (Leal), südlich der Bucht von Matsalu gelegen, ist nach Haapsalu der zweitgrößte Ort Läänemaas. Er ist ein guter Ausgangspunkt für Ausflüge in den Matsalu-Nationalpark. Hier gibt es Unterkunfts- und Verpflegungsmöglichkeiten sowie eine Tankstelle und kleinere Geschäfte.

Erstmals erwähnt wurde Lihula im Jahr 1211. Auf dem Lihula-Hügel befand sich damals eine alte Estenburg, die 1220 von den Schweden unter König *Johan I. Sverkersson* angegriffen wurde. Kaum war der König abgezogen, fielen Truppen aus Saaremaa über die Festung her. Lihula war später Sitz des Bistums Ösel-Wiek (Saare-Lääne). Anstelle der Estenburg wurde eine Bischofsburg errichtet, allerdings verlegte der Bischof den Sitz des Bistums Mitte des 13. Jh. nach Alt-Pärnu. Nachdem wechselnde Herrscher – Dänen, Schweden, Deutsche und Russen – die Burg eroberten, verfiel sie zusehends und wurde im 17. Jh. abgetragen. Anfang der 1990er Jahre legten Archäologen einige **Ruinen** frei, die man besichtigen kann.

Gleich hinter dem Hügel liegt das **Herrenhaus Leal,** das um 1840 von der Familie *Wistinghausen* im klassizistischen Stil errichtet wurde. Heute befindet sich darin ein **Museum,** in dem die archäologischen Fundstücke aus Lihula gezeigt werden.

- **Lihula mõis,** Linnuse tee 1, Tel. 4778880, Juni bis August Mi–So 10–18 Uhr, Mai und Sept. Mi–Fr 11–16 Uhr.

Aktivitäten

- **Estonian Nature Tours,** Linnuse tee 1, Lihula, Tel. 4778214, mobil 53496695, www.naturetours.ee. Organisiert Vogelbeobachtungstouren und andere Ausflüge in die Natur.

Matsalu-Nationalpark

Der Nationalpark Matsalu ist für Naturliebhaber und besonders für Ornithologen von großer Bedeutung. Das 488 km² große **Feuchtgebiet** ist die größte Nist- und Raststätte für **Zugvögel** im gesamten Ostseeraum. Im Sommer halten sich rund 250 Vogelarten auf dem Areal auf, im Frühjahr legen Hunderttausende Zugvögel, vor allem Entenarten wie Eisenten und Meerenten, Seetaucher und Schwäne, aber auch Adler und Kormorane, einen Zwischenstopp ein.

Das Zentrum des Parks liegt in **Penijõe** an einer kleinen, unasphaltierten Straße, die man von Lihula aus erreicht. Untergebracht in einem im Untergeschoss steinernen, im ersten Stock hölzernen Gutshaus aus dem Jahr 1835, führt das **Museum des Nationalparks** mit einer Ausstellung und Videofilmen in die Flora und Fauna des Parks ein. Hier werden auch Fremdenführer vermittelt und Bootstouren durch die Matsaluer Bucht organisiert. Mehrere **Natur- und Lehrpfade** starten am Herrenhaus.

Von einigen **Aussichtstürmen** können Besucher die verschiedenen Landschaftstypen des Nationalparks überblicken: zahlreiche kleine Inseln und

Holme in und um die Bucht, Strandwiesen, Heidelandschaften und Auen sowie weite Schilfflächen, die auf die Überdüngung von Feldern entlang des Flusses Kasari zurückgehen.

● **Matsalu Nationalparkzentrum,** Penijõe, Tel. 4724236, www.matsalu.ee, 15. April bis 30. Sept. Mo–Fr 9–17 Uhr, Sa/So 10–18 Uhr, im Winter am Wochenende geschlossen. Die Mitarbeiter sind sehr freundlich und helfen gern bei der Vermittlung von Unterkünften, außerdem erhält man Karten und Informationsbroschüren. Es gibt eine Ausstellung und die Möglichkeit, sich Filme und Bilderserien anzusehen.

Nordseite der Bucht von Matsalu

Folgt man von Haapsalu der Straße 31 Richtung Süden, gibt es entlang der Matsaluer Bucht mehrere unbefestigte Wege, die in den Nationalpark hineinführen: hinter Parila in Richtung **Puise** bzw. **Kiideva** sowie Richtung **Haeska.**

Ein Aussichtsturm (den man gegen ein kleines Entgelt besteigen darf) befindet sich ganz im Nordwesten, an der Küste vor der Insel Tauksi.

Im Dorf **Kiideva** ist ein kleines **Heimatmuseum** mit Vogelbeobachtungsturm untergebracht. Von hier aus sind auch Bootsfahrten und Führungen in den Nationalpark möglich. Ornithologen bezeichnen den acht Meter hohen **Aussichtsturm von Haeska** als einen der besten seiner Art in Nordeuropa. Bei einer Vogelzählung zählte man binnen 24 Stunden 128 verschiedene Arten.

● **Heimatkundemuseum Kiideva,** Kiideva, Gemeinde Ridala, Tel. 4729070, mobil 5345 3663, www.kiideva.ee, auf Voranmeldung.

122es Foto: jl

Südseite der Bucht von Matsalu

Neben dem Zentrum des Nationalparks in Penijõe (s.o.) gibt es auch an der Südseite der Bucht mehrere **Aussichtstürme** und -plattformen: in Penijõe und, der Stichstraße folgend, Kloostri sowie bei Matsalu. Zwischen Penijõe und Matsalu steht der höchste Beobachtungsturm des Nationalparks, der 21 Meter hohe Suitsu-Turm.

Unterkunft

- Die Verwaltung des Nationalparks vermittelt **Unterkünfte** in Haeska, Matsalu und Penijõe.
- **Lauri-Antsu Ökobauernhof** €, Keemu, Matsalu, Tel. 4729636, mobil 5093002, www.lauriantsu.ee. Zwei gemütliche Zimmer, großer Ess- und Aufenthaltsraum, Sauna, Angeln (im Winter Eisfischen), Boots- und Fahrradverleih, Schießstand für Luftgewehre, Grill, Grillhütte, auch **Camping** möglich. Sehr zuvorkommende und hilfsbereite Besitzer, sprechen z.T. Deutsch und Englisch. Sehr gute Beköstigung bei Voranmeldung.

Rund um Virtsu

Karuse und Hanila

Verlässt man den Matsalu-Nationalpark über die Straße 10 in Richtung Virtsu, trifft man in Karuse und Hanila (Hannehl) auf zwei weitere für Westestland typische, schlichte, einschiffig gebaute **Kirchen** aus dem 13. Jh. Auf den Friedhöfen liegen ebenso alte, trapezförmige Grabsteine. In Hanila gibt es ein kleines **Museum,** in dem das Leben der Menschen in alten Zeiten dokumentiert wird. Untergebracht ist es in einem alten Schulhaus.

In der Matsalu-Bucht bei Haeska

- **August Tampärg Muuseum,** Hanila, Tel. 4772260, 4723164, www.hanila.ee/muuseum, Mai bis Okt. Mi–So 11–17 Uhr, sonst nach Vereinbarung unter mobil 56484164.

Virtsu

Vorbei an Wacholderhainen gelangt man auf der Straße 10 nach Virtsu (Werder), von dessen **Hafen** der Fährverkehr auf die **Inseln Muhu und Saaremaa** abgewickelt wird (siehe Kapitel „Die westlichen Inseln"). Auch Virtsu selbst war noch bis vor rund 150 Jahren eine Insel, bis es durch die Versandung zur Halbinsel wurde. Aus diesem Grund musste der Hafen schon mehrfach verlegt werden.

Im Mittelalter gehörte das Gebiet der Familie *Uexküll,* die in der Nähe eine Festung baute. Doch die 1430 errichtete Burg wurde bereits in den 1530er Jahren zerstört. Heute kann man am Strand noch **Ruinen** sehen.

Naturreservat Puhtu-Laelatu

Zwei Kilometer vom Hafen entfernt beginnt das bewaldete Naturreservat Puhtu-Laelatu. Es umfasst die Küstenregion um Virtsu, die Inseln und die Meeresbuchten, wo zahlreiche Vogelarten nisten und rasten. Die Gehölzwiese von Laelatu gehört zu den artenreichsten des Landes, bis zu 76 höhere Pflanzenarten wachsen hier auf einem Quadratmeter.

Die **Puhtu-Halbinsel,** die mit der Virtsu-Halbinsel verbunden ist, wurde im 18. Jh. auf Anordnung des Landherren *Carl Thore von Helwig* als Erholungspark im holländischen Stil gestaltet. Er stellte hier mehrere Skulpturen auf, unter anderem ein **Denkmal für Friedrich Schiller** aus dem Jahr 1813. Dabei handelt es sich um eines der ältesten Schiller-Denkmäler Europas. Das Original ist im Haapsaluer Läänemaa-Museum ausgestellt, während auf Puhtu eine Kopie steht.

Unterkunft

- **Paatsalu Puhkekeskus** €€, Paatsalu, Gemeinde Varbla, mobil 5138000, www.paatsalu.ee. Ferienhäuser südöstlich von Virtsu, direkt an der Paatsalu-Bucht gelegen. Hübscher Ausblick auf die Bucht von der Terrasse der Anlage, **Camper** ebenfalls willkommen.
- **Pivarootsi tuulik** €€, Pivarootsi, Gemeinde Hanila, mobil 56222353, www.pivarootsi.ee. Die alte Mühle von Pivarootsi, zu einem ehemaligen Gutshaus gehörig, wurde 1869 errichtet und ist 2004 renoviert worden. Um die Mühle herum ist ein Feriendorf entstanden, zu dem kleine Ferienhäuser, eine Sauna, ein Fahrradverleih und allerlei Aktivitätsangebote gehören. Auch in der Windmühle gibt es einige Gästezimmer.

Halbinsel Noarootsi

Fährt man auf die im Norden Läänemaas liegende Halbinsel Noarootsi (Nuckö), tauchen plötzlich Ortsschilder mit zwei Namen auf, estnischen und schwedischen. Bis zum Zweiten Weltkrieg lebten hier die estnischen Schweden oder **Küstenschweden,** die im 13. Jh. über Finnland die nordwestliche Küstenregion Estlands besiedelten. Im Gegensatz zu den estnischen Bauern waren die Siedler frei, d.h. sie hielten und bewirtschafteten eigenes Land. Ein Gesetz besagte jedoch, dass sie diese Freiheit verloren, wenn sie sich mit Esten verheirateten - wohl einer der Hauptgründe, warum die schwedische Besiedlung 700 Jahre lang hielt. Von den etwa 8000 Schweden, die einstmals in Estland lebten (ca. 4500 davon in Noarootsi), flüchteten mehr als 7000 im Jahre 1944 vor der herannahenden Roten Armee nach Schweden.

Noarootsi oder Nuckö, wie sie von der schwedischen Minderheit genannt wurde, war früher einmal eine richtige Insel, an der einstmals Zar *Peter der Große* vorbeisegelte, um die Stadt Haapsalu zu erobern. Doch durch die Versandung der Haapsaluer Bucht aufgrund der allmählichen Anhebung des Bodens, wurde sie im Laufe des 18. bis 19. Jh. zur Halbinsel. Einige Seen auf Noarootsi tragen immer noch den Begriff Meer *(meri)* im Namen. Der größte Teil des flachen Küstengebiets ist mit Schilf bewachsen. **Badestrände** befinden sich in **Roosta** sowie an der Küste vor **Peraküla.** Kiefernwälder, Weideland und Wacholderhaine laden zu Spaziergängen ein.

Obgleich nur drei Kilometer zwischen Haapsalu und dem kleinen Hafen **Österby** ganz im Süden der Halbinsel liegen, beträgt die Strecke über Land fast 40 Kilometer. Eine Landstraße führt über Linnamäe und Sutlepa zum Hauptort der Halbinsel, Pürksi. Leider verirrt sich nur einmal täglich ein Bus hierher, sodass man ohne eigenes Fahrzeug viel Geduld aufbringen muss. Das Feriendorf Roosta (s.u.) verleiht Fahrräder.

Pürksi

Im Zentrum der Halbinsel liegt der Ort Pürksi, wo sich auch Gemeindeverwaltung, Schule und Post befinden. Die Schule ist im ältesten Gebäude des kleinen Ortes untergebracht, dem **Gutshof Pürksi** aus dem 19. Jh. Früher gehörte der Hof der Familie *von Ungern-Sternberg*. Der Künstler *Johann-Carl von Ungern-Sternberg* wurde 1773 in der Nähe geboren. Sein Grab befindet sich neben der wahrscheinlich im 14. Jh. erbauten, einschiffigen **Noarootsi-Kirche,** die etwa fünf Kilometer außerhalb an der Straße nach Pürksi liegt. Sein heutiges Aussehen erhielt das Gotteshaus in den Jahren 1862–1872, als es umgebaut wurde. Die barocke, geschnitzte Kanzel wurde von *Elert Thiele* geschaffen, das Taufbecken stammt aus dem Jahr 1528.

Gutshof Saare

Von Pürksi aus führt eine Stichstraße nach Osten Richtung Saare (schwedisch: Lyckholm, deutsch: Lückholm). Der **klassizistische Gutshof** mit Pferdestall ist im 18. Jh. entstanden und wurde bis zum Zweiten Weltkrieg von der Familie *von Rosen* bewohnt, der es auch heute wieder gehört. Das während der Sowjetzeit verfallene Hauptgebäude wurde 2001 neu eingeweiht. Im Gutshof, der seither wieder strahlend weiß zwischen den alten Eschen, Kastanien, Eichen und Zedern hervorblitzt, befindet sich ein kleines Café und es gibt Gästezimmer (s.u.).

Nebenan, im einstigen **Pferde- und Marstall** (1997 restauriert), wurde ein **Museum** untergebracht, das das Leben und die wechselvolle Geschichte des Hofes und des Landes anhand von alten Fotos, Haushalts- und Landwirtschaftsgeräten sowie volkstümlicher Handwerkskunst dokumentiert.

An das Grundstück grenzt das Natur- und **Vogelschutzgebiet Silma** mit einem Aussichtsturm am See Sutlepa.

- **Museum zu Lückholm und Gutshof Saare,** Saare, Noarootsi, mobil 56988440, Mai bis September Mi–So 10–18 Uhr und nach Voranmeldung.

Unterkunft
Essen und Trinken

- Im **Gutshof Saare** gibt es einige Gästezimmer (€€) und ein **Café.** Reservierung unter mobil 56988440, besser auf Englisch unter anu.kari63@gmail. com. Im Sommer (Mai bis Ende Sept.) in Betrieb, im Winter auf Anfrage.
- **Roosta Feriendorf und Restaurant** €€€-€€€€, Elbiku Küla, Tuksi, Gemeinde Noarootsi, Tel. 4725190, mobil 5256699, Fax 4725191, www.roosta.ee. 32 gemütliche, ganzjährig bewohnbare Ferienhäuschen mit Bad, Sitzecke und Küchenzeile, behindertengerecht. Das Restaurant steht auch Nicht-Gästen zur Verfügung. Bowling, Sauna, Dampfbad, Whirlpool, Kaminraum, Fahrradverleih, Kletterwand, Minigolf, Skiverleih und weitere Freizeitaktivitäten. In der Nebensaison ist die Unterkunft wesentlich preisgünstiger, Aufpreis zum Wochenende, 20 Stellplätze für **Wohnwagen, zelten** möglich.
- **Tuksi Puhkemaja** €, Tuksi, Gemeinde Noarootsi, Tel. 4797228, mobil 5044115, http://web.zone.ee/tuksipuhkemaja. Einfaches Gästehaus mit 28 Betten, Dusche/Plumps-Klo im Flur, Sauna, TV-Raum, auch **Camping** möglich. Liegt gleich hinter dem Roosta Feriendorf, sodass man dort das Restaurant benutzen kann. Küche zur Selbstverpflegung steht zur Verfügung. Geöffnet ab Mittsommer und solange es schön ist (ca. September).

Die westlichen Inseln

Überblick

Die Inseln vor der Westküste Estlands gehören zweifelsohne zu den touristischen Hauptattraktionen des Landes. Jede für sich lockt Besucher mit landschaftlicher Schönheit, typischer Architektur, Bräuchen, Geschichte und Geschichten an. Von den 1500 Inseln und Holmen Estlands sind die beiden größten des Landes, **Saaremaa** (Ösel) und **Hiiumaa** (Dagö), auch die bekanntesten. Saaremaa ist durch einen Damm mit der davor liegenden Insel **Muhu** verbunden, sodass ein Besuch Saaremaas problemlos mit Muhu kombiniert werden kann. Möchte man eine dritte Insel besuchen, kann man beispielsweise von Hiiumaa mit der Fähre nach Saaremaa übersetzen, um später über Muhu aufs Festland zurückzukehren. Dafür sollte man sich jedoch mindestens fünf Tage Zeit nehmen.

Touristisch am besten erschlossen ist die nach Gotland zweitgrößte Ostseeinsel Saaremaa mit ihren weiten, von Wacholderbüschen bedeckten Flächen, alten reetgedeckten Häusern, jahrhundertealten Trockenmauern und Bockwindmühlen. **Kuressaare,** die Inselhauptstadt, zieht Kurgäste mit bestens ausgestatteten, modernen Spa-Hotels an.

Hiiumaa ist noch einsamer und die Angebote für Touristen sind spärlich. Der Reiz der Insel liegt in der reichen und vielfältigen Natur. Sie bietet ein Zuhause für Robben, Wildschweine, Elche und Luchse. Hier wachsen über 1000 verschiedene Pflanzenarten, wovon einige unter Naturschutz gestellt sind. Gemeinsam bilden die Inseln das **UNESCO-Biospären-Reservat** Westestnischer Archipel.

Muhu

Muhu ist mit etwa 200 km² die drittgrößte Insel Estlands und vom Festland durch die Meerenge **Suur väin** (Großer Sund) getrennt. 1896 wurde ein 3,6 Kilometer langer **Fahrdamm** zwischen Muhu und der dahinter liegenden Insel Saaremaa errichtet, sodass seither die beiden durch den **Väike väin** (Kleinen Sund) getrennten Inseln miteinander verbunden sind.

Die Fähre vom Festland (Hafen Virtsu) legt mehrmals täglich nach halbstündiger Fahrt im **Hafen Kuivastu** an. Um weiter nach Saaremaa zu gelangen, fährt man einmal quer über die Insel (rund 30 Minuten Autofahrt) zum Damm. Muhus Sehenswürdigkeiten lohnen aber durchaus den einen oder anderen Umweg, vor allem das Museumsdorf **Koguva** und der sehr gut erhaltene **Gutshof Pädaste.**

Die Insel ist wie ganz Westestland **sehr flach.** Im Norden befinden sich an mehreren Küstenabschnitten Steinaufschlüsse wie in Rannaniidi. Die bekannteste **Steilküste,** Üügu, ist knapp 300 Meter lang und bis zu zwölf Meter hoch. Landschaftlich ist die Insel ihrer großen Schwester im Westen sehr ähnlich: Weite **Wacholderhaine, Küstenwiesen** und kleinere **Moorgebiete** dominieren das Bild. Um den Ort Piiri herum befindet sich ein **Kiefernwald,** der im 19. Jh. gepflanzt wurde. Kleinere Inseln wie Kesselaid, Viirelaid, Võilaid, Suurlaid und Kõinastu, auf denen zahlreiche Vogelarten nisten, umgeben Muhu.

Funde aus der Stein-, Bronze- und Eisenzeit zeigen, dass Muhu bereits 2500 v. Chr. besiedelt war. In der jüngeren Eisenzeit gehörten Muhu und Saaremaa zu den am dichtesten besiedelten Gebieten des Landes.

Gutshof Pädaste

Von der Hauptstraße führt, vom Hafen Kuivastu kommend, links eine Straße Richtung Pädaste (ausgeschildert). Der Gutshof Pädaste vom Ende des 19. Jh., seine sehr gut erhaltenen Nebengebäude sowie der unter Naturschutz stehende **Park** mit Trockenmauern und altem Baumbestand bilden ein harmonisches Ensemble. Vor der Erbauung der heutigen Gebäude muss dort schon ein Gutshof gestanden haben. 1566 wurde dieser erstmalig erwähnt: Der König von Dänemark, *Frederik II.*, honorierte damals die Familie *von Knorr* für ihre Verdienste für die Dänische Krone, indem er ihr das Anwesen schenkte.

Die Geschichte des Gutshofes ist eng mit der Familie *von Buxhoeveden* verbunden. 1227 kam die deutsche Familie nach Muhu. Der letzte Inhaber Pädastes, *Axel von Buxhoeveden*, wurde im Winter des Jahres 1919 brutal ermordet und seine Frau, *Charlotte von Siemens*, musste daraufhin nach Deutschland fliehen. Heute ist in den Nebengebäuden des Gutshofs ein **lu-**

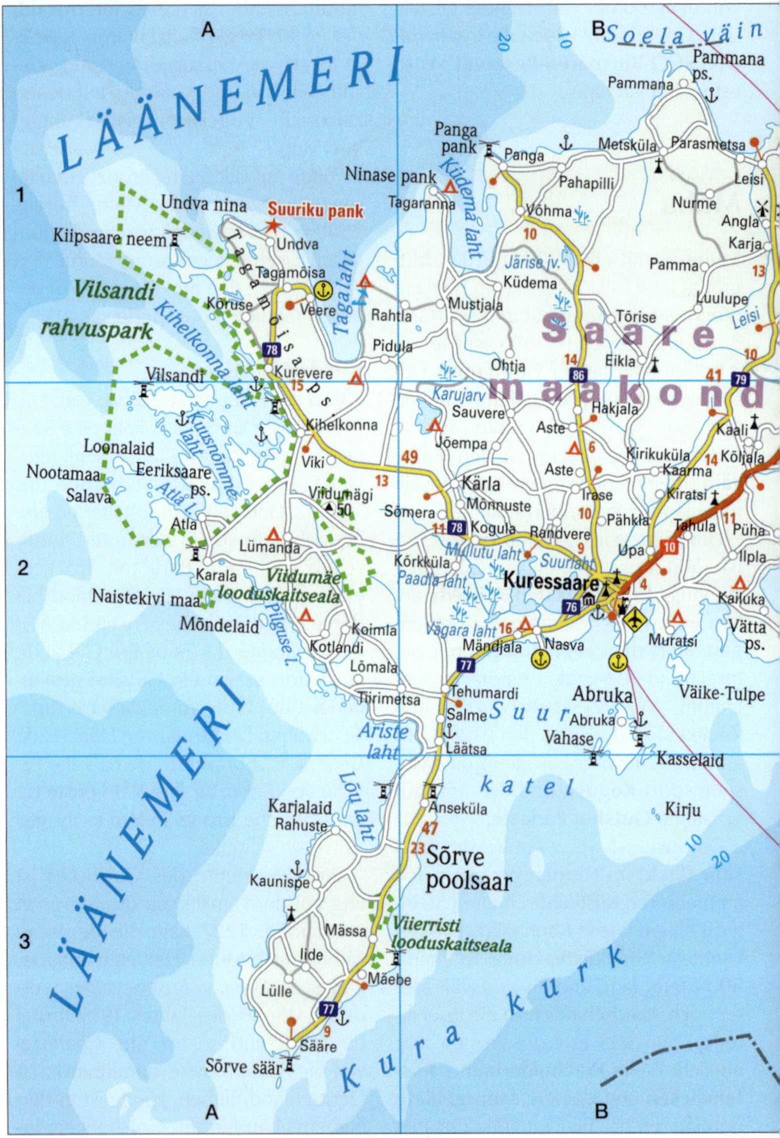
A
B
Soela väin
Pammana ps.
Pammana
LÄÄNEMERI
Panga pank
Panga
Metsküla
Parasmetsa
Ninase pank
Küdema laht
Pahapilli
Leisi
Tagaranna
Nurme
1
Undva nina
Suuriku pank
Võhma
Angla
Kiipsaare neem
Undva
Karja
Tagamõisa
Järise jv.
Pamma
13
Vilsandi
Tagalaht
Küdema
Kõruse
Veere
Rahtla
Mustjala
Luulupe
rahvuspark
Kihelkonna laht
Tagamõisa ps.
Tõrise
Leisi
Pidula
Saare
78
Kurevere
Ohtja
14
Eikla
Vilsandi
15
86
41
79
maakond
Karujarv
Sauvere
Hakjala
Kuusnõmme laht
Kihelkonna
Aste
Kaali
Loonalaid
Jõempa
Kirikuküla
Kõljala
Viki
49
Aste
Kaarma
Nootamaa
Eeriksaare ps.
13
Kärla
Irase
Kiratsi
Salava
Atla l.
Viidumägi
Mõnnuste
Sõmera
50
10
Pähkla
Tahula
Püha
Atla
11
78
Kogula
Randvere
Lümanda
Mullutu laht
9
Suurlaht
Upa
10
Ilpla
2
Karala
Kõrkküla
Paadla laht
Kuressaare
4
Kailuka
Viidumäe looduskaitseala
Naistekivi maa
76
Mõndelaid
Pilguse l.
Koimla
Vägara laht
16
Vätta ps.
Muratsi
Kotlandi
Mändjala
Nasva
77
Lõmala
Tehumardi
Abruka
Väike-Tulpe
Tiirimetsa
Salme
Suur katel
Abruka
Ariste laht
Vahase
Läätsa
Kasselaid
LÄÄNEMERI
Lõu laht
Anseküla
Karjalaid
Kirju
Rahuste
47
10
23
Sõrve poolsaar
20
Kaunispe
Viieristi looduskaitseala
Mässa
3
Iide
Mäebe
Lülle
77
9
Sääre
Sõrve säär
Kura kurk
A
B
20
10

C
Muhu
Triigi
laht
Kõinastu
Pitkana laid
nukk
Lõpemeri
Väike väin
Nõmmküla
Tupenurme
Paenase
Piiri
Liiva
Lõetsa
Kesselaid
Hellamaa
Suur väin
Mõisaküla
D
Mäense
Järise
Massu
Kõmsi
Tuudi
Kaseküla
Karuse
Hanila
Tuhu mka.
Jõiste
Randküla
Koguva
Ridasi
Kuivastu
Suur-Rahila
Maasi
Orissaare
Pädaste
Virtsu
Vatla
Karja kirik
Suur-Rahula
Rässa
Viirelaid
Virtsu-Laelatu-Puhtu mka.
Mätja
Pärsama
Tagavere
Põide
Tornimäe
Suurlaid
Võilaid
Oosäär
Paatsalu
Koigi jv.
Koikla
Ratla
Ardla
Kõrkvere
Räägi
Kõriska
Audla
Kübassaare ps.
Mereäärse
Selglaid
Kõnnu
Lööne
Laimjala
Saaremetsa
Helmküla
Valjala
Tõnija
Muraja ps.
Udriku laid
Varbla
Raheste
Löve
Kallemäe
Ruhve
Kahtla laid
Kulli
Sakla
Kungla
Oessaare laht
Turja
Laiderahe looduskaitseala
Sandla
Sõmeri ps.
Kõrksaar
Saaremaa
Sutu laht
Sääretükk
Suure-Rootsi
Allirahu
2
3
C
D

xuriöses **Hotel** (s.u.) untergebracht, in dem man sich wunderbar in die gute alte Zeit versetzen kann. Selbst wenn man auf die doch recht kostspielige Übernachtung verzichtet – ein Besuch des Gutshofs ist sehr lohnenswert, nicht zuletzt wegen seiner idyllischen Lage an der Bucht.

Liiva

Auf dem Weg zurück zur Hauptstraße, die man in Höhe des Ortes Liiva erreicht, kommt man in der Nähe des Dorfes Mäla an der **Grabstätte Ussimätta** vorbei, wo runde Steinkistengräber aus der älteren Eisenzeit sowie quadratische Grabstätten gefunden wurden, die aus der Christus-Zeit stammen.

Der kleine Ort Liiva mit seiner Dorfkirche aus dem 13. Jh. liegt ziemlich genau im Zentrum der Insel. Die sehr hübsche **Muhu-Katharinenkirche** ist ihr ältestes architektonisches Denkmal. An das Langhaus schließen sich der Chorraum mit Apsis und eine kleine Vorhalle an, sodass das Gebäude stufenförmig aussieht. Im Inneren des weißen, turmlosen Gotteshauses sind einige Fragmente von Wandmalereien erhalten: lebensgroße Heiligenfiguren an der Nordwand des Chores und Engel in der Apsis. Die Inneneinrichtung wirkt im Vergleich zum strengen Äußeren eher spielerisch. In Liiva befindet sich außerdem ein Touristeninformationsbüro (www.muhu.info).

- **Muhu-Katharinenkirche,** Tel. 4598549, im Sommer Mo–Sa 10–18 Uhr, So 12.30–18 Uhr.

Koguva

Koguva, ganz im Westen der Insel, ist ein **Bauernmuseum,** wobei die Häuser, die man besichtigen kann, an ihren ursprünglichen Standorten stehen und von einem bewohnten Dorf umgeben sind. Das Freilichtmuseum umfasst den **Tooma Hof,** ein typisches Beispiel estnischer Bauernarchitektur, eine **Dorfschule** aus dem 19. Jh. sowie eine **Textilausstellung** im Bauernhof **Välja.** Ferner steht in der Nähe der Dorfeinfahrt auf der linken Seite eine typische **Bockwindmühle.**

Umgeben ist das unter Denkmalschutz gestellte Areal von moosbedeckten Steinmauern. Die Steine stammen von den umliegenden Feldern, wurden aufgesammelt und hier aufgeschichtet. Dass neben dem Ackerbau der **Fischfang** eine besondere Rolle für die Einwohner spielte, zeigen Boote, die auf der Mauer angebracht sind. Die alten, ausgedienten Boote galten als Freunde der Fischer und man durfte sie allenfalls in der Johannisnacht verbrennen. An jedem anderen Tag hätte dies Unglück gebracht.

Die meisten der von Schilfdächern gekrönten Gebäude wurden in den Jahren 1880–1929 errichtet und stehen eng beieinander. Schriftlich erwähnt wurde der Ort erstmals im Jahr 1532, als der livländische Ordensmeister *Wolter von Plettenberg* einem Bauern, der ihm das Leben gerettet haben soll, Land gab und ihm den Status ei-

Im Freilichtmuseum Koguva

nes freien Bauern verlieh. Während die anderen Bauern des Landes Leibeigene blieben, lebten an dieser Stelle fortan freie Bauern.

Im Zentrum des Areals steht der **Tooma Hof,** auf dem der estnische Schriftsteller *Juhan Smuul* (1922–71) geboren wurde. Einige seiner Werke sind eng mit Muhu verbunden. Im Haupthaus sind Werkzeuge und Haushaltsgegenstände, alte Möbel sowie der Schlaf- und Arbeitsraum des Schriftstellers zu besichtigen.

- **Muhu Museum,** Koguva, Tel. 4548872 oder 4548885, mobil 5011566, www.muhumuuseum.ee, im Sommer tägl. 9–18 Uhr, im Winter Di–Sa 10–17 Uhr, Eintritt ca. 2,50 Euro. Im Textilmuseum kann man einige hübsche Souvenirs erstehen. Weitere Kunst- und Handwerksgegenstände können im Koguva Kunstitall erworben werden.

Bockwindmühle

Etwa einen Kilometer vor dem Damm befindet sich beim Gehöft Eemu die einzige noch tätige Bockwindmühle der Insel aus dem Jahr 1881 (15.4.–1.10. Mi–So 10–18 Uhr, Tel. 4528130).

Unterkunft
Essen und Trinken

- **Aki-Gaststätte und Campinghäuser** €, Liiva, Tel. 4598104, 4528060, mobil 5148211, www.muhusaar.ee. Rustikale Gaststätte mit regionalen Speisen, v.a. Fisch und Wild. Kleine Campinghäuschen im Garten, auch Zelt- und Wohnwagenstellplätze; Küche, Grill und Waschmaschine stehen zur Verfügung; geöffnet von Mai bis Oktober.
- **Käspri Bed&Breakfast** €, Koguva, Tel. 454 8869, mobil 53427136, jaago.schmuul@mail.ee. 3 DZ im Haupthaus, separate Sommerhäuser, Frühstück nach Vereinbarung.

126es Foto: jl

• **Oina-Jüri Gästehaus** €-€€, Dorf Oina, Muhu, mobil 53423744, kadri.kask@emu.ee, 15. Mai bis 15. Sept. Urige Unterkunft in einem alten Speicherhaus, schöner Garten, reichhaltiges Frühstück. Sauna und Fahrradverleih, Grillplatz.

• **Gutshof Pädaste** €€€€, Tel. 4548800, Fax 4548811, www.padaste.ee. Luxuriöses Hotel im alten Gutshausensemble direkt an der Küste, Zimmer und Suiten, Kinoraum, Sauna, Dampfbad, Massage und Spa-Anwendungen; zum Angebot gehören Reiten, Kanufahren, Radfahren, Naturführungen, Angeln und Jagen. Das **Restaurant** gehört zu den besten des Landes.

• **Reiterhof Tihuse** €€, Hellamaa, Tel. 459 8943, mobil 5148667, www.tihuse.ee. Reitunterricht und Ausritte, auch Übernachtung mit Frühstück oder Vollpension möglich.

• **Vanatoa-Ferienhof** €€, Koguva, Tel. 454 8884, www.vanatoa.ee. DZ und Mehrbettzimmer im Haupthaus, weitere Mehrbettzimmer in den Nebengebäuden. Sauna, Grill, zelten möglich, Wohnwagen-Stellplätze. Mai bis September.

• **Muhu kalakohvik** (Fischcafé Muhu), Liiva, Tel. 4548551, mobil 5255966. Das Café liegt an der Straße. Sehr gute Fischgerichte. Geöffnet im Sommer.

• Direkt gegenüber befindet sich das stilvoll eingerichtete **Muhu restoran,** Tel. 4598160, mobil 55510889, www.muhurestoran.ee. Live-Musik.

Verkehr

Fähre:

Von **Virtsu** auf dem Festland fährt etwa stündlich, zu Kernzeiten im 40-Minuten-Takt, eine Autofähre den Hafen **Kuivastu** auf Muhu an. Die Überfahrt dauert etwa eine halbe Stunde. Wenn man mit dem eigenen Auto unterwegs ist, sollte man besonders an Wochenenden rechtzeitig da sein oder noch besser vorbuchen, da nur eine begrenzte Anzahl an Autoplätzen vorhanden ist. Die Touristeninformation in Kuressaare ist dabei gern behilflich.

• **Buchung:** Infotel. 4524444, 14204 (kostenpflichtig), info@tuulelaevad.ee. Die Fahrkarten kann man im Internet unter www.tuulelaevad.ee oder im Hafen kaufen.

• **Hafen Virtsu:** Tel. 4775020.

• **Hafen Kuivastu:** Tel. 4545432.

Bus:

Busse fahren von Kuivastu hinüber zum Festland Richtung Tallinn, Tartu oder Pärnu und in entgegengesetzter Richtung über den Damm auf die Insel Saaremaa (Kuressaare).

Saaremaa

Saaremaa (Ösel), die mit 2672 km^2 **größte Insel Estlands,** ist mit ihrem milden Klima (durchschnittlich 19 °C im Sommer und -1 °C im Winter), wunderschöner Natur, Stränden und hübschen alten Dörfern sowie seinen typischen kleinen Windmühlen ein beliebtes Reiseziel. Fast die Hälfte Saaremaas ist mit Wald bedeckt und lädt zu Wanderungen ein, während Badefreunde sich im flachen Meer vergnügen können.

Zu den touristischen Hauptattraktionen des westlichsten Landkreises Estlands gehören die sehr gut erhaltene Bischofsburg in Kuressaare, mittelalterliche Kirchen, urige Dörfer mit ihren typischen Trockenmauern und reetgedeckten Häusern, die Windmühlen von Angla sowie der Nationalpark Vilsandi ganz im Westen. Ferner liegt ein besonders gut sichtbarer Meteoritenkrater im Zentrum der Insel.

Vor 8000 Jahren scheinen sich bereits Menschen auf Saaremaa aufgehalten zu haben. Deutsche Kreuzfahrer eroberten das Gebiet 1227 und setzten dem Freiheitskampf der alten Esten ein Ende. Im Laufe der nächsten Jahrhunderte wechselten die Herren des Landes einander ab. Zunächst waren dies die Deutschen, die die Insel dann 1559 an den dänischen König verkauften. 1645 lag Saaremaa in den Händen der Schweden, wurde allerdings im Laufe des Nordischen Krieges vom Heer *Peters I.* erobert und ans Zarenreich angeschlossen. Während der Sowjetzeit wurden die Inseln isoliert, denn als westlicher Vorposten der Sowjetunion hatten sie eine große strategische Bedeutung. Die Folge war, dass sie zum **militärischen Sperrgebiet** erklärt wurden und somit nicht nur für Ausländer, sondern auch für die meisten Esten unzugänglich waren.

Im Nachhinein kann man dieser für die Inselbewohner dunklen Zeit unter Umweltgesichtspunkten etwas Positives abgewinnen. Jahrzehntelang fast ohne menschlichen Einfluss, blieb auf den Inseln eine **unberührte Naturlandschaft** erhalten, die man andernorts in Europa nur schwer findet.

Wer nicht vom Festland aus mit dem Auto anreist, kann sich in Kuressaare eines mieten. Mit eigenem bzw. **Mietwagen** kann man die Insel am besten erkunden. Teilstrecken lassen sich auch gut mit dem Fahrrad zurücklegen. Oftmals bieten Hotels und Pensionen Transfer und Ausflüge an.

Kuressaare

Kuressaare (Arensburg) ist die Hauptstadt von Saaremaa und liegt an der gleichnamigen Bucht im Süden der Insel. Die Stadt besticht vor allem durch ihre großartige, sehr gut erhaltene **Bischofsburg.** Abgesehen von dieser befinden sich die meisten Sehenswürdigkeiten rund um den Hauptplatz (Keskväljak). Lediglich der historische **Friedhof Kudjape** liegt außerhalb des Zentrums, am Ende der Tallinn-Straße. Er ist reich an Denkmälern, Kapellen und Krypten. Die meisten Grabsteine bestehen aus demselben Stein wie die Burg, dem Saaremaa-Dolomit.

Die großen **Spa-Hotels** der Stadt liegen westlich der Bischofsburg. Vor dem Hotel Meri befindet sich eine **Skulptur,** die Prospekte und Postkarten der Insel schmückt. „Der Große Tõll und seine Frau Piret" von dem Künstler *Tauno Kangros* stellt zwei Sagenfiguren der Insel dar. 189 mythische Erzählungen berichten über das Leben des Riesen **Suur Tõll,** der fünfmal so groß wie ein normal gewachsener Mann gewesen sein soll und die estnischen Inseln nicht nur beschützte, sondern auch formte – durch Kämpfe, Würfe oder auch Bewegungen im Schlaf, ähnlich wie die Sagenfigur Kalevipoeg, der man andernorts in Estland auf Schritt und Tritt begegnet.

Stadtgeschichte

Obgleich schon im frühen Mittelalter an der Stelle der heutigen Stadt eine Siedlung existierte, beginnt die eigentliche Geschichte Kuressaares im 14. Jh., als die Ordensritter beschlossen, das Zentrum des **Bistums Ösel-Wiek** (Saare-Lääne) von Haapsalu auf die Insel zu verlegen. Zur gleichen Zeit begann der Bau der Bischofsburg. 1573 wurden Kuressaare vom Bruder des dänischen Königs, Herzog *Magnus,* die Stadtrechte verliehen und es entwickelte sich zu einem Handelsplatz. Ähnlich wie Haapsalu verlor die Stadt allerdings ab dem Ende des 17. Jh. an Bedeutung, da der Hafen versandete. 1710 setzten russische Truppen sie in Brand, wovon nur fünf Gebäude verschont blieben. Durch den Ausbruch der Pest im Nordischen Krieg kamen schließlich bis auf elf Menschen alle Bewohner um.

Parallelen zwischen Haapsalu und Kuressaare sind auch in der Renaissance der beiden Städte zu sehen. Auch in Kuressaare entdeckte man im 19. Jh. den heilenden Meeresschlamm, wodurch der Ort sich zur **Kurstadt** entwickelte. Die erste Heilstätte wurde 1840 eröffnet, und zur Zeit der ersten estnischen Unabhängigkeit 1918–40 war das damalige Arensburg ein bekanntes Gesundheits- und Erholungszentrum. Seit 1991 versucht man, an diese Tradition anzuknüpfen, die großen Hotels konzentrieren sich wieder auf Schlammbehandlung und andere Gesundheitsdienste.

Bischofsburg

Die Bischofsburg ist als einziger Festungsbau des Baltikums weitgehend **original erhalten** und stellt ein stilistisch in sich geschlossenes **spätgotisches Baudenkmal** dar. Ihre Geschichte ist wie so viele Orte in Estland vom Deutschen Orden geprägt, schließlich wurde die nach strengen geometrischen Grundsätzen erbaute Festung auf Geheiß des **Bistums Ösel-Wiek** (Saare-Lääne) errichtet, dessen Sitz sie ab Mitte des 14. Jh. war. Aber im Laufe seiner Geschichte sollte das Bauwerk noch in dänische, schwedische, russische und natürlich auch estnische Hände fallen.

Heute befindet sich in der gewaltigen Anlage das **Museum von Saaremaa** mit einer Ausstellung, die durch die Geschichte von Burg, Stadt und Insel führt. Wechselnde Kunstexpositionen sowie eine Naturausstellung im Keller runden die Sammlung ab. Vom Wehrgang aus bietet sich ein schöner **Ausblick** auf das Meer und die sechs Kilometer vor der Küste liegende Insel Abruka.

Die Burg hat nach dem Vorbild eines typischen Konventsgebäudes einen **quadratischen Grundriss** und **zwei Türme** an der Nordfassade: den schlanken und höheren Wachturm Langer Hermann (Pikk Hermann) sowie den kleineren, dafür mächtigeren Wehrturm Sturvolt. Man betritt die Burg durch den einzigen Eingang, der mit einem Fallgitter ausgestattet ist und sich an der Nordseite zwischen den beiden Türmen befindet, und kommt von dort in den nahezu quadratischen Innenhof.

Der Hauptteil des Konventsgebäudes ist dreistöckig angelegt. Im **Kellergeschoss** befanden sich Lager und Nebenräume. Ein stark verrußter Mantelschornstein lässt vermuten, dass auch die Küche hier untergebracht war. Besucher, die heute durch das kühle Gemäuer spazieren, können sich davon überzeugen, dass auch damals schon eine Art Heizung existierte: Hinter einem Ausstellungssaal befindet sich das **Hypocaustum** aus dem 13. Jh., ein Luftwärmeofen, der

128es Foto: jl

das darüber liegende Stockwerk beheizte, in dem sich die Wohnräume des Bischofs und das Refektorium befanden. Heute ist hier die **Naturabteilung des Museums** untergebracht, in der die Pflanzen- und Tierwelt der Insel dargestellt ist.

Bereits vom Innenhof aus kann man sehen, welches das **Hauptstockwerk** der Burg war. Im Gegensatz zu den schlichten Fenstern darunter und darüber sind die in die bis zu drei Meter dicken Dolomitmauern des ersten Stocks eingelassenen Fenster größer und mit ihren spitzen Bögen ein hübsches Beispiel gotischer Baukunst. Auch im Inneren wird der Unterschied schnell deutlich. Auf drei Seiten des Innenhofs sind die Räume durch einen **Kreuzgang** verbunden, dessen Öffnungen zum Hof ebenfalls gotischspitz zulaufen. Die einzelnen Kreuzbögen werden durch rippenartige Profile hervorgehoben. Dazwischen befinden sich an den Wänden **Wappen** Öselscher Adliger. Allerdings wurden diese erst 1910 angefertigt und an der Innenseite des Kreuzgangs angebracht.

Im Nordwesten betritt man durch ein verziertes Stufenportal das **Festrefektorium,** den Speisesaal der Burg. Auch hier lassen spitz zulaufende Profilierungen an den Wänden und die gewölbten Bögen den Raum groß und

Die bekannteste Sehenswürdigkeit Saaremaas

luftig erscheinen. Die daran angrenzende, rechteckig angelegte **Kapelle** ist dem Festrefektorium stilistisch sehr ähnlich. Wappentafeln, ein Altartisch aus dem 14. Jh., Teile einer Kanzel und eine Sakramentennische können besichtigt werden. Zwischen den **Wappentafeln** an den Wänden befindet sich auch dasjenige des Bistums und somit der Burg. Es zeigt einen Adler und erklärt damit auch den deutschen Namen der Burg und Kuressaares: **Arensburg** (Burg des Adlers).

An der anderen Seite des Festrefektoriums schließen sich die schlichter ausgestatteten **Wohnräume des Bischofs** an. Während große, barocke Wappen an den Wänden von der

Kihelkonna
Panga
Kuivastu
Ringtee
Sääre
Kihelkonna mnt
Pikk
Tehnika
Kalevi
Põduste jõgi
Aia
Vallimaa
Juhan Smuuli
Tallinna
Marientali tee
Torni
Talve
Pihtla tee
Pihtla
Raekoja
MARIENTALI
Lossi
Uus
Kaevu
Pargi
Allee
Abaja
Lootsi
Sääre
Uus-Roomassaare
ROOMASSAARE
Kuressaare laht
Flughafen
Roomassaare tee
Sepamaa laht
ROOMASSAARE
0
1 km
Hafen
©Reise Know-How 2012
Unterkunft
2 Arabella Hotel
6 Arensburg Boutique Hotell
7 Spa Hotel Saaremaa Valss
8 Spa Hotel Rüütli
9 Georg Ots Spa Hotel
10 Kiwi Villa
11 Pension Villa Mariett
Essen und Trinken
1 Restaurant Kass
3 Café Vanalinna
5 Restaurant Veski
6 Arensburg
Nightlife
4 Kodulinna Lokaal

Holzschnitzkunst des 17. Jh. zeugen, erweist sich ein kleiner Vorbau an der Mauer als profaneres Bauteil: die Toilette des Bischofs. Ein zweiter Abort befindet sich im großen Dormitorium im nordöstlichen Flügel.

Hinter den bischöflichen Wohnräumen schließt sich der **Sturvolt** an, den man besteigen kann. Zwei Türen in den Außenmauern führen von einem oberen Stockwerk hinaus auf den **Wehrgang** der Burg. Heute hat man durch seine Zinnen hindurch, die einstmals als Schutz vor Angriffen dienten, einen schönen Blick auf Bucht und Stadt. Im Sturvolt und im dritten Stock befanden sich die Räume der Bediensteten und der Wachen.

In den 29 Meter hohen **Langen Hermann** an der anderen Seite der Nordfassade gelangt man nur durch einen einzigen Zugang. Der in neun Metern Höhe gelegene Eingang ist mit dem übrigen Teil der Burg lediglich durch eine **Hebebrücke** verbunden. Der Turm war somit der letzte Zufluchtsort, falls Feinde in die Burg eindrangen. Besucher sollten sich nicht von dem lauten Löwengebrüll erschrecken lassen, das ertönt, wenn man über die Zugbrücke läuft. Das Tonbandgeräusch erinnert an eine Legende, nach der im Verließ unter dem Langen Hermann einstmals Löwen hausten, denen zum Fraß Feinde der Burg vorgeworfen wurden.

Eine weitere Legende kreist um ein **Skelett,** das man bei Restaurierungsarbeiten im Jahr 1785 in einem kleinen, zugemauerten Raum an einem Tisch sitzend gefunden hat. Wurde der Ritter aufgrund von Glaubensfragen oder wegen einer verbotenen Liebe zu einer Nonne auf so drastische Weise bestraft? Darüber kann jeder Besucher rätseln, der einen Blick in den Kellerraum wirft, der vom Innenhof abgeht.

● **Bischofsburg und Saaremaa Museum,** Lossihoov 1, Tel. 4554463, www.saaremaamuuseum.ee, täglich 10–18 Uhr, von September bis April 11–18 Uhr. Mo, Di geschlossen. Da bis 2015 auf dem Museumsgelände Renovierungsarbeiten stattfinden, kann es sein, dass einige Teile zeitweise geschlossen sind bzw. neue geöffnet werden.

Stadtpark und Umgebung

Die Burg ist von einem schönen, im 19. Jh. angelegten Park umgeben, der sich bis zur Kuressaare-Bucht erstreckt. Ein Denkmal von *Amandus Adamson* von 1928 erinnert an die Gefallenen im estnischen Freiheitskrieg. Hübsch, wenn auch etwas angestaubt, ist der am Burggraben gelegene, hölzerne **Kursaal** aus dem Jahr 1889.

Rund um den Hauptplatz

Von der Bischofsburg führt die von klassizistischen Häusern gesäumte Lossi-Straße zum zentralen Platz der Stadt. Unterwegs passiert man die orthodoxe **Nikolaikirche** (Lossi 8, Tel. 4533743) aus dem 18. Jh.

Am zentralen **Keskväljak** stehen zwei Gebäude, die aus der Schwedenzeit stammen: das im schlichten, nordländischen Barock erbaute **Rathaus** aus dem 17. Jh., das ein großes Deckengemälde beherbergt, sowie das einzige erhaltene **Eichamt** Estlands (Tallinna 3). In dem von einem Treppengiebel gezierten Gebäude befanden sich Waagen, Gewichte und Maße, die auf dem Markt gebraucht wurden. In dem von zwei steinernen Löwen bewachten Rathaus ist neben einer Galerie auch die **Touristeninformation** untergebracht.

Ein paar Meter neben dem Eichamt ragt der Spitzhelm der **Laurentiuskirche** (Tallinna 13, mobil 5148199) in den Himmel. Sie wurde 1836 im spätklassizistischen Stil aus Dolomit gebaut. Das daneben gelegene **Gerichtsgebäude** (Tallinna 19) stammt aus dem Jahr 1789 und auch die Apotheke am Keskväljak kann auf ein stattliches Alter verweisen: Erstmals 1680 erwähnt, gilt sie als eine der ältesten Estlands.

Nicht weit vom Hauptplatz können Besucher in einem außergewöhnlichen Gebäude speisen: einer 1899 im holländischen Stil erbauten **Steinmühle** (siehe „Essen und Trinken").

Aavik-Museum

Nördlich des Hauptplatzes liegt das **Hausmuseum von Johannes und Joosep Aavik.** Es dokumentiert die Tätigkeit der beiden Vetter. Der Sprachwissenschaftler Johannes (1880–1973), der das kleine Holzhaus bewohnte, gilt als Erneuerer der estnischen Sprache. Joosep (1899–1989) war Musikwissenschaftler.

- **Aavik-Museum,** Vallimaa 7, Tel. 4557583, Mi–So 11–18 Uhr.

Informationen

- **Touristeninformation Kuressaare,** Tallinna 2, Tel. 4550550, Tel./Fax 4533120, info@visitestonia.com, turism@kuressaare.ee.
- **Reisebüro Mere,** Tallinna 27, Tel. 4533610, mobil 5050100, www.rbmere.ee, nettes Personal, spricht z.T. auch Deutsch und hilft bei der Vermittlung von Unterkünften, Ausflügen, etc.

Service

- **Post:** Torni 1.
- **Bank:** Raekoja 1, Tallinna 16.
- **Internet:** Kulturzentrum Kuressaare, Tallinna 6.

Unterkunft

Es gibt zahlreiche weitere kleine Pensionen und Unterkünfte in Kuressaare, im Folgenden nur eine Auswahl.

- **Arandix** vermittelt und betreibt verschiedene Arten von Unterkünften, Kauba 18, mobil 55537975, www.arandix.ee.
- **Hotel Arabella** €€€, Torni 12, Tel. 4555885, Fax 4533443, www.arabella.ee. Modernes Hotel, ordentliche Zimmer mit TV und Bad.
- **Pension Villa Mariett** €, Tuule 9, mobil 5113065, mariett.villa@mail.ee. Hübsches, kleines Haus mit Garten, auch Küchenmitbenutzung möglich, sehr freundliche Inhaber.
- **Kiwi Villa** €€, Kivi 3, Tel. 4533739, mobil 5017378, kilumets@tt.ee. Unweit des Zentrums. Zimmer mit Dusche und WC, Küche, Sauna, Grill, Waschmaschine.

Spa-Hotels:

Die Spa-Hotels verfügen alle über einen hohen Standard und bieten ähnliche Anwendungen, beispielsweise Massagen, Heilbäder, Gesichts- und Körperpflege, Schlammbäder, Akupunktur, Wassertherapie, Salzkammern. Sie gruppieren sich in der Nähe von Jachthafen und Bischofsburg.

- **Arensburg Boutique Hotell & Spa** €€€, Lossi 15, Tel. 4524700, www.arensburg.ee. Gediegenes Hotel, zentral an der Hauptstraße. Seit 2007 moderner Anbau mit Spa-Bereich. Zwei Restaurants, Weinkeller.
- **Georg Ots Spa Hotel** €€€-€€€€, Tori 2, Tel. 4550000, Fax 4550001, www.gospa.ee. 85 DZ sowie diverse Suiten, die meisten Räume mit Balkon und Blick auf Meer oder Burg, verschiedene Saunen, Swimmingpool, Fit-

nessraum, Friseur, Lounge, Restaurant. Insgesamt guter Service.

- **Spa Hotel Rüütli** €€€€, Pargi 12, Tel. 4548100, www.sanatoorium.ee. Ca. 90 DZ, Wassercenter und Saunakomplex, Sqashhalle, Schönheitsalon, diverse Gesundheitsangebote, zwei Restaurants.
- **Spa Hotel Saaremaa Valss** €€€, Kastani 20, Tel. 4527100, www.sanatoorium.ee. 67 DZ, Sauna, Swimmingpool, Therapie- und Sportcenter, Restaurant.

Essen und Trinken

Generell sind die Restaurants der Spa-Hotels und Hotels zu empfehlen. Außer den hier aufgeführten gibt es noch eine Reihe weiterer Gaststätten.

- **Restaurant Arensburg,** Lossi 15, Tel. 4524728, 4524707, www.arensburg.ee. Liegt zentral an der Hauptstraße, gehört zum gleichnamigen Hotel. Im neueren Teil des Hotels befindet sich das **Lounge Restaurant Muusa.**
- **Restaurant Kass,** Vallimaa 5, Tel. 4524633, Fax 4524636, www.hotelmardi.eu. Zu einer Berufsschule gehörendes Restaurant. Im Haus auch ein Hotel und ein Hostel.
- **Kodulinna Lokaal,** Tallinna 11, Tel. 453 1178, www.saaremaa.ee/kodulinn. Kneipe, eher kühl und modern ausgestattet, aber zentral gelegen.
- **Restaurant Veski,** Pärna 19, Tel. 4533776, www.veskitrahter.eu. Liegt in einer alten Mühle, deshalb nicht schwer zu finden, typisch estnische Küche.
- **Café Vanalinna,** Kauba 8, Tel. 4553214. Guter Kaffee, große Auswahl an leckeren Piroggen und Kuchen.

Einkaufen

- Typische **Mitbringsel** von der Insel sind **Saaremaa-Bier,** Küchenutensilien aus **Wacholderholz,** aber vor allem kleine Vasen, Schüsseln, Dosen, Kerzenständer oder Ähnliches aus **Dolomit.** Als „Saaremaas Marmor" bezeichnen Imagebroschüren der Insel jenen Stein, mit dem bereits im 13. Jh. gebaut wurde. Portale, Treppen, Kamine, Grabsteine und Türpfosten werden seit Jahrhunderten aus dem Stein gefertigt. In der Lossi-Straße

129es Foto: jl

findet im Sommer ein kleiner Markt statt, wo man verschiedene Mitbringsel erstehen kann. In der Kauba-Straße gibt es kleine Handwerksläden.

- Zentral in der Innenstadt gibt es das kleine **Einkaufszentrum Rae keskus** mit Supermarkt Rae toidukaubad, Raekoja 10.
- **Weitere Einkaufszentren:** Saaremaa Kaubamaja, Raekoja 1; Ferrumi Kaubamaja, Tallinna 8.
- **Haamerite näitusemaja** (Ausstellungshaus der Familie Haamer), Vallimaa 15a, Tel. 4521979, mobil 53304891, haamer_waller@hot.ee, Do–Sa 12–17 Uhr, sonst auf Anfrage. Gemälde und Zeichnungen des estnischen Künstlers *Erik Haamer.*

Feste und Veranstaltungen

- Im Juli findet das größte Volksfest auf Saaremaa statt – das **Bierfest.** Dort treffen sich Bewohner aus allen Teilen der Insel und Touristen, um das beste Hausbier zu wählen. Genaue Daten und weitere Informationen unter www.olletoober.ee.
- In den letzten Jahren haben sich die **Operntage** in Kuressaare (Open-Air in der Bischofsburg) zu einem kulturellen Highlight entwickelt. Im Sommer werden hier außerdem zahlreiche andere **Konzerte** aufgeführt. Das aktuelle Veranstaltungsprogramm ist bei der Touristeninformation erhältlich oder über www.kuressaare.ee abrufbar (engl. Fassung, Menüpunkt „Kuressaare today").
- Ebenfalls im Sommer werden in Kuressaare die **Meerestage** veranstaltet, mit vielen Events und Attraktionen rund um Meer, Hafen und Schifffahrt. www.merepaevad.ee.

Aktivitäten

Viele Gast- und Bauernhöfe bieten neben der Unterkunft eine breite Palette an Sport- und Freizeitmöglichkeiten an.

- **Fahrradverleih:** Bivarix, Verkauf und Reparatur, Tallinna 26, Tel. 4557118, 4533338, www.bivarix.ee.

Der Riese Suur Tõll und seine Frau

Verkehr

Bus:

- Überlandbusse fahren unter anderem von Tallinn, Tartu, Pärnu, Haapsalu und Viljandi mehrmals täglich über Muhu nach Kuressaare. Sie sind mit dem Fahrplan der Fähre nach Muhu bzw. Virtsu abgestimmt. Regionalbusse verbinden die Inselhauptstadt mit anderen Teilen des Eilands, allerdings fahren die Busse in die Dörfer und zu den Sehenswürdigkeiten relativ unregelmäßig und selten. Man sollte sich beim Busbahnhof oder in der Touristeninformation die aktuellen Abfahrtszeiten geben lassen, sonst kann es sein, dass man einen Tag lang am Ende der Insel festsitzt. Mehrmals täglich fahren Busse von und nach **Orissaare** mit Zwischenstopp in der Nähe von **Valjala.** Auch **Leisi** wird mehrmals täglich angefahren. **Busbahnhof:** Pihtla tee 2, Tel. 4531661, info@saarebussijaam.ee.

Autovermietung:

Die Touristeninformation ist gern bei der Suche nach Autovermietungen bzw. bei der Buchung behilflich.

- **Hertz,** Tallinna 9, Tel. 4533660, www.hertz.ee.
- **Metra Autokeskus,** Aia 25, Tel. 4539361, mobil 5182896, www.metra.ee.

Häfen auf Saaremaa:

- **Buchungszentrum:** Tel. 4524444, 14204 (kostenpflichtig), www.tuulelaevad.ee.
- **Hafen Kuressaare,** Tel. 4533450, mobil 5031953, www.kuressaare.ee/sadam. Dusche, WC, Sauna, Bar, Restaurant, Telefon und Internetzugang, Tankstelle für Diesel, Wohnwagenstellplätze.
- **Hafen Roomassaare,** Tel. 4555930, Fax 4555574, www.saarteliinid.ee. Dusche, WC, Sauna, Tankstelle, Wohnwagenstellplätze, Bar und Restaurant, auch mit dem öffentlichen Bus erreichbar. Von hier aus fahren die Boote auf die Insel **Abruka,** mobil 5136961.
- **Hafen Triigi,** Tel. 4573203, www.saarteliinid.ee. Etwa 46 km nördlich von Kuressaare, Zelt- und Wohnwagenstellplätze, Dusche, WC, Sauna, Feuerstelle, Bar und Verpflegungsmöglichkeiten. Im Norden der Insel beim Ort Leisi, von hier aus verkehren im

Sommer dreimal täglich Fähren nach **Hiiumaa.** Die Überfahrt dauert etwa 1½ Std.
- **Hafen Mõntu,** Tel. 4570570, mobil 5145578. Dusche, WC, Sauna, Zelt- und Wohnwagenstellplätze. An der Livischen Bucht gelegen, mit Badestrand. Von hier aus verkehrten Schiffe ins lettische Ventspils, zurzeit eingestellt.

Flughafen:
- **Kuressaare Flughafen,** Roomassaare tee 1, Tel. 4530313, Fax 4530340, www.kuressaare-airport.ee. Regelmäßige Verbindung nach Tallinn, der Flug dauert ca. 45 Minuten.

Rundfahrt über die Insel

Die Sehenswürdigkeiten der Insel lassen sich am besten mit dem Auto erkunden. Es bietet sich eine **Rundfahrt** mit mindestens zwei bis drei Übernachtungen in verschiedenen Teilen der Insel an oder aber einzelne **Tagesausflüge** von Kuressaare.

Badestrände westlich von Kuressaare

Schneeweiße Sandstrände, Wälder und ruhige Wanderwege, die an der Küste entlangführen, erwarten die Besucher westlich von Kuressaare. Auf dem Weg nach **Nasva,** wo die beliebten Badestrände beginnen, passiert man den Eichenwald von Loode sowie einige mit Schilf zugewucherte Lagunen. Das Gebiet ist touristisch sehr gut erschlossen und auf Badeurlauber und Erholungssuchende eingestimmt. In der Umgebung von **Mändjala** befinden sich – abgesehen von Kuressaare – die meisten Hotels der Insel. Die Küstenstraße wird von öffentlichen Bussen frequentiert, sodass die meisten Hotels gut ohne eigenes Auto zu erreichen sind.

Kaum zu glauben, dass an diesem idyllischen Küstenstreifen am späten Abend des 8. Oktober 1944 eine blutige Schlacht zwischen deutschen und sowjetischen Soldaten Hunderte Todesopfer forderte. Ein aus Beton und Dolomit gehauenes **Denkmal** aus dem Jahr 1967 erinnert an die Opfer des Kampfes.

Unterkunft

- **Ferienhof Arina** €, Ülejõe 1, Nasva, Tel. 4544162, mobil 56691942, www.arinabb.ee. 8 km westlich von Kuressaare, schöner Sandstrand, fünf Räume und Sauna, Grill, auch Camper sind willkommen.
- **Ferienhof Järve** €, Järve, Tel. 4571479, mobil 5209181, www.jarvetalu.ee. Unterkunft in rustikalem Holzhaus, einen halben Kilometer vom Strand entfernt, Fahrrad- und Autovermietung; die Besitzer organisieren auch Ausflüge auf die Insel Abruka.
- **Herberge Muha Ranna Puhketalu** €, Gemeinde Lümanda, mobil 5092035, www.muhatalu.ee. An der Küstenstraße westlich von Riksu, ausgeschildert, Mehrbettzimmer, Küche, Sauna.
- **Nasva Hotel und Yachtclub** €€€, Tel. 454 4044, Fax 4544028, www.saaremaa.ee/nasvahotel. Mit Meerblick und Badestrand, Fahrradverleih, Sauna, Bar, Restaurant und Einkaufsmöglichkeit.
- **Hotel Saaremaa** €€€, Mändjala, Gemeinde Kaarma, Tel. 4544100, mobil 5058272, Fax 4544106, www.saarehotell.ee. Liegt direkt am weißen Sandstrand im Kiefernwald und ist mit dem öffentlichen Bus von Kuressaare aus zu erreichen. 30 DZ verschiedenen Standards mit Blick aufs Meer oder auf den Kiefernwald, jedes Zimmer mit Bad, TV und Telefon; Tennisplatz, Nordic-Walking-Pfad; Thalasso Spa Hotel, diverse entsprechende Therapieangebote, Sauna. Sehr gutes **Restaurant,** das auch Nicht-Gästen offen steht.

• **Villa Linda** €€€, Tuletorni 6, Nasva, mobil 5138301, 5058045, www.villalinda.ee. Ferienhaus mit 4 Zimmern, Küche, etwa 1,5 km zum Meer; der Besitzer organisiert Bootsausflüge und Vogelbeobachtungen; Golfplatz. Zur Unterkunft gehören zwei weitere Häuser.

Aktivitäten

• **RMK Saaremaa Erholungsgebiet,** Tel. 4579737, mobil 5032762, anu.metsniit@rmk.ee. Im Jagd- und Naturhaus von Mändjala werden Übernachtungen und Sauna angeboten. Wanderungen zu Bunkern und Waldhütten, buchbar mit einem persönlichen Reiseleiter. RMK ist eine landesweite Organisation, die sich um Schutz und Erhalt des Waldbestandes von Estland kümmert und die Abholzung reguliert.

Sõrve-Halbinsel

Kurz hinter dem Tehumardi-Schlachtfeld muss man sich entscheiden, ob man die Rundfahrt nach Nordwesten fortsetzt oder die einsame Halbinsel Sõrve erkundet, die 32 Kilometer weit in die Ostsee hineinragt. Kulturelle Sehenswürdigkeiten sind hier nicht zu erwarten, außer der kleinen Kirche von 1864 am Westufer der Halbinsel im Weiler **Jämaja.** Etwas südlich des Ortes erhebt sich eine **Steilküste** und ein paar **Bockwindmühlen** ragen aus der Landschaft heraus. Auf Sõrve kann man stundenlang durch unberührte Natur spazieren, oft ohne eine Menschenseele zu treffen. Am Kap Sõrve säär, ein paar Kilometer südlich des Hafens, erhebt sich ein **Leuchtturm,** von wo aus man im Herbst die Zugvögel beobachten kann. Vom Hafen Mõntu verkehren Fähren zur lettischen Stadt Ventspils.

Unterkunft
Essen und Trinken

• **Tehumardi Caravaning & Erholungszentrum** €€, Tehumardi, Gemeinde Salme, Tel./Fax 4571666, mobil 5105150, www.tehumardi.ee. Am Anfang der Halbinsel Sõrve, hölzerne Ferienhäuschen mit vier Betten, Hotelzimmer, ein sogenanntes Familienhaus, Sauna, 50 Stellplätze für **Wohnwagen,** Fahrradverleih, Waschmaschine.

• **Sääre pargu restoran,** beim Leuchtturm an der Südspitze der Insel, Tel. 93249, mobil 56245585, Fax 4531120, www.saarepaargu.ee. Tolle Lage, frisch geräucherter Fisch. Mai bis Sept. geöffnet.

Der Inselwesten

Nationalpark Vilsandi

Der Nationalpark Vilsandi, der sich über die Westküste Saaremaas sowie rund 100 vorgelagerte Inseln erstreckt, wurde bereits 1910 zum Schutz der reichhaltigen Vogelwelt, seltener Pflanzen und unberührter Natur gegründet. Er ist damit eines der ältesten Schutzgebiete Osteuropas. Sandstrände, stille Buchten, Inseln, auf denen sich Robben tummeln, Wacholderhaine, Glinte, Riffe und Kiefernwälder prägen die Landschaft. Besonders bekannt und geschätzt ist der Park aufgrund seiner **Vogelvielfalt.** Auf der Insel Vilsandi, die dem Nationalpark den Namen gab und als einziges Eiland des Parks bewohnt ist, sowie auf den zahlreichen kleinen Inseln ringsherum leben Zehntausende Vögel. Zu den rund 250 verschiedenen Vogelarten zählen Eiderenten, Gänsesäger, Berg- und Floridaenten sowie Seemöwen. Etwa 120 Vogelarten leben ständig hier.

Man kann das Gebiet auf **Lehrpfaden** erkunden oder mit dem **Boot oder Fahrrad** durchfahren, muss sich jedoch einer Führung anschließen. Das **Besucherzentrum** bietet Vögel- und Kegelrobbenbeobachtungen an, veranstaltet sogenannte Orchideen-Wandertage und zeigt Besuchern unter Naturschutz gestellte Biotope.

Vom **Leuchtturm** Vilsandi (1809) kann man den Blick weit über Meer und Holme schweifen lassen. Südlich des Nationalparks an der Küste erinnert ein **Gedenkstein** an den Seefahrer *Fabian von Bellingshausen* (1778–1852), der hier geboren wurde und von dem man annimmt, dass er die Antarktis entdeckte.

Der Nationalpark hat außerdem einen nördlichen Teil, die abgelegene **Harilaid-Halbinsel** (wiederum ein Ableger Tagamõisa-Halbinsel und nicht zu verwechseln mit der Insel Harilaid) an der Nordwestspitze Saaremaas. Dort kann man von der Straße 78 abbiegen, z.B. in Höhe des Ortes Kõruse (Richtung Reiterhof), und gelangt dann über sehr schmale, unbeschilderte Sandwege zu einem Wanderparkplatz. Von diesem erreicht man nach einem Fußmarsch **einsame Strände** und nach einer ausgiebigen **Wanderung** (12 km eine Richtung), die dortige Sehenswürdigkeit, einen schiefen **Leuchtturm** namens Kiipsaare tuletorn. Die Orientierung auf den Zufahrtswegen ist schwierig, man sollte sich vorher erkundigen. Man kann auch nicht damit rechnen, jemanden zu treffen. Nach längeren Regenfällen sollte die Strecke gemieden werden.

- **Besucherzentrum Nationalpark Vilsandi,** Loona, Gemeinde Kihelkonna, Tel. 4546880, mobil 53012772, www.rmk.ee, Mitte Mai bis Mitte Sept. täglich 9–17 Uhr, sonst Mo–Fr 9–17 Uhr. Das Besucherzentrum liegt in einem Gutshof aus dem 16. Jh. etwa 40 km westlich von Kuressaare. In einem der Gebäude befinden sich der Infopunkt und die Dauerausstellung über den Nationalpark. Dort bekommt man ausführliche Informationen über den Park und die Wanderwege (die alle dort starten), Hilfe bei der Vermittlung von Unterkünften, Fremdenführern u.a.

Naturschutzgebiet Viidumäe

Etwas unbekannter als Vilsandi ist das im Landesinneren und höher gelegene Naturschutzgebiet Viidumäe. Hier findet man eine Vielzahl der rund 120 unter Naturschutz stehenden Pflanzen der Insel (insgesamt sind rund 900 höhere Pflanzenarten registriert). Das Gebiet umfasst Gehölzwiesen, Wälder und Moore, in denen verschiedene Orchideenarten sowie über 660 Arten von Moorpflanzen wachsen, darunter der endemische Klappertopf (Rhinanthus osiliensis), der nur auf Saaremaa vorkommt – eine kleine Pflanze mit gelben Blüten. Von einem **Aussichtsturm** aus kann man über die Wälder hinweg auf die Küste blicken. Ein **Lehrpfad** führt durch das Gelände.

- **Besucherzentrum des Naturschutzgebiets Viidumäe,** mit kleiner Botanikausstellung, Tel. 4576442, 4576321, www.viidumae.ee, Juni bis August Mi–So 10–18 Uhr. Hier kann man auch Fremdenführer buchen.

Kihelkonna

In der **Michaeliskirche** in Kihelkonna (Kiriku 4) am Rande des Nationalparks Vilsandi befindet sich ein Renaissancealtar mit einem Altarbild von 1591, das das Letzte Abendmahl darstellt. Die Kanzel ist von 1604, die Orgel von *Johann Andreas Stein* stammt aus dem Jahr 1805. Der Glockenturm aus dem 17. Jh. steht getrennt von der Kirche auf einer Anhöhe; der ans Kirchenschiff direkt anschließende Turm wurde erst 1899 angebaut.

Östlich von Kihelkonna lädt der **Karujärv** (Bärensee), den man über Kärla erreicht, zum Baden ein. Am Ostufer kann man zelten, im Sommer werden an einem kleinen Kiosk Getränke verkauft.

Im nahe Kihelkonna gelegenen Dorf **Viki** öffnet im Sommer das **Bauernmuseum Mihkli** seine Pforten. Bauernhof, Scheune, Sauna und eine Bockwindmühle stammen überwiegend aus der Mitte des 19. Jh. Wie es für die Bauernhöfe der Region typisch ist, umgibt eine Steinmauer den Hof.

- **Mihkli Bauernmuseum,** Viki, Tel. 4546613, Mitte April bis Mitte Okt. Mi–So 10–18 Uhr.

Unterkunft

- **Herberge Kipi-Koovi** €-€€, Kipi, Gemeinde Lümanda, Tel. 4576433, info@kipikoovi.ee. Einfache Hütten, Ferienhäuser und Gästehaus. Sauna, Restaurant, zelten möglich.
- **Ferienhaus Kipi** €-€€, Kipi, Gemeinde Lümanda, Tel. 4576477, mobil 5265230, www.hot.ee/kipi. Zwei Ferienhäuser für Familien, relativ neu und freundlich, mit Kamin, Sauna.
- **Ferienhof Jaagu** €, Varpe, Gemeinde Lümanda, Tel. 4576348, mobil 56604048, vaike.murel@gmail.com. Ferienhaus mit drei Zimmern sowie Wohnraum mit Kamin, Sauna, Küche, TV, Mitbenutzung des Gartens, in dem die Kinder spielen und Beeren pflücken können, sowie Grill, Fahrradverleih; etwa 3 km bis Lümanda, ganzes Haus €€€.
- **Gutshof Pilguse (Hoheneichen)** €€€, Gemeinde Lümanda, Tel. 4545445, www.pilguse.ee. Südlich von Lümanda an der Küste gelegen, sehr schönes Hotel im alten Gutshof, 15 helle Räume, einige mit Küchenzeile, Rauchsauna, Café bis 22 Uhr geöffnet. Hier lebte auch *Fabian von Bellingshausen*, Seefahrer und mutmaßlicher Entdecker der Antarktis.
- **Ferienhof Praakli-Reediku** €-€€, Paiküla, Gemeinde Kärla, Tel. 4542176, mobil 566 99175, www.hot.ee/praaklireediku. Einfache, nette Unterkunft auf einem alten Bauernhof. Grillplatz, Spielmöglichkeiten für Kinder, reichliches Frühstück.

Essen und Trinken

- **Restaurant Lümanda (Lümanda Söögimaja),** Lümanda, Tel. 4576493, mobil 503 3019, geöffnet im Sommer, sonst nur auf Anfrage. Direkt im Ort Lümanda (30 km westlich von Kuressaare) neben der Kirche. Wohl einer der besten Orte der Insel, wo man die typisch estnische Küche kennenlernen kann. Untergebracht ist das Restaurant in einem ehemaligen Pastorat aus dem Jahr 1875. Sehr empfehlenswert.

Aktivitäten

- **Reitstall Ratsukievari,** Jõgela, Gemeinde Lümanda, mobil 5113395, www.ratsukievari.ee. Finnischer Anbieter für Ausritte, Fahrten mit dem Pferdewagen, Ponys für Kinder, Ausflüge mit dem Geländewagen, Wanderungen, Radtouren, Vogelbeobachtung und Angeln, Spielmöglichkeiten für Kinder. Auch eine Unterbringung im Zelt und Camping in einer kleinen Holzhütte mit Verpflegung sind möglich, Wohnwagenstellplätze.

Ninase-Halbinsel

Nur wenige Touristen verirrten sich auf die Halbinsel Ninase, bevor 2006 an ihrer Spitze an der Küdema-Bucht beim Dorf Ninase der **Kreuzfahrtschiffshafen Tagaranna** eröffnet wurde. Ab und zu schwärmen Hunderte Kreuzfahrtgäste über die Halbinsel in Richtung Angla-Windmühlen oder nach Kuressaare, doch zu den Zeiten, wo kein Schiff anlegt, ist die Landschaft nach wie vor menschenleer und still.

Unterkunft

- **Ferienhof Kuuli,** Ninase, Gemeinde Mustjala, Tel. 4556915, mobil 56606090, kuulita lu@hot.ee. Kleine, einfache Blockhütten, Sauna, Spielgeräte für Kinder, auch zelten und Aufstellmöglichkeit für Wohnwagen; von Mai bis Oktober, Übernachtung pro Person im Haus €.
- **Ferienhof Värava** €, Selgase, Gemeinde Mustjala, mobil 5184814, www.varava.fie.ee. Drei Zimmer in alten Speichern, fünf Waldhütten, auch zelten möglich, Grill, Sommerküche im Garten, Sauna, Fahrradverleih, auf Wunsch geführte Ausflüge, von April bis Okt.

Steilküste bei Panga

Die Steilküste bei Panga ist mit zum Teil über 20 Metern die höchste der Insel. Man sollte bei schönem Wetter unbedingt zum Sonnenuntergang am Fuße der knapp 2,5 Kilometer langen Wand spazieren gehen. Dann leuchtet die Kalksteinwand in warmen roten Farben. Wichtig ist jedoch gutes, stabiles Schuhwerk, weil der Weg über Stock und Stein führt. Unterwegs kann man nach Versteinerungen im Kalkstein Ausschau halten. Wenn man nicht denselben Weg wieder zurückgehen möchte, muss man sich auf einen etwas waghalsigen Aufstieg gefasst machen. Am Ende der Wand hängt ein Seil hinab, an dem man sich hochhangeln kann. Zurück geht es dann oberhalb der Steilwand auf einem Wanderpfad. Von einem Aussichtsturm kann man weit aufs Meer hinausschauen.

Unterkunft

- **Ferienhof Panga,** Panga, Gemeinde Mustjala, mobil 5208015, www.panga.ee. Mehrere Blockhäuser an der Steilküste, sehr nette Besitzerin, die Deutsch spricht; Sauna, Kamin, Verpflegung auf Wunsch, Fahrradverleih, Angel- und Jagdausflüge im Angebot. Übernachtung mit Frühstück pro Person €€.

Rund um Leisi

Metsküla

Entlang der Küstenstraße passiert man in Richtung Leisi den kleinen Ort Metsküla mit seiner roten, orthodoxen **Holzkirche** von 1915. Kurz vor Leisi wird die Straße wieder besser.

Hafen Triigi

Hinter dem Dorf **Leisi** mit einer kleinen orthodoxen Kirche liegt in der Bucht Triigi der gleichnamige Hafen, von wo aus Fähren Richtung **Hiiumaa** an- und ablegen (s.o.: „Häfen auf Saaremaa").

Naturwanderpfad

Östlich von Leisi, zwischen den Dörfern Hiievälja und Järveküla, verläuft ein 6,5 Kilometer langer Naturwanderpfad, der zum Teil am Ufer des Flusses Võlupe entlangführt und einen Einblick in die reichhaltige Pflanzenwelt der Insel gewährt. Mit etwas Glück kann man einige der 45 Vogelarten, die in diesem Gebiet heimisch sind, beobachten.

Angla-Windmühlen

Von Leisi aus führt die Straße 79 in Richtung Süden zu dem Motiv, das viele **Postkarten** Saaremaas ziert, den Windmühlen von Angla, **Wahrzeichen** der Insel. Überall auf den westestnischen Inseln, besonders auf Saaremaa, stößt man auf kleine Holzwindmühlen. Ähnliche **Bockwindmühlen,** die von einem starken Pfosten getragen werden, findet man sonst vor allem in Skandinavien. Je nach Windrichtung können die Mühlen gedreht werden. Sie sind zweigeschossig, unten befindet sich der Mechanismus zur Regulierung der Mühlsteine, oben sind Mahl- und Zugvorrichtungen untergebracht, die von den Flügeln in Bewegung gesetzt werden.

Während früher nahezu jeder Hof eine eigene Mühle besaß, sind heute nicht mehr viele Exemplare erhalten. Es war üblich, mehrere Mühlen auf einer offenen Anhöhe zu gruppieren. Eine derartige Gruppe findet man heute nur noch in Angla, etwa 40 Kilometer nördlich von Kuressaare. Von den ursprünglich neun Bockwindmühlen, die hier Anfang des 20. Jh. erbaut wurden, sind heute noch vier erhalten. Dazwischen steht eine **holländische Windmühle** aus dem Jahr 1927. Alle Windmühlen sind frisch renoviert. In den Sommermonaten sind sie für Besucher zugänglich. Außerdem befindet sich hier ein 2011 eröffnetes Zentrum für

130es Foto: af

132es Foto: af

Die romanische Marienkirche von Pöide

Volkskultur und traditionelles Kunsthandwerk, in dem z.B. auch Workshops angeboten werden.

- **Windmühlen von Angla,** mobil 51990265, www.anglatuulik.eu.

Karja-Kirche

Die **Katharinenkirche** in Karja ist nicht nur das kleinste mittelalterliche Gotteshaus Saaremaas, sie gilt auch als eine der **hübschesten Kirchen des Landes.** Von außen eher schlicht, schmücken mittelalterliche Fresken und bemerkenswerte Steinskulpturen das Innere der gotischen Kirche. Die Kapitelle und Basen der Portale an West- und Südseite sind reich mit Pflanzendekor versehen, während an den Säulen Figuren dargestellt sind. An den Pfeilern des Triumphbogens kann man Szenen aus dem Leben der Heiligen Nikolaus und Katharina erkennen, aber auch Teufel wurden hier verewigt. In den Gewölben finden sich Pentagramme und andere magische Motive. Taufstein und Kruzifix stammen aus dem 14. Jh., die Kanzel wurde 1638 angefertigt.

Aktivitäten

- **Reitstall Luulupe,** bei Leisi, Tel. 4528555, mobil 5061486, 5145586, luulupe.tall@mail.ee. Ausritte im Norden Saaremaas.

Ordensburg Maasi

Der Besuch der Ordensburg Maasi (ausgeschildert: Maasilinn) ist ein kleines Abenteuer. Zumeist ist kein Aufseher anwesend, sodass man sich allein in den **Ruinen** und dem unterirdischen kleinen **Museum** umsehen kann.

Vom Deutschen Orden im 14. Jh. erbaut, ging die mächtige Festung im 16. Jh. in dänische Hand über. Dänenkönig *Frederik II.* befahl 1576 die Zerstörung der Burg, um zu verhindern, dass die Truppen der Schweden sie erobern und für ihre Zwecke nutzen würden.

Die oberirdischen Ruinen wurden zum Teil überdacht und können besichtigt werden. Interessant sind die alten **Gewölbe.** Geht man am Ufer der Bucht um die Ruinen herum, kann man einer kleinen Treppe hinunter folgen. Der Lichtschalter befindet sich in Höhe der Eingangstür links an der Wand. Im Inneren sind Fotos ausgestellt, aber sehenswert sind vor allem die Gewölbe selbst.

- **Museum Ordensburg Maasi,** rund um die Uhr, Kontakt über die Gemeinde Orissaare, Tel. 4545593, www.orissaare.ee.

Rund um Orissaare

Pöide

Die **Marienkirche** von Pöide wurde im 13. Jh. im romanischen Stil an der Seite einer Ordensburg erbaut, die zur damaligen Zeit Zentrum des livländischen Ritterordens war. Von der Burg, die bereits 1343 zerstört wurde, ist heute nichts mehr erhalten, doch die mächtige Wehrkirche überstand die Kämpfe und Stürme der Jahrhunderte. 1343, als es in Pöide zu einem Aufstand der estnischen Bevölkerung gegen die deutschen Landherren kam, verschanzten sich die Deutschen in den starken Mauern der Kirche. Nach acht Tagen Belagerung einigten sich die Parteien: Wenn die Deutschen die Kirche verließen, würde kein Este das Schwert gegen sie erheben. Doch als Erstere vor den schützenden Bau traten, wurden sie zu Tode gesteinigt.

Jahrhunderte später, 1940, schlug ein Blitz in den Kirchturm ein, Turm und Dach gingen in Flammen auf. Kurz darauf plünderten sowjetische Soldaten das Gotteshaus und verfeuerten die Einrichtung. Zu Sowjetzeiten diente das Gebäude als Heulager. Obgleich man nach Erlangen der Unabhängigkeit mit der Renovierung begonnen hat, ist noch viel zu tun. Die Restauration ist nicht abgeschlossen.

Koigi-Moorgebiet

Westlich von Pöide erstreckt sich das Koigi-Moorgebiet. **Wanderstege** führen durch das einsame Moor. Von einem Aussichtsturm kann man den Blick weit über das flache Land streifen lassen und mit etwas Glück Kraniche, Zwergmöwen und Gänse beobachten. Achtung: der Weg ist teilweise in schlechtem Zustand und zu nassen Jahreszeiten nur schwer zu begehen.

Herrenhaus Oti

Östlich von Pöide liegt das Herrenhaus Oti (Peudorf), der älteste Gutshof Saaremaas. Das 1309 erbaute Gebäude gehörte dem Deutschen Orden. 1710 fiel es russischen Truppen zum Opfer und wurde erst im 19. Jh. wieder aufgebaut.

Aktivitäten

- **Reitunterricht und Ausritte:** Tika talu, Kõrkvere (etwa 2 km hinter dem Ortsausgang), Gemeinde Pöide, im äußersten Osten der Insel, mobil 5162700 (Ausritte), 5044169 (Unterkunft), www.tikatalu.ee. Kurze sowie mehrtägige Ausritte möglich. Auf dem Gelände des Reiterhofs gibt es auch einfache **Holzhütten** € ohne eigenes Bad, dafür ist die Sauna in der Übernachtung inbegriffen.
- **Paddelboottouren** auf Saaremaa (mobil 5212836, simmo@360.ee) und Hiiumaa (mobil 5137141, bert@360.ee), www.360.ee.

Einkaufen

- In **Orissaare** können sich Selbstverpfleger im Supermarkt eindecken.

Valjala

Die **Martinskirche** in Valjala (Waldia/Wolde) wurde Anfang des 13. Jh. im gotischen und romanischen Stil erbaut. Die Gewölbekapitelle sind mit Pflanzenornamenten verziert. Die hoch angebrachten Fenster weisen darauf hin, dass die Kirche später auch zur Verteidigung diente, wie so manches Gotteshaus auf Saaremaa. Der Turm über der Sakristei wurde erst im 17. Jh. errichtet, beim Bau hat man alte Grabsteine verwendet. Die Wandmalereien in Langhaus und Chor aus dem 13. Jh. waren lange unter Putz verborgen, bis sie in den 1970er Jahren wieder freigelegt wurden. Ebenfalls aus dem 13. Jh. ist das Taufbecken.

Ganz in der Nähe des heutigen Dorfes erhob sich eine stattliche Festung, die 1227 von den Ordensrittern in Besitz genommen wurde. Spuren der **Burg** sind kaum noch zu erkennen, stattdessen ist der Hügel von dichtem Wacholder überwuchert. Kaum vorstellbar, dass die Burg einst die stärkste Befestigungsanlage der Insel war. Da sich Saaremaa jedes Jahr etwas mehr aus dem Wasser erhebt, ist anzunehmen, dass die Festung im vergangenen Jahrtausend wesentlich näher an der Küste stand als heute.

Unterkunft

- **Valjala Pastorat** €, Tel. 4549543, valjala@eelk.ee. Das Pastorat gegenüber der Kirche bietet Rucksacktouristen eine einfache Unterkunft. Die Mehrbettzimmer stehen auch im Winter Touristen zur Verfügung, dann aber nur auf Anmeldung.

Meteoritenfeld Kaali

Ungefähr 18 Kilometer nordöstlich von Kuressaare befinden sich mitten im Wald auf einer Fläche von rund einem Quadratkilometer **neun Meteoritenkrater.** Der größte ist 22 Meter tief und hat am oberen Rand einen Durchmesser von knapp 110 Metern. Wissenschaftler gehen davon aus, dass der aus einem Meteoriteneinschlag hervorgegangene, kreisrunde **See Kaali** mindestens 4000 Jahre alt ist. Durch die Wucht des Aufpralls entstand der **meterhohe Wall,** den man noch heute rund um das grünlich schimmernde Gewässer sieht.

An der Straße befindet sich das **Museum für Meteoritik und Kalkstein** (im Sommer 9–20 Uhr), das neben der Ausstellung auch ein Besucherzentrum, Gästehaus und Restaurant beherbergt (s.u.).

Kaarma

Die **Peter-und-Paul-Kirche** in Kaarma, südwestlich von Kaali, entstand Ende des 13. Jh. Das Gebäude mit seinem quadratischen Chor und der nördlich gelegenen Sakristei trägt romanische sowie gotische Züge. Ihre Kunstschätze und Schlichtheit verbreiten eine besondere Atmosphäre. Ganz in der Nähe befinden sich **Steinbrüche,** in denen man seit dem 14. Jh. Dolomit abbaut.

Unterkunft, Essen und Trinken

- **Kaali külastuskeskus (Besucherzentrum),** Kaali, Gemeinde Pihtla, Tel. 4591184, mobil 5105393, www.kaali.kylastuskeskus.ee. Im Besucherzentrum, 100 m vom Kraterfeld entfernt, befinden sich ein Museum, ein Gästehaus mit Sauna, die rustikale Gaststätte Kaali trahter (mobil 53731818, info@kaalitrahter.ee) und ein Souvenirgeschäft. Hotel und Museum sind nur von Juni bis August geöffnet, sonst auf Anfrage.

Halbinsel Vätta

Hält man sich vom Meteoritenfeld nach Süden, stößt man im Dorf **Püha** auf eine **Wehrkirche** aus dem 13. Jahrhundert. Über eine unbefestigte Straße weiter nach Süden gelangt man auf die Halbinsel Vätta. Ein 2,5 Kilometer langer Wanderweg durchzieht ein Gebiet, das im 15. Jh. von Schweden besiedelt war. Auf dem **Naturwanderpfad Suure-Rootsi** kann man viele der 34 Orchideenarten, die auf Saaremaa heimisch sind, finden, Birkenhaine durchwandern und vor allem Ruhe und Stille genießen. Der Weg startet beim Ferienhof Aadu.

Unterkunft

- **Aadu Ferienhof** €€, Suure-Rootsi, Gemeinde Pihtla, mobil 5093981, www.aadutalu.ee. Rustikales Ferienhaus etwa 17 km westlich von Kuressaare mit verschiedenen Zimmern und gemeinsamem Wohnzimmer, Bad, Küche und Esszimmer mit Kamin; Sauna, Fahrradverleih.

Aktivitäten

- **ATV astacus,** Leina, Gemeinde Pihtla, 18 km östlich von Kuressaare bzw. 10 km südlich von Kaali, mobil 5219574, www.atv.astacus.ee. Aktivurlaubsanbieter, Jeep-Safaris durch die Wälder, am Strand entlang und in morastigen Gegenden.

Hiiumaa

Auf Hiiumaa (Dagö), der mit rund 1000 km² **zweitgrößten Insel Estlands,** geht es ruhiger zu als auf der großen Schwesterinsel Saaremaa. Weniger als 3700 Menschen bewohnen die **Inselhauptstadt Kärdla,** etwa 7500 weitere besiedeln den Rest. Damit ist Hiiumaa der am dünnsten besiedelte Landkreis Estlands. Aber genau wie Saaremaa ist Hiiumaa reich an unberührten Naturlandschaften, frischer Luft und einsamen **Stränden.**

Besonders in der flachen Bucht von Käina, die von Dämmen umringt ist, kann man zahlreiche **Schwäne, Kraniche, Enten,** aber auch seltene Bartmeisen, Rohrdommeln und Säbelschnäbler beobachten. Zu den heimischen Bäumen gehören vor allem Birken, Kiefern und Fichten, aber auch Erlen und seltene **Eiben.** Einige alte **Eichen** werden als heilig verehrt. Allgegenwärtig ist – wie so oft in Westestland – der **Wacholder.** Zwei Drittel der Insel sind mit **Wald** bedeckt, in dem **Elche, Wildschweine** und **Rehe** zu Hause sind.

Gehölzwiesen und Moore entlang der etwa 325 Kilometer langen Küstenlinie beherbergen seltene Pflanzenarten, die zum Teil nur hier beheimatet sind, darunter einige nordische **Orchideenarten,** Knabenkraut sowie verschiedene Moos-, Schilf- und Gräserarten. Das Innere der Insel ist relativ unerschlossen und birgt **Sümpfe und Moore.** Unter Schutz stehen die kleinen Inseln und Holme vor der Küste Hiiumaas, sie sind heute nicht mehr bewohnt.

Das Wetter meint es mit Hiiumaa etwas besser als mit dem Festland, scheint hier doch öfter die Sonne, weil der Wind Regenwolken schnell weiterbläst.

Die Insel ist das Resultat eines Meteoriteneinschlags vor etwa 500 Millionen Jahren, an dessen Kraterrand heute die Hauptstadt Kärdla liegt. Ihre Form und das typische Landschaftsbild wurden in der letzten Eiszeit geprägt, überall verteilt liegen **Findlinge,** die ein sich zurückziehender Gletscher dort hinterlassen hat.

Die Inselbewohner verbinden viele Naturdenkmäler mit alten **Legenden,** vor allem denen des Riesen Leiger, der hier mit seiner Frau Tiiu lebte. Vielleicht kommt der estnische Name der Insel – Hiiumaa – daher. Riese heißt auf Estnisch *hiid, maa* bedeutet Land, übersetzt wird daraus „das Land der Riesen". Vielleicht sind jene Legenden auf die Ankunft der stattlichen und zumeist großen **Schweden** zurückzuführen, die Hiiumaa wahrscheinlich im 13. Jh., von der schwedischen Insel Gotland kommend, besiedelten. Da sie die estnischen Küstenbewohner von der Körpergröße her überragten, kamen sie ihnen vielleicht wie Riesen vor.

Die Schweden nannten die Insel **Dagö** – „Tagesinsel" –, wohl weil die Überfahrt von Gotland bis Hiiumaa ziemlich genau 24 Stunden dauerte. Der Name wurde später auch von den Deutschen übernommen. Jahrzehntelang bewohnten die Schweden Hiiumaa als **freie Bauern und Fischer.** Ein Freibrief des schwedischen Königs garantierte ihnen, dass sie nicht Frondienste auf den Gutshöfen der Adligen leisten mussten wie die Esten, die Leibeigene der Gutsherren waren. Natürlich waren die freien Bauern den Inselherren ein Dorn im Auge und nach einem Machtwechsel in Estland ließ *Katharina II.* sie im Jahr 1781 in die Ukraine deportieren. Die zurückbleibenden Schweden wanderten etwa 30 Jahre später ab, als sich der Baron *von Ungern-Sternberg* ihrer Höfe bemächtigte. Die meisten zogen in den Landkreis Läänemaa rund um Haapsalu oder auf die Nachbarinsel Vormsi.

Leider blieb Hiiumaa von den großen Katastrophen des 20. Jh. nicht verschont. Im Zweiten Weltkrieg wurden hier blutige Gefechte zwischen **deutschen und russischen Truppen** ausgefochten. 1941 eroberten die Deutschen die Insel von den Sowjets, 1944 schlugen diese zurück und brachten sie unter ihre Herrschaft. **Bunker, Aussichtstürme und Geschützstände** aus jenen Tagen sind noch an vielen Orten zu sehen und können besichtigt werden.

Zu Sowjetzeiten war Hiiumaa wie auch die Nachbarinseln **militärisches Sperrgebiet.** Selbst Esten war es verboten, ohne eine Sondergenehmigung die Insel zu betreten. Um diesem Teil der Geschichte wenigstens einen positiven Aspekt abgewinnen zu können, lässt sich festhalten, dass dadurch viele seltene Pflanzen- und Tierarten frei von menschlichen Einflüssen gedeihen konnten. Die letzten sowjetischen Armeeeinheiten verließen erst 1993 die Insel.

Anfahrt mit der Fähre

„Fortschritt" hieß die erste Fähre, die nach dem Bau des **Hafens Heltermaa** im Jahr 1870 Hiiumaa mit **Rohuküla bei Haapsalu** verband. Heute sind es mehrere Schiffe täglich, die die Insel anfahren. Die **Überfahrt** dauert etwa 90 Minuten. Wer mit dem Auto unterwegs ist, sollte auf jeden Fall einen Platz reservieren. Dabei sind die Touristeninformationen, beispielsweise in Haapsalu, behilflich. Auf Hiiumaa helfen die Touristeninformation oder das Reisebüro Tiit Reisid (das einzige Reisebüro auf der Insel) in Kärdla weiter.

Im Sommer verkehren ferner etwa dreimal täglich Fähren zwischen dem **Hafen Sõru** im Süden von Hiiumaa und dem **Hafen Triigi** auf der Nachbarinsel **Saaremaa.** Auch hier sei Reisenden mit eigenem Auto oder Mietwagen geraten, mit Hilfe der Touristeninformation eine Fähre im Voraus zu buchen oder man fährt vor dem Reisetag selbst einmal zum jeweiligen Hafen, um sich einen Platz zu reservieren, da nur 30 Autos auf das Schiff passen. Die Überfahrt dauert eine gute Stunde.

- **Buchung:** Infotel. 4524444, 14204 (kostenpflichtig), info@tuulelaevad.ee. Die Fahrkarten kann man im Internet unter www.tuulelaevad.ee oder im Hafen kaufen.
- **Hafen Rohuküla,** Tel. 4733666.
- **Hafen Heltermaa,** Tel. 4631630.
- **Hafen Triigi,** Tel. 4573203.
- **Hafen Sõru,** mobil 5272865.

Rundfahrt über die Insel

Am besten erkundet man die 22 Kilometer vom Festland entfernte Insel mit dem Auto, obgleich man dabei zum Teil **unasphaltierte und schlecht ausgeschilderte Straßen** in Kauf nehmen muss. Die hier beschriebene Rundfahrt beginnt am Hafen Heltermaa. Bis zur Westspitze sind es etwa 60 Kilometer, die Nord-Süd-Ausdehnung beträgt rund 45 Kilometer. Es bieten sich auch sternförmige Tagesausflüge an, beispielsweise von Kärdla aus. Zwei Tage sollte man sich für die Rundfahrt mindestens lassen, wer ausgiebige Wanderungen oder Badeausflüge einplant, sollte noch einen Tag dranhängen. **Baden** kann man am besten an den Stränden in Tahkuna und auf der Halbinsel Kõpu.

Vom Hafen nach Kärdla

Pühalepa und Suuremõisa

Etwa sechs Kilometer vom Hafen Heltermaa entfernt liegt der erste lohnende Zwischenstopp. Der Turm der **St. Laurentiuskirche** von Pühalepa ist schon von Weitem erkennbar. Um näher heranzukommen, verlässt man nach einer Kurve die Straße 80 und biegt links in Richtung Suuremõisa ab. *Pühalepa* heißt soviel wie „heilige Erle", weil Erlen in früheren Zeiten hier wuchsen und in der Naturreligion der Bevölkerung eine Rolle spielten.

Die steinerne Kirche wurde anstelle eines hölzernen Vorgängerbaus um 1270 zunächst turmlos errichtet. Im Laufe der Jahrhunderte hat man sie mehrfach umgebaut und 1770 durch einen Glockenturm ergänzt. Nachdem das Gotteshaus zu Sowjetzeiten als Speicher genutzt wurde, musste es 1991 restauriert werden. Im Inneren sind noch alte Grabsteine, Maskenreliefs sowie eine Kanzel mit Steinskulpturen aus dem Jahr 1636 erhalten.

Wie so viele Orte der Insel ist auch die Kirche an eine Legende geknüpft. Der Teufel selbst soll versucht haben, ihren Bau mit allen Mitteln zu verhindern, und warf riesige Steinbrocken in Richtung des Gebäudes. Zum Glück war er kein guter Werfer und verfehlte sein Ziel. Ein großer Brocken, der etwa hundert Meter nördlich der Kirche liegt, wird in Gedenken an diese Sage **Teufelsstein** genannt.

Eine weitere Ansammlung großer Findlinge befindet sich ein Stück nördlich hiervon. Ob sie auch das Resultat der teuflischen Wurfversuche sind oder eine Hinterlassenschaft von Seeleuten, die vor großen Reisen Felsen hierher brachten, um so eine Art Vertrag mit Gott zu schließen, der sie beschützen sollte, sei dahingestellt. Die Bezeichnung dieser Steinanhäufung – **Kontraktsteine** – geht zumindest auf letztere Theorie zurück.

Bevor man sich den Steinen zuwendet, verdient der **Friedhof** rund um die Kirche etwas Aufmerksamkeit. Neben einigen alten Grabsteinen sind noch

Fisch wird zum Trocknen aufgehängt

Reste alter Ringkreuze erhalten. Einige tragen deutsche Inschriften. Hervorzuheben ist das Grab von *Ebba-Margarethe Stenbock* (1704–76), einer Urenklin des ehemaligen Inselbesitzers *Jacob de la Gardie*, die den Bau des nicht weit entfernt liegenden, spätbarocken **Gutshauses Suuremõisa** (Großenhof) initiierte. Das dreigeschossige Gebäude mit hohem Halbwalmdach, das zuweilen auch Schloss (estn.: *loss*) genannt wird, wurde Mitte des 18. Jh. erbaut und diente zunächst der Familie *von Stenbock* als Landsitz.

1772 wurde es durch die im rechten Winkel angeschlossenen Flügel erweitert, bevor es knapp 25 Jahre später in den Besitz des Barons *Otto Reinhold Ludwig von Ungern-Sternberg* (1744–1811) überging. Sein Spitzname lautete nicht umsonst Graf Ungern, schließlich gründete ein Teil seines Reichtums auf der Plünderung in Seenot geratener Schiffe, die er zum Teil mit falschen Leuchtfeuern absichtlich an die seichte Küste lockte. Seine Beute versteckte er hinter einer Doppeldecke im Dachgeschoss. Eines Tages wurde der Baron jedoch für seine Taten bestraft. Nachdem er 1802 den schwedischen Kapitän *Carl Malm* im Streit ermordet hatte, wurde er nach Sibirien verbannt und starb dort im Alter von 67 Jahren.

Schmuck und Zierde im Inneren des Gebäudes ist das aufwendig gestaltete Foyer mit einer aus Eichenholz gefertigten Doppeltreppe. Ferner sind noch einige Türen mit barockem Dekor erhalten.

134es Foto: jl

An der Ostküste

Die Landstraße 80 führt in den Norden der Insel. Einer Stichstraße ans Meer folgend, trifft man hinter einem Kiefernwald auf einen etwa 400 Meter langen und bis zu zehn Meter hohen Kalksteinaufschluss. Ein Wanderweg führt am **Kliff Kallaste** entlang. Über eine Küstenstraße geht es via Hellamaa (dort links abbiegen) wieder zurück auf die Straße 80, der man in nördlicher Richtung folgt.

Bauernmuseum Soera

Einige Kilometer vor der Inselhauptstadt Kärdla bietet sich ein Abstecher zum Bauernmuseum Soera an, das einen guten Einblick in das **ländliche Leben des 19. Jh.** gibt. Der 1848 angelegte Hof ist in drei Teile gegliedert: Wohnhaus, Dreschraum und Dreschboden. Hohe Schwellen und fensterlose Wände aus dicken Baumstämmen sollten die Kälte draußen halten, während drinnen ein aus Kalkstein gebauter Kamin für Wärme sorgte. In kleinen Nebengebäuden waren eine Schmiede, der Kornspeicher und die obligatorische Rauchsauna untergebracht, die der Familie als Badezimmer diente. Am Museum geht ein einen Kilometer langer **Wanderpfad** ab.

- **Soera Talumuuseum,** Palade, Gemeinde Pühalepa, mobil 56666895, www.soeratalumuuseum.eu, Mitte Mai bis August täglich 12–18 Uhr, bis Mitte Sept. Mo–Fr 12–16 Uhr, sonst auf Anfrage.

Unterkunft

- **Allika hostel** €€, Suuremõisa, Tel. 4629026, mobil 53865079, www.allika.com. Das Gästehaus ist im alten Gutshofkomplex Suuremõisa untergebracht; manche Zimmer mit eigenem Kamin, Fahrradverleih, Vermittlung von Bootsausflügen.
- **Heltermaa Hotell** €€, Hafen Heltermaa, Tel. 4694146, Fax 4694147, www.heltermaahotell.ee. Hotelkomplex direkt am Hafen, auch Ausflüge im Angebot.
- Ferienhäuser in Värssu €-€€€ (Gemeinde Pühalepa) vermietet das Unternehmen **Kauste Puhkemajad,** alle sehr gemütlich eingerichtet, zwei davon mit moderner Küche und Kamin, 2–4 Zimmer. Kontakt über mobil 514 4389, www.kauste.ee.

Aktivitäten

- **Fahrradverleih:** Man kann sich gleich am Hafen Fahrräder ausleihen, aber auch eigene Fahrräder reparieren lassen. Infos unter info@priidumeeli.ee, mobil 56606377.

Einkaufen

- Ein schöner und stilvoller **Handwerksladen** ist Heltermaa käsitöömaja. Er befindet sich im Hafen von Heltermaa, in einem alten Kneipengebäude. Geöffnet im Sommer.

Kärdla

Obwohl sie Inselhauptstadt genannt wird, ist die von den Schweden gegründete Stadt Kärdla mit weniger als 3700 Einwohnern eher ein **verschlafener Ort** mit vielen kleinen Holzhäuschen und Gärten. Dennoch ist es ein guter Ausgangspunkt, um die Insel zu erkunden, liegen hier doch einige Hotels, die zentrale Touristeninformation Hiiumaas sowie Geschäfte und Restaurants.

Die steinerne **Johanniskirche** (Posti 2) wurde 1863 erbaut, 1929 hat man den hölzernen Turm angefügt.

Mitte des 19. Jh. ließ die Familie *von Ungern-Sternberg* in Kärdla eine große

Textilfabrik errichten, die den Ort zum Handelszentrum Hiiumaas machte. Heute ist in dem sogenannten **Langen Haus,** das um 1830 als Wohnhaus für die Direktoren der Textilfabrik errichtet wurde, ein Museum untergebracht, das unter anderem die Geschichte der Fabrik dokumentiert. Der Name kommt nicht von ungefähr, schließlich ist das mehr als 60 Meter lange Gebäude das längste im Ort.

- **Hiiumaa Museum,** Vabrikuväljak 8, Tel. 4632091, www.muuseum.hiiumaa.ee, im Sommer Di–Sa 10–17 Uhr, im Winter Mo–Fr 10–17 Uhr.

Krater von Paluküla

Wie oben erwähnt, entstand Hiiumaa durch einen Meteoriteneinschlag. Die Höhen von Paluküla stellen den Rand des etwa vier Kilometer großen Kraters dar. Südlich von Kärdla führt ein **Naturpfad** an den Kraterrand. Zwar gibt es dort eine **Aussichtsplattform,** aber für Laien ist das Tal nicht unbedingt sofort als Krater auszumachen - im Gegensatz zum Krater Kaali auf der Insel Saaremaa.

Informationen

- **Touristeninformation,** Hiiu 1, Tel. 4622232, www.hiiumaa.ee. Hier gibt es aktuelle englischsprachige Broschüren über die Insel mit Kartenmaterial sowie aktuellen Hotel- und Restaurantadressen. Sehr empfehlenswert ist die kleine Broschüre „Leuchtturm-Tour" (auch auf Deutsch), die eine Rundfahrt über die Insel beschreibt. Online kann man diese Rundfahrt unter www.hiiumaa.ee/tuletorn finden.
- **OÜ Tiit Reisid,** Reisebüro beim Busbahnhof, Sadama 13, Tel. 4632077, www.tiitreisid.ee.

Service

- **Post:** Keskväljak 3.
- **Banken:** Heltermaa mnt 6, Keskväljak 7.
- **Internet:** kostenlos in der Stadtbibliothek, Rookopli 18.
- **Apotheke:** Uus 3, Tel. 4632166, Mo–Fr 8–18 Uhr, Sa 9–15 Uhr.

Unterkunft, Essen und Trinken

Viele Unterkünfte bieten Verpflegung an, ein Angebot, das man annehmen sollte, nicht nur, weil die Mahlzeiten meistens von der Hausfrau persönlich aus frischen, lokalen Zutaten bereitet werden, sondern auch, weil es vor allem außerhalb der Hauptsaison an geöffneten Lokalen mangelt.

- **Gästehaus und Restaurant Nordtooder** €€, Rookopli 20, Tel. 4691999, mobil 5092054, Fax 4632140, www.nordtooder.ee. Sehr hübsches Gästehaus, liebevoll im alten Stil ausgestattet, Restaurant, Auto- und Fahrradvermietung.
- **Padu Hotel** €€, Heltermaa mnt 22, Tel. 4633037, mobil 5051671, Fax 4633023, www.paduhotell.ee. Sehr nettes, gemütliches Hotel mit DZ und Apartments, der Besitzer spricht Deutsch, Sauna mit kleinem Pool, Sat-TV, kleines Café und WiFi.
- **Sõnajala Hotel und Restaurant** €€, Leigri väljak 3, Tel./Fax 4631220, www.sonajala.ee. Das Hotel verfügt über Bar und Sauna, nette Zimmer, verleiht auch Fahrräder und bietet geführte Ausflüge an.

Aktivitäten

- **Fahrradverleih:** Viele Hotels verleihen Räder, ansonsten kann man bei folgenden Adressen welche ausleihen: Nõmme puhkemaja, Nõmme 30, mobil 5203789, auch Zimmervermietung; Kauplus Kerttu Sport, Sadama 15, Tel. 4632130.
- **Tennisplatz:** Hiiumaa Tenniseklubi, Turu 7, Tel. 4633010, mobil 53303832, tiiu.masing@mail.ee.
- **Seekajaktouren:** 360°, mobil 5137141, www.360.ee. Seekajaktouren zu den kleinen vorgelagerten Inseln inklusive Robbenbeobachtung. Besonders schön sind Zweitages-

touren mit Übernachtung im Zelt. Am besten im Voraus buchen.

Einkaufen

Souvenirs von Hiiumaa, zum Beispiel Küchenutensilien aus Wacholderholz oder dicke Wollpullover, kann man in diversen kleinen **Handarbeitsläden** erstehen. Sie sind hier wesentlich preiswerter als in Tallinn oder anderen großen Städten des Landes. Auch den Museen sind oft kleine Souvenirläden angegliedert.

- **Tuulepesa pood,** Põllu 3 (1. Stock).

Verkehr

Fähre:

Siehe oben: „Anfahrt mit der Fähre".

Taxi:

- **Hiiumaa Taxi,** mobil 5112225.
- **Taxi Ants Tisler,** mobil 5083415.

Bus:

- **Busbahnhof:** Sadama 13, Tel. 4632077.
- Von **Tallinn und Haapsalu** fahren Busse nach Kärdla, manche weiter bis nach Käina. Die Fahrt von Tallinn nach Kärdla dauert inklusive Fährüberfahrt etwa 4½ Stunden.
- Auf der Insel verbinden nur ab und zu Busse die einzelnen Ortschaften miteinander. Es ist deshalb ratsam, sich mit einem (Miet-)Auto oder Fahrrad fortzubewegen, weil es sonst sein kann, dass man irgendwo bis zum nächsten Morgen festhängt. In der Busstation in Kärdla gibt es aktuelle Fahrpläne, die über die **Inselbusse** informieren. Sie fahren u.a. nach Kõrgessaare, auf die Kõpu-Halbinsel, nach Kassari, Käina und zu den Häfen.

Flug:

- **Kärdla Flughafen** (Lennujaam), Hiiessaare, Gemeinde Pühalepa, Tel. 4631381, www.tallinn-airport.ee/kardlalennujaam, etwa drei Kilometer östlich von Kärdla. Zweimal täglich kann man von Tallinn nach Kärdla und zurück fliegen. Man kann über ein Reisebüro oder den Flughafen buchen sowie über die Fluggesellschaft Avies, die die Flüge zwischen Tallinn und Kärdla bedient, Tel. 6301370, www.avies.ee.

Autovermietung:

Manche Hotels haben einen oder zwei Wagen zur Verfügung, die sie vermieten. Nachfragen lohnt sich, da dies oft die preiswerteste Alternative ist.

- **Autoverleih und Taxi Jaanus Jesmin,** mobil 5112225, www.carrent.hiiumaa.ee.

Tahkuna-Halbinsel

Kreuzberg

Folgt man der Straße 80 weiter in nordwestlicher Richtung, gelangt man zu einem merkwürdigen Ort, dem Kreuzberg, oder, auf Estnisch, **Ristimägi.** Zwar ist er kein Vergleich zu dem berühmten Berg der Kreuze in Litauen, doch umgibt auch diesen Ort eine mystische Atmosphäre. **Tausende Kreuze** verschiedener Größen, allesamt aus Naturmaterialien geschaffen, stehen oder liegen entlang einem kleinen Waldweg. Kaum ausgeschildert und meist menschenleer, wirkt der Kreuzberg fast ein wenig gespenstisch. In der Tat erinnert er an ein trauriges Kapitel der Inselgeschichte, die Deportation der hier zuvor ansässigen Schweden. Ein Erlass Katharinas II. hatte zu der Zwangsdeportation der schwedischen Bevölkerung geführt. An dieser Stelle sollen sie zum letzten Mal einen Gottesdienst abgehalten und den Ort mit einem Kreuz markiert haben. In Gedenken an die Verbannten stellten Inselbewohner und Besucher im Laufe der Zeit immer mehr Kreuze auf. Auch Touristen sind eingeladen, ein Kreuz aus Naturmaterialien zu hinterlassen. Zweige, Kieselsteine und Tannenzapfen stehen in Hülle und Fülle zur Verfügung.

Freilichtmuseum Mihkli

Ein paar Kilometer weiter westlich geht rechts eine Straße ab, die zu einem alten **Bauernhofkomplex** führt. Das Freilichtmuseum Mihkli versetzt Besucher ins 19. Jh. zurück. Zur Besichtigung stehen das Bauernhaus und eine typische Rauchsauna.

• **Mihkli Museum,** Malvaste, Gemeinde Kõrgessaare, Tel. 4632091, im Sommer Mi–So 10–18 Uhr.

Leuchtturm Tahkuna

Über eine Schotterstraße geht es an die Spitze der Tahkuna-Halbinsel, die überwiegend von Wald bedeckt ist. Seit 1875 zeigt der über 40 Meter hohe Leuchtturm Tahkuna, der von Schwindelfreien auch besichtigt werden kann, den vor der seichten Küste vorbeifahrenden Schiffen den Weg. Zuvor waren unzählige Schiffe immer wieder in dieser Gegend auf Grund gelaufen – oftmals zur Freude der Ortsansässigen, die die Wracks plünderten. Es heißt, das eine oder andere Mal sollen Schiffe absichtlich in die Irre geleitet worden sein. Dem sollte der Leuchtturm ein Ende setzen. Er wurde gemeinsam mit dem Leuchtturm von Ristna, ganz im Westen der Insel, in Paris angefertigt und mit einem Frachtschiff nach Hiiumaa gebracht.

Estonia-Denkmal

In der Nähe erinnert ein Denkmal an die **Fähre „Estonia“,** die am 28. September 1994 etwa 30 Seemeilen nordwestlich der Tahkuna-Halbinsel unterging. Die auf der großen Glocke dargestellten Kinderköpfe stehen für die Kinder, die in den Fluten umkamen. Die Glocke erklingt genau dann, wenn Windrichtung und -stärke mit denen in jener Unglücksnacht übereinstimmen.

Bunker

In der Nähe des Leuchtturms befinden sich, zum Teil im Wald versteckt, Türme und Bunker aus dem **Ersten und Zweiten Weltkrieg.** Man kann sie besichtigen, doch Vorsicht: Die unterirdischen Bunker sind stockduster und teilweise sehr verzweigt. Ohne Taschenlampe sollte man sich auf keinen Fall hineinbegeben.

Badestrände

An den zumeist einsamen Stränden Tahkunas kann man einen Badestopp einlegen. Das Meer ist im Sommer aufgrund seiner geringen Tiefe an dieser Stelle angenehm warm. Biegt man von Süden kommend an der letzten Abzweigung vor dem Leuchtturm Tahkuna in den Wald ab, gelangt man etwa auf halben Weg Richtung Lehtma zu einem Parkplatz, von dem aus der Strand an der Nordseite der Halbinsel gut zu erreichen ist. Der Fahrweg ist allerdings in schlechtem Zustand.

Reigi

Zurück auf der Hauptstraße passiert man kurz vor Kõrgessaare in Reigi eine **Kirche** von 1802, die der Landherr *von Ungern-Sternberg* in Erinnerung an seinen Sohn errichten ließ. Dieser hatte sich aufgrund von Spielschulden das Leben genommen und liegt auf dem Friedhof von Reigi begraben. Im Inneren des Gotteshauses erinnern

Gemälde aus dem 16. und 17. Jh. sowie Reliefs aus einer älteren Holzkapelle an die schwedischen Bewohner, die hier einst lebten.

Unterkunft

- **Gästehaus Kalda** (Kalda puhketalu) €-€€, Mangu, Gemeinde Kõrgessaare, Tel. 462 2122, mobil 5279421, www.kaldapuhketalu.ee. Ferienhäuser und Campingmöglichkeit am Westufer der Halbinsel, einfache Campinghäuser, Auto- und Fahrradverleih, Bootsausflüge, Sauna, Grillhaus und Verpflegung.
- **Ferienhof Randmäe** (Randmäe puhketalu) €, Mangu, Gemeinde Kõrgessaare, mobil 56913883, www.hot.ee/puhketalu. Ferienhäuser, Hütten, Speicher, schön am Sandstrand der Westküste Tahkunas gelegen, umringt von Kiefern. Zelten, Stellplatz für etwa 30 **Wohnwagen,** Fahrrad- und Autovermietung.

Kõrgessaare

Kõrgessaare (Hohenholm) an der Nordwestküste Hiiumaas war einst ein bedeutendes Handelszentrum. Anfang des 20. Jh. entstand hier eine große **Fabrik** namens „Viskoosa", in der Kunstseide produziert werden sollte. Die Lage nahe dem bereits im Mittelalter angelegten Hafen schien den Planern ein idealer Standort, doch die beiden Weltkriege machten die Pläne zunichte. Ein Teil der Fabrik wurde in die Luft gesprengt, aber einige hübsche, backsteinerne Fabrikgebäude sind noch erhalten. In einer alten Wodkabrennerei aus dem Jahr 1881 ist heute das traditionsreiche Restaurant Viinaköök untergebracht.

Leuchtturm Kõpu

Service

- **Bank:** Geldautomat in Kõrgessaare.

Unterkunft

- **Restaurant und Gästehaus Viinaköök** €-€€, Sadama 2, Kõrgessaare, Tel. 4693337, Fax 4693172, www.viinakook.com. Zimmer mit TV, Dusche und WC auf dem Gang, Sauna, sehr empfehlenswertes Restaurant.

Kõpu-Halbinsel

Im Westen Hiiumaas ragt die Halbinsel Kõpu rund 20 Kilometer weit ins Meer hinein. Sie ist das Resultat einer vor 8000 bis 10.000 Jahren aus dem Meer gestiegenen Moränenerhebung, an deren höchster Stelle heute das wohl bekannteste Gebäude der Insel steht, der **Leuchtturm Kõpu.**

Anfang des 16. Jh. veranlasste der Tallinner Magistrat auf Bitten der Hanse den Bau des Turms. Zu viele Schiffe waren zuvor in der seichten Küstenregion am Riff Neckermannsgrund (Hiiu Madal bzw. Näkimadal) auf Grund gelaufen und von Piraten geplündert worden. Zunächst sollte das heutige **Wahrzeichen Hiiumaas** nur die Orientierung bei Tage erleichtern und war nicht mit Licht ausgestattet. Aus dieser Zeit stammt der untere Teil des Turms, ein massiver, quadratischer Kalksteinbau, der mit Strebepfeilern an den Seiten versehen war. 1538 wurde der Turm aufgestockt, doch seine eigentliche Funktion als Leuchtturm nahm er erst 1649 auf, wobei man zunächst mit Holz, später mit Öl Leuchtfeuer auf dessen Spitze anfachte. Der enorme Bedarf an Holz führte zu einer großflächigen Rodung der Halbinsel. Anfang des 19. Jh. hat man das Gebäude umgebaut, die Räume und die Treppe im Inneren wurden angelegt. Ende des 19. Jh. installierte man eine elektrisch betriebene Beleuchtungskuppel auf der Spitze. Heute kann man den Turm besteigen und wird mit einem schönen Ausblick über die Wälder, Moore, Wälle und Dünen der Kõpu-Halbinsel belohnt.

Wie auch auf der Tahkuna-Halbinsel befinden sich an ihrer Spitze, wo der **Leuchtturm von Ristna** zur Besteigung offen steht, die Reste einer Festungsanlage. Kaum zu glauben, dass in dieser friedlichen Gegend Radaranlagen und Flugabwehrraketen stationiert waren, um die äußerste Nordwestgrenze der Sowjetunion vor einem Angriff des Westens zu schützen. Heute findet man noch die Stellungen der Soldaten im Wald. Ihre **Wachtürme und Bunker** können besichtigt werden, aber auch hier gilt: nicht ohne Taschenlampe und nur, wenn man Begleitung hat.

Wanderfreunden seien die **Naturpfade** auf der Halbinsel ans Herz gelegt. Für einen kurzen Spaziergang bietet sich der einen Kilometer lange Pihlatalu-Weg beim Dorf Kõpu an. Der zwei Kilometer umfassende Rebastemäe-Lehrpfad führt auf den 63 Meter hohen Kaplimägi mit einer Aussichtsplattform. Der Neljateeristi-Wanderweg umfasst vier verschiedene Routen unterschiedlicher Länge. Er führt über waldbedeckte Hügel, die aus früheren Dünen hervorgegangen

215es Foto: jl

sind. Kartenmaterial erhält man in der Touristeninformation in Kärdla.

Baden und Surfen kann man ganz im Westen bei Ristna oder in der Nähe des Ortes Luidja im Nordosten der Halbinsel. In der Nähe des Sandstrandes kann man auch campen.

Unterkunft

- **Ristna Puumetsa,** mobil 5182555, Kõpu-Halbinsel, großes Haus mit 10 Betten, kleines mit 7. Vermittlung durch den Anbieter von Ferienhäusern **Dagen Haus,** www.dagen.ee.

Aktivitäten

- Das **Wassersportzentrum Surf Paradiis** an der Westspitze der Halbinsel Kõpu (Paradiisirand, Ristna, Gemeinde Kõrgessaare, Tel. 6393288, mobil 56251015, www.paap.ee) vermietet im Sommer Wassersportartikel und bietet verschiedene Wasseraktivitäten an wie Jetski, Schnorcheln, Wracktauchen und Bootsausflüge. Direkt am Meer steht das Blockhaus Paradiisi Villa, in dem bis zu 15 Personen Unterkunft finden können. Es werden auch einfache Schlafmöglichkeiten in Hütten, Zelten, Booten oder Hängematten vermittelt.

Der Inselsüden

Die Fähre von und nach Saaremaa legt ganz im Süden der Insel an. Wenn man nicht dorthin unterwegs ist, ist dieser Teil Hiiumaas nicht unbedingt einen Umweg wert.

Vom **Hafen Sõru** aus hat man einen schönen Blick aufs Meer. Wie auf Tahkuna und Kõpu findet man auch hier militärische Hinterlassenschaften, darunter Geschützstellungen aus dem Ersten Weltkrieg. Im Sommer finden am Hafen häufig Veranstaltungen statt.

Insel Kassari

Im 18. Jh. wurde die kleine Insel Kassari durch eine Brücke mit Hiiumaa verbunden. Seither hat sie sich zu einem **beliebten Ferienort** entwickelt, der schon im 19. Jh. besonders die Intellektuellen des Landes anzog. Seit 1860 besteht eine zweite Brücke weiter östlich, sodass man eine kleine Rundfahrt über die Insel machen kann.

In der Nähe der Dämme laden zwei **Wanderwege** zu Entdeckungen ein. Der Naturpfad „Orjaku" (2,5 km) führt durch das **Vogelschutzgebiet** an der Bucht Käina, wo über 90 Vogelarten nisten und Zugvögel rasten. Er beginnt am Turm Orjaku. Der zweite Weg (Ristitee turismitalu matkarada) schlängelt sich über 1,5 Kilometer nahe Esiküla durch den Nordostzipfel der Insel.

Im Süden der Halbinsel Kassari ragt eine schmale **Landzunge** drei Kilometer weit ins Meer hinaus. Ein Spaziergang auf der immer schmaler zulaufenden Landspitze ist zu empfehlen. Den ersten Kilometer kann man noch mit dem Auto zurücklegen, doch dann ist der Weg nur noch für Fußgänger geöffnet. Je mehr man sich der Spitze nähert, desto schmaler wird die Landzunge, bis sie schließlich – nur noch etwa einen bis zwei Meter breit – im Meer verschwindet. Wem der Fußmarsch zu lang ist, der kann das Ganze natürlich auch als Fahrradtour machen (bis auf die letzten Meter).

Museum Kassari

Im sehr sehenswerten Museum Kassari im gleichnamigen Ort finden sich

Ausstellungsstücke rund um die Geschichte Hiiumaas. Viele Exponate sind naturgemäß eng mit der Seefahrt verknüpft, aber auch Gegenstände bekannter Inselbewohner und ein ausgestopfter Wolf sind zu sehen.

- **Kassari Ekspositsioonimaja,** Kassari, Gemeinde Käina, Tel. 4697121, im Sommer täglich 10–17.30 Uhr, im Winter nur Mo–Fr 10–17 Uhr.

Unterkunft, Essen und Trinken

- **Dagen Haus,** www.dagen.ee. Ein Anbieter von stilvoll eingerichteten Ferienhäusern, meist am Meer gelegen, alle mit Sauna, z.B. Orjaku Mõisakoha, 7 Betten, mobil 5182555; Roose Puhkemaja, mobil 56480998.
- **Gästehaus Keldrimäe** €€, Kassari, Gemeinde Käina, Tel. 4697210, www.keldrimae.ee. Gästehaus mit DZ, teils mit Bad auf dem Flur, Sauna, Feuerstelle.
- **Fasshäuser und Restaurant Vetsi Tall** €-€€, Kassari, Gemeinde Käina, Tel. 4622550, www.vetsitall.ee. Alte Schenke, die traditionelle Gerichte auftischt, gute Fischspeisen, auch vegetarisches Essen. Unterbringung im Haupthaus und in originellen Fasshäuschen, Vermittlung von Bootsausflügen, Fischfang, auch zelten und Wohnwagen aufstellen möglich.

Aktivitäten

- **Fahrradverleih:** Niitlind OÜ, im Ort Kassari, mobil 56253535.
- **Reitausflüge:** Kassari ratsamatkad, mobil 5083642, www.kassariratsamat kad.ee (auch auf Deutsch), im Nordosten der Insel Kassari, einstündige bis mehrtägige Ausritte.

Vaemla

Hinter der Brücke, wieder auf Hiiumaa, kann man bei der **Aussichtsplattform** von Vaemla (Waimell) einen Stopp einlegen. Der Ort ist heutzutage vor allem für seine **Wollfabrik Hiiu Vill** bekannt (hinter der Brücke noch vor der Hauptstraße rechts, ist ausgeschildert). Das Familienunternehmen ist in einem alten Steingebäude untergebracht, das zum ehemaligen Herrenhaus des Ortes gehörte. Im Haus sind alte Maschinen zu besichtigen, außerdem kann man hier hervorragend Mitbringsel erstehen, vor allem natürlich dicke Pullover, Socken oder Handschuhe aus Schafwolle. Im Sommer ist ein kleines Café geöffnet.

- **Hiiu Vill,** Tel. 4636121, www.hiiuvill.ee.

Käina

Von Vaemla geht es zurück auf die Hauptstraße (83), auf der man sich links hält. Die **Kirchenruine** von Käina ist ein Denkmal für die Schrecken des Krieges. Dabei fiel das Gotteshaus, das Ende des 15. bis Anfang des 16. Jh. erbaut wurde, 1941 eher einer unglücklichen Verkettung von Umständen zum Opfer. Ein sowjetischer Wachmann bekam 1941 die Aufgabe, vom Turm der Kirche aus nach deutschen Soldaten zu spähen. Wohl eher aus Langeweile schoss er mit dem Gewehr in Richtung der vorüberfliegenden Kampfflugzeuge der Deutschen. Ein Pilot schoss daraufhin mit einem Maschinengewehr auf den Wachmann. Ein Geschoss entzündete sich zu einem Feuer, dem die Kirche zum Opfer fiel. Zwar heißt es, dass der deutsche Soldat sich später beim Ortspastor für den nicht geplanten Brand entschuldigt haben soll, doch ist dies angesichts seiner Auswirkung wohl nur ein schwacher Trost. Mit der Innenausstattung verbrannte auch eine Orgel, die der Vater des Komponisten *Rudolf Tobias* gebaut hatte.

Unterkunft

- **Hotel und Restaurant Liilia** €€, Hiiu mnt 22, Tel. 4636146, www.liiliahotell.ee. Zum Hotel gehört ein Restaurant, das das ganze Jahr über täglich geöffnet ist. Auch Speisen für Vegetarier im Angebot.
- **Lõokese Spa-Hotel** €€, Lõokese 14, Tel. 4636146, Fax 4636269, www.lookese.ee. Moderner Komplex mit Fitnessraum, verschiedene Anwendungen, Pool. Im Winter nur für Gruppen geöffnet
- **Ferienhäuser** in Villemi (Gemeinde Käina) vermietet das Unternehmen **Kauste puhkemajad;** alle sehr gemütlich eingerichtet mit moderner Küche und Kamin, 2–4 Zimmer. Kontakt über mobil 5144389, www.kauste.ee.

Vormsi

Die Insel Vormsi (deutsch: Worms, schwedisch: Ormsö), liegt etwa zehn Kilometer von Haapsalu entfernt und ist mit ca. 92 km² die viertgrößte Insel Estlands. Urkundlich erwähnt wurde das 17 Kilometer lange und 10 Kilometer breite Eiland erstmals im Jahre 1391. Um das Jahr 1270 besiedelten **Schweden,** wahrscheinlich hauptsächlich über Finnland kommend, die Insel. Ihre Anwesenheit, die 1944 mit einer Flucht vor der Roten Armee abrupt endete, prägt bis heute die Architektur, überall sind typische rote Holzhäuser zu sehen. Auch die Dörfer tragen noch schwedische Namen.

Zunächst im Besitz der **Bischöfe von Ösel-Wiek** (Saare-Lääne), kam Vormsi Ende des 16. Jh. in die Hände des Feldherrn *Pontus de la Gardie*, der der Schwedischen Krone diente. Wenige Jahre zuvor war Vormsi während des Livländischen Krieges (1558–83) von den Russen überfallen worden. Später ging der Besitz an die Gutsherren des Magnushofes über, der Anfang des 17. Jh. von *Magnus Brümmer* erbaut worden war. In den folgenden 300 Jahren kam es immer wieder zu Auseinandersetzungen zwischen den Gutsherren und den freien schwedischen Bauern. 1844 verlor der letzte Landbesitzer, Baron *Otto Friedrich Fromhold von Stackelberg* (1823–87), nach einer gerichtlichen Auseinandersetzung die Herrschaft über die Insel. Sein Sohn *Friedrich von Stackelberg* verkaufte den Gutshof schließlich an das russische Zarenreich.

Lebten 1938 noch 2600 Menschen auf Vormsi, sind es heute, nach der Vertreibung der schwedischen Einwohner im Zweiten Weltkrieg, nur noch rund **250 Bewohner.**

Vormsi ist für seine **unberührte Natur** bekannt, mehr als die Hälfte der Insel ist von Wald bedeckt. Im Süden liegt das Landschaftsreservat Rumpo, das auch die umliegenden Inseln der Hullo-Bucht umfasst. Hier finden sich die Nistplätze zahlreicher Vogelarten. Im Westen, an der Küste bei Saxby, ragen **Kalksteinklippen** aus dem Meer empor.

Architektonisch ist die im 14. Jh. erbaute **Vormsi-Kirche** in **Hullo** hervorzuheben. An der Stelle der in den Jahren 1632, 1772 und 1929 mehrmals umgebauten Kalksteinkirche hat zuvor bereits eine Holzkirche gestanden. Die Kanzel stellt eine Kopie des barocken Originals dar. An der Decke des Chorraums sind noch einige alte Malereien zu erkennen. Die Kirche ist im Sommer sonntags von 10.30 bis 12.30 Uhr geöffnet.

Auf dem **Friedhof** kann man eine große Ansammlung von schwedischen Rundkreuzen bewundern. Das älteste stammt aus dem Jahr 1743, das jüngste von 1923. Ferner erinnert ein **Mahnmal** an die Opfer des estnischen Unabhängigkeitskrieges, eines der wenigen seiner Art, das dort auch während der gesamten Sowjetzeit stand.

Im Wald bei Hullo befindet sich der sogenannte **Baronstein** (Parunikivi). Eine deutsche Inschrift auf dem Riesenfindling erinnert an den letzten privaten Gutsbesitzer der Insel, Baron *Otto von Stackelberg*. Von seinem Wohnsitz, dem **Magnushof,** ist nicht mehr viel zu sehen.

In Saxby sowie in der Nähe von Norrby befinden sich **Leuchttürme,** in Rälby kann man eine alte **Holzwindmühle** sehen. Das kleine, im Jahr 2002 eröffnete **Museum in Sviby,** wo die meisten Inselbewohner ansässig sind, dokumentiert die schwedische Geschichte der Insel.

Informationen

- Informationen bekommt man in der **Touristeninformation in Haapsalu.** Auch die Besitzer der lokalen Hotels helfen Gästen gern weiter. Im **Internet:** www.vormsi.ee.
- In Rumpo befindet sich das **Informationszentrum des Landschaftsreservats.**

Service

- In Hullo neben dem **Lebensmittelgeschäft** gibt es einen **Briefkasten,** außerdem findet man ein paar Schritte weiter einen öffentlichen **Internetzugang,** der an der Hauptstraße ausgeschildert ist.

Unterkunft

- **Elle-Malle Külalistemaja** €, Hullo, Tel. 473 2072, mobil 56472854. Gästehaus und **Campingplatz,** Sauna, Fremdenführer, Boots- und Fahrradverleih; Verpflegung bei Voranmeldung. Wer es romantisch mag, kann auch in einer Windmühle übernachten.
- **Rumpo Mäe Talu** €€, Tel. 4729932, mobil 5060745, www.rumpomae.ee. Bauernhof in Rumpo, Zimmer und **Campingmöglichkeiten,** Sauna und Fahrradverleih gegen Aufpreis, Verpflegung bei Voranmeldung; April bis Oktober.

Essen und Trinken

- In Hullo gibt es die Kneipe **Krog No.14** sowie das kleine **Lebensmittelgeschäft Hullo kauplus.** In Sviby, direkt am Hafen, gibt es ein **Sommercafé.**

Aktivitäten

- **Fahrrad- und Bootsverleih:** OÜ Revalees, Sviby küla (beim Hafen), mobil 5178722, www.vormsi.ee/sviby. 15. Mai bis je nach Wetterlage Spätsommer/Herbst täglich 9–18 Uhr. Kommt man außerhalb der Öffnungszeiten an, lohnt sich ein Anruf, zumeist kann man den Service dann trotzdem in Anspruch nehmen. Hier werden auch geführte Radtouren über die Insel angeboten. Auch die Hotels vermieten Fahrräder.

Verkehr

- Die **Fähre** von Rohuküla, 8 km westlich von Haapsalu, verbindet das Festland zwei- bis dreimal täglich mit der Insel. Anlegestelle auf Vormsi ist Sviby. Tel. 4431069, mobil 534 30916. Ein **öffentlicher Bus** richtet sich nach der Fähre, d.h. er wartet in Sviby, wenn man ankommt, und fährt nach Sviby, wenn die Fähre wieder abfährt.

204le Foto: mk

Anhang

210li Foto: gs

202es Foto: ta

Menschen im Baltikum

Literaturtipps

Geschichte und Politik

Wer sich für die Geschichte Litauens, Lettlands und Estlands interessiert, sollte sich in Buchhandlungen nach Werken zur Geschichte der baltischen Länder erkundigen, meistens werden alle drei Staaten zusammen abgehandelt. Publikationen über die Geschichte der Deutsch-Balten und bestimmte Kulturdenkmäler erhält man über den Schriftenvertrieb der Carl-Schirren-Gesellschaft:

- **Carl-Schirren-Gesellschaft,** Am Berge 35, 21335 Lüneburg, Tel. 04131-36788, Fax 33453, www.carl-schirren-gesellschaft.de.
- In der Schriftenreihe **Forschungen zur baltischen Geschichte** erscheinen jährlich Bände mit Beiträgen aus der aktuellen historischen Forschung zum Baltikum: Nordost-Institut, Institut für Kultur und Geschichte der Deutschen in Nordosteuropa e.V. an der Universität Hamburg, Conventstraße 1, 21335 Lüneburg, Tel. 04131-40059-0, www.ikgn.
- *Ludwig, Klemens:* **Estland,** Becksche Reihe Länder, München 1999. Wissenswertes über Land und Leute, Geschichte, Politik, Wirtschaft und Kultur, wenn auch nicht mehr ganz aktuell. In der gleichen Reihe erscheinen Bände über **Lettland** und **Litauen.**
- *Nielsen-Stokkeby, Bernd:* **Baltische Erinnerungen. Estland, Lettland und Litauen zwischen Unterdrückung und Freiheit,** Bastei Lübbe 1997.
- *Pistohlkors, Gerd von:* **Deutsche Geschichte im Osten Europas: Baltische Länder,** Siedler Verlag 2002. Das Standardwerk zum Thema.
- *Tuchtenhagen, Ralph:* **Geschichte der baltischen Länder,** Reihe C.H. Beck Wissen, 2008. Sehr übersichtliche, kompakte, aber dennoch detaillierte und gewissenhafte Zusammenfassung der baltischen Geschichte. Ein wissenschaftlich sauberes, kurzes und gut verständliches Buch.

Belletristik und Reportagen

- *Werner Bergengruen,* **Baltische Geschichten,** Nymphenburger 2000. Der 1892 in Riga geborene baltendeutsche Schriftsteller zog als Schulkind nach Lübeck um, doch er beschäftigte sich viel mit der Heimat seiner Familie. Als Dichter und Romanautor gehörte er von den 1930er bis in die 1950er Jahre zu den bekanntesten deutschen Erzählern. Die „Baltischen Geschichten" präsentieren interessante Charaktere, Landschaften und Erinnerungen an das Lettland seiner Kindheit und seiner Vorfahren, als die Deutschen noch die herrschende Schicht bildeten.
- *Bisping, Stefanie:* **Lesereise Estland: Das Model und der Kapitän,** Picus Verlag 2010. Reisereportagen.
- *Ekman, Pärtel:* **Tallinner Trio,** J. H. Röll Verlag 2004. Kriminalroman, der in Estland nach der Unabhängigkeit spielt.
- *Hueck-Dehio, Else:* **Liebe Renata. Die Geschichte einer Jugend in Estland,** Brunnen-Verlag, Gießen 2009. Liebesroman, der zur Zeit des Ersten Weltkriegs in Tartu spielt. Von der gleichen Autorin stammt auch: **Die Brunnenstube / Tante Tüttchen. Baltische Erzählungen.** Kaufmann Verlag 2003.
- *Jaunsudrabiņš, Jānis:* **Ich erzähle meiner Frau. Von der Flucht aus Lettland und dem Exil in Westfalen,** Waxmann-Verlag 2006. Jaunsudrabiðš, geboren 1877, war einer der bekanntesten lettischen Schriftsteller, als er sich zum Ende des Zweiten Weltkriegs gezwungen sah, ins Exil zu gehen. Im Buch schildert er seine abenteuerliche Flucht ins deutsche Westfalen, wo der Autor 1962 starb. Trotz des dramatischen Themas bricht Jaunsudrabiņš immer wieder mit augenzwinkerndem Humor und vielen spannenden Erzählungen das Eis.
- *Kalniete, Sandra:* **Mit Ballschuhen im sibirischen Schnee,** Herbig 2008. Als Dissidentin kämpfte die Autorin für die Unabhängigkeit ihrer Heimat von der Sowjetunion, als Außenministerin gestaltete sie für Lettland den Weg in die EU. Geboren wurde sie 1952 in Sibirien, wohin ihre Familie zehn Jahre zuvor zwangsweise deportiert worden war. Die persönlichen Erinnerungen und heutigen Ansichten einer führenden Politikerin.
- *Kross, Jaan:* Von dem großen estnischen Autor sind gleich mehrere Bücher ins Deutsche übersetzt worden, u.a.: **Das Leben des Balthasar Russow,** Hanser Verlag 1995; **Der Verrückte des Zaren,** dtv 2003; **Professor**

Martens Abreise, dtv 1995; **Ausgrabungen,** Verlag Dipa 1994.

- *Mankell, Henning:* **Hunde von Riga,** dtv 2010. Einer der spannenden Mankell-Krimis mit dem schwedischen Kommissar Mankell, den die Ermittlungen in einem besonders mysteriösen wie brutalen Mordfall in die lettische Hauptstadt führen. Der Roman wurde 1992 geschrieben und beschreibt ein geheimnisvolles, düsteres Riga, noch ganz geprägt von der sowjetischen Vergangenheit.
- *Rada, Uwe* und *Schwand, Inka:* **Baltische Begegnungen – Unterwegs in Estland, Litauen, Lettland,** Bebra-Verlag 2008. Reisereportage.

Sprache

Sehr nützlich sind die praktischen und kompakten Sprachführer der Kauderwelsch-Reihe aus dem REISE KNOW-HOW Verlag, die es für alle drei Hauptsprachen des Baltikums gibt: **Litauisch – Wort für Wort** (Band 54), **Lettisch – Wort für Wort** (Band 82) und **Estnisch – Wort für Wort** (Band 55). Sie enthalten ein umfangreiches Wörterverzeichnis, erläutern Grundlagen der Grammatik auf einfache Weise und bieten vielfältige praktische Konversationsbeispiele zu allen Bereichen des touristischen Alltags an. Als begleitendes Tonmaterial sind die **AusspracheTrainer** auf Audio-CD erhältlich.

Landkarten

Sehr empfehlenswert sind die Karten aus dem world mapping project des REISE KNOW-HOW Verlages: **Lettland** im Maßstab 1:325.000, **Litauen und Region Kaliningrad,** Maßstab 1:325.000 und **Estland,** Maßstab 1:275.000. Sie bestehen aus reiß- und wasserfestem Papier und zeigen GPS-Koordinaten und Höhenschichten. Außerdem sind die wichtigsten Sehenswürdigkeiten markiert, ein Register verzeichnet alle Orte. In der gleichen Reihe ist die Karte **Baltikum** im Maßstab 1:600.000 erschienen. Die Landkarten in diesem Buch zeigen Ausschnitte aus diesen Karten.

HILFE!

Dieser Reiseführer ist gespickt mit unzähligen Adressen, Preisen, Tipps und Infos. Nur vor Ort kann überprüft werden, was noch stimmt, was sich verändert hat, ob Preise gestiegen oder gefallen sind, ob ein Hotel, ein Restaurant immer noch empfehlenswert ist oder nicht mehr, ob ein Ziel noch oder jetzt erreichbar ist, ob es eine lohnende Alternative gibt usw.

Unsere Autoren sind zwar stetig unterwegs und versuchen, alle zwei Jahre eine komplette Aktualisierung zu erstellen, aber auf die Mithilfe von Reisenden können sie nicht verzichten.

Darum: Schreiben Sie uns, was sich geändert hat, was besser sein könnte, was gestrichen bzw. ergänzt werden soll. Nur so bleibt dieses Buch immer aktuell und zuverlässig. Wenn sich die Infos direkt auf das Buch beziehen, würde die Seitenangabe uns die Arbeit sehr erleichtern. Gut verwertbare Informationen belohnt der Verlag mit einem Sprechführer Ihrer Wahl aus der über 220 Bände umfassenden Reihe „Kauderwelsch" (siehe unten).

Bitte schreiben Sie an:
REISE KNOW-HOW Verlag Peter Rump GmbH, Postfach 140666, D-33626 Bielefeld,
oder per E-Mail an: info@reise-know-how.de

Danke!

Kauderwelsch-Sprechführer –
sprechen und verstehen rund um den Globus

Afrikaans • Albanisch • Amerikanisch - *American Slang, More American Slang,* Amerikanisch oder Britisch? • Amharisch • Arabisch - Hocharabisch, für Ägypten, Algerien, Golfstaaten, Irak, Jemen, Marokko, • Palästina & Syrien, Sudan, Tunesien • Armenisch • *Bairisch* • Balinesisch • Baskisch • Bengali • *Berlinerisch* • Brasilianisch • Bulgarisch • Burmesisch • Cebuano • Chinesisch - Hochchinesisch, kulinarisch • Dänisch • Deutsch - *Allemand, Almanca, Duits, German, Nemjetzkii, Tedesco* • *Elsässisch* • Englisch - *British Slang, Australian Slang, Canadian Slang, Neuseeland Slang,* für Australien, für Indien • Färöisch • Esperanto • Estnisch • Finnisch • Französisch - kulinarisch, für den Senegal, für Tunesien, *Französisch Slang, Franko-Kanadisch* • Galicisch • Georgisch • Griechisch • Guarani • Gujarati • Hausa • Hebräisch • Hieroglyphisch • Hindi • Indonesisch • Irisch-Gälisch • Isländisch • Italienisch - *Italienisch Slang,* für Opernfans, kulinarisch • Japanisch • Javanisch • Jiddisch • Kantonesisch • Kasachisch • Katalanisch • Khmer • Kirgisisch • Kisuaheli • Kinyarwanda • *Kölsch* • Koreanisch • Kreol für Trinidad & Tobago • Kroatisch • Kurdisch • Laotisch • Lettisch • Lëtzebuergesch • Lingala • Litauisch • Madagassisch • Mazedonisch • Malaiisch • Mallorquinisch • Maltesisch • Mandinka • Marathi • Modernes Latein • Mongolisch • Nepali • Niederländisch - *Niederländisch Slang,* Flämisch • Norwegisch • Paschto • Patois • Persisch • Pidgin-English • *Plattdüütsch* • Polnisch • Portugiesisch • Punjabi • Quechua • *Ruhrdeutsch* • Rumänisch • Russisch • *Sächsisch* • *Schwäbisch* • Schwedisch • *Schwiizertüütsch* • *Scots* • Serbisch • Singhalesisch • Sizilianisch • Slowakisch • Slowenisch • Spanisch - *Spanisch Slang,* für Lateinamerika, für Argentinien, Chile, Costa Rica, Cuba, Dominikanische Republik, Ecuador, Guatemala, Honduras, Mexiko, Nicaragua, Panama, Peru, Venezuela, kulinarisch • Tadschikisch • Tagalog • Tamil • Tatarisch • Thai • Tibetisch • Tschechisch • Türkisch • Twi • Ukrainisch • Ungarisch • Urdu • Usbekisch • Vietnamesisch • Walisisch • Weißrussisch • *Wienerisch* • Wolof • Xhosa

Entdecken Sie
mit uns
die schönsten Seiten
des Baltikums!

Register

Die Autoren

Alexandra Frank lebt und arbeitet als freie Journalistin in Hamburg. Nach Studium und Volontariat begann sie, über die drei baltischen Staaten zu schreiben. Ihre Artikel über Estland, Lettland und Litauen sind in zahlreichen namhaften Zeitungen und Zeitschriften erschienen.

Mirko Kaupat wuchs in Oldenburg auf. Als Absolvent der Berliner Journalistenschule führte ihn sein beruflicher und privater Weg nach Warschau, wo er seit 2002 lebt und als Autor, Journalist sowie Übersetzer arbeitet. Sein Vater verbrachte die Kindheit mit russischer Mutter und deutschem Vater im Baltikum und vermittelte ihm schon den Reiz und die schwierige Realität dieser Region, als sie noch zur Sowjetunion gehörte. Die erste eigene Reise ins Baltikum machte Kaupat mit seiner späteren Ehefrau per Fahrrad von der polnisch-litauischen Grenze bis nach Tallinn. Im Reise Know-How Verlag ist von ihm außerdem der Reiseführer „Ungarn" erschienen.

Schon als Teenager packte **Günther Schäfer** die Reiselust. Nach einem mehrjährigen Aufenthalt in Japan, wo der studierte Steuerrechtler als Englischlehrer und Universitätsdozent für Deutsch tätig war, richtete sich sein Interesse immer mehr auf die Staaten der ehemaligen Sowjetunion bzw. auf die baltischen Länder. Besonders fasziniert war er von der nahezu unberührten Natur Litauens sowie der Gastfreundschaft und Herzlichkeit seiner Bevölkerung. Günther Schäfer arbeitet heute als Lehrer in Frankfurt/Main.

200le Foto: mk

066es Foto: af

059li Foto: gs

Anhang

Unterkunft

1 The Three Sisters
2 Baltic Hotel Imperial
3 Meriton Old Town Garden
8 Old House
9 Schlössle Hotel
11 Eurohostel
12 The Flying Kiwi Backpackers
18 St. Petersbourg Hotel
27 Hotel Telegraaf
29 Taanilinna Hotell
40 Villa Hortensia
44 Baltic Hotel Vana Wiru
51 Vana Tom
55 Barons Hotel
61 Savoy Boutique Hotel
63 Uniquestay City Hotel
64 Uniquestay Mihkli
67 Scandic Palace
72 Radisson Blu Hotel Olümpia
74 Radisson Blu Hotel
79 Best Western Hotel Tallink
80 Hotell G9
87 Kalev Spa Hotel und Wasserpark
89 City Hotel Portus

Essen und Trinken

5 Le Bonaparte
6 Bocca
10 Maiasmokk
13 Vanaema juures
15 Aed
16 Kompressor
19 Kuldse Notse Kõrts
21 Maikrahv
22 Turg
23 Weckengang
24 Kehrwieder
26 Balthasar
28 Kloostri Ait
30 Matilda
32 Silk Sushi Bar
34 Olde Hansa
36 Kaerajaan
37 Troika
38 Elevant
39 Controvento
41 Pierre Chocolaterie
42 Klafira
43 Restoran Oliver
44 Al Sole
48 Peppersack
53 Must Lammas
54 Pizza Grande
58 Pizzeria Americana
60 Café Reval
62 Kohvik Moon
65 Baieri Kelder
66 Café VS
68 Wabadus
71 Sõõrikukohvik
84 Sfäär
85 Restoran Ö
88 Admiral

Nightlife

4 Hell Hunt
7 Levist väljas
14 Von Krahli
17 Depeche Mode Bar
20 La Casa del Habano
25 Molly Malone's
31 Musi
33 Beer House
35 Davidoff Sigari Maja
45 Club Privé
46 St. Patrick's
47 Nimeta Baar
49 Clazz
50 Karja Kelder
52 Déjà Vu Lounge
56 Kapp
57 Hollywood
59 Gloria Veinikelder
69 X-Baar
70 Woodstock
73 Bonnie & Clyde
76 Parlament
78 Café Amigo
81 Popular
82 Venus Club
83 Spirit
86 Bon Bon

Einkaufen

75 Tallinna Kaubamaja
77 Viru Keskus Einkaufszentrum